Z H E J I A N G　T O N G Z H I

浙江通志

第 三十一 卷

财政志

《浙江通志》编纂委员会　编

浙江人民出版社

图书在版编目（CIP）数据

浙江通志. 财政志 / 《浙江通志》编纂委员会编.
—杭州 ：浙江人民出版社，2018.12
ISBN 978-7-213-08991-6

Ⅰ. ①浙… Ⅱ. ①浙… Ⅲ. ①浙江-地方志②地方财政-财政史-浙江 Ⅳ. ①K295.5②F812.9

中国版本图书馆CIP数据核字(2018)第257845号

浙江通志·财政志

《浙江通志》编纂委员会　编

出版发行	浙江人民出版社（杭州市体育场路347号　邮编　310006） 市场部电话:(0571)85061682　85176516
责任编辑	吴晓红
责任校对	姚建国　戴文英
责任印务	程　琳
封面设计	厉　琳
电脑制版	杭州天一图文制作有限公司
印　　刷	浙江新华数码印务有限公司
开　　本	889毫米×1194毫米　1/16
印　　张	39
字　　数	868千字
插　　页	16
版　　次	2018年12月第1版
印　　次	2018年12月第1次印刷
书　　号	ISBN 978-7-213-08991-6
定　　价	165.00元

图版 31-001-1　1985 年 11 月，国务委员兼财政部部长王丙乾（左五）在浙江调研（浙江省财政厅档案室提供）

图版 31-001-2　1993 年 2 月，财政部部长刘仲藜（前排中）在浙江调研时与浙江省财政工作会议代表合影留念（浙江省财政厅档案室提供）

图版 31-002-1　2003 年 2 月，财政部部长项怀诚（左六）在浙江调研（浙江省财政厅档案室提供）

图版 31-002-2　2004 年 11 月，财政部部长金人庆（左二）在浙江调研并出席中国财税博物馆开馆仪式（浙江省财政厅档案室提供）

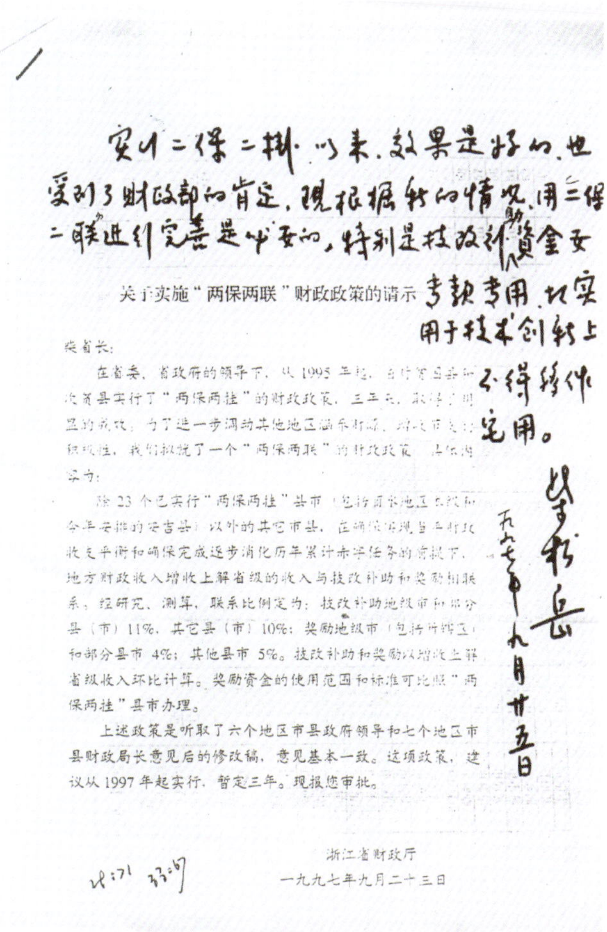

实行二保二挂以来，效果是好的，也受到了财政部的肯定，现根据新的情况，用二保二联进行完善是必要的，特别是技改补助资金要专款专用，只实用于技术创新上，不得挪作它用。

柴松岳

一九九七年九月廿五日

关于实施“两保两联”财政政策的请示

柴省长：

在省委、省政府的领导下，从1995年起，在行署所在地和次贫县实行了“两保两挂”的财政政策，三年来，取得了明显的成效。为了进一步调动其他地区涵养财源、增收节支的积极性，我们拟就了一个“两保两联”的财政政策，具体内容为：

除23个已实行“两保两挂”县市（包括衢州地区市县和今年安排的安吉县）以外的其它市县，在确保实现当年财政收支平衡和确保完成逐步消化历年累计赤字任务的前提下，地方财政收入增收上解省级的收入与技改补助和奖励相联系，经研究、测算，联系比例定为：技改补助地级市和部分县（市）11%，其它县（市）10%；奖励地级市（包括所辖区）和部分县市4%；其他县市5%。技改补助和奖励以增收上解省级收入环比计算。奖励资金的使用范围和标准可比照“两保两挂”县市办理。

上述政策是听取了六个地区市县政府领导和七个地区市县财政局长意见后的修改稿，意见基本一致。这项政策，建议从1997年起实行，暂定三年。现报您审批。

浙江省财政厅

一九九七年九月二十三日

图版 31-003-1　1997 年 9 月，省政府同意省财政厅实施“两保两联”财政政策。图为省长柴松岳批示(浙江省财政厅档案室提供)

图版 31-003-2　1998 年 2 月，省委副书记、省长柴松岳(前排左七)参加全省财税工作会议并与部分代表合影(浙江省财政厅档案室提供)

图版 31-004-1　2001 年 1 月，全国政协常委沈祖伦（原省长）（右二）在省级机关会计核算中心调研（浙江省财政厅档案室提供）

图版 31-004-2　2010 年 2 月 10 日，省委副书记、省长吕祖善（主席台中间）参加省财政厅党组专题民主生活会（浙江省财政厅档案室提供）

图版 31-005-1　2000 年 4 月 19—21 日，省委举办全省领导干部财税专题研讨班（浙江省财政厅档案室提供）

图版 31-005-2　2002 年 7 月 10 日，省委、省政府召开全省农村税费改革工作会议（浙江省财政厅档案室提供）

图版 31-005-3　2008 年 10 月 22 日，召开全省财税推进工业企业分离发展服务业经验交流会（浙江省财政厅档案室提供）

图版 31-006-1　1986 年 11 月，省财政厅在绍兴县召开浙江省亿元县财税局长座谈会（浙江省财政厅档案室提供）

图版 31-006-2　1991 年 4 月，省财政厅召开全省加强补贴县财政工作研讨会（浙江省财政厅档案室提供）

图版 31-006-3　1998 年 11 月，省财政厅在青田县召开第一次所有实施“两保两挂”政策市县参加的工作座谈会（浙江省财政厅档案室提供）

图版 31-006-4　2010 年 9 月，省财政厅在长兴县召开浙江省财政改革与发展座谈会（浙江省财政厅档案室提供）

图版 31-007-1　2005 年 6 月 29 日，浙江省纪念《中华人民共和国会计法》施行 20 周年座谈会在省人民大会堂举行（浙江省财政厅档案室提供）

图版 31-007-2　2006 年 12 月，经层层考试选拔出的浙江省首批会计领军（后备）人才与省财政厅领导及会计管理处干部合影（浙江省财政厅档案室提供）

图版 31-007-3　2007 年 10 月 26 日，第三届全国会计知识大赛浙江赛区决赛现场（浙江省财政厅档案室提供）

图版 31-007-4　2010 年度浙江省教授级高级会计师（后排）与教授级高评委（前排）合影（浙江省财政厅档案室提供）

图版 31-008-1　2004 年，全省农业综合开发之缙云县东方中低产田改造项目科技推广培训（浙江省财政厅档案室提供）

图版 31-008-3　2008 年，浙江省全面启动推进现代农业生产发展，省财政投入支持现代农业生产发展资金近 3 亿元，支持蔬菜、淡水养殖和竹产业发展。图为绍兴县高标准现代养殖示范基地（浙江省财政厅档案室提供）

图版 31-008-5　2010 年，中央和省财政设立专项资金支持小型农田水利设施建设项目。图为临安市於潜镇扶西灌区工程之堰坝（浙江省财政厅档案室提供）

图版 31-008-2　2008 年，全省农业综合开发之武义县山区小流域农业生态工程茶园改造（浙江省财政厅档案室提供）

图版 31-008-4　2010 年，中央财政和省财政设立专项资金支持小型农田水利设施建设。图为建德市杨村桥镇草莓基地微喷灌项目（浙江省财政厅档案室提供）

图版 31-009-1　1989 年 4 月，省财政厅领导接待世界银行中国局局长伯基（右二）（浙江省财政厅档案室提供）

图版 31-009-2　1992 年 6 月和 1996 年 1 月，浙江省先后利用世界银行贷款 2.2 亿美元和 2 亿美元，建设杭甬高速公路和沪杭高速公路，并于 1998 年底全线通车（浙江省财政厅档案室提供）

图版 31-009-3　2000 年 9 月建成投产的宁波北仑发电厂二期工程，是浙江省最大的采用世界银行贷款建设项目（浙江省财政厅档案室提供）

图版 31-009-4　2001 年 9 月，省财政厅领导接待亚洲开发银行行长千野忠男（右五）（浙江省财政厅档案室提供）

图版 31-010-1　浙江财政投入资金支持发展文化事业。图为1998年落成的浙江图书馆新馆(浙江省财政厅档案室提供)

图版 31-010-2　2004年，浙江省博物馆免费向社会公众开放(浙江省财政厅档案室提供)

图版 31-010-3　2001—2008年，浙江省投入财政资金近3亿元建设高职院校实训基地。图为浙江经济职业技术学院汽车实训基地(浙江省财政厅档案室提供)

图版 31-011-1　2004 年起，丽水市遂昌县失地农民凭《被征地农民基本生活保障书》，每月领取生活补助金（浙江省财政厅档案室提供）

图版 31-011-2　浙江省从 2005 年开始实施“爱心营养餐工程”。图为开化县农村小学生享用“爱心营养餐”（浙江省财政厅档案室提供）

图版 31-011-3　2006 年，浙江省设立廉租住房专项资金，支持实施廉租住房制度。图为湖州市廉租住房项目“都市家园一期”（浙江省财政厅档案室提供）

图版 31-012-1　2008 年，全省财政部门加大财政投入，推进残疾人基本生活保障、康复工程和重度托养三大工程。图为嘉兴市南湖区康复中心（浙江省财政厅档案室提供）

图版 31-012-2　2008 年，宁波市鄞州区困难群众参加免费体检（浙江省财政厅档案室提供）

图版 31-012-3　2010 年，浙江省实施城乡一体、全面覆盖、政府补助为主的城乡居民社会养老保险制度。图为庆元县举水乡月山村老人的惬意生活（浙江省财政厅档案室提供）

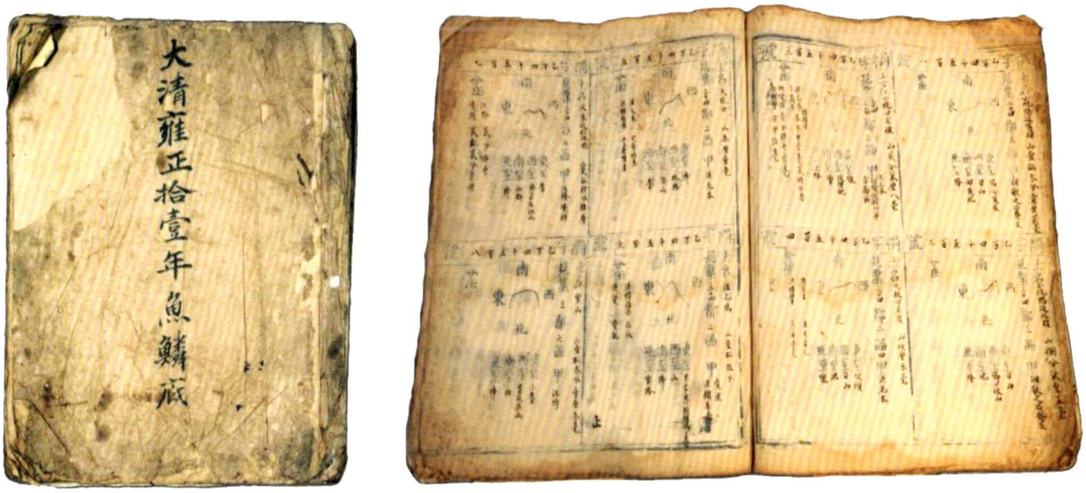

图版 31-013-1　鱼鳞册即土地丈量册，记载田地科则与田地所有者姓名。图为清雍正十一年(1733 年)鱼鳞册(中国财税博物馆提供)

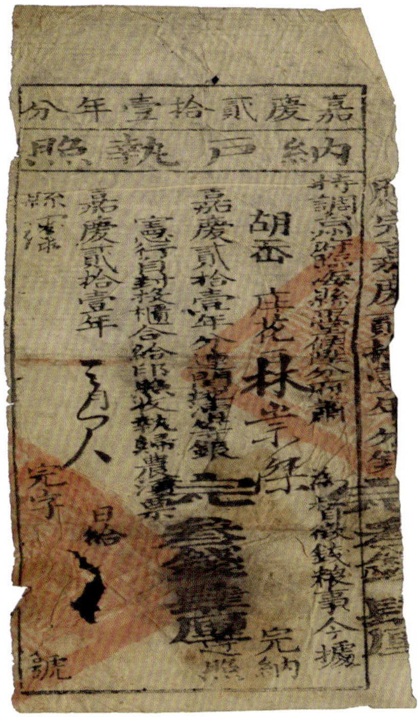

图版 31-013-2　清嘉庆二十一年 (1816 年)台州府临海县钱粮纳户执照(中国财税博物馆提供)

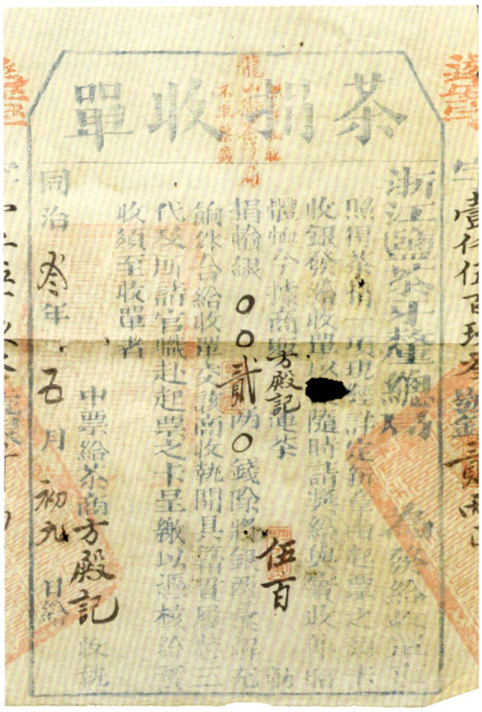

图版 31-013-3　清同治三年(1864 年)浙江盐茶牙厘总局开具的茶捐收单(中国财税博物馆提供)

图版 31-013-4　清同治年间(1862—1874 年)编造、民国时补造的兰溪鱼鳞图册(中国财税博物馆提供)

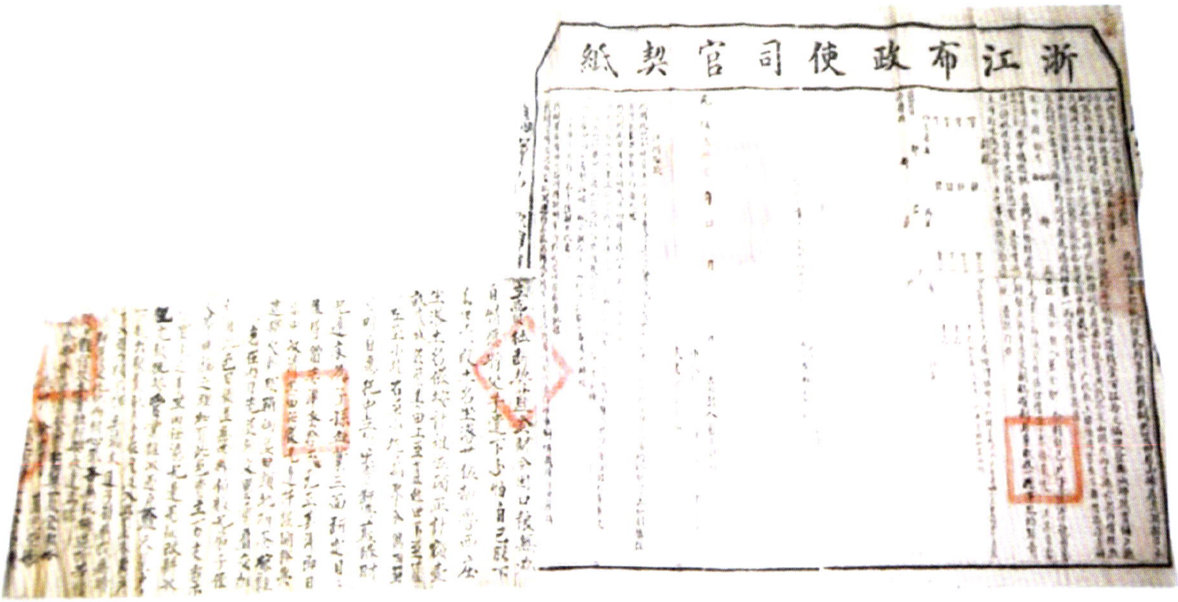
浙江布政使司官契紙

图版 31-014-1　发现于浙江松阳的清光绪年间(1875—1908 年)由浙江布政使司印发的盖有官府钤印的红契。契约有红契与白契之分,到官府登记造册缴纳契税并加盖官府红钤印的为红契,反之未缴纳契税的民间私下交易契约为白契(松阳县档案馆提供)

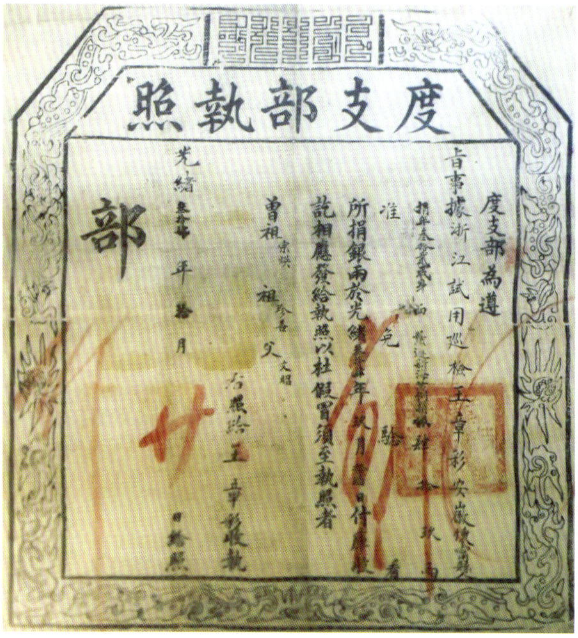
度支部執照

图版 31-014-2　清光绪三十四年(1908 年)安徽怀宁人氏买官获浙江巡检执照(中国财税博物馆提供)

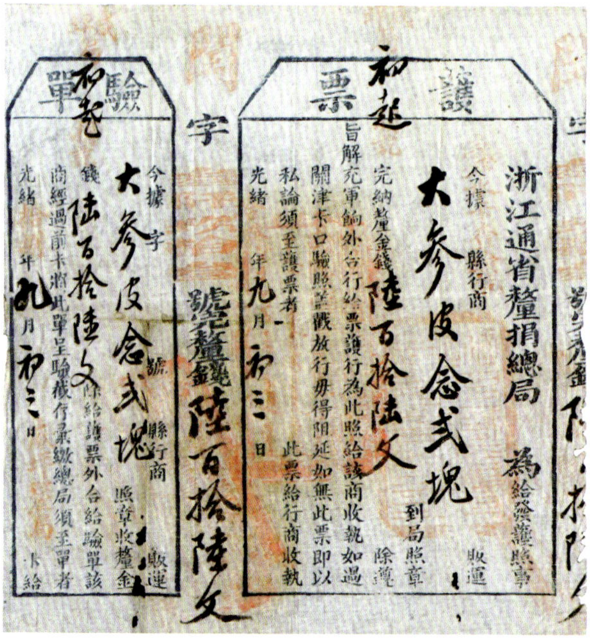
驗單

護票

浙江通省釐捐總局

图版 31-014-3　清光绪十八年(1892 年)浙江通省厘捐总局护票(中国财税博物馆提供)

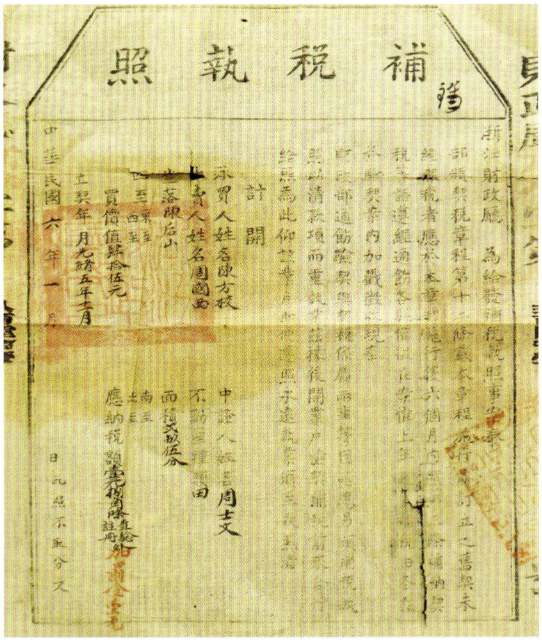

图版 31–015–1　民国 6 年(1917 年)浙江省财政厅所发补税执照(中国财税博物馆提供)

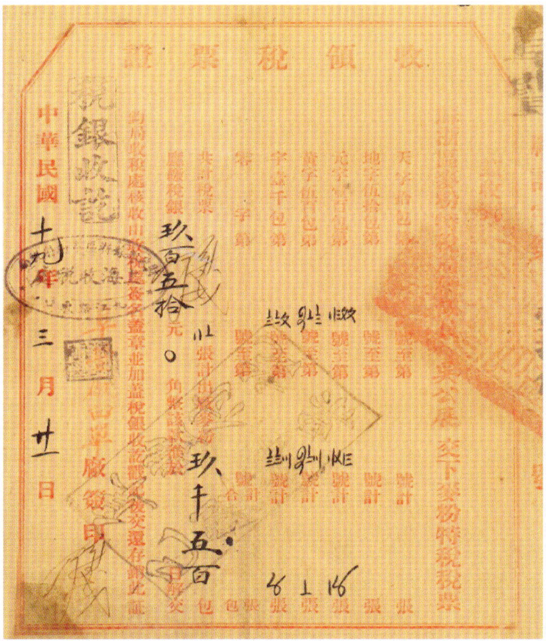

图版 31–015–2　民国 19 年(1930 年)财政部苏浙区麦粉特税局上海收税处收领税票证（中国财税博物馆提供)

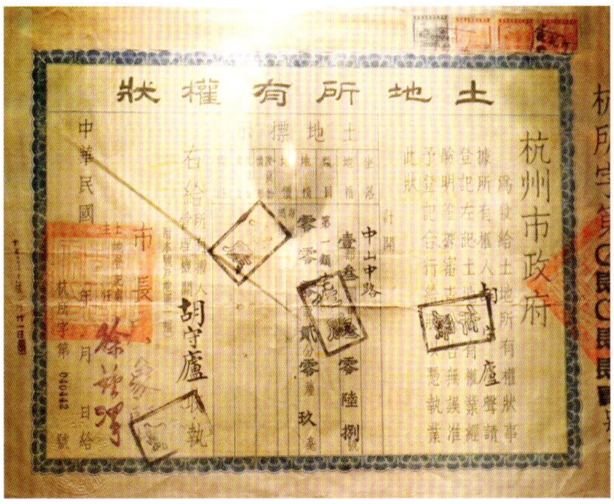

图版 31–015–3　民国 37 年(1948 年)杭州市政府所颁贴有印花税票的土地所有权状(中国财税博物馆提供)

图版 31–015–4　民国 33 年(1944 年)财政部浙江税务管理局第一届业务会议与会人员合影(中国财税博物馆提供)

图版 31-016-1　国民政府浙江省财政厅大门(浙江大学图书馆民国馆提供)

图版 31-016-2　国民政府浙江省财政厅印章(浙江省档案馆提供)

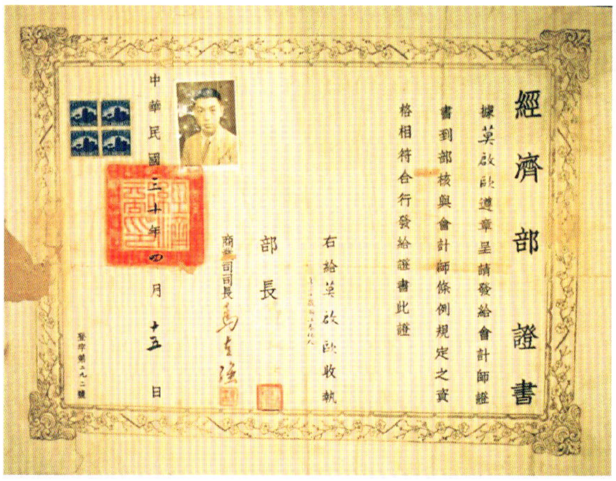
經濟部證書

據莫啟歐遵章呈請發給會計師證書到部核與會計師條例規定之資格相符合行發給證書此證

右給莫啟歐收執

部長

商業司司長

中華民國三十年四月十五日

图版 31-016-3　民国 30 年(1941 年)国民政府颁发的浙江奉化人莫启欧所执会计师证书(中国财税博物馆提供)

图版 31-016-4　民国 22 年(1933 年)元旦浙江省财政厅全体同仁合影(中国财税博物馆提供)

图版 31-016-5　民国 36 年(1947 年)7 月 1 日浙江省政府会计处成立 10 周年纪念大会合影(浙江大学图书馆民国馆提供)

图版 31-017-1 民国元年(1912 年)浙江军政府发行的爱国公债(浙江大学图书馆民国馆提供)

图版 31-017-2 民国 17 年(1928 年)浙江省政府发行的公路债券(浙江大学图书馆民国馆提供)

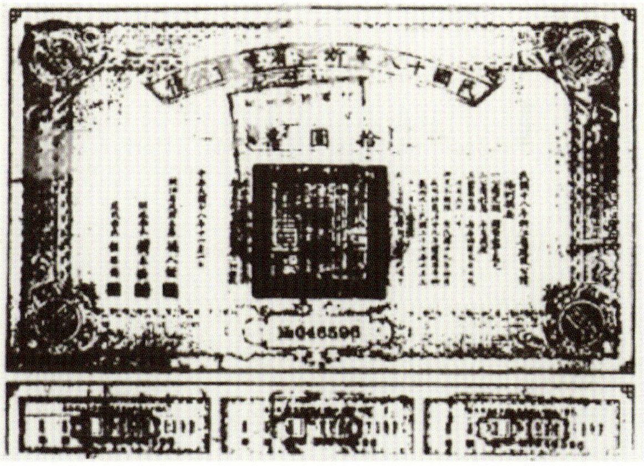

图版 31-017-3 民国 18 年(1929 年)浙江省政府发行的建设公债(浙江大学图书馆民国馆提供)

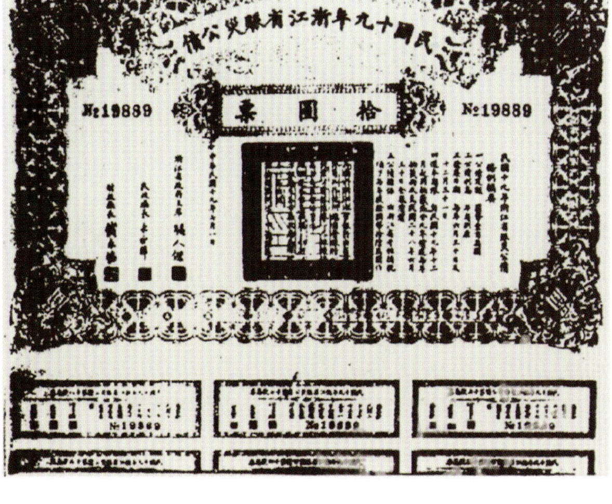

图版 31-017-4 民国 19 年(1930 年)浙江省政府发行的赈灾公债(浙江大学图书馆民国馆提供)

图版 31-018-1　民国 23 年(1934 年)7 月 1 日闽浙赣省苏维埃政府发行“闽浙赣省苏政府粉碎敌人五次围攻决战公债券”(中国人民银行金融研究所、财政部财政科学研究所编《中国革命根据地货币》,文物出版社 1982 年版)

图版 31-018-2　民国 23 年(1934 年)闽浙赣省苏维埃政府发行的壹元银币,流通于闽浙赣根据地(中国人民银行金融研究所、财政部财政科学研究所编《中国革命根据地货币》,文物出版社 1982 年版)

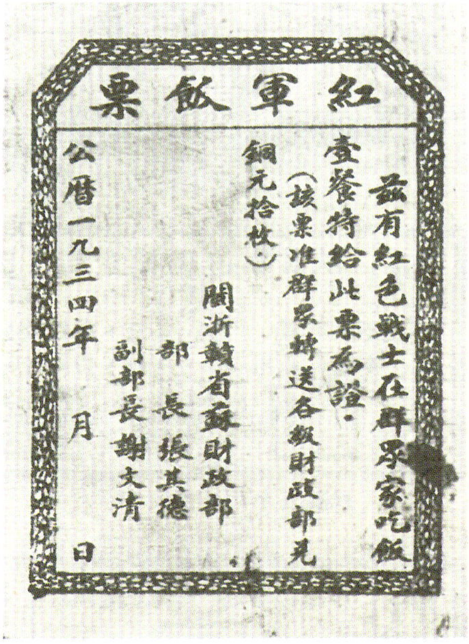

图版 31-018-3　民国 23 年(1934 年)闽浙赣省苏维埃政府所发红军饭票(中国人民银行金融研究所、财政部财政科学研究所编《中国革命根据地货币》,文物出版社 1982 年版)

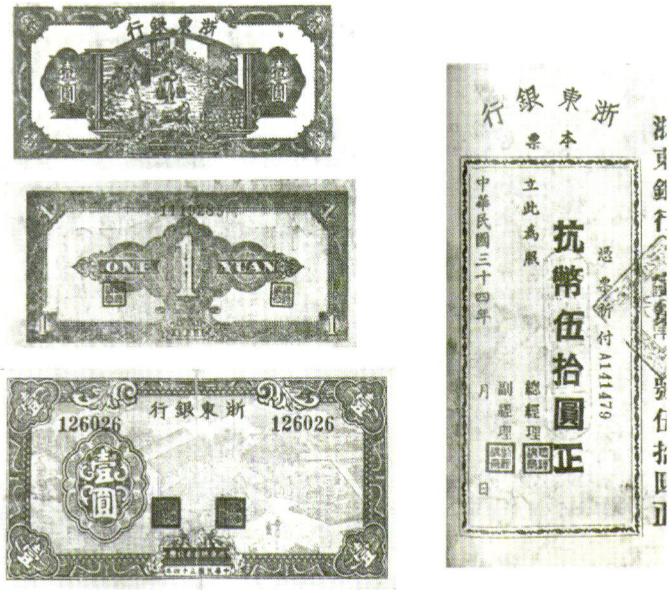

图版 31-018-4　民国 34 年(1945 年)4 月浙东行政公署地方性银行——浙东银行发行的抗币(中国人民银行金融研究所、财政部财政科学研究所编《中国革命根据地货币》,文物出版社 1982 年版)

图版 31-019-1　1949 年 8 月浙江省人民政府财政厅印章(浙江省档案馆提供)

图版 31-019-2　1956 年浙江省财政厅印章(浙江省档案馆提供)

图版 31-019-3　1968 年 5 月浙江省财政厅生产领导小组印章(浙江省档案馆提供)

图版 31-019-4　1970 年浙江省革命委员会生产指挥组财政金融局印章(浙江省档案馆提供)

图版 31-019-5　1975 年浙江省财政金融局印章(浙江省档案馆提供)

图版 31-019-6　1978 年 1 月浙江省财政局印章(浙江省档案馆提供)

图版 31-019-7　1980 年 5 月浙江省财政厅印章(浙江省档案馆提供)

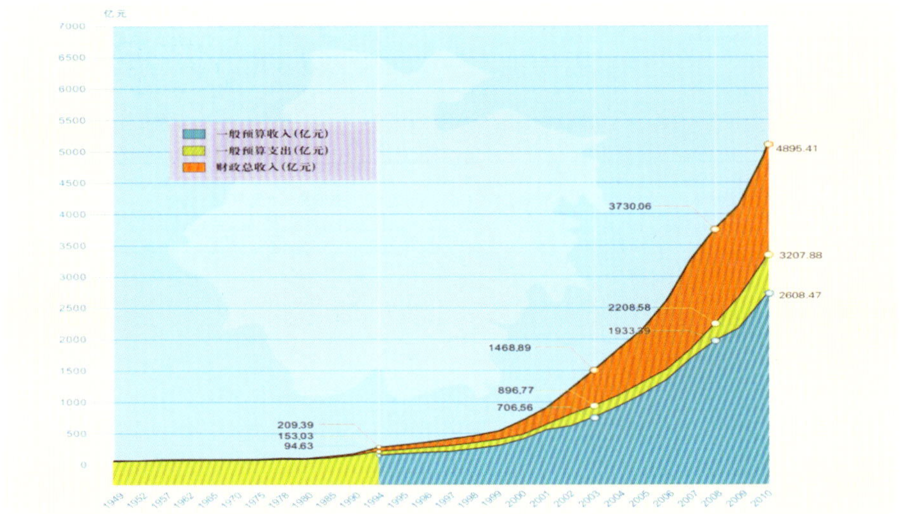

图版 31-020-1　1949—2010 年浙江省财政收支规模图(浙江省财政厅档案室提供)

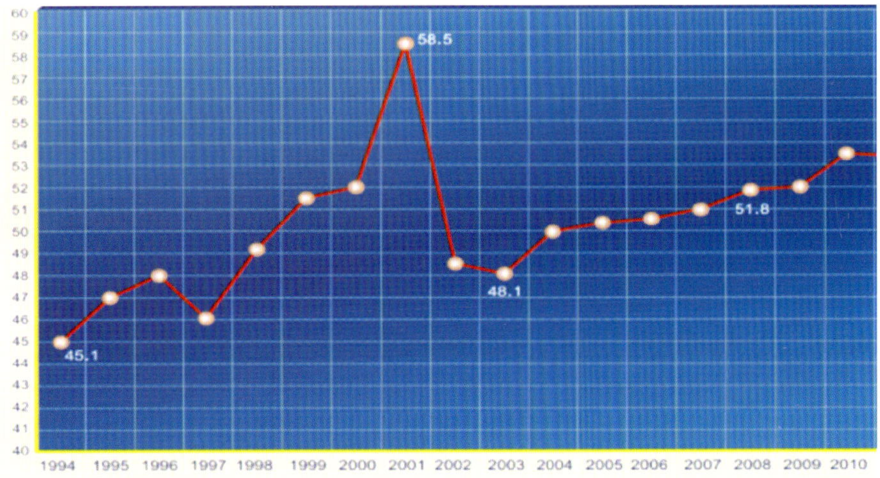

图版 31-020-2　1994—2010 年浙江省一般预算收入占财政总收入比重(%)(浙江省财政厅档案室提供)

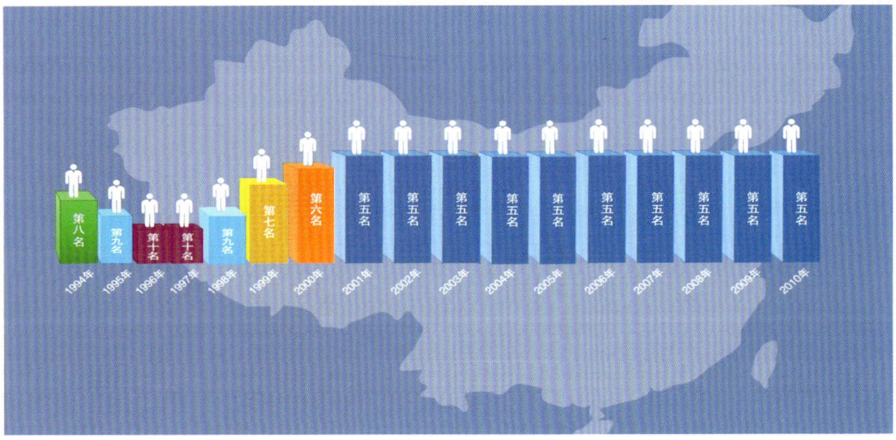

图版 31-020-3　1994—2010 年浙江省一般预算收入在全国排名（浙江省财政厅档案室提供）

浙江省地方志编纂委员会

主　　任:吕祖善(2004.3—2011.9)
夏宝龙(2011.9—2013.1)
李　强(2013.1—2016.6)
车　俊(2016.7—2018.5)
袁家军(2018.5—　　　)

副 主 任:茅临生(2010.2—2012.8)
张　曦(2011.4—2012.9)
葛慧君(2012.8—　　　)
郑继伟(2010.2—2017.3)
成岳冲(2017.3—　　　)

(以下委员名单略)

《浙江通志》编纂委员会

主　　任:李　强(2016.2—2016.7)　车　俊(2016.7—2018.5)
袁家军(2018.5—　　　)

副 主 任:葛慧君　郑继伟(2016.2—2017.3)
成岳冲(2017.3—　　　)

委　　员:陈　新　王　纲　宋建勋　鞠建林　蔡晓春　王喜法
孙耀铜　张学伟　来颖杰　胡庆国　刘　芸　孟　刚
徐宇宁　王　杰　张伟斌　潘捷军　盛世豪　徐立毅
裘东耀　姚高员　钱三雄　毛宏芳　盛阅春　尹学群
汤飞帆　何中伟　张晓强　吴晓东　俞文华　王良仟
童芍素　郑志耿　郑明治　王卫东　李志廷

总　　编:俞文华

副 总 编:张伟斌(2012.9—　　　)　潘捷军(常务)　王良仟
童芍素　郑志耿　郑明治　王卫东　李志廷(兼总纂)
林吕建(2011.9—2012.3)

浙江省地方志编纂委员会办公室

主　　任:潘捷军
副 主 任:陈　野(2007.6—2011.3)　章其祥(2011.5—　　　)
主任助理:韩　锴(2011.9—2016.4)
成　　员:汤敏华　董郁奎　颜越虎　周祝伟　张　勤　袁新国
吕克军　赵海良　段　愿　汤　敏　李迎春　林琼华
邴　波　王兆保　周修宇　赵鹏团　徐　鹏　杨云婷
王　林　汪　珏　阎乐民　葛立朝　葛旭鹏　翁友伦
徐由由　应秀敏　章　丽　葛　伟
吴玉权(2012.11—2017.12)　白效咏(2009.9—2015.9)

《浙江通志》总纂、副总纂

总　　纂:李志廷(兼)
副 总 纂:廖曰文　章其祥　董郁奎　颜越虎　周祝伟　王　林
吴铁卿(2018.4—　　　)　倪集华(2018.5—　　　)

《浙江通志》总编室(《浙江通志》编辑部)

主　　任:董郁奎(2011.9—2012.7)　颜越虎(2018.1—　　　)
副 主 任:颜越虎(2011.9—2018.1)　袁新国(2018.1—　　　)
王　林
责任编辑:颜越虎　袁新国　王　林　汤　敏　李迎春　林琼华
邴　波　王兆保　周修宇　吕克军　赵海良　段　愿
赵鹏团　徐　鹏　汪　珏　阎乐民　葛立朝　葛旭鹏
翁友伦　白效咏(2011.9—2015.9)
刘志勇(2011.9—2012.7)　李恒悦(2011.9—2012.1)
曹爱光(2011.9—2014.9)　戴智勇(2012.7—2014.9)

《浙江通志·财政志》编纂委员会

主　任：徐宇宁

副主任：罗石林（2012.03—2018.03）

秦　忠（2012.03—2016.02）

金慧群

魏跃华（2012.03—2017.04）

薛小杭（2012.03—2014.07）

王广兵（2012.03—2018.10）

赵立妙（2012.03—2018.03）

杜祖国

李伯来（2014.06—2015.12）

沈　磊（2014.06—　　　）

邢自霞（2015.07—　　　）

徐首红（2015.12—　　　）

章启诚（2018.09—　　　）

委　员（按姓氏笔画）：

卜　敏（2015.08—2017.07）　王　俭（2012.03—2016.04）

王雯琳　尹红平　叶光胜（2015.11—　　　）

邢自霞（2012.03—2015.07）　江中亮　李　军

李文艳（2012.03—2015.08）　杨维智（2017.07—　　　）

杨慧芳（2015.11—　　　）　何新星（2016.09—　　　）

余丽生（2012.03—2012.08）　沈　磊（2012.03—2014.06）

沈江平（2012.03—2018.11）　张杭平（2012.03—2015.10）

陈　孝（2012.09—2014.05）　陈百平　陈建中　金　涛

周　瀛（2012.09—　　　）　周位标（2012.03—2012.08）

侯余兴　俞建人（2012.03—2015.07）

姜明路（2012.03—2012.08）　姚龙飞

莫红民（2012.09—2018.09）　钱国兴（2012.03—2016.09）

倪学军（2014.05—　　　）　徐来兴

郭定方(2016.09—) 章启诚(2015.08—2018.09)
章忠良 董立国(2017.06—)
蒋建建(2012.03—2014.05) 蒋振成(2012.03—2012.08)
童黛铭(2015.11—) 楼梅芳

《浙江通志·财政志》编辑部

主　编:金慧群
副主编:余丽生(2012.03—2012.08) 莫红民(2012.09—2015.11)
杨慧芳(2015.11—) 王非文
撰稿与编辑:施惠萍 郑备军
资料提供:汤建新 姜伟荣 章荣忠 杨一斐 王新江 郭丽丽
王　鹏 沈　维 张　静 程少春 何小康 徐佳梦
饶亚君 邵金泉 苗林炯 戴逢辉 沈燕萍 罗亭林
全龙江 彭新宇 颜明波 陈军训 冯　华 方优良
寿建钢 王承峰 王　蔚 陈　俊 李连春 吴金莲
林凤珍 骆　勤 童光辉 陈祥槐 周银香

序

浙江是一片风光优美、令人神往的大地，是一个历史悠久、文化璀璨的家园，是一块创业创新、活力迸发的热土……在浙江人民波澜壮阔、跌宕起伏的奋斗历程中，浙江大地上涌现出无数勇立潮头的先进人物、可歌可泣的历史事件。这一切都真实准确、全面系统地记录在皇皇巨构《浙江通志》之中。《浙江通志》编纂工作自2011年9月启动以来，历届省委、省政府十分重视，各有关单位尽职尽责。《浙江通志》的出版，是全体编纂人员呕心沥血、辛勤耕耘的珍贵结晶，也是浙江文化强省建设的丰硕成果。

编纂地方志是我国源远流长的文化传统。地方志不仅能记述、反映历史的发展与社会的变化，而且还具有独到的“存史、资政、育人”等功能，在传承文明、开创未来的宏伟大业中具有不可替代的作用。浙江有着悠久的修志传统。早在东汉初年，被称为“方志之祖”的《越绝书》诞生在浙江；宋代，“临安三志”作为中国古代方志的定型之作，登上历史舞台；清代，浙江学者章学诚则以创立方志学闻名于世。千百年来，浙江佳志迭现，名家辈出。这些名志大家既是浙江作为“方志之乡”的最好见证，也是浙江成为“文化之邦”的重要支撑。

从上山文化、跨湖桥文化、河姆渡文化、良渚文化等史前文明，到越王勾践卧薪尝胆、雪耻复国的春秋霸业，从唐宋钱塘的富庶繁华，到明清两浙的文化昌盛，浙江先人展示的画卷光辉灿烂，令人赞叹不已。“一部民国史，半部在浙江。”民国时期，政治、经济、文化、教育、科技等领域的代表性人物成就卓著、各领风骚，推动了时代的发展和社会的进步。中华人民共和国成立后，浙江发生了翻天覆地的变化。特别是改革开放以来，经济社会全面发展，城乡各业蒸蒸日上，之江大地日新月异，人民群众安居乐业。浙江人民勇做时代弄潮儿，积极实施“八八战略”，努力践行“绿水青山就是金山银山”的发展理念，探索出了一条符合浙江实际、富有浙江特色的发展路子，形成了与时俱进的浙江精神，为今后可持续发展提供了强大的精神力量与广阔的提升空间。“盛世修志，志载盛世。”《浙江通志》把浙江人民所创造的辉煌业绩和奋斗精神记载下来，既可以激发当代浙江人励精图治、团结奋斗，更能够广泛宣传浙江，让全国乃至世界更加充分地了解浙江、认识浙江，作用巨大，意义深远。

“修志问道，以启未来。”今天，浙江人民在习近平新时代中国特色社会主义思想的指引下，按照统筹推进“五位一体”总体布局、协调推进“四个全面”战略布局的要求和习近平总书记对浙江提出的“干在实处永无止境，走在前列要谋新篇，勇立潮头方显担当”的新期望，积极投身高水平全面建设小康社会和高水平推进社会主义现代化建设伟大实践。《浙江通志》的编纂出版，既为我们提供了丰富宝贵的现实经验，也为我们提供了可资借鉴的历史启示。我们要充分重视用志工作，加强宣传力度，拓宽用志途径，采用各种形式，不断扩大地方志的服务功能，既要让方志成为决策者的案头书，又要让志书成为广大群众喜闻乐见的精神产品，使地方志在“两个高水平”建设的新征程中发挥更大的作用。

是为序。

浙江省人民政府省长 袁家军

2018年10月8日

凡　例

一、宗旨

以马克思列宁主义、毛泽东思想、邓小平理论、“三个代表”重要思想、科学发展观、习近平新时代中国特色社会主义思想为指导，遵循辩证唯物主义和历史唯物主义原理，全面、客观、系统地记述浙江省自然、政治、经济、文化和社会的历史与现状。服务当代，垂鉴后世。

二、起讫时间

上溯事物发端，下限为 2010 年 12 月 31 日，必要时以注释等形式作适当下延。

三、地域范围

以下限时浙江省行政区域为界，原则上越境不书。

四、体裁

采用述、记、志、传、图、表、录等体裁，以志体为主。

五、结构

以卷章结构为主。

卷的设置以科学分类与现实社会分工（现行管理体制）相结合。凡具有特别重要地位、文化积淀深厚且体量较大者，设为专志，各置为卷。

卷下设章、节，节下根据需要设目、子目与细目等。凡时代特征、地方特色显著，又难以在正文中展开记述者，设为专记。

六、文体

使用规范的现代语体文。直接引用资料使用原文文体。

七、文字

以经中华人民共和国国务院批准、1986 年 10 月 10 日国家语言文字工作委员会重新发表的《简化字总表》，1955 年 12 月 22 日中华人民共和国文化部、中国文字改革委员会发布的《第一批异体字整理表》及 2013 年 6 月 5 日中华人民共和国国务院公布的《通用规范汉字表》为准，异形词以2001年12月19日中华人民共和国教育部、国家语言文字工作委员会发布的《第一批异形词整理表》为准。

人名、地名、书名、文章篇名及引录的原著文句，凡可能引起歧义、误解者，仍用原繁体字或异体字。

八、标点符号

以2011年12月30日中华人民共和国国家质量监督检验检疫总局、中国国家标准化管理委员会发布的《标点符号用法》为准。

九、称谓

中华人民共和国成立前的国家、民族、地名、组织、机构、职官等名称，除明显带有歧视、污蔑含义者加以适当处理外，原则上仍用文献记载的原名称。

志书下限时的地名使用各级政府审定的标准地名，必要时括注俗称地名。地名古今不同者，各章首次出现时在其后括注志书下限时的标准地名；隶属地域变化者，注明志书下限时所属地域。

外国的国名、地名、人名、民族名，以及政府机构、党派团体、报刊等名称，主要依照《辞海》(第六版)译名及新华通讯社译名室常用译名。各章首次出现时，根据需要括注外文原名。

生物名称使用学名，记述自然资源涉及有关生物名称的，各章首次出现时采用二名法，必要时加注当地俗名。

十、简称

各种较复杂的名称重复出现时，各章首次出现时使用全称并括注简称，其后出现直接使用简称；有关机构、单位2010年的简称均以《有关机构、单位全称与规范化简称对照表》为准；有关机构、单位2010年前的简称及其他简称采用社会上通行、不产生歧义者，且全卷保持一致。

十一、纪年

干支纪年、年号纪年及其他非公历纪年等，以汉字书写，括注公历纪年；非公历纪年后有月日的，同时括注经换算后公历纪年的月日。

民国纪年以阿拉伯数字书写，括注公历纪年。

同一自然段中同一纪年多次出现时，只在首次括注公历纪年，其后不再括注。

括注公历纪年于年份后加“年”字；括注某一时间段，则只在后一个公历纪年后加“年”字。

括注公元前年份，年份前冠“前”字；括注公元元年后年份直接书写年份，不冠“公元”。

自1949年10月1日起，采用公历纪年。

公历纪年及公历的世纪、年代、月、日和时分，均以阿拉伯数字书写。

十二、数字

按 2011 年 7 月 29 日中华人民共和国国家质量监督检验检疫总局、中国国家标准化管理委员会发布的《出版物上数字用法》表述。凡一个数字与“以上”“以下”“以内”等连用的，均含该数字。

十三 、数据

中华人民共和国成立前的数据按文献记载入志。

中华人民共和国成立后的统计数据以统计部门公布数据为准。统计部门缺失者则采用相关部门经过核实的数据，并以注释形式说明资料来源。同一内容数据有不同者，也以注释形式加以说明。重要地理信息数据采用测绘部门公布的法定数据。

十四、计量单位

按 1984 年 2 月 27 日中华人民共和国国务院发布的《中华人民共和国法定计量单位》规定表述。行文中使用单位名称或单位符号视具体情况而定。

中华人民共和国成立前的计量单位根据需要沿用旧制。

十五、货币

中华人民共和国成立前的货币币值均按文献记载入志。

中华人民共和国成立后货币币值均指人民币币值。1955 年 3 月 1 日前后人民币各按当时币值记载，不作换算。

外国货币按文献记载入志，币值不作换算。

十六、地图

按 2015 年 11 月 26 日中华人民共和国国务院公布的《地图管理条例》和浙江省人民政府 2014 年 11 月 11 日公布、2015 年 12 月 28 日修正的《浙江省地图管理办法》的规定，采用经浙江省测绘行政主管部门审核的地图。

十七、注释

直接引用(引文)、地图、图片、表格及有关重要内容，均注明资料来源。其他需要说明者，亦酌情加以注释。

引用清代及清代以前编纂的志书，注明朝代、纪年、志书名称及卷次(或卷次与篇名)；引用民国时期编纂的志书，注明“民国”两字和志书名称、卷次(或卷次与篇名)；引用 1949 年 10 月 1 日(含)以后编纂、出版的志书，注明志书名称、出版单位、出版时间及页码。志书名称与篇名均用书名号。引用私修志书，除上述各项内容外，于志书名称前注明作者姓名。

十八、资料

取之于档案、书籍、报刊、网络及社会调查等，均经考订、核实。凡记载不一者，正文采其一说，其余说法以注释形式记述。

十九、大事记述

以编年体为主，兼用纪事本末体，专设《大事记》记载全省大事；其余各有关卷设置《大事年表》记载相关大事。

二十、人物

以“生不立传”为原则，专设《人物传》予以记载；其余各有关卷所涉人物按“以事系人”“人随事出”方法处理。

目 录

概 述

浙江省位于中国东南沿海，以境内钱塘江的古称得名，素有“东南财赋地，江浙人文薮”之称①。

财政是国家为满足社会公共需要而进行的政府性分配活动，是国家治理的基础和重要支柱。秦至清代，漫长的2000多年，财政收支集权于中央，浙江财政反映了国家财政在浙江的分配活动。至晚清，中央集权财政体制下的奏销制度开始衰落，对地方财政的控制力逐渐减弱，地方各自为政日益严重。但破立相继，清末和民国时期受西方现代财政制度的影响，有了地方现代财政的雏形。抗日战争时期，浙西南、浙东存在由中国共产党领导的根据地财政制度。民国38年(1949年)8月，浙江省人民政府(以下简称省政府)成立，同时设立浙江省财政厅(以下简称省财政厅)，1951年正式确立省一级财政管理体制。浙江财政在艰难中起步，筚路蓝缕，解放思想，勇于创新，敢为人先，在“生财”上下功夫，在“聚财”上做文章，在“用财”上谱新篇。浙江财政与经济良性互动，走出了一条符合时代要求，具有鲜明浙江特色的公共财政改革发展之路。1949—2010年，全省财政总收入累计完成30026.71亿元，财政支出累计完成18739.04亿元。其中，2010年全省财政总收入4895.41亿元，地方财政收入2608.47亿元，在全国的排名由1994年分税制时的第8位上升到第5位；2010年全省财政支出3207.88亿元，有效支撑了全省经济社会的发展和进步。

一

商周时期，浙江为越族分布之地。相传中原夏禹的第五代少康封庶子无余于会稽(今浙江绍兴)，国号“于越”，守大禹陵，奉大禹祠庙之祭祀。

春秋时，浙江为吴、越之地；战国时浙江属楚。勾践七年(前490年)，吴王遣勾践等归国，勾践在越国改革内政，舍其愆令，轻其征赋，凡长子夭折，免三年赋税；庶子早亡，免三月赋税。采用计然之策，实行平粜法，平衡谷价。

秦灭六国，实行郡县制，浙江属会稽郡、鄣郡。秦代赋敛愈重，戍徭无已，除田租、口赋与各种劳役、兵役外，还有各种杂税，百姓负担二十倍于古。

---

① 赵宏恩等监修的《江南通志》(卷首二之二)“南巡笔记”记载康熙皇帝于甲子(1684年)春首次南巡江南时留下的名句“东南财赋地，江左人文薮”。浙江地属江南，江左包括浙北。文中之句为后人赞叹浙江时对康熙句的推演活用。

汉代,以郡、国并行,替代秦代的郡县制,浙江属扬州。西汉,鉴于秦代暴敛,二世而亡,实行十五税一。汉景帝前元元年(前156年)五月,"令田半租",即三十税一。西汉末年名为三十税一,连同算赋、口赋等,实为十税其五。东汉建武初期实行十税一,建武六年(30年)恢复三十税一,至汉献帝循而未改。

三国时,浙江属吴。嘉禾五年(236年)吴大帝孙权发行当五百大钱,赤乌元年(238年)又发行当千大钱。天玺元年(276年),会稽太守车浚因郡遭旱荒,百姓无粮,上表请求赈贷。孙皓却责怪车浚欲树私恩,以不出算缗之罪斩之,并徇首诸郡以儆效尤。孙皓降晋时,吴国人口230万人,却有吏3.2万人、兵23万人,财政负担沉重。

两晋时,浙江隶属扬州。西晋统一后,推行"占田""课田制",每一丁男占田70亩,50亩负田租;女30亩,20亩负田租,负担田租的地为"课田",每亩每年纳租谷8升。丁男之户每年须纳调绢3匹、绵3斤,次女或次丁男折半。东晋时,丁男、丁女的规定较西晋有所改动,岁征调布4匹。此时的工商税收除对食盐与酒时而专卖、时而征税外,还有内地所设关卡征收关税;对行商、坐贾征收市税;对买卖奴婢、牛马、田宅书立文据征收估税;课于航路交通的桁渡税、牛埭税;课于富室的赀税等。此外,尚有丁税,浙东五郡①在南齐建元初,丁税一千。

隋初,实行州县两级制,浙江归属扬州刺史部吴州总管府。开皇三年(583年)免盐税,废除酒专卖。大业三年(607年)罢州置郡,浙江境内设有余杭、会稽、东阳、遂安等郡。运河的开通对输江南财赋于关陇起到重要作用。隋朝在经济上承北魏的均田令和租调制。

唐代,改郡为州,实行州县两级,后演变为道、州、县三级,浙江属江南道,后属江南东道,分置浙江东、西两道。唐初实行租庸调制,每丁授田百亩,岁输租粟3石,绢𫄨各2丈,布则2丈5尺,输绢𫄨者兼调绵3两,输布者兼麻3斤,江南诸州租,并回纳造布。凡丁岁役二旬,若不役,则收其庸,每日纳绢3尺。有事而加役者,15天以上免其调,30天以上则租庸俱免。武德六年(623年),户税定为三等,后改为上上至下下九等,纳税自4000钱至500钱,依等递减500。其他尚有矿税、间架税、除陌钱、僦匮纳质钱与关税等。中唐起还征收盐、茶、酒税。建中元年(780年),颁行两税法以集权保收。两税法规定:百姓及客等,以大历十四年(779年)所佃青苗地额,定等第,均率作。一年中分夏、秋两季纳税(故称两税法),夏税农历六月,秋税农历十一月。唐代为加强赋税管理,将地方所征赋税分为三部分:一部分地方留用,即为"留州";一部分按规定解缴诸道节度使,即为"送使";一部分直接解缴京师,即为"上供"。此外还有常贡,浙江每年常贡计:白编绫20匹、橘子2000颗、蜜姜2石、朱砂10两、交梭30匹、轻绸10匹、附子(中成药)100枚、纸1.2万张、葛粉20石、竹簟1合、绵100屯又600两、纻布30端、鲛鱼皮130张、干姜100斤、乳柑6000颗、金漆5升3令。闽浙之盛,自唐而始。

五代,浙江属吴越国。吴越国投入大量资金扩建城区、修筑海塘、治理圩田等,开支庞大。吴越国沿用唐代两税法,征额为:田税亩3斗,上等田每顷纳税钱2贯100文,中等田1贯800文,下等田1贯500文。正税之外还有进际税,即以进际之名虚增税额,并征人口税,即身丁,

① 浙东五郡:又称"会稽五郡",即会稽、临海、永嘉、东阳、新安,除新安郡位于今安徽黄山市境,其余四郡均位于今浙江省境。

赋钱 360 文。原先西湖渔民每天还要向吴越王钱镠府缴“使宅鱼”，钱镠谋士罗隐以诗寓讽，谓姜子牙“若叫生在西湖上，也是须供使宅鱼”，钱镠感悟，遂免其征。

北宋，实行路、州（府、军、监）、县三级制，浙江属两浙路。耕地主要分民田和官田两大类，民田征税、官田征租。田赋一般以田亩为标准，田亩又按土质、色泽分等，按等定率，沿袭唐代两税法，夏、秋两季缴纳。宋初，两浙田赋从五代的每亩 3 斗下降到每亩 1 斗。田赋分中、下两等，中田每亩夏税钱 4 文 4 分，秋米 8 升；下田每亩夏税钱 3 文 3 分，秋米 7 升 4 合。神宗时，推行方田均税法，在丈量土地的基础上，随陂原平泽而定其地，因赤淤黑垆而辨其色，以地及色参定肥瘠程度，分为五等，确定税则。缴纳田赋，实行“支移”“折变”之法，支移是要百姓将应纳粮、物运送到官府指定地点；折变系指夏税钱在征收时折算成实物缴纳。折变名目繁多，有的甚至反复折纳，以至实收为应纳税额的数倍乃至数十倍。正税之外还有各种附加，如头子钱、义仓税①、农器税、进际税等。宣和元年（1119 年），根据户部统计上供钱物，两浙路为 4435788 贯（或者匹、两），列诸路之首。盐课是宋代主要财政收入，宋代采用禁榷法（官运、官卖）与通商法并行。宋初，东南盐利为天下最厚，两浙路杭州场岁鬻盐 7.7 万石；明州、昌国东西两监 20.1 万石；秀州场 20.1 万石；温州天富南北监密鹦、永嘉两场 7.4 万石；台州黄岩监 1.5 万石。并在两浙按年计丁散盐，每丁给盐 1 斗，纳钱 166 文。

南宋，浙江分属两浙东路、两浙西路。建炎三年（1129 年），两浙路身丁盐钱绢等计绢 24 万匹、绵 100 万两、钱 20 万缗。

从北宋乾德五年（967 年）至南宋乾道八年（1172 年）的 200 多年间，北宋两浙路与南宋两浙东、西两路，共上贡丝物占全国上贡总额的三分之一以上。其中，上贡的罗占全国的 65.4%，绢占 36.8%，绸占 26.5%，而上贡的丝绵则占全国的 63.2%。茶课主要实行禁榷法。北宋两浙路杭、明等 12 州 127.9 万斤茶，都由榷货务销售，至道末年（997 年），售款 285 万余贯；开禧末年（约 1207 年），增 45 万余贯。嘉祐（1056—1063 年）初期，改行通商法，种茶收租，贩茶征税。崇宁年间（1102—1106 年）又恢复禁榷法，对酒实行榷酤法，岁有定额，其后屡屡增加。熙宁十年（1077 年）前，杭州年岁额在 30 万贯以上。各州、县设税务征收商税，行者携货征“过税”每千钱二十；居者买卖征“住税”千钱三十。淳熙年间（1174—1189 年），临安府岁入商税钱 102 万贯。两浙路杭州、明州等沿海港口设立管理海上对外贸易的市舶司，向入港船只征税，税率通常为所载货物的十分之一，有时达十分之三四。此外，尚有印契税、经总制钱、月桩钱、板账钱、力胜钱等。

元代，浙江属江浙行省，实行路、州、县三级制。田赋有税粮和科差，税粮行于江南为夏税、秋税；科差行于江南为包银和户钞。元贞二年（1296 年），定江南税粮：秋税只纳粮，夏税则输以木棉、布、绢、丝绵等物。江浙行省年纳粮为 4494783 石，为全国各行省之最。盐法始行于太宗二年（1230 年），两浙岁办盐 92184 引，每引分 2 袋，每袋折中统钞 9 两。元统元年（1333 年），两浙盐 48 万引，每引价 3 锭，正课中统钞 144 万锭；其他还征茶税、酒醋课、商税、

---

① 义仓税：义仓是储粮备荒的一种习俗，隋唐时已有。义仓税是中国古代一种以征收义租形式筹措专项物资的征收制度。

市舶课、岁课等。天历年间(1328—1330年),江浙行省商税课额达269027锭,占全国各路总数939529锭的28.6%。

明初,置浙江行中书省,实行省、府、县三级。洪武九年(1376年),改中书省为承宣布政使司。明初在清理田籍及户籍的基础上沿用两税法,夏税为麦,秋粮为米。杭、嘉、湖等地田赋特重,民田亩课2斗~3斗,官田亩课7斗至1石;处州7县亩税1升。明太祖朱元璋为表彰功臣刘基(刘伯温)而特批其家乡青田县每亩纳粮半升。正统元年(1436年),令浙江官田准民田起科;景泰七年(1456年),朝廷令孙原贞等人制定杭、嘉、湖则例,凡重者轻之,轻者重之,均衡税赋。明代徭役分里甲、均徭、杂泛三种。嘉靖四十五年(1566年),巡按御史庞尚鹏在浙江实行一条鞭法,将赋及各役并作一起,皆计亩征银。据不完全统计,万历六年(1578年)全省田赋收入总计:麦152866石;米2369764石。万历三十八年浙江额征均平额办银、坐办银、杂办银、均徭银、兵饷额银共达988919两。明后期还以辽饷、剿饷、练饷①之名实行田赋加派。辽饷前后4次加派共1分2厘;崇祯十年(1637年)剿饷每亩加米6合,每石折银8钱,后又亩加1分4厘9丝;崇祯十二年加征练饷每亩1分。从万历二十五年至崇祯十七年,浙江一地共增加辽响、剿饷、练饷550976两。

洪武元年(1368年)修订《盐引条例》,并设两浙都转运使司,下辖嘉兴、松江(今属上海市)、宁绍、温台4分司,杭州、绍兴、嘉兴、温州4盐仓批验所。洪武十七年工本米折钞,两浙盐每引钞2贯500文。两浙盐行销于浙江及直隶(应天府等为直隶,治所今江苏省南京市)、安徽、江西的部分地区,岁解太仓余盐银14万两。万历二十八年(1600年),两浙盐税上缴朝廷白银14万两。明时茶课实行茶引,浙江每年茶课钞2134贯。明初设河泊所征收鱼课,依商税三十取一。征收以米钞为本色,亦许以其他折色(田地所征赋税用征银布帛等代替,官员俸禄亦以折发钱钞)。万历六年,浙江鱼课合钞182969贯。浙江是明代主要银矿产地,温、处所属丽水、平阳等7县设场局,征收矿税,一般实行包税。洪武年间(1368—1398年)所定者为岁办,以后新增者为闸办②。洪武年间浙江岁办2800余两,永乐年间(1403—1424年)闸办为82070余两,宣德年间(1426—1435年)闸办为94040余两。明代还征有酒醋课、商税、市肆门摊税、钞关税、船钞商税、工关税等。万历六年,浙江税课钞3005239贯821文。

宋、元、明时期,浙江境内各项支出内容大致相同,支出规模呈现扩大趋势。主要有上解支出、官员俸禄、水利交通、抚恤赈济、文教宗教支出等。

清代,沿袭明代体制,实行省、府、县三级。清初,赋役沿用明代一条鞭法,按地亩征税,按人丁征丁银。田赋科则仍沿万历旧制,依土地肥瘠划分上、中、下三则,每则又分上、中、下三等,且田地山荡赋率不同,各地科则不一,浙江田有350则、地有179则、山有97则、荡有117则。浙江田赋以嘉兴、湖州为重,亩至8斗,杭州次之。雍正年间,浙江额征地丁漕南正杂共银2611185两,米1350653石。而杭、嘉、湖征银1018665两,占全省额征数的39%;征米

---

① 辽饷、剿饷、练饷是明末为抵御外族入侵和镇压农民起义的三种军费。辽饷用于辽东方面的战事,以抵御满族后金的入侵;剿饷用于镇压农民起义;练饷用于增练兵员及在州县训练民兵。这三项军费为明代田赋中加派数额最大。

② "岁办",明代官府征收赋税方式的一种。地方官府每年向朝廷进贡土产,贡物由民间摊派,不足或不合要求部分,由官府召商采办,成为一种变相赋役。"闸办",民间为官府办治物品。

1161021石，占全省额征数的86%。

浙江在康熙十一年（1672年）奉准先以盐钞银均入地亩，康熙三十六年以匠班银7000余两派入地亩。康熙五十二年实行“滋生人丁，永不加赋”，浙江以康熙五十年钱粮册登载2751000丁，丁银250129两为定额。雍正元年（1723年）准直隶总督李维钧之请，将丁银随地起征，每田赋1两，摊入丁银2.02钱，后各省仿行，是为摊丁入地，亦称“摊丁入亩”（田赋和丁税合一，统称“地丁钱粮”）。雍正四年，户部定浙江田赋银1两，均摊丁银1.045钱。浙江各地摊丁入地时间有先有后，嘉兴、湖州最早，绍兴、萧山继之，宁波、台州最晚。由于各地有的是照田起丁，有的是照粮起丁，故实行之中未能均于1.045钱，如湖州每两田赋银均摊丁银为0.499钱，而杭州为1.71钱。

清代浙江的田赋收入，据不完全统计：顺治十八年（1661年），银2572592两，粮1361367石；康熙二十四年（1685年），银2618416两，粮1345772石；雍正二年（1724年），银2695432两，粮1369258石；乾隆十八年（1753年），银2812049两，粮1130481石；道光二十一年（1841年），地丁1887046两；光绪十九年（1893年），地丁1958683.62两，杂赋68852.58两，租息15488.79两，粮折743922.67两，耗羡124070.7两，共计2911018.37两，占全国的8.8%，仅次于河南、山东、山西，居全国第四位。火耗随田赋征收，浙江各县火耗不等，浙江年征162362两。自火耗归公，全省文职官员养廉银及各项公费，实取于此。

杭、嘉、湖三府须将征收的粮米运送进京，是为漕粮。直接运至京仓的为正兑，运至通州仓的为改兑。浙江漕粮正兑米60万石，改兑米3万石，每石加耗4斗，除去改折，共征正兑漕粮正耗米863346石余。运漕经费称为漕项，由全省各府县共同负担，雍正年间（1723—1735年）浙江共征漕项银729849两（遇闰加征银10047两）。光绪三十三年（1907年），浙江岁收漕粮额征691544石（包括正兑、改兑、白粮、改漕等米），漕粮折色额征427461石（专就折色言）。

清代浙江有盐场25场，盐税有灶课、商课、包课、杂课。浙江每年额征灶户正课（含1%滴珠银）116018两。商课系盐商缴纳的税银，两浙盐旧额大引444769引，每引300斤，后改每引200斤，则当小引667153引。两浙盐杂课内有京书廪费、功绩、牙税、裁冗等款，征银139117两，车脚、纸朱、公费、引费等款征银363399两。嘉庆后还以河工、军饷、赔款、禁烟等各种名目酌以盐斤加价。光绪二十九年（1903年），浙江盐课收入银698353两。

清代关税分常关税与海关税。常关税为内地货物通过税（商税），设关处所，沿用明制。杭州北新关，始建于明宣德四年（1429年），清顺治二年（1645年）定北新关征收船料、商税，下辖7务、6小关。北新关原额每年113946两，顺治十二年增5024两，康熙二十五年（1686年）增13269两，嘉庆十九年（1814年）总计额定132239两（征收茶税在外），至道光年间（1821—1850年）一年定额18万余两。南新关设于顺治二年，隶于工部，专司竹木抽分（竹木税），每年额定49469两。道光二十一年、道光二十五年、道光二十九年各实征30247两。康熙二十四年建浙海关于镇海县南薰门外，并于沿海要地设口15处。海关初设岁无定额，后定梁头、货税等项正额银32030两。雍正六年（1728年）护理关务台州府江承介于额征外报收盈余银5.4万两，雍正七年、八年均有5.9万两盈余。乾隆二十二年（1757年），浙海关比照粤海关厘定税例，道光五年又作更定。道光二十年鸦片战争以后，五口通商（五口为广州、厦门、福州、宁波、上海），成立新海关，称原来的海关为常关或旧关，浙江常关为浙海常关、瓯海常关两处。浙海常关额征、盈余两项共40722两。光绪十八年（1892年），浙海关征银125万余两，瓯海关36000余两。浙江新海关为浙海新关、瓯海新关、杭州新关。杭州新关自光绪二十二年八月开关，至年终征银4060两；光绪二十三年为374874两；光绪三十年为702956两。瓯海常关光绪三十四年征银27718两。宣统年间（1909—1911年），采取了一些减免措施及进口征收划归江海关，杭州新关税收每年常在30万两左右。

同治元年（1862年）秋季，浙江巡抚左宗棠设牙厘总局于衢州，在浙江实行厘金制，征收盐茶厘税，以后推行于浙东各郡。税率初定1%，继增至6%～7%。次年，清军击败太平军攻占绍兴，复设立盐茶总局，并改定税率，浙东为9%，浙西4.5%。同治三年二月，清军攻入杭州，四月左宗棠将衢州牙厘总局移至杭州。此后湖州又被清兵占领，乃设八府局：嘉兴、湖州、绍兴、宁波、台州、衢州、温州、处州，金华、严州不设府局，由省局直辖兼办。各府局于要津设卡，以待行商，见货抽厘，兼综百货。厘金主要有百货厘、丝厘、茶厘、茶糖烟酒加成厘、洋药厘。浙江每年厘金收入在200万两左右，在全国14省中仅次于江苏，居第二位。其中，同治八年2057040两；同治十三年2123540两；光绪元年（1875年）2048697两；光绪二十年1987837两；光绪三十四年2247889两。浙江厘金的用途分为11项，其中8项归为国家用款，一项为省内用款，其余2项用途不详。

清代浙江的其他税课还有茶课、坑炉铁税、季钞款、契税、当税、牙税、落地税、牛税、碓税等。浙江所征地丁、漕项、盐课、驿站、耗羡等银，除漕项、驿站银属列收列支外，地丁、耗羡有起运、存留名目。起运又分解部、解司、解道、解淮之类；存留有杂支、官役、俸工、祭祀等项。全省每年在耗羡下定额支出主要有：各官养廉银141770两；金、衢、严道心红纸札银400两；各官备公银13617两；兵工食并米折银4096.4两；乍浦教习养膳并跟役口粮银594两；江山、山阴、萧山等县岁修桥船工费并轿夫工食及湘湖等坝银591两；乍浦杂费银82.9两。每年在耗羡下无定额支出主要有：主考盘缠银600两（每年酌留200两，按3年积成）；微员回籍路费每年酌给316.9两；不敷囚粮米石每年酌给314两；额外孤贫口粮银每年酌给1800两；杭协掣办火药，并定海、黄岩、乍浦、温州、玉环、瑞安、镇海、宁海、昌化各镇营汛备办战船器械等酌给3200两。

二

民国时期，政府为使财政收入有可靠来源，借鉴欧美和日本的经验，逐渐整理旧税，开征新税，划分中央和地方收入，统一财政税收，平衡税负，裁撤厘金，取消苛捐杂税，开征直接税，并实行中央、地方两级财政，浙江省始有一定财政自主权。民国10年（1921年）前，浙江财政基本自立，持续上缴中央专款后，尚可保证地方财政收支平衡。民国24年，全国实行中央、省、县三级财政。民国26年起，由于抗日战争全面爆发，浙江省政府西撤，实际上未能实行三级财政。民国31年，实行国家财政与自治财政两体系运作，省财政并入中央财政。抗战胜利后，民国35年恢复中央、省、县三级财政。

民国时期，浙江的财政收入主要有田赋、货物税捐、杂项、公债4类。田赋分地丁、抵补金、屯粮、租课和田赋征收费。地丁承清制，以原地丁银为标准，每两地丁银折成银圆1.5元征收，外加粮捐0.3元，共1.8元。浙江省于民国3年(1914年)起收取田赋征收费，在地丁项下附加征收9%。浙江原有漕运任务，在裁免漕运后改征抵补金，每斗漕粮折征银圆0.3元，后曾一度改折0.5元，民国5年10月又改为0.3元，另加0.1元作为地方税。屯粮为前清驻军屯田所缴田赋，民国时予以继承，驻军变化甚大，屯田大部转入地丁。租课在公属荒地、废地和沿江河滩地征收，民国后期大部分也转入地丁。民国21年，浙江省废除地丁、抵补金名目，改称上下期田赋，上期银每两折征1.8元，代征征收费9%；下期米每石折征田赋3.3元，代征征收费3.7%。民国24年11月，国民政府实行币制改革，以法币取代银圆，成为流通于市场的唯一法定货币，征收改用法币。民国28年又改为田亩捐。民国30年，改为征稻谷并划归中央收入。民国31年加征公粮。民国35年，规定田赋征收实物，按原定正附税每元征收4斗9升，因为省议会抵制，实际按民国33年税额的5折征收。民国36年，赋率合并，每元实征5斗4升。

浙江省对货物征税主要是流转税，其中又以原来厘金演变的统捐为主要收入。民国初年曾裁免厘金数月，因收入锐减，临时省议会参照前清厘金章程酌改，征收统捐。由于遇卡抽收，征收随意性强，不利于商业发展，清代就有裁厘之议，民国以后也几次会商裁厘。浙江虽对厘金之弊作了改进，更名统捐，但其阻碍商业发展的实质未变。统捐收入，民国元年(1912年)为318万元，以后每年大致在400万元左右，民国14年为548万元。民国20年1月1日，全国一律废止厘金，浙江也如期废止。

浙江烟酒税收入占全国较大比重，民国22年(1933年)占全国的19%，民国25年占13.6%。烟酒税费捐包括烟酒牌照税费、烟酒公卖费捐、纸烟捐、雪茄烟捐、洋酒类税、土酒定额税、国产烟酒类税。捐率有按年、按季、按月或按产量包税，也有以5%～100%征税。

民国特税包括卷烟特税、麦粉特税、土烟叶特税、江浙箔类特税、煤油消费特税，大抵因一时所需而开征，征收时间均不长。

民国20年(1931年)全国裁厘后，浙江开办棉纱、火柴、水泥、麦粉、卷烟5项统税。以后又将啤酒洋酒、薰烟叶、火酒、饮料品、糖类、茶类6种货物列入统税范围。统税税率有从值、从量，按质、按率征收。

民国30年(1941年)，国民政府公布《货物统税暂行条例》，民国35年8月公布《货物税条例》，明确对货物从价征收。税款收入都是国税，货物统税品目屡有变动，最后定为卷烟等12个征税品目，税率自2.5%～120%不等。其计税价格由财政部税务署设置的评价委员会根据调查的征税货物售价及物价指数每3个月评定一次。后因物价飞涨，民国37年改为每月评定一次，民国38年4月改为每5日评定一次。

营业税由统捐演进而来。民国时期在浙江征收的营业税包括牙税(牙帖捐税)、牙行营业税、当税(当帖捐税)、典当营业税、江浙箔类营业税、特种营业税、营业牌照税。其中牙税、当税、营业牌照税属市场准入性的税费，均按经营规模征收；其他营业税则按营业收入依率或分级累进征收。

民国25年(1936年)7月，国民政府公布《所得税暂行条例》，浙江于同年和次年先后开征薪给报酬所得税和营利事业所得税。民国27年10月，国民政府公布《非常时期过分利得税条例》，民国32年2月公布《所得税法》，民国35年以后《所得税法》作了两次修正。所得税属直接税，收入归中央财政，由财政部浙江区国税局（直接税局）下属各稽征分局及查征所征收管理。所得税针对所得额征收，在浙江征收的所得税还有利息所得税、财产租赁出卖所得税（后改财产租赁所得税）、一时所得税、综合所得税、过分利得税，依比率或分级累进征收。

民国时期，浙江征收的资源类税收有盐税、矿产税。盐税以量计征，民国4年（1915年）初定浙江盐税定额仅为2～2.5元。民国21年，盐课省税收入2816元，而盐附税却有1304644元，为盐课省税的463.3倍。民国3—37年，浙江省征收盐税1.33亿银圆、8627.50亿元法币、762万元金圆券。按民国36年统计，浙江盐税收入排名全国第4位。后期因物价飞涨，盐税税率变动频繁，民国38年3月28日食盐税定额每担高达金圆券2218元（折法币665400万元），渔盐税定额每担金圆券158元。还有名目繁多的盐斤加价、盐斤附加税、善后加价、整理加价、军用盐斤加价、省债加价、镑亏费（外债附加）、整理费、建设事业专款、公益费（盐工福利费）、省附加价、偿本费、管理费（专卖期）、战时食盐附加税（专卖期）、优待国军副食费、盐场建设费等各种附加、费、捐。

民国时期，浙江征收的其他税种还有印花税、遗产税、房捐、屠宰税、使用牌照税、筵席及娱乐税和一些杂税。其他收入有官款生息（财政收入资金对外借款利息）、官业收入（省营事业和对外投资入股收入）、司法收入（各级审判和检察机关的审判、送达、罚金等费用）和教育收入（学校和图书馆的收入）。

浙江省地方政府发行的公债始自民国元年（1912年）2月，浙江省军政府发行100万元维持市面公债。民国10年起，省财政共发行公债16种，民国13年发行第三次定期借款，并始向各县强行派购。民国31年起，地方不再有权发行公债，已发部分由中央接收，并代为清偿。浙江地方公债由财政部清偿的有4154万元。

民国时期，浙江省的支出主要有政权行使支出、行政支出、立法支出、教育及文化支出、经济及建设支出、卫生及治疗支出、保育及救济支出、营业投资及维持支出、保安支出、移殖支出、财务支出、债务支出、公务员退休及抚恤支出、损失支出、信托管理支出、普通协助及补助支出和其他支出。

民国20年（1931年），浙江财政收支平衡，财政收支额是2520万元，其中公债收入占总收入的15.9%，为400万元。收入中最大项是田赋，为939万元，占总收入的37.3%。支出中偿还债务为559万元，占总支出的22.2%；行政经费（包括党务、公安等费）为766万元，占总支出的30.4%；建设费用为89万元，占总支出的3.5%；教育文化费用为296万元，占总支出的11.7%。

浙江自唐宋起至清代一直是东南财赋之地，但民国时期由于战乱频仍，财政状况常常入不敷出，难以自求平衡。特别是民国35年（1946年）后，国民党政权发动内战，军费开支急剧增加，财政赤字直线上升，通货膨胀，物价狂涨，币制屡变，经济面临崩溃。财政收支额看似很大，实际上没有可比性。

全面抗日战争时期（1937年7月至1945年8月），浙江境内先后建立中国共产党领导的浙西南和浙东抗日民主根据地，建立新兴的根据地财政。在根据地财政建设中，实行减租减息、废除苛捐杂税，并建立完整、透明、灵活的财政收支与预算管理制度，为抗击日本侵略者及建设和巩固抗日民主根据地提供经济保障。

三

中华人民共和国成立后，浙江财政的发展经历了"艰难恢复曲折徘徊""重心转移体制过渡""分税制改革与制度创新""全面推进公共财政改革"4个历史时期。

艰难恢复曲折徘徊（1949—1977年） 中华人民共和国成立后，国家建立新型的财政管理制度和财政体系。经历3年国民经济恢复时期（1950—1952年）和第一个五年计划（1953—1957年），浙江财政开始步入正常发展，但随后的"大跃进"（1958—1960年）和"文化大革命"（1966—1976年）又使国家经济和财政工作受到严重挫折。

民国38年（1949年）8月18日，浙江省人民政府成立，同时设立省财政厅等机构。此时的浙江，战争还在继续，农田荒芜，工人失业，物资短缺，物价不稳，百废待兴。当时，财政收入主要靠农业税，而农业生产又处于半抛荒状态，急需安排的支出很多，军需供应、行政经费、社会救济、恢复生产所必要的资金都亟待解决，财政发生赤字。1950年，中央人民政府政务院发布《关于统一全国财政经济工作的决定》，全国财政实行统收统支。浙江省的财政收支均由中央政府统一调度。收入方面，统一税政，简化税制，酌量减轻人民负担。主要财政收入如公粮、税收、公营企业利润等，全部纳入国家金库，以保证集中财力用于巩固新生的人民政权。支出方面，统一供给标准，可省可缓的支出一律节省和缓办，避免百业并举。严格执行预决算制度、审计会计制度和财政监察制度。3年国民经济恢复时期（1950—1952年），浙江财政在财力极端困难的情况下，一方面支持全国抗美援朝，省内剿匪反霸；另一方面发展生产，保障供给，稳定物价，安定人民生活。经过3年努力，财政经济状况有了很大好转。1952年，全省财政总收入3.88亿元，比1950年增长129.6%；支出结构得到改善，行政管理费占总支出的比重从1950年的73.8%降为27.9%，经济建设费的比重由6.3%上升为49.0%，文教卫生费的比重由13.9%上升为19.9%。

1953年，进入国民经济第一个五年计划时期（1953—1957年），浙江财政的主要工作是促进农业、个体手工业和资本主义工商业逐步实行社会主义改造和进行社会主义经济建设。在对农业的社会主义改造过程中，省财政通过农业税累进征收和合理减免等措施，促进农业合作化的发展；对于个体手工业和小商小贩，则从资金和税收方面给予必要的照顾和支持，调动其生产经营丰富城乡商品供应的积极性；对于资本主义工商业，则按照中央确定的利用、限制、改造的方针政策，通过税收杠杆，利用其有利于国计民生的因素，接受社会主义改造。1953年建立县（市）一级财政，初步划分省以下收支范围。省财政分别制定《浙江省预算管理办法》《差额预算管理暂行办法》《特种资金管理办法》等财政管理制度。1956年，全省不少地区建立起乡级财政，为健全基层财政奠定了基础。在第一个五年计划期内，浙江财政收支规模有所扩大，5年内全省财政总收入25.43亿元，其中1957年为6.52亿元，比1952年增长了68.0%；全省财政支出9.46亿元，其中用于经济建设和社会文化教育卫生事业的支出6.67

亿元，占财政支出的70.5%，支持了全省经济和社会事业的发展。五年中，浙江省净上解中央财政16.03亿元，占全省财政总收入的63.0%，为国家重点建设作出了浙江贡献。

始于1958年的“大跃进”和人民公社化运动，使浙江财政工作出现了偏差。这一时期，浙江财政围绕调整财政管理体制、实行企业利润留成制度、改变流动资金管理办法、实行基本建设投资包干、精简组织机构人员编制等方面开展工作。1958—1960年，财政收入增长分别为82.3%、31.1%、8.1%，地方财政支出比“一五”时期总支出增长208.7%，一味追求高指标，使财政收支出现非正常性大幅增长，虚收实支现象普遍，财政收支平衡受到严重冲击，全省12个县(市)发生赤字。这一时期，一些前期建立的行之有效的财政财务管理制度受到批判，不少地方出现违法乱纪现象，国家财产损失浪费情况严重。针对“大跃进”出现的问题，1960年8月，中共中央提出“调整、巩固、充实、提高”八字方针，全省各级财税部门做好贯彻执行工作。确立以支持和恢复农业生产为中心工作的指导思想，实行平调退赔政策；调减农业各税，减轻农民负担；增加对农业的投入；帮助人民公社加强财务管理；提高粮油等农副产品收购价格，增加农民收入，促进经济发展。贯彻执行“当年收支平衡、略有回笼”的方针，加强财政支出管理。按照清仓核资的要求，参与清理企业物资，盘活资金，促进生产发展。预算管理上，贯彻“全国一盘棋”方针，实行上下一本账，执行收入按政策、支出按预算、追加按程序的基本制度。整顿企业财务，帮助企业加强财务基础工作，扭亏增盈。加强会计监督，整顿和健全账目，依据会计人员职权试行条例以及会计核算规程等重要法规进行大量的整治工作，基本消除一度出现的“以单代账”“以表代账”“无账会计”等混乱现象。严格财政纪律，加强监督管理。经过5年的调整，全省经济明显好转，全省财政收入由1961年的10.75亿元上升到1965年的13.20亿元，增长22.8%。

1966年开始的“文化大革命”(1966—1976年)，使浙江经济再次遭受挫折，财政工作受到冲击。这一时期财税机构大撤并，干部被下放，财政体制频繁变动，财政制度遭到严重破坏，财政收入持续下降。1967年比上年下降22.3%，1968年比1967年又下降13.4%，1974年比上年下降23.5%，1975年又比1974年下降13.4%。尽管如此，全省各级财税部门在极其复杂的政治环境下仍做了一些工作，努力维持社会经济秩序，清理整顿杂费，规范收费，减轻农民负担，节约开支，调集全省物资支援河北唐山地震灾区。

重心转移体制过渡(1978—1993年)　这一时期，政府工作重点转向经济建设，浙江财政工作重心也随之转向经济建设，并由此开启了与经济体制改革相适应的财政改革历程。

1978年中共十一届三中全会以后，全党工作重点开始转移到社会主义现代化建设上来，开启了改革开放的历程。国家经济体制逐渐从计划经济向市场经济转轨，相应地财政制度也由计划经济时代的生产建设型财政向着与市场经济体制相适应的体制机制方向转变。

改革财政体制。从实行以行政隶属关系为基础的“分灶吃饭”到以市场为基础的“分税制”改革转变。中共十一届三中全会以后，中央对财政体制进行改革，把“统收统支”改为各级政府“分灶吃饭”，以扩大地方理财自主权，促进了地方经济的发展。“分灶吃饭”财政体制，即按行政隶属关系，明确划分中央和地方财政收支范围，地方以收定支，包干使用，自求平衡。这一体制不仅对克服财政困难起到了有效作用，而且对于促使地方党政领导把工作重点真正转向以经济建设为中心的轨道也起到重要作用。中央对浙江省的财政管理体制相应作过几次调整：1980—1984 年实行“划分收支、分级包干”；1985—1987 年实行“划分税种、核定收支、分级包干”；1988—1991 年实行“收入递增包干”；1992—1993 年实行“分税制”试点。与中央对省财政体制的调整相适应，省对市县财政体制也相应多次变动，以促进区域经济发展。

改革国有企业财务管理体制。财政资金逐步从一般竞争性生产建设领域退出。1978—1982 年，以放权让利为重点，浙江省对国有企业财务管理制度进行一系列改革。1983 年 6 月，对国营企业实行第一步利改税，国营企业实现的利润由上缴利润改为缴纳企业所得税和调节税。1984 年 10 月，国营企业实行第二步利改税。1987 年在全省推行承包经营责任制。1992 年 7 月，贯彻国务院《全民所有制工业企业转换经营机制条例》，各级财政部门从财政政策、资金等方面帮助企业扭亏。1993 年，贯彻财政部发布的《企业会计准则》和《企业财务通则》以及新的行业财务会计制度，并结合省情制定一系列新老财务会计制度衔接办法。企业财务管理体制的改革，使政府对企业的调控和干预逐步由传统的行政手段向行政、经济和法律手段综合协调方向转变，促使企业真正成为市场主体，实现政企分离。

改革税制。在国务院的统一部署下，浙江省从 1980 年开始逐步建立涉外税收制度，1981 年开征中外合资经营企业所得税和个人所得税，1982 年开征外国企业所得税。1983 年 6 月，对实行第一步利改税的国营企业征收国营企业所得税和调节税。1985 年，开征城市维护建设税和国营企业奖金税。1986 年，开征集体、事业单位奖金税、国营企业工资调节税、房产税和车船使用税。1987 年，开征耕地占用税和粮食附加税。1988 年，扩大增值税征收范围，制定印花税、城镇土地使用税和筵席税的实施细则。税制改革突破过去单一税制结构，基本理顺国家与企业的分配关系，保障了财政收入，使各类性质不同的企业能够在大体相同的税负条件下开展竞争。

分税制改革与制度创新（1994—1997 年） 1994 年 1 月 1 日，分税制财政管理体制正式在全国全面实施，财政制度向着构建适应市场经济要求的方向迈出了重要一步。浙江省结合改革开放以来的财政体制改革实践，按照既保证省级调控能力又增强市县实力，既保护经济发达地区发展经济增加财政收入的积极性又兼顾各地区之间平衡发展、规范统一的原则，相应调整省与市县的财政分配关系。在总体确立省对市县的分税制体制后，省财政着手解决部分市县因历史原因造成的财政困难，预算平衡基础脆弱的问题。在大量调查研究并结合历史经验的基础上，1995 年起先后出台具有浙江特色的“两保两挂”①等一系列财政政策，逐步完善省对市县分税制财政体制。“两保两挂”以及“亿元县上台阶”“两保两联”等财政政策是基于分税制财政体制，按照“抓两头、带中间”的改革思路，以制度为保障，将激励与约束机制相结合的创新之举，基本理顺中央与地方、省与市县的分配关系，调动了发达地区和欠发达地区发展经济，做大财政收入蛋糕的积极性，并使之规范化、科学化、制度化。不少县（市）将这一政策植入县与乡镇财政管理体制中。在税制改革方面，全面实施与分税制相配套的工商税制改革，浙江省制定新旧税制的衔接办法，保证新税制顺利实施。

---

① “两保两挂”：即在“两个确保”（确保实现当年财政收支平衡、确保完成政府职责任务）的前提下，实行“两个挂钩”（省补助与地方财政收入增长挂钩，奖励与地方财政收入增收额挂钩）。

1997 年，浙江省贯彻施行财政部发布的《事业单位财务规则》，从而取消长期以来对事业单位实行的全额、差额、自收自支三种预算管理形式，开始了事业单位财务管理体制改革。对事业单位实行核定收支、定额或定项补助的管理办法，事业单位初步实现统一核算、统一管理的“统收统支”新模式。与此同时，浙江省对流通企业建立健全粮、棉、油、肉等重要商品的储备制度、“粮食风险基金”制度和“副食品风险基金”制度，加强大宗重要储备商品的监督管理，增强省级政府调控能力。

这一时期全省改革开放步伐加快，经济快速发展，新的财税体制顺利运行。1994—1997 年，全省财政收支规模较快增长，地方财政收入年均增长 18.5%，财政支出年均增长 16.2%。财政收入占 GDP 的比重呈先降后升逐步提高趋势。同时，财政收入结构发生重大变化，地方税对财政收入拉动力逐步增强，全省地方财政收入稳步增长机制初步形成。

全面推进公共财政改革（1998—2010 年）　这一时期，全省各级财政部门落实中央各项财政改革政策，促进经济增长方式转变，较好地发挥了财政宏观调控作用。“十五”时期（2001—2005 年），落实科学发展观，以公共财政收支体系、政府预算管理体系、财政管理体制、社会保障收支体系等为主要内容，构建公共财政框架体系；“十一五”时期（2006—2010 年），浙江省实施“八八战略”①和“两创”②总战略，浙江财政提出“依法治税、为民理财、务实创新、廉洁高效”的总体工作思路，推进“收入一个笼子、预算一个盘子、支出一个口子”的公共财政管理改革，全省财政实力增强，收支结构优化，财政改革全面推进，并取得全新突破，逐步建立起具有浙江特色的财政体制和运行机制，推动了浙江社会经济的发展和进步。

1998 年，在全国财政工作会议上，国务院正式提出尽快构建“公共财政”框架体系的要求，成为在市场经济条件下完成财政转型的基本导向与纲领。浙江财政围绕建立公共财政基本框架，全面深化财政改革，继续完善分税制财政体制。实施所得税收入分享改革和出口退税负担机制改革，进一步调整和完善省对市县财政管理体制，改进省对市县财政转移支付方法。同时，部门预算管理制度、国库集中支付制度、政府采购制度、政府收支分类改革及财政支出绩效评价等一系列财政支出管理改革有效推进。

2005 年，浙江省地方财政收入首次跃升至千亿元。至 2010 年，地方财政收入规模以平均每年 20%左右的速度增长。在经济高速增长的同时，社会发展的一些深层次矛盾日益显现，并呈加剧之势。新形势下，按照公共财政的要求，浙江财政不断调整和优化支出结构，增

---

① “八八战略”：2003 年 7 月，中共浙江省委十一届四次全体（扩大）会议就围绕如何加快浙江建设小康社会、提前基本实现现代化，提出必须紧密结合浙江实际，进一步发挥“八个方面的优势”，推进“八个方面的举措”（简称“八八战略”）：进一步发挥浙江的体制机制优势，大力推动以公有制为主体的多种所有制经济共同发展，不断完善社会主义市场经济体制；进一步发挥浙江的区位优势，主动接轨上海、积极参与长江三角洲地区合作与交流，不断提高对内对外开放水平；进一步发挥浙江的块状特色产业优势，加快先进制造业基地建设，走新型工业化道路；进一步发挥浙江的城乡协调发展优势，加快推进城乡一体化；进一步发挥浙江的生态优势，创建生态省，打造“绿色浙江”；进一步发挥浙江的山海资源优势，大力发展海洋经济，推动欠发达地区跨越式发展，努力使海洋经济和欠发达地区的发展成为浙江省经济新的增长点；进一步发挥浙江的环境优势，积极推进以“五大百亿”工程为主要内容的重点建设，切实加强法治建设、信用建设和机关效能建设；进一步发挥浙江的人文优势，积极推进科教兴省、人才强省，加快建设文化大省。

② “两创”：2007 年，浙江省第十二次党代会上提出的“创业富民、创新强省”总战略。

强公共产品和公共服务的供给能力，为构建和谐社会和全面小康社会发挥了主力作用。其主要体现在促进城乡之间、区域之间经济和社会的协调发展，缓解城乡差别；注重生态平衡，促进人与自然的协调发展；增加基础设施投入，促进可持续发展；调节收入分配，促进社会公平，解决弱势群体社会保障问题。财政支出向人民群众最关心、最直接、最现实的各类民生领域倾斜，向"三农"倾斜，向欠发达地区倾斜，向基础教育、公共卫生、社会保障、科技、文化、环保和生态等社会事业倾斜。2010年，全省公共安全、教育、科学技术、文化体育与传媒、社会保障与就业、医疗卫生、环境保护、城乡社区事务、农林水事务等支出占总支出的比重为67.3%，支出增幅均高于同期经常性财政支出增幅。"十一五"时期(2006—2010年)连续五年全省财政支出增量的三分之二以上用于民生，2010年全省财政民生支出占地方财政支出的比重为69.9%，占支出增量的75%。

四

1978年中共十一届三中全会后，浙江财政紧紧围绕经济建设这一中心，遵循经济发展与财政工作的客观规律，把抓财源建设与促进经济社会发展作为财政工作的主线，积极探索生财、聚财、用财之道，构建可持续的财政收入增长机制；稳步推进财政改革，全省公共财政框架体系初步建立，支出结构调整取得新进展，财政财务管理水平提升，财政工作逐步走上科学化、规范化、法制化的发展轨道。

增收节支，提升财政综合实力。至2010年，全省所有县(市)地方财政收入均跃上2亿元，34个县(市)地方财政收入上10亿元；全省财政总收入4895.41亿元，地方财政收入2608.47亿元，当年全省地方财政收入占财政总收入的53.3%，地方财政收入中税收收入占94.5%，位列全国第二。科学界定政府非税收入范围，建立政府非税收入征管体系，提高政府非税收入征缴率，政府财力更加雄厚。2006—2010年，全省政府非税收入671.61亿元，年均增长5.9%。2010年12月，《浙江省政府非税收入管理条例》经省人大常委会审议通过，非税收入管理步入法制化轨道。随着公共财政改革的推进，全省各级财政部门厘清财政支出范围，通过"存量调结构，增量优方向，增量调存量"，努力增加公共产品和公共服务，同时严格控制行政管理费支出，规范"三公经费"管理。2009年，全省党政机关公用经费压缩5%，出国(境)经费和公务车购置及运行费支出在上年分别压缩20.5%和24%的基础上实现零增长。

集中财力办大事，促进经济平稳增长。各级财政部门贯彻落实积极财政政策，发挥财政优化资源配置作用，集中财力办大事，除争取中央国债专项资金支持外，通过发行地方政府债券，利用政府外债，集中力量支持"五大百亿"工程①、"三个千亿"工程②等重点基础设施建设

① "五大百亿"工程：包括"百亿基础设施建设"工程、"百亿信息化建设"工程、"百亿科教文卫体建设"工程、"百亿生态环境建设"工程、"百亿帮扶致富建设"工程。

② "三个千亿"工程：即千亿基础网络工程、千亿惠民安康工程、千亿产业提升工程。

项目。支持各类所有制企业发展，理顺市场经济条件下国家与企业的分配关系，完善财政支持企业发展的政策体系。设立工业转型升级专项资金，支持企业技术创新和技术进步，引导和帮助重点企业转型发展。建立中小企业扶持资金和小企业贷款风险补偿资金，支持中小型科技企业加快发展。设立省服务业发展引导专项资金，支持第三产业特别是现代服务业发展，第三产业对税收增长的贡献率提升为74.9%。落实“科教兴省”战略，各级财政不断加大对科技的投入，形成稳定的财政科技经费投入机制。支持发展海洋经济，设立海洋经济发展专项资金，海洋经济发展示范区上升为国家战略，加快建设港航强省，宁波—舟山港建设粗具规模。支持小城镇培育，建设省级中心镇，推进新型城市化进程。加大农业投入，支持现代农业发展，加快农业主导产业转型升级，促进农业增效、农民增收。支持新农村建设，改变农村落后面貌，提高农民生活品质。2010年，全省农村居民人均纯收入11303元，城乡居民收入差距是全国最小的省份之一。

保障和改善民生，促进基本公共服务均等化。浙江财政按照构建公共财政框架体系的要求，坚持把保障和改善民生作为财政工作的出发点和落脚点，不断优化财政支出结构，建立健全财政资金在保障公共需要、提供公共产品、服务公共利益方面的长效机制，推进基本公共服务均等化。支持教育事业加快发展，确立教育的基础地位，振兴教育事业。实施义务教育经费保障机制改革，将义务教育全面纳入公共财政保障范围，2007年秋季开始向义务教育阶段学生免费提供教科书。在全国率先创立并全面推行“教育券”制度，建立新型助学机制，鼓励、督促各地消化义务教育负债。至2010年，全省35.19亿元义务教育债务全部消化完毕。增加高等教育投入，在全国率先实行“生均定额拨款”的预算分配办法，充分调动省属高校增加招生的积极性。大力发展职业教育。“十一五”期间（2006—2010年），财政教育经费累计支出2263亿元，年均增长18.8%。建立健全卫生事业财政补助增长机制，全省卫生事业财政支出增幅高于同期经常性财政支出增长幅度。推动实施“农民健康工程”，逐步加大对农村卫生院和城市社区卫生服务机构建设投入力度，推进基本公共卫生服务均等化，缩小城乡差别。支持文化体育事业发展，加大公共文化事业投入。加强文化遗产保护力度，支持大运河申报世界物质文化遗产。2004年，在全国率先实行省级博物馆常年免费向社会公众开放。支持社会保障体系建设，完善省级社会保障转移支付政策，构建统筹城乡的大社保体系。健全农村“五保”和城镇“三无”对象集中供养长效机制，健全残疾人保障机制，推进“低收入群众增收行动计划”，落实城市低收入家庭廉租住房保障财政补助政策，推进保障性住房建设。全省财政社会保障支出从1995年的14亿元增加到2010年的336亿元；五项社会保险基金收入由1999年的88亿元增加到2010年的927亿元。支持生态环保建设，2006年，按照“谁保护、谁受益”“谁贡献大，谁多得益”的原则，对钱塘江源头地区的10个市县实行省级财政生态环保专项转移支付，当年安排财政资金2亿元，并建立稳定增长机制，2010年安排12亿元，在全省所有县（市）实施生态环保财力转移支付制度。创新污染物减排机制，开展省排污权有偿使用和交易试点，推进资源节约型和环境友好型社会建设。

加强财政管理改革，建立健全公共财政运行体系。随着社会主义市场经济体制机制的建立和完善，全省财税管理改革步伐不断加快，在部门预算、国库集中支付、政府采购制度、财政支出绩效评价等公共财政管理改革的建立与深化过程中，运行有序、管理规范、约束有力、科学高效的财政运行机制初见雏形。完善省对市县财政体制，顺利实现由“大锅饭”体制向“分灶吃饭”再向“分税制”财政体制的转变。同时，立足浙江省情，逐步形成具有浙江特色的省直管县财政体制。不断完善省对市县转移支付方式，实行因素法、公式化的一般财力性转移支付，促进区域间基本公共服务均等化。完善省对市县财政体制，有效调节地区间财力差距。2000—2010 年，省财政对欠发达和海岛等市县转移支付 1723 亿元；2010 年，经济欠发达县(市)人均财政收入与经济发达和较发达县(市)的比率为 1∶2.31，而经省财政转移支付调节后，欠发达县(市)人均财政支出与发达和较发达县(市)的比为 1∶1.09。部门预算改革全面深化，从 2000 年试点，到 2004 年省级 139 个部门全面推行以综合预算和零基预算为核心的、规范的部门预算，2008 年，部门预算推广至全省所有县(市、区)。试编社保基金预算，完善国资经营预算，编制政府性债务计划，逐步建立由政府一般公共预算、政府性基金预算、国有资本经营预算、社会保障基金预算以及政府性债务计划组成的“全口径”政府预算体系，推进“预算一个盘子”。国库集中支付改革有序推进，至 2008 年，全省 11 个设区市均已实施国库集中支付改革，实现“支出一个口子”。财政支出绩效评价稳步开展。2005 年，在全国较早开展财政支出绩效评价工作，至 2010 年，全省累计对 9728 个项目实施绩效评价和绩效目标管理，涉及财政资金 1071 亿元。政府采购制度日臻完善，全省集中采购目录包括货物、服务和工程三大类 40 多个品目。2000—2010 年，全省累计完成采购金额 2392.03 亿元，节约预算资金 370.29 亿元，采购规模全国领先。农村税费改革和农村综合改革全面实施，2002 年在全省全面实施农村税费改革，2003 年全面停征农业特产税，2004 年早于全国实现全面免征农业税，全省农民在制度层面实现零负担。2010 年，全省财政一事一议奖补资金支出 13.28 亿元，实施项目 3600 多个，带动村民、集体经济、社会捐资赞助近 20 亿元，形成了农村税费改革后村级公益事业投入的新机制。

健全财政监督机制，完善公共财政监管体系。建立健全财政监督工作规范化制度化体系，形成事先、事中、事后全方位各个环节的监督，与财政法制建设、财政信息化建设相结合，构建预算编制、预算执行、预算监督“三位一体”的财政运行机制。加强政府性债务管理。按照“适度举债、讲求效益、加强管理、规避风险”的原则，建立归口管理制度和风险监测指标体系。加强会计基础管理，恢复建立注册会计师审计制度，加强对中介机构的管理以及会计信息质量检查。至 2010 年，全省高级会计师及以上职称的 6971 人。

2010 年，省财政厅参与制定全省“十二五”(2011—2015 年)经济和社会发展规划。全省各级财政部门以“八八战略”为总纲，落实中共中央、国务院和省委、省政府的决策部署，遵循“划清边界，厘清事权，做好蛋糕，集中财力办大事”理财思路，继续做好“生财、聚财、用财”三篇文章，不断提升浙江财政综合实力，为全面建成惠及全省人民的小康社会作出应有的贡献。

第一章 财政收入

财政收入是政府行使国家职能的财力保证。历朝历代赋税征收都与社会发展阶段、经济形态和土地制度密切相关。古代乃至近代中国皆以农业立国，土地产出成为国家的主要税源。从秦至唐朝中期实行以丁身为本的赋役制度，唐中期后以资产为本、地税和户税为主的“两税法”，此后归并为赋、税、役的“一条鞭法”“摊丁入亩”。浙江的财政收入均以农业赋役为主，至清代，工商税在财政收入中的比重逐渐上升。民国时期，田赋、工商税及公债等项收入成为财政收入的主要来源。1949 年中华人民共和国成立初期，浙江财政收入主要以税收收入为主，税收收入中农业税占比较高，且以实物征收为主。随着工业和手工业的恢复和发展，工商各税收入占比逐步提高。中央补助收入从无到有，后期占比也逐步增加。国民经济第一个五年计划的实施，使浙江财政收入结构发生变化：税收收入占主体的格局虽未变动，但税收收入中工商各税取代农业税成为主体，国营企业上缴收入为辅。20 世纪 80 年代，国营企业实施“利改税”，工商税收入占比进一步提高。1992 年，中央在浙江试行分税制财政体制，1994 年全国统一实行分税制。分税制将税种划分为中央税、地方税和中央地方共享税，并建立中央税收和地方税收体系，分设中央与地方两套税务机构分别征管。财政收入划分为中央收入和地方收入，浙江省地方财政收入不再包括上划中央的各项税收收入。1997 年，部分原属预算外资金的政府性基金纳入预算管理，作为政府基金预算收入，原预算内财政收入称为“一般预算收入”。2007 年，一般预算收入分为税收收入和非税收入。根据公共财政管理改革要求，至 2010 年，基本形成税收收入以及以政府性基金、行政事业性收费等各项政府非税收入为主组成的财政收入体系。2010 年，浙江省财政总收入 4895.41 亿元，地方财政收入 2608.47 亿元。地方财政收入占财政总收入的 53.3%；地方财政收入中税收收入占 94.5%，位居全国第二。

第一节 税收收入

清以前及清代，浙江财政收入主要是田赋、盐税和工商税。田赋起源于夏、商、周的“贡、助、彻”三法，而春秋战国时期鲁国的“初税亩”（前 594 年）奠定了田赋制度基本框架。田赋是对田亩征收的土地税，从秦汉到魏晋南北朝称田租，官（公）田称租，民（私）田称税。宋有“官田之赋”和“私田之赋”，统称田赋，田赋名起自宋。元至明初，叫税粮。清至民国，再称田赋。春秋战国时期开始设官掌管盐政并征收盐税，此后经 2000 多年的演变，盐税形成了一个独立税种。历代对盐或实行专卖，或征税与专卖并行，成为取得财政收入的重要来源。商税起源于周代，由专设的机构负责征收。向行商贩运货物征收的过税和按坐商进货数量所征收的住税是历代商税的主要形式。民国20年(1931年)开征营业税。至民国35年，营业税、田赋及其他苛捐杂税成为浙江财政收入的重要组成部分。1949年中华人民共和国成立后，国家税收管理权主要集中于中央人民政府，浙江省按国家税法规定征收各项税收。纳入浙江省地方财政收入的税种主要包括产品税、增值税、营业税、所得税、农业税、农业特产税、耕地占用税、契税等。1994年实行分税制改革后，纳入地方财政收入的有增值税(部分)、营业税、所得税(部分)、农业税等21项。因各项税收均由税务专业立卷，此节仅从财政角度记述其发展变化与财政的相互影响。

一、农业税收入

清代以前，浙江的农业赋役主要由田赋、丁口之赋等组成。清代，田赋和丁役按田亩均派，实行“摊丁入亩”。民国初，田赋沿袭清制。民国17年(1928年)，田赋成为地方税，省财政收入由此增加；除田赋正税外，还有田赋附加。中华人民共和国成立后，人民政府废除旧政权的田赋制度，建立新的农业税制度。农业税收包括农业税、农业特产税、耕地占用税和契税，合称“农业四税”。1949—1978年，农业税收入在全省财政收入中所占比重，除1970—1974年低于10%外，其余年份均在10%以上，其中1954年曾高达35.4%。1978年后，浙江省采取增产不增税和逐渐减轻农业税负担的政策，农业税收入占全省财政收入的比重逐年下降，从1979年的5.99%下降到2004年的0.06%。2005年，浙江省全面停征农业税。农林特产税为农业税的组成部分，1994年农林特产税改称农业特产农业税，简称农业特产税。2002年，在农村税费改革中农业特产税政策有所调整，至2003年停征。1987年4月，浙江省根据国务院《中华人民共和国耕地占用税暂行条例》要求，开征耕地占用税，实行一次性课征税制及列收列支、专款专用，贯彻“取之于农，用之于农”的税收原则。契税最早为东晋时一种典卖田宅的捐税，源于土地、房屋等不动产所有权发生转移、变动时所征税收。清代契税按房产买卖的买契税、土地买卖的典契税分设不同税率。民国时期以农村土地买卖为契税税源。中华人民共和国成立初期契税收入不多，“文化大革命”期间契税工作几近停滞。1997年开始，随着房地产市场交易的活跃，契税收入逐渐增加。2010年，全省契税收入228亿元，占当年地方财政收入的8.7%。

(一)农业税

唐代，改革赋税制度。建中元年(780年)实施两税法，废除隋代以后“从丁而税”的租庸调，推行“从田而税”的两税法。一年中分夏、秋两季纳税，夏税农历六月，秋税农历十一月。地方所征赋税分为三部分，一部分地方留用，即为“留州”；一部分按规定解缴诸道节度使，即为“送使”；一部分直接解缴京师，即为“上供”。此外还有常贡。贞元二年(786年)，关中灾荒，朝廷命镇海军节度使韩滉把浙江两税折米100万石加上年运75万石(相当于开元时代关东地区年运米入关数)运往长安。两浙米未运到长安之前，关中仓储已竭，人情汹汹，兵变在即，浙米运到，士兵高呼万岁。后韩滉入朝，并带羡余50万贯，缓解了朝廷财政危机。

五代(907—960年)时,浙江属吴越国,赋役沿袭唐两税法,每亩征收3斗。正税之外,还有进际税,即以进际之名虚增税额,每田10亩虚增6亩,每亩纳绢3尺4寸、米1斗2升5合;桑地10亩,虚增8亩,每亩纳绢4尺8寸2分。

宋代,浙江境内仍实行两税法,夏税五月初一起缴纳,七月十五完毕;秋粮十月初一始收,十二月十五完毕。缴纳的实物有谷、帛、金铁、物产四大类。宋代田赋分为五大类,即公田之赋、民田之赋、城郭之赋、杂变之赋(又名"沿纳")和丁口之赋。除此之外,宋代还有其他种类繁多的田赋附加,主要有农器税、牛革筋角税、进际税、和买、折变、支移、头子钱等。北宋初期,田赋分中、下两等:中田每亩夏税钱4文4分,秋米8升;下田每亩夏税钱3文3分,秋米7升4合。

元代的正赋是税粮。浙江境内在元朝时属江浙行省,税粮实行两税法。元朝统一江南之初,只在江东、浙西征收夏税。元贞二年(1296年),在浙东、福建、湖广等地征收夏税。夏税约当秋粮的一半。秋粮按亩征粮,税额没有统一的标准,低至一两升,高达两三斗。元代两税税额沿袭宋代,在征收税粮时,要加收鼠耗、分例。按规定,每石税粮加征7升。元大德至泰定年间(1297—1328年),江浙行省征粮4494783石,在各行省中征粮最多。元天历元年(1328年),江浙行省夏税征得中统钞57830锭40贯。

明代,土地按所有权性质分为官田和民田两大类。官田耕种者,向官府缴纳的是租;民田所有者,向官府输纳的是赋。明代规定:各府县田土,凡官田依官田则例起科,民田则据民田则例征收。但田赋并非按则例征收亩税,浙西重赋,大体苏松最重,嘉湖次之,杭州又次之①。浙东田赋较轻,浙江处州(今丽水市)7县田赋,亩税1升,其中青田县因是明开国元勋刘基的故里,每亩仅纳粮半升。明洪武四年(1371年),浙江行省实行由粮长负责征解税粮的粮长制,境内有民1487146户,岁输粮933268石。洪武二十年,因两浙富民畏避徭役、隐匿土地,造成税收损失,朱元璋命户部核实天下土田,随其税粮多寡,定为几区,每区设粮长4人,使集里甲耆民,躬覆田亩以量度之,图其田之方圆,次其字号,悉数书写田主姓名及田之丈尺四至,类编为册,其法甚备。以图所绘,状若鱼鳞,故称鱼鳞图册。明代中叶,田赋沿袭唐代两税法,又有徭役负担,即田有租,丁有役,按亩计征,税率十取一,分夏、秋两季征收,以米、麦为主,丝、绢、银、钞次之,其余以各地地产而定。缴粮(米、麦)的称"本色";折成银、钞、绢、布、麻布等物缴纳的称"折色"。明洪武二十六年,浙江布政使司实征夏税:麦85520石,钱钞20690锭,绢139140匹;秋粮:米2667207石,钱钞86锭,绢59匹。明正统元年(1436年)起,浙江实行以银折纳税粮的办法,即米麦1石,折银2.5钱。

明朝廷向地方征派徭役始于洪武元年(1368年),称为均工夫役。征派原则是"验田出夫"。浙江行省湖州、嘉兴两府均是提供均工夫役地区。丁夫每年于农闲时赴京师(今南京市),服役30日。明中期,正德(1506—1521年)朝后,由于土地渐趋集中,优免户增多,百姓赋税加重。明万历九年(1581年),推广赋役制度"一条鞭法",主要内容为总括一县之赋税,量地计丁,皆计亩征银,折办于官。原田每亩征米5升1合9抄2撮,上地1升1合9勺,中地8合2抄5撮,下地5合9勺5抄,山塘2合9勺7抄5撮;成丁5斗,不成丁2斗5升。浙江

① 〔清〕张廷玉等:《明史·食货志》:"初,太祖定天下官、民田赋……大抵苏最重,松、嘉、湖次之,常、杭又次之。"

布政使司推行“一条鞭法”后，万历二十八年额征数为：官民田、地、山荡、塘滩等478651顷86亩，科银2199127两，减优免银53681两，科米1367298石，科丝423761两，夏税麦80000石，秋粮米2359643石，农桑丝70162两(折绢3508匹)，租钞18782锭1贯668文，租丝2216两，租绢59匹，租粗麻布2匹，粗苎布7匹1丈，马草874592包，盐粮米98672石。明嘉靖朝(1522—1566年)、万历朝(1573—1620年)，田赋于银米外尚有均平、均徭之征。均平即额办、坐办、杂办；均徭为按户等人丁编排，均输徭役，凡省、府、州、县衙门的杂色差役以及杂项劳役的折价，都属均徭。除亲自服役者外，一部分均徭折成银两缴纳，前者叫力差，后者叫银差。后来，也有力差折银者。实行“一条鞭法”后，均徭并入田赋征收。万历四十六年后，因军费开支骤增，朝廷加派田赋三次，分别为“辽饷”“剿饷”“练饷”，此为在田赋上的额外征派。“辽饷”每亩加征银1分4厘，“剿饷”6分，“练饷”1分。从万历二十五年起，至崇祯年间(1628—1644年)，浙江布政使司共增加剿饷、练饷550976两。

表31-1-1-1　　　　明浙江布政使司实征夏税秋粮一览表

年　份	田土(百亩)	夏　税	秋　粮
洪武二十六年(1393年)	517052	麦85520石 钱钞20690锭 绢139140匹	米2667207石 钱钞86锭 绢59匹
弘治十五年(1502年)	473896	小麦152772石 丝绵并荒丝2701361两 租钞32553锭845文 农桑丝折绢3509匹 农桑零丝43斤 小绢4匹 币帛绢1匹	米2357526石 租钞18740锭4贯100文 租丝2216两 租绢59匹 租粗麻布2匹6尺 租粗布7匹1尺
万历六年(1578年)	473171	小麦152863石 丝绵并荒丝2715047两 农桑丝折绢3509匹 租钞32588锭3贯628文 农桑零丝43斤3两 小绢4匹 币帛绢1匹	米2369764石 租钞18779锭1贯5文 租丝2216两 租绢59匹2丈9尺 租粗麻布2匹6尺 租粗布7匹1尺

资料来源：《浙江省财政税务志》，中华书局2002年版，第102页。

清初，赋役制度沿袭明“一条鞭法”，田赋和丁役按亩均派。对赋役的征收，均照明万历年间(1573—1620年)则例，天启(1621—1627年)、崇祯(1628—1644年)两朝增加的赋税，尽行蠲免。清代，地丁名目繁多，主要包括正赋、杂赋和耗羡三项。正赋主要有田赋和丁役。田赋征收和田亩数量直接相关。浙江田亩数各年代略有差异，终清一代，一般在44万亩～46万亩。科征田赋，又分田、地、山、荡等，同为田地，又分上、中、下三则，每则税率不同。征收办法，有本征、折征和本折各半。本征称漕，漕有正粮和杂粮之分；折征以银、钱缴纳。丁役，沿

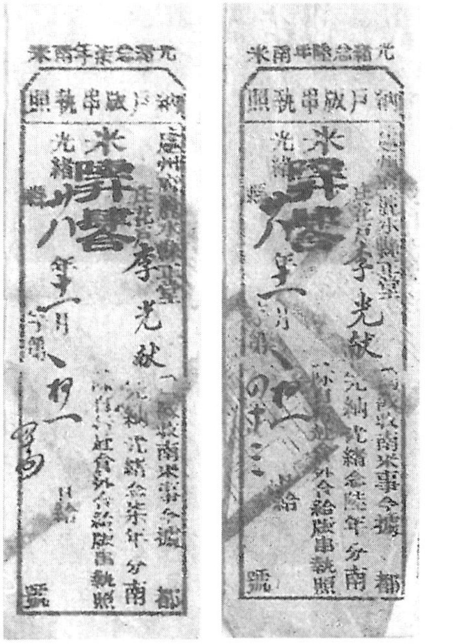

图 31-1-1-1　清光绪二十八年(1902年)浙江处州府丽水县南米纳户完税执照(《浙江省丽水地区财税志》,新华出版社1995年版,卷首图版第11页)

袭明代旧例,人丁有民丁和屯丁之分,民丁又有市民、乡民、灶丁、钞丁的区别。雍正初年(1723年),令各省将丁口赋税摊入地亩,输纳征解,实行地丁合一,统称为“地丁”,即将丁银并入田亩征收,使田赋、丁银均以田亩为征税对象。雍正四年,清廷复准浙江实行“摊丁入亩”(又称“摊丁入地”),各州县丁银以全省田亩均摊,按每田赋一两,征丁银一钱四厘五毫不等。据清雍正《浙江通志》卷六十七至七十载,全省77个州县,“照粮起丁”的50个、“照田起丁”的27个。清朝地丁额征分亩额、丁额、赋额三种。据清光绪《清会典事例》载:雍正九年,浙江编审实在人丁2937899丁口,人丁每口科银1厘至5钱7分2厘2毫不等,科米2合3勺至3升3合不等。赋额为除亩额、丁额之外的收入。雍正年间(1723—1735年),额征地丁正杂总数,银2907379两,米1369832石,谷13656石。光绪十三年(1887年),浙江亩额为467700顷51亩。

表 31-1-1-2　　清雍正十三年(1735年)浙江省各府田地田赋一览表

地　区	田　地 (顷、亩)	田　赋			
		银(两)	亩均(分)	粮(石)	亩均(升)
全　省	458431顷18亩	2611185	5.69	1350653	2.95
杭州府	42963顷28亩	291944	6.79	169751	3.95
嘉兴府	43522顷22亩	399468	9.17	591461	13.59
湖州府	61360顷78亩	343120	5.59	391413	6.37
宁波府	39005顷93亩	189547	4.85	33335	0.854
绍兴府	68265顷38亩	387892	5.68	42668	0.625
台州府	34922顷70亩	139841	4.00	38621	1.10
金华府	74408顷1亩	316337	4.25	14274	0.19
衢州府	28471顷33亩	174672	6.13	12103	0.43
严州府	28591顷65亩	150655	5.26	3272	0.11
温州府	21333顷8亩	105083	4.93	43958	2.06
处州府	17408顷4亩	112641	6.47	9792	0.56

资料来源:《浙江省财政税务志》,中华书局2002年版,第109页。

清代杂赋项目繁多，在无法清丈隐占的土地和丁额常数的情况下，地方官府在田赋上用附加、折价等比较隐蔽的办法增加收入，并增加项目繁多的杂赋，有漕粮额、漕粮折色额、屯粮额、租课额等，且绝大多数项目和地丁正赋一起统征。

田赋附加税则以耗羡为主，与正赋一并征收。耗羡是官府在征收地丁漕粮和其他杂税时，借折耗为名，再征收的附加税。耗羡的征收办法是，“并入正银折收，每正银一两，随解耗羡四分至九分不等”①。

表 31-1-1-3　清康熙、雍正、乾隆、嘉庆、道光、光绪若干年份浙江田地田赋一览表

年　份	田地(亩)	赋银(两)	粮米(石)	其　他
康熙二十四年(1685 年)	44856576	2618416	1337512	征银买漕米 8260 石
雍正二年(1724 年)	45885288	2695432	1369258	—
乾隆十八年(1753 年)	45978770	2812049	1130481	岁漕京师 855739 石 留充浙江经费 273742 石
乾隆三十一年(1766 年)	46240000	2821483	1386700	岁漕京师 941683 石 留充浙江经费 445016 石
嘉庆二十五年(1820 年)	46416874	2816545	1360970	—
道光二十一年(1841 年)	—	1887046	—	—
道光二十九年(1849 年)	—	1608401	—	—
光绪三十三年(1907 年)	46007700	2385027	—	—

资料来源：《浙江省财政税务志》，中华书局 2002 年版，第 113 页。

民国初年，田赋沿袭清制，按地丁、抵补金、屯田、租课等名目进行征收。征额有额征、应征、实征之分，额征为各地以前沿袭下来的应征额，应征为现时各地实际的征收任务，实征为各地实际征收到的数额。民国元年(1912 年)，浙江省额征银为 3138334 两，应征为 2776787 两。民国 13 年，浙江地丁额征为银 3176814 两，应征为 2752501 两，其中一五折征国税为 412875.15 两。田赋是省财政正税，每年预算上都列有数百万元，占预算总收入 20%左右；但一为军阀截留，二为税吏贪污，三为地主所隐瞒，实际收上来的为数往往少于预算。民国 17 年田赋划为地方税后，省级财政收入骤增，但由于支出浩繁，省库仍支左绌右，于是又在田赋上带征军事特捐及建设附捐。民国 17 年田赋岁入列至 860 余万元，占当年收入的六成。之

① 雍正八年(1730 年)正月初八湖广总督迈柱奏折，〔清〕《雍正朝汉文朱批奏折汇编》第 17 册，第 672—673 页。

后历年地方田赋收入大概都在百万元以上，占岁入总数的40%以上。

民国20年(1931年)，浙江省国民政府颁布各县田赋废除银米名称，改用银圆为本位计算办法。规定自民国21年起，改地丁为上期田赋，抵补金为下期田赋。地丁照原有银科则税按两折合银圆数1元8角列入串票。民国21—29年，浙江田赋定额为5657681元，抵补金折合应征数为3196587元。民国26年抗日战争全面爆发，一向富庶的杭嘉湖各县相继沦陷，田赋征收被迫停顿，所有田赋省税应征数占财政收入的百分比逐渐下降。

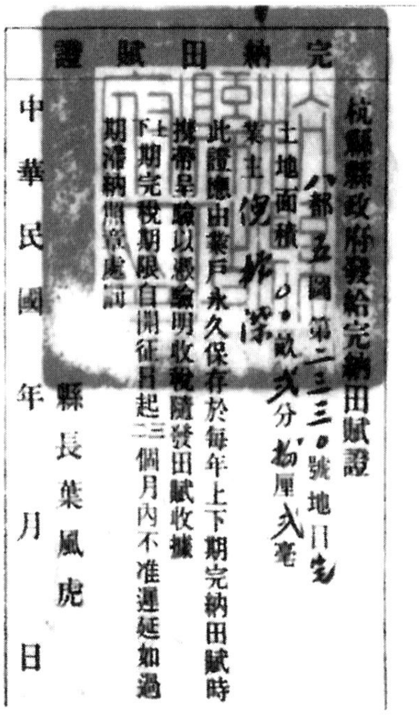
完納田賦證

杭縣縣政府發給完納田賦證

土地面積　八都五圖第二三三〇號地目宕　〇·畝弍分捌厘弍毫

業主　倪裕深

此證應由業戶永久保存於每年上下期完納田賦時

攜帶呈驗以憑驗明收稅隨發田賦收據

上下期完稅期限自開征日起二三個月內不准遲延如過

期滯納照章處罰

縣長葉風虎

中華民國　年　月　日

图31-1-1-2　民国时期杭县县政府所发完纳田赋证(《余杭财税志》，中华书局2011年版，卷首图版第19页)

民国30年(1941年)7月，国民政府财政部颁布《战时各省田赋征收实物暂行通则》，在全国统一推行田赋征实制度，规定各省田赋依民国30年度省县正附税额，以每元折征稻谷2市斗为标准。征收实物的单位，概以市石计算。8月，根据第三次全国财政会议的决定，省财政厅将田赋移交给财政部省田赋管理处接管。9月以后，各县区也陆续成立田赋管理处，接管各地赋政。地丁银在民国30年后，浙江上期田赋核定应征米额279622497斤6两，下期核定稻谷1967443石。民国35年征额为稻谷3709198石，地价税为25966577元。

抗战胜利后的民国34年(1945年)，国民政府曾明令免征田赋一年，但次年6月即推翻原案，恢复田赋征实征借，只是把民国35年、36年两个年度的田赋各减半征收。急剧的通货膨胀，工商税收极不稳定，田赋的征实征借成为各级政府最可靠的财政收入。从中央到地方各级政府都异常重视田赋征收，严厉催逼，加上苛杂附加繁多，使百姓田赋负担剧增。

民国时期，中共领导的浙东抗日民主根据地实施减租减息、公平征收的田赋公粮征收措施。根据地初创时期，所需的粮食一般从市场购买，但随着军队扩编和粮食采购困难，民国31年(1942年)开始改为向产粮区征购粮食。民国32年，征购粮食改为直接向农村征收稻谷，即征收公粮。为了保证抗日军政供给，传统的田赋仍需征收，但实施“从轻征收”的原则。据《慈溪县观城区田赋经征分所训令》，民国33年根据地开始征收田赋，同时免征民国32年以及之前年度田赋。当年的田赋从轻征收。正式公布的征粮法规定：官田每亩75元，民田每亩65元，地每亩50元，山荡每亩5元。民国34年，浙东行政公署出台《浙东行政公署三十四年份公粮田赋并征办法》，将公粮和田赋合并征收，一年征收一次，主要以征收粮食为主，于每年秋季收割时征足。非产粮区征收相应数量的代金。该办法依据田地而征收，适用对象主要是浙东地区的业主、农民、商民等，工商业及经营或投资工商业者及殷富民众，除其所有之田地按照该办法缴纳公粮外，还需要负担一部分抗卫经费。粮赋征收标准：甲等田(如平原区水田)每亩征谷32斤(内田赋5斤)；乙等田(如山田)每亩征谷20斤(内田赋3斤)；甲等地(包括上等地及地改田)每亩征谷 20 斤(内田赋 2 斤);乙等地(次等地)每亩征谷 13 斤(内田赋 1 斤)。

民国 38 年(1949 年)5 月 3 日,人民解放军进驻杭州,成立杭州市军事管制委员会并负责管理全省事务。浙江省境内的战事尚未结束,军粮需求急迫,军管会决定征借当年公粮柴草,征借者凭借据抵缴本年度公粮。其间贯彻合理负担原则,“地多多借、地少少借”,征借对象主要是地主、富农,其次是中农,贫农一般不借。柴草则根据需要,按一定比例随粮附加,有的地方实行“征借 1 斤粮,随征 1 斤草”的政策。8 月,浙江省人民政府成立。9 月,省政府公布《1949 年度浙江省征收农业税暂行办法》和《1949 年度浙江省征收农业税暂行简易办法》。《暂行办法》主要用于政治环境较稳定的地区;《简易办法》主要用于政治环境不够稳定的地区。从 11 月秋征开始,简政便民,将公粮、公柴等各项负担合并为农业税。1949 年,全省实征农业税折稻谷 87469 万公斤,占农业实际产量的 17.6%。

1950 年 9 月 5 日,中央人民政府颁布《新解放区农业税暂行条例》,正式废除民国时期的田赋制度。根据各阶层占有土地和常年产量,区别不同地区规定两个免征点,对人均常年产量不足 60 公斤或 75 公斤的农户免征;超过者采取差额较大的全额累进制税率。1950 年,全省农业税实征 100353 万公斤。1951 年,省政府颁布《浙江省 1951 年农业税施行细则》,对未实行土地改革的地区,仍沿用 1950 年农业税税率征收;已实行土地改革的地区,执行无免征点的差额较小的全额累进制税率。同时对租佃土地废止“加二减二”①办法,按佃户所在县平均税率,单独立户计征,由佃户缴纳,业佃负担,自行协议。1952 年,政务院对已完成土地改革地区的农业税税率,统一规定为 24 级。对租佃土地改为依照佃户所在乡平均税率计征,仍由佃户代缴,业佃双方按收入比例分担,如双方另有协议,按协议分担。1951—1952 年,由于抗美援朝战争急需资金,而国家财政比较困难,全省农业税计征任务均比 1950 年有所增加,1951 年和 1952 年农业税收入分别为 116997 万公斤和 105666 万公斤。

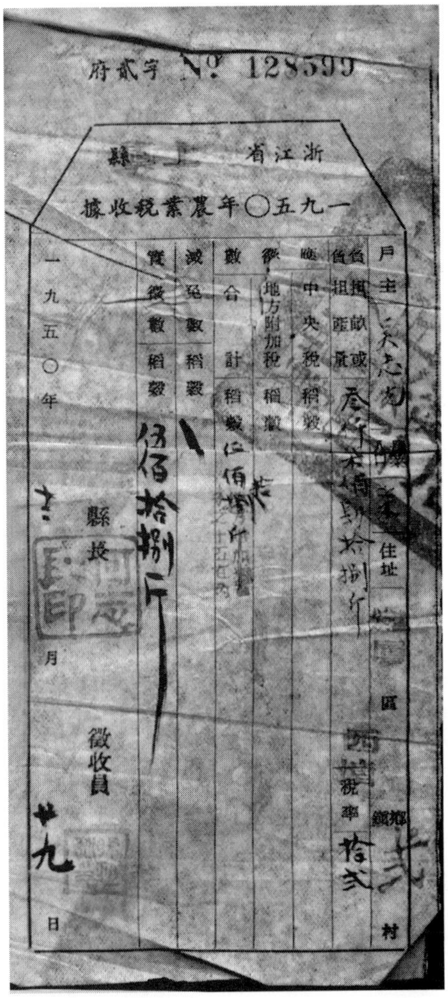
府貳字 №128599
浙江省上虞縣
一九五〇年農業稅收據

图 31-1-1-3　1950 年浙江省上虞县农业税完税收据(浙江省档案馆提供)

1953 年后,全省农业税征收额与 1952 年农业税征收额相当,增产不增税,用以发展农业生产,改善农民生活。1955 年以后,全省仍实行农业税以征收稻谷等实物为主的原则,但工业原料作物区、农业特产区或缺粮区酌征一部分代金和其他农产品。其折征种类、数额和征收地区,1955 年前由省政府统一核定。1955 年起省政府规

① “加二减二”,即对租出地的收入每 100 公斤作 120 公斤计算;对佃耕地的收入每 100 公斤作 80 公斤计算。

定：凡粮食产量减去“三留量”（口粮、种子、饲料，下同）后不足缴纳农业税的纳税户，其不足之数征收代金及其他农产品；凡粮食产量少于“三留量”的为缺粮户，其农业税可全部征收代金及其他农产品；对于棉、麻等主产区中没有粮食统购任务的纳税单位，以上列经济特产品种抵缴农业税。1953—1957年，农业税实征427402万公斤。

1958年6月，全国人大常委会颁布《中华人民共和国农业税条例》，统一全国农业税制。8月，省政府根据条例规定，公布《浙江省农业税实施办法》，废除全额累进税制，改为地区差别比例税制；按照核定的计税产量、规定的税率计算征收。当年，全省农业税平均税率为常年产量的15.8%，全省各地的平均税率与1957年相比，均有不同程度的下降，最多的下降2.8%。调整后，全省农业税正税征收任务为116655万公斤，当年全省农业税实征130136万公斤。1959年，省政府规定自留地免征农业税。受“大跃进”浮夸风的影响，当年全省农业税正税征收任务增加至121176万公斤，当年农业税实征136265万公斤。

1960年，嘉兴、湖州等15个重点产粮市、县，作为重点减征照顾对象，全省农业税正税征收任务调减至111688万公斤，比上年降低7.8%。1961年，省政府规定，对没有分足自留地的地区，按照耕地面积的7%计算扣除免征数额。同年，根据中共中央“队为基础、三级所有”生产制的决定，农业税由基本核算单位生产队缴纳，个体农户参照所在生产大队的计税产量和税率计征，不再加征。同年，全国大幅度降低产粮地区农业税负担，全省农业税正税征收任务调减至63891万公斤，比1960年降低42.8%。1962年，全省农业税正税征收69990万公斤，比上年增加6099万公斤，用以弥补上年全省调减幅度超过中央规定的差额；1963年又增加4993万公斤，作为全国特大自然灾害农业税灾歉减免机动数。1960—1963年，全省农业税实征数分别为117353万公斤、67955万公斤、73789万公斤、80985万公斤。1964年后，全省农业生产发展缓慢，农业税征收额停滞于1963年水平。“文化大革命”期间，一些地方农业税征管机构瘫痪，出现“有税无人收”与“有人不收税”的混乱局面，农业税尾欠32000公斤，个别县有生产队5年不缴公粮。1964—1978年，全省农业税收入累计1219450万公斤。

1979年，浙江省开始恢复发展农业经济，全省实行农业税起征点制度，低于起征点免征农业税。1979年至1980年间，全省粮、棉、麻收购价格相继调高，对生产棉、麻地区农业税征收价格作了合理提高。为适应改革开放后农村普遍实行家庭联产承包经营责任制的情况，1981年后浙江将以队征收改为以户征收。同时，征收现粮按照粮食征超购任务①来确定，粮食征超购任务大于农业税征收任务的，全部征收现粮；粮食征超购任务小于农业税征收任务的，对粮食征超购任务要全部缴纳农业税，不足部分缴代金。其中以加价粮缴纳的，农业税平价结算，加价粮款由粮食部门付给农民。1979—1984年，全省农业税收入累计440136万公斤。

1985年，根据国务院通知，浙江省将应纳农业税额的粮食实物量按照国家规定的征收价

① 1965—1985年，国家为保障供给的需要，实行在丰收地区确定征购基数的基础上，再适当收购部分余粮的一种收购办法。对超购的粮食，国家实行加价奖励，超购价格高于统购价格。对粮食统购价格未能随着农业生产成本的提高而相应调整时，实行超购奖励政策，对增加农民的经济收益，鼓励农民发展商品粮生产，具有积极意义。

格折算成金额，以货币形式征收，即改为按粮食“倒三七”比例价（30%按原统购价，70%按原超购价）折征代金。1987年，稻谷收购价提高，对缺粮纳税户（包括棉麻主产区）缴纳代金的，仍按上年价格征收。1988年，农业税（包括棉、麻和缺粮代金部分）征收（结算）价格统一按调整后的粮食定购价执行。1989年，全省早稻定购价为每50千克22.2元，1992年调整为24.6元；晚稻按当地调整后的晚稻定购价征收（结算）。两道价划期需提前与推迟，由各地区自定。1994年，征收代金价格高于征收现粮价格，现粮早稻价为42元，征收代金早稻价格为46元，农民缴现粮超过计税价部分，由粮食部门退还农民。1995年，现粮早稻价为56.26元，征收代金早稻价格为60元。对贫困山区等缺粮地区的纳税户，经当地县（市）政府批准，适当降低代金征收标准。1985—1995年，全省农业税计征额稳定在1963年基础上，农业税的地方附加计征额稳定在1964年基础上，实行增产不增税政策，以促进农业生产发展。1995年，全省粮食及大豆总产量1430900万千克，全省农业税计征任务为80489万千克，实际负担率已降至较低水平；同时对贫困地区实行农业税减免，减轻这部分地区农民的税负。1985—1995年，全省农业税收入累计759384万千克。1996—2000年，浙江省农业税征收延续1995年政策，5年间累计收入300517万千克。

2001年起，浙江省实行代金与现粮同价征收政策，农业税计税价格定为46元。征收代金或者实物，由各地根据当地农业种植结构调整后的经济效益实际情况自定。农民缴纳现粮的，粮食价款超过农业税结算价格的部分，需将差额退补给农民。2002年7月，浙江省全面实施以“减调改稳、合理负担、转移支付、配套进行”为主要内容的农村税费改革，同时实施稳定农业税的政策。2003年，浙江省对原在非计税土地上征收农业特产税的部分农业特产品，改为征收农业税。鉴于全省农村税费改革实行稳定农业税负担的政策，为与计税土地上的农业税负担水平保持平衡，对农业特产品改征农业税后的农业税税率，统一确定为5%，不征收附加。2004年，浙江省深化农村税费改革，减轻农民负担，对全省各地在农业税计税土地上种植粮油作物的农业收入，免征农业税。2001—2004年，全省农业税收入累计184107万千克。1954—2004年，全省累计征收农业税及其附加113.09亿元，占同期全省财政总收入的1.2%。同时，全省农业税各类减免税额459423万千克，占农业税计征数的9.5%。其中1978年后，为支持贫困社队发展生产，减免税额大幅度增加，其减免比例1979年为17.7%，1980年为23.8%，1981年为19.7%，1989—1999年为15%～31%。2005年，浙江省全面停征实施两千多年的农业税。12月29日，第十届全国人大常委会第十九次会议决定，自2006年1月1日起废止《中华人民共和国农业税条例》，全国全面取消农业税。

（二）农业特产税（农林特产税）

农林特产历代一般作为贡品或杂税上缴朝廷及官府。民国时期，农林特产在田赋中体现，还在特种营业税及海关的关税中体现。中华人民共和国成立后，农业特产税属农业税的组成部分。1951年，浙江省根据中央人民政府政务院1950年颁布的《新解放区农业税暂行条例》，对部分县（市）农林特产品单独计征农业税。至1953年末，贯彻中央人民政府制定的合理负担政策，逐年改进征收办法：有从单独评产并户计征，也有每年“自报民评”，还有出售产品时“随售随征”。由于各地主客观条件不同，浙江省内以上3种征收办法并存；其中“随售随征”比较简便合理，受农民欢迎。至1954年6月，全省84个县(市)中，有67个县(市)开办“随售随征”农林特产税。

1955年，在部分县(市)初征试办的基础上，省政府制定《浙江省1955年农业税施行细则》，规定农林特产税的征收范围、计税价格、征收环节和税率：林木(原木、板木、枕木、坯木)、毛竹(原竹、毛料、纸料)税率为10%；茶叶为7%；元胡、贝母为13%；麦冬为15%。1957年，浙江省重新调整税目税率：除林木由10%提高到15%，白术由13%提高到25%(其中个体农民出售者为30%)，其他按原税率征收；同时新开征的芍药、萸肉税率为13%；山核桃10%；桐籽8%；乌桕籽6%。1959年7月，省政府发布《关于1959年农业税若干问题的规定》，对农林特产税的征收品种与税率作了部分调整：新增征收品种中，油茶籽税率为7%；茶叶的税率由7%提高到9%；桐籽、乌桕籽的税率由8%降为7%。至此，全省开征了13个农林特产税征收品种。8月15日，浙江省停止征收农林特产税地方附加。

1961年，全国性较大幅度降低农业税负担。为平衡不同类别作物的税收负担，省政府印发《关于降低农林特产税税率的通知》，降低部分农林产品税率：林木、毛竹由10%降低到8%；茶叶由9%降低到7%；白术由25%降低到13%；元胡、芍药、萸肉、贝母、麦冬由13%降低到10%。1962年，恢复征收农林特产税地方附加。1964年，地方附加由正税的10%提高到15%，作为社会主义教育经费(1966年转为“文化大革命”经费)。1964—1983年，浙江省农林特产税的征收范围有所收缩，从开征初的13个品种减至10个品种。其中7个品种税率大幅度降低，桐籽、乌桕籽、油茶籽、香榧、山核桃的税率从8%减至1%。

1983年11月，国务院颁发《关于对农林特产收入征收农业税的若干规定》，对农林特产税的征收范围、税率的确定做了统一规范，纳入统一税制轨道。1984—1988年，浙江省执行国务院、财政部有关农林特产税征收范围、税率的规定，相继对珠蚌、珍珠、对虾、柑橘、西瓜、淡水鱼、花卉、售苗木、制茶香花等产品销售收入开征农林特产税。其中，原已评产计征的柑橘、内塘养鱼，改为按实际收入征收农林特产税后，原常产计征任务不予核减，但在计算这部分农林特产税时，可按应征税额减20%后征收。1989年，根据国务院《关于进一步做好农林特产农业税征收工作的通知》，省政府发布《关于全面征收农林特产税的通知》，全面征收农林特产税，扩大征收范围，改进计税收入计算办法，对大宗农林特产收入执行全国统一税率；同时按国务院规定，对农林特产税单独分配征收任务，列入地方预算；在保证完成核定的农业税征收任务的前提下，农林特产税新增收入全部留给地方用于发展农业生产。

1994年1月，国务院颁发《关于农业特产收入征收农业税的规定》。农林特产农业税经过合并，改称农业特产农业税，简称农业特产税，税目税率全国统一。至此，农林特产税从各省、市、自治区各行其是过渡到由中央立法、全国统一，省际税负趋向平衡。5月，省政府发布《浙江省实施〈国务院关于对农业特产收入征收农业税的规定〉办法》，把原向收购者征收产品税和工商统一税的农、林、牧、水产品纳入农业特产税，既简化了税制，也有利于征管；设计适用税率使收购者、生产者按同一税种分别适用不同税率，稳定纳税人的税负与地方财政收入的原有基础，避免大起大落。

2001 年，为促进农林特产业加快发展，省政府决定在欠发达乡镇暂停征收农业特产税，由此减少的财政收入由省财政转移支付弥补。2002 年，浙江省全面实施农村税费改革。为支持农业产业结构调整，鼓励发展效益农业，调整农业特产税政策：对在农业税计税土地上生产的农业特产品，只征收农业税，不再征收农业特产税。1953—2002 年，浙江省农业特产税收入合计 22.02 亿元。2003 年，省政府对原在非计税土地上征收农业特产税的部分农业特产品改为征收农业税。2004 年，国务院决定暂停征收除烟叶以外的农业特产税。至此，中华人民共和国成立后，浙江省开征了 52 年的农业特产税结束历史使命。2006 年 2 月，国务院发布第 459 号令，宣布自 2006 年 2 月 17 日起废止农业特产税。2006 年 4 月 28 日，国务院公布《中华人民共和国烟叶税暂行条例》，浙江省自公布之日起施行，烟业税收入列一般预算税收收入。

(三)耕地占用税

耕地占用税是对占用耕地建房或从事非农业建设的单位和个人征收的税种。1987 年 4 月 1 日，国务院发布《中华人民共和国耕地占用税暂行条例》(以下简称《耕地占用税暂行条例》)。8 月，省政府批转省财政厅《关于开征耕地占用税的报告》，依照《耕地占用税暂行条例》规定，全省自 1987 年 4 月 1 日起开征耕地占用税。

由于省际经济发展不平衡，人均占有耕地差异悬殊，耕地占用税实行地区差别征税标准。财政部核定浙江省耕地占用税每平方米平均税额 6 元，折合每亩平均税额 4000 元。据此，省政府以市(地)、县(市)为单位，划分 4 个地区类别，分别适用不同的税额，最低 6 元，最高 10 元。一类地区为杭州、宁波等 6 个地级市，平均税额 10 元/平方米，折合每亩平均税额 6600 元；二类地区为金华、海宁等 31 个市、县(市)，平均税额 9 元/平方米，折合每亩平均税额 6000 元；三类地区为丽水、江山等 32 个市、县(市)，平均税额 7.5 元/平方米，折合每亩平均税额 5000 元；四类地区为文成县等 6 个县，平均税额 6 元/平方米，折合每亩平均税额 4000 元。在同一县(市)范围内，县(市)政府可分别核定乡镇的适用税额。

根据《耕地占用税暂行条例》规定，浙江省对有农业户口的农村居民(包括渔民、牧民)，建造自住房减半征收耕地占用税。农村革命烈士家属、革命残疾军人、鳏寡孤独以及边远贫困山区生产困难的农户，及民政部门办福利工厂、综合性枢纽工程等可给予减免照顾。部队(包括武警部队)军事设施用地，全日制学校、敬老院、医院等用地，农田水利设施用地，灾民、难民以及水库移民建房用地等等，实行免税优惠。而对经济特区、经济技术开发区和经济发达、人均耕地特别少的地区，适当提高适用税额，但最高不超过规定税额的 50%；对单位和个人获准征用或者占用耕地超过 2 年不使用的，按规定加征两倍以下税额；基建工程暂时缓建，工程已进行一定规模(不易恢复耕地)并准备续建的除外；对尚未正式施工(不影响恢复耕种)占用超过 2 年不使用的照章加征。耕地占用税收入 50%上缴中央财政，50%留地方财政建立“农业发展专项基金”。留地方的 50%部分，浙江省确定，留市(地)、县(市)40%，上缴省财政 10%。“农业发展专项基金”用于开垦宜耕土地、围垦造田、改造整治低产田、改善农田水利设施和改良土壤，为发展农业，优先发展粮食生产服务。1988 年，财政部规定耕地占用税应上缴中央任务实行包干制，超收部分全部留给地方，短收由地方财政补足。省财政厅对市(地)、县(市)应上缴中央和省级财政的耕地占用税，也相应实行包干制，明确在办理年度财政决算时结清。1989年，财政部将耕地占用税收入中央与地方分成比例调整为3∶7(即上缴中央30%，留地方财政70%)。省政府规定，地方留成部分，留市(地)、县(市)60%，上缴省财政仍为10%。1987—1993年，全省征收耕地占用税结算上解中央金库2.19亿元。自1994年分税制改革后，中央规定，耕地占用税收入全部留给市(地)、县(市)，中央与省级财政不再实行固定比例分成的结算办法。1987—1995年，全省耕地占用税收入7.12亿元。

2000年，省财政厅将用地在100亩以下的耕地占用税减免审批权限下放到市，用地在10亩以下的下放到县(市)，提高农业税征收效率，方便纳税人完税。2001年，《浙江省实施〈中华人民共和国土地管理法〉办法》颁布，全省各级国土资源部门对国有土地使用权出让、转让办法作了调整。2002年，省财政厅联合省国土资源厅下发有关做好耕地占用税等征收工作的通知，将依法缴纳耕地占用税作为国土资源部门审批耕地的要件之一，并对土地出让、转让和土地使用权变更登记及土地证年检等环节加强耕地占用税和契税征收作了具体规定。当年耕地占用税收入12.31亿元，比上年增长86.3%。2003年，全省各级财政部门与国土资源部门联合改进耕地占用税征管，堵塞耕地占用税征收漏洞。当年耕地占用税收入19.91亿元，比上年增长61.7%。耕地占用税入库连续两年居全国首位。

2004年，中央出台严控土地、紧缩信贷的宏观调控政策，影响耕地占用税征收入库。省财政厅将当年耕地占用税征收重点放在对各类开发区的税收清欠上，引导各地做好存量文章，并推广清欠入库经验。永康市清理耕地占用税等入库3000多万元；武义县仅开发区项目清欠入库1300万元；龙游县清理企业和个人购房买地欠税3227户，入库税款1540万元。在全省耕地占用数量比上年减少、土地市场出让转让面积和金额也小于上年的情况下，当年全省耕地占用税征收21.37亿元，比上年增长7.3%。

2006—2007年，改革完善耕地占用税征收管理制度，加大清欠力度，同时做好耕地占用税减免工作。2008年1月1日起施行国务院修订的《耕地占用税暂行条例》。与修订前相比，扩大了征税范围，提高了税额标准，统一了内、外资企业税收负担。根据《耕地占用税暂行条例》规定，财政部、国家税务总局核定浙江省每平方米耕地占用税平均税额为30元，折合每亩平均税额2万元。按照区别对待、合理负担的原则，考虑到全省各地人均占有耕地和经济社会发展水平等情况，省政府对各市、县(市)占用耕地(包括林地、牧草地、农田水利用地、养殖水面及渔业水或滩涂)的税额标准划分为4个档次，对平均税额作了调整，最低25元，最高50元。1996—2008年，浙江省耕地占用税累计收入131.01亿元。2009年10月2日，省政府调整耕地占用税征管职能，将其划归省地方税务局。2009—2010年，全省耕地占用税收入71.44亿元。

(四)契税

契税起源于东晋建武元年(317年)的“输估”，是一种典卖田宅的捐税。当时规定买卖双方都要承担纳税义务，卖者缴3%，买者纳1%。隋、唐两代曾废止。北宋开宝二年(969年)恢复征收，规定典卖田宅者须在两个月内赴官输钱验印，名“印契钱”，税率为4%，但已由买者单独负担；庆历四年(1044年)，规定每贯征收制钱40文(1贯为1000文)；宣和四年(1122年)，每贯加收20文。南宋绍兴五年(1135年)，每贯加收40文，计100文。元、明两代都有契税。

清顺治四年(1647年)规定，按买价每两课银3分，税率为3%；雍正七年(1729年)，在3分基础上加征1分，税率为4%；乾隆十四年(1749年)，税率定为买契征9%，典契征6%；光绪二十八年(1902年)筹措“庚子赔款”，加征“契尾捐”，每张契纸不论契价多寡，一律捐银1两；光绪三十年契税税率为5%；光绪三十四年契税税率又增为6%；宣统年间(1909—1911年)，买契税率9%，典契税率6%，分别折合银0.135元及0.09元计征。

契税收入记载零散。清康熙十六年(1677年)，浙江省各府契税额：杭、嘉、湖、宁、绍、金、严7府，大县300两，中县200两，小县100两。康熙二十年(1681年)，又增台、衢、温、处4府契税，大县100两，中县66两，小县30两。兰溪县属于大县，清康熙十六年始定契税等额，全县额征契税银300两。

民国元年(1912年)，契税改称不动产转移税，税率为买契税2%、典契税1.5%、押契税1%。当年全省收入26万元。民国2年改名契税[①]，至民国3年12月，连同契纸费，实收54万元。民国3年4月，北洋政府颁布《契税条例》，规定买契税率9%、典契税率6%；不动产价格在30元以下者只收取注册费，逾期呈验加倍征收纸价。各省税率并不一致，浙江省国税厅筹备处规定，买契税率2%、典契税率1%。至民国14年4月确定：买契税率6%，典契税率3%。民国22年6月起，扩大契税征收范围，新增赠与和遗赠契，照产价征6%，继承、分割估征2%。抗日战争后，各县先后进行契税整理，对未税白契，查验补税。民国35年11月起，买契、占有、赠与税税率6%，典契税率4%，交换、分割税率2%。

契税在民国3年(1914年)时属国税，由县征收，按税额加征25%的附税，作为县地方收入。民国26年，契税划为省级地方收入。全面抗日战争时期(1937—1945年)复为国税。民国35年7月，契税划为县级收入，税率不变，另按正税征收25%附加税，缴入省库。民国时期契税税源，以农村土地买卖为主。

驗契執照

图31-1-1-4　民国3年(1914年)浙江省财政厅所发验契执照(浙江省档案馆提供)

中华人民共和国成立后，废止旧制契税。1950年4月，浙江省执行政务院发布的《中华人民共和国契税暂行条例》(以下简称《契税暂行条例》)，

① 徐绍真：《浙江财政概要》，杭州财务人员养成所1931年版，第43页。

制定《浙江省契税暂行条例施行细则》(以下简称《契税施行细则》),于1951年10月11日公布执行。《契税施行细则》规定:征收契税地区由省指定(在土地改革未完成的地区不布置征收);契税由县(市)人民政府征收;印契分买契、典契、赠与契、交换契、分析契五种;契税税率为:买契按买价6%计征、交换契其超过部分按买契税率纳税、典契按典价3%征收、赠与契按现值6%计征;凡土地房屋的买、典当、赠与或交换均凭土地房屋所有权证,由双方订立契约,由承受人依法完纳契税。浙江省契税开征初期,由各级税务机关征收。1951年1月,财政部规定契税业务不论城乡,均划归县(市)财政部门管理,由省财政厅统一领导。至1951年9月底,全省开征契税的有杭州、宁波、温州、嘉兴、金华、兰溪、衢州、平湖等市、县(市、区)及海宁县硖石镇,上述各地当年征收契税合计33万元。

1952年,浙江省土地改革基本结束,契税征收全面展开。10月,浙江省发布《修正浙江省契税暂行条例施行细则》,增设建筑契、继承契两种。验证免税发契,只收契纸工本费。1954年,浙江省执行政务院修正的《契税暂行条例》,对机关、部队、学校、党派,受国家补贴的团体,国营和地方国营的企业与事业单位以及合作社等,凡有土地房屋的买、典,承受赠与或交换行为者均免纳契税;至1954年累计征收契税198万元,1955年征收41万元。根据当时对34个县农村所作的统计,契税产权变动共有3864户,土地22468亩。1956年生产资料所有制的社会主义改造基本完成后,土地属国家所有,禁止买卖和转让,城市、农村产权转移很少发生,契税收入寥寥无几,1956年仅收13万元。1961年,自贯彻《农村人民公社工作条例(修正草案)》后,房屋买卖时有发生,契税收入也随之恢复。1961—1967年契税收入251万元。其间,省财政厅对公私合营企业有购买、承典、受赠、交换房屋行为者视同国营企业免纳契税;国家、集体因平调而退还给社员、个体农户的原有房屋或其他相同的房屋,社员、个体农户用平调房屋赔款或征用民房补偿费购置的房屋免征契税;移民用国家发给的补偿费购置自用房产免纳契税。对城镇下放人员用国家发给的安置费购买房屋,城镇私房改造后因国家需要,用公房调换业主保留的私房,均免税发契。对业主既有侨汇收入,又有从事集体生产的分配收入,应由业主提供侨汇收入证明,侨汇部分免征契税;残疾军人由国家帮助购买房屋、回乡安置落户免税发契。对工人、贫下中农和复员军人为自住而购买房屋及其他劳动者经济确有困难的给予减征或免征照顾。

1967年,财政部批复同意浙江省财政厅《关于停征契税建议等问题的报告》。1968—1975年,"文化大革命"期间契税工作基本处于停滞状态,省财政总决算中已不反映契税收入。1978年公布新宪法,改革开放逐步落实房产政策,城乡房屋买卖重新活跃。1985年,浙江省执行财政部规定,离退休干部回原籍或就地用国家发给的部分房屋补助款和部分自筹资金购买住房自用者免征契税。1987年7月,省财政厅批复同意湖州市财政局可委托基层房管部门代征契税,代征手续费在代征税额1%以内,列支农业税业务费。其他地区继续由财政部门管理。

1991年,浙江省执行财政部通知,对华侨以及港、澳、台同胞用侨汇或外汇购买房屋改为减半征收契税优惠。1995年4月,省财政厅印发《关于住房制度改革中有关契税征管工作的通知》,对在当地有正式城镇户口的全民、城镇集体所有制单位的干部、职工,按省政府批准的当地房改方案中的成本价第一次购买公有住房,在规定的住房标准面积以内的,免征契税,此项免税政策每房享受一次。1976—1995年，全省累计征收契税2.86亿元（缺1977—1980年4年数据）。

1997年，国务院颁布《中华人民共和国契税暂行条例》，财政部发布《中华人民共和国契税暂行条例细则》。1998年，浙江省政府发布《浙江省实施〈中华人民共和国契税暂行条例〉办法》，规定契税由土地、房屋所在地的财政机关负责征收，并规定契税适用税率为3%。1997年起，契税政策逐步完善。

1998年7月，省财政厅印发《关于印发〈浙江省契税减税免税管理暂行办法〉的通知》，规定契税的减征、免征范围。1999年8月，省财政厅、省地方税务局联合印发《转发财政部、国家税务总局关于调整房地产市场若干税收政策的通知》，从1999年8月1日起，对全省个人购买自用普通住宅，契税税率暂减按1.5%执行。2000年底前购买1998年6月30日以前建成尚未售出的积压空置的商品住房，免征契税。1996—2000年契税收入24.59亿元。

2001年，浙江省执行财政部、国家税务总局《关于对消化空置商品房有关税费政策的通知》，对纳税人销售1998年6月30日以前建成的别墅、度假村等高消费性的空置商品房，自2001年1月1日起恢复征收契税；在1998年6月30日以前建成的商业用房、写字楼，在2001年1月1日至2002年12月31日期间销售的，免征契税。2001年10月，财政部、国家税务总局印发《关于企业改革中有关契税政策的通知》，规定公司改制、企业合并、企业分立、股权重组和企业破产等企业改革中有关转制重组的契税政策。2003年8月，财政部、国家税务总局联合印发《关于企业改制重组若干契税政策的通知》，规定企业改制重组中涉及的若干契税政策。2005年5月，省财政厅、省地方税务局、省建设厅转发《国家税务总局财政部建设部关于加强房地产税收管理的通知》，自2005年6月1日起，对个人购买非普通住房的契税税率按3%执行；对个人购买普通住房的契税税率仍减按1.5%执行。2008年10月22日，浙江省执行财政部、国家税务总局《关于调整房地产交易环节税收政策的通知》，规定自2008年11月1日起，对个人首次购买90平方米及以下普通住房的，契税税率暂统一下调至1%。2001—2008年，浙江省契税收入527.31亿元，占同期地方财政收入的5.2%。

2009年10月，省政府调整契税征收管理职能，将其划归省地方税务局。2009—2010年，全省契税收入382.36亿元，占同期地方财政收入的8.0%。

表31-1-1-4　　1949—2010年浙江省农业税收一览表

单位:万元

年份	农业税	农业特产税	耕地占用税	契税	年份	农业税	农业特产税	耕地占用税	契税
1949	—	4	—	0.37	1954	5338	343	—	76
1950	—	—	—	—	1955	5236	513	—	41
1951	966	—	—	33	1956	4665	743	—	13
1952	848	—	—	—	1957	11055	1144	—	16
1953	—	74	—	89	1958	3712	1246	—	—

续表

年份	农业税	农业特产税	耕地占用税	契税	年份	农业税	农业特产税	耕地占用税	契税
1959	17607	1227	—	0.9	1985	22496	2157	—	157
1960	15958	1059	—	10	1986	24058	3016	—	198
1961	11634	754	—	13	1987	23894	1812	3458	283
1962	12262	749	—	32	1988	21649	2948	4518	488
1963	13477	795	—	36	1989	26377	5326	4619	900
1964	13624	838	—	58	1990	25924	5376	3931	1583
1965	13060	900	—	59	1991	26481	4719	5972	2252
1966	14877	873	—	39	1992	27010	4629	9590	2808
1967	12374	631	—	14	1993	26182	3740	9313	3446
1968	13444	670	—	—	1994	37485	14816	13802	6997
1969	15013	815	—	—	1995	45136	17175	15951	9069
1970	14197	810	—	—	1996	52017	15815	18017	13159
1971	13790	878	—	—	1997	49387	16378	16802	18382
1972	14213	960	—	—	1998	52891	18110	15206	38743
1973	14239	1068	—	—	1999	46948	19007	20235	58161
1974	14050	1030	—	—	2000	50455	24468	34747	117501
1975	14320	1081	—	—	2001	49784	18688	66038	181319
1976	14168	1173	—	20	2002	50348	7490	123058	301505
1977	14767	1206	—	—	2003	54442	14	199110	478227
1978	14705	1402	—	—	2004	9121	5	213678	587082
1979	15107	1622	—	—	2005	837	—	122793	691432
1980	14489	1761	—	—	2006	—	—	121797	781402
1981	15299	2049	—	48	2007	—	—	152882	1081197
1982	15850	2323	—	64	2008	—	—	205723	1170966
1983	17450	2095	—	103	2009	—	—	273851	1544225
1984	17953	1705	—	153	2010	—	—	440533	2279372

资料来源：浙江省档案馆、浙江省财政厅历年浙江省财政决算报表；农业特产税 1953—1987 年数据来源于《新中国农业税历程》（中国税务出版社 2009 年版，第 449 页）。

说明：农业税 2005 年停征；农业特产税 2004 年停征；耕地占用税 1987 年开征。

二、工商税收入

夏、商两代，虽有手工业和商业，但多系官营，并不征税。至周代，出现早期的工商税。周代的工商税包括三类：即对商旅课征的关市之赋；对矿、林、漆等土特产品课征的山泽之赋；对出售剩余物品等杂项课征的币余之赋。浙江一地在唐代以前，征自手工业和商业的税，史无记载。中唐以后，浙江一地经济和工商业的发展为工商税收提供了丰富的税源，浙江的工商杂税种类逐渐增多。虽然史料记载不详，但大致有茶税、盐税、矿税、酒税、关市税等；其中茶、盐等地方特产成为重要税源。

至宋代，工商税制日趋完备。当时征税机构称"务"。"务"的职责是在各县城集镇征商税，不仅对过境货物征过税，且对在集镇营销者征住税；过税税率为2%，住税税率为3%。淳化(990—994年)以后实行商税定额制，之后又以5年平均数为定额。

表31-1-1-5　　　　宋代两浙路各州商税税额及税务数一览表

地　区	旧税额(贯)	旧税务数	熙宁十年(1077年)税额(贯)	熙宁十年(1077年)税务数
杭州	120303	12	183813	15
越州	27577	9	66207	13
湖州	45535	10	77648	10
婺州	31482	8	70027	9
明州	17664	5	26947	5
温州	22104	6	41698	6
台州	28386	8	45286	8
处州	12852	7	27736	6
衢州	19081	8	44763	9
睦州	19645	6	35566	6
秀州	93664	7	65446	9

资料来源：《浙江省财政税务志》，中华书局2002年版，第95页。

宋代榷酤法规定：诸州城内由官府置务酿酒，县、镇、乡、闾许民自酿，官府征税，东京(今河南开封)、西京(今河南洛阳)、南京(今河南商丘)三京之地由官府造曲，卖给百姓酿酒。宋代的酒课有定额。

表 31-1-1-6　　宋代两浙路各州酒榷课额一览表

地　名	税务数	旧额(贯)	熙宁十年(1077 年)	
			租额(贯)	买扑(贯)
杭州在城、余杭、盐官、於潜	10	360346	473321	22026
越州在城、上虞、余姚、萧山	10	123294	83707	33385
婺州在城、东阳、义乌、兰溪	9	120412	64054	29373
明州在城、奉仙、慈溪、定海	5	83154	83116	25479
湖州在城、长兴、归安、武原	6	109657	98369	37747
温州在城、永嘉、乐清、平阳	7	50748	68526	12783
台州在城、黄岩、天台、仙居	8	81298	69044	3103
处州在城、遂昌、寿田、龙泉	8	11169	27752	9443
衢州在城、开化、龙游、南镇	4	90790	49351	17484
睦州在城、桐庐、建德、遂安	7	51321	39173	10646
秀州在城、华亭、海盐、上海	17	104952	117809	15081

资料来源:《浙江省财政税务志》,中华书局 2002 年版,第 95 页。

说明:宋代浙江秀州所辖含今上海吴淞江以南地区。

宋代的茶课主要实行禁榷法,即由官府给园户本钱,置场种茶、制茶,由官府收买。两浙路杭、苏、明、越、婺、处、温、台、湖、常、衢、睦 12 州岁课茶 127.9 万余斤,都由榷货务鬻售。

宋代与海外诸国的贸易较为发达。开宝四年(971 年),先在广州设市舶司,以后又在杭州、明州和秀州的华亭(今上海市松江区)等沿海城市设立市舶司、务,对入港船只所载货物通常征 10%的税。

元太宗(1229—1241 年在位)时,建十路课税使,定天下赋税,商税三十取一。至元七年(1270 年),定中原税制以 4.5 万锭银为定额。商人必须纳税后,方可入城贸易。至元二十二年,又增商税契本,每一道为中统钞 3 钱。天历年间(1328—1330 年),收入数增加,江浙行省商税课额 269027 锭,占全国各路总数 939529 锭的 28.6%。

元代,实行官制官卖的榷酤制度。江浙行省常年酒课收入 19.6 万余锭,醋课收入 11870 锭,为各行省之冠。据单庆、徐硕编修的《至元嘉禾志》载,仅海宁县(隶杭州),岁办酒醋课税 2557 锭、商课税 1950 锭、茶课税 136 锭,共课钞 4643 锭。

元代对金、银、铜、铁、矾、水银等课征的收入称岁课,岁有定额。如金课,以江浙等省为最,每年 180 余锭。矿产之外尚有竹木课等额外课。江浙省的额外课有曲课钞 55 锭 37 两 4 钱、鱼课钞 143 锭 40 两 4 钱、池塘课 24 锭 22 两 7 钱。

元初在南方主要港口如杭州、澉浦、温州、庆元(今浙江宁波)等设市舶司,后来合并为泉州、庆元、广州三处;制定市舶法则,对进口货物实行抽分,规定细货十分取一,粗货十五分取一。

明代初期,商税制度比较简约,其后增置渐多,对行商坐贾贩卖的一般货物从价计征,三十取一。明初设河泊所征收鱼课,按商税三十取其一,定额征收米钞。洪武十八年(1385 年)改征银、钱币。万历三年(1575 年),浙江布政使司征黄麻、络麻、熟铁共折银 1560 两 8 钱 7 分 4 厘,闰加 119 两 1 分 8 厘(本年闰十二月),余解本色。万历六年,浙江布政使司征收鱼课额共合钞 182969 贯,折课银 1829 两余。河泊所在征收鱼课的同时,还设官征收麻、铁、鱼油、翎、鳔等料,以为造船之用。同年,浙江布政使司税课钞 3005239 贯 821 文。

明初,杭州(北新关)征收船钞商税,本色钞 190 万余贯,钱 381 万余文,折色船料商税正余银 3.68 万余两。弘治元年(1488 年),钱钞改收折银两,北新关岁科约计银 4000 两。万历三十九年(1611 年),增解税料羡余银 7000 余两,年共 4.97 万两。万历四十二年奉诏减免三分之一。天启元年(1621 年),为筹辽饷增银 2 万两。天启六年又增银 2 万两。崇祯年间(1628—1644 年),军饷维艰,税银屡增终达额银 110240 两。

明代浙江为主要银矿产地之一。洪武十九年(1386 年)开始采掘,在温州、处州所属 7 县设有场局,岁课银 2870 余两。永乐年间(1403—1424 年)增至 82070 余两;宣德年间(1426—1435 年)又增至 94040 余两。累年增加,民不堪苦。英宗即位(1436 年),下诏封坑。不久又复命户部经理浙闽矿课,浙江岁课减至 41070 余两。明代浙江境内为非主要产茶区,每年茶课钞 2134 贯。

清代,工商业得到进一步发展,工商税税种比以前历代都多,主要收入来自于商税、渔课、关税、牙税帖捐、当税帖捐、钱业捐及厘金。

商税。清代前期在明代旧制基础上归并杂税,实行随粮统征,称"外赋"。顺治十五年(1658 年),海宁州在田赋征收中外赋入地丁银课征 1292 两,外赋不入地丁银课征为 1364 两。康熙二十年(1681 年),嘉兴府所属 7 县入地丁银和不入地丁银的外赋,均分别为 12149 两和 2868 两。雍正十三年(1735 年)实行"一条鞭法"时,嘉兴府杂税(包括市肆、门摊及酒税),年总计银 5741 两,均列入"外赋不入地丁款",由市镇牙行、酒醋商按额缴纳。至乾隆年间(1736—1795 年)开征牙税,后废止。

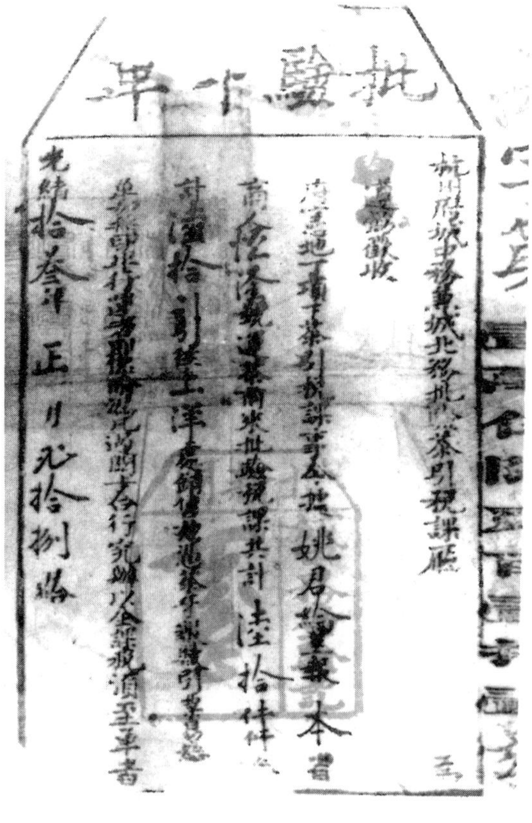

图 31-1-1-5　清光绪十三年(1887 年)浙江杭州府批验茶引税课单(《余杭财税志》,中华书局 2011 年版,卷首图版第 19 页)

渔课。沿用明代旧制。雍正十三年(1735

年)将渔课列入“外赋不入地丁款”由渔户按额认办。如嘉兴府当年渔课定额银 394.6 两。

牙税帖捐。牙税于乾隆年间(1736—1795 年)开征,按市镇商业情况划分为繁盛、偏僻两类,再按牙行经营规模分为上行、中行、下行三等,然后归为三则税额征收。凡是繁盛市镇的上行年征银 8 钱为上则;繁盛中行、偏僻上行,各征银 6 钱为中则;繁盛下行、偏僻中下行,各征银 4 钱为下则。牙帖于同治三年(1864 年)开征。为筹饷而核准在牙税之外额外征收。规定凡商民开设牙行或季节性经营,均须申报请领部颁牙税或藩司季钞,方准营业。部帖以 10 年为期一换,坐商均须领取部帖,则例与牙税同。上则帖捐银 480 两,中则帖捐银 240 两,下则帖捐银 120 两;另将偏僻下行列为次下行,帖捐银 60 两。凡季节性经营春笋、茶、果、鱼秧(比鱼苗稍大的小鱼)等的牙户,均须请领季钞。钞照一年一换,一季使用。每户每季捐银 0.16 两,又加耗银 0.016 两,合计每钞捐 0.176 两。同治三年(1864 年),为筹措军饷,修改牙税章程、调增税额,上则牙行年征银 3 两,中则征银 1.5 两,下则征银 0.75 两。光绪二十九年(1903 年),为筹还庚子赔款,再调增税额为:上则年征银 10 两,中则征银 7.5 两,下则征银 5 两。光绪三十四年,浙江省牙税共征银 21853 两,又补收加征偿款各年银 1181 两。

图 31-1-1-6　光绪时期(1875—1908 年)浙江通省厘捐总局护票(《余杭财税志》,中华书局 2011 年版,卷首图版第 19 页)

当税帖捐。当税为清初创设。凡开设当铺者,按户部则例规定,每户年纳税银 5 两。康熙三年(1664 年),浙江全省年征当税银 5360 两。同治六年(1867 年),开始征收当帖,规定凡开设当铺均须请领藩司帖照。捐额分繁盛、偏僻二则。设于繁盛市镇的捐银 300 两,设于偏僻地区的捐银 200 两。当帖 10 年一换。光绪二十三年(1897 年),按部议定,年税银调加为 50 两。新增当税另款存储,拨补浙东厘金之用,是年浙江省共收当税银 22055 两。光绪二十四年收银 21795 两,以后各年当税收入大多在 2.1 万两左右。光绪二十八年,开征架本捐,捐额按架本(即收当物品的总当本减去取本总数)的大小分级课征。光绪三十年,因庚子赔款不敷,令各当业均按原额加倍缴纳。

钱业捐。清光绪二十八年(1902 年)开征钱业捐。凡开设钱庄的都要缴纳钱业捐。捐额分为上、中、下、次四等。上等钱庄每年捐银 50 两,中等捐银 40 两,下等捐银 30 两,次等捐银 20 两。光绪三十年,因庚子赔款不敷,令钱业按原额加倍缴纳。

厘金。厘金,又称厘捐。创办于清咸丰三年(1853 年)。浙江厘金有 7 项,即牙帖捐、百货厘捐、丝捐、茶厘捐、洋药厘捐、土药厘捐和加抽茶糖烟酒厘捐。牙帖捐在同治十一年(1872 年)后归入杂捐内,不再列于厘金项下。光绪十三年(1887 年),裁撤洋药厘金专局,改由海关厘税并征。自同治三年五月至十一年底止,浙江共征收厘金 17827675 两。光绪十一年至十六年间，浙江厘金收入最高年份为2117024两，最低年份为1990976两。全省历年平均厘金收入计银200万两左右，在全国14省中仅次于江苏省，居第二位。

表31-1-1-7　　清代浙江省各项厘金创设年份及税率沿革一览表

厘金类别	创设年份	税　　率	附　　注
1. 百货厘金			
	同治元年	浙西4.5%，浙东9%	浙西一起一验，浙东两起两验，起捐3%，验捐1.5%
（附加）善举，（初名难民经费）	同治三年	0.5%	附验捐抽收，浙东每道抽0.25%，两道抽0.5%，浙西收一道共0.5%
（附加）储备公款	光绪二十年	0.5%	同上
（附加）厂纱捐	光绪三十三年	每石征开平银0.70两	
2. 丝捐			
（正款）运丝捐	同治三年	每包收洋16元	每包计重80斤，以前纳捐银20余两，同治三年改现率
（正款）用丝捐	同治初年	每石收7文，后改12文	光绪十年至三十三年为认捐，每石初收4文，12年加善后2文，30年加眼捐1文，33年改官办，总收12文
（正款）茧捐	光绪九年	鲜茧每100斤收洋4元，干茧每300斤12元，茧壳每100斤3.6元，双宫薄皮每100斤2.4元	
（正款）茧灶捐	光绪二十一年	大灶烘茧3000斤每乘收300元，小灶2000斤每乘200元	此捐始于光绪二十一年绍属创设缫丝厂，后以商力困难，改为按灶认数，计斤收捐
（正款）丝茧谕单	同治三年	每行上则80串，下则40串	此项谕单乃为开设丝茧行无力领帖者而设
（附加）善后捐	同治四年	运丝每包抽2元，用丝每两收2文	光绪三十三年用丝改为每两总收12文，未划分善后
（附加）柳浦塘工捐	光绪二十五年	丝每包抽洋0.5元	
（附加）丝偿款	光绪二十八年	每包加征1元	为偿庚子赔款而设
（附加）绸茧偿款	光绪二十八年	加四成、五成、七成不等	同上
（代收）丝沪捐	同治五年	每包捐4元	
（代收）茧沪捐	同治九年	每100斤捐2元	
（代收）苏代浙捐			此即江苏丝抽收浙江塘工捐，由苏转解来浙者

续表

厘金类别	创设年份	税　　率	附　　注
3.茶厘金			
	同治初年	同治二年箱茶每引(100 斤)抽捐 0.9 两,厘 1.4 两,共 2.3 两,篓茶袋茶每引抽捐 0.4 两,厘 0.6 两,共 1 两 同治五年箱茶每引统收捐银 1.4 两,篓茶袋茶每引 0.7 两 光绪元年箱茶每引 1 两,篓茶袋茶每引 0.6 两,茶梗茶末每引收 0.2 两	外省已捐经由浙江省者,每引抽厘 0.8 两,不收茶捐 此年将捐与厘之名称归并,外省经由浙江省之茶已完税者,不再收捐 江西、安徽入口茶,已捐者收厘银 0.2 两,未捐者照浙章办理
(附加)塘工捐	同治五年	每引 1 两,不分种类	光绪元年改为 0.5 两
4.茶糖烟酒加成厘金			
糖烟酒二成	光绪二十二年		
烟酒续加二成	光绪二十六年		
茶糖烟酒三成	光绪二十七年		为庚子赔款而增加
烟酒五成	光绪三十年		为筹练兵经费而增加
5.洋土药厘金			
洋药		初每包抽银 0.75 两,继改每箱抽银 40 两,光绪十一年改每箱抽 86 两	改抽 40 两时,除土行劳金外,实收 34 两
土药		每斤抽洋 0.24 元,出口每箱抽 43 两	
膏药	光绪二十七年	每售膏 1 两捐钱 20 文	

资料来源:《浙江省财政税务志》,中华书局 2002 年版,第 122 页。

民国时期,工商业得到发展,工商税收在财政收入中逐渐占据重要地位。工商税种较历代更多,同时附加杂捐也层出不穷。

货物税。民国初年承清代旧制,核定几种大宗货物分别征收统捐、统税、货物税。民国元年(1912 年)2 月,货物征收统捐归地方收入。5 月,浙江省公布《修正浙江省统捐暂行规定决议案》,将捐率划分为普通规定之捐率和特别规定之捐率两部分。民国 2 年,政府先后公布烟捐、酒捐之章程、捐率。民国 3 年 7 月,浙江省财政厅成立,重订统捐章则,分为百货捐、烟捐等 12 项;其中烟、酒、茶、糖捐 4 项另订征收办法,其余 8 项统称百货捐。统捐捐率为 5.5%～10%。民国元年至 12 年,浙江省实收统捐 4644.9 万元。民国 17 年 2 月,浙江省修订捐率,并将货物重新划为丝、茧、茶等 25 类,按本值百抽五征收。统捐从价征取。统捐收入每年大致在400万元左右。民国20年起，浙江省裁撤统捐，改办特种消费税。同年1月，开征棉纱、火柴、水泥统税，同时将麦粉特税改为统税，连同卷烟统税合称"五项统税"。浙江省征收统税品目有卷烟、汽水、饮料品3类，民国18年、19年、22年、27—29年共征收统税为10.38万元。浙江省于民国3年至民国30年先后开征贩卖烟酒特许牌照税、洋酒税、卷烟营业牌照税和机制酒类营业牌照税，以及酒捐、土酒定额税、国产烟酒类税等。民国35年8月，国民政府公布《货物税条例》，浙江省烟酒各类税捐、统捐全按货物税统一征收。12月，对麦粉、茶叶、皮毛、毛线、锡箔及迷信用纸、水泥、汽水、果子水、化妆品等调整为分级定额征税。民国37年7月，对卷烟、洋啤酒调整税率。民国28年，全省货物税为331万元(法币，下同)，29年为390万元，30年为491万元，31年为1438万元，32年为8198万元，33年为30974万元，34年为55395万元，35年为1300896万元，36年为11879855万元。

营业税。民国20年(1931年)1月，全国统一裁厘后，浙江省如期废止统捐，并开征营业税，以营业额或资本额征收。对一切以营利为目的事业(主要是商业)就其营业总收入或纯收益进行课证，并指定以此作为抵补裁厘损失的唯一税收。征税范围为物品贩卖业等20个行业，税率变动多次，一般在4%左右。浙江省开设的营业税主要有：典当营业税、牙行营业税、普通营业税、营业牌照税、特种营业税、营业专税等。民国20—25年，全省征收典当营业税法币41.6万元；民国20年、民国21年、民国33—35年，全省征收牙行营业税法币1.73亿元；民国31—37年，全省征收营业牌照税法币3321.80亿元，金圆券2.38万元；民国37年，全省征收特种营业税法币183亿元，金圆券22.2万元。营业税原为地方税收入，由浙江省财政厅分区设立专局或县政府征收，民国31年1月改由财政部浙江直接税局征收，民国35年7月再由各县税捐稽征处征收。民国20—37年，浙江省征收营业税法币11162亿元、金圆券25万元。

图31-1-1-7　民国20年(1931年)1月浙江省营业税会议(浙江大学图书馆民国馆提供)

所得税。民国25年(1936年)7月，国民政府公布《所得税暂行条例》，浙江省于当年和次年先后开征薪给报酬所得税、利息所得税和营利事业所得税。民国27年10月，国民政府公布《非常时期过分利得税条例》；民国32年2月公布《所得税法》；民国35年以后对《所得税法》作了两次修正。所得税属直接税，收入归中央财政。所得税主要课征有营利事业所得税、薪给报酬所得税、利息所得税、财产租赁所得税、一时所得税、综合所得税、过分利得税等。民国32—35年、民国37年，全省征收营利事业所得税法币2091.70亿元、金圆券267万元；民国31年、民国33—35年、民国37—38年，浙江省征收报酬及薪资所得税法币9597万元、金

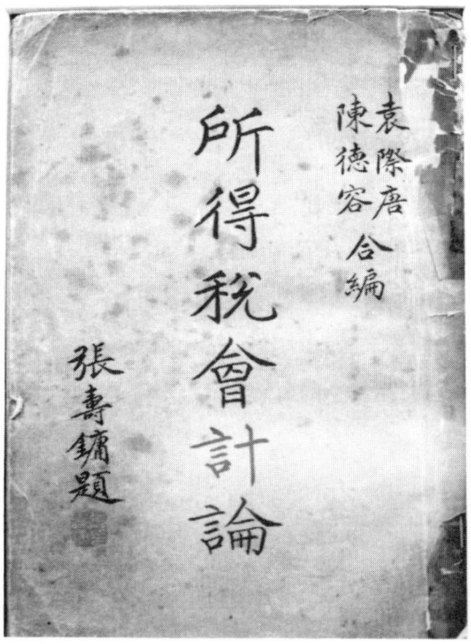

图 31-1-1-8　民国 26 年（1937 年），上海光华大学校长张寿镛（曾任浙江省财政厅厅长）为新书《所得税会计论》题写书名（中国财税博物馆提供）

圆券 2757 万元；民国 33—35 年，全省征收财产租赁出卖所得税法币 3.20 亿元；民国 35—37 年，全省征收财产租赁所得税法币 16.52 亿元、金圆券 18 万元；民国 33—35 年、民国 37 年，浙江省征收一时所得税法币 1.43 亿元、金圆券 32 万元；民国 35 年、民国 37 年，全省征收综合所得税法币 28.61 亿元、金圆券 51 万元；民国 29—37 年，全省征收过分利得税法币 7.03 亿元。

民国时期的工商税收还包括屠宰税、验契税、印花税、遗产税、地方税捐，其中地方税捐为杂项捐税，划归地方收入范围，有纳入预算的，也有不纳入预算的，更有各自治团体自收自用的。民国 21 年（1932 年），杭州市征收的杂税名目有 21 项。此外还有名目众多的地方杂项税捐，如店屋捐、住屋捐、筵席捐、茶馆捐等 18 项。

中共领导的浙东抗日民主根据地实施“一切抗日经费来源应由全体人民合理负担”的原则。根据地创建初期的赋税主要是货物进出口税，以后逐渐转为田赋公粮和其他税收两大部分，其中包括民国 33 年（1944 年）后开征的地方税税种，主要有营业税、牙行税、油坊税、屠宰税和酒捐。货物税是浙东抗日民主根据地最早开征的税种。民国 34 年，根据地三北行政区经济委员会公布《战时进出口货物税征收暂行办法》。该办法将货物分为四大类进行征收：一般生活必需品征收率 3%～5%；非生活必需的奢侈品如卷烟、香粉等征收率为 15%～30%；军需物资为免税品；战略物资、资敌物资、毒品等则被确认为禁运品。一般的货物以 5000 元为起征点，以营业为目的的货物在起征点以下也需要征收货物税。

图 31-1-1-9　民国时期浙江省印花税票（《余杭财税志》，中华书局 2011 年版，卷首图版第 19 页）

民国 33 年（1944 年）5 月开征包括营业税、牙行税、油坊税、屠宰税和酒捐为主要税种的地方税。营业税主要课征对象是集镇上的商店，根据商店自报营业额核实后，按 3%的税率征收。牙行税以佣金收入额度分类，收入高纳税多，按季征收。民国 34 年 11 月，提高牙行税税率。其征收标准：每月佣金收入在 10 万元以上者征 5%，5 万元～10 万元者征 4%，5 万元以下者征 3%。油坊税是对榨油作坊榨油收入课征的税。根据地规定每车油征收 200 元（约为大米 13 斤），通过自认榨油车数，缴纳税款。屠宰税按屠宰牲畜头数或按率征收，每头猪征收 600 元，每只羊征收 60 元，每头菜牛按 10%税率征收，耕牛禁止屠宰。酒捐则不分家酿和坊酿，每缸征收 600 元。33 年（1944 年）12 月规定酒捐每缸征米 40 斤。

除了赋税收入，浙东抗日民主根据地还有抗卫捐、抗卫军粮、抗卫经费等其他收入。抗卫军粮、抗卫经费和抗卫捐的征收始于民国 32 年(1943 年)新四军的《三四五支队征收抗卫经费告民众书》①。民国 34 年 8 月，新四军三北游击司令部出台《三北游击司令部抗卫军粮及抗卫经费并征暂行征收条例》，对征收军粮及抗卫捐规定了统一标准，由三北区(余姚北、慈溪北、镇海北)经济委员会负责管理，以按照田亩数合并征收实物(谷)为原则，殷富商户为主要征收对象。其征收标准：田地每亩征谷 13 市斤；甲等地每亩征谷 6.5 斤，乙等地每亩征谷 5 斤；山地每亩征谷 8 斤。非种稻之田地，使用代金进行缴纳。在减免办法方面，条例规定，凡参与新四军武装主力部队，及出征军人之家属不论业主或佃户，对于抗卫军粮及抗卫经费之缴纳，得凭新四军司令部或地方政府之证明文件，呈请经委会调查属实，准予按照各条规定减缴百分之二十(八折实缴)，其耕种亩数在 3 亩以下者，得全部免予征缴。此外，浙东抗日民主根据地的财政收入还包括接受日伪产业以及收缴土豪劣绅的财产获得的相关收入。

中华人民共和国成立初期，浙江省人民政府执行政务院的各项政策规定，废除国民政府部分苛捐杂税，并对少部分地方税制定单行法规，但在一段时间内仍沿用旧税制。1950 年 1 月，浙江省按照政务院颁布的《关于统一全国税政的决定》和《全国税政实施要则》的规定，统一全省税收制度，建立全省统一的税务机构和税务管理制度，并先后开征工商业税(包括营业税和所得税)、货物税、存款利息所得税、房产税、地产税、交易税、盐税、特种消费行为税、屠宰税、印花税、使用牌照税等 11 个税种，对薪给报酬所得税和遗产税按全国统一规定暂缓征收。7 月，浙江省简并税种，简化税目，将房产税和地产税合并为城市房地产税，调低工商业所得税和城市房地产税税率。1951 年，为配合国家棉纱统销政策，浙江省开征棉纱统销税。1949—1952 年，全省工商税收累计收入 7633 万元，其中：1950 年为各类税收的附加收入，1951 年为各项税收的分成收入。这一时期，浙江省财政收入全部上缴中央财政。

1953 年 1 月 1 日，浙江省贯彻执行 1952 年 12 月 31 日政务院财政经济委员会发布的《关于税制若干修正及实行日期的通告》，在工商企业中试行征收商品流通税，对应征商品实行从产到销一次课征的税收制度，将棉纱统销税和棉花交易税并入商品流通税。同时，修订货物税和工商业税，将对粮食征收的交易税改为征收货物税；调整合并印花税税目；停征药材交易税；取消特种消费行为税，对电影、戏剧及娱乐业改征文化娱乐税；将各类税收附加并入正税征收。8 月，对私营批发商恢复征收营业税，对国营企业、从事批发业务合作社实行免征营业税政策。经过上述调整，全省开征的税种为货物税、商品流通税、工商业税(营业税和所得税部分)、印花税、牲畜交易税、屠宰税、使用牌照税、城市房地产税、文化娱乐税、存款利息所得税等 10 种。1953—1957 年，浙江省执行以流转税类为主、其他各类税收为辅的多税种、多次征收复合税制，全省工商税收收入 3.46 亿元。

1958 年，浙江省全面施行工商统一税，将工商企业原来分别缴纳的商品流通税、货物税、

① 《三四五支队征收抗卫经费告民众书》倡议：“现在我们吃的已由全体业佃双方，踊跃输粮，但是种种使用的钱不得不再请殷商富户热心士绅、一切明白大义的先生们给我们在经费上以有力的帮助！”该倡议得到了各界爱国人士的积极响应。

营业税和印花税等进行简化，合并征收；农村实行财政包干，不再征税；城市进行“税利合一”试点，将企业应缴纳的税款并入企业利润上缴财政。1959年4月，浙江省停止农村财政包干和城市“税利合一”试点，恢复按照税法规定征税，并先后停征存款利息所得税和牲畜交易税。1962年1月，在全省开征集市交易税。1966年1月，在铁路和粮食系统试行国营企业工商税，10月，停征集市交易税和文化娱乐税。1969—1972年，浙江省进行综合税、行业税、工商税等简化税制的试点与推广工作。经过简化、撤销与合并，至1972年，全省征收的税种为工商统一税、工商所得税、盐税、城市房地产税、屠宰税和车船使用牌照税等6种，形成以工商统一税为主体，其他各税种为辅助的税制结构。1958—1972年，全省工商税收收入80.51亿元。

1973年，浙江省全面施行《中华人民共和国工商税条例(草案)》，工商统一税及附加、城市房地产税、车船使用牌照税、盐税、屠宰税等5个税种合并为工商税。简化合并后，国营企业只缴纳工商税，集体企业缴纳工商税和工商所得税，城市房地产税、车船使用牌照税和屠宰税仅对个人和外侨等继续征收，基本实行单一税制。1973—1978年，全省工商税收收入56.48亿元。

1979年，浙江省先后开征中外合资经营企业所得税、个人所得税、外国企业所得税，同时继续征收工商统一税和地方各税种，开展国营企业利改税试点工作。1983年6月，根据财政部《关于国营企业利改税试行办法》规定，对国营企业停止上缴利润、改征企业所得税。1984年，实行税前还贷政策，允许公有制企业偿还的技改和基建投资项目的贷款本息在计算应纳税所得额时予以扣除。其中：国有企业全额扣除，集体企业按60%比例扣除。同时，对内资企业实行新税制，将原来的工商税按照征税对象划分为产品税、增值税、营业税和盐税，改革国营企业所得税，对税后利润较大的大中型企业，由财政部门征收国营企业收入调节税，将原来的工商所得税分别改为集体企业所得税、城乡个体工商业户所得税。当年工商税收收入34.57亿元，比上年增长20.2%。1985年，随着第二步利改税和部分产品税调高，以及商业批发环节扩大征税范围，银行保险营业税改为就地交库，种种因素使工商税收增长较快，当年工商税收收入44.62亿元，增长29.1%。1985—1989年，浙江省先后开征国营企业奖金税、城市维护建设税、个人收入调节税、城镇土地使用税等。1992年，全省发展各类专业市场和集贸市场，城乡流通扩大，工商税收增长较快。至1993年底，全省开征的税种有产品税、增值税、营业税、城市维护建设税、特别消费税、国营企业所得税等32种，初步建成以流转税类和所得税类为主体，其他各税种相配合的复合税制。1979—1993年，全省工商税收收入928.86亿元。

1993年12月15日，国务院发布《关于实行分税制财政管理体制的决定》，自1994年1月1日起在全国全面实施。此次税制改革的原则是“统一税法、公平税负、简化税制、合理分权”。在保持原有税负的基础上，对内外资企业统一实行以增值税为主、消费税和营业税为辅的流转税制，在降低原有企业所得税税率的基础上，对内资企业开征统一的所得税，实行税利分流，税后还贷，税后承包制度。将原有的个人收入调节税、个人所得税和城乡个体工商户所得税加以合并，制定统一的个人所得税。开征土地增值税，取消集市交易税、牲畜交易税、烧油特别税、奖金税和工资调节税；并将特别消费税并入消费税，将盐税并入资源税。通过这次税制改革，浙江省新开征增值税、营业税、企业所得税、个人所得税、资源税、土地增值税、城市维护建设税、土地使用税、房产税、车船使用税、屠宰税等11个税种。2000年，暂停征收固定资产投资方向调节税。2001年1月，浙江省暂停征收欠发达地区屠宰税，2002年7月，全省取消屠宰税。2003年，浙江省增值税、营业税、所得税等快速增长，其中营业税首超200亿元，占全部地方财政收入增收额的34.6%。1994—2003年，全省工商税收收入2833.12亿元。

2004年，按照“简税制、宽税基、低税率、严征管”的基本原则，对部分税目进行调整，如部分资源税应税品目税额标准偏低予以调整。2005年，全省财政部门支持和促进第三产业发展，第三产业税收占工商税收比重62.2%；地方小税种也快速增长，比上年增长53.8%。2006年，浙江省民营经济发展成为税收增长的主要力量，增值税的55.2%和企业所得税的62.6%来自股份制企业及私营企业。2006年4月，开征烟叶税。2007年1月，根据国务院修订后的《中华人民共和国城镇土地使用税暂行条例》，将城镇土地使用税的征收范围扩大到外资企业和外籍人员个人，对城镇土地使用税税目进行调整，提高税率标准。同年，对储蓄存款利息所得减按5%的比例征收个人所得税。2008年10月，暂免按储蓄存款利息所得5%征收的个人所得税。同年，执行第十届全国人大第五次会议通过的《中华人民共和国企业所得法》和国务院颁发的《中华人民共和国企业所得法实施条例》，统一内外资企业所得税征收标准，实行法人税制，降低企业所得税税率，将法定税率由33%降至25%；统一和规范税前扣除办法及标准，统一税收优惠政策，建立“产业优惠为主，区域优惠为辅”新的税收优惠体系。2009年1月，增值税由生产型增值税改为消费型增值税，将设备投资纳入增值税抵扣范围。受宏观经济影响，2009年企业所得税在上年增幅下降的情况下收入294.91亿元，下降2.4%。2010年，对外商投资企业、外国企业及外籍个人征收城市维护建设税。当年，企业所得税在2009年负增长的背景下，增长29.2个百分点，占地方财政收入的比重已接近增值税。至2010年底，浙江省开征的工商各税税种有增值税、营业税、企业所得税、个人所得税、资源税、土地增值税、城市维护建设税、土地使用税、房产税、车船使用税、印花税、烟叶税等。2004—2010年，全省工商税收收入9714.05亿元。

三、盐税收入

盐税起源于春秋时齐国的盐铁专卖制度。盐税之名始于汉代。吴王刘濞在两浙煮海为盐，后称“浙盐”。历代对盐业有时实行专卖，有时实行征税；至清代，浙江的财政收入中盐税是一项重要的税收收入。

浙江濒临东海，为历朝产盐之地。西汉(前206年—25年)前浙江境内对盐征税，官府征税后任由民产并运销。西汉元狩四年(前119年)，海盐武原镇设盐官，主盐利，始行盐专卖。东汉建武元年(25年)废除专卖，恢复征税制度，听任百姓制盐，税后自由贩运。东汉(25—220年)末至南北朝(420—589年)的300多年中，官营专卖制与征税制交相变换，浙江境内以征税为主。

隋开皇三年(583年)免征盐税,听任浙江境内百姓自由产销,一直延续至唐开元九年(721年),其间近140年为无税时期。

唐开元十年(722年)恢复征税。置嘉兴盐监,为全国十监之一。“唐,天下有盐之国一百五,江南自嘉兴至彭水县十二。”①唐乾元元年(758年),盐铁转运使第五琦变革盐法,加榷1斗钱100文,为盐成本的10倍,实行官营专卖制。宝应元年(762年),盐铁转运使刘晏改革第五琦盐法,实行就场征税,税后听任其贩运各地不再重征。

宋代,盐户领取工本,替官制盐,按丁交官,称盐课;后行引法,又向盐商发引收钱。宋时计量50斤为1担,300斤为1袋,每袋钞钱18千文,盐利丰厚。“鬻海为盐,曰京东、河北、两浙、淮南、福建、广南凡六路,其鬻盐之地曰亭,场民曰亭户,或谓之灶户,户有盐丁,岁课入官受钱或折租赋皆无常数,两浙人役军士定课鬻焉。至道三年,鬻钱总一百六十三万三千余贯。”“其在两浙曰杭州场,岁鬻七万七千余石,明州昌国东西两监二十万一千余石,秀州场二十万八千余石,温州天富南北监密鹦、永嘉二场七万四千余石,台州黄岩监一万五千余石以给本州及越、处、衢、婺州。天圣中,杭、秀、温、台、明各监一,温州又领场三,而一路岁课视旧减六万八千石以给本路及江东之歙州。”②

南宋绍兴三十二年(1162年),浙西路销盐1137146石,浙东路销盐848284石。乾道六年(1170年),两浙课额197万石,两务场销浙盐收入501万贯。

表31-1-1-8　　宋代两浙路分地区盐课税额一览表

地　区	税　额	地　区	税　额
杭州	139448贯616文	秀州	68306贯504文
越州	69229贯771文	温州	29141贯136文
湖州	192474贯969文	处州	23351贯865文
婺州	98712贯358文	衢州	206797贯652文
明州	18290贯026文	睦州	60371贯248文

资料来源:《浙江省财政税务志》,中华书局2002年版,第94页。

元代,盐户所缴税课称灶课。至元五年(1268年),两浙运司所辖场司34处。至元十四年置两浙盐运司,岁办浙盐92148引,每引400斤,折中统钞9贯。至元二十三年增岁办为45万引,至元二十六年减为35万引,每引增课钞50贯。大德三年(1299年)改官运商销为商运商销,按规定区域发卖。两浙盐区相应增设杭州、绍兴、温台和嘉兴4个校验所③。延祐六年(1319年)撤去4个检校所,立嘉兴、绍兴等处盐仓官。元统元年(1333年),两浙办盐48万

① 〔清〕嵇曾筠、李卫等修:康熙《浙江通志》卷八十三。

② 〔元〕脱脱、阿鲁图等:《宋史》卷181《食货下三·盐上》,第4426页。

③ 〔明〕宋濂、王祎:《元史·食货志》载:“大德三年,立两浙盐运司检校所。四、五年,增额为四十万。至大元年,又增余盐五万引。”

引，每引价 3 锭，正课中统钞 144 万锭。

明代，沿袭宋、元盐业制度。明初实行民制官收，就场专卖办法。至嘉靖二十年（1541 年）盐课一律折征银两，不再征收实物。明万历年间（1573—1620 年），改行纲法，盐商买盐后，直接与灶户交易。盐的产销关系发生变化。两浙岁办大引盐 222384 引。万历二十八年（1600 年），两浙盐课税银解部 14 万两。

清代前期，实行官督商销的专商引岸制度。盐商办盐后，就场支盐，行销指定区域称“引岸”。清代盐税大体有正引、票引、盐课三类。其他各种附加及苛杂规费统称什课。诸如政府向盐商按引征收之官钱银、公务银、公费银；领告费银、帑利银、盐务官署行政费、土盐加税、行盐口捐、杂捐、商包余利、盐票盐引捐输，等等。据雍正《浙江通志》卷 83 盐法（上）载，康熙三十八年四月（1699 年 5 月）查两浙盐课额征银 40 万两。雍正五年，两浙盐课总额银 42.5 万两。

图 31-1-1-10　光绪十八年（1892 年）江南盐运使司发给鄞县江三和盐店的专卖许可凭证，用以证明该店经销的是官盐，即依照盐法生产、运销并已纳税的食盐（中国财税博物馆提供）

清代后期，盐税抵作外债担保，新增杂税、盐税抽厘及盐斤加价等，使税负加重。如道光（1821—1850 年）以后，为筹集用于特定支出，实行盐斤加价，与正杂课同时征收；同治三年（1864 年），每正盐 1 引课税钱 3000 文；光绪二十年（1894 年）起，先后有盐斤加价，偿款加款加价、抵税加价、江南加价等，直至每斤加价 16 文，为同治三年盐税的 3 倍，如此导致盐税收入快速增加。光绪二十九年，户部报告全国合计盐税收入银 11269865 两、钱 224 万 44 串，其中浙江盐税收入银 698353 两。

民国初期，盐税分纲、肩、近场等名目，以距盐场远近区别课税。民国 4 年（1915 年）取消原有各项杂捐名目，统称盐税，纲地每担征税 2.50 元。民国 20 年，由于币制贬值，每担 7 元，导致盐税大幅增加。民国 31 年起，浙江改行盐官专卖制，盐税改为盐专卖，实行民制、官收、官运、商销政策。随盐附征的附税（中央附税和地方附税）超过正税。民国 34 年停办专卖，改行就场征税制，准许商民自由经营，商人照章纳税后直接到场区购盐运销。

盐税的附加名目繁多，民国 14 年起，省附加、中央附加，每担合计需 3.90 元。民国 20 年（1931 年）名为整顿盐税附加，又复列建设专款、盐场整理费、公益费等多种名目。民国 34 年抗日战争胜利后，又附加盐场建设费、盐工福利费、偿本费等。

民国 32 年（1943 年）1 月，中共领导下的浙东抗日民主根据地开征盐税。所属三北区有丰富的盐业资源，盐税成为根据地财政重要的收入来源之一。当时多数盐场采用包税办法，由根据地责成盐区保长承包并限期完成。民国 34 年成立浙东盐务局，统一管理浙东地区盐务行政，废止行商制度。盐务局下设食盐运销处，统一办理盐销事宜。食盐出场后自由买卖，所有商人均可向运销处贩卖。运销食盐除政府统一课税及加征业务经费外,无任何形式附加苛杂及陋规。所有牙行性质的盐行一律停止,属于商贩性质的一律进行登记,核发统一的许可证。

民国3—24年(1914—1935年),两浙盐税总收入为银圆13271万元;民国25年至民国37年上半年,两浙盐税总收入为86275059万元(法币);民国37年下半年两浙盐税收入为金圆券762万元。

1949年5月,杭州市军事管制委员会接管两浙盐务管理局,成立浙江省盐务管理局,隶属省财政厅。1950年1月,政务院发布《关于全国盐务工作的决定》,确立新的盐税制度。浙江省盐务管理局下设盐税稽征所征收盐税。1958年,盐税征解划归浙江省税务局。1973年,税制改革,盐税并入工商税。1984年,盐税从工商税中分离出来,重新成为一个独立税种,当年浙江省盐税收入占工商税比重为1.3%。此后,盐税收入占工商税收入比例逐年下降,至1993年不到0.2%。1950—1993年,浙江省盐税收入累计16.40亿元。1994年,国家取消盐税,盐纳入资源税征收范围。

表31-1-1-9　　1949—2010年浙江省税收收入一览表

单位:万元

年份	增值税	营业税	企业所得税	个人所得税	城市维护建设税	房产税	印花税	城镇土地使用税	土地增值税	其他税收	合计
1949	210	232	55	—	—	—	37	60	—	418	1012
1950	—	115	18	—	—	27	—	—	—	14	174
1951	391	481	—	—	—	—	47	—	—	3403	4322
1952	1235	1248	865	5	—	—	183	—	—	2196	5732
1953	—	8044	—	22	—	456	201	—	—	1831	10554
1954	1200	2506	1279	25	—	451	248	—	—	8135	13844
1955	481	1533	707	33	—	462	394	—	—	6914	10524
1956	784	1697	1053	31	—	444	389	—	—	6643	11041
1957	1901	1732	1434	32	—	482	413	—	—	14166	20160
1958	—	7504	2151	34	—	523	361	—	—	5167	15740
1959	—	46662	3137	—	—	564	—	—	—	21846	72209
1960	—	48319	3552	—	—	614	—	—	—	21178	73663
1961	—	34933	2853	—	—	656	—	—	—	15515	53957
1962	—	39483	5657	—	—	743	—	—	—	16702	62585
1963	—	42080	6360	—	—	735	—	—	—	18250	67425

续表 1

年份	增值税	营业税	企业所得税	个人所得税	城市维护建设税	房产税	印花税	城镇土地使用税	土地增值税	其他税收	合计
1964	—	44795	7774	—	—	779	—	—	—	21013	74361
1965	—	42490	9674	—	—	823	—	—	—	20375	73362
1966	—	40654	8322	—	—	778	—	—	—	21979	71733
1967	—	37464	6466	—	—	757	—	—	—	19023	63710
1968	—	36164	5594	—	—	765	—	—	—	20071	62594
1969	—	43851	7522	—	—	832	—	—	—	22252	74457
1970	—	57519	8135	—	—	593	—	—	—	21500	87747
1971	—	67222	9112	—	—	453	—	—	—	18506	95293
1972	—	75357	10837	—	—	444	—	—	—	19091	105729
1973	—	87221	13089	—	—	355	—	—	—	18458	119123
1974	—	76782	12119	—	—	365	—	—	—	18571	107837
1975	—	77235	12783	—	—	350	—	—	—	18417	108785
1976	—	82593	15002	—	—	344	—	—	—	17673	115612
1977	—	104186	20178	—	—	376	—	—	—	18344	143084
1978	—	122938	27587	—	—	391	—	—	—	19021	169937
1979	—	138312	26352	—	—	367	—	—	—	19706	184737
1980	—	155830	31375	—	—	379	—	—	—	19375	206959
1981	—	180929	34212	1	—	372	—	—	—	21151	236665
1982	—	210470	38368	1	—	328	—	—	—	22986	272153
1983	11400	223139	51557	1	—	341	—	—	—	24141	310579
1984	18442	9853	70666	4	—	394	—	—	—	269151	368510
1985	41224	80810	227887	21	18763	452	—	—	—	267882	637039
1986	96630	109584	232111	74	23412	1076	—	—	—	246815	709702
1987	150780	138790	247401	85	26828	6462	—	—	—	221480	791826
1988	266498	192753	263015	52	33082	7666	732	—	—	155578	919376
1989	317155	218493	264942	64	38150	9196	4971	3815	—	178445	1035231

续表 2

年份	增值税	营业税	企业所得税	个人所得税	城市维护建设税	房产税	印花税	城镇土地使用税	土地增值税	其他税收	合计
1990	347625	211442	227662	166	40055	11634	3598	4719	—	195928	1042829
1991	391778	228913	217439	236	44099	13864	3863	4338	—	210651	1115181
1992	443436	270233	210408	272	51228	16495	4236	4332	—	234228	1234868
1993	753116	396530	139967	395	75212	17942	5357	3845	—	346425	1738789
1994	340894	255242	162902	44690	82280	23733	6577	8339	—	63848	988505
1995	392532	361772	231208	69503	98924	30647	8221	8336	46	124876	1326065
1996	457522	478451	226078	99806	115818	37871	12157	8298	477	142453	1578931
1997	517671	560224	297059	131762	136702	47335	10808	8354	838	150697	1861450
1998	584274	660672	353735	169122	161586	62221	14572	8757	2122	168894	2185955
1999	667916	748949	454128	220576	190624	74587	15283	8879	3483	188165	2572590
2000	900353	972052	847054	292230	235683	93244	22900	9949	3993	255785	3633243
2001	1024086	1248934	1752788	516942	284890	113013	30295	10649	5512	335921	5323030
2002	1297221	1716867	1081044	435493	363252	151214	41949	13043	10996	502845	5613924
2003	1550060	2200657	1065165	457895	421743	172580	64799	16313	29836	755652	6734700
2004	766154	2862683	1477848	562055	517544	219382	92948	23574	83269	847697	7453154
2005	2042343	3243348	1679015	661194	616358	306006	119864	66906	154734	870473	9760241
2006	2486339	3868717	2042307	809783	770924	399495	175063	105653	202541	981600	11842422
2007	3062238	4950505	2741822	1024993	983666	494883	233113	189053	340815	1332460	15353548
2008	3489164	5743030	3022812	1157086	1104714	601248	279484	578304	402641	1542411	17920894
2009	3685473	6636158	2950593	1241136	1141346	686297	289457	721471	489370	1996845	19838146
2010	3988233	8166778	3741279	1510831	1430569	719652	403732	675433	1066951	2946113	24649571

资料来源：浙江省档案馆、浙江省财政厅历年浙江省财政决算报表。

说明：1. 1949—1957 年"增值税"一栏列货物税；1958 年货物税、商品流通税、营业税、印花税合并成工商统一税；1973 年工商统一税并入工商税列营业税；1984 年税制改革，工商税划分为增值税、营业税、产品税；1985 年实施利改税，相关数据列企业所得税科目；1994 年实行分税制改革，中央与地方税种划分大幅调整。因税制变迁原因，部分税种未产生时为"—"。

2. 未列入表中的税收收入，均计入其他税收收入（含农业"四税"，其数据详见表 31-1-1-4"1949—2010 年浙江省农业税收一览表"）。

第二节　政府非税收入

清以前及清代，历代田赋、盐税等正税外的杂项收入，诸如捐输、官产收入、贡品等类似非税收入。民国的规费是政府机构或集团在向社会提供某些特殊服务、实施行政管理所收的手续费和证件工本费，繁杂、重复，各市县执行不一。民国16年(1927年)国民政府成立后，征收规费的范围逐步扩大，涉及经济建设事业、教育文化事业、卫生治疗事业、保健娱乐事业和司法行政等方面。民国30年，财政部改订财政收支系统实施纲要，明确将规费列为各省财政收入之一。民国时期的非税收入还有官产收入、公营事业收入、官款生息、司法收入、教育收入等。中华人民共和国成立初期，非税收入以预算外资金的存在方式区别于预算资金。1965年、1966年，省政府组织财政部门对各类收费进行清理整顿，取消、兼并一些乱收费项目。20世纪80年代，预算外资金项目越来越多、范围越来越广，全省逐步加强预算外资金的规范管理和制度建设。1983年，浙江省建立起预算外资金统计制度。1991年，省政府发布《浙江省预算外资金管理办法》，规定了预算外资金征收范围。1994年底，省政府进一步修订《浙江省预算外资金管理办法》，规定各项预算外收入项目设置、范围确定、征收标准制定和调整。2003年，省财政厅印发《浙江省省级非税收入收缴管理暂行方法》，明确政府非税收入概念。2010年12月16日，浙江省人大常委会颁布《浙江省政府非税收入管理条例》，明确政府非税收入是除国家税收、政府债务收入之外，由各级国家机关、事业单位、履行政府职能的社会团体和其他组织通过征收、收取、行政处罚、刑事处罚或者募集、受赠等方式取得的资金，是财政收入的重要组成部分。

一、政府性基金收入

政府性基金，是指各级人民政府及有关部门按照法律、行政法规和国家规定，为支持特定公共基础设施建设和公共事业发展，向公民、法人和其他组织无偿征收的具有专项用途的财政资金。按照资金的性质，地方财政部门按国家规定收取的各项税费附加，也视同地方政府的基金收入。

中华人民共和国成立初期至改革开放前，浙江省政府性基金主要为地方附加收入，大都由国家统一规范。浙江省地方附加收入主要有农业税附加、盐税提成、城镇公用事业附加、渔业及渔业建设附加、工商税附加、其他附加等。城镇公用事业附加沿袭旧制，主要有电力附加、税费附加和城市交通附加三项。1950年主要在杭州市征收。1954年征收公用事业附加收入113.5万元，其中电力附加收入95.6万元、税费附加收入7.6万元、城市交通附加收入10.3万元。1958年，浙江省在杭州、宁波、温州等城市普遍开征各项附加。1950—1959年，浙江省各项附加收入逐年增加，从2107万元增加到5170万元。其中农业税附加一直是各种税费附加的重要组成之一，1950年占税费附加的90.5%，随后逐年下降，1959年占59.7%。1960—1962年，各项税费附加萎缩，收入分别为4688万元、3147万元、2890万元。其中农业税附加分别为2800万元、1230万元、1279万元，1962年农业税附加占税费附加的38.8%；其间，工商税附加和城镇公用事业附加收入也不同程度下降。1963年，随着中央“调整、巩固、充实、提高”方针实施效果的显现，各项附加收入逐步恢复。1966年，浙江省税费附加收入接近1959年水平，为5001万元。

“文化大革命”期间，各项附加收入再次萎缩。1967—1969年，各项附加收入分别为4046万元、3782万元、4162万元；1970—1977年逐年回升，从1970年的4473万元增加到1977年的5698万元，年均增长3.4%。1978年，浙江省开征盐税提成。改革开放后，工商税附加、城市公用事业附加占各项附加收入比重逐年提高，农业税附加占比逐步降低。1985年4月，浙江省开征新菜地开发建设基金。同年10月22日，国务院发布《港口建设费征收办法》，对进出宁波、温州港口的货物征收港口建设费。1987年，浙江省开征粮食附加税，与产品税、增值税、营业税一起征收，税率为销售收入或营业收入的0.6%。1989年8月起，征收城市公用事业费附加，附加率为10%。1991年8月30日，浙江省开征国家电影事业发展专项资金，县和县以上的城市电影院(包括对外售票的影剧院、开放俱乐部等)从出售的每张电影票款中提取5分钱，并逐步在县以上单位执行。同时对泰顺、文成、景宁3个国家重点扶持的贫困县以及青田、磐安、武义、云和、永嘉5个省级贫困县放映单位，按规定免缴国家电影事业发展专项资金。10月1日，财政部、中国民航局、国家旅游局发出《关于按时上缴旅游发展基金的通知》，在民航现行离境人员收取机场费40元的基础上，每人增收20元外汇人民币(或人民币)，作为旅游发展基金，由民航局集中上缴财政部。1992年，按照国务院要求，浙江省在当年燃运加价用电的基础上，每千瓦时征收3厘钱作为三峡工程建设基金，孤立电网(脱离大电网的小容量电网)不征收。1994年1月，浙江省开征水利建设专项资金，征收标准根据单位性质按营业收入或利润的1‰～10‰不等。10月，对以消耗森林资源为主要原料的产品，在产品销售时征收育林基金。1995年1月，浙江省开征残疾人就业保障金。

1996年，国务院颁布《关于加强预算外资金管理的决定》，规定地方财政部门按国家规定收取的各项税费附加，统一纳入地方财政预算。浙江省从1997年起，将养路费、车辆购置附加费、铁路建设基金、电力建设基金、三峡工程建设基金、新菜地开发建设基金、公路建设基金、民航基础设施建设基金、农村教育事业附加费、邮电附加费、港口建设费、市话初装基金、民航机场管理建设费等13项数额较大基金和附加收入作为政府性基金，从预算外纳入财政基金预算收入。同年，基金预算收入按预算级次划分为中央基金预算收入、地方基金预算收入和中央与地方共享基金收入。6月，浙江开征新型墙体材料专项基金，建设单位和个人按10元/每平方米缴纳；为鼓励建设单位使用新型墙体材料，对总用量达到40%以上的，按实际使用比例退还。10月，全省范围内对各种营业性娱乐场所、广告媒介单位及户外广告经营单位开征按营业收入3%征收的文化事业建设费。1998年，浙江省按照国务院《进一步加快发展散装水泥的意见》，开征散装水泥专项资金，按照3元/吨～5元/吨袋装水泥的标准征收，后数次调整征收标准。

2001年，浙江省执行财政部《关于清理整顿各种政府性基金的通知》，采取条块结合的方法，对各地、各部门上报的62项政府性基金进行清理整顿，取消粮食附加费、台州市政府批准的副食品价格调节费、舟山市政府批准的市场风险基金;7月取消市话初装费、移动电话入网费等。为减轻企业负担、促进经济发展以及为企业改革创造良好外部环境,省政府决定对政府性基金的项目和标准进行审核,编制涉企收费目录,并向社会公布。2002年,按照财政部要求,保留政府性基金共26项,同时凡用燃油税或农业税取代的有关政府性基金予以保留,其中农(牧)业税附加等5项政府性基金并入农业税。6月,全省取消食盐调节基金(省级)、水路交通建设费、兵役义务费、市场风险基金等部分政府性基金。

2003年,受"非典"疫情影响,对餐饮、旅店、旅游、娱乐、民航、公路客运、水路客运、出租汽车等行业减免部分政府性基金。同年底,根据财政部文件,停止征收民航基础设施建设基金。2004年1月,停止征收国家碘盐基金。根据财政部、国家发展改革委《关于对家禽业减免部分政府性基金和行政事业性收费的通知》,自2005年11月1日起至2006年6月30日止,对家禽养殖、加工企业和养殖农户减免部分政府性基金。2006年,浙江省开征地方教育附加,各地对本行政区域内应缴纳"三税"(增值税、营业税、消费税)的单位和个人按照实际缴纳"三税"税额的2%征收地方教育附加。2007年,根据国务院要求,财政部发出《关于延续农网还贷资金等17项政府性基金政策问题的通知》,保留的17项政府性基金,包括农网还贷资金、新型墙体材料专项基金、港口建设费、民航机场管理建设费、铁路建设基金、铁路建设附加费、国家茧丝绸发展风险基金、散装水泥专项资金、中央对外贸易发展基金、库区维护建设基金(库区维护基金、库区后期扶持基金、库区移民后期扶持基金、库区移民扶助金)、城市公用事业附加、文化事业建设费、国家电影事业发展专项资金、旅游发展基金、能源基地建设基金、水资源补偿费、电源基地建设基金等。6月,浙江省免征监狱布局调整项目建设城市基础设施配套费、新型墙体材料专项基金、散装水泥专项资金。2008年,取消库区维护基金,设立大中型水库库区基金;取消三峡库区移民后期扶持基金,设立三峡水库库区基金。

2009年1月1日起,根据财政部、国家发展改革委、交通运输部、监察部、审计署《关于公布取消公路养路费等涉及交通和车辆收费项目的通知》,在全省范围内统一取消公路客货运附加费(包括客运站场建设费等项)和水运客货运附加费;将城市基础设施配套费作为政府性基金管理,设立小型水库移民扶助基金。2010年,停征三峡工程建设基金。利用三峡工程建设基金停征后的电价空间,设立国家重大水利工程建设基金;将中央对外贸易发展基金和国家茧丝绸发展风险基金转入一般预算管理,并相应取消中央对外贸易发展基金和国家茧丝绸发展风险基金项目。6月,浙江省免收"校舍安全工程"建设所涉及的政府性基金,具体项目包括城市基础设施配套费(市政设施配套费)等10项。7月1日起,对浙江省境内总装机容量在2.5万千瓦以上(含)有发电收入的单独水库和水电站征收大中型水库库区基金。1997—2010年,全省纳入预算管理的政府性基金收入累计11564.67亿元。

二、行政事业性收费收入

行政事业性收费,是国家机关、事业单位、代行政府职能的社会团体和其他组织按照法律、法规和省级以上人民政府及其财政、价格部门的规定,经法定程序批准,在向公民、法人和其他组织提供特定服务过程中按照成本补偿和非营利性原则收取的费用。行政事业性收费收入是预算外财政专户资金的主要构成部分。

民国初期，浙江省的非赋税收入极其有限，仅行政、司法及少数官有财产收入，每年总计不到银圆50万元。民国16年(1927年)国民政府成立后至全面抗日战争前的民国25年，浙江省非赋税收入有较大的增加。民国20年，全省除借款及中央收入外的非赋税收入共4512131元，占全省经常收入预算的17.9%。抗战胜利后，因国民党实行内战政策，至民国37年浙江省财政预算中还列有捐款收入、规费收入、财产孳息收入、营业盈余及事业费收入等非赋税收入项目。以民国37年上半年度浙江省收入概算为例，除中央补助收入外各项非赋税收入法币3.97亿元，占同期财政收入的0.27%。

中华人民共和国成立初期，按照资金收入来源的性质，将行政事业性收费收入中的规费收入、公产收入、罚没收入、杂项收入等四项一并纳入其他收入项。规费的征收标准和征收范围，全省有些地区沿用民国旧法，有些地区根据当时当地情况由地方确定。规费种类有公安规费、工商规费、卫生规费、民政规费、交通规费、司法规费、公务规费、财务及其他规费等9种。1954年，国家为调动各行政事业单位的理财积极性，允许将零散收入由预算内划到预算外，由各单位自收自支、自行管理，如公路养路费、养河费、育林留成收入、中小学杂费收入以及行政事业单位的零星杂项收入。当年全省规费收入108万元列其他收入，占其他收入的7.5%，其中工商规费53万元、民政规费(房地产登记等)18万元，两者之和占当年规费的65.7%。1955年，规费收入70万元。1957年，随着社会主义改造的完成和第一个五年计划的实现，私营、个体企业减少，规费收入项目、范围和征收办法也有所调整，当年规费收入降为47万元，列其他收入，占其他收入的6.0%。1959年，规费收入降为19万元。1963年，国务院规定新开征规费项目必须报经批准后才能开征，初步规范规费的征收。

“文化大革命”期间，各类管理制度被废弃，全省每年规费收入不超过20万元。1975年，规费合并为房地规费、司法规费、公安规费、工商规费四大类，当年全省收入1万余元。1978年改革开放后，国家陆续发布一系列有关经济合同、公证、计量标准、民法、商品检验等经济法规，各种证照增加，规费来源、范围和征收数额逐渐扩大。1980年，全省规费收入52万元，列其他收入，占其他收入的14%。

1981年，省财政厅及各规费主管部门相继出台规费收入政策，调整分配关系，对事业单位陆续采取收入留成、经费包干等制度。如企业登记费的收入省级提取35%，县(市)留成65%；户口迁移征收工本费基层户口登记机关留成25%，其余75%上缴县(市)公安局，由县(市)公安局支付上述证件的印刷费用；烟草专卖许可证收费实行以收抵支、多余上缴财政的管理办法，国家烟草专卖局集中20%，省烟草专卖局留用20%。1982年，全省未纳入财政预算的行政事业性收费收入3.80亿元，1985年为7.90亿元，而列入预算内的收入不多。1981—1987年，全省规费收入159万元。

1988年，省财政厅执行财政部《关于加强行政事业性收费管理的通知》规定，行政事业性收费实行统一领导分级管理的收费许可证制度；同时公布《浙江省省管行政事业性收费目录》，涉及47个省级部门的140项收费。这部分收费收入大部分未纳入财政预算，成为各部门、单位的预算外收入。1990年，全省未列入财政预算的行政事业单位收费收入为24.16亿元，至1992年为45.90亿元。1993年4月，为维护国家、企事业单位和群众的合法权益，浙江省行政事业性收费实行年度审验制度，加强和完善行政事业性收费管理。同年，省政府对行政事业性收费实行统一领导，对面向农民的行政事业性收费加强管理和监督检查。1993年，财政部颁布《企业财务通则》《企业会计准则》，规范预算外资金统计口径。当年全省未列入财政预算的行政事业单位收费收入69.97亿元。1988—1993年，全省列一般预算的规费收入437万元。

1994年，全省财政一般预算其他收入类中设事业收入、行政性收费收入和规费收入，当年收入分别为1万元、500万元和42万元。同年，省政府修改《浙江省预算外资金管理办法》，明确财政预算外资金包括各项附加收入和各种事业性收费及未纳入预算的行政性收费等。由于自收自支利益驱动，不少单位擅自设立收费项目，任意提高收费标准，造成管理上的混乱。9月8日，浙江省人大常委会颁发《浙江省行政事业性收费管理条例》，规定省政府对行政事业性收费实行统一领导，同时行政事业性收费实行收费许可证制度。1995年，一般预算收入设行政性收费收入科目，当年收入753万元，同时取消规费收入科目。当年全省未纳入财政预算的行政事业单位收费收入136亿元，其中交通部门是所有部门中预算外收入最多的部门，共计30.47亿元；其次是教育部门和城建部门，收入分别为20.98亿元、15.81亿元。同年，全省取消2024项不合理收费项目。

1997年，浙江省加强行政事业性收费项目管理，逐步深化“收支两条线”改革。对部分行业的收费项目进行清理，降低22项收费标准，其中管理类9项、证照类3项、检验检疫类6项、其他4项。1996—2000年，全省未纳入财政预算的行政事业单位收费收入分别为182.53亿元、147.16亿元、129.31亿元、136.75亿元、146.44亿元；全省列入一般预算行政性收费收入累计为7.29亿元。

2001年，浙江省规范行政事业性收费项目设立和制定调整收费标准的申请、审批程序，行政事业性收费实行中央和省两级审批管理。同年，将经贸、农业、水利、气象、测绘（不包括测绘成果成图资料收费）、新闻出版、教育、司法、劳动保障、人事、民政、质量监督检验检疫、地震等部门的部分行政事业性收费转为经营服务性收费，其收入不再作为预算外资金。2003年，浙江省将各部门的非税收入（即政府性基金、行政事业性收费、罚没收入、其他财政性资金等）通过财政实行集中管理。同年，全省推行部门预算，规范支出管理，对不能实行部门预算的，要求编制财政综合预算，提高各部门财政资金支出的透明度，实行“收支两条线”管理，强化非税收入征管。2001—2003年，全省纳入一般预算的行政性收费收入分别为7.58亿元、13.56亿元、20.32亿元，分别比上年增长42.5%、78.9%、49.9%；全省未纳入财政预算的行政事业性收费收入分别为197.38亿元、238.21亿元、246.79亿元。

2004年，省财政设立预算外财政专户资金收支表，其中列行政事业性收费收入。全省非税收入缴库增加。同时，浙江省加大清费减负力度，先后取消、暂停或减免部分行政事业性收费项目。“机动车辆安全检验费”由原来的4项合并为1项；对执收单位采用编码管理；省级执收单位实行收缴分离方式，对一时难以实施收缴分离的少量零星收入和当场执收收入实行集中汇缴的方式，实行统收统支、财务垂直管理。规范涉农收费管理，减轻农民负担，取消植物检疫登记证工本费、兽医卫生条件审核发证费、定期技术监测收费;免收水土流失防治费、农用三轮车、农用拖拉机的公路运输管理费、对农民自产自销农副产品收取的城乡集贸市场管理费、农村义务教育借读费;降低畜禽及畜禽产品防疫、检疫(验)费收费标准、渔船海事调解费收费标准,改按收费标准的70%收取。2005年,浙江省继续加大对收费项目的清理力度。同时,全省各地对本地区涉及行政许可的行政事业性收费项目进行全面清理,相应取消公安、经贸、食品药品监督等部门的有关行政事业性收费。2004—2005年,全省列预算外财政专户资金的行政事业性收费收入分别为232.26亿元、292.26亿元;一般预算行政性收费收入分别为25.30亿元、26.55亿元。

2006年,浙江省继续减免和取消部分行政事业性收费。为鼓励和促进下岗失业人员和普通高校毕业生从事个体经营,凡下岗失业人员从事个体经营的,自2006年1月1日起3年内,免缴有关登记类、证照类和管理类的各项行政事业性收费;高校毕业生从事个体经营,且工商部门注册登记日期在其毕业后2年以内的,自其在工商部门登记注册之日起3年内免缴有关登记类、证照类和管理类收费。为减轻出租汽车企业和司机负担,对出租汽车免收客运企业经营许可证工本费、道路运输从业人员上岗证工本费等6项行政事业性收费。10月,取消涉及公、检、法等26部门的65项有关行政事业性收费。同年,将部分不再体现政府管理职能和行为的行政事业性收费项目转为服务性收费,由提供服务单位依法自主定价。各服务单位使用税务发票,所得收入纳入单位财务收支统一核算和管理。当年,全省列预算外财政专户资金的行政事业性收费收入323.47亿元;一般预算行政性收费收入38.39亿元。

2007年,政府收支分类改革,财政收入分设税收收入和非税收入两大类,在非税收入中列行政事业性收费收入、国有资源(资产)有偿使用收入等其他收入。当年,取消包装装潢印刷品印刷许可证工本费;营运驾驶员职业培训(含理论培训和技能操作培训)收费转为经营服务收费管理;对涉及广电、旅游、人事、质量技术监督、公共项目等部门29个收费项目和收费标准进行调整。2008年,浙江省对义务教育阶段中小学生免收课本费和作业本费,对符合就学条件的外来民工子女免收义务教育阶段借读费。6月,对在集镇规划用地范围内新建房屋的单位和个人,适当收取集镇配套设施建设费。在浙江省境内从事工程定额测定的有关单位,其"工程定额测定费"的收费标准由原来的按建筑安装工作量的0.45‰降低为按0.3‰收取。2009年,浙江省加强教育行政事业性收费管理,规范公办中小学以及高等院校的收费管理。10月,省财政厅印发《关于公布浙江省行政事业性收费项目和收费标准目录的通知》。2010年,浙江省治理教育收费,免除农村义务教育阶段学校住宿费,加强学校票据使用管理。6月,全省开展涉企行政事业性收费专项清理工作,全面清理涉及企业负担的行政事业性收费,建立健全行政事业性收费目录管理制度,严格行政事业性收费审批管理制度。7月,省物价局、省财政厅印发《关于继续实施暂停和降低部分行政事业性收费的通知》,暂停部分涉企行政事业性收费。2007—2010年,全省一般预算非税收入行政事业性收费收入累计149.01亿元;列预算外财政专户资金的行政事业性收费收入累计1263.18亿元。

三、专项收入

专项收入是根据特定需要经国务院批准或授权由财政部批准，设置、征集和纳入预算管理，有专门用途的收入。浙江省专项收入包括排污费收入、水资源费收入、教育费附加收入、矿产资源补偿费收入等。专项收入初期按预算外资金管理，后逐步纳入预算管理。1982 年，浙江省开征排污费，但征收时作其他收入，1985 年后列为专款收入；1983 年，浙江省执行国务院文件规定，开征能源交通重点建设基金和国家预算调节基金；1986 年，浙江省征收教育费附加及矿产资源补偿费，此后专项收入项目逐渐增加；1991 年开征水资源费；2003 年增加森林植被恢复费；2009 年增加场外核应急准备费。2010 年，全省专项收入为 83.75 亿元。

（一）国家能源交通重点建设基金

1983 年 1 月 1 日，省财政厅执行国务院《国家能源交通重点建设基金征集办法》，从各地区、各部门、各单位的预算外资金中按一定比例征集国家能源交通重点建设基金（以下简称能源交通基金），以加强能源、交通方面的基本建设。能源交通基金具体包括地方财政和事业行政单位的预算外资金、国有企业及其主管部门提取的各种专项基金、其他未纳入预算管理的资金、城镇集体企业缴纳所得税后的利润；征收比例为：能源交通基金按征集项目资金当年收入的 10%计征，并按季或按月缴纳。2 月，省政府结合浙江具体情况对国务院和财政部的有关文件做补充规定，加强市（地）、县（市）一级税务部门力量，由各级税务部门抓好征收工作，力争超额完成国家征集任务。7 月，浙江省执行国务院《关于抓紧增收节支确保今年财政收支基本平衡的紧急通知》，调整征收比例，各项预算外资金和城镇集体企业税后利润征收的能源交通基金，征收比例由 10%提高到 15%。征集的能源交通基金全部上缴中央。当年，全省共征集上缴能源交通基金 1.60 亿元。

1984 年 11 月，国务院印发《关于能源交通建设基金超收部分由中央同地方分成和制止地方加征这项基金的通知》，浙江省分配各地上缴中央征集任务，对当年能源交通基金超收部分可全部留给地方，全省征集上缴中央能源交通基金 2.10 亿元，当年超收返还 9688 万元。1985 年起，各地超收部分实行中央和地方分成，地方留用 70%，上缴中央 30%。1985 年、1986 年分别上缴中央 2.80 亿元、2.85 亿元。

1987 年，中央与地方能源交通基金的分配由原来的超收分成改为总额分成，即征收的能源交通基金总额中，30%留归地方财政，70%上缴中央财政。同年，国务院将能源交通基金的征集范围扩大到凡未开征该基金的所有城镇集体企业和个体工商业户；同时，能源交通基金按缴纳所得税后利润的 7%征集。当年上缴中央 3.27 亿元。1988 年，能源交通基金留归地方财政部分纳入一般预算收入。1988—1990 年，全省能源交通基金累计收入 4.77 亿元。

1991 年起，连续 3 年对核燃料生产企业免征能源交通基金。1992 年起，为给国营大中型企业创造良好的外部环境，用 3 年时间分期分批对部分国营大中型企业的折旧基金免征能源交通基金。同年，对计划生育费免征能源交通基金。1993 年，对经规定程序批准并进行规范试点企业免征能源交通基金。当年，全省上缴能源交通基金波动幅度较大。1991—1993 年，全省能源交通基金累计收入 3.81 亿元。1994 年，国家实行分税制，对国有企业停止征收能源交通基金，对其他非国有企业和行政事业单位继续按规定征收。同时对地方单位征收的能源交通基金，由超收分成改为总额分成，即 30%留地方财政、70%上缴中央财政。1995 年，全国税务系统分设国税、地税机构后，能源交通基金由国税系统征收，地方按比例分成。1994—1995 年，全省能源交通基金收入 8995 万元。

1996 年，国家停止征收能源交通基金。1996—1997 年，浙江省按照财政部要求，对国家能源交通重点建设基金进行清欠。

（二）国家预算调节基金

国家预算调节基金（以下简称调节基金）是国家向国有企事业单位、机关团体、部队和地方政府、所有集体企业、私营企业以及个体工商户征收的一项特殊基金。1989 年 2 月，国务院发布《国家预算调节基金征集办法》，以加强国家宏观调控，集中财力为改革和建设创造条件。对地方财政预算外资金、事业行政单位预算外资金、国有企业及其主管部门提取的各项专项基金，集体企业、私营企业以及个体工商户缴纳所得税后利润等按其当年收入的 10%计征。4 月，省财政厅、人民银行浙江省分行印发《关于开征“国家预算调节基金”有关预算管理问题的通知》，规定：属于中央单位缴纳的调节基金，全部归中央财政；属于省级单位缴纳的调节基金，50%缴中央，50%归省财政；属于市（地）、县（市）级单位的调节基金，50%缴中央，15%缴省财政，35%留归市（地）、县（市）财政。7 月，省财政厅作出补充规定，省、市（地）、县（市）下属的所有城乡集体所有制企事业单位（含基层供销社），按照计税利润扣除所得税后余额的 30%计征调节基金；乡财政自筹财政收入不属征集范围；实行企业化管理（含自收自支）的事业单位，按扣除规定列支成本和上缴税收后的余额计征；建筑施工企业提取的临时设施包干费，按工程施工后结余部分缴纳调节基金；房产管理收入，则按收支相抵的余额计征等。1989 年，浙江省部分县（市）遭受洪水台风袭击，江防损失严重，义乌市、三门县、东阳市、安吉县等县（市）的地方财政免缴调节基金。当年浙江省上缴的调节基金为 2.04 亿元。1990—1993 年，台风暴雨等自然灾害造成浙江省部分县（市）经济损失巨大，对部分受灾地区和企业减免调节基金，全省上缴的调节基金分别为 2.02 亿元、2.28 亿元、2.19 亿元、9902 万元。

为配合税制改革，1993 年起国家调整调节基金征收办法，缴纳所得税、取消包税办法的国有企业免征，对其他非国有企业和行政事业单位继续征收。历年浙江上缴的调节基金中，国有企业及其主管部门一直占主导地位，约占每年上缴总量的 90%。政策调整后，浙江省调节基金上缴结构发生相应变化：事业和行政单位上缴部分占全年上缴总量的 98%左右。1994 年，浙江省对地方单位征收的调节基金，由超收分成改为总额分成：即 50%留地方，50%上缴中央。1994 年、1995 年，全省上缴的调节基金分别为 3685 万元、4004 万元。1995 年以后，调节基金由国税系统负责征收，并按规定比例与地方分成。1989—1995 年，全省征集的预算调节基金列一般预算部分的收入累计 9.28 亿元。1996 年，国家全面停止征收国家预算调节基金。1996—1997 年，浙江省清欠国家预算调节基金。

(三)排污费收入

1982年6月,浙江省根据国务院《征收排污费暂行办法》,制定《浙江省征收排污费和罚款暂行规定》,开征排污费。缴纳排污费仍未达到排放标准的排污单位,从计征第三年起,每年提高征收标准5%。1993年,征收排污费总额的10%及存款利息作为省排污基金。1982—1996年,全省累计征收排污费11.49亿元(含行政、事业单位缴纳的排污费)。1997年11月,扩大排污费征收对象,对全省所有企业、事业和其他单位排放的污染物,凡超过国家颁发的《污水综合排放标准》《大气污染物综合排放标准》《工业企业设计卫生标准》《放射性防护规定》,或者超过国家和省规定的其他排放标准的,均征收排污费。1998—2004年,浙江省排污费累计收入为919.80亿元。

2005年,浙江省颁发《浙江省排污费征收使用管理办法》,规定中央与地方的排污费征收分成比例。2006年,省本级收取排污费2.40亿元,中央与省实行1∶9比例分成,分别缴入中央库0.24亿元、省库2.16亿元。

2009年3月,浙江省排污权有偿使用和交易试点工作在杭州启动。2010年10月,浙江省设立省排污权交易中心。太湖流域、钱塘江流域范围内的设区市和经批准试点的设区市依托排污权交易平台试行排污权交易。试点地区新建、改建、扩建项目和排污单位新增或出售排污权指标,皆可通过交易平台进行交易,排污权交易价格实行市场调节。12月,省财政厅印发《浙江省排污权有偿使用收入和排污权储备资金管理暂行办法》,总装机容量30万千瓦以上煤电企业的初始排污权有偿使用费,由省环境保护行政主管部门委托省排污权交易中心代为执收。其他排污企业的初始排污权有偿使用费,由县级以上环境保护行政主管部门委托负责排污权交易业务的机构代为执收。2007—2010年,全省排污费收入分别为11.3亿元、11.3亿元、9.73亿元、9.75亿元。

(四)水资源费收入

1991年,浙江省实施《中华人民共和国水法》,按照规定对直接从地下、江河、湖泊取水的单位和个人,征收水资源费;对擅自超计划用水,按累进加价增收水费或水资源费。1992年,浙江省出台《浙江省水资源费征收管理暂行办法》,收费标准为工业用水0.05元/吨、生活用水0.04元/吨、地下水0.08元/吨。1993年7月,浙江省实施超计划用水管理,缴纳超计划用水加价费,按累进加价计费。超计划水量在30%以下(含30%)的,其超量部分按现行水价1～3倍计费;超计划水量在30%以上的,其超量部分按现行水价4～7倍计费。

2003年,浙江省执行国家取水许可制度和有偿使用制度。2005年7月,对在全省行政区域内直接从江河、湖泊、地下取水或者利用水资源发电的单位和个人,征收水资源费;但对法律、法规规定不需要办理取水许可的取水,免收水资源费。同时对征收标准做了相应调整,水资源费按实际取水量征收,水力发电取水按发电量征收。

2007年,浙江省规定对年取水量在5000万立方米以上以及装机容量在10万千瓦以上的水力发电取水水资源费由省有关部门负责征收。同时,发电取水外的取水按实际取水量以超额累进加价征收，超过批准取水量不满20%的，对超过部分加收1倍；超过批准取水量20%～40%的，对超过部分加收2倍；超过批准取水量40%以上的，对超过部分加收3倍。

2009年，省财政厅执行财政部关于水资源费征收资金分成比例，县级征收的水资源费按中央、省、市、县(市)10∶18∶18∶54的比例分成；市级征收的水资源费按中央、省、市10∶18∶72(含部分县)的比例分成；省级征收的水资源费按中央、省10∶90(含部分市、县)的比例分成。2010年，对征收标准作了部分调整，由0.01元/千瓦时降低为0.008元/千瓦时，抽水蓄能发电用水暂免征收水资源费。2005年前水资源费收入情况在财政决算报表中未单列。2005—2010年，全省征收的水资源费收入分别为0.34亿元、0.85亿元、2.58亿元、3.13亿元、2.71亿元、3.36亿元。

(五)教育费附加收入

1984年12月，国务院颁布《关于筹措农村学校办学经费的通知》，要求开辟多种渠道筹措农村学校办学经费，乡人民政府征收教育事业费附加。1986年，国务院发布《征收教育费附加的暂行规定》，自1986年7月1日起开征教育费附加，以各单位和个人实际缴纳的产品税、增值税、营业税(以下简称“三税”)税额为计征依据。教育费附加率为2%，分别与“三税”同时缴纳。7月，浙江省财政厅、人民银行浙江省分行、工商银行浙江省分行发布《关于征收教育费附加有关税收会计等处理问题的联合通知》，补充五项规定：一是除设在乡、镇(不包括县城)范围内的乡镇企业(包括集体、个体企业、全民、集体、个体联办企业)仍按省政府《关于贯彻国务院〈关于筹措农村学校办学经费的通知〉的实施意见》中规定办法征收教育费附加外，其余凡缴纳“三税”的单位和个人，按实际缴纳“三税”数额的2%缴纳教育费附加。对从事生产卷烟和经营烟叶产品的单位，减半征收教育费附加。除国务院另有规定外，任何地区、部门不得擅自提高或者降低教育费附加率。二是教育费附加由各级财税部门负责征收，由县(市)教育部门负责会同同级财税部门统筹安排，纳入预算管理，作为发展教育事业专项资金，用于改善中小学教学设施和办学条件，不得用于教职工福利和发放奖金，也不得移作他用。市(地)是否适当提取一部分金额，用于本地区范围内的调剂、平衡，由各市(地)自定。三是凡办有职工子弟学校的厂矿企业，县(市)教育部门根据其办学情况和办学规模，从征收的教育费附加中酌情返还一部分给办学单位。四是为征收教育费附加而必须开支的业务费，由各市(地)、县(市)在教育费附加中开支。由税务部门直接征收的教育费附加，不提手续费；委托其他部门代征的，可按规定支付手续费。五是征收教育费附加后，地方各级教育部门和学校，不准以任何名目向学生家长和单位集资，或者变相集资，不准以任何借口不让学生上学。1990年起，教育费附加在一般预算收入的专款收入类列项。1988—1991年，全省教育费附加收入分别为1.38亿元、1.44亿元、1.96亿元、2.25亿元。

1992年10月，省政府印发《关于进一步加强农村教育事业费附加征收和管理工作意见的通知》，为多渠道筹措教育经费、发展农村基础教育，浙江省在原按国务院要求筹措农村学校办学经费的基础上，开征农村教育事业费附加，列财政基金预算收入。农村教育事业费附加的征收，除农、林、牧、副、渔业等按上年农民人均纯收入征收外，其他均按当年实际发生的销售额(或营业额)收取。

1993 年 4 月,浙江省调整教育费附加计征率,教育费附加从"三税"税额的 2%提高到 3%,对从事生产卷烟和经营烟叶产品的单位,仍减半征收。1992—1995 年,全省教育费附加累计收入 9.50 亿元。

1996 年 1 月,浙江省再次提高教育费附加计征率及调整分成,教育费附加计征率提高到"三税"税额的 4%,对卷烟生产单位及经营烟叶产品单位,仍减半征收。外商投资企业计征额按税额乘中方投资比例确定,由中方负责缴纳。丝绸、纺织等特困企业给予适当减免。教育费附加收入的分成比例为:省财政 28%,地市财政 8%,县(市)财政 64%。当年教育费附加收入 4.88 亿元。2003 年 3 月起,丝绸、纺织等特困企业减免教育费附加政策停止执行。1997—2004 年,全省教育费附加累计收入 105.43 亿元。

2006 年 5 月,根据财政部批复,浙江省停止征收列财政基金预算的农村教育事业费附加;对浙江省境内所有缴纳"三税"的单位和个人按实际缴纳"三税"税额的 2%开征地方教育附加,列财政基金预算收入,并在征收教育费附加时一并收取。同时,调整 4%的教育费附加计征率,对浙江省境内除外商投资企业和外国企业外,所有缴纳"三税"的单位和个人按实际缴纳"三税"税额的 3%征收教育费附加。2007 年,省对市(含所辖区)征收的教育费附加和地方教育附加统一按 15%分成,对县(市)按 10%分成;市不再参与县分成。2010 年 12 月 1 日起,教育费附加征缴对象扩大到外商投资企业、外国企业及外籍个人。2005—2010 年,全省教育费附加累计收入 299.43 亿元。

(六)矿产资源专项收入

矿产资源专项收入是指中央分成(收取)的矿产资源补偿费、探矿权采矿权使用费和探矿权采矿权价款收入。1986 年,《中华人民共和国矿产资源法》实施,规定国家实行探矿权、采矿权有偿取得制度,勘查、开采矿产资源,必须依法申请,取得探矿权、采矿权,并办理登记;开采矿产资源按规定缴纳资源补偿费。1994 年,国务院发布《矿产资源补偿费征收管理规定》,1995 年 6 月,省政府颁发《浙江省矿产资源补偿费征收管理实施办法》,按照矿产品销售收入 0.2%～0.8%不等的比例计征矿产资源补偿费。矿产资源补偿费全额上缴中央,返还省的部分,按比例分配:国家、部队、外省和省属的矿山企业上缴的,省为 80%,所在县(市、区)为 20%;市(地)属矿山企业上缴的,市(地)为 60%,省和所在县(市、区)各为 20%;县(市、区)属矿山企业上缴的,县(市、区)为 80%,省为 20%。1998 年,国家实行采矿权有偿取得的制度。采矿权使用费,按照矿区范围的面积逐年缴纳,标准为每平方千米每年 1000 元。探矿权使用费标准:第一个勘查年度至第三个勘查年度,每平方千米每年缴纳 100 元;从第四个勘查年度起,每平方千米每年增加 100 元,最高不超过 500 元。1999 年 6 月,浙江省探矿权采矿权价款以国务院地质矿产主管部门确认的评估价格为依据,一次或分期缴纳,并规定探矿权价款缴纳期限最长不超过 2 年,采矿权价款缴纳期限最长不超过 6 年。

2000 年,浙江省颁发《浙江省矿产资源管理条例》。2001 年 6 月,浙江省印发《浙江省普通建筑用石矿产资源采矿权拍卖及拍卖所得管理暂行办法》,对普通建筑用石矿产资源的采矿权，原则上采用拍卖的方式有偿取得，采矿权拍卖所得上缴财政专户，实行“收支两条线”管理。2003 年，根据国家矿权有偿使用制度，探矿权采矿权价款收入全部纳入预算管理。1998—2004 年，全省矿产资源补偿费收入累计 8437 万元。

2006 年 9 月 1 日，调整探矿权采矿权价款收入分成比例，由国家出资勘查形成的探矿权采矿权价款收入按固定比例分成，中央 20%、地方 80%；对地方所得 80%部分价款在省、市、县之间一般地区按 5∶1∶4，民族地区（含民族待遇县，下同）按 4∶1∶5 进行分配。对非国家出资勘查形成的探矿权采矿权价款收入中央不参与分成，省、市、县分成比例按 5∶1∶4，民族地区按 4∶1∶5 的比例进行分配。2008 年 7 月，浙江省印发《关于探矿权有偿出让若干规定的通知》，探矿权有偿出让分招标、拍卖、挂牌及协议四种方式。对国家出资勘查的探矿权，其出让收取的价款分成比例为：中央 20%、省级 20%、市（本级）或县（市）60%。非国家出资勘查形成的探矿权，其出让所得分成比例为：省级 20%、市（本级）或县（市）80%。2005—2010 年，全省探矿权、采矿权使用费及价款收入 38.12 亿元。

2010 年 12 月，浙江省修改《浙江省矿产资源补偿费征收管理实施办法》，明确矿区范围在县级行政区域内的，矿产资源补偿费由矿区所在地的县级人民政府国土资源管理部门负责依法征收；矿区范围跨县级以上行政区域的，矿产资源补偿费由所涉及行政区域的共同上一级国土资源管理部门负责依法征收。2007—2010 年，矿产资源补偿费收入 4.93 亿元。

（七）森林植被恢复费

2003 年 1 月，浙江省实施财政部、国家林业局《森林植被恢复费征收使用管理暂行办法》，开征森林植被恢复费。森林植被恢复费作为政府性基金，纳入财政预算管理，实行专款专用。占用或者临时占用国家重点林区林地的，由国务院林业主管部门或由其委托的单位负责预收森林植被恢复费；占用或者征用除重点林区以外林地的，由省、自治区、直辖市林业主管部门负责预收；临时占用重点林区以外林地的，由县、地（州、市）、省（自治区、直辖市）林业主管部门负责预收。具体征收标准为：用材林林地、经济林林地、薪炭林林地、苗圃地，每平方米收取 6 元；未成林造林地，每平方米收取 4 元；防护林和特种用途林林地，每平方米收取 8 元；国家重点防护林和特种用途林地，每平方米收取 10 元；疏林地、灌木林地，每平方米收取 3 元；宜林地、采伐迹地、火烧迹地，每平方米收取 2 元。城市及城市规划区的林地，按照上述规定标准 2 倍收取。对农民按规定标准建设住宅占用林地，在“十五”期间（2001—2005 年）暂不收取森林植被恢复费。同年，省财政厅补充规定：对于征（占）用林地面积在 1 公顷以下的审核审批项目，由市、县（市、区）林业主管部门负责收取森林植被恢复费，并将收费收入及时缴入当地同级财政局预算外资金专户，市、县（市、区）财政局按规定办理上解省、市财政预算外资金专户和解缴同级国库手续。征（占）用面积在 1 公顷（含 1 公顷）以上的审核审批项目，由省级林业主管部门直接征收。森林植被恢复费征收收入，统一纳入林业基金。2004 年，浙江省颁发《浙江省森林管理条例》，经批准征用、占用林地的单位或者个人，除缴纳森林植被恢复费外，并向被征用、占用林地的单位或者个人支付林地、林木及其他地上附着物补偿费和安置补助费。2005—2010 年，全省森林植被恢复费收入 8.39 亿元。

（八）场外核应急准备收入

2009年，浙江省根据财政部、国防科工委《核电厂核事故应急准备专项收入管理规定》，开征场外核应急准备资金。场外核应急准备资金由核电企业和省政府共同承担。核电企业承担上缴的场外核应急专项收入，缴纳标准为：基建期按设计额定容量每千瓦时5元的标准缴纳；运行期按年度上网销售电量每千瓦时0.002元缴纳。核电企业承担上缴的场外核应急专项收入，基建期应在核电工程浇灌第一罐混凝土的当年起3年内按规定承担数额的30%、40%和30%分年度缴清；运行期应在商业运行后的次年开始，根据上一年的实际上网销售电量按规定标准缴纳。2009年、2010年，全省场外核应急准备资金收入分别为437万元、775万元。

四、罚没收入

罚没收入是指由司法机关、行政机关和其他经济主管部门对违反国家法律、法令或行政法规的行为，按规定课以罚金或没收赃款、赃物而上缴国家财政的收入。民国时期，罚没收入主要指地丁、抵补金与租课等滞纳金及契税、牙税、当税、百货税等各税捐罚款，其收入额每年多少不一。民国2年（1913年）为银圆（下同）86171元，民国3年为342158元，民国4年为340465元，民国5年为203078元。民国37年上半年度浙江岁入概算数为法币600万元，占同期财政收入总数的0.004%。

中华人民共和国成立后，1951年1月1日起，税务机关代收罚没收入，7月1日，罚没收入均随税款留解，凡中央税中的罚没收入上解中央，地方税中的罚没收入均留地方，凡比例解留的罚没收入按税收解留比例解留。8月，代征盐税的罚没收入改作中央款收入报解。1952年，罚没收入归类“行政收入”，当年收入215万元，其中：行政罚没87万元，司法罚没16万元，公安罚没13万元，税收罚没91万元。1954年，罚没收入209万元，其中：司法罚没58万元，行政罚没81万元，公安罚没8.5万元，税收罚没61万元。随着各种法规的建立，罚没收入逐年增加，1961年为130万元，占其他收入的38.8%。

“文化大革命”期间，罚没收入大幅度下降，1967年为18.6万元，占其他收入的8.3%。从1969年起，各地、各部门查获进出口走私案件的罚没收入（包括违反海关规章的其他收入）一律改缴当地金库，作为市（地）、县（市）预算内其他收入。1973年4月，各地海关恢复执行从海关查获的走私案件罚没收入中，逐案提取30%，作为查私费用，其余部分一律作为地方财政收入。经过逐步整顿恢复，“文化大革命”后期，罚没收入平均在年200万元左右。

1981年，国家开展打击经济领域犯罪活动，罚没收入的征收部门除原来的公安、检察、法院、海关、工商、税务等部门外，增加了外汇、物价、审计等部门，增加查私罚没、商检罚没、烟草专卖罚没、外汇管理罚没、非法出版罚没、交通违章罚没、植物检疫罚没，以及违反国家其他法律的罚款事项。如环境保护法、商标法、文物保护法、食品卫生法等都规定有相应的处罚条款，罚没收入因此增加。

1987年后，浙江省罚没收入主要有海关、工商、政法、物价、缉毒、缉私、追赃及其他罚没收入。1992 年 11 月，浙江省成立罚没走私物资拍卖行，并在打击走私任务重、罚没走私物质数量比较大的温州市和台州市开设分行。拍卖行以拍卖、服务和咨询等经营方式开展国家允许流通的罚没走私物资拍卖业务。省级和重点市(地)、县(市)各缉私部门查缉的走私物资纳入该行拍卖后才能进入市场流通。当年罚没收入 1.70 亿元，其中政法罚没、工商罚没、物价罚没分别为 5400 万元、3100 万元、1300 万元。1993 年，浙江省加强海关、缉毒、缉私工作，海关罚没收入从上年的 114 万元增加到 365 万元，缉毒、缉私的罚没收入分别为 3 万元和 85 万元。全年全省罚没收入 1.77 亿元。1994 年，罚没收入 1.72 亿元，较上年有所减少，但政法罚没收入从上年的 5200 万元增加到 7600 万元。

1995 年起，罚没收入从其他收入中划分出来单独立项，当年罚没收入 2.89 亿元。1996 年，设定政府规章罚款限额，对非经营活动和经营活动中违反行政管理秩序的行为，设定罚款的最高限额分别为 2000 元和 5 万元。至 1998 年，罚没收入采取由市(地)、县(市)的执法主管部门汇总解缴入库的办法。公安机关和司法机关的罚款，由各级公安、司法部门将下属执罚单位收缴的款项汇总缴入当地国库，税务罚没由税务部门解缴入库。其他执罚单位直接缴入当地国库。各种没收物资，除票证交原发证机关缴销，鸦片等毒品缴同级财政局转送上级局处理外，其他各项物资，由同级财政局就地委托有关单位调剂商品变价，变价款就地缴入国库。1998 年，浙江省执行国务院《罚款决定与罚款收缴分离实施办法》，代收机构代收的罚没收入全部上缴国库。2000 年，全省罚没收入 12.29 亿元。

2001 年，浙江省加强对交通违法、违章等行为的罚没管理。2002 年，利用电子警察监控，对违章机动车收取“交通违章罚款”，标准为每次 150 元。2001—2006 年，全省罚没收入逐年增加，分别为 18.59 亿元、27.75 亿元、31.29 亿元、42.87 亿元、58.44 亿元、59.08 亿元。2007 年，对省内交通违法罚没收入实行现场处罚和非现场处罚异地罚缴相结合。2010 年 8 月起，在嘉善县等地开展公安交警移动警务终端罚款收缴试点工作。2007—2010 年，全省罚没收入分别为 63.84 亿元、71.01 亿元、78.97 亿元、70.60 元，其中公安、工商、交通、法院系统的罚没收入占比较高。

五、国有资本经营收入

国有资本经营收入，是指国家以出资人身份从国家出资企业依法取得的国有资本收入：包括国有资本分享的企业税后利润，国有股股利、红利、股息，企业国有产权转让收益和依法享有的其他收益。民国时期，非赋税收入项目中有官业收入，包括省营事业和对外投资入股收入。浙江省官业收入十分有限，后因省营交通事业日趋发达，收入才渐渐增加。民国 5 年(1916 年)的“各场厂生息”仅 5669 元，民国 14 年官业收入增加到 81547 元，其中浙江省公路管理局各路段收入最多，浙江省电话局收入次之。中华人民共和国成立，在完成对资本主义工商业的社会主义改造后，国家实行公有制为主体的计划经济体制。1949—1994 年，国有企业收入主要为企业上缴利润。其中 1986 年实行利改税后，财政预算将企业收入改列国营企业所得税和国营企业利润等。1998 年，省财政设国有资产经营收益科目。2007 年 9 月，国务院发布《关于试行国有资本经营预算的意见》，浙江省开始试行国有资本经营预算，建立国有资本经营预算制度。

（一）国有企业收入

国有企业收入主要由企业上缴利润、折旧基金、资金占用费等各项收入组成。

民国38年(1949年)8月，浙江省人民政府成立后颁布《浙江省财政统一收支程序》，规定除邮政、铁路、电讯收入外，全省各级政府一切收入均由省政府统筹支配。当年企业收入4万元，占财政收入的0.1%。1950年3月，浙江省贯彻落实政务院颁布的《关于统一国家财政经济工作的决定》，国营企业利润全额上缴财政部门，企业所需各项投资由财政部门另行拨给；各级供销合作社实现的利润，根据《工商税暂定条例》规定的21级全额累进税率，向国家缴纳所得税。1951年3月，浙江省执行政务院公布的《关于一九五一年度财政收支系统划分的决定》，自1951年起，省级以下国营企业利润全部作为省级财政收入。1952年3月，浙江省财政经济委员会转发政务院财委《1952年度国营企业提缴折旧基金办法》及《1952年度国营企业提缴利润办法》的通知，国营企业按核定折旧率提取的折旧基金、固定资产报废后变价收入扣除变价所需费用后全部上缴财政。国营工交企业从1952年起实行奖励基金制度，企业完成国家批准(下达)的生产、销售、财务等计划后，可以从计划利润中提取3.5%，从超计划利润中提取12%～20%的企业奖励基金。1951—1952年，浙江省企业收入2820万元。

1953年，浙江省继续对国营工交企业实行奖励基金制度。1956年，在实行企业奖励基金制度的基础上，实行超计划利润分成制度，国营企业超计划利润以企业主管部门为单位计算，在扣除应提的超计划企业奖励基金和企业社会主义竞赛奖金后，40%留归企业主管部门使用，60%上缴财政。企业进行固定资产更新和技术改造所需的“四项费用”(技术组织措施费、新产品试制费、零星固定资产购置费、劳动保护措施费)，都由财政拨款解决。同年，供销合作社以上缴所得税附征的形式归还国投基金。1957年，各级供销合作社缴纳的所得税和所得税附征合并为五级综合计算率。11月，浙江省执行国务院《关于改进商业管理体制的规定》《关于改进财政管理体制的规定》，调整中央与地方的财力分配关系，饮食、服务企业收入全归地方财政收入，其他商业企业利润的20%归地方财政，80%归中央财政。1953—1957年，浙江省企业收入2.18亿元。

1958年5月，浙江省执行国务院《关于实行企业利润留成制度的几项规定》，实行利润全额分成制度。企业利润的留成比例，以企业主管部门为单位核定。各部门在“一五”期间(1953—1957年)领取的“四项费用”和提取的企业奖励基金、社会主义竞赛奖金、40%的超计划利润留成等占同期实现利润总额的比例，即为工交企业的利润留成比例。商业企业留成范围包括企业奖励基金、简易仓棚费和“四项费用”。供销合作社与国营商业企业合并，执行国营商业的财务管理体制。从1959年1月开始，粮食商业企业财务收支从原来的列入中央财政预算改为列入省级财政预算。1958—1960年“大跃进”期间，受高指标、虚报风、浮夸风等的影响，浙江省企业收入连续三年“大幅上升”，分别为3.56亿元、8.33亿元、9.43亿元，但实际收入中水分很大。

鉴于“大跃进”所造成的国民经济比例严重失调和由此带来的严重经济困难局面，国家实行“调整、巩固、充实、提高”的八字方针。1961年,中央决定收回一部分重点企事业单位的收入作为中央固定收入,商业企业利润实行中央财政与地方财政七、三分成办法。8月,各级供销合作社恢复建立,实行“统一领导,统一计划,分级管理,各负盈亏,基金调剂,向国家缴纳所得税”的财务管理体制。1962年,根据财政部规定,浙江省废止利润留成制度,恢复工交企业奖励基金制度。同年,粮食商业、粮油工业及附属企业的财务收支,全部收归粮食部统一管理,列入中央财政预算。1961年、1962年企业收入分别为5.32亿元和4.03亿元,比1960年下降43.6%和57.3%。1963—1965年,随着国民经济调整政策的实施,企业收入开始恢复增长,收入总计14.88亿元。1965年,供销合作社与国营商业企业再度合并,由缴纳所得税改为上缴利润。

1966年,商业企业的财务收支列入地方财政预算,盈亏皆归地方财政,并由核定利润留成比例改为按年核定利润留成绝对额。1967年,浙江省根据中央规定,基本折旧基金实行企业抵留制度,原来通过金库加以集中然后再通过预算拨款的基本折旧基金改为全部或大部分由企业抵留的办法,地方财政没有上缴折旧基金的收入。1968年,根据中央规定对该项抵留的数额进行压缩,规定压缩的部分全部上缴财政。1969年,恢复1967年的抵留比例;同年,企业奖励基金制度取消,企业利润分配重新回到统收统支体制。1971年,中央将粮食企业财务管理下放地方,浙江省将全省粮油工业企业财务管理下放至市县,列入市县财政预算,粮食商业财务管理留在省里,列入省级财政预算。1976年4月,浙江省根据国家计委、财政部《关于更新改造资金试行统一计划、分级管理的通知》,规定更新改造资金按“三三四”比例实行分管(矿山、林业企业除外),即国家集中30%,地方、部门调剂使用30%,企业留用40%。1966—1976年“文化大革命”的10年,全省企业收入57.17亿元。企业收入年均5.72亿元,比1963—1965年“三年调整”期间的年均4.96亿元,仅增加7577万元。

1977年,供销合作社再次恢复,利润留成由全国供销合作总社统一向财政部结算;基层合作社上缴39%。1978年11月,浙江省执行国务院批转财政部《关于国营企业试行企业基金的规定》,国营工业企业凡是全面完成国家下达的产量、品种、质量、原材料燃料动力消耗、劳动生产率、成本、利润、流动资金占用等八项年度计划指标以及供货合同的,可按职工全年工资总额的5%提取企业基金。浙江省国营商业企业也开始实行企业基金制度,全面完成年度计划的可按企业全年工资总额的5%提取企业基金,只完成销售、利润、费用三项指标的可提3%。同年,浙江省所属国营企业提取的基本折旧基金50%留给企业,用于固定资产的更新和改造;50%作为上缴折旧基金,随同企业利润一并上缴财政;地市以上新投产的企业建成投产后前3年,提取的基本折旧基金全部上缴财政。

1979年,浙江省革命委员会颁发《关于扩大国营企业经营管理自主权试点的暂行办法》,在74家全民所有制工业企业进行扩大经营管理自主权的试点工作。国营商业企业实行利润留成制度,全省国营商业企业按16.5%比例提留。同年,固定资产原值在100万元以下的工交企业、商业、粮食、供销社的工业企业、储运企业,物资部门的供销、储运企业,所提的基本折旧基金全部留给企业,不再上缴财政。新建企业建成投产后前3年,基本折旧基金20%留给企业,80%上缴财政。1980年,国营商业企业当年实际实现利润比上年增长的部分,增提

10%的增长利润留成；对独立核算的油粮工业企业等盈利企业试行利润留成办法；对经营平价粮油的政策性亏损单位实行减亏分成或亏损包干、节余留用的办法；物资企业利润上缴40%，留成60%。

1980年1月，浙江省试行征收固定资金占用费，国营企业按照每月月初固定资金账面余额计算缴纳，征收比例根据各行业资金利润率的高低，月率为2‰～8‰。1981年，省财政厅印发《关于国营工交企业流动资金实行有偿占用的补充通知》，规定国营工交企业根据财政部文件规定，按照每月月初国家流动资金的账面余额计算缴纳流动资金占用费，征收比例月率2.1‰。4月，省计划委员会、省经济委员会、省财政贸易办公室等部门联合发出《关于工业交通若干经济政策的处理意见》，在工交企业中试行盈亏包干办法，对微利企业和亏损企业，基本上全部实行利润包干、超收分成和亏损包干、超亏不补、减亏留用等盈亏包干办法。同月，浙江省财政厅颁发《关于国营工交企业试行有偿占用固定资金的通知》，规定对浙江省工交企业征收固定资金占用费，按照每月月初固定资金账面余额，石油化工、轻工等企业，月率5‰～8‰；冶金、化工、机械、电子、电力等企业，月率3‰～5‰；农机、煤炭、建材、交通等企业，月率2‰。1982年，财政部、商业部将国营商业企业按上年实现利润计算提取增长利润的留成办法改为按前三年实际实现利润平均滚动计算提取的办法。

1983年，浙江省在全省工交、商业、物资、供销社全面推行第一步利改税。5月，省财政厅颁发《关于按期开征省级国营企业所得税问题的通知》，将国营大中型企业上缴利润改为按55%的比例向国家缴纳所得税，税后利润在保证企业合理留利之后，再按固定比例、定额包干、递增包干或调节税等多种办法上缴财政；小型企业和县以上供销合作社按8级超额累进税率缴纳所得税，基层供销合作社仍按照39%的比例缴纳工商所得税。9月，按照财政部对浙江省各行业利改税方案的审批意见，工业大中型企业所得税平均税率为54.7%（核定减征后），固定上缴比例为15.5%，定额上缴利润208万元，环比递增包干上缴比例为5%，调节税率为26.5%；交通企业所得税率为55%，税后按固定比例上缴20%；物资企业所得税率为55%，税后按固定比例上缴5%；商业大中型企业所得税率为55%，核定调节税率为20.2%；县以上供销合作社按照“不挖不挤”的原则，保持原有的留利水平，多退少补，上缴所得税比例约为44%；基层供销合作社按39%的比例缴纳工商所得税。同年起，对独立核算的粮食盈利企业全面实行利润留成办法，议价粮油经营企业留成40%，粮油工业企业平均留利约20%；经营平价粮油实行政策性亏损定额补贴的利润按40%留成。同年，实行了3年的资金占用费停止执行。

1984年9月，国务院批转财政部《国营企业第二步利改税试行办法》。10月，省政府颁布《国营企业第二步利改税若干问题的补充规定》，规定实行第二步利改税，将税利并存改为完全用税收形式固定国家与企业的分配关系。1977—1985年，全省企业收入153.42亿元。

1986年，财政预算取消企业收入科目，设国营企业所得税、国营企业上缴利润及企业调节税等收入。1987年，企业所提折旧基金不再上缴财政，全部留由企业自主支配使用。1988年4月，省政府印发《关于深化企业改革，推行和完善承包经营责任制的通知》，国家与企业的分配关系根据企业性质不同，分别采用或利润递增包干，或基数包干，或亏损补贴包干等多种形式。当年承包企业实现利润 21.59 亿元，上缴财政 4638 万元，企业留利 9432 万元。1991 年，在进一步完善第一轮承包经营责任制考核办法的基础上，实行第二轮承包制。1994 年，实施分税制财政体制改革。浙江省结合省情，对于已实行承包制的企业，其分配体制可以执行到承包期满；新签订承包合同的企业，承包期限不超过 1995 年，企业承包期满后依法缴纳企业所得税；承包合同未到期但愿意实行税利分流的企业，可以依法中止承包合同，改按税利分流办法执行。当年，各类企业陆续开始执行《企业所得税暂行条例》，统一按国家规定的 33％税率缴纳企业所得税。1986—1994 年，全省国有企业所得税和国有企业上缴利润收入合计 106.99 亿元，其中国有企业所得税收入 103.81 亿元、国有企业上缴利润为 3.18 万元。

（二）国有资本经营收入

1995 年 2 月 21 日，省财政厅、省国有资产管理局、人民银行浙江省分行颁布《浙江省国有资产收益收缴管理办法》，国有资产收益按中央、地方产权关系和现行财政体制，分别列入同级政府国有资产经营预算，将国有企业上缴利润等列入国有资产收益收缴管理。至 1997 年，浙江省在国有资产经营预算未正式设立之前，企业上缴的国有资产收益，仍列国有企业上缴利润类预算科目。国有企业应上缴利润中，股份有限公司按国家股股利上缴，有限责任公司按国家出资比例上缴，国有企业产权转让收入和股份有限公司国家股股权转让收入以及有限责任公司国家出资转让收入均上缴。1997 年 9 月，省政府印发《浙江省企业国有产权转让管理暂行办法》，规定企业国有产权转让的标的可以是企业的整体国有产权，也可以是企业的部分国有产权，并按出资总额和净资产的数量确定其审批和备案，加强企业国有产权转让管理。1995—1997 年，国有企业所得税和国有企业上缴利润合计 82.21 亿元，其中：国有企业所得税收入 82.57 亿元，国有企业上缴利润为－3557万元。

1998 年，财政预算设国有资产经营收益科目。2004 年，财政部发布《关于加强政府非税收入管理的通知》，要求逐步建立国有资本经营预算体系，将国有资产经营收益纳入预算管理。明确国有资本经营收益是政府非税收入的重要组成部分，包括国有资本分享的企业税后利润，国有股股利、红利、股息，企业国有产权（股权）出售、拍卖、转让收益和依法由国有资本享有的其他收益。1998—2006 年，国有资产经营收益累计 4.99 亿元，国有企业计划亏损补贴累计为－443.04亿元。

2007 年，政府收支分类改革，财政一般预算在非税收入中设国有资本经营收入款级科目，列国有企业计划亏损补贴、国有资本投资收益等项级科目。2008 年 4 月，省政府发布《关于试行国有资本经营预算的意见》，明确国有资本收益包括的范围，并要求试行浙江省本级国有资本经营预算。2009 年，省财政厅印发《浙江省省本级企业国有资本收益收取管理试行办法》，省本级企业按规定应上缴省财政的国有资本收益实行“收支两条线”管理；国有独资企业拥有全资公司、控股子公司、子企业的，由集团公司（母公司、总公司）以年度合并财务报表反映的归属于母公司所有者的净利润为基础申报，并给予抵扣以前年度未弥补亏损和按规定提取的法定公积金（法定公积金已达实收资本 50％及以上的不再抵扣）。国有独资企业上缴年度净利润的比例，区别不同行业，分别按照 100％、10％、5％、暂缓上缴、免缴五类执行；国有控股、参股企业应付国有投资者的股利、股息，上缴比例为 100%，按照股东会或者股东大会决议通过的利润分配方案执行；国有产权转让收入、企业清算收入和其他国有资本收益，上缴比例为 100%。5 月，省财政厅印发《浙江省省本级国有资本经营预算管理试行办法》，提出试行省本级国有资本经营预算须遵循"统筹兼顾、适度集中；保证重点、兼顾一般；相对独立、相互衔接；分级编制、分步实施；统一上缴、量入为出"的原则。2009 年，浙江省本级和宁波市试编国有资本经营预算，全年国有资本经营收入 2.39 亿元，当年全部为利润收入；2010 年，全省列国有资本经营预算的国有资本经营收入 13.74 亿元。2007—2010 年，全省列入一般预算的国有资本经营收入为－216.88亿元，剔除国有企业亏损补贴为－220.24亿元，全省一般预算国有资本经营收入 3.36 亿元。

六、国有资源(资产)有偿使用收入

国有资源(资产)有偿使用收入包括各级政府及有关部门按照法律、法规和省级以上政府及其财政部门的规定，有偿出让土地、矿产、水资源、森林、海域、无线电频率以及城市市政公用设施和公共空间等国有有形、无形资源的使用权、开发权、勘查权、开采权、特许经营权、广告权等取得的收入，包括国有土地使用权出让收入、新增建设用地土地有偿使用费、海域使用金、探矿权和采矿权使用费及价款收入、场地及矿区使用费收入、森林资源出让或转让收入、超计划超定额用水加价费、公共户外广告资源有偿使用收入、无居民海岛使用金收入、排污权有偿使用收入等。2007 年前，这些收入有的在其他收入、专款收入等类中反映。2007 年政府收支分类改革后，浙江省财政一般预算收入设国有资源(资产)有偿使用收入类。2007—2010 年，全省国有资源(资产)有偿使用收入合计 46.69 亿元。上述收入中的部分项目在本节"专项收入"目中已分项记述，本目仅记述土地有偿使用收入和海域使用金收入情况。

(一)土地有偿使用收入

土地有偿使用收入主要包括国有土地使用权有偿使用收入和新增建设用地土地有偿使用费收入。1989 年、1990 年，浙江省执行国务院颁发的《国有土地使用权有偿出让收入管理暂行实施办法》《中华人民共和国城镇国有土地使用权出让和转让暂行条例》，加强国有土地使用权有偿出让管理，要求凡进行国有土地使用权有偿出让的地区，其出让收入必须上缴财政；土地使用权出让收入，40%上缴中央财政，60%留归地方财政，主要用于城市基础设施建设和土地开发。同年，浙江省印发《浙江省外商投资企业土地使用费征管暂行办法》，对使用浙江省土地的中外合资经营企业、中外合作经营企业和外商独资企业，以及外国企业常驻机构开征土地使用费。1990 年，国有土地使用权有偿出让收入列财政预算收入中其他收入类，但无统计数据。

1992 年，浙江省对土地使用费标准进行调整，按人民币元/平方米·年计算，商业、金融和旅游业用地为 3～50 元；教育、科研和卫生用地为 0.5～14 元；农村牧渔业用地则按其营业额的 1%～3%收取。同年，省政府发文明确国有土地使用权有偿使用收入包括土地出让金和土地收益金（或土地增值费），土地使用权有偿使用收入归中央政府和地方政府所有，由财

政部门统一负责征收管理，并规定浙江土地使用者按出让合同的规定缴纳土地使用金。土地使用金按杭州、宁波、温州三市的城市规划区，每年每平方米缴纳人民币 0.5～1 元；其他区域，每年每平方米缴纳人民币 0.25～0.5 元计收。1991—1997 年，列入全省财政预算收入的国有土地使用权有偿出让收入累计 7725 万元。

1998 年，全省财政预算收入中设土地和海域有偿使用收入类，国有土地使用权有偿出让收入未作单独统计。1999 年，浙江省征收新增建设用地土地有偿使用费列财政基金预算收入，当年无统计数据。新增建设用地土地有偿使用费缴纳标准由国务院土地行政主管部门制定，30％上缴中央财政、70％上缴地方财政。当年，杭州市定为四等，宁波市、温州市定为五等，其他市(地)、县(市)分别为六至十等及以下。2000 年，国有土地使用权有偿使用收入转在政府性基金收入中统计。2002 年 12 月，国家对新增建设用地土地有偿使用费征收等别进行了调整，与等别相对应的新增建设用地土地有偿使用费征收标准保持不变。调整后，杭州市、宁波市定为四等，温州市为六等，其他市、县(市)为六至十等及以下。2003 年 5 月，省国土资源厅设立折抵指标统筹专户，折抵指标有偿转让收入纳入省级财政专户。同年，浙江省规定除房地产开发项目外的经营性项目建设用地，可通过租赁方式取得国有土地使用权；租赁国有土地使用权采取招标、拍卖、挂牌方式进行。

2007 年，浙江省对新增建设用地的土地有偿使用费征收标准在原有基础上提高 1 倍，省分成的新增建设用地土地有偿使用费(即省留成 70％部分)30％留省级，作为省级造地改田资金，纳入省级造地改田资金统一安排使用；70％分配给市、县(市、区)。以国有土地使用权出让总成交价款的 3％～5％提取国有土地收益基金。全省土地出让收入全额就地缴库。2009 年，浙江省规定土地出让收入首次缴纳不得低于全部土地出让价款的 50％；土地租赁价款(租金)一次性全部缴清，不得分期缴纳。同年，财政部、国土资源部对部分地区的新增建设用地土地有偿使用费征收等别进行调整，杭州市(滨江区、拱墅区、江干区、上城区、西湖区、下城区)、宁波市(海曙区、江东区、江北区)调整为四等；温州市(龙湾区、鹿城区、瓯海区)为六等，全省其余市、县(市、区)为七至十等及以下。每个征收等别对应的新增建设用地土地有偿使用费征收标准保持不变。2000—2006 年，列入全省财政基金预算收入的土地有偿使用收入 141.38 亿元。2007—2010 年，列入全省政府性基金预算收入的国有土地使用权出让金收入 7978.46 亿元；新增建设用地土地有偿使用费 1510.11 亿元。

(二)海域使用金收入

1995 年，浙江省加强外商投资企业场地使用费征收工作，设外商投资企业场地使用费财政专户，场地使用费收入纳入预算管理。场地使用费由外商投资企业缴纳或代扣代缴；场地使用费与场地开发费分别计收的地方，场地使用费按规定的名称和标准计收；先进技术企业或出口产品产值达到当年全部产品产值 70％以上的出口企业，施行先缴后返。1998 年 4 月，浙江省政府颁布《浙江省海域使用管理办法》，对在浙江省某一固定海域从事 3 个月以上排他性的开发利用活动，实行有偿使用海域制度。1998 年，浙江省财政预算收入中设立土地和海域有偿使用收入类级科目；2000 年改为海域和场地使用费收入类级科

图 31-1-2-1　浙江省加强海域使用金的征收管理，配合海洋主管部门科学合理使用全省海洋资源，发展海洋经济。图为嵊泗万亩浅海贻贝养殖基地
（浙江省财政厅档案室提供）

目。2001 年 5 月，省政府颁布《浙江省海域使用金征收管理暂行办法》，规定了海域使用金征收标准及征收办法。2006 年，浙江省海域使用金按招标、拍卖或者挂牌出让成交价款的相应比例征收，招标标底、拍卖或者挂牌出让保留价不得低于规定的最低标准。1998—1999 年，全省土地和海域有偿使用收入分别为 2038 万元、2473 万元；2000—2006 年，全省海域场地矿区使用费收入累计 8826 万元。

2007 年，浙江省海域使用金统一按照用海类型、海域等别以及相应的海域使用金征收标准计算征收。同年将海域使用金与场地和矿区使用费收入分列于国有资源（资产）有偿使用收入类中统计。2009 年，省政府管理海域以外及跨省管理海域的项目用海缴纳的海域使用金，由国家海洋局负责征收，就地全额缴入中央国库；养殖用海缴纳的海域使用金，由审批项目用海的地方政府海洋行政主管部门负责征收，就地全额缴入同级地方国库，中央和省不再参与分成。宁波市本级及所属县（市、区）由省政府审批的用海项目，其海域使用金由省海洋行政主管部门负责征收。全省海域使用金实行先缴后分、就地全额缴库方式。2010 年，实行无居民海岛有偿使用制度，无居民海岛使用权出让实行最低价限制制度。2007—2010 年，海域使用金收入分别为 6342 万元、1.41 亿元、2.41 亿元、3.98 亿元。

七、其他非税收入

其他非税收入包括彩票公益金、以政府名义接受捐赠的收入和应当纳入政府非税收入管理的其他资金。

（一）彩票公益金

彩票公益金是按照规定比例从彩票发行销售收入中提取的、专项用于社会福利、体育等社会公益事业的资金。1987 年 7 月 30 日，浙江省首次在温州市鹿城区发行销售 50 万张传统型“中国社会福利有奖募捐券”。1988 年、1992 年浙江省社会福利有奖募捐办公室（福利彩票发行中心）、浙江省体育彩票管理中心先后成立。1998 年，财政部等部门规定彩票公益金按不低于彩票销售总额的 30%提取，实行按比例分级留成使用原则，并按照预算外资金管理办法纳入财政专户。浙江省规定社会福利基金按中央、省、市（地）、县 5∶4∶1∶20 的比例分成。2001 年，福利公益金上缴比例调整为销售额的 13.5%，全年全省实际发行彩票 13.72 亿元，其中体育彩票发行 8.26 亿元、福利彩票发行 5.46 亿元；全省共筹集公益金约 4.11 亿元，除上缴中央外，90%以上的彩票公益金上缴各地财政专户。2002 年，彩票公益金按不低于彩票销售35%的比例提取。12月，调整体育彩票公益金上缴比例，电脑体育彩票(含足球彩票)公益金按发行额的20.5%上缴中央；即开型体育彩票公益金按发行额的2%上缴中央。

2005年7月，省财政厅印发《浙江省福利彩票公益金使用管理暂行办法》，公益金由省级福利彩票机构统一归集，缴入省级预算外资金财政专户。省级财政部门定期将公益金上解或下拨到相应级次的财政专户。同年，财政部调整彩票公益金分配政策，彩票公益金在中央与地方之间按50∶50的比例分配；浙江省发文规定彩票公益金分成比例、使用范围等，彩票公益金由省财政定期上解中央并返还市县财政专户，省本级分成的彩票公益金除资助省级民政、体育等社会公益事业外，还以项目资助方式补助各市县民政、体育等社会公益事业。当年全省发行销售彩票56.95亿元，比上年增长43.5%，列全国第四位；彩票公益金收益19.44亿元，比上年增长43.3%，其中省留用9.72亿元。2007年，筹集彩票公益金近28亿元，除上缴中央外，全省可用彩票公益金近14亿元。

2008年，省财政厅将省本级的彩票公益金缴入省国库，并将应返还市、县的彩票公益金划入省级预算外资金财政专户，按月返还。同年，浙江省调整福利彩票公益金省与市、县(市)分成比例和管理方式，其中宁波市分成比例不变。全年共发行彩票80.95亿元，居全国第三位，筹集地方彩票公益金12.9亿元。

2009年，国务院颁发《彩票管理条例》，彩票公益金按照政府性基金管理办法纳入预算，实行"收支两条线"管理。省本级分成的彩票公益金资助市县部分以转移支付方式进行补助。全年全省筹集彩票公益金30.10亿元。2010年，浙江省上市高频玩法"11选5""快乐十分"快速开奖游戏，并在第19届足球世界杯赛事期间，与全国同步销售以足球世界杯为竞猜对象的竞猜型足球彩票；此外，拓展体育彩票投注渠道，开展电话销售体育彩票业务。同年，财政部、教育部下拨台州、丽水、青田青少年校外活动中心中央专项彩票公益金660万元，支持青少年学生校外活动场所建设。当年，全省销售彩票126.11亿元，比上年增长33.3%；筹集彩票公益金37.90亿元，其中省和地方留用18.95亿元。2001—2010年，全省彩票销量560.52亿元；彩票公益金收入182.81亿元，其中体育彩票公益金92.59亿元、福利彩票公益金90.22亿元。

(二)以政府名义接受的捐赠收入

以政府名义接受的捐赠收入是国家机关、事业单位、代行政府职能的社会团体和其他组织以政府名义接受的非定向捐赠货币收入。2004年，以政府名义接受的捐赠收入纳入政府非税收入管理。2005—2010年，全省以政府名义接受捐赠的收入分别是8.68亿元、9.65亿元、13.77亿元、21.61亿元、15.87亿元、16.03亿元。

(三)应当纳入非税收入管理的其他资金

应当纳入非税收入管理的其他资金包括税收和非税收入产生的利息收入以及其他应当纳入非税收入管理的资金。2007—2010年，浙江省应当纳入非税收入管理的其他收入累计7.71亿元。

表 31-1-2-1　　1984—2010 年浙江省财政预算外资金收入一览表

单位：万元

年份	政府性基金收入	预算外财政专户资金	其中				
			各项附加收入	行政事业性收费收入	国有资源(资产)有偿使用收入	国有资本经营收入	其他
1984	4	336720	119487	—	—	—	217233
1985	—	152491	110041	—	—	—	42450
1986	—	146226	119020	—	—	—	27206
1987	—	225750	138996	—	—	—	86754
1988	—	359561	270715	—	—	—	88846
1989	—	—	—	—	—	—	—
1990	—	573431	345393	—	—	—	228038
1991	—	92423	57913	—	—	—	34510
1992	—	80010	49817	—	—	—	30193
1993	—	—	—	—	—	—	—
1994	—	132148	102940	—	—	—	29208
1995	—	151803	118988	—	—	—	32815
1996	—	184653	132410	—	—	—	52243
1997	208270	155596	—	—	—	—	155596
1998	689447	—	—	—	—	—	—
1999	681077	—	—	—	—	—	—
2000	769948	—	—	—	—	—	—
2001	871140	—	—	—	—	—	—
2002	2048748	—	—	—	—	—	—
2003	2703246	—	—	—	—	—	—
2004	3464590	3953822	678833	2322643	—	—	952346
2005	5260513	4255831	359032	2922553	—	—	974246
2006	6484462	5826276	432952	3234670	—	—	2158654
2007	10559755	7154375	—	3277937	246907	—	3629531
2008	16003756	5772448	—	3201678	321165	—	2249605

续表

年份	政府性基金收入	预算外财政专户资金	其中				
			各项附加收入	行政事业性收费收入	国有资源(资产)有偿使用收入	国有资本经营收入	其他
2009	21664379	5920167	—	3135041	474018	23877	2311108
2010	44237329	5911728	—	3017157	473096	137407	2421475

资料来源:浙江省档案馆、浙江省财政厅历年浙江省财政决算报表。

说明:1.1989年、1993年,数据资料缺失。

2.1984—2003年,“预算外财政专户资金”一栏为“财政部门预算外资金”。

3.“其他”一栏所含内容各时期有所不同,主要有:统管的企业收入、统管的事业收入,集中企业收入、集中其他收入,主管部门集中收入、乡镇自筹和统筹收入及彩票发行费等。

4.2009年,浙江省试编国有资本经营预算,“预算外财政专户资金”一栏不含“国有资本经营收入”。

表31-1-2-2　　1949—1984年浙江省一般预算非税收入一览表

单位:万元

年份	企业收入	其他收入	其中			
			规费收入	罚没收入	公产收入	杂项收入
1949	4	—	14	1	—	—
1950	—	—	—	—	19	1
1951	1301	808	—	—	—	—
1952	1519	—	2	215	32	—
1953	2114	1108	63	248	109	688
1954	2993	1447	108	209	502	505
1955	3714	1079	70	124	305	370
1956	4724	656	44	57	71	189
1957	8278	788	47	76	175	211
1958	35648	904	—	—	—	—
1959	83300	907	19	60	173	335
1960	94285	1079	37	178	30	782
1961	53158	335	24	130	42	98
1962	40335	655	28	157	—	211
1963	41677	964	27	163	32	265

续表

年份	企业收入	其他收入	其　　中			
			规费收入	罚没收入	公产收入	杂项收入
1964	48943	505	30	142	29	109
1965	58147	527	32	46	30	217
1966	68363	272	14	55	18	82
1967	45167	230	9	19	15	77
1968	31518	335	—	—	—	—
1969	49785	581	—	—	—	—
1970	65953	534	—	—	—	—
1971	63674	440	10	274	34	114
1972	72927	319	17	205	17	3
1973	82349	325	15	219	13	78
1974	46189	271	6	175	16	73
1975	24565	350	1	246	10	93
1976	21166	439	15	316	8	71
1977	52803	540	21	462	10	44
1978	99229	706	6	575	15	104
1979	71550	377	19	320	8	—61
1980	101141	371	52	271	13	27
1981	103194	565	20	431	7	54
1982	89076	2194	21	1033	7	194
1983	100264	3534	27	1229	10	152
1984	912270	3384	6	909	13	117

资料来源：浙江省档案馆历年浙江省财政决算报表。

说明：1. 此表按《浙江通志》下限时段收支分类所设，故将除税收收入以外的收入列非税收入表。

2. 1949 年，列“规费收入”和“罚没收入”的为行政司法收入。

3. 1951—1958 年，“企业收入”列企业及事业收入。

4. 1956—1984 年，大多数年份的“其他收入”中含契税收入。

5. 1971 年起，“其他收入”的“罚没收入”中含追回赃款赃物收入。

表 31-1-2-3　　1985—2006 年浙江省一般预算非税收入一览表

单位:万元

年份	国有资产经营收益	国有企业计划亏损补贴	国家能源交通重点建设基金	国家预算调节基金	行政性收费收入	罚没收入	海域场地矿区使用费收入	专项收入	其他收入
1985	4576	−64589	—	—	25	2314	—	2916	238
1986	129054	−44640	—	—	23	5348	—	4530	636
1987	131420	−47277	—	—	37	6209	—	5163	572
1988	137419	−97941	15386	—	16	8382	—	6232	498
1989	134698	−117992	17242	13366	5	15649	—	13574	2057
1990	108754	−110583	15104	18068	11	26545	—	27520	1759
1991	113471	−92476	15798	19121	—	21486	—	41642	1892
1992	102344	−121702	13011	17953	5	16973	—	25054	1726
1993	52846	−147143	9324	12839	400	17715	—	39319	4054
1994	159901	−160353	7182	7950	500	17189	794	49527	1550
1995	254248	−250645	1813	3526	753	28898	1168	57090	1997
1996	245480	−301054	113	123	461	39561	2156	69366	7794
1997	322368	−347961	521	384	387	47426	1843	—	9194
1998	3208	−378564	—	—	882	59897	2038	102282	5330
1999	125	−355434	—	—	17985	86092	2473	124411	6479
2000	3021	−547970	—	—	53205	122881	2255	153498	7621
2001	84	−766221	—	—	75757	185879	693	177034	10692
2002	7883	−590513	—	—	135591	277498	619	217226	6294
2003	7451	−472124	—	—	203224	312889	694	259011	19762
2004	7476	−462042	—	—	253018	428669	562	344491	34151
2005	12918	−424666	—	—	265531	584372	743	418430	48395
2006	7777	−432896	—	—	383911	590772	3260	527201	59597

资料来源:浙江省档案馆、浙江省财政厅历年浙江省财政决算报表。

说明:1."国有资产经营收益"一栏:1985 年列企业收入,1986—1997 年列国营企业所得税和国营企业上缴利润合计数;"国有企业计划亏损补贴"一栏:1985 年列企业亏损及价格补贴;"行政性收费收入"一栏:1985—1993 年列规费收入;"海域场地矿区使用费收入"一栏:1994—1997 年列国有土地使用权有偿使用收入,1998—1999 年列土地和海域有偿使用收入;"专项收入"一栏:1985—1994 年列专款收入。

2. 1996—1997 年,"国家能源交通重点建设基金""国家预算调节基金"收入额为"国家能源交通重点建设基金""国家预算调节基金"的清欠收入。

表 31-1-2-4　　2007—2010 年浙江省一般预算非税收入一览表

单位:万元

年份	非税收入合计	专项收入	行政事业性收费收入	罚没收入	国有资本经营收入	国有资源(资产)有偿使用收入	其他
2007	1141433	632037	293740	638367	−507465	79899	4855
2008	1412996	726397	331009	710137	−468413	104552	9314
2009	1586985	671114	419374	789732	−463799	114732	55832
2010	1435084	837489	445931	706026	−729092	167681	7049

资料来源:浙江省财政厅历年浙江省财政决算报表。

说明:“国有资本经营收入”一栏含国有企业亏损补贴。

第三节　中央补助收入

民国时期,中央政府实行财政分级制后,中央对地方的补助便成为地方预算收入的一款。中央政府对各省给予补助,始于民国 17 年(1928 年)国民政府下令裁厘之后,以抵补各省由此在收入上的缺口,此后逐渐演变为中央对地方经常性的困难补助,并渐成为地方大宗收入之一。浙江是较早裁厘的省份,厘金收入占预算总额的 10%以上。民国 30 年,省级财政并入国家财政系统,市县财政列为自治财政系统,省级收入全部上缴中央,支出由中央拨款,补助收入不复存在。民国 35 年 7 月,国民政府颁布修改后的《财政收支系统法》,省级财政又恢复独立系统。由于此时国民政府的财政经济处于全面危机中,省级财源大大削弱,收支差距极大,浙江省财政几乎完全依赖中央补助维持运转。补助款占省财政收入的比重上升。民国 37 年上半年,浙江省岁入概算中补助收入为法币 10977645 万元,占总收入的 74.1%。

民国 38 年(1949 年)5 月,中国人民解放军入驻杭州市,至当年 12 月底,浙江省财政收入较少,不足部分向华东军政委员会申请补助,当年补助收入为 52 万元。1950 年,浙江省执行政务院“高度集中的统收统支”财政体制,全部预算收入划归中央。1951 年、1952 年,上级(中央和华东大区)给浙江省的补助收入分别为 1010 万元、3491 万元。1953—1958 年,中央先后对浙江省按不同的体制要求,确定中央财政与省财政的收入划分。其中 1956 年、1958 年,浙江省财政补助收入分别为 3065 万元、2.76 亿元。1959 年,中央财政对浙江省实行“总额分成、一年一定”的体制,其中明确浙江省财政收入小于支出指标的,不足部分由中央财政补助。1960 年,全省财政收入中的中央补助收入为 1.05 亿元。20 世纪 60 年代始,中央财政对浙江省的补助大体分为两类:一类是中央财政出台一些影响地方收入的专项政策,按照财政体制规定,年终结算后由中央财政补回;另一类是专项支出补助,由中央财政转移支付解决,根据中央财政专门规定在年终结算补助。1949—1990 年,中央财政对浙江省转移支付补助总额为127.80亿元。

1991年,中央财政对地方的补助分为5类:定额补助、专项补助、结算补助、收入任务调整增加或减少补助以及其他补助。其中,定额补助主要针对采用定额补助财政管理体制的省或自治区下达的补助,由于浙江省采用收入递增包干财政管理办法,故无此项补助。当年,中央财政对浙江省下达各类补助资金15.63亿元。其中:专项补助9.55亿元;结算补助4.81亿元;收入任务调整增加补助800万元;其他补助1.19亿元。

1994年,分税制改革,财政部实行增值税和消费税税收返还政策,中央对地方补助增加"两税"返还,补助分类调整为6类。当年,中央财政对浙江省下达各项补助资金106.12亿元。其中:中央"两税"返还98.29亿元,专项补助9.11亿元,结算补助为-5.23亿元,收入任务调整增加补助1500万元,其他补助3.80亿元。1997年,中央财政新增对地方转移支付补助,主要用于对地方财力不足省份的一般性补助,浙江省地方财力相对较好,未享受中央财政此类补助。当年,中央财政对浙江省共下达各类补助资金128.60亿元,其中:税收返还112.48亿元,专项补助11.88亿元,结算补助-2.17亿元,收入任务调整增加补助1646万元,其他补助1.91亿元。1998年,中央对省、市增加股票售表收入上解中央返还补助和增发国债补助类补助①。当年,中央对浙江省下达各类补助134.84亿元,其中:税收返还补助117.99亿元,股票售表收入上解中央返还补助1700万元,增发国债补助5.20亿元,中央财政对浙江省的其他补助在当年降为零。1999年,中央财政对地方补助项目新增"增加工资中央补助"项目,主要针对中西部地区,浙江省未享受此类补助,取消"股票售表收入上解中央返还补助"项目。当年,中央财政对浙江省共下达各类补助146.52亿元,其中:税收返还补助122.81亿元,专项拨款补助17.21亿元,其他补助6.50亿元。2001年,中央财政对地方新增过渡期转移支付、中小学教师工资转移支付等6种补贴,这些补助大多数为对中西部地区补助,浙江省未享受此类补助。当年,中央财政对浙江省补助资金总额为171.53亿元,其中:税收返还补助140.86亿元,增发国债补助9.75亿元,其他补助20.92亿元。

2002年,中央财政实施所得税收入分享改革,明确中央财政因所得税收入分享改革增加的收入全部用于一般性转移支付,建立起一般性转移支付资金稳定增长机制。财政部将过渡性转移支付改为一般性转移支付,并相应增加所得税基数返还补助。同时,财政部还增加了农村税费改革转移支付补助,将以前的中小学教师工资转移支付补助并入农村税费改革转移支付补助。当年,中央财政对浙江省下达各类补助资金246.50亿元,其中:所得税基数返还62.81亿元,"两税"返还补助152.14亿元,农村税费改革转移支付补助0.15亿元,一般性转移支付降为零。2003年,中央财政新增农业税灾歉减免及企事业单位预算划转补助,当年对浙江省下达各类补助资金276.22亿元,其中:"两税"返还补助161.15亿元,所得税基数返还补助86.87亿,专项补助14.56亿元,农村税费改革转移支付补助0.59亿元、增发国债补助

---

① 因地方政府不能发行地方债,对于地方政府部分基建项目,由中央政府发行国债,所筹集资金一部分转贷地方政府,地方需要偿还,形成地方政府转贷收入;一部分以转移支付形式转拨地方政府,地方无需偿还,形成地方政府增发国债补助收入。

8.88 亿元、农业税灾歉减免及企事业单位预算划转补助 3.20 亿元。2004 年，中央财政对地方新增取消农业特产税降低农业税税率转移支付补助，由于属沿海发达地区，浙江省并未享受该补助。

2005 年，中央财政增加缓解县乡财政困难转移支付补助，当年对浙江省下达该类补助资金 6400 万元。2006 年，增加农村义务教育和企事业单位预算划转两类补助，当年中央财政对浙江省下达企事业单位预算划转补助资金 3.19 亿元，未下达农村义务教育补助。至 2006 年，中央财政对地方的补助共分为消费税和增值税税收返还、专项补助、一般性转移支付、增发国债补助等 15 大类。根据补助性质，划分为返还性收入、财力性转移支付、专项转移支付三大类别，其中：返还性收入包括增值税和消费税返还收入、所得税基数返还收入 2 种；财力性转移支付分为体制补助收入、一般性转移支付、民族地区转移支付、调整工资转移支付、义务教育补助、农村税费改革补助、缓解县乡困难转移支付、结算补助、企事业单位预算划转补助、其他财力性转移支付等 10 种；专项转移支付分为专项补助收入、增发国债补助收入 2 种。2007 年，中央财政对浙江省下达各类补助资金 387.86 亿元，其中：返还性收入合计 290.15 亿元、财力性转移支付收入 13.02 亿元，专项转移支付收入 84.68 亿元。

2008 年，中央财政对地方财力性转移支付增加农村义务教育化债补助收入和资源枯竭性城市转移支付补助收入两类，财力性转移支付种类增加为 12 种；中央在返还性收入项下增加其他税收返还收入，新增地震灾后重建补助收入①。以上均未对浙江省下达补助。当年，中央财政对浙江省共下达补助资金 455.98 亿元，其中：返还性收入 298.49 亿元，财力性转移支付 14.59 亿元，专项转移支付 142.90 亿元。返还性收入中，增值税和消费税税收返还收入 207.87 亿元，所得税基数返还 90.62 亿元；财力性转移支付中，义务教育补助收入 3.22 亿元，缓解县乡困难转移支付补助 2.72 亿元，企事业单位预算划转补助收入 4.00 亿元。专项转移支付中，专项补助 139.09 亿元、增发国债补助收入 3.81 亿元。2009 年，国家实行成品油价格和税费改革，中央财政对地方返还相应增加成品油价格和税费改革收入返还，返还性收入总数为 4 类。同时，财政部参考国际惯例，将财力性转移支付改为一般性转移支付，原财力性转移支付项下一般性转移支付改为均衡性转移支付，取消缓解县乡困难转移支付，新增县级基本财力保障机制奖补资金收入、一般公共服务转移支付收入、教育转移支付等 7 种转移支付类别。一般性转移支付种类为 18 种。当年，中央财政对浙江省下达补助资金总额为 628.24 亿元，其中：返还性收入 422.24 亿元，一般性转移支付 30.48 亿元，专项转移支付 175.53 亿元。2010 年，中央归并一般性转移支付项下"村级公益事业一事一议奖励"，新增医疗卫生转移支付和农林水转移支付两类。一般性转移支付项下中央对地方补助类别增为 19 类。2010 年，中央财政取消专项转移支付项下"增发国债补助"支出，全年中央财政对浙江省下达补助资金 733.75 亿元，其中：返还性收入 428.76 亿元，一般性转移支付 54.77 亿元，专项转移支付 250.22 亿元。

---

① 2008 年四川省发生汶川特大地震，浙江省根据中央部署对口支援四川省青川县恢复重建工作。

表 31-1-3-1　　1949—2010 年浙江省中央财政补助收入一览表

单位:亿元

年份	中央财政补助收入					
	中央税收返还收入				除税收返还外其他补助收入(主要为中央转移支付收入等)	合计
	小计	“两税”返还收入	所得税基数返还收入	成品油价格和税费改革税收返还收入		
1949	—	—	—	—	0.0052	0.0052
1950	—	—	—	—	—	—
1951	—	—	—	—	0.10	0.10
1952	—	—	—	—	0.35	0.35
1953	—	—	—	—	—	—
1954	—	—	—	—	—	—
1955	—	—	—	—	—	—
1956	—	—	—	—	0.31	0.31
1957	—	—	—	—	—	—
1958	—	—	—	—	2.76	2.76
1959	—	—	—	—	—	—
1960	—	—	—	—	1.05	1.05
1961	—	—	—	—	2.57	2.57
1962	—	—	—	—	1.65	1.65
1963	—	—	—	—	1.32	1.32
1964	—	—	—	—	1.64	1.64
1965	—	—	—	—	0.22	0.22
1966	—	—	—	—	0.35	0.35
1967	—	—	—	—	1.14	1.14
1968	—	—	—	—	—	—
1969	—	—	—	—	1.48	1.48
1970	—	—	—	—	1.35	1.35
1971	—	—	—	—	1.03	1.03
1972	—	—	—	—	0.005	0.005

续表 1

年　份	中央财政补助收入					
	中央税收返还收入				除税收返还外其他补助收入（主要为中央转移支付收入等）	合　计
	小　计	“两税”返还收入	所得税基数返还收入	成品油价格和税费改革税收返还收入		
1973	—	—	—	—	0.02	0.02
1974	—	—	—	—	0.49	0.49
1975	—	—	—	—	0.45	0.45
1976	—	—	—	—	3.39	3.39
1977	—	—	—	—	2.99	2.99
1978	—	—	—	—	0.30	0.30
1979	—	—	—	—	3.30	3.30
1980	—	—	—	—	2.03	2.03
1981	—	—	—	—	1.90	1.90
1982	—	—	—	—	2.98	2.98
1983	—	—	—	—	3.17	3.17
1984	—	—	—	—	4.56	4.56
1985	—	—	—	—	9.94	9.94
1986	—	—	—	—	14.90	14.90
1987	—	—	—	—	12.27	12.27
1988	—	—	—	—	15.29	15.29
1989	—	—	—	—	16.03	16.03
1990	—	—	—	—	16.46	16.46
1991	—	—	—	—	15.63	15.63
1992	—	—	—	—	14.56	14.56
1993	—	—	—	—	12.28	12.28
1994	98.29	98.29	—	—	7.83	106.12
1995	102.91	102.91	—	—	13.62	116.53
1996	107.66	107.66	—	—	12.17	119.83

续表 2

年份	中央财政补助收入					
	中央税收返还收入				除税收返还外其他补助收入(主要为中央转移支付收入等)	合计
	小计	“两税”返还收入	所得税基数返还收入	成品油价格和税费改革税收返还收入		
1997	112.48	112.48	—	—	16.12	128.60
1998	117.99	117.99	—	—	16.85	134.84
1999	122.81	122.81	—	—	23.71	146.52
2000	135.87	135.87	—	—	26.06	161.93
2001	140.86	140.86	—	—	30.67	171.53
2002	214.95	152.14	62.81	—	31.55	246.50
2003	248.02	161.15	86.87	—	28.20	276.22
2004	254.75	167.88	86.87	—	110.02	364.77
2005	263.21	176.34	86.87	—	44.28	307.49
2006	274.29	187.42	86.87	—	62.92	337.21
2007	290.15	199.53	90.62	—	97.71	387.86
2008	298.49	207.87	90.62	—	157.49	455.98
2009	422.24	212.93	90.62	118.69	206.00	628.24
2010	428.76	219.45	90.62	135.19	304.99	733.75

资料来源:浙江省档案馆、浙江省财政厅历年浙江省财政决算报表。

说明:1949—1959 年为上级补助收入。

第二章　财政支出

财政支出是财政分配活动的重要环节，反映了政府的政策选择，体现了政府活动的方向和范围。历朝历代的财政支出以量入为出为原则，以收定支，财力高度集中于中央，中央对地方有绝对的控制力。其主要支出由军事费用、皇室费用、官僚俸禄、水利交通、抚恤赈济、文教宗教支出等组成。地方财政支出与地方政府职责密切相关。地方财政支出主要有上解支出，地方政府的行政支出、社会支出、经济建设支出等。宋、元、明、清各代，赋税由州(县)经收，上解比重极大；工商税和盐税则设置专门的机构征收上解。清代，省财政支出均由中央户部统一核定。民国初年，县以下地方财政附属于省财政，境内各县政务经费由省核拨，其他地方性开支，由省核定部分附加收入留用，不敷部分或新增加的支出则由各县根据浙江省《自治章程》开征自治捐税解决。民国政府省地方财政支出分为：行政费、司法费、财务费、实业费、教育文化费、陆军费、借拨各款、归还借入款等。民初以后支出科目有增有减。中共领导下的浙东、浙南、浙西南抗日民主根据地财政支出，主要用于军费和行政费。中华人民共和国成立后，财政以“取之于民，用之于民”为宗旨，至1952年底，浙江省财政支出主要用于巩固新生政权所必需的军事及行政管理费支出，并有计划地用于恢复和发展生产建设。随着国民经济第一个五年计划(1953—1957年)的实施，用以支持工农业生产、发展教育卫生事业、改善人民生活的支出逐步增加。1966—1976年“文化大革命”期间，正常的工作和生产活动受到干扰，但全省财政部门仍努力维持基本的生产及行政运行经费需要。1978年改革开放后，浙江省财政工作重心逐渐转移到以经济建设为中心，财政支出以“一要吃饭，二要建设”为原则，重点放在改善人民生活，支持经济和社会事业发展上。20世纪90年代后期确立公共财政理念后，浙江省调整和优化财政支出结构，财政资金逐步退出竞争性领域，重点保障政权建设、农业、教育、科技、公共卫生、社会保障、生态环保、文化以及重大基础设施建设等支出需要。2010年，全省民生支出占地方财政支出的比重为69.9%，当年财政支出增量的三分之二以上用于民生事业。1949—2010年，全省财政支出累计18739.04亿元。

第一节　上解支出

宋代以前，今浙江地域上解款项无相应史书记载。宋、元、明、清各代不同。据南宋嘉定年间编纂的台州总志《赤城志》记载，浙江台州支出有上供、起发转运司、起发提刑司、起发提举使、起发坑冶司和起发建宁府，其中：上供有绸2535匹、绢11112匹，折绢钱11434贯，绵

28914两1钱,折帛钱226998贯28文,经总制钱156054贯344文,上供钱7067贯,籴本钱90000贯,坊场正名钱15000万贯,七分宽剩钱13342贯272文,坊场五分净利钱1587贯124文,等等。元代,浙江行省临海县(今临海市)的岁贡支出有柑子2.3万颗、沙鱼皮167张、鱼鳔140斤、骆皮1124张。明代,弘治五年(1492年),临海县存留开支麦2900.8石、米25596.6石。嘉靖三十年(1551年),浙江承宣布政使司太平县(今温岭县):上解银25459.64两,占征银总额的82.1%;米(漕粮、盐粮)75512.81石,占征米总额的96.7%;绢6488匹1丈3尺,全额上解。

清代,朝廷主要靠解款协拨制度控制地方财政。根据解款协拨制度,各省征收的赋税,除本省开支外,所有剩余银两都要解缴户部或协济邻省,这一过程为"春秋拨"。"春秋拨"是以上一年的冬估①为依据,次年春季各省将库存银两实数造具清册报告户部,户部审核后,除照上年各省冬估册所列银两数支用外,其余由户部指拨给财政不敷的省份,此谓"协饷"(又称"协款")。存留和协饷之外,结余部分全部解缴户部,即"解饷"(又称"京饷")。这也要在每年秋季造册奏报户部。协饷制度是清朝军费拨款中逐渐形成省际军饷协济的起运制度。军饷是朝廷的一项重要财政支出,非一地所能承担,而户部在省际调拨饷额,称为"协拨"。在此调拨下,协出省则以协款抵销对朝廷的起运。协出的省份有的协拨两省三省,有的仅拨一省,取决于协出省的财力和省与省之间地理位置的远近。清廷在制定解款协拨制度时,按各省的财政状况分为3类:一类是"仅敷",一类是"不足",一类是"有余"。浙江是"有余"省份,除协济其他省外,还要把剩余款项解缴户部。除了上解户部款项外,解款还包括府、县上缴省布政使司(简称藩司)及由藩司汇交朝廷各部的地方款项。康熙十年(1671年),浙江省绍兴府上解银250243.5两、路费及垫款1713.2两;府、县存留银166840.8两,其中用于本省兵饷银82197.8两、上解布政使司6144.3两。乾隆四十九年(1784年),起运银362732.6两、路费及垫款1649两;府、县存留银22580.8两,其中:用于上解布政使司1219.5两,知府、同知俸银及所属衙署员役饷银1374.04两,山阴、会稽等八县知县、县丞、典吏俸银及员役饷银6043.36两;府、县杂署官吏俸银及员役饷银1183.41两;府、县儒学教授、教谕俸银、员生膳银、斋夫门子饷银、学宫修理银2283.2两;祠庙祭祀银1936.14两;各处冲要、看守公署、巡盐兵丁、门子共食银3375.5两;渡、坝、闸夫饷银及修理费901.76两;孤贫救济费3910.2两;重囚口粮银216两;其他银137.69两。存留米27265石,供当地兵糈南米26685石、祭祀米10石、重囚口粮米144石。

同治四年(1865年),松阳县田赋收入14200余两、赋米670石,留县坐支1700余两,占总收入的11.3%,其余悉数上解。光绪十一年(1885年),龙泉县赋税收入18775.06两,留县坐支1914.45两,余悉数上解。光绪三十三年,遂昌县正赋收入9920余两,耗羡988两余、杂赋484两余、学租37两余,合计11429两余,额定县留1076两余,占9.4%;其余悉数上解。光绪年间(1875—1908年),处州府、县上解银两包括:年解藩司地丁银(包括应解朝廷各部银数)88749.7两(包括宣平县,该县1958年撤销),闰年加闰银3206.4两(包括藩司存留);解道

① 冬估:每年冬天各省督抚必须估算下一年全省支出银两,造册咨报户部。

漕 8956 两;本折各色月粮 9958.8 两;岁贡 2422 两;运官库工银 760 两;上解藩司地丁、漕项、耗羡银 5410.2 两;由藩司转解朝廷各部本、折颜料、茶等银 3030 两(包括户部项下的颜料、黄蜡、芽茶等各项本、折路费各银;礼部项下芽茶、茯苓药材本、折路费各银;工部项下匠班银、路费等);又荐新芽茶、药材等共 70.4 两。

民国北洋政府时期(1912—1927 年),统捐、盐税、烟酒税等工商税由中央和省设专职机构直接征收,田赋(地丁与抵补金)正税和省附加由县代征上解。浙江省自民国 4 年(1915 年)开始稳定上缴中央一定款项,与江苏、江西并为仅有的 3 省持续上缴中央财政的省份。

表 31-2-1-1 民国元年至 16 年(1912—1927 年)浙江省上缴北洋政府中央财政款额一览表

单位:(银圆)元

年 份	上缴总额	经常费额	临时费额	年 份	上缴总额	经常费额	临时费额
民国元年	1090407	996377	94030	9 年	511467	511467	—
2 年	600000	200000	400000	10 年	—	—	—
3 年	4016564	4016564	—	11 年	10000	10000	—
4 年	4305564	4305564	—	12 年	—	—	—
5 年	2162204	2162204	—	13 年	—	—	—
6 年	1626116	1626116	—	14 年	—	—	—
7 年	1515662	1515662	—	15 年	—	—	—
8 年	1627651	1627651	—	16 年	3010000	2910000	100000

资料来源:《浙江省财政税务志》,中华书局 2002 年版,第 157 页。

国民政府成立后,浙江省每年上解国民政府财政部款从银 600 万元增至银 840 万元,后因浙江财政拮据,省政府实际认解数为每年银 240 万元。

除每年上缴中央一定数额的财政收入外,浙江省还垫付国民政府在浙江的财政支出,主要包括:垫拨中央军事经费。如镇海要塞司令及掩护团经费、驻浙军械局经费、陆军测量局经费、陆军监狱经费、医院及残废兵军饷等,每年垫拨款 748284 元。垫拨中央司法经费,从民国 18 年(1929 年)起,司法经费由中央政府支出,全省 22 处法院共计年支出 858748 元;新式监狱和法院看守所经费 192419 元。垫拨中央教育经费,每年由浙江省财政厅在所收国家税款中垫拨用于浙江大学教学经费 769097 元。垫拨中央交通经费,每年用于杭州长波电台 20220 元。

民国 20 年(1931 年)1 月,因中央政府裁撤厘金,浙江财政每年少收数百万元,造成财政十分困难,除了少量的协助费外,浙江不再有上解支出。

中华人民共和国成立初期,实行高度集中统一的财政体制,浙江省地方财政收入大部分上解中央财政,实际上解比例,1949 年为 77.7%,1950 年为 79.7%。所需支出由中央核定并拨款。1953 年,建立中央、省、县三级财政,部分财政收入下放,但所占比例很小,上解比例仍然较大。"一五"期间(1953—1957年),浙江平均年上解率为63%,其中1953年为72.6%,1955年为69.1%,留用部分也属于抵支性质为主。1958年,浙江财政试行以收定支,下放一批原属中央管理的企业,并实行分项分成,浙江地方财政收入总量增加,留用的财政收入也随之增加。当年上解中央财政比例缩减至31.3%。1959年,中央加强宏观调控,实行总额分成、一年一定的财政体制。当年,上缴中央的比例为40.8%,1960年为38.9%,此后逐步上升,1961年为60.5%,1962年为69.8%,1963年为70.6%,1964年为72.8%。"文化大革命"期间,中央和省财政都十分困难,上解比例在60%左右,直至1980年实行"分灶吃饭"。1981年,中央财政向浙江省借款3.60亿元,1982年借款2.50亿元,这两笔借款后作上缴中央计算,所以这两年上缴中央的比例分别为58.6%和53.2%。1983年和1984年接近或超过50%,1985年后降至45%以下。

1994年全国实行分税制财政体制后,增值税的75%部分和消费税划作中央收入,但老体制的上缴办法仍予保留,故地方收入的上缴率依然不减,1994年为53.6%,并另由中央作税收返还处理。1995年,财政部对浙江省定额上解中央财政款项计算办法进行调整,规定从当年起,取消递增上解,改为按浙江省1994年实际上解额实行定额上解。1995年,浙江省上解中央支出45.48亿元,此后均以此数额上解。

2005年,国务院印发《关于完善中央与地方出口退税负担机制的通知》,从2005年1月1日起调整中央与地方出口退税分担比例,并改进出口退税退库方式。出口退税由中央统一退库,相应取消中央对地方的出口退税基数返还,地方负担部分年终专项上解。从2005年起,上解中央支出增设"出口退税专项上解支出",至2010年底未变。

表31-2-1-2　　1949—2010年浙江省上解中央财政支出一览表

单位:万元

年　份	上解中央	专项上解	出口退税专项上解	合　计	占一般预算收入(%)
1949	3534	—	—	3534	77.7
1950	13490	—	—	13490	79.7
1951	19633	—	—	19633	68.8
1952	25515	—	—	25515	65.8
1953	29803	—	—	29803	72.6
1954	28740	—	—	28740	61.8
1955	33396	—	—	33396	69.1
1956	32518	—	—	32518	61.1
1957	35836	—	—	35836	54.9
1958	37361	—	—	37361	31.3

续表 1

年　份	上解中央	专项上解	出口退税专项上解	合　计	占一般预算收入(%)
1959	63817	—	—	63817	40.8
1960	65687	—	—	65687	38.9
1961	65029	—	—	65029	60.5
1962	72341	—	—	72341	69.8
1963	77658	—	—	77658	70.6
1964	90111	—	—	90111	72.8
1965	83202	—	—	83202	63.0
1966	89978	—	—	89978	64.1
1967	75844	8913	—	84757	77.7
1968	54045	—	—	54045	57.2
1969	86793	—	—	86793	69.5
1970	101179	—	—	101179	65.6
1971	91129	—	—	91129	57.2
1972	90967	1007	—	91974	51.4
1973	101933	—	—	101933	50.5
1974	53104	112	—	53216	34.5
1975	37630	700	—	38330	28.7
1976	63119	—	—	63119	46.0
1977	86647	—	—	86647	44.1
1978	81577	—	—	81577	30.2
1979	128804	—	—	128804	50.2
1980	135571	2870	—	138441	44.9
1981	157408	42136	—	199544	58.6
1982	160290	32408	—	192698	53.2
1983	197870	3827	—	201697	48.9
1984	221440	9794	—	231234	50.2

续表 2

年 份	上解中央	专项上解	出口退税专项上解	合 计	占一般预算收入(%)
1985	252378	1375	—	253753	43.8
1986	296332	—	—	296332	43.2
1987	288083	38700	—	326783	42.7
1988	322317	—	—	322317	37.7
1989	339442	—	—	339442	34.6
1990	360521	20517	—	381038	37.5
1991	382929	31435	—	414364	34.2
1992	429414	38871	—	468285	39.6
1993	449505	35438	—	484943	29.1
1994	452943	53892	—	506835	53.6
1995	454761	29020	—	483781	41.4
1996	454761	3224	—	457985	32.8
1997	454761	16969	—	471730	30.0
1998	454761	1777	—	456538	23.0
1999	454761	8700	—	463461	18.9
2000	454761	29362	—	484123	14.1
2001	454761	72215	—	526976	10.5
2002	454761	47559	—	502320	8.9
2003	454761	45810	—	500571	7.1
2004	454761	30646	—	485407	5.4
2005	454761	29900	220040	704701	6.6
2006	454761	34452	329627	818840	6.3
2007	454761	45253	438764	938778	5.7
2008	454761	39485	469248	963494	5.0
2009	454761	47256	576004	1078021	5.0
2010	454761	76069	708227	1239057	4.8

资料来源:浙江省档案馆、浙江省财政厅历年浙江省财政决算报表。

第二节　经济建设支出

经济建设支出在不同时代其名称和内容不尽相同。清代以前历朝历代的财政支出，没有经济建设专项列支，大凡有地方公益事业，一般由各级官府或百姓集资解决。清代称实业费和交通费。民国时期，浙江财政预算支出设置建设费、实业费、交通费等。中华人民共和国成立后，经济建设支出是指全省各级财政用于工业、交通、农业、商品流通业等国民经济发展和城市建设方面的生产建设性支出。随着经济体制及财政体制的变迁，基本建设支出所涵盖的内容和范围不断变化。计划经济时期，政府包揽了全部的经济建设支出，从基础设施建设到企业大型设备修缮，从科技支出到流动资金，涉及工业交通商业各个领域，而计划外的自有资金从事生产性基本建设则受到严格的控制。1978 年改革开放后，随着社会主义市场经济体制的建立和完善，以及公共财政体制框架的逐步确立，财政资金逐步退出市场竞争领域的基本建设直接投资，转而加大对教育、文化、卫生、生态等公共领域的建设投入。

一、基本建设投资

民国时期，浙江的建设费是浙江地方政府为建设各项公共基础设施所花费的费用，包括农林经费、水利经费、交通经费、合作经费、公共工程经费、省度量衡检定所经费等。民国 18 年(1929 年)，浙江省筹筑杭江铁路，建设经费(经常门、临时门合计)570 万元，约占财政支出总额的 20%。民国 20 年，浙江地方经常建设费为 881148 元，其中浙江省建设厅经费 277800 元、浙江省水利局经费 159552 元、浙江省钱塘江岸工程处经费 41004 元、浙江省钱塘江岸工程经费 318600 元、各县建设局经费 75792 元、浙江省建设经费保管委员会经费 8400 元，临时建设经费 8000 元，即省水利局临时经费 8000 元。民国 29 年，经常建设经费为 409380 元(法币，下同)，临时建设经费为 158127 元。民国 35 年，预算建设费为 149001120 元。

民国 16—25 年(1927—1936 年)，杭州市财政用于铺建柏油路面的有江墅路、大学路、东

图 31-2-2-1　民国 22 年(1933 年)12 月 28 日，杭州至江西玉山的铁路(后延伸至湖南株洲，称浙赣铁路)在金华举行通车仪式(《浙江省政府志》上册，浙江人民出版社 2014 年版，第 421 页)

街路、民权路等10.4万平方米；用于碎石路面加铺柏油路面的有岳坟路、湖滨路、佑圣观路、开元路、圣塘路等15.24万平方米；新建碎石路4.96万平方米；修缮改造保俶塔、三潭印月、放鹤亭等10余处风景点。民国22—25年，杭州市用于工程事业费支出法币1210756元，占总支出的17.2%。民国34—37年，杭州市财政支出法币146140326000元，经济建设支出仅占4.2%。建设费项目虽多，但支出占财政支出比重较小。

中华人民共和国成立后，基本建设支出指国家用于基本建设项目的资金支出总额，包括各级财政安排的用于购置固定资产、战略性和应急性储备、土地和无形资产，以及购建基础设施、大型修缮等方面的基本建设支出。随着社会主义市场经济体制的建立和完善以及财政管理体制的变迁，基本建设支出所涵盖的内容和范围也不断变化。中华人民共和国成立初期，国家基本建设支出预算全部列入中央财政，浙江属沿海地区，中央及各级地方机动财力安排的基本建设投资项目及金额较少。1950—1952年，全省基本建设支出合计6615万元，其中：中央财政预算拨款516万元，地方财政拨款4391万元，地方自筹资金303万元，其他1405万元。1953年，基本建设支出改由中央和省两级管理。中央财政直接安排给浙江省的中央各主管部门的基本建设支出（中央级项目）列入中央预算；中央财政及浙江省机动财力安排的地方基本建设支出（地方级项目）列入地方预算。1953—1957年，全省基本建设支出合计4.34亿元，其中中央财政安排2.06亿元、地方财政支出1.92亿元、地方自筹资金3581万元。这一时期，浙江省地方基本建设支出预算由省财政厅管理，省建设银行（1951—1954年由交通银行行使职能）根据省财政厅批准的支出预算和拨款限额办理拨款业务，并行使资金监管职能。

1958年7月，国务院颁发《关于改进基本建设财务管理制度的几项规定》，决定推行基本建设投资包干，基本建设财务拨款工作改归各级财政部门直接管理。与此相关的建设银行机构建制也进行了调整，建设银行总行改为财政部基本建设财务司（对外名义继续保留。浙江省相同性质的机构建制也实行调整）。1959年，中央对地方基本建设支出取消拨款，改列地方分成，财政部基本建设财务司（即建设银行总行）负责基本建设预算管理。据此，省财政厅决定全省地方级基本建设支出委托建设银行浙江省分行管理（在浙江省的中央级项目支出预算由建设银行总行统一管理），基本建设资金从资金分配、核定预算、办理拨款到审批年度财务决算全部纳入建设银行省分行管理。1958—1960年"大跃进"时期，全省基本建设支出呈非正常性大幅增长，全省预算内基本建设支出分别为6.11亿元、5.51亿元、8.52亿元。

1961年春，中央政府提出"调整、巩固、充实、提高""八字"方针。3月，财政部通知将各省、市、区地方级基本建设支出预算与地方财政脱钩，仍由财政部直接通过建设银行总行对各省、市建设银行专案拨款。7月，根据省政府决定，全省国家预算内的基本建设投资，包括省、市（地）、县（市）三级建设项目的基本建设支出预算，全部由建设银行浙江省分行统一管理，实行专案拨款，专款专用。1961—1962年，全省基本建设投资出现大幅萎缩：1961年支出3.81亿元，1962年支出2.22亿元，1963年开始缓慢回升。1963—1965年，全省预算内基本建设支出7.49亿元。

“文化大革命”初期，基本建设支出有所回落，1967年全省预算内基本建设支出1.87亿元，1968年支出9296万元。1968年，财政部对浙江实行“收支两条线”管理体制，地方收入全部上缴中央，地方支出包括基本建设支出由财政部另行分配。1969年，全省基本建设支出呈恢复性增长，预算内基本建设支出2.16亿元；1970年支出2.81亿元。1971年，财政部调整对浙江省体制，实行“定收定支，收支包干，保证上缴，结余留用，一年一定”的包干体制，财政支出权再次下放给地方。1974—1975年，地方财政实行按固定比例留存，支出按指标包干，但基本建设支出不包括在包干范围内，由财政部另按计划分配。1971—1975年，全省预算内基本建设支出累计16.92亿元，其间因预算管理体制的变动，基本建设支出增长态势不稳定，三年升两年降。

1978年，财政部对浙江财政实行“收支挂钩，增收分成”的财政体制，有利于壮大地方机动财力，并相应扩大了地方投资分配权限。当年，全省预算内基本建设支出4.82亿元，地方自筹资金为1.25亿元。

改革开放初期，中央用3年时间对国民经济进行调整。1979年，国家计划委员会发出压缩基本建设投资规模的通知，同时国家对经营性单位基建投资试行“拨改贷”，财政基本建设拨款相应减少。1979年和1980年，全省预算内基本建设支出分别为5.26亿元、3.81亿元，出现较大幅度下降。与此同时，地方自筹资金基建支出高速增长，1979年增长112%，1980年增长40%，全省基本建设总支出下降幅度趋缓。

“六五”期间(1981—1985年)，全省基本建设支出稳步上升，财政基本建设支出合计47.77亿元，其中预算内基本建设支出18.55亿元。地方自筹资金占基本建设支出的比重上升为64%。1987年2月24日，国务院同意宁波市实行国家社会与经济发展计划单列。1988年，中央对财政体制作局部调整，浙江省实行“收入递增包干”办法，同时将宁波市(包括所辖县、市)的各项财政收支从浙江省划出，在国家预算中实行计划单列。此期的一些重大建设项目由财政直接投资。“七五”期间(1986—1990年)，全省财政基本建设支出累计172.42亿元，其中：预算内基本建设支出21.59亿元，地方自筹资金支出139.81亿元，其他10.02亿元。

20世纪90年代，浙江省基本建设投资呈爆发式增长，成为拉动经济增长的主要动力之一。“八五”时期(1991—1995年)中央对省的财政体制进行重大调整和改革，1992年浙江省实行“分税制”试点，到1994年全国全面实行分税制改革，基本理顺中央和地方的收入分配关系。1991—1995年，全省基本建设支出累计758.66亿元，其中：预算内基本建设拨款31.49亿元，地方自筹资金727.17亿元。随着社会主义市场经济体制的建立，财政资金对工交商等市场竞争部门的基本建设直接投资逐步减少，对教育、文化、卫生等公共领域的基本建设支出逐步增加。1996—2000年，全省基本建设支出714.56亿元，其中：预算内基本建设拨款85.40亿元，自筹资金585.51亿元；加上各种预算内专项支出，政府拨款占比明显上升。1998年，国家发行国债专项建设资金。国债项目主要集中用于道路交通、城市基础设施、公检法基础设施、高校基础设施等方面的建设。1998—2000年，全省利用国债专项建设资金66.58亿元。

2001年，浙江省加大基本建设投资力度，扩大消费需求，当年一般预算基本建设支出44.64亿元。2003年，省十届人大一次会议上提出建设“五大百亿”工程并确定其为浙江省新一届政府的五年基本建设目标。当年，省财政安排资金19.53亿元，用于千库保安、城市污水处理、垃圾处理、高速公路以及“康庄工程”等一批“五大百亿”工程项目建设。2004年、2005年，省财政分别落实资金22.63亿元、23.70亿元，重点用于千库保安、城市污水及垃圾处理、“康庄工程”、电子政务系统等一批“五大百亿”工程项目的建设。2005年“五大百亿”工程中财政用于百亿基础设施建设工程、百亿信息化工程、百亿教科文卫体建设工程、百亿生态环境建设工程、百亿帮扶致富建设工程的资金分别为5.26亿元、1.37亿元、3.4亿元、4.16亿元、51亿元。2001—2006年，全省财政基本建设支出累计1713.34亿元，其中一般预算基本建设支出429.73亿元，包括财政各类专项资金等支出，主要用于水、电、公路、港口、铁路等基础设施建设，以及全省公共卫生体系、生态补偿机制、城市污水治理建设等一批民生项目建设。五年中浙江财政利用国债专项资金85.15亿元，支持浙东海塘、钱江干堤加固、千库保安、林业防护、农村公路、卫生医疗救治体系、污水治理、垃圾处理、城市供水、社区服务、企业技改等一批基础设施项目建设。

2007年，实施政府收支分类改革，分别建立支出功能分类体系和支出经济分类体系。支出功能分类科目中不再设基本建设科目，原基本建设支出分别在各功能分类科目中反映，在支出经济分类表中设基本建设支出，反映由发展改革部门集中安排的基本建设支出。同时设其他资本性支出，反映除发展与改革部门以外其他部门安排的用于购置固定资产、战略性和应急性储备、土地和无形资产，以及购建基础设施、大型修缮和财政支持企业更新改造等支出，此前，这些相关支出包含在原基本建设支出中。当年，浙江省筹措省级财政性资金33.5亿元，确保“五大百亿”工程计划超额完成。全年全省基本建设财政拨款支出701.74亿元，其中一般预算基本建设支出263.64亿元；全省其他资本性支出655.46亿元。

2008年，受国际金融危机影响，国务院实行积极的财政政策和适度宽松的货币政策，实施4万亿元投资计划，用于基础设施建设和增加银行信贷等。浙江省贯彻中央扩大内需的积极财政政策，制定措施，安排投资计划。2008—2010年，争取中央扩大内需新增投资资金分别为12.46亿元、37.16亿元、38.60亿元。这一时期，全省基本建设支出和其他资本性支出快速增长，财政基本建设投资包括铁路“七线两枢纽”等重大项目建设；同时保障中央投资公益性项目的地方配套，支持杭黄铁路项目建设，支持农村困难群众住房救助、城乡供水一体化、乡村康庄工程、品牌大省、农村电网、山海协作工程、风景名胜区等民生重点项目建设。2008—2010年，全省基本建设财政拨款支出分别为616.65亿元、652.04亿元、928.86亿元，其中一般预算基本建设支出237.79亿元、327.09亿元、842.73亿元；全省其他资本性支出分别为1478.17亿元、1880.93亿元、3041.87亿元。

二、企业挖潜改造资金

挖潜改造资金是财政用于帮助企业挖掘生产潜力、进行技术改造、更新设备、推进技术进步等方面的资金。中华人民共和国成立初期，国营企业固定资产的更新主要依靠财政拨款，其支出包括在基本建设支出中，无分项统计。1959年5月，省财政厅印发《关于地方企业财务处理中若干费用划分暂行规定》，提出技术组织措施费和生产发明技术改进和研究试验费等费用的处理。对企业进行技术组织措施，但不增加固定资产，又符合大修理规定者，作为生产费用分期摊入成本；生产发明、技术改进和研究试验费由企业负担，摊入生产成本。1964年，浙江省对工业企业试行小型技术组织措施贷款，用于固定资产更新和技术改造。1965年，设立更新资金科目单独统计。1967年，将技术组织措施费等“四项费用”与固定资产更新资金等进行合并，统称固定资产更新和技术改造资金，由企业基本折旧基金抵留，财政不再安排企业固定资产更新改造资金。1970年6月，停止小型技措贷款。1972年，浙江省根据中央各主管部门规定的标准，对按产量提取更新改造资金（或维持简单再生产资金）的冶金及煤炭、化工、林业等采掘、采伐企业的固定资产，不再按固定资产原值提取基本折旧基金。1976年，在财政支出分类中单独列支企业挖潜改造资金，有重点地帮助企业进行技术改造，支持企业从事挖潜、技术革新。1977年，省政府规定，调整工业企业固定资产基本折旧率，全省平均调整为5%。1979年，浙江省安排财政专项拨款，重点支持企业技术革新和技术改造，激发企业活力。1980年，国家将安排的挖潜、革新、改造资金的一部分改为建设银行贷款。1981年，浙江省在杭州、宁波、温州三市和嘉兴、绍兴、湖州、金华、衢州等市选择部分条件较好的单位予以试行。1982年，省财政厅、建设银行省分行颁发《地方财力更新改造贷款暂行办法》，规定各级财政部门用于企业挖潜、更新、改造的地方财力（除拨款外），委托建设银行办理，主要用于地方国营企业、交通企业的设备更新技术改造贷款。同年，省财政规定工业企业试制新产品所发生的有关材料、工资和相关费用，可计入生产成本；企业按规定提取的利润留成资金、超收分成资金或税后利润，分别建立一般生产发展基金、新产品试制基金、后备基金等。1984年，省政府发文，鼓励企业开发新产品，为试制新产品购置单价在5万元以下的仪器和专用设备，费用可以一次或分期计入生产成本；为促进技术进步和提升现代化管理水平，需要添置检测和计量仪器、微电脑等专用设备，单价在5万元以下，可计入生产成本。1985年，省政府在《关于进一步扩大企业自主权的若干补充规定》中指出，经当地主管部门和财政部门审查同意报同级政府批准，对设备陈旧、缺乏自我更新能力的国营工业企业，按产品销售收入总额提留1%作为技术改造和新产品开发基金。1987年，省财政厅对省内承担关键设备制造的12户重点纺织机械和纺织器材企业，为试制新产品所发生的有关料工费和必需的单台价值在5万元以上的仪器和试验装置费用，实行按销售额2%从成本中提取新产品研制开发基金。

1988年后，省财政厅将用于工交企业技术改造的挖潜改造资金，由无偿拨款改为有偿使用。1990年，浙江省建立财政贴息资金，主要用于促进企业技术进步，鼓励开发新产品，消化吸收引进新技术，支持行业及产品结构调整等。1994年，省政府发出《关于加强企业技术改造若干政策的通知》，要求财政部门集中资金，保证重点，支持企业技术改造。同年，省财政厅颁发《浙江省财政技术改造统筹资金管理办法》，规定将当年工业企业的所得税收入比上年增长10%以上部分，用于建立财政技改统筹资金，实行有偿使用，占用费按不高于银行同期同类型借款利率的原则。有偿使用该项资金所取得的占用费收入也并入该项资金，逐年滚动周转使用。该项资金按“统筹安排，适当集中，保证重点”的原则，主要用于支持重点骨干工业企业为开发新产品、提高产品质量和档次、引进吸收新技术、扩大出口产品生产而进行的技术改造。1976—1995 年，全省财政投入企业技术改造资金累计 86.70 亿元。

根据重点技改资金管理使用情况和资金回收率低等问题，省财政厅从 1996 年起改进和完善省财政重点技改资金的管理办法，实施对技术改造专项贷款项目进行贴息补助。省财政每年统筹安排 1.50 亿元周转资金和 1500 万元贴息资金支持省重点技术改造项目。1997 年 7 月，省财政厅颁发《省重点技术改造项目贷款贴息资金管理办法》，明确“九五”期间(1996—2000 年)省财政每年安排 1500 万元贴息资金支持省重点骨干企业的重点技术改造项目，省重点技改项目贴补 3%，省主要技术引进项目贴补 2%，贴补期为 1 年。11 月，浙江省根据财政部等部门下发的《电子信息应用贷款项目资金管理暂行办法》，明确财政贴息资金用于符合电子信息产业发展方向，对发展全国电子信息产业化有重大带动作用的贷款项目；应用电子信息技术改造传统产业，促进传统产业转型升级的贷款项目。12 月，省财政厅执行财政部等部门《技术改造专项贷款项目贴息资金管理暂行办法》，贴息标准原则上按实际落实到项目承担单位的国家专项贷款进行半贴息，期限 2 年，一次性补贴到项目承担单位。1998 年 5 月，省财政厅印发《关于经济结构调整项目贷款试行财政贴息的规定》，在机械、电子、化工、医药及二轻家电主导产业和水泥、棉纺、丝绸传统产业实行技术改造贴息。当年，省财政统筹安排各类贴息补助资金 1.80 亿元。

1999 年，省财政厅转发财政部、国家经济贸易委员会《技术改造贷款项目贴息资金管理办法》，《办法》规定贴息标准原则上按照实际落实到项目承担单位的贷款金额予以全额贴息，期限 1 年。9 月，浙江省执行国务院发布关于国家重点技术改造项目国债专项资金的 5 个管理办法，增发财政债券支持重点行业、重点企业、重点产品的技术改造，促进企业技术进步，调整产品结构，提高产品质量，发展进口替代产品，增加有效供给，扩大内需，加强国家重点技术改造项目规范化管理。国债专项资金支持的方式有银行贷款贴息和投资补助两种。2000 年，省财政厅按照财政部有关规定，分别对购买国产支线飞机、国有及国有控股毛纺企业的毛纺压锭和缫丝企业的压绪等与中央财政各承担一半进行财政贴息补助。1996—2000 年，浙江省在支持国有企业深化改革中，重点支持推进经济结构调整和产业结构优化，全省财政安排企业挖潜改造资金 109.67 亿元，专项用于企业技改、技术创新和经济结构调整。省财政统筹安排重点技改借款 4.30 亿元，重点技改贴息和结构调整贴息 6.50 亿元。

2001 年，省财政厅、浙江省经济贸易委员会印发《浙江省工业经济结构调整、技术改造财政贴息资金管理暂行办法》，明确工业经济结构调整、技术改造财政贴息资金每年由省财政统筹安排，贴息标准为：国家和省重点技术改造项目，按照实际到位贷款额的 3%～5%贴息，其中国家重点技术改造项目，在争取国家贴息资金的基础上，不到标准的给予适当补助；其他省批技术改造项目，按照实际到位贷款额的 2%～3%贴息；贴息期限为 1 年，对国家、省重点项目和经济欠发达地区的重点项目可适当延长贴息期限，但一般不超过 3 年。2003 年 9 月，省财政厅、省经济贸易委员会颁发《浙江省建设先进制造业基地财政专项资金管理暂行办法》，确定建设先进制造业基地财政专项资金由省财政统筹安排，用于技术改造、技术创新与科研成果产业化、高新技术产业化、经济欠发达地区的重点投资项目。2001 年印发的《浙江省工业经济结构调整、技术改造财政贴息资金管理暂行办法》停止执行。

2005 年，省政府发布《关于进一步加强企业技术改造工作的通知》，明确新形势下的企业技术改造工作主要是增强企业技术创新能力，增强对结构调整与经济增长方式转变的促进作用，推进先进制造业基地建设，提出全省技术改造投资年均增长 15%以上。该通知鼓励企业采用国内先进设备和国外关键技术设备进行技术改造，落实企业技术开发费加计扣除办法，加大对技术改造的支持力度，发挥财政资金对技术改造投资的导向和推动作用。省财政厅等部门对原《浙江省建设先进制造业基地财政专项资金管理暂行办法》《浙江省节能专项资金管理暂行办法》进行修订完善，财政采取无偿资助和贷款贴息等扶持方式，加大对水泥、化纤、包装等行业高新技术项目产品研发、技术创新、新技术推广的支持；同时，对国家高技术产业发展项目、国家电子信息产业发展基金项目按国家补助资金 25%比例配套，国家科技型中小企业技术创新基金项目原则上按照 30%比例配套，以支持建设先进制造业基地。

2006 年，省政府发布《关于工业项目推进年工作的意见》，提出“十一五”先进制造业基地建设、企业技术改造规划等 20 个相关专项规划。10 月，省政府发布《关于增强企业自主创新能力提升产业竞争力的意见》，加大企业自主创新财政投入力度。优化配置科技重大项目攻关、先进制造业基地建设、技术创新能力建设、成果转化及平台建设等财政专项资金，重点支持企业、区域、行业创新体系建设和重大技术进步项目合力攻关与产业化发展。对列入国家重大科技攻关、自主创新基（资）金专项和国家高技术产业化专项并得到国家经费支持的项目，省财政视情给予不同比例的配套支持。2001—2006 年，全省投入企业挖潜改造资金 305.52 亿元；省财政预算投入企业技术改造各项贴息补助资金累计 1.57 亿元。

2007 年，政府预算收支分类改革后取消“企业挖潜改造”科目，财政支持企业技术改造等支出并入工业商业金融等事务支出中安排。同年，根据国务院《关于支持中小企业技术创新的若干政策》，浙江大力发展高新技术企业，对经国家有关部门认定为高新技术企业的中小企业，按政策规定享受高新技术企业税收优惠政策。同年，省财政厅颁发《浙江省装备制造业财政专项资金管理暂行办法》，重点支持装备制造业重点领域首台（套）产品的研制和生产，鼓励订购和使用省内企业生产的首台（套）重大技术装备。2008 年，省政府发布《关于加快工业创新推动制造大省向创造强省跨越的若干意见》，提出坚持技术改造和技术创新相结合，原始创新、集成创新和消化吸收再创新相结合，加快提升工业技术水平；运用高新技术和先进适用技术改造传统产业，支持传统优势企业向高新技术企业转型发展。12 月，根据省政府《关于加快工业转型升级的实施意见》，全省财政加大对工业转型升级的扶持力度，支持实施“958”①行业龙头企业技术赶超计划、万亿技改促升级计划和企业技术改造“双千工程”；支持实施一批投资规模和产业关联度大、技术水平高、市场前景好的重点技术改造项目。统筹安排省级部门现有工业类、科技类财政性资金，加大资金整合力度，建立统一的工业转型升级专项资

① “958”：即 2008 年浙江省政府在《关于加快工业转型升级的实施意见》中提出加强传统优势产业的技术改造，其中包括 9 个重点行业、50 家重点企业、80 个重点项目。

金。2009年,省财政对符合转型升级要求的重点技改项目进行贴息或专项资金补助。

2010年,省政府发布《关于促进中小企业加快创业创新发展的若干意见》,提出以扶持小企业和初创型微小企业为重点,全面促进中小企业转变经济发展方式。省财政加大专项资金扶持力度,在现有财政安排扶持企业发展专项资金中明确专门用于中小企业发展专项资金的预算科目;同时根据财政收入增长情况,逐年增加扶持资金规模。同年,根据省政府《浙江省新材料产业发展规划》,省财政完善财政支持政策,扶持新材料产业的技术改造、创新平台建设、新技术新产品研发和产业化等,落实国家和省促进技术创新和新兴产业发展的各项税收优惠政策。12月,根据省政府《支持行业龙头骨干企业加快发展的若干意见》,省工业转型升级专项资金重点向龙头骨干企业的技术改造、技术创新、高新技术产业化项目倾斜。2007—2010年,全省财政预算安排各类支持企业技术改造补助贴息资金和专项补助资金累计23.60亿元。

三、流动资金

流动资金是指财政对国有企业(国营企业)的流动资金支出。在1950年以前,财政支出中没有向国营企业增拨流动资金的项目。企业所需的流动资金,经有关方面核准,在企业利润和折旧基金中抵留。1951年,浙江省印发《浙江省人民政府地方工业企业财务管理暂行办法》,企业定额流动资金由财政核定并直接拨付企业无偿使用;超定额流动资金则通过银行信贷供应。1954年,除国营企业和公私合营企业的定额流动资金纳入预算管理外,对原有的公私合营单位,在各级主管部门或财政部门的流动资金专户存款内拨付增加企业股本。商业、对外贸易、粮食三部门或其他部门所属的商业企业和供销企业,其所需流动资金除1953年底预计实有额外,不足部分由银行信贷解决。1956年,老公私合营企业的定额内流动资金仍然由财政拨款解决;暂缓核定新公私合营企业流动资金,其流动资金不足的由银行贷款解决。1957年,国营商业企业的流动资金,也实行财政、银行"双轨制供应"。财政拨给商业企业的流动资金,除了非商品资金外,商品资金占资金总额的10%~15%,其余部分向银行贷款解决。1958年,依据《浙江省地方工业企业1958年流动资金管理暂行规定》,对地方工业企业(含公私合营企业)需要增加的定额流动资金,采用财政拨付部分资金的办法,老企业预算拨付比例为60%,新建企业为40%,其余部分由人民银行发放定额贷款解决。1951—1958年,全省财政增拨流动资金8866万元。

1959年,国务院改革企业流动资金管理办法,浙江省对企业所需流动资金一律由银行信贷统一供应。各级财政部门将企业所需流动资金列入预算,全额划转给人民银行作为信贷基金,由银行贷款供应企业。1961年,浙江省执行国务院有关规定,对工业、交通运输部门实行定额流动资金供应,所需流动资金总额的80%由财政部门通过企业主管部门拨给企业,作为企业自有流动资金;其余20%由财政部门统一拨付人民银行,由银行向企业发放定额贷款。各级物资管理部门以及工业、交通运输、文教、卫生部门所属供销企业的流动资金,由人民银行统一管理改由财政、银行两家供应。12月,按照商业部、财政部、人民银行发布的《关于核定商业企业流动资金的联合指示》,对零售企业和三级批发企业分别按60%和20%核给自有流动资金，一、二级采购供应站以及农副产品采购企业均暂不核给自有资金；物资供销企业流动资金，由财政拨款60%、银行贷款40%，由全国统一掌握调整。1959—1961年，全省财政增拨流动资金累计为3.19亿元。

1962年4月，浙江省颁布《关于国营工交企业、基建单位核定固定资产和流动资金若干问题的规定》，企业应按房屋、建筑物、动力设备、传导设备、生产设备、工具仪器及生产用具、运输设备、管理用具、土地等9个类别核定固定资产，按储备资金、生产资金、成品资金3个环节计算流动资金定额。1963年3月，依据省财政厅等3部门发布的《浙江省地方国营企业定额流动资金管理试行办法》规定，企业对国家拨给的定额流动资金只能用于生产周转。1966年3月，根据财政部、中国人民银行《关于核定流动资金和调剂资金余缺问题的座谈会纪要》规定，在核定的流动资金总额范围内，由财政和银行两家供应。浙江省在对国营商业系统流动资金实行财政、银行“双轨供应制”中，财政拨给商业企业流动资金达30%，在核定流动资金中基层批发企业按商品资金定额20%由财政拨给流动资金，零售企业达到60%。1972年，经国务院批准，国家计划委员会、财政部决定停止核定企业流动资金占用总额计划，恢复定额内资金由财政供应、超定额资金由银行供应的制度。1973年，根据财政部、商业部有关规定，财政部门按照国家规定将商业企业自有流动资金列入财政预算，逐年拨给。1974年3月，浙江省执行国家计划委员会物资局《关于储运公司有关财务管理试行办法的规定》，供销业务资金60%由财政拨给，40%由银行贷款解决；储运业务资金全部由财政拨给。1980年，浙江省转发全国清产核资领导小组、国家经济贸易委员会、财政部、中国人民银行联合下发的《关于国营工交企业清产核资划转定额贷款和国拨流动资金实行有偿占用的通知》，实行企业定额流动资金由银行贷款（定额贷款），国拨流动资金实行有偿占用的办法。定额贷款按月利率2.1‰计收利息，国拨流动资金有偿使用，占用费为月息2.1‰；自有流动资金超过所核定资金定额的多余部分，由主管部门和财政部门在企业之间、部门之间、地区之间调剂。1962—1982年，全省增拨流动资金支出9.55亿元。

1983年，浙江省执行国务院决定，国营企业流动资金改由中国人民银行统一管理和供应，财政不再增拨流动资金。原来国家拨给企业的自有流动资金仍然留给企业使用。当年拨给流动资金4529万元。1984—1988年，全省列其他部门流动资金共计2.46亿元。1993年7月，财政部发布《企业财务通则》，强调企业的市场经济主体地位，企业经营由企业根据市场供求状况自主决策，国家不再核定企业的流动资金定额。为支持国有企业发展，财政对重点工业企业采取税收返还等方式注入资本金补充流动资本不足，因此在一般预算中仍设置流动资金类目，税收返还等在流动资金中列支，1998年后不再列支。1989—1998年，全省列流动资金支出5.76亿元。

四、科学技术三项费用

科学技术三项费用（以下简称科技三项费用）是指国家为支持科技事业发展而设立的新产品试制费、中间试验费和重大科研项目补助费。科技三项费用是国家财政科技拨款的重要组成部分，是实施中央和地方各级重点科技计划项目的重要资金来源。

1953年，科技三项费用仅技术组织措施费一项，后增加新产品试制费、劳动安全保护措施费和零星固定资产购置费，简称“四项费用”。1957年，全省“四项费用”支出214万元。1958—1961年，国家对企业实行利润留成制度，“四项费用”也随之由财政拨款改为从企业利润留成中提取，列预算外支出，其间累计支出8820万元。1962年，除个别部门（如商业部门、基本建设部门、建筑部门、地质勘探单位等）仍实行利润留成办法外，其他各部门所属的企业不再实行利润留成办法，“四项费用”改由财政预算拨款。1962—1965年，浙江省科技“四项费用”累计支出1.20亿元。1967年，国家实行固定资产更新和技术改造资金办法，将科技四项费用、固定资产更新资金、从成本中提取的开拓延伸费用合并，统称固定资产更新和技术改造资金。这部分费用从企业提取的基本折旧基金中抵留，不再由财政拨款。1969年，为保证重点、集中财力，将科技四项费用中每年由财政拨款解决的中央各部安排重点项目的“新产品试制费”单独划出来归国家科委统一分配和管理，用以安排全国性的新产品试制计划。为适应科学技术发展的需要，又增加“中间试验费”和“重要科研项目补助费”。1966—1970年，上述各项费用累计支出9567万元。1973年，浙江省将新产品试制费、中间试验费和重大科研项目补助费合并，总称“科学技术三项费用”。8月，省财政金融局、省科学技术局根据财政部有关规定，颁发《浙江省科学技术三项费用使用管理的补充规定》。1976年，科技三项费用预算科目改为“新产品试制费类”；1979年仍恢复科技三项费用类科目。“四五”时期（1971—1975年）、“五五”时期（1976—1980年），科技三项费用支出分别为1.73亿元和1.28亿元。

1980年，全国财政体制改革，实行“划分收支，分级包干”的“分灶吃饭”体制，中央财政将国家科委分配浙江省的科技三项费用1140万元一次性划转到省财政。省财政转划给市（地）、县财政321万元，省财政留存819万元，并追加机动财力200万元，合计1019万元，由省科学技术委员会（以下简称省科委）统一掌握使用，年终向省财政办理结算。6月，省科委颁发《浙江省新产品试制、中间试验、重大科学研究计划管理试行办法》，对科技三项费用的计划管理做出系统、全面的规定，并提出各市（地）、县（市）科技三项费用，各级财政安排后，由市（地）、县（市）科委统一掌握使用。省级各主管部门的科技三项费用，除省科委统一安排的项目外，也从各自掌握的经费中作适当安排。为了使有限经费发挥更大的效益，7月，省财政厅、省科委发出《关于浙江省有偿科研经费管理办法的联合通知》，从省科技三项费用中划出一部分作为有偿科研经费，支持有直接经济效益的项目，在项目完成后归还三项费用，由省财政收回，交省科委周转使用，这是国内较早改革科技三项费用无偿使用，并开始将金融机制引入科研经费管理的尝试。当年，省级各部门科技三项费用支出2032万元，各市（地）、县支出968万元。1985年12月，浙江省对重点项目的经费，按不同类型科技活动的特点，实行分类管理并确定相应的归还比例。1981—1985年，全省科技三项费用累计支出1.89亿元，其中文教、科学、卫生等部门的科技三项费用支出较前5年翻了一番；1985年有偿使用科研经费累计1000万元。

1986年，国家实施科技发展“星火计划”，浙江省对实施“星火计划”所需资金，除拨款外，主要采取企业筹集和通过科技信贷解决。对列入省“星火计划”项目的投资，实行市（地）、县（市）、企业配套的办法，在市（地）、县（市）、企业筹集资金的基础上省财政给以配套支持。

1987年为帮助各市(地)、县(市)建立星火计划科技发展基金(简称星火基金),省级安排给每个市(地)县(市)10万元、市(地)县政府配套安排20万元,用于"星火计划"项目。项目完成后,收回资金由市(地)县滚动使用。1989年,省财政厅、省科委制定《浙江省科技发展基金管理暂行办法》,省财政当年拨款300万元和省科委用于"星火""火炬"计划项目的部分经费共同组成省科技发展基金,组织实施火炬计划和成果推广、专利开发。基金实行有偿使用,委托银行代放、代收、监督使用。至1995年,包括有偿科研经费在内,共积累省科技发展基金6788万元。1986—1995年,科技三项费用累计支出8.87亿元,支持全省组织实施科技攻关计划、科技开发计划、重点实验室计划、重点工业性试验计划、火炬和星火计划等各级各类重点科技计划项目以及项目成果转化。

1996年,省委、省政府发布"九五"期间(1996—2000年)科技投入的若干意见,提出在财政科技投入中,科技三项费用的比重不低于50%。此后,科技三项费用支出快速增长。1996—2000年,科技三项费用累计支出24.02亿元,是1962—1995年同类总支出的1.5倍强。2001年,浙江省实施部门预算改革,拓展科技三项费用的范围,将区域科技创新服务体系建设、高新技术产业化、科技风险投资、国内外科技交流合作、创业种子、专利专项等资金纳入科技三项费用预算。2001—2006年,科技三项经费支出稳定增长,累计支出148.85亿元。

2007年,政府收支分类科目改革后,根据经费的归口管理情况和相关的专项资金管理办法,科技三项费用根据不同支出类别分别归集到"技术研究与开发"下的"应用技术研究与开发""产品技术研究与开发"等科目中列示。相关内容在本章第四节"科学技术支出"目中记述。

五、节能环保支出

(一)节能支出

1982年12月,中共中央、国务院发布《关于征集国家能源交通重点建设基金的通知》,国家设立能源交通重点建设基金(以下简称能交基金),浙江省从1983年1月1日起执行。与此同时,浙江省开始逐步淘汰能耗高、技术落后的机电产品,并推广节能产品。对生产节能产品的企业给予税收减免等方面的优惠,并鼓励相关单位使用节能产品。1992年,国家加快墙体材料革新和推广节能建筑,浙江省对推广新型墙体材料的企业在税收、技改等方面给予政策倾斜,并设立新型墙体材料专项基金。

1998年,国家施行《中华人民共和国节约能源法》。省政府结合浙江省实际制定《浙江省实施〈中华人民共和国节约能源法〉办法》,规定在财政预算中安排节能资金,统一纳入基本建设和技术改造资金管理,专项用于支持能源的合理利用以及新能源和可再生能源的开发。1999年,省政府设立节能专项资金,省财政厅印发《浙江省节能专项资金管理暂行办法》,在财政预算中安排节能专项资金和其他可用于节能的资金,专项用于支持能源的合理利用和新能源、可再生能源的开发,当年财政预算安排各类贴息补助资金1.93亿元。2004年,省财政厅发布《浙江省新型墙体材料专项基金征收和使用管理实施意见》,规定设立新型墙体材料专项基金,其收入全额缴入地方国库,纳入同级财政预算,实行"收支两条线"管理;引导社会多元投资，调动各方面参与新型墙体材料开发利用的积极性；省财政统筹安排发展新型墙体材料专项补助（贴息）资金，支持全省新型墙体材料的生产和应用。1996—2004年，省财政节能支出3200万元。

2005年，省政府办公厅印发《关于加强工业节水工作的通知》，省政府设立浙江省节能、工业节水财政专项资金，省财政厅统筹安排专项资金支持企业及相关单位开展节能、工业节水和清洁生产的技术改造、先进工艺推广，同时也用于重大节水项目的补助、节水先进企业的奖励等。同年，省政府办公厅发布《关于加快工业循环经济发展的意见》，提出发展以资源节约型、生产清洁型、生态环保型为重要特征的循环型工业。省财政拨付工业循环经济发展扶持专项资金，推动工业循环经济试点、开发与推广资源循环产业链技术、补助工业循环经济重大项目等。10月，省政府办公厅印发《关于加快发展新型墙体材料的通知》，规定禁止生产和使用实心黏土砖。要求全省各地在安排使用预算内基建、技改投资和先进制造业基地建设专项资金时，加大对开发技术含量高的新型墙体材料产品的支持力度，并发挥新型墙体材料专项基金的调控引导作用。2006年，省人大常委会通过《浙江省发展新型墙体材料条例》，明确对新型墙体材料项目的财政扶持包括项目优先安排、金融支持、税收优惠、技术开发费抵扣、用地支持、转产企业补助等多个方面。同年，省政府下发《关于加强节能降耗工作的通知》，省财政加大对节能降耗工作的支持力度，安排资金支持节能重点项目、关键技术的推广和产业化，淘汰高耗能的落后生产能力，制定能耗标准、建立能源公报制度以及节能宣传培训等方面。2007年，省政府印发《关于进一步加强节能工作的实施意见》，提出实行节能奖励制度。同年，省财政厅根据财政部对节能技术改造财政奖励资金的管理办法，节能资金奖励方式实行资金量与节能量挂钩，对完成节能量目标的项目企业给予奖励。同年，省政府印发《节能减排综合性工作实施方案》，提出全省节能减排总体目标，完善落实促进节能减排的财政税收政策。各级政府将节能减排作为公共财政支出的重点，采用补贴、奖励等方式安排资金支持节能减排重点工程、高效节能产品和节能新机制推广。2005—2007年，省财政节能支出1.59亿元。

2008年，省财政整合节能相关专项资金，建立规模为9000万元的节能与工业循环经济专项资金，并鼓励市、县政府开展节能减排工作，省财政对超额完成省政府节能目标考核任务的市给予财政奖励。对超额完成年度考核目标的部分，每节约1吨标准煤奖励20万元，对未完成考核目标部分，每超出1吨标准煤罚缴20万元。此项节能奖励资金专款专用，统筹用于节能降耗工作。同年，根据国家有关政策意见，省财政厅会同有关部门研究制定关闭小火电过程中涉及的财政补助及容量费有偿使用管理办法，对关闭小火电的容量实行有偿使用办法，收缴容量费专项用于对关闭小火电企业的补贴。至2008年，全省淘汰小火电机组350.52万千瓦。省财政统筹安排1.41亿元对全省淘汰小火电机组企业进行补助。2009年，省政府提出加快光伏等新能源推广应用与产业发展意见及发展目标，要求各级政府加大财政扶持力度，在安排已设立的可再生能源利用技术重大科技专项资金的同时，在节能降耗专项资金中安排资金，专项用于扶持光伏等新能源产业的行业龙头与优势企业项目，支持重点技术研发与产业化、公共平台建设。

2010年，根据国务院《关于加快推行合同能源管理促进节能服务产业发展的意见》，浙江省加大资金支持力度，对节能服务公司采用合同能源管理方式实施的节能改造项目给予资金补助和奖励。安排资金支持和引导节能服务产业发展；对节能服务产业采取适当的税收扶持政策。同年，浙江省确立财政奖励资金支持的合同能源管理项目内容主要为锅炉（窑炉）改造、余热余压利用、绿色照明改造等节能改造项目。当年，争取中央财政合同能源管理专项资金4120万元，并通过省级节能与工业循环经济专项资金落实地方配套资金1000万元。同年，省财政厅联合省经济和信息化委员会印发《浙江省节能量审核机构管理办法（试行）》，建立节能量第三方审核制度，选聘浙江大学能源评估中心等9家单位为浙江省第一批节能量审核机构；同时，鼓励重点用能企业以合同能源管理方式开展节能技术改造，推动节能服务产业发展。2008—2010年，省财政节能支出2.89亿元。

（二）环境保护支出

20世纪80年代，浙江省环境保护处于起步阶段，相关支出不大。1982年，国务院成立环境保护局，浙江省设立相应的环保机构。同年，省人大常委会通过《浙江省征收排污费和罚款暂行规定》，决定针对废水、废气、废渣及城市噪声等超标排放情况开征超标排污费，排污费纳入预算，作为环保补助资金，实行专款专用。1983年，城乡建设环境保护部颁发《全国环境监测管理条例》；1984年《中华人民共和国水污染防治法》《国务院关于环境保护工作的决定》先后颁发。据此，浙江省逐步加大对环境保护的支持力度。1984年，浙江省执行财政部等多部门对环境保护资金来源渠道作出的规定，将治理污染所需资金纳入固定资产投资计划；更新改造资金中7%用于污染治理；按规定提取城市维护费，用于结合基础设施建设进行的综合性环境污染防治工程；企业缴纳的排污费80%用于企业或主管部门治理污染源的补助资金；防治水污染治理由预算安排专项资金；环境保护部门为建设监测系统、科研院（所）、学校以及治理污染的示范工程所需要的基本建设投资，按计划管理体制由预算安排；环境保护部门所需科技三项费用和环境保护事业费由预算安排。省财政对环境保护支出在“工交商事业费”中的“环境保护事业费”和“城市维护费”中的“环境保护补助资金”列支；前者是由政府预算安排的环境保护业务费，后者则是用于环境保护的补助资金。1980—1990年，全省财政支持环境保护基本建设支出合计4612万元，年均支出419万元。1982—1990年，全省环境保护财政补助支出3.18亿元，为同期环境保护事业费的10.6倍。1985—1990年，全省企事业单位用于污染治理的资金为7.31亿元，年平均增长19%。1991—1995年，全省财政环境保护支出增长较快，环境保护支出计6.24亿元，年均增长22.7%；环境保护补助支出5.50亿元，年均增长23%。

1996年，国家加大环境保护力度，全国人大常委会修订《中华人民共和国水污染防治法》，并于同年通过《中华人民共和国噪声防治法》。1998年，国务院颁布《建设项目环境保护条例》，对建设项目的环境保护进行规范，浙江省进一步强化建设项目环境影响评价工作。1996—2000年，浙江省环境保护支出快速增长，其中：环境保护事业费支出1.73亿元，年均增长27.6%；环境保护补助支出（1997年后改成排污费支出）15.95亿元，年均增长22.7%；

企事业单位用于污染治理资金合计43.51亿元,年均增长35%。

2003年,省政府成立生态省建设工作领导小组,并印发《浙江生态省建设规划纲要》。2004年,省政府开展“811”(“8”指全省八大水系及运河、平原河网,“11”既指11个设区市,也指11个省级环境保护重点监管区)环境污染整治行动,重点对以钱塘江水系为主的八大水系和平阳水头等11个省级环境保护重点监管区的重点污染企业进行整治。随着“811”行动计划的实施,环境保护支出大幅增长。2005年,省政府印发《关于环境污染整治企业搬迁转产关闭的若干扶持政策意见》,对因流域性、区域性、行业性污染整治需要而实施搬迁、转产、关闭的企业,经企业所在地县级以上政府认定,给予相关资金政策扶持。12月,省政府发布通知,要求各级政府加强对环境污染防治和水环境保护工作的领导,严防发生重特大环境污染事件,确保全省各大流域的水环境安全。2001—2005年,全省环境保护支出大幅增长,其中:环境保护事业费支出9.42亿元,年均增长52%;排污费支出28.59亿元,年均增长7.6%。

图31-2-2-2　2007年,淳安县利用养殖有机鱼净化千岛湖水质(浙江省财政厅档案室提供)

2006年,省政府设立钱塘江源头地区生态环境保护省级财政专项补助资金,对钱塘江流域干流和流域面积100平方公里以上的一级支流源头所在的经济欠发达县(市、区),即淳安、开化等9个县(市、区)实行生态环境保护专项补助。专项补助资金主要用于区域内生态建设、产业结构调整、环境保护基础设施建设和区域内农业农村污染综合防治等方面。同年,省财政厅印发《钱塘江源头地区生态环境保护省级财政专项补助办法实施细则》,规定该项目资金按照“谁保护,谁受益”“谁贡献大,谁多得益”和“突出重点,兼顾一般”的原则分配。浙江省加强城镇污水处理厂建设,省财政筹措资金,安排各项专项资金,采取以奖代补等方式,支持各地特别是欠发达地区加快污水处理等基础设施建设。全年安排省级环境保护专项补助资金2.20亿元,安排“811”环境污染整治专项资金2500万元;同时,下达风景名胜区维护建设专项补助资金2000万元,支持杭州西湖等41个省内风景名胜区51个建设维护项目建设。同年,财政预算在“工业交通等部门事业费”中列“环境保护”支出6.09亿元。

2007年,浙江省实施生态环境保护与可持续发展战略,开展天然林保护、污染防治、环境监测、监察监管及应急能力建设、污染源普查及土壤污染状况调查,实施节能减排、大气污染及水污染治理和生态自然保护等措施,全省环境保护支出29.75亿元。2008年,浙江省启动新一轮“811”环境污染整治行动,历时3年,省财政专项补助资金由2500万元增加至5000万元。同年,省政府要求各地建立政府优先强制采购节能环保和自主创新产品制度。省财政厅印发《落实政府优先强制采购节能环保和自主创新产品制度的保障措施》,对优先强制采购节能环保产品的操作程序进行规范。2010年，经过两轮“811”环境污染整治行动，全省水质化学需氧量和大气二氧化硫排放量均比上年下降，八大水系、运河和主要湖库73.7%的断面满足水环境功能区目标水质要求，全省空气质量总体良好。2007—2010年，全省一般预算环境保护支出213.77亿元，年均增长46.7%。

表31-2-2-1　　2007—2010年浙江省财政环境保护支出一览表

单位：万元

年份	环境保护管理事务	环境监测与监察	污染防治	自然生态保护	天然林保护	能源节约利用	污染减排	其他环境保护支出
2007	43847	33625	148164	62987	82	—	—	8825
2008	58871	9245	215925	82579	16	29864	54455	14228
2009	46548	16089	205287	128532	229	44427	79722	23476
2010	53652	11542	253345	138798	—	152424	131379	79585

资料来源：浙江省财政厅历年浙江省财政决算报表。

六、工业交通商业等部门事业费

民国时期，浙江省实业方面的投资和支出项目较多。民国初期，浙江省政府实业费包括农矿费、工商费、官营业费等，民国4年（1915年）支出计65077元，民国5年为161534元，民国6年支出24750元，其后每年支出约4万元。国民政府成立后，浙江省政府在实业方面的投资和支出在浙江财政支出中占不小比重。民国16年建设费支出999000余元，较之上年大幅增加。民国20年，浙江省国民政府的经常实业费为2026728元。其中：农矿费为347976元，包括省立农业改良场经费53104元、省立农业改良场东天目山苗圃经费3386元、省立农业改良场西湖苗圃经费6478元、省立第二林场经费13320元、省立第三林场经费9168元、省立第四林场经费13320元及省立植物病虫害防治所经费49188元、省立植物病虫害防治所嘉兴稻虫研究分所经费2664元、省立棉业改良场经费24882元、省立蚕丝业改良场经费77604元、省立矿产调查所经费26076元、办理农民牧款经费2400元、省立农事实验场经费30178元、办理合作事业经费6000元、浙江管理采运黄砂事务所经费7548元；工商费37608元，包括省立水产品制造厂经费9600元、浙江省国货陈列馆经费13116元、浙江省度量衡检定所经费14892元；官营业费1641144元，包括浙江省杭江铁路工程局资本支出276000元、浙江省杭江铁路工程局江诸段营业支出229200元、浙江省公路管理局经费935292元、浙江省电话局经费57696元等；此外还设有临时实业费、临时工商费。民国29年，经常实业费为法币（下同）350382元，临时实业费为203362元，临时地方营业资本支出为2240606元。民国35年，经常实业费预算为77076000元，临时实业费预算为168655000元。

交通费是民国时期浙江省国民政府举办各种交通事业的费用，它包括无线电台和有线电台、船舶、公路、铁路的建造以及维修所需开支。民国20年（1931年），浙江省国民政府经常交通费为 163992 元，其中浙江省广播无线电台经费 19956 元、浙江省无线电台分台经费 7560 元、浙江省钱塘江义渡办事处经费 57264 元、浙江省各区管理船舶事务所经费 79212 元。临时交通费为 413614 元，其中浙江省杭江铁路工程局美籍顾问工程师薪贴 21000 元、浙江省电话局临时经费 328687 元、浙江省管理船舶事务所临时经费 26320 元、浙江省广播无线电台临时经费 20600 元、浙江省电话局丽水龙泉云和等县长途电话经费 14715 元、浙江省杭江铁路工程局江诸段增设三处车站营业筹备处经费 2292 元。民国 35 年，临时交通费为法币 583578 元。

中华人民共和国成立后，工业交通商业等部门事业费（以下简称工交商事业费）是指财政用于工业、交通、商业等经济部门的事业性开支。工交商事业费按用途划分，大体可分为两类，即人员经费和公用经费。中华人民共和国成立初期，浙江省工交商事业费支出不大，除交通支出单列预算外，工商等事业支出在经济建设事业费中列支。1949 年，全省交通事业费支出 20 万元。1952 年支出 238 万元。随着经济建设和各项事业的发展，工交商事业费开支不断增加："一五"时期（1953—1957 年）支出 3304 万元；"二五"时期（1958—1962 年）支出 1.25 亿元；1963—1965 年调整时期支出 4520 万元；"三五"时期（1966—1970 年）支出 5673 万元；"四五"时期（1971—1975 年）支出 8439 万元；1976—1978 年，支出 7076 万元。

改革开放以后，随着浙江省工业、交通、商贸事业的发展，财政支出中工交商事业费支出逐年增加。1978 年 4 月，国家计划委员会、国家基本建设委员会、财政部联合下发《关于基本建设投资和各项费用划分的规定》，厘清了各项费用的开支范围。1979 年 9 月，交通部、财政部等部门印发《关于公路养路费征收和使用的规定》，决定从 1980 年开始征收公路养路费，用于道路养护等方面的支出。当年全省工交商事业费支出 3153 万元，较上年增长 12.1%。1980 年，省财政对工交商事业费实行"预算包干"，调动了这些单位理财的积极性。当年全省工交商事业费支出 3382 万元。1981 年，省政府印发《关于工业交通若干经济政策的处理意见》，实行扩大企业自主权试点。1981—1985 年，全省工交商事业费支出 2.73 亿元。1985 年，工交商事业费被分拆为工业交通部门事业费和商业部门事业费（后改为流通部门事业费）两个类级科目。1986—1990 年，全省工交商事业费支出 7.26 亿元。1991—1995 年，全省工交商事业费支出 17.36 亿元，其中 1995 年工交商事业费支出 4.20 亿元，超过改革开放前 30 年工交商事业费支出的总和。

图 31-2-2-3　浙江财政支持地方铁路建设，图为 1998 年 6 月建成的金温铁路（浙江省财政厅档案室提供）

1996 年，省政府召开专题会议研究杭甬高速公路交通管理有关事宜，决定交警经费从高速公路通行费中列支。1996 年和 1997 年每年支出

1500万元，1998年后每年支出1000万元。1999年，在交通和车辆税费改革中，浙江省研究制订省以下燃油税转移支付方案，并制定补偿措施，建立落实取消乱收费的责任制，做好公路养路费等交通规费的稽征工作。1996—2000年，全省工交商事业费支出增速放缓，累计支出27.17亿元。

2005年，浙江省根据国务院有关意见和方案，规范公共交通补贴制度，加大对城市公交的财政支持；理顺农村公路管理养护体制，建立稳定的农村公路养护资金渠道，加大资金投入并加强使用管理。2001—2005年，全省工交商事业费支出91.25亿元。2006年，省财政厅印发《浙江省商品交易市场建设财政专项资金使用管理暂行办法》，省财政预算统一安排商品交易市场建设财政专项资金，支持商品交易市场硬件设施改造、配套服务设施建设、电子商务发展等改造提升，以及传统农副产品市场的改造升级。同年，浙江省深化经济体制改革，转变经济发展方式，工交商事业费支出大幅增长，全年全省工交商事业费支出31.98亿元，较上年增长24.6%。

2007年，政府收支科目分类改革后，原工业交通部门事业费和流通部门事业费不再保留，相关支出分列在交通运输支出、工业商业金融等事务支出、环境保护支出等类别中。同年，浙江省交通运输事业发展迅速，交通运输相关支出快速增长。先后建立城市公共交通低票价补贴机制、燃油补助及其他各项补贴，以及浙江省铁路建设专项资金、地方机场建设项目专项资金等。2007—2008年，工业商业金融等事务支出304.66亿元，交通运输支出104.50亿元。2009年，为扩大内需应对国际金融危机，浙江省执行国务院统一政策，增加对交通基础设施的投入。当年全省交通运输支出246.36亿元，比上年增长315%；其中公路水路运输增长355%，铁路运输增长442%。2009年，工业商业金融等事务科目进一步细化，分为采掘电力信息等事务、粮油物资储备管理等事务、商业服务业等事务科目。2009—2010年，浙江省大力发展第三产业，推进工业经济转型升级，采掘电力信息、商业服务业和粮油物资储备管理等支出计383.28亿元。2010年，全省交通运输支出233.37亿元。

表31-2-2-2　　2007—2010年浙江省工业商业金融等事务支出一览表

单位：万元

科　　目	2007年	2008年	2009年	2010年
工业商业金融等事务	1326284	1720324	—	—
采掘电力信息等事务	—	—	1051836	—
金融监管支出	—	—	20439	—
资源勘探电力信息等事务	—	—	—	1256681
商业服务业等事务	—	—	—	855818
金融监管等事务	—	—	—	42249
粮油物资储备管理等事务	—	—	550914	117526

资料来源：浙江省财政厅历年浙江省财政决算报表。

说明：工业商业金融等事务支出2009年分列3类；2010年分列4类。

表 31-2-2-3　　2007—2010 年浙江省财政交通运输支出一览表

单位:万元

年份	公路水路运输	铁路运输	民用航空运输	石油价格改革对交通运输的补贴	邮政业支出	其他交通运输支出	合　计
2007	293330	113590	5910	—	—	37913	450743
2008	322603	152435	31026	—	—	88170	594234
2009	1466279	825569	3118	26769	7	141811	2463553
2010	1723898	381484	9524	87804	50	130920	2333680

资料来源:浙江省财政厅历年浙江省财政决算报表。

七、国土资源与气象事务支出

国土资源与气象事务支出是政府用于国土资源、海洋、测绘、地震、气象等公益服务事业方面的支出。此目重点记述国土资源事务、地质勘探与矿产事务、测绘事务和气象事务等支出情况。

(一)国土资源事务支出

1949—1986 年,土地管理权分散在工业、农业、林业、交通等多部门,呈分散管理的局面。1978 年改革开放后,乱占耕地现象严重。1986 年 3 月,国务院颁发《关于加强对土地管理、制止乱占耕地的通知》,组建国家土地管理局,统一管理全国土地,结束了土地管理分散的局面。1987 年,浙江省成立土地管理局,财政预算在农林水等事业费中列土地管理事业费款级科目,主要用于各级土地管理事业单位机构人员经费和业务费。"七五"时期(1986—1990 年),国家颁发多部土地管理相关法律以及《耕地占用税暂行条例》等法规,土地管理逐步走上法制化轨道,全省土地管理费累计支出 1042 万元。

"八五"时期(1991—1995 年),国家进一步规范土地管理。1991 年,省政府印发《城镇私有房屋管理办法》,对农村宅基地试点有偿使用。其间省政府相继印发《浙江省土地复垦办法》等地方性规章,全省土地管理事业费支出 4213 万元,是"七五"时期的 4 倍,年均增长 31%。1996—2000 年,全省土地管理事业费累计支出 1.29 亿元,是"八五"期间(1991—1995 年)的 3 倍,年均增长 28.4%。

2000 年 4 月,由原省土地管理局和原省地质矿产厅组建浙江省国土资源厅,将土地作为不可再生资源加强管理。2001 年,省政府印发《关于加强国有土地资产管理的通知》,要求建立完善的土地资产管理制度,加快有形土地市场形成。2003 年,省政府办公厅下发《关于清理整顿各类开发区加强建设用地管理的通知》,全省全面整顿开发区,清理违法违规土地交易行为。2004 年,浙江省执行国务院办公厅印发的《国务院关于深化改革严格土地管理的决定》,在严格土地执法、加强规划管理、保障农民权益、促进集约用地、健全责任制度等方面开展工作，土地管理支出迅速增长：2001年为7050万元，2005年增加到2.40亿元，是2001年的3.4倍；5年累计支出6.96亿元，年均增长35.8%。

2007年，政府收支科目分类改革后，原农业支出中的土地管理支出科目改列一般公共服务支出类中的款级科目国土资源事务支出，除包括土地管理费支出外还包括地质和矿产资源管理等费用。2009年，浙江省实施耕地质量普查与监测制度，加强耕地保护。2006—2010年，全省国土资源事务支出累计47.64亿元，年均增长率19.9%。

（二）地质勘探与矿产事务支出

1. 地质勘探费

地质勘探费包括地质勘探单位的勘探工作费用和地质事业单位、地质勘探单位的事业经费。1958年，浙江省财政预算在经济建设费类下列地质支出；1968年改列地质勘探费。1958—1979年，全省地质勘探费累计支出3.22亿元。1980—1998年，浙江省地质勘探费由中央财政划拨，经费列入中央预算。1999年，按照国务院《关于印发地质勘查队伍管理体制改革方案的通知》要求，将原地质矿产部所属的地质勘查单位统一划归地方，由省级国土资源主管部门归口管理。下放单位的相关地质勘探费均以1998年中央预算为基数保持不变，由中央财政划转省级财政，继续用于地质勘查工作和经常性费用支出、地质勘查单位离退休人员等。2000年，全省地质勘探费支出9425万元。

2001—2005年，浙江省地质勘探费支出平稳增长，全省累计支出13.39亿元，其中：地质事业费支出合计12.09亿元，占90.3%；地质勘查经费支出合计5043万元，占3.8%；其他支出80万元。

2007年政府收支科目分类改革后，地质勘探费支出归并到国土资源与气象支出类，具体有地质及矿产资源调查、地质矿产资源利用与保护、地质转产项目财政贴息、国外风险勘查等支出。2006—2010年，地质及矿产资源调查支出5597万元，地质矿产资源利用与保护支出3667万元，地质转产项目财政贴息支出3536万元，国外风险勘查支出320万元。

2. 矿产资源补偿费支出

1995年，浙江省根据国务院有关征收矿产资源补偿费的规定，印发《浙江省矿产资源补偿费征收管理办法》，从当年6月开始征收矿产资源补偿费，专项用于矿产资源勘查。1998年，预算科目增设矿产资源补偿费支出款，归属专项支出类。当年全省矿产资源补偿费支出443万元，1999年支出603万元，2000年支出600万元。2001—2005年，全省矿产资源补偿费支出累计9679万元，年均增长29.2%。2006—2010年，全省矿产资源补偿费支出累计2.34亿元，年均增长24%。

3. 探矿权采矿权使用费和价款支出

1999年，财政部和国土资源部制定有关制度对探矿权和采矿权征收使用费，专项用于矿产资源勘探和保护。2003年，财政部规定探矿权采矿权使用费和价款支出由财政部预算安排使用，专项用于探矿权采矿权使用费和价款的管理及成本费用支出、矿山地质环境治理支出、国家级地质遗迹保护支出等方面。2004年，财政部对探矿权采矿权价款实行转增国家资本金管理。2005年12月,浙江省根据国务院《关于全面整顿和规范矿产资源开发秩序的通知》精神,印发实施意见,遏制各类违法违规行为,全面实现采矿权有偿使用。浙江省2003年探矿权采矿权使用费和价款收入2478万元,支出为零;2004年,全省探矿权采矿权使用费和价款支出466万元;2005年,支出390万元。

2006年,财政部、国土资源部发文要求探矿权采矿权全面实行有偿取得制度。2006—2010年,全省探矿权采矿权使用费和价款支出增长迅速,5年累计支出2.96亿元,年均增长率为29%。

(三)测绘事务支出

1958年,浙江省组建浙江省测绘大队;1974年9月成立浙江省测绘局。政府对测绘部门的支出主要在工交商事业费中列支测绘事业费。1980年,全省测绘事业费支出116万元,占工交商事业费的比重为3.4%。1981—1985年,全省测绘事业费支出672万元,年均增长5.7%。1986—1990年,全省测绘事业费增长有所加快,累计支出1106万元,年均增长11.3%。1991—1995年,全省测绘事业费累计支出2330万元,年均增长18.5%。1996—2000年,全省测绘事业费继续保持快速增长,累计支出5784万元,年均增长19.8%。

2001年,浙江省明确将基础测绘纳入国民经济计划和财政预算。2002年8月,《中华人民共和国测绘法》颁布,进一步明确规定基础测绘支出纳入政府预算。2001—2005年,全省测绘部门支出稳步增长,测绘事业费支出累计1.89亿元,年均增长11.7%。

2007年,政府收支科目分类改革后,测绘事务支出作为一般公共服务支出中的款级科目单独列支。2008年5月,省政府发文要求进一步推动全省测绘工作并加强监管。2006—2010年,测绘事业发展较快,全省测绘事务支出累计5.16亿元,年均增长17.7%。

(四)气象事务支出

1954年,浙江省气象局成立,浙江省财政在农林水气象等部门的事业费支出中增设气象事业费支出,主要用于各级气象事业单位的机构人员经费及中等专科学校经费等。1954—1961年,气象支出在其他农林水支出中列支,金额较小,1954年为15万元,1958—1961年分别为44万元、83万元、116万元、82万元。1962—1970年,气象事业费支出相对平稳。1971年后,气象事业费支出逐年增加,累计3222万元。1983年,地方各级气象机构由中央气象局垂直管理,气象事业费也同时上划中央。1984年、1985年未开支气象事业费。1986—1995年,气象事业费仍有支出,但不包括人员经费,系浙江省财政补助省内各级气象机构的设备购置、业务费和其他费用支出。1983—1995年,气象事业费支出(主要是省财政补助省内各级气象机构的设备购置、业务费和其他费用支出)5248万元。

1997年,国务院要求建立与国家财政体制相适应的地方气象投入体制,加快地方气象事业发展。浙江省各级政府据此建立和完善地方气象投入机制,地方气象事业的财政投入大幅增长。1996—2002年,气象事业费支出2.54亿元。2003年起,在水利和气象支出类设气象支出,下设气象机构、气象探测、气象信息传输及加工处理、技术推广、干部训练等支出科目。

2003—2006年，气象事业费支出3.84亿元，占同期该类总支出的30.4%。2007年政府收支分类改革后，气象事务支出在一般公共服务支出类目中列示。地方财政气象事务支出主要用于职工地方津贴补贴、基本医疗保险和住房公积金等，杭州多普勒雷达、气象灾害预警信息发布、气象专项设备维修维护等现代化设备及业务费。2007—2010年，气象事务支出7872万元。

八、支持欠发达地区和灾后重建支出

财政支持欠发达地区支出大部分在财政扶贫支出中记述，此目仅记述对省外少数民族地区的援助和支持欠发达地区建设的几项专项资金支出，以及对汶川特大地震灾后重建的援助支出等（按照中共中央、国务院的部署，浙江省对口援助四川省青川县灾后重建）。

（一）对口支援支出

1. 援藏支出

1994年7月，中央第三次西藏工作座谈会号召全国各省、中央各部门都要大力支持西藏建设，确定由浙江、辽宁两省对口支援西藏那曲地区。1995年，浙江省通过干部选派、项目建设、资金投入、技术引进、人员培训等方面对那曲地区开展援助。1995—1997年，省财政安排援助资金700万元用于甲岗水电站建设，200万元用于浙江公寓（援藏干部楼）建设。1998—2000年，1900万元援助款用于那曲浙江路一期工程建设。2001—2004年，省财政安排援助资金1300万元用于那曲浙江路二期工程建设；1400万元用于那曲地区人民医院改造；800万元用于那曲地区藏医院住院部建设；600万元用于那曲地区老年活动中心建设；1900万元用于那曲地区二中（浙江中学）建设；3500万元用于夏曲卡水电站工程建设；400万元用于新浙江公寓（援藏干部楼）建设。7个项目援助金额合计9900万元。

图31-2-2-4 由浙江省援建的西藏甲岗水电站，1998年建成投产，为世界上海拔最高的水电站（浙江省财政厅档案室提供）

2005—2007年，省财政安排资金援助建设千户牧民光明工程、地区民族文化体育赛马场、那曲青少年活动中心项目、新建铁路站前商贸市场等8个项目，总援助资金8200万元。省内11个市以及派出援藏干部的省级部门也安排援藏项目资金计8000万元。全省援藏资金合计1.62亿元。

2008—2010年，省财政安排援建资金1亿元，其中：援建农牧民安居工程、廉租房建设、光伏电站和电视卫星接收设施等惠民项目共5个，援建资金4940万元；那曲公安技侦工程、地区检察院局域网建设等维稳项目共4个，援建资金530万元；那曲镇规划设计项目1个，援建资金1000万元；那曲镇民族文化体育赛马场二期工程、那曲地区图书馆等社会发展项目5

个，援建资金 3360 万元；前期工作和管理费用 170 万元。同时，省内 11 个市和派出援藏干部的省级部门安排援藏项目和资金计 1.30 亿元。全省援藏资金合计 2.30 亿元。

2. 援疆支出

1996 年，中央决定选调优秀汉族干部去新疆工作。根据中央安排，浙江省对口援助新疆和田地区。1997 年首批浙江援疆干部赴和田工作。2000—2003 年，省财政分两批安排 4 个无偿援助项目，总援助资金为 2200 万元，支援新疆和田地区经济社会发展。2006—2008 年，省财政安排资金援助建设和田市汉语完全寄宿中学、和田市科技文化活动中心、和田市伊力其乡亚布拉克村抗震安居工程等 9 个项目，总援助资金 8000 万元。此外，省内各市及省级有关部门安排援助资金 4100 万元，全省援疆资金合计 1.21 亿元。省财政后又追加援助资金 1000 万元用于购买 13000 多台彩色电视机，分发给和田地区贫困农户。

2009 年，省财政安排援助新疆和田地区第二批建设项目总援建资金为 1.10 亿元，实施年度为 2009—2011 年。第二批援疆项目包括：和田地区妇幼保健院、地区公安局等地区项目共 5 个，援建资金 2050 万元；和田市影剧院等和田市项目共 3 个，援建资金 5050 万元；和田县内儿科临检综合楼等和田县项目共 3 个，援建资金 2200 万元；民丰县宣传广播电视业务楼等民丰县项目 3 个，援建资金 1700 万元。

3. 支援汶川特大地震青川县灾后重建支出

2008 年 5 月 12 日，四川省汶川县发生特大地震。6 月，国务院办公厅印发《汶川地震灾后恢复重建对口支援方案》，部署浙江省对口支援四川省青川县，支援时间为三年。9 月，省财政厅印发《浙江省对口支援青川县灾后恢复重建资金管理办法》，筹措资金，支持青川县灾后农房建设改造、科教文卫等设施建设、交通水利基础设施、工业园区建设等项目建设。

2008—2010 年，全省筹措落实援建青川资金累计 86.24 亿元，其中：财政资金 57.25 亿元，社会捐赠资金 25.59 亿元，中央安排给青川的特殊党费 3.40 亿元。资金总量为浙江省三年地方财政收入的 1.51%，超过中央要求的 1%。经审计部门审计，至 2010 年，浙江省援建完成的 547 个项目总投资 76.88 亿元，全省援建资金结余（预留）为 9.36 亿元，结余资金安排用于青川县自行组织实施的灾后重建项目和援建项目运行维护等。

（二）支援欠发达地区支出

1. 山海协作与西部大开发支出

2002 年 4 月，省政府印发《关于我省参与西部大开发工作的意见》，对参与西部大开发工作进行总体部署。2002 年起，省财政每年安排资金 500 万元，用于浙江省参与西部大开发；当年省财政安排的 500 万元西部大开发资金同时包括“山海协作工程”①重点项目的银行贷款贴息专项资金补助。2003 年，浙江省提出建设“五大百亿工程”，其中“百亿帮扶致富建设工程”将“山海协作工程”作为重要组成部分。2006 年，专项资金补助金额从 500 万元增加到

① “山海协作工程”：浙江省委、省政府为了推动以浙西南山区和舟山海岛为主的欠发达地区加快发展，实现全省区域协调发展而采取的一项重大战略举措。

800 万元。2008 年又增至 1000 万元。是年 8 月，省财政厅印发《关于山海协作和参与西部大开发专项补助(贴息)资金管理办法》，规范专项资金的申请和使用。2002—2010 年，浙江省财政安排山海协作和参与西部大开发项目贴息专项资金累计支出 6600 万元，支持参与西部大开发和“山海协作工程”重点项目财政贴息补助项目 756 个。

图 31-2-2-5　2004 年 11 月 25 日，浙江省首个山海协作工程工业示范区在丽水莲都区揭牌(浙江省财政厅档案室提供)

2. 欠发达地区农村电网建设支出

2004 年，浙江省设立欠发达地区农村电网建设与改造专项资金，每年安排专项资金 400 万元，用于省域内欠发达地区农村电网建设和改造。9 月，省财政厅会同省发展和改革委员会印发《浙江省欠发达地区农村电网建设与改造专项资金管理暂行办法》，对资金的使用范围、申请方式和使用管理进行规范。2004—2010 年，累计支出 2800 万元。

表 31-2-2-4　　1949—2006 年浙江省财政经济建设支出一览表

单位:万元

年份	基本建设支出	企业挖潜改造资金	科技三项费用	地质勘探费	流动资金	工交等部门事业费	流通部门事业费	城市维护费	政策性补贴支出	支援不发达地区支出	专项支出
1949	—	—	—	—	—	20	—	—	—	—	—
1950	220	—	—	—	—	—	—	—	—	—	—
1951	—	—	—	—	785	22	—	—	—	—	—
1952	4171	—	—	—	—	238	—	—	—	—	—
1953	2334	—	—	—	439	197	—	—	—	—	—
1954	3441	—	—	—	115	528	—	—	—	—	—
1955	2950	—	—	—	209	279	—	—	—	—	—
1956	5509	—	—	—	602	1023	—	356	—	—	—
1957	8569	—	214	—	1045	1277	—	371	—	—	—
1958	61091	—	—	1101	5671	3380	—	1144	—	—	—
1959	55134	—	—	2463	15321	4158	—	683	—	—	—
1960	85175	—	—	4169	11192	2935	—	1112	—	—	—
1961	38074	—	—	1691	5388	862	—	324	—	—	—
1962	22231	—	2213	190	1125	1133	—	230	—	—	—

续表 1

年份	基本建设支出	企业挖潜改造资金	科技三项费用	地质勘探费	流动资金	工交等部门事业费	流通部门事业费	城市维护费	政策性补贴支出	支援不发达地区支出	专项支出
1963	23918	—	3398	169	1526	1307	—	623	—	—	—
1964	25869	—	3501	250	405	1723	—	800	—	—	—
1965	25113	—	2838	143	1722	1490	—	901	—	—	—
1966	25809	—	3755	606	2765	1415	—	638	—	—	—
1967	18703	—	1417	200	1205	1243	—	601	—	—	—
1968	9296	—	682	218	581	829	—	520	—	—	—
1969	21647	—	1120	233	2091	852	—	577	—	—	—
1970	28079	—	2593	479	5280	1334	—	665	—	—	—
1971	31041	—	2157	1797	3742	1065	—	970	—	—	—
1972	38096	—	2610	1904	3780	1290	—	1089	—	—	—
1973	33054	—	3494	1977	5610	1828	—	1253	—	—	—
1974	36081	—	5444	2121	7252	1974	—	1271	—	—	—
1975	30956	—	3548	2078	4630	2282	—	1151	—	—	—
1976	33489	1866	2345	2281	6080	2141	—	1380	—	—	—
1977	37093	3062	2278	2417	8934	2123	—	1510	—	—	—
1978	60697	11417	2342	2776	10788	2812	—	2170	—	—	—
1979	52604	10921	2813	2983	7507	3153	—	3680	2324	—	—
1980	38141	15835	3000	—	7389	3382	—	4999	1781	—	—
1981	27985	18947	2109	—	5085	3378	—	6278	2095	—	—
1982	30384	61891	2672	—	8017	3905	—	7124	2435	—	—
1983	35611	18770	3555	—	4529	4444	—	12540	2231	—	—
1984	43815	25378	5958	—	1004	7176	—	17862	2368	—	—
1985	47665	30638	4594	—	2327	8394	—	28829	33342	—	2478
1986	55593	30266	5092	—	6336	11752	—	42105	79629	—	5260
1987	42799	36382	4301	—	6956	10029	—	33973	81448	3201	4473
1988	40456	44275	4975	—	8010	12875	—	47561	97146	3414	6026
1989	38689	40405	5940	—	9381	18591	—	51869	115082	5963	13764
1990	38398	40688	7672	—	8325	19402	—	54838	116432	5938	26854
1991	42168	50567	9138	—	7480	23940	—	55835	101647	4616	42189
1992	54064	62585	9606	—	5790	26249	—	63226	53502	4695	22417

续表 2

年份	基本建设支出	企业挖潜改造资金	科技三项费用	地质勘探费	流动资金	工交等部门事业费	流通部门事业费	城市维护费	政策性补贴支出	支援不发达地区支出	专项支出
1993	68541	106426	11064	—	5774	34590	—	84852	43844	5062	33443
1994	71814	107208	13160	50	4614	46811	—	110595	43851	5395	—
1995	78306	149483	17782	1	5715	42012	—	131022	43438	6507	56773
1996	95309	184975	22041	—	5400	45865	—	160099	66948	8202	65219
1997	107594	212862	29419	50	5088	47621	—	195982	68838	10216	—
1998	158109	194479	40859	—	50	51272	508	229724	76966	14047	97302
1999	212903	241041	55892	—	—	56487	2150	271789	64321	15259	122223
2000	280042	263372	91987	9425	—	63785	4050	335422	60205	16322	145878
2001	446356	434321	124034	21237	—	105887	3878	438197	72790	20164	166181
2002	559709	469213	160801	25049	—	126750	6514	514306	57345	23485	191355
2003	633046	489049	195284	27185	—	165706	11293	596096	51750	33121	225035
2004	732868	537581	252380	29632	—	223693	12229	621881	52944	34407	251479
2005	924118	572882	340822	30829	—	242202	14374	764081	63683	45030	374712
2006	1001210	552198	415202	34615	—	300444	19324	843596	162968	48601	448691

资料来源：浙江省档案馆、浙江省财政厅历年浙江省财政决算报表。

说明：1. 1952—1968 年“基本建设支出”为经济建设类支出；1958—1961 年，“科技三项费用”由财政拨款改为企业利润留成，列预算外支出；1949—1967 年“工交等部门事业费”仅为交通支出数，1968—1997 年“工交等部门事业费”为工交商等部门事业费；1956—1968 年“城市维护费”为城市公用事业支出；1985—1993 年“专项支出”为专款支出。

2. 农林水等支出未计入此表，另行列表。

3. 2007 年政府收支分类改革后，一般预算经济建设各项支出分解到各功能分类科目中，其中基本建设支出反映在经济分类表中列“基本建设支出”和“其他资本性支出”。故此表统计至 2006 年止。

第三节　农林水事务支出

民国时期，浙江省农林水利支出主要用于钱塘江岸防工程等水利工程建设（已在第二节经济建设支出中记述）。中华人民共和国成立初期，国家实行优先发展重工业的社会主义工业化战略，由农业向工业提供积累，先后实施土地改革、合作化运动等农业农村政策，“农民自力更生为主、国家支援为辅”成为农业投入的主体格局。浙江省财政支农支出总体水平不高，1949 年为 26 万元，至 1957 年增至 1586 万元。1958 年“大跃进”和“人民公社化”运动后，浙江省财政支农支出进入大幅增长期，1958—1960 年分别投入 2425 万元、6137 万元、1.09 亿元，与上年比增长率依次为52.9%、153.1%、77.3%，年度支农支出占一般预算支出比重分别为3.0%、6.9%、8.9%。1961—1965年，国家提出以农业为基础、工业为主导的发展总方针，调整合作社制度等各项农村政策，农民生产积极性逐步恢复，粮食持续增产。其间，浙江省连续五年减少支农支出，减至4219万元，年均减幅16.8%。相应地，支农支出占一般预算支出比重前两年分别为16.1%、18.5%，随后逐步下降，1965年降至8.6%。1966—1976年“文化大革命”期间，浙江省财政支农支出波动较大。第一年小幅增至4371万元，比上年增长3.6%，紧接着连续两年下降，降至2915万元，年均降幅18.3%。至1969年4月中共第九次全国代表大会召开，各项工作出现转机，当年浙江省财政支农支出扭转下降趋势，增至3416万元，比上年增长17.2%。此后，浙江省财政支农支出逐年增长，年均支出8239万元，年均增幅21.2%；占当年一般预算支出的比重从1969年的6.1%逐步上升为1976年的11.0%。1977年，浙江省财政支农支出1.33亿元，较上年增长10.5%，占当年一般预算支出的10.8%，略低于上年。1978年中共十一届三中全会召开后，农村实行以家庭联产承包责任制为主要形式的农业生产经营制度，农业向专业化、商品化、社会化方向发展。省委根据中央部署，加强对农业的领导，财政支农支出大幅增长，1978年、1979年分别为2.01亿元、2.54亿元，分别比上年增长51.7%、26.3%，占当年一般预算支出比例分别为11.5%、14.3%。1980年，财政支农支出2.25亿元，比上年减少11.5%，占当年一般预算支出降至13.0%。

随着改革开放的推进和经济快速发展，浙江省财政支农支出进入持续增长时期。1981—1991年，浙江省财政支农支出累计54.08亿元，年均4.92亿元，年均增幅14.7%(1985年下降6.7%，其余年份均增长)，占一般预算支出，略经波动后下降至8.6%。1992年，省政府办公厅印发《关于进一步实行农科教结合加快农业和农村经济发展意见的通知》，促进农业和农村经济再上新台阶。当年，全省财政支农支出9.84亿元，比上年增长9.9%，占一般预算支出的10.3%。1993年，《中华人民共和国农业法》颁布，明确国家财政每年对农业总投入的增长幅度应当高于国家财政经常性收入的增长幅度。当年，浙江省财政支农支出12.85亿元，比上年增长30.6%，占一般预算支出的10.3%。1994—1995年，浙江省财政支农支出继续保持增长势头，增至15.56亿元，年均增幅10.1%。1996年，省委、省政府发布《关于进一步完善农业投入机制增加农业投入的决定》，明确各级政府每年财政预算用于农业支出的计划安排和实际完成的增长幅度，必须分别高于财政经常性总支出计划安排和实际完成数的增长比例。当年，浙江省财政支农支出18.80亿元，比上年增长20.8%，占当年一般预算支出的8.8%。至2003年，浙江省财政支农支出63.17亿元，为1996年的3.4倍，年均增长18.9%，但总体略低于当年一般预算支出增幅。2004年，中央1号文件首次提出要把解决好农业、农村、农民问题作为全党工作的重中之重。此后至2010年，每年中央1号文件均针对农村、农民、农业“三农”问题。省委、省政府贯彻落实中央各项“三农”政策，调整资金使用方向和投入重点。全省各级财政筹措支农资金，逐步扩大公共财政覆盖农村的范围，增加农业投入，调整农业结构，扩大农民就业，深化农村改革，促进农民增收。财政对农业的投入进入高速增长期，7年累计支出1121.95亿元，年均增幅24.3%，高于年均一般预算支出增幅4.5个百分点。2010年，财政支农支出290.37亿元，占当年一般预算支出的9.1%。同年，浙江农民人均纯收入11303元，连续26年位居全国省区第一。

一、农业支出

农业（含渔业，下同）支出主要是用于各级农业部门行政事业运行和农业农村生产发展的财政支出。

1949—1952年，经过三年的国民经济恢复期，浙江经济步入正常发展轨道。省委、省政府为扶持农业生产发展，要求各级财政加大对农业的投入。这一时期，农业支出归于经济建设事业支出类，款级科目主要包括农业和牧业支出、农垦支出、水产支出和拖拉机站支出等。1953—1957年，全国实施第一个“五年计划”，浙江财政农业支出大幅增加，全省实施农业技术推广体系等业务建设和农田基本建设，农业生产获得全面发展。1956年以后，浙江省贯彻中共中央于1956年1月提出的《1956年到1967年全国农业发展纲要（草案）》和农业“八字宪法”（即“土、肥、水、种、密、保、工、管”），加强对农业生产的领导。1961年，全省农业支出7381万元，占一般预算支出的11.3%。

1966—1976年“文化大革命”期间，浙江经济受到严重破坏，财政支农支出得不到有效保障。1968年，全省财政农业支出1299万元，是近10年中农业支出最少的年份。1969年，农业支出归于支援农业支出类，款级科目为农业事业费。1970年，全省农业支出占一般预算支出的比重为2.0%。1971年，根据中共中央关于调整国民经济的部署，重新认识农业在国民经济中的基础地位，财政农业支出开始逐年恢复性增长；农业事业费款级科目细分为农垦事业费、农业事业费、水产事业费等项级科目。1976年，省委、省政府要求进一步增加对农业的投入，当年财政农业支出6283万元，比上年增长24.1%。1978年，全省农业支出1亿余元，农业生产逐渐得到恢复和发展。1979年，农业支出增加农村人民公社开荒补助费；1980年，又增加农委事业费和社队企业事业费。

20世纪80年代改革开放初期，财政对农业支出的绝对数和支出占比大幅增长。1983年，省委、省政府根据《中共中央关于当前农村经济政策的若干问题》，深化农村改革，全面推行农村家庭联产承包责任制；提出发展农业“一靠政策、二靠投入”，采取“以工补农”、鼓励农户投入等措施，全方位筹措资金发展农业。1984年，全省农业支出2.08亿元，占一般预算支出的7.2%。这一时期，农业支出科目包括农林水利气象等部门事业费类和支援农村社队生产支出类；1986年支出科目增加支援农村合作生产组织资金；1987年增加农业发展专项资金支出；1989年增加发展粮食生产专项支出。

20世纪90年代，各级政府对农业生产日益重视，财政对农业的支持力度不断加强，农业支出与财政总支出实现同步增长，但所占比重仍然偏低。1995年，全省财政农业支出6.81亿元，占一般预算支出的3.8%，比上年下降1.6个百分点；农业支出科目中取消农业发展专项资金支出。根据省委、省政府的决策部署，各级政府把增加农业投入、落实各项支农政策作为加强对农业领导的核心工作来抓。1997年，发展粮食生产专项款级科目调整为“粮食自给工程资金”。1998年，《浙江省农业和农村现代化建设纲要》提出“建立多渠道、多元化的农业投资机制”，全省各级政府增加对农业现代化建设的投入，确保财政对农业总投入的增长幅度高于财政经常性收入的增长幅度;足额收取并管好用好农业发展基金、水利建设基金、土地复垦基金、育林基金和更新改造基金;完善农田水利基本建设和植树造林要求农民无偿承担劳务的劳动积累工制度,广泛采取股份合作制等多种形式引导农民增加对农业的投入;改革农业投融资体制,改善投资环境,鼓励和引导工商企业、个人和外商投资农业资源开发、农业基础设施建设和农副产品加工业。1996—2000年,全省累计农业支出54.40亿元,年平均支出10.88亿元,占一般预算支出的平均比重3.6%。

2000年,省委、省政府提出"要按照'多予、少取、放活'的原则,严格按照法律要求,确保财政支农支出增加,逐步提高财政支农资金占整个支出的比重"。各地在完善农业保障体系,重点支持种子种苗工程、畜禽规模养殖场、农业高新技术园区建设等方面,加大财政资金的投入。2001年,浙江省在全国率先推出的粮食购销体制市场化改革中,推进农业和农村经济结构调整。2002年,浙江省全面推行以"减调改稳、合理负担、转移支付、配套进行"为主要内容的农村税费改革;同年省财政对省级农产品行业协会工作经费和自身建设进行适当补助,安排专项资金支持重点行业建立贷款担保基金,为会员单位的贷款提供担保。2003年,农业支出单独设类,包括行业管理、自然灾害救助、农业生产资料补贴、农业资源和环境保护、其他农业支出等款级科目。2005年,省委、省政府颁发《关于推进欠发达地区加快发展的若干意见》,要求"十一五"期间(2006—2010年)省级有关支农专项资金用于扶持欠发达地区的比例每年不低于三分之一。同时,中央财政出台农资综合直接补贴、国家农作物良种补贴、农业机械购置补贴等政策。2001—2005年,全省财政农业支出累计159.67亿元,年平均支出31.93亿元。

"十一五"时期(2006—2010年),省政府每年印发扶持粮食生产发展的意见,实行种粮直接补贴、订单稻谷奖励、种粮大户水稻政策性保险等扶持政策,加大对粮食生产支持力度;同时结合浙江省高效生态农业发展需要,陆续出台一系列强农惠农政策,加上中央财政的大力扶持,此期农业支出高速增长。2007年,省政府印发《大力发展农业机械化的若干意见》,建立政府支持推广的农机产品目录,省和县(市、区)分别对购置目录内的农机产品给予财政扶持。省财政厅、省农业厅印发《关于促进我省生猪等产业健康发展的实施意见》,建立能繁母猪补贴制度,扶持发展生态规模养猪。当年,在收支分类科目中农业支出作为款级科目在农林水事务支出类中列支。

图31-2-3-1　2008年,缙云县发展现代农业,建设现代化蔬菜大棚(浙江省财政厅档案室提供)

2008年,中央财政首次安排现代农业发展专项资金,支持浙江省发展蔬菜产业和淡水养殖业;省政府印发《关于加快推进现代国有农林渔场建设的若干意见》,2008—2010年,省财政每年安排一定资金，支持国有农林渔场基础设施建设。2009年，省政府印发《关于加强基层农业公共服务体系建设的意见》，把县乡两级农业公共服务体系人员和工作经费全额纳入县乡财政预算。同年，省政府办公厅发文，要求开展标准农田质量提升试点工作，省财政设立专项资金给予补助。其中，农田基础设施按照“性质、渠道、内容”不变的原则，整合现有水利、农业综合开发等相关项目给予扶持。2010年，省政府办公厅印发《关于加强粮食生产功能区建设与保护工作的意见》，统筹相关资金，集中投入粮食生产功能区建设。同年，浙江省开展现代农业园区建设，财政部门整合农（林、渔）业产业发展资金、小型农田水利、节水灌溉、农业科技成果转化、农林生态环境建设等项目资金，统筹用于园区内项目建设。当年，省财政对推广应用商品有机肥工作做得好的、当地补贴资金落实到位的县（市、区），按经济欠发达地区200元/吨、其他地区150元/吨的标准给予补贴。2006—2010年，全省农业支出累计510.38亿元，其中2010年农业支出154.34亿元，占一般预算支出的4.8%。

二、林业支出

林业支出除用于各级林业行政事业单位人员经费外，主要用于发展林业生产、开发与保护林木资源等支出。

1949—1952年，浙江省扶持林业生产发展投入主要用于营林机构经费、林木良种推广费、森林保护费等。1953—1965年，全省林业支出大幅增加，林业生产、开发与林木资源保护都获得全面发展。其中1960年全省林业支出629万元，分别占支农支出和一般预算支出的5.8%和0.5%。1966—1976年“文化大革命”期间，全省林业生产受到干扰和冲击，林业支出大幅减少，1971年全省林业支出262万元，分别占支农支出和一般预算支出的4.4%和0.3%。

1978年中共十一届三中全会后，省委、省政府根据中央部署，对林业的投入逐渐增加。1980年，全省林业支出1476万元，占支农支出的6.6%。1983年，林业支出科目增加社队造林和林木保护补助费支出，后改为农村造林和林木保护补助费支出。林业支出归于农林水利气象等部门事业费类和支援农村社队生产支出类。1989年，省财政厅、省林业厅印发《浙江省林业基金制度（试行）》，各级政府按照文件规定建立林业基金制度。1990年，全省林业支出4837万元，分别占支农支出和一般预算支出的5.9%和0.6%。1994年，林业支出中增加森林工业事业费支出，主要用于森林工业系统技术推广、管理干部和技术人员培训及政策性、技术性支出。1995年，全省林业支出1.08亿元，分别占农业支出和一般预算支出的6.9%和0.6%。

1997年，林业支出包括林业事业费、森林工业事业费、森林警察部队经费、农村造林和林木保护补助费4个款级科目。1998年，省财政厅、省林业厅重新印发《浙江省林业基金制度》，规定林业基金的资金来源。林业基金征收收入按照“统一征收，分级管理、省市（地）适当集中使用”的原则，实行“收入上缴同级财政专户、收支两条线”管理。林业基金主要用于培育和保护森林资源，以林养林、发展林业。1999年，林业支出新增“天然林保护经费”。2000年全省林业支出2.29亿元，分别占当年支农支出和一般预算支出的6.8%和0.5%。

2003年，单独设立林业支出类科目，包括行业管理、森林救灾、天然林保护、退耕还林、森林生态效益、造林、防沙治沙和其他林业支出8个款级科目。2004年，省财政厅、省林业厅制定《退耕还林、阔叶林发展专项资金管理办法》，规定退耕还林专项补助资金用于纳入省退耕还林年度计划的通道两侧，特别是高速公路两侧第一层山脊线范围内的退耕还林项目补助，凡经检查验收符合规定标准的，省财政每亩补助300元。阔叶林发展专项补助资金用于省重点生态公益林区内，特别是国、省道两侧的第一层山脊线范围内和县（市、区）城周围山体的人工营造阔叶林（包括人工补植）和阔叶林封育改造项目补助。对纳入省级阔叶林发展年度计划、经验收符合规定标准的，连片10亩以上的人工造林和连片100亩以上的人工补植，省财政每亩补助300元；连片200亩以上的封育改造，省财政每亩补助100元。同年，省人大常委会修订通过《浙江省森林管理条例》，首次对生态公益林森林生态效益补偿和基金制度设立作出明确规定。省政府办公厅随后公布全省生态公益林建设规模及《浙江省重点生态公益林管理办法（试行）》。省财政厅、省林业厅制定《浙江省森林生态效益补偿基金管理办法（试行）》，明确补助范围为国家林业局公布的国家重点生态公益林林地中的有林地和省公布的省重点生态公益林林地中的有林地和灌木林地（以下简称公益林），补偿标准为每亩每年8元。2004—2005年，全省林业支出14.74亿元，占支农支出的8.7%。

2007年政府收支分类改革后，林业支出调整为农林水事务类中的林业款级科目。2006—2008年，省级以上公益林最低补偿标准逐年调整，分别为10元/亩·年、12元/亩·年、15元/亩·年。2009年，继续加大森林生态效益补偿力度，省级以上公益林最低补偿标准提高到17元/亩·年，省以上财政全年投入3.61亿元。当年，省财政厅、省林业厅印发《浙江省林业科技项目与资金管理办法》，明确专项资金支持具有资质的从事林业科技推广、成果转化及林业科技生产型的企、事业单位从事森林生态体系构建、优良新品种引进和繁育等林业实用技术的创新、集成、成果转化与推广示范。同时，引导支持省级森林公园、林业观光园区建设，引导林业专业合作社等基层林业管理单位（含林业站、林技站等）开展森林景观设施建设，野生动植物驯养繁殖关键技术应用与设备设施购建，产品转型升级和多功能开发利用突破性技术应用和成果转化以及市场拓展，森林经营设施建设和信息化管理设备配置等。2007—2009年，全省林业支出52.49亿元，占支农支出的9.5%。

2010年，浙江省出台森林资源资产抵押贷款给予财政贴息支持政策，对贷款债务人以其所有或者依法有权处置的森林、林木、林地、森林景观资产以及与森林资源有关的其他资产作抵押品向各类银行（含农村信用社和小额贷款公司）申请贷款，用于农村生产发展、农村生产设施建设、以森林为依托的农家乐等森林休闲产业等项目，省财政按年利率3%给予贴息。2010年，全省林业支出24.07亿元，分别占当年支农支出和一般预算支出的8.3%和0.8%。

三、水利支出

水利支出包括用于各级水利系统行政事业单位人员经费、行业运行和管理经费、水利工程建设和维护、水资源管理与保护、防汛抗旱、农田水利等水利建设与发展方面的支出。1952年，水利事业费单独设款级科目列支。

“一五”时期(1953—1957年),各级政府提出“防洪防旱并重,平原山区兼顾”的治水方针,按不同地域特点,确定不同治理工程。1957年,浙江省水利支出454万元,分别占同期支农支出和一般预算支出的28.6%、1.7%。1958年,《全国农业发展纲要(草案)》正式实施,全省自上而下,在“书记动手,加强领导,大办水利”的思想指导下,出现连续三年以建设水库为重点的水利建设高潮,全省形成以小型水库为基础,大、中型水库为骨干的灌溉系统。1958—1962年,全省水利支出9207万元,分别占同期支农支出和一般预算支出的24.4%、2.3%。

20世纪60年代初,浙江省贯彻中央“调整、巩固、充实、提高”方针,全省各地开展对前几年动工兴建的水库工程进行清理和政策处理工作。1963—1965年,全省水利支出7254万元,分别占同期支农支出和一般预算支出的42.9%、5.1%。1966年,水利工作贯彻“大寨精神,小型为主,全面配套,狠抓管理,更好地为农业增产服务”的方针。全省各地坚持以治水改土为中心,以建设旱涝保收、高产稳产农田为重点,山、水、田、林、路综合治理的农田基本建设。1966—1970年,全省水利支出9475万元,分别占同期支农支出和一般预算支出的47.6%和3.6%。1971—1975年,全省水利支出2.08亿元,分别占同期支农支出和一般预算支出的51.9%和4.4%。

1976—1980年,水利工作进行一系列整顿、改革,各地开展小型农田水利建设,有计划地建设大、中型水利骨干工程,水利投入呈现持续较快增长的态势。全省水利支出3.95亿元,分别占同期支农支出和一般预算支出的42.3%和5.2%。1981—1985年,全省水利支出5.12亿元,分别占同期支农支出和一般预算支出的35.9%和4.1%。1988年,《中华人民共和国水法》颁布实施,治水管水逐步走向法制化轨道。1986—1990年,水利建设投入增幅较大,全省水利支出8.79亿元,分别占同期支农支出和一般预算支出的28.5%和2.7%。1991年,为综合治理太湖流域,浙江省实施太浦河(浙江段)、杭嘉湖南排工程、环湖大堤(浙江段)、红旗塘(浙江段)、杭嘉湖北排通道(浙江段)和东西苕溪防洪六项骨干工程的建设。1992年,经请示国务院同意,省政府印发《关于治理太湖流域杭嘉湖骨干工程集资办法的通知》,在嘉兴、湖州两市全部辖区和杭州市的市区及余杭县范围内征集治理太湖流域杭嘉湖骨干工程建设资金。1993年,参照太湖工程集资办法,省政府批复温州市、萧山市水利骨干工程建设集资办法。省政府印发《关于钱塘江中游“三江”治理标准江堤工程集资办法的通知》,筹集资金投入钱塘江中游金华江、衢江、兰江治理标准江堤工程。同年,省政府印发《关于水利建设专项资金征集办法的通知》,在全省范围内开征水利建设专项资金。1995年,省政府印发《关于加强小流域治理和河道疏浚工作的通知》,建立省小流域治理和河道疏浚专项资金,实行部分有偿使用,滚动发展。1991—1995年,全省水利支出15.81亿元,分别占同期支农支出和一般预算支出的26%和2.4%。

1996年,浙江省采取国家扶持和按市场机制吸引社会投资相结合的办法筹集“五自”(自行筹资、自行建设、自行收费、自行还贷、自行管理)水库工程建设资金。1997年,国务院规定水利建设基金由中央水利建设基金和地方水利建设基金组成。浙江省制定水利建设基金筹集和使用管理实施办法,浙江省水利建设基金由省级水利建设基金和市、县水利建设基金组成。1998年,浙江省实施水利产业政策,理顺投资渠道,扩大资金来源,规范各项收费,推进

图 31-2-3-2　1997 年 11 月，省政府在加大财政投入的基础上，动员全社会力量，修建高标准钱塘江海塘。图为海塘一段（浙江省财政厅档案室提供）

水利产业化。同年，省财政厅、省水利厅制定浙东标准海塘建设资金筹集使用管理办法，海塘建设资金的筹集采取地方自筹为主，省按标准予以补助的方式。省补助标准为：可抗百年一遇海潮的海塘每千米补助 150 万元；可抗 50 年一遇海潮的海塘每千米补助 100 万元；可抗 20 年一遇海潮的海塘每千米补助 30 万元。1999 年，财政部批复浙江省征收水利建设基金，经省政府同意，将“治理太湖流域杭嘉湖骨干工程集资”“钱塘江中游三江治理标准江堤工程集资”“水利建设专项资金”合并改称为“水利建设专项资金”，纳入地方水利建设基金管理。同年，浙江省加强城市防洪工程建设，城市防洪设施建设和维护所需资金，由各城市自行解决，对少数重要城市、重要地段且本身财力确难以完全承受的城市给予适当补助，对城市防洪工作出色、成绩显著的城市给予适当奖励。1996—2000 年，全省水利支出 32.90 亿元，分别占同期支农支出和一般预算支出的 26.1%和 2.2%。

2003 年，浙江省建设千万农民饮用水工程项目，项目资金筹措以业主自筹和地方政府投入为主，省财政对饮水项目进行适当补助。当年，浙江省建立水库保安专项资金，资金筹措以水库自筹、地方财政、受益区合理承担为主，省级财政视财力进行适当补助。2004 年，浙江省开展万里清水河道建设，省财政对有万里清水河道建设任务的市、县（市、区）按重点扶持地区和一般扶持地区两档进行补助。2005 年，浙江省实施“千万亩十亿方节水工程”，省财政设立专项资金对欠发达县（市、区）和海岛县（市、区）以及享受省财政“两保两挂”体制和工资转移支付的 41 个县（市、区）按不高于核定总投资的 40%、其他地区不高于核定总投资的 30%进行补助。2001—2005 年，全省水利支出 71.31 亿元，分别占同期支农支出和一般预算支出的 21.8%和 1.6%。

2006 年，省政府批复《浙江省水资源保护和开发利用总体规划》，实施水资源保障百亿工程，省财政安排资金支持规划内的重点水库和引调水工程。2009 年，中央财政对小型农田水利重点县建设实行重点扶持政策。浙江省有建德市、绍兴县、长兴县、嘉善县、金东区、东阳市、龙游县、江山市、温岭市、松阳县等 10 个县（市、区）获扶持，省财政投入 1.21 亿元，全面开展小型农田水利重点县建设。2010 年，中央和省财政设立专项资金，支持农户或联户、村组集体等组织自愿开展的小型农田水利设施建设。同年，浙江省设立“强塘”工程专项资金，对水库除险加固、海塘配套加固、江堤加固、中小河流治理等建设项目，根据专项转移支付类别档次，按核定投资的 10%～50%进行补助。同时，设立浙江省滩涂围垦专项资金，对列入《浙江省滩涂围垦总体规划》或区域滩涂围垦规划，经批准并落实了省统筹补充耕地指标的滩涂围垦建设项目，实行分类补助。2006—2010年，全省水利支出199.99亿元，分别占同期支农支出和一般预算支出的21%和1.8%。

四、扶贫支出

农村扶贫工作始于20世纪80年代后期。1988年，财政部设立“支援不发达地区支出”类级科目，用于支持不发达地区发展、少数民族地区补助、边境建设事业费等支出(以下简称扶贫支出)。当年，全省扶贫支出3414万元，分别占当年一般预算支出和支农支出的5.4‰、5.8%。至1992年，浙江省扶贫支出每年基本稳定在5700万元～6200万元之间。

1993年，国务院扶贫开发领导小组成立。同年，浙江省成立贫困地区和革命老区建设领导小组(办公室设在省政府办公厅农业处，简称省扶贫办，1999年与省农业和农村工作办公室合署办公)。当年，全省扶贫支出6426万元，比上年增长3.9%。

1994年3月，国务院制定和发布全国扶贫开发工作纲领，计划在1994—2000年的7年时间基本解决全国农村8000万贫困人口的温饱问题。当年，浙江省实施“八七扶贫攻坚计划”，以文成、泰顺、永嘉、云和、景宁、青田、磐安、武义8个贫困县全体农民为对象，以减缓和消除贫困县绝对贫困为目标，重点支持农业开发、易地脱贫、异地开发。到1997年，8个贫困县提前三年完成脱贫目标，浙江省成为全国第一个没有贫困县的省区。1994—1999年，累计扶贫支出6.34亿元。1999年，全省农民人均收入3944元，农村贫困人口减少60万人，农村贫困发生率下降到1.8%，浙江省“八七扶贫攻坚计划”提前完成。

2000年，省委、省政府印发《关于进一步加强扶贫开发工作加快欠发达地区经济社会发展的意见》，实施“百乡扶贫攻坚计划”，以101个贫困乡镇(省定1999年农民人均年收入1500元以下的乡镇)全体农民为对象，以减缓和消除贫困乡镇绝对贫困为目标，重点支持产业开发、下山脱贫。2002年，该101个乡镇农民人均年纯收入1922元，年均递增9.9%，增幅高于全省平均水平，浙江省成为全国第一个消除贫困乡镇的省区。全省农村人均年纯收入1000元以下的贫困人口减少到3.7万人，减少14.4万人，比1999年下降79.6%。2000—2002年的三年，浙江省扶贫支出累计5.99亿元，年均支出1.99亿元。

图31-2-3-3　2007年，常山县组织肢残妇女通过来料加工，实现在家门口就业，增加家庭收入(浙江省财政厅档案室提供)

2003年，省委办公厅、省政府办公厅发布《关于实施“欠发达乡镇奔小康工程”的通知》，对361个欠发达乡镇(2001年农民人均收入低于全国平均水平2366元的乡镇)，实施“欠发达乡镇奔小康工程”(2003—2007年)，深化产业开发，加强下山搬迁，实行社会救助，减缓相对贫困。省以上财政专项扶贫资金重点支持其中211个欠发达乡镇农业产业化扶贫、来料加工、下山脱贫、农民技能培训和就业服务等。当年,全省扶贫支出 3.31 亿元,比上年增长 41.0%,分别占当年支农支出和一般预算支出的 5.2%、3.7‰。2004—2007 年,浙江省扶贫支出逐年增长,分别为 3.44 亿元、4.50 亿元、4.86 亿元和 7.24 亿元,各年分别比上年增长 3.9%、30.9%、7.9%和 48.9%,占年度支农支出的比重稳定在 5%左右。至 2007 年,欠发达乡镇农民人均年收入 4500 元,全省 80%欠发达乡镇农民人均年收入超过全国平均水平。

2008 年,省政府发布《关于印发低收入群众增收行动计划的通知》,开展新一轮扶贫工作,扶贫重心下沉到村。在全省农村以 111 万户(271 万人)低收入农户(2007 年家庭人均收入低于 2500 元的农户)为对象,实施"低收入农户奔小康工程"(2008—2012 年),深化产业开发,加大异地搬迁,覆盖公共服务,以专项扶贫、职能扶贫、社会扶贫,加快欠发达地区发展。省以上财政专项扶贫资金重点支持 26 个欠发达县(市、区)和黄岩区、婺城区、兰溪市有关乡镇 5200 个低收入农户集中村,支持实施异地搬迁、地质灾害危险区域农户避让搬迁和乌溪江、百丈漈、紧水滩三大重点库区群众出库搬迁,省补助标准为人均 5600 元;支持发展特色种养业、来料加工业,建立扶贫小额信贷制度和村级资金互助组织试点等。当年,扶贫支出 10.70 亿元,比上年增长 47.9%,占当年支农支出的 6.0%。2009 年,村干部误工报酬、一事一议财政奖补等财政资金从扶贫科目中调出,改列"城乡社区管理事务"科目,全省扶贫支出 9.84 亿元,比上年减少 8%。2010 年,全省扶贫支出 12.21 亿元,比上年增长 24.1%,占当年支农支出的 4.2%,增幅贡献主要源于宁波市增加 1.11 亿元,占全省增长额的 47.0%。当年,浙江省低收入农户人均纯收入 4239 元,比上年增长 17.0%,增幅高于全省人均收入平均水平 4.1 个百分点。

五、农业综合开发支出

农业综合开发支出是中央和地方对农村土地治理、产业化经营、科技示范等纳入国家批准的农业综合开发项目的投入。1988—1990 年实施第一期农业综合开发期间,中央财政每年下拨浙江省农业综合开发专项资金 2000 万元,按照省政府与国家土地开发建设基金管理领导小组签订的《浙江省农业综合开发建设协议书》的规定,浙江省按 1∶1 的比例筹集配套资金。其中,1988 年的配套资金,由省财政承担 200 万元,从省耕地占用税留成部分中解决,全部用于大圩区治理,其余的由市、县承担。1989—1990 年,省财政承担的配套资金根据财政困难程度,由省和实施项目的市、县共同承担。宁波市自 1991 年起实施国家农业综合开发项目,其农业综合开发工作直接受财政部国家农业综合开发办公室指导,按计划单列市有关政策开展工作。1991—1993 年,省财政共配套投入农业综合开发项目资金 5726 万元。1994 年,农业综合开发工作拓宽内容,增加种植业、养殖业、农副产品加工业为主的多种经营项目的投入。12 月,省财政厅印发《浙江省国家农业综合开发资金管理办法(实施细则)》,明确了中央、省财政投入的资金和县(市)乡(镇)级财政配套投入的资金,在安排使用时,以不低于 70%的比例用于改善农业生产基本条件,以不高于 30%的比例用于发展多种经营及扶持农业龙头项目的农产品系列开发。2000 年,为确保农业综合开发资金的筹措到位,推动全省农业综合开发工作再上新台阶，省财政厅、省农业综合开发办公室（以下简称省农发办）就国家农业综合开发项目市、县（市、区）财政配套和自筹资金有关问题联合发文，明确以各市、县（市、区）地方财政收入为依据，确定土地治理项目配套比例为按省以上财政资金的20%、30%和50%三档；多种经营项目的市、县（市、区）财政资金配套比例一律为省以上财政资金的20%。同年，财政部发文对浙江省用于土地治理和多种经营项目比例由70∶30调整为65∶35。1988—2002年，浙江省投入国家立项农业综合开发资金71.69亿元，其中：中央财政资金15.11亿元，地方财政配套资金25.08亿元，银行贷款10.35亿元，自筹资金21.15亿元。根据项目类型不同，土地治理项目总投入42.02亿元，其中：中央财政资金10.61亿元，地方财政配套资金16.82亿元，银行贷款3.27亿元，自筹资金11.32亿元；多种经营及产业化龙头项目总投入25.45亿元，其中：中央财政资金4亿元，地方财政配套资金4.75亿元，企业自筹资金9.7亿元，银行贷款7亿元。此外，省农发办从2000年开始扶持省级立项农业综合开发项目，2000—2002年分别投入省财政资金150万元、840万元和2180万元扶持土地治理项目。

2003年9月，按照财政部规定，部门项目中央和地方财政资金的投入比例为1∶1，其中：地方财政资金的80%由省财政承担，20%由项目所在市、县（市、区）负责配套，而由省级有关部门实施的部门项目的地方财政配套资金全部由省财政承担。2005年，省财政加大农业综合开发投入，按照与中央财政资金1∶1的配套比例落实地方财政资金，市、县（市、区）财政按省规定的分档比例落实配套资金。同时，为加强中低产田改造，全省用于中低产田改造（含中型灌区）财政投资以不低于土地治理项目总投资的90%进行配套安排。各地还通过政策引导，吸引工商企业资金和其他社会资金投入农业综合开发领域。2003—2005年，全省国家立项农业综合开发总投资52.77亿元，其中中央财政资金10.6亿元、地方财政资金18.69亿元。另外，省财政资金投入省级立项农业综合开发项目8900万元，其中：省级土地治理项目7780万元，省级多种经营项目1120万元。

2006年3月，省农发办以分级安排的方式对农业综合开发土地治理项目安排科技推广费，开发县农发办按不超过当年土地治理项目财政资金投入总额的5.6%的比例安排科技推广费，省农发办按当年土地治理项目省以上财政资金的2.4%的比例安排省级科技推广费，集中用于科技推广。2007年，浙江省在争取中央财政支持和落实好地方财政配套资金及自筹资金的同时，采取支农资金整合、引导银行信贷资金投入等多项措施，加大农业综合开发投入力度。2008年，浙江省完善农业综合开发投入政策，对资金投入比例进行调整，财政加大对农业基础设施建设的投入力度。加大对农民专业合作经济组织以

图31-2-3-4　2007年，温岭市塘下中低产田改造项目中的泵站和渠道（浙江省财政厅档案室提供）

及专业化、规模化、标准化优势农产品生产基地建设的扶持力度。开展支农资金整合试点，引导和促进支农资金统筹，支持新农村建设和区域优势主导产业发展，提升项目建设质量和资金使用整体效益。2009年，优化农业综合开发投入结构，整合农业综合开发项目与其他支农项目，强化财政资金对社会资金的引导作用，实施土地治理和产业化经营两类项目的有机结合。从2009年起，农业综合开发产业化经营项目财政资金全部无偿投入，并分别实行财政补贴和贷款贴息扶持方式。实行财政补贴方式扶持的农业综合开发产业化经营项目，省财政资金与中央财政资金配套比例为0.8∶1，省以上财政资金与市、县（市、区）财政资金的配套比例为9∶1。2006—2009年，全省国家立项农业综合开发项目总投资97亿元，其中各级财政资金41.79亿元。另外投入省财政资金3.54亿元用于省级立项农业综合开发项目，其中省级土地治理项目2.38亿元、省级产业化经营项目1.16亿元。

2010年，为适应全省粮食生产和发展现代农业的要求，浙江省完善有关扶持政策，农业综合开发着力建设高标准农田，支持粮食生产功能区、现代农业园区建设。根据浙江省"七山一水两分田"的实际情况，山区小流域农业生态工程项目财政资金投入占土地治理项目财政总投入的比例从10%提高到30%。同时，根据财政部有关规定，浙江省土地治理项目中用于农业机械、配套农机具和苗圃建设等经营性措施的补贴限额，不得超过土地治理项目财政资金的5%。全省2010年度国家立项农业综合开发总投资20.67亿元，其中：土地治理项目总投资12.41亿元，拨付各级财政资金10.61亿元；产业化经营项目总投资8.26亿元，拨付各级财政资金1.96亿元。此外，省财政投入资金1.27亿元用于省级立项农业综合开发项目，共实施土地治理项目13个，下达省级财政资金7140万元；省级科技推广项目3个，下达省级财政资金245万元；实施产业化经营财政补助项目10个，下达省级财政资金845万元；产业化经营贷款贴息项目140个，下达省级财政资金4440万元。

六、其他农林水事务支出

其他农林水事务支出是指无法归集至农业支出、林业支出、水利支出、扶贫支出、农业综合开发的财政支农支出，其不同时期包含内容不同，主要包括水库移民建房支出、气象事业费、乡镇企业事业费、其他农林事业费等，其中土地管理事业费、气象事业费支出已分别在本章第二节"国土资源与气象事务支出"目中记述。

1949—1953年，无其他农林水事务支出。1954年，浙江省气象局成立后至1961年，其他农林水支出仅为气象支出。1962年，为支持新安江水库建设，水库移民建房支出单独列款，计入其他农林水支出。1962—1970年，其他农林水支出累计7136万元，主要是水库移民建房支出累计6507万元，占同期其他农林水支出的91.2%。1971年，水库移民建房支出改列基本建设支出，仅少量扫尾款列其他农林水支出。1971—1982年，其他农林水支出总计3962万元。

1983年，单独增设其他农林事业费款级科目，用于核算农林水等部门事业费支出各款中包括不了的其他支出。1985年，社队企业事业费款改称乡镇企业事业费款，由原农业支出改列其他农林水支出，主要用于技术推广费和干部培训费两项支出。1983—1995年，其他农林水支出累计 2.01 亿元，其中：乡镇企业事业费 3535 万元，占 17.6%；土地管理事业费 5330 万元，占 26.5%；其他农林事业费 6015 万元，占 30%；另有气象事业费支出，以及少量水库移民建房尾款 18 万元，于 1985 年支出完毕，以后年度不再列支。1996—2002 年，其他农林水支出累计 10.18 亿元。2003 年，政府收支科目调整，不再单设乡镇企业事业费和其他农林事业费款级科目，增设土地管理事业费款级科目。同年，浙江省按照中央统一部署，为增加耕地面积，使用中央财政安排的新增建设用地土地有偿使用费，集中资金规模进行土地开发整理，建设资金列土地管理事业费并计入其他农林水支出款级科目。2003—2006 年，其他农林水支出累计 12.62 亿元。

2007 年政府收支分类改革后，气象事业费和土地管理事业费等不再列入其他农林水支出款级科目。2007—2009 年，其他农林水支出仅指其他农林事业费，各年分别为 4.27 亿元、4.03 亿元、6.70 亿元；其他农林事业费具体包括生态环保水利专项支出、灾害应急移民支出、农村党支部书记和村委会主任基本报酬支出等临时性支出。2010 年，农村综合改革支出列入其他农林水支出。当年其他农林水支出 28.88 亿元，其中：其他农林事业费 11.27 亿元，占 39%；农村综合改革支出 17.61 亿元，占 61%。

表 31-2-3-1　　1949—2010 年浙江省财政农林水事务支出一览表

单位：万元

年份	农林水事务支出合计	农业支出	林业支出	水利支出	扶贫支出	农业综合开发支出	其他
1949	26	26	—	—	—	—	—
1950	232	—	—	—	—	—	—
1951	62	62	—	—	—	—	—
1952	103	77	19	7	—	—	—
1953	410	296	46	68	—	—	—
1954	637	398	69	155	—	—	15
1955	1138	863	79	176	—	—	20
1956	1429	976	243	210	—	—	0
1957	1586	887	245	454	—	—	0
1958	2425	1569	380	432	—	—	44
1959	6137	5285	373	396	—	—	83
1960	10880	7991	629	2144	—	—	116
1961	10523	7381	348	2712	—	—	82

续表 1

年份	农林水事务支出合计	农业支出	林业支出	水利支出	扶贫支出	农业综合开发支出	其他
1962	7845	1447	364	3523	—	—	2511
1963	7151	1994	410	2953	—	—	1794
1964	5559	2232	349	2341	—	—	637
1965	4219	1316	370	1960	—	—	573
1966	4371	1686	382	2094	—	—	209
1967	3685	1438	364	1719	—	—	164
1968	2915	1299	253	1258	—	—	105
1969	3416	1416	241	1678	—	—	81
1970	5514	1462	264	2726	—	—	1062
1971	5932	1642	262	3820	—	—	208
1972	6411	2524	300	3344	—	—	243
1973	8860	3274	451	4843	—	—	292
1974	8858	3607	508	4566	—	—	177
1975	10100	5061	580	4249	—	—	210
1976	12000	6283	1016	4495	—	—	206
1977	13264	6982	792	5243	—	—	247
1978	20124	10012	1181	8626	—	—	305
1979	25415	11191	1587	12230	—	—	407
1980	22497	11615	1476	8903	—	—	503
1981	22765	11122	2103	8950	—	—	590
1982	23168	11905	1952	8737	—	—	574
1983	27123	14377	1944	10699	—	—	103
1984	36111	20782	2553	12482	—	—	294
1985	33690	20809	2184	10348	—	—	349
1986	43509	25266	3421	14157	—	—	665
1987	45781	25565	3569	15896	—	—	751

续表 2

年份	农林水事务支出合计	农业支出	林业支出	水利支出	扶贫支出	农业综合开发支出	其他
1988	59160	32388	3657	18683	3414	—	1018
1989	77466	47295	4218	18965	5962	—	1026
1990	82479	50041	4837	20212	5938	—	1451
1991	89516	51572	6620	23924	5754	—	1646
1992	98384	56806	6457	26972	6183	—	1966
1993	128538	79417	7967	32041	6426	—	2687
1994	136634	82375	9385	34951	6687	—	3236
1995	155574	68096	10800	40221	7388	24190	4879
1996	187964	80160	12095	50488	8872	28921	7428
1997	213372	98862	13600	51620	11145	30925	7220
1998	245871	103844	16068	68345	14047	34099	9468
1999	277481	118566	18450	72771	15259	42667	9768
2000	335618	142560	22885	85726	16322	52367	15758
2001	422358	183997	31609	98062	20164	65687	22839
2002	528440	233631	38530	121903	23485	81608	29283
2003	631671	306554	49748	139281	33121	83508	19459
2004	785413	405484	58953	171663	34407	86933	27973
2005	906512	467083	88438	182221	45030	87892	35848
2006	1067299	563224	100619	205436	48601	106490	42929
2007	1421494	712132	135818	351904	72378	106539	42723
2008	1774175	938609	162926	408312	107026	117035	40267
2009	2360813	1346373	226145	471940	98418	150956	66981
2010	2903745	1543432	240730	562326	122117	146377	288763

资料来源：浙江省档案馆、浙江省财政厅历年浙江省财政决算报表。

说明：“农业综合开发支出”一栏，因 1994 年 10 月之前浙江省农业开发办公室由省政府办公厅管理，省财政厅相关报表未单独列示“农业综合开发支出”科目。

第四节　教科文卫事业费支出

清代的教育，仅有举办书院和闱试费用。清末新政后，改设学堂，试编预算中始列教育经费。民国初期也只有教育费，民国17年(1928年)，国民政府改为教育文化费，并增设卫生费。教育经费又分省级教育经费和县级教育经费两部分，经费来源指定在几种财政收入中建立专款。民国35年后，国民政府发动内战，军费膨胀，加上经济衰退，导致教育经费严重不足，难以为继。民国时的卫生经费只是少量的公立医院经费和防疫经费以及护士学校经费、环境卫生经费。中华人民共和国成立后，浙江财政对教科文卫事业的支出主要体现在文化、出版、文物、教育、卫生医疗、体育、广播、干部训练等方面，文教卫生费比重由1950年的13.9%增到1952年的19.9%，教科文卫事业在较短的时间内得到恢复和发展。1966—1976年"文化大革命"期间，教科文事业受到冲击，财政支出与事业发展受到较大影响，1978年后逐渐恢复。1992年，浙江省实施"科教兴省"战略，各级财政加大对科教事业的投入，保障基础科学研究、高科技研发和科技普及；增加教育投入，教育经费大幅增长，保障各类学校和各层次人才的培养。进入21世纪后，浙江财政调整优化支出结构，将教育、科技、公共卫生、文化事业等列为财政提供公共服务的重点保障项目。

一、教育支出

周代"九式"①财政中，专设"祭祀之式"，成为宫廷文化经费的来源。唐大历十四年(779年)，宫廷文化经费被列入国家财政计划。各县、州、道的官府文化经费，从各级官税中列支。地方官府文化经费支出包括：王府乐伎费、供奉演出费、官府宴乐费等。宋、元、明各代均有地方官府文化费开支项目。清代文教费包括儒学、宗教以及邑、郡、坛庙等开支。府、县学生员最初每月都给廪膳(膳食津贴)，补助生活。生员名额有定数，府学廪生40名，州学30名，县学20名。每名岁给银3.2两、给膳2两，均不加闰。其他还有儒学、训导、教谕、膳夫、斋夫、门斗等薪资以及府、县学生员科考路费，文、武庙祭祀银等。浙江文场(文科举考场)经费，每科约支司库地丁银6000余两，程费银4000余两；武场(武科举考场)经费，每科约支司库地丁银500余两，程费银900余两。又文武举人会试水手及文武进士花红旗匾等项，约银12400余两，分3年摊支。清末废科举办新学，才开始出现现代意义上的财政教育支出。

民国时期，浙江的教育文化支出在财政支出中占有很大比重。民国元年(1912年)设有高等学校、两级师范、法政专门学校、医学专门学校、农业学校、中等工业学校、中等商业学校等，加上图书馆经费、留学经费、各校会补助费，年支经费约660902元。民国5年，全省教育费为791344元；民国7年为1148297元。民国17年，教育支出改名为教育文化费。民国20

① 周代以九式均节财用：一曰祭祀之式，二曰宾客之式，三曰丧荒之式，四曰羞服之式，五曰工事之式，六曰币帛之式，七曰刍秣之式，八曰匪颁之式，九曰好用之式。以九贡致邦国之用。

年，浙江省政府教育文化费经临支出合计2955456元，其中：经常教育文化支出为2362290元，包括教育厅经费199956元、省立医药专业学校经费88707元、省立高级中学经费134554元、省立高级蚕丝科中学经费51912元、省立第一至第十一中学经费884533元、省立师范学校经费56287元、省立图书馆经费57104元、省立西湖博物馆经费39729元、省立体育场经费16361元，等等；临时教育文化支出593166元，包括浙江全省运动会开办费15185元、浙江省警官学校经费106752元、浙江财务人员养成所经费48140元，等等。民国29年，浙江省教育文化经费经临合计为法币（下同）4495192元。民国35年，经常教育文化经费预算为9.10亿元，临时教育文化经费预算为9787万元。民国教育费中还包括教育行政机关经费、县立简易师范学校经费、县立中小学经费、中心小学经费、师范讲习所经费、暑期讲习所经费、补助各区小学及私立小学经费、女子小学经费、优良教师奖励金、识字运动及民校（识字班）经费、义务教育特别费、社会教育费（包括成人教育）、小学教师训练费等。

1949年中华人民共和国成立后，浙江省的教育支出，主要包括普通教育支出、职业教育支出和其他教育支出等款项。1949年5—12月，无单独教育经费支出，仅列宣教支出。1950—2006年，浙江省财政性教育经费支出统计在"教育事业费"科目下，具体有高等学校经费、中等专业学校经费、职业教育经费、中小学校经费、成人教育经费、业余教育经费和其他教育经费等支出款项。2007年，政府收支分类改革，改设"教育支出"类级科目，并下设教育管理事务、普通教育、职业教育、成人教育、广播电视教育、留学教育、特殊教育、教师进修及干部继续教育、教育附加及基金支出和其他教育支出等款级科目。

（一）普通教育支出

1949—2002年，普通教育特指中小学教育，普通教育经费由小学经费和中学经费组成。2003年后，普通教育支出的范围和口径发生变化，设学前教育、小学教育、初中教育、高中教育等支出款项。此子目主要记述学前教育、小学和中学教育及高等教育等财政支出情况。

1.学前教育支出（幼儿教育经费）

1950年，全省有幼儿园206所、入园幼儿6508人、教职员工241人。1953年，创办杭州幼儿师范学校，培养了一批幼儿教育师资，教育部门举办的幼儿园发展较快，入园幼儿23225人，教职员工1053人，幼儿教育经费支出38万元，占教育事业费的0.9%。1958年，全省各地大力兴办幼儿园和托儿所，入园幼儿人数在短期内快速增加。当年，全省幼儿园331所，入园幼儿38233人，教职员工1216人，经费支出58万元，占教育事业费的1.1%。由于办园条件不成熟，大部分幼儿园未能持久。1965年，入园幼儿减少至30856人，比1958年下降19.3%，经费支出的绝对数却增长至75万元，占教育事业费的0.9%。1966—1967年，幼儿教育经费支出相对稳定，两年支出分别为79万元和77万元，占教育事业费的0.9%和0.8%。1968—1970年，财政教育支出中细分项目缺失。1971—1979年，幼儿教育经费并入其他教育事业费内，不再单列。

1980年，幼儿教育经费重新分项单列，当年实际支出129.6万元，占教育事业费的0.5%。随着幼儿教育事业的发展，1984年底，全省共有幼儿园1.15万所，入园幼儿60.65万人，教职员工24074人，实际经费支出458万元，占教育事业费的1.0%。1985年起，财政逐年拨出专款，扩大办园范围，改善办园条件。1986—1995年，幼儿教育经费年均增长24.6%。其中：1988年幼儿教育经费支出1087万元，占教育事业费的1.1%；1995年，支出4650万元，占教育事业费的1.4%。

1996—2000年，政府决算报表中只列示教育事业费支出，无分项数据，幼儿教育经费数据暂缺。2000年后，国家大力发展学前教育，全省各级政府加大对学前教育的财政投入力度，各地在兴办公立幼儿园的同时，鼓励民营资本投资学前教育，财政加大对民办幼儿园的补助力度，改善教学条件，提高师资水平，扩大招生规模，解决社会普遍反映的入园难、入园贵的问题。2001年，幼儿教育经费支出1.27亿元，占同期教育事业费的1.2%。2003年，幼儿教育经费支出科目改为学前教育。2003—2010年，全省学前教育支出各年分别为1.96亿元、2.68亿元、3.15亿元、3.43亿元、4.85亿元、6.52亿元、8.51亿元、11.46亿元，为发展学前教育提供财力保障。

2. 小学和中学教育支出

1949年，全省有小学1.63万所，在校学生80.08万人；初级中学113所，在校学生4.34万人；高级中学和完全中学76所，在校学生1.04万人。1950年，中学教育支出175.79万元，同时安排粮食实物支出82.35万千克、柴草48万千克。1953年，全省小学2.59万所，在校学生159万人，教职员工6.05万人，小学教育支出1902万元，生均经费11.96元。1955年，全省小学2.44万所，在校学生178.9万人，小学教育支出1669万元，生均经费9.33元；公立中学129所，私立中学81所，在校学生9.7万人，教职员工7768人，中学教育支出1108万元（含工农速成中学235万元），生均经费114.23元。1952—1956年，全省各级财政部门每年在教育事业费中专门安排私立学校补助事业费支持私立中小学，其中省财政安排补助经费695万元。

1956年，在生产资料私有制社会主义改造完成后，一批私立学校改为公立，中小学教育在较快发展的同时，经费支出也随之快速增长。1957年，小学教育支出比上年增加757万元。1958—1960年，中学招生的平均增长速度超过28.8%，在校学生数年均增长3.9%；至1960年底，全省共有中学725所，在校学生35.2万人，教职员工2.1万人。1960年，小学教育支出3263万元，中学教育支出3228万元，分别占教育事业费的29.3%和29.0%。1961年，中小学教育转入调整和巩固阶段，在压缩学校数量和招生规模的同时，教育经费投入稳步增长。1961—1965年，小学教育支出分别为3444万元、3501万元、3689万元、4121万元、4014万元，中学教育支出分别为2177万元、1824万元、1875万元、2108万元、2129万元。

“文化大革命”期间，中小学教育经费总量有所增长，但是生均经费下降。1973年，小学教育支出5503万元，中学教育支出3571万元，分别占教育事业费的40.4%和26.2%。1975年，小学教育支出5468万元，生均经费10.32元；中学教育支出4315万元，生均经费24.81元。

1978年，全省贯彻中央关于普及小学教育的若干规定，小学教育事业快速发展，小学教育经费逐年增长；同时调整、整顿初中教育，控制、改革高中教育，中学教育经费稳步上升。

1978—1979年，小学教育经费从上年的5421万元增至6209万元，增长14.5%；中学教育经费从上年的5267万元增至7704万元，增长46.3%。1980年，小学在校学生480万人，教职员工18.4万人（其中民办教师11.6万人），小学经费支出8226万元，民办小学教师补贴费3102万元，两项合计1.13亿元，占教育事业费的40.9%；中学教育经费9418万元，占教育事业费的34%。同年，为改善中小学办学条件，安排房屋修缮费1203万元，修复危房42.4万平方米。1984年，小学教育经费支出1.39亿元，民办教师补贴费3074万元，两项合计占教育事业费的35.9%；中学教育经费支出1.67亿元，占教育事业费的35.4%。1986年，全省各地调整小学布局，合理归并。1990年，全省小学教育经费支出4.63亿元，生均经费124.82元；中学教育经费支出4.07亿元，生均经费238.77元。1991年，全省学龄儿童入学率99.3%，1821个乡镇、2754.5万人口的区域范围实施九年制义务教育。各级财政从分成的国家预算调节基金中安排支出1825万元，用于补助困难地区普及九年制义务教育，改善中小学办学条件；同时征收教育费附加1.36亿元，专项用于城乡九年制义务教育；对贫困地区学生学费减免补助1.21亿元。

1992年，浙江省实施"科教兴省"战略，各级财政贯彻执行中央和省委、省政府有关教育投入的政策，确保教育经费增长。1995年，全省有小学2万所、在校学生360万人、教职员工15万人，经费支出13.29亿元，生均经费368.64元；有中学3192所、在校学生208.2万人、教职员工12.9万人，经费支出11.57亿元，生均经费582.47元。20世纪90年代中后期，各地按照全省统一部署，以点带面、走内涵发展的道路，筹措经费，调整中小学布局。1997年底，全省共撤并中小学7693所，小学校均规模由130人增至187人，中学校均规模由574人增至699人。通过布局调整，各地建成一批上规模、上水平的标准化学校。1992—2000年，预算内教育事业费支出从15.85亿元增至78.19亿元，增长近5倍，教育事业费支出占同期地方财政支出的比例维持在20%左右。

2001年后，中小学教育支出快速增长。2001年、2002年，小学教育经费分别为38.14亿元和48.60亿元，分别占教育事业费的35.2%和35.5%；中学教育经费为36.41亿元和47.42亿元，分别占教育事业费的33.6%和34.6%。2003年，教育支出科目调整，初中教育和高中教育开始分项列示。2003—2005年，小学教育支出各年分别为58.38亿元、71.81亿元和80.49亿元，各年分别占年度普通教育支出的41.2%、42.2%和40.8%；初中教育支出各年分别为39.74亿元、46.76亿元和52.90亿元，各年分别占年度普通教育支出的28.1%、27.5%和26.8%；高中教育支出各年分别为16.38亿元、20.83亿元和24.52亿元，各年分别占年度普通教育支出的11.6%、12.2%和12.4%。2006年，全

图31-2-4-1　2006年春季，宁波市鄞州区开始实施免费义务教育（浙江省财政厅档案室提供）

省实施城乡义务教育免收学杂费和对困难家庭子女义务教育实行免补的政策，欠发达地区免收学杂费的经费由省财政全额转移支付，其他市县也给予程度不同的转移支付。当年，中小学教育经费支出大幅增长，小学教育、初中教育和高中教育支出分别为93.95亿元、61.54亿元和27.14亿元，分别占普通教育支出的41.0%、26.9%和11.9%。

2007年，各类教育支出按照收支科目分类改革后的科目和口径列示，各级财政加大对义务教育(特别是农村义务教育)的投入，省财政安排义务教育投入12.17亿元，比上年增加4.85亿元，市、县(市、区)、乡镇三级财政全年新增农村义务教育投入分别为14.30亿元、18.66亿元和5.44亿元。全年全省小学教育、初中教育和高中教育支出分别为109.61亿元、71.96亿元和31.17亿元。2008年，全省深化义务教育经费保障机制改革，提高中小学生均公用经费标准，小学、初中公用经费标准分别为300元和450元；实施农村教师任教津贴政策，省财政补助支出2.37亿元；调整义务教育阶段收费政策，从春季学期开始免费向学生提供教科书，省财政补助支出8.18亿元。同年，全省各市县开展教育债务审计确认和化解农村"普及九年义务教育"债务试点工作。2009年，全省提高生均公用经费最低标准和"爱心营养餐"标准。2010年，省财政下达提高中小学公用经费保障水平转移支付资金11.40亿元；下达普通中小学扶困助学经费8624万元；支持中小学多媒体教室建设工作，下达第一批补助资金8.85亿元；拨付专项资金1.17亿元，支持各市县做好学校布局调整工作；修订外来务工人员子女教育专项资金管理办法，全年安排外来务工人员子女教育专项资金5.88亿元，引导市县财政和学校投入17.20亿元；加强对各市县化解义务教育负债管理，至年底，全省35.19亿元的义务教育债务全部消化完毕。2008—2010年，全省小学教育、初中教育和高中教育支出分别为460.03亿元、304.71亿元和112.57亿元，分别占普通教育支出的39.3%、26.0%和9.6%；化解农村"普及九年义务教育"债务支出2.10亿元。

3.高等教育支出

1950年，浙江省地方高等院校只有国立杭州艺术专科学校和省立浙江医学院2所。1952年，全国实行院系调整，增设浙江农学院和浙江师范学院，全省共有4所地方院校，在校学生1912人。1953年，财政增加教育投入，加强高校建设，高等教育获得恢复和发展。浙江省在扩大原有院校规模的同时，至1956年创办3所高等师范专科学校。1957年，高等院校在校学生6311人。1953—1957年，财政投入高等教育经费和高等师范学校经费累计支出3041万元。1958年"大跃进"时期，扩大高等教育规模，全省高等院校增加到61所，在校学生数上升到20929人。1958年、1959年，全省高等教育经费支出分别为1129万元、2063万元。1960年，在校学生43032人，高等教育经费支出增至3379万元。1961年，国家对高等教育实行一系列调整政策，恢复正常教学秩序，提高教学质量。至年底，全省实有高等院校减至25所，在校学生减少到27586人，高等教育经费支出1896万元。1962—1965年，高等教育经费支出分别为1384万元、1293万元、786万元、800万元，分别占年度教育事业费的18.9%、16.9%、9.9%、9.8%。

1966年后，高等院校被撤并，由13所减少到7所。从1966年起，连续4年未招生，除一些维持费用外，停拨教学业务经费。1970年6月27日，中共中央批转《北京大学、清华大学关于招生(试点)的请示报告》,决定"实行群众推荐、领导批准、学校复审相结合的办法"招收工农兵学员。通过招生,1971年浙江省高等院校在校学生共2605人,当年高等学校经费支出966万元,占教育事业费8.8%。1972—1974年,高等学校经费支出分别为1012万元、1091万元、1186万元,分别占年度教育事业费的8.1%、8.0%、8.1%。1975年,在校学生9958人,高等学校经费支出1335万元,1976年支出1380万元,分别占教育事业费的8.8%和8.7%。

1977年,国家恢复高等学校招生全国统一考试制度,浙江省高等学校经费支出的绝对规模及其占教育事业费的比重快速增长。当年高等学校经费支出1442万元,占教育事业费的8.7%。1978年,高等院校数由1976年的11所恢复和发展到20所,在校学生由7161人增加到15409人。1978年、1979年,全省高等学校经费支出分别为1816万元、2685万元,分别占当年教育事业费的9.1%、12.0%。1980年,浙江省兴办一批高等专科学校及分校,所招学生实行收费走读、不包分配政策,当年高等教育经费支出3345万元,占教育事业费的12.1%。1985年,省属高校发展到25所,在校学生有34831人,高等教育经费支出7482万元,其中教育设备购置费1645万元、修缮费1224万元。1986年后,高等教育经费仅为高等学校经费支出。1990年,高等学校经费支出1.37亿元,占教育事业费的11.0%。1995年,全省调整高等教育结构,注重提高教学质量和办学效益,办学规模稳步发展,年末统计由省教委拨付经费的高校28所、在校学生70161人、教职员工17985人。当年全省高等学校经费支出3.06亿元,占教育事业费的9.1%。1990—1995年,高教事业费平均每年增长17.6%;用于高等教育添置设备的经费6年累计1.97亿元,教学仪器设备逐年更新,并开始增添大型精密仪器。

1998年4月,经国务院批准,教育部所属的浙江大学与浙江省所属的杭州大学、浙江农业大学、浙江医科大学等4所学校合并,组建新浙江大学,由教育部和浙江省政府共建共管。省财政投入专项建设经费4亿元支持新浙江大学建设。1999年,贯彻省委、省政府"科教兴省"战略,全省财政部门筹集资金,加大对教育事业的投入,省财政安排振兴教育专项资金4000万元、支持高校"211工程"①建设资金7786万元、新浙江大学建设专项资金1.03亿元。2000年,浙江省加大高等教育经费投入,扩大招生规模,当年高考录取率从上年的48%提高到63%;地方属普通高校招生总量比上年增长75%,在校生规模从10.2万人增加到15.8万人。1996—2000年,高等学校经费累计支出30.42亿元。

2001年,浙江省启动省属高校预算分配制度改革,在全国率先实施生均拨款制度,提高财政资金分配的科学性和合理性。2001—2002年,加大对省级教育专项经费的投入,保障高等教育园区建设、浙江大学共建、高校"211工程"等重点项目建设,高等教育经费支出分别为16.72亿元、20.36亿元;同时安排专项资金6000万元支持省属高校实验室建设。2005年,建立高校学生助学贷款新机制,省属普通高校全日制本专科学生(含高职学生)、研究生以及第二学士学位在校生,每人每学年可申请最高不超过6000元的助学贷款(贷款学生不超过在校生的20%),当年全省下达高校助学贷款额度2.86亿元。借款学生在校期间的贷款利息

① "211工程":即面向21世纪、重点建设100所左右的高等学校和一批重点学科的建设工程,于1995年11月经国务院批准启动。

全部由财政补贴，贴息资金按照高校隶属关系，由同级财政承担。为鼓励银行开展国家助学贷款业务，按当年贷款发生额的4.9%建立国家助学贷款风险补偿专项资金，给予经办银行适当补偿，所需资金由财政和高校各承担50%。当年，省财政安排贷款贴息资金150万元，受惠学生46139人。同年，10所省属高校20个学科经省政府批准被认定为省属高校重中之重学科，省财政安排专项经费1亿元支持省属重点学科建设。同时，省财政投入330万元，对评审出的11个人文社会科学重点研究基地给予重点培育和扶持，提高高校人文社会科学学科建设水平，自当年起连续资助5年。2006年，针对高校负债问题凸显，省财政厅严格控制高校投资规模，建立高校贷款审批制度，多渠道筹措还债资金。经省政府同意，一次性筹集资金36.50亿元置换债务(属于转贷资金，不计入高等教育经费支出)，减少高校贷款利息支出。2007年，改善高等学校办学条件：省财政安排省属高校实验室建设专项资金6000万元；安排2000万元建设200个重点学科；投入1.03亿元建设20个"重中之重"学科和11个人文社科研究基地；设立专项资金1亿元，建立大学生科技创新基金。2003—2007年，高等教育经费支出分别为20.36亿元、22.31亿元、26.99亿元、33.79亿元和39.43亿元，分别占当年普通教育支出的14.4%、13.1%、13.7%、14.8%和14.3%。其间，省财政在每年安排省属高校实验室建设等专项资金的基础上，每年新增1亿元用于省属高校科技创新基地建设。

2008年，省财政继续加大对高等教育重点项目建设的投入，并加强省属高校投资债务管理，控制财政风险；支持实施省属高校实验室建设项目和省部共建高校实验室项目；继续安排高校"重中之重"学科资金投入；落实困难学生资助政策和高校食堂和学生补助政策，下达高校国家奖助学金和困难学生临时补助资金。2009年，推行省属普通高等学校本科教学业绩考核，考核结果与财政拨款挂钩。2010年，根据省属普通高校本科教学业绩考核结果，省财政兑现考核奖励经费2.14亿元，鼓励高校提升教学质量；面向全省所有高等学校，建立激励引导机制，设立提升地方高校办学水平专项资金1.73亿元；针对物价上涨的压力，省财政增加投入，将普通高校国家助学金平均资助标准从原年生均2000元提高到3000元。2008—2010年，高等教育经费支出分别为40.49亿元、44.12亿元和54.60亿元，分别占年度普通教育支出的12.3%、11.4%和12.0%。

(二)职业教育支出(中等专业学校经费)

1949年，全省各类中等专业学校41所(含中等师范学校)，在校学生8334人。1950—1951年在教育事业费中列中等教育费，分别支出176万元、262万元。1953—1958年，经济建设及文教卫生等各部门的中等专业学校经费在教育事业费中开支，年均经费支出在800万元左右。1959年，国家对各主管部门所办的中等专业学校和技工学校实行归口管理，经济建设及文教卫生等部门的中等专业学校经费改由部门事业费列支，中等师范学校仍由教育事业费列支。当年，全省中等专业学校45所，经费支出397万元。1960年，中等专业学校增加至75所，经费支出785万元，占教育事业费的7.1%。1962年精简机构，1963年全省由教育事业费列支的中等专业学校14所，经费支出141万元，比1960年下降82%。

1964—1965年，在教育事业费中设职业教育费科目，用以反映教育部门举办的职业中学、农业中学、半工半读中学的经费或补助费，两年分别支出17万元和43万元；中等专业教育费分别支出155万元和179万元。从1966年起，职业学校逐渐减少，职业教育费无单独统计。1966—1970年“文化大革命”前期，中等专业学校连续5年停止招生，大批学校停办，经费支出相应减少。1971年，部分中等专业学校恢复招生，当年财政安排经费支出220万元。1975年，中等专业学校经费支出356万元。1976年，全省有中等专业学校15所，经费支出364万元，占教育事业费的2.3%。

1977年，全省恢复或新建中等专业学校，经费逐步增长。1978年，由教育事业费列支的中等专业学校29所，在校学生9623人，经费支出478万元。各级政府在发展中等专业学校的同时，重视发展职业技术教育。1981年，在教育事业费中重新设置职业教育经费科目，当年支出44万元。1982年，全省职业教育经费支出46万元，中等专业学校经费支出749万元。1983—1984年，省财政拨出专项资金400万元，支持50个市县创办职业技术学校；安排103万元用于农业类职业技术学校添置教学仪器和设备。1983—1985年，职业教育经费支出分别为370万元、735万元和1381万元，中等专业学校经费支出分别为843万元、992万元和1498万元。1986年起，职业教育试行学业与职业结合的“双轨制”改革，在普通中学内试办职业中学。1988年，职业中学发展到330所。1990年，职业教育经费支出3489万元，中等专业学校经费支出3286万元。

1991年，中等专业学校教育经费支出占教育事业费的2.7%。1992年，新增职业高中25所，招生人数增长11.3%，经费支出占教育事业费的3.1%。至1995年底，全省由教育事业费支出的中等专业学校39所，生均经费2129元；同年，全省由教育事业费开支的职业中学280所，经费支出占教育事业费的2.8%。1991—1997年，中等专业学校经费、职业教育经费累计支出分别为3.90亿元、6.49亿元。1998年，原一直在部门事业费中列支的部门所办中等专业学校经费包括技工学校经费，改列教育事业费中，当年支出3.03亿元。

2000年，中等专业教育和职业教育快速发展，经费支出也随之增长。1998—2002年，中等专业学校经费支出16.68亿元；技工学校经费支出1.20亿元；职业教育经费支出17.07亿元。从2003年起，中等专业学校经费和技工学校经费并入职业教育支出科目。2003—2006年，职业教育支出68.55亿元，占教育事业费的7.9%。2007年、2008年，职业教育支出分别为37.17亿元、41.72亿元。2009年，扩大中职学生资助面，免除经济困难家庭（年人均收入4000元以下）子女就读中等职业学校的学费，当年职业教育经费支出48.09亿元。2010年，安排财政资金5.95亿元，支持职业教育“六项行动计划”（包括职业院校助学奖学、中等职业学校实训基地建设、中等职业学校师资队伍建设、县级骨干职业学校建设、职业教育校企合作、提升劳动力素质共六项行动计划）。结合国家建设中等职业教育改革创新示范学校和第二期国家级示范性高等职业院校的要求，全省5所学校列为第二期国家级示范性高等职业院校建设单位、9所中职学校列为首批改革创新示范学校建设单位。2010年，职业教育经费支出52.80亿元。其中：初等职业教育352万元，中专教育2.45亿元，技校教育4.40亿元，职业高中教育19.50亿元，高等职业教育18.80亿元，其他职业教育7.61亿元。

(三)其他教育支出

除普通教育和职业教育外,其他教育类支出包括成人教育、广播电视教育、留学教育、特殊教育、教师进修及干部继续教育等支出。

1.成人教育支出和广播电视教育支出

成人高等教育、广播电视教育和职工教育曾被统称为职工业余教育,相关支出合并计入业余教育经费。中华人民共和国成立初期,各级政府高度重视工农劳动者教育,开展以扫盲识字为主要内容的文化教育。1952—1953年,财政预算列工农速成中学事业费及工农业余教育事业费,支出额分别为124万元、251万元。1954年,浙江省职工业余教育事业得到较大发展,全省参加文化学习的职工83547人。1954—1955年,用于扫盲和业余速成教育、文化补习等经费分别为460万元、458万元。此后,全省职工业余教育逐步向中等教育发展,相关经费逐年下降,占教育事业费的比重也逐年下降。1956年,列工农业余文化学校支出136万元,占教育事业费的2.2%;1958年,支出105万元,占教育事业费的1.4%;1962年,支出98万元,占教育事业费的1.3%。1966年后,职工业余教育机构撤销,队伍解散,学校停办。1968—1975年,业余教育经费并入其他教育事业费内。1976年,重新设置业余教育经费项级科目。1978年,业余教育经费支出55万元,占教育事业费的0.3%。

图31-2-4-2　20世纪50年代初,财政投入资金展开扫盲识字工作(《浙江省政府志》,浙江人民出版社2014年版,第534页)

1979年,浙江省开始重视发展业余教育。1980年,省委发布《关于加强职工教育工作的通知》,当年业余教育经费支出280万元,占教育事业费1.0%。1981年,在全省范围内对受“文化大革命”影响,1968—1980年期间初、高中毕业而实际文化水平不到初中毕业程度的92万名青壮年职工和未经专业技术培训的三级工以下的72万名青壮年职工进行文化、技术补课。1987年,增加广播电视大学经费673万元,当年业余教育经费支出1224万元。1980—1989年,省财政用于职工业余教育的经费以每年13.6%的比例递增。1990年,业余教育经费支出764万元,加上广播电视大学经费,占教育事业费的1.6%。1995年,全省电大学员近4万人,函大、夜大学员3.5万人,当年经费支出3973万元,占教育事业费的1.2%。

2000年,高等教育逐渐从“精英教育”转向“大众教育”,但成人教育和广播电视教育等教育形式仍在一定程度上发挥作用,经费支出稳步增长。2003年,成人高等教育经费和普通业余教育经费合并为成人教育支出。2003—2010年,成人教育支出分别为7336万元、7413万元、1.04亿元、1.14亿元、2.01亿元、2.65亿元、2.66亿元和2.65亿元;广播电视教育支出分别为

8172 万元、1.01 亿元、1.17 亿元、1.36 亿元、1.39 亿元、1.44 亿元、1.65 亿元和 1.46 亿元。

2.特殊教育支出

特殊教育支出是教育部门举办的盲童学校、聋哑学校、弱智儿童学校以及其他生理缺陷儿童学校和工读学校发生的经费支出。1952 年，在教育支出中列特殊教育事业费，当年支出 1.89 万元；1953 年支出 2 万元。1954 年，列盲哑聋教育事业费，当年支出 1.27 万元；1955 年支出 1.3 万元。1956 年，全省有聋哑学校 7 所，在校学生 478 人，教职员工 59 人，经费支出 6.2 万元；1957 年、1958 年，每年支出均为 4.2 万元。1959 年，聋哑学校经费并入其他教育事业费，不再单独列示。1982 年，教育事业费中设置特殊教育经费支出，当年经费支出 48 万元，占教育事业费的 0.1%。1983—1985 年，特殊教育经费累计支出 259 万元。1986 年，特殊教育经费支出 114 万元，并以每年 37%的速度增长。1990 年，特殊教育经费支出 687 万元；1994 年支出 1245 万元。1995 年，全省各地贯彻国务院《中华人民共和国残疾人教育条例》，发展特殊教育事业，当年，全省特殊教育在校学生 5472 人(其中盲、聋哑、弱智三类残疾儿童入学率达到 60%以上)，教职员工 1239 人，经费支出 1623 万元。

2000 年，全省加大特殊教育经费投入，改善特殊教育办学条件和办学质量。2001—2005 年，特殊教育经费支出各年分别为 4409 万元、5917 万元、6459 万元、8360 万元和 8689 万元，年均增长 18.5%。2006—2010 年，特殊教育经费支出分别为 1.04 亿元、1.64 亿元、1.39 亿元、1.88 亿元和 2.16 亿元，年均增长 20%。

表 31-2-4-1　　1949—2010 年浙江省财政教育支出一览表

单位：万元

年　份	普通教育	职业教育(中等专业学校)	成人教育	广播电视教育	其　他	教育支出合计
1949	—	—	—	—	—	—
1950	—	—	—	—	—	381
1951	—	—	—	—	—	530
1952	—	—	124	—	—	1790
1953	—	—	251	—	—	5174
1954	—	—	460	—	—	4671
1955	—	—	458	—	—	4143
1956	—	—	136	—	—	6065
1957	—	—	131	—	—	6836
1958	—	—	105	—	—	7289
1959	—	—	—	—	—	7999
1960	8172	785	133	—	2028	11118

续表 1

年　份	普通教育	职业教育（中等专业学校）	成人教育	广播电视教育	其　他	教育支出合计
1961	7587	459	103	—	184	8333
1962	6779	236	98	—	220	7333
1963	6926	141	125	—	444	7636
1964	7089	172	158	—	560	7980
1965	7017	222	159	—	778	8176
1966	7472	198	129	—	2565	10364
1967	7827	208	125	—	2407	10567
1968	—	—	—	—	—	9144
1969	—	—	—	—	—	9154
1970	—	—	—	—	—	9432
1971	8426	220	—	—	2332	10978
1972	9743	195	—	—	2550	12488
1973	10165	195	—	—	3272	13631
1974	10983	306	—	—	3429	14718
1975	11117	356	—	—	3680	15153
1976	11369	364	50	—	4062	15845
1977	11893	332	36	—	4316	16527
1978	14787	478	55	—	4629	19949
1979	16607	633	181	—	4877	22299
1980	21052	772	280	—	5610	27714
1981	23819	776	294	—	5520	30408
1982	26764	795	320	—	5889	33767
1983	30766	1214	614	—	5891	38485
1984	37499	1727	965	—	7029	47220
1985	46917	2879	1179	—	9495	60471
1986	57953	3930	1361	—	11060	74304

续表 2

年　份	普通教育	职业教育（中等专业学校）	成人教育	广播电视教育	其　他	教育支出合计
1987	61009	3973	551	673	10766	76972
1988	80232	4992	624	845	12109	98802
1989	91609	6236	747	959	13661	113212
1990	102051	6775	982	991	13265	124064
1991	110926	8042	963	1052	14696	135679
1992	130973	8637	988	1219	16651	158469
1993	170453	10910	1132	1377	20413	204285
1994	252960	14330	1606	1897	25141	295934
1995	283797	17192	1759	2214	29602	334564
1996	335346	19815	1997	2581	31519	391258
1997	393818	24918	2754	2943	31480	455913
1998	452168	49161	2115	3187	31259	537890
1999	533739	58365	2422	3684	39746	637956
2000	648847	71642	2271	4506	54677	781943
2001	925356	79075	2968	5799	69779	1082977
2002	1175950	91142	4426	5955	91913	1369386
2003	1416005	116423	7336	8172	94139	1642075
2004	1701276	152941	7413	10106	129061	2000797
2005	1974074	194087	10409	11711	125208	2315489
2006	2288986	222006	11383	13550	154493	2690418
2007	2751167	371677	20129	13921	681992	3838886
2008	3293914	417180	26452	14369	787987	4539902
2009	3859522	480939	26603	16464	809775	5193303
2010	4547990	528035	26486	14601	948319	6065431

资料来源：浙江省档案馆、浙江省财政厅历年浙江省财政决算报表。

说明："其他"一栏，1952—2010 年含特殊教育经费等支出；2007—2010 年含教育费附加等支出。

二、科学技术支出

1957年之前，地方财政预算中没有单独反映有关科学事业支出的款项。1958年，地方财政预算支出科目中单独设立科学事业费款级科目，用以反映经济部门的科研经费。1961年以后，逐步增加农业和工业科研机构等部门经费。1963—1977年，浙江省财政科学事业费年均支出200万元左右，其中“文化大革命”期间个别年份的支出下降较多，不足100万元。改革开放后，国家逐步重视发展科学技术事业，1979年财政加大科学事业费支出，1986年，各级各部门（含科协）各类独立科研机构事业费划转同级科委归口管理，统一并入科学事业费列示。1987年，科学事业费从款级科目升格为类级，含自然科学研究、社会科学研究和科学技术协会的事业费用。2007年政府收支分类改革后，科学事业费与科技三项费用合并为科学技术支出类级科目，下设科学技术管理事务、基础研究、应用研究、技术研究与开发、科研条件与服务、社会科学、科学技术普及、科技交流与合作、其他科学技术支出等款级科目。此目按技术研究与开发支出（自然科学事业费）、社会科学与科技普及支出记述财政支出中的科学技术支出情况。

（一）技术研究与开发支出（自然科学事业费）

技术研究与开发支出是2007年政府收支分类改革后的新科目。在此之前，相关经费计入自然科学事业费和科技三项费用等科目。自然科学事业费主要用于技术开发研究经费、基础研究经费、社会公益和农业研究经费、行业技术开发基金、自然科学基金和科研管理机构经费等项目。

1961年之前，自然科学事业费主要是经济部门的一些科研费用，支出规模有限。1962—1963年，自然科学事业费分别为205万元和144万元。随着各级农业科学研究机构和工业研究机构的建立，经费有所增加。1965年，自然科学事业费支出170万元，占同期科学事业费的66.7%。“文化大革命”期间，支出下降较多。1967年，自然科学事业支出63万元，1976年支出84万元。

1978年3月18日，中共中央召开全国科学大会。同年，浙江省召开全省科学大会，之后陆续建立和发展了一批自然科学研究机构，经费支出有了较大幅度增加。1979年，自然科学事业费支出258万元。1986—1990年，自然科学事业费支出各年分别为43万元（大部分计入其他事业费）、4075万元、5063万元、5726万元和6230万元。1991年，针对科研手段落后和中试环节薄弱的状况，省财政安排专项资金1900万元，用于基础科学研究、重点实验室、中试基地的建设和科技开发，当年全省自然科学事业费支出6963万元。1992—1994年，自然科学事业支出各年分别为8716万元、9442万元和1.18亿元。1995年，全省县级以上政府部门所属的自然科学研究院所223个，人员11850人。当年，自然科学事业费1.41亿元，占全部科学事业费的86.5%。

1997年，省政府颁布《关于“九五”期间深化科研院所体制改革的决定》，要求技术开发类科研院所逐步向现代科技企业转变；农业和社会公益类科研院所深化和完善“一所两制”（社会效益与经济效益并存)，由科研事业型向科技经营型转变。省财政采取相应政策措施调整财政投入结构：加大对科研院所专项事业费的投入，当年投入500万元，随后逐年增至2000万元；逐年减拨经常性经费，将减拨下来的资金用于科研和仪器设备的更新；每年安排3000万元科技周转金，重点支持科研院所的设备购置、更新和重大项目及其产业化。当年，全省自然科学事业费支出2.00亿元。

1999年，各级财政部门贯彻"科教兴省"战略，当年省财政安排科研事业费1500万元、自然科学基金900万元、高新技术产业发展专项资金6500万元，以及重点科研攻关经费500万元、重点实验室和中试基地建设资金950万元、星火和火炬基金330万元，保障科学技术开发，促进科技成果转化，推动高新技术产业化和科研院所改革进程。2001年，省级财政重点安排高新技术产业发展专项资金8500万元。2004年，省财政安排提高企业技术创新能力建设专项资金9000万元，组织筹措与浙江经济发展密切相关的重大科技攻关经费1亿元，安排省自然科学基金、省级重点实验室和试验基地专项资金各1900万元。2001—2006年，全省自然科学事业费支出各年分别为4.21亿元、4.93亿元、5.56亿元、6.31亿元、7.51亿元和8.48亿元，年均增幅15%。

2007年，政府收支分类改革将自然科学事业费和科技三项费用等科目并入技术研究与开发支出。当年全省技术研究与开发支出39.38亿元，较上年的自然科学事业费增长3.6倍。其中：省财政安排重大科技攻关经费2.8亿元、提高企业技术创新能力专项资金1.60亿元，支持以企业为主体，产学研结合的重大科技攻关、成果转化和产业化，支持中小企业技术创新，实现重点领域技术突破，推动节能减排和产业升级；安排科技平台建设专项资金2亿元，支持省级重点实验室、公共基础条件平台、行业和区域创新平台建设，加强基础研究、应用研究，提升科技公共服务能力。同时，省财政向中央争取各类项目补助资金2.05亿元。2008年，全省技术研究与开发支出53.53亿元，其中：省财政安排专项资金1.12亿元，支持33个公共行业或区域创新平台建设；安排专项资金5000余万元，支持省属科研院所新建省级科研实验室；安排专项资金3.10亿元，用于"十一五"规划(2006—2010年)确定的30个优先主题和26个重大专项；安排省自然科学基金5000万元；安排科技奖励经费1100万元；安排专利专项资金1800余万元。

2009年，全省贯彻落实《中华人民共和国科学技术进步法》，确保科技经费增长幅度高于财政经常性收入的增长幅度，当年全省技术研究与开发支出55.79亿元。其中：省财政调剂整合专项资金1亿元，重点用于传统产业升级等项目，支持促进工业经济转型升级；设立5亿元浙江创业风险投资引导资金，支持科技型中小企业创业创新。2010年，继续加大财政科技经费投入，省级财政科技经费预算安排增幅高于省级经常性财政收入增幅，重点确保支持营造创新环境、培育创新人才、支持创新条件建设和加大创新研发等方面的投入。省财政通过调整结构、新增投入的方式安排科技资金1亿元，支持省科创基地建设及引进高端科研机构和人才团队；安排3.43亿元支持重大科技专项与优先主题项目研究与成果转化；新增3000万元支持国家创新工程浙江省试点工作；下拨专利补助资金2867万元；转拨中央补助科技型中小企业技术创新基金2.36亿元，并安排省财政配套资金5525万元；安排创新型示范和试点企业补助经费1035万元。全年全省技术研究与开发支出64.81亿元，比上年增长16.2%。

(二)社会科学与科技普及支出

社会科学与科技普及支出原包括社会科学事业费和科协事业费，2007年政府收支分类改革后调整为社会科学支出和科学技术普及支出两个项级科目。

1.社会科学支出(社会科学事业费)

社会科学支出(社会科学事业费)，包括社会科学管理机构经费、社会科学研究机构经费和国际学术交流经费等。1958年，中国科学院浙江分院哲学社会科学研究所建立，相关经费在科学事业费等科目中列支。1965—1967年，社会科学研究机构经费支出各年分别为5万元、2万元和4万元，各占科学事业费的2%、0.9%和3.5%。“文化大革命”期间，研究所停止活动，经费也随之取消。

1979年，浙江省社会科学研究所建立，科研人员43人，经费支出10万元，占科学事业费的1.6%。随着社会科学研究的逐步开展，学术活动日趋活跃。1984年，浙江省社会科学研究所改建为浙江省社会科学院，省级社科机构增至2个，科研人员112人，社会科学研究经费支出52万元，占科学事业费的2.9%。1988—1993年，全省社会科学事业费支出各年分别为222万元、264万元、308万元、327万元、387万元和449万元，年均增幅在15%以上。1995年，省级社科机构增至7个，科研人员217人，社会科学事业费支出730万元。1997年，社会科学事业费1287万元。2001—2006年，社会科学事业快速发展，社会科学支出大幅增长，社会科学事业费支出各年分别为2408万元、3516万元、4071万元、4614万元、6934万元和8062万元，6年增长3倍多。2007年，政府收支分类改革对支出口径作了调整，当年社会科学支出7970万元，占科学技术支出的1.1%。2008—2010年，社会科学支出各年分别为9691万元、1.04亿元和1.15亿元。

2.科学普及支出(科协事业费)

科学普及支出(科协事业费)主要用于科学技术协会开展学术活动经费、科学普及活动经费、青少年科技活动和科技馆(站)经费等。1958年，成立浙江省科学技术协会，相关经费在科协事业费等科目中列支。“文化大革命”期间，人员调离，活动停止。1970年，浙江省科协机关不复存在。1978年，恢复浙江省科学技术协会，全省各地的科学技术协会也于1979年5月后相继建立，各项科普活动随之迅速开展。1980年，科协事业费支出239万元，占科学事业费的42.6%。此后，科协事业费增长较快，1985年经费支出293万元，1988—1993年，科协事业费各年分别为539万元、672万元、725万元、829万元、1002万元和1147万元，年均增幅16%以上。在“科教兴省”的战略下，1995—1997年，科协事业费各年分别为1519万元、2549万元和2795万元。2001—2006年，科协事业费支出各年分别为6705万元、8297万元、1.05亿元、1.36亿元、1.54亿元和1.99亿元，年均增幅24%以上。2007年，科协事业费改为科学技术普及支出。2007—2010年，科学技术普及支出各年分别为2.55亿元、3.12亿元、3.82亿元和4.34亿元。

表 31-2-4-2　　　　**1951—2006 年浙江省财政科学事业费支出一览表**

单位:万元

<table>
<tr><th>年　份</th><th>合　计</th><th>自然科学</th><th>社会科学</th><th>科学普及</th><th>其　他</th></tr>
<tr><td>1951</td><td>31</td><td colspan="4">—</td></tr>
<tr><td>1952</td><td>16</td><td colspan="4">—</td></tr>
<tr><td>1953</td><td>—</td><td colspan="4">—</td></tr>
<tr><td>1954</td><td>—</td><td colspan="4">—</td></tr>
<tr><td>1955</td><td>—</td><td colspan="4">—</td></tr>
<tr><td>1956</td><td>119</td><td colspan="4">—</td></tr>
<tr><td>1957</td><td>201</td><td colspan="4">—</td></tr>
<tr><td>1958</td><td>440</td><td colspan="4">—</td></tr>
<tr><td>1959</td><td>453</td><td colspan="4">—</td></tr>
<tr><td>1960</td><td>1039</td><td colspan="4">—</td></tr>
<tr><td>1961</td><td>569</td><td colspan="4">—</td></tr>
<tr><td>1962</td><td>205</td><td colspan="4">—</td></tr>
<tr><td>1963</td><td>173</td><td>144</td><td>—</td><td>—</td><td>29</td></tr>
<tr><td>1964</td><td>218</td><td>154</td><td>—</td><td>26</td><td>38</td></tr>
<tr><td>1965</td><td>255</td><td>170</td><td>5</td><td>24</td><td>56</td></tr>
<tr><td>1966</td><td>233</td><td>159</td><td>2</td><td>—</td><td>55</td></tr>
<tr><td>1967</td><td>113</td><td>63</td><td>4</td><td>—</td><td>46</td></tr>
<tr><td>1968</td><td>129</td><td colspan="4">—</td></tr>
<tr><td>1969</td><td>101</td><td colspan="4">—</td></tr>
<tr><td>1970</td><td>115</td><td colspan="4">—</td></tr>
<tr><td>1971</td><td>95</td><td colspan="4">—</td></tr>
<tr><td>1972</td><td>113</td><td colspan="4">—</td></tr>
<tr><td>1973</td><td>255</td><td colspan="4">—</td></tr>
<tr><td>1974</td><td>230</td><td colspan="4">—</td></tr>
<tr><td>1975</td><td>159</td><td colspan="4">—</td></tr>
<tr><td>1976</td><td>211</td><td colspan="2">84</td><td>114</td><td>13</td></tr>
</table>

续表 1

年　份	合　计	自然科学	社会科学	科学普及	其　他
1977	226	29		167	30
1978	548	288		260	—
1979	619	258	10	250	101
1980	561	199	16	239	106
1981	731	306	23	230	172
1982	822	—	34	107	681
1983	989	—	33	136	820
1984	1786	—	52	251	1483
1985	2114	—	78	293	1743
1986	1929	43	101	397	1388
1987	4728	4075	202	451	—
1988	5824	5063	222	539	—
1989	6662	5726	264	672	—
1990	7263	6230	308	725	—
1991	8119	6963	327	829	—
1992	10105	8716	387	1002	—
1993	11038	9442	449	1147	—
1994	13790	11776	565	1449	—
1995	16319	14070	730	1519	—
1996	20587	17237	801	2549	—
1997	24096	20014	1287	2795	—
1998	29894	25012	1237	3645	—
1999	33867	27783	1507	4577	—
2000	39404	32381	1816	5207	—
2001	51223	42110	2408	6705	—
2002	61157	49344	3516	8297	—
2003	71680	55556	4071	10499	1554

续表 2

年　份	合　计	自然科学	社会科学	科学普及	其　他
2004	91501	63102	4614	13592	10193
2005	105657	75117	6934	15390	8216
2006	128065	84786	8062	19908	15309

资料来源:浙江省档案馆、浙江省财政厅历年浙江省财政决算报表。

说明:1. 1949—1950 年,无科学事业费支出项。

2. 1951—1975 年,科学事业费支出列“科学支出”项。

3. 1982—1986 年,设“科委事业费”,数据统计在“其他”项中。

表 31-2-4-3　　2007—2010 年浙江省财政科学技术支出一览表

单位:万元

年份	科学技术管理事务	基础研究	应用研究	技术研究与开发	科技条件与服务	社会科学	科学技术普及	科技交流与合作	科技重大专项	其　他
2007	39352	9228	51393	393791	47133	7970	25496	6006	—	144073
2008	30285	14186	44496	535318	56026	9691	31235	4658	—	142033
2009	35693	16253	63078	557861	71031	10393	38163	7031	—	193534
2010	42937	14775	62825	648109	92868	11546	43421	11707	500	254716

资料来源:浙江省财政厅历年浙江省财政决算报表。

三、文化体育与传媒等支出

中华人民共和国成立之前,中国的文化与教育支出合二为一,相关内容已在本章第四节“教育支出”目中记述。中华人民共和国成立后,文化体育与传媒等支出包括文化支出(文化事业费)、文物支出(文物事业费)、体育支出(体育事业费)、新闻出版和广播影视支出(新闻出版和广播影视事业费)以及其他文体传媒类支出等。

(一)文化支出(文化事业费)

中华人民共和国成立后,文化支出(文化事业费)科目设置变动较大。1949 年 10 月至 1952 年,各级政府接管、整顿和改造私营、民间职业文艺团体以及图书馆等文化事业,始有文化事业费支出,主要包括电影、戏曲、科学、出版、广播等部门事业费。1950—1952 年,文化事业费支出 191 万元,其中:戏曲文艺团体支出 69 万元,图书馆经费 23 万元,群众文化馆经费 78 万元。1952 年,将文化支出改为款级科目,下设文艺、电影、社会文化普及事业费等项级科目。1955 年,文化支出下设文艺及电影事业费、剧团事业费、博物馆及图书馆事业费、文化馆

(站)经费、专业干部训练费和其他文化事业费等6个项级科目。此后,支出科目频繁调整,电影、出版等文教企业的经费支出逐步从文化事业费中划出。1953—1957年,剧团和社会文化普及事业发展迅速,文化事业费支出1074万元,年均支出215万元,其中:戏曲文艺团体支出346万元,图书馆经费67万元,群众文化经费348万元。

1958年,文化事业费支出增长较快,经费管理体制和列报口径也频繁调整。1959年,成立浙江省戏曲学校,办学经费从文化事业费中列支。1960—1961年,剧场实行企业核算,财政原则上不再安排经费预算。1963年,电影发行体制集中由中国电影发行公司统一发行,收支集中;同年,专区(市)、县和大城市所属国营戏曲剧团一律改为集体经营剧团,自负盈亏,财政不再给予经费补助。1958—1965年,文化事业费支出3495万元,年均支出437万元,其中:戏曲文艺团体支出830万元,图书馆经费334万元,群众文化经费666万元,文化系统中专学校支出190万元。

“文化大革命”期间,艺术表演团体没有收入,需要财政补助。1966—1975年,文化事业费支出7982万元,年均798万元。1976年,对博物馆、纪念馆、图书馆、文保所等支出单设文物事业费。1976—1978年,文化事业费支出2997万元。

1978年改革开放,国家包办的文化事业单一体制被打破,各类文艺表演团体和群众文化事业单位等机构自主组织收入,各地财政在加大投入的同时,推进文艺单位管理体制改革,文化事业单位收支结构发生变化。“四五”时期(1971—1975年)全省艺术表演团体演出收入为450万元,“五五”时期(1976—1980年)增加到1939万元。“六五”(1981—1985年)“七五”(1986—1990年)和“八五”(1991—1995年)时期,演出收入分别为2518万元、2653万元和3800万元。同时艺术表演团体的非演出创收增加,1986—1995年取得的纯收入中,用于弥补事业经费开支1.13亿元。1979—1995年,全省文化事业费支出10.39亿元,年均支出6112万元。

1996年12月,省委九届八次全会讨论修改《浙江省文化发展规划(1996—2010年)》,对全省精神文明建设工作作部署。从1997年起,在全省范围开征文化事业建设费;省财政每年安排文化艺术投资经费300万元,重点用于省级文艺演出团体的精品艺术创作和演出奖励;每年安排省属剧团改革及设备改造、更新、补助经费300万元;每年安排500万元补助经费,用于扶持“浙江东海明珠工程”“全国万里边疆文化长廊”和贫困地区、山区、海岛的文化设施建设。1996—2000年,全省文化事业费支出分别为1.77亿元、2.20亿元、2.50亿元、3.10亿元和3.74亿元,年均增幅15%左右。

图31-2-4-3 2004年,全省文化领域新增财政性投入主要用于创建文化特色村等农村基层文化建设。图为嵊泗县渔民画村(浙江省财政厅档案室提供)

2002年，省财政贯彻落实发展文化事业的优惠政策，加大对文化事业的投入力度，筹措文化发展专项资金1.54亿元，支持和鼓励文化企业建设和发展。2005年，省财政安排省属艺术表演团体舞台设备经费500万元，艺术投资500万元；设立浙江省儿童艺术发展专项资金；筹措安排省图书馆购书经费1400万元；安排1500万元文化产业贷款贴息。2001—2006年，全省文化事业费支出各年分别为5.17亿元、6.27亿元、8.18亿元、9.45亿元、10.70亿元和14.24亿元，年均增幅22.4%。

2007年，省财政安排文化资金3800万元，用于欠发达地区农村"两馆一站"（县文化馆、县图书馆、乡村文化站）建设；安排1100万元用于村级文化活动室器材设备补助，促进农村文化阵地建设；安排专项经费2800万元，开展送电影、送戏、送书下乡活动，对经济欠发达地区采购配置流动舞台演出车和灯光音响设备；安排市县文化与传媒发展专项资金6000万元，安排文化产业发展专项资金4000万元，支持文化产业发展；安排1500万元农村文化活动繁荣工程专项经费，支持经济欠发达地区农村自发参加和自办文化活动。2008年，省财政安排专项资金5800万元，加强基层文化设施建设；安排专项资金500万元，补助全省县级文化馆、图书馆、乡镇文化站业务骨干进行培训；安排专项资金4500万元，开展农村各项文化活动，丰富农民精神文化生活；安排资金3900万元，用于满足全省低收入地区群众文化需求；安排文化重点项目经费3.45亿元，用于浙江美术馆、省博物馆武林馆区、浙江自然博物馆、浙江省科技馆等西湖文化广场文化设施建设；支持实施浙江省重大美术题材创作工程、浙江省文化研究工程和浙江省文化产业发展专项等；支持浙江图书馆对读者免费开放，安排购书专项经费1800万元，满足读者需求。2009年，省财政安排专项资金1.23亿元，推进基层文化设施建设；安排乡镇综合文化站建设补助、村级文化活动室文化器材购置补助，促进农村文化阵地建设。2010年，省财政拨付专项资金15.60亿元，加强县（市、区）图书馆、文化馆及乡镇综合文化站建设；争取中央补助资金2.85亿元，用以支持全省文化事业发展；筹措安排2500万元补助资金，支持推动浙江歌舞剧院有限公司、浙江曲艺杂技总团有限公司、浙江省话剧团有限公司等3家省属文艺院团实现市场化运作。按照新的政府收支分类科目体系，2007—2010年，全省文化支出分别为23.32亿元、26.20亿元、30.06亿元和35.26亿元，均占同期文化体育与传媒支出的50%左右。

图31-2-4-4　2009年7月，集科普、文化、娱乐、展览、休闲于一体的重大公共文化设施杭州西湖文化广场落成（浙江省财政厅档案室提供）

（二）文物支出（文物事业费）

1976年，博物馆、纪念馆、图书馆、文保所等支出从文化事业费中划出，单设文物事业费。

当年全省文物事业费支出79万元。1977年，文物事业费支出110万元，至1989年的12年里，全省文物事业费支出年均增长20.3%。1990—1999年，文物事业费从977万元增至6157万元，增长6.3倍。

2000年，文物事业费支出7346万元。2004年，浙江省博物馆、浙江丝绸博物馆在全国省级博物馆中率先实施免费开放。2007年政府收支分类改革后，文物事业费改为文物支出。2008年，筹措1.10亿元专项资金(其中省级3900万元)，用于新增运转经费、门票减收补助，增加博物馆展品，确保博物馆、纪念馆正常运行；增加省属博物馆、文物征集和美术藏品征集经费。2009年，省财政安排专项资金9500万元，支持全省文物、大遗址、非物质文化遗产、古籍保护等工作。2010年，继续安排专项补助资金5600万元，支持全省文物、非物质文化遗产和古籍保护；安排专项资金支持国家和省文物科技区域创新联盟建设，支持大运河申报世界物质文化遗产；继续安排专项资金3900万元，支持图书馆、博物馆、纪念馆等向社会公众免费开放工作。2004—2010年，文物支出(文物事业费)分别为1.67亿元、2.15亿元、2.90亿元、6.31亿元、7.76亿元、7.88亿元和10.35亿元，年均增长35%以上。

(三)体育支出(体育事业费)

体育支出(体育事业费)，包括体育竞赛费、优秀运动员经费、业余训练费、体育场馆补助费、中等专业学校经费和其他体育事业费等。1950—1953年，体育事业费包括在教育事业费内，未单独列项(其中：1952年支出7万元，1953年支出13万元)。1953年成立浙江省体育运动委员会，1954年体育事业费支出20万元，占地方财政支出的0.1%。1958年，随着体育活动的普及，杭州、温州、宁波、黄岩等地先后兴办少年业余体校，当年支出体育事业费82万元，占地方财政支出的0.1%。1959年，为迎接第一届全国运动会，增加体育训练和竞赛经费，当年体育事业费支出186万元，占地方财政支出的0.2%，其中：训练器材添置支出34万元，训练竞赛费69万元。1962—1966年，全省先后建立10多个项目的专业运动队；确定杭州、宁波、金华、湖州、温州5所少年体育学校为省重点体育学校；各地还加强体育场地设施的建设。其间，全省体育事业费支出1124万元，年均增长25%。“文化大革命”期间，浙江省体育事业经费支出下降，1970年支出159万元。1972年，全省体委机构普遍调整、充实，运动员队伍开始恢复训练，年末有运动员352人。同时以抓青少年体育训练入手，各地举办少体校和少体班，兴建一批灯光球场、游泳池等体育设施。当年，体育事业费支出279万元，占地方财政支出的0.2%。

1976年，浙江省发展全民体育运动，体育经费逐年增长。1978年，体育事业费666万元，占地方财政支出的0.4%。1980年5月，省财政厅会同有关部门对体育场馆实行“全额管理、定收定支、差额补助(或上缴)、包干使用、结余留用”的预算管理办法，各地体育系统利用场馆设备条件，通过扩大业务范围、增加服务项目等途径，合理组织收入。1982年，体育事业费支出1183万元，占地方财政支出的0.6%。1984年，体育事业费支出1717万元，占地方财政支出的0.6%，重点用于优秀运动员训练和体育竞赛。1990年，全省体育事业费收入1000万元，形成了以财政投入为主、业务收入为辅的体育事业资金收支体系。

图 31-2-4-5　2000 年 10 月建成投入使用的浙江省黄龙体育中心主体育场(浙江省财政厅档案室提供)

1995 年,体育事业费支出 8823 万元,占地方财政支出的 0.5%。其中:体育竞赛经费占体育事业费的 10.0%,优秀运动队经费占 22.3%,全省业余训练支出经费占 20.1%,补充体育场馆经费占 2.4%,体育中等专业学校经费占 4.4%,其他体育事业费占 40.9%。年末优秀运动员人数为 1093 人,比 1978 年增加 1.49 倍。在职职工 2745 人,比 1978 年增加 1.91 倍,其中专职教练员 809 人。重点业余体校学生 7298 人,体育场地 16358 个。在体育设施建设方面,金华、温州、绍兴、嘉兴、余姚、宁海等地体育场馆和宁波网球馆等相继竣工启用;1997 年 6 月,浙江省黄龙体育中心动工修建,一期工程财政投入 2 亿元。此后,财政加大对竞技体育事业和群众体育事业的投入。2001—2010 年,体育支出(体育事业费)分别为 2.67 亿元、3.18 亿元、3.23 亿元、3.75 亿元、4.65 亿元、5.69 亿元、8.02 亿元、10.45 亿元、9.32 亿元和 12.79 亿元,年均增幅在 20%左右。

(四)广播影视支出(广播电视事业费)

广播影视支出(广播电视事业费)包括广播电台经费、电视台经费、县广播站经费和其他广播电影电视事业费等。1949 年浙江省人民政府成立后,全省仅有浙江人民广播电台 1 家广播单位。1950 年后,相继建立温州、宁波、舟山人民广播电台,并在黄岩县城关镇建立浙江省第一个有线广播站。1954 年,全省广播事业费支出 38 万元,占同期地方财政支出的 0.2%。1956 年,全省各县都建立了农村有线广播站,全年广播事业费支出 50 万元,占同期地方财政支出的 0.2%。1959 年,省广播电台将发射台功率从 20 千瓦扩大到 150 千瓦,并建造 165 米高的铁塔 2 座,当年广播事业费支出 116 万元。1961 年,国民经济调整时期,压缩开支,广播事业费略有下降。1962 年,广播事业费支出 74 万元;1966 年,广播事业费支出 115 万元,占地方财政支出的 0.2%。1970 年,全省各地建立 30 座 1 千瓦以上的广播转播台,扩大广播在全省的覆盖面;8 月,建立杭州北高峰电视发射台,广播电视经费逐步增加。1971 年广播电视事业费支出 493 万元;1974 年支出 861 万元;1978 年末,全省共有有线广播喇叭 548.3 万只,71.1%的农户装上了广播喇叭,当年广播电视事业费支出 1125 万元,比 1960 年增长 5.7 倍。

1979 年,电视事业费在广播电视事业费中单独列项,当年电视事业费支出 201 万元,占广播电视事业费的 16.2%。1980 年,广播电视事业费支出 1460 万元;1982 年支出 1683 万元;1983 年支出 2246 万元。1984 年,广播电视事业费支出 3126 万元,占地方财政支出的 1.1%,其中:广播电台经费占 21.9%,电视台事业费占 26.4%,县广播站经费占 35.7%,中专学校经费占 0.5%，其他广播电视电影事业费占 15.5%。1985 年，广播电视事业费支出 4015 万元，占同期地方财政支出的 1.1%。1988 年，省政府改革广播电视事业单位财务管理体制，实行在“预算包干”基础上的综合承包制。1990 年，广播电视事业费支出 6434 万元，比 1978 年增加 5.7 倍。1991 年初，浙江省发布广播电视发展“八五”计划和十年规划，把提高节目制作能力、扩大覆盖面和发展农村有线广播作为广播电视事业建设的重点。同年，全省入户有线广播喇叭 668.56 万只；新建电视转播台 172 座，卫星地面接收站 376 座，电视覆盖率从 80.4%提高到 83%。1991—1995 年，全省广播电视事业费支出 5.70 亿元，占同期地方财政支出的 0.89%，其中：广播电台事业费占 28.5%，电视事业费占 23.6%，县广播站经费占 10.5%，中转事业费占 0.4%，其他广播电影电视事业费占 37.0%；1995 年全省广播电视事业费支出占地方财政支出的 0.8%。1998 年底，全省广播综合覆盖率 86.0%，电视综合覆盖率 92.1%。同年，投入 1.20 亿元建成全省有线广播电视主干线传输网。

2002 年，针对全省 32 座中波转播台基础设施落后等情况，浙江省在上年安排 1500 万元的基础上又安排支出 1300 万元，保证中波转播台改造计划所需资金。2001—2006 年，全省广播电视事业费分别为 2.57 亿元、2.93 亿元、3.36 亿元、3.81 亿元、4.39 亿元和 4.86 亿元。2007 年政府收支分类改革后，相关科目调整为广播影视支出。2008 年，省财政安排专项资金 9600 万元，全面推进农村有线广播工程建设。2010 年，省财政在实现全省有线广播电视“村村通”“村村响”的基础上，安排有线广播电视“村村通响”维护工程专项补助，实现全省有线广播电视“长期响”“长期通”“优质通”。同时，整合设立广播电视惠民服务工程专项资金 5200 万元，补助对农节目制作播出、广播电视有线网络数字化发展等广播电视惠民项目；安排专项补助资金 900 万元，支持全省特别是欠发达地区多厅影院建设。2007—2010 年，全省广播影视支出分别为 7.54 亿元、8.05 亿元、8.01 亿元和 9.38 亿元。

（五）新闻出版支出（出版事业费）

中华人民共和国成立初期，设出版经费项级科目。1951—1953 年，出版经费支出累计 66 万元。1954 年，出版经费并入文化事业费。1979 年，省财政预算在文化事业费中列示出版经费支出，当年出版经费支出 4 万余元。1980 年，省财政预算单设出版事业费（不含出版企业）款级科目，用于出版部门的经费及科研、教育等方面的支出。由于出版事业费管理办法和财务管理体制的特殊性，出版事业费在整个教科文支出中所占比重较为有限，但绝对规模仍呈稳步增长态势。1980—1989 年，出版事业费累计支出 185 万元，年均增长 18.9%。1990—1999 年，出版事业费累计支出 708 万元，年均增长 22.8%。进入 21 世纪，出版事业迅猛发展，出版事业费管理办法和财务管理体制随之调整，经费的绝对规模也较以往有较大幅度的提高。2000—2006 年，出版事业费累计支出 7431 万元，年均增长率 49.7%。2007 年，实行政府收支分类改革，出版事业费调整为新闻出版支出，经费口径有较大变化，包括新闻出版部门行政运行、一般行政管理事务、机关服务、新闻通讯、出版发行、版权管理、出版市场管理及其他新闻出版支出等项。2007—2010 年，新闻出版支出分别为 7737 万元、8455 万元、9480 万元和 1.12 亿元。

表 31-2-4-4　　1949—2010 年浙江省财政文化体育与传媒支出一览表

单位:万元

年　份	文　化（文化事业费）	文　物（文物事业费）	体　育（体育事业费）	广播影视	新闻出版
1949	1	—	—	—	—
1950	61	—	—	—	—
1951	49	—	—	—	10
1952	81	—	7	11	53
1953	132	—	13	26	3
1954	143	—	20	38	—
1955	181	—	23	36	—
1956	319	—	59	50	—
1957	299	—	60	64	—
1958	505	—	82	132	—
1959	535	—	186	116	—
1960	709	—	171	198	—
1961	309	—	108	89	—
1962	259	—	153	74	—
1963	290	—	162	78	—
1964	436	—	183	104	—
1965	452	—	250	120	—
1966	537	—	376	115	—
1967	764	—	254	157	—
1968	630	—	125	180	—
1969	688	—	123	225	—
1970	932	—	159	466	—
1971	808	—	215	493	—
1972	869	—	279	603	—
1973	931	—	350	799	—
1974	887	—	420	861	—

续表 1

年　份	文　化（文化事业费）	文　物（文物事业费）	体　育（体育事业费）	广播影视	新闻出版
1975	936	—	430	828	—
1976	900	79	484	865	—
1977	913	110	478	936	—
1978	1184	155	666	1125	—
1979	1525	342	796	1243	4
1980	1834	255	828	1460	5.7
1981	1988	205	928	1565	21
1982	2125	234	1183	1683	18
1983	2780	309	1159	2246	16
1984	3871	512	1717	3126	15
1985	4282	546	2080	4015	21
1986	5540	977	3479	5758	20
1987	5170	823	3263	5279	20
1988	6261	986	4205	6325	21
1989	6617	1008	3988	6499	27
1990	6774	977	4882	6434	25.5
1991	7511	1262	4878	7548	28
1992	8986	1845	6434	9048	35
1993	10161	2510	6581	11710	46
1994	13435	3038	8224	14231	56
1995	15011	2754	8823	14485	57
1996	17698	3579	11378	15393	90
1997	21983	4235	14733	16661	108
1998	25020	4984	16116	17552	100
1999	30978	6157	16931	17939	162
2000	37414	7346	20288	19363	129
2001	51734	10087	26673	25672	195

续表 2

年　份	文　化（文化事业费）	文　物（文物事业费）	体　育（体育事业费）	广播影视	新闻出版
2002	62715	11302	31767	29344	1158
2003	81844	17751	32279	33572	1562
2004	94543	16658	37525	38147	1621
2005	107006	21484	46536	43906	1314
2006	142410	29012	56865	48564	1452
2007	233241	63140	80184	75356	7737
2008	262035	77566	104497	80534	8455
2009	300572	78787	93241	80076	9480
2010	352592	103496	127896	93761	11225

资料来源：浙江省档案馆、浙江省财政厅历年浙江省财政决算报表。

四、医疗卫生支出

民国之前，今浙江地域医疗卫生支出金额无相应史书记载。民国时期，浙江省财政预算有卫生费支出项，即浙江省举办各种地方卫生事业的经费，包括开设和维护医院、卫生所运行，防治各种流行病、瘟疫以及为促进百姓身心健康而进行的各种各样的咨询和防治活动等开支。民国 13 年（1924 年），卫生费为银圆（下同）16952 元。民国 18 年，浙江省设立传染病医院、麻风病医院、卫生化验所等机构，卫生费由上年的 15000 元增至 116008 元。民国 20 年，浙江省政府地方经常卫生费用为 104280 元。民国 35 年，经常卫生费预算为法币（下同）49673000 元，临时卫生费预算为 74051000 元。

中华人民共和国成立后，浙江省对医疗卫生事业支出包括防疫事业费，托儿所建设补助，城市、乡村医院建设及补助，公费医疗，社会卫生事业费补助等。至 1998 年形成卫生事业费、中医事业费、公费医疗 3 个款级科目。2000 年，公费医疗经费改称行政事业单位医疗经费。2007 年，政府收支分类改革中，设立医疗卫生支出类级科目，下设医疗卫生管理事务、医疗服务、社区卫生服务、医疗保障、疾病预防控制、卫生监督、妇幼保健、农村卫生、中医药及其他医疗卫生 10 个款级科目。2009 年，食品和药品监督管理事务科目转至医疗卫生支出类下。2010 年，医疗卫生支出主要有医疗保障、公共卫生、公立医院、基层医疗卫生机构、中医药、食品和药品监督管理事务及医疗卫生管理事务等其他医疗卫生支出。

（一）医疗保障

医疗保障支出是指财政部门集中安排的行政单位和事业单位基本医疗保险缴费经费、未参加医疗保险的行政单位和事业单位的公费医疗经费、按国家规定享受离休人员、红军老战士待遇人员的医疗经费、公务员和优抚对象的医疗救助、城市和农村贫困群众的医疗救助、农村合作医疗等方面的支出。

1951年2月，按照政务院颁布的《中华人民共和国劳动保险条例》，浙江省建立机关事业单位公费医疗制度。1952年，确定公费医疗的实施办法，明确公费医疗的保障对象，并对行政事业单位的干部、职工及大专院校的学生实施公费医疗制度。1955年，根据财政部、卫生部、国务院人事局发布的《关于国家机关工作人员子女医疗问题的通知》，浙江省为国家机关工作人员的子女提供公费医疗。"一五"(1953—1957年)和"二五"(1958—1962年)时期公费医疗支出分别为2096万元和3987万元。1963年、1964年，公费医疗支出分别为1141万元和1120万元。1965年，整顿和改进公费医疗管理，调整和明确公费医疗中相关费用的报销、营养滋补药品的费用支付。1965—1970年，公费医疗支出2419万元。1971—1975年，公费医疗支出5757万元。

1976年，随着浙江省农村合作医疗保障事业的发展，增设合作医疗补助费科目，安排支持农村合作医疗及贫困农民医疗救助等农民医疗保障的补助经费。1977年，对享受公费医疗人员自费药品范围进行调整。1978年，将公费医疗预算定额由每人每年20.5元提高到30元，明确公费医疗经费专款管理。1979年，公费医疗在国家预算科目中单列，避免挤占卫生事业费和部门经费。至1980年底，全省58个市(地)、县(市)先后建立健全管理机构；55个市(地)、县(市)开展公费医疗经费定额管理试点工作；26个市、县(市)、地区本级的公费医疗支出有了不同程度的下降，尤其瑞安、青田、富阳、嵊县等县和金华地区本级由于严格执行管理制度，公费医疗经费比上年下降20%以上。1984年，加强公费医疗管理，严格执行国家规定的公费医疗享受范围和执行医药费报销范围的有关规定，控制医疗经费超支。"五五"(1976—1980年)和"六五"(1981—1985年)时期，公费医疗支出分别为8768万元和1.78亿元，合作医疗经费支出分别为675万元和287万元。

1989年，省财政厅下发《关于调整省级公费医疗定额管理经费的通知》，适当提高机关干部、教职工的公费医疗定额，由原来的年人均60元调整到人均120元。定额经费年终如有结余，留归单位；超支不补。1992年11月，根据国务院《关于公费医疗管理改革试行意见》，浙江省全面推行公费医疗经费在医院管理的基础上与享受者个人适当挂钩的办法。1993年6月，省政府颁布《关于浙江省省级公费医疗改革试行办法的通知》《浙江省省级公费医疗管理实施细则(试行)》，改变公费医疗"统包统付"的管理办法，实行医疗单位管理部门检查监督的综合管理体制。"七五"(1986—1990年)和"八五"(1991—1995年)时期，公费医疗支出分别为6.60亿元和20.90亿元，合作医疗经费支出分别为240万元和580万元。

1998年，省政府印发《浙江省发展和完善农村合作医疗实施意见》，推行多种合作方式并存的农村合作医疗制度。各级政府根据自身财力，支持农村合作医疗的建立和发展，加大卫生扶贫力度。1996—1999年，公费医疗支出42.07亿元，合作医疗补助经费支出968万元。2000年，推进公费医疗制度改革，对个人自负医药费比例进行调整。个人原自负门诊、住院药费的10%和住院床位费的5%分别调整为20%和10%；年度内在职人员个人自负医药费最高限额由原100元调整为400元；退休人员个人自负医药费最高限额由原50元调整为200

元；超过限额部分由单位予以报销。同时适当提高现行医疗补贴标准，由每人每月4元提高到10元。当年，行政事业单位医疗经费15.28亿元，合作医疗补助经费518万元。

2001年，根据有关规定，实施省级单位职工基本医疗保险制度改革，同步建立重大疾病医疗补助制度，省财政按年度参保单位职工工资总额的5‰给予补助，主要用于个人账户重大疾病治疗的补助。医疗保险基金实行财政专户管理，专款专用，不得挤占挪用。同年，省财政厅等部门联合印发《浙江省省级单位公务员医疗补助实施意见》，公务员医疗补助经费用于公务员的门诊医疗补助和住院医疗补助，由省财政列入当年财政预算，实行专款专用、单独建账、单独管理，与基本医疗保险基金分开核算。此外，各地原享受公费医疗的离休干部医疗经费由同级财政保障，原未享受公费医疗的离休干部医药费实行单独统筹。2002年，建立完善离休干部离休费、医药费保障机制。全省79个县(市、区)建立以财政投入为主的城乡重点优抚对象医疗保障制度，对患重病、大病、慢性病和医疗费开支过大的重点优抚对象实行医疗补助。同年，建立公务员医疗补助制度，公务员年人均医疗补助支出666元。

2003年8月，浙江省被列为全国新型农村合作医疗(以下简称新农合)试点省份。同年，省政府颁布《关于建立新型农村合作医疗制度的实施意见(试行)》和《浙江省新型农村合作医疗试点工作方案》，实行个人缴费、集体扶持和政府资助相结合的筹资机制。农村大病统筹合作医疗的筹资标准为每人每年30元以上，其中省、市、县(市、区)政府财政补贴每人每年15元以上。从2003年起，省财政对经济欠发达地区、海岛及实行"两保两挂"财政政策地区(以下简称三类不同地区)的实际参保农村居民，给予每人每年10元的补助，所需资金通过省财政转移支付和安排专项解决；对经济强县(市)的实际参保农村居民，给予每人每年3元的补助；对其他县(市、区)的实际参保农村居民，给予每人每年5元的补助。各市、县(市、区)政府负责落实地方补助资金。2003年，确定在全省27个县(市、区)开展试点，参合人数831万人，占试点县农业人口的82%。当年，新型农村合作医疗保险基金(以下简称新农合基金)收入3.82亿元，新农合基金支出1.05亿元，贫困农民家庭医疗救助资金支出365万元。2004年，省政府印发《关于加快建立和完善医疗救助制度的通知》，加快新型社会救助体系建设，建立多层次的医疗保障体系。各地政府根据当地经济社会发展水平和筹资能力，按照量入为出、收支平衡的原则合理确定救助标准。救助标准与新型农村合作医疗、城镇基本医疗保险的报销比例相衔接。按照政府主导与社会参与的原则筹集和建立医疗救助专项资金，实行财政专户管理，专款专用。至11月底，27个省级试点县(市、区)已有859万人参加新型农村合作医疗，累计筹集资金5.49亿元；24.37万人次得到住院报销，79.79万人次得到门诊报销，22.84万人次得到免费体检。2004年，全省54个非试点县(市、区)先后实施此项制度。全年省财政安排新型农村合作医疗资金支出5000万元，贫困农民家庭医疗救助资金支出860万元。同时完善离休干部医疗保障制度，确保离休干部、老红军以及二等以上革命伤残军人等特殊人员的医疗保障水平。

2005年，省政府办公厅印发《关于积极稳妥推进新型农村合作医疗工作的指导意见》，浙江省推进新型农村合作医疗制度建设，从农村经济社会发展水平和农民医疗保障需求出发，低标准起步，逐步扩大覆盖范围。根据《浙江省新型农村合作医疗基金财务制度(试行)》《浙江省新型农村合作医疗基金会计核算办法(试行)》,设立合作医疗基金财政专户,基金预算年度与会计年度一致。合作医疗基金由县级统一筹资、统一管理,乡镇不设立基金。同年,省财政厅印发《浙江省医疗救助资金管理暂行办法》,规定医疗救助资金是专项用于城乡最低生活保障对象、农村五保对象和城镇“三无”人员及当地政府确定的其他应救助的人员,因患大病给予一定数额的医疗费用补助。按照个人缴费、集体扶持和政府资助相结合的模式,2005年财政筹集资金7.20亿元,并专项安排1.84亿元用于各地参保人员缴费补助。当年参加新型农村合作医疗保险人数2509万人,新农合基金收入14.80亿元,新农合基金支出12.56亿元。全年城乡医疗救助支出7740万元。2001—2005年,行政事业单位医疗经费支出103.64亿元,合作医疗经费支出7.78亿元。

2006年,按照“政府推动、农民自愿、多方筹资、合理负担、以收定支、保障适度、稳步推进、扩大覆盖”的原则,全面推进新型农村合作医疗制度建设。省财政投入5.50亿元支持各地开展新型农村合作医疗等工作,其中:安排新型农村合作医疗专项补助资金1.47亿元,农民健康体检专项补助资金1.47亿元,农村公共卫生服务专项补助资金1.84亿元和新型农村合作医疗制度建设专项补助资金7200万元。当年参加新型农村合作医疗保险人数2931万人,新农合基金收入17.41亿元,新农合基金支出16.72亿元。全年城乡医疗救助支出1.52亿元,比上年增长96.4%,其中:城镇医疗救助资金支出2660万元,农村医疗救助资金支出1.26亿元。下拨全省红军失散人员、在乡抗战老战士的基本医疗保险缴费补助147万元。离休干部、老红军以及二等以上革命伤残军人等特殊人员医疗保障支出12.07亿元。当年行政事业单位医疗经费支出27.27亿元。同年农村合作医疗科目调整为新型农村合作医疗,反映新型农村合作医疗的补助经费,当年支出6.50亿元。2007年,全省87个县(市、区)实施新型农村合作医疗,参加新型农村合作医疗保险农民2902万人,累计筹集合作医疗资金39.33亿元,报销医疗费用33.32亿元,1420.95万人次受益,另有1441.5万人次享受新型农村合作医疗保险的免费健康体检。同年,省政府制定《关于进一步完善新型农村合作医疗制度的意见》,规定所有县(市、区)新型农村合作医疗人均筹资水平不低于60元。省财政全年安排资金16.24亿元,人均财政补贴56元;安排专项资金3.18亿元,其中新增补助资金1.71亿元,按经济欠发达、中等发达和发达市县三类不同地区人均每年分别增加补助10元、5元和3元。实行“住院统筹为主、兼顾门诊统筹”的补偿模式,在实行大病住院统筹的基础上,全面推行门诊费用报销制度。当年新型农村合作医疗保险参保人数2998.6万人,新农合基金收入28.91亿元,新农合基金支出24.04亿元。同年,省财政预算安排城镇居民医疗保障省级专项补助资金2186万元(不包括已参加城镇职工基本医疗保险的居民),省财政采取按地区分类分档补助的办法,对经济欠发达地区的参保城镇居民给予每人每年40元的补助;对经济强县(市)等地给予每人每年12元的补助;对其他县(市)给予每人每年20元的补助。2007年,实施政府预算收支分类改革,医疗经费支出改列医疗保障支出科目,当年医疗保障支出45.68亿元,其中:城乡医疗救助支出1.98亿元,医疗经费支出30.67亿元,城镇居民基本医疗支出376万元,新型农村合作医疗支出12.99亿元。

2008年,浙江省逐步将低保边缘困难群众纳入救助范围,加大大病救助力度,扩大基本医疗救助内容，全面推行医疗救助费用即时结算办法。全省财政投入医疗救助资金 2.56 亿元，比上年增长 29.1%。同年，新型农村合作医疗人均筹资水平 135.57 元，参保人数 3048.7 万人，新农合基金收入 41.33 亿元，新农合基金支出 37.34 亿元。2009 年，完善新型农村合作医疗筹资机制，继续提高新农合省财政补助标准，省财政共拨付补助资金 9.60 亿元，比上年增加 3.22 亿元。同时完善医疗救助制度，实行多种方式救助，合理确定救助范围，做好医疗救助与相关基本医疗保障制度衔接。继续推进城镇居民基本医疗保险工作，省级安排城镇居民医保补助资金 1.80 亿元。根据《关于大学生参加城镇居民基本医疗保险省财政补助有关问题的通知》，明确规定省财政对参保大学生的补助标准、补助程序等。对省属高校大学生省财政补助标准限额为每人每年 90 元；对部省共建高校（如浙江大学）省定共建经费省级负担比例：本科生 61%、硕士生 41%、博士生 33%；对省市共建高校的宁波大学、嘉兴学院、浙江海洋学院，省定负担比例分别为 45%、68%、56%；其他高校根据省定共建经费省级分担比例对其个人缴费予以补助。全年安排大学生参加城镇居民医疗保险省级补助资金 4237 万元。当年新型农村合作医疗参保人数 2791.23 万人，新农合基金收入 51.10 亿元，新农合基金支出 50.10 亿元。2010 年，完善新型农村合作医疗补偿方案，将农民健康体检资金纳入新型农村合作医疗基金，实行统一管理。提高新型农村合作医疗和城镇居民医疗保险省财政补助标准，最高标准分别提高到人均 84 元和 90 元，全年下达财政补助资金 15.48 亿元（城镇居民医疗保险补助资金 1.73 亿元、新型农村医疗保险补助资金 13.31 亿元、城镇居民健康体检省级补助资金 588 万元、大学生参加城镇居民医疗保险省级补助资金 3814 万元）。完善医疗救助制度，加强医疗救助与各项基本医疗保险制度的政策衔接，加大城乡医疗救助资金的筹集力度，全省各级财政投入医疗救助资金 3.87 亿元，比上年增长 30.2%。当年新型农村合作医疗参保人数 2773.6 万人，新农合基金收入 71.04 亿元，新农合基金支出 65.43 亿元。2008—2010 年，医疗保障支出分别为 62.68 亿元、77.00 亿元、99.48 亿元，年均增长 26%。至 2010 年底，全省基本建立由新型农村合作医疗、城镇居民基本医疗保险、城镇职工基本医疗保险和城乡医疗救助等制度构成的医疗保障体系。

（二）公共卫生

公共卫生支出是财政用于卫生部门所属的疾病预防控制机构、卫生监督机构、妇幼保健机构、精神卫生机构、应急救治机构、采血机构和其他公共卫生机构的支出以及基本公共卫生服务支出、重大公共卫生服务支出、突发公共卫生事件应急处理的支出等。

1949 年中华人民共和国成立后，浙江省把卫生防疫工作放在十分重要的地位。1950 年，在文教卫生事业费中即有防治防疫事业费支出，投入资金分别用于血吸虫病、鼠疫、天花等重大传染性疾病防治工作。1953 年，省卫生防疫站和杭州、宁波、温州、绍兴卫生防疫站相继成立，当年防治防疫事业费支出 250 万元，占卫生事业费的 14.7%。1956 年，浙江省卫生防疫部门除继续开展包括麻疹、百日咳、疟疾等的预防接种外，卫生工作以消灭血吸虫病为中心，防治防疫事业费年支出 352 万元，占卫生事业费的 22.8%。1959—1961 年“三年困难时期”，大批民众营养不良，1960年，财政列妇幼保健机构经费支出；1962年3月，为加强浮肿病、妇女病、小儿营养不良症防治，省财政厅增拨补助经费50万元；9月，省财政厅4次拨付霍乱防治专款计113万元。1962年，全年防治防疫事业费支出622万元，占卫生事业费的24.2%。1971年防治防疫事业费支出1364万元，占卫生事业费的29.2%。1978年防治防疫事业费支出2035万元，占卫生事业费的21.1%。1980年1月1日起，浙江省对卫生防疫站从事有毒有害、有传染危险和长年外勤的现场卫生防疫人员发给卫生防疫津贴。1988年，根据国务院《批转卫生部〈关于全面深入贯彻预防为主方针进一步加强预防保健工作若干意见〉的通知》精神，浙江省增加对预防保健经费的投入，针对全省肝炎发病急骤上升情况，安排专项资金予以防治。1995年，财政支持加强各级防治防疫机构监测能力建设，当年防治防疫事业费支出1.03亿元。1951—1995年，用于卫生部门所属防治防疫机构防疫用药品器材、生物制品购置费，寄生虫病、急性传染病、地方病防治费，预防注射和急救费，卫生宣传教育经费，卫生监督业务费等支出累计11.19亿元。2000年，根据预防保健机构设置，以及全省区域卫生规划及卫生资源配置原则，增加预防保健等方面的财政投入。1996—2000年，全省防治防疫事业费累计6.84亿元，妇幼保健经费累计1.59亿元。

2001年4月，全省范围内开展“结核病控制项目”工作，省财政设立结核病防治工作专项经费，当年安排720万元专项资金，对结核病疫情严重的贫困地区实施补助。2002年，省财政厅印发《关于将乙肝疫苗纳入儿童计划免疫的通知》，专项安排新生儿所需乙肝疫苗的购置经费。同年，启动全省母婴健康工程和精神卫生医疗机构建设工程，财政安排资金支持全省36个经济欠发达地区实施的母婴健康工程项目，扶持欠发达地区发展妇幼卫生事业。2003年发生“非典”（非典型肺炎）疫情，省财政制定经费保障方案及相关政策，保障传染性非典型肺炎应急处理所需经费。全省共筹集“非典”防治资金5.76亿元。10月，财政投入资金加强疾病预防控制机构和传染病院建设，调整和优化疾病预防控制资源配置，解决疾病预防控制机构的业务用房、基本装备等基础设施建设问题。11月，省政府发布《浙江省突发公共卫生事件预防与应急办法》，要求各地高度重视突发公共卫生事件医疗救治体系建设，所需经费列入同级政府财政预算；同时，对海岛、山区、经济欠发达地区突发事件处理适当加大财政支持力度。2004年，浙江省卫生事业支出重点向公共卫生、农村卫生转移，安排省疾病预防控制中心迁建工程补助资金5000万元，安排疾病预防及控制机构和传染病院建设补助资金2000万元。当年，省财政安排对欠发达地区、海岛地区的公共卫生转移支付资金1.38亿元；同年，设立疾病预防控制机构和传染病医院建设补助资金，

图31-2-4-6　义乌市疾病预防控制中心大楼（浙江省财政厅档案室提供）

专项用于全省疾病预防控制机构和传染病医院(病区)建设的补助;同年,设立血液安全建设补助资金、卫生监督执法装备补助资金。资金来源以地方财政为主,省财政适当补助。

2005年,浙江省实施艾滋病防治项目管理方案,中央财政和省财政对艾滋病防治项目进行专项补助,各市、县(市、区)根据实际情况安排艾滋病防治专项经费。同时,血吸虫病防治工作专项经费也列入同级财政预算。此外还制定结核病防治项目管理方案,全年结核病控制项目投入经费3018万元。9月,省政府发文,要求从当年起,全省以县(市、区)为单位,按农村常住人口每人每年15元以上的标准设立农村公共卫生服务专项资金,用于两年一次的农民健康体检,由财政预算安排。对农村公共卫生服务专项资金和农民健康体检专项资金,省财政按不同经济类别地区给予补助。2006年,省财政安排重点疾病防控专项资金2000万元,用于地方病防治、艾滋病防治、结核病防治、鼠疫防控等工作;安排妇幼保健及母婴健康工程补助560万元、精神卫生项目补助300万元和全省计划免疫疫苗等相关经费1445万元;专项安排全省疾控机构和传染病院(区)建设补助4000万元、疾控机构装备补助600万元和卫生监督机构装备补助600万元。2001—2006年,全省防治防疫事业费支出32.90亿元,妇幼保健经费支出4.05亿元。

2007年,全省按城市常住人口每人每年不低于20元的标准安排城市社区公共卫生服务经费,省财政对三类不同地区分别给予每人每年5元、10元、15元的定额补助。同年,财政支持实施妇女健康促进工程,全省以县为单位,80%以上已婚育龄妇女每两年接受一次免费常见妇科疾病检查,各级财政按实际检查人数给予补助。省财政对经济欠发达地区、海岛等36个县(市、区)农村已婚育龄妇女常见妇科疾病检查,按实际检查人数给予每人每次10元的补助。6月,医疗卫生机构对住院分娩的孕产妇、手术病人进行免费的艾滋病检测,同级财政按每人次16元的标准给予补助。实施免费防治重大传染疾病政策,专项安排全省疾控机构和传染病院(区)建设补助4000万元、疾控机构装备补助600万元和卫生监督机构装备补助600万元。2008年,根据省卫生厅、省发展和改革委员会、省财政厅印发的《浙江省实施农村卫生服务体系建设与发展规划》,完善农村卫生服务体系,提高农村卫生服务能力,保证农村重点人群享有重点服务。当年上半年,浙江省发生麻疹疫情,省财政专项安排经费,免费为全省所有易患人群接种一剂次麻风疫苗,实施麻疹强化免疫。

2009年,浙江省进一步加强公共卫生服务体系建设,提高政府卫生投入占卫生总费用的比重,新增政府卫生投入重点用于支持公共卫生、农村卫生、城市社区卫生和基本医疗保障。人均基本公共卫生服务经费标准,城市不低于20元,农村不低于15元。2010年,根据省政府办公厅印发的《浙江省深化医药卫生体制改革2009—2011年重点任务实施计划》,城乡基本公共卫生服务项目经费统一提高到人均20元;启动建立居民健康档案、健康教育、免疫规划等9类基本公共卫生服务项目;启动实施农村妇女住院分娩补助、农村妇女宫颈癌和乳腺癌筛查等重大公共卫生服务项目,省级补助4亿元;健全免费婚前医学检查和免费孕前优生检测制度;继续实施艾滋病、结核病、地方病防治等重大疾病防控和国家免疫规划,支持建设农村无害化卫生厕所9.45万座。同年,省财政厅印发《浙江省预防接种异常反应补偿办法(试行)》,明确规定对因接种第一类疫苗引起预防接种异常反应的受种者予以经济补偿,所需资金由省财政在预防接种专项经费中安排；对因接种第二类疫苗引起预防接种异常反应的经济补偿，所需资金由相关的疫苗生产企业承担。同时，根据全省甲型 H1N1 流感疫情和防控工作所需资金，省财政在 2009—2010 年共安排专项资金 1.21 亿元。2007—2009 年，全省财政公共卫生支出包括疾病预防控制、卫生监督、妇幼保健、社区卫生服务和农村卫生专项及其他卫生等四项，各项支出分别为 26.87 亿元、10.75 亿元、4.80 亿元、54.16 亿元；2010 年，省财政在医疗卫生类科目下设公共卫生支出科目。全年公共卫生支出 35.38 亿元，占医疗卫生支出的 15.8%。

（三）公立医院

公立医院支出是财政对包括综合医院、中医（民族）医院、传染病医院、职业病防治医院、精神病医院、妇产医院、儿童医院、其他专科医院、福利医院、行业医院和其他公立医院以及处理医疗欠费等的支出。

中华人民共和国成立后，为改善和提高医疗水平，政府加大公立医院的财政投入。1951 年，财政设立城市医院建设及补助事业费、乡村医院建设及补助、卫生保健及实验事业费等科目。1951—1957 年，综合医院、疗养院、乡村医院、专科医院等支出累计 3942 万元，其中综合医院（1956 年前为城市医院建设及补助事业费）各年分别为 93 万元、90 万元、342 万元、453 万元、215 万元、146 万元、109 万元。1958 年，设立医院经费款科目，反映卫生部门所属的城市综合医院、独立门诊部、教学医院、各种专科医院、疗养院和县医院的补助经费支出，以及部队复员的精神病员和麻风病员住院生活费补助支出。1958 年、1959 年的浙江省医院经费支出分别为 447 万元、494 万元，分别占同期卫生事业费的 22.7%、27.1%。

1960 年，全国贯彻落实"调整、巩固、充实、提高"八字方针，财政部门压缩医院经费。1960—1962 年，医院经费分别为 921 万元、755 万元、587 万元。1963 年，医院经费逐渐恢复增长，1963—1966 年，医院经费分别为 816 万元、931 万元、975 万元、1181 万元。1967 年，根据中央有关规定，控制压缩财政支出，医院经费下降，全年支出 1009 万元。1971 年，医院经费恢复增长，1971—1977 年，医院经费共支出 1.09 亿元，年均增长 5.5%。1978 年，中共十一届三中全会后，为改善医院的医疗条件、提高医疗水平，各级政府加大对医院的投入，医院经费逐年递增，从 1978 年的 2128 万元增加到 1987 年的 9809 万元，年均增长 18.5%。1988 年，医院经费支出 1.13 亿元，1994 年医院经费支出 2.06 亿元，年均增长 10.5%。

1995 年，全省有综合医院和专科医院 228 所，核定病床 55156 张。其中：省级医院 14 所，核定病床 6393 张；医务人员 9042 人。医院的固定资产从 1987 年的 4.35 亿元，上升到 1995 年的 31.76 亿元，年均递增 28.2%。1995 年、1996 年，医院经费分别为 2.11 亿元、2.22 亿元；同时，省财政两年共安排省级卫生建设专项补助资金 5000 万元，用于改善省级医疗卫生单位设施。1997 年，浙江省政府对公立医疗卫生机构实施税费优惠政策。1997—1999 年，医院经费各年分别为 2.36 亿元、2.78 亿元、3.11 亿元。

2000 年，省财政安排省级卫生建设专项补助资金 5000 万元，集中支持省级医疗卫生机构修建和改造。2001 年，省政府印发《关于推进城镇医药卫生体制改革的意见》，明确要求深化公立医疗机构改革。明确医药分开核算管理，非营利性医疗机构实行药品收支两条线管理；药品收支结余全部上缴同级卫生行政部门，纳入财政专户。省财政加大对卫生事业的投入，2001年、2002年，每年安排省级卫生建设专项补助资金6000万元，重点支持省级医疗卫生机构的建设改造和设备提升。2003年，浙江省加大对公立医疗机构基本建设、大型设备购置和维修、重点学科建设以及执行政府指令任务等方面的投入，确保公立医院稳定健康发展。同时，改革完善财政投入方式，提高财政资金的利用效率和社会效益。2006年，浙江省实施“强院”工程，形成以三级特等、三级甲等医院为龙头，三级乙等、二级甲等医院为骨干，专科医院门类齐全的现代化医疗服务体系。2000—2006年，累计支出医院经费42.81亿元，年均增幅20.7%。

图31-2-4-7　2006年建成的浙江大学医学院附属第一医院门诊楼（浙江省财政厅档案室提供）

2007年，医院经费款科目变更为医疗服务款科目，主要反映政府举办的各级各类医院支出。2009年，省委、省政府印发《关于深化医药卫生体制改革的实施意见》，省财政厅等部门联合印发《关于完善政府卫生投入政策的意见》，推进公立医院补偿机制改革，逐步解决医改前医生工资与开药挂钩的“以药补医”问题；并逐步加大投入，用于基本建设和设备购置、扶持重点学科发展和补贴政策性亏损等，对医院承担的公共卫生服务等任务给予专项补助。同年，省儿童医院实施滨江院区扩建工程一期项目，总投资7.39亿元，其中省财政专项补助资金3亿元，从2009年起分三年，每年补助1亿元。2007—2009年，医疗服务支出分别为21.26亿元、26.30亿元、29.78亿元。

2010年，医疗服务款科目变更为公立医院款科目。浙江省根据财政部、卫生部、人力资源和社会保障部《关于印发公立医院改革试点指导意见的通知》，在全国率先启动县级公立医院综合改革试点工作。同年，省财政厅等部门印发《浙江省公立医院改革试点指导意见》，完善公立医院服务体系，建立公立医院之间、公立医院与城乡基层医疗卫生机构的分工协作机制。重点加强县级医院能力建设，实行城乡医院对口支援；明确政府办医主体；明确各级政府举办公立医院的职责；探索管办分开的有效形式；严格预算管理和收支管理，加强成本核算与控制；推进医药分开，改革“以药补医”机制，将公立医院收入由服务收费、药品加成收入和政府补助收入三个渠道改为服务收费、政府补助收入两个渠道，逐步形成规范合理的公立医院政府投入机制。全年公立医院支出34.67亿元，比上年增长16.4%。

（四）基层医疗卫生机构

基层医疗卫生机构（卫生院补助经费）支出是财政对农村卫生服务（乡镇卫生院）、社区卫生服务（城市社区卫生机构）等基层医疗卫生机构的补助支出。

1951年,传染病、寄生虫疾病肆虐,浙江省乡村医院建设及补助事业费支出35万元。1955—1958年,先后设区卫生所建设及补助经费、市区卫生所经费、县区卫生所经费、城市保健所站经费、乡村保健站所经费等支出,累计支出387万元。1962年,根据卫生部关于调整农村基层卫生组织的意见,浙江省将393所全民所有制区卫生所中的279所和4268名卫生人员中的2680人转为集体所有制,相应地财政对卫生院的补助结构发生了变化。1959—1970年,城乡卫生机构的经费支出未单独列示。1971年,重点装备400所公社卫生院,共投资80万元。1972年,提高公社(区)卫生所(院)装备标准,使之达到省级标准,投入装备经费150万元。1978年中共十一届三中全会后,城乡卫生事业得到较大发展,基层卫生机构的补助经费增长较快。1992年,为促进初级卫生保健事业发展,加强农村乡镇卫生院的建设,浙江省财政安排专项资金对淳安等县(市)部分乡镇卫生院建设予以补助。1995年,省财政下达农村卫生专项补助600万元,分三年(1995—1997年)用于100所农村卫生院建设。同年,省财政安排一次性专项补助,支持有关市县乡镇卫生院开展改造项目。1971—1995年,全省卫生院补助经费支出12.83亿元。

1997年开始,省财政每年拨付专项资金1000万元,用于全省28个贫困地区、边远地区和经济欠发达地区的农村乡镇卫生院建设补助,各级地方政府安排配套经费,用于危房改造并达到卫生部规定的最低标准。9月,根据中共中央、国务院《关于卫生改革与发展的决定》,浙江省推进区域卫生发展规划,优化卫生资源配置。市(地)政府(行署)对本区域内的机构、床位、人员、设备和经费等卫生资源实行统筹安排,重点向农村、山区和贫困地区倾斜。各地加强建制乡镇卫生院的建设,强化预防保健和社区卫生服务功能;同时改革城市卫生服务体系,发展社区卫生服务。1999年,省卫生厅等10个厅局联合印发《浙江省发展城乡社区卫生服务的意见》,提出发展以妇女、儿童、老年人、慢性病人、残疾人等为重点,以解决社区主要卫生问题、满足基本卫生服务需求为目的的基层卫生服务。同年,浙江省调整卫生经费支出结构,加大对社区卫生服务工作经费支持。各地根据当地实际,安排社区卫生服务管理信息系统及公立社区卫生服务机构设备更新等方面的启动经费和人才培养、健康教育经费。省财政在前三年累计安排3000万元乡镇卫生院建设补助的基础上,继续安排500万元用于贫困地区和经济欠发达地区乡镇卫生院危房改造。1996—1999年,卫生院补助经费支出分别为1.88亿元、1.91亿元、2.43亿元、2.56亿元。

2001年,浙江省规范政府对农村卫生事业补助的范围和方式,并随经济增长和财政收入的增加,调整卫生支出结构,加大对农村卫生的投入力度。农村卫生工作所需经费由县级财政安排,根据需要安排省级农村卫生专项资金,重点用于贫困地区的传染病和地方病防治、基础卫生设施条件改善、人才培养等工作;同时,对政府举办的乡镇卫生机构给予定额和定项补助。2002年,省财政安排财政资金910万元,实施全省农村中心集镇卫生院建设工程、母婴健康工程和精神卫生医疗机构建设工程。当年,卫生院补助经费支出3.06亿元。

2003年,省财政厅等部门联合印发《浙江省农村卫生事业补助政策实施意见》,进一步规范各级政府对农村卫生事业的补助范围和方式,乡(镇)卫生院基本医疗服务支出通过医疗服务收入进行补偿。同年,卫生院补助经费科目调整为乡镇卫生院和城市社区卫生服务中心两

图 31-2-4-8　分布于乡村的卫生服务站，为农村居民提供就近医疗服务。图为衢州市的农村社区卫生服务站（浙江省财政厅档案室提供）

个项级科目。2004 年，浙江省推进乡镇卫生院改革，乡镇卫生院、分院逐步改造为农村社区卫生服务中心（站）。全省改革和完善农村社区卫生服务的财政补助政策，发展农村社区卫生服务事业。2006 年，省财政安排农村卫生院建设发展专项经费 2866 万元、山海协作经费 400 万元、农村中心集镇卫生院建设补助 800 万元，支持欠发达地区农村卫生院的基础设施和设备改造。同年，中心集镇卫生院的建设规划所需资金实行“地方投入为主，省级补助为辅”的原则，由各级财政部门与项目建设单位共同筹集。2003—2006 年，乡镇卫生院支出分别为 3.35 亿元、3.62 亿元、4.28 亿元、8.29 亿元；城市社区卫生服务中心支出分别为 1392 万元、4161 万元、8240 万元、1.38 亿元。

2007 年，省财政厅等部门联合印发《关于城市社区卫生服务补助政策的意见》，明确政府对社区卫生服务的补助范围。省财政安排落实卫生院建设补助资金 3000 万元，加大乡镇卫生院建设投入；安排社区卫生专项补助资金 1.28 亿元，支持发展城市社区卫生服务。同年，乡镇卫生院款级科目变更为农村卫生，城市社区卫生服务中心款级科目变更为社区卫生服务。2008 年，省财政厅、省卫生厅联合印发《浙江省“城市社区卫生服务机构建设工程”实施方案》，组织实施“城乡社区卫生服务机构建设工程”。省财政安排专项资金重点支持欠发达地区城乡社区卫生服务中心业务用房建设。2009 年，浙江省在基层医疗卫生机构推行基本药物零差率销售，财政部门落实实施药品零差率后的财政补偿政策（对常见病、多发病使用的基本药品，实行按药品进价销售，不再加价产生利润，让利给社区居民，利润部分由政府给予补贴），确保基层医疗卫生机构正常运行。2010 年，推进县乡村医疗卫生资源统筹配置改革，安排 1.08 亿元省级补助资金，启动实施以全科医生为重点的基层医疗卫生队伍建设规划。同年，继续推进欠发达地区“城乡社区卫生服务机构建设工程”，省财政补助支出 9500 万元。2010 年，省财政设立乡镇卫生院人员经费补助专项资金，补助支出 3.3 亿元。同时，对执行基本药物零差率销售的村卫生室，由财政以政府购买服务方式实施补助，省财政设立村卫生室运行专项补助资金，列支补助费 1.80 亿元。2007—2010 年，全省基层医疗卫生机构支出分别为 5.14 亿元、5.94 亿元、7.49 亿元、22.32 亿元。

（五）中医药（中医事业费）

1956 年，设立中医医院建设及补助支出科目，当年中医医院建设及补助支出 13 万元，1957 年为 6 万元。1958 年后，财政用于中医医院和事业建设等相关支出都并入医院经费，不再单独列支。1980 年，中医事业费为中医医院经费。1980—1985 年，中医医院经费累计支出

2721万元。1986年，根据浙江省第一次振兴中医中药大会提出的“县县有中医医院”目标，财政投入以中医药机构建设和内涵建设为重点。当年，中医医院经费支出1680万元。

图31-2-4-9　建院于1990年的浙江省中医院安吉分院（安吉县中医医院），是全省首批中医“名院”建设项目单位（浙江省财政厅档案室提供）

1987年，中医事业费单列为款级科目，主要为中医医院经费、集体医疗机构补助费、中等专业学校经费、干部训练费、处理群众医疗欠费基金、其他中医事业费等支出。当年，中医事业费支出1712万元。1990年，中医事业费支出2300万元，全省中医机构数81个、核定床位7132张，基本实现“县县有中医医疗机构”目标。1995年1月，省政府发布《关于加快发展浙江省中医中药事业的通知》，各级财政增加对中医中药事业投入，当年中医事业费支出5457万元。

为支持“九五”期间（1996—2000年）建设20个中医专科专病基地项目，当年省财政安排专项资金850万元用于省中医院和省第二中医院（后为省立同德医院）基础设施建设。1997年4月，省人大常委会通过《浙江省发展中医条例》，其中规定：县级以上地方各级人民政府应当增加对中医事业的财政投入，中医事业费的增长比例应当高于卫生事业费的增长比例，到2000年中医事业费应当达到或者高于卫生事业费的10%。当年中医事业费在财政支出科目中单独列支，县级以上政府设立发展中医专项经费，用于扶持中医医疗、教育、科研等重点建设项目。1996—2000年，中医事业费累计支出3.54亿元。

2006年，启动实施“浙江省中医药攀登工程”，力争通过五年建设，初步建立与基本实现全面小康社会相适应的、较好满足人民群众健康需求的现代中医服务体系，使浙江省中医药综合实力位居全国前列。省财政在整合已有中医扶持专项经费700万元基础上，建立中医药攀登工程专项转移支付资金；按照“一次核定、分期下拨”原则，根据建设项目的性质、内涵、要求，以及各地经济发展差异，采取不同补助方式，并根据当年地方政府、建设单位配套资金到位及项目实施绩效评价结果，确定补助资金。当年中医事业费支出2.21亿元。

2007年，省财政对中医药攀登工程专项补助增加为1000万元。同年，实施政府收支分类改革取消中医事业费款级科目，新设中医药款级科目，原中医医院支出在医疗服务款级科目列示。2008年，省政府颁布《关于进一步促进中医药事业发展的意见》，财政增加对中医药事业的投入，用于中医药重点项目建设和特色优势能力建设，并加大对经济欠发达地区中医药发展扶持力度；继续实施中药现代化重大科技专项，鼓励技术创新和推广应用；各级财政建立鼓励公立中医医院提供优质中医药服务的财政补偿机制和激励机制。2009年，根据国务院颁布的《关于扶持和促进中医药事业发展的若干意见》，浙江省继续加大财政投入，重点支持中医药特色服务、基础设施建设、中医药人才培养等中医药事业；完善财政补助政策，鼓励基层医疗卫生机构提供中医药事宜技术与服务。2010年，浙江省中医院被列为国家中医临床研究基地，项目投资概算3.58亿元，其中中央财政补助资金7500万元；省财政按省与中央1∶1比例安排配套资金，其余部分由省中医院自筹解决。同年，中央国债基金拨款7500万元，省级财政配套拨款5000万元，用于扶持中医药事业发展，促进中医药事业的传承和创新。2007—2010年，中医药支出为1.92亿元，中医医院支出为18.17亿元。

（六）食品和药品监督管理事务

食品和药品监督管理事务支出是反映财政对食品药品监督管理方面的支出，主要包括行政运行、一般行政管理事务、机关服务支出、食品、药品以及医疗器械检验、注册审评事务、标准事务、认证事务、食品药品评价、执法办案等方面支出。1953年，单列药物食品检查事业费0.2万元，此后至1978年无此科目列示。1979年，在卫生事业费下设药品检测机构经费科目，反映卫生部门所属的各级药品检验所经费。1979—1998年，药品检测机构经费累计支出1.17亿元。

1999年，设置药品监督管理事业费款级科目，当年支出620万元。2000年，明确药品监督管理事业费支出科目，包括药品抽检经费、药品检验机构经费、干部训练费、其他监督管理经费，当年支出1054万元。2001年8月，省政府印发《浙江省药品监督管理体制改革的实施意见》，明确实行省以下药品监督管理系统垂直管理，全省药品监督管理系统按照“收支两条线”的要求，实行“统一管理、分级核算”的财务管理体制。2003年，省财政厅和省药品监督管理局建立对举报药品领域（含药品、医疗器械、药用包装材料）违法行为的有功人员奖励制度。2001—2003年，药品监督管理事业费支出2.35亿元。

2004年，药品监督管理事业费预算科目改为食品和药品监督管理事业费款级科目，增加食品监管支出。2005年10月，省财政厅和省食品安全委员会办公室建立对举报食品领域[包括食品（食物）种植、养殖、生产加工、包装、仓储、运输、流通、消费等环节]违法犯罪行为的有功人员奖励制度。2004—2008年，食品和药品监督管理事业费支出分别为1.35亿元、1.75亿元、2.42亿元、4.27亿元、5.45亿元。

2009年4月，省政府印发《关于调整省级以下食品药品监督管理体制的通知》，将食品药品监督管理机构省级以下垂直管理改为由地方政府分级管理，业务接受上级主管部门和同级卫生部门的组织指导和监督。同年，食品和药品监督管理事业费预算科目改为食品和药品监督管理事务。2009—2010年，食品和药品监督管理事务支出分别为5.59亿元、7.34亿元。

表31-2-4-5　　1949—2006年浙江省财政医疗卫生支出一览表

单位：万元

年份	医疗保障		公共卫生	公立医院	基层医疗卫生机构	中医药	食品和药品监督管理事务	其他
	医疗经费	合作医疗						
1949	—	—	—	—	—	—	—	—
1950	—	—	—	—	—	—	—	—

续表 1

年份	医疗保障		公共卫生	公立医院	基层医疗卫生机构	中医药	食品和药品监督管理事务	其　他
	医疗经费	合作医疗						
1951	—	—	34	139	35	—	—	88
1952	—	—	157	453	48	—	—	171
1953	358	—	378	954	—	—	0.2	10
1954	332	—	229	913	—	—	—	26
1955	378	—	161	547	46	—	—	28
1956	496	—	409	442	110	13	—	72
1957	532	—	365	494	104	6	—	28
1958	349	—	530	447	127	—	—	520
1959	595	—	393	494	—	—	—	344
1960	887	—	389	921	—	—	—	489
1961	1117	—	325	755	—	—	—	353
1962	1039	—	630	587	—	—	—	278
1963	1141	—	504	816	—	—	—	477
1964	1120	—	833	931	—	—	—	255
1965	785	—	808	975	—	—	—	322
1966	707	—	829	1181	—	—	—	391
1967	726	—	800	1009	—	—	—	482
1968	71	—	—	—	—	—	—	—
1969	71	—	—	—	—	—	—	—
1970	59	—	—	—	—	—	—	—
1971	781	—	1364	1343	39	—	—	1147
1972	1119	—	1286	1315	972	—	—	882
1973	1181	—	1532	1478	1540	—	—	920
1974	1278	—	1657	1474	1659	—	—	647
1975	1398	—	1848	1759	1672	—	—	724
1976	1549	102	1723	1696	1814	—	—	779
1977	1495	120	1733	1850	2046	—	—	775

续表?

年份	医疗保障		公共卫生	公立医院	基层医疗卫生机构	中医药	食品和药品监督管理事务	其　他
	医疗经费	合作医疗						
1978	1632	156	2035	2128	2424	—	—	1252
1979	1878	153	2462	2406	2563	—	69	1217
1980	2214	144	2560	3392	2927	165	71	1647
1981	2457	94	2597	3949	3291	233	100	1954
1982	2835	70	2650	4499	3834	312	97	2190
1983	3383	46	2706	5479	3980	429	126	2335
1984	4082	47	3076	6948	4421	622	137	3156
1985	5068	30	3581	8037	4804	960	220	3629
1986	6427	46	4377	10865	5724	1680	375	5114
1987	8797	37	4712	9809	5594	1712	356	4841
1988	12861	42	5237	11317	6458	1961	371	5854
1989	17843	46	5554	11803	7109	2292	488	6988
1990	20046	69	5819	13550	7752	2300	463	7205
1991	23372	96	6122	14189	8036	2469	503	10068
1992	28855	141	7057	17083	9100	2998	664	10221
1993	38749	97	8183	15480	8464	3500	770	16253
1994	51588	115	11417	20607	14829	5018	1123	14403
1995	66455	131	12803	21107	17254	5457	1149	16277
1996	81695	82	13042	22150	18789	5537	1478	19513
1997	95851	165	15961	23576	19104	6949	1656	26178
1998	114846	275	15719	27762	24253	6697	1503	21888
1999	128324	446	17564	31105	25565	7562	620	26709
2000	152789	518	22033	33061	25146	8625	1054	29196
2001	180257	1018	28990	42423	27594	10991	2611	33679
2002	185680	922	36693	52776	30583	12934	10073	42635
2003	202054	5462	63153	61730	34848	12832	10842	62876
2004	225271	25996	64410	58108	40318	16981	13512	83113
2005	243170	44372	81037	77658	51051	18765	17534	115180

续表 3

年份	医疗保障		公共卫生	公立医院	基层医疗卫生机构	中医药	食品和药品监督管理事务	其他
	医疗经费	合作医疗						
2006	272673	65046	95241	102320	96731	22104	24159	157048

资料来源:浙江省档案馆、浙江省财政厅历年浙江省财政决算报表。

说明:1."医疗保障"一栏分医疗经费、合作医疗。医疗经费:1953—1999 年为公费医疗经费;2000—2006 年为行政事业单位医疗经费。合作医疗:2003—2005 年为农民医疗支出;2006 年为新型农村合作医疗支出。

2."公共卫生"一栏,1951—1967 年为妇幼保健事业费、社会卫生事业费、防治防疫事业费、防治防疫机构经费等支出;1971—1973 年、1975—1978 年仅列防治防疫事业费;1974 年、1979—2006 年为防治防疫费、妇幼保健经费支出。

3."公立医院"一栏,1949—1950 年并入文教卫支出;1951—1958 年先后包括城市医院,疗养院,康复病院,乡村医院,传染、精神、麻风病院和教学医院、卫生保健及实验等建设及补助经费;1959—1967 年为医院经费和疗养院经费支出;1971—2006 年为医院经费。

4."基层医疗卫生机构"一栏,1955—1958 年为市区、县区卫生所建设,城市、乡村保健站等经费支出;1971—2002 年先后为区公社卫生院补助费、农村卫生院补助费、卫生院补助费等;2003—2006 年为城市社区卫生服务中心、乡镇卫生院两项支出。

5."中医药"一栏,1956—1957 年、1980—1986 年为中医医院经费;1987—2006 年为中医事业费。

6."其他"一栏包括托儿所建设补助费、卫生企业拨款、民办卫生事业费、科研经费、教育经费、干部训练费、处理医疗欠费等其他卫生事业费。

7.1968—1970 年,因报表缺失,保存的医疗卫生支出数据中仅为医疗经费。

表 31-2-4-6　　2007—2010 年浙江省财政医疗卫生支出一览表

单位:万元

年份	医疗保障				公共卫生	公立医院	基层医疗卫生机构	中医药	食品和药品监督管理事务	其他
	医疗救助	医疗经费	城镇居民基本医疗	新型农村合作医疗						
2007	19811	306698	376	129891	265307	212590	51393	2420	42739	134336
2008	25582	328470	19822	252966	311266	263005	59439	3173	54485	164967
2009	29693	377925	37656	324742	389128	297840	74924	4726	55932	177961
2010	38655	447584	49277	459237	353787	346725	223236	8906	73411	244471

资料来源:浙江省财政厅历年浙江省财政决算报表。

说明:1."医疗保障"一栏中,"医疗救助"含城市医疗救助、农村医疗救助支出;"医疗经费"为行政单位、事业单位、公务员医疗补助,优抚对象医疗补助、其他医疗保障等支出。

2."公共卫生"一栏中,2007—2009 年为疾病预防控制、卫生监督、妇幼保健、社区卫生服务、农村卫生专项及其他农村卫生支出等。

3."公立医院"一栏,2007—2009 年为医疗服务支出。

4."基层医疗卫生机构"一栏,2007—2009 年为乡镇卫生院支出。

5."其他"一栏为医疗卫生管理事务、其他医疗卫生支出。

五、其他教科文卫事业费支出

教科文卫事业支出中的其他支出，主要是人口与计划生育事务支出（计划生育事业费）等。1963年以前，计划生育事业费列在其他卫生事业费中。1963年，成立浙江省计划生育委员会，当年单独列支计划生育事业费，实际支出9万余元。1964年，计划生育经费支出76万元。1966年，计划生育事业费支出222万元。1971—1979年，计划生育事业费支出从299万元增加到752万元，9年累计支出计划生育经费4476万元。同时，全省人口自然增长率由1970年的20.2‰下降到1979年的9.9‰。

改革开放后，各级党委、政府把计划生育工作提到基本国策的高度列入党政部门的议事日程。1983年底，全省从事计划生育工作人员3513人，经费2855万元，占地方财政支出的1.3%。其中：用于手术减免经费1324万元，占当年计划生育经费的46.4%；用于避孕药具经费占1.9%；用于基层计生干部经费占12.7%；用于独生子女保健费占9.9%；用于科学研究经费占0.1%；用于其他计生经费占28.9%。1983年，人口自然增长率为9.5‰。1984年，经费支出2848万元，1990年上升到7302万元，增长1.56倍。1995年，计划生育经费支出1.37亿元，占地方财政支出的0.8%。其中：用于手术减免支出占经费支出的21.8%，用于避孕药具支出占6.8%，用于基层计生干部经费占22.3%，用于独生子女保健费占1.3%，用于宣传服务经费占18.4%，用于中等专业学校经费占0.2%，用于干部训练费占0.8%，用于其他计划生育经费占28.4%。1995—2000年，计划生育事业费支出分别为1.40亿元、1.68亿元、1.93亿元、2.21亿元、2.46亿元和2.87亿元。

2002年，财政加大对经济欠发达地区计划生育事业的投入，增加安排1000万元计划生育专项经费。2005年，实行计划生育财政投入目标管理考核，要求各级财政落到实处。当年省级财政安排计划生育事业经费6828万元，年末全省人均计划生育事业财政投入为20元，超过原定人均10元的目标。同年，省财政厅、省人口和计划生育委员会制定《浙江省农村部分计划生育家庭奖励扶助专项资金管理办法（试行）》，对农村部分计划生育家庭实施奖励扶助制度。2006年，省财政厅与省人口和计划生育委员会联合开发计算机管理信息系统，完善省补助资金管理办法；全省奖励扶助对象11111人，奖扶资金8350万元。2001—2006年，计划生育事业费支出分别为3.91亿元、4.93亿元、6.21亿元、7.74亿元、9.04亿元和10.88亿元。2007年，政府预算收支分类改革中计划生育费改为人口与计划生育事务支出。2009年、2010年，省财政安排专项补助4699万元，保障免费婚检和免费孕前优生检测资金。2010年，研究完善“十二五”期间（2011—2015年）人口和计划生育财政保障政策，下达资金5400万元，继续实施农村部分计划生育家庭奖励扶助资金制度和计划生育家庭特别扶助制度。2007—2010年，人口与计划生育事务支出分别为14.62亿元、17.07亿元、19.06亿元和23.18亿元。

第五节　社会保障和就业支出

历朝历代均有救济赈恤支出，即现代的社会保障支出。民国时期，救恤费是政府因自然灾害、战争和瘟疫等造成人们生活困窘，用于救济民众而支付的费用；包括救济院、育婴所、儿童保育院、施棺所经费等目。1949 年中华人民共和国成立后，人民政府重视社会救济和抚恤工作，从有限的财力中安排支出予以保障，主要包括抚恤事业费、社会救济福利事业费、自然灾害救济事业费、退休退职费等。1983 年，面对就业压力，浙江省设城镇青年就业补助费，用于安置城镇待业青年。1985 年设残疾人事业费，用于残疾人康复等方面支出。1994 年底，根据省政府要求开始建设浙江省住房保障体系，逐步加强对城镇廉租住房和公共租赁住房以及农村困难群众住房保障投入。1997 年，随着国有企业改制，下岗职工基本生活保障、失业保险、城市居民最低生活保障、养老保险等制度的相继建立和完善，以及提高离退休人员的生活待遇，社会保障和就业支出逐年大幅度增加。2007 年，根据政府收支分类改革，设立社会保障和就业类级科目，下设社会保障和就业管理事务等 18 个科目。2007—2010 年，全省社会保障和就业支出分别为 107.98 亿元、141.52 亿元、153.08 亿元、206.39 亿元。

一、财政对社会保险基金的补助

财政对社会保险基金的补助支出主要包括对社会保险（企业职工基本养老保险、城镇职工基本医疗保险、失业保险、工伤保险和生育保险）基金缺口补助；新型农村合作医疗财政补助；城镇居民医疗保险财政补助；城乡居民社会养老保险财政补助。

1997 年，浙江省建立社会保险基金后，财政开始对社会保险基金的缺口部分（已建立的养老基金、失业基金）实行专项补助。当年，全省财政补助支出 289 万元，其中：财政对养老基金补贴支出 39 万元，对失业基金补贴支出 250 万元。1999—2000 年，相继建立医疗保险、生育保险和工伤保险 3 个基金。2003 年，浙江省建立新型农村合作医疗制度，省、市、县（市、区）财政对参加新农合的农民每人每年补助 15 元以上。当年，财政补助支出 10.20 亿元，比上年增长 72.6%。2006 年，根据省政府《关于推进城镇居民医疗保障制度建设试点工作的意见》，全省各级财政的补助标准不低于参加医疗保险人员筹资水平的三分之一。

2007 年，根据政府预算收支分类改革，设立社会保障和就业类科目，下设财政对社会保险基金的补贴款科目。随着社会保险制度的完善，财政补贴支出逐年趋稳。2009 年 9 月，省政府印发《关于建立城乡居民社会养老保险制度的实施意见》，提出社会统筹基金由财政提供，主要用于支付基础养老金、参保人个人缴费补贴、缴费年限养老金和丧葬补助费等，从 2010 年 1 月 1 日起实施。1997—2010 年，财政对社会保险基金的补助支出由 289 万元增加到 37.14 亿元；全省社会保险基金补助累计支出 117.47 亿元。

二、行政事业单位离退休经费

1956年，在优抚支出款下设置军队老年干部供养费和国家机关工作人员退休金两个项级科目；1958年，改为退休金（费）项级科目；1968—1975年，退休费未单独列示；1981年，在抚恤事业费下设退休费款级科目；1982年，增设离休费款级科目；1984年，增设退职费款级科目；1985年，将退休费和退职费合并为退休退职费款级科目。1956—1995年，行政事业单位离退休经费支出6.59亿元。

1997年，浙江省印发一系列提高机关事业单位离退休人员待遇的文件，调整离休干部公用经费、特需经费和县处级以下离休干部交通补贴费。从1997年起，离休干部公用经费标准从原来的每人每年500元提高到600元，特需经费标准从原来每人每年150元提高到300元；从1997年5月1日起，县处级及以下离休干部交通补贴费由原来每人每月15元调整为每人每月25元，所需费用在“社会保障费”项目内列支。1999年，预算科目发生变化，更加细化，原有的事业单位离退休经费款级科目取消，增设农业等事业单位离退休经费、教育事业单位离退休经费、科学事业单位离退休经费和其他事业单位离退休经费4个款级科目。随着经济发展和实施工资改革，对部分收入较低的离退休专家适当发给生活补贴。根据离退休专家原专业技术级别和月固定收入额确定补贴标准，1～3级离退休专家月固定收入达不到1000元的，补足到1000元；4～6级离退休专家达不到800元的，补足到800元。2000年，调整离休干部护理补贴费标准，对因公致残和由于瘫痪等原因，造成生活完全不能自理的离休干部，护理补贴由每人每月80元提高到300元。同时明确省级离退休干部护理费补贴标准，正省级离休干部每月500元，正省级退休干部每月400元，已配备服务人员的不再发给此项补贴；副省级离休干部（含经中组部批准按副省级待遇离休的干部）每月400元，副省级退休干部每月300元。调整机关、事业单位工作人员工资标准，增加离退休人员离退休费。离休人员按照同职务同条件在职人员的增资额增加离休费，每人每月增加数额不足100元的，按100元增加；退休人员按行政人员、专业技术人员、工人等不同类别，分别按不同级别增加退休费；依照国家规定退职人员，按每人每月70元标准增加退职生活费。增加离退休费和退职生活费所需经费，按财政体制和单位隶属关系，由财政和单位共同负担。

2003年调整预算科目，新增款级科目事业单位离退休，将原有的农业等事业单位离退休经费、教育事业单位离退休经费、科学事业单位离退休经费以及其他事业单位离退休经费4个款级科目移至事业单位离退休款级科目下作项级科目。2006年，依据《公务员工资制度改革方案》和《事业单位工作人员收入分配制度改革方案》，全面改进机关事业单位离退休人员计发离退休费等问题，从当年7月1日起，对2006年6月30日前已办理离退休手续的人员增加离退休费。离退休费计发办法，离休人员的离休费按本人离休前职务工资和级别工资之和或岗位工资和薪级工资之和全额计发；退休人员的退休费、退职人员的生活费，按公务员、事业单位工作人员、机关技术工人、普通工人等不同类别分别计算。同时，确定增加离退休费的标准，并规定符合享受每年增发1～2个月生活补贴费条件的离休人员，将此次增加的离休费列入计发1～2个月生活补贴费的基数。

2007年，政府预算收支分类改革后，行政事业单位离退休经费由类级科目移至社会保障和就业类科目下的款级科目，下设行政单位离退休、事业单位离退休、离退休人员管理机构、其他行政事业单位离退休支出4个项级科目，反映集中统一归口管理的离退休人员经费。2008年，调整离休干部护理补贴费标准，调整生活完全不能自理离休干部的护理补贴标准，对85周岁以上的离休干部发放高龄护理补贴。1996—2010年，行政事业单位离退休经费支出117.80亿元，年均增长25.5%。

三、就业补助

就业补助反映财政用于劳动力市场网络及相关设施建设、人员就业培训、就业职业介绍、符合条件的下岗失业人员再就业的社会保险补贴、公益性岗位就业的岗位补贴、下岗失业人员从事微利项目小额担保贷款的贴息支出、补充下岗失业人员小额贷款担保基金的支出、下岗失业人员的一次性补贴、特定就业补助政策以及其他就业方面的补助支出。20世纪60年代初，因精简城市人口，财政安排专项资金用于相关人员的建房、小家具购置等补助，1963年财政在农垦支出中设城市职工和学生下放农场安置费，当年支出189万元。1964年，随着城镇青年下乡人数的增加，在经济建设费类中设城市人口下乡安置费款级科目；1964—1968年，全省城市人口下乡安置费支出累计2731万元。1969年，大批城镇知识青年响应国家号召上山下乡，相关支出增加，浙江省在财政支出中设城市人口下乡安置费类目，1974年改城镇人口下乡经费类；1969—1981年，全省财政城市人口下乡经费支出累计2.32亿元。随着上山下乡知识青年陆续返城，1982年浙江财政支出中设城镇青年就业经费类，1994年在其他财政支出中列示城镇青年就业补助费。1982—1996年，全省财政城镇青年就业补助费支出累计1.57亿元。

1997年，中央要求国有企业摆脱经营困境，走减员增效、下岗分流、规范破产、鼓励兼并的路子，由此国有企业下岗职工增多，再就业形势严峻。浙江省政府发文要求做好解困和再就业工作，并要求各级政府通过多种形式、多种渠道，筹措资金，建立省、市、县三级帮困和再就业基金。当年帮困解困人数为6.8万人次，全省就业补助支出1578万元。1998年，浙江省重点做好国有企业下岗职工基本生活保障和再就业工作。全年全省国有企业下岗职工25.9万人，进入再就业服务中心24.8万人。省本级预算安排1000万元，用于省属亏损困难企业，安排500万元用于省级劳动力市场建设；杭州市财政安排再就业专项资金1.00亿元；绍兴市明文规定从政府集中的预算外资金收入中划5%作为再就业资金。年末全省12.62万人实现再就业，再就业率50.9%，滞留再就业服务中心人数12.18万人。同年，城镇就业补助费科目列示财政社会保障补助支出下，当年支出2041万元。

1999年，浙江省开展确保企业离退休人员基本养老金按时足额发放，确保国有企业下岗职工基本生活费按时足额发放的“两个确保”工作。当年，预算科目中新增国有企业下岗职工基本生活保障和再就业补助款级科目，全年支出3963万元。2000年，继续解决国有企业下岗职工的再就业问题，并推进下岗职工基本生活保障向失业保险并轨。至年底，60%的市县实现并轨，市场化的就业机制初具雏形。2001年，财政用于再就业补助支出3824万元。至2002年末，全省基本实现下岗职工基本生活保障向失业保险制度并轨。各级财政在继续保持原来安排用于国有企业职工基本生活保障资金规模不减的基础上，加大再就业资金、困难企业职工安置资金投入，促进下岗失业人员再就业。当年，财政拨付下岗职工基本生活保障资金和再就业专项资金4.60亿元，其中再就业和困难企业职工安置等资金支出3.10亿元。2003年，浙江省建立和落实就业和再就业工作目标责任制，省财政在此后三年每年安排促进就业专项资金5000万元。同年，城镇就业补助费款级科目更名为就业补助科目。2004年，各级财政调整支出结构，强化失业人员再就业服务，完善公共就业服务制度，基本建立起以就业援助和困难帮扶为重点，以“动态管理、职业培训、就业援助、社会共建、帮扶保障”为内容的促进再就业长效机制，全年安排下岗失业人员再就业资金6.12亿元；当年全省财政就业补助支出4.76亿元。同时，实施“山海协作工程”（浙江省为推动以浙西南山区和舟山海岛为主的欠发达地区加快区域协调发展的重大战略举措），做好农民工进城就业管理服务工作。1999—2004年，全省财政就业补助支出10.64亿元。

2005—2006年，围绕困难群体的再就业、大中专毕业生就业、被征地农民就业三个重点，浙江推进就业制度改革。同时，试行城乡统筹就业，初步建立起覆盖城乡的就业管理服务体系。2006年，预算科目增设对农民工的就业服务支出和特定政策补助支出2个项级科目，当年支出分别为3154万元和5219万元。2005年、2006年，全省就业补助支出分别为6.88亿元和8.53亿元。

2007年，省政府印发新一轮促进就业政策，扩大政策扶持范围，加大政策扶持力度，将被征地农民、零就业家庭人员和农村低保劳动力就业纳入政策扶持体系。全省城乡统筹就业在全国率先由试点转向全面铺开，基本消除地域、户籍、行业等对农村劳动力进城就业的限制性措施。2008—2009年，面对国际金融危机给浙江省就业工作带来的挑战，财政部门配合有关部门制定政策，加大资金扶持力度，重点支持农村低保家庭、城镇零就业家庭、大中专毕业生和农村转移劳动力就业；同时，发挥失业保险促进就业、稳定就业的功能。2008年，省财政从失业保险调剂金中划拨4000万元支持各地就业工作。2010年，重点做好高校毕业生、就业困难人员就业和稳定企业用工工作，实施高校毕业生就业推进行动，对有创业意愿的未就业高校毕业生和毕业班学生参加创业培训享受培训补贴，所需资金在就业专项资金中列支。同年，省政府出台《关于鼓励和支持大学生毕业从事现代农业的若干意见》等政策，对高校毕业生从事科技、创意、文化等现代服务业及现代农业创业的，根据当地实际，给予一定的专项创业补助。2007—2010年，全省财政就业补助支出38.80亿元。

四、抚恤和退役安置支出

（一）抚恤支出

民国以及民国之前，抚恤支出与自然灾害和生活救济支出合二为一，故相关内容在本节“自然灾害生活救助支出”目中记述。1949年中华人民共和国成立后，抚恤支出主要用于牺牲病故抚恤、伤残抚恤、烈军属及复员退伍军人生活补助以及优抚事业单位支出等。

1950年，政务院批准内务部颁布《革命军人牺牲病故褒恤暂行条例》《革命残废军人优待抚恤暂行条例》等5个规定，建立以军人及其家属为对象的优抚制度。同年社会事业支出类科目下设“荣军抚恤费”款级科目。1949年、1950年分别支出0.62万元、0.04万元。1952年，取消“荣军抚恤费”款级科目，改为“烈士殓葬及补助事业费”“烈军属优抚补助事业费”等科目，当年支出170万元。1953年支出207万元。1954年，社会事业支出类科目更改为优抚支出类科目，下设“革命军人工作人员伤残病故褒恤事业费”“革命残废军人教养事业费”“革命残废工作人员抚恤事业费”“革命烈士军人家属补助事业费”和“其他抚恤事业费”5个款级科目，当年5个款级科目分别支出16万元、68万元、46万元、66万元、24万元，全年计220万元。同年，国家对烈军属、在乡退伍老红军、在乡西路军红军老战士、红军失散人员、部分在乡老复员军人、部分带病回乡退伍军人实行定期定量补助和临时性补助，当年支出155万元。1956年至1976年间，科目几经变化，类级科目改“社会抚恤支出”，款、项级科目基本不变。

1979年，省政府就国家机关工作人员牺牲、病故后遗属生活困难补助问题做出相关规定。对死者遗属生活上有困难的，由原工作机关根据本规定酌情给予补助。同时规定对优抚对象实行定期定量补助，农村每人每月补助6～10元，城镇每人每月补助10～15元；杭州市、宁波市、温州市每人每月补助15～20元。适当照顾革命老根据地和贫困边远地区人员。对孤老烈属、烈士遗孤和抗日战争时期入伍、军龄较长、贡献较大的复员军人的补助标准实行优厚政策。当年全省抚恤支出635万元。1982年至1984年间，浙江省调整遗属生活困难补助和优抚对象定期定量补助标准。至1985年，将革命烈士家属、因公牺牲军人家属、病故军人家属的定期定量补助改为定期抚恤金。一次性和定期抚恤金标准几经调整，逐年增加。1986年，浙江省各地停止发放随军烈士家属和牺牲、病故军人家属定期抚恤补差费。

1988—1990年，为保障优抚对象的基本生活，省政府对部分优抚安置对象发放物价补贴，适当上调抚恤救济标准。1990年7月，省政府颁布《浙江省军人抚恤优待实施办法》，规定各级财政依法对烈士遗属、因公牺牲军人遗属、病故军人遗属（以下统称三属）和残疾军人给予抚恤；对现役义务兵家属给予优待。并详细规定了死亡抚恤、伤残抚恤、优抚等的待遇标准，保障军烈属和退伍残疾军人的基本生活水平。当年，财政用于抚恤支出5467万元。1955—1995年，全省财政抚恤事业费累计支出7.93亿元。

1999年，逐步建立起抚恤、补助、优待标准与社会平均生活水平同步提高的自然增长机制，使优抚对象的生活水平达到或略高于当地群众的生活水平。2002年，浙江省建立优抚对象医疗保障制度，当年财政安排抚恤补助支出6732万元；其中1043万元专项用于重点优抚对象的医疗救助。2004年，浙江省全面建立重点优抚对象优抚标准自然增长机制。

2006年，为做好红军和抗战老战士的医疗保障工作，将全省红军失散人员、在乡抗战老战士纳入当地基本医疗保险管理范围，人均按上年度全省社会平均工资8%标准筹集，由省财政预算安排，按年划拨。调整部分优抚对象抚恤和生活补助标准，红军失散人员在中央标准之外，省财政再按每人每年1200元的标准发放；在乡复员军人在各地标准的基础上，每人每年再增加240元补助，其中抗日战争时期入伍的在乡复员军人每人每年增加450元（含中央标准的240元）补助；享受抚恤补助的优抚对象中的老党员，每人每年发600元的生活补助，增加补助所需的经费由中央和省财政安排。11月，省政府颁布《浙江省军人抚恤优待办法》，以政府规章的形式规范优抚对象的相关待遇，明确以城镇单位职工平均工资、城镇居民可支配收入、农村居民纯收入、城镇居民人均消费性支出和农村居民人均生活消费支出为基数确定优抚对象的抚恤补助标准，并由县（市、区）适时调整。

2007 年，实施《浙江省军人抚恤优待办法》，优待的范围涵盖乘坐交通工具、参观游览社会公共设施、医疗保障和就业、住房以及丧葬补助等多方面。并将残疾军人、在乡复员军人（含红军失散人员）、带病回乡退伍军人，以及享受国家抚恤和生活补助的烈士遗属、因公牺牲军人遗属、病故军人遗属等各类优抚对象按照属地原则纳入城镇职工基本医疗保险、新型农村合作医疗和城乡医疗救助体系。至此，全省重点优抚对象医疗保障制度基本确立。同年，政府预算收支科目改革，“抚恤”款级科目下设“死亡抚恤”“伤残抚恤”“在乡复员、退伍军人生活补助”“优抚事业单位”“义务兵优待”“其他优抚支出”6 个项级科目。至 2010 年底，全省抚恤、补助优抚对象 11.82 万人。1996—2010 年，抚恤支出 93.98 亿元，其中 2008—2010 年抚恤支出 42.42 亿元。

（二）退役安置支出

退役安置是国家和社会依据立法规定，向退役军人提供就业及其他安置所需资金和服务，使之顺利重返并适应社会的一项优抚保障制度，主要包括复员军人安置、退伍军人安置和专业志愿兵安置。

1954 年，国务院批准内务部颁布的《复员建设军人安置暂行办法》，其中的安置费是对住房确有困难的退伍回乡义务兵的一次性建房补助。1958 年，国务院颁布《关于处理义务兵退伍的暂行规定》，义务兵按照“从哪里来回哪里去”原则退伍。1981 年前，退役军人安置费均在抚恤支出中列支，当年新设“退伍军人安置费”项级科目，该项支出始单独列示，当年支出 21 万元。

1987—1989 年，根据国务院《退伍义务兵安置条例》，省政府颁布《浙江省退伍义务兵安置条例实施细则》，确定“妥善安置、各得其所”和“从哪里来回哪里去”的安置方针和原则，安置退伍义务兵。各级财政拨付经费，用于退伍军人待分配期间的管理教育、必要的技能培训等，对住房确有困难的退伍回乡义务兵给予一次性建房补助。1981—2000 年，累计支出退伍军人安置费 4908 万元。

2002 年，预算科目新增“安置事业费”款级科目，下设“退伍军人安置费”“军队移交地方安置的离退休人员费用”以及“离退休干部管理机构经费”3 个项级科目。2005 年，浙江省执行财政部《军队移交政府离退休人员安置经费使用管理办法》，规定安置经费包括离退休人员经费支出和服务管理机构经费支出，其中：离退休人员经费支出包括基本离退休费、生活补助、医疗费、离休干部特需费、福利费、家属遗属生活补助费、其他费用；服务管理机构经费支出包括人员经费和日常公用经费以及离退休干部住房维修、机构开办费等项目支出。安置经费使用坚持专款专用。

2007 年，政府预算收支分类改革后，安置事业费科目改列退役安置科目。2001—2010 年，全省退役安置累计支出 38.71 亿元。

五、社会救助支出

中华人民共和国成立后，浙江省逐步建立和完善以最低生活保障制度为基础、特困人员供养等项内容为补充的社会救济、救助制度。1950年，浙江省对城乡贫困人口实施社会救济制度，社会救济费支出2万元。1952年，社会救济费下设城市社会救济费和农村社会救济费等项级科目。1952—1954年，全省城乡社会救济费支出分别为113万元、114万元、224万元。1961年，各机关事业单位精减职工，全省精减全民所有制职工67万余人（主要是“大跃进”时期扩大招收的职工）。1962年，浙江省按照国务院规定对精减下来的家庭生活无依靠又不符合退休退职条件的老弱残职工，由当地民政部门按月发给救济费，标准为本人原标准工资的30%，作为其生活费用。当年全省发放精减退职老职工救济费近4万元。1965年，按照国务院通知规定，对精减退职职工发给一次性退职补助金；并对全部或大部分丧失劳动力，或年老体弱，或长期患病，家庭生活无依靠的精减退职职工，按月发给本人原标准工资40%的救济费；因病所需医药费凭证补助三分之二。此后，国家多次调整精减退职职工的救济范围和救济标准，开支费用也逐年增加。1955—1958年，全省社会救济支出1405万元；1960—1995年，全省城乡社会救济支出6.60亿元。

1996年，省政府颁布《关于在全省逐步建立最低生活保障制度的通知》，浙江省着手建立最低生活保障制度。1997年，省政府颁发《关于加快建立城乡最低生活保障制度的通知》，明确保障对象为家庭人均收入低于当地最低生活保障标准的城乡居民，并确定保障对象的保障标准。最低生活保障制度按属地原则管理，所需资金列入各级政府财政预算，纳入社会救济专项资金支出科目，实行专户管理。当年11个市（地）50个县级城市实施最低生活保障（以下简称“低保”）制度，561.3万人次领取最低生活保障金，发放最低生活保障金2327万元。1998年6月底，全省各县（市、区）全部实施城乡居民最低生活保障制度，最低生活保障金的领取人数及保障标准均比上年有所增加。

1999年，浙江省城市居民最低生活保障制度的资金来源从多渠道筹集逐步过渡到主要由财政预算安排。2000年，全省各地扩大城市居民最低生活保障范围，并落实资金，确保低保对象生活费及时发放。各地对纳入低保范围的城镇贫困人员，进一步落实优惠政策。宁波市对救助对象就医时免收挂号费、注射费，其子女接受义务教育减免学杂费，减免公房租金等。农村低保工作则实行资金多渠道筹措的保障机制。1996—2000年，全省社会救济费支出累计6.42亿元。

2001年8月，省政府颁布《浙江省最低生活保障办法》，以法律的形式对城乡最低生活保障制度予以规范，在全国开创先例。《办法》规定，家庭人均收入低于其户籍所在的县（市）或设区市的最低生活保障标准的居民、村民，除有特别规定的外，均有从当地政府获得基本生活物质帮助的权利；最低生活保障制度实行各级政府负责制；居民、村民最低生活保障所需资金，由各级政府列入年度财政预算，纳入社会救济专项资金支出项目，专项管理，专款专用，实行财政专户管理。同年，预算收支科目中的城镇社会救济费科目改列城市居民最低生活保障支出科目。至2002年，省政府发布系列文件，逐步调整精减退职职工生活困难补助标准，规定城乡居民最低生活保障标准在各地原标准基础上提高15%。加大省级财政对市、县(市)低保资金转移支付力度,安排市、县低保专项补助分别为市1416万元、县5000万元。2001—2002年,全省城乡社会救助类支出5.53亿元。

2003年,完善城市居民最低生活保障制度的重点为"配套措施"和"分类救助"。"配套措施"指为解决低保对象在医疗、子女教育、住房等方面所面临的实际问题所采取的配套政策;"分类救助"指对低保家庭中有特殊需要的家庭成员,如老人、未成年人、残疾人、重病人等采取的特殊政策。为完善城乡最低生活保障制度,省政府提出将其与失业保险制度相衔接,对失业保险到期仍未实现再就业的符合低保条件的困难群众,也按规定提供最低生活保障。规范补助方式,采取因素法分配预算,即综合考虑各市县低保实际支出、人均可用财力、居民人均收入、三无对象占低保人数比例等因素,设置不同的权重,计算确定补助金额。当年省本级安排低保专项补助资金4359万元。2004年,全省做好农村五保供养工作,规范五保管理,实现"应保尽保",确保五保供养资金落实,加强敬老院建设,发动社会力量,支持五保供养工作。农村税费改革后,农村五保供养资金来源发生变化,原来从农业税附加中列支的五保供养资金,列入县乡财政预算。

2005年,省政府发布《关于进一步完善新型社会救助体系的通知》,提出健全最低生活保障标准调整机制,建立完善分层分类救助制度,巩固农村五保和城镇无劳动能力、无固定收入、无直系亲属"三无"的鳏寡孤独人员集中供养等一系列工作,完善新型社会救助体系。城镇居民最低生活保障标准按当地最低工资标准的40%确定;农村居民最低生活保障标准按城镇居民最低生活保障标准的60%确定。建立"城乡一体、标准有别"的最低生活保障制度。2006年,在建立合理配套的保障标准体系基础上,按照分类施保的要求,差额分档发放低保金,适当提高城市居民最低生活保障补助水平。各地差额发放的低保金每人每月不少于30元,其中农村五保对象、城镇三无对象以及生活不能自理的重度残疾低保对象,按保障标准全额享受低保金。2007年,政府收支分类改革中,社会救助支出方面设城市居民最低生活保障、其他城镇社会救济支出和农村最低生活保障、其他农村社会救济支出。2006—2008年,全省建立健全城乡低保资金自然增长机制、低保标准正常调整机制和物价上涨补贴机制,减轻物价波动对困难群众的生活影响。2008年,全省低保对象保障标准为城镇平均301.34元/月·人、农村平均189.7元/月·人,低保救助水平列全国第三位,仅次于北京、上海。

2009—2010年,进一步健全低保标准动态调整机制、困难群众物价补贴机制和低保家庭收入定期复核机制,加强动态管理。全省基本形成资源整合、层次清晰、种类齐全、标准规范的城乡居民最低生活保障制度。2010年,全年4次启动困难群众基本生活价格补贴机制,核拨低保对象物价补贴省级补助资金3683万元。财政取消乡镇一级低保资金配套,低保资金纳入县级财政预算;加大低保资金省财政转移支付力度,在一般性转移支付的基础上,每年再安排一定的省级低保专项补助金,2010年省级财政安排低保补助资金2.56亿元。2003—2010年,全省城乡居民最低生活保障及其他社会救济支出累计125.05亿元,其中:城市居民最低生活保障和其他城镇社会救济支出31.58亿元,农村最低生活保障和其他农村社会救助支出93.47亿元。

六、社会福利和残疾人事业费

（一）社会福利

社会福利主要是指为孤寡老人、残疾人和孤残儿童等特殊困难群体提供帮助和服务的社会保障项目，具有救济性和补缺型。1950 年，全省各地民政部门对公私社会救济机构进行整顿调整后，设置市、县救济院 45 所，年末收养在院 4820 人，当年社会福利支出 0.02 万元。1953 年，列游民改造及老残教育事业费，全年支出 84 万余元。1954—1958 年，社会福利支出相关数据在社会救济项下列游民改造及老残教育事业费、生产教养院等经费，累计支出 496 万元。1960—1965 年，社会福利事业费支出 537 万元。1966—1980 年，社会福利支出未单独列示，有关支出在社会救济支出中列支。

20 世纪 80 年代，浙江省在社会福利方面进行了一系列改革，补缺型福利逐步向适度普惠型福利转变。1990 年，浙江省对户口在浙江省年满 100 周岁的老人每人每月发放 25 元生活补贴，经费由当地财政安排，列社会救济福利事业费支出。1992 年，对各级人民政府举办的盲童学校、聋哑学校、智障儿童学校学生实行免收学杂费，经费由同级财政部门安排。1993 年，安排各市、县一次性社会福利事业费补助 83 万元，其中新（扩）建社会福利院补助款 60 万元、儿童福利院补助款 3 万元、遣送站 20 万元。1994 年，各市、县一次性社会福利事业费补助为 160 万元，其中收容遣送站补助经费 100 万元、殡仪馆补助经费 60 万元。至 1995 年，全省共有公办社会福利单位 55 个（包括社会福利院、儿童福利院、精神病人福利院等），拥有床位 5230 张，收养人数 4518 人；社会办敬老院 1539 个，拥有床位 24166 张，收养人数 17390 人。1997 年，百岁老人生活补助标准由每人每月 100 元调整为 200 元。1998 年，全省县以上各类福利事业单位有 67 个，床位数 5000 余张，收养人数 5000 多人。2002 年，财政专项安排 400 万元扶持欠发达地区、山区、海岛的老年活动场所（设施）建设。当年，百岁老人生活补助改为百岁老人长寿保健补助。1981—2002 年，全省财政社会福利事业费累计支出 9.46 亿元。

2003 年，全省落实城市生活无着落的流浪乞讨人员救助管理机构经费和专项救助经费，并纳入财政预算予以保障；对未设立救助管理站的城市，同级财政部门安排临时救助资金，用于直接救助符合条件的城市流浪乞讨人员。同年，设置社会福利款级科目，包含殡葬、假肢、收容遣送和社会福利事业单位等方面的经费。2004 年，财政加大资金投入，支持移风易俗专项治理，推行生态殡葬改革。2005 年，省政府颁布实施《浙江省优待老年人规定》，全省发放老年优待证 795.29 万张，城乡老年人获乘车、景点门票、长寿保健补贴等各项优待。2006 年，浙江省颁布全国第一个省级社会福利规划《浙江省社会福利事业发展“十一五”规划》，提出建立以老年人为主题，涵盖孤儿、重点优抚对象、残疾人以及其他困难群众的福利项目，形成机构福利服务、公共福利服务与公益服务相结合，覆盖城乡的新型社会福利体系。同年，全省基本建立救助保护流浪未成年人工作体系和运行机制，各级财政部门把流浪未成年人救助机构经费纳入流浪乞讨人员救助机构经费统筹考虑。当年，全省各地组织实施“关爱孤儿行动”，为全省1.2万名孤儿提供养育、教育、医疗、基本住房等救助，通过财政预算安排等途径建立多渠道筹集资金机制，确保孤儿的基本生活不低于当地平均生活水平。对具有手术适应证的孤儿纳入“明天计划”；对符合条件的孤儿纳入城乡医疗救助体系；对处于义务教育阶段的孤儿、弃婴免其学杂费。2008年，省政府印发《关于加快推进养老服务体系建设的意见》，发展老年社会福利事业，全面推进社区居家养老服务，健全社会化服务机制。同时，加大城乡居家养老服务网点的补助力度，每个网点省财政给予不少于1万元～2万元补助，市、县按照省财政补助情况相应配套补助。市、县（市、区）设立的社会养老服务指导中心和乡镇（街道）建立的养老服务中心，由省财政给予适当补助。加大对民办养老服务机构的财政补助力度，根据民办机构的不同情况，省财政给予每个床位300元～500元不等的补助。2009年，省政府安排补助资金1833万元用于民办养老机构床位补助。2010年，探索创新养老服务体制机制，制定养老服务设施建设规划和养老服务补贴制度。各级财政调整百岁以上老人长寿保健补助标准，每人每月从原200元调整到300元。2003—2010年，全省财政社会福利支出40.45亿元。

（二）残疾人事业费

在社会福利类支出中的残疾人事业经费主要用于残疾人康复、就业和扶贫，以及残疾人体育等方面支出。1985年，浙江省财政设立残疾人事业费款级科目，当年支出267万元。1990年，《中华人民共和国残疾人保障法》颁布，残疾人事业得到高度重视，财政加大支持力度，全省全年支出381万元。1991年，对2.38万余名白内障患者实施复明手术，对4500余例儿童小儿麻痹症患者进行矫治手术，对400名聋儿进行听力语言训练。1995年，省财政厅会同有关部门制定《残疾人就业保障金管理暂行办法》，建立残疾人就业保障金，用于残疾人职业培训、扶持残疾人就业等方面支出。1997年，省财政厅印发《关于进一步加强残疾人就业保障金管理的通知》，完善保障金财政专户管理办法，建立全省后备专项保障金（各地上缴5%保障金），用于全省性残疾人就业培训等工作的补助。同时，加强残疾人按比例就业工作，各单位依照法律规定，按比例接收安置残疾人就业或缴纳就业保障金，改变单纯依靠政府投资或减免税收、集中安置残疾人就业的做法，开拓残疾人就业渠道。1995—1998年，全省累计筹集残疾人就业保障基金1.50亿元，使用5390万元。其中：用于职业培训918万元、扶持残疾人就业780万元；培训残疾人3.7万人，安置4.4万名残疾人就业，全省残疾人的整体就业率80%。1985—1995年，全省残疾人事业费支出5508万元，年均增长15.7%；1996—1999年，全省残疾人事业费支出8691万元。

2000年，省政府印发《关于进一步做好残疾人劳动就业工作的通知》，要求各地完善扶持保护政策，稳定残疾人集中就业，对安排残疾人就业达到规定比例的福利企业，予以减免有关税费优惠。2001年，省财政厅对省残疾人联合会工作人员的特殊岗位津贴标准及发放问题印发相关办法，其中对取得初、中、高级手语等级证书的人员每人每月分别补助60元、80元、100元。同时，省财政厅制定《浙江省残疾人后备专项保障金管理暂行规定》，建立省级残疾人后备专项保障金制度，重点用于经济欠发达地区残疾人职业技术培训、参加各类比赛及残疾人综合服务设施建设项目的补助，并实行统一管理、统筹调剂。2002年，省财政安排300万元专项资金，用于支持部分经济欠发达市、县(市)的残疾人综合服务设施建设；安排200万元用于残疾人扶贫贴息。2004年，省财政厅设立残疾人“万户安居工程”省级专项补助资金，主要用于经济欠发达地区和海岛市、县残疾人安居工程。同年，实施“残疾儿童手术康复明天计划”，为城乡各类福利机构中0～18岁具有手术适应证的残疾孤儿进行手术矫治和康复。2005年，实施扶助贫困残疾人计划，提高贫困残疾人的相关待遇。2000—2005年，全省残疾人事业费支出4.33亿元。

2007年，政府收支分类改革，社会福利类下的残疾人事业支出款科目中有行政运行、一般行政管理事务、机关服务、残疾人康复、残疾人就业和扶贫、残疾人体育和其他残疾人事业支出等项级科目。2008年，省政府印发《浙江省人民政府关于实施残疾人共享小康工程的意见》，残疾人共享小康工程包括残疾人基本生活保障、残疾人康复、重度残疾人托(安)养三项子工程。全年省财政投入6798万元用于残疾人共享小康工程，87099名重度残疾人列入单独施保、全额享受，41682人次得到“助听”“助行”“助明”康复服务，8433名重度残疾人得到各种方式的照料服务。10月，实施浙江省基层残疾人综合服务设施建设管理办法，按照“地方自筹为主、上级补助为辅”的原则筹集残疾人综合服务设施建设资金。2009年11月，浙江省人大常委会通过《浙江省残疾人保障条例》，要求各级政府加大对残疾人事业的经费投入，并将其纳入各级财政预算；建立财政资金投入稳定增长机制，残疾人经费每年涨幅不低于地方财政经常性收入的增长比例；继续实施残疾人共享小康工程，将全省重度残疾人集中托养费用指导线从7500元提高到9000元；增设残疾人康复工程实施项目，安排残疾人共享小康省级补助资金1亿元，102866名残疾人纳入基本生活保障工程，25669名残疾人纳入托(安)养工程，29358人次得到助听、助行、助明及聋儿语训、脑瘫儿童康复训练服务。同年，开始筹备由浙江省政府承办的中华人民共和国第八届残疾人运动会，省财政厅负责财务筹资工作，省级财政安排6.25亿元，向社会募集资金2.26亿元。2010年，省政府加快推进残疾人社会保障体系和服务体系建设，开展“万名残疾人就业创业帮扶”“0～6岁贫困残疾儿童抢救性康复”“残疾人小康·阳光庇护中心建设”“万户农村贫困残疾人家庭住房救助”和“扶残助残法律援助”五大专项助残行动。至2010年底，全省已建残疾人综合服务设施137处、特殊教育学校78所。2006—2010年，全省残疾人事业费支出15.42亿元。

七、自然灾害生活救助支出

浙江省是自然灾害多发地区。史载：东汉元初六年四月(119年4月28日至5月27日)，会稽大疫，朝廷派光禄大夫带领太医巡行治病，亡者赐棺木，减除田租、口赋(《后汉书》卷五《安帝本纪》)。东晋咸安二年(372年)，三吴旱(“三吴”指吴郡、吴兴郡和丹阳郡，今浙江地域分属)，人多饥死，诏受灾地区官府赈给。唐元和四年(809年)，南方大旱，朝廷下诏免除浙东当年赋税。宋元祐四年(1089年)，浙西大旱，饥疫并作。元至元二年九月(1265年10月11日至11月9日)，台州路饥，发义仓粟赈之。元统二年二月(1334年3月6日至4月4日)，杭州、嘉兴水旱、疾疫，敕有司发义仓赈饥。五月，江浙饥，赈之。至正元年四月(1341年4月16

日至5月15日)，以两浙水灾，免岁办余盐3万引。明正统六年二月(1441年2月21日至3月22日)，发官廪35万杭州平籴。明成化十四年三月(1478年4月3日至5月1日)，杭州等府免粮33万余石。明万历二十六年九月(1598年9月30日至10月30日)，赈浙西灾民。万历三十七年正月(1609年2月4日至3月5日)，以浙西灾，准海宁、余杭、临安漕粮改折给赈浙西。

清代的救济赈恤沿袭明代。清康熙二十七年十月二十三日(1688年11月15日)、康熙二十八年，浙江应征地丁各项钱粮，俱着蠲免。军民70岁以上者，许一丁侍养，免其杂派差役；80岁以上者，给予绢1匹、绵1斤、米1石、肉10斤；90岁以上者，倍之。各处养济院所有鳏寡孤独及残疾无告之人，有司留心，以时养赡，毋致失所。清代浙江的府、县救恤费，主要是孤、贫的柴、布、口粮。府、县额设名数不等，各有额编银两，每名岁给口粮银3.6两、柴布银6钱，闰月加口粮银3钱、柴布银5分，孤贫铎户口粮每岁给口粮3.6两。清代官员、军兵阵亡、病故等救恤费皆不在地方开支。

民国时期，救恤费是政府因自然灾害、战争和瘟疫等造成人们生活困窘，用于救济民众而支付的费用，包括救济院、育婴所、儿童保育院、施棺所经费等目。由于多次发生瘟疫、自然灾害，加上连年的战争，浙江省国民政府多次发放救恤费(抚恤费)。民国17年(1928年)，预算列救恤费为银圆(下同)80713元。民国18年，浙江省将旧杭州育婴堂与其他慈善机构合并，改组为省区救济院，救恤费因此增至267590元。民国20年，预算列经常抚恤费(救恤费)321430元，其中浙江省救济院经费133748元、浙江省区救济院附属机关经费49458元、浙江省立贫儿院经费33696元、浙江省城大义富三仓经费27528元、浙江省赈务会经费12000元、浙江省各教育机关人员恤金养老金5000元、浙江省军警官吏恤金60000元；临时救恤费30000元，即浙江省城大义富三仓补谷经费。民国29年，公务人员退休及抚恤费为法币(下同)111413元，占当年预算的0.18%。民国35年，预算列公务员退休及抚恤支出9068000元，占当年预算的0.06%。

中华人民共和国成立后，人民政府重视防灾救灾工作，按照“生产自救、节约度荒、群众互助、以工代赈、并辅之以必要的救济”的救灾工作方针，投入人力、物力、财力，保障灾民基本生活，恢复发展生产，维护社会稳定。自然灾害和生活救济支出是各级政府预算安排用于解决受灾群众吃、穿、住等生活困难的救济费和发生自然灾害时的抢救、转移、安置、治病等支出。1950年，全省有64个市、县遭受水、旱、风、虫、冰雹等自然灾害，受灾人口92.03万人，各级政府发放救济粮10855吨。1954年，政府在预算科目社会救济支出款级科目下设置自然灾害救济事业费，当年支出34万元。1956年，浙江省遭受严重自然灾害，尤其是台风灾害，受灾死亡4926人，重伤3944人，失踪141人，毁坏房屋71.5万间。浙江省人民委员会发出通知，实施抗灾救灾，当年支出灾民救济款559万元。1962年，浙江省57个县遭受2次冰雹、5次霜冻、6次风雹、5次台风侵袭，损失惨重，省政府安排自然灾害救济专款支出970万元。1965—1967年，自然灾害救济事业费支出168万元。

1971年，全省自然灾害救济支出79万元。1972年，杭州、温州、台州、金华、丽水等地遭受两次台风暴雨侵袭，损失巨大，全年自然灾害救济支出920万元，其中特大自然灾害支出

868万元。“四五”时期(1971—1975年),自然灾害救济支出1841万元;“五五”时期(1976—1980年),自然灾害救济支出1208万元,同期下降34.4%;“六五”时期(1981—1985年),自然灾害救济支出3863万元,同期上升219.8%。1988年,7号强台风在象山县登陆,全省41个县受灾,受灾人口1051万人,死亡160人,伤1232人,失踪34人,直接经济损失10亿元以上。当年自然灾害救济支出5073万元。1989年,省财政建立省级救灾扶贫周转基金,通过部分救灾资金的有偿使用、增值,形成具有一定实力的大灾预备金。遇到特大自然灾害时,周转基金可用以弥补救灾资金的不足和时间滞后问题,增强救灾实力。“七五”时期(1986—1990年),自然灾害救济支出1.84亿元。

1993年,预算科目增设特大自然灾害救济补助费项级科目,当年自然灾害救济事业费2171万元,特大自然灾害救济补助费1327万元。1994年,14号台风在浙江登陆,127万亩农田受淹,1060家企业停产,直接经济损失3.8亿元;同年,17号台风又导致753万亩农田受灾,2.1万间房屋倒塌,死亡1126人,直接经济损失178亿元。当年,自然灾害救济事业费支出3916万元,特大自然灾害救济补助支出3872万元。1995年,全省遭受冰雹、龙卷风、暴雨等自然灾害,省财政筹集资金用于抗洪抢险、灾民安置、灾区防疫、房屋修复及群众生活。当年,自然灾害救济事业费1611万元,特大自然灾害救济补助费2505万元。同年,增设特大自然灾害灾后重建补助费款目,当年支出1873万元。1996年,各级财政部门协同有关部门研究建立灾害救助工作机制和救灾资金保障机制,为全省的防灾救灾和灾后重建工作提供财力保障。当年,遭受“6·30”特大水灾,特大自然灾害救济补助费比上年增加2800多万元,自然灾害救济事业费和特大自然灾害补助共计支出9413万元。1997年,11号台风遭遇风、雨、潮“三碰头”,为浙江历史上所罕见。全省75个县(市)受灾,207万名群众被洪水围困,死亡238人,倒塌房屋8.5万间,因灾害造成的直接经济损失198亿元。当年设救灾支出款级科目,下设自然灾害救济、特大自然灾害救济、特大自然灾害灾后重建补助3项,支出分别为5468万元、1.01亿元、180万元。2000年,各地加大救灾资金的投入,落实地方自然灾害救济事业费,确保配套资金足额到位,救济款物的发放做到公正、公平、公开,接受社会监督。

2003年,救灾支出款级科目改为自然灾害生活救助款级科目,下设一般自然灾害救济、特大自然灾害救济、特大自然灾害灾后重建3个项级科目。2004年,省政府根据国家有关规定,结合实际情况,制定针对重特大自然灾害救助应急预案。2001—2005年,自然灾害生活救助支出6.64亿元。2006年,省政府发布7项专项应急预案,并开展预案演练活动,提高基层干部群众的防灾害意识和自救互救能力。根据全省台风灾害和文成、泰顺地震灾害等自然灾害发生情况,拨付各项救灾经费4.36亿元,支持受灾地区灾后重建和灾民安置工作等。2007年,政府收支分类改革,自然灾害生活救助支出包含中央自然灾害生活补助、地方自然灾害生活补助和自然灾害灾后重建补助及其他自然灾害生活救助支出。2008年5月12日,四川省汶川发生特大地震。浙江省根据国务院统一部署,安排专项补助资金6798万元,做好接收地震灾区伤病人员的医疗救治和出院返程等项工作。为支持省“避灾工程”试点建设工作,财政安排专项资金1000万元;同时安排专项资金1.36亿元,做好冬春低温冰冻灾害灾后

表 31-2-5-1

1949—2010 年浙江省财政社会保障和就业支出一览表

单位:万元

<table>
<tr><th>年份</th><th>财政对社会保险基金补助</th><th>离退休</th><th>就业补助</th><th>抚恤</th><th>退役安置</th><th colspan="3">社会救助</th><th>社会福利</th><th>残疾人事业</th><th>自然灾害生活救助</th><th>其他</th></tr>
<tr><td>1949</td><td>—</td><td>—</td><td>—</td><td>0.62</td><td>—</td><td colspan="3">—</td><td>—</td><td>—</td><td>—</td><td>—</td></tr>
<tr><td>1950</td><td>—</td><td>—</td><td>—</td><td>0.04</td><td>—</td><td colspan="3">2</td><td>0.02</td><td>—</td><td>—</td><td>—</td></tr>
<tr><td>1951</td><td>—</td><td>—</td><td>—</td><td>—</td><td>—</td><td colspan="3">—</td><td>—</td><td>—</td><td>—</td><td>—</td></tr>
<tr><td>1952</td><td>—</td><td>—</td><td>—</td><td>170</td><td>—</td><td>32</td><td>78</td><td>2.62</td><td>—</td><td>—</td><td>—</td><td>26</td></tr>
<tr><td>1953</td><td>—</td><td>—</td><td>—</td><td>207</td><td>—</td><td colspan="3">114</td><td>84</td><td>—</td><td>—</td><td>21</td></tr>
<tr><td>1954</td><td>—</td><td>—</td><td>—</td><td>220</td><td>—</td><td>76</td><td colspan="2">148</td><td>131</td><td>—</td><td>34</td><td>27</td></tr>
<tr><td>1955</td><td>—</td><td>—</td><td>—</td><td>325</td><td>—</td><td>108</td><td colspan="2">157</td><td>40</td><td>—</td><td>127</td><td>—</td></tr>
<tr><td>1956</td><td>—</td><td>0.5</td><td>—</td><td>296</td><td>—</td><td>116</td><td colspan="2">286</td><td>174</td><td>—</td><td>559</td><td>—</td></tr>
<tr><td>1957</td><td>—</td><td>4</td><td>—</td><td>233</td><td>—</td><td>67</td><td colspan="2">295</td><td>71</td><td>—</td><td>319</td><td>—</td></tr>
<tr><td>1958</td><td>—</td><td>14</td><td>—</td><td>152</td><td>—</td><td>82</td><td colspan="2">294</td><td>80</td><td>—</td><td>51</td><td>—</td></tr>
<tr><td>1959</td><td>—</td><td>32</td><td>—</td><td>150</td><td>—</td><td colspan="4">320</td><td>—</td><td>372</td><td>—</td></tr>
<tr><td>1960</td><td>—</td><td>35</td><td>—</td><td>162</td><td>—</td><td>42</td><td>325</td><td>25</td><td>80</td><td>—</td><td>169</td><td>—</td></tr>
<tr><td>1961</td><td>—</td><td>39</td><td>—</td><td>203</td><td>—</td><td>604</td><td>219</td><td>15</td><td>86</td><td>—</td><td>347</td><td>—</td></tr>
<tr><td>1962</td><td>—</td><td>48</td><td>—</td><td>217</td><td>—</td><td>72</td><td>315</td><td>9</td><td>98</td><td>—</td><td>970</td><td>—</td></tr>
<tr><td>1963</td><td>—</td><td>81</td><td>189</td><td>230</td><td>—</td><td>102</td><td>427</td><td>15</td><td>69</td><td>—</td><td>450</td><td>—</td></tr>
<tr><td>1964</td><td>—</td><td>118</td><td>1030</td><td>239</td><td>—</td><td>53</td><td>819</td><td>110</td><td>86</td><td>—</td><td>65</td><td>—</td></tr>
<tr><td>1965</td><td>—</td><td>218</td><td>581</td><td>225</td><td>—</td><td>80</td><td>514</td><td>92</td><td>118</td><td>—</td><td>52</td><td>—</td></tr>
<tr><td>1966</td><td>—</td><td>256</td><td>658</td><td>212</td><td>—</td><td>82</td><td>379</td><td>193</td><td>—</td><td>—</td><td>21</td><td>—</td></tr>
<tr><td>1967</td><td>—</td><td>297</td><td>225</td><td>263</td><td>—</td><td>90</td><td>371</td><td>201</td><td>—</td><td>—</td><td>95</td><td>—</td></tr>
</table>

续表 1

<table>
<tr><th>年份</th><th>财政对社会保险基金补助</th><th>离退休</th><th>就业补助</th><th>抚恤</th><th>退役安置</th><th colspan="3">社会救助</th><th colspan="4">社会福利</th><th>残疾人事业</th><th>自然灾害生活救助</th><th>其他</th></tr>
<tr><td>1968</td><td>—</td><td>—</td><td>237</td><td>1486</td><td>—</td><td colspan="3">—</td><td colspan="4">—</td><td>—</td><td>—</td><td>—</td></tr>
<tr><td>1969</td><td>—</td><td>—</td><td>1861</td><td>533</td><td>—</td><td colspan="3">946</td><td colspan="4">—</td><td>—</td><td>—</td><td>—</td></tr>
<tr><td>1970</td><td>—</td><td>—</td><td>2100</td><td>589</td><td>—</td><td colspan="3">907</td><td colspan="4">—</td><td>—</td><td>—</td><td>—</td></tr>
<tr><td>1971</td><td>—</td><td>—</td><td>1200</td><td>623</td><td>—</td><td colspan="3">815</td><td colspan="4">—</td><td>—</td><td>79</td><td>—</td></tr>
<tr><td>1972</td><td>—</td><td>—</td><td>607</td><td>706</td><td>—</td><td colspan="3">773</td><td colspan="4">—</td><td>—</td><td>920</td><td>—</td></tr>
<tr><td>1973</td><td>—</td><td>—</td><td>923</td><td>792</td><td>—</td><td colspan="3">892</td><td colspan="4">—</td><td>—</td><td>420</td><td>—</td></tr>
<tr><td>1974</td><td>—</td><td>—</td><td>2440</td><td>851</td><td>—</td><td colspan="3">914</td><td colspan="4">—</td><td>—</td><td>241</td><td>—</td></tr>
<tr><td>1975</td><td>—</td><td>—</td><td>2581</td><td>881</td><td>—</td><td colspan="3">972</td><td colspan="4">—</td><td>—</td><td>181</td><td>—</td></tr>
<tr><td>1976</td><td>—</td><td>694</td><td>2893</td><td>416</td><td>—</td><td>105</td><td>696</td><td>393</td><td colspan="4">—</td><td>—</td><td>228</td><td>—</td></tr>
<tr><td>1977</td><td>—</td><td>805</td><td>2873</td><td>472</td><td>—</td><td>88</td><td>662</td><td>352</td><td colspan="4">—</td><td>—</td><td>327</td><td>—</td></tr>
<tr><td>1978</td><td>—</td><td>875</td><td>1134</td><td>519</td><td>—</td><td>93</td><td>763</td><td>388</td><td colspan="4">—</td><td>—</td><td>134</td><td>—</td></tr>
<tr><td>1979</td><td>—</td><td>1099</td><td>1096</td><td>635</td><td>—</td><td>119</td><td>798</td><td>492</td><td colspan="4">—</td><td>—</td><td>262</td><td>—</td></tr>
<tr><td>1980</td><td>—</td><td>1370</td><td>1947</td><td>712</td><td>—</td><td>124</td><td>811</td><td>548</td><td colspan="4">—</td><td>—</td><td>257</td><td>—</td></tr>
<tr><td>1981</td><td>—</td><td>1400</td><td>1552</td><td>775</td><td>21</td><td>121</td><td>831</td><td>230</td><td colspan="4">276</td><td>—</td><td>298</td><td>—</td></tr>
<tr><td>1982</td><td>—</td><td>1377</td><td>999</td><td>861</td><td>56</td><td>121</td><td>898</td><td>273</td><td colspan="4">295</td><td>—</td><td>312</td><td>—</td></tr>
<tr><td>1983</td><td>—</td><td>1383</td><td>1227</td><td>974</td><td>68</td><td>143</td><td>1120</td><td>326</td><td colspan="2">244</td><td colspan="2">125</td><td>—</td><td>623</td><td>—</td></tr>
<tr><td>1984</td><td>—</td><td>1487</td><td>1849</td><td>1279</td><td>70</td><td>179</td><td>1250</td><td>534</td><td colspan="2">429</td><td colspan="2">189</td><td>—</td><td>1218</td><td>—</td></tr>
<tr><td>1985</td><td>—</td><td>2120</td><td>1256</td><td>1440</td><td>51</td><td>267</td><td>1259</td><td>354</td><td colspan="3">831</td><td>234</td><td>267</td><td>1412</td><td>287</td></tr>
<tr><td>1986</td><td>—</td><td>2508</td><td>1118</td><td>2316</td><td>91</td><td>350</td><td>1464</td><td>476</td><td>790</td><td>9</td><td>—</td><td>294</td><td>210</td><td>1273</td><td>527</td></tr>
<tr><td>1987</td><td>—</td><td>2870</td><td>1063</td><td>2810</td><td>89</td><td>348</td><td>1484</td><td>565</td><td>730</td><td>25</td><td>124</td><td>279</td><td>180</td><td>2700</td><td>520</td></tr>
</table>

续表 2

年份	财政对社会保险基金补助	离退休	就业补助	抚恤	退役安置	社会救助			社会福利				残疾人事业	自然灾害生活救助	其他
1988	—	3360	947	3419	78	398	1517	724	901	3	140	374	147	5073	690
1989	—	3831	1064	4214	96	440	1907	949	1036	24	193	448	312	4760	999
1990	—	4354	934	5467	132	530	1978	910	1155	5	185	535	381	4589	1217
1991	—	4511	978	5872	97	558	1994	1122	1376	22	227	421	521	4623	1535
1992	—	5268	950	6229	101	741	2047	1180	1236	16	314	444	619	3009	1751
1993	—	6428	872	7339	153	885	2430	1610	1554	41	267	400	764	3498	2721
1994	—	9498	716	10846	135	983	2785	2134	2271	11	495	622	958	7788	3747
1995	—	9537	812	13340	115	1218	3635	2923	2670	3	462	657	1149	5989	4543
1996	—	8231	944	16584	166	1386	4150	2850	3031	29	605	1134	1490	9413	5568
1997	289	8661	1578	17795	161	2102	5876	3104	3550	36	735	3260	1950	15756	8233
1998	678	22915	2041	20199	349	3204	6001	3423	4743	147	860	3181	2247	9207	34330
1999	2361	30387	3963	24669	708	3063	8040	3622	4319	46	1062	2690	3004	10753	35187
2000	9864	35101	2969	29794	2171	3724	9949	3665	6142	70	1416	2350	3120	7249	55170
2001	26976	51092	3824	35012	2851	4985	11303	4344	9011	182	2788	3443	4260	6037	73610
2002	59113	61685	6068	36074	14510	8396	17261	9052	9558	116	2614	4062	6675	10799	107239
2003	102020	73186	42024	42962	23720	23895	29029		19736				8037	7516	102066
2004	81187	80475	47550	52075	29108	24065	48046		24513				9153	16722	160346
2005	78953	89046	68805	68372	36398	23034	77529		24889				12065	25367	183068
2006	105441	93136	85308	76808	39514	21212	95264		26794				13367	43611	225810
2007	94502	117976	97947	95326	46054	37117	120100		65240				18178	25976	361432

续表 3

年份	财政对社会保险基金补助	离退休	就业补助	抚恤	退役安置	社会救助		社会福利	残疾人事业	自然灾害生活救助	其他
2008	119017	129703	95583	125419	59874	44888	165849	96376	32482	70463	475569
2009	122957	177587	94697	143845	64164	55406	199327	66295	33688	21357	551479
2010	371376	198810	99812	154912	70879	86189	199523	80619	56435	21452	723935

资料来源：浙江省档案馆、浙江省财政厅历年浙江省财政决算报表。

说明：1.“抚恤”一栏，1996—2001 年含抚恤事业费、军队移交地方安置的离退休人员费用。

2.“社会救助”一栏，1959 年与“社会福利”合列一项；1952 年、1954—1958 年、1960—1967 年、1976—2002 年分列城市社会救济、农村社会救济、其他社会救济 3 项，其中 1964—1967 年、1976—1980 年的其他社会救济费中含社会福利的相关经费；2003 年后分列城市居民最低生活保障、农村及其他社会救济 2 项。2007 年后为城市居民最低生活保障和其他城镇社会救济及农村最低生活保障和其他农村社会救济。

3.“社会福利”一栏，1954—1958 年数据由社会救济经费项下其他社会救济相关经费移至；1966—1980 年财政决算报表中未单列；1981 年起单列社会福利事业单位经费；1983—1985 年分列社会福利事业单位经费、殡葬事业费 2 项；1983—2002 年分列社会福利事业单位经费、假肢事业费、收容遣送费、殡葬事业费 4 项。

4.“自然灾害生活救助”一栏，1959 年含自然灾害救济、台灾水毁复堤堵口经费；1993—1994 年含自然灾害救济、特大自然灾害救济补助 2 项；1995—2006 年含一般自然灾害救济、特大自然灾害救济、灾后重建 3 项。

5.“其他”一栏，1952—1954 年为其他社会事业费；1985—1997 年为其他民政事业费；1998—2006 年先后为帮困解困资金、国有企业下岗职工基本生活补助、企业关闭破产补助、社会保险经办机构及其他社会保障补助、其他民政事业费等支出；2007—2010 年为社会保障和就业管理事务、民政管理事务、红十字事业、企业改革补助等其他社会保障和就业支出。

救助工作。当年自然灾害生活救助支出 7.05 亿元,比上年增长 171.3%。2010 年,继续深化救灾救济制度改革,确保灾民和贫困群众基本生活,基本建立和完善救灾工作分级新体制和经常性的社会捐赠制度。根据中央统一部署,浙江省拨付青海玉树地震和甘肃舟曲县泥石流灾害捐款资金 3180 万元。当年拨付救灾生活补助资金 9427 万元;拨付大中型水库移民后期扶持直补资金 7.25 亿元;同时争取中央财政救灾补助 5400 万元。"十一五"时期(2006—2010 年),全省财政自然灾害生活救助支出 18.29 亿元。

八、住房保障支出

住房保障支出主要反映政府用于住房保障方面的支出。1994 年 12 月,省政府发布《浙江省深化城镇住房制度改革实施方案》,将加快经济适用住房建设,解决城市中低收入家庭的住房问题,作为住房制度改革的一项重要任务,提出建立浙江省住房保障体系的要求。省财政由此开始加强对城镇廉租住房和公共租赁住房以及农村困难群众住房的保障投入,逐步建立和完善多种形式的住房保障体系。2006 年之前,住房保障相关支出包含在行政事业费中。2010 年,财政部修订政府收支科目时新增住房保障支出类级科目。

(一)城镇廉租住房和公共租赁住房保障支出

1998 年 12 月,省政府印发《关于进一步深化我省城镇住房制度改革的通知》,提出建立和完善以经济适用住房为主的多层次城镇住房保障体系,并指出最低收入家庭租赁住房应由政府或单位提供廉租住房。1999 年,省政府印发《〈关于进一步深化我省城镇住房制度改革实施方案〉有关具体政策的意见》,明确廉租房的供应对象是最低收入家庭中的住房困难户("双困家庭"最低收入和住房困难的具体标准由市、县人民政府制定)。同年,金华、宁波等城市开始建设廉租房。2001 年,全省各市、县(市)陆续印发廉租房管理办法,采取实物配租或租金补贴办法解决城市最低生活保障线以下困难群众住房保障问题。2003 年,省政府印发《关于促进住宅与房地产业持续健康发展的通知》,要求全面实施城镇廉租房制度。在政策的推动下,全省开始建立廉租房供应体系,杭州、温州、嘉兴等 31 个市、县(市)实行廉租房制度。

2004 年 11 月,省政府颁发《浙江省城镇廉租住房保障办法》,强调廉租房建设资金主要以预算资金为主,同时需多渠道筹集建设资金;提出廉租住房用于满足城镇最低收入家庭基本住房需求,通过发放住房租赁补贴、实物配租和租金减免等形式实现对最低收入家庭住房保障。2005 年 12 月,省政府印发《关于进一步完善新型社会救助体系的通知》,从 2006 年起全面实施廉租住房制度,建立以财政资金为主、多种形式筹资的廉租住房专项资金,以租金减免、实物配租相结合的方式,改善救助家庭的住房条件。2006 年,全省一般预算支出中安排廉租住房支出 1358 万元,全省廉租住房政府性支出总额为 2.20 亿元,1.85 万户城镇困难家庭享受廉租住房保障。2007 年,省政府印发《关于加快解决城市低收入家庭住房困难的实施意见》,加快廉租住房建设。当年,全省廉租住房政府性支出 6.03 亿元,为上年的 2.7 倍,其中:政府一般预算安排的廉租住房支出为 2170 万元,较上一年增长 59.8%;从政府住房基金安排的廉租住房支出为 101 万元,从国有土地使用权出让金中安排支出 5.80 亿元。全省 2.6

万户家庭享受廉租住房保障。在完成低保户家庭全覆盖的同时，将廉租住房保障范围逐步扩大到低保标准以上的住房困难家庭。

2008年，全省廉租住房政府性支出28.40亿元，是上年的4.7倍，其中政府一般预算支出2512万元，较上年增长15.8%，从国有土地使用权出让金中安排支出27.92亿元，为上年的4.8倍。省财政厅印发《浙江省省级廉租房保障专项资金管理暂行办法》，下拨廉租住房保障专项资金2823万元，对省内32个经济欠发达县(市)给予廉租住房保障专项补助。当年，全省新增廉租住房保障对象1.3万户。至年底，全省有26个市、县(市、区)提前两年完成低保标准两倍以内城市低收入住房困难家庭廉租住房应保尽保。2009年，全省财政安排政府性资金26.40亿元，用于廉租住房保障，其中一般预算支出安排5126万元。全省新增廉租住房保障1.5万户，新开工廉租住房44.33万平方米，完成投资8.07亿元。当年，省财政下拨专项资金5695万元，对32个经济欠发达县(市)给予廉租住房保障专项补助，较上年翻了一番。

2010年，浙江省根据国务院有关精神和城乡建设部、发展改革委员会、财政部《2009—2011年廉租住房规划》，落实廉租住房补贴，统筹使用中央预算内投资补助和中央廉租住房保障专项资金。当年，全省投入66.65亿元政府性资金用于廉租住房保障，其中一般预算安排支出3945万元。全省新增廉租住房受益家庭1.42万户，全面实现低保标准2倍以下城市低收入住房困难家庭廉租住房应保尽保；同时省级财政安排3659万元专项资金用于对经济欠发达地区廉租住房建设专项补助。2010年8月，省政府办公厅转发省住房和城乡建设厅等部门《关于加快发展公共租赁住房实施意见的通知》，公共租赁住房正式纳入全省住房保障体系。当年，全省财政从国有土地使用权出让金中安排4亿元，用于公共租赁住房保障项目。

(二)农村困难群众住房保障支出

2006年4月，省政府印发《关于实施农村困难群众住房求助工作的意见》，提出当年完成农村危旧房改造的任务和到2010年基本解决农村困难群众住房问题的目标。当年，省级财政下拨专项资金2500万元，用于农村困难群众危旧住房改造救助工程，全省共完成农村困难群众危旧住房改造5133户。2007年，省财政安排省级财政专项资金5000万元，用于农村困难群众危旧住房改造救助工程，10432户农村困难群众获得住房补助。2008年，省政府继续推进农村危旧住房改造救助工程，省级财政下达8000万元专项补助资金，全年全省各地通过新建、改建、修缮、置换等多种形式完成1.8万户困难家庭危旧房改造。

2009年6月，省委、省政府联合印发《中共浙江省委浙江省人民政府关于加快农村住房改造建设的若干意见》，提出2009年至以后3年的农村困难家庭危旧住房改造任务。当年，省级财政安排专项资金1.40亿元，用于农村困难群众危旧住房改造救助工程，26800户农村困难家庭获得住房补助。2010年，省级财政安排专项资金1.56亿元，用于农村困难群众危旧住房改造救助工程，38525户农村困难家庭获得住房补助。至年底，全省已完成72万户农村住房改造，11.2万户农村困难家庭完成危房改造，农村困难群众住房救助覆盖面已扩大到低保标准(2007年)1.5倍的家庭。2006—2010年，农村困难群众住房救助项目共投入财政资金12.03亿元，农户及村自筹资金16.49亿元。

第六节 行政政法支出

古代地方行政支出主要用于各项杂支，官俸是其中重要的一项。清宣统二年(1910 年)以前，从中央到地方，没有财政收支预决算，所需费用开支均由朝廷或上级官府核定支出来源和支出用途。清末，浙江行政支出总称政务、军务费，具体有行政费、民政费、财政费、司法费、军政费等；主要是地方官吏和公职、杂役人员的薪俸、役食和军队营饷等开支，其次是机关的公杂费。民国时期，行政支出有党务经费、行政费、财务费、协助费、司法费和公安费等。这些费用一般以核定的预算数为依据，没有编列决算，但实际支出一般大大超过年初核定的预算数；其中以公安费支出比重最大。1949 年中华人民共和国成立后，行政政法支出是指国家财政用于各级行政单位(含政法单位，下同)、政党组织和部分群众团体等机构行使职能所需的经费支出。1949—1987 年，行政管理费中包含公检法司支出；1988—2006 年，行政管理费与公检法司支出并列，属于行政政法支出。2007 年，政府收支分类科目改革，取消行政管理费支出科目，全省各级行政政法单位按功能分类编制部门预算，分别列一般公共服务、公共安全支出科目。1949—2006 年，全省行政经费(含政法单位)支出 968.48 亿元。2007—2010 年，全省一般公共服务支出 1533.35 亿元，公共安全支出 851.07 亿元。

一、行政管理费

古代的官俸是地方行政支出的重要内容。魏晋南北朝时，官员的俸禄制度是秩石制与品级制并行。隋朝起，官俸取消双轨制，实行单一的品级制①。宋代，官员俸禄大体上可分为正俸、加俸、职田公使钱等一些变相的收入。浙江境内海宁县的官俸：宋代知县田秩 6 顷、俸钱 20 千，县丞田 4 顷、钱 15 千，主簿、尉、主学田各 3 顷、钱均 12 千。元初官吏无俸，元世祖中统元年(1260 年)至至元十四年(1277 年)始定北方官吏俸禄制，由俸钞和职田两部分组成。北方官吏标准高于江南，江南官吏职田仅及北方的二分之一。江南达鲁花赤田秩 2 顷、月俸钞 18 两，县尹田 1.5 顷、钞 12 两，丞田 1.2 顷、钞 12 两，典史、尉月俸米各 8 石、钞均 10 两，教谕米 2 石、钞 10 两。元贞元年(1295 年)县升州，达鲁花赤田秩 4 顷、俸 40 贯，知州、同知田各 2 顷、俸各 20 贯，判官田 1.5 顷、俸 15 贯，提控案牍田 1 顷、俸 10 贯，都目田 50 亩、俸 6 贯。明代，嘉靖三十一年(1552 年)支出分祭祀、礼俗、官吏俸粮与差役工食银、儒学经费、工兵民壮银、海塘水坝夫役银、孤老柴布银等 7 项。万历十三年(1585 年)，绍兴府、县存留银 27671 两，用于各项杂支，但无明细记录。

清代，府级行政经费范围为知府署(或衙)、同知署、经历署、儒学、谕训及府儒学、盐巡分

① 隋朝品级制的官俸体系由四方面内容构成：一是禄米；二是役力，根据品别给力役，往往与基本俸禄一起合称禄力；三是职田，根据品级提供一定份额的土地，作为官员的部分俸禄；四是公廨钱和公廨田，根据级别和官吏人数给官府提供本钱和土地，以其收入作为官府的公费和官员的部分俸食。

府等各项开支，包括各级官员俸银，皂隶、马快、门子、驿夫、闸夫、渡夫、轿(扇、伞)夫、禁卒、斗级(主管官仓、务场、局院的役吏)，及附郭铺司兵的薪水工食银在内。官俸为：知府年105两，同知80两，儒学训导80两，府经历40两，养廉银另加(通常为薪水的10倍到100倍)。县级行政经费包括知县署(或衙)各项开支，知县年俸37～45两，其余定编人员实行定员定额(人均定额6两)。雍正五年(1727年)起，府、县官员按职务等级每年于常俸之外另给养廉银，如海宁县共给付养廉银计2480两，其中知州(县)1400两、州判(县丞)60两、吏目(典史)60两、赭山港巡检司60两，许村、西路、黄湾三盐场大使各300两。府、县衙门的门子、皂隶、库子、禁卒、马快、轿(伞、扇)夫，每名岁给银6两；民壮(额设名数不等)每名岁给工食银7.2两；仵作有正有副，府、县裁汰皂隶抵给仵作工食。还有府巡盐捕哨兵工食银、碶夫(即启闭石闸的闸夫)工食银、给桥夫(开启桥)及轿埠船夫工食银、栅夫工食银等参差不等。儒学衙门、巡检衙门各役工食银均不等。

民国时期的行政支出有党务经费、行政费、财务费、协助费、司法费和公安费等。此处记述党务经费、行政费、财务费、协助费。

党务经费。作为国民政府的执政党，中国国民党党员不向党组织缴纳党费，其党务费都由地方财政支出调拨。浙江省为国民党政府的重要省份，党员人数极为庞大。在国民党三民主义青年团成立后，党团竞争，争相扩大自己的组织，党团员人数激增，党务费在浙江省财政开支中所占比重越来越大。民国16年(1927年)前以原有的省议会经费拨充，由中央列支，当年支出额334623元。民国17年，省政府以党务经费既经规定为地方支出，自应列入省预算，故当年党务经费预算经临合计240000元。民国18年、19年、20年，党务经费预算均为252000元，包括国民党省执委会、监委会两会经费204000元、省党部特别宣传费48000元，此外临时党务费45000元，经临合计每年297000元。民国29年，浙江省经常党务费支出法币271908元，临时党务费法币290098元。民国35年，党务费预算划归行政费之内。

行政费。行政费是浙江省政府的重要支出项目，其数额不断上升。民国2年(1913年)，行政费支出156719元；民国3年，行政费支出195107元；民国5年，行政费支出为331000元。至民国15年止，每年行政经费在200万元至300万元之间。民国17年，预算所列行政费为1610428元；民国18年，行政费增至293万余元；民国19年，行政费增至3060129元。民国20年，浙江省政府经常行政费为2055492元，其中：浙江省政府委员会及秘书处经费356544元，浙江省民政厅经费299760元，各县县政府经费1383432元，浙江省政府法规审查委员会经费7056元，等等；临时行政经费46680元，其中：浙江省第三届考取县长实习费12480元，各县县政府房屋修理费为30000元，浙江省高等普通检定考试经费为4200元。民国29年，浙江省经常行政费为法币(下同)206万元，临时行政费11万元。民国35年，浙江省经常行政费预算为16.36亿元，临时行政支出预算为1.17亿元。

财务费。财务费为财务部门为收缴和押解税收所花费的费用，包括财务委员会经费、赋税征收费、税务分处及代征公费、整理税赋公费、整理公产公款经费、公产管理费、县金库经费、契纸分发所经费、其他征收经费等科目。民国15年前，大部分列为中央财政支出，地方列支数额有限。民国16年，省财政厅兼理浙江地方财政事宜后，其经费划为省支出。浙江省财政行政支出中财务费所占比重也很大。民国 19 年预算列支中央财务费 1047389 元，地方财务费 553075 元。民国 20 年，浙江省行政支出中的财务支出为 1357872 元，其中：省财政厅经费 195384 元，各县财政局经费 59520 元，各项收入征收经费 447237 元，解汇经费 45805 元，建设公债基金保管委员会经费 4080 元，省政府聘任会计师办公处经费 15600 元等。民国 29 年，浙江省经常财务费预算为法币（下同）3234660 元，临时财务费为 65340 元，经临合计 330 万元。民国 35 年，浙江省经常财务费预算为 63712000 元，临时财务费预算为 47075000 元。

协助费。民国时期，为补助各级事业机关的费用支出称协助费。北洋政府时期，浙江省对于各县地方及中央的协助费，按其支出性质分列于各项经费之内。民国 18 年（1929 年）起，浙江省将各项协助经费在预算内汇列为补助各县市各机关一类，当年协助费计 869710 元；民国 19 年，预算所列协助费为 954098 元。民国 20 年，浙江省经常协助费为 1339865 元，包括各县党部补助费 12 万元、杭州市政府教育费补助费 7 万元、国立浙江大学补助费 42 万元、各县市公立私立学校补助费 95000 元、省立中等以上学校清寒优良学生补助费 32992 元、私立社会教育机关补助费 5000 元、国民新闻社补助费 7200 元、浙江医院补助费 3000 元，等等；临时协助费为 14240 元，包括建设委员会办理浙江统计调查补助 8000 元、国立浙江大学代办测量系临时费 6240 元。民国 29 年，经常协助费为法币（下同）878 万元。民国 35 年，协助费预算为 6599 万元。

杂项支出也是民国时期财政行政支出的一部分。杂项支出包括工会、商会、农会、妇女会的补助，粮食管理委员会经费，新生活运动促进会津贴费，民运指导室经费，行政月刊印刷费，佃业仲裁会经费，适龄壮丁调查抽签费，枪决犯及死人掩埋费，上年度收支不敷费等项目。民国 19 年（1930 年）杂项支出 41920 元；民国 30 年，杂项支出改为其他支出。此外，浙江省政府在财政宽余的情况下为应对突发事件，在有的年份还设有预备金（实际设有预备金的年份极少，多数年份入不敷出）。民国 20 年，设预备金为 84006 元；民国 21 年，预备金 745152 元；民国 35 年，预备金预算为法币 3.60 亿元。

浙东抗日民主根据地的财政行政支出以军费支出为主，主要由军事经费、行政费、辅助费三部分构成。民国 33 年（1944 年），军事经费占财政总支出的 76％、行政经费占 14.3％、辅助费占 9.7％，全部用于抗战与地方福利事业。根据地的辅助费包括文化经费、民运经费、工商借贷及救济等。民国 33 年 1 月 15 日，浙东敌后临时行政委员会施政纲领提出实行春耕秋种群众总动员，协助解决贫苦农民农具、肥料、种子困难。民国 34 年 1 月，浙东敌后临时行政委员会四明特派员办事处第九次政务会议决定拨付贷款法币 800 万元，作为全四明地区发展生产费用。该费用以贷给种子为原则，贷款按额度分配各县，经县办事处发放到区署。贷款对象为：基本区的新四军和其他抗日部队的抗属、农会会员与合作社社员、贫苦农民；我强敌弱地区的抗属及贫苦农民。贷款定于农历正月初五（2 月 17 日）发放，五月初五（6 月 14 日）以前归还，利率为 5％。民国 34 年 1 月 1 日起，浙东根据地的军事经费支出实行统一的供给制度。支出项包括伙食费（菜金、肉金）、津贴费（普通津贴、肥皂、妇女卫生费、干部保健、特别津贴等）、办公费（灯火、文具）、擦枪费、杂支费、特别费、粮秣费、服装费等。

民国 38 年（1949 年）5 月，中国人民解放军接管杭州市政府，浙江省行政管理费支出，既有政府(省政府成立前由临时建立的杭州市军事管制委员会行使职责)各部门各项经常性、临时性支出,还包括为南下部队等军事部门提供军需支出。当年行政管理费支出 211 万元,除以人民币“元”为财政报账单位外,还有大米、柴草等粮秣实物数量的报账单位。

中华人民共和国成立后,行政经费是指财政用于各级行政单位行使职能所需的经费开支,主要包括行政单位人员的工资福利、办公经费以及行政单位本身为组织、管理、监督和指挥各项社会管理事务所必需的其他费用支出。1950 年 3 月,财政部公布《中华人民共和国财政收支划分暂行规定》,1951 年地方财政预算中设置“行政管理费”支出类级科目,除列行政机关经费、党派团体补助经费外,还包含公安安全支出等,并统一实施以人民币“元”为记账、报账单位。1950—1952 年“三年恢复时期”,全省行政管理费支出 8567 万元,占同期地方财政支出的 38.9%;“一五”时期(1953—1957 年),全省行政管理费支出 2.82 亿元,占同期地方财政支出的 29.8%;“二五”时期(1958—1962 年),全省行政管理费支出 4.17 亿元,比“一五”时期增长 47.9%,占同期地方财政支出的 10.4%;国民经济计划调整时期(1963—1965 年),行政管理费支出 2.03 亿元,占同期地方财政支出的 14.2%;“三五”时期(1966—1970 年),全省行政管理费支出 3.56 亿元,比“二五”时期下降 14.6%,占同期地方财政支出的 13.4%;“四五”时期(1971—1975 年),全省行政管理费支出 5.03 亿元,比“三五”时期增长 41.3%,占同期地方财政支出的 10.6%;“五五”时期(1976—1980 年),全省经济建设和社会各项事业快速发展,财政收入稳步增长,行政管理费支出增加,这一时期支出 6.93 亿元,比“四五”时期增长 37.8%,占同期地方财政支出的 9.2%。

“六五”时期(1981—1985 年),国家机关等级工资制改为结构工资制,工作人员工资提高。这一时期,全省行政管理费支出 15.30 亿元,比“五五”时期增长 120.8%,占同期地方财政支出的 12.3%。1988 年,行政管理费支出内容作重大调整,将公检法经费划出单独设类,调整后的行政管理费支出内容包括各级人大机关、政府机关、政协机关、党派和群众团体补助费,以及按规定由国家预算开支的乡镇行政干部经费。“七五”时期(1986—1990 年),全省行政管理经费支出 28.73 亿元,占同期地方财政支出 9.0%,由于本期已不含公检法支出,与上期执行数不可比。“八五”时期(1991—1995 年),浙江省行政人员增加,机关办公条件改善,开支标准提高,行政经费增长迅猛。全省行政管理费支出 77.34 亿元,比“七五”时期增长 169.2%,占同期地方财政支出的 11.9%。“九五”时期(1996—2000 年),政府管理机构细化,管理人员增加,工作设备更新,实施办公无纸化、增加视频会议等现代化办公设施,全省行政管理费支出 168.71 亿元,比“八五”时期增长 118.1%,占同期地方财政支出的 11.1%。“十五”时期(2001—2005 年),强化政府管理事务和社会服务职能,全省行政管理费支出 492.09 亿元,比“九五”时期增长 191.7%,占同期地方财政支出的 10.8%。

2006 年是行政管理费列支的最后一年,全省行政管理费支出 160.89 亿元,占同期地方财政支出的 10.9%。至此,列支了 58 年的行政管理费从财政预算科目中彻底退出。2007 年,政府收支分类改革后,行政单位经费支出按功能科目纳入新设置的“一般公共服务”类,支出范围除原行政管理费中反映的行政运行费用外,还包括各行政部门履行职能的原各项事业费和所属事业单位各项支出。

表 31-2-6-1　　1949—1987 年浙江省财政行政管理费支出一览表

单位:万元

年份	行政管理费	年份	行政管理费	年份	行政管理费	年份	行政管理费
1949	211	1959	9948	1969	7477	1979	14469
1950	2157	1960	9507	1970	7667	1980	18991
1951	2732	1961	8173	1971	9267	1981	20509
1952	3678	1962	6621	1972	9987	1982	22458
1953	4223	1963	6549	1973	10085	1983	27617
1954	4792	1964	6888	1974	10451	1984	40519
1955	6061	1965	6839	1975	10551	1985	41939
1956	6649	1966	7340	1976	10609	1986	48033
1957	6472	1967	6688	1977	11723	1987	51917
1958	7452	1968	6457	1978	13534		

资料来源:浙江省档案馆历年浙江省财政决算报表。

说明:1. 1949 年“行政管理费”为政务支出,统计当年 5—12 月经费支出。

2. 除 1956 年外,历年“行政管理费”均包含公安司法检察等支出。

表 31-2-6-2　　1988—2006 年浙江省财政行政管理费支出一览表

单位:万元

年度	行政管理费合计	其中					
		人大经费	政府机关经费	政协经费	共产党机关经费	民主党派机关经费	社会团体机关经费
1988	52875	1689	41699	991	8496		
1989	62505	2055	49257	1151	10042		
1990	71942	2816	56198	1510	11418		
1991	85590	3296	65991	1875	14428		
1992	107873	4919	82105	2385	18464		
1993	149910	7045	113440	3736	25689		
1994	200782	8441	153956	5011	33374		
1995	229257	11705	172416	6429	38707		
1996	260477	13585	193542	7668	45682		
1997	292614	16559	215412	8883	51760		

续表

年　度	行政管理费合计	其　中					
		人大经费	政府机关经费	政协经费	共产党机关经费	民主党派机关经费	社会团体机关经费
1998	325330	18987	233762	11449	48320	4706	8106
1999	368879	20163	267278	12450	54726	4808	9454
2000	439777	21980	324085	13696	63368	5948	10700
2001	598098	26753	449237	16464	83627	8125	13892
2002	774749	34451	582741	21083	109504	9585	17385
2003	952162	41820	709516	26973	139578	11271	23004
2004	1176801	47236	881044	31661	174642	13982	28236
2005	1419044	52883	1074984	36028	205792	16105	33252
2006	1608880	61945	1207850	40316	239591	18257	40921

资料来源:浙江省档案馆、浙江省财政厅历年浙江省财政决算报表。

二、一般公共服务支出

2007 年,浙江省启动政府收支分类改革,新的支出科目撤销了行政管理费,新增设一般公共服务类,把履行政府职责的所有职能部门全部纳入,包括人大事务、政协事务、政府办公厅及相关机构事务、发展与改革事务、统计信息事务、财政事务等 32 个款级科目,综合反映行政单位各项职能活动。

新的收支分类科目完整反映一个部门系统内各单位各项功能经费支出全貌。改革前的行政经费列报口径只相当于改革后的"行政运行"科目支出内容;改革后行政单位及其所属事业单位原列入事业费科目支出的经费均纳入一般公共服务范围。2007—2010 年,一般公共服务支出累计 1533.35 亿元,年均递增 9.7%,其中行政机构经费累计支出 744.89 亿元。根据国家控制行政经费支出的有关规定,全省一般公共服务支出中的行政经费占同期一般预算支出的比重逐年下降,从 2007 年的 18.2%下降到 2010 年的 13.5%。

表 31-2-6-3　　2007—2010 年浙江省财政一般公共服务支出一览表

单位:万元

年　份	一般公共服务支出	其　中					
		人大经费	政协经费	政府机关经费	共产党机关经费	民主党派机关经费	社会团体机关经费
2007	3289148	85711	56329	1027146	286441	22791	58663
2008	3724556	89020	62467	1201460	323680	25379	68172

续表

年份	一般公共服务支出	其中					
		人大经费	政协经费	政府机关经费	共产党机关经费	民主党派机关经费	社会团体机关经费
2009	3976905	95317	67357	1298658	348625	28231	79781
2010	4342936	110222	74947	1502054	417672	34031	84731

资料来源:浙江省财政厅历年浙江省财政决算报表。

三、公共安全支出

公共安全支出(公安安全支出、公检法司支出)是指政府为维护社会公共安全的支出,包括武装警察、公安、国家安全、检察、法院、司法行政、监狱、劳教、国家保密、缉私警察等部门经费支出。

民国时期分列司法费和公安费,均属行政经费。民国时期的司法费主要包括浙江省法院经费、反省院经费、陆军监狱在押人犯给养费等。民国3年(1914年)起,县署兼理司法,称"知事兼理诉讼及监狱经费"。民国19年,地方司法费由地方财政开支(此前为中央统一支付)。民国20年,浙江省政府经常司法费2011790元,其中:浙江省高等法院经费217596元,浙江省反省院经费60990元,全省各法院经费及监狱经费1721504元,陆军监狱在押人犯给养费11700元;临时司法费50766元,包括各法院监所修理费10000元、新旧监所囚棉席扇经费30766元、各法院监所预备经费10000元。民国29年,经常司法费法币1081554元,临时司法费法币146300元。民国30年起,司法费属中央财政开支。

民国时期,浙江地方财政支出中的公安费只包括维持地方治安所需要费用。民国元年(1912年),省县共支公安费40余万元;民国2年因增设水上警察,公安费支出增加,共计140余万元。此后,各年均在120万元左右。国民政府成立后,浙江设立省防军,民国17年公安费预算列支4086000余元。民国20年,浙江地方政府经临公安费合计5257299元,其中经常公安费4517847元,包括浙江省政府保安处经费461696元、省政府保安处卫士班经费2568元、省政府密探组经费6312元、省政府保安队7个全团总经费2251788元、省政府内河水上警察局经费559295元、浙江外海水上警察局经费473691元、省会公安局经费569400元、省会公安局特别侦探队经费18000元、各县公安局经费91181元,等等;临时公安经费739452元,包括省政府保安处弹药服装费557386元、浙江外海水上警察局子弹费30300元、浙江省临时军法会审查经费12888元,等等。

民国时期,公安费还包括县警察局(所)经费、区署警察经费、服装费、训练费、保甲侦探情报组经费、防空监视哨经费等目。保卫费主要指各县保安大队人员生活费及办公费、服装费等。民国26年(1937年),抗日战争全面爆发,乡镇、保、甲的作用尤显重要,省政府颁发《浙江省各县乡镇保甲经费筹集办法》,规定保卫费列入地方预算,由县统收统支,当年公安费支出4356658元。民国28年,废止自治户捐,改按田赋赋额及普通营业税税额带征自治经费二成。民国29年,自治附捐亦废止,另依田赋赋额再征自治经费二成。民国30年11月,自治经费不再在田赋、营业税项下带征。民国 31 年 1 月，行政院规定，乡镇保甲经费（乡自治，财政不拨款）按每乡镇月支 300 元、每保月支 80 元，由中央拨款补助。民国 35 年，经常公安费预算为法币 4.10 亿元，临时公安费预算为法币 2.43 亿元。

中华人民共和国成立后，1949 年 10 月省财政政务支出中含司法费，至年底，省财政司法费支出 170504322 元（旧人民币）。1950 年，政务支出中列司法费、公安特别费。1952 年，浙江省县以上成立检察机构，财政在行政管理费中列公安及司法检察支出，当年支出 605 万元。1959 年，公安及司法检察支出并入行政支出，直至 1980 年未单独列示。1981 年，在行政管理费类中恢复列示公安支出，1983 年改列公安安全支出。1986 年，按当年预算管理要求，公安安全支出经费在行政管理费和其他部门事业费两个类中分别列示。在行政管理费类公安安全司法检察支出款中列报公安机关、国家安全机关、司法行政机关、法院机关、检察院机关的经费，在行政管理类离退休人员费用款中列报公安机关、国家安全机关、司法行政机关、法院机关、检察院机关的离退休人员费用；在其他部门事业费类公安安全司法检察事业费款中列报公安机关、国家安全机关、司法行政机关、法院机关、检察院机关的业务费。1986 年、1987 年，全省财政用于公安机关、国家安全机关、司法行政机关、法院机关、检察院机关的支出分别为 1.45 亿元、1.72 亿元。1949—1987 年，浙江省公检法司支出均包含在行政管理费中。

1988 年，公安机关、国家安全机关、司法行政机关、法院机关、检察院机关经费从行政管理费类中划出，增设公检法类，下设公安安全支出与司法检察支出两个款级科目。原在其他部门事业费类公安安全司法检察事业费款中列报的公安机关、国家安全机关、司法行政机关、法院机关、检察院机关的业务费，以及在其他事业费款中列报的居民身份证经费，按业务管理部门分别列入公检法类的相应款项。1988—1990 年，全省公检法司支出合计 8.71 亿元。1991 年，公检法类预算科目细分为公安安全支出、司法支出、法院支出、检察院支出，并逐步建立起连续完整的反映体系。当年全省公检法类支出 3.66 亿元，其中：公安安全支出 2.37 亿元，占公检法类支出的 64.8%；司法支出 2539 万元、法院支出 6044 万元、检察院支出 4309 万元，占公检法类支出 35.2%。

图 31-2-6-1　2006 年投入使用的杭州市消防支队 119 接处警中心（浙江省财政厅档案室提供）

1992—1996 年，全省公检法类支出分别为 4.32 亿元、5.71 亿元、8.53 亿元、10.43 亿元、12.92 亿元。1997 年，浙江省加强巡特警队伍的正规化、现代化建设，构建巡特警与 110 报警指挥中心相结合的一体化快速反应机制，各级公安机关、财政部门根据当地财力和实际情况，增加投入，改进巡特警队伍装备。当年公检法类支出 15.01 亿元。1998 年，根据财政部要求，将原在其他部门事业费类内列示的劳教、监狱事业费调整到公检法类中列示。当年全省公检法类支出合计 17.29 亿元。2001 年，预算科目公检法类更名为公检法司类。2003 年，根据省委建设“平安浙江”的决定，实施“科技强警”“科技强检”“科技兴院”的工作目标，财政增加政法装备投入。1999—2004 年，全省公检法司支出 344.61 亿元。2005 年，省财政厅会同省公安厅制定县级公安机关公用经费最低保障标准，建立公安机关经费保障新机制。2005—2006 年，全省公检法司支出 247.48 亿元。

2007 年，浙江省继续加大“平安浙江”建设，省财政厅分别会同省法院、省检察院制定基层人民法院、人民检察院公用经费最低保障标准，增强基层法院、检察院办案经费保障能力。当年，在政府收支科目分类改革中，公检法司类更名为公共安全类。2008 年，省财政厅会同省司法厅制定基层司法行政机关公用经费最低保障标准。经过 3 年努力，全省各县(市、区)基层政法机关公用经费最低保障标准全部达标。2009 年，完善“明确责任、分类负担、收支脱钩、全额保障”的政法经费保障体制，结合实际制定政法经费分类保障办法，政法机关各项经费全额纳入各级财政保障范围。2010 年，深化“平安浙江”建设，调整优化政法经费支出结构，支持基层政法机关基础建设，提高装备配备水平，改善执法办案条件。省财政安排政法奖励性补助资金 24.75 亿元，提高全省基层政法机关技术装备水平，加大办案业务经费保障。2007—2010 年，全省公共安全支出 851.07 亿元。

表 31-2-6-4　　1988—2006 年浙江省财政公检法司支出一览表

单位:万元

年度	公检法司支出合计	其中			
		公安安全支出	司法支出	检察支出	法院支出
1988	22948	15340	7608		—
1989	30676	19602	11074		—
1990	33491	21270	12221		—
1991	36616	23724	2539	4309	6044
1992	43196	27908	2995	5198	7095
1993	57085	37141	3820	7175	8949
1994	85278	50439	5616	10245	13097
1995	104310	64301	6325	11680	14722
1996	129154	88552	7205	17531	15866
1997	150060	104721	8327	18212	18800
1998	172913	118036	8659	21051	20981
1999	243324	150505	10798	25272	26426
2000	350119	227030	11901	29872	31052

续表

年度	公检法司支出合计	其中			
		公安安全支出	司法支出	检察支出	法院支出
2001	477851	304112	15677	41696	43683
2002	610538	404966	19843	46819	52775
2003	781618	513636	24688	58396	81611
2004	982693	659012	30276	71228	99357
2005	1157530	781497	35328	78512	120814
2006	1317280	886511	40241	87943	136174

资料来源:浙江省档案馆、浙江省财政厅历年浙江省财政决算报表。

说明:1.1994 年、1995 年"公检法司支出合计"中含"公检法办案费用补助"支出。

2.1998—2006 年的"公检法司支出合计"中含监狱支出、劳教支出等支出项。

表 31-2-6-5　　2007—2010 年浙江省财政公共安全支出一览表

单位:万元

年份	公共安全支出合计	其中				
		公安支出	国家安全支出	检察院支出	法院支出	司法支出
2007	1737917	1072820	26955	109134	179661	51655
2008	1996246	1223209	33084	122470	211138	58836
2009	2169814	1302466	37209	134656	226694	71930
2010	2606680	1609710	40102	163838	267330	86901

资料来源:浙江省财政厅历年浙江省财政决算报表。

说明:表中"公共安全支出合计"含监狱支出、劳教支出等支出项。

四、其他支出

(一)地方外事支出

地方外事支出即地方外事费,是党政机关、民主党派和人民团体由地方预算开支的出国参观、访问、考察、出席国际会议及参加各项国际活动等费用和接待外宾来本地参观访问期间的食、宿、交通等费用。

1955 年,地方外事费在行政管理费类下的行政管理费支出中列示。1956—1961 年,根据财政部有关规定,行政管理费类下增设外交支出款目。1955—1962 年,外交支出 726 万元。1963 年,预算科目变更,行政管理费类的外交支出款并入行政支出款的外事经费项。1963—

1967 年，全省外事经费累计支出 186 万元。“文化大革命”期间外事活动减少，1968—1976 年未作单独列示。1977—1978 年，在其他支出类的其他支出款中增设外事费项，决算无单列数据。1979 年，外事费项从其他支出类的其他支出款调整到其他支出类的其他事业费款，当年支出 46 万元。1982 年，外事费科目更名为地方外事费，调整到其他支出类的其他支出款。1980—1982 年，决算均无单列数据。

1983 年，地方外事费项级科目调整为其他支出类的地方外事费款级科目。省财政厅、省政府外事办公室联合制定浙江省接待外宾费用开支标准，当年支出 50 万元。1984 年，随着国家对外开放政策的贯彻实施，全省对外交往活动增多，省政府外事办公室、省财政厅联合下达《关于市、地、县外事接待经费问题的通知》，有关市、地、县的对外交往活动的正常开展所需外事接待经费，按照“分灶吃饭”财政管理体制的规定，由各有关市、地、县财政统筹安排解决。当年全省地方外事费支出 139 万元，比上年增长 178%。1985 年，浙江省两次调整接待外宾费用开支标准，定额提高近 1 倍，全年地方外事费支出 222 万元，比上年增长 60%。1986 年、1987 年，全省地方外事费分别支出 291 万元、276 万元。1988 年，财政部、外交部《关于修订接待外宾费用开支标准和管理办法的通知》，个别限额比原标准提高了 50%，地方外事费支出逐年增长，1988—1997 年，累计支出 1.09 亿元。1998 年，地方外事费从其他支出类调整至新增设的外交外事支出类，1998 年、1999 年分别支出 1867 万元、2357 万元。

2000 年，随着国家对外开放步伐的加快，外事经费支出逐年快速增长。外交外事支出类下设地方外事费和对外宣传经费两个款。当年外交外事支出类支出 3070 万元，其中地方外事费支出 2389 万元、对外宣传经费支出 681 万元。2001—2006 年，全省外交外事支出类累计支出 3.93 亿元，其中地方外事费累计支出 3.26 亿元、对外宣传经费累计支出 6682 万元。

2007 年，政府收支分类改革中，按新的科目体系将党政机关、民主党派和人民团体由地方预算开支的出国参观、访问、考察、出席国际会议及参加各项国际活动等外事费用，从外交外事支出类的地方外事费款调整到各部门对应的功能分类科目。全省外交支出仅反映地方外事部门的外交管理事务支出。

（二）国防动员

国防动员支出主要用于民兵和人民防空等的经费支出。

1. 民兵事业费

民兵事业费指用于民兵军事训练的经费，包括县以上人民武装部组织集训民兵所需的教材、器材、教学用具和短期脱产训练所需费用，政治教育的报刊、图书、材料和对参战执勤有功人员奖励费等。1950—1954 年，民兵事业费列国防战备费类，由中央财政支出。1955 年，民兵事业费划归地方。浙江省财政预算于 1955 年在其他支出类下设民兵事业费款级科目列报，1955—1962 年共支出 329 万元，年平均支出 41 万元。1963 年起，民兵事业费支出缓慢上升，1963—1967 年、1971—1973 年（其中 1968—1970 年因科目调整年终决算没有列示）累计支出 1882 万元。1974 年，民兵事业费从其他支出类下款级科目调整为民兵装备和事业费类，下设民兵装备购置费和民兵事业费两个款级科目列报，经费支出也大幅增加。1974—

1979年累计支出1.10亿元，年均支出1833万元。

1980年，国家预算支出科目调整，国防战备费类下的民兵装备购置费和民兵事业费合并恢复为民兵事业费。改革开放后，国家工作中心转移到经济建设上，民兵事业费支出迅速回落。1980—1985年累计支出3690万元，年均支出降到615万元。1985年，根据中共中央、国务院、中央军委批转解放军总参谋部、总政治部《关于当前和今后一个时期民兵、预备役工作的意见》，有计划地建设预备役部队，解决好经费和物资保障，民兵事业费支出开始缓慢回升。1986年，民兵事业费从国防战备类调整到国防支出类。1986—1990年，民兵事业费累计支出4319万元，年均支出864万元。1991—1995年，民兵事业费累计支出6841万元，年均支出1368万元。1996—2000年，民兵事业费累计支出1.22亿元，年平均支出2448万元。2000年后，随着经济快速增长，民兵建设经费保障力度明显加大，2001—2006年民兵事业费支出5.52亿元，年均支出增至9200万元。2007年，政府收支分类改革中，国防支出类民兵事业费款调整为国防动员款的民兵项。2007—2010年，全省民兵支出累计8.18亿元，年均支出2.05亿元。

2. 人民防空经费

人民防空经费是指用于人民防空（以下简称人防）重点城镇的防空主干道工程建设经费和各级人防机构经费。1950—1954年，浙江省人民防空经费列国防战备费类，由中央财政支出。1955年，浙江省财政预算在其他支出科目中列防空事业费支出。1955—1972年，全省人民防空经费累计支出1083万元。1972年，在城市维护费类下设人民防空经费款级科目。1973—1979年，全省人民防空经费累计支出1.04亿元，平均每年支出1482万元。其中1977年起人民防空经费改列国防战备费类下款级科目。

1980年起，浙江省对人防工程建设提出缩短战线、突出重点、平战结合方针，主要抓好已建工程的加固改造、口部处理，重点工程的续建和收尾配套以及维护管理，由此支出下降。1984年11月，财政部、国家人民防空委员会（以下简称国家人防委）发布《关于改变人民防空经费管理办法的通知》，人民防空经费从1985年起改为中央预算支出，由国家人防委统一管理。改列中央预算支出的人民防空经费，是指每年在国家预算内安排指标、按照财政包干体制划给地方预算支出范围内的那一部分人防经费，包括工程建设费和人防业务费等项开支。此项经费改列中央预算支出后，由国家人防委统一编造预算报财政部审定，在核定的预算内，人防经费的拨款、结算和编报决算等具体工作，由国家人防委直接向各省、自治区、直辖市人防部门办理，不再通过地方财政部门。地方各级人民政府和各部门用自筹资金安排的人防经费，仍由地方财政部门和人防部门按过去的有关规定直接办理，其经费在其他支出类中设人民防空经费列支。1985年12月，浙江省推广人防工程平战结合，提高战备效益、社会效益和经济效益，省人民防空办公室、省财政厅制定《关于平时使用人民防空工程若干问题的规定》，明确人防工程（包括防空地下室），凡是人防投资或部分投资，有经济效益的，一律实行收费。1980—1985年，全省人防经费累计支出2105万元，平均每年351万元。

1986年，人防系统的部分单位根据经济收入情况，逐步实行“独立核算、自负盈亏”的企业化管理。1987年，人防工程开始改建为各种民用设施。到1990年底全省已使用人防工程

23.5万平方米,平战结合收入235万元,财政投入也因此逐年减少。1986—1990年,全省人防经费支出708万元,平均每年支出142万元,为上期年均支出的40%左右。

1991年起,全省人防重点为落实多渠道筹措人防建设资金工作。1995年1月,省人民防空办公室、省财政厅、省物价局联合下达《关于地方自筹人防建设资金的规定》,规范和统一资金筹集的范围和标准,明确凡国有企业、集体企业、三资企业、股份制企业和实行企业化管理的事业单位,均应按职工在册人数每人每年缴纳10元人防建设费,高层民用建筑应修建防空地下室而未建的单位,向当地人防办公室缴纳按应建面积每平方米2000元的人防建设费,其他新建民用建筑,按地面总建筑面积每平方米缴纳人防建设费15元。2000年,完成政策性筹资1.17亿元。1991—2000年,全省财政人防经费支出1929万元,年均193万元。

2001年,省委、省政府、省军区联合发布《关于加强我省人民防空工作的意见》,加大地方财政对人民防空的投入,县级以上人民政府依法将人民防空经费纳入同级财政预算,并随当地经济增长和人民防空建设需要相应增加。省财政按国家1∶1比例配套,市、县(市)财政按国家和省拨款1∶1比例配套;人民防空指挥所建设经费按基本建设程序专项报批,由同级财政安排。2001—2006年全省人防经费累计支出1.83亿元,平均每年支出3058万元,比20世纪末期15年的总支出还多421万元。

2007—2008年,由于预算科目调整,人民防空经费作为国防动员款的项级科目,两年未在财政总决算中单独列报。2009年3月,省财政厅、省人民防空办公室转发财政部、国家国防动员委员会《关于进一步加强和规范人民防空经费保障与管理工作的通知》,规定各级财政部门根据部门预算管理要求,将人民防空办公室(民防局)作为预算单位进行管理,其下属指挥所、质监站等单位的收支一并纳入预算管理。人民防空经费中的基本支出经费标准由当地财政部门根据人防工作实际确定,人民防空项目支出经费按照需要,结合财力予以保障。2009年全省支出7342万元,2010年全省支出9657万元,人民防空经费支出开始稳步上升。

(三)城乡社区事务支出

2006年及以前,浙江省预算设置有城市维护费和住宅建设与维护费等支出科目,体现政府用于支持城市公共基础设施和公用事业维护等方面的支出。2007年政府预算收支分类改革后,城乡社区事务支出包括城乡社区管理事务、城乡社区规划与管理、城乡社区公共设施、城乡社区住宅、城乡社区环境卫生、建设市场管理与监督、其他城乡社区事务等支出。

1.城市维护费支出

1953年,浙江省财政预算开始在公用企业支出、市政建设等支出中安排城市事业方面的经费,当年支出100万元左右,占一般预算支出的0.7%。1954年,浙江省财政在市政建设支出款级科目中设市政维护费,支出111万元;1955年市政维护费支出93万元。1956年,浙江省财政预算安排城市公用事业支出,当年支出356万元。1962年以前,城市公用事业支出占全省财政支出的比重大都在1%以下。1962年,大、中城市根据国务院决定征收工商业附加(即工商统一税附加1%和工商所得税附加1%),1964年对水、电征收公用事业附加,专门用于城市的公用事业、公共设施等的维修和保养,拓宽了城市维护费的来源,全省城市维护费支出有所增长。1963—1972 年，全省城市维护费累计支出 7384 万元，占同期一般预算支出的 1.3%。

1973 年，工商税制改革，将原来随同工商统一税征收 1%的地方附加，改为从新的工商税收入中按月提取 1%；原随同工商所得税征收的 1%附加，仍由纳税单位随正税缴纳；原由城市房地产税解决的城市维护费，改为由国家预算安排，并按照每年大体增长 5%的幅度由中央财政逐年列支，称为国拨城市维护费。1973—1978 年，全省城市维护费支出略有上升，累计支出 8735 万元，占同期一般预算支出的 1.2%。

1979 年，城市维护费的开征范围扩大到工业集中的县镇和工矿区，同时在大中城市中试行从上年工商利润中提取 5%作为城市维护建设资金。随着城市维护费来源的拓展，城市维护费支出增长较快。1979—1985 年，全省城市维护费支出 8.13 亿元，占同期全省一般预算支出的 5.1%。1985 年，全省城市维护费支出 2.88 亿元，是 1978 年的 13 倍，占当年一般预算支出的 7.7%。

1985 年，国家开征城市维护建设税，同时取消工商税附加、国拨城市维护费和从工商利润中提取 5%的规定。同年，在调整集体企业所得税税率时，停征工商所得税附加。由此城市维护费的资金来源包括城市维护建设税、公用事业附加以及中央和地方用机动财力安排的城市维护建设资金。1986—1990 年，全省城市维护费支出 23.03 亿元，占同期一般预算支出的 7.2%。

1991—1995 年，国务院先后颁发《关于加强社会治安综合治理的决定》《城市市容和环境卫生管理条例》等多项法规和规范性文件，省政府先后印发《浙江省消防管理若干规定》《浙江省城市市容和环境卫生管理实施办法》等法规文件，城市维护费支出加速增长。全省累计支出 44.55 亿元。

1996—2000 年，省政府发布《浙江省村镇规划建设管理条例》《浙江省历史文化名城保护条例》等多项法规性文件，进一步加强城市建设和管理工作。1996 年，省财政厅下达村镇规划建设事业费 25 万元，用于 100 个现代示范镇建设。此期全省城市维护费支出快速增长，全省支出 119.30 亿元，占一般预算支出的 7.9%。2001—2005 年，城市维护费支出仍保持较快的增长，全省支出 293.46 亿元。2006 年，全省城市维护费支出 84.36 亿元，较上年增长 10.4%。2007 年政府收支分类改革后，城市维护费支出并入城乡社区支出的相关科目。（相关数据见表 31-2-2-4“1949—2006 年浙江省财政经济建设支出一览表”。）

2.城市建设事业费支出

1982 年 10 月，财政部发布《关于制发一九八三年国家预算收支科目的通知》，规定 1983 年“工业交通等部门事业费”类中新增“城市建设事业费”款，用于反映城市建设系统和环保系统除了建筑工程和环保事业费外的事业费支出。1983 年，全省城市建设事业费支出 37 万元；1984 年为 79 万元；1989 年为 55 万元；1990 年为 114 万元。

1991—1995 年，全省城市建设事业费支出 2272 万元，支出水平总体不高，占同期工交商事业费支出的 1.2%。1996—2000 年，城市建设事业不断发展，全省城市建设事业费支出也呈增长态势，全省城市建设事业费支出 1.66 亿元，占同期工交商事业费支出的比重上升为

图 31-2-6-2 2010 年，浙江省小城市培育试点镇之一的“华侨之乡”青田县温溪镇(浙江省财政厅档案室提供)

6%。2001—2005 年，各级政府加大城市建设和维护的财政投入，城市建设事业费支出保持高速增长，全省支出 9.19 亿元。2006 年 11 月，省财政厅印发《浙江省推进数字化城市管理“以奖代补”专项资金管理暂行办法》，省级财政安排补助资金专项用于支持全省数字化城市管理工作。2007 年政府收支分类改革后，城市建设事业费支出并入城乡社区事务支出中。

3. 城乡社区事务支出

2007 年，政府收支分类改革中设城乡社区事务支出类级科目，反映城乡社区管理事务等支出。2007 年，省财政采取“以奖代补”方式安排专项资金用于支持全省城镇集中供水向农村延伸工程建设。2010 年，省财政安排邮政普遍服务村邮站及信报箱建设专项资金；安排小城市培育试点专项补助(奖励)资金支持全省小城市(镇)培育试点工作。2007—2010 年，全省城乡社区事务支出分别为 154.63 亿元、193.95 亿元、224.61 亿元、272.30 亿元，年均增长 20.8%。

第七节 其他财政支出

此节主要记述浙江财政对生产性、生活性价格的政策性补贴支出和商品储备制度的补贴，以及浙江省 1949 年前政府债务及 1949 年后地方政府债券的还本付息支出。

一、价格补贴

价格补贴是指在国家经济体制改革特别是价格改革过程中，适当运用财政补贴政策对经国家批准的项目进行的政策性补贴支出，包括粮食加价款，粮、棉、油价差补贴，棉花收购价外奖励款，副食品风险基金，市镇居民的肉食价格补贴，平抑市价肉食、蔬菜价差补贴，以及生产性资料特别是农业生产资料等的价格补贴。中华人民共和国成立初期，物资匮乏，为平抑市场价格，确保市场供应，从 20 世纪 50 年代起，企业按政府指导价格收购或销售商品而产生的商品进销倒挂以及因执行政府指令性计划而产生的亏损，由政府给予一定的补贴，但这些补贴时有时废，未形成系统而规范的补贴机制。1978 年，国家开始实行政策性价格补贴。1979—1984 年，浙江省财政政策性价格补贴按财政部规定，在企业收入中以退库的办法实行。1985—1996 年，财政预算设价格补贴支出科目；1997 年后，省财政对所有经国家批准的各项政策性价格补贴在财政支出中列政策性补贴支出。与此同时，陆续建立起省级化肥、农药、生猪、食糖等重要商品储备制度和风险基金体系，以增强政府调控能力，应对各项社会突发事件。1979—2006年,全省财政政策性价格补贴支出为174.05亿元。2007年,收支分类改革后,取消政策性补贴支出,相关储备支出及风险基金分别列于农林水事务及工业商业金融等事务类下的粮油事务、商业流通事务、物资储备等款项中。价格补贴支出(政策性补贴支出)的主要内容为粮油价差、粮食加价等补贴,具体内容在第四章第五节“粮食企业财务管理”子目中记述;该处仅对价格补贴支出中的部分生活性和生产性价格补贴项目以及商品储备制度进行记述。

(一)价格补贴支出

1.生活性价格补贴

生活性价格补贴支出主要包括对粮油价差等补贴、城镇居民肉食补贴、稳定市场价差补贴、民用煤销售价差补贴等。

1956年,国营商业企业经营蔬菜的收购价格逐步提高,零售价格基本稳定,加上削价处理等因素,许多国营蔬菜公司没有购销差价收入,甚至购销价格倒挂。对于国营蔬菜公司发生的政策性亏损,财政从1957年起采取亏批(发)不亏零(售)的办法予以补贴。1963年2月,国务院决定对长江流域和长江流域以南地区的大中城市蔬菜价格一律取消补贴。

1979年,国家提高猪、牛、羊、蛋4种商品收购价格,浙江省对食品公司及基层供销社按照销售计划销售猪、牛、羊、蛋4种商品,由于市场销售价格暂不变动所增加的亏损,不列入企业亏损,由财政单独补贴。财政补贴以省商业局核定的计划销售数量为依据,以每斤鲜肉、鲜蛋为单位核定定额。同年,浙江省执行商业部、财政部、国家物资总局《关于煤炭矿价提高后有关市场用煤财政补贴办法的通知》,对城市和集镇生活用煤、城镇饮食服务业用煤、城镇区以下生产用煤、农村生产生活用煤给予财政补贴。1980年,省商业厅、财政厅联合制定《浙江省食品公司系统政策性亏损定额补贴试行办法》,对杭州、宁波、温州市和定海、普陀、岱山、嵊泗、慈溪、洞头县食品公司的批发环节及长兴县长广食品商店供应本地的猪、牛、羊、蛋商品所发生的政策性亏损实行定额补贴。1981年,销地生猪存栏减少,调入冻肉与活猪比重加大,致使批发环节商品进价和费用增加,为此相应调整生猪类单位定额补贴水平。1982年,针对各地为发展蔬菜生产,保证市场供应,提高收购价格,但零售价格基本未动,政策性亏损大幅度增加的情况,省政府转发省蔬菜领导小组《关于切实改进城镇蔬菜生产供应工作的意见》,增加财政补贴,稳定蔬菜价格。1983年,补充调整民用煤的补贴标准。1979—1984年,省财政设国家批准的价差补贴通过企业收入退库对粮油、副食品等进行政策性价差补贴,累计支出1.32亿元(相关数据见表31-2-2-4“1949—2006年浙江省财政经济建设支出一览表”)。

1985年,省财政按1984年蔬菜经营亏损数额,列入地方财政预算,对国营蔬菜公司为调剂淡旺季供应和平抑菜价进行补贴。同年,生猪价格放开,取消派购价,财政部于6月颁发《关于猪价放开后对城镇居民价格补贴的暂行规定》,对非农业人口,解放军和武警干部战士,高校、中专、技校等在校学生由财政给予价格补贴。当年财政一般预算支出中设价格补贴支出科目,支出3.33亿元。1986年9月,财政部规定由地方政府决定为平抑市场肉价的价格倒挂和为保证淡季市场供应储备猪肉的费用补贴均列入预算支出。同月,省财政厅印发《关于

图 31-2-7-1 杭州市区农贸市场经过改造提升后，井然有序、干净整洁。图为刀茅巷农贸市场（浙江省财政厅档案室提供）

重申平抑市场肉食价差补贴改列支出有关问题的通知》，落实财政部相关规定。当年价格补贴支出中设平抑市价肉食价差补贴和平抑蔬菜市价价差补贴，全省价格补贴支出 7.96 亿元，比上年增长 138.8%，其中平抑市价肉食价差补贴和平抑蔬菜市价价差补贴分别为 4220 万元、761 万元。1992 年，浙江省取消民用煤销售价差补贴，至此民用煤补贴政策实行 13 年（1979—1991 年）累计支出 6.83 亿元。当年财政价格补贴支出 5.35 亿元，比上年下降 47.4%。1993 年，国家粮油购销同价，粮油价差补贴取消，粮油加价补贴减少。1994 年，浙江省建立副食品风险基金并列入财政预算，在价格补贴支出类中列副食品风险基金款级科目，当年支出 1019 万元。1995 年，财政部颁发《副食品风险基金财政、财务管理办法》，规定省级副食品风险基金的规模由省政府确定，省级副食品风险基金的使用范围包括：地方政府专项储备猪肉、食糖、蔬菜等副食品发生的费用支出；地方政府为平抑副食品销售价格，以低于成本价抛售副食品发生的价差和费用支出；扶持副食品生产发展的支出。1998 年，浙江省建立地方煤炭风险基金；2003 年，省财政停止平抑市价肉食价差补贴支出；2005 年，省财政停止平抑蔬菜市价价差补贴支出。1994—2006 年，省财政累计安排副食品风险基金 1.50 亿元。

2008 年，浙江省推进“菜篮子”工程建设，省财政厅制定《浙江省副食品风险基金管理办法》，建立副食品风险基金，专项用于支持城乡居民副食品供应的“菜篮子”基地建设、农贸市场改造提升、畜禽定点屠宰场设施改造等副食品基地建设。2008—2010 年，省财政副食品风险基金支出 8328 万元。

2. 生产性价格补贴

1985 年后，生产性价格补贴主要是财政对供销系统经营的农药、化肥、农用塑料薄膜以及其他农业生产的价差补贴；同时包括猪皮制革、制皂用油等工矿产品价差补贴，此类补贴于 1990 年先后取消。1985—2006 年，生产性价格补贴支出计 4 亿余元。2007—2008 年，省财政在商业流通事务支出类中设农业生产资料专项补贴，累计支出 145 万元。2009 年后未列示。

（1）农药。1952 年，农药由供销合作社经营，全国供销总社和农业部规定，各级供销社根据同级农业部门制定的农药需求和防治计划，做好采购、储存和供应。为便于组织调剂，保障供应，县和基层供销社的储存量占全年需要量的 30%左右。1957 年，为应急需要，每年防治前期都在南方和北方适宜地点储存一定数量的农药。1962 年，各级供销社储存农药的比例为省地级 40%、县级 40%、基层 20%。同时，对农药厂销售价格实行补贴制，对甲胺磷、乐果、甲基 1605、杀螟松 4 种农药出厂价提高后，销售价格不作调整，由财政予以补贴。1993 年，全国供销总社再次明确，农药供应以分级、分地区和分品种制定合理储存量，储存量为常年一年的用量。对于储备费用，财政给予一定的补贴。1988—2002年，省财政对农药价差补贴支出257万元。2003年后，农药价差补贴未单独列示。

(2)化肥。化肥补贴包括化肥奖售补贴、化肥储备补贴和化肥产销补贴三部分。1961年，国家对收购农副产品实行化肥奖售政策，浙江省执行国家统一的奖售标准。1989年，浙江省提高奖售标准，每50千克原粮奖售平价化肥15千克。1990年提高到16千克，由此产生的平价化肥不足通过"议转平"办法解决，"议转平"差价由省财政补贴。1993年，粮挂化肥不再实行实物供应，相应取消"议转平"补贴办法。1995年，浙江省建立化肥储备制度，化肥价差补贴在2000年后逐年减少。1988—2006年，省财政化肥价差补贴累计支出3579万元。

(3)农膜。20世纪60年代初，为推广使用农用塑料薄膜，浙江省对由于产销倒挂、调销倒挂的聚氯乙烯农用薄膜的供应亏损实行财政补贴。1969年，浙江省革命委员会生产指挥组发文取消财政补贴。1989年，浙江省财政厅等七部门印发《关于下达1989年粮食、蔬菜、棉花农用薄膜生产分配计划的通知》，明确生产聚氯乙烯农膜原料差价由省级财政补贴。省财政安排农业生产资料价差补贴项中设农膜支出，但未单独列示支出数额，而计于其他农资支出中。

(4)棉花。浙江省的棉花补贴主要是对调价价差、超购加价、棉花储备的利息和费用等进行的财政补贴。1979年，全国供销合作总社、财政部《关于提高棉花收购价格后有关财政补贴问题的通知》规定，对因提高棉花收购、调拨价格，供应、零售价格不变而发生的调价价差，实行财政补贴。补贴范围包括收购价格提高金额和多支出的利息、手续费和合理损耗。同年，对棉花超购加价款实行加价补贴。民用絮棉的价差补贴从1979年开始。1979—1994年，浙江省执行国家统一的棉花超购加价政策，其中1992—1994年对棉花实行物资补助政策，差价由省财政补助一部分。1995年，国家大幅度提高棉花收购价格，并将财政补贴的金额并入价格，财政不再对棉花进行补贴。1996年，浙江省建立棉花风险基金和棉花储备制度。但省财政在1996年、1997年仍有补贴支出。1986年前，浙江省棉花价差补贴未单独列示；1986—1997年，全省棉花价差补贴累计支出8721万元。

(二)商品储备制度

1.省级生猪储备

1981年，浙江省实行生猪储备，由省食品公司负责实施，储备费用全部计入成本，由全省食品公司系统实行统一核算，统负盈亏。1985年猪肉价放开后，省食品公司负责省级储备任务，由省财政核定储备生猪规模25万头，储备费用600万元。为加强生猪经营放开后政府调控生猪市场的能力，1987年，浙江省建设年供应商品猪70万头以上的省商品猪基地，对基地养猪户每提供一头商品猪，供应优惠价饲料粮125千克和平价尿素15千克。1992年，省财政对生猪储备费用实行"定额包干，超亏不补，结余全留"的办法。1994年，设立省级生猪市场风险基金，该项基金由省级储备冻肉经营增值、省基地商品猪补贴滚动使用、风险基金利息收入等组成。基金主要用于保护省基地商品猪生产，平抑猪肉市价，省储备肉亏损补贴等支出项目。1995 年，调整生猪储备费用包干办法，规定储备增值按 7∶3 比例由省财政与省食品公司分成，留作风险基金；发生的减值也按同样比例承担。1985—1998 年，省财政累计支出猪肉储备补贴 1.04 亿元。同时，浙江省改革生猪产销体制，商品猪基地规模确定为 25 万头，每头基地猪省财政补助 20 元，1994—1998 年，省财政支出此项补贴 2400 万元。从 2005 年开始，省级猪肉储备规模为 34 万头。1999—2010 年，省财政安排省级猪肉储备补贴累计支出 1.66 亿元。

2. 省级食糖储备

浙江省食糖储备始于 1991 年。1991—1993 年，全省储备量年均 3 万吨，其中省级储备 3000 吨。1994 年，全省储备量调整为 3.5 万吨，其中省级储备 5000 吨。储备费用由各级财政补贴，按季预拨，年终清算。补贴范围包括利息、损耗、保险费、仓租费等。1995 年，省财政厅等部门联合制定《浙江省省级储备食糖管理试行办法》，规定储备食糖出入库形成的差价收入 70%上缴省财政，30%留归省相关公司专项存储管理；储备食糖费用补贴开支，年终节约部分 50%上缴省财政，50%留归省相关公司。2006 年 1 月，省财政厅印发《关于浙江省省级食糖储备管理暂行办法的通知》，将节约分成办法改为按实清算办法。1991—2010 年，省财政累计拨付省级食糖储备费用补贴 4067 万元。

3. 省级化肥、农药储备

1995 年，浙江省建立省级化肥储备制度，以调节化肥淡旺季供应，稳定化肥市场和价格。1997 年，淡季化肥储备 10 万吨，1998 年增至 15 万吨，1999 年调整为 12 万吨。2006 年，为增强应对各类突发性病虫草害等自然灾害的能力，浙江省建立省级农药应急储备，农药储备量按每年农作物面积、农业生物灾害发生趋势预测情况确定。储备费用补贴每年 150 万元，超支不补，结余留用。储备农药过期损失和处置费用由承储单位承担，应急储备农药轮库和动用形成的差价或收益以及农药储备期满出库形成的损益，均由承储单位自负盈亏。1995—2010 年，省财政累计拨付省级化肥储备补贴 1.88 亿元。2006—2010 年，省财政安排省级农药应急储备补贴 750 万元。

4. 省级棉花储备

1996 年，浙江省建立棉花风险基金和棉花储备制度，省级棉花储备 2 万担。1998 年，增加到 10 万担。每年由省财政安排支出用于储备利息和费用补贴。至 2010 年，省财政累计拨付省级棉花储备补贴 7542 万元。

5. 省级医药储备

1998 年，浙江省建立省级医药储备制度，储备规模为 2000 万元，由省财政落实 2000 万元资金，以低息贷款形式作为医药储备周转资金使用。2001 年，浙江省对储备规模以及储备资金的使用作了相应调整，所需储备资金由储备企业自行负责落实，省财政收回 2000 万元周转金，改为每年安排贴息补助 180 万元。2006 年，储备规模为 5000 万元，补贴资金增加到 300 万元。2008 年，储备规模提高到 7200 万元，补贴资金相应增至 500 万元。至 2010 年底，省财政累计安排省级医药储备补贴 3000 万元。

二、还本付息支出

此处主要记述浙江省地方政府债务的还本付息支出。民国时期，债务费是财政支出的一个重要组成部分，是浙江省地方政府为发行、偿还和清理各种新旧公债所花费的费用。民国元年至12年(1912—1923年)，债务费一项在浙江省财政支出中并不十分巨大。民国13年后，因军事关系，中央政府和浙江省政府财政多年出现赤字，战争时期财政状况更为窘迫。为了解决财政困难，省政府举债频繁，债务费也骤然增加，民国13年浙江省长、短期负债达千万元以上。然浙江省历届政府对于公债信用皆尽力维护，债务费支出虽占财政支出相当大比重，也都能按时还本付息。民国19年，浙江债务费为7105243元，占当年地方岁出概算的23.5%。民国20年，债务费为5591950元，占当年地方岁出概算的22.2%，其中包括浙江省整理旧欠公债到期本息694800元、浙江省偿还旧欠公债到期本息1008000元、浙江省公路公债到期本息438750元、浙江省建设公债到期本息1588000元、浙江省赈灾公债到期本息152000元、该年浙江省清理旧欠公债到期本息1110400元、浙江省浙江铁路工程借款基金600000元。民国21年，债务支出6429585元，占当年地方岁出预算的26.1%；民国22年，债务费支出6870226元，占当年地方岁出预算的30.4%。至民国29年，浙江省政府债务仍居高不下。民国30年6月，国民政府召开第三次全国财政会议，颁布《改订财政收支系统实施纲要》。根据《纲要》，省级财政并入中央财政系统，中央政府统一各省级政府债权债务；各省债权债务全部由中央财政接管，代为清偿。民国31年1月以前，所有到期应付未付本息仍由各省自行清偿。浙江省地方公债由财政部清偿的有法币41544820元。

中华人民共和国成立后，国家于1950年、1954—1958年通过还本付息的办法发行国家公债，浙江省仅承担推销国家公债任务。根据国务院决定，浙江省从1981年起推销中华人民共和国国库券，发行销售和还本付息工作先后由银行、财政、邮政部门代为组织办理。1987年后，浙江省先后推销公债、特种国债等，省级地方财政均不发生还本付息支出。1994年3月22日，国务院颁布《中华人民共和国预算法》，其中第二十八条第二款规定：除法律和国务院另有规定外，地方政府不得发行地方政府债券。2009年，为应对国际金融危机，扩大政府投资，国务院决定由财政部代理发行2000亿元地方政府债券，浙江省首次由财政部代理发行地方政府债券82亿元，债券期限为3年，偿债期为2012年。2010年，国务院决定继续由财政部代理发行2000亿元地方政府债券，浙江省仍由财政部代理发行地方政府债券80亿元，债券期限为3年，偿债期为2013年。至2010年底，浙江省尚无地方政府债券的还本付息支出。

第三章 财政体制

财政体制是规定中央与省、省与县(市)各级政府之间财政分配关系及管理权限的重要制度,其实质是处理财政分配关系中的集权与分权的问题,是地方财政有效运行的基础与前提。财政体制的核心问题是各级政府之间的收支划分。夏、商、周三代的财政体制,基本上属于地方分权的体制。秦统一中国后,设置郡县,开始实行君主专制统治,财权集中于朝廷,实行统收统支的财政体制。这一体制历经汉、魏晋南北朝、隋、唐、宋、元、明、清各朝代,并得到不断完善。清代后期,面对割地赔款等巨大财政压力,统收统支财政体制名存实亡,地方财政逐步建立。民国2年(1913年),北洋政府颁布划分国家税地方税税法草案。民国17年,国民政府财政部召开第一次全国财政会议,通过了《划分国家收入地方收入标准》和《划分国家支出地方支出标准》。民国23年,财政部召开第二次全国财政会议,决议增划给地方一些税收。所谓地方,均以省为主,县无独立地位。至民国24年,财政部颁布《财政收支系统法》,财政收支始分中央、省、县(市)三级,才有名义上的县级财政。民国30年,全国财政分为国家财政与自治财政两大系统,省级财政划入国家系统。民国35年,恢复中央、省、县(市)三级财政体制。抗日战争和解放战争时期,中共领导下的浙东根据地的财政政策主要是:废除一切苛捐杂税及人民不应有的负担,实施统一合理的税收制度,征收进出口税以及来自农村的田赋收入,解决部队给养;同时,实施预决算制度,提倡节约。中华人民共和国成立初期,为集中财力,中央人民政府实行高度集中的统收统支财政体制。1951年,浙江省正式确立省一级财政管理体制。1953年,增设县(市)一级财政。至1980年,中央对浙江实行"分灶吃饭"财政体制。1992年,国家在浙江试行分税制财政体制。1994年,全国全面实施分税制。随着中央对浙江财政体制的调整,省对县(市)财政体制也随之而调整。至2010年,浙江省始终实行省直管县的财政体制,成为浙江财政独特之处,为促进全省区域经济均衡协调发展发挥了重要作用。

第一节 中央对省财政体制

夏、商、周三代的财政体制,基本上属于地方分权的管理体制。秦统一中国后,实行统收统支的财政体制。汉、魏晋南北朝、隋、唐、宋、元、明各朝代沿袭这一体制并不断完善。清代前期,财政法令均由朝廷统一发布,户部负责税赋征管,通过起运与存留协调中央与地方以及地方与地方之间的财政收支,并实行严格的解协款饷、奏销库藏制度以控制地方财政。鸦片战争后,清政府被迫签订一系列不平等条约,割地赔款对朝廷形成巨大的财政压力,虽然形式上依然是中央集权的财政体制，但朝廷被迫允许各省自辟财源筹款，奏销制度形同虚设；朝廷对地方财政的控制力逐渐减弱，地方各自为政日益严重，随之形成省一级财政。民国初期，国家财政收支体系虽然划分为中央、省和县三级财政，但实际上县级财政仍然依附于省级财政。至民国30年(1941年)，市县财政归于自治系统，省级财政并入国家财政系统，实行中央、县两级财政体制。民国35年，虽恢复省级财政，但财源枯竭，难以自求平衡。1949年中华人民共和国成立后，中央对省的财政体制是"统收统支"，高度集中，地方财政缺乏自主权，仅承担着中央财政出纳功能。"包干"制财政体制下，在完成中央财政下达的指标与任务后，地方财政具有了一定的自主权。1994年实行国家税、地方税的分税制后，地方财政自主权进一步扩大。

一、1949年前国家对浙江的财政体制

(一)清以前及清代

夏、商两代是部落联盟国家，部落联盟及其下属部落在完成贡赋任务后有权自行支配剩余的自由财力，这是一种包干性质的原始分税制。周代实行封邦建国制度，只要诸侯得到周天子的封地，就同时获得封地上的政治、经济、军事、民政等权力，由此构成了代表周天子与地方诸侯和平民的贡纳关系，在一定程度上固定了周朝王室与地方的财力分配关系，形成了地方财政。周朝王室的财政收入包括王畿内(古代指王城周围千里地域)的税收(夏"贡"、商"助"、周"彻"之田赋及军赋)、专利等项收入(各类手工业生产物品及商业经营收入)、其他收入(工商等什税收入及规费收入等)以及诸侯的贡赋；地方财政收入包括封地内的税收和专利经营收入、周朝王室对封君的补助收入。夏、商两代，财政支出尚无常制，直到西周各项支出才渐具规模。财政支出主要有：军事支出，大部分由地方自备供应；祭祀支出，物品多出自从天子到诸侯的各级贡奉；王室支出，属经常性支出，国家财政与王室财政混而不分；俸禄支出，西周采取授田制禄办法；建设支出，多由无偿劳役提供。

春秋战国时期的财政体制，大致可分为天下、国、家、邑四级。"天下"为国家财政，即王室财政；"国"为诸侯财政；"家"为卿大夫财政；"邑"为宰臣财政。国家财政与王室财政不分；国家财政与诸侯财政、卿大夫财政、宰臣财政各自独立，财政体制是分散的。

秦、汉两代实行中央集权制度。朝廷统一确定财政制度，制定财政政策，颁行财政法令，规定赋税减免，等等。国家财政收入的种类增多，由秦代的田租、口赋、徭役等发展到汉代的田租、口赋、徭役、专卖收入、公营、公产收入和其他杂项收入。赋税体系基本形成，均输、平准、常平仓、预算等制度的建立强化了中央财权。财政支出，诸如军费支出、皇室支出、俸禄支出、建设支出等均来自中央财政。此时的国家财政与皇室财政已分别收支，分开管理。秦汉的财政体制影响了以后社会几千年。

魏晋南北朝的财政体制沿袭汉代，变化不大。只是在既保障政府财政收入又保护士族特权的占田制和按人口分配土地的均田制下，田赋的征收较秦汉有所不同，实行的是课田制和田租户调制，据地而税人。

隋、唐财政,以唐建中元年(780年)德宗下诏实行两税法为分水岭。两税法实行前,隋代的租调和唐代的租庸调都以均田制为基础。自唐中期以后,均田制遭到彻底破坏,两税法取代租庸调。唐代中央财政和地方财政承袭隋制,没有严格划分,地方财政包括在中央财政之内。开元二十四年(736年),玄宗颁发《长行旨条》5卷,规定中央在租税征收项下留拨部分供地方支用,称"留州"。地方除留给本州自用的收入外,所征收的赋税收入要"上供"(地方解缴中央)、"送使"(地方解缴诸节度使,以充中央在各道的支出)。在没有节度使、观察使的州,则只有"上供"和"留州"两部分。唐后期藩镇割据,地方原来上缴中央的各种赋税,均被地方所截留。五代十国则是唐末藩镇割据的延续。魏晋南北朝和两宋(北宋、南宋),州是地方高级行政单位,也是相对独立的地方财政单位。地方财赋先聚集于各州,而后再作上供中央和留作地方之用。

宋代结束了藩镇割据的局面,中央集中财权,其中有相当一部分收入集中在皇室财政,故有宫廷财政与国家财政。国家财政体制仍为中央集权制。宋代地方有府、州、军、监、县,在中央与地方之间,还有"路",为直辖于中央并高于府、州、军、监的一级监察区。地方所征收的赋税收入分三部分:一是"上供",即上缴皇室财政或国家财政;二是"留州",即留归地方;三是"送使",即上缴转运使。转运使乃中央派出的官员,负责路一级政区的财政,其职责是将本路各州所上缴之钱物转解中央,同时将部分财力调剂于本路各州之间,在中央与地方财政之间充当承上启下的作用。北宋中期以后,转运使所掌握的财权被集中到中央。南宋后期浙江收支项目:岁入为属县解供钱、本州及附郭县各项岁入、运司比折钱。岁出为纲解、经常用度项目、本州每年合纳运司钱。其中,纲解包括上供银、免丁银、减更银、经制银、将官供给银、官户役钱银、铜铅本钱。经常用度项目有官员料钱、官员春秋衣钱、官员供给职医书表客将等食钱、诸军料钱、诸军春冬衣钱、军人差出借请家粮钱、大军券钱、提刑司和提举司春秋二犒上丁社节等钱、圣节排宴等钱、陈设库申拨钱、酒库岁计米钱、公使库节仪迎送宴会钱、推法司雇役钱等。

元代财政体制沿袭宋制,仍实行中央集权制度,国家财政分中央、行省和路三级管理,中央财政包括国家财政和皇室财政,但各自都有自己的理财机构。路及州府征收的财赋先送往行省,并由行省储藏或转运上供中央,亦即地方财赋聚集于行省,就相当于集中于中央。行省的角色并不反映地方利益,而是中央政府的代表。由于财赋高度集中于中央,地方支配权甚小,浙江留用财赋比例一般为30%(中央70%)。地方留用财赋的支配权由行省掌握。

明代中央财政集权比元代更甚,中央与地方八二分成。地方财政收入分为上缴朝廷用的"京库岁需"和地方自主支配的"存留"两项,地方支出主要用于军需、官俸和各项杂支。地方留存之外尚有"羡余",源于赃罚银、耗羡银、盐商税船等,由各级地方长官支配使用,作为一种额外加征的不规范行为,非严格意义上的财政预算收入。明万历九年(1581年)后,把夏税、秋粮、户口、征课等按每年起运、存留、供边等分类统计,县衙支出分官俸、经费、驿站、衙役、工食等项,不仅有制度,而且较前有所发展和完善。

清代前期的财政赋税管理权完全集中于中央。户部是中央主管全国财政行政事务的执行机关,统管全国财政收支,以及全国户口、土田簿籍。户部设14个办事的清吏司(按地区分司，各以省区命名），分管各省民赋及八旗诸司廪禄、军士饷粮、各仓盐课、钞关杂供等。浙江清吏司兼管浙江全省民赋和谷数。中央财政机构在浙江的重要分支或代理机构是布政使司。布政使司在经收州县解到赋税后，按规定分春秋两次缴户部。省、道、府、县行政机构是地方性赋税征管机构。承宣布政使司掌全省钱谷出纳，督抚行使督察考成之责；道由分守道专管钱谷；知府、知县亲理钱谷民事。

布政使的职责是代户部掌管浙江全省的地丁杂税。这部分赋税包括州县存留和起运两部分。“州县经征钱粮运解布政司，候部拨，曰起运”“州县经征钱粮扣留本地，支给经费，曰存留”①。州县存留由户部定项定额随地丁征收，然后坐支；收数即支数，需报户部核销。起运藩库款项有三：一是留支款项，此项是布政使司代户部经理的常例开支，项有定制，数有定额，地方官无权变更挪用；二是留储款项，此项是浙江藩库代部库存储的款项，由户部调拨使用，地方官无权随意支配；三是京饷和协饷，此项是前两项之外的全部剩余，需于春秋两季将数目报告户部，悉数解部（称京饷）或由户部指拨邻省（称协饷）。即使是浙江布政使，其所掌管的全省款项均为国家财政资金，其本人和地方督抚均无权动用。

清代朝廷主要靠解款协拨制度来支配和控制全国财政，而推行解款协拨制度的基石则是起运存留制度。清朝的起运存留制度沿袭明朝，从清顺治九年（1652年）开始，由于中央财政困难，清廷采取变存留为起运的措施，大规模裁减存留，直至“三藩之乱”②结束才恢复存留。地方存留归复以后，虽然“存留之数，岁亦不齐”，但起运、存留比例基本上固定化了。乾隆年间（1736—1795年），浙江起运、存留数额分别为2145083两、169059两，占这一时期全省收入总额2314142两的比例分别为92.7%、7.3%。各省的起运、存留数额及比例不尽相同。清廷在制定解款协拨制度时，将各省的财政经济状况分为三类：一类是仅敷，一类是不足，一类是有余。浙江是有余省份，除协济其他省外，还要把剩余款项解缴户部。在解款协拨制度下，还有极为复杂的春秋拨。所谓“春秋拨”，即户部每年分春、秋两次办理各省起运存留银数的拨款手续，春拨限阴历二月间解到，秋拨限八月间解到。

雍正五年（1727年）和雍正八年，清廷还分别创立“留贮”与“分贮”制度。这一制度是对起运留存制度的补充，其主旨是为了储备军需，相当于备用额。雍正八年，浙江省留贮银30万两、分贮银10万两。留贮额留贮于浙江布政使司库，需用时必须事先奏报，擅自动用者将受处分，管理规范。而分贮额则分贮于府库、州库，动用分贮额不必事先奏报，地方官调动此项款额的自由度较大。起运存留制度加之留贮分贮制度确立了浙江与中央的财政关系。

清前期的财政收入主要有四大类：田赋、盐课、关税和杂赋。此外还有正式收入以外的耗羡。这些收入大部分由地方组织征收，但都是国家的税收，地方不得另立名目征收地方税或在国家税的基础上征收地方附加税。各项税收之外的其他财政收入，即国有土地地租、生息（铸钱余利）、捐输、节扣（各项经费按户部规定比例的减支部分）4项，则更是由中央直接控制。财政支出分为皇室支出和朝廷支出两大类，共15项，如陵寝、交进（即交进内务府供皇室

---

① 《钦定大清会典则例》一八〇卷〔乾隆二十九年（1764年）奉敕撰〕内有此句。

② “三藩之乱”：清初，平西王吴三桂、平南王尚可喜、靖南王耿精忠三个藩镇王发起的反清叛乱。

开支之款)、祭祀、俸食、科场、驿站等。这样一种中央集权的财政管理体制,在顺治至雍正年间(1644—1735年)逐步形成并完善起来,直至咸丰二年(1852年),大体上没有变动过。受康熙五十一年(1712年)康熙帝“滋生人丁永不加赋”政策的限制,国家每年的财政收支都有相对固定的额度,并由《会典》《则例》等法典文献予以确立,无论社会经济情况发生怎样的变化,均不得突破“经制”所规定的范围和额度。“经制”,即国家出入有经,用度有制的意思。其表现为赋税收入的定额化,清朝前期在全国赋税征收数额的变动上,无论州县、直省(直属中央的省份)的赋税或是全国的赋税都呈现出长期的相对稳定的趋势。

鸦片战争后,清廷被迫向西方列强打开沿海各地的门户,西方资本得以进入中国,致使沿海各商埠工商业有较快发展,财政经济状况随之变化:一是田赋增收,二是改变盐政,三是开征新税,从单一农业税(田赋)向农、工、商并重多元化税制演变。在国家财政收不抵支的情况下,举借公债,主要以外债为主。财政支出除皇室开支、百官俸禄外,其最为显著的变化是军费支出、战争赔款和洋务费用。

咸丰三年(1853年)开始,在内忧外患的夹击下,中央集权财政体制难以为继,临时给予浙江督抚自筹军饷的权力,由此督抚布政使把原由户部掌握的上报、下拨、奏销等事项,变由自主或自行裁定。随着浙江督抚财权的扩展,原隶属于户部的布政使司降格为从属于督抚衙门的财政机构,而且还在布政使司外另设财政机构。经太平天国(1851—1864年)后,无论是奏销制度还是解款协拨制度都无法正常运行。由此变通了解款协拨制度的运行方式:由税收入库后浙江报部候拨,改为税收入库前户部向省里指拨;由户部指拨浙江留支留储后的剩余部分,改为不管省里留支留储后有无剩余,户部均硬行定额指拨。

晚清,浙江自立收支科目,自定收支标准,经理大量地方收支,并且设立自己的财政、税收、金融机构,尽管它始终没有作为一项国家制度正式见诸清廷的典章,但已完全具备了与中央并立的较独立的地方一级财政,随着中央集权财政体制的瓦解,省一级财政事实上已经形成。到清末,清廷已无法控制地方财政收支,中央执掌财政的度支部形同虚设,中央财政基本名存实亡。

(二)民国时期

民国元年(1912年)11月,北洋政府公布国家税及地方税法草案。民国2年,厘定国家税、地方税法案,次年经修改后公布施行。属中央收入的有田赋、盐课、关税常关、统捐、厘金、矿税、契税、牙税、当捐、烟税、酒税、茶税、糖税、渔业税等17项;属地方收入的有田赋附加税、商税、牲畜税、粮米捐、土膏捐、油捐、酱油捐、船捐、杂税捐、店捐、房捐、戏捐、车捐、乐户捐、茶馆捐、饭馆捐、肉捐、屠捐、伕行捐、其他等20项。民国3年,政府又取消此种划分,沿袭清代的做法,设立“解款制度”。民国4年,又将国、地税划分制度与解款制度折中而设“专款制度”。民国5年,又将屠宰税、牲畜税、田赋附加和厘金改名为中央专款。民国6年,除去屠宰税、牲畜税,而将烟酒税、烟酒附加税、烟酒牌照税、契税、牙税、矿税6项定为中央专款。民国12年12月公布宪法,明确划分国家税与地方税,取消中央专款之名;将关税、盐税、烟酒税、茶税、糖税、矿税、营业税(烟酒牌照税、牙税、当税)等划为中央收入(国家税),将田赋、房屋税、牲畜税、屠宰税、契税等划为地方收入(省税)。

北洋政府时期,浙江财政受地方军阀势力控制,国家税与地方税的划分一直难以实行,财政收支由省里自收自用,实行中央、省两级财政管理体制。南京国民政府成立后,民国17年7月,财政部公布《划分国家收入支出地方收入支出暂行标准》,规定地方收入中,现行收入有田赋、契税、牙税、当税、屠宰税、内地渔业税、船捐、房捐、地方财产收入、地方营业收入、地方行政收入、其他属于地方性收入,将来收入有营业税、市地税、所得附加税;地方支出有党务费、立法费、行政费、公安费、司法费、教育费、财务费、农矿工商费、公有事业费、地方工程费、卫生费、救恤费、债务费。标准确立后,浙江省遵照办理,唯有统捐一项由省财政厅征收,名义上另编预算报解国库,实际上归省支配。民国19年,中央决定裁厘加税,省财政厅停征统捐;民国20年开征营业税以为抵补。

民国24年(1935年)7月,财政部公布财政收支系统法,划分中央、省、县(市)三级财政,实行中央、省、县三级财政体制。该体制与民国17年颁布的“暂行标准”规定的“地方”包括“省”“县”相比,更强调分级的层次化。由此浙江省级收入有:税课收入,包括营业税、由县市分得的土地税、由县市分得的房屋税、由中央分得的所得税、由中央分得的遗产税;特赋收入;惩罚及赔偿收入;规费收入;代管项下收入;代办项下收入;物品售价收入;租金使用费及特许费收入;利息及利润收入;公有营业及事业盈余收入;补助及协助收入;赠与及遗赠收入;财产及权利售价收入;收回资本收入;公债收入;长期赊借收入;其他收入。浙江省级支出有:政权行使支出;行政支出;立法支出;教育及文化支出;经济及建设支出;卫生及治疗支出;保育及救济支出;营业投资及维持之支出;保安支出;移殖支出;财务支出;债务支出;公务员退休及抚恤支出;损失支出;信托管理支出;普通协助及补助支出;其他支出。

民国30年(1941年),财政部颁布《改订财政收支系统实施纲要》,将全国财政分为国家财政与自治财政两大系统,省级财政并入国家财政系统,市县财政列入自治财政系统。自民国31年度起实行中央、县两级财政体制。由此划分中央税为关税、盐税、印花税、遗产税、统税、营业税、所得税;地方自治税(县税)为屠宰税、营业牌照税、使用牌照税、房捐、筵席及娱乐税5种。浙江省增加警捐、山地收益捐,共7种。田赋划归中央,改为征实,原属县收入部分,由中央拨补。民国31年,县财政收入增加印花税30%、遗产税25%、营业税30%~50%,屠宰税从营业税中划出全额归县。

抗日战争胜利后,民国35年(1946年)7月,财政部恢复实行中央、省、县三级财政体制,将田赋在中央、省、县中确定分配比例为3∶2∶5。中央税为关税、盐税、货物税、直接税(印花税、遗产税、所得税、利得税),由中央直接管理,直接组织征收;省税为营业税和田赋,由省管理,县征收,县分成50%;浙江地方7项自治税即房捐、屠宰税、营业牌照税、使用牌照税、筵席及娱乐税、警捐、山地收益捐以及契税由中央制订总则,省订实施细则,由县征收,收入归县。浙江省级财政虽然恢复,但省级财源却不及战前的五分之一,实际仍卵翼于中央财政之下,难以实现省级财政收支平衡。

二、1949 年后中央对浙江的财政体制

（一）“统收统支”

中华人民共和国成立初期，国民经济因战争遭受严重破坏，地方财政收入濒临枯竭，各地军需供应、行政开支、社会救济、恢复生产等都急需资金，中央政府对地方财政采取高度集中的管理办法，浙江省的全部收入上缴中央，支出按中央规定标准开支。收入方面，浙江省税收仍沿用旧制，仅略加修改，并另外征收公粮、公草供应军需民用。支出方面，浙江省财政支出主要包括行政费、教育费、监犯费、财务费和优抚费 5 项。全省支出由下而上逐级审核汇总结报，最后由省财政向华东军政委员会结报。1950 年 3 月，政务院发布《关于统一全国财政经济工作的决定》和《关于统一管理一九五零年度财政收支的决定》，华东行政区将薪给报酬所得税、利息所得税等 12 种税收及地方捐税留归浙江省使用，公粮超额完成部分的 80%、税收超额完成部分的 70%留归省内各地使用，公安与司法罚没收入、地方规费收入与公产收入留归地方，浙江省开始具有可自行支配的财力，但是总量很少，未能形成一级财政。

1951 年 3 月，政务院发布《关于一九五一年度财政收支系统划分的决定》，规定国家财政收支实行“划分收支、分级管理”的财政管理制度。中央政府将全国财政划分为中央财政、大行政区财政以及省（市）财政共三级，全国财政收入包括中央财政收入、地方财政收入和中央与地方比例解留收入三部分。华东行政区据此对大区与浙江省财政收支进行划分。浙江省财政收入包括屠宰税、契税、房地产税、特种消费行为税、使用牌照税以及省内各级政府管理的国营企业收入等；财政支出包括省内各级政府管理的国营企业投资、地方经济建设事业费、社会文教事业费、地方各级行政管理费等。浙江省省级财政由此建立。浙江省每年财政收支由中央核定，支出先用地方财政收入支付，不足部分再用地方比例解留收入弥补，比例解留收入有货物税、工商业税、印花税、交易税、存款利息所得税等。省级财政的建立使浙江省拥有了一定的财力，但掌握的财力十分有限，财政资金绝大部分仍集中在中央。

1953 年，中央政府取消大区一级财政，增设县（市）一级财政，形成中央、省（市）和县（市）三级财政体系。1954 年，中央政府改革财政管理体制，重新划分中央、地方收入支出范围，全国财政收入分成固定收入、固定比例分成收入和调剂收入三类。根据改革后的财政体制，浙江省地方固定收入包括印花税、利息所得税、屠宰税、牲畜交易税、城市房地产税、文化娱乐税、车船使用牌照税以及地方国营企业收入和事业收入等；固定比例分成收入包括农业税和工商业税；调剂收入包括商品流通税与货物税。浙江省地方支出包括地方所属企事业单位以及行政单位的支出等。根据中央政府下达的财政计划与指标，浙江省超计划征收的收入与节约的财政资金全部留归地方使用。整个“一五”时期（1953—1957 年），中央政府与浙江省的收入划分除在分成比例上实行一年一定有所变动外，其他方面基本未作调整。1958 年“大跃进”，中央政府实行“以收定支、三年不变”（后改为五年不变）财政管理体制，将以前“以支定收”的地方财政管理体制改为“以收定支”体制，扩大地方财政管理权限，增强地方机动财力。浙江省地方财政收入调整为固定收入、企业分成收入、调剂分成收入三部分，其中地方固定收

入包括原有地方企业收入、事业收入以及地方税收等；企业分成收入包括中央新下放企业和虽未下放但地方参与分成企业[1]的利润20%部分；调剂分成收入包括商品流通税、货物税、营业税、所得税、农业税等。浙江省地方财政支出分为地方正常支出和专款支出两部分，其中：地方正常支出部分包括地方经济建设事业费、社会文教事业费、地方行政管理费等支出，由浙江省在划定的收入中开支，自求平衡；专款支出包括基本建设支出和其他特殊性支出，专款支出全部由中央拨款，不再由地方支出。另外，地方国营企业与地方公私合营企业所需流动资金，中央财政提供30%财政拨款，地方正常收支定额确认以1957年预算数为基数，收入项目与分成比例确定后一定五年，地方预算执行中收入超支出部分可自由使用，年终结余全部留给地方使用。

“大跃进”时期，受浮夸风影响，地方财政收入虚高，“以收定支、三年不变”财政管理体制执行一年后，1959年，中央政府对地方财政改为“收支下放、计划包干、地区调剂、总额分成、一年一变”的财政管理体制，简称“总额分成、一年一变”；在继续下放收支项目的同时，适当集中部分地方机动财力。收入方面，除铁道、邮电、外贸、海关等收入因不便按地区划分外，浙江省内所有其他收入全部划归浙江省管理，作为地方财政收入，取消之前的固定收入、企业分成收入与调剂分成收入的划分；支出方面，除中央各部门直接办理的少部分经济建设支出、中央行政支出与文教支出、国防费、援外支出、债务支出外，浙江省内发生的其他财政支出全部划归地方。浙江省地方财政收入与财政支出指标由中央根据国民经济计划与其他相关指标计算确定，总额分成比例按照中央核定的财政支出与财政收入比例确定。中央政府确定的财政收入指标大于财政支出指标的，超过部分上缴中央政府；财政收入指标小于财政支出指标的，不足部分由中央政府补助。实际执行中，浙江省财政收入超过中央政府确定指标的，超收部分按总额分成比例由浙江省留解，财政结余资金由浙江省自行安排。财政收支指标、浙江省分成比例等由中央政府一年一定。1959年，浙江省上缴中央财政6.38亿元。1960年至1963年间，浙江省每年上缴中央财政在6.50亿元～7.80亿元之间变动。

1961年1月，中央政府批转财政部《关于改进财政体制加强财政管理的报告》，加强财政集中统一管理，将国家财政权限集中于中央、六大经济协作区（东北区、华北区、华东区、中南区、西南区和西北区）和省（市、自治区）三级，缩小区、县、公社财权。收入方面，收回浙江省内部分企业、事业单位收入；支出方面，将基本建设拨款改为中央专案拨款。受国民经济调整影响，1965年，中央政府对总额分成财政管理体制进行微调，鼓励地方在抓大宗收入的同时，不放松零星收入；基本建设支出中除特大防汛抗旱救灾救济支出由中央追加拨款外，其余各项支出全部纳入浙江省支出基数，由浙江省在分成收入内开支，自求平衡。1966年，由于上年全国财政收支出现赤字，无法实施“总额分成，一年一定”财政管理体制，中央对包括浙江省在内的全国各省市财政管理体制实施“收支两条线”政策，地方收入全部上缴中央财政，支出在核定预算范围内据实列支。1967年，中央对地方恢复实行“总额分成，一年一定”财政管理

---

① 1958年4月，中共中央和国务院发布《关于工业企业下放的几项规定》，提出国务院各主管部门所管理的企业除极少数特殊重要的企业外，一律下放给地方政府管理。

体制。

1971年，财政部发布《关于实行财政收支包干的通知》，决定对地方财政实行“财政收支包干”的管理体制。浙江省内除中央部门直接管理企业的收入以及关税收入划归中央财政收入外，其他全部收入划归浙江省地方，地方支出中除基本建设、文教、国家物资储备等支出外，其他全部支出由浙江省地方财政负担。地方预算收支指标不再由中央政府直接指定，改由地方先提建议数，再由中央政府经综合平衡后核准下达。中央核定的浙江省预算收支指标，收入大于支出的，其差额由浙江省包干上缴中央；收入小于支出的，差额由中央给予补助。上缴数与补助数一经确定，一般不予调整，超收或结余全部留归浙江省，中央不再参与分成，发生短收，由浙江省自求平衡。浙江省上缴中央政府的金额或中央政府对浙江省的补助金额一年一定。1972年，中央政府对“财政收支包干”管理体制进行调整，规定地方超收1亿元以下的部分全部留归地方，超收1亿元以上的部分中央与地方对半分成，以增加中央政府财力。

1974年，中央政府对地方实行“收入按固定比例留成、超收另定分成比例、支出按指标包干”财政管理体制，缓解“财政收支包干制”下地方缺乏机动财力的困境。中央政府按照浙江省组织财政收入的一定比例留解地方，浙江省财政正常支出仍按中央政府核定指标列支，超支部分由浙江省在超收分成中自行解决，超收分成比例由中央政府另行确定。1974年、1975年，中央政府核定浙江省超收分成比例为30%。1976年，中央政府对地方实行“定收定支、收支挂钩、总额分成、一年一变”的财政管理体制。中央政府每年根据核定收支指标总额确定中央与浙江省的分成比例，分成比例一年一定。

1978年，中央政府对浙江省实行“收支挂钩，增收分成”财政管理体制。改变收支两条线做法，按定收定支后核定的收支比例由浙江省实行多收多支、少收少支办法。比例分成方面，取消以前地方只有超过年度核定收入指标才给予超比例分成办法，改为超过上年收入实绩即给予超过原定收入部分一定比例分成。当年，中央政府对浙江省的增收分成比例为50%。1979年，在继续实行“收支挂钩，增收分成”财政管理体制基础上，中央政府对浙江省县办工业企业实行利润留成政策，同时将浙江省增收分成比例由1978年的50%调整为1979年的52%。

(二)“包干”制

“包干”制先由中央财政对地方财政预计收支进行核定，在核定预计收支的基础上，再由中央财政确定地方上解或留成比例。浙江省的“包干”制在具体执行过程中，先后经历了“划分收支、分级包干”“划分税种、核定收支、分级包干”“收入递增包干”三个阶段。

1. 划分收支、分级包干

1980年，中央政府对浙江省实行“划分收支、分级包干”财政管理体制，按经济和行政隶属关系对中央和地方财政收支范围进行重新划分。地方财政收入分为固定收入、固定比例分成收入以及中央和地方调剂收入三个部分，其中，地方财政固定收入包括地方所属企业收入、盐税、农牧业税、工商所得税、地方税(屠宰税、车船使用牌照税、城市房地产税、牲畜交易税、集市交易税)以及其他收入；固定比例分成收入为地方上划中央部门管理企业收入20%部分;中央和地方调剂收入为工商税收入划归地方部分,留解比例由中央政府根据数据测算后确定。地方财政支出包括地方基本建设投资,地方企业流动资金、挖潜改造资金和新产品试制费,粮食、供销社、农机供销等企业的简易建筑费,支援农村人民公社支出,农林、水利、气象等事业费,工业、交通、商业部门事业费,文教卫生科学事业费,行政管理费,城市维护费,大中城市维护和建设资金,民兵事业费,人防经费,城镇人口下乡经费,抚恤和社会救济费以及地方其他支出。基本建设、地质勘探等支出由中央财政拨付,特大自然灾害救济费、特大抗旱防汛补助费等支出由中央专项拨款解决,不列入地方财政包干范围。1980 年,浙江省财政收支指标由财政部根据浙江省 1979 年财政收支预计执行数经过适当调整后计算确定。浙江省财政支出首先用固定收入和固定比例分成收入抵补;如有多余,多余部分按一定的比例上缴中央政府;如不足,不足部分用中央和地方调剂收入弥补;如调剂收入全部留归地方仍不能补足地方支出,其差额由中央财政给予全额补贴。上缴比例或财政调剂收入分成比例经中央财政核定并下达后,一定 5 年,原则上不再改变;地方多收可多支。经财政部测算后确定,浙江省 1980 年经调整后预计收入为 25.91 亿元(包括工商税收入),经调整后预计支出为 13.19 亿元,工商税调剂收入留成比例为 13%,浙江省固定收入未能覆盖地方支出,故不存在上缴比例。1980 年,浙江省地方财力为 17.6 亿元,占全国地方政府总财力的 3.5%,全国排名第 11 位。

1981 年,国务院筹集资金进行重点建设,借用地方财政结余资金(此借用不直接偿还),按照划给地方财政的各项预算收入,扣除上解中央财政支出(包括上缴的地方企业基本折旧基金)得出的地方可用财力金额,根据财政部核定的比例确定中央财政向各地的借款金额,地方财政按季度上缴中央财政。当年,中央政府核定向浙江省的借款比例为 20%,全年借款 3.6 亿元。1982 年,改按比例借款为按定额借款,中央财政当年向浙江省借款 2.55 亿元。同年,中央政府对浙江省改按“总额分成”财政管理办法。浙江省地方财政收入不再划分为固定收入、固定比例分成收入以及中央和地方调剂收入三类,而是将调整后的收入包干数和支出包干数各计算一个总数,根据收入与支出包干总数算出总分成比例。将中央政府对浙江省的借款改为调减浙江省支出包干基数,并据此相应调减浙江省总额分成比例。经过计算,财政部核定浙江省总额分成比例为 55.7%,上解中央财政比例为 44.3%。浙江省原上缴中央财政的挖潜改造资金、科技三项费用以及在预算执行中上划、下划的企事业单位仍按原规定执行,年终单独结算,不调整包干基数。1983 年,财政部核定浙江省调整后收入基数为 25.05 亿元,调整后支出基数为 14.41 亿元,按调整后收入支出基数计算的浙江省总额分成比例为 57.5%,再减去中央政府对浙江省借款的调减比例 5.7%,最终核定浙江省“总额分成”比例由以前的 55.7%调整为 51.8%,上解中央比例相应由 44.3%变为 48.2%。烟酒两种产品的工商税划为中央财政收入,1982 年烟酒税收全部返还给浙江省;1983 年起对每年烟酒税收增长部分实行中央财政和浙江省财政分成。中央政府在浙江省投资兴建的大中型企业收入划为中央财政收入,根据实际情况按相应比例与浙江省分成。中央政府与浙江省共同投资兴建的大中型企业收入按投资比例分成。企业下放浙江,相应调整浙江财政收入包干基数。浙江省县办工业企业亏损地方政府负担比例改为同盈利企业留成比例相一致,由县财政和中央财政按照五五比例分担，以增强地方政府整顿县办企业积极性。

2.划分税种、核定收支、分级包干

1984年，国家实行国营企业利改税第二步改革，企业上缴利润改为以税收形式上缴财政。同年10月，开征产品税、增值税、营业税、资源税等11种税种，“划分收支，分级包干”的财政管理体制已无法适应经济发展需要。1985年，中央政府对浙江省实行“划分税种、核定收支、分级包干”的财政管理体制。该体制取消中央与地方固定比例分成收入，变过去按企业隶属关系划分中央与地方收入为主要按税种划分中央与地方收入，按照利改税第二步改革以后的税种设置，将全部收入划分为中央财政固定收入、地方财政固定收入、中央和地方财政共享收入三类。浙江省地方财政固定收入包括地方国营企业的所得税、调节税和承包费，集体企业所得税，农牧业税，车船使用牌照税，城市房地产税，屠宰税，牲畜交易税，集市交易税，契税，地方包干企业收入，地方经营的粮食、供销企业亏损，税款滞纳金、补税罚款收入，城市维护建设税和其他收入；随后开征的土地使用税、房产税和车船使用税也列为地方财政固定收入；石油部、电力部、石化总公司、有色金属总公司所属企业的产品税、营业税、增值税30%部分划为浙江省财政固定收入。中央和浙江省共享收入包括产品税、营业税、增值税（此三种税均不含石油部、电力部、石化总公司、有色金属总公司4个部门所属企业和铁道部以及各银行总行和保险总公司缴纳的部分），资源税，建筑税，盐税，个人所得税，国营企业奖金税，外资、合资企业的工商统一税、所得税（不含海洋石油企业缴纳的部分）。浙江省财政支出包括地方统筹基本建设投资，地方企业的挖潜改造资金、新产品试制费和简易建筑费，支援农业支出，城市维护建设费，以及地方农林水利事业费，工业、交通、商业部门事业费，文教科学卫生事业费，抚恤和社会救济费，行政管理费（含公安、安全、司法、检察支出），民兵事业费和其他支出。特大自然灾害救济费、特大抗旱和防汛补助费、支援经济不发达地区的发展资金等支出由中央财政专案拨款，不列入地方财政支出包干范围。对于中央政府核定的浙江省收入和支出包干指标，如固定收入大于地方支出，差额部分定额上缴中央；固定收入小于支出，以中央和地方共享收入弥补；共享收入仍不能补足的，由中央政府定额补助。分成比例或上缴、补助定额经中央政府核定并下发后，一定5年不变。执行中，地方多收多支、少收少支，自求平衡。

由于经济体制中诸多限制因素，实际执行过程中各地无法直接从过去的财政体制转换到新的财政体制，为此中央政府采取了一些变通，规定除中央财政不参与固定收入分成外，将地方固定收入和全部共享收入与地方支出进行挂钩，确定一个总额分成比例，不再另行确定中央与地方共享收入部分的地方分成比例。地方财政1985年收支核定以1983年决算收入数为基础，按照新的收入划分范围和“利改税”第二步改革后收入转移情况计算确定。经过测算，财政部确定浙江省1985年收入基数为40.93亿元，支出基数为22.51亿元，总额留成比例为55%，上解中央政府比例为45%，自1985年1月1日起执行。1985年1月，杭州卷烟厂、宁波卷烟厂等6家烟草公司上划中央政府；同年12月，财政部对上划后相关预算收入指标进行划转，以浙江省各烟草公司1984年实际入库所得税、调节税和产品税4.37亿元（其中所得税0.45亿元、调节税0.39亿元、产品税3.52亿元）为基数相应调减浙江省上划基数，在年终办理决算时单独结算。当年，浙江省地方财政可用财力为33亿元，全国排名第12位，占全国地方总财力的3.8%。1986年,由于浙江省烟草企业上划中央政府,财政部相应调增浙江省总额分成比例,分成比例由上年的55%调增为60.8%。

1987年,中央政府对能源交通重点建设基金分成办法做出调整,将能源交通重点建设基金分成由原来的超收分成改为总额分成,总额分成采用全国统一比例,浙江省征收的地方能源交通重点建设基金,30%部分留归浙江,用于地方能源交通建设;70%上缴中央财政,用于国家能源交通重点建设;超额完成任务部分,浙江省分成比例为50%。1987年2月,宁波被列为国家计划单列市。1988年,宁波市作为计划单列市各项财政收支从浙江省划出,在国家预算中计划单列。财政部对宁波市各项基数及分成比例做出规定,核定宁波市收入基数为8.67亿元,支出基数为2.93亿元,加上中央照顾支出基数0.11亿元,调整后支出基数为3.04亿元;宁波市财政收入总额分成比例为35%,上解中央比例为65%。财政部同时调整浙江省(不含宁波)各项基数及分成比例,调整后浙江省(不含宁波)收入基数为28.34亿元,支出基数为19.58亿元,收入总额分成比例为69.1%,上解中央比例为30.9%。

3.收入递增包干

1988年,国务院发布《关于地方实行财政包干办法的决定》,决定在原有包干财政体制基础上,改进财政包干办法,在全国范围内实行多种形式财政包干体制,有收入递增包干、总额分成、总额分成加增长分成、上解额递增包干、定额上解以及定额补助6种形式,对浙江省(包括宁波)实行收入递增包干办法。收入递增包干办法以1987年浙江省决算收入和应得财力为基数,并参照过去几年收入增长情况确定浙江省收入留成比例、上解比例以及收入递增率(环比)。收入递增率以内浙江省地方财政收入按照中央核定的地方留成比例由中央政府与浙江省分成,超过递增率的收入全部留给地方,达不到递增率,影响上解中央财政金额的部分由地方用自有财力补足。6月,财政部下发《关于实行"收入递增包干"财政体制的通知》,核定浙江省(不包括宁波)总额分成收入包干基数为59.12亿元,支出包干基数为36.34亿元,据此确定浙江省(不包括宁波)总额分成留成比例为61.47%,上解中央比例为38.53%,另外确定浙江省总额分成包干收入递增率为6.5%;核定宁波市1988年总额分成收入包干基数为10.19亿元,支出包干基数为2.85亿元,总额分成留成比例为27.93%,上解中央比例为72.07%,总额分成收入递增包干率为5.3%。收入递增包干属于过渡办法,对1985年开始实施的"划分税种、核定收支、分级包干"财政管理体制的其他各项规定原则不变。9月,财政部下发《关于实行"收入递增包干"财政体制的补充通知》,对浙江省与宁波市的收入递增包干基数进行微调:浙江省收入包干基数调减为59.01亿元,支出包干基数调减为36.27亿元;宁波市收入包干基数调增为10.20亿元,支出包干基数调增为2.85亿元(尾数略调增);浙江省与宁波市总额分成留成比例与总额分成收入递增包干率不变。1988年,浙江省(包括宁波市)地方财政可用财力为53.6亿元,全国排名第9位,占全国地方总财力的4.2%。收入递增包干体制原定1990年到期,实际执行中,直到1992年浙江省试行分税制财政体制改革前,中央对浙江省的财政管理一直沿用该体制。

（三）分税制

分税制财政体制改革，理顺了中央与地方的财政分配关系，增强中央的调控能力。通过所得税收入分享改革、出口退税负担机制改革以及成品油价格和税费改革等配套措施的实施，在促进国民经济持续、快速、健康发展和推动社会进步方面发挥重要作用。

1. **“分税制”财政体制改革**

20世纪80年代，中央与地方财政收入分配体制采取包干制，经过几年运行，中央财政收入占比日趋降低，削弱了中央政府提供公共产品、调控宏观经济和平衡地方经济发展的能力。为克服财政包干制弊端，中央政府决定实行分税制改革。1992年6月，财政部下发《关于实行“分税制”财政体制试点的通知》，浙江省（不含宁波市）为“分税制”改革试点省份之一，开始推行分税制财政管理体制改革。

在分税制财政分配体制下，中央固定收入包括关税和海关代征的产品税、增值税、工商统一税，中央部门所属的中外合资企业所得税，铁道部、各银行总行和保险总公司的营业税等11种税收收入；地方固定收入包括城市维护建设税，车船使用税，房产税，城乡个体工商业户营业税、所得税，私营企业所得税，个人所得税等24种税收收入；中央与地方共享收入包括产品税、增值税、营业税、工商统一税、资源税5种税收，由地方和中央政府按“五五”比例分享。地方支出范围包括基本建设投资，地方企业挖潜改造和新产品试制费，简易建筑费，支援农业支出，城市维护建设费，地方农林水利事业费、工交商部门事业费、文教科学卫生事业费、行政管理费、公检法支出、民兵事业费、价格补贴支出以及其他支出等。地方发生的特大自然灾害救济、特大抗旱和防汛补助、粮油加价款等支出由中央财政统一管理，采用专项拨款的方式解决。

实行分税制后，地方财政固定收入加上分享收入大于财政支出基数的部分，按5%比例递增包干上解，小于地方财政支出基数的部分由中央财政给予定额补助，收支基数以1989年的决算数为基础经调整后确定。原能源交通重点建设基金等5项实行固定比例分成的收入及征收排污费收入等6项专项收入继续按原办法执行；地方外贸企业出口退税中央负担80%，地方负担20%。1993年，浙江省地方财政可用财力为105.9亿元，占全国地方总财力的3.5%，全国排名第13位。

1994年1月1日，根据国务院《关于实行分税制财政管理的决定》，在全国范围正式实行分税制财政体制。针对前期试点中暴露出的一些问题，国务院对分税制试点体制进行调整：地方财政固定收入包括营业税（不含铁道部门、各银行总行、各保险总公司集中缴纳的营业税），地方企业所得税（不含上述地方银行和外资银行及非银行金融企业所得税），地方企业上缴利润，个人所得税，城镇土地使用税，固定资产投资方向调节税，城市维护建设税（不含铁道部门、各银行总行、各保险总公司集中缴纳的部分），房产税，车船使用税，印花税，屠宰税，农牧业税，对农业特产收入征收的税（以下简称农业特产税），耕地占用税，契税，遗产和赠予税，土地增值税，国有土地有偿使用收入等适合地方征管的税种。中央与地方共享税种仅剩下增值税、资源税、证券交易印花税（证券交易印花税仅上海、深圳两地分享，浙江省无此税种）3

种，其中，增值税中央与地方按照 75∶25 比例分享，资源税除海洋石油资源税外大部分作为地方收入。地方支出项目基本保持不变。中央财政对地方税收返还数额以 1993 年为基期年核定，返还基数为 1993 年浙江省净上划收入（消费税＋75％的增值税－中央下划收入），中央按返还基数对浙江省作税收返还。1994 年以后，全国增值税和消费税平均每增长 1％，中央财政对浙江省税收返还增长 0.3％；如中央净上划收入达不到 1993 年基数，则相应扣减税收返还数额。8 月，国务院下发《关于分税制财政管理体制税收返还改为与本地区增值税和消费税增长率挂钩的通知》，决定中央对地方税收返还增长率改按地方增值税和消费税增长率的1∶0.3比例确定，不再按全国平均增长率确定。同月，财政部下发《关于核定分税制财政管理体制税收返还基数的通知》，确定 1993 年中央政府从浙江省上划 102.93 亿元（其中宁波市 19.99 亿元），对浙江省下划 8.63 亿元（其中宁波市 3.60 亿元），由此核定浙江省 1993 年税收返还基数为 94.31 亿元（其中宁波市 16.40 亿元）。根据浙江省增值税和消费税两税增长情况，1994 年中央财政对浙江省共下达税收返还 98.29 亿元（其中宁波市 17.55 亿元）。为配合分税制改革，中央政府统一全国各种类型企业所得税征收标准，对国有企业统一按照 33％比例征收所得税，并建立以增值税为主体的流转税体系，取消对国有企业征收的能源交通重点建设基金和预算调节基金。同年，省税务局分设为浙江省国家税务局、浙江省地方税务局两套机构，建立适应分税制需要的地方财政系统与地方金库，在执行国家统一政策的前提下，地方金库对地方财政负责。出口退税改由中央全部负担，地方负担部分以 1993 年为基数专项上解，以后年度按此定额结算，不再增加。改进预算编制办法，硬化预算约束，中央政府与地方政府之间资金往来均列入各自预算收入与支出，中央与地方不得互相挤占对方收入。

实行分税制后，对于浙江省在原体制下定额上解中央财政的款项，中央政府规定以 1993 年浙江省实际上解数为基数，从 1994 年起按 4％的递增率递增上解。1994 年，财政部核定浙江省上解中央财政的款项为 45.48 亿元（其中宁波市 10.56 亿元）。1995 年，财政部对浙江省定额上解中央财政款项计算办法进行调整，规定从 1995 年起取消递增上解，改为按浙江省 1994 年实际上解额实行定额上解。同年，根据社会经济形势变化，中央政府对分税制财政体制进行调整完善。设立过渡期转移支付制度，按照地方收入能力与支出需求差额确定对地方转移支付金额，保障地方财政支付能力，维持地方财政正常运转。

2002 年，中央实行所得税分享改革，规定除铁路运输、国家邮政、中国工商银行、中国农业银行、中国银行、中国建设银行、国家开发银行、中国农业发展银行、中国进出口银行以及中国海洋石油总公司等企业外，对其他企业所得税与全部个人所得税实行中央与地方按统一比例分享。2002 年中央与地方各分享 50％；2002 年以后中央分享 60％、地方分享 40％。中央因改革所得税收入分享办法增加的收入全部用于对地方（主要是中西部地区）的一般性转移支付。2004 年，改革出口退税负担机制，出口退税不再全部由中央财政负担。超基数部分改由中央与地方按照 75∶25 的比例负担。2005 年，超基数部分中央与地方负担比例调整为 92.5∶7.5。2009 年，为规范转移支付制度，财政部将原一般性转移支付更名为均衡性转移支付，原财力性转移支付更名为一般性转移支付。

2. 所得税收入分享改革

1981 年 1 月，国家开征个人所得税。1983 年，开始对盈利国营大中型企业（包括金融、保险组织）征收企业所得税。1993 年底，统一内资企业所得税。1980 年至 2001 年底，中央与地方在所得税分享上一直实行的体制为：企业所得税按企业产权隶属关系划分收入，中央企业缴纳的所得税为中央财政固定收入，地方企业缴纳的所得税为地方财政固定收入；个人所得税（包括存款利息所得税）全部为地方财政收入。

2001 年 12 月，国务院下发《关于印发所得税收入分享改革方案的通知》，决定从 2002 年 1 月起实施所得税收入分享改革。全国除铁路运输、国家邮政、中国工商银行、中国农业银行、中国银行、中国建设银行、国家开发银行、中国农业发展银行、中国进出口银行以及海洋石油天然气企业缴纳的所得税继续作为中央收入外，其他企业所得税和个人所得税收入由中央与地方按比例分享，取消以前主要按企业隶属关系划分所得税收入的做法。地方所得税返还基数以 2001 年为基期，按改革方案确定的分享范围和比例计算地方分享的所得税收入，如地方分享的所得税收入小于实际所得税收入，差额部分由中央作为基数返还地方；如大于地方实际所得税收入，差额部分由地方作为基数上解中央。但是按所得税分享办法规定的中央对地方基数返还额确定方式，各地存在做大地方所得税收入基数的倾向。2002 年 9 月，财政部下发《关于核定所得税收入分享改革基数返还额的通知》，决定各地区地方企业所得税基数不取 2001 年实际完成数，改为以本地区 2000 年实际完成数为基础，按 2001 年 1—9 月地方企业所得税实际增长率（浙江省按此方法计算）或 1999—2000 年地方企业所得税年均递增率计算确定；中央企业所得税、个人所得税与储蓄存款利息所得税基数仍以 2001 年实际完成数为基础计算确定。按照改革方案确定的分享范围与计算比例，2002 年所得税收入共享部分中央与地方按 5∶5 比例分享；2003 年所得税收入共享部分中央与地方改按 6∶4 比例分享。根据实行所得税分享改革后浙江省地方上划所得税收入大于中央下划所得税收入的差额，财政部核定浙江省 2002 年所得税基数返还额为 62.81 亿元（其中宁波市 14.40 亿元）。

2003 年 11 月，国务院下发《关于明确中央与地方所得税收入分享比例的通知》，决定 2004 年中央与地方所得税收入分享比例继续按中央分享 60%，地方分享 40%执行。为保证地方 2001 年既得利益（所得税地方分享比例从 50%降为 40%），并反映当年国家对跨地区经营、集中缴库企业所得税地区间分配办法进行调整带来的地方所得税实际收入变动。财政部对浙江省基数返还额进行了调整，核定浙江省所得税基数返还额为 86.87 亿元（其中宁波市 19.68 亿元）。根据调整后的跨地区经营、集中缴库企业所得税地区间分配办法，财政部核定浙江省 2001 年纳入分享范围的企业所得税基数为 174.71 亿元（其中宁波市 39.65 亿元），个人所得税基数为 54.83 亿元（其中宁波市 11.67 亿元）。财政部对浙江省的这一所得税基数返还政策一直持续到 2006 年。2007 年，财政部对浙江省所得税基数返还额进行调整，所得税基数返还额增加到 90.62 亿元（其中宁波市 23.42 亿元）。至 2010 年，财政部对浙江省（包含宁波市）所得税基数返还额一直维持不变。

3. 出口退税负担机制改革

1985 年以前，出口退税全部由中央财政负担。1985 年 3 月，国务院批复财政部《关于对进出口产品征、退产品税或增值税的规定》，出口退税制度由此建立。中央外贸企业、工贸企业出口退税由中央财政负担，地方外贸企业、工贸企业出口退税由地方财政负担。1988 年，国家开始对部分征收产品税的出口商品根据产品类别核定综合退税率，出口退税全部改由中央财政负担，地方财政不再负担出口退税支出。1991 年，地方外贸企业出口退税改为地方财政负担 10%，中央财政负担 90%；1993 年，地方财政负担比例提高至 20%。

1994 年实行分税制财政体制改革后，出口退税改由中央全部负担，地方负担部分以 1993 年为基数专项上解，以后年度按 1993 年基数定额结算，不再增长。1995 年后，由于出口剧增，出口退税大幅增长，给国家财政支出带来巨大压力。2004 年起，中央政府决定改变出口退税全部由中央财政负担的做法，改以 2003 年出口退税实退指标为基数，基数部分仍由中央负担，超基数部分应退税额改由中央和地方按 75 ∶ 25 的比例共同负担。2004 年，财政部核定浙江省 2003 年出口退税基数为 223.34 亿元(其中宁波市 97.73 亿元)，对浙江省实际下拨出口退税基数返还额 66.52 亿元(其中宁波市 18.80 亿元)。

2005 年 8 月，国务院下发《关于完善中央与地方出口退税负担机制的通知》，调整中央与地方出口退税分担比例，超基数部分中央与地方改按 92.5 ∶ 7.5 的比例共同负担，财政部批准核定的浙江省出口退税基数不变。出口退税改由中央财政统一退库，取消中央财政对地方出口退税基数返还，地方负担部分改为年终专项上解。至 2010 年，中央与地方在出口退税负担上一直保持这一机制不变。

4. 成品油价格和税费改革

1999 年 10 月，国家决定采用征税办法筹集公路养护资金，逐步取消公路各项不合理收费。2009 年 1 月，国务院下调成品油价格，实施成品油价格和税费改革，取消公路养路费、航道养护费、公路运输管理费、公路客货运附加费、水路运输管理费、水运客货运附加费等 6 项收费，逐步取消政府还贷二级公路收费，提高成品油消费税单位税额，其中，汽油消费税单位税额每升提高 0.8 元，柴油消费税单位税额每升提高 0.7 元，其他成品油单位税额相应提高。同月，省政府发布实施意见，全省实施成品油价格和税费改革。成品油消费税属于中央税，由国家税务总局统一征收(进口环节继续委托海关代征)，纳税环节在生产环节，计征方式实行从量定额计征，价内征收。成品油税费改革新增税收收入(包括因提高单位税额增加的消费税以及由此相应增加的增值税、城市维护建设税和教育费附加)专款专用，除由中央本级安排的替代航道养护费等支出外，其余全部由中央财政通过转移支付方式分配给地方；主要用于替代公路养路费等 6 项收费的支出、补助各地因取消政府还贷二级公路收费以及对种粮农民增加的补贴等。中央政府对汽、柴油价格继续实行政府定价和政府指导价，对汽、柴油批发、零售价格实行最高价格限制，并在国内市场原油价格剧烈波动时对国内汽、柴油价格进行适当调控。消费税为价内税，计入增值税计征基础，由消费税增加引起的地方增值税、城市维护建设税以及教育费附加收入增加部分为中央财政收入，由地方税务部门负责征收并上缴中央。地方应上划中央财政的收入为根据国税征收的成品油消费税总额，按财政部核定的比例(增值税为 3.6%、城市维护建设税为 6.9%、教育费附加为 3.0%)以及地方相关税费分享比例(增值税 25%、城市维护建设税与教育费附加收入 100%)计算得出的金额。

2009年2月,财政部规定中央对地方成品油税费改革转移支付分为替代性返还与增长性补助两个部分:替代性返还部分以地方2007年“六费”(公路养路费、航道养护费、公路运输管理费、公路客货运附加费、水路运输管理费、水运客货运附加费)收入为基础,增加一定的增长率确定;增长性补助只有在成品油税费改革形成的收入超过原测算收入10%以上时给予安排。增长性补助分配方式为根据当年中央财政成品油价格改革转移支付总额扣除替代性返还后的增量资金数额,60%部分按照各地成品油消耗量分配,40%部分按照改革基期年公路规费和水路规费比重、影响公路养护和建设以及航道养护的客观因素分配。经过测算,财政部核定浙江省替代原公路养路费、公路客货运附加费、公路运输管理费、航道养护费、水运客货运附加费和水路运输管理费等收入返还基数为118.69亿元,其中宁波市14.08亿元。7月,财政部等三部委对实施成品油价格和税费改革有关预算管理问题作出补充说明:地方相关收入上缴中央的划转清算逐季进行;规定地方上划中央国库的增值税、城市维护建设税和教育费附加以相关企业实际缴纳的增值税、城市维护建设税和教育费附加为划转调库上限(按财政部确定的计算比例得出的上划金额可能超过地方税务部门实际征收金额);地方根据计算得出的应上划收入超过企业实际缴纳税费的,以企业实际缴纳税费金额上划;超过企业实际缴费金额上划的,超过部分经专员办审核后,调回地方国库。同年,财政部对浙江省(包括宁波市,下同)共下划成品油税费改革转移支付资金总额118.69亿元,全部为替代性返还资金。2010年,财政部对浙江省下划成品油税费改革转移支付资金总额135.19亿元,其中替代性返还资金118.69亿元、增长性补助资金16.50亿元。

第二节 省对地(市)县(市)财政体制

秦设郡县起,行政体系上郡县制历经2000多年基本未变。为实行中央集权制度,防止地方势力做大,财政上没有中央与地方的划分,所以也就没有独立的省一级或州县一级地方财政。清宣统元年(1909年),清廷颁布《府厅州县地方自治章程》,始有县自治财政,县经费支出也因此增多。民国时期,县财政经历了混乱、培养、建立三个阶段,至民国28年(1939年),在实行“新县制”(以“县”为基本单位的地方自治制度)的同时,浙江省开始建立县一级财政。1949年中华人民共和国成立后,在省对市县财政体制方面,浙江省基本延续中央对省财政体制,根据中央对省财政体制变化而作相应调整。在省对市县财政体制调整中,浙江省立足本地特点,逐步形成了具有浙江特色的省直管县财政体制。

一、1949年前省以下财政体制

(一)清以前及清代

自秦代建立中央集权财政体制至晚清,虽然朝廷不可能直接经理全部的财政收支,但由于没有中央与地方之间的财政划分,所以也就没有独立的省一级或州县一级地方财政。所谓的地方财政收支，所反映的只是地方如何经理国家财政的收入和支出。

清初，各州县组织的财政收入，不形成自主的地方财政资金，更不得另立项目征收地方税或在国家税基础上征收地方附加税。州县财政实际运作中不设职权独立的财政机构，财政事务由州县行政长官一人负全责，其主要依靠县行政长官私人雇员经理税收财务，造成州县财政在实际运作上的家产制。经由州县组织的财政收入有田赋、杂赋和地租三大项。其中田赋包括正赋、耗羡以及有漕省份之漕折、漕项（漕粮征收费用）；杂赋主要为牙税、契税、当税等项；地租为内务府及其他部寺所属各类官田地租。所有这些税租全部属于国家财政收入（即“正项”），地方无权支配；此外还需执行由户部制定的统一的税目、税额和减免政策。因受康熙帝“滋生人丁永不加赋”祖训的限制，咸丰以前（1851 年以前）田赋征额是固定的，不能随意增加，并通过《赋役全书》等法典文献予以制度化，落实到每个州县。杂赋虽各有定数，溢额盈余尽收尽解，但也不能额外加征。

由于州县所组织的财政收入统一上解中央，因此州县地方的财政支出也由中央拨给。为了避免上解下拨的繁难，清廷采取州县存留（或留支）制度，即由州县官在其经手的财政收入中坐支本州县及其所在地区的办公费。这些费用包括：道、府以下各官的官俸和养廉银；役食，即地方各官所属之皂隶、马快、民壮等各种吏役之津贴；祭祀礼仪经费，包括各州县用于社稷祭祀、乡饮酒礼和春牛花鞭（鞭打春牛，由地方官吏行香主礼，叫作“打春”或“鞭春”）等活动的费用；驿站经费；科举经费；其他开支。由于州县留支项目和开支标准既烦琐又死板，其总额也偏少，州县一些不可或缺的支出也就没有合法的经费来源，因此，地方官用各种制度外收入应对支出。州县的制度外收入主要有地丁、耗羡的浮收，杂税瞒报，差徭和陋规等。

光绪三十一年（1905 年），清廷筹议立宪大纲，次年宣布“预备仿行立宪”，划分国家、地方收支范围。光绪三十四年，清理规范全国财政，划分中央与地方税源及支出项目。府、厅、州、县岁入款目有：地丁、漕粮、契税、杂税、杂租、由司给领之款、就地抽捐之款、平余、火耗、盈余、加价、各项差役、随漕经费、其他各项规费等；岁出款目有：起解各款、典礼、钱粮、诉讼、驿站、巡警、学务、农工商用款及其他因公用款等。中央财政设立经理财政的度支部，并设分处于浙江省，汇编浙江省财政说明书。宣统元年（1909 年），朝廷颁布《府厅州县地方自治章程》，至此，始有县自治财政的名称，于是征收地方捐税，但缺乏执行的规章制度。随着辛亥革命（1911—1912 年初）的爆发，清廷的县自治财政虽有开端，却并未得以付诸实施。

（二）民国时期

民国初期，北洋政府时代的县财政仍属省级附庸。民国元年（1912 年），浙江军政府都督公布全省财政收支统一办法决议案，第一条规定：“凡经征向属全省收入之钱漕捐税盐课各机关应将每月征收款项数目于次月初五日以前造册呈报，并批解财政司。”第二条规定：“凡全省各机关行政经费应由全省款项支出者于每月十五日以后备文具向财政司领取。”第六条规定：“收支均以银圆计，并向以银两计者照一五折合银圆。”即实行中央、省两级财政管理体制，没有独立的县一级财政，县财政实际上只是省财政的报账单位。统捐、烟酒税、印花税由国税、省税机构征收；田赋、牙贴捐税、当贴捐税、契税、屠宰税、房捐、警捐、商业捐、牲畜捐、油捐等项收入由县征收并全部缴省。县的政务费及省垂直管理部门的经费由省核拨;县的地方自治经费,以地丁县附加和抵补金县附加及公产等为固定收入来源。支出不敷或新需,征收自治附捐或杂捐解决。盐税、关税实权为外国人操纵,厘金(统捐)、印花税、田赋等多为军阀截留,地方性杂捐杂税各地自定自收,管理体制混乱。

民国5年(1916年),北洋政府财政实行专款制,即专款专用。省定地丁县特捐专款的划分为:一成准备金,二成公益金,三成警察费,四成教育费,依实征数按成分配支拨或上缴。抵补金县特捐及后来增加各项附捐、杂捐,也同时划分专款使用。

民国16年(1927年),国民政府成立。次年7月,财政部召开全国第一次财政会议。民国18年,财政部颁行当年预算章程。民国21年,国民政府颁布《预算法》。自此,地方政府始有预算制度,但县级仅是作为省级财政支出的一个目。浙江省仍未建立县级财政。

民国23年(1934年),国民政府财政部召开全国第二次财政会议,通过了《划分省、县收支原则》,从此开始了省、县财政的划分。但浙江省因抗日战争没有实行。① 这次会议还订立了《办理县(市)地方预算规章要点》,浙江省财政厅依此制订《各县编制地方预算草案暂行办法》,各县于同年开始编制预算。县级财政收入包括:田赋县级附加、房产税、营业牌照税、使用牌照税、行为取缔税,以及土地税留50%,属中央的所得税留20%～30%,遗产税留50%。例外的是,浙江省在第二次全国财政会议上一年,即民国22年,兰溪实验县试编本县财政收支预算,废除专款制,实行统收统支,改变“税源分割,专款林立,入不敷出,上亏下欠”的局面,首创全国县级财政。

民国24年(1935年)7月,财政部公布《财政收支系统法》,明确中央、省、县三级财政体制。民国25年起,原省拨的政务经费改为补助款拨县,县同时增列行政费支出科目。民国28年在实行“新县制”的同时,浙江省开始建立县一级财政。根据《财政收支系统法》收入分类,县地方财政收入有17项,支出有16项。

浙江省的县级收入项目复杂,大致可分为4类:税课收入、地方财产收入、补助费收入和其他收入。以民国24—30年(1935—1941年)为例,此期的税课收入包括:田赋附加、契税附加、屠宰税附加(或屠宰税全部)及各项杂捐税,其中以田赋及屠宰税两项为重要。浙江省的县田赋附加占田赋全额百分比平均为21%;县地方税课收入占全省总预算百分比平均为59%;民国30年,浙江省县级预算中屠宰税收入占县课税收入的30%。此期的地方财产收入有:各县预算中所列物品售价收入,租金使用费及特许费收入,利息及利润收入,财产及权利售价收入等。浙江省县地方财产收入占全省总预算百分比平均为4.3%。此期的补助费收入包括:省对县直接补助以及中央拨省间接拨县各款。浙江省县补助费收入占全省总预算百分比平均为14.3%。此期的其他收入,即不属于前三项的收入,有特赋收入、规费收入、惩罚及赔偿收入、信托管理收入、公有营业及事业盈余收入、公债收入等。浙江省县其他收入占总预算百分比平均为22.5%。由此,县地方收入仍依赖附加(附于正税征收,如田赋附加、契

① 民国37年(1948年)出版的《重修浙江通志初稿》载:“但因抗战时期,税收调整,事实上固感困难,即关于收支之规定,亦间有不易实行之处,故延未实行。”

税附加、屠宰税附加、房捐附加)、摊派(系按户或财产摊收,以户捐为最普遍)和省款补助。县级财政支出数额不多。

民国30年(1941年)全国第三次财政会议以后,国民政府颁布《改订财政收支系统实施纲要》,市县财政归于自治财政系统(以县、市为单位,包括县以下的区、乡、镇自治组织,为自治财政系统),与国家财政系统相对应,省级财政并入国家财政系统,实行中央、县二级财政。由此明确县地方税源为房捐、屠宰税、营业牌照税、使用牌照税、筵席及娱乐税5种,加上浙江省规定增设的警捐、山地收益捐共7种。田赋划归中央,改为征实(即征收粮食实物),原属县收入部分,由中央拨补。县地方税课以外的收入,以公有财产为较多。县地方所有各种基金款项,均属公款范围。基金分两种:普遍基金,用于一般用途;特种基金,用于特种用途。公产有别于公款,应以共有不动产为其范围。县有公产大致分为两项:一为学产(在县收入中颇为重要);二为学产以外的公产。除上述公款和公产外,还有特赋与规费收入、公有营业与事业收入、地方性捐献与遗赠收入、公债与赊借收入。

除其单独税源外,据《改订财政收支系统实施纲要》的规定,国家将下列各税按标准分配于县,作为县地方收入。即:印花税按纯收入30%;遗产税按纯收入25%;营业税按纯收入30%~50%;土地税原属县收入部分暂仍其旧,但在征收实物时期,实物收归中央,原属县收入部分,由中央参酌原收入拨给;契税原属县收入部分暂仍其旧。此外,县之补助金由中央核定拨给。

参照财政部分类统计方法,县支出可分为:党政费(包括党务费或政权行使支出,行政支出或区乡镇保甲行政费之列称自治费者,财务费,司法费等);公安保安费(包括保安费或自卫费,公安或警察费);教育文化费;建设卫生及救恤费(包括经济建设支出或建设费、实业费、交通费,营业投资及维持支出,卫生及治疗支出等);其他(凡不属于以上4项支出,如债务支出、信托管理支出、损失支出、特殊支出、普通补助及协助支出、其他支出及预备费等)5项。

民国31年(1942年),浙江省各县支出总计:党政费法币29.12万元(下同),占总支出的35.1%;公安保安费19.44万元,占总支出的23.1%;教育文化费、建设卫生及救恤费、预备费及其他分别支出10.46万元、25.24万元、15.72万元,占总支出的41.8%。

(三)中共领导下的根据地财政政策

中共领导的浙江根据地的财政工作主要体现在浙东根据地,其主要政策是:废除一切苛捐杂税及人民不应有的负担;参照国民政府的部分做法,统一合理征收进出口税;注重来自农村的税收等收入,解决部队给养;实施预决算制度,提倡节约。民国30—33年(1941—1944年),中共浙东区党委书记谭启龙提出“灰色隐蔽”的财经方针,即“财政税收政策应适应国民党的敌后政策,不要超过他们所允许的范围,尽量求得灰色隐蔽”为原则,照顾国民党政府的利益,实行经济让步。减租减息是汇集民心的重要财政政策。民国31年(1942年)7月,召开浙东敌后第一次干部扩大会议,要求广泛宣传既减租减息又缴租缴息的土地政策。三北地区(镇海、余姚、慈溪)于民国32年秋收正式开展减租减息运动,在141个乡中实行减租减息的有105个乡,占乡总数的75%左右。通过宣传减租减息政策,大多数农民愿意纳税完粮,支持抗日。

抗日战争后期，由于不再需要“灰色隐蔽”，民国33年（1944年）1月正式成立新四军浙东游击纵队和浙东敌后临时行政委员会（以下简称行委会），财政政策也逐渐走向公开和独立。民国33年4月23日，行委会做出《关于财政开源问题的决定》，确定“阻碍、减少、缩小敌人掠夺，保护人民生产，提高人民生产力，增加财政收入”的基本财政工作原则。其财政开源的办法主要有：征收田赋，一年征收一次，并设立相关的征收机构；征收各种地方税，包括屠宰税、油坊税、牙税、营业税、酒捐、盐税等；加强税收缉私，增加税卡的设置；开展海上税收。同时实施“二五减租”（减轻佃农田租25%的统称）运动，免除国民政府征收的十余种苛捐杂税，规定人民负担标准最多不超过其收入的30%。

民国34年（1945年）1—9月，浙东区党委采取新政策克服财政困难：第一，加强税卡管理，整顿税收，颁布《战时进出口货物税征收暂行办法》，保证进出口货物税的征收；第二，统一供给标准；第三，开展大生产运动；第四，开展反贪污反浪费运动；第五，深化减租减息运动，实施“二五减租”。

民国34年（1945年）初，日伪通过滥发伪币对根据地进行经济掠夺。为了在抵制伪币中获得主动地位，民国34年（1945年）4月1日，浙东行政公署设立浙东银行，公布《浙东银行条例》和《浙东行政区抗币条例》，发行抗币。浙东银行下设四明分行、三北分行、余姚支行，其发行抗币总额为200万元，约相等于粮食100万公斤的价值，抗币1元币值食米0.5公斤。抗币的后盾以稻谷为主，还包括金银、有价证券、固定资产。同年4月8日公布的抗币汇兑率为抗币1元折合国民政府发行的法币50元，折合日伪政府发行的中央储备银行券300元。民国34年9月20日，新四军浙东纵队奉命紧急北撤，浙东行政公署财经处和浙东银行销毁抗币，并将流通在社会上的抗币交由各县政府所在地负责兑换。兑换均按照原浙东行政公署公布的抗币条例规定，1元抗币兑换粮食0.5公斤，避免群众损失。

图31-3-2-1　位于浙江省余姚市四明山区的浙东抗日根据地浙东银行旧址（浙江省财政厅档案室提供）

二、1949年后省对地（市）县（市）财政体制

（一）“统收统支”

1951年，根据政务院《关于一九五一年度财政收支系统划分的决定》，浙江省省级财政建立。由于全省收支范围较小，省与市、县未进行收支范围划分，市、县各项收支仍作为省级财政收支的一部分列入省预算和决算，向华东行政区财政部结报。浙江省对市、县实行的“统一收支”财政体制，采取高度集中、全额解缴的管理办法。1952年，浙江省将乡镇附加收支下放

图 31-3-2-2　国民经济调整时期，恢复农村集市贸易。图为乐清县农村集市一角（《浙江省政府志》，浙江人民出版社 2014 年版，第 647 页）

市、县管理。1953 年，全省普遍建立市、县一级财政，实行“以收定支，一年一定”财政体制。市、县一级财政收支预算数由省财政分别核定，预算收入不抵预算支出时，差额由省财政进行补助。年度超收和节支，除专款结余部分上缴外，一般结余和超收部分均作为下一年度收入。至 1957 年，均按此体制执行。1958 年，浙江省对市、县实行“划分收支，以收定支”的财政体制。市、县收入分为固定收入、固定比例分成收入和调剂分成收入，其中，市、县固定收入为地方税收收入、交通文卫企业收入、事业收入、其他收入和附加、自筹收入等；固定比例分成收入为粮食企业和地方工商企业收入 50％部分、中央商业企业收入 20％部分、农业税和公债收入 20％部分；工商统一税和工商所得税作为调剂分成收入，视市、县收支指标的平衡情况分别确定分成比例。1959 年，根据省人民委员会《关于进一步改进专署及市、县财政管理体制的规定》，浙江省对市、县实行“收支下放，计划包干，地区调剂，总额分成，一年一变”的财政体制。该体制取消了划分固定收入、固定比例分成收入和调剂分成收入的做法，市、县财政收支指标由省财政核定：收大于支，超过部分按与总收入的比例进行上解；收小于支，不足部分由省财政给予补助；年度结余除专款结余上缴外均作为下一年度预算收入。1961 年，浙江省委作出《关于调整财政管理体制的若干暂行规定》，决定省对市、县财政继续实行“收支下放，地区调剂，总额分成，一年一变”体制，但对收支范围和超收分成比例进行了调整。超收部分分成，对核定的总额分成比例在 15％以下的市、县按 15％分成，分成比例在 40％以上的市、县按 40％分成，分成比例在 15％～40％之间的市、县按实际核定的总额分成比例分成。该体制一直沿用到 1967 年，其间除分成比例在年度间略有变动外，其他基本未变。

1968 年，省财政对市、县采取特殊的“收支两条线”做法。省财政根据核定的收支指标，确定市、县与省的留解比例，收入超收和支出预算的追加追减部分由省财政在年终结算时再行结算。1971 年，浙江省实行“财政收支包干”体制，建立地（专署）一级财政，省财政不再与县发生直接的财政结算关系，仅对地（专署）核定收支指标并确定预算收入留解比例，预算收入超收部分先由省与地区以 6∶4 的比例分成，然后再由地区本级与市、县对地区留成部分采取对半分成。1972 年，浙江省对“五小”企业（指浪费资源、技术落后、质量低劣、污染严重的小煤矿、小炼油、小水泥、小玻璃、小火电等企业）收入改以 40％缴国家预算，60％作为预算外收入由地、县分成；其中地区得 30％、县得 70％，主要用于对“五小”企业进行技术改造。

1974 年，浙江省对地（市）试行“收入按固定比例留成，超收适当分成，支出按指标包干，结余留归地方”的财政管理体制。市、县留成比例按各地不同情况，由省财政分别核定。固定比例留成和超收分成主要作为各地机动财力，各地区在省财政核定的固定比例和超收分成比例范围内，再核定与所属市、县的分成比例。1976年，浙江省对地(市)实行“定收定支，收支挂钩，总额分成，一年一定”的财政管理体制。省财政每年根据核定收支指标总额，分别确定省与地(市)、县分成比例；如地(市)、县实际收入比预算短收，由各地紧缩开支，自求平衡。1977年，对预算收入超收部分实行省与地区按6∶4的比例分成，调动地、市增产增收积极性。

1978年，根据中央对省“增收分成”财政体制，浙江省对各地区财政体制相应调整为“总额分成加增收分成”的办法。当年各地区增收分成比例由省财政根据省地分成总比例与各地(市)具体情况分别确定，年终结算金额根据实际增收金额乘以增收分成比例得出，由于预算超收部分已包括在比上年实际增长数额以内进行分成，故不再另行结算超收分成。各地(市)本级集中留成的部分由地(市)和县(市)协商确定，地(市)、县(市)由增收分成所得机动财力原则上当年不能安排使用。市、县征收的其他工商税作为市、县预算固定收入，留给市、县财政用于支农和维修城镇房屋。1979年，在继续实行“增收分成”财政体制基础上，浙江省实施县办工业利润留成办法。

(二)“包干”制

“包干”阶段为国家财政体制从完全中央集权到地方适度分权的过渡阶段。浙江省财政“包干”体制划分为三个时期，即“划分收支、分级包干”“划分税种、核定收支、分级包干”“递增上缴、超收分成”。

1.划分收支、分级包干

1980年4月，省政府下发《关于实行“划分收支、分级包干”财政管理体制的通知》，决定省与市、县两级实行“划分收支、分级包干”的财政管理体制。全省各地区除舟山地区仍作为一级财政实行全地区包干外，其余地区不作为一级财政，地区本级收支视同县级实行与省财政包干。

分级包干将省属企业收入、省级其他收入、各地按规定应上缴省的地方收入和有上缴任务的市、县工商税的13%部分划为省级收入；将地、市、县属企业收入，盐税，农业税，工商所得税，其他工商税，其他收入(以上6项地方收入扣除按规定需上缴省的收入和按规定留归地方财政的县属工业分成收入部分)，省补助地、县收入和留省工商税中补助给县部分列为地、市、县级财政收入。上划中央部门和省直接管理企业的收入为固定比例分成收入，80%归中央或省财政，20%归地、市、县；各地、市、县财政包干上缴、补助数额也根据企业上划情况作相应调整。除中央和省拨给专款外，地、市、县级各项财政支出均按企业、事业、行政单位隶属关系开支。省级和地、市、县级包干基数根据各级收支划分范围，以1979年12月31日收支执行数为基础，经适当调整后计算确定。地方收入大于支出，多余部分定额上缴；支出大于收入，不足部分从工商税13%的范围内按比例留给；工商税13%部分全部留用后，收入仍然小于支出，不足部分由省财政定额补助。上缴和补助数额一经确定，原则上五年不变。地、市、县实际收入比包干基数增加的部分，有上缴任务的地、市、县30%缴省，70%留用；由省补助的地、市、县全部留用。

新财政体制实施后，由于部分山区县经济基础薄弱，1980年1—7月增收绝对数不多。8月，浙江省调整部分山区县财政补助办法，原由省定额补助的山区县，定额补助部分改为提高工商税分成比例解决，若分成比例提高后仍然收不抵支，不足部分继续由省补助。除补助数额小、困难不大的县外，继续补助县的定额补助适当采取逐年递增的办法，递增幅度最高不超过10%，具体递增比例由省财政和各地商定。浙江省共对5个地区的27个县工商税上解比例或省定额补助额进行调整。11月，省财政厅对省内各地、市、县财政收支包干基数和上缴、补助数额再次进行调整。

1982年，平湖、安吉、嘉善、黄岩等13个市县通过申请陆续实行"总额分成"财政管理体制，其他地区仍实行"划分收支，分级包干"财政管理体制。全省不同市县根据各自经济发展情况分别实施两种财政管理体制。因国务院于1981年7月批准设立椒江市，后温州地区和温州市合并，新设立瓯海县，遂昌县分设遂昌和松阳两县。省财政厅分别对相关市、县财政收支包干基数作出相应调整。

1983年1月，浙江省对"划分收支、分级包干"财政管理体制作两点改进：一是将中央向地方借款改为地方上缴中央财政款，在各地、市、县1982年中央借款数额基础上作适当调整后作为上缴基数，与地方财政收入挂钩，从1983年起按挂钩比例上缴；二是改进县办工业企业亏损负担办法，从1983年起，县办工业企业亏损由县负担比例改为同盈利企业利润留成比例一致，分为四档，分别为20%、24%、30%、40%。5月，省财政对各地、市、县财政收支包干基数、工商税留成比例、补助数额作出调整。11月，国务院批准恢复设立磐安县，省财政厅对东阳、磐安分设后财政收支基数作出划分调整，其中东阳县实行"总额分成"财政管理体制。1984年1月，国务院批准龙游县从衢州市分出归属金华地区，省财政厅对衢州、金华、龙游3个市、县财政收支基数进行了划分调整，其中衢州市和龙游县实行"总额分成"办法。同月，国务院批准撤销宁波地区行政公署，地、市机构合并，省财政厅对宁波地、市机构合并后的财政包干基数及上缴中央比例进行了调整。6月，国务院批准撤销绍兴地区，设立绍兴市(地级)，恢复绍兴县，省财政厅按划分后的归属关系，以市县各占原绍兴市1983年地方收支实绩比例对各自包干基数进行了调整。8月，国务院批准撤销嘉兴地区，建湖州、嘉兴两个省辖市；12月，批准云和县分设云和、景宁两县，省财政厅根据辖区变化对各市、县财政收支基数分别进行了划分调整。

2.划分税种、核定收支、分级包干

1985年，浙江省对市、县实行"划分税种、核定收支、分级包干"财政管理体制；按照1984年第四季度利改税第二步改革后税种设置，对省内各级政府收入范围进行重新划分，对市、县支出范围进行调整。

根据"划分税种、核定收支、分级包干"财政管理体制，省级财政预算收入包括省属企业(含省合资企业)缴纳的所得税、调节税和利润(亏损和差价补贴)，省级主管部门集中退库的利润留成、更新改造基金、育林基金，产品税、营业税、增值税(包括省及省以下各级银行、保险公司的营业税，石油部、电力部、石化总公司、有色金属总公司所属企业缴纳的产品税、营业税、增值税划归省的部分，但不含已明确属于中央收入的产品税、营业税、增值税），建筑税，省级其他收入以及按规定比例或数额应上缴省的地、市、县财政收入。省级财政支出包括省级统筹安排的基本建设投资，省级简易建筑费，民兵事业费，省下达项目的企业挖潜改造资金，科技三项费用，城镇青年就业经费，支援农业生产支出以及省级的农林水、工交商、文教科卫事业费、行政管理费和其他支出。市、县级财政预算收入包括地、市、县属企业缴纳的所得税、调节税、利润、亏损和差价补贴（原县办工业分成均由预算外改列预算内），集体企业所得税，资源税，盐税，农业税，契税，其他工商税（包括车船使用牌照税、城市房地产税、屠宰税、牲畜交易税、集市交易税），税款滞纳金，补税罚款收入，外资企业（不包括海洋石油企业）缴纳的工商统一税、所得税，城市维护建设税和地、市、县级其他收入（以上收入均扣除按规定上缴中央、省部分）。国营企业奖金税，除个别另有规定外，不分企业隶属关系，均就地缴地、市、县金库，并按统一的比例分成。市、县级财政预算支出包括地、市、县自筹基本建设项目的基建投资和流动资金，城市维护建设费，抚恤和社会救济费，城镇青年就业经费，公费医疗经费，市、县级企业、事业、行政单位除中央和省拨专款以外的各项支出。

市、县包干的收入基数以1983年决算收入数为基础，按照新的收入划分范围和利改税第二步改革后的收入转移情况作相应调整，分别计算确定各地工商税基数与固定收入基数。支出基数并非按照地方财政支出确定，而是根据1983年决算收入数和原财政体制规定办法计算的地方应得财力，剔除上缴中央财政资金和上划、转移等因素经调整后确定。

根据省财政核定的市、县收入基数与支出基数，如地方财政预算固定收入大于地方支出，多余部分定额上缴省财政；如地方财政预算固定收入小于地方支出，不足部分从产品税、营业税、增值税中确定一个比例留给地方；如产品税、营业税、增值税全部留用还不足以抵补支出，其差额部分由省定额补助。实际执行中，地、市、县财政预算收入比包干基数增加的部分，分情况对待：定额上缴的地方，70%留用，30%缴省；产品税、营业税、增值税调剂分成的地方和定额补助的地方，全部留用。定额上缴市、县的产品税、营业税、增值税比上年增加的部分实行滚动增长分成，分成比例为：杭州市、宁波市5%，其他各市10%，县15%；对产品税、营业税、增值税调剂分成的市、县，其产品税、营业税、增值税比包干基数增加的部分仍按原分成比例留用，比上年实际收入增加的部分实行滚动增长分成，分成比例与定额上缴的市、县相同；但滚动增长分成比例与原分成比例相加，以不超过100%为限；对定额补助的市、县，产品税、营业税、增值税增收部分全部留用。

各市、县征收的集贸市场税收，除按原25%继续留用外，从城乡集贸市场征收的产品税、营业税、增值税，以1983年集贸市场工商税入库数为基数，超基数增长部分，定额上缴的市、县，年终由省财政按40%的比例计算返还；调剂分成的市、县，调剂比例在40%以下的，年终由省财政补足到40%；调剂比例超过40%和定额补助的县，其超基数增长部分不另增加分成。国营企业奖金税，各市、县统一按实际入库数留52%作为市、县预算收入，48%上缴。为帮助定额补助的县发展经济和文教事业，定额补助金额在两年内按核定比例逐年递增，其中：景宁、磐安为10%；泰顺、文成及丽水地区本级为8%；永嘉、洞头为6%；其余地、县为5%。

1985年5月，国务院批准撤销金华地区，分设金华、衢州两个地级市，省财政厅对金华、衢州两市分设后的财政收支基数进行了划分调整。6 月，浙江省财政厅发文对各市、县财政收支基数进行核定，根据核定的基数，全省除省本级外全部地、市、县 1983 年固定收入基数为 18.5 亿元，支出基数为 14 亿元，工商三税（产品税、营业税、增值税）基数为 23.14 亿元，地、市、县工商三税留成数为 2.16 亿元，省对地、市、县定额补助数为 0.63 亿元；其中，实行定额上解的市、县有 29 个，实行定额补助的市、县有 14 个。

浙江省财政厅文件

图 31-3-2-3　1986 年 3 月全省第一次财政收入亿元县(市)财政局长座谈会后出台的针对与会县(市)的扶持经济发展，涵养财源的财政政策（浙江省财政厅档案室提供）

因杭州卷烟厂、宁波卷烟厂和桐乡雪茄烟厂 3 家烟草企业于 1985 年划为中央企业，1986 年，省财政厅对杭州、宁波、桐乡三地收入基数进行了调整。3 月，省财政厅召开全省第一次财政收入亿元县（市）财政局长座谈会，8 个财政收入亿元县（市）以及 4 个财政收入超 8000 万元县（市）财政局长参加。为增强这些县（市）发展经济、增加财政收入的后劲，会议决定将省集中的部分财政间歇资金免费借给这些县（市）周转使用，用于支持企业特别是乡镇企业的发展，培植财源。当年共出借 1.40 亿元。1987 年 6 月，省财政厅调整省与各地、市、县能源交通重点建设基金分成办法，任务指标内留地方的 30%部分，省财政得 21%，地、市、县财政得 9%；当年超收留地方的 50%中，省财政得 35%，地、市、县财政得 15%。各地、市、县按上述比例应分得的资金在年终由省结算返还各地。

3. **递增上缴、超收分成**

1988 年，在“划分税种、核定收支、分级包干”财政管理体制基础上，浙江省对定额上缴和工商三税调剂分成比例在 90%以下市、县的增收分配方法进行调整。此次调整以 1987 年实际上缴数额为基础，实行“递增上缴、超收分成”的财政管理办法。市、县财政收入、财政支出范围保持不变，上缴基数为各市、县 1987 年财政收入基数减去 1987 年地方留用数。财政收入基数以 1987 年地方财政决算收入总额，扣除由市、县留用的城市维护建设税、排污费收入、乡镇企业奖金税、耕地占用税后计算；地方留用数按照 1987 年地方财政决算收入留用数（包括按体制规定计算的留成收入、工商三税滚动增长分成收入、集贸三税增长分成收入、奖金税分成收入等），扣除经省核定的中央借款数计算。根据核定的上缴基数，各市、县上缴省财政金额每年按 6.5%的比例递增（该比例为中央核定浙江省的收入递增包干比例），鉴于省辖市（地级）实际情况，杭州、温州、嘉兴、湖州、绍兴、金华、衢州、舟山 8 个市的递增上缴比例定为 6%。市、县收入超过递增上缴比例部分大部分归市、县，小部分缴省，具体分为两档：收入超过核定递增率但不足 12%的部分，90%留市、县，10%缴省；收入递增率超过 12%的部分，80%留市、县，20%缴省。收入增长速度未达到核定递增上缴比例的市、县，由市、县用自有财力补足递增上缴数额。定额补助市、县以及工商三税调剂分成比例在 90%以上的市、县，增收收入仍按原规定处理。

1988年11月，省财政厅对定额补助市、县和工商三税调剂分成比例在90%以上市、县的财政收支基数以1987年为基础进行重新核定。财政收支范围划分保持不变，财政收入基数与地方留用数核定方法与实行“递增上缴、超收分成”财政管理办法下市、县的核定方法相同。根据重新核定的财政收入基数和地方留用数，地方财政收入基数大于地方留用数的市、县实行总额分成办法；地方财政收入基数小于地方留用数的市、县实行定额补助办法。定额补助数额除6个贫困县（磐安、永嘉、文成、泰顺、景宁、云和）1988—1990年继续按原定比例递增外，其余市、县1988年按新核定的定额补助基数以原定比例减半递增，1989年起不再递增。1988年，全省共有52个市（包括全部的省辖市）、县实行“递增上缴、超收分成”的财政管理办法，5个市、县实行“总额分成”财政管理办法，13个市、县实行“定额补助”财政管理办法。省财政厅核定全省除省级外全部地方财政收入基数为59.81亿元，地方留用基数22.11亿元，上缴省财政基数38.17亿元，省对市、县定额补助数0.47亿元。

1991年6月，全省第六次财政收入亿元县（市）会议在黄岩召开，1990年财政收入超过亿元的萧山、绍兴、余杭、海宁、桐乡、黄岩、温岭、乐清、瑞安、兰溪、上虞、嵊县、诸暨、平湖、嘉善等15个县（市）和1990年财政收入近亿元的富阳、临安、建德、海盐、东阳、义乌、苍南等7个县（市）参加会议。会议决定对财政收入过亿元县（市）进行奖励，奖励标准为：财政收入亿元县（市）奖励30万元和一部奥迪车购车指标，以后每上5000万元作为一个台阶，再奖20万元；借给财政收入亿元县（市）周转金500万元、技术改造资金500万元，借用期为两年。7月，考虑到台州地区本级财政比较困难及干部住房紧张、台州医院扩建老干部病房、出台价格补贴措施等因素影响，省财政厅给予台州地区本级财政一次性补助250万元，并决定台州地区本级“八五”期间（1991—1995年）按体制规定应上缴的4.7%部分暂免上缴。同月，为解决嵊泗县财政收支困难，决定“八五”期间嵊泗县按体制规定应上缴的10.5%部分暂免上缴，并对嵊泗县每年定额补助300万元。9月，为解决岱山县财政收支困难，决定从1991年起核减岱山县财政上缴基数500万元。

1992年8月，省财政厅对台州地区本级财政体制进行调整，将台州地区本级除其他收入外的财政收入全部下放临海、椒江两市，对台州地区本级实行与全地区财政收入挂钩的财政体制，即以1989年为基数，按地区本级的留用数与全区参与分成收入挂钩。

4.试行分税制

1992年，浙江省被列为分税制财政体制改革试点省份，省政府颁发《关于试行“分税制”财政体制的通知》，决定从1992年起省对各市、县（不含宁波市）试行分税制财政体制。

浙江省地方财政收入中，省级固定收入与市、县固定收入基本维持分税制前收入划分范围，仅发生两个变化：一是将固定资产投资方向调节税（原建筑税）由浙江省级财政固定收入改为市地县财政固定收入；二是将原石油部、原电力部、石化总公司、有色金属总公司所属企业产品税、增值税、营业税中原划为省级财政固定收入的30%部分与中央新下放给浙江省的70%部分一起并入一般产品税、增值税、营业税，作为浙江省与市县政府共享收入。中央政府和浙江省共享收入包括产品税、增值税、营业税、工商统一税以及资源税共5种，浙江省70个市、县(不含宁波市)对共享收入的分享比例划分为四档:第一档为经济较发达,财政上缴较多的15个市、县,共享收入地方留30%,上缴省70%;第二档为经济相对较发达的25个市、县,共享收入地方留50%,上缴省50%;第三档为经济相对不够发达的20个县(市),共享收入地方留70%,上缴省30%;第四档为贫困县及个别特殊困难的市、县,共享收入地方全部留用。省财政与市地县财政支出划分仍维持分税制改革试点前划分方法不变。

各市、县财政收入基数以1989年收入决算数为基础,财政支出基数以1989年地方按包干体制应得财力为基础,分别进行必要的因素调整后确定。各市、县财政固定收入加共享分成收入之和与地方财政支出基数进行比较,如地方收入大于支出,差额部分统一换算调整成1991年上解数(主要按"划分税种、核定收支、分级包干"体制下各市、县上缴递增比例6.5%或6%进行调整,并考虑各市、县对中央贡献款),从1992年起按规定比例递增包干上解;如地方支出大于收入,换算到1991年(主要考虑其他相关项以及地方对中央贡献款因素进行调整),从1992年起实行定额补贴,对贫困县另外给予适当照顾。同时,浙江省对市、县还实行保不吃亏政策,将按照"分税制"计算的收入与按原包干体制计算的收入进行比较,若地方少得金额年终由省财政补足,若地方多得金额全部归市、县留用。

中央、浙江省和各市、县原按固定比例分成的收入,包括能源交通重点建设基金、国家预算调节基金、耕地占用税、城镇土地使用税、保险公司上缴收入,以及列收列支的专款收入(包括征收排污费收入、征收城市水资源费收入、电力建设资金、社会保险基金和教育费附加收入等),不列入分税制财政管理体制改革范围,仍按原办法执行,外贸亏损和粮食亏损补贴同样不列入分税制财政管理体制改革范围。酒产品税收分成办法由试点前环比增长分成办法改为定比增长分成办法,增长分成比例不变(10%留用,60%由省专项上缴中央财政),以控制制酒业生产盲目发展,定比基数按1991年实际征收额核定。

1992年7月,省财政厅印发《关于核定"分税制"财政体制收支、上缴和定额补助基数的通知》,核定浙江省各市、县(不含宁波市)财政收入、财政支出、上缴和补助基数。对原体制实行递增上缴市、县以1991年实绩为基数,从1992年起上缴递增比例按原定比例降一个百分点计算,即:省辖市年递增5%,县、市年递增5.5%;超收上缴政策继续执行,实际收入超过规定递增比例的县、市,按超过5%或5.5%但不足12%部分上缴省10%,超过12%部分上缴省20%计算上缴金额;其他地方应得财力的计算仍按原体制不变。根据各市、县核定的基数,全省采用"比例递增、包干上解"财政管理办法的市、县共有50个,采用"定额补贴"财政管理办法的市、县共有20个(包括台州地区本级和丽水地区本级)。

(三)分税制

1994年2月,浙江省政府根据国务院《关于实行分税制财政管理体制的决定》,颁发《关于实行分税制财政管理体制的通知》,正式实行分税制财政管理体制。实行分税制后,省级财政收入包括省属企业增值税的25%部分、营业税(包括省及省以下各级银行、保险公司的营业税)、所得税、上缴利润、省级个人所得税、城镇土地使用税、固定资产投资方向调节税、房产税、车船使用税、印花税、屠宰税、遗产和赠与税、土地增值税、排污费收入和其他收入等(以上不含按省规定已列为市地县的收入)。除已下划市地县的中央石油、石化、电力、有色金属四部门产品税、增值税、营业税的30%部分、17个用电趸售县(市)[①]电力产品税和固定资产投资方向调节税外,省财政另外还下划耕地占用税省分成的10%部分和粮食财务包干指标。市地县财政收入包括市地县企业增值税的25%部分、营业税、所得税、上缴利润、个人所得税、城镇土地使用税、固定资产投资方向调节税、房产税、车船使用税、印花税、屠宰税、农业税、农业特产税、耕地占用税、契税、遗产和赠与税、土地增值税、资源税(不含海洋石油资源税)、国有土地有偿使用收入以及其他收入等。城市维护建设税暂列为市地县财政收入,排污费列为市地县财政专项收入。上述收入项目外的其他各项收入(包括收入退库),按隶属关系:原属于中央收入的,仍作为中央收入;原属省级收入的,仍作为省级收入;原属于中央、省和市地县按固定比例分成的收入(主要是教育费附加、能交基金和预算调节基金),仍作为中央、省和市地县按固定比例分成收入。省级地方财政支出包括地方统筹的基本建设投资、地方企业挖潜改造和新产品试制费、简易建筑费、支援农业支出、城市维护建设费、地方农林水利事业费、工交商部门事业费、文教科学卫生事业费、行政管理费、公检法支出、民兵事业费、价格补贴支出、其他支出等。省级与市地县财政支出的划分仍维持原体制划分方法不变。

市地县财政收入增长部分划分以1993年财政收入为基数,1994年以后财政收入比基数增长部分,省财政与市地县财政实行“二八”分成,对少数贫困县和海岛县另作适当照顾。省财政对市地县收入实行税收返还政策,返还数额以1993年为基期年核定。按照1993年市地县实际收入以及中央、省、市地县之间的收入划分情况核定1993年中央从市地县净上划收入数额(即消费税+增值税75%部分+非银行金融企业所得税-中央和省下划收入)。1993年,中央净上划收入全额返还给市地县,并以此作为以后省对市地县的税收返还基数。1994年后,收入返还额在1993年基数上逐年递增,递增率与中央对浙江省的税收返还递增率一致。市地县财政收入省得20%增长分成部分,年终结算缴省。

实行分税制后,原体制的分配格局暂时不变,即:原体制实行递增上缴的市县,按市县1993年实际上解省的收入和原定的递增比例(省辖市5%,县、市5.5%)继续递增上缴;原实行总额分成的县,按1993年实际上解省的收入,也改按递增上缴办法执行,递增比例与其他县相同;实行定额补助的地区和县,除个别县外仍按原规定继续补助。原中央和省给市地县的各项专款拨款继续下拨。市地县向中央的贡献款、1993年承担的20%部分出口退税以及其他年终结算的上解和补助项目相抵后,确定一个数额,作为一般上解或一般补助处理,以后年度按此定额结算。

1994年10月,省政府下发《关于实行分税制财政管理体制的补充通知》,决定中央、省电力三税(包括17个趸售县和中央、省投资的水电、火电、核电的税收)不下划市县,列作中央和省的共享收入。同时,为调动地方政府发展生产、培植财源的积极性,支持国税局加强税收征管,促进增值税和消费税的合理增长,决定省对市地县的税收返还递增率改按本地区上划中

① 趸售县(市):是指这些县(市)地方电力公司资产归当地所有,与直供县(市)相对应,直供县(市)电力公司资产归中央企业大电网所有。

央收入增长率的1∶0.3系数确定。市地县按1∶0.3系数递增增加的税收返还额，省集中20%。省集中的这部分收入，连同市地县财政收入比基数增长额中省得20%分成部分，每年在年终结算时一并上缴省财政。11月，省财政厅下发《关于核定财政体制基数的通知》，对市地县实行分税制财政管理体制的基数问题作出规定：一是中央、省电力增值税(包括17个趸售县)已列为中央与省的共享收入，其基数按1993年中央、省电力三税(包括17个趸售县)实际缴库数相应调整；二是省对市地县以1993年为基期年，按照1993年市地县实际收入和税制改革后中央、省与市地县收入划分情况，将1993年中央从市地县净上划的收入数额作为省对市地县的税收返还基数，1994年后税收返还额在1993年基数上递增，递增率按本地区上划中央收入增长率的1∶0.3系数确定，市地县因此而增加的税收返还额，省集中20%；三是地方财政收入，除排污费、教育费附加、能交基金和预算调节基金外，以1993年为基期年，从1994年起省与市地县实行增收分成，实际收入比基数增长部分省得20%，市地县得80%；四是原体制实行递增上缴的市县，按市县1993年实际上解省的收入和原定递增比例(省辖市5%，县市5.5%)继续递增上缴。实行定额补助的地县，除个别县外仍按原规定继续补助。

1995年，浙江省取消实行递增上缴市(地)、县(市)的上缴递增，改以1994年实际上缴数为基数定额上缴。对17个实行定额补助和补助递增县(市)以及部分财政困难原上缴县(市)实行"两保两挂"政策，即："两保"指获得省财政奖励必须确保当年实现财政收支平衡和完成中央两税任务；"两挂"指对17个县(市)补助(包括体制补助和临时困难补助)和奖励与地方财政收入挂钩。上缴县(市)收入比1994年每增长1个百分点，省补助增长0.5个百分点，用于促进地方发展；地方收入每增加100万元，省财政另行奖励5万元，用于对县主要领导及财税部门奖励。

1997年，浙江省对实行"两保两挂"政策以外的市(地)、县(市)实行"两保两联"政策，即：在确保当年实现财政收支平衡和完成消化历年赤字的前提下，省财政对实行"两保两联"政策市(地)、县(市)分别发放技改补助并另行奖励，技改补助和奖励标准与地方财政收入环比增长金额相联系。地级市及1996年地方财政收入超2亿元县(市)技改补助和奖励比例分别为地方财政收入环比增长总额的11%和4%，地方财政收入不到2亿元县(市)技改补助和奖励比例分别为10%和5%。1998年，浙江省对"两保两挂"政策进行调整，将实施范围扩大到27个市(县)，实施期限从一定3年变为一定5年；加大"两保两联"政策挂钩力度，增加5个百分点作为技改补助。

1999年，省财政对衢州、舟山、丽水、金华4个地级市在"两保两挂"基础上增加"一保一挂"："一保"，即要求确保所辖县(市)当年财政收支平衡；"一挂"指城市建设补助(含市管县经费)与当年全市范围内增收部分上缴省财政的金额挂钩，挂钩比例为当年全市范围内增收上缴省财政部分(增收总额的20%)的25%(即增收总额的5%)。对实行"两保两联"政策的杭州、温州、嘉兴、湖州、绍兴、台州6个地级市，增加"一保一联"政策："一保"，即要求确保所辖县(市)当年财政收支平衡；"一联"，即城市建设补助(含市管县经费)与当年全市增收上缴省财政部分挂钩，城市建设补助为当年全市范围内增收上缴省部分的25%(即增收总额的5%)。2001年，将欠发达的苍南、永嘉、仙居、天台4县(市)增列为实施"两保两挂"政策县市，全省实施"两保两挂"财政政策的市(地)、县(市)为30个，包括丽水、衢州、舟山、金华4个地级市，26个县(市)。

2003年，浙江省对市(地)、县(市)财政管理体制进行调整。收入基数统一改为以2002年市(地)、县(市)财政收入决算数为基础，经调整上下划收入后确定，上下划收入以2002年实际缴库数为基础。原由省直接征收和杭州市代征的省级收入(不包括电力、金融业及跨地区经营、集中缴纳企业的增值税、营业税、所得税和储蓄存款利息所得税地方分享部分，各项非税收入和各类基金收入)并入杭州市征收；省与杭州市根据2002年各自所占收入份额按比例实行收入总额分享。实行"两保两挂"的市(地)、县(市)的"两保两挂"补助和奖励、"两保两挂"财源建设技改贴息补助、"三保三挂"城市化专项补助政策整合归并为新"两保两挂"补助和奖励政策。省补助和奖励标准为，市(地)、县(市)财政收入每增长1%，省补助在2003年增长0.5%、2004年增长0.4%、2005年增长0.3%，补助基数由根据原"两保两挂"财政政策计算的2002年补助数剔除财力性专项增列补助数后确定。丽水、衢州、舟山、金华4市按地方财政收入增收额的5%进行奖励，其中4%部分用于地方发展、1%部分用于个人奖励；其他26个县(市)按地方财政收入增收额的10%进行奖励，其中8%部分用于地方发展；2%部分用于个人奖励。实行"两保两联"政策的33个市(地)、县(市)的技改补助和奖励、"亿元县上台阶"奖励、"三保三联"城市化专项补助等政策整合归并为新"两保一挂"奖励政策，统一按地方财政收入增收额的5%进行奖励，其中，杭州、温州、嘉兴、湖州、绍兴、台州6市4.5%的奖励部分用于地方发展、0.5%奖励部分用于个人奖励；其余27个县(市)4%部分用于地方发展、1%奖励部分用于个人奖励。当年，浙江省将大部分省属企事业单位税收下划市(地)、县(市)，作为地方预算收入，按照分税制要求与地方实行分税、分享。省级预算收入只保留全省电力企业增值税省级分享部分、企业所得税地方部分、金融保险业营业税与所得税地方部分等。

2005年1月，浙江省全面停征农业税(2006年1月1日全国全面取消农业税)。停征农业税带来的地方财政收入减少由省财政以转移支付方式弥补，通过综合考虑地方经济发展情况，确定：对24个欠发达市县、4个海岛市县以及金华市、安吉县(即30个"两保两挂"市县)因停征农业税带来的地方财政收入减少，按照1.0的转移支付系数进行补偿；对桐庐等8个国家调整工资县(市)的转移支付系数设为0.8；对杭州等6个发达市和绍兴县等5个经济强县(市)的转移支付系数设为0.3；其他14个一般县(市)转移支付系数设为0.5。10月，省财政厅下发《关于宁波市财政上缴省有关问题的通知》，理顺省与宁波市投资及财政收入分配关系，建立宁波市上缴省财政机制。规定七大新建项目及以后省在宁波持股建设项目的税收，省不再按投资比重分享，由宁波市负责征管，作为宁波市级预算收入，省得部分由宁波市财政按确定的金额和递增比例上缴；2005年宁波市财政上缴省3亿元，以后每年递增5%，作一般预算上解支出；宁波北仑电厂及镇海电厂(包括油改气)增值税和所得税维持原分配办法，由省负责征管，入省库作省级预算收入。

2007年，浙江省对地市县实施优化收入结构财力性奖励，以调动市县发展第三产业、加强小税种征收以及优化财政收入结构积极性，奖励逆推到2006年。对地方财政收入占财政总收入比重提高的市县设立优化结构奖励,按地方营业税和小税种(包括资源税等9个税种)总和的环比增加额乘以比重提高数确定奖励额。对营业税及地方小税种收入环比增长15%以上市县设立超收奖励,超过15%~20%(含20%)部分给予增收额的5%奖励,超过20%部分给予超过20%部分增收额的15%奖励。设区的市除给予本级超收奖励外,增设管理挂钩奖励,所属县(市)合计收入增长超过15%的,给予合计收入超过15%部分增收额的5%奖励。

2008年,浙江省对市(地)、县(市)财政管理体制进行调整。重新划定省与地方收支范围,省级收入包括:全省电力企业(不包括装机5万千瓦以下的小水电)缴纳的增值税25%部分、企业所得税40%部分,全省储蓄存款利息个人所得税40%部分;金融企业(不包括交通银行,各市县城市商业银行、农村信用社)缴纳的营业税、企业所得税40%部分;浙江移动、沪杭高速浙江段等跨地区经营、集中缴纳所得税等地方分成部分以及各项省级非税收入。市(地)、县(市)收入包括:企业增值税25%部分、企业与个人所得税40%部分、营业税、城市维护建设税、房产税、城镇土地使用税、土地增值税、耕地占用税、契税,以及市(地)、县(市)各项非税收入。省、市(地)、县(市)支出包括:分级负责相应层级一般公共服务、公共安全、教育、科学技术、文化体育与传媒、社会保障和就业、医疗卫生、环境保护、城乡社区事务、农林水事务、交通运输、工业商业金融等事务,以及其他支出。同年,财政收入、财政支出、财力基数以2007年市(地)、县(市)财政收支决算数为基础确定。2008年,省对地方上划中央"增值税、消费税"税收返还收入以2007年为基期年核定,以后按市(地)、县(市)当年上划中央"增值税、消费税"收入增长率的1∶0.3系数逐年递增;如上划中央"增值税、消费税"收入达不到2007年基数,按1∶0.3系数相应扣减税收返还数额。省对地方上划中央"企业所得税、个人所得税"税收返还收入以2007年决算数为基数核定,以后年度不再增加;如地方上划中央企业所得税、个人所得税收入达不到2007年基数,则等额扣减税收返还基数。市(地)、县(市)历年按照体制固定上缴部分改按2007年决算数作为基数固定上缴。市(地)、县(市)地方财政收入超过2007年基数的增量部分、上划中央"增值税、消费税"应返还收入比2007年返还基数的增加额,省与市(地)、县(市)"二八"分成。2008年,浙江省调整"两保两挂""两保一挂"财政体制为"分类分档激励奖补机制"。将全省各市县分为两类地区,原享受"两保两挂"的市(地)、县(市)以及平阳县、兰溪市共32个市、县(市)划为一类欠发达地区,原实行"两保一挂"财政政策的31个市(地)、县(市)划为二类发达地区与较发达地区。一类欠发达地区实行三档激励补助政策、两档激励奖励政策;二类发达地区与较发达地区实行两档激励奖励政策。

一类欠发达地区地方财政收入相比基数每增长1%,省对文成县等6个一档县市的补助金额比基数增加0.4%,对淳安县等20个市(地)、县(市)的补助金额增加0.3%,对三门县等6个市(地)、县(市)补助金额增加0.2%。对一类地区地方财政增收部分,省财政按照增收额5%的比例进行奖励:对衢州市等4个一档设区市进行奖励,其中4%部分用于发展资金、1%部分用于考核奖励;对淳安等28个二档县(市)按照增收额10%比例给予奖励,其中8%部分用于发展资金、2%部分用于考核奖励。二类发达地区和较发达地区实现地方财政增收,省财政按照全市地方财政收入增收额5%的比例进行奖励:对杭州市等6个一档设区市进行奖励,其中4.5%部分用于发展资金、0.5%部分用于考核奖励;对富阳等25个二档县(市)进行奖励，其中4%部分用于发展资金、1%部分用于考核奖励。

2008年后，省财政对市县营业税当年增收缴省部分全部予以返还。省级金融保险业营业税当年增收20%部分奖励市县。新办电力生产企业缴纳的电力增值税25%部分，电力生产企业所在市县与省由原来按4∶6比例分享改为按6∶4比例分享。至2010年底，此体制未作调整。

第三节　乡镇财政体制

清光绪三十四年(1908年)，朝廷制定《城镇乡地方自治章程》，规定城镇设董事会、乡设乡董实行财政管理。乡镇收入有公款公产、公益捐、罚金3项。预算决算由城镇董事会、乡长编制，预算表于每年十一月提交议决，决算表于每年二月连同收支细账移交议决并呈报县衙备案予以公布。定期检查每月一次。此章程未正式颁布实施。

民国元年(1912年)，北洋政府对清代《城镇乡地方自治章程》进行修正，自治经费的来源除原有3项外，增加“公费及使用费”收入。民国3年，北洋政府内务部颁布《地方自治试行条例》，规定以区为自治单位，自治经费收入仍是公款、公产及公益捐等。民国10年，内务部颁布《乡自治制》，规定乡为自治单位，财政收入有财产收入、附加税及杂捐、规费及使用费、公共营业收入，预算决算的编制、收支保管、提交乡自治会议议决等事项皆由乡长负责。国民政府成立后，民国17年颁布《县组织法》，县以下自治团体为区、乡两级制。乡镇财政收入有：乡镇公款公产利息、乡镇公营事业纯利、依法赋予的自治款项、县补助金、特别捐等5项。民国18—19年，颁布《区乡镇自治施行法》及其修正案，规定区财政收入有公款公产孳息、公营业纯利、依法赋予自治经费和省县补助金。预算决算也由区长编制，收支保管由区长负责。乡镇财政收入有依法赋予收入、公有财产孳息收入、公益事业收入、补助金和经乡(镇)民大会议决征收临时收入，此外还增加特别捐。财政收支每3个月公布一次。预算决算由乡(镇)公所编拟，收支保管由乡(镇)公所负责。

民国28年(1939年)9月，国民政府公布《县各级组织纲要》，对乡镇财政专立一章，明确乡镇为法人，规定乡镇财政内容，增设乡镇财产保管委员会，负责保管乡镇财产。民国32年，浙江省政府规定以乡镇户捐、乡镇劳役捐、乡镇荒地取缔捐3种捐税为乡镇收入，成立乡镇经费征收处，负责征收乡镇经费。开征以后，苛捐杂税，扰民更甚，第二年即予废止。此外，为使各乡镇经费能够自给，普遍提倡乡镇造产，主要项目有公有农场、公有市场、公有屠宰场、公有鱼塘、公有畜牧场等。造产收益规定以50%充作国民教育，其余作为乡镇收入。但大多有名无实，收益甚微。民国36年原列预算可靠部分，仍列入预算由县款负担外，其余不敷数，以田赋为富力(即财力)标准，另据代收，不以粮食年度为起讫。田赋较少县份，比照其他正课，另据酌收，乡镇经费问题才得以大致解决。民国时期，虽然制定了许多法规，但由于乡镇经济贫乏，浙江省始终未建立真正的乡级财政。

1949年中华人民共和国成立后，浙江省对市县实行“统一收支”财政管理体制，不设乡镇一级财政。1952年，浙江省将乡镇附加的收支下放市、县管理，建立乡镇财政预决算体制，单独结报。1956年5月，根据《中华人民共和国宪法》第58条规定及国务院关于建立全国四级财政要求，浙江省人民委员会发布《关于建立乡财政的指示》和《浙江省建立乡财政的几项规定》，要求全省所有乡在1956年内建立起乡级财政。经过1956年全面建设，至1957年底，全省大部分县(市)所辖乡均建立乡级财政。

1958年，全省乡镇普遍成立人民公社，财政管理上实行人民公社包干制，但因人民公社本身并无经济实力，故并未建立人民公社财政机构，各项支出均依靠县级财政拨款。1959年，考虑到人民公社工作任务繁重，省政府决定人民公社暂不建立一级财政，仅建立人民公社财务室，指导农村人民公社和生产队财务工作，但要求人民公社加强对本级财政收支的管理。1961年，国家决定划清国家财政收支和人民公社收支界限，对人民公社中属于国家财政收支的部分实行“收入分项计算，分别上交；支出下拨，包干使用，结余归社”办法，对收入和支出分别进行管理。1962年，中央决定人民公社财务工作改归农业部门管理，浙江省据此将人民公社财务工作及其相关人员从省财政厅划归省农业厅管理。此后直到撤销人民公社建立乡政府时止，浙江省乡镇财政基本上实行这一财政管理体制。

1983年，全国乡镇政府陆续建立，并建立乡一级财政，形成乡镇财政预决算管理制度。浙江省选择富阳、嘉兴等地开展乡镇财政试点工作。1984年1月，省财政厅发布《浙江省乡一级财政管理试行办法的通知》，对乡政府试行“定收定支，收入上交，支出下拨，结余留用”和“核定收支，支出下拨，部分收入采取乡财政与县(市)财政比例分成”两种财政管理体制，各县(市)对乡财政收支划分均在县财政包干范围内安排。1985年4月，浙江省进一步提出“核定收支，收支挂钩，总额分成，一年一定”“定收定支，超收分成(或增收分成)，超支不补，结余留用，一年一定”“核定收支，收支包干，定额上解或定额补助，一定几年”三种乡镇财政管理体制，由各地在建立乡(镇)财政时根据当地实际择优采用。1986年底，全省有3164个乡镇建立乡镇财政，占全省乡镇数3198个的98.9%。

图31-3-3-1　改革开放后，浙江省乡镇企业蓬勃发展。图为1993年夏，萧山市财税局干部在杭州万向节厂了解企业生产经营情况，为企业发展提供政策和资金支持(浙江省财政厅档案室提供)

1986—1991年，由于存在区一级建制，浙江省的乡镇管辖范围很小，大部分乡财力不足，回旋余地小，乡镇财政管理体制普遍采用“收支两条线”办法，实行“核定收支、超收分成、超支不补、结余留用”。乡镇支出由县(市)按核定预算拨款解决，新增的大项支出由县(市)追加预算解决，收入基数一年一定，乡镇从超收分成中得到一定机动财力。还有一部分乡镇实行“收支挂钩”办法，即“定收定支、增收分成、支出包干、责任挂钩”。乡镇收支由管辖县(市)核定，经常性支出按包干数由县(市)拨给，收入超过核定基数，增收部分乡镇提取一定分成作为机动财力。

1992—1993 年,浙江省开展撤区、扩镇、并乡工作,乡镇规模扩大,乡镇财力相对增加,乡镇财政管理逐步转向以"收支挂钩"为主、"总额分成""递增包干""定额上缴或定额补助"等形式为辅的财政管理体制。乡镇根据划分的收入安排支出,多收多支,少收少支,自求平衡。收入范围较大、财力较多乡镇设立乡镇国库代办处,收入分成由国库机构执行;未设国库的乡镇,收入分成由县(市)预拨,年终结算。

1994 年,浙江省实行"分税制"财政管理体制后,根据"财权与事权相统一"原则,明确乡镇收支范围,确定乡镇收支基数,增强乡镇财政自主权。1995 年,浙江省开展乡镇公共财政试点工作,温州市龙港镇、宁波市周巷镇等乡镇被列入试点乡镇,按照机构完整、职能健全、稳定规范的要求,试点乡镇初步搭建起乡镇公共财政整体框架。1999 年 6 月,全省三分之一以上乡镇财政实行分税制财政体制,部分县市还将"两保两挂""两保两联"政策融入乡镇财政管理制度。11 月,省政府发出《关于加强乡镇财政建设工作的通知》,根据"统一领导、分级管理"和"财权与事权相结合"原则,浙江省各县(市)逐步明确乡镇政府事权,规范和完善乡镇财政管理体制。根据划分后的乡镇政府事权,乡镇财政主要职责包括对乡镇范围内政府性资金实行综合预算管理,协助上级财政部门组织好收入,协助乡镇政府采取措施培植财源,根据乡镇政府的事权范畴安排乡镇财政支出,负责和协助做好乡镇所属行政和企事业单位、农村集体经济组织财务监督管理等。乡镇预算内、预算外资金统一纳入乡镇财政管理,乡镇收费项目统一使用省级财政部门印制的票据。禁止乡镇政府对外提供经济担保,要求乡镇制定计划逐年消化历年累计赤字,对乡镇政府日常支出管理实行乡镇长"一支笔"审批制度。

2001 年 12 月,省财政厅发布《关于进一步做好乡镇财政工作的意见》,推行乡镇综合预算管理,执行统一预算会计制度,将乡镇预算内、预算外、乡镇统筹、自筹资金全部纳入乡镇总预算会计统一核算,实行综合预算管理。2002 年,浙江省乡镇财政机构初步建立。乡镇所属行政事业单位实行报账制度,单位账目由乡镇财政统一开户、统一核算、统一管理,建立起对乡镇财政转移支付制度。同年,全省有余杭、松阳等 15 个县(市、区)调整和完善县(市、区)对乡镇财政管理体制,温州市瓯海区有 13 个乡镇推行乡镇财政"零户统管"。"零户统管"指在保持单位资金使用权和财务自主权不变的前提下,取消单位银行账户,由财政统一管理会计人员、资金结算和会计核算,融会计服务和监督管理于一体的财务管理制度。2004—2005 年,景宁、义乌等 9 个县(市、区)开展"乡财县管"改革试点工作。

2006 年 4 月,省政府发出《关于全面进行农村综合改革的通知》,要求完善乡镇财政管理体制,在合理划分并理顺各级政府事权前提下,因地制宜,分类确定县乡财政管理体制。对由乡镇改为街道办事处的,不再设立一级财政;对经济发达、财政收支规模较大,具有明显的集聚和辐射作用的中心镇,完善财政体制;对经济欠发达、收支规模小的乡镇,实行"乡财县管",由县级财政进行规范管理。6 月,省财政厅印发《关于对部分乡镇实行"乡财乡用县管"财政管理方式的指导性意见》,决定对实行"乡财乡用县管"的乡镇,以乡镇为独立核算主体,实行"预(决)算共编、账户统设、集中收付、采购统办、票据统管"的财政管理方式,由县(市、区)级财政部门直接管理并监督乡镇财政收支。至年底,全省 403 个乡镇实行"乡财县管",其中金华、衢州、丽水各县(市、区)全部推行"乡财县管"。

2010年8月，省政府印发《关于加快推进公共财政管理改革的意见》，提出完善县对乡镇财政管理体制和管理方式，合理划分县（市、区）与乡镇的事权，按照财力与事权相匹配的原则，理顺县（市、区）与乡镇的财力分配关系，实现财力适度向基层倾斜。在保证乡镇政府财政管理法律主体地位不变、财政资金所有权和使用权不变前提下，县（市、区）级财政部门在预算编制、账户设置、集中收付、政府采购、会计核算和票据管理等方面加强对乡镇财政的管理和监督。9月，省财政厅印发《关于印发切实加强乡镇财政资金监管工作的实施意见的通知》，推动全省建立健全乡镇财政对辖区内各项财政资金使用的监督管理制度。该管理制度包括：改革完善资金拨付方式，县级财政采取转移支付办法下达资金，由乡镇财政列报支出并承担资金监管责任；完善乡镇财政资金监管程序制度，通过建立公开公示、档案管理、抽查巡查等制度，规范乡镇财政的资金监管工作，提高资金使用效率。到年底，全省有萧山、云和等17个县（市、区）调整和完善县（市、区）对乡镇财政管理体制；宁波市泗门、观海卫、溪口、西店、石浦、集士港、慈城镇等镇开展卫星城试点，并实施卫星城市财政管理体制（主要内容是建立县级财政管理体制，设立金库，扩大试点镇财政自主权）。市和县（市）区对试点镇财政分成收入以2009年为基数，新增部分全额留镇，除上缴省和中央以外的，试点镇土地出让金全额留镇。2010年，全省有乡镇1305个，其中街道（比照乡镇财政体制管理）130个，所有乡镇基本实行“分税制”财政管理体制。全省乡镇一般预算收入670.37亿元，占全省一般预算收入的25.7%；乡镇一般预算支出323.90亿元，占全省一般预算支出的10%。全省乡镇政府性基金收入和支出分别为62.89亿元、277.02亿元。全省乡镇财政预算外收入和支出分别为110.31亿元、143.45亿元。全省乡镇一般预算收入超过1亿元的乡镇有188个，超过5000万元的乡镇有315个。

专记　省管县财政体制

由于自然和历史的原因，浙江省域内西南山区与东北地区的发展差距较大。欠发达的市级财政受自身实力的限制，“小马拉大车”，若没有省级财政的支持，地区间财力的差距会越来越大，县级财政很难得到外力的援助，一些小县，特别是偏远山区县、海岛县的经济发展只能越来越被边缘化，全省范围的财源建设难度也越来越大。而省级财政有能力和手段在全省范围内调节财力配置。20世纪80年代初，浙江在财政管理体制上实行省管县的模式，即把市级财政与县级财政摆在平等的地位，省财政采取一视同仁的方法，财政体制结算、各专项资金的分配（含与部门联合发文分配的资金）、资金的调度等都是由省直接到县（市），特别是省转移支付给县级财政的资金无须经过市级，直接到县，避免了层级过多和“雁过拔毛”的弊端，使得省级财政能在全省范围内高效率地实现财力的再配置。经过长期探索和实践，逐步形成了注重调动省与市县发展经济、缩小地区差距、促进地区间协调发展的积极性，具有浙江特色的财政体制。

一、抓两头、带中间，分类指导

所谓抓两头，即抓经济发达县的一头和欠发达县及贫困县的另一头；所谓带中间，即指带动介于两者之间的较发达县；所谓分类指导，即对发达和较发达县，欠发达和贫困县采取不同的工作方法和实行不同的财政政策。

支持经济发达县（市）持续发展。1986—1994年间，省财政厅根据财税工作实际，对亿元县（市）实行奖励政策。1994年后，调整奖励政策，对财政收入大县实行“亿元县上台阶”政策，规定地方财政收入首次上亿元的县（市）一次性奖励30万元，以后每年以3000万元为一个台阶，每上一个台阶一次性奖励20万元。2003年，省对发达和较发达市、县（市）实行“两保一挂”奖励政策，适用范围为原实行“两保两联”的33个市、县（市）。2008年，省对发达地区和较发达地区，实施两档激励奖励政策。

支持贫困县、次贫困县脱贫致富。1980年，省对部分经济基础薄弱的山区县采取提高工商税分成比例的补助方法。1987年，省财政厅实行富裕县与贫困县结对帮扶的办法，先后牵线搭桥结成6个对子。同年，省财政厅制定《关于扶持六个试点县开发山区经济若干财政税收政策的意见》。1995年起，浙江省对贫困县（市）实行“两保两挂”财政政策。2003年，省对欠发达市、县（市）统一实行“两保两挂”补助和奖励政策，适用范围由原17个贫困县扩大为30个欠发达市、县（市）。2008年，对欠发达地区（含部分海岛地区，少数困难市、县）实施三档激励补助政策、两档激励奖励政策。这些补助和奖励政策调动了欠发达县（市）发展经济积极性，既是激励更是约束，形成省与欠发达县（市）的“同向思维”，改变了地方“等、靠、要”的消极思维，实现省级公平分配和促进地方提高自身能力的双赢。

二、增收“让利”，收入“下沉”，保障市县利益

浙江省通过省级财政“让利”、财力“下沉”等措施，调动市县发展地方经济和增收节支保平衡的积极性，使分属不同地区的市县却能享受到全省统一的、相对公平的转移支付，均衡地区间财力分布，保障县级财政提供均等化的基本公共服务。

20世纪80年代起，历次体制都对地方增收分成作出相应规定。1980年体制规定：地、市、县的收入比包干基数增加的部分，有上交任务的地、市、县30%交省，70%留用；由省补助的地、市、县全部留用。1985年体制规定：地、市、县财政预算收入比包干基数增加的部分，定额上交的地方，70%留用，30%交省；调剂分成和定额补助的地方，全部留用。同时，对增长的工商三税实行滚动增长分成。1988年体制规定：定额上交和工商三税调剂分成比例在90%以下的市、县，收入超过核定递增率但不足12%的部分，90%留市、县，10%上交省；收入递增率超过12%的部分，80%留市、县，20%上交省。1994年体制规定：市、地、县财政收入比基数增长部分，省地按“二八”比例分成。省对市、地、县的税收返还递增率按本地区上划中央收入增长率的1∶0.3系数确定；市地县按1∶0.3系数递增增加的税收返还额，省集中20%。2003年体制规定：2003年以后，杭州及其他市、县（市）地方财政收入超过2002年收入基数的增量部分，省与市、县（市）实行“二八”分成，即省得20%，市、县（市）得80%。这一调整改变

了以往按隶属关系划分收入的做法，实行省级收入“下沉”，将原属于省级预算收入的省属企事业各项税收全部下划市、县(市)，作为市、县(市)级预算收入。同时，按分税制的要求，省与市县实行分税、分享。分税，即省级预算收入只保留全省电力企业增值税(地方部分)、企业所得税(地方部分)和金融保险业的营业税、企业所得税(地方部分)等，其余作为市县的预算收入。分享，即实行增收分成办法。实行分税、分享体制，省本级财政收入占地方财政收入的比重，由2003年的12%逐年下降至9.1%，市县成为该体制最大的受益者。2008年体制规定：市、县(市)地方财政收入超过2007年收入基数的增量部分，省与市、县(市)实行“二八”分成。市、县(市)上划中央“增值税、消费税”应返还收入比2007年返还基数的增加额，省与市、县(市)实行“二八”分成。同时，实行省对市县营业税当年增收上交省部分予以返还奖励的财政政策。对省级金融保险业营业税增收实行奖励政策。对新办电力生产企业缴纳的电力增值税25%部分，电力生产企业所在市县与省返还奖励比例由“四六”调整为“六四”。

三、因地制宜，不搞一刀切

无论是“分灶吃饭”阶段还是“分税制”阶段，浙江省从各市、地、县的不同情况出发，因地制宜，在既定的财政体制框架内，采取有针对性的、多样化的财政运行模式。“分灶吃饭”阶段，浙江省根据各市、地、县地方收入和支出的关系划分三种不同的模式。1980年体制下，划分为“地方收入上交”“工商税部分留用”“省定额补助”三类；1985年体制下，划分为“定额上交”“工商三税调剂”“定额补助”三类；1988年体制下，划分为“递增上交、超收分成”“总额分成”“定额补助”三类。允许“划分收支、分级包干”与“总额分成”并行，各地、市、县实行何种模式，由各地、市、县根据各自实际情况自主选择。1994年实行“分税制”后，浙江省对发达地区、较发达地区与欠发达地区采取不同的激励约束机制，始终坚持分类指导的方针，开展分类分档激励奖补。

四、促进全省基本公共服务均等化

浙江省在坚持省直管县财政管理体制的基础上，先后出台激励与约束相结合的“亿元县上台阶”“两保两联”“三保三联(挂)”“两保两挂”“两保一挂”“分类分档激励奖补机制”等一系列财政政策，并不断调整和完善，调动市县发展地方经济、增收节支保平衡的积极性。与此同时，完善省对市县财政转移支付政策，实行因素法、公式化的均衡性转移支付，促进区域间基本公共服务均等化；出台生态补偿财力转移支付制度、优化收入结构财力性奖励办法，从财政管理角度促进人与自然和谐发展，以优化财政收入结构，推动市县优化产业结构，促进经济转型升级。

(一)市、县经济实力逐步增强

省管县财政体制所体现出的效率、效益、公平原则，激发了市县发展经济的热情，催生了块状经济，孕育了商品市场，发展了民营经济，由此诞生了众多全国百强县(市)。据浙江省统计年鉴资料，2010年全省实现生产总值27100亿元，“十一五”期间年平均增长11.8%，人均生产总值51800元。全社会固定资产投资和社会消费品零售总额分别为12488亿元和10163亿元，“十一五”期间年均增长13.3%和16.9%。进出口总额2535亿美元，其中出口1805亿美元，“十一五”期间年均分别增长18.7%和18.6%。2010年，全省城镇居民人均可支配收入27359元，“十一五”期间年均实际增长8.2%；农村居民人均纯收入11303元，“十一五”期间年均实际增长8.4%，城乡居民收入差距为全国最小省份之一。在此基础上，浙江省地方财政收入由1994年的94.63亿元增长到2010年的2608.47亿元，增长26.6倍，年均增长23%；财政支出从1994年的153.03亿元增长到2010年的3207.88亿元，增长约20倍，年均增长20.9%。浙江省是全国除直辖市外唯一一个未发生欠发公职人员和中小学教师工资的省份。县域经济以及财政收入快速发展，各项经济指标包括税收、出口、工业产值等占全省经济总量的比重保持在40%～70%之间，县域经济人均收入占全省平均水平的80%。2010年，全省所有县(市)地方财政收入全部超过2亿元，34个县(市)的地方财政收入上10亿元。

（二）地区间基本公共服务均等化水平提高

按照一次分配注重规范和效率，二次分配注重公平和激励的原则，浙江省注重均衡地区间财力分布。实行“分税、分享”的财政体制后，省级财政的调控能力得到增强，有能力保证全省各县(市)享受到全省统一的、相对公平的转移支付。2010年，全省地方财政收入增长21.7%，其中省级增长6.7%，市(本级)、县级增幅分别达25.2%、21.0%，全省59个市、县(市)收入增幅超过15%，市县收入增长相对均衡，区域间发展较协调。经济欠发达县人均地方财政收入与经济较发达县的比率为1∶2.32，通过省级转移支付，2010年，经济欠发达县人均财政支出与经济较发达县的比率为1∶1.1。欠发达县(市)虽然赶不上较发达县(市)的发展，但是通过省级调控，逐步享受到了与较发达县(市)均等的基本公共服务。同时，保障了欠发达县(市)按国家规定的机关事业单位工作人员工资的发放，保障了基本养老、基本医疗、失业等社会保险费和最低生活保障费的支出，保障了新型农村合作医疗、城乡困难孤寡老人集中供养、贫困家庭子女就学等方面的财政开支，保障了农村税费改革后不增加农民负担所必需的政府投入，保障了公共卫生、义务教育、生态保护等建设资金需要。

（三）欠发达地区生态环保与经济社会协调发展

1980年后，全省各级财政根据省委、省政府的统一部署加大对生态环保的财政投入，同时利用财政政策引导社会资金参与生态环境保护和污染治理，在财政体制上探索建立财政生态环保激励和约束机制。2006年，浙江省按照“谁保护、谁受益”“谁贡献大，谁多得益”的原则，对钱塘江源头地区的10个市县实行省级财政生态环保专项转移支付，当年安排财政资金2亿元。2007年，安排6亿元，全面实施省对主要水系源头所在45个市、县(市)的生态环保财力转移支付制度。2010年，转移支付范围和资金规模从最初的钱塘江源头地区的10个市县、2亿元资金，扩大到全省所有市县，资金规模增加到12亿元，并建立和完善了森林生态效益补偿机制，通过财政转移支付保障全省生态环境可持续发展。

第四章　财政管理

国家形成后的很长时期，并没有独立专设的财政机构，而是采用分官任事的职任制度。周代，设天官与地官管理财政事务。秦汉时期，国家财政与皇室财政逐渐分离，形成两大收支体系。隋、唐两代，地方财政机构设置较前细致。宋代以后，财政机构设置与官员配备增多。清代，浙江承宣布政使受户部之令总管全省地方赋税征收与钱谷出纳。清光绪二十四年(1898 年)，光绪帝令户部将每年的财政收支情况按月公布，“俾天下咸晓”。① 光绪三十三年后，浙江清理财政局掌管全省财政出入之稽核，编造财政收支详细说明书，审定全省预决算报告总册等，意在加强对地方财政的管理，强化中央集权。民国时期，随着地方财政的逐步建立，预算管理也逐渐建立健全。民国 3 年(1914 年)，北洋政府颁布《中华民国约法》，浙江开始编制和执行年度预算。民国 20—27 年，国民政府先后公布《预算章程》《预算法》《暂行决算章程》《公库法》和《公库法施行细则》等法律法规；但各省在执行上并不统一，各自为政，各项制度流于形式。民国 23—36 年，浙江省先后对市县在年度预算编报、审查、预算执行等方面作了具体规范，财政管理着重于预算管理和会计、审计管理。

中华人民共和国成立初期，浙江省的财政管理工作与国家高度集中的经济体制相配套。随着经济发展进入正常轨道，财政管理由供给型向经济建设型转变，并逐步建立地方财政管理体系。收入管理上财政直接参与企业等经济主体的经营活动；支出管理中遵循“保障供给，厉行节约，量入为出，提高效益”的原则；在中央政府统一指挥下，贯彻执行各项财政财务制度，保证各项财政任务的完成。1978 年中共十一届三中全会后，浙江财政在国家宏观政策的指导下，结合浙江实际，适时调整财政管理的内容和形式，处理好改革与发展的关系，围绕促进浙江经济发展社会进步这一中心开展工作。进入 21 世纪后，浙江财政管理围绕建立公共财政框架体系，加快改革步伐，完善各项管理制度和运行机制：加强预算管理，改革预算编制方法，实行部门预算；改革和完善非税收入管理，建立国库集中支付制度、政府采购制度；扩大政府预算管理范围，将各级行政事业性收费和政府性基金等财政性资金纳入预算管理，实行综合财政预算；加强财政会计管理，贯彻执行《中华人民共和国会计法》，完善财务会计制度；加强财政监督，将财政监督覆盖财政收支、预算执行、资金管理等各个领域；加强财政法制建设，将财政管理纳入法制轨道；实施农村综合改革，减轻农民负担，加大农业基础设施建设投入，提高农业现代化水平；运用科技手段，加强财政信息化建设，提高财政管理效率。至 2010 年，浙江财政初步建立起预算编制、执行、监督“三位一体”的财政管理组织框架，基本形成“收

① 《清德宗景皇帝实录》卷四二六，中华书局 2008 年版。

入一个笼子，预算一个盘子，支出一个口子”的公共财政管理运行机制。

第一节 预算编制

财政预决算制度源于中央对地方各级官吏政绩等方面的考核。清初及以前并没有现代意义上的财政预决算制度，有的只是在年度以前或组织某项事务之前所作的“估册”或所列的“清单”，呈报批准；在年度后或事务完毕时进行的“奏销”。清光绪二十七年（1901年），清廷宣示预约变法，光绪三十三年颁布《清理财政章程》，向各省简派财政监理官，清理财政，从此才有地方的财政月报、季报及年报制度。民国初，北洋政府颁布《中华民国约法》，规定国家实行预决算制度；同年颁布《会计条例》，对预算制度在有关编制方法、经常项、临时项等方面作了进一步规范。民国23年（1934年），国民政府财政部第二次全国财政会议后，浙江省始有县级预算编制。中共领导的浙东根据地十分重视预决算制度。抗日民主根据地浙东行政公署成立后，规定财政经济需根据上期赋税收入状况及工作计划，按季或按月分别编制收入预算，建立预算制度，将总预算划分为“经常经费预算”和“临时经费预算”等。1949年中华人民共和国成立后，浙江省总预算编制经历了从最初由华东行政区行政委员会审定，到根据国务院核定指标编制，再到由省级财政根据实际情况编制并经省人大常委会批准，其间走过了漫长的道路。预算编制分为总预算编制和部门预算编制两个部分。总预算编制是指各级政府将本级政府和下级政府的年度财政收支计划汇总编成的预算，它涉及预算收入与预算支出之间的总体安排；省级总预算是由省直属各部门（含直属单位）预算和省辖市总预算组成。部门预算则是对一级财政的本级部门支出作出具体安排，指部门依据国家有关政策规定及其行使职能的需要，由基层预算单位编制，逐级上报、审核、汇总，经财政部门审核，并按一定程序报经批准的涵盖部门各项收支的综合财政计划，是由政府各部门编制，反映部门所有收入和支出的预算。浙江省部门预算编制始于1999年，经过10余年努力，到2010年初步建立起相对完善的部门预算编制体系。

一、总预算

夏商周时期，预算管理遵循量入为出、专税专用的原则。周代，“九赋九式”制度①已具有财政预算色彩。司书对王畿内户籍、土地和国中各项财物收支情况均逐一登记入账并进行核算，在此基础上由掌管王家财务及宫内事务的冢宰（太宰）负责编制国家预算。秦汉时期，地方官员执行向朝廷汇报一年政绩的上计制度，其本质是对官吏工作业绩的考核，但客观上含有财政预决算制度的因素。每年年终，各县将全年的收支核实上报到郡，各郡汇总后上报朝

---

① “九赋九式”制度，即以九赋敛财贿：一曰邦中之赋，二曰四郊之赋，三曰邦甸之赋，四曰家削之赋，五曰邦县之赋，六曰邦都之赋，七曰关市之赋，八曰山泽之赋，九曰币余之赋；以九式均节财用：一曰祭祀之式，二曰宾客之式，三曰丧荒之式，四曰羞服之式，五曰工事之式，六曰币帛之式，七曰刍秣之式，八曰匪颁之式，九曰好用之式。

廷。专掌国家仓廪或劝课农桑的大司农将上计簿册汇总后向宰相报告。魏晋南北朝时期，各朝代均设部门专门负责收支上报。① 唐代，由户部执掌国家财政，唐初预算已有明确具体的制度。② 朝廷要求正月上旬着手从县一级开始编制预算，自下而上，自县至州，自州至省，自省至户部，借以完成全国的财政预算编制。预算包括租庸(缴纳谷帛)、杂支、税收、丁防等内容。到唐代中期，鉴于每年编造一次预算成本过高，同时也为了防范官吏贪腐，把预算中较稳定的项目编入“常行旨符”，不再每年编造；如有临时性项目，仍单独编造。宋代，预算由三司使(又称为“计相”)或户部所属度支郎中和员外郎负责，凡定额的上供、专款存储、科买诸数、百官俸给、赏赐财物等，皆有计划。度支郎中先汇总各路财政收支，再综合赋税收支、军国用度、军需边备所需加以制定预算，报尚书省呈皇帝批准。至明代，政府在年度前编制清单或估册，年度后则有报销之制。

清初，财政预算沿承明制。浙江由省布政使司经收州县赋税，每年分两次缴户部。当年田赋额征多少、蠲缓多少、实征多少、存留多少、起解多少，都要分别奏明。此外每年编造详细的黄册(封面系黄绫，故名)，根据浙江各府州县收支情况，按四柱册式造报。“旧管”“新收”“开除”“实在”四项构成中国古代重要的会计结算方法——四柱结算法。旧管为上年度结余，新收为本年收入，开除为本年支出，实在为本年度结余。黄册之外，还有一种奏销本——清册，清册又称青册(封面多用青纸或青绫，故名)，由布政使司每年春秋两季编造，其内容是将全省当年实存银两数和第二年需开支的官兵俸饷预先估算数(即冬估)，大致相当于下年度的概算，可视为黄册的副本，由省督抚咨送户部。春季限二月上报，秋季限八月上报。户部根据此清册进行审核，然后确定浙江省拨解协济的银数。至顺治十四年(1657 年)，朝廷组织编纂《赋役全书》，详列收支定额，并规定司、府、县存留数额及财款的用途。赋税收入扣除存留数后，经严格的考核，按规定的期限、指定地点上解。光绪三十三年(1907 年)，朝廷颁布《清理财政章程》，根据章程设清理财政处，负责审核中央及地方预决算报告，汇编国家预算。各省设清理财政局，主要职责为拟定全省收支章程，造送全省预决算报告册。宣统二年(1910 年)，朝廷拟定“预算册式及例言”，规定：每年正月初一到十二月底止为预算年度；预算册内先列岁入，后列岁出，各分“经常”与“临时”两门，门内分类，类下分款，款下分项，项下分子目。出入银数，以库平足银为标准，并以“两”为记账单位，小数至厘为止。朝廷从宣统二年、三年分别编制出宣统三年、四年全国预算(宣统三年清亡)。

宣统三年(1911 年)，浙江省的岁入预算科目为：经常门的受协各款(江宁协解织造经费、浙江省海关协款等)、盐茶课税(盐课税厘、茶课税厘等)、田赋(地丁、漕粮、租课等)、正杂各税(正税、杂税等)、厘捐(厘捐、正杂各款等)、官业收入(制造印刷等局收入、通商厂房地租利息等)、杂收入(各衙门直接收款、停给各款、各项平成及各项盈余等)，以及临时门的捐输各款、杂收入等。岁出预算科目为：经常门的解款(京饷、边防经费、织造经费、采办、解还赔款、解还洋款、拨解邻省各款等)、教育费(提学司衙门经费、学务公所经费、留学生监督经费等)、协款

① 《文献通考》：“魏文帝置度支尚书寺，专掌军国支计，吴有户部，而晋有度支，皆主算计也。”

② 《唐六典》记载，唐代“一岁一遗计账，三年一造户籍。县成于州，州成于省，户部总领焉”。

（拨解协饷等）、交涉费（交涉司衙门经费、交涉公所经费）、财政费（藩司衙门经费、粮道衙门经费、盐务衙门经费、厘捐各局卡经费等）、行政总费（督抚衙门经费、各训道衙门经费、各府厅州县衙门经费、各府厅州县佐、衙门经费等）、民政费（巡警道衙门经费、警务公所经费、禁烟公所经费、杭州通商场理事巡防兼工程局经费等）、典礼费（祭礼费等）、军政费（将军衙门经费、乍浦都统衙门经费、旗营饷项、新军饷项、防营饷项、水师经费、制造军火军装军械局厂经费、购买军火军装军械经费、防营炮台及兵舰岁修经费、转运粮饷费、兵差经费、陆军武备各学堂经费等）、交通费（驿站经费等）、司法费（臬司衙门经费、各级审判厅经费、省城及府厅州县经费等）、实业费（劝业道衙门经费、劝业公所经费等）、工程费（海塘工程局经费、塘工收支处经费、江塘经费、营膳经费等）、官业支出（官印刷经费、官业管守修理经费等），以及临时门的解款（解度支部各款等）、财政费（清理财政局经费等）、典礼费（旌赏费等）。当年，浙江省岁入预算经常门、临时门总计金额 11850488 两。但此预算案，因辛亥革命爆发（1911—1912 年初）推翻清政府而最终未能实施。浙江各县地方财政无预算，只有应支款项。

民国 3 年（1914 年），北洋政府颁布《中华民国约法》，明确规定国家实行预决算制度，即每年大总统须向议会提交预算报告书，经审计院审定，并经议会表决通过后才能实行。同年颁布《会计条例》，对有关预算的编制方法，经常门、临时门预算等预算制度作了规范。其中：规定预算年度采用跨年制（以每年 7 月 1 日至次年 6 月 30 日为预算年度）；岁入岁出总预算应该在上年度提交立法院；总预算要分经常、临时两门等。民国 8 年，北洋政府颁布《县自治法》，规定县级财政的收支规范。

民国 9 年（1920 年），浙江省的地方岁出预算科目为：经常门的内务费、教育费、财务费、实业费以及临时门的内务费、财务费、教育费、实业费等。地方岁入预算科目为：经常门的附加税、杂税捐、杂收入以及临时门的附加税、漕南米（南方漕运的上等白米）抵补金附加税征收费、缴还公款、警察经费、各场厂局所收入、补收田赋附加税、补收田赋附加税征收费等。

国民政府成立初期，浙江省所属各县仍无预算，县财政是省总预算下的一个单位预算。民国 17 年（1928 年），国民政府设立预算委员会，负责预算的编制和核准工作，政府各项支出必须经过预算委员会的核准才可拨付，预算确定后必须接受审计院的独立审核。民国 19 年，国民政府颁布《中华民国十九年度试办预算章程》，将预算分为普通会计、营业会计两种，每种下设多项分类。岁出岁入的预算也按照性质分为经常门与临时门两类，分别作自下而上的编制。岁入经常门有田赋、契税、船捐、营业税、地方收入、地方事业收入、地方行政收入、其他收入、地方营业收入；临时门有临时借款。当年，浙江省地方预算岁入经常门、临时门总计银圆 29967145 元。

民国 20 年（1931 年）4 月，成立国民政府主计处，直接隶属于国民政府，下设岁计、会计、统计三局，负责编制全国总预算。当年中央颁发《预算章程》，规定地方政府的预算编制工作由各省财政厅负责。民国 21 年，国民政府颁布《预算法》。民国 22 年，浙江省颁布《浙江省各县编制地方预算暂行办法》，规定“县地方预算以县有各项收入及省款拨补费为岁入，县地方支出为岁出”。县各机关编制机关岁入岁出概算，此为地方第一级概算，于会计年度 3 个月前报县政府（设财政局后，报财政局）。县政府汇合第一级概算编制各分类概算后形成第二级概算，审核后汇编县年度岁入岁出总预算，由县长提交县政会议议决，于年度始两个月内报送省财政厅，审查后呈省政府核定。

民国23年（1934年）财政部第二次全国财政会议后，实行县级预算编制，制定《办理县（市）地方预算规章要点》，财政年度采取跨年制，内容分岁入、岁出两类，按其性质分经常门、临时门两类。为贯彻会议精神，当年浙江省制定县级预算编制办法，县级收入经常门科目为田赋附加收入、各项税捐收入、地方财产收入、地方事业收入、地方行政收入、省拨补助收入、杂项收入；临时门收入科目为地方行政收入、各项税捐收入。县级支出经常门科目为党务费、自治费、公安费、保卫费、财务费、教育文化费、卫生费、建设费、救恤费、杂项支出、债务费、总预备费；临时门支出科目为公安费、救恤费。民国24年11月，国民政府实行币制改革，废除白银流通，财政预算改以法币为货币单位。12月，浙江省修订《各县编制预算暂行办法》，规定："县地方各项固有收入，应以近三年平均实收之数列入预算。"民国25年，省不再核拨县政务费，改用增加补助拨款，由县设行政费支出科目开支。在收入预算临时门下，增设土地费（地政经费）收入目。在临时门支出中，增设自治费、社会军训费、教育文化费、建设费、土地费、杂项支出等科目。11月，财政年度改为历年制。浙江省对《各县编制预算暂行办法》进行修正，规定了各县地方预算岁入岁出科目，要求各县按中央新规定试编预算。民国26年，国民政府修订《预算法》，对拟定预算、法定预算、分配预算等具体规定作了说明，将预备金分为在单位预算中设定的第一预备金以及在总预算中设定的第二预备金。同年，县政府设立会计室，建立会计、审计制度。县预算分为总预算、单位预算、附属单位预算或分预算。但此时中央并未明确规定县市的收支内容和范围，县级收入仍无固定财源，而以临时性收入居多，所以县市预算实际上是为具文。7月，浙江省颁布《浙江省县政府财政科规程》，规定县财政科长每年要将全县全年预算和上年决算送省政府审核。民国27年，国民政府颁布《预算法实施细则》，对预算实施过程中存在的具体问题加以说明与规范。由于抗日战争爆发，《预算法实施细则》未能得到真正有效的贯彻落实。民国28年实行新县制时（抗日战争时期国民政府推行的一种以"县"为基本单位的地方自治制度），浙江省各县才真正建立县一级财政；而日伪占据的嘉兴等7县，未能实行分级财政。民国30年，县财政收入范围有所扩大且固定，县级才能编制真正意义上的预算。然而随着战事的发展，国民政府所辖区域不断缩小，民国31年5月，国民政府颁布《战时国家总预算编审方法》，缩短了预算编审时间，简化了编审手续。

民国33年（1944年），国防最高委员会通过的战时国家总预算和县市预算编制办法，规定县预算编列科目及标准，乡镇的收支应由乡镇公所分别拟编后，列入县总预算统收统支，并按年度预算总额的5%～15%编列乡镇临时事业费。民国34年，预算编制要求量出为入，以支定收。民国35年，国民政府《预算法》收支重新分类。7月，国民政府颁布《三十六年度中央政府总预算编审方法》。浙江省财政厅根据全省情况制定县级地方预算科目格式：岁入包括课税、分配县市国税、国税附加、工程收益费、惩罚及赔偿、规费、信托管理、财产及权利之孳息、公有营业之盈余、公有事业、补助及协助、其他、财产及权利之售价、收回资本、收回基金、公债、赊借、地政、积谷、优待费、乡镇收入共21款；岁出包括行政、教育和文化、经济及建设、卫生、社会及救济、保安、财务债务、公务员退休及抚恤、补助及协助、信托管理、其他、生活补助费、副食费、预备金、权利购置、永久性财产购置、建设基金、营业基金、其他基金、地政、积谷、优待费、乡镇支出共 23 款。

中共领导的浙东抗日民主根据地行政公署重视预决算工作，并实施相关制度，规定一切预算或特种支出，须经审计委员会审定后报由行政公署核发支付命令。在预算制度方面：总预算被划分为“经常经费预算”和“临时经费预算”，并明确规定预算书送审部门和送审期限；设立预算外第一预备费和第二预备费，以补救经常经费预算不敷时的紧急开支，同时在紧急战斗环境下适当增加第二预备费，授权特定的人员拥有临时经费支出决定权；规定“各单位经常经费预算未审核确定前，应按照上月预算预支半数，不另发支付命令，于预算审定正式支付时扣回”。民国 34 年(1945 年)1 月 1 日，浙东抗日民主根据地实行统一的供给制度，同时规定实行与供给制度相一致的统一预算决算制度，各部队机关必须按期造具预算决算表。5 月 15 日，浙东行政公署颁布《统一收支暂行规程》，要求财政经济处根据上期赋税收入情况及工作计划按季或按月分别编制收入预算，送审计委员会审查。

中共领导的浙南游击根据地(包括今温州全市和丽水、台州的部分地区以及毗邻的福建省福鼎市)所定立的预算制度依地域条件而富有特色。民国 37 年(1948 年)11 月，中共括苍中心县委颁布《关于过去 9 个月来财政经济工作的检讨与今后财政经济工作》，规定各单位的一切财政生产收入，均归中心县委统一管理(各单位系代收性质)，各单位所需经费与物资，均须向中心县委领取，由中心县委统一支付。财政生产收入项有现款、黄金、白银及重要物资，均须随时填报财政生产收入报告表，缴呈中心县委(现款数目少，10 日合报一次)。其他零星物资亦须随时填报报告表，呈缴中心县委。中心县委于收到各单位的报告表及缴呈的现款与物资后，当即分别制给收据，或在报告表上批示，送还各单位存查或遵照批示处理。民国 38 年 4 月，中共浙南地委四届十次扩大会议关于实行供给制度的决定中指出，要统一党政军各级机构的簿记表册，并实行统一的预算制度。此后各单位每月必须造具预算决算，若环境或交通特别困难，可以造具一季的预算决算书。对预算呈报的时间也有具体规定，县属各单位须于上月 18 日前送报县委会。县委及由地委直接拨付经费的单位须于上月 25 日前送到地委，如属按季编造者亦需于前一个月中送报地委。不仅如此，已核定预算增加费用者，应具报追加预算书。各县之服装预算按季呈报，亦以当时市价计算并注明折米率。征收或采购粮食另编造预算书，每月、每季或半年呈报一次。县(支队)属各单位的各种预算书均先给县(支队)审核后呈报地委批准。

1949 年中华人民共和国成立后，中央政府对地方财政采取高度集中的管理办法。浙江省内驻军粮草凭中央制发的粮草票支付，各级政府机关支出按实有人员和供给标准编造计划，逐级汇总上报领取；经费发放后逐级凭据按实结报。1950 年 12 月，政务院下达《关于决算制度、预算审核、投资施工计划和货币管理的决定》，规定实行预算审核制度，浙江省据此编制全省收支总预算上报华东行政区核定。1951 年 7 月，政务院颁布《中华人民共和国预算决算暂行条例》，对各级政府预决算行为进行引导、规范。1953 年，国家开始实行中央、省、县三级财政管理制度，并相应建立三级预算体系，浙江省各级财政部门按照条例要求编制财政预算。总预算编制采用自上而下的方法，由省财政根据中央下达的预算指标以及相关指示进行编制。预算编制时间为预算年度中间，年度预算根据该年已经发生的支出外加本年剩余时间追加预计数编制。

1954年8月，浙江省第一届人民代表大会第一次会议召开，对浙江省1953年财政决算与1954年财政预算进行审查。1954年，浙江省财政预算总收入与总支出分别为45486亿元（旧币，不包括上年结余）和18207亿元（旧币）。预算总收入中，工商税收与农业税分别占61.1%与29.8%；预算总支出中，经济建设、文教卫、行政管理费支出分别占21%、42.6%和32.3%。财政预算总支出中安排有预备费与周转金，占支出总额的比例分别为4.0%和0.006%。由于农业税存在粮食实物缴税现象，农业税预算收入主要根据农民预计上缴粮食数量与预算价格计算确定；由于地方财政承担地方工业基本建设投资职能，财政预算支出中经济建设支出一直占有较高比例。

1957年，国务院核定浙江省总收入指标为5.81亿元，总支出指标为2.53亿元。浙江省将公私合营企业收入0.17亿元编入预算，确定浙江省1957年预算收入为5.99亿元，预算支出为2.77亿元；预算支出超出国务院核定指标部分用农业税附加与渔业税收入解决，上解中央预算支出3.58亿元，预算结余0.35亿元。当年，浙江省财政决算收入完成预算的107.7%，地方支出完成预算的94.4%。1958年，受"大跃进"浮夸风影响，浙江省编制的财政预算收入为10.70亿元，预算支出为8.6亿元。地方支出中，经济建设费类支出为6.12亿元，同比增长713%，主要用于钢铁、机械和电力等先行工业。当年，财政收入实际完成10.92亿元，支出完成7.88亿元；财政支出中，经济建设费完成支出5.99亿元。1963年，浙江省编制的预算总收入为12.13亿元（包括上年结转、结余收入），地方预算总支出为5.63亿元，上解中央支出为7.77亿元。预算收入中，工商企业收入、工商税收收入、农业税收入分别占28.9%、42.6%和10.8%。地方预算总支出中，经济建设费类支出占22.5%、社会文教费类支出（包括文教、体育、科技、优抚等）占25.9%、行政管理费类支出占11.6%、增拨企业流动资金类支出占2.8%。

1966—1976年"文化大革命"期间，由于机构瘫痪、人员调离、制度废弃，省财政预算编制工作受到严重影响。1980年，浙江省实行"划分收支，分级包干"的财政管理体制，对各市（地）、县（市）由以前同时下发收支指标改为只下发收入指标，不下发支出指标。支出由各市（地）、县（市）根据收入计划按制度规定计算本级可用资金，以不发生赤字原则安排预算。但当年省财政厅仍对全省各市（地）、县（市）下发收支预算计划，引导各市（地）、县（市）预算编制工作，并对各市（地）、县（市）报送的年度预算草案做最终审定。

1985年，浙江省普遍建立乡镇财政，相应设立乡镇一级总预算。乡镇预算编制根据市、县划定收支范围和不发生赤字原则由乡镇财政组或财政所草编，经乡镇政府审核后由乡镇人代会讨论通过。全省各乡镇实行不同财政体制，各乡镇预算涉及范围各不相同。部分市（地）、县（市）只将超收部分收入与乡镇财政分享，乡镇主要支出仍由市（地）、县（市）通过拨款加以解决，如实结算。乡镇总预算中相当一部分由市（地）、县（市）分配拨款计划组成。部分乡镇收支下放较全，总预算相应较为全面。由于乡镇财力不足，浙江省乡镇财政预算编制总体并不太规范。

1991 年，全省地方财政出现收支缺口，缺口总额为 3.79 亿元。当年，省财政厅在编制全省 1992 年度财政预算时，自 1978 年改革开放后首次安排财政赤字，赤字规模为 4.20 亿元(不包括外贸出口退税地方负担的 2 亿多元)。1992 年，省财政厅在编制 1993 年省财政预算时安排近 4 亿元赤字。

1994 年 1 月 1 日，全国实施分税制财政体制改革。3 月，《中华人民共和国预算法》(以下简称《预算法》)颁布。遵循《预算法》要求，浙江省在编制收支预算时首次提出“量入为出、量力而行，不打赤字”的预算编制指导思想。1995 年 11 月，国务院发布《中华人民共和国预算法实施条例》。浙江省县以上预算草案不再由省财政厅统一审定，改由各级政府依法审定，由各级财政部门编制本级政府预算草案，汇编本级总预算草案，经本级政府审定报同级人大审议后，在规定期限报上一级政府。全省预算待各市(地)、县(市)政府预算经同级人代会审议通过并上报省财政厅，由省财政厅汇编成全省总预算，上报财政部。1995 年度，浙江省预算收入(包括中央税收与补助收入 60.4 亿元)与支出均为 165 亿元，预算安排不列赤字。工商税收、农业税、企业所得税占地方财政预算收入的比例分别为 84.1%、7%和 15.5%；基本建设、企业挖潜改造、文教卫事业费、行政管理费支付占预算总支出(包括上解中央支出)的比例分别为 4.4%、6.7%、32.1%和 12.8%。实际执行中，全年全省财政收支基本实现平衡。

1996 年，国务院决定将原来作为预算外资金管理的公路养路费等 13 项基金和地方财政部门按规定收取的各项税费附加统一纳入财政预算管理。为做好相关基金的预算管理，省财政厅单独编制 1997 年政府性基金收支计划。政府性基金收支计划分为工业交通部门基金收支、文教部门基金收支、社会保险基金收支、地方财政税费附加收支以及其他部门基金收支 5 个部分。1997 年，浙江省财政部门在编制下一年度政府性基金预算时开始单独编列“政府性基金收支预算表”，将基金收入与基金支出按照一一对应的原则进行编列，不计入地方一般预算收入和支出。

2000 年 8 月，省第九届人大常委会通过《关于加强省级预算审查监督的决定》，加强各级人民代表大会对同级预算的审查监督工作。2007 年 3 月，省第十届人大常委会通过《浙江省省级预算审查监督条例》，提出需加强对省级预算的审查监督工作。2008 年，省政府根据国务院《关于试行国有资本经营预算的意见》，决定开始试编下一年度国有资本经营预算。

2010 年 2 月，根据国务院《关于试行社会保险基金预算的意见》，省财政厅、省人力资源和社会保障厅、省地方税务局联合转发《财政部、人力资源和社会保障部关于编报 2010 年全国社会保险基金预算的通知》，浙江省省级开始单独编报下一年度社会保险基金预算。2010 年，浙江省一般公共财政预算收入为 2270 亿元，实际执行数为 2608.47 亿元，预算支出为 4004.45 亿元，实际执行数为 3207.88 亿元；政府性基金预算收入 1282.09 亿元，实际执行数为 4423.73 亿元，预算支出为 5027.91 亿元，实际执行数为 4186.68 亿元；国有资本经营预算收入为 13.88 亿元，实际执行数为 13.74 亿元，预算支出为 13.38 亿元，实际执行数为 10.35 亿元；社会保险基金预算收入为 783.47 亿元，实际执行数为 915.67 亿元，预算支出数为 631.09 亿元，实际执行数为 646.36 亿元。

二、部门预算

1999年以前，浙江省采取传统的条块分割的功能预算编制方法，部门并不编制完整预算，而是由部门内各职能处室按功能分类分别编制预算，向同级财政各分管业务处室进行申报。1999年，财政部推行中央部门预算改革，部分中央单位开始编制2000年部门预算。11月，根据省政府《关于编制2000年地方预算的通知》要求，省财政厅选择省教育委员会、省科学技术委员会和省农业厅三部门作为试点单位，试编2000年部门预算。部门经常性支出预算采取基数法编制，部门下年预算支出数根据上年实际支出数增加一定比例确定，支出编列至款级科目，部门内各类预算支出定额由省财政厅相关业务处室分头管理。2000年，省财政厅增加省国土资源厅、省劳动和社会保障厅为部门预算编制试点单位，编制2001年部门预算的试点单位总数为5家。同年，省财政厅改革部门预算管理方法，部门经费管理按科目由各业务处室分头管理改为按部门归口管理；由省财政厅一个业务处室管理归口部门的各类预算支出，预算部门一般经费预算编列细化到目级科目，专项经费预算改为分项目具体编列。2001年，省政府对部门预算编制形式、编制内容以及预算编报及批复时间进行规范，省财政厅和省教育厅联合开展定额法编制预算试点工作，16所省属普通高校编制的2002年预算正常经费额度由“基数法”改为按“生均定额法”核定。当年，试点编制部门预算单位数增加到12个。2002年1月，省教育厅等5个部门编报的2002年度部门预算由省九届人大五次会议审议通过。2002年，试点编制部门预算单位数增加到18个。部门预算编制采取“二上二下”程序，“一上一下”即各预算单位编制部门预算草案，上报省财政厅审核，省财政厅下达预算控制数；“二上二下”即部门将调整后的预算草案再次上报省财政厅，在省人民代表大会审议批准政府预算草案后，省财政厅于1个月内批复到各部门及预算单位。2002年，浙江省在省直单位试行编制政府采购预算，凡纳入政府采购目录或虽未纳入政府采购目录但采购限额在标准以上的货物、工程和服务项目，均需编制全口径资金来源政府采购预算。7月，省财政厅印发《浙江省省级部门项目支出预算管理暂行办法》，对行政事业单位日常公用支出中未列入基本支出预算且数额较大的特定经常性专项支出项目、建设性专项支出项目以及发展性专项支出项目进行规范，并设立项目库，实行滚动管理。

2003年，浙江省细化专项资金预算编制，预算单位将归口管理专项资金的70%部分落实到部门和项目，纳入年度部门预算。12月，省财政厅印发《浙江省省级政府采购预算管理暂行办法》，要求预算部门列入政府采购目录的项目在“二上”时须正式编报全口径资金来源采购预算。当年省级137个部门、600多个预算单位全面实施部门预算。2004年，全省加快推进部门预算改革，30个市、县全面编制2005年部门预算。为提高预算分配的科学性与公平性，经组织测算，浙江省建立省级行政单位基本支出预算定额体系，以及事业单位院校生均定额和医疗机构床位定额指标。2005年，浙江省开展预算绩效评价工作，将绩效评价纳入部门预算编制过程，规范、细化项目预算，注重项目预算编制执行效果。当年提交省十届人大三次会议审查的部门预算数为17个。

2007年，经国务院同意，财政部从当年1月1日起实施政府收支分类改革。根据财政部

《政府收支分类改革方案》要求，浙江省将原国家预算科目改为政府收支分类科目，并要求部门支出预算编制按功能科目细化到项级，按经济分类细化到款级。同年，省政府提出财政预算管理“三个子”的要求，即“收入一个笼子、预算一个盘子、支出一个口子”，严格收支管理，在行政定额预算单位试行综合预算管理，执行“收支两条线”政策，解决预算内外资金存在“两张皮”的问题。省财政厅提出“增量调方向、存量优结构，增量调存量”的部门预算编制方法，优化财政支出结构，健全公共财政制度。省级部门基本预算支出保持“零增长”，新增财力三分之二以上用于民生支出，转移支付体现“普惠”原则，着力向农村倾斜，向欠发达地区倾斜，向低收入人群倾斜，促进公共服务均等化。当年，全省所有市县全面推行部门预算改革，全部编制部门预算。2008年，作为全国事业单位改革试点省份，浙江省实施事业单位分类管理改革，省级监督管理类事业单位财政供给列入改革范围，预算编制方法由“基数法”改为“零基法”，部门预算采用“人员支出按实际”与“公用支出按定额”相结合的方法编制，实现由“花钱养人”向“花钱买服务”转变。将项目支出划分为专项公用和发展建设两类，界定各类项目申报范围，规定发展建设类项目不得列支人员类及公用类支出。同年，省财政厅完善行政预算定额、院校生均定额、医疗机构床位定额，新增监督管理类事业单位定额管理，修订办公设备费用、会议费、培训费、办公用房装修改造费用、差旅费等5项标准。浙江省预算部门从源头上控制行政成本，对各级党政机关2009年公用经费预算数核减5%，专项经费预算“零增长”，因公出国(境)经费预算支出在过去3年平均数基础上降低15%，车辆运行费预算支出在过去3年平均数基础上降低5%，公务接待费预算支出在上年基础上减少10%，节电节水节油指标在上年基础上降低5%，公务用车购置冻结1年。当年全省党政机关公用经费、公务用车购置及运行费用、出国经费分别减少5%、24%和20.5%。

2009年，浙江省对省级非税收入进行计划管理，要求各部门、单位编制年度非税收入计划。在行政单位试点基础上，将单位定额预算管理办法扩大到全部参照公务员法管理的事业单位。6月，按照省政府《关于清理整合和规范财政专项资金管理的意见》要求，清理、整合专项资金，重点对支农、文化、卫生等部门专项资金进行清理整合。当年，省科学技术厅、省农业厅等25个部门的部门预算提交省十一届人大二次会议进行审议。

2010年，浙江省实施预算安排与执行率挂钩的办法，将各部门预算执行率、专项转移支付预算执行率作为预算编制的重要依据：对于执行率低于80%的预算部门，下年预算控制数减按上年90%安排；专项转移支付预算执行率低于80%部门，下年相应核减该专项的预算安排数。3月，省财政厅印发《关于做好省级部门预算信息公开工作的指导意见》，推动省级部门预算向全社会公开，推进全省预算信息公开工作。11月，省财政厅下发《关于将按预算外资金管理的收入纳入预算管理的通知》，对预算外资金进行清理，全省除教育收费、彩票发行和销售机构业务费三项收入纳入财政专户管理外，其他预算外资金均纳入预算管理。12月，修订《2011年政府收支分类科目》，各部门、各单位在编制下年度一般预算时严格按照标准编列预算，增加政府采购预算编制的完整性和准确性，有预算分配权单位的资金年初分配率由过去的70%提高到80%，部门机动资金从过去的3%以内调减到2%以内。当年，30个部门的部门预算提交省十一届人大三次会议进行审议。

第二节　预算执行

秦汉时期，浙江境内设郡，各郡管理财政的官吏和上计吏负责各郡的预决算及审计事项。至元代，户部执掌财政，浙江所在行政区域为江浙行中书省，设账簿，年初核定收入定额，年终向行省报告决算。明代，由户部总汇一年的需费，上报皇帝批准。清代，沿袭明制，承宣布政使作为浙江财政主管，每年稽核收支出纳之数，汇册申报督抚再转报户部。民国初年，北洋政府虽制定了决算办法，但因政局不稳，各省皆未遵行。民国21年（1932年），国民政府颁布《暂行决算章程》，至民国26年浙江省成立会计处，根据会计报告和有关账簿代编决算。民国31年简化预决算编制，省岁出决算基本上都能按中央有关规定如期完成，财政决算走上正常轨道。民国时期，中共领导下的浙东、浙南根据地根据各自具体情况制定按月或按季决算，并严格规定送审及解缴金库时间。1949年中华人民共和国成立后，浙江省根据政务院《预算决算暂行条例》，由全省各级财政机关负责本地财政预算收支的执行与指导监督工作。国家指定一些机构，分工负责，与各级财政机关一起组织财政预算的执行。指定机构包括税务机关、中国人民建设银行浙江省分行、中国人民银行代理金库（国库）等。各级金库是财政预算执行的重要组成部分，在实行财政预算收支工作中发挥着执行和监督作用。随着社会、经济的发展，财政管理制度不断完善，预算执行工作以建立健全预算执行制度体系，强化财政资金管理力度，提高资金使用效率为主线，着力满足各个时期预算管理工作需要，发挥监督职能。2000年，浙江省建立预算执行（国库处、预算执行局）机构，强化预算执行监督力度。同时，省委、省政府决定在省级机关实行会计集中核算制度，规范省级机关财政资金的使用与管理，提高财政资金使用的透明度。同年，浙江省调整自20世纪50年代起实行的控制社会集团购买力、压缩国家预算支出的政策，推行政府支出机制改革，全面实行政府采购制度。2005年，随着预算执行力度进一步加大，根据财政部有关制度规定，浙江省建立国库单一账户体系，逐步将所有财政性资金纳入国库集中收付制度。财政性资金日益集中到国库单一账户后，国库资金库存呈现稳步增长态势。省本级财政对国库现金运作进行了有益探索，调度国库资金进行保值增值运作，加强财政专户管理，增强地方财政理财能力，提高财政资金的使用效益。

一、国库管理

国库管理，是国家财政机关对财政收入、支出及其结算报解等业务进行的管理。在实物财政时代，国库管理就是库藏。两汉时期，钱、谷分别设库设官管理，钱入少府，谷入司农。唐代，金部相当于今日的金库。元代，库藏方面设宝源（掌管宝钞、玉器）、赋源（掌丝棉、布帛）、绮源（掌诸色缎匹）、广源（掌香药、纸札）四库；而后增设富宁库（出纳金银）、宝钞总库（收储发放宝钞事）来储存国家财款。明代，库藏分为内库（皇宫的府库）、里库（宫中各库的统称）、外库（宫外的仓库）三类，分别储藏各种财物。地方州、府亦皆有库，贮藏金银、钱钞、丝帛、赃罚诸物。凡府、州、县税课司局、河泊所，岁课商税、鱼税、引税、契本等各种征课，均令所司解州、县府司，然后转解于户部。

清初，库藏分为中央库藏和地方库藏。中央库藏，有内府库藏与户部库藏之分。地方库藏共有 10 类，即盛京户部银库；直省布政使司库（又称藩库，是户部银库的分库，即中央金库，而不是地方库）；各省设按察司库、粮道库、驿道库、河库、贮兵饷的道库、盐法道库、各税务库、州县卫所库。光绪三十三年（1907 年），度支部下辖的十司中库藏司负责财务出纳、会计司负责会计核算及内部审计。至清末有了代理国库的金库，还规定了收支制度。宣统二年（1910年），清廷预备立宪，拟定设立审计院负责考察国库的收支情况，并就审计院内部的机构设置和分工以及职责、独立性、检查内容和内部工作制度等作了规定。同年，资政院制定统一国库办法，并会同度支部订立《统一国库章程》，规定国库分为总库、分库、支库 3 种，总库设于京师，分库设于各省，支库设于地方。

民国初年，金库制度初步建立。民国 3 年（1914 年），北洋政府财政部颁布各省财政厅办事权限条例，内有经征各款均应解缴金库的规定。同年春，中国银行浙江分行成立，受北洋政府财政部委托，承担浙江省分金库职责。民国 16 年国民政府成立后，公布《国民政府财政部会计则例》，规定凡收支款项分为国库、省库两种。据此浙江省建立了省库。民国 18 年 7 月，浙江省成立浙江地方银行，特许其经理省金库。民国 20 年 11 月，浙江省政府颁布《浙江省各县县金库章程》，规定：各县设县金库，县政府所征税款及其他收入分别国省款或县款，由经征人随时直接缴送县金库；县金库掌理县经管之国家、省及县地方款项保管出纳事务。民国 26 年 8 月抗日战争全面爆发，《浙江省非常时期收支款项暂行办法》规定，各级机关之收入，其所在地设有金库者，概须当日分别解缴核收；各县政府、各区营业税局征起省款，缴省分金库；收入用缴款书，支出凭支付命令。民国 27 年 6 月，国民政府颁布《公库法》。该法根据财务行政制度四权分立的组织体制，将命令、出纳、会计、审计 4 种事务，分别由行政、公库、主计、审计 4 个机关办理。规定县金库主管机关为县政府财政科，向金库取款由财政科开支付书，经县府会计室主任会审后送县长签发；税收收入退库需经财政科核准。民国 28 年，全省各级金库改称公库。库款收入由经征机关填具缴款书，交由纳税人直接缴入指定公库核收。库款支出，一律由请领机关依据预算填具申请书，送请该管主计及主管机关审核，签发支付书，命令公库拨款。民国 30 年 6 月，全国改变财政收支系统，实行中央、县（市）两级财政体制。浙江省库奉命于年底撤销，省财政归并国库办理。公库系统变更后，国库收支程序与省库规定大致相同。省属机关的支出，仍由省财政厅根据预算，代为管理支配。库款支出分为中央、省市两大类。民国 35 年，国民政府恢复中央、省、县（市）三级财政体制后，浙江省同时恢复省公库，并先后在各县（市）设置分库，仍执行原公库法规定，并制定《浙江省各机关依照公库法办法收支应行注意事项》。民国 38 年 5 月 3 日，中国人民解放军进驻杭州，该规定于 8 月废止。

1949 年 10 月 1 日中华人民共和国成立后，建立全国统一的新预算会计核算制度。浙江省根据要求废除民国政府的预算会计制度，终止各部门会计人员的调配和预算会计业务的垂直领导关系，对财政预算会计工作实行“统一领导、分级管理”的管理体制。财政部统一管理全国预算会计工作；浙江省由省财政厅负责管理全省预算会计工作；各市、县财政局管理本行政区域内的预算会计工作。1950 年 2 月，财政部召开第一次全国预算会计和金库制度会议，讨论通过《暂行总预算会计制度草案》《暂行行政事业单位预算会计制度草案》和《中央金库条例实施细则》。3月，政务院公布《中央金库条例》，规定："凡一切国家财政收入，均须由经收机关按照规定期限，全部缴纳同级金库，除有特别规定者外，不得坐支抵解与自行保管。"12月，政务院进一步明确："所有军队、政府、公立学校及受国家经费补助的团体，均须每年分四季向中央或各级人民政府的财政部门作决算报告，每年3月31日作上年度的全年决算报告，再由财政部将上年度总决算草案报请中央人民政府核批。"1951年7月，发布《预算决算暂行条例》，对决算编制及审定作了进一步规定。浙江省遵循中央规定，根据内容完整、数字正确、报送及时的要求，做好每年的年终决算编报工作。

1960年6月，省财政厅推行地方经费限额拨款办法，以方便行政事业单位随时用款需要。人民银行浙江省分行是执行经费限额拨款办法的经办行，实施范围以国家预算单位为限。1963年6月，根据财政部颁发的《地方财政机关总预算会计制度》要求，省财政厅结合浙江实际，提出各级财政机关必须加强对预算会计工作的领导，保障会计人员正确履行国家所赋予的职责；同时要求各级财政总会计严格执行国家政策法令和国务院颁发的《会计人员职权试行条例》及有关财务、会计规章制度，如实反映预算收支执行情况，保证数字真实可靠。

1965年9月，财政部召开全国第二次预算会计工作会议，修订《行政事业单位会计制度》及1963年实施的《地方财政机关总预算会计制度》。新制度规定财政预算会计使用"资金收付记账法"。在财政部规定前，浙江省先行在行政事业单位推行"复式反收付记账法"。这种记账方法是以借贷记账法为原理，以会计事项为主体，以钱、物分管为基础的一种收付记账法。有鉴于此，浙江省报经财政部同意，仍继续采用"复式反收付记账法"。

1966—1973年"文化大革命"期间，全省预算会计机构被撤并，会计人员被精减下放，会计核算和会计监督受到严重削弱。1973年5月，浙江省制定《浙江省市、县财政机关总预算会计制度》《浙江省单位预算会计制度》。1974年，浙江省重新修订《浙江省市、县财政机关总预算会计制度》《浙江省单位预算会计制度》，初步恢复预算会计工作秩序。1985年11月，省财政厅印发《浙江省乡财政总会计制度》，规定乡财政总会计的记账方法仍然采用"复式反收付记账法"。

1991年11月，省财政厅针对各级财政机关直接管理的各项有偿使用财政资金不断增加的情况，印发《浙江省财政有偿资金会计核算试行办法》(以下简称《试行办法》)，以规范各类财政有偿资金的会计核算。财政有偿资金包括：小型技术改造贷款基金、科技开发基金、文教行政事业周转金、农业发展基金、扶贫基金、乡财政周转金和其他各种专项基金以及财政"专户储存"利息收入中提取的周转金和风险基金转入的周转金、主管部门委托同级财政管理的有偿使用资金。《试行办法》规定财政有偿资金会计核算以"收付实现制"为结算基础，采用"复式反收付记账法"，反映财政有偿资金的增加、减少和结存情况。各级财政机关经管有偿资金业务的会计人员，一律不得经管和收付现金，经管的财政有偿资金只能在有关专业银行设立一个账户，不得多头开户。

1997年7月，浙江省国税地税机构分设，省财政厅对税务机构分设后有关税收收入的收纳、划分和报解等问题作出规定。国税和地税系统根据"分税制"财政体制和浙江省财政体制的有关规定，在“税收缴款书”中需注明该项税收的预算级次。人民银行国库经收处在收到缴款书后，根据缴款书上的国地税标记及财政体制规定将此笔财政收入，按预算级次分别划入中央国库、省级国库和市、地、县级国库。

1998年8月，省财政厅转发财政部《关于印发罚款代收代缴管理办法》，并结合实际补充规定：公安、检察、法院、工商四部门的罚款收入除另有规定外，必须做到执法机关的罚款决定与罚款收缴相分离，实行代收代缴管理办法。各级人民银行国库加强对代收机构代收报解罚款的监督检查，对违反《中华人民共和国国家金库条例实施细则》有关规定，拒收、占压、挪用代收罚款收入的，依法处理；情节严重的，取消其代收罚款的资格。

2001年3月，财政部、中国人民银行颁布《财政国库管理制度改革试点方案》，浙江省开始着手改革财政资金账户设置和收支缴拨方式，健全银行清算系统、财政管理信息系统、财政国库支付执行机构等必需的配套措施，建立以国库单一账户体系为基础、资金缴拨以国库集中收付为主要形式的财政国库管理制度。对省级已试编部门预算的二级单位预算经费实行财政直接拨付，改变一直以来由主管部门转拨的做法。同年，浙江省省级机关会计核算中心（以下简称省会计核算中心）开始运行，对省级机关经费收支实行“集中管理、统一开户、分户核算”的会计集中核算办法，取消原由各单位自行开立和设定的银行账户及会计核算岗位，改由省会计核算中心统一承担与办理。9月设立政府采购资金专户，省级政府采购资金实行财政直接拨付管理，采购单位的采购资金经专户直接支付给供应商。2002年11月，省级部分基建项目资金，在经省财政投资工程预决算评审中心等评审机构出具审核意见后，由财政专户直接支付给基建项目的承建单位。

2005年9月，省政府办公厅转发省财政厅等部门《关于浙江省财政国库管理制度改革方案的通知》，浙江省财政国库管理制度改革遵循“一结合、三不变”的原则，实行财政国库集中支付与会计集中核算相结合，不改变预算单位资金使用权限，不改变预算单位财务管理权限，不改变预算单位会计核算权限。合理确定财政部门、征收单位、预算单位、人民银行国库和代理银行的管理职责，所有财政性收支都按规范的程序在国库单一账户体系内运作。同时，省财政厅印发《浙江省省级财政国库集中支付管理办法》《浙江省省级财政国库集中支付资金银行清算办法》《浙江省省级财政国库集中支付会计核算暂行办法》等配套实施办法。根据改革方案，开设财政零余额账户、预算外资金专户、预算单位零余额账户及其他资金账户。10月，40家省级会计集中核算单位先行试点，在取得试点经验的基础上，其余60家省级会计集中核算单位开始实施国库集中支付制度改革。

图31-4-2-1　2005年9月23日，省政府召开省级财政国库管理制度改革动员会（浙江省财政厅档案室提供）

2006年7月，省财政厅印发《关于深化省级财政国库集中支付改革的通知》，将改革范围扩大到未纳入会计集中核算的省级单位，即所有省级二三级预算单位。至当年底，省级预算单位全面实施国库集中支付制度改革。同时，省财政厅根据政府收支分类改革需要，印发《关于重新修订浙江省省级财政国库集中支付会计核算暂行办法的通知》，对原办法进行修改补充。

2007年，经省政府同意，省本级财政以提高财政资金使用效益为宗旨，探索国库现金运作。从国库库存资金中调度60亿元资金采用定期存款的形式，分别以创新科技成果转化引导基金、现代服务业发展扶持基金和民生发展基金存入省级财政专户。8月，省财政厅转发财政部《关于深化地方国库集中收付制度改革的指导意见》，要求所有设区市实施财政国库集中支付制度改革试点。同时转发《财政部关于加强与规范财政资金专户管理的通知》，要求各级财政部门统一财政资金专户归口管理、严格按程序开设专户、同类专户合并、慎重选择开户银行、完善国库单一账户体系、建立财政资金专户管理档案制度及年度报告制度。11月，省财政厅转发财政部、中国人民银行《关于印发中央预算单位公务卡管理暂行办法的通知》，并结合浙江实际提出在部分省级预算单位试行公务卡结算方式，要求有条件的地区对本地区开展公务卡结算方式进行试点和探索。同时省财政厅联合人民银行杭州中心支行印发《关于在部分省级预算单位试行公务卡结算方式的通知》，开启省级预算单位试行公务卡结算方式。2008年10月，省财政厅印发《省级预算单位公务卡管理办法》，对公务卡的格式（卡面）、标记、定义、发卡行以及日常管理、支付、报销程序和管理职责等作明确规定，以减少现金结算，提高公务支出透明度。

2009年1月，省财政厅印发《关于省级预算单位预算暂存指标会计核算等事项的通知》，补充规定国库集中支付有关会计核算。12月，省财政厅、省监察厅、人民银行杭州中心支行印发《关于预算单位公务卡制度改革的实施意见》，在全省预算单位推行公务卡制度改革。同年，省财政厅在设区市开展县级国库集中支付制度改革试点。至年底，全省20个县（市、区）实行国库集中支付制度改革。

2010年1月，省财政厅印发《关于全面加强地方财政资金安全管理的通知》，要求各级财政部门建立健全财政资金安全管理长效机制；合理配备人员，确保不相容岗位分设；制定标准化操作规范，统一支付流程；清理、整合归并专项资金账户，规范印鉴使用；推行金财工程一体化；加快推进国库集中支付制度改革。7月，省财政厅、人民银行杭州中心支行印发《关于在省级预算单位推行单位公务卡的通知》，创新推出仅用于同城委托收款且有规定透支额度和还款期限的单位公务卡，解决了国库集中支付中的委托收款问题。9月，省财政厅、省监察厅、人民银行杭州中心支行印发《关于深化省级预算单位公务卡改革有关事项的通知》，要求省级预算单位逐步推行直至完全实现非现金结算方式。至年底，省本级共357家预算单位为公务人员办理了公务卡，占所有省级预算单位的62.5%。全年省级预算单位发生公务卡公务消费计4703万元，公务卡公务消费支出与现金支出比为1∶23.34。实施公务卡改革的市、县（区）共18个，公务支出2.43亿元。公务卡改革取得初步成效，逐步建立了“银行授信额度，个人持卡支付，单位报销还款，财政实时监控”的公务卡运行管理新机制。至年底，全省有40个县(市、区)预算单位如期完成国库集中支付制度改革任务。

二、国库集中支付

20世纪90年代末,金华市在全省率先试点建立会计核算中心,对市本级56家行政事业单位实行会计集中核算。嘉兴、乐清等市、县也相继开始对所属行政事业单位进行会计集中核算试点。在此基础上,省委、省政府决定在省级机关推行会计集中核算制度。2000年12月,省委办公厅、省政府办公厅印发《关于省直机关实行会计集中核算制度的通知》,省财政厅制定《浙江省省直机关会计集中核算工作实施细则》等4个操作规程。2001年1月1日,省会计核算中心正式运行。省会计核算中心遵循"三个不变"原则:一是预算管理体制不变,年度经费预算仍由各单位编报,财政审核后批复给各单位包干使用;二是单位的理财机制不变,资金的使用权和审批权仍在各单位;三是会计主体法律责任不变,单位的各项收支仍由单位审批并承担相应的会计法律责任。实行会计集中核算的范围包括:省级党政机关、省级党派团体、省级临时机构等单位。实行会计集中核算的单位,其经费收支全部纳入省会计核算中心后,取消相应的银行账户和会计核算岗位,改变财政资金由各单位分散办理为省会计核算中心统一承担与办理,各单位确定专职或兼职报账人员,配合省会计核算中心做好会计核算工作,同时负责单位经费预算的编制工作。在省级机关会计集中核算正常运行的同时,全省各市县会计集中核算工作也有序推进,至2001年底,全省60个市县(市)建立会计核算(结算)中心,4250家行政事业单位实行会计集中核算。金华、湖州、绍兴等地还将会计集中核算延伸到乡镇,有173个乡镇建立了会计核算中心。

2003年1月,省会计核算中心印发《浙江省省级机关集中核算单位远程报账试点方案》,对省纪律检查委员会、省人力资源和社会保障厅和民进浙江省委员会3家单位开展远程报账试点。至10月,省级机关100家集中核算单位全部实施远程报账工作。2003年9月,省会计核算中心印发《浙江省省级机关集中核算单位公务用卡试点方案》,在省林业局和省广播电视局两家单位进行公务用卡试点后,在省级机关集中核算单位全面实施公务用卡制度。

2004年9月,财政部颁布《关于深化地方财政国库管理制度改革有关问题的意见》,推进省级财政国库集中支付制度改革。省政府要求会计集中核算制度向财政国库集中支付制度平稳过渡,省会计核算中心研究制定《财政授权支付制度过渡办法》。10月,选择省人大常委会办公厅和省政协办公厅等18家会计集中核算单位进行财政授权支付试点。同时,对省级机关会计集中核算单位全面实施网上银行支付,为全面推行省级财政国库集中支付制度改革打下基础。

2005年9月,省政府办公厅发布《浙江省财政国库管理制度改革方案》,全省实施财政国库集中支付改革。按照财政部《财政国库管理制度改革方案》和省政府要求,首先在省级机关40家会计集中核算单位实施财政国库集中支付改革试点,然后将其余60家会计集中核算单位全部纳入财政国库集中支付改革。同时,省会计核算中心相应承担省级财政国库集中支付执行机构的职能,利用会计集中核算原有平台优势,通过"见单审核"(审核原始凭证)的方式,对各单位的财政资金使用情况进行监督,通过信息共享加强单位的财务管理工作。年底前,省级机关100家会计集中核算单位全部向财政国库集中支付制度转轨。历时近5年的省级机关会计集中核算工作至此结束，会计核算职能重新回归单位，核算中心逐步归还了单位历年的会计凭证、账本、报表等会计档案。

2006年，嘉兴市、金华市等地也先后开展财政国库集中支付改革试点，分步实施会计集中核算向财政国库集中支付制度转轨。至2010年底，全省10037家会计集中核算单位，除义乌市、金华婺城区县级以上400家单位仍实行会计集中核算制度外，其余会计集中核算单位全部实施财政国库集中支付制度。

三、政府采购监管

1978年，浙江省革命委员会成立由省计划委员会、省财政局、省商业局、省供销合作社等部门组成的浙江省控制社会集团购买力办公室（以下简称省控办），各市县也先后成立相应管理机构，并将办公地点设在同级财政部门内。1988年，省财政厅受托管理浙江省控制社会集团购买力办公室。1999年，浙江省成立政府采购工作领导小组，下设省政府采购管理办公室和省政府采购中心，挂靠省财政厅管理。2000年，省控办与省政府采购管理办公室合署办公，全省逐步实现控购职能与政府采购职能的并轨。2007年，省政府采购管理办公室撤销，省财政厅内设政府采购监管处，履行浙江省政府采购监管职能。

（一）控制社会集团购买力

控制社会集团购买力是指用行政、法律和经济的手段，对国家党政机关、社会团体、部队、学校、全民集体企事业单位等社会集团用公款购置供集体消费的非生产性商品的货币支付能力进行控制。

1959年前，国家通过开展增产节约运动，在预算支出环节对在机关、军队、社会团体、学校、全民所有制企事业公用物资的消费进行压缩和控制；对企业单位，要求降低成本，减少经营管理费用支出，减少非生产性支出。同年，中共中央发出大力紧缩社会购买力的紧急通知，提出控制社会集团购买力的工作任务。1961年8月，国务院发布《关于进一步压缩社会集团购买和严格控制财政支出的通知》，要求“财政、银行和各部门联合行动，控制社会集团购买力”。1962年4月，浙江省人民委员会转发国务院《关于进一步压缩和控制社会集团购买力的紧急通知》，机关、团体和事业单位、企业单位的集团购买力作为重点压缩对象；对于物品的购置，必须实行严格的审批制度；三年内一律不许购买桌椅床柜等家具和各种非生产性设备，更不许购买沙发、地毯、钢丝床、自行车、摩托车、汽车、收音机、电视机、照相机、丝绸呢绒等高级物品；各单位必须凭购物证和批准的购物计划购买物品。1963年3月，省人民委员会转发国务院《关于1963年继续严格控制社会集团购买力的通知》，并补充规定社会集团购买力的范围扩大至企业单位购买一切非生产性商品的资金，以及全民所有制医院、疗养院、门诊部、保健院等医疗单位购买药品材料和医疗器械的资金。1964年12月，省人民委员会批转省计划经济委员会、省财政厅等5个部门《关于控制1965年社会集团购买力问题的报告》，对全民所有制单位继续实行凭购物证按限额供应的办法；对集体所有制单位不发购物证。

1965年10月，省财政厅等部门发出通知，改进社会集团购买力控制管理办法，明确财政部门不再每年下达社会集团购买力控制指标，改由各部门、各地区、各单位在财政部门核定的经费数额和制度规定内自行控制，取消按购货本控制供应商品的做法；同时重新明确不准购买的非生产性设备和高级物品范围。

1967年，省财政厅转发中共中央、国务院、中央军委、中央文革小组发布的《关于进一步实行节约闹革命，控制“社会集团购买力”加强资金、物资和物价管理的若干规定》，提出有关控购工作的若干具体问题的意见。1970年，省财政金融局提出关于控制非生产性设备购置问题的补充规定，要求集体所有制单位购置非生产性设备，亦应受到控制，确需购置的由各县、市负责审批。1973年，省财政金融局发布关于社会集团购买力总额控制管理办法，恢复社会集团购物证按限额登记供应的办法。对集体所有制单位不实行凭社会集团购物证供应办法。对指名控制的商品，仍按规定严格控制购买。1975年4月，根据财政部《回复审批社会集团购买力的两个问题》的通知规定，购买中型旅行车，按照控制社会集团购买力的审批程序报省财政金融局核批。1977年4月，浙江省革命委员会发布关于执行《国务院批转国家计委、财政部、商业部、供销合作总社关于坚决压缩和严格控制社会集团购买力的请示报告》的通知，实行凭社会集团商品购货证限额供应商品的办法。社会集团商品购货证，由各地商业部门制发，一年一发。机关、团体、部队、企业、事业单位不允许购买包括沙发、小汽车(包括各种客车)、电冰箱(包括冷藏箱)在内的28种高档商品。12月，省计划委员会转发国家计委、财政部、商业部、供销合作总社《社会集团购买力管理办法》，实行30种专项控制商品两级审批，由省革命委员会(具体经办单位系省财政局)审批。1978年，省革委会成立浙江省控制社会集团购买力办公室，各市县也成立相应机构，并将办公地点设在财政部门内。

1980年4月，省控办转发财政部《关于修订社会集团购买专项控制商品规定的通知》，将32种商品列为在全国范围内专项控制商品，其中包括小汽车(包括小轿车、吉普车、旅行车)、摩托车(包括两用车)、大轿车、沙发、地毯等。1981年6月，省公安厅、省交通厅转发公安部、交通部、全国控制社会集团购买力办公室(以下简称全国控办)《关于发放小汽车、大轿车牌照有关问题的通知》，指出小汽车(包括小轿车、旅行车、吉普车、工具车、客货两用车)、大轿车是国家统一分配和专项控制购买的商品，所有机关、团体、部队、学校、企业、事业单位购买时都要按照国家规定经过审查批准。车辆监理部门应凭审批机关签发的批准单(即准购证)或证明单(指直接用于科研、生产、经营的车辆)和国家物资总局印制的“汽车供应证”核发行车牌照。批准单(证明单)和汽车供应证两者缺一不可。1982年10月，省财政厅、省控办转发财政部、全国控办《关于财务人员要进一步做好控制社会集团购买力工作的通知》，凡属社会集团购买力范围的开支，不论是预算内资金还是预算外资金，财务部门都要按照凭证如实记入社会集团购买力辅助账。1988年1月，省控办转发全国控办《关于违反控制社会集团购买力规定的处理暂行办法的通知》，明确单位购买、制作国家规定的18种专项控制商品，各部门办理国家规定的专项控制商品的购销、货款结算、汽车牌照的领发等事项，都必须严格按规定办理。1988年，省政府委托省财政厅管理省控制社会集团购买力办公室。

1990年7月，省控办发布浙江省专项控制商品定点供应办法，规定任何单位凡需购买国家规定的32种专控商品，都必须报经社会集团购买力管理机关审查批准。其中19种专控商品，凭准购证到指定的供应单位购买，其余13种专控商品是否定点供应，由各市、地、县控办自定。1991年7月，省政府发布《浙江省控制社会集团购买力暂行办法》，规定全省的机关、团体、学校、全民所有制和集体所有制企业、事业单位等用公款购买（包括自制加工、以物易物等）非生产性商品的货币支出，实行指标控制。12月，浙江省社会集团购买力支出控制指标，按指令性、指导性实行分类划分和管理。

随着经济的发展以及市场经济体制的逐步建立，商品供应日益充裕。从20世纪90年代开始，浙江省社会集团购买力控制的主要工作转移到对小汽车的专控管理上。1993年12月，省控办发布通知，从1994年1月1日起，取消“专控汽车消费调节基金”，改征“购置小汽车调节基金”。1995年4月，省委办公厅印发《浙江省党政机关汽车配备标准和管理规定》，规定各级党政机关（含具有行政管理职能的企事业单位）的非生产性小轿车的配车标准，同时要求党政机关领导干部一律不得配备专车。1997年8月，浙江省省级党政机关小汽车按照“工作需要、编制配车、总量控制、从严审批”的原则，实行定额配备、编制管理制度。省级党政机关小汽车配备标准，按中共中央办公厅《关于党政机关汽车配备和管理的规定》和《浙江省党政机关汽车配备标准及管理规定》执行。1998年5月，省控办制定《浙江省企业购置小汽车标准及有关规定》，全省所有企业凡拖欠国家税款、拖欠职工工资或发生经营亏损的，不能购置小汽车；原有车辆未达到报废标准，不得更换。6月，浙江省加强小汽车编制管理，规定除省级党政机关外，包括省级各人民团体、民主党派和部分具有行政管理职能的企事业单位，也列入小汽车定编管理范围。未列入定编范围的具有行政管理职能的省直单位、省直各单位下属的具有行政管理职能的企事业单位的小汽车配置数量，由省控办与各有关单位协商后提出意见，报省反腐败斗争联席会议办公室审批。1999年7月，省控办发布通知，停止征收购置国产小汽车调节金，继续征收购置进口小汽车调节金。12月，省控办通知停止征收购置进口小汽车调节金。2000年，省政府发文对原国家规定8项、省规定2项专控商品进行调整。取消大轿车、摩托车、录像设备等9项专控商品的控制，保留1项小汽车的审批（党政机关、事业单位、国有企业、国有控股占51%以上企业）。根据省委、省政府有关规定，党政机关购买小汽车采取定车种、车型的办法，按照“工作需要、编制配车、总量控制、从严审批”的原则，实行定额配备、编制管理制度；列入小汽车定编的除各级党政机关外，还包括各级人民团体、民主党派。事业单位购车参照党政机关标准执行。国有企业控股占51%及以上的企业可购买排气量不超过2.6升的国产或排气量不超过2.5升的进口小汽车；上述大中型企业，确因接待工作需要，可购买少量排气量2.98升的国产别克轿车。凡属亏损企业、拖欠国家税款和职工工资的企业一律不准购买小汽车。

2000年8月，省政府发文决定省控办与省政府采购办公室合署办公。行政事业单位专项控制商品列入同级政府部门预算，逐步实行政府采购。2001年，浙江省将上年取消的9项专控商品列入省政府采购品目，实现专控商品品目与政府采购品目的对接，并逐步实现控购职能与政府采购职能的并轨。控购职能转向公务用车制度改革等方面。2月，省财政厅发布关于小汽车控购审批及上牌等有关事项的通知，规定党政机关购车实行指定车种、车型的办法。8 月，根据省委、省政府反腐败斗争联席会议办公室《关于重新核定省级机关小汽车编制的通知》要求，省控办会同省纪律检查委员会、省级机关事务管理局等有关部门，对省级机关小汽车编制进行重新核定并作调整：(1)厅局级干部工作用车的配备标准，放宽为 2 人 1 辆；机关公务用车按 20 人 1 辆的标准配备。(2)省级党政机关人员编制数在 50 人以内的，原则上不能配备 12 座以上旅行车（不占车辆编制数）；人员编制数在 50 人以上 100 人以下的，可配备 1 辆 12 座以上 24 座以下的国产旅行车。(3)特种车辆（防疫、防灾、囚车、各种专用车辆等）不计入单位车辆编制数。(4)离退休老干部用车，不计入单位车辆编制数，由省委老干部局根据有关规定和各单位实有人数核定并报省控办和省纪委备案。

2002 年，全面调查登记省级单位车辆，并与省反腐败斗争联席会议办公室、省级机关事务管理局联系解决小汽车核编中存在的问题，针对公安、检察、法院、司法、安全、海关、监狱等单位的工作特殊性，经调查研究，提出执法用车编制计划，提高执法部门的装备水平。2003 年，浙江省探索控购管理新模式、新思路，将控购管理与政府采购管理有机结合起来。根据省委、省政府办公厅《关于重新核定省直机关小汽车编制的通知》要求，2003—2009 年，浙江省严格执行中央及省有关公务用车编制、标准及审批管理的政策制度。对省级机关小汽车编制进行重新核定；根据省级单位实行部门预算的要求，对省级单位车辆进行全面调查统计工作，为省财政厅各业务处室核定有关部门年度预算车辆定额经费提供依据。

2010 年，浙江省开发和完善公务用车管理系统，并在部分省级单位试点。全省各级政府机关、部门单位执行中央及省有关公务用车编制、标准及审批管理的政策制度，按规定办理全省党政机关、事业单位和团体组织小汽车控购审核、审批工作。

（二）政府采购

政府采购是指各级国家机关、事业单位和团体组织，使用财政性资金采购依法制定的集中采购目录以内的或者采购限额标准以上的货物、工程和服务的行为。

1999 年 4 月，财政部颁布《政府采购管理暂行办法》。7 月，浙江省政府发布《关于建立政府采购制度的通知》，规定全省各级实行预算管理的机关、事业单位和社会团体使用财政性资金办理的政府采购，均纳入政府采购管理；并首次发布省级政府集中采购目录。该目录包含汽车、摩托车、计算机、复印机、空调器、无线移动电话、大型医疗器械、录像器材、音响设备、大屏幕彩电等 10 项（含上述部分物品的维修、保险、购油等）。浙江省正式建立政府采购制度。8 月，浙江省成立政府采购工作领导小组，领导小组下设浙江省政府采购管理办公室和浙江省政府采购中心，办公室和采购中心均设在省财政厅。当年，全

图 31-4-2-2　1999 年 12 月 21 日，浙江省政府采购中心第一次开标会（浙江省财政厅档案室提供）

省政府采购770次，采购预算5.24亿元，采购合同价4.75亿元，资金节约率9.4%。2000年，全省11个地级市相继建立政府采购制度，成立政府采购机构，开展政府采购工作。8月，省财政厅按照财政部关于加强政府采购信息统计报表编报工作要求，在全省实施政府采购信息统计报表制度。10月17日，浙江政府采购网电子商务平台正式开通。全年全省政府采购6615次，采购预算18.84亿元，采购金额16.58亿元，节约资金2.26亿元，资金节约率12%。

2001年12月，省财政厅印发《浙江省政府采购招标评标运行规则》，规定政府采购招标活动必须组建评标委员会，按照规范的程序，以最低投标价法、综合评标法和优选打分法为评标方法，进行评标和定标。2002年6月，《中华人民共和国政府采购法》(以下简称《政府采购法》)颁布实施，政府采购进入法治化阶段。2003年12月，省财政厅出台《浙江省省级政府采购预算管理暂行办法》，要求各单位根据批准的政府采购预算，按月编报政府采购预算执行建议书，对无预算或超预算的采购项目一律不予采购，在全国先行实施单独编制政府采购预算。至年底，采购人范围由1999年的部分行政机关为主扩展到绝大部分财政预算单位，其中省本级所有预算单位都纳入政府采购管理范围；政府采购资金从财政预算资金逐步扩大到单位预算外及自筹资金；采购项目从货物和服务逐步扩展到工程。2004年9月，省财政厅印发《浙江省省级政府采购工作规程(试行)》，对政府采购活动从政府采购预算的编制和执行、组织实施采购、采购方式及采购程序、采购合同的履行与管理，采购资金的汇缴、清算等各环节进行规范。10月，建立省级政府采购协管员制度，政府采购协管员从省级主管部门财务管理机构的在职工作人员中产生，具体负责本部门(包括下属单位)政府采购监督管理工作。2004年下半年，省财政厅着手推进政府采购信息化建设，启动建设浙江政府采购信息管理系统，初步完成"金财工程"政府采购子系统建设的采购工作。同年，浙江省政府采购实行协议供货制，对规格或标准相对统一、产品品牌较多且市场货源充足的大宗通用类产品实行协议供货制。至年底，全省政府采购协议供货和定点采购的项目有20多项，其中省本级协议供货和定点采购项目包括计算机、打印机、空调、公务车辆保险、办公用纸等5个项目。

2005年10月，省级政府采购业务管理系统(内网系统)建成，省委办公厅等39家一级预算单位及其所属事业单位成为首批使用单位；此后逐步在省级预算单位推广。省财政厅指定"浙江政府采购网"和《浙江日报》为浙江省政府采购信息发布媒体，并明确政府采购信息发布范围。根据《政府采购法》的相关要求，10月31日，省机构编制委员会调整省政府采购中心管理体制，由原省政府委托省财政厅管理改为成建制由省政府委托省级机关事务管理局管理。

2006年4月，省政府印发《关于进一步深化政府采购制度改革全面推进政府采购工作的意见》，要求进一步完善政府采购管理体制，扩大政府采购规模，加强政府采购工作制度化和规范化建设，建立和完善政府采购监督机制，加快政府采购信息化建设，加强政府采购机构队伍建设。7月，省财政厅印发《浙江省政府采购供应商投诉处理工作文书(示范本)》，统一供应商投诉处理工作，完善政府采购工作流程。8月，省财政厅修订《浙江省省级政府采购预算管理暂行办法》。2006年，省财政厅成立治理商业贿赂专项工作领导小组，领导小组办公室设在省政府采购管理办公室。治理工作至12月底结束。

2007年2月,省财政厅执行财政部《关于加强政府采购货物和服务项目价格评审管理的通知》,规范供应商报价明显高于市场报价或低于成本价的处理办法,提高政府采购资金使用效益。3月,省财政厅印发《浙江省政府采购方式和采购类型审批管理暂行办法》,规定对因特殊原因,预算金额达到公开招标数额标准以上的项目需要采用非公开招标采购方式采购,或者纳入集中采购目录内的项目要求分散采购或单位自行采购的实行审批管理。同时,省财政厅制定《浙江省政府采购行为规范和责任追究暂行办法》,规范政府采购相关机构及人员的政府采购行为。同年,经批准撤销省政府采购管理办公室,省财政厅新增内设机构政府采购监督管理处,履行拟定和贯彻执行政府采购政策法规,对政府采购进行监督检查;拟定全省集中采购目录和有关限额标准等职责。

2008年初,在杭省级单位试行政府采购业务管理系统(外网系统),包括协议定点网上采购、评审专家管理、委托代理采购、自行组织采购等4个子系统和集中采购机构内部业务管理系统,基本覆盖政府采购活动的全过程和各个环节。2月,省财政厅、省监察厅在联合印发进一步规范采购活动的若干意见,提出提高执业能力和监管水平具体要求的基础上,联合发布《浙江省省级政府采购督察员工作暂行办法(试行)》,建立省本级政府采购督察员制度,首批聘请7位省本级政府采购督察员。4月,省政府办公厅发布《关于建立政府优先强制采购节能环保和自主创新产品制度的通知》,规定优先强制采购列入国家政府采购清单(或目录)的节能环保和自主创新产品。7月,浙江省启动加入《政府采购协定》(即GPA,政府采购协定的英文首字字母缩写)谈判应对工作。中国政府于2007年底向世界贸易组织提交加入GPA申请,启动加入GPA谈判应对工作。浙江省作为中国东部地区GPA工作的牵头单位,组织召开东部地区加入GPA谈判工作协调小组成立大会暨协调小组第一次会议和省级部门加入GPA谈判工作领导小组会议,建立起东部地区和浙江省的协调机制,明确各自任务分工。

2009年3月,省财政厅制定《浙江省政府采购信息管理系统建设和推广实施方案》和《浙江省2009—2011年政府采购信息管理系统推广实施计划》,开始实施覆盖全省各级政府采购当事人、监管部门、各类采购项目和整个采购过程的政府采购信息管理系统,达到"一网实现、全程服务、实时监控"的目标。全省政府采购信息管理系统分两个阶段推广和实施,第一阶段在省级单位中全面实施,第二阶段向市县逐步推广实施。6月,印发《浙江省政府采购招标文件范本(试行)》;9月,印发《浙江省政府采购供应商注册及诚信管理暂行办法》,规定政府采购供应商实行注册登记制度,统一进行资格审查和诚信考核管理。供应商库中统一设置"政府采购诚信指数",作为对供应商的奖惩依据。

2010年1月,省财政厅开始对部分协议供货(含定点采购)采购项目实行全省联动采购,由省财政厅统一委托省级或有关市地集中采购机构对所委托的协议供货项目组织实施采购,省、市、县三级共享采购结果,并联合实施监管。同时加强对采购代理机构的监管,分别制定《浙江省集中采购机构监督考核管理办法(试行)》和《浙江省政府采购中介代理机构考核办法的通知》,明确各级财政部门是采购代理机构的考核责任主体,并规定考核方式、考核内容等。9月,全省试行政府采购供应商网上报名资格预审和中标成交候选供应商资格后审制度。10月,省财政厅颁布《浙江省政府采购评审专家管理办法》,规范对评审专家的日常管理,对评审专家的权利义务和违规处理作出统一规定，强化评审专家的责任。12月，省财政厅发文加强政府采购进口产品管理，对政府采购频率较高的医疗卫生、教育科研和质量检测等进口产品，实行全省统一论证。同月，省财政厅制定简化政府采购预算编制和执行确认程序，改进集中采购服务，加强协议定点产品价格监控和日常管理，加强信息化建设，加强采购需求和合同履约管理以及强化采购主体意识等6项创新性措施，提高政府采购工作效率和服务水平。全年全省政府采购预算505.23亿元，采购金额424.60亿元，资金节约率为16%。采购规模比1999年浙江省正式建立政府采购制度时增长88倍。

表31-4-2-1　　2000—2010年浙江省政府采购资金情况一览表

单位：亿元

年份	采购预算	采购金额	资金节约率(%)	年份	采购预算	采购金额	资金节约率(%)
2000	18.84	16.58	12.0	2006	261.00	230.46	11.7
2001	46.85	40.73	13.0	2007	378.16	329.00	13.0
2002	65.69	57.08	13.1	2008	504.12	437.97	13.1
2003	92.56	80.21	13.3	2009	553.11	483.40	12.6
2004	145.94	126.61	13.3	2010	505.23	424.60	16.0
2005	190.82	165.39	13.3				

资料来源：历年《浙江财政年鉴》，中华书局2001—2011年版。

第三节　财政监督

历代政权都设有不同等级、不同名称、不同性质、在不同范围内行使财政监督之责的机构，通过制定财政监督制度，保证财政部门正常行使其职责。在古代，通过考核官员和审计等途径来实施财政监督。秦汉时期，中央设检察机关，即御史府，御史大夫在负责监察百官的同时，也执掌国家财政监察之责。浙江境内各郡设刺史或者州牧，负责审计和监督各郡的财政赋税。唐代建立收支决算审计制度，将审核之权赋予独立于户部之外的比部，其职责类似于财政之外的司法监督。宋代的审计管理由初期三司下属的勾院、磨堪司和理欠司负责到后期的财政与审计因三省六部制度的恢复而分离，审计事宜由比部负责。南宋时期，设置审计院和磨堪司等内部审计机构，专门负责财政审计工作。明代已经形成遍及中央各部门和地方各级政权的审计监督网络。清雍正年间(1723—1735年)，由都察院统一掌管审计大权，行使"纠察百僚，纲维庶政"的职责，负责稽核赋税收入和财政支出，并派官员巡视各省、府、县的仓藏和出纳账目。浙江省设监察御史，核稽出纳经费与财粮的支领；设督粮道，负责管理全省的粮储、漕务等事宜。民国时期，中央制定各种监督地方的财政法规。民国26年(1937年)，浙江省成立审计处，隶属于国民政府监察院审计部。监察院审计部审计处派审计代表监督各市县财政。市县财政开出支付书时，经审计代表签署方可向公库提款。民国27年，制定《中华民国国民政府审计法》，规定审计的职权范围，将稽查与就地审计正式纳入条例之中，增强财政执法力度。对县市财政设立督导专员及财政视察员检查指导各地财政工作，对地方长官卸任进行交代清理。民国38年8月，浙江省人民政府正式宣告成立，省人民政府财经工作委员会行使财政"具体审核稽察之职权"。1952年10月，省财政厅奉华东军政委员会财政部指示，设立财政监察机构，负责财经纪律监督检查及财务管理专项检查。本节主要记述中华人民共和国成立后的财政检查、税收财务物价大检查、会计监督、预算绩效管理、财政项目预算审核五部分内容。财政监督的主要工作是组织实施省级预算收支、执行和财政资金使用情况的监督，实施会计信息质量检查和会计师事务所等中介机构执业质量的监督检查，开展预算绩效管理，实施省级部门特定项目支出预算、政府投资项目国库集中支付资金和政府采购工程项目预算以及政府投资项目竣工财务决算监审。

一、财政检查

1951年下半年，财政部门组织全省卫生系统财务等情况的专项检查，重点检查12个单位，查处嘉兴省立医院个人贪污公款、药品管理混乱等问题，以及金华省立医院管理制度混乱等问题。检查后，省财政厅行文向省监察委员会报告处理意见。1952年10月，省财政厅根据华东军政委员会财政部要求组建全省财政监察机构，主要负责财经纪律监督检查及财务管理专项检查。财务管理专项检查逐渐演变为财政监督工作的内容之一。至年底，全省初步完成财政监察机构建设。1957年，省财政厅先后组织市（地）、县（市）财政局及相关省级部门，开展定额流动资金管理工作检查，省电力工业企业财务检查，乡财政财务管理情况检查，市（地）、县（市）总预算管理工作专项检查等工作，加强财政预算管理、改进单位财务管理、整顿预算外资金，查处违法违纪案件。1958年，国家监察部和财政部监察司相继被撤销，省财政厅监察处也相应被撤销，财政监察工作由各业务职能部门承担。1962年，省委批示省财政厅重新设立财政监察处。1964年，根据省委精简机构的要求，省财政厅监察处被再次撤销，直至"文化大革命"结束。

1978年，省财政局建立财经纪律检查小组。1979年2月，撤销财经纪律检查小组，恢复建立财政监察处。1981年12月，省财政厅召开财政监察机构恢复后的首次全省监察工作会议，要求全省各地建立健全机构，把财政监察工作列入日常工作议程，充实编制，配备监察干部。1983年，设立浙江省纪委驻财政厅纪律检查组。至此，全省组建财政监察机构66个，未建立机构的设专职监察人员。1984年，全国建立审计机构。财政部监察业务的垂直领导关系中断，代之以与国家审计署联合行文方式指导各地财政监察工作。省财政厅请示省委同意维持财税系统原机构人员不变，继续加强全省财政监察工作，打击经济领域犯罪活动。10月，省财政厅制定财政监察与群众监察相结合的试行办法，明确财税系统开展兼职监察的组织领导、任务要求、活动方式等。当年全省共聘请兼职监察员385人，分布于财税系统各科、室、股、所、站、点，形成全省统一的财政纪律监督网络。此办法得到财政部肯定后在全国财税系统试行。1985 年，根据中央关于开展支农资金检查的通知精神，省财政厅会同有关厅局对全省当年及上年支农资金的使用情况和资金效益进行检查，查出违纪金额 406 万元。1986 年 9 月，财政部恢复设置财政监察司，财政监察业务重新与省财政厅挂钩，实施垂直领导。同年，全省有财政监察机构 83 个，干部 206 人（其中兼职 46 人），聘请的兼职监察员 773 人。

1989 年，国务院发出清理“小金库”通知。浙江省从当年 11 月至次年 4 月开展专项清理活动，全省清理“小金库”违纪资金 6419 万元，上缴财政 980 万元，并查处一批违法乱纪案件，其中万元以上 310 件。1990 年，省财政厅组织开展个体工商户税收检查和预算外资金专项检查工作。全省查出违纪金额 22997 万元，上缴财政 12556 万元，同时查处个体工商户偷漏税超万元 402 户，并查处一些预算外资金违纪大案。

20 世纪 90 年代，全省财政监察机构和干部队伍逐步加强。1991 年，全省有财政监察机构 90 个，专职监察干部 385 人，兼职监察干部 1348 人，另聘请单位内外廉政监督员 1960 人，设举报箱 88 只，监督电话 390 部，在全省建立起财税监督网络。同年，省财政厅组织开展财政有偿周转金、支农资金使用情况和乡财政财务专项检查。全省组织 23 个检查组，查处单位 117 个。通过专项检查，发现问题，纠正问题，总结经验，修订财务管理制度。1992 年，各级财税监察部门配合财政农口部门，全面清理检查全省财政支农周转金。通过检查摸清家底，收回部分逾期欠款，填补制度漏洞，省财政厅印发《浙江省财政支农周转金管理监督试行办法》，建立和完善管理监督制度。

1993 年，省监察厅派驻省财政厅监察室与省纪委派驻财政厅纪检组合署办公，发挥党政监督体系的综合功能，适应内部监察、外部监督任务需要。同年，省财政厅印发《浙江省财政周转金管理监督试行办法》，提出管好用好各项财政周转金的具体要求，促进财政周转金使用及管理的制度化、程序化、规范化，增强资金管理透明度，提高资金使用效益。1994 年，全省组织开展 1992 年、1993 年两个年度全省财政支农周转金的使用、管理情况检查。在各地自查的基础上，省、市（地）、县（市）三级组织 86 个检查组，重点检查 1341 个单位。同年，组织各级财政部门对全省的乡镇财政管理工作进行全面检查，查处违纪金额 5431 万元。

1995 年，财政部将原驻浙江省财政厅中央企业财政驻厂员处改建为财政部驻浙江省财政监察专员办事处，下设温州、嘉兴等 9 个办事组。同年，全省开展“小金库”专项治理活动，全省包括驻浙中央企业共 160574 户企业、单位纳入治理范围并进行自清自查，自查有违纪问题 3105 户，自查违纪金额 1.60 亿元，应上缴财政 3210 万元。重点检查发现违纪问题 1263 户，违纪金额超过 50 万元的重大案件 28 件；涉及党纪、政纪和移送司法机关处理的 4 人。

1998 年，省财政厅增设财政监督处，与省税收、财务、物价大检查办公室合署办公。其具体负责全省财政监督及税收财务物价大检查工作，监督检查各地区、各部门及社会团体、企事业单位以及社会经济中介机构执行财税政策、法规、制度的情况，会同有关处室监督国家预算的执行，检查各项财政收入的征管和财政资金的分配使用效益情况，参与研究制定有关财政监督政策、法规、制度，查处违反财政政策、法规和财经纪律等重点案件。1999 年，省财政厅转发财政部相关检查规程，规范财政检查工作，保证财政检查工作质量。同时推进财政监督职能转变，注重培养高素质财政监督人才，加强财政监督机构和队伍建设。2000 年，省财政厅机关实施机构改革，撤销税收财务物价大检查办公室，成立财政监督局。其具体职责除监督检查财税、会计法律、法规、规章、政策的执行情况并查处违规违纪案件外，增加了监督省财政厅内各预算单位在预算编制、执行和监督过程中执行与制定财政法律、法规、规章、政策的情况以及监督省财政厅所属企事业单位财务收支管理工作等职责。同年，全省财政监督机构对 1103 家单位开展监督检查，查出违纪金额 4.70 亿元，应缴入库 8395 万元，并依法对 71 家单位和 5 位责任人进行处理。

2001 年，全省各级财政监督机构对 2476 家单位开展监督检查，查出违纪金额 6.36 亿元，并依法对 118 位责任人进行党纪政纪或行政处罚，其中吊销 36 人的会计资格证书；另外向司法机关移送涉案人员 38 人，提出处理责任人建议 34 件。2002 年，全省各级财政监督机构对 1456 家单位开展监督检查，查出违纪金额 9.83 亿元，其中：追缴（或扣拨）财政资金 0.33 亿元，调账 2.71 亿元。2003 年，全省各级财政监督机构对 1493 家单位开展监督检查，查出违纪金额 22.30 亿元，其中：追缴（或扣拨）财政资金 0.30 亿元，调账 2.40 亿元。同年，省财政厅、省地方税务局联合开展省级税收收入专项检查，整顿和规范金融保险业等省级企业的税收秩序，查补省级税收收入 3.31 亿元、非省级税收收入 1.04 亿元。2004 年，全省各级财政监督机构对 2342 家单位开展监督检查，查出违纪金额 1.29 亿元；追缴（或扣拨）财政资金 4396 万元，纠正财政违规资金 1.96 亿元；吊销 8 人的会计资格证书，对 2 家会计师事务所作出行政处罚，向司法机关移送 1 人，提出处理责任人建议 44 件。2005 年，全省各级财政监督机构对 2242 家单位开展监督检查，查出违纪金额 15.95 亿元；追缴（或扣拨）财政资金 2.06 亿元，纠正财政违规资金 3.67 亿元；吊销 2 人的会计资格证书，对 2 家会计师事务所作出行政处罚。

2006 年，省财政厅对 6 个市（县）质量技术监督局的财政财务执行情况开展专项检查，规范全省质量技术监督系统财政财务管理，保障财政资金安全、合理、有效使用。2007 年，省财政厅在全省范围内开展财政支农专项资金检查，重点对省财政 2006 年度安排的特色优势农（林、渔）产品基地建设专项资金、农村能源生态示范项目专项资金、省级种子种苗工程专项资金开展检查。2008 年，省财政厅根据财政部《关于加强地方财政监督工作的若干意见》，结合全省实际情况，统筹规划财政监督工作。

2009 年，省财政厅根据中央统一部署，组织开展全省“小金库”专项治理工作。经过自查自纠和重点检查，全省查处 713 家单位的“小金库”803 个，涉及金额 4.13 亿元；因设立和使用“小金库”款项予以行政处罚 40 人，组织处理 5 人，党纪政纪处理 24 人，移交司法机关处理 8 人，通报案件 8 件。2010 年，省财政厅继续组织“小金库”专项治理，并扩大治理范围。全省共 24216 户党政机关和事业单位再次就“小金库”问题进行自查，主管部门对 50%以上的所属单位进行重点检查。重点针对“零申报”“零问题”部门排查摸底，查处“小金库”208 个，涉及违纪金额 7028 万元；查处因设立和使用“小金库”款项予以行政处罚 22 人，组织处理 6 人，党纪政纪处理 34 人，移交司法机关处理 19 人，通报案件 14 件，新闻媒体曝光案件 2 起。同时，通过对社会团体和国有及国有控股企业“小金库”治理，查处社会团体“小金库”133 个，涉及违纪金额 3846 万元；国有及国有控股企业“小金库”396 个，涉及违纪金额 2.06 亿元。

二、税收财务物价大检查

1985年,国务院决定在全国范围内开展税收、财务、物价大检查(以下简称大检查)。浙江省自1985年起每年开展大检查,纠正各种财税物价领域违纪、违法行为。大检查是全国性的综合监督检查,检查内容往往根据当时财政经济形势的需要,有所侧重,有所调整。1985年9月,省政府成立省税收财务物价大检查办公室,负责日常工作,由省财政厅副厅长兼任办公室主任,办公地点设在省财政厅。1986年,大检查采取单位自查与重点检查相结合,12月,省政府组织11个检查组赴各市(地),推动和督促大检查工作。全省共自查313218户,自查面70%;各地组织2021个检查组,重点检查73459户,查出违纪金额2.30亿元,其中补缴入库2.04亿元。1987年,全省经常性检查查出违纪金额1.55亿元,补缴入库1.17亿元;自查351322户,自查面78%(剔除个体工商业户为87%);查出违纪金额1.68亿元,补缴入库1.27亿元。物价方面,经常性检查共查处各类违价案件49670件,违价金额1726万元,其中退还用户和消费者112万元。大检查中查处各类违价案件2393件,金额1166万元。同年,省政府副秘书长兼任大检查办公室主任,省财政厅副厅长、省物价局副局长、省审计局副局长兼任副主任。1989年,全省查出财税物价违纪总额5.09亿元,应上缴财政3.47亿元,入库1.45亿元,并查处一批违反财税物价重大案件。1990年,全省共查出违纪金额5.79亿元,其中应入库4.27亿元,上缴财政2.89亿元,并处理了一批大案要案。

1991年,全省12.8万户企事业行政单位开展税收财务自查,自查面近100%,违纪问题率27.6%;有关部门重点检查4万余户单位,违纪问题率69.6%。全省自查与重点检查共查处违纪金额3.64亿元,上缴财政2.55亿元;对2518家单位和51人进行经济处罚,23人分别受到党纪、政纪和法纪处理。其中物价方面查出非法所得金额2957万元,经济制裁金额72万元,入库598万元,退还用户122万元;查出违价案件5063件,其中重大案件222件,有3672家违价单位受到经济处罚。1993年,在全省62.6万户企事业行政单位和个体私营经济中进行自查,自查面为98.6%;全省范围组织4590个检查组,对25.6万户进行重点检查,重点检查面40.3%。全省查出违纪金额6.09亿元,入库财政收入4.45亿元。1994年,全省共63.8万户企事业行政单位和个体私营经济参与自查,自查面100%,违纪问题率为21.1%,违纪金额2.5亿元,上缴财政2.3亿元。全省重点检查25.8万户,重点检查面40.4%,违纪问题率51.4%;违纪金额6.7亿元,上缴财政6.6亿元。查出违纪金额在10万元～50万元案件535件,50万元～100万元大案77件,超过100万元的重大案件46件;对3977人和7299个单位作出经济处罚;党纪、政纪处分16人,移送司法机关处理31人。同时,在大检查中催缴各项欠税入库5815万元。当年受托检查中央企业单位296个,查出违纪金额3806万元,上缴财政8486万元。大检查工作在深度、规模、成效等方面均超过前9年,对确保完成财政预算任务,抑制通货膨胀,加强廉政和法制建设等方面起到了作用。

1995年,省政府明确省大检查办公室为省政府常设机构,机构地址设在省财政厅。当年全省自查和重点检查共查出违纪金额10.65亿元,应上缴财政10.52亿元。受托检查中央企业单位511户,查出违纪金额1.17亿元。物价部门查出各种非法所得金额4300万元,经济制裁 3972 万元，上缴财政 2916 万元。此外，通过大检查全省收回欠缴的各项税款 2955 万元。

1996 年，国务院规定大检查取消自查，直接进入重点检查阶段，避免一些单位和部门自查走过场、交白卷。同年，颁布《中华人民共和国行政处罚法》，大检查处理原则为“依法行政、依法监督，执法必严，违法必究”，大检查工作进入制度化、规范化、法治化轨道。省大检查办公室根据相关法规和浙江实际，先后制定《大检查期间大要案查处情况报备制度》《大检查信访工作管理办法》和《大检查处罚听证程序试行办法》，规范大检查工作。当年全省累计查出各类违纪金额 9.50 亿元，入库金额 9.43 亿元。受托检查中央企业单位 478 户，查出违纪金额 1.31 亿元，入库 1.39 亿元。物价部门查出各种非法所得金额 3.27 亿元，经济制裁 2150 万元。全省收回欠缴的各项税款 4055 万元。1997 年，大检查查出各类违纪等情况基本与上年持平，通过大检查全省收回欠缴的各项税款 7676 万元。1998 年，根据国务院统一部署，浙江省停止税收财务物价大检查。大检查办公室与省财政厅财政监督处合署办公。2000 年，撤销大检查办公室，浙江省财政监督工作逐步向日常监督和社会监督的工作机制转变。

三、会计监督

中华人民共和国成立后，国家逐步理顺会计工作秩序，健全会计制度。企业、行政事业单位财务会计制度以及会计监督管理政策由财政部制定，各级财政业务归口部门负责贯彻落实。随着社会主义市场经济的建立及完善，财政部门通过加大会计监督力度，依法检查企业会计信息质量和会计师事务所执业质量，保证会计信息的真实完整，监督、维护和规范市场经济秩序。

1998 年，财政部规定国有企业年度会计报表除个别特殊行业（企业）外，不再实行财政审批制度，而实行注册会计师审计制度。企业财务报告于年度终了在规定时间内委托中国注册会计师实施审计，并出具年度审计报告。1999 年，浙江省执行财政部《对经社会审计机构审计的国有企业年度会计报表进行核查的暂行规定》，采取统一安排、分级负责的方式，对经社会审计机构审计的 1998 年国有独资企业和国有控股企业的年度会计报表及社会审计机构出具的审计报告进行核查。省级国有企业年报核查工作由省财政厅负责，市（地）、县级国有企业年报核查工作由同级财政部门负责；核查工作主要由各级财政监督机构承担，并可请社会审计机构参与；明确界定会计责任和审计责任，依法依规处理处罚。由此开始全省会计信息质量检查工作。

1999 年底，在全省会计师事务所完成脱钩改制工作后，对注册会计师行业实施行政监管被提上议事日程。2000 年，省财政厅明确由省财政监督检查局履行对注册会计师行业的行政监管职责。同年，按照财政部统一部署，浙江省有针对性地开展会计信息质量和会计师事务所执业质量检查。会计信息质量检查面，由最初的仅对国有企业年报检查，逐步拓展到民营企业、外资企业，从企业单位逐步拓展到行政事业单位。全省共检查公用事业等行业 362 户企业的会计信息质量和 90 多家会计师事务所的执业质量，共查出企业虚列资产 2.82 亿元，虚列所有者权益 1.07 亿元，虚列利润 1.01 亿元。

2001年，省财政厅重点选择与社会公众切身利益密切相关的建筑施工、房地产开发、地方金融等行业，医疗卫生机构、交通运输、公用事业、资源能源等省级大型集团进行检查，全省共对835户企业(单位)会计信息质量和179家会计师事务所的执业质量进行检查，查出虚列资产4.16亿元，虚列所有者权益2.85亿元，虚列利润1.09亿元，检查暴露出会计师事务所普遍存在执业不规范、执业质量令人担忧等问题。2002年，浙江省执行财政部关于会计信息质量检查的要求，采取既有全省上下联动、又有各市县结合实际选取检查对象的方式，同时实施双向延伸，即通过检查企业的年报延伸检查出具年报的会计师事务所的执业质量；通过检查会计师事务所执业质量，延伸检查被审计企业的会计信息质量，在全省范围内开展会计信息质量检查，并结合开展对会计师事务所的行政监管，将日常管理与重点检查相结合，使会计监督工作日常化、制度化和规范化。2002年，全省对515家企事业单位的会计信息质量和79家会计师事务所的执业质量进行检查，查出资产不实2.70亿元，所有者权益不实3.40亿元，利润不实3.06亿元，并查补税款0.15亿元。检查表明被查企业会计信息失真现象依然普遍存在，会计核算、会计基础工作不规范，账外设账，会计人员未持证上岗，内部控制制度不健全等问题仍然存在。

2003年，省财政厅印发《聘用财会专家暂行办法的通知》，引入财会专家咨询机制，加强对注册会计师行业的监管，提高监管专业水平，客观公正实施会计信息质量检查。当年全省共对432家企事业单位的会计信息质量和46家会计师事务所的执业质量进行检查，查出资产不实10.30亿元，所有者权益不实6.50亿元，利润不实2.20亿元，并查补税款0.16亿元。2004年，省财政厅委托会计师事务所实施会计信息质量检查，并明确受托会计师事务所的受托资格、权利义务、财政付费标准，以规范委托社会中介机构检查行为。全省共对402户企事业单位的会计信息质量和39家会计师事务所的执业质量进行检查，查出资产不实9.90亿元，失真率为5%；所有者权益不实1.80亿元，失真率为3%；利润不实1.50亿元，失真率为17%；查补各项税金1034万元，罚款42万元。

2005年，省财政厅对受托的社会中介机构实行登记审核制度，凡经审核符合条件的社会中介机构列入财政委托检查名单，随机抽签。在组织开展会计信息质量和会计师事务所执业检查中，该年重点选择房地产企业和地方金融机构，关注企业是否存在以虚假报表和审计报告骗取银行信贷的违规问题，以防范金融风险，确保财政资金安全运行。当年全省共对433户企事业单位的会计信息质量以及46家会计师事务所的执业质量情况进行检查，查出资产不实9.32亿元，失真率2.4%；所有者权益不实5.39亿元，失真率3.7%；利润总额不实2.12亿元，失真率26.4%；查补各项税金8332万元，罚款36万元。2006年，全省各级财政监督机构共投入674名检查人员，重点选取房地产行业、地方国有单位及执收执罚的行政事业单位，对310户企事业单位和25家会计师事务所进行检查，查出资产不实17.10亿元，负债不实10.70亿元，所有者权益不实8.20亿元，收入不实3.30亿元，费用不实2.80亿元，利润总额不实3.80亿元；查补各项税金2890万元，罚款80万元。2007年，将社会关注、与公众切身利益关系密切、对会计秩序影响较大的金融、电力部门作为检查重点。除省财政厅统一组织的全省重点检查外，各市、县选取部分外资企业、民营企业、地方国有企业及与房地产业相关的规划、设计、施工、监理等企事业单位开展会计信息质量检查，具有规划、审批、检测、认证等职能的行政事业单位自主开展会计信息质量检查。当年，省财政厅首次与省注册会计师协会联合开展对部分会计师事务所执业质量检查，形成监管合力，实施梯度惩戒，整顿会计秩序、规范中介市场。2007 年，全省各级财政监督机构共组织 675 名检查人员对 342 户企事业单位和 115 家会计师事务所进行检查，查出资产不实 7.70 亿元，负债不实 6 亿元，所有者权益不实 3.10 亿元，收入不实 1 亿元，费用不实 1.30 亿元，利润总额不实 1.40 亿元，查补各项税金 2305 万元；关闭 5 家不符合设立条件的会计师事务所，对 11 家事务所和 25 名注册会计师进行处罚，并在公开媒体上予以公告。

2008 年，省财政厅重点检查交通运输、公用事业、资源能源和地方国有企业，关注国有资本经营收益收取情况。检查中既检查国有集团的会计信息质量，也掌握国有集团的国有资本经营收益，为编制国有资本经营预算取得第一手资料。当年，会计信息质量检查引入公告制度，将检查名单在省财政厅官网上公示，接受公众监督。同时引入政府采购制度，凡省本级财政资金委托检查项目均由政府采购公开招投标入围的会计师事务所承接。当年共对 397 户行政企事业单位的会计信息质量以及 65 家会计师事务所的执业质量情况进行检查，查出违纪违法金额 12.91 亿元；资产不实金额 1.80 亿元；所有者权益不实金额 0.80 亿元；利润总额不实 0.05 亿元；查补各项税款 1745 万元。2009 年，结合行政事业单位“小金库”专项治理工作，确定水利系统等部分企业和行政事业单位为全省上下联动检查单位；同时要求各地重点在交通运输、公用事业、资源能源、医药卫生等领域的企业行政事业单位中开展会计信息质量检查。当年全省对 740 户行政企事业单位的会计信息质量以及 83 家会计师事务所的执业质量情况进行检查，查出违纪金额 7.02 亿元，资产不实 1.70 亿元，负债不实 1.40 亿元，利润总额不实 0.13 亿元，查补各项税款 771 万元。2010 年，结合国有企业、社团等“小金库”专项治理工作，确定卫生、社会保障和社会福利业为全省上下联动会计信息质量检查单位。全省财政部门将会计监督与财政改革、财政管理相结合，以农村改革、民生保障资金为导向，开展现代农业、农村基础设施、教育、就业和社会保障、医疗卫生、生态环保等领域的会计信息质量检查。同年，贯彻落实国务院《关于加快发展我国注册会计师行业的若干意见》精神，省级财政部门负责非证券资格会计师事务所监管工作，全省财政会计监督工作开始实施首轮每年检查 20%的会计师事务所，五年轮查一遍的对事务所的检查制度。2010 年，全省共对 453 户行政、企事业单位的会计信息质量进行检查，查出违纪金额 26 亿元，查补各项税款 358 万元；检查会计师事务所 103 家，对 2 家会计师事务所、4 名注册会计师实施行政处罚。

四、预算绩效管理

预算绩效管理是政府绩效管理的重要组成部分，是一种以支出结果为导向的预算管理模式，其绩效管理的理念和方法贯穿于财政预算的编制、执行、监督等全过程。20 世纪 80 年代初，浙江省在科技三项费用、支农周转金等领域开始探索绩效考核工作。1980 年 7 月，省财政厅联合省科学技术委员会印发《关于浙江省有偿科研经费管理办法的联合通知》，首次打破科技三项费用无偿使用原则，改变科研经费由国家全包、吃“大锅饭”的弊端，开始探索使用科技三项费用的绩效管理之路。1986年6月，财政部印发《关于支农周转金考核指标及计算方法的意见》，浙江省以周转金基金增减变化、周转金回收率、周转金周转率、周转金经济效益、周转金沉淀等指标内容为基础，开始实施针对使用财政支农周转金的考核，用以衡量各级财政部门对周转金管理工作的水平。

1992年，省财政厅对文教行政经费使用效果进行考核。考核指标分为综合指标和单项指标两类。综合指标反映经费使用总体规模和平均水平；单项指标分为社会效益指标和经济效益指标，分别反映经费使用所体现的事业发展规模或行政工作质量及所产生的经济效益。通过考核指标间的对比分析，促使部门单位之间发现问题取长补短，提高财政资金使用效益。1995年12月，省财政厅出台《省对市（地）文教行政财务管理和经费使用效益考核办法（试行）》，确定了25项考核指标，并按性质分为政策性指标、结构性指标、收入管理指标、定额指标、辅助指标五大类。1999年，为使考核工作规范化、制度化，省财政厅出台《浙江省省级行政事业单位专项经费跟踪反馈试行办法》《浙江省省级社会保障事业单位专项经费跟踪反馈管理办法》，探索建立浙江省绩效评价跟踪反馈机制。1999年5月，财政部发布财政性基本建设资金效益分析报告制度，全省各市（地）财政部门和省级主管部门根据要求每年向省财政厅报送本地区、本部门财政性基本建设资金效益分析报告。

20世纪90年代末，随着全省财政支出规模的扩大，财政支出管理的透明度也逐步增加，浙江省逐步扩大专项经费绩效评价范围。2001年，全省各级财政部门开展支农资金使用效益调查和跟踪问效工作，加强支农专项资金项目管理。2003年，省财政厅出台《浙江省省属高校实验室建设专项资金检查和绩效考核办法》《浙江省省属高校申报实验室专项资金立项评比办法》和《省级科技专项资金绩效考评试行办法》，对省级科技专项资金实施绩效考评制度。根据中共十六届三中全会“建立预算绩效评价体系”的要求，2004年5月，省委、省政府召开财政专项资金管理工作座谈会，省政府主要领导提出“财政专项资金不能白给，要拿出对等效益”，自2004年下半年起，对省级财政专项资金实施绩效评价，在此基础上，推进全省财

图 31-4-3-1　2005年开始，浙江省在全国较早开展了财政支出绩效评价工作。图为杭州市财政局开展绩效评价进社区宣传活动（浙江省财政厅档案室提供）

2005年5月，省财政厅增设绩效评价处，其主要职责为研究制定绩效评价体系的基本框架和操作规范，推动、指导全省财政支出绩效评价工作的开展，牵头组织实施省级财政支出绩效评价工作。省财政厅绩效评价处成立不久提出“统一组织、分级实施、先易后难、以点带面”的绩效评价工作总体思路。10月，省政府办公厅下发《关于认真做好财政支出绩效评价工作的通知》，确立了全省开展绩效评价工作的基本制度。省财政厅为做好厅内部、财政系统、部门（单位）

及第三方参与绩效评价工作，于2005—2007年先后出台《浙江省中介机构参与绩效评价工作暂行办法》《浙江省财政支出绩效评价专家管理暂行办法》《浙江省财政支出绩效评价实施意见》《浙江省财政支出绩效评价工作考核办法(试行)》《浙江省财政厅内部绩效评价工作目标考核暂行办法》等操作制度，按照“谁使用、谁评价”的原则，采取“部门、单位自评和财政部门重点评价”相结合的方式，推进各地、各部门财政支出绩效评价工作。省财政厅每年组织省级部门、单位开展财政支出项目绩效自评和抽查工作，自评和抽查情况在省级部门范围内通报，并专题报告省政府。同时委托社会中介机构、各类专家等组成第三方，加大对民生支出项目的重点绩效评价，将涉及面广的民生项目评价结果向同级政府和人大报告。省财政厅报送的农村公共卫生项目的评价报告得到省委、省政府领导的高度重视。2005—2007年，浙江相继对省级部分科技计划专项资金、“一轮治太骨干工程”①、全省第一轮促进就业再就业专项资金、全省环境自动监测网络建设等重点项目实施绩效评价工作。

至2007年底，全省各级财政部门建立健全绩效管理内设机构，各类财政专项资金的绩效评价及绩效管理办法也一一出台，逐步构建起全省绩效评价的制度体系。2008年始，陆续出台《关于加强财政支出绩效评价结果应用的意见》《浙江省中介机构参与绩效评价工作规程(试行)》《浙江省财政支出绩效评价实施办法》《浙江省财政支出绩效评价档案管理暂行办法》《浙江省省级部门预算绩效管理工作考核办法(试行)》等操作制度，规范绩效评价行为，推进预算绩效管理工作。同年，推进实施全省千万农村劳动力素质培训工程、农村公共卫生服务、基层文化设施建设、乡村卫技人员素质提升工程和下山搬迁等重点项目的绩效评价工作。2009年，针对事后评价存在“为评价而评价、与预算管理结合不紧密”等问题，省财政厅将绩效理念逐步向事前目标管理、事中绩效监控、事后评价结果应用等方面延伸，在全省构建“预算编制有目标、预算执行有监控、预算完成有评价、评价结果有应用”的预算绩效管理机制，提高财政资金使用绩效。2010年，开始重点实施项目绩效目标管理。

2010年11月，省财政厅绩效评价处更名为绩效管理处，负责组织和指导全省的预算绩效管理工作，建立起以绩效目标为导向，以绩效跟踪和绩效评价为手段，以制度建设为保障，以预算部门(单位)为主体，以提高财政资金使用绩效为核心的预算绩效管理体系。至年底，全省各市、县财政部门已全部设立绩效评价管理机构，其中：11个省辖市中有4个市单设绩效管理(评价)处，其余7个与财政监督部门合署；县(市、区)绩效管理机构绝大部分与财政监督部门合署。湖州市等地区在政府层面成立市绩效评价工作领导小组，诸暨市成立由市监察、人事、审计、财政等部门组成的绩效问责小组，以加强对绩效评价工作的指导。2005—2010年，全省累计对9728个项目实施了财政绩效评价及绩效目标管理，涉及财政资金1071亿元。

五、财政项目预算审核

财政项目预算审核是由基本建设项目预决算审查发展而来。1951年5月，政务院决定

① 一轮治太骨干工程：指太湖流域治理和各类御水工程。包括望虞河工程、太浦河工程、杭嘉湖南排工程、环湖大堤工程、湖西引排工程、武澄锡引排工程、东西苕溪防洪工程、拦路港工程、红旗塘工程、杭嘉湖北排通道工程、黄浦江上游干流防洪工程等。

由交通银行承担管理国家基本建设投资，按照国家批准的计划及时供应基本建设资金，并监督其使用的职责。1952年5月，交通银行浙江支行由人民银行浙江省分行领导改为由省财政厅领导。1953年，国家实行“划分收支，分级管理”财政体制，基本建设支出预算改为中央和省两级管理，国家财政直接安排在浙中央各主管部门的基本建设支出（中央级项目），列入中央预算；国家财政及浙江省机动财力安排的地方基本建设支出（地方级项目）列入地方预算。1954年9月，政务院决定在财政系统内设建设银行，作为办理基本建设拨款和监督的专业银行。10月1日，经省政府核准，建设银行浙江省分行成立，接办原由交通银行浙江省分行及所辖机构经办的基本建设拨款和监督工作。1958年8月，建设银行浙江省分行与省财政厅基本建设财务处合署办公，直接行使管理基建支出预算，审批基建年度决算，制定基本建设财务管理制度等财政职能。1959年，财政部决定将基本建设预算委托建设银行管理。据此，省财政厅决定全省地方级基本建设支出由省建设银行管理（在浙江省的中央级项目支出预算由建设银行总行统一管理）。管理内容包括基本建设资金运作的全过程，从资金分配、核定预算、办理拨款到审批年度财务决算，加强对基本建设资金使用的监督管理。1966—1972年，全省建设银行机构大部分被撤并，基本建设项目预算审查工作受到削弱。1972年9月，恢复建设银行浙江省分行，对内仍为省财政金融局基本建设财务处。1980年，财政部和建设银行总行先后发文，确定委托建设银行办理基本建设支出预算、结算、决算及相关财务管理、制度建设等工作，同时对各省市区财政局与建设银行在管理基本建设支出预算等方面的分工协作作出规定。据此，全省各级建设银行继续履行基本建设项目预决算审查职能。随着金融体制改革的开展，建设银行逐步向商业银行过渡。1984年，省财政厅不再代管建设银行省分行工作。1994年，财政部根据健全财政职能的需要和建设银行作为商业银行不宜再代行财政职能的客观情况，收回了原委托建设银行代行的部分财政职能。自1995年起，全省各级财政部门陆续收回原委托建设银行代行的基本建设财政财务管理职能。

1999年8月，省财政厅成立浙江省财政投资工程预决算评审中心（以下简称省评审中心）。2000年底，全省各级财政部门设立的审核机构有26个，人员配备增至130名。全省各级财政部门审核机构加强对财政性投资项目统一监督管理，采用直接审查和委托审查相结合的方法，以国债专项资金投资项目和重大财政投资项目作为审查重点，加大政府投资项目审查力度。是年全省共审查项目2102个，涉及项目总金额54.21亿元，核减金额5.37亿元，平均核减率9.9％。

2001年，全省各级财政审核机构完成中央直属粮库、舟山朱家尖跨海大桥、绍兴市污水治理工程、浙江省公安厅看守所迁建工程等一批中央和省级国债项目审查，涉及项目资金111.47亿元，审定金额100.07亿元，净核减11.4亿元，平均核减率10.2％。为规范全省建设工程造价咨询服务收费行为以及政府投资项目工程造价的鉴定工作，省财政厅会同省物价部门修订《浙江省建设工程造价咨询服务收费管理办法》，会同省高级人民法院印发《关于明确建设工程造价鉴定工作统一由财政投资评审机构办理的通知》。2002年，浙江省财政审核机构在基本建设项目竣工决算批复环节建立“先审核、后批复”的工作机制，实现对政府投资项目资金运用和财务活动的监管。围绕财政支出管理体制改革，逐步开展部门预算支出、国库集中支付、政府工程采购等各项财政支出管理的审核工作，将审核工作重心转向财政项目支出预算编制、执行审核。省财政厅制定《浙江省省级部门项目支出预算管理暂行办法》，在省级部门项目支出预算编制环节建立“先审核，后编制”工作制度，对于省级部门上报的基本建设项目及投资额在50万元以上（含50万元）的房屋购置、修缮类项目预算草案，由省财政厅各归口业务部门筛选后送省评审中心审核，其审核意见作为预算审核的依据。10月，省财政厅制定《省级基本建设资金财政直接拨付管理试点办法》，对基建项目开展财政直接拨付环节建立“先审核，后拨款”工作制度试点，由省评审中心按规定内容和标准对试点项目审核后签署意见，为财政部门拨付资金提供依据。2004年7月，省财政厅出台《浙江省省级政府采购工作规程（试行）》，在政府工程采购预算执行环节建立“先审核，后确认”工作制度，由省评审中心对预算金额在20万元以上的房屋装饰修缮工程的政府采购预算审核后，再按审核后的预算数下达确认书。“四先四后”工作机制的建立，使财政审核工作成为项目预算管理的必经程序。全省各级财政审核机构从实际出发，以“四先四后”为主要内容，将审核业务向多元模式转化，扩展审核广度，增加审核深度。杭州市、台州市、嘉兴市等地相继建立综合财政审核管理制度，成为财政监管职能的组成部分。2002—2004年，省评审中心共审查省级部门项目支出预算127个，涉及预算金额36.06亿元，核减金额7.11亿元，核减率19.7%；审查财政直接拨付试点项目2个，拨付资金2.31亿元，核减（不拨或暂不拨付）5239万元，核减率22.7%；政府工程采购项目27个，审核金额4910万元，核减资金1607万元，核减率为32.7%。

随着财政审核机构的工作逐步向财政支出项目预算编制、执行、决算全过程审核和监督的延伸，2006年4月，省财政投资工程预决算评审中心更名为“省财政项目预算审核中心”。2007年，省财政厅制定《浙江省省级部门项目支出预算管理办法》，对纳入省财政项目库的房屋建筑物购建类项目、大型修缮类项目、信息网络购建类项目、50万元以上的设备购置类项目、物业管理类项目以及其他专业技术较复杂的项目，规定须先由省审核中心进行审核，审核意见作为预算安排的必要依据。2008年，全省各级财政审核机构，强化财政项目的事前预算审核、事中支付审核、事后决算审核的全过程审核监督管理，结合本地工作实际陆续出台一系列规范性文件和制度。为规范全省财政审核工作，省审核中心组织制定《浙江省财政支出项目预（决）算审核操作规程》《浙江省财政项目审核工作综合考评办法》等一系列制度和政策；组织制定《省级机关物业管理费开支标准》。当年全省共审核各类财政支出项目14115个，审核金额931亿元，审查出不合理资金82.86亿元。与上年相比，审核量增加202.50亿元，净核减量增加11.89亿元。省审核中心累计审核各类财政支出项目预算44.50亿元。

2009年，全省各级财政审核机构按照“卡位把关、扩面增量、强本固基、保质提效”的总体要求，推进项目预算审核科学化、精细化管理。在资金配置源头和支付执行两大环节对项目所需资金的合理性、真实性和准确性进行审核。财政审核工作从主要注重增加审核规模，逐渐向同时注重制定项目费用定额指标体系的方向推进。全省各级审核机构根据财政项目审核工作需要，搜集编写《财政项目支出审核案例》，内容涉及项目估算、设计概算、工程预算、工程结算和竣工财务决算等基本建设全过程的所有重要环节，为财政项目审核工作积累经验。

2005—2010 年，全省各级财政项目审核机构完成各类财政支出项目审核 56140 个，涉及项目资金总额 3923.76 亿元，净核减不合理财政资金投入 307.70 亿元，平均核减率 7.8%。其中省审核中心完成审核项目 2282 个，审核金额 267.38 亿元，净核减财政资金 35.05 亿元，平均核减率 13.1%。

第四节　财政综合管理

财政综合管理以政府非税收入管理为主线，经历了形成、发展壮大和不断规范以及法制化的几个阶段。中华人民共和国成立至 20 世纪 70 年代末，财政综合管理主要是对预算外资金的管理，各级财政部门加强对部门和单位的预算外资金财务制度管理。20 世纪 80 年代，随着改革开放不断深入，预算外资金项目越来越多、范围越来越广，数量急剧增加。1987 年 9 月，省财政厅成立综合计划财务处，主司预算外资金管理。随着财政部《关于加强预算外资金管理的通知》等管理办法相继出台，加强预算外资金的监督和管理，成为财政管理重要内容。2004 年，财政部发布《关于加强政府非税收入管理的通知》，政府非税收入管理逐步替代预算外资金管理。2010 年底，浙江省发布《浙江省政府非税收入管理条例》，全省财政综合管理走上规范化、法制化轨道。

一、政府非税收入管理

政府非税收入具体包括：行政事业性收费、政府性基金、国有资源有偿使用收入、国有资产有偿使用收入、按照规定上缴财政的国有资本经营收入、行政处罚刑事处罚的罚没收入、彩票公益金、以政府名义接受捐赠的收入、应当纳入政府非税收入管理的其他资金。浙江省政府非税收入按不同性质、特点实行不同预算管理方式的分类管理：不含教育收费的行政事业性收入、国有资产（资源）有偿使用收入、罚没收入等，纳入一般预算管理的非税收入；国务院立项批准的政府性基金收入，纳入政府性基金预算管理的非税收入；按规定上缴财政的国有资本经营收入，纳入国有资本经营预算管理的非税收入；行政事业性收入中的教育收费收入等，实行预算外财政专户管理的收入。政府非税收入管理经历了预算外资金管理到政府非税收入管理的发展过程。经过不断完善，逐步形成了由立项管理、执收管理、资金管理、票据管理组成的监督检查管理体系。

（一）立项管理

1949 年至 20 世纪 70 年代，预算外资金总体上处于量少、面窄状况，各级财政除要求有关部门和单位建立健全财务制度外，并未采取规范化的收费项目管理措施。1965—1966 年，鉴于乱收费现象严重，浙江省遵照国务院规定，要求财政部门对收费情况进行清理整顿，取消、兼并了一些乱收费项目。1966 年以后，这项工作受到干扰。20 世纪 80 年代初，各项预算外收费项目越来越多、范围越来越广，数量也急剧增加。1983 年，浙江省建立预算外资金统计制度，但由于法制不健全，缺乏统一监管，致使其在管理上存在不少弊端。1987 年、1991 年，浙江省相继发布《关于加强预算外资金管理的通知》《浙江省预算外资金管理办法》，对预算外资金征收范围、资金管理和监督作出规定；对市、县政府和省级各部门的各项预算外收入项目，从设置、范围确定、征收标准都作出明确规定。未经批准，不得擅自设立项目；行政事业性收费项目的设置、范围的确定、收费标准的制定和调整，按管理权限，一律报省物价局会同省财政厅或转报省政府、国家主管部门审批；企业的预算外资金，按照财政、财务制度规定的项目、范围和标准提取、留用；不得擅自增设项目、扩大范围、提高标准；企业主管部门各类专项基金的设立，须经省财政厅审核同意并报财政部审批，由企业主管部门按规定收取。1994 年 9 月，省人大常委会颁发《浙江省行政事业性收费管理条例》，强化预算外资金源头管理，加强收费立项、审批等方面的管理力度。全省预算外资金管理逐步规范。

1994 年 12 月，省人大常委会修订发布《浙江省预算外资金管理办法》，规定省级各有关部门、省级以下各级人民政府及各有关部门对各项预算外收入项目的设置、范围的确定、征收标准的制定和调整，除国家另有规定外，报省财政部门或由其会同有关主管部门审批，或按管理权限转报省人民政府、国务院财政部审批。行政事业性收费及各类基金、集资、附加项目的设置或取消，报省财政部门会同省物价部门审批；其收费标准的制定和调整，报省物价部门会同省财政部门审批。1995 年，省委、省政府作出对预算外资金集中清理整顿的决定，各级财政部门配合各级纪委开展了较大规模的清理整顿工作。

1996 年，国务院发布《关于加强预算外资金管理的决定》，重新界定预算外资金的性质和范围。2000 年 12 月，省人大常务会议通过《浙江省预算外资金管理条例》，除法律、法规规定的行政事业性收费外，设立和确定其他行政事业性收费项目和标准，实行中央和省两级审批管理制度；除法律、行政法规规定设立的政府性基金外，设立新的地方政府性基金，由省人民政府提出申请，报国务院或者财政部审批；行政事业性收费、政府性基金项目和标准需要调整、变更或者撤销的，应当按照原批准的权限和程序办理；严禁自立收费项目、扩大收费范围、提高收费标准。2002 年，清理取消行政事业性收费 151 项，取消行政许可费 97 项。2003 年，在抗击非典型肺炎期间，对全省餐饮、旅店、旅游、娱乐、民航、公路运输、水路运输、出租汽车等行业减免 21 项行政事业性收费和 15 项政府性基金。明确免缴下岗人员再就业的登记类、证照类、管理类具体收费项目。

2004 年，财政部发布《关于加强非税收入管理的通知》，明确指出政府非税收入管理替代预算外资金管理，并规定政府非税收入管理范围，包括行政事业性收费、政府性基金、国有资源有偿使用收入、国有资产有偿使用收入、国有资本经营收益、彩票公益金、罚没收入、以政府名义接受的捐赠收入、主管部门集中收入以及政府财政资金产生的利息收入等。11 月，国务院颁布《财政违法行为处罚处分条例》，对违反规定设立财政收入项目、违反规定擅自改变财政收入项目的范围，对已明令取消、暂停执行或者降低标准的财政收入项目，仍然依照原定项目、标准征收或者变换名称征收等行为，视情节轻重责令改正、补收、限期退还违法所得，对直接负责的主管人员和其他直接责任人员给予警告、记过或者记大过处分；情节严重的，给予降级或者撤职处分。同年，《中华人民共和国行政许可法》实施，规定政府收费立项权限。浙江省对设立的行政事业性收费项目进行全面清理,经省政府常务会议审议通过,取消75项有关行政许可收费,涉及公安、工商、教育等26个部门,同时暂停征收汽车年检、地方高等教育费。2005年,浙江省清理取消由中央批准设立的收费项目103项,涉及公安、交通、农业、文化等近40个部门,同时取消了性质与中央取消项目相同或相似的省内收费项目22项。2006年,对涉及教育、机动车辆、行政许可等许多方面的收费项目进行清理,调整和取消了公安、工商等25个部门的66项行政事业性收费,将8项收费转为经营服务性收费项目。2008年,先后两次依法取消、暂停征收行政事业性收费项目102项,降低收费标准11项,减轻企业和个人负担约20亿元。2009年8月,省政府下发《关于第三批取消暂停征收部分行政事业性收费项目和降低部分收费标准的通知》,取消8项行政事业性收费项目,暂停征收2项行政事业性收费,降低4项行政事业性收费标准。

2010年12月,省人大通过《浙江省政府非税收入管理条例》,规定设立行政事业性收费项目由省财政部门会同省物价部门批准,国家明确规定的行政事业性收费项目和收费标准按规定执行;政府性基金、彩票公益金项目的设立,按照国家有关规定执行;国有资源有偿使用收入、国有资产有偿使用收入和按照规定上缴财政的国有资本经营收入项目的设立,按照法律、法规和省级以上人民政府及其财政部门的有关规定执行;各级人民政府、县级以上财政和价格部门以及执收单位不得违法设立政府非税收入项目。同年,全省开展涉企行政事业性收费专项清理及教育乱收费的治理工作,以及政府非税收入项目的目录管理、审批管理等制度建设。

(二)执收管理

浙江省政府非税收入执收管理经历了预算外资金的自收自支和经费包干、政府非税收入的执收规范化和信息化管理3个阶段。

中华人民共和国成立初期,浙江省按国家统一部署,在统收统支的财政体制下,中央下放地方、部门、单位一定的机动财力,由地方、部门、单位自行掌握,以调动地方积极性。1951年7月1日开始,罚没收入均随税留解,凡中央税中的罚没收入上解中央,地方税中的罚没收入均留地方,凡比例解留的罚没收入按税收解留比例解留。1953年,浙江省颁发《浙江省特种资金暂行管理办法》,对预算外资金采取特种资金预算管理,根据预算外资金的收支情况、事业需要和不同条件分别采取财政部门统收统支、部门和项目自求平衡和自收坐支等办法实施管理。1954年,国家为调动各行政事业单位的理财积极性,允许一部分零散收入由预算内划到预算外,并规定资金用途,由各单位自收自支、自行管理。1978—1982年,财政管理改革中,调整了国家与事业单位的分配关系,对事业单位陆续采取收入留成、经费包干等管理制度。

1983年,财政部颁布《预算外资金管理试行办法》,对预算外资金的征收、使用作了规定。1986年,国务院颁发《关于加强预算外资金管理的通知》,浙江省执行中央规定,对预算外资金在保持资金所有权、使用权和收支渠道不变的前提下,实行“同级财政专户储存、计划管理、财政审批、银行监督”的管理方法。1987年12月,省财政厅成立财政综合计划处,将制度建设作为预算外资金管理工作的重要内容。1988 年，省财政厅执行财政部《关于加强行政事业性收费管理的通知》，对行政事业性收费实行统一领导，分级管理，实施收费许可证制度。1991 年，省政府发布《浙江省预算外资金管理办法》，规定市、县政府和省级各部门对各项预算外收入征收标准的制定和调整，除国家另有规定外，由省财政厅审核，或按管理权限转报省人民政府、国家主管部门审查批准，不得擅自提高标准。1994 年，各单位的预算外资金（实行企业化管理的事业单位的经营收入除外）实行财政专户储存，并实行“收支两条线”管理。1997 年，省财政厅发布《浙江省预算外资金管理实施细则》，预算外资金按“收支两条线”管理原则实施分类核算和管理。

1998 年，浙江省执行财政部《罚款代收代缴管理办法》，海关、外汇管理等实行垂直领导的依法具有行政处罚权的行政机关所处的罚款，由国有商业银行分支机构代收；有行政处罚权的地方行政机关所处的罚款，统一确定代收机构，代收机构根据行政机关的行政处罚决定书收取罚款。2000 年 12 月，省人大常委会通过《浙江省预算外资金管理条例》，各项预算外资金的减收、免收、缓收，必须按有关法律、法规、规章和财政部门的规定办理，任何单位和个人不得擅自决定。预算外资金的收取，实行票款分离。对确实不能按票款分离办法收取预算外资金的，由部门和单位直接收取，定期集中上缴同级财政预算外资金专户（以下简称财政专户），在部门和单位内部实行开票和收款相分离。

2002 年，浙江省将已经实行部门预算的 18 个省级部门的行政事业性收费和其他预算外收入均纳入部门预算，实行收支脱钩管理。至此，浙江省预算外资金从统一领导、分级管理、实行收费许可证制度，到“收支两条线”、第三方机构代收，最后纳入部门预算实行收支脱钩的规范化管理，实现预算外资金执收可控。同年，浙江省作为政府财政综合管理信息系统（即“金财工程”）全国试点省份，在部分地区开展以行政事业性收费收入为主的非税收入信息化征管体系的试点，建立行政事业性收费管理信息系统单位版，实行收费网络化管理，实现财政、执收单位、代理银行三方间的信息资源共享。2004 年，根据财政部加强非税收入管理的通知要求，浙江省非税收入管理逐步替代预算外资金管理，并首先在省级单位探索构建非税收入征管体系建设。根据省财政厅制定的《浙江省省级非税收入收缴管理暂行办法》，明确执收单位范围、收缴方式、缴款方式、分成收入划拨程序等规定，依托原行政事业性收费和政府性基金管理信息系统，调整和完善总体框架、外延内涵、功能升级，并更名为政府非税收入信息管理系统（含财政版和单位版）。2005 年，开发电子报表和汇总软件，建立全省政府非税收入征收情况统计报告制度，全面掌握全省各地非税收入征管情况。2006 年，拓宽政府非税收入征收范围，完善土地出让金、海域使用金等征收管理办法。2007—2008 年，开发和完善新版政府非税收入征管信息系统，建设“横向联动、纵向联通，实时共享”的国有土地出让收支管理信息系统。

2009 年，省本级全面推广应用政府非税收入征管系统，并在衢州、嵊州等 18 个市县实施新系统。同时完善收缴行为，按照政府收支分类科目要求，分类核算各项政府非税收入，协调与执收单位、代理银行的收缴事项，资金日清月结。并在政府非税收入系统中增加执收子系统，改进财政与代收银行对账和清算业务。2010 年 1 月，新版政府非税收入信息系统在省本级所有执收单位全面启用，并在全省 27 个市(县)财政局推广实施，按照“执收单位开票、商业银行代收、财政部门监管”的原则，实现财政、单位、银行三方信息共享。同时全省国有土地出让收支管理信息系统开发成功形成标准版，在全省范围内推广应用。

(三)资金管理

预算外资金产生于 1950 年，作为国家预算编制执行中的机动资金，其设立初衷是为了在统收统支财政体制下给地方一定的机动财力，以调动地方因地、因事、因时制宜发展地方经济和各项事业的积极性。至 20 世纪 80 年代初，各级财政部门和相关单位一直按各项财务制度要求进行管理。1983 年，财政部颁发《预算外资金管理试行办法》，明确规定预算外资金的所有权与使用权归属地方部门或单位。同年，浙江省建立预算外资金统计制度。随着放权减税让利等体制改革，预算外资金逐年递增，占同期全省一般预算收入的比重逐年提高，预算外资金管理制度包括资金的收支、各部门的监督管理职责等不断完善。1991 年，《浙江省预算外资金管理办法》出台后，开始建立预算外资金收支预决算制度和执行情况报告制度。

1994 年，《浙江省行政事业性收费管理条例》颁布，强化预算外资金源头管理，各单位的预算外资金(实行企业化管理的事业单位的经营收入除外)实行财政专户储存，预算外资金存入同级财政部门开立的银行专户，并实行“收支两条线”管理，严禁预算外资金由单位内务部门自收自支，严禁设置“小金库”。1997 年，按“收支两条线”管理原则，省财政厅对预算外资金实施分类核算和管理。1998 年，浙江省加强罚没款收缴入库管理，代收机构代收的罚款，统一使用“待结算财政款项”科目的“待报解预算收入(罚款收入)”专户核算。

2000 年，浙江省实行政府调控、财政管理、量入为出、“收支两条线”的预算外资金管理原则，各级政府本级结余预算外资金实行统筹调剂使用，部门和单位的预算外资金收支活动实行统一核算，同时规定禁止将预算内资金转为预算外资金。2002 年，制定一系列制度和办法强化银行账户管理，推行财政集中支付制度，实行收入集中管理，对行政事业性收费实施“票款分离”和以票管费机制，逐步取消单位的收入过渡账户，将收费收入直接缴入各级财政专户，从技术上解决了预算外收入集中管理问题。结合正在实施的事业单位会计集中核算办法，改革支出单位多头开户、重复开户的状况，实行国库、财政专户集中拨付。各级财政部门建立行政事业单位银行账户档案，部分市县对行政事业单位发放银行账户年审卡，建立银行账户年审制度，规范行政事业单位财务收支行为。同年，嘉兴市将预算外资金纳入财政财务管理，实行“收费统一管理、财务统一核算、会计统一派遣、分配统一标准”的“四统一”管理办法，并在全省推广。当年全省 99 个市、县(区)6272 个行政事业单位的预算外资金与预算内资金一起实行集中核算。金华、湖州、绍兴等市、县将会计集中核算工作延伸到乡镇。省本级 12 个部门开始编制包含预算内、外资金的部门预算，省直 99 个单位的预算内、外财务收支纳入会计集中核算。

2003 年以后，浙江省深化预算外资金收缴制度改革，实行收缴分离，取消各执收单位开设的各类预算外资金收入过渡账户。2004 年，财政部发布《关于加强非税收入管理的通知》后，浙江省开始实施政府非税收入资金管理，政府非税收入分成比例按照所有权、事权以及相应的管理成本等因素确定，要求各部门和单位不得擅自对政府非税收入实行分成，也不得集中下级部门和单位的政府非税收入。2005年，实施政府非税收入收缴规范化管理，发布《浙江省省级单位非税收入收缴管理暂行办法》《关于省级非税收入收缴事项的通知》和《关于非税收入征管工作有关事项的补充通知》，建立健全省级非税收入收缴银行账户体系，同时在财政专户会计核算中增设“待结报资金”会计科目，对省级执收单位征收的政府非税收入进行汇总管理，按照资金的性质分类对政府非税收入进行会计处理，建立非税收入结算户管理体系，实现收缴分离和集中汇缴两种收缴方式，明确财政部门、执收单位、代理银行各自职责。同时，严格财政预算单位银行结算账户的管理审批，逐步建立账户审批管理档案和省级预算单位银行账户信息档案。2006年，清理省级财政预算单位的银行结算账户，在撤销部分不符合规定账户的同时，对保留的账户进行重新审核登记。全年审批银行结算账户580个。对单位预算外资金的预算编制和执行进行审查，对省级单位零余额账户进行审批，全年审批零余额账户400多个。2007年，对纳入国库集中支付的单位，所有预算外资金通过国库单一账户体系统一支付，强化“收支两条线”管理。同时，清理有关账户，将省本级财政预算外资金专户移交省财政厅国库处统一归口管理。

2009年，政府非税结算户主要用于核算省级非税收入资金，清算中央、省和市县各级分成收入，定期划解相应国库及财政专户，分类核算各项政府非税收入。省财政厅、人民银行杭州中心支行对省级政府非税收入收缴代理银行账户的设立、变动和撤销进行全程监管。2010年，浙江省政府非税收入依法纳入综合财政预算。县级以上财政部门根据政府非税收入的不同性质、特点实行分类管理。除法定专项用途的政府非税收入实行专款专用外，政府非税收入实行收支脱钩管理，执收费用纳入部门预算；在省与市、县之间实行分成的，由省政府及财政部门按照成本补偿、统筹调剂以及事权与财力相匹配的原则确定分成比例。政府非税收入分成通过国库、财政专户、财政结算账户上解和下拨。

（四）票据管理

在相当长的时间里，浙江省政府预算外收入票据管理与税收票据管理是不分开的。20世纪50年代，各种税收照证由中央和地方统一印刷使用。票证领发采用逐级领发制，由专区税务局管理票证，各县（市）向专区税务局领取。1953年后，各县（市）直接向省税务局领取。1954年华东区税务局撤销后，授权上海市税务局代办。直接税、地方税完税票证，由省税务局依式制发。1955年以后，随着社会主义改造接近完成，商、货两税照证几经简化。1958年改革税制，除保留《屠宰税完税证》和非机动车船（纳税、免税）牌照及纳税期标志外，其余各种照证简并为《通用完税证》，《货物税罚金收据》和《直地税罚金收据》简并为《罚金收据》；各种缴款书除保留《普通缴款书》和增加《企业收入专用缴款书》外，其余简并为《税务系统专用缴款书》。所有各种票证均由省税务局印制配发。1966年，增加《滞纳金收据》。自1978年起，开展一年一次的全省性票款大清理，并组织各地（市）税务局对口检查。同年，非机动车船牌照随车船使用牌照税停征而废止。

1980年以后，随着涉外税种的开征，以及国家能源交通重点建设基金的征集，陆续增加了一部分票证。1985 年起，市（地）税务局向省税务局领用票证需按年度编报“税收票证领用计划表”，按季填具票证领用单请领票证；县（市）以下税务机关向上一级税务机关申领票证。1986 年改为两级领发关系，即省级只与市（地）级发生领发关系，县（市）级向市（地）级领取。至 1987 年底，全省使用的各种税收票证共有 24 种，包括《罚款收据》《没收物品收据》《国家能源交通重点建设基金专用缴款书》等收费票据。

1989 年 1 月，浙江省对非经营性收费票据实行统一管理，除医院、学校、幼儿园、托儿所收费外，行政性和事业性收费采用省财政厅统一制定的收费票据，对特殊行业因工作需要，可以使用行业专用票据，但需报省财政厅审核。1990 年，工商系统使用工商行政管理专用票据，林业系统使用统一的专用收费票据。当年，省财政厅授权由市（地）税务局按省统一规定格式印制收费票据。

1991 年，省政府印发《浙江省预算外资金管理办法》，要求执收单位使用财政部门统一监制的收费票据。1992 年 8 月，省财政厅印发《浙江省行政事业性收费、集资票据管理暂行规定》，行政事业单位、社会团体除税法规定须使用税务发票外，一律使用行政事业性收费票据；而政府或部门向单位或个人无偿筹集资金，一律使用集资票据。集资票据由集资单位提供样式，报同级财政部门审核监制。1993 年 4 月，省财政厅发文对本省境内所有国家机关、社会团体、事业单位及政府授权收取各种行政事业性收费实行统一领导，分级管理；并对票据分类、使用范围、监制和印刷、购领和发放、管理和稽查、罚则等作了相应规定。

1996 年，省财政厅从建立健全政府性基金的票据管理与监督制度出发，规范各部门和单位按财务隶属关系使用中央或省级财政部门统一印制或监制票据。1998 年，浙江省执行财政部《罚款代收代缴管理办法》，使用全国统一格式的代收罚款收据。同年，全省各级财政部门先后成立票据管理机构，收费票据由各级财政部门或其委托的票据管理机构负责发放和核销，实行分次限量购领制度；收费单位建立收费票据使用登记制度。1999 年，财政部、中国人民银行发布《关于印发罚款代收代缴管理办法的通知》，省财政厅结合浙江省实际作出补充规定：公、检、法、工商四部门的罚款收入除另有规定外，实行执罚分离、代收代缴管理办法，由省财政厅统一印制、发放代收罚款收据。

2000 年，根据《浙江省预算外资金管理条例》，浙江省各部门和单位依法收取行政事业性收费、政府性基金，使用省级以上财政部门统一印制的收费票据。部门和单位往来或者其他收款，除法律、法规规定的税务发票外，使用省级以上财政部门统一监制的行政事业单位（社会团体）资金往来结算票据。省财政厅负责收费票据的印制、发放、核销、稽查和其他监督管理工作。市、县（区）财政部门负责收费票据使用的监督管理工作。预算外资金的执收部门和单位，向同级财政部门或者其委托的票据管理机构领购票据，并在规定范围内使用。

2002 年，由于国家将部分行政事业性收费转为经营服务性收费，浙江省启动收缴改革工作，按收缴分离、票款分离的原则，对相关单位办理行政事业性收费票据购领变更手续。对暂不实行票款分离的行政事业性收费，采取票据结报与收入上缴财政专户结合的办法。统一票据购领证，归并票据种类，规范票据购领、使用、结报和稽查等手续，实行票据使用与收费稽查相结合的监管办法，加强收费票据管理。省财政厅对各级执收单位进行点面结合和重点检查，督促单位规范收费行为和票据使用。2003年，全省扩大推行“票款分离”改革，完善以行政事业性收费收入为主的收缴征管体系。

2004年，省财政厅制定《浙江省财政票据管理暂行办法》，明确财政票据概念，扩大适用范围至行政事业收费、政府性基金（含资金、附加）、罚没收入、主管部门从所属单位集中资金、社会团体会费、彩票募集资金、非经营性国有资产出让转让租赁收益等财政性资金。同时重新分类票据，简化压缩票据种类。财政票据分为非税收入票据和其他财政票据两类，其中：非税收入票据19种，行政执法预收、暂扣、代管和往来等其他财政票据7种。

2007年，浙江省对省级1000多家学会、协会的票据使用情况进行专项检查，规范社会团体用票行为。2008年，启用省财政厅统一印制的“浙江省住宅专项维修资金专用收据”，不再使用其他票据收取住宅（物业）专项维修资金。2010年，设立浙江省行政事业单位非经营服务性收入收款收据，形成较为完善的财政票据管理体系。

二、其他业务管理

（一）彩票及资金管理

1988年，浙江省成立省社会福利有奖募捐办公室（福利彩票发行中心，以下简称省福彩中心）。1992年，成立浙江省体育彩票管理中心（以下简称省体彩中心）。两个中心成立后，建立和健全发行单位各项财务、会计制度，接受财政、审计部门检查。1998年，浙江省执行财政部《体育彩票公益金管理暂行办法》《社会福利基金使用管理暂行办法》，彩票公益金按预算外资金管理办法要求纳入财政专户，实行“收支两条线”管理。2000年，彩票的监管职责由人民银行移交至财政部门，省财政厅对全省的彩票发行和管理开展专项审计检查。2001年，省财政厅建立管理制度，要求彩票发行机构按时报送彩票销售统计月报；各地的网点设置也需及时送财政部门备案；增设新玩法前须将有关批复报送财政部门备案；销售即开型彩票必须事先报省财政部门审批等。

2001年，为加强对中央返还的青少年学生校外活动场所建设彩票资金管理，制定《浙江省用于青少年校外活动场所建设的彩票公益金使用管理办法》，明确公益金使用重点向省内欠发达市、县（市、区）和边远、海岛地区倾斜。2002年，针对各地蔓延的“有奖赌球”“地下六合彩”等非法彩票活动，省财政厅会同有关部门下发《关于坚决打击赌博活动大力整顿彩票市场秩序的通知》，取缔非法彩票，严格审核彩票销售方案和游戏规则，全年共审核批准即开型大奖组销售方案福利彩票56个、体育彩票23个；审核上报省福彩中心“30选7”、省体彩中心“6＋1”和“29选7”等游戏规则和销售方案。为调动各地销售彩票的积极性，从省体彩中心发行费中开支即开型体育彩票销售奖励，奖励费用通过财政专户系统下拨。与共青团浙江省委员会、省教育厅等单位联合，对全省部分市、县青少年校外活动场所的现状进行实地调查，确定28个扶持建设项目；同时还对建设项目的实施进行跟踪督查。2003年，全省共批准即开型大奖组销售方案86个，其中体彩31个、福彩55个；并于6月和11月分两次下拨体育彩票公益金专项经费计1553万元。

2004年，浙江省制定《关于暂定2004年度福利彩票资金分配比例的通知》和《关于暂定2004年度体育彩票资金分配比例的通知》，对彩票公益金、发行费分配比例进行调整。5月，针对全国部分地区彩票机构在集中销售即开型彩票时出现严重违反国家彩票管理制度的情况，省财政厅执行财政部通知，暂停集中销售即开型彩票。2005—2007年，对应上缴中央和返还各市的彩票公益金及时进行清算，对有关部门上报的申请彩票公益金补助项目进行审核，确保申请补助项目符合公益金使用范围；同时，对省级彩票公益金实行部门预算管理，对省民政厅、省体育局编制上报的彩票公益金的使用预算、彩票机构日常财务报表、用款计划等进行审核，指导彩票机构的财务管理工作，确保彩票管理机构认真执行"收支两条线"管理的有关规定。

2008年，省财政厅组织力量对省福彩中心、省体彩中心和杭州市、宁波市福彩中心、体彩中心等6家单位进行重点检查。调整体育彩票省与市、县(市)发行费和公益金分成比例，调动各地彩票发行的积极性。根据财政部调整彩票公益金管理办法的要求，对全省彩票公益金纳入预算管理后的缴库办法作出新规定，同时改按季返还为按月返还。

图31-4-4-1　2008年，浙江省共发行彩票80.96亿元，筹集地方彩票公益金13.32亿元。图为由体育彩票公益金资助的运动员训练基地建设项目(萧山体育训练基地)全景(浙江省财政厅档案室提供)

2009年6月，财政部、民政部、国家体育总局印发《关于贯彻落实〈彩票管理条例〉的通知》，彩票管理有法可依。浙江省贯彻该条例，支持彩票机构扩大彩票销量的各类促销活动，动用福利彩票"3D"调节基金1200万元、体育彩票"6+1"调节基金5500万元增加奖项等活动；同时调整电脑型体育彩票发行费省、市、县三级的分配比例。2010年，在全省开展福利彩票发行销售和财务管理情况的专项检查，并对检查结果进行通报。同时，下拨省级福利彩票业务经费专项补助，加强福利彩票销售工作站建设；下拨体育彩票专项费用，加强体育彩票营销宣传及彩票库房建设。

(二)土地使用权出让收支管理

1986年，《中华人民共和国土地管理法》颁布，规定国家建设征用土地，由用地单位支付土地补偿费。征用耕地的补偿费，为该耕地被征用前三年平均年产值的3～6倍。征用其他土地的补偿费标准，由省、自治区、直辖市参照征用耕地的补偿费标准规定。1987年，浙江省颁发《浙江省土地管理实施办法》，各项建设用地，凡占用耕地的，应按规定缴纳造地费。国有土地使用权出让金中按规定提取造地专项基金。按规定收取的造地费和造地专项基金，由市

(地)、县(市)土地管理部门统 收取,实行专款专用。因国家和省重大建设项目非征不可的固定蔬菜基地,用地单位补足新菜地,并按规定缴纳新菜地开发建设基金。1989年5月,根据国务院文件,土地使用权有偿出让收入40%上缴中央财政,60%留归地方财政。9月,国有土地使用权出让收入与城市土地开发建设费用实行"收支两条线"管理。

1992年3月,省政府颁发《浙江省城镇国有土地使用权出让和转让实施办法》,土地使用者须按出让合同规定缴纳土地使用金。土地使用金按年计收,当年土地使用期不足半年的免缴,超过半年不足一年的减半计收。土地使用金每半年缴纳一次,上半年在6月底前缴清,下半年在12月底前缴清。同时,土地使用权及其地上建筑物、其他附着物所有权转让时增值的,转让人按增值额的倍数缴纳10%～30%的增值费。10月,国有土地使用权出让、转让收入所筹集的资金全额缴入财政专户,实行财政收支两条线管理;国有土地使用权出让、转让收入所得外汇收入及其外汇额度均上缴同级财政部门。

1996年,财政部门为土地出让金征收管理部门提取并核拨一定比例的土地出让业务费,规定此比例不超过入库总金额的2%。1998年,实行折抵指标有偿调剂使用政策。1999年1月,按照财政部、国土资源部发布的新增建设用地土地有偿使用费收缴使用管理办法,新增建设用地土地有偿使用费缴纳标准由国务院土地行政主管部门按照全国城市土地分等和城镇土地级别、基准地价水平、各地区耕地总量和人均耕地状况、社会经济发展水平等情况制定,对浙江省各市(地)、县(市)分别作出等别规定。

2000年,《浙江省实施〈中华人民共和国土地管理法〉办法》发布,实行占用耕地补偿制度,县级以上人民政府建立造地改田专项资金,专款用于耕地开垦、土地整理、复垦和改造。造地改田专项资金由土地使用权出让金等土地有偿使用费、新菜地开发建设基金、耕地开垦费、土地闲置费、土地复垦费、其他用于造地改田的资金等构成。2002年12月,浙江省根据财政部、国土资源部通知,对部分市、县(市、区)和城市辖区的新增建设用地土地有偿使用费征收等别进行调整。2003年5月,省国土资源厅设立折抵指标统筹专户,折抵指标有偿转让收入纳入省级财政专户,实行"收支两条线"管理。2003年,浙江省实行除房地产开发项目外的经营性项目建设用地可以通过租赁方式取得国有土地使用权。省国土资源行政主管部门负责本省行政区域内国有土地的租赁活动及监督管理,市、县国土资源行政主管部门负责本行政区域内国有土地的租赁活动及监督管理。

自2004年1月1日起,浙江省土地出让金用于农业土地开发的比例确定为各市、县(市、区)土地出让平均纯收益的15%。7月,各市、县(市、区)从土地出让金划出的农业土地开发资金按20%的比例上缴省财政。2005年,省政府进一步明确和规范对土地出让金的征收、使用、管理与会计核算等,建立相对安全的土地收购储备资金运作机制,建立工业用地最低限价管理办法。2006年,省财政厅会同省国土资源厅赴嘉兴、台州、金华、宁波等市、县(市),实地督查土地出让收支情况。同年,国务院办公厅发文明确国有土地使用权出让收支范围,以及加强征收管理、预算管理、土地储备、信息共享监督管理和保障被征地农民及被拆迁居民利益等规定。

2007年,浙江省土地出让收入由各级财政部门负责征收管理,市、县国土资源管理部门负责具体征收，各级财政部门建立相应的专用存款账户，专门用于定金、保证金和预付款的缴纳。“专户”产生的利息收入上缴同级国库，作为土地使用权出让收入，纳入当地政府基金预算管理。留用安置土地，土地所有权转为国有出让的，其收益全额归集体经济组织所有；但必须全额缴纳土地出让金，市、县政府通过土地出让支出预算予以全额安排。2008年，浙江省执行财政部、国土资源部规定，开始全面编制土地出让收支预算。

2009年，浙江省实施国有土地使用权出让公开招标、拍卖、挂牌制度，规范合同管理，完善土地出让价款收缴行为。同年，根据财政部、国土资源部对部分地区的新增建设用地土地有偿使用费征收等别进行调整，每个征收等别对应的新增建设用地土地有偿使用费征收标准保持不变。同时，推进土地出让收支管理信息化进程，推进土地出让收支综合预算管理，细化土地收支统计工作，开展国有土地使用权出让情况的专项清理和检查工作，巩固土地出让收支管理。2010年，省财政厅、省国土资源厅印发《浙江省用于农业土地开发的土地出让金使用管理办法》，明确土地出让金的计提比例、上缴比例、使用范围、立项及立项程序等。同年，省财政厅、省国土资源厅下发《关于进一步规范土地指标调剂收入资金管理的通知》，明确对土地指标调剂收入资金的监督管理；同时，根据财政部等部门要求，加强国有土地收支报表编制工作，实行统计报表编制工作考核。

（三）住房资金管理

1993年，浙江省成立省住房基金管理中心，建立住房公积金制度。住房公积金是国家机关、国有企业、城镇集体企业、外商投资企业、城镇私营企业及其他城镇企业、事业单位、民办非企业单位、社会团体及其在职职工缴存的长期住房储金，是住房分配货币化、社会化和法制化的主要形式。

1994年12月，根据国务院有关深化城镇住房制度改革和建立住房公积金制度的文件精神，省政府颁发《浙江省深化城镇住房制度改革实施方案》（以下简称《实施方案》），提出住房建设投资由国家、单位统包的体制改变为国家、单位、个人三者合理负担的体制，开始全面建立住房公积金制度。规定住房公积金由在职职工个人及其所在单位，按职工个人工资的一定比例逐月缴纳，并确定公积金缴存比例为职工月工资的5%～7%不等。1995年，该比例占双职工家庭平均工资的4%～5%。按照责权利一致的原则和住房基金性质，建立和完善住房基金管理制度，加强住房基金的管理。住房基金的存贷款等金融业务由当地政府委托指定的专业银行办理。住房基金实行专户储存，专款专用。1995年2月，浙江省发布有关《实施方案》的具体落实意见，对住房公积金的缴存人员、单位、缴交基数、平均租金、新房超标加租、支取等作出规定；同时，规定由售房单位从售房款中提取10%～15%和购房人按新房成本价的1%建立维修基金。1996年底，浙江省住房公积金归集率为85%以上。1997年7月，颁发《浙江省住房公积金条例》，对住房公积金实行统一管理、专户存储、专项使用、安全运作、严格监督。全省各级管理中心定期向同级政府报告本行政区域内住房公积金的归集、使用情况。住房公积金账户的储存余额，实行每年对账一次的对账制度。

1998年，浙江省对住房资金净收益的50%建立风险准备金，用于弥补可能发生的呆账损失和经营亏损;50%建立住房发展基金,由政府统筹安排,专项用于住房改革和住房建设。当年12月,浙江省停止住房实物分配,逐步实行住房分配货币化,并按"新房新制度,老房老办法",平稳过渡,综合配套。全面推行和不断完善住房公积金制度,实现住房公积金和其他房改房资金规范化、电算化管理。建立住房补贴资金的申请、审批、发放和使用管理制度。1999年11月,继续推进住房分配货币化,加强住房补贴资金的筹集、使用和管理。

2001年,委托社会中介机构对全省30个住房资金管理中心进行审计,查出违规使用住房公积金和其他住房资金4.60亿元。同年,调整职工和单位住房公积金的缴存比例,设定为不低于职工上一年度月平均工资的5%,有条件的市(县)按省规定适当提高缴存比例。至当年6月底,全省个人住房公积金贷款余额为51.7亿元,占住房公积金归集余额的44.7%。2002年,加大住房资金管理力度,建立健全住房资金事前、事中、事后监督检查制度。全面启动在职职工住房补贴资金的发放工作,对278个省直单位住房补贴进行审批。2003年,制定职工职级差和补足配偶住房补贴发放办法。2004年,审批发放省直企事业单位离休干部住房补贴。

2006年,浙江省印发《关于进一步加强住房资金管理的通知》《关于加强住房公积金管理的若干问题的意见》《关于住房公积金管理几个具体问题的通知》等,规范和完善住房公积金呆账核销的处理程序和办法;落实国家有关做好城镇廉租住房资金保障的规定,明确全省城镇廉租住房资金的提取比例。2007年,省直单位自建专用房出售后,出售收入在平衡建设成本后全额上缴省财政,实行"收支两条线"管理。2009年,调整缴交住房公积金工资基数,将基本工资和津贴(补贴)部分都纳入工资基数,相应提高住房公积金发放标准。同时,多渠道筹措保障资金,逐步建立和完善城市低收入群体住房保障体系。2010年,启动省直机关在职职工配偶补足住房补贴的发放工作。至2010年底,全省住房公积金缴存总额2285亿元。

(四)海域使用金管理

全省海域使用的监督管理由省海洋行政主管部门负责,财政部门负责对海域使用金的征收管理。2001年,《中华人民共和国海域使用管理法》颁布,规定国家实行海域有偿使用制度。5月,浙江省规定海域使用金工业项目按每年每亩100元征收,旅游项目按每年每亩10～30元征收,排污、倾废项目按使用海域临时性储灰、储渣的按每年每亩200元征收,海底管线登陆点用海项目按每年每亩100元征收,海洋自然保护区内开发用海项目按每年每亩150～200元征收,其他经营性项目按每年每亩100～150元征收。第一个日历年和最后一个日历年的用海时间不满3个月的,免征海域使用金;满3个月但不满8个月的,按年使用金标准减半征收;8个月以上按年省标准征收。海域使用金从海域使用申请人被批准取得海域使用权时开始计征,按年度缴纳。海域使用金由财政部门委托海洋行政主管部门代征。

2003年5月,浙江省明确项目用海审批权限,填海50公顷以下(不含本数),围海70公顷以上、100公顷以下(不含本数)的项目用海,由所在地海洋行政主管部门签署意见,经省海洋行政主管部门审核同意后,报省政府审批。其他项目用海根据填、围海范围大小由各级政府审批。2005年3月,浙江省出台《浙江省海域使用权申请审批管理办法》,完善海域使用管理制度，规范海域使用权申请、呈报、审批程序；探索海域使用金的征收办法，加强资金的征收管理。2005年，征收海域使用金1.02亿元。2006年，制定《浙江省海域使用金征收管理办法》，对历年沿海市县海域使用金的征缴情况进行清算，并建立相关的征收管理备案、归档制度。2007年，省政府根据财政部和国家海洋局有关加强海域使用金征收管理的通知精神，修订颁发《浙江省海域使用金征收管理办法》，从管理制度、征管手段等方面强化海域使用金管理，严格减免程序，规范海域使用金减免审批工作。

2009年，省政府印发《浙江省海域使用金征收管理办法》，规范全省海域使用金的征收、使用和管理。省财政厅及有关部门制定措施，落实海域使用金征收管理办法，建立定期沟通机制和统计制度等。同年，省财政厅联合有关部门出台海域使用金减免政策，保障海域使用权人的合法权益。2010年，省财政厅、省海洋与渔业局联合发文，对温州、台州沿海产业带滩涂项目申报用海的应上缴中央部分海域使用金后，其余应缴地方部分予以缓缴。同年，省政府出台《关于开展海域使用权抵押贷款工作的意见》，明确海域使用权抵押贷款的申请条件、办理程序和要求，以及相关保障措施。

第五节　财政财务管理

财务管理是财政管理的基础和重要手段。清代及民国时期的财政财务管理，集中体现在资金的征集、分配和使用上，受留存资料的局限，相关内容在第一章财政收入、第二章财政支出等章节中已一并记述。中华人民共和国成立后，国家实行高度集中的计划经济体制，作为省级财政部门，浙江财政结合实际贯彻执行国家政策法令，直接参与和主导国营企业、行政事业单位及其基本建设的财务管理活动。1978年中共十一届三中全会后，浙江财政逐步建立起与社会主义市场经济体制相适应的财政财务管理制度。随着20世纪末公共财政理念的确立，财政财务管理职能向与市场经济体制相适应的公共财政职能方向调整，由直接管理转向间接管理，由微观管理转向宏观管理，由主要依靠行政方式转向综合使用行政、经济和法律方式，指导和监督企业及行政事业单位完善内部财务管理，建立健全内控制度，促进市场经济的发展与完善。

一、企业财务管理

1949年中华人民共和国成立至1978年改革开放前，中央和地方企业财务管理体制经过多次改革，财政对企业财务管理方式总体上由微观管理逐步向宏观管理转变。随着社会主义市场经济体制的建立，财政的企业财务管理职能也相应调整。1993年，贯彻执行《企业财务通则》《企业会计准则》及行业财务管理制度，推动企业建立完善的内部财务管理与控制体系，实行全面预算管理制度与现代企业财务管理。至2010年，基本构建起以《企业财务通则》为统领，以分行业的企业财务制度为支撑，以企业内部财务管理办法为基础的企业财务管理制度体系。

(一)工商企业财务管理

工商企业财务管理在1949年后主要有固定资产管理、流动资金管理、成本(费用)管理和利润分配管理等。1993年,财政部颁布《企业财务通则》《企业会计准则》以及分行业的企业财务、会计制度,改革成本核算管理办法,规范企业利润分配,实行税利分流,理顺企业与国家的收入分配关系。随着市场经济体制的建立和完善,工商企业行使独立经营权,财政部门逐步转变对企业的财务管理职能,结合贯彻《企业财务通则》,指导、帮助和督促企业建立健全内部财务管理制度。

1.固定资产管理

1951年,浙江省根据政务院财政经济委员会《国营企业资产清理及估价暂行办法》和《国营企业提缴折旧基金暂行办法》,将资产使用期在1年以上和单位价值在规定限额以上的主要劳动资料均纳入固定资产管理范围,主要包括房屋、建筑物、机器设备、运输设备、工具器具、仪器仪表等;同时规定对固定资产提缴折旧基金。1952年,浙江省执行政务院财政经济委员会补充规定,固定资产已满使用年限,在继续使用期间,仍然按原折旧率计算提取折旧基金,待安装固定资产以及停用固定资产均不计提折旧基金。1953年,浙江省执行国家计划委员会统一规定,将企业单位价值在200元以上、使用年限在1年以上的物品作为固定资产管理;并根据财政部关于《各级国营企业及各机关的固定资产转移处理办法的规定》的要求,企业之间固定资产的转移,一律由双方主管部门办理交接手续。转移后,企业资金发生增加或减少时,由企业编制固定资产拨入拨出的会计记录,各级总预算会计不另作预算收入与支出的转账记录。1954年4月,省财政厅发布《浙江省地方国营企业固定资产调拨暂行办法》,规定地方国营企业固定资产调拨应由省级企业主管部门全面掌握统一调度。同时规定,已满使用年限且不堪继续使用的固定资产,可由企业决定报废和清理;对于未满使用年限但确实不堪使用的,或因扩建、改建必须拆除清理的固定资产,以及因灾害或事故损坏难以修复的固定资产,其报废和清理均须随附技术鉴定意见报经上级主管部门批准后执行。成套设备的报废和清理,必须经主管部门批准。

1959年,省人民委员会发布《浙江省地方工业财务管理暂行办法(试行)》,规定单位价值在200元以上、使用年限在1年以上的房屋、设备、工具、器具和物品均为固定资产;如果企业需要提高单位价值限额,须事先报主管部门征得同级财政部门同意后方得提高,但最高不得超过500元。应计折旧的固定资产范围包括:使用中各类固定资产、租出或借出的固定资产、使用产权未定的固定资产、租赁固定资产改良工程、不使用的房屋和建筑物以及因季节性停用和大修理停用的固定资产。市(地)、县(市)所属企业固定资产调拨,由市(地)、县(市)主管部门批准。市(地)、县(市)之间所属企业固定资产调拨,由省主管部门批准。专署所属各县之间调拨,可由省主管部门根据具体情况授权专署批准办理。与省外单位发生固定资产调拨或调换时,转请省主管部门批准后,按双方协议办理。国营、地方国营及行政事业单位之间多余固定资产调拨及相互调换,均作无偿调拨处理,办理转账手续。如调入单位用于基本建设的,抵基本建设投资额。拨给集体所有制单位,作有偿调拨处理,收回的价款全部上缴财政。

1960年,国家计委、财政部通知,将固定资产的单位价值定为500(或200)元以上,而单位价值不足500(或200)元的、使用年限在1年以上的资产列为低值易耗品。1962年,浙江省颁发《关于国营工交企业、基建单位核定固定资产和流动资金若干问题的规定》,将房屋、建筑物、动力设备、传导设备、生产设备、工具仪器及生产用具、运输设备、管理用具、土地等9类资产划入固定资产范围。1964年,省财政厅印发《关于划分电动机固定资产限额的意见》,凡是专用的、与机器设备配套装置在一起的电动机,不论价值大小,均应作为固定资产管理;凡是移动装置的电动机,其中:固定资产限额标准为200元的企业,其电动机功能在2.8千瓦以上;固定资产限额标准为500元的企业,其电动机功能在4.5千瓦以上的,作为固定资产。1965年,省财政厅规定,凡符合使用年限较短、数量较多、更换比较频繁的非主要设备,如玻璃器具、工具性质的仪表、电表、1吨以下的矿车、4.5千瓦(或2.8千瓦)以下的电动机等,经批准可以不再作为固定资产管理,改作低值易耗品,直接在生产成本中开支。1971年9月,浙江省革命委员会增产节约清产核资领导小组规定,凡需报废的物资、设备,必须经本单位的工人、领导和专业人员的三结合小组审查和鉴定,企业革命委员会讨论后,报上级主管部门和同级财政部门审批。

1973年,浙江省执行财政部《关于国营工业交通企业若干费用开支办法》规定,企业的房屋、建筑物、设备、工具、器具、物品等,同时具备使用期限在1年以上和单位价值在200元、500元、800元以上两个条件的为固定资产。5月,省财政金融局印发《关于国营企业固定资产的调拨和财务处理的复函》,规定凡是国家所有制单位调剂给集体单位的,一律按质论价,收取价款;所得价款可留给主管部门或调出单位作为固定资产更新改造资金使用。1974年,省财政金融局发布《浙江省国营工业企业会计科目和会计报表》中,规定工业企业的固定资产包括工业生产用固定资产、非工业生产用固定资产、未使用固定资产、不需用固定资产、土地等5个类别。各种固定资产(土地除外)按月根据核定的月折旧率和月初的固定资产账面原值计提折旧。对于某些价值很大而又不经常使用的大型设备,以及汽车等运输设备,分别采用按工作时间或行驶里程计提折旧。

为支持企业技术进步,1977年浙江省革命委员会调整工业企业固定资产基本折旧率,全省平均调整为5%。1979年7月起,根据财政部有关规定,浙江省实行固定资产有偿调拨;企业暂时不使用的固定资产可以出租给其他单位使用,并向租用单位收取租金。1984年,省政府发布《关于贯彻执行〈国务院关于进一步扩大国营工业企业自主权的暂行规定〉的补充办法》,企业自身有权将多余、闲置的固定资产出租和有偿转让,出租和转让所得收益必须用于技术改造和设备更新。但属于上级主管部门管理的高、精、尖设备,在出租和转让时,须报经主管部门批准。1985年4月,浙江省执行国务院《国营企业固定资产折旧试行条例》规定:提取折旧的固定资产为房屋和建筑物、在用的机器设备、仪器仪表、运输车辆,季节性停用和大修理停用的设备、经营租赁租出的固定资产、融资租入的固定资产;不得提取折旧的固定资产为土地、通过局部轮番大修实现整体更新的固定资产、未使用和不需用的设备。账面已经提足折旧的固定资产不再提取折旧。连续停工1个月以上的车间和基本上处于停产状态的企业,其设备均不提取折旧。处于半停产状态的企业设备,减半提取折旧。同年,经财政部批准，省财政厅对浙江35户机械工业重点骨干企业试行优惠折旧率，在规定期限内，主要机器设备的折旧年限可缩短30%。根据国务院部署，自1986年1月1日起，浙江省国营纺织、丝绸、烟草、医药、冶金工业企业和建材行业（仅指国营统配企业）的水泥、玻璃、建筑陶瓷工业企业实行分类折旧，适当调整折旧率。1987年3月，省财政厅发文规定从1987年7月1日起在国营工业企业全面实行分类折旧，企业所提折旧基金全部留给企业自主支配使用。

1991年，省政府规定，经省计划经济委员会、省财政厅批准符合规定的四类企业（完全竞争类企业）的固定资产可以在既有折旧率的基础上加速20%～30%，增提的折旧基金全额用于技术改造。1992年3月，浙江省执行财政部《关于提高国营企业固定资产价值标准的通知》，将固定资产单位价值标准分别提高到1000元、1500元和2000元。1993年7月1日，财政部颁发《工业企业财务制度》，将符合下列两个条件之一的劳动资料列为固定资产：一是使用期限超过1年的房屋及建筑物、机器、机械、运输工具以及其他与生产经营有关的设备、器具、工具等；二是不属于生产经营主要设备，但单位价值在2000元以上、并且使用年限超过2年的物品。

1993年7月1日，财政部《企业财务通则》及分行业财务制度实施后，固定资产按大类实行分类折旧的方法逐步得到普及，双倍余额法、年数总和法等加速折旧方法在许多企业得到运用。

2.流动资金管理

1951年，省政府颁布《浙江省人民政府执行国家财政收支的具体规定》《浙江省人民政府地方工业企业财务管理暂行办法》《浙江省公营企业财务管理暂行条例》，规定企业流动资金来源分为两部分：企业再生产所必需的年度定额内的流动资金，由财政核定定额直接拨给企业无偿使用；季节性或临时性的超定额资金和购销过程的结算资金，则通过银行实行信贷管理和供应。财政部门根据1951年上半年度实际情况和下半年度生产和供销计划，核定流动资金定额及所需固定资金，确定对国营企业的投资额。1954年，省财政厅颁发《浙江省1954年地方国营企业财务管理暂行办法》，规定省属、地市所属企业定额流动资金，由主管部门或同级财政部门在规定范围内统一调度；多余或不足部分，由省财政厅分期收缴或拨补。公私合营企业流动资金不足，经过一定的批准程序，由国家拨补。对原有的公私合营单位，在各级主管部门或财政部门的流动资金专户存款内拨付增加企业股本。其中，对省属及杭州、宁波、温州三市所属公私合营企业，通过交通银行拨付，作增加公股资金管理；对新发展的公私合营企业，则一律通过国家预算渠道，按规定程序办理。同时，根据财政部《关于编制地方国营企业1954年财务收支计划中各项问题的规定》，地方国营企业所需流动资金20%～30%，由银行信贷解决。1957年，省财政厅发布《浙江省地方国营企业流动资金管理的具体规定》中，将国营企业和公私合营企业的定额流动资金，纳入预算管理；同时将企业主管部门和企业间定额流动资金的缴拨，通过在人民银行开立专户或其他存款户办理，企业主管部门作为本部门所属企业定额流动资金的调度单位。

1959年1月，省人民委员会下发《关于执行国务院〈关于改革企业流动资金管理办法的规定〉的规定》，国营、地方国营企业（不包括基本建设单位和建筑安装包工企业）和已经实行定息的公私合营企业所需要的流动资金，由人民银行采取信贷方式统一供应、统一管理，即“全额信贷”。各级财政部门将企业需要增加的定额流动资金列入预算，全额划转至当地人民银行作为信贷基金，由银行贷款供应企业。企业向银行所借流动资金，只能用于生产周转和商业流转，不得用于基本建设和其他用途。同年，浙江省执行财政部、中国人民银行总行的有关规定，市(地)、县(市)商业局所属商业企业，其原来财政拨给的自有流动资金均按规定划转人民银行作为贷款。10月，浙江省发布加强工矿企业流动资金管理规定，实行计划定额管理。“全额信贷”办法执行到1961年6月。1961年7月，浙江省执行国务院有关规定，对工业、交通运输部门实行定额流动资金供应，财政部门按核定总额的80%通过企业主管部门拨给企业，作为企业自有流动资金；其余20%由财政部门统一拨给人民银行，由银行向企业定额放款，按月息1.8厘计息。超定额贷款仍然按原规定的月息6厘计息。实行新的流动资金供应办法后，企业流动资金一律通过“结算户”收付。1962年1月，根据财政部、中国人民银行总行《关于取消国营工业、交通企业银行定额信贷的通知》规定，企业定额流动资金中由银行定额贷款的20%部分仍改为实行财政拨款的办法，转作企业自有资金。1963年，财政部颁发《工业企业流动资金管理办法(草稿)》，再次明确定额流动资金的增拨或上缴，由同级财政部门列入预算。浙江省执行财政部、中国人民银行总行的通知精神，对国营工业、交通企业的定额流动资金的增加额由财政拨足，企业多余的流动资金则相应缴回财政。3月，省财政厅等3个部门发布《浙江省地方国营企业定额流动资金管理试行办法》，企业对国家拨给的定额流动资金按照规定只能用于生产周转，不得用于基本建设、购置固定资产；不得用于四项费用(技术组织措施费、新产品试制费、劳动安全保护措施费、零星固定资产购置费)和职工福利等财政性的开支；不得用于预付货款或赊销商品(中央和省批准的例外)及其他不合理支出。1964年，省财政厅依据国家和省的有关规定加强流动资金管理工作，防止原材料、产品的积压；实行资金分口分级管理制度，将上级核定的流动资金定额和信贷计划指标，分别核给供销、生产、动力、机修等部门，分别管理和使用。1965年，浙江省执行国务院批转的《全国供销合作总社关于改革供销合作社财务管理体制的报告》，各级供销合作社的资金(股金除外)全部转为国家资金，视为国家对供销合作社的拨款，由全国供销合作总社统一管理。1971年，省财政金融局、商业局出台《浙江省商业企业核定流动资金定额的初步意见》，规定商品资金实行计划管理；零售企业核定流动资金定额，首先由当地调剂解决，不足部分由商业局、财政金融局逐步拨给；因季节性储备或临时性需要超过定额的资金和最低定额未拨足以前的资金，可由银行贷款临时解决；实行计划管理的企业和商品，所需资金由银行贷款解决；执行“利润留用”办法的饮食服务企业，所需资金从留用利润中解决，银行不予贷款；各类企业都应核定非商品资金定额，由自有资金解决；资金不足的单位，由当地商业主管局调剂解决；三级批发企业核定流动资金后，所需资金，仍由银行贷款解决。

1980年，浙江省执行国务院有关国营工交企业清产核资划转定额贷款和国拨流动资金实行有偿占用的规定，国营工交企业核定流动资金定额后，由银行从超定额贷款中划转一部分作为银行对企业定额流动资金贷款(简称定额贷款)，并对企业的国拨资金实行有偿占用，定额贷款利率月息2.1‰。新建企业、车间以及老企业由于生产增长所需增拨的定额内流动资金，仍由财政拨付，并按国拨流动资金有偿占用办法进行管理。浙江省对此作补充规定，企业缴纳的流动资金占用费在利润中支付；流动资金的核定审批手续按企业隶属关系，由企业主管部门、财政、银行共同审查批准，并将批准的指标数下达到企业和开户银行，企业据此办理划转手续；国营工业企业，在年内按照规定做好清库核库工作。同年，国家又颁发《关于国营工交企业实行有偿占用流动资金的补充规定》，明确国营企业按照每月月初国家流动资金的账面余额计算缴纳流动资金占用费（国家拨给企业用以储备指定用途的"特准储备基金"，不征占用费）；征收流动资金占用费的月费率2.1‰。同年，省财政厅对物资企业国拨流动资金实行有偿占用，凡归口各级物资局所属企业，根据每月月初反映的国拨流动资金账面余额，按规定费率向各级财政缴纳占用费。1982年，浙江省执行国家对国营施工企业国拨流动资金收取占用费的规定，并同时规定除浙建总公司汽车队、省建筑机械厂和省建安物资处按2.1‰收取占用费外，其余均按3‰收取。

1983年7月1日，浙江省执行国务院决定，国营企业流动资金改由中国人民银行统一管理。此前国家拨给企业的自有流动资金仍留企业继续使用，财政不再增拨流动资金，国家对企业占用的国拨流动资金仍然按规定征收占用费。企业流动资金核定由过去按绝对额核定的方法，改为按平均先进的销售收入资金率核定工业企业的流动资金定额，每年按销售收入计划调整一次。对超定额或超计划贷款实行加息或"浮动利息"。同时根据国家的经济政策，对不同行业、不同企业和产品实行差别利率。建立企业补充自有流动资金制度，规定企业每年须从企业留利中拿出10%用于补充自有流动资金，直至自有流动资金比例达到70%。1984年，浙江省试行利改税的企业暂免缴纳流动资金占用费，非利改税企业仍按规定缴纳流动资金占用费。

1993年7月1日，开始实施《企业财务通则》，国家对企业流动资金管理发生重大变革。随着《企业财务通则》的贯彻实施，企业资本金制度的建立，企业对资金的使用、调度，由企业根据自身情况安排，国家不再核定企业流动资金定额。1998年，国家整顿金融秩序，财政部门不再向任何企业提供流动资金，企业生产、销售的流动资金完全通过银行贷款、社会融资、租赁等市场方式解决。

3.成本费用管理

1953年1月，浙江省执行财政部《国营工业企业统一成本计算规程》，将工业企业成本项目统一划分为原料及主要材料、辅助材料、工艺技术过程用燃料、工艺技术过程用动力、生产工人工资、生产工人附加工资、新产品试制费、废品损失、停工损失、车间经费、企业管理费共11项。各种产品的商业成本（后称销售成本）除包括工厂成本项目外，还包括销售费用项目。1959年，省财政厅、省工业生产委员会印发《浙江省地方工业企业成本管理暂行规定》，要求各级计划部门、财政部门、主管部门协调配合，共同做好地方工交企业成本计划的管理工作。企业成本计划包括费用预算、单位产品成本计划、全部商品产品成本计划及可比产品成本降低计划。年度、季度成本计划逐级上报汇总，经核定下达后执行。可比产品成本降低率、全部商品产品成本、主要产品单位成本作为成本计划考核指标。1965年11月，浙江省执行财政部《工业企业会计科目和会计报表格式（草案）》的有关规定，将企业的成本项目减并为材料、工资、费用三大项，简称为“料、工、费”。

1973年12月，浙江省执行财政部《国营工业企业成本核算办法》，企业将应计入产品成本的全部生产费用(含期间费用)，按经济用途划分为原材料、燃料和动力、工资及福利费、车间经费、企业管理费5个成本项目；在各种产品之间进行归集与分配，进而在完工产品与在产品之间进行分配，最后计算出各种产品的总成本和单位成本。1984年8月，浙江省执行财政部《国营商业、外贸企业成本管理实施细则》，商业企业商品流通费核算项目分为运杂费、保管费、包装费等共16项；外贸企业商品流通费核算项目，在上述16项的基础上，可以根据需要增设业务费、涉外费、检验及手续费等项目；饮食服务、修理企业的商品流通费核算项目分为燃料水电费、物料消耗等共12项。同年，浙江省执行国务院《国营企业成本管理条例》规定，对工交企业考核全部产品的计划成本和可比产品成本降低率；对商贸企业考核商品流通费降低率。

1987年1月，浙江省执行财政部1986年修订的《国营工业企业成本核算办法》，企业可根据本单位具体情况，经主管部门批准，对成本项目作适当分设和合并。生产一种或几种产品的，以产品品种为成本核算对象；分批、单件生产的产品，以每批或每件产品为成本核算对象；多步骤连续加工的产品，以每种产品及各生产步骤为成本核算对象；产品规格繁多的，可将产品结构、耗用原材料和工艺过程基本相同的各种产品适当合并作为成本核算对象。商业企业则一般以购进或销售商品的品种或类别作为成本计算对象。小型企业可以只设“材料”“工资”和“费用”3个成本项目。电力和采掘采伐企业的成本项目，可以按生产费用性质分类设置。

1993年7月1日，国务院批准实施《企业财务通则》及分行业财务制度，浙江省工业企业采用制造成本法计算产品成本。制造成本包括直接材料、直接工资、其他直接支出、制造费用四大成本项目。商业企业成本费用包括商品进价成本和商品流通费(含经营费用、管理费用和财务费用3个项目)。

4. 利润分配管理

1950—1951年，国家对国营企业实行统收统支的财务管理体制。企业实现的利润，除按规定抵留少量的奖励基金外，其余全部上缴国家或地方财政；企业发生的亏损，由各级财政弥补。

1952年1月，政务院财政经济委员会公布《国营企业提用企业奖励基金暂行办法》。浙江省根据经国家批准的计划利润、超计划利润额(或计划亏损企业的减亏额)按不同行业类别分别提留奖励基金，按规定各企业全年提留的奖励基金总额不得超过全年基本工资总额的15%；国营贸易企业暂不提留。1953年11月，浙江省执行政务院财政经济委员会发布的《关于国营企业提用企业奖励基金的临时规定》，凡已实行经济核算的国营基层企业和建设单位，须报送并已经完成国家规定的利润及利润上缴计划后，方可申请提取企业奖励基金。1957年，浙江省地方国营企业以主管部门为单位实行超计划利润分成办法，各主管部门的超计划利润在扣除应提企业奖励基金和社会主义劳动竞赛奖金后，10%留给主管部门分配使用，主要用于发展生产。

1958 年，浙江省依据国务院《关于实行企业利润留成制度的几项规定》，结合浙江实际制定《关于地方工业企业实行利润留成办法》，规定企业留成比例以省、市（地）、县（市）企业主管部门为单位计算确定。省财政厅对省重工业厅直属企业以厅为单位计算的留成比例为 7%；各县（市）的留成比例以县（市）级工业主管部门为单位，一般不超过 10%。各级企业主管部门根据所属企业的具体情况，分别确定不同的留成比例。企业留成所得，须用于发展生产和适当照顾职工福利。同年，浙江省商业企业利润的 80%按规定上缴中央财政，20%缴地方财政，由省与市（地）、县（市）按规定比例分成；同时，在上缴中央财政的利润内，按中央主管部门规定的比例提取企业留成。1959 年，浙江省根据 1958 年利润留成试行情况，修订有关政策，制定《浙江省地方工业企业利润留成的几项规定（草案）》：企业主管部门从所属企业利润留成中集中掌握的部分最高不超过企业留成所得的 30%；亏损企业不实行利润留成，但计划亏损企业在完成生产计划和成本计划的条件下，可按工资总额的 4%提取企业基金，并就减亏部分提取 10%作为奖励。1961 年，根据财政部的统一规定，浙江省调低地方工业企业的利润留成比例（全国由原来平均占国营企业利润额的 13.2%调至 6.9%）。

1962 年 1 月 1 日，浙江省除商业部门仍实行利润留成外，其他各部门所属企业不再实行利润留成办法，改为提取企业奖金的办法，企业所需的技术组织措施费、新产品试制费、劳动安全保护措施费和零星固定资产购置费“四项费用”改由财政拨款解决。1966 年，国家对商业企业和附属企业不再按实现利润的比例提取利润留成，而由商业主管部门按年核给企业利润留成绝对额，解决商业企业及附属企业简易仓库和“四项费用”的需要。1969 年 11 月，浙江省根据财政部《关于做好 1969 年决算编审工作的通知》要求，将企业奖金并入职工福利基金，企业奖金制度从此取消。此办法沿用至 1977 年。

1978 年，浙江省全面试行企业基金制度，调整国家与企业的分配关系，扩大企业自主权。企业基金主要用于职工福利事业和职工奖金开支。当年，全省共提取企业基金 1770 万元。1979 年，在实行企业基金制度的同时，重新划定各县、市的利润分成比例：对县办国营企业实行利润留成办法；对计划亏损企业实行地方和国家 2∶8 负担。10 月，浙江省印发《关于扩大国营工业经营管理自主权试点的暂行办法》，对横山钢铁厂等全省 74 户全民所有制企业实行按利润提取企业基金的办法，企业基金可按规定用于挖潜、革新、改造以及新产品试制，也可用于职工福利设施或作为奖励基金。同年，按国家统一规定在商业系统试行全额利润留成办法。

1980 年，浙江省财政厅依照国务院批转国家经济委员会、财政部《国营工业企业利润留成试行办法》，以及省政府批准省经济委员会、省财政厅《关于进一步搞好扩大企业自主权试点工作的意见》等文件规定，进行多种形式的盈亏责任制和利润留成试点，其基本形式是基数利润留成加增长利润留成。1981 年，浙江省在工交企业中试行盈亏包干办法，即对微利企业和亏损企业，全部实行利润包干、超收分成和亏损包干、超亏不补、减亏留用等盈亏包干办法。1982 年，浙江省财政结合实际扩大推行多种形式的利润留成和盈亏包干办法：对增产增收潜力比较大的企业实行基数利润留成加增长利润留成；对调整期间生产任务减少、利润大幅度下降的企业，实行超计划利润留成；对微利企业采用利润包干；对政策性亏损或计划亏损企业实行亏损包干。同年起，省财政对工业企业试制新产品所发生的材料、工资和相关费用，允许计入生产成本；企业按规定提取的利润留成资金、超收分成资金或税后利润，分别建立一般生产发展基金、新产品试制基金和后备基金。

1983年，国营工交企业实行第一步利改税，即税利并存。国营企业由上缴国家利润改为大中型企业按55%的比例税率向国家缴纳所得税，税后利润在保证企业合理留利之后，再按固定比例、定额包干、递增包干或调节税等多种方式上缴财政；小型企业按8级超额累进税率缴纳企业所得税。在第一步利改税的基础上，1984年实行第二步利改税。大中型工业企业按照核定的基期利润扣除按55%比例计算的所得税后，剩余利润超过1983年合理留利的部分，逐户核定比例，计征调节税；剩余利润达不到1983年合理留利数的，不征调节税，并在一定期限内，经过批准减征一定数额的所得税。小型工业企业仍按8级超额累进税率缴纳企业所得税。1985年，省政府出台《关于进一步扩大企业自主权的若干补充规定》，对设备陈旧、缺乏自我更新能力的国营工业企业，经当地主管部门和财政部门审查同意报同级政府批准，按产品销售收入总额由企业提留1%，作为技术改造和新产品开发基金。

1987年，在全省工业企业中全面实行承包经营责任制。根据企业的不同情况，采用“双保一挂”；上缴利润递增包干；上缴利润基数包干，超收分成；微利企业实行利润全额包干或按规定的比例分成；政策性计划亏损企业实行亏损补贴包干或补贴递减包干，超亏不补，减亏留用等多种承包方式。同年，浙江省全面推行承包经营责任制，除1594户工业企业实行不同形式的承包制外，在大中型商业企业中也推行承包经营责任制。1991年开始第二轮承包制。浙江省依据财政部《关于完善全民所有制企业承包经营责任制有关财务问题的规定》等政策，对原核定的承包基数和递增比例过低问题，作适当调整；根据确保国家财政收入稳步增长的原则，承包上缴利润的形式主要采用“递增承包超收分成”“基数承包超收分成”“亏损补贴递减承包超收分成”等多种超目标分成办法。同时，建立承包风险基金，实行风险抵押承包；取消从还贷利润中提取职工福利基金和奖励基金的办法。

1995年，浙江省选择百家企业进行现代企业制度试点，并对试点企业建立补充生产经营资金的机制，即由同级财政部门将企业实际上缴所得税税额的15%返还给企业，用于补充企业自有生产经营资金。

5.外贸企业财务管理

为调动浙江省外贸企业扩大出口的积极性，1987年3月，浙江省出台外贸企业提取出口奖励金的暂行规定，明确外贸企业人民币出口奖励金提取办法和外汇额度出口奖励金提取办法。1988年初，外贸企业财务管理下放给市(地)、县(市)。6月，省财政厅明确规定下放后的外贸企业财务关系与同级财政挂钩。省政府向国家承包的外贸出口创汇基数、上缴中央外汇额度基数、出口创汇基数内人民币补贴基数承包任务全部切块分配到市(地)、县(市)和省级外贸公司，承包基数一定三年不变。

1989年，浙江省完善省级外贸企业出口创汇与工资、福利挂钩办法。5月，省政府出台市(地)、县(市)长出口创汇奖励基金试行办法，对基金来源、计提标准和奖励对象作出规定。1990年8月，省政府修改出口创汇奖励基金计提标准，规定每创汇1美元奖励人民币0.04

元。当年，浙江省第一轮外贸承包经营责任制结束，除3个试点行业公司（轻工、工艺、纺织、服装4家公司）1990年底有减亏留用资金659万元外，其他省级外贸公司超亏严重。

为确保完成国家外贸承包任务和出口稳定增长，1991年3月，省政府明确，省丝绸进出口公司经营丝绸商品出口业务的计划内盈利，每1美元创汇集中0.4元人民币，作为调剂利润，统一运筹；1992年改为按省丝绸公司出口实绩创汇每1美元集中0.2元人民币。1992年1月，为加强综合运筹，保证浙江省外贸出口持续、稳定、全面发展，省财政厅对省属外贸公司年终实现的盈利进行调剂；落实纺织品出口专项补贴，加强外贸企业外汇财务管理，正确核算企业经营成果和盈亏；加强外贸企业后备基金的财务管理；允许外贸企业按自营出口销售额（人民币）5‰提取的简易建筑资金（包括结余）用于兴办实业；允许自1992年起可按自营出口销售额（人民币）的2‰提取外贸实业基金，专项用于兴办实业。

1994年8月，省财政厅和省对外经济贸易委员会理顺市（地）、县（市）外贸企业财务管理关系，明确财务管理体制，落实国有资产管理权限。同年，经省政府同意，建立外贸出口发展基金，用于提高出口创汇能力，扩大机电产品、高新技术产品出口，培育外贸新增长点，巩固和开拓国际市场。1994—2010年，该项基金总规模为19.27亿元。

6．"两则""两制"后的企业财务管理

1993年7月1日，财政部《企业财务通则》《企业会计准则》及分行业财务制度、会计制度（以下简称"两则""两制"）实施后，浙江省结合实际制定新老财务会计制度的衔接办法，在参与企业改制中指导、帮助企业调整账目，保障新老制度平稳过渡，将企业推向市场。

1995年3月，根据财政部、国家土地管理局《关于加强外商投资企业场地使用费征收管理的通知》规定，省财政厅设"外商投资企业场地使用费财政专户"，用于场地使用费收入的专项存储和清算；场地使用费收入纳入预算管理，专项用于外商投资企业用地的补偿、拆迁、安置和建设厂外公共设施及相应的土地开发等，支持外商投资企业发展。1996年7月，省财政厅印发《浙江省外商投资企业财政登记管理办法实施意见》，规定外商投资企业在工商行政管理机关签发营业执照之日起30日内，向主管财政机关办理财政登记，作为企业委托中国注册会计师办理验资、查账，开展财务会计活动，接受财政检查监督的基本依据。

1998年，省财政厅对省内中外合作经营企业外国合作者先行回收投资事项进行审批。中外合作经营企业在合同中约定合作期满时企业的全部固定资产归中方合作者所有的，可以在中外合作经营企业合同中约定外国投资者在合作期限内先行回收投资的办法，但须对中外合作经营企业的债务承担责任。同年，省政府办公厅转发《省财政厅关于加强国有企业财务监督实施意见的通知》，在坚持政企职责分开原则下，财政部门加强对

图31-4-5-1　2000年6月22日，在省级国资营运机构国有资产授权经营签字仪式上，省财政厅代表（右）与省机电集团法人代表（左）签订国有资产授权经营书（浙江省财政厅档案室提供）

国有企业、国有独资和国有控股企业的财务监督管理,包括非生产性开支、生产经营资金使用、对外投资、关联企业经营往来、购销活动、资金调度、成本费用、资产处置、利润分配、财务报告十大方面。同年,省政府发文试行企业经营者年薪制和国有企业内部职工持股。2001年,财政部印发《企业国有资本与财务管理暂行办法》,各级财政部门根据本级人民政府赋予的职权,负责企业国有资本与财务管理,企业按照国家有关规章制度承担国有资本保值增值的责任。2002年,根据财政部要求,财政部门在国有企业推行《企业会计制度》,并指导做好财务清查、审计等工作。2005年,对全省烟草商业企业开展全面财产清查工作,做好烟草商业企业财务体制上划及资产划转工作。2006年,烟草企业部分辅业资产划转市县政府管理。

2006年1月1日,根据《中华人民共和国公司法》,国有企业以及其他企业一并停止实行公益金制度。2007年,根据财政部新颁发的《企业财务通则》,财政部门在做好宣传、培训的同时,加强对企业财务的指导、管理、监督。2009年,落实《财政部关于当前应对金融危机加强企业财务管理的若干意见》精神,财政部门开展对企业执行《企业财务通则》等财务规章制度情况的监督检查,指导、监督企业加强财务管理、建立健全内部控制制度,同时加大对各项财政扶持企业政策的宣传力度,促使企业用足用好国家及省市各级财政部门的优惠政策。至2010年,工商企业财务管理依照新的《企业财务通则》执行。

(二)农业企业财务管理

农业企业财务管理工作与工商企业财务管理基本一致,财政部门根据农业企业的特定条件和具体情况,在贯彻执行财政部颁布的企业财务会计制度与规定的同时,结合浙江实际作出补充或专门规定。农业企业财务管理在2000年前分为国营农垦企业、国营农业事业性生产单位和乡镇企业三类。1999年,浙江省开展农业企事业单位转制改制。2000年后,随着农业企事业单位的改制和政府部门机构改革,农业企业财务管理工作不再由财政部门直接管理,改由分管部门归口管理,执行统一的企业会计制度,但每年仍向财政部门报送企业决算报表。

1. 国营农垦企业财务管理

浙江农垦事业是在农业事业场的基础上发展起来的。从中华人民共和国建立之初到1962年,全省农垦场(企业)和农业事业场没有明确划分。1962年,全省国营农场调整定点,农垦企业正式列入农垦系统实行统一管理。至1978年,浙江农垦企业均实行"统收统支"的财务管理体制,即农垦企业利润、多余流动资金、固定资产折旧基金和变价收入,全部上缴财政,亏损由财政弥补;农垦企业扩大再生产所需基建投资和增加流动资金全部由财政拨款。全省农垦企业年年亏损,1978年亏损额为964.9万元。1979—1985年,按照财政部和国家农垦总局的规定,对农垦企业实行财务包干,省财政厅和省农垦局结合浙江实际对全省所有农垦企业执行"独立核算、自负盈亏、盈利留用、限期扭亏"的财务包干办法。农垦企业实行财务包干办法后,其所需的基本建设投资、流动资金、小型农田水利和政策性、社会性支出,仍列入各级基本建设投资计划,由财政预算拨款解决。在财务包干制度引导下,全省农垦企业开展农工商综合经营,兴办家庭农场,经济发展较快,1985年总产值比1978年增长3.3倍,实现扭亏增盈。1985年,鉴于农垦企业的财务包干即将到期,考虑到农垦企业盈利水平仍然很低,与其他工商企业一样实行利改税政策还有许多困难的实际情况,决定继续实行财务包干,待条件成熟后再实行利改税。至1995年,浙江对国营农垦企业一直实行财务包干办法,对一般盈利企业实行"自负盈亏,盈利不缴,亏损不补"的包干政策;对盈利额50万元以上的企业实行"定额上缴"的包干办法;对亏损企业实行"定额补贴,超亏不补",规定扭亏限期。各级财政部门继续扶持国营农垦企业发展,将企业上缴财政利润分别用于返还企业,增发国家流动资金,解决企业遭受重大自然灾害的困难补助;建立支农周转金,用于扶持条件较差企业发展生产。1995年,全省农垦企业总产值(按当年价)25.34亿元,比1990年增长168%;利润总额4784万元,基本扭转亏损局面。

1996年以后,农垦企业陆续实施"两则""两制"。按照资本保全和完整原则,建立按投资主体划分的资本金制度;建立和完善会计核算制度;为加快企业技术进步,简化折旧分类,适当提高折旧水平,建立固定资产折旧制度;成本管理实行制造成本制;建立新的财务评价指标体系,实行财务会计报告制度;理顺国家与企业的分配关系,实行利润分配由包干上缴利润改为依法缴纳企业所得税。

2.国营农业事业财务管理

国营农业事业包括农业、畜牧、林业、水产、水利等各部门所属,不以营利为目的的产品性生产、商品性经营并实行企业化管理的农副业事业单位。其范围很广,主要为农牧渔良种场(以下简称良种场)、林场苗圃、水利工程管理单位(以下简称水管单位)等。

(1)国营农牧渔良种场财务管理。浙江省的良种场是在中华人民共和国成立初期接管国民政府的农业试验场、果园、苗圃以及土地改革中保留的公用地、垦荒地等基础上,逐步发展成为农技示范、繁育推广优良品种的基地,以后又陆续建立了一批国营机耕农场、林场等国营专业场,属事业性质生产单位,经费列入事业预算,实行全额预算管理。

1949—1956年,国家实行农业合作化,对良种场确定了"繁殖良种,增产示范、培养干部、积累资金"的任务。1956年,浙江省根据农业部确定的种畜场"一业为主、多种经营"的方针,要求搞好良种场经济核算和成本管理。1958年人民公社化后,许多良种场被改作机关副食品基地。1962年,根据中央精神,浙江省恢复良种场建制,并确定良种场"事业性质、企业经营、实行经济核算"的原则。1978年之前,财政对良种场财务管理基本上实行"统收统支、收支两条线",基本建设资金和生产周转用流动资金由国家基本建设投资和财政预算事业拨款解决,良种场内部财务按企业化管理,保证良种场完成良种繁殖、供应任务,盈、亏都由国家包揽。"文化大革命"期间,全省良种场经营活动遭到严重干扰,财务管理混乱,生产下降,成本增加,连年亏损。

1979年,财政部、农业部、农业银行颁发《农牧渔良种场财务管理的几项规定》和《国营农牧渔良种场会计制度(试行草案)》。1980年1月,省财政局、省农业厅根据浙江省具体情况作出补充规定,良种场实行"定额补贴、一年一定,结余留用、超亏不补"的财务包干办法,并实行"四定一奖"生产责任制,即定产量产值、定良种数量质量、定直接成本、定人工消耗,超产奖励。

1986年，浙江省执行财政部、农牧渔业部规定，对国营良种场继续实行财务包干，具体办法由财政部门与主管部门核定到场。1992年5月，财政部、农业部颁发《国营农牧渔良种场会计制度(试行)》，省财政厅、省农业厅据此作出补充规定，良种场(包括农场所属独立核算的工副业、第三产业单位和以农场为主集资经营的经济实体)仍实行财务包干办法，继续享受国家优惠政策。1979—1994年，良种场实行财务包干后总盈利1.64亿元，比1978年包干前的总盈利增加158倍。

(2)国营林场与苗圃财务管理。国营林场、苗圃是事业性生产单位，执行《国营林场、苗圃财务会计制度》。1959年起，对国营造林部分的成本费用支出，凡列入林业基本建设计划的投资项目，改由国家基本建设资金支出，并按基建程序和财会制度实施管理。1960年前，全省林场、苗圃实行全额预算管理。

1960年，省财政厅、省林业厅制定《浙江省国营林场财务管理暂行办法》，将财务管理由全额预算改为"差额预算、全额管理、核定计划、以收抵支、结余留用、超收分成"，并要求编制年度财务收支计划，经主管部门审核汇总送财政部门核定。林场、苗圃继续执行《事业单位预算会计制度》。1965年12月，省财政厅、省农业厅出台《浙江省国营林场、苗圃财务管理(试行办法)》《浙江省国营林场、苗圃会计制度(试行草案)》《浙江省林场、苗圃统一成本计算规程(试行草案)》等制度，规定林场、苗圃仍属事业单位，其内部实行企业化管理。事业费采取"全额管理、差额补助(或上缴)、超收和节余留场"的办法，并对资金管理，固定资产和林木资产、材料产品、专用基金、成本核算，以及会计科目的设置和使用等，都作了明确规定。

1982年10月，省财政厅、省林业厅重新制定《浙江省国营林场、苗圃会计制度(试行稿)》等制度，对林场、苗圃事业费管理实行"定额包干、结余留用、超支不补"的办法，实现的净收入和事业费结余，允许留场使用，不上缴财政，作为生产发展基金、职工福利基金和奖励基金。同时规定林场、苗圃是独立经济核算单位，一切经济活动纳入计划管理。对国家拨给的基本建设投资、事业经费、财政专项拨款和生产周转金及专项贷款等，实行专款专用。为调动各方生产积极性，财政部门针对各林场苗圃具体情况，推行以定、包、奖、赔为主要内容的生产经营承包责任制。针对部分林场还办家庭林场的新情况，省财政厅、省林业厅于1985年3月制定《浙江省国营林场、苗圃实行"大包干"办家庭林场有关财务管理与会计核算办法》，规定林场、苗圃对承包户(包括家庭林场)签订承包合同的具体生产任务和经济责任。1986年，财政部、林业部制定《国营林场、苗圃会计制度》，省财政厅、省林业厅调整补充后发布《浙江省国营林场、苗圃财务会计制度》，统一会计科目名称、会计报表设置与编报。1990年，浙江省执行财政部、林业部《国营林场、苗圃财务管理办法》和修订的《国营林场、苗圃会计制度》。

(3)国营水利工程管理单位财务管理。国营水利工程管理单位是指大中型水库、灌区、堤防、闸坝、机电排灌站等事业性生产服务单位。这些单位利用管理范围内的水土资源和工程设施开展水电、水产业、林业、农副业、畜牧业、运输业、机械修造加工和旅游业等综合经营项目，故按企业化进行财务管理。

1949—1957年，全省着重推广区、乡群众性水利管理经验；1958—1966年，全省各级水利部门开始从组织机构、人员配备和规章制度等方面加强水利管理工作，但全省没有统一的水管单位财务会计制度。“文化大革命”期间，各级水管单位力量削弱，制度废弛。

1980年，省财政厅、省水利厅转发财政部、水利部《水利工程管理单位财务包干试行办法》，明确水管单位开展综合经营，其事业单位性质不变，按企业要求进行管理，实行财务包干、结余留用办法，并对结余留用资金的具体用途作了相应规定。1981年，执行财政部、水利部《水利工程管理单位财务管理办法与会计制度》，对水利管理单位继续实行原财务管理办法的同时，要求增收节支，以收抵支，逐步减少国家财政补贴。同时要求编制年度财务收支计划，报经主管部门和财政部门审批。

1983年，省财政厅、省水利厅制定《浙江省机电排灌站财务管理办法补充规定》，要求全省排灌站建立和健全成本核算制度，并对生产经营用的房屋、生产设备等固定资产提取基本折旧基金和大修理基金。1989年，浙江省实施财政部、水利电力部修订的《水利工程管理单位财务管理办法》，进一步明确水管单位是实行独立经济核算的事业单位，有条件的可逐步向企业化管理过渡，实行“以收抵支”财务包干管理办法。同时规定水管单位统一核算范围是供水生产、发电生产和综合经营生产，应在统一领导、统一经营、统一计算盈亏的基础上实行内部经营管理责任制(包括经营承包责任制)和内部经济核算制。

20世纪90年代中期，浙江省农业事业单位执行财政部与相关部门先后制定的财务会计制度。良种场执行《国有农牧渔良种场财务制度(暂行)》和《国有农牧渔良种场会计制度(暂行)》，林场、苗圃执行《国有林场与苗圃财务制度(暂行)》和《国有林场与苗圃会计制度(暂行)》，水管单位执行《水利工程管理单位财务制度(暂行)》和《水利工程管理单位会计制度(暂行)》。这些新的财务与会计制度都是以“两则”(《企业财务通则》《企业会计准则》)为基本原则，结合农业生产性事业单位特点而制定。通过建立资本金制度，体现资本保全原则，按照国际通行的一般原则，建立会计核算制度以及新的财务会计报告与财务评价指标体系，理顺国家与农业生产性事业单位的分配关系；利润分配由包干上缴财政逐步转向依法缴纳各项税收。2000年后，随着市场经济体制的建立和完善，农业事业单位实施转制改制，国有资产逐步退出。同时随着全省城市化进程的推进，一些国营农场被纳入当地城镇发展总体建设规划。2008年，浙江省加快农场布局调整，将国有农场逐步纳入城乡统筹发展和新农村建设范畴进行管理。

3. 乡镇企业财务管理

乡镇企业原称社队企业，由土地改革时期的农村副业和农业合作社时期的工副业发展而成。1958年人民公社成立后，兴办社、队两级所有的社队企业，社办企业为独立核算单位，队办企业属报账制单位，财务会计纳入生产大队统一核算。20世纪60年代初，社队企业在农村经济中所占比重很小，省主管农村经济的农业厅(局)，规定社队企业与社队管理部门，即农村人民公社工业办公室的财务管理实行统收统支，没有专门统一的财务会计制度。“文化大革命”期间，浙江省社队企业生产经营不正常，企业管理混乱，财务制度废弛。1978年，浙江省成立社队企业管理局。1980年1月，省财政局、省社队企业管理局制定《浙江省社队工业企业财务管理办法和会计制度》，对企业固定资产、流动资金、成本列支、利润留成等财务会计核算作了具体规定。

1978年中共十一届三中全会后，浙江省社队企业发展迅速。1983年恢复乡村建制；1984年，人民公社建制被撤销，社队企业改称乡镇企业。1987年，省财政厅、省乡镇企业局制定《浙江省乡镇企业财务制度》《浙江省乡镇企业会计制度》，对固定资产、流动资金、利润留成及各类专用基金作出新的制度规定。乡镇企业税后利润除支付税后投资分利外，留给企业部分不少于80%，其余部分上缴乡村主管部门。留给企业的净利润，大部分用于增加企业发展基金，进行扩大再生产，少部分用于增加福利基金和奖励基金。按月提取的专用基金包括：发展基金、技术开发基金、福利基金、奖励基金、企业基金、教育基金、养老保险基金、大修基金等；按“先提后用，专款专用，计划安排，不得超支”的原则加强专用基金管理。

1993年，浙江省贯彻实施财政部《企业财务通则》《企业会计准则》，结合浙江实际制定《乡镇企业执行新的企业财务制度若干政策问题》《乡镇企业执行新会计制度问题的处理规定》，并规定财政部门是主管乡镇企业财务的主管部门。乡镇企业可实行承包经营责任制，其性质和隶属关系不变。乡镇企业的所有权仍归投资者所有。乡、村主管部门或董事会与承包人签订合同，承包人提供必要的财产担保。乡镇企业贯彻执行有关行业的企业财会制度。1995年，浙江省执行财政部《乡镇企业年终清理、分配和编报财务决算报表的意见》，对财务决算有关费用列支和账务处理作出新的规定。

1997年，省委、省政府发布《关于进一步促进我省乡镇企业改革发展与提高的若干政策意见》，加大对乡镇企业的政策扶持力度。省财政统筹安排财政周转金，支持重点骨干乡镇企业技术改造与技术进步；周转金定期回收、滚动利用；对从事农产品深加工、精加工的农业龙头企业，实行企业所得税先征后返；设立乡镇企业发展基金；对乡镇企业生产的国家级和省级新产品，其新增所得税部分实行先征后返；对被认定为高新技术的企业，给予所得税三免两减半优惠。1999年，浙江省运用财政贴息等政策，引导银行信贷等资金支持乡镇企业发展。

2000年，随着社会主义市场经济体制的完善，政府职能的转变，浙江省撤销乡镇企业局，新设浙江省中小企业局。乡镇企业改称中小企业，其财务管理制度以“两则”为原则，由行业所属部门直接管理。

（三）金融企业财务管理

1998年以前，浙江省地方金融机构由人民银行系统实施行业监督管理。1999年，随着财政部机构调整及业务职能设置变化，地方金融企业财务管理职能归口财政部门管理，接受管理单位的地方金融企业主要有城市商业银行、信托公司、金融租赁公司、财务公司、消费金融公司、证券公司、期货公司、基金管理公司、保险公司等。

1998年，省财政厅行使对地方金融企业的财务管理职能后，贯彻执行财政部有关金融企业财务管理制度。2001年2月，省财政厅印发《关于地方金融企业年度决算审核若干问题的通知》，明确审核金融企业的范围，规定审批程序和审核时限，规范金融企业财务决算审核环节。同时逐步健全各项资产管理制度。9月，省财政厅制定《浙江省地方金融企业呆账准备提取及呆账核销管理实施办法》，对呆账的认定、呆账准备提取、呆账的核销作出规范。全省地方金融企业截至2000年底的坏账准备及投资风险准备一并转入呆账准备账户，不再提取坏账准备及投资风险准备。同年，省财政厅执行财政部《中小企业融资担保机构风险管理暂行办法》，规范全省中小企业融资担保机构风险管理。担保机构按规定提取准备金，除准备金外的货币资金部分，80％存银行或购买国债等，20％以内经财政部门批准可以购买股票或基金。担保机构收取的担保费不超过同期银行贷款利率的 50％，单户担保余额不超过实收资本的 10％，担保责任余额不超过实收资本的 10 倍。

2002 年 3 月，根据财政部对国有金融企业产权登记工作的部署，省财政厅做好金融国有资产产权登记、监督检查工作，明确登记对象、登记机关及职责等，对全省金融国有资产登记在册。2003 年 12 月，省财政厅转发财政部《关于加强地方财政部门对中小企业信用担保机构财务管理和政策支持若干问题的通知》，全省各级财政部门对中小企业信用担保机构进行调查，建立担保机构有效的档案资料，指导担保机构按规定所提取的未到期责任准备金、风险准备金，允许计入当期经营成本。各地财政部门预算安排专项资金建立风险补偿基金，用于担保机构的损账（代偿）补偿。2004 年 1 月，省财政厅转发财政部《关于继续做好地方金融企业国有资产监督管理工作的通知》，依法对所属地方金融企业国有资产清产核资，国有资本金权属界定，产权登记、统计、分析，国有资产评估，国有产权变动及国有股权管理等事项进行监督管理。

2005 年 2 月，为提高全省农信系统资产财务管理水平，浙江省农村信用联社及各级农村信用社的资产财务管理工作归口同级财政部门管理。省财政厅要求省农村信用联社及时提供有关会计信息资料，做好农村金融系统突发事件的防范与处置工作。2006 年 3 月，省财政厅转发财政部《关于做好地方金融类企业国有资产监管工作的通知》，明确各级财政部门是履行金融类企业国有资产监管职责的主管机构。省财政厅发布“三定”方案重申对地方金融企业国有资产管理职责。10 月，省财政厅执行财政部《金融类企业国有资产产权登记管理暂行办法》，明确金融类企业国有资产产权登记和管理机关为同级财政部门，规定各级财政部门按照统一政策、分级管理的原则，组织实施各项工作。

2007 年 3 月，省财政厅执行财政部《金融企业国有资产转让管理办法》，规范金融企业国有资产转让行为，加强国有资产交易的监督管理，维护国有资产出资人的合法权益，防止国有资产流失。10 月，浙江省执行财政部《金融企业国有资产评估监督管理暂行办法》，加强对金融企业国有资产评估的监督管理，规范金融企业国有资产评估行为，维护国有资产所有者合法权益。同时，省财政厅于 2007 年建立担保机构风险补偿制度，完善全省融资担保机构风险防范及分散机制，抵御担保风险。当年省财政共拨付风险资金 600 万元，39 家担保机构获得风险补偿。2008 年 5 月，省财政厅转发财政部《关于积极做好地方财政金融管理工作意见》，提出财政扶持发展政策，做优做强地方法人商业银行，推动符合条件的优质企业上市融资，培育地方保险机构，深化农村合作金融机构改革发展。

2009 年 2 月，省政府办公厅《关于我省地方金融企业国有资产和财务管理职能有关问题的复函》进一步厘清国有资产管理体制，明确各级财政部门负责指导、管理、监督本级农村合作金融机构的财务管理工作，非国有或非国资部门监管企业持股的地方金融企业的财务管理及相关的国有资产监管职责，由同级财政部门承担。10 月，根据省政府办公厅《关于印发浙江省财政厅主要职责、内设机构和人员编制规定的通知》，将原由省国家税务局负责的城市商业银行、农村合作金融机构的财务管理职责划归省财政厅负责。11月，省财政厅对地方金融企业资产营运质量开展绩效评价试点，设置盈利能力、经营增长、资产质量、偿付能力等21个指标，按各自不同权重对金融企业进行综合评价，推动金融企业提升经营管理水平，促进金融企业健康发展。纳入年度绩效评价范围的金融企业有10家，绩效评价得分全部大于60分，其中绩效评价结果为优秀的2家、良好的6家、中等的2家。

2009年，国际金融危机期间，经济下行压力加大。省财政厅出台应对金融危机加强银行业金融机构财务管理和风险管控的意见，要求各银行业金融机构增加有效信贷投放，特别是加大对中小企业和“三农”的金融支持力度，调整信贷结构，从严控制对“两高一资”（高耗能、高污染和资源性产品出口）、产能过剩行业的贷款；坚决退出落后产能贷款；加大对国家重点节能减排、节能环保工程的信贷支持力度。创新金融产品，改进财务管理，合理调整资产负债品种结构，增加低成本活期存款资金。当年，全省银行业金融机构加强风险管理，做好呆账核销、贷款重组和减免，加大不良贷款清收、盘活力度，提高资产质量。同年，全省银行业金融机构基本做到新发放的贷款进入实体经济，不向高污染、高能耗、产能明显过剩的行业和企业发放贷款，贷后跟踪及时，信贷风险管理科学合理。

2010年1月，省财政厅向财政部推荐浙江产权交易所承担在浙中央管理金融企业国有资产转让业务。当年，省财政厅确定浙江产权交易所承办金融企业国有资产交易业务。4月，省财政厅实施财政部金融企业呆账核销管理办法，全省金融企业及时足额提取相关准备金，对符合条件的呆账进行认定，及时核销，实现资产保全。12月，省财政厅完善金融企业财务管理制度，建立金融企业信息登记制度，要求地方金融企业办理财务登记、年检等手续；建立地方金融企业招投标制度，对购建固定资产，分门别类进行招投标管理。全省财政部门加强金融企业财务包括资产质量、呆坏账处理情况、准备金管理情况、长期投资情况、固定资产管理情况、国家所有者权益变动、利润分配、住房周转金转销处理情况等方面的管理，掌握全省地方金融企业财务状况、盈利能力、经营状况、资产质量、风险水平等各方面情况。至2010年末，全省登记地方金融企业共349户，其中商业银行13户、信用社72户、新型农村金融机构20户、担保类企业240户、证券类企业2户、保险类企业2户。企业资产总额15820亿元，负债总额14397亿元，所有者权益1423亿元。

（四）供销企业财务管理

1949年中华人民共和国成立初期，全国组建供销合作社系统，但未形成统一的财务管理制度。1950年，浙江省供销合作总社成立，隶属于省商业厅。同年执行《工商税暂行条例》规定，按21级全额累进税率向国家缴纳所得税，最低税率5.75%，最高税率为34.5%。1952年7月，全国供销合作总社（以下简称全国供销总社）明确各级联社为独立经济核算单位，在合作社系统统一计划下，各自管理财务，自负盈亏。1957年，供销合作社与国营商业企业合并，执行商业企业财务管理制度。同年，各级供销合作社缴纳的所得税和所得税附征合并为5级综合计算率。县以上供销合作社最低为30%，最高为80%。基层供销合作社最低为30%，最高为70%。1961年,供销合作社与国营商业企业分开,实行“统一领导,统一计划,分级管理,分级核算,各负盈亏,基金调剂”的财务制度。1962年和1963年,基层供销合作社和县以上供销合作社分别由累进税率改为比例税率,税率为39%。税后利润按一定比例提取,逐级上缴,用于地区之间的余缺调剂。

1966年1月,全省各级供销合作社的自有资金,除社员股金外,全部转为国家资金,视同国家财政对供销合作社的拨款,由全国供销总社统一管理。县以上供销合作社将缴纳所得税改为向国家上缴利润,实行利润留成制度,上缴财政57%,利润留成额43%,由全国供销总社统一向财政部结算,并核拨省供销合作总社各类分项,省供销合作总社再逐级向下分配。基层合作社由缴纳39%的所得税改为上缴利润。1977年,县以上供销合作社实行利润全额就地上缴国库,利润留成由全国供销总社统一向财政部结算,在全国范围内调剂使用。基层供销合作社61%留利部分,原则上由各基层社留成使用,主要用于弥补亏损和补充自有流动资金。但对自有流动资金较充足的基层社需逐级上缴,在地区之间调剂余缺。1979年,省供销合作总社实行利润留成制度。财政部、全国供销总社下达浙江省及县以上利润留成比例为38%。经省财政厅和省供销合作总社研究,市(地)、县(市)所属企业的留成比例为26%,省供销合作总社向省财政厅集中退库12%,实行按季预退,年终清算。供销社的税后盈余分配,按《中华全国供销合作总社章程》和有关规定执行。每年全国供销总社颁发盈余分配方案,明确分配项目和分配额度,省供销合作总社结合浙江省实际贯彻实施。税后盈余基本分三部分:用于扩大业务经营的资金,占50%~60%;上缴用于互助合作的调剂基金,占10%~20%,有时高于20%;用于社员和职工个人的部分,占20%~40%。1982年,全国供销总社不再逐年下达分配方案,只确定总的分配原则,公积金提取比例不低于盈余的50%,上缴调剂基金按盈余的10%提取,社员股金分红、职工劳动分红以及集体福利方面的资金不超过盈余的40%。

1982年,供销合作社被确定为集体所有制性质。1983年,各级供销合作社实行独立核算,自负盈亏,基金调剂,向国家缴纳所得税的财务管理体制。同年,县以上供销社实行第一步利改税,按8级超额累进税率缴纳所得税,保留原有留利水平,多退少补,税后留利顶抵省财政拨款,供销合作社与省财政确定为“不交不补”的体制,上缴所得税比例为44%。基层供销合作社按39%的比例缴纳企业工商所得税。1984年,实行第二步利改税,对县以上供销合作社税后留利超过原留利水平的不再缴纳调节税,税后留利不足原有留利水平的也不再给予减免所得税照顾。基层供销合作社按8级超额累进税率缴纳所得税。有困难的基层合作社,报经市(地)、县(市)人民政府批准,给予定期减免。1985年,供销合作社企业按销售收入的0.5%税前提取简易建设费,全省供销合作社年受益约2亿元,用于供销合作社企业经营服务设施的建设。

1988年,全省供销合作社全面推行各种形式的经营承包责任制,实行“核定基数,合理递增,欠收补贴,超额分成或全留”等多种承包形式。1991年,开始第二轮承包期。1992年,供销合作社实行网点建设资金提取办法,规定批发、零售企业分别按营业收入的0.5%和1%提取,在成本费用中列支,专款专用,用于经营服务设施的改造和网点建设。同年,实行税前提取补充流动资金办法，规定县以上供销合作社企业在完成承包任务的前提下，可在销售额的0.5%以内提取补充流动资金，在成本费用中列支。1993年，财政部门对供销合作社的财务管理执行《企业财务通则》《企业会计准则》和《商品流通企业会计制度》，并开始按照现代企业制度的要求，在全省供销合作社范围内实施股份合作制的改制工作。同年底，第二轮承包期结束。

1996年，省财政设立为农服务专项资金，专项用于开拓为农服务项目和建设，改造为农服务设施。各级供销合作社企业均按商品（产品）销售收入（或营业收入）的0.5%提取和使用，经财税部门审核后在管理费用中列支。为了发挥为农服务专项资金以城补乡、以商补农的作用，保证专项资金的使用方向和使用重点，各级供销合作社将县以上供销合作社企业提取的专项资金大部分集中起来，统筹使用。

2001年，省财政每年安排一定的财政专项贴息资金用于扶持供销合作社发展专业合作社，支持供销合作社参与农业产业化经营，发展农民专业合作社。2001—2006年，共安排财政贴息资金2300万元。2007年，将对专业合作社贴息资金改为专项扶持资金，扩大扶持范围，增设农资连锁和农副产品批发市场两个专项资金，从单一扶持供销社专业合作社建设扩大到供销合作社系统打造全省的农资和农副产品网络体系。2009年，根据整合省财政专项资金要求，将供销合作社系统的专业合作社扶持资金、农资连锁网络建设专项资金、农产品批发市场建设专项资金统一整合为供销合作社省财政扶持资金。2010年，供销合作社省财政扶持资金支出2900万元。

供销合作社地方政策性财务挂账是供销合作社在计划经济时期因执行地方政府政策，承担地方政府指令性计划或委托任务而形成的政策性亏损挂账。全省各级财政部门筹措资金，对全省3.30亿元挂账按不同地区不同比例给予补助，省财政共负担1.10亿元，其余由当地财政和企业承担。至2010年，全省3.30亿元供销合作社地方政策性财务挂账全部消化完毕。

（五）粮食企业财务管理

1.粮食企业财务管理体制

1949年中华人民共和国成立初期，粮食企业的财务收支由粮食部统一管理，列入中央财政预算。粮食企业的各项财务管理工作，由粮食部统一规定。1958年，为扩大地方管理权限，粮食部将所属粮油工业企业下放地方管理。1959年1月1日，粮食部、财政部将粮食商业企业财务收支下放各省管理。浙江省粮食企业的财务收支列入省级财政预算，由省财政厅和省粮食厅共同管理。1962年，粮食部和财政部将粮食商业、工业及附属企业财务收支，全部收回粮食部集中统一管理，列入中央财政预算。

1971年，国家调整财政体制，粮食企业财务管理体制下放地方管理。考虑到粮油工业是盈利企业，且利润逐年稳定增长，经和市（地）、县（市）粮食、财政部门协商，浙江在粮食企业财务管理体制下放到省后即将全省粮油工业财务管理体制下放至市（地）、县（市），列入市（地）、县（市）财政预算。粮食商业财务管理体制仍留省级，由省财政金融局和省粮食局统一管理。1974年，粮食部、财政部将粮油超购加价款支出收归粮食部管理，列入中央财政预算。至

1987年，粮食企业财务管理体制未发生变化。1988年，浙江省粮食商业企业财务管理体制也下放至市县。粮油超购加价款属中央财政预算，但仍由省管理。省对市县实行粮食企业收入和粮油价差补贴包干。具体为：(1)粮食企业收入包干指标，按1988年平价粮油经营盈亏计划数和1987年议价粮油、粮油工业、饲料企业、运输企业应缴收入数确定。包干以后，企业盈亏皆缴市县财政。年终，省财政按核定的包干指标与市县财政单独结算。包干指标结余(或超收)部分，归市县留用；超亏(或短收)部分，由市县财政承担。(2)粮油价差补贴包干指标，按省政府核定的粮油统销包干数(按统销价供应的粮油数量)和国家价格政策计算确定。包干指标超支不补，结余全留市县。1988—1990年3年包干期内，粮食商业平价经营亏损大幅度上升：1990年亏损6.16亿元，比下放前的1987年亏损额3.01亿元，增加1倍多；而议价粮油经营又亏损2.01亿元，与1987年的盈利0.47亿元相比，减利增亏2.48亿元；加之市县财政承担能力不一，有的市县未将粮食企业财务包干指标纳入财政预算，以致出现政策性亏损补贴大额挂账。

1991年，省对市县财政继续实行粮食财务包干，包干范围和基数不变。省对市县定量人口的口粮口油每年递增按1.5%计算粮油价差补贴，追加各地财务包干指标；实行国家周转库存粮食超定额储备费用补贴制度，市县超过省核定库存定额多储，省按每50千克原粮补贴2元；少储部分相应扣回补贴。超储费用补贴，全部用于冲减政策性亏损。省政府要求各市县政府对粮食企业从事平价粮油经营的政策性亏损补贴，必须纳入市县财政预算，及时拨补，不留缺口。

1995—2010年，浙江省根据国家有关决定，深化粮食经营管理体制改革，实行政企分开，粮食政策性业务和商业性经营分开，建立“两条线运行”机制。对粮食政策性业务收支、财政补贴和企业商业性经营收支单独核算，政策性业务委托企业代理，盈利上缴，亏损由财政补贴；企业商业性经营放开搞活，自主经营，自负盈亏。实行财权和粮食事权相结合，粮食政策性业务按照中央、省和市、县粮食管理权责的划分，钱粮结合，建立财权和粮权统一、资金专管、费用直拨的管理制度。

2.粮食财务挂账

粮食财务挂账是粮食企业发生的政策性亏损得不到及时弥补和企业经营不善造成经营性亏损，致使企业的银行贷款超出企业正常生产经营的合理规模，由此造成长期占用的银行贷款。1994年，浙江省对1992年3月31日前发生的粮食企业财务挂账进行清理消化。财政部等7个部委核复确定浙江省1991粮食年度前粮食财务挂账数9.30亿元，其中政策性财务挂账8.36亿元、企业自补财务挂账9103万元、其他挂账244万元。根据财政部等部门联合下发的《粮食政策性财务挂账停息处理办法》，粮食政策性财务挂账从1995年1月起实行挂账停息，占用的银行贷款利息由中央财政支付；本金由地方财政从1995年起分5年消化完毕。浙江省于1997年底提前消化完毕。1999年，全省全面清查审计1992年4月1日至1998年5月31日期间的粮食企业新增财务挂账。经审计署清查审计，财政部等6个部委核复确定浙江省新增粮食财务挂账和其他不合理占用贷款39.45亿元，其中纳入中央财政和地方政府贴息范围的26.31亿元。

2006—2007年,浙江省对国有粮食购销企业政策性粮食财务挂账(包括1992年4月1日至1998年5月31日期间的粮食企业新增财务挂账和1998年6月1日至2004年12月31日期间的粮食财务挂账)开展清理认定和剥离工作,共认定政策性粮食财务挂账剥离数22.53亿元,其中:纳入中央财政和地方政府贴息范围的新增粮食财务挂账22.45亿元;1998年6月1日至2004年12月31日期间的政策性粮食财务挂账占用贷款785万元。截至2010年底,浙江省政策性粮食财务挂账余额22.30亿元。

3.粮食补贴和粮食专项资金

(1)粮油超购加价款补贴。1966年,国家为了多购粮食,实行超产超购和加价款奖励,加价奖励幅度为统购价的15%。1971年,国家对超购粮食实行加价收购政策,加价幅度为统购价的30%。1974年,粮油超购价款列入中央预算,由商业部管理,单独拨款,省粮食部门不再作为企业亏损处理。1979年,中央对地方实行粮油购销调拨和加价款包干办法,粮油加价款改由省财政单独拨补给省粮食部门,粮油超购加价款不再列入粮食企业亏损。1983年1月,省财政厅、省粮食局执行商业部、财政部颁发的《超购粮油加价管理办法》,并作出补充规定。1991年5月和1992年4月,浙江省食油和粮食先后实行购销同价,食油、粮食加价款补贴先后取消。1966—1992年,浙江省财政共拨付粮油超购加价款补贴44.55亿元。

(2)粮油价差补贴。即提价补贴,是粮食企业按国家规定销售粮油所发生的购价高于销价的差价,国家财政给予的专项补贴。该补贴主要有两项:一是统销粮油价差补贴;二是“议转平”粮油价差补贴。该项补贴从1979年5月开始列入财政价格补贴,补贴范围主要包括销售计划内的城乡供应、专项用粮油。1991年、1992年食油、粮食相继实行购销同价后,粮油价差补贴于1992年全部取消。1979—1992年,浙江省财政共拨补粮油价差补贴22.49亿元。

(3)平价粮油经营政策性亏损定额补贴。此项补贴主要是对粮食企业经营平价粮油必需的费用和合理利润的补贴。1987年以前,浙江省对平价粮油经营政策性亏损实行“亏损总额控制,减亏分成”的办法。1987年,省财政厅、省粮食局联合制定《浙江省粮食商业企业政策性亏损定额补贴办法》,实行政策性亏损定额补贴办法。省下达各市(地)、县(市)政策性亏损补贴定额,即每吨平价粮油经营量补贴指标;市(地)、县(市)粮食部门根据基层企业的不同类型和经营业务特点,在省定补贴定额范围内,分类核定补贴定额。补贴范围有:经营平价粮油所必需的合理的商品流通费;1979年以前的粮油购销价格倒挂的价差;为国家储备粮油和供应军用粮油的费用等。1987年,浙江省财政拨付政策性亏损定额补贴1.15亿元。1988年粮食企业财务管理体制下放县市管理,实行“亏损总额控制”办法,此项补贴也随之取消。

(4)储备粮油费用补贴。浙江省从1993年1月起在全省范围建立各级政府粮油储备,由粮食企业代理实施储存和保管,由此而发生的储存、保管、轮换费用以及相应的贷款利息,由各级财政按规定标准给予补贴。经各级政府批准动用储备粮油发生的差价收入,上缴同级财政;差价支出由同级财政拨补。1996年,省财政厅和省粮食局制定《浙江省地方储备粮油管理办法》,对储备费用拨补等方面进行规范。1998年,浙江省根据“附营业务要与收储业务实行人、财、物分离,设立单独法人”的要求和储备粮管理工作需要,筹建专门的地方储备粮管理机构。至1999年底,全省各地国有独资的粮食收储公司相继成立,具体承担市、县地方储备粮的管理工作和业务运作。2006 年，省财政厅会同省粮食局出台《省级储备粮油财政补贴预算管理暂行办法》，按照“核定标准，超支不补，节约奖励”的原则，对储备利息、保管费用、轮换费用等储备补贴标准进行细化，明确补贴资金的申拨管理。1993—2010 年，浙江省财政共拨补储备粮油费用补贴 84.27 亿元。

(5)订单奖励。从 2001 年起，全省取消粮食定购任务，实行订单收购，对原承担定购粮任务、一时难以调整种植结构的种粮大户，国有粮食购销企业与其签订购销合同，合同价由供需双方协议确定；当市场粮价过低时，政府适当加以补贴，即最初的订单粮食补贴政策。订单粮食补贴，按照“谁用粮、谁出钱”的原则，由各级财政承担。2009 年改为订单奖励政策，省本级实施省级储备早稻订单奖励政策，对按订单合同交售省级储备早稻谷的种粮农户和粮食专业合作社社员按照一定标准给予奖励。2010 年，省级储备早稻订单奖励标准为大户 20 元/50 千克、散户 10 元/50 千克。2001—2010 年，省财政共拨付订单奖励(补贴)资金 2.44 亿元。

图 31-4-5-2　2008 年投入使用的永康市中心粮库(浙江省财政厅档案室提供)

(6)其他专项补贴。①对中心粮库建设以奖代补。2001—2005 年，浙江省对第一批 49 个市县中心粮库建设实行以奖代补政策。2007 年起 5 年内实行第二批以奖代补政策，按每建成 200 万千克的标准储备库仓房奖补 20 万元(海岛地区和欠发达地区 30 万元)计算，个别软基需打桩的项目再增加奖补 10 万元，奖补仓容以省下达市县储备粮规模为上限。2001—2010 年，省财政共拨付奖补资金 1.33 亿元，建成仓容 13.78 亿千克的市县中心粮库。②对区域性重点粮食批发市场的建设补助。2006—2010 年，省财政对在建、新建区域性重点粮食批发市场给予补贴，补贴资金重点用于支持市场粮食信息网络、质量检测设施等公共基础设施建设和改造，累计拨付资金 0.67 亿元。③对省内粮食骨干企业采购东北地区新产粳稻费用的补贴。从 2010 年开始，省财政对省内粮食骨干企业采购东北地区新产粳稻费用给予基数内 100 元/吨(超基数 120 元/吨)的补贴。当年安排此项资金 0.25 亿元。④设立省级粮食补贴资金。2010 年，根据省政府清理整合财政专项资金的要求，对原有粮食专项转移支付资金进行整合，设立省级粮食补贴资金，采取因素分配法，由市县统筹用于粮食仓储设施建设、产销合作及粮油企业发展等方面。当年安排此项资金 0.72 亿元。

(7)粮食风险基金。1993 年，浙江省建立政府和企业的粮食风险基金制度。政府粮食风险基金规模不少于 3 亿元，其中：省财政不少于 1 亿元，市(地)、县(市)财政合计不少于 2 亿元，具体指标由省财政分别下达，由各级财政负责筹措。粮食风险基金主要用于平抑粮价、稳定市场、保护粮食生产者和消费者的利益。企业粮食风险基金，其资金来源包括由粮食商业企业按销售额1%提取的部分和中央保留的粮食预购定金贴息部分。企业粮食风险基金主要用于化解粮食企业经营风险。1994年,根据国家统一规定,由中央与省共同建立省级粮食风险基金,财政部核定浙江省粮食风险基金规模为2.55亿元,其中:由中央财政补助1.12亿元,地方政府自筹1.43亿元,主要用于省级粮油储备利息费用补贴、粮食超储费用补贴等。1999年,中央对地方粮食风险基金补助实行总额包干,地方财政按比例配套资金;地方配套不足的,中央财政通过扣款强制到位。中央财政每年补助浙江省粮食风险基金1.45亿元,浙江省配套资金2.17亿元。2001年,省财政厅制定《市县粮食风险基金管理暂行规定》,对市县粮食风险基金规模进行重新核定,由2亿元增加到3亿元,要求各级财政将资金筹措列入当年财政预算。市县粮食风险基金主要用于:地方储备粮油利息和保管费用补贴;经批准抛售和轮换地方储备粮油及其他政策性粮食,经财政部门确认的差价亏损和轮换费用补贴;当地政府确定的其他与粮食有关的政策性补贴。至2010年,浙江省粮食风险基金仍继续实行《市县粮食风险基金管理暂行规定》。1999—2010年,省粮食风险基金地方财政共安排配套资金26.08亿元。截至2010年底,省级粮食风险基金专户余额2.47亿元。

(8)粮食安全调控资金。2003年起,浙江省建立省市县三级粮食安全调控资金,规模为4亿元,分5年筹措,其中省级1亿元、市县3亿元。省级粮食安全调控资金从原用于粮食调拨补助金等专项资金中筹措,各市县可从原有的粮食专项资金中筹措,专项资金不足的,由预算安排资金补足。粮食安全调控资金用途:在粮食市价较低时,增加收购调节市场的支出;粮食市场出现较大波动时,组织粮源、保障市场供应的支出。2006年11月30日,省级1亿元规模的粮食安全调控资金筹措到位。2006—2010年,省级粮食安全调控资金未发生支出。截至2010年底,省级粮食安全调控资金余额1.08亿元。

二、行政与事业单位财务管理

(一)行政单位财务管理

清代及清以前的行政费管理内容留存资料并不多,相关内容已在支出章节中一并记述。民国时期,行政费是浙江省财政支出的重要内容。行政费中官俸支出占比较大,有统一的薪俸支出标准。民国18年(1929年),国民党浙江省政治会议核定各级官俸标准,简任官(第一、二等文官)六级(厅长、专员)和总工程师三级400元,荐任官(第三等文官)一级(副厅长、副专员)370元,工程师(科长级)六级270元(各级差20元);委任官(普通文官)一级(副科长级)技术八级200元,六级(科员、技师)100元,十二级(书记、办事员)40元。为控制人员增长,民国29年,人员薪俸实行包干制。将全省各县划分一至六等,按等级高低确定每月总包干标准:一等县4100元,二等县3850元,三等县3450元,四等县3300元,五等县2850元,六等县2700元。各县人员经费在包干限额内使用。民国33年5月,公务员实行生活补助,每年按公粮加工米6斗～10斗价补助,工勤人员按5斗价补助。

民国35年(1946年),制定各县编制区署经费表,进一步规范县以下各级人员编制、薪俸标准、差旅费及公务费包干额:区长1人,月支160元(法币,下同);指导员5人共440元;会计员 1 人 110 元；事务员 2 人 150 元；雇员 2 人 100 元；区丁 3 人 120 元；区建设委员会月支 500 元；差旅费 6000 元；办公费 7420 元；合计 1.5 万元。乡镇经费规定：甲种乡乡镇长 1 人，月支经费 100 元；副乡镇长 2 人（不支薪给）；股主任 4 人（兼任不支薪给）；干事 1 人，月支 70 元；户籍干事 1 人，月支 70 元；事务员 2 人，月支 120 元；书记 1 人，月支 45 元；乡镇丁 2 人，月支 50 元；办公费 4545 元；保办公费 6000 元（平均以 12 保计算）；合计 1.1 万元。乙种乡乡镇长 1 人，副乡镇长 1 人，股主任 2 人，干事 1 人，户籍干事 1 人，事务员 2 人，书记员 1 人，乡丁 1 人，月薪同甲种乡，办公费 3570 元，保办公费 4000 元（平均以 8 保计算），合计 8000 元。

1949 年中华人民共和国成立后，行政单位财务管理是对行政单位包括各级党委、人大、政府、政协、审判、检察和各民主党派等机关单位，以及使用行政编制、参照公务员管理、由财政全额保障的事业单位和人民团体，所进行的预算、控制、分析、考核等财务活动，是财政对行政单位经费在预算、分配、使用、核销全过程开展的财务管理和监督。1989 年以前，预算管理制度等同于财务管理制度；1989—1997 年，行政单位与全额拨款事业单位财务管理制度通用；1998 年，财政部颁布《行政单位财务规则》，至 2010 年仍执行该财务规则。

1. 行政单位预算管理

行政单位财务管理体制与国家财政资金的宽紧和财政管理体制的变化紧密相关。浙江省对行政单位一直按照“保证供给、精简节约、平衡收支”的原则，根据各个时期财政体制的变化制定行政财务管理制度和办法。行政单位预算管理办法历经“统包统揽—预算包干—行政费综合定额包干—部门预算”4 个阶段。

1950 年，实行高度集中的财政管理体制，全省各级政府财政支出由财政部统筹安排拨款、核销。1951 年，财政体制在集中的总方针下分级负责，由财政部划定大行政区的收支，然后由大行政区划定各省（市）收支。浙江省行政经费分现金和粮草支出两部分，各行政单位财会部门和各级政府财政部门按实付数逐级汇总单位支出数上报。省财政厅根据政务院公布的《全国各级人民政府一九五〇年度暂行供给标准》《各级人民政府一九五二年度供给标准》及年初核定的预算数逐项审核，汇总编制浙江省政府经费支出决算总表，向财政部华东财政管理局核销。

1953 年，中央扩大地方预算管理权限，实行中央、省、县三级财政管理体制，大区改为中央派出机构。“一五”时期（1953—1957 年），财政部先后公布《预算决算暂行条例》《关于各级人民政府工作人员福利费掌握使用办法的通知》《各级国家机关单位预算会计制度》以及关于财政分级后各行政部门财务开支标准、管理办法等规章制度。浙江省相应制定实施办法，1954 年制定《浙江省行政机关经费供给标准》；1955 年 9 月印发《浙江省国家机关行政经费开支标准》。1956 年 5 月，省人民委员会发布《关于健全与加强县（市）预算制度及预算管理的几项规定》。浙江省各级政府和行政单位均建立预算、决算制度，各级行政单位的各项经费支出实行预算拨款办法，规定行政费与事业费、办公费与业务费不准互相挤占，执行定员定额，按标准开支，超标准不予报销，结余上缴同级财政的财务管理办法。

1958 年，浙江省实行“以收定支、五年不变”的财政体制。1959 年，改为“总额分成，一年一变”，财力基本集中于中央，对专署、县只给必要的机动财力。其间，浙江省采取一系列措施，加强行政单位财务管理，实施财务监督、检查，严格财经纪律。

国民经济调整时期（1963—1965年）和“三五”时期（1966—1970年），国家预算管理体制仍实行“总额分成，一年一变”的办法。1963年7月，浙江省根据财政部《财政工作纲要》要求，制定《浙江省单位预算机关会计制度》。1964年7月制定《浙江省国家机关行政经费开支标准》。全省各市（地）、县（市）对行政单位预算实行包干试点，对于一些单位确属经过努力节约的经费预算，采取全部或部分留用等财务管理办法。1963—1965年，全省行政管理费支出连续三年下降。1966年“文化大革命”开始，经费支出失控，管理混乱。1967年，浙江省军管会向全省各级政府及有关组织转发杭州市财政局《关于贯彻执行节约闹革命、防止铺张浪费的若干财务规定》，各级行政单位一些经费支出照章施行。1968年，浙江省革命委员会批转财政部门有关支出管理相关规定，财务管理混乱状况有所控制。1971年4月，浙江省革命委员会生产指挥组批转省财政金融局《关于财政管理体制改革的试行方案》，省对各地区实行“定收定支，保证上缴（或差额贴补），超收分成，结余留用”的办法。1972年，对财政预决算的分级管理内容作了改进，全省大部分地区对行政单位实行多种形式的经费包干试点，有全额包干、定项经费包干、专项经费包干等。1976年，省财政金融局制定及修订差旅费、会议费、福利费、探亲假费用、交通费、办公费、各种津贴、补贴以及各主管部门的业务费管理办法及开支标准等，加强行政单位财务管理。

1980年，中央对浙江实行“划分收支，分级包干”的财政体制。浙江省对行政财务管理制度进行改革，在总结各地实施的各种形式的经费包干基础上，对行政单位全面实行“核定预算，包干使用，结余留用，超支不补”的预算包干办法，即按年初核定的年度预算，由单位包干使用，年终结余留归单位，若有超支不予补助。同时，因地制宜，对实行年度预算全额包干确有困难的个别单位，采取对其一项或几项经费实行预算包干使用。凡是完成和超额完成国家下达计划和工作任务的单位，包干结余的预算支出指标全部留归单位次年继续使用。其中：专项资金结转次年继续专款专用，其他经常性结余资金提取25%用于集体福利，15%用于职工奖励；其余60%用于发展事业和改善工作条件，但不得用于增加人员工资、提高开支标准；主管部门、财政部门也不得因此而减少单位第二年的预算拨款。

经费预算包干办法试行若干年后，因制度缺陷，出现“包盈不包亏”“包而不干”“先斩后奏”，遇事要求另拨经费等问题，行政费支出仍居高不下。1987年6月，省政府办公厅转发省财政厅《关于从严从紧控制行政费支出的意见》，提出改进经费包干办法，加强审计监督的八条规定，控制行政费增长。1989年，省政府发出《关于坚决节减财政支出的通知》，贯彻紧缩的财政工作方针，提倡艰苦奋斗、勤俭节约，节减支出。12月，省财政厅制定《浙江省行政经费“预算包干”办法（试行）的通知》，试行综合定额加专项补助的预算包干办法。综合定额是指单位年度人均所需的经常性经费开支的额度，包括人员经费和公用经费等经常性经费。综合定额的额度标准，由财政或财务主管部门根据各单位工作范围和业务特点等因素确定，使综合定额的包干标准在各单位之间相对合理，扭转长期以来预算基数宽紧不一、苦乐不均的状况。专项补助是指不能纳入综合定额而需专项或一次性安排的开支，如一次性的大型设备购置费和修缮费，专项补助经费专款专用；离休退休人员费用预算比照专项补助管理。行政单位结合自身情况，采取分解指标与任务挂钩，限额控制与工作进度挂钩，分项包干与年度包干结合的措施，将综合定额加专项补助的包干办法落到实处。为落实省委、省政府《关于严格控制机构编制》的要求，部分地区对党政群机关单位实行编制包干，每节省编制1名奖励2000元；也有部分地区对行政经费支出大户实行“综合大包干”，即将行政管理费、其他事业费、其他支出等合在一起，确定一个大包干基数。预算年度包干计划完成后，包干结余的分配，兼顾国家、单位和个人三者利益，提取一定比例作为职工福利和奖励。同年，省财政厅印发《关于进一步加强文教行政财务工作的通知》，进一步改革文教行政经费分配办法，改进和完善预算包干办法，将文教行政单位按其业务活动和财务管理的特点进行科学分类，实行分类包干。

1993年，浙江省对省级78个行政单位实行“抓大放小、包奖结合”的行政经费综合定额包干办法。即：以行政单位剔除车辆购置和离退休人员经费外的年度预算经费为综合定额范围；以工资、补助工资、职工福利费、公务费、业务费、一般设备购置和维修费等经常性经费为综合定额内容；省财政厅以统一的支出范围、开支标准为计算依据，参考人均支出水平、考虑增支因素、结合财力可能进行综合分析，确定综合定额标准。省财政厅按行政单位年初编制内实有人数和综合定额分别核定单位的年度包干经费预算指标，在年初一次性下达，由各单位包干使用，结余留用，超支不补。行政单位在核定的预算指标内结合实际情况，区别轻重缓急，瞻前顾后，统筹安排年度各项开支，量入为出，实现预算平衡。实行行政经费综合定额包干办法后，每年年终经省财政厅或主管部门审核，单位在当年包干结余50%的幅度内提取职工福利和奖励金，且不受年终岗位责任制奖励的限制。提取职工福利和奖励费后的经费包干结余全部留归单位结转下年度继续安排使用。对行政经费控制不力，超过核定的包干经费年度预算指标的，省财政厅和财务主管部门一律不予补助。在省级行政经费综合定额包干办法取得成效后，全省各市县参照省级做法，实行多种形式的行政经费包干办法。

1998年，嘉兴市、义乌市在全省先行改革行政单位人员经费预算编制办法，试行零基预算法。2000年，省本级在教育、科技两部门试编部门预算并由财政直接拨付预算资金，2001—2003年逐步扩大试编范围。2004年，省本级在总结部门预算试编的基础上，全面实施部门预算改革，全省各市县相继实施部门预算改革。部门预算由基层预算单位编制，逐级上报、审核、汇总，历经“二上二下”程序，由财政部门审核，涵盖部门各项收支的综合财政计划。2007年，实施政府收支分类改革和“收入一个笼子、预算一个盘子、支出一个口子”的“三个子”公共财政管理模式，深化行政单位部门预算改革。至2010年，行政单位改革完善预算管理，部门预算编制按国家政策和规定执行。

2.压缩行政经费

1958年，浙江省根据经济形势，贯彻中共中央和国务院《关于冻结、清理机关团体在银行的存款的指示》《关于大力压缩社会集团购买力的指示》《关于厉行节约的紧急规定》《关于严格控制财政管理的决定》等一系列规定，压缩、节减行政费支出。在行政单位财务管理中，下达和压缩节约经费指标，控制社会集团购买力支出；精简临时机构和行政人员编制，控制人头经费支出；清理冻结存款；不准请客送礼，制止滥发奖金、补贴、实物；加强定员定额管理，从单位预算中扣除设备购置费、会议费、大部分修缮费、一部分办公费;严格审批手续,控制预算经费拨款。1960—1962年,连续3年全省行政管理费公用经费各年实际支出数比1959年分别下降2.1%、38.6%和50.6%,3年共节减公用经费支出4260.7万元。1963—1965年,国民经济调整时期,行政管理费公用经费实际支出水平继续下降,3年支出总和比前3年支出减少2042万元,下降比例为21.4%。1960—1965年,浙江省根据"精兵简政"原则,行政工资供给人数比1959年累计净减少128678人,平均年减少21400余人。行政机关人员经费支出以1959年为100%,则1960年为98.5%、1961年为101.7%、1962年为82.2%、1963年为76.2%、1964年为82.4%、1965年为81.4%,6年共节减人员经费2146万元。

1966年"文化大革命"开始,财务规章制度遭到破坏,基层财会管理混乱,经费支出失控,至1976年后逐步有所好转。1980年,省委、省政府发布《关于节约非生产性开支、反对浪费的通知》,规定:行政经费的公用部分按1979年实际支出数节减20%,从1980年的预算指标中扣减,建立会议审批制度,节约会议费开支;严格控制外出参观学习、严格控制社会集团购买力;减少文件、简报,节约办公费用;小汽车实行定编管理,严格控制使用;严禁用公款或变相用公款请客送礼;整顿机构和人员编制,一切行政单位职工人数,暂时一律不准增加。1983年,省政府《关于加强事业行政经费使用管理的通知》重申,严格执行国家和省统一制定的财政、财务制度和开支标准,严格控制非生产性购置,严禁私设小金库,并要求开展财务大检查。1987年6月,浙江省政府办公厅转发省财政厅《关于从严从紧控制行政费支出的意见》,提出严格控制增设机构、扩大编制、购买小汽车,精简会议、压缩会议费支出等八条规定,控制和压缩行政经费。

1992—1999年,财政部选择包括浙江在内的12个地区试行"中央抓地方,一级抓一级"的行政经费下管一级考核管理办法,即:中央对省、自治区、直辖市和计划单列市本级及全省、自治区、直辖市和计划单列市的行政经费下达指标进行考核,省对市(地)、县行政经费下达指标进行考核,取得经验后于1997年在全国推广。2000年7月1日起,浙江省分批在省级行政单位实行工作人员工资统发,全省各地陆续对行政单位工作人员实行统发工资。2001年1月,浙江省省级机关会计核算中心成立,此后全省各级政府相继成立会计核算中心,对行政单位的财务收支实行集中统一核算。2009年,浙江省实施控制行政单位因公出国(境)经费、公务用车购置及运行费、公务接待费(简称"三公经费")。因公出国(境)经费支出在前3年(2006—2008年,下同)平均数基础上压缩20%,以后年度均实行零增长;各级党政机关公务用车购置冻结一年,购置经费和运行费支出在前3年平均数基础上降低15%;各级党政机关公务接待费用支出在2008年基础上削减10%。2010年,全省行政单位"三公经费"实现零增长。

3.行政单位福利费和工会经费

行政单位按规定标准提取的福利费主要用于工作人员生活困难补助、患病医药费困难补助、规定的集体福利等。行政单位工会经费用于行政单位工会宣传活动、职工教育、文艺体育活动以及工会行政费用支出,也可用于工会会员的困难补助和职工集体福利事业的补助支出。

1949年中华人民共和国成立初期，机关工作人员工资分供给制和薪金制两种类型。1950年，浙江省对供给制人员享受家属招待粮和家属补助的福利待遇，按随机关居住的干部家属和居住原籍的干部家属分别确定补助粮标准，随机关居住的干部家属年补助粮180千克～270千克不等。居住原籍的干部家属年补助不超过5个月，月补助15千克～25千克。同年，按国家规定已建立工会组织的机关拨交工会经费标准，供给制人员每人每月按6斤大米计算，薪金制人员按工资额的2%计算。1952年，统一按工资分计算，每人每月以3个工资分拨交工会经费。

1953年，根据财政部规定，干部家属生活补助费，不论供给制与薪金制干部，省、市及专署按干部实有人数每人每月按4.5个工资分计算，县、区级每人每月按1.8个工资分计算，由各机关统一掌握使用。干部家属医药补助费，不论供给制与薪金制，均按干部人数的5%、每人每月2元计算提取，由机关掌握开支。1954年1月，将家属生活补助费、家属医药补助费、多子女补助费等合并为一项，统称为工作人员福利费。省、市人民政府机关工作人员每人每月8分，县(市)、区政府工作人员每人每月6分，由各机关统一掌管使用。1956年工资改革后，为适当解决国家机关工作人员生活困难问题，执行国务院《关于国家机关工作人员福利费问题的通知》，区以上工作人员福利费标准提高为工资总额的5%；乡镇干部福利费标准，按乡镇干部工资总额的3%计算。1957年6月，执行国务院《关于调整国家机关工作人员福利费标准的通知》，区以上各机关工作人员的福利费，按照工资总额的3%计算；乡镇人民委员会工作人员的福利费，按照工资总额的1%计算。1965年12月，省财政厅、省人事局印发《关于改变各级国家机关工作人员福利费的计算分配办法的通知》，规定从1966年起，全省国家机关仍按工资总额的2.5%提取福利费，在向下分配时，省级机关各单位按工资总额的1.8%提取；地专和杭州市级机关按工资总额的2%提取；县以下(包括宁波、温州两市和杭州市所属区)按工资总额的2.7%提取。行政单位工会经费在"文化大革命"期间停拨。1979年1月，恢复行政单位拨交工会经费的规定，已成立工会组织的国家机关，按工资总额的1%按月拨给工会经费；并且规定，拨交工会经费的工资总额，统一按国家统计局《关于工资总额组成的暂行规定》计算。

1980年7月，行政单位福利费由原来按省、地、县、人民公社各级工资总额百分比提取，改为按发工资人数每人每月1.5元提取。1983年11月，改按每人每月1.8元提取。1986年1月，改按每人每月2.8元提取。1992年，省总工会、省财政厅下发《关于建立工会组织的机关按新〈工会法〉规定拨交工会经费的通知》，每月按职工工资总额的2%拨交工会经费。1995年1月，浙江省调整福利费提取标准，全省统一按每人每月10元标准提取。至2010年，工会经费和行政单位福利费一直分别执行原规定标准。

4. 工作人员差旅费

1950年，行政单位工作人员差旅费分为市内出差费和外埠出差费，工作人员市内出差所需的公共交通费按实报销，并发给误餐补助费；外埠出差费包括各种交通费、途中伙食补助费、住勤费、住宿费、行李费、调动干部旅费和随行家属旅费等。1950年9月，政务院颁发《全国各级人民政府1950年度暂行供给标准》，对政府工作人员差旅费开支标准等作出规定。浙江省执行国家标准，规定各级行政单位工作人员外埠出差费包括交通费、住宿费、伙食补助费和公杂费4项，按工作人员职级和出差地区类别，执行国家统一规定的开支标准。

1955年10月，省财政厅制定差旅费开支标准，包括车船费、途中伙食补助费、旅馆费、住勤费、工作人员调遣旅费，以及乡以上干部带领渔民下海生产发给下海补助等标准。1964年、1977年、1985年，省财政厅根据财政部规定先后对差旅费开支标准进行修订调整。其中1985年修订标准中，取消工作人员省外出差在途补助和住勤费的差别，统一出差伙食补助标准。1989年、1990年、1992年陆续根据规定调整差旅费开支标准。1996年3月，省财政厅在转发财政部有关差旅费开支规定的同时，第一次明确指出根据现行财政体制和财务管理“抓大放小”包干原则，浙江省不再统一制定差旅费开支规定，各地、各部门参考财政部规定，结合本地、本部门实际情况自行研究办理。

2001年11月，停止执行由各部门自行制定的差旅费开支标准。12月，配合省级行政机关集中核算制度改革，省财政厅重新制定《浙江省省级行政机关工作人员差旅费开支规定》，省级各单位和省级机关会计核算中心依照规范、统一的差旅费开支标准执行。2004年5月，省财政厅发文，修改副厅级以下工作人员出差乘坐火车软席、卧铺不予报销的限制性规定，同时规定连续乘车12个小时以上的，可凭车票每满12小时，加发25元伙食补助费。

2007年7月，省财政厅修订并印发新的《浙江省省级行政机关工作人员差旅费开支规定》，对乘坐车、船、飞机和住宿的等级标准，公杂费，住宿费开支以及伙食补助费开支等作出规定，明确标准。至2010年，行政单位差旅费开支标准继续执行此项规定。

5.行政单位会议费

行政单位会议费支出包括会议伙食补助费、会议公杂费、住宿费、会场租赁费和交通费等。1950年，浙江省执行政务院颁发的《全国各级人民政府一九五〇年度暂行供给标准》，对会议伙食标准，划分为中央级各机关（含大行政区），省、直辖市级，专署、省辖市级，县级4个级别。将各级召开的会议划分为全国性或区域性干部会议、全区性扩大会议、代表会议、小型专门会议等，分别确定伙食标准：最高的每人每日为米2公斤～3公斤，其次为1.5公斤～2.5公斤，1.5公斤～2公斤，1公斤～1.75公斤，1公斤～1.5公斤。对会议工作人员明文规定：“一切会议之大会职员及勤杂人员（包括招待、司机、炊事、服务、警卫等人员）以不超过出席人员四分之一为限。”1953年，财政部在《关于大行政区及其以下各级人民政府1953年行政经费开支标准的通知》中规定，专署以上各级人民政府召开的全面性与专业性会议及县人民政府召开的全面性扩大会议，出席会议人员的伙食补助标准，除不由公家供给，亦不领工资的与会人员，其伙食费归公家负担外，凡在职人员应按职级缴纳伙食费。凡因汇报和总结工作及各单位召开的业务性会议，不得开支伙食补助费。1963年，国务院批转财政部规定，统一制定会议费开支标准，首次提出各级国家机关、企业、事业单位要精简会议，减少人员，压缩会期，节约费用，事先报批，预算审核，划分开支，以及会议伙食补助标准等一系列会议制度。1965年，国务院再次批转财政部关于会议费开支的规定，强调发扬艰苦奋斗精神，反对特殊化，反对追求豪华，反对铺张浪费，要求降低会议房租和伙食费标准。

1978年，财政部颁发《关于国家机关、企业、事业单位会议费开支的规定（试行）》，重申贯彻"勤俭建国"的方针和发扬艰苦朴素的革命传统，加强会议费管理。同年，省委办公厅发出《关于控制会议和外出参观的通知》，对召开会议所必须履行的审批手续作出规定。1984年，财政部发文修订会议费开支规定，凡省、地、县各级召开的会议，将会议伙食补助标准下放，由各省(市、自治区)人民政府研究制定，抄送财政部备案。1月，省财政厅制定《关于国家机关、企业、事业单位会议费开支的规定》，按会议分类规定会议伙食补助标准。1991年，省财政厅印发《关于重申不得向参加会议人员分摊会议费用的通知》，省委办公厅、省政府办公厅制定《关于省级机关会议审批管理的规定》，严格审批权限和审批手续，限制各类会议规模，控制会议经费。1992年，省财政厅制定《省级会议经费综合定额包干办法》，除省党代会、省人代会、省政协全体会议外，对其他各类全省性会议经费均实行综合定额包干办法。综合定额包干经费包括会议伙食补助费、住宿费、场租费、文印费、交通费、公杂费等。会议经费实行包干使用，超支不补，结余留用。

1995年，浙江省贯彻中央有关精神，加强对会议费控制和管理，减少年度预算以外追加会议经费，实行"两办"批会，总额控制的办法。凡以省委、省政府名义召开的会议和经批准在省内召开的全国性会议，实行省级行政单位会议费由省委、省政府两个办公厅"总额控制"，即年初由财政安排会议费"总额控制"指标给"两办"，由"两办"审核批给会议费指标，财政据此核定单位会议费预算，单位在核定额度内开支会议费用；其他各种会议所需经费均由各单位在年度预算内自行解决，不另行追加预算。

2008年，省委办公厅、省政府办公厅印发《浙江省省直机关会议费开支规定》，对省直机关会议费的开支标准作了修订调整，按会议主办单位和参加会议人员确定一、二、三类会议标准。同年，浙江省出台《浙江省省直机关培训费开支规定》(2008年之前，会议与培训的公务支出没有明确边界)，对省直机关包括党政机关、人大机关、政协机关、检察院和法院机关、民主党派和人民团体机关，以及参照公务员法管理的事业单位的各类培训，要求在省级机关定点的省内培训机构举办。培训班按每人每天不高于120元的标准开支场租、资料、组织等各项费用。各地参加培训人员往返交通费、培训期间发生的住宿费、伙食费补助，按差旅费开支标准回原单位报销。培训期间，不得组织培训人员游览及与培训无关的参观活动；不得发放纪念品及与培训无关的物品等。培训费由各单位在部门预算中自行解决。培训费按政府采购预算管理，凡属集中采购的培训费由省财政厅国库支付机构直接支付至培训点。至2010年，会议费管理办法及培训费开支标准均执行2008年规定标准。

6.因公临时出国和短期出国培训费

20世纪70年代，地方政府开始有少量的对外交流。1974年，浙江省按照财政部、外交部、国务院办公厅《关于修订三个外事费用开支标准的通知》，执行出国代表团以及临时出国人员费用、接待外宾生活费用、接待外宾工作人员费用等开支标准。1981年，浙江省执行外交部、财政部一系列关于借调出国、因公临时出国人员、援外出国人员等有关费用及赴京办理出国期间差旅费规定。1982年，省财政厅转发财政部《关于修订因公临时赴香港人员的食、宿、公杂费预算标准的规定》；10月，根据物价变化情况，对外经济贸易部、财政部出台《关于调整援外出国人员国外服装零用费的通知》，将原来3个等级划分为5个等级。1983年，财政部印发《关于出国实习人员费用开支标准和管理方法的暂行规定》，对公费出国实习人员费用作了规定。1984年，省财政厅、省政府外事办公室（以下简称省外办）转发财政部、外交部《关于修订临时出国人员费用开支标准和管理办法的通知》，以及重新修订的《因公临时出国人员国外伙食、住宿、公杂费预算标准》。1985年，省财政厅、省外办转发财政部、外交部《关于停止执行临时出国人员国外伙食费包干办法的通知》，从国内派出的团、组暂定执行国外伙食费包干的办法，临时出国人员在国外期间的伙食费，仍按规定的预算标准掌握，按实报销。

1992年，省外办、省财政厅转发外交部、财政部《关于临时出国人员国外费用开支标准和管理办法的通知》，并根据浙江省实际情况提出补充意见。1993年，执行财政部、国家外国专家局下发《关于出国实习培训人员费用开支标准和管理办法的规定》，加强出国实习培训人员费用的管理。1995年，执行外交部、财政部修订的《境外伙食费、公杂费、住宿费预算标准》，对166个国家和地区注明明细标准。

2001年9月，省外办、省财政厅转发外交部、财政部《关于临时出国人员费用开支标准和管理办法的通知》，并结合浙江实际作出补充意见。伙食费、公杂费、住宿费等标准执行《各国家和地区伙食费、公杂费、住宿费开支标准》。2002年，省财政厅发文《关于明确停止发放因公临时出国人员制装费补助的通知》，明确不再向因公临时出国人员发放出国制装费补助。同年，国家外国专家局、财政部下发《关于调整中长期出国（境）培训人员费用开支标准的通知》，对90天以上（含90天）中长期出国（境）培训人员费用开支包括伙食费、住宿费、交通费、通信费、书籍资料费、医疗保险费和零用费等按"高级职称""普通职称"两类标准执行。8月，省人事厅、省财政厅执行国家外国专家局、财政部有关短期出国（境）培训人员一律不发放国外零用费和服装补助费的规定。

2007年，随着对高水平人才和高层次培训需求的不断增加，优化培训结构、逐步增加中长期培训成为出国（境）培训工作的发展方向，省人事厅、省财政厅转发国家外国专家局、财政部《关于调整中长期出国（境）培训人员费用开支标准的通知》，根据国（境）外物价水平上涨、医疗保险费用增加以及其他一些相关费用的提高，对中长期出国（境）培训费用进行调整。同时规定各派出单位从严控制党政干部中长期出国（境）培训规模，认真选拔培训人员，加强出国前外语和专业培训，并进行严格考核，确保培训质量。至2010年底仍执行此规定。

7. 监狱劳教财务管理

财政部门对监狱劳教单位的财务管理主要指对监狱劳教单位的财政（财务）管理体制，其经历了自收自支、统收统支、财务包干、简政放权、分账核算双轨运行逐步完善的财政保障体制和逐步规范的财务管理等阶段。1949年后，随着以农业为主、手工业为辅的监狱劳动改造生产模式的建立，劳改系统财务核算体系正式确立为企业化财务管理。在财政的归口管理体制中，相当长时期内劳改单位据此被归入财政农口系统管理。20世纪50年代实行"以收抵支，差额预算管理"；60年代改为"统收统支，全额预算管理"；80年代实行财务包干、自负盈亏。1980年8月，省政府批准成立浙江省新兴农工商联合企业公司（经营劳改系统生产的产品），实行生产、加工、销售一条龙管理，独立核算，自负盈亏。10月，省公安厅、省财政厅转发公安部、财政部《劳改业务费管理规定》，对经费管理实行"以收抵支，差额拨款，结余上交"，劳改业务经费收支管理同时纳入统一平衡。1983年，在财务包干基础上，财政增拨“新增犯人经费”“新增干警经费”和“狱政设施更新维修经费补助”等专项经费补助。1984年9月，省司法厅党组批准省监狱管理局党委关于简政放权的十条规定，对劳改企业实行简政放权、扩大企业自主权管理。1987年4月，为了明确劳改企业政策性社会性负担情况，省财政厅、省司法厅联合下发《劳改企业政策性社会性支出管理实施细则》，强调劳改企业是特殊的国营企业，明确规定干警经费、中小学经费、小型农田水利支出补助费等为政策性社会性支出范围。同月，省劳动改造管理局印发《浙江省省属劳改企业财务管理试行办法》，对原有财务管理办法作了修订和完善。1988年和1990年，先后调整劳改系统的财务包干内容，在经费来源上实行政企分开。1990年10月，省司法厅劳教局内设生产财务科，对劳教企业财务进行独立核算管理，改变以往从属于劳改单位，参照劳改单位的财务管理体制。1991年，省财政厅、省司法厅联合下发《浙江省劳教所财务管理暂行办法》，明确劳教所是特殊的事业单位，生产上实行企业化管理。1993年，劳改业务费的管理由“统收统支，全额上交”改为“统一标准，定额上交，结余留用，超支不补”。

1994年，《中华人民共和国监狱法》出台。1995年，国务院发文明确监狱管理所需的干警经费、罪犯改造经费和狱政设施维修经费及罪犯改造所需生产设施经费应由财政保障。同年，省政府下发《关于切实做好监狱管理和劳动教养工作的通知》，规定对中央下达的经费和投资，省或市原则上按不低于1∶2的比例配套。对中央安排的生产性基本建设、技术改造等项贷款，省或市原则上按1∶1的比例配套。为了贯彻新的财政保障体制，当年浙江省在全国率先实行监狱与监狱企业财务“分账核算、双轨运行”的财务核算体制，将原来以监狱企业形式建立的收支一本账，划分为按监管改造经费收支和企业生产经营收支不同内容，建立监狱经费和监狱企业两本账。同时，对相关资产按性质进行重新界定。1997年，财政部颁布《监狱财务制度》《监狱会计制度》，省财政厅制定《浙江省监狱财务管理办法》《浙江省监狱财务制度实施细则》《浙江省监狱会计制度补充规定》，明确监狱及其监狱企业实行新的财务管理体制，监狱执法所需各项经费由财政保障。1998年9月，根据财政部颁发的《企业财务通则》和行业财务管理制度及劳务加工业特点，省监狱管理局制定《浙江省监狱企业劳务加工业财务管理暂行规定》，加强监狱企业劳务加工业财务管理，统一核算口径。1999年，省劳动教养管理局下发《浙江省劳教局机关财务管理暂行规定》，劳教单位在参照监狱财务制度运行的同时，制定局机关财务管理制度。同年成立浙江省监狱企业集团公司，监狱下属企业资产、财务等按新体制实施财务管理。

2000年，随着公共财政体制的建立，监狱和监狱企业的财务管理进一步规范，监狱经费财政预算保障程度逐年提高，监狱企业由省国资委授权经营并落实责任进行考核。2003年，财政部、司法部发文，将劳教所资产划分为教育改造用资产和生产经营用资产，分别按照行政单位资产和企业资产进行管理。同年，国务院批复同意监狱体制改革试点。2004年，省财政厅制定下发《省属监狱、劳教系统基本建设贷款、产业升级项目省财政贴息资金管理办法（试行）》，对监狱、劳教企业符合条件的基本建设项目和产业升级项目按当年的银行贷款利率的50%予以贴息。同年，为加强省属监狱建设，浙江省对省属监狱新关押的罪犯及省属劳教单位新关押的劳教人员，根据其实际在押、在所的时间，分别由罪犯、劳教人员送出市、县，按每人每年1500元标准承担监狱、劳教所经费。6月，省财政厅、省司法厅印发《浙江省劳动教养机关财务会计管理实施办法》，劳教系统经费参照《监狱基本支出经费标准》执行。2005年，根据省财政厅、省国有资产监督管理委员会统一部署，监狱企业经清产核资，全面执行《企业会计制度》。

2008年，国务院决定全面推行监狱体制改革，劳教系统同步进行改革。监狱、劳教单位执行《行政单位财务规则》《行政单位会计制度》《行政单位国有资产管理暂行办法》《监狱财务会计制度》等基本财务会计制度；监狱、劳教企业执行财政部制定的《企业财务通则》《企业会计准则》和国务院颁布的《企业财务会计报告条例》，以及有关国有资产管理规定。同年，经省政府同意，省监狱企业集团公司国有资产管理体制由省国有资产监督管理委员会调整为省财政厅管理，实现监狱和监狱企业统一的资产管理体制。

2008年6月，《中华人民共和国禁毒法》实施，作为司法行政单位的劳教所承担了强制隔离戒毒工作，先后有4个省属劳教所、2个地市劳教所增挂“强制隔离戒毒所”牌子。省政府办公厅出台《关于贯彻实施〈中华人民共和国禁毒法〉有关工作的通知》，明确对送到省属戒毒场所进行强制隔离戒毒者，其生活、治疗经费按照每人每年3600元的标准予以保障，省财政和地方财政各负担一半，其他经费参照劳教人员经费支出标准执行。对在市、县级戒毒场所进行强制隔离戒毒的，地方财政予以保障。

2010年5月，财政部、司法部制定印发《监狱体制改革单位财务管理办法》，省财政厅、省监狱管理局结合浙江实际下发《关于进一步加强监狱财务管理的通知》，规范监狱系统劳动补偿费管理、自有资金专户管理，完善基本建设预算审核制度，加强监狱企业管理。同时，理顺监狱系统财务关系，规范财务收支行为，增强预算管理的科学化、精细化水平。

（二）事业单位财务管理

与浙江省财政管理体制相对应，事业单位财务管理也经历了“统包统揽（1949—1979年）—预算包干（1980—1993年）—综合预算（1993—2010年）”这一发展过程。

中华人民共和国成立初期，国家实行高度集中的财政体制，各级政府财政支出由财政部统筹安排拨款、核销。1951年，财政体制上实行集中总方针下的分级负责制。浙江省事业费支出分现金、实物（粮草）两个部分，各厅局所属事业单位按实付数逐级汇总单位支出数上报。1953年，实行中央、省、县三级财政管理体制，国家颁布一系列关于预决算制度和财政分级后事业单位部门财务开支标准、管理办法等规章制度。在此基础上，浙江省制定相应实施办法，如《浙江省文化事业费经费暂行管理办法》，事业单位的各项经费开支按预算拨款，执行定员定额，按标准开支，超标准不予报销，结余上缴同级财政的财务管理办法，简称“统包统揽”。在“统包统揽”的体制下，财政部门对不同行业的事业单位采取略有差异的管理办法：对有部分固定收入的卫生、体育、文化、园林和环卫等单位，实行“全额管理、差额补助、结余留用”；对中小学校建立以实物定额为基础的定员定额标准；对医疗部门建立药品、病人欠费、人员工资和公费医疗的周转金制度。1972年，浙江省革命委员会生产指挥组转批省财政金融局《关于财政管理体制改革的试行方案》，省对各地区实行“定收定支，保障上缴(或差额补贴)，超收分成，结余留用”的办法，对事业单位财务管理办法也作了相应调整，大部分地区实行“经费包干”试点，有的试行“全额包干”，或者“定项经费包干”，或者“专项经费包干”，同时加强经费定额与开支标准的管理和监督。

1980年，实行“分灶吃饭”的财政管理体制，全省对事业单位财务管理制度进行改革，实行多种形式的“预算包干”制，即对全额预算单位在明确包干范围、确定合理定额的基础上，实行经费包干、结余留用、超支不补的办法；对差额预算单位采取核定收支、包干补助、结余留用、超支不补的办法。根据这一精神，事业单位将包干指标在单位内部层层分解落实。“预算包干”办法打破了财务管理上长期存在的“统得过多、管得过死”的局面，从而使单位在经费包干指标内，根据工作实际需要统筹安排和使用，促进了事业发展和各项工作任务的完成。1988年12月，省财政厅对事业单位“预算包干”办法作了进一步细化，由单一的“核定预算，包干使用，结余留用”改为4种不同形式，即经费和任务挂钩，一年一定；核定基数，比例递增；包死基数，数年一定；核定基数，比例递减。全额预算管理单位的包干基数原则上按定员定额核定，对超编人员限期处理，未处理前按定额的50%核拨经费，以后逐年降低核拨经费的比例；对差额预算管理的单位，实行“核定收支、定额定项补助或补助递减包干，增收节支留用，减收超支不补”的办法。包干结余经费分配，规定用于事业发展基金的比例不得低于50%。

1989年1月，经国务院批准，财政部发布《关于事业单位财务管理若干规定》(以下简称《规定》)，将事业单位划分为3种预算管理形式，即全额预算管理、差额预算管理和自收自支管理；并提出“两个过渡”，即有条件的全额预算管理单位逐步向差额预算管理过渡，有条件的差额预算管理单位逐步向自收自支过渡。12月，省财政厅根据《规定》，制定《关于事业单位财务管理若干规定的实施细则》(以下简称《实施细则》)，进一步充实、完善“预算包干”办法，并着手清理事业单位银行账户，重新确定事业单位预算管理形式，清查财产物资等。《实施细则》要求全省各级财政部门支持事业单位挖潜创收，提高经费自给水平，逐步向差额管理、自收自支过渡；继续推行专项资金跟踪反馈责任制，完善专项资金使用情况的监督检查和项目进度报告制度。在此基础上，根据各单位业务活动特点和经费自给程度，实行收入分成或以收抵支，对部分有条件的事业单位实行企业化管理。1993年9月，省财政厅下发《加快事业单位财务改革，加强财务管理若干规定的通知》，明确事业单位的各项收入全部纳入单位预算统一管理、统一使用。1995年，省财政厅对市(地)文教行政财务管理和经费使用效益考核专门拟定考核办法，推动效益考核工作的深入。

1996年10月，财政部发布《事业单位财务规则》，并相应制定《事业单位会计准则(试行)》和《事业单位会计制度》。省财政厅结合实际，制定贯彻《事业单位财务规则》的6个实施制度作为补充规定，包括：决算管理方面，主管部门在审核和汇总本级及所属单位的决算后，须将社会中介机构出具的审计报告书连同财务情况说明书报财政部门审核；财务监督、考核方面，单位的年度决算、专项资金的使用情况等依法实行注册会计师审计制度；为鼓励事业单位合理组织收入，提高经费自给率，实行事业单位经费自给率与单位职工分配比例挂钩的办法等。全省实施《事业单位财务规则》及相关制度办法，建立新型的事业单位财务管理体系，执行预算内外统一管理，实行综合预算管理。

1998年12月，财政部提出建立“公共财政”框架体系，浙江省按照“政事分开”的原则，科学合理界定事业单位由政府提供保障的范围和内容。对于应该属于市场调节范围的事业单位，在经费上逐步与财政脱钩，降低国家对事业单位的补助，进一步减轻财政负担。2000年，各级财政部门继续加强事业单位财务管理，指导和服务各类事业单位推进体制改革。研究制定科研院所体制改革实施意见和省属科研院所总体改制方案，削减事业费，增加专项经费的投入，做好省属改制院所的资产评估工作；改革省属剧团拨款方式，削减事业费补助，逐步向“以奖代补”过渡；实行中等专业技术学校管理体制调整和后勤服务社会化等改革，做好部属院校下放省属院校的经费测算、基数调整等相关工作；做好全省广播中波转播台体制上划中基数核实以及全省新华书店改制资产处理等基础性工作。2001年，省属技术开发类院所绝大部分转制为科技企业，对院所人员经费实行“老人老办法、中人中办法、新人新办法”。在改制的5年过渡期内，原院所在职职工的社会保险补助，由财政安排事业费解决；对农业和公益类院所不同程度地减拨事业费，将减拨的事业费用于高科技项目、科研中试基地和重点实验室建设，以及必要的设备更新和购置。

2002年，省财政厅根据省政府《关于深化事业单位改革的意见》，对省属事业单位改制的范围和方式、国有资产处置、转换劳动关系、养老保险待遇等一系列有关改革工作制定管理办法。省财政厅制定《浙江省省级科技项目经费管理暂行办法》，对省级科技项目经费支持的方向和重点、开支范围、预算编报、支出管理和监督检查5个方面作了具体规定，规范并完善省级科技项目经费的使用管理。省财政厅与省文化厅共同制定《第七届中国艺术节财务管理暂行办法》《浙江省基层文化设施建设专项资金使用管理办法》等文化事业单位资金使用管理办法。当年对第十二届省运会、第二届全国体育大会等大型综合性运动会开展经费审核申报工作。省财政厅制定《第十二届省运会财务管理办法》，加强资金管理。

2004年，按照“一手抓制度建设，一手抓绩效考评”的专项资金管理思路，分别选择省属高校实验室建设、省区域科技创新服务中心等专项资金开展绩效考评试点。2005年，浙江省全面推进财政支出绩效考评工作，事业单位财务管理从源头管理、过程管理转向注重目标管理、绩效管理。对全省23所省属高校的162个实验室项目进行检查和绩效评价。同年，根据中央统一部署，全省开展清理事业单位津贴补贴工作，完成市县和省级400多家事业单位的津贴补贴清理工作。2006年，浙江省全面推进文化体制改革，省财政厅参与文化体制改革相应配套政策的制定，组织起草浙江省基层文化设施专项资金、非物质文化遗产保护专项资金等一系列专项资金管理办法；制定《浙江省公共及行业、区域创新平台建设管理暂行办法》和《浙江省科技重大专项及重点项目经费管理办法》，加强科技经费管理。2008年，继续加强对科技专项资金的整合，细化预算编制，加强预算执行管理。2009年，加强项目资金的制度建设，省财政厅与省教育厅联合下发《关于试行省属普通高等学校本科教学业绩考核结果与财政拨款挂钩办法的通知》，与省科学技术厅联合印发《浙江省发明专利引进项目经费管理办法（试行）》等管理办法，形成有效使用财政资金的制度机制。同时，深入开展绩效考核工作，对浙江省图书馆图书购置、高校实验室建设专项资金等项目展开绩效评价，促使项目单位合理有效使用财政资金。2010年,省财政厅在事业单位财务管理中加强预算管理,落实预算执行分析报告制度,加强用款计划管理;加强专项资金整合,重点对科技、文化等领域的专项资金进行整合。同年,全省启动事业单位分类改革与事业单位绩效工资制度改革。事业单位分类改革,即按社会功能将事业单位划分为三类:划归行政机构或转为行政机构;对从事生产经营活动的,逐步转为企业;对从事公益服务的,继续保留在事业单位序列,强化公益性,按市场配置资源情况,划分公益一类或公益二类。事业单位绩效工资制度是对事业单位收入分配制度的一次改革。改革后,对事业单位实行岗位绩效工资制。浙江省按照国务院"分类指导、分步实施、因地制宜、稳慎推进"的十六字方针,分步实施事业单位绩效工资工作:第一步,落实义务教育学校绩效工资;第二步,在公共卫生与基层医疗卫生事业单位推行绩效工资;第三步,在其他事业单位实施绩效工资。

(三)行政事业单位国有资产管理

行政事业单位国有资产即行政事业单位的国有(公共)财产,包括行政事业单位用国家财政性资金形成的资产、国家调拨给行政事业单位的资产、行政事业单位按照国家规定组织收入形成的资产,以及接受捐赠和其他经法律确认为国家所有的资产。其表现形式为流动资产、固定资产、无形资产、在建工程和对外投资等。

1.管理体制

1989年之前,浙江省行政事业单位国有资产管理工作没有设专门职能机构,具体工作由省财政厅各归口业务处室负责。1989年3月,省编委批复同意省财政厅增设国有资产管理处。各市(地)、县先后成立相应机构,省级各主管厅(局)也落实有关处室并指定专职人员负责本系统、本部门的国有资产管理工作。1991年7月,省财政厅国有资产管理处改为省国有资产管理局。1996年8月,浙江省国有资产管理局升格为省财政厅管理的副厅级机构,成为专司国有资产管理的职能部门,并按照统一政策,分级管理的原则,对国有资产试行综合管理。各市(地)、县也陆续组建国有资产管理机构。至1998年底,全省11个市、地全部成立国有资产管理局,64个县(市)和23个县级区也分别成立国有资产管理专职机构,共有国有资产管理专职干部近400人。

2000年8月,浙江省国有资产管理局撤销,其职能并入省财政厅;同时,将原浙江省国有资产管理局承担的资源型国有资产管理的有关职能,划由省国土资源厅、省林业厅承担。9月,省财政厅明确国有资产综合管理处牵头负责国有资产管理工作,行政事业财务处等有关处室分别负责归口部门的行政事业资产管理工作,统计评价处负责行政事业单位清产核资工作。2004年,国有资产管理体制改革,省政府成立国有资产监督管理委员会(以下简称国资委),企业国有资产管理和国有产权交易管理等职能划由省国资委承担。10月,省财政厅国有资产综合管理处撤销,行政事业单位资产管理(包括清产核资)职责划入各归口业务处室。

2008年5月,省财政厅设立行政事业资产管理处,专司行政事业单位国有资产管理职能。截至2010年底,行政事业资产综合管理职责均由财政部门履行,全省11个市财政局单独设立资产管理机构的有8个,86个县(市、区)单独设立资产管理机构的有73个。全省基本建立"国家统一所有、政府分级监管，单位占有、使用"的管理体制以及与此相适应的"财政部门—主管部门—行政事业单位"三个层次的行政事业单位国有资产监督管理体系。

2. 国有资产监管

1961 年，省委发布文件，强调加强财政纪律，要求国家机关、企业、事业和基本建设单位妥善保管和合理使用固定资产，凡固定资产的外调、报废和变卖，以及成套设备的拆套和大的拆改，必须按照规定上报批准后方可处理。出售给集体所有制单位的固定资产和物资，必须等价交换，不得无偿调拨。1979 年，省财政局对行政单位固定资产试行部分有偿调拨，对调拨给主管部门直属单位以外的，一律作价收款，主管部门直属单位内的调拨，可以仍实行无偿调拨，也可以作价收款。

20 世纪 80 年代，行政事业单位国有资产管理是财政财务管理的组成部分，省财政厅联合各相关部门相继出台《浙江省广播事业财务管理和会计制度》《水利工程管理单位财务管理办法与会计制度(试行)》《浙江省中小学财产、物资管理暂行办法》《浙江省科研单位会计制度(试行)》《浙江省中等专业学校财务管理试行办法》《浙江省卫生事业单位固定资产管理实施法》等行业财务管理制度，其中皆明确固定资产的范围、分类、计价，建立固定资产增加、减少审批制度，加强财产物资管理，落实管理责任。1982 年，省财政厅加强行政机关招待所财产管理，要求招待所建立财产物资的采购、验收、保管、领发、调拨、盘点、维修、报废等内部管理制度，明确责任，提高设备利用率。1986 年，省财政厅制定《浙江省企业化管理事业单位财务管理试行办法》，加强财产物资管理。1989 年，省财政厅转发财政部《关于事业单位财务管理的若干规定》并制定实施细则，行政事业单位财产物资管理工作有章可循。

1990 年 8 月，《浙江省国有资产评估暂行办法》公布，省财政厅负责管理和监督全省国有资产评估工作，要求国有资产产权变动时必须进行资产评估。1991 年 6 月，省财政厅执行《关于国家事业行政单位在创收活动中加强国有资产管理工作的暂行规定》，行政事业单位为进行创收而设立的经营实体，应按出资单位的财务管理形式，向同级财政部门报告登记，规范和加强"非转经"(非经营性资产转经营性资产)资产管理。7 月，省财政厅执行国家国有资产管理局《关于国有资产办理无偿划转手续的通知》，强化国有资产划转须按规定程序报批。同时将财产物资管理工作纳入浙江省事业行政单位会计工作达标考核范围。1992 年，省财政厅下发《浙江省事业行政单位财产物资管理办法》，实行"统一领导、归口管理、分级负责、责任到人"的管理体制，提高财产物资利用率。1996 年，省财政厅、省国有资产管理局根据国家相关规定，结合浙江实际，制定《浙江省行政事业单位国有资产管理暂行办法》，重点抓好国有资产处置管理工作，对单位资产的报损报废、变卖以及无偿划转进行审查核实。1997 年，省政府决定对省化工研究院、省农业科学院等 5 家科研院所进行改制试点，要求相关科研院所依法做好国有资产的清产核资、资产评估、产权界定、资产核销和剥离等工作。9 月，省政府批准下发《浙江省行政事业单位国有非经营性资产转为经营性资产管理暂行办法》，建立"非转经"资产有偿使用制度，提高行政事业单位资产使用效益。1998 年，全省开展"非转经"资产的清查核实工作，征收资产占用费。省国有资产管理局完成省体育运动委员会等 5 家省级行政单位"非转经"资产占用费的收缴，并纳入预算管理。

2000年,浙江省制定《国资律师事务所深化改革和国有资产产权界定、管理及处置的指导意见》,推进国资律师事务所改制。9月,省政府办公厅出台加快省属高校校办企业改革指导意见,鼓励有条件的高校组建资产经营公司,代表国家行使国有资产所有者合法权益。2001年,省政府下发《关于进一步加强行政事业单位国有资产管理工作的意见》,要求分类指导,建立行政事业单位资产管理、监督新机制。同年,省政府下发《关于加强国有土地资产管理的通知》,建立和完善国有土地资产管理制度,加快土地有形市场建设,开展土地市场专项整治清理工作。2002年,省财政厅印发《浙江省国有资产评估项目核准管理实施办法》和《浙江省国有资产评估项目备案管理实施办法》,省财政厅、省国有资产管理委员会办公室联合印发《省属国有企事业单位核销资产管理暂行办法》,成立资产管理公司,专业从事省属国有企事业单位核销资产的统一管理。在此期间,省财政厅加强对行政事业单位所属企事业单位改制的指导和服务,把好资产剥离、提留和核销关,在确保国有资产不流失的基础上,推进行政事业单位所属企事业单位的改制进程。同时推动高校后勤服务社会化,推进科研院所和工程勘察设计单位的体制改革。8月,省政府公布实施《浙江省国有资产流失查处试行办法》,这是浙江省第一部地方性国有资产管理法规,国有资产流失查处有了法律依据。2003年,经报批同意,成立浙江省省级行政事业单位国有资产处置中心,专门负责省级行政事业单位国有资产处置工作。省财政厅制定《浙江省省级行政事业单位国有资产处置管理试行办法》,规范资产处置行为。同时,省财政厅联合省教育厅开展“春泥护花”行动,要求各单位淘汰的计算机,统一移交浙江省省级行政事业单位国有资产处置中心,不得以其他方式处置,由省财政厅、省教育厅捐赠给贫困地区中小学校。

2005年,省财政厅加强政府非税收入管理,明确国家机关、财政拨款事业单位、代行政府职能的社会团体以及其他组织的固定资产和无形资产的出租、出售、出让、转让等取得的收入,利用政府投资建设的城市道路和公共场地设置停车泊位取得的收入,以及利用其他国有资产取得的收入属于政府非税收入,要求有关单位将国有资产有偿使用收入及时足额上缴国库或财政专户,防止国有资产流失。2006年,财政部颁布《行政单位国有资产管理暂行办法》《事业单位国有资产管理暂行办法》,行政事业单位国有资产管理工作进入新的历史时期。省财政厅结合浙江实际提出以上两个《办法》的贯彻实施意见。

2009年,省政府办公厅下发《关于进一步加强行政事业单位国有资产管理工作的意见》《浙江省行政事业单位国有资产管理暂行办法》,明确管理机构与其职责,规范行政事业单位国有资产管理工作。省财政厅探索资产配置与预算编制相结合,在原有办公用房、汽车等资产配置标准的基础上,制定通用办公设备配置标准。要求省级行政单位(含参照公务员管理单位)试编增量资产配置预算,选择汽车、电脑、打印机、传真机、复印机等部分资产品目作重点审核。同年,根据资产管理信息化建设的要求,将行政事业资产管理信息系统建设列入“金财工程”建设规划,启动省级行政事业单位资产管理信息系统建设。2010年,省财政厅实施“省级行政事业单位资产管理信息系统”,省级各单位资产配置、使用、处置和收入上缴等管理事项实现网上申报审批、动态监管。全省各市、县财政局启动资产管理信息系统建设。当年,省财政厅相继出台省级行政事业单位国有资产处置、使用、收入收缴管理等办法,指导和规范省本级行政事业资产管理工作。

3.清产核资

1971年之前,浙江省没有专门针对行政事业单位开展过清产核资。1971年,根据国务院批转国家计划委员会(以下简称国家计委)、财政部《关于开展清产核资工作的报告》,浙江省开展清产核资,对象和范围包括厂矿企业、基本建设单位、物资、商业、外贸部门、科学研究单位、校办工厂以及行政事业单位的房产、设备和仪器。

1990年,省财政厅会同省科学技术委员会对48家省级科研事业单位进行国有资产存量调查试点,至1991年调查结束,共核实国有资产存量3.99亿元,比账面数3.73亿元增加0.26亿元,增长7%。1992年,省财政厅组织开展全省行政事业单位财产清查登记,开展财产清查、价值确定、所有权界定和资产核实4个阶段工作。至1993年清查结束时,全省24610户行政事业单位清查核实的国有资产总量为287.06亿元,比清查前增长了15.4%,净增加38.27亿元。这次清查登记,理顺了产权关系,解决了一些单位因产权不清形成的历史遗留问题。其后至1999年,没有再开展行政事业单位资产清查工作。

2000年,为配合财政预算管理制度改革,省教育厅等5个主管部门及所属139户单位,开展省级预算单位清产核资工作试点。此次试点工作的主要任务是通过清产核资,为编制部门预算和细化预算编制提供可靠依据,同时也为制定科学的定员定额标准提供准确依据。各部门按照清产核资试点工作各阶段工作要求,组织本部门所属单位对机构设置、人员编制、经费使用、收支结构、资产状况以及债权债务等情况进行清理,填报清产核资报表。2001年,清产核资工作在省级行政事业单位全面铺开,同时在湖州市、丽水市、嵊州市进行试点。2002年4月,省政府办公厅发文要求在全省范围全面开展行政事业单位清产核资工作。通过户数人员清理、财产清查、资金核实,基本摸清全省行政事业单位"家底",为加强行政事业单位资产及财务管理和推进事业单位改革奠定基础。至当年底,全省21430户行政事业单位进行清产核资,核批盘盈资产91.77亿元,核批盘亏及财产损失59.98亿元,共核实行政事业单位资产总额2071亿元(其中固定资产1007.93亿元),国有净资产总量1349.17亿元。2007年,省财政厅根据财政部统一部署,以2006年12月31日为资产清查基准日,组织开展全省行政事业单位资产清查核实工作。此次清查,全省19897户行政事业单位纳入资产清查范围,核实资产总额3731.4亿元,负债总额1420.5亿元,净资产总额2310.9亿元。其后至2010年,未开展行政事业单位资产清查。

4.产权登记

行政事业单位国有资产产权登记,是国有资产管理部门代表国家对行政事业资产进行登记,依法确认国家对国有资产的所有权和行政事业单位占有、使用国有资产的法律行为。1995年,根据国家国有资产管理局《行政事业单位国有资产产权登记实施办法》规定,省国有资产管理局制定《浙江省行政事业单位国有资产产权登记实施办法》,要求凡占有和使用国有资产的行政事业单位,都要对属于国家所有的资产,向各级国有资产管理部门申报、办理行政事业单位国有资产产权登记。明确国有资产管理部门核发的《中华人民共和国国有资产产权登记证(行政事业单位)》,是国家对行政事业单位占用国有资产享有所有权的法律凭证。产权登记分为:设立产权登记、变动产权登记、撤销产权登记,实行年度检查制度。产权登记的主要内容包括单位名称、住所、单位性质、单位负责人、主管部门、资产总额、负债总额、国有资产总额共8项。1996年,省国有资产管理局牵头,首次在全省范围内对具有独立法人资格并实行财务独立核算的行政事业单位实施国有资产产权登记,发放产权登记证。当年全省登记行政事业单位15555户,登记资产总额773.96亿元,负债总额269.06亿元,国有资产总额504.90亿元,其中固定资产总额355.14亿元,占国有资产总额的70%。1997—1999年,省国有资产管理局每年组织全省行政事业单位产权登记年检,巩固和完善1996年设立产权登记成果,摸清全省行政事业单位家底。

2000年,浙江省政府机构改革,不再保留省国有资产管理局,其职能大部分并入省财政厅。此前,作为原"产权登记证"监制机关的国家国有资产管理局亦已撤销,中央级行政事业单位国有资产产权登记工作已停止,全省行政事业单位国有资产产权登记工作也因此中断。2002年,事业单位改制工作全面启动,改制以产权明晰为前提,开展行政事业单位产权登记工作。9月,省财政厅、省民政厅等部门联合下发《浙江省行政事业单位国有资产产权登记试行办法》,产权登记机关由原浙江省国有资产管理局变更为浙江省财政厅;取消产权登记年检,改为年度产权变动汇总登记;在事业法人、社团法人注册登记、年检以及事业单位对外投资时要求提供产权登记证。2003年,根据《浙江省行政事业单位国有资产产权登记试行办法》,省财政厅在全省范围内开展行政事业单位国有资产产权登记工作,凡是已经取得独立法人资格,占有使用国有资产的各类行政事业单位及社会团体,都要向财政部门申办国有资产重新占有产权登记。当年,全省办理产权登记的行政事业单位13963户,占有的国有资产总额1533.4亿元。其后至2010年,全省未开展产权登记工作。

三、社会保障资金财务管理

(一)社会保险基金管理

社会保险基金由养老、医疗、失业、工伤、生育5项基金组成。20世纪80年代末至90年代,5项基金先后建立,逐渐被纳入财政专户,实行收支两条线管理。

1994年,省政府出台《〈关于对我省社会保险制度改革的若干意见和建议〉的建议》,按照"政事分离、强化管理"的原则,提出社会保险基金(以下简称社保基金)管理改革要求。各级财政部门定期向社会保障改革领导小组报告资金收支情况,审计部门加强对社保基金的监督、检查,依法实施审计。1995年,省财政厅将社保基金纳入财政专户,实行收支两条线管理。同年底,社保基金财政专户余额2.78亿元。到1997年,绍兴市、舟山市、温岭市、舟山普陀区等地将社保基金全部纳入财政专户。1998年,浙江省统一在工商银行开设"社会保障基金财政专户"和"养老保险基金支出户"。社会保险经办机构停止从基金中提取管理费,其运作经费由财政预算安排。同年,省财政厅制定《关于社会保障基金财政专户会计核算有关问题的通知》,统一规范社会保障基金征收、管理的会计核算。1997年、1998年,浙江省纳入财政专户的社会保障基金分别为4.40亿元和14.22亿元。

1999年10月，根据财政部、劳动和社会保障部印发的《社会保险基金财务制度》《社会保险基金会计制度》，省财政厅联合有关部门发布《浙江省社会保险基金财务制度实施细则》，统一规范全省社保基金会计、财务制度。同年，执行财政部《社会保障基金财政专户管理暂行办法》，全省各级财政部门加强对财政专户的管理，按时足额将收入户基金划入财政专户，加强社保基金核算管理。2000年，浙江省养老、失业保险基金基本纳入财政专户管理，工伤、生育保险基金管理逐步规范，并纳入财政专户管理。2001—2004年，社会保障基金财政专户管理年末滚存结余，各年分别为128.05亿元、190.95亿元、308.63亿元和459.81亿元。

2004年10月，省政府发布《关于建立社会保障资金多渠道筹措机制的意见》，要求各级政府开拓新的稳定的社会保障资金筹措渠道，增强社会保障基金自求平衡能力。2005年3月，省政府出台《浙江省社会保险费征缴办法》，加强和规范社会保险费的征缴、管理和监督。社会保险费按照参保关系由各级地方税务机关实行属地征收，及时、足额缴入国库，并纳入社会保险基金财政专户，实行收支两条线管理，专款专用，由财政部门依法进行核算监督。10月，省财政厅印发《浙江省多渠道筹措社会保障资金实施办法》，要求各级财政部门建立“社会保障风险准备金”，纳入各级社会保障基金财政专户统一管理，专账核算。省财政厅、省劳动和社会保障厅成立社会保险基金决算联合工作小组，落实全省社保基金决算工作。至年底，社会保障基金财政专户管理年末滚存结余625.49亿元。2006年，全省各级政府建立社会保障监督委员会，强化社保基金收支管理，禁止基金违规投资运营，完善基金监督制度。社会保障基金纳入财政专户管理资金规模850.25亿元。至年底，浙江省已建立以社会保障监督委员会为统领，由行政监督、专门监督、社会监督和内部监督共同组成的基金监管体系，对社会保险费征缴、社会保险金发放、基金管理和运营各环节进行全过程监督。2007年，为规范社会保险基金使用，规定凡存在挤占、挪用社会保险基金的市、县，在核定养老、失业保险调剂金和失业保险基金促进再就业经费补助时，实行“一票否决制”。

2008年，浙江省社保基金纳入国库统一管理。2010年1月，根据国务院要求，浙江省试行社会保险基金预算管理，开展社保基金预算编制、预算汇总、预算审核、预算执行、预算调整、决算等各项预算管理工作。同年，省财政厅被列为全国社保基金预算管理系统网络版试点地区，推进基金预算的信息化管理。至2010年，浙江省推进财政社保资金绩效评价工程，健全监督管理制度，形成“事前有规则、事中有监管、事后有评价、跟踪有反馈”的监管体系。

1. 养老保险

1984年，浙江省探索企业养老保险制度改革，改企业保险为社会保险，对养老保险费用实行社会统筹，形成国家、企业、个人三方筹资模式。1987年，将国有企业合同制职工纳入养老社会统筹。1992年，实施社会统筹的企业职工基本养老保险制度改革。1993年，根据职工基本养老保险实行社会统筹和个人账户相结合的制度模式，浙江省改革职工基本养老金的计发办法，不再沿用与机关事业单位相同的退休费计发办法，而是与参保人员缴费基数、缴费年限挂钩。1994年，省政府颁发《关于深化保险制度改革的通知》，建立养老保险部分预筹积累机制，适当提高积累率以度过未来退休高峰期，试点推广宁波市等地的统筹与个人账户相结合的养老金计发办法。1995—1996年，开展养老保险扩面及养老保险征缴工作，并提高企业职工养老保险征缴比例。

1997年，省政府颁发《关于建立统一的企业职工基本养老保险制度的通知》，推行社会统筹与个人账户相结合的养老保险办法，基本养老保险费用按照“以支定收、略有结余、留有部分积累”的原则统一筹集，由国家、企业和职工个人共同负担。养老保险基金的征收管理和监督，由地方税务部门负责代为征收，实行收支两条线和财政专户管理，专款专用。1998年，省财政厅出台《关于企业职工基本养老保险基金实行收支两条线管理实施办法》，对企业职工基本养老保险基金实行收支两条线管理作统一规范。同年，职工个人仍按不低于本人缴费工资基数的4%缴纳基本养老保险费；个人账户统一按本人缴费工资基数的11%建立。企业按照全部职工缴费工资基数之和的一定比例缴纳基本养老保险费。

1999年，浙江省发布《浙江省职工基本养老保险条例》，按照统一制度、统一标准、统一管理和统一调剂使用基金的原则，规定基本养老保险基金的筹集、待遇标准等，规范基本养老保险基金财政专户管理。2000年，省财政厅印发《浙江省城镇企业职工基本养老保险调剂金征集、使用和管理试行办法》，建立省、市两级基本养老保险调剂金制度：调剂金实行统一提取、统一管理、统一调剂使用；调剂金按各地征缴的基本养老保险基金总额的1%提取，由省财政部门负责征集；上缴省的基本养老保险调剂金，每半年按当期征集额的50%返回给各市及省社会保险基金管理中心，建立市基本养老保险调剂金，由市管理和统一调剂使用；调剂金实行“收支两条线”管理。省级和各市、县(市、区)财政部门分别设立“社会保障基金财政专户——调剂金”专用账户，调剂金通过专用账户进行划拨，专款专用。

2001—2002年，依法扩大和巩固基本养老保险覆盖范围，规范企业基本养老保险费征缴，养老保险参保人数逐步上升，其中非公有制企业参保人数占比增大。同时，企业退休人员基本养老金待遇水平稳步提高，并向退休早、基本养老金偏低的老干部、老工人、军队转业干部、原工商业者适当倾斜。推进养老金的社会化发放。至2002年底，全省80个统筹地区实现社会化发放，社会化发放率99.9%。2003—2004年，浙江省职工基本养老保险采取企业与职工个人缴费相分离的办法，各地建立财政部门和社保经办机构间定期对账制度，确保会计资料数据和基金决算报表数据的一致性，规范社会保障基金管理。实行“抓两头”“带中间”的工作模式，26个发达县(市)实现养老保险基本全覆盖，确保13个困难县市养老保险基金收支平衡；推进一般县市养老保险基金扩面征缴工作。2003年末，企业参保职工594万人，实际缴费人数531万人。针对部分县(市)财力困难、社会保障压力大的情况，省财政厅通过省级调剂与地方养老保险基金收支平衡挂钩的机制，下拨省级调剂金以确保基金收支平衡。

2005年，省政府发布《浙江省社会保险费征缴办法》，明确地方税务机关负责保险费征收，要求加强和规范社会保险费的征缴、管理和监督，初步形成“地税征收、财政监管、社保支付”的基金管理体制。2006年，省政府下发《关于完善企业职工基本养老保险制度的通知》，省财政厅印发《关于完善企业职工基本养老保险制度的实施办法》，进一步扩大企业养老保险覆盖面，逐步做实基本养老保险个人账户。同时，完善“低门槛准入，低标准缴费”的养老保险政策，推动扩大民营企业养老保险覆盖面；实施“五费合征”(基本养老、基本医疗、失业、工伤、生育5项社会保险费统一征收)，提高养老保险基金征缴率。同年，提高企业离退休人员养老

图 31-4-5-3　2009 年 12 月，浙江省暨淳安县城乡居民社会养老保险基础养老金首发仪式（浙江省财政厅档案室提供）

金待遇，150 万企业离退休人员的基本养老金人均增加 120 元。为确保养老金及时足额发放，当年省财政对财力困难、社会保障压力大的县（市）下拨省级调剂金 7064 万元。2008 年，浙江省规定县级以上财政部门负责职工基本养老保险基金的专户管理、财政投入的预算安排和财务管理工作。2009 年，省政府颁发《浙江省企业职工基本养老保险省级统筹实施方案》，规定企业职工基本养老保险省级统筹实行“统一政策、分级实施，统一预算、分级核算，统一调剂、分级平衡，统一考核、分级负责”办法。同年，省政府出台《关于建立城乡居民社会养老保险制度的实施意见》，将非国家机关、事业单位、社会团体工作人员，未参加职工基本养老保险的城乡居民纳入养老保险体系。养老保险基金由个人缴费、集体补助和政府补贴构成。个人缴费标准设 5 个档次，由参保人员自主选择，多缴多得。政府补贴主要用于支付基础养老金、参保人个人缴费补贴、缴费年限养老金和丧葬补助费等。省财政按照基础养老金最低标准和城乡居民享受基础养老金的人数，根据不同地区的经济发展水平给予不同比例的补助。参保人所在市、县（市、区）财政对参保人缴费给予补贴，补贴标准不低于每人每年 30 元；对重度残疾人、低保对象等困难群体缴费，按当地最低档次缴费标准给予部分或全部补贴。养老金待遇由最低每月 60 元的基础养老金、个人账户养老金和缴费年限养老金三部分组成，支付终身。从 2010 年 1 月 1 日起，凡符合条件、年满 60 周岁的浙江省户籍城乡居民按规定享受政府提供的基础养老金。同年，根据《关于 2010 年调整企业退休人员基本养老金的通知》，按月均 150 元标准调整全省企业退休人员基本养老金。2004—2010 年，全省企业退休人员基本养老金平均每年上调 10%左右。2010 年末，全省参保人数 1606 万人。

2. 医疗保险

1997 年，浙江省开展医疗保障制度改革试点工作，宁波、金华两市被列为全国医疗保障扩大试点城市，其他非试点城市相继进行大病统筹等城镇企业职工医疗保险制度改革。1998 年，金华市填报医疗保险基金表，这是浙江省第一份城镇职工基本医疗保险基金表。当年全省参保企业职工近 6 万人。

1999 年，省政府发文规定医疗保险费的征缴范围。2000 年，根据《国务院关于建立城镇职工基本医疗保险制度的决定》，结合全省各地大病医疗统筹经验，省政府颁布《浙江省推进城镇职工基本医疗保险制度改革的意见》，确定全省城镇职工基本医疗保险制度改革的总体框架，建立统筹基金和个人账户相结合的基本医疗保险制度。2001 年，省财政厅等部门联合出台《浙江省城镇职工基本医疗保险基金管理暂行办法》，规定城镇职工基本医疗保险基金由缴费单位和缴费个人按缴费基数的一定比例缴纳，分别计入统筹基金和个人账户；财政部门负责有关财务会计制度的制定、落实及基金征管的监督检查，财政专户资金的核算和管理，以及审核用款计划和基金的预决算草案等。同年，省政府印发《浙江省省级单位职工基本医疗保险暂行规定》，省劳动和社会保障厅、省财政厅、省卫生厅印发《浙江省省级单位职工基本医疗保险暂行规定实施细则》，确定省级单位职工基本医疗保险适用范围和对象，加快实施省级单位职工基本医疗保险制度。省财政厅印发《关于省级单位职工基本医疗保险财务管理问题的通知》，对省级单位参加医疗保险后单位负担的基本医疗保险费、医疗补助经费等医疗经费的筹集及列支渠道等作出明确规定。当年全省 73 个建立统筹基金的地区实施基本医疗保险制度，参保人数 319 万人。2002 年，在城镇职工基本医疗保险的基础上，建立企业补充医疗保险。2003 年，全省 78 个建立统筹基金的地区实施基本医疗保险制度，参保职工 509 万人，基本医疗保险统筹基金和个人账户实现双结余。2004 年，继续扩大基本医疗保险覆盖面，推进公有制企业和灵活就业人员参保，基本医疗保险参保人数 569 万人。调整省级基本医疗保险统筹基金最高支付限额和个人自付比例。2005 年，以非公有制企业职工和农村进城务工人员为重点，扩大基本医疗保险覆盖面，全省 81 个医疗保险统筹地区共 640 万人参保。

2006 年，省政府颁发《关于推进城镇居民医疗保障制度建设试点工作的意见》，建立全体城镇居民的医疗保险制度。各地根据保障范围、不同人群的保障需求和承受能力，按照不低于当地新型农村合作医疗和不高于城镇职工基本医疗保险的保障水平，合理确定城镇居民医疗保障的筹资标准。建立个人（家庭）缴费和政府补助相结合的筹资机制，各级财政的补助标准不低于参加医疗保险人员筹资水平的三分之一，其中：省财政对市、县按欠发达地区、一般地区和发达地区的不同情况分别给予不同的补助。丧失劳动能力的残疾人和低保对象个人缴费部分由政府负责解决。2007 年，推进新型农村合作医疗工作，研究制定统一的基金财务会计制度，规范基金的核算和管理；规范基金封闭运行制度，健全基金支出的内部控制管理制度；实行基金监督检查的制度化。2008 年，浙江省执行财政部《新型农村合作医疗基金财务制度》，组织落实基金的计划、核算、分析和考核工作，如实反映基金收支状况；严格遵守财经纪律，加强监督和检查，确保基金的安全。各统筹地区财政部门在社会保障基金财政专户中设立新型农村合作医疗基金专账，实行收支两条线管理，专款专用。同年，浙江省实现城镇居民基本医疗保险制度全覆盖，并实施两年一次的城镇参保居民健康体检。城镇居民基本医疗保险的参保人数 274 万人。2009—2010 年，规范各项管理制度，提升基金使用效率和管理水平。继续以非公有制企业从业人员和灵活就业人员参保为重点，扩大城镇职工基本医疗保险覆盖面。实施在校学生（大学生和中小学生）参保扩面工作。2010 年，城镇居民基本医疗保险参保率 85%，提高城镇居民基本医疗保险人均筹资标准和最高支付限额，当年人均筹资标准不低于 200 元，各级财政人均补助标准不低于 120 元；城镇职工和城镇居民基本医疗保险的最高支付限额提高到当地职工年平均工资和居民可支配收入的 6 倍左右。建立基本医疗保险基金收支预算制度，建立基金运行分析和风险预警制度，统筹基金运行，使当期结余率控制在 15%。推行基本医疗保险门诊统筹制度，2009 年 30%的统筹地区建立城镇职工基本医疗保险门诊统筹制度，50%的统筹地区建立城镇居民基本医疗保险门诊统筹制度，2010 年 60%以上的统筹地区建立城镇职工、居民基本医疗保险门诊统筹制度。2010 年，全省推开基本医疗保险市级统筹工作。同时推进城镇居民基本医疗保险和新型农村合作医疗保险的制度整合，实行城乡一体化医疗保险制度。并将原参加机关事业单位子女统筹的人员纳入城镇居民基本医疗保险范围。2009—2010年，城镇职工基本医疗保险参保人数分别为1173万人和1334万人；城镇居民基本医疗保险参保人数分别为628万人和634万人。

3.失业保险

1986年10月，省政府颁布《国营企业职工待业保险暂行规定实施细则》，浙江省建立失业保险制度，保障失业人员的基本生活。同时，开始在全省各地建立待业保险基金，用于待业救济金、医疗费等基本生活保障待遇的开支。1992年7月，浙江省完善城镇职工待业保险制度，扩大实施范围和保险对象；明确待业职工生产自救费和转业训练费在当年基金收支余额的25%和10%以内开支。

1995年8月，省人大常委会颁布《浙江省职工失业保险条例》，这是浙江省社会保险方面的第一部地方性法规。该条例将"待业保险"改为"失业保险"，规定基金的收缴比例统一为企业按职工工资总额的1%缴纳，个人按工资总额的0.5%缴纳。失业保险基金用于失业救济金、医疗补助金、妇女生育补助金、丧葬补助金和供养直系亲属抚恤金、生活困难补助金、促进再就业经费、失业保险管理费；基金的管理由财政专项储存，专款专用；建立市(地)和省两级调剂金制度。1996年是条例实施第一年，全省全面建立失业保险制度，参加失业保险的在职职工人数332万人。1995—1998年，企业体制改革，破产兼并企业增多，国有企业改制中部分职工因失业而中断参保，失业保险参保人数下降到289万人，领取失业金人数增加，职工失业保险基金支出逐年上升。各地缴费比例由1.5%提高至3%，职工失业保险基金收入未减少。

1999年，省财政厅等部门联合印发《关于事业单位实施失业保险有关问题的通知》，将事业单位及其职工纳入失业保险范围，同时将个体工商户也纳入参保范围。年末，失业保险参保人数回升至356万人。同年，省财政厅发布《关于进一步做好国有企业下岗职工基本生活保障和企业离退休人员养老金发放工作有关问题的通知》，规定国有企业下岗职工基本生活保障和再就业资金按照"三三"制原则筹措，即财政安排1/3、企业自筹1/3、社会筹集1/3。对失业保险基金支出项目进行调整，加大向国有企业再就业服务中心拨付基金的力度。2000—2002年，全省开展国有企业下岗职工基本生活保障制度与失业保险制度并轨工作，确保基金用于失业救济和国有企业下岗职工基本生活保障。2001年末，全省80%市县国有企业再就业服务中心停止运作，国有企业下岗职工基本生活保障制度与失业保险制度实现并轨。领取失业保险金人员与领取下岗职工基本生活费人员比由2000年的2∶1上升到7∶1；至2002年末，滞留再就业服务中心的下岗职工人数不足3000人，领取失业保险金年末人数为17万人。

2004年1月1日，省人大常委会通过《浙江省失业保险条例》。该条例规定了失业保险基金来源、用途、领取的条件及享受待遇等内容；基金的收缴比例调整为企业按职工工资总额的2%缴纳，个人按1%缴纳；失业人员职业介绍、职业培训等促进再就业补贴的经费开支比例不超过当年筹集的失业保险基金总额的20%；取消管理费支出；建立省级失业保险调剂金制度;失业保险基金存入财政部门开设的社会保障基金财政专户,实行收支两条线管理,由财政部门依法进行监督。年底,失业保险费改由地方税务部门征缴。省财政厅、省劳动和社会保障厅联合印发《浙江省失业保险基金促进再就业经费管理使用办法》,对失业保险基金促进再就业的项目、标准、申拨等作出明确规定。同年,省财政厅、省劳动和社会保障厅联合印发《浙江省省级失业保险调剂金管理暂行办法》,规范省级失业保险调剂金的筹集、管理和使用。省级失业保险调剂金按统筹地区当年依法征缴的失业保险费总额的6%筹集,主要用于调剂统筹地区失业保险基金的收支不足;省级失业保险调剂金纳入省级社会保障基金财政专户,实行收支两条线管理。2005—2008年,先后以26个经济发达县市和城乡统筹就业试点县市、股份制企业和城镇私营企业及其职工为重点,以民营企业及农民合同制职工为重点,以非公有制企业及其职工为重点,逐步开展失业保险扩面工作。因企业改制工作完成和待遇期满人员增加,享受失业保险金人员呈减少趋势。2005—2008年,各年领取失业金月人数分别为108万人、85万人、82万人和79万人。

2009年,受国际金融危机影响,部分企业生产经营陷入困境。浙江省采取帮扶措施减轻企业负担,稳定就业局势,实行“五缓四减三补贴”政策,即允许困难企业在一定期限内缓缴养老、失业、医疗、工伤、生育保险5项社会保险费;阶段性降低城镇职工基本医疗、失业、工伤、生育4项社会保险费率;使用失业保险基金向困难企业支付社会保险补贴或岗位补贴,使用就业专项资金支持困难企业开展职工在岗培训。9月,省财政厅、省人力资源和社会保障厅联合印发《关于延长扩大失业保险基金支出范围试点政策有关问题的通知》,从享受对象、支出项目和经费使用额度三方面,进一步扩大失业保险基金促进就业经费使用范围;其中享受对象扩大到所有符合条件的城乡登记失业人员、参加失业保险的用人单位及其在职职工。2010年,全省落实采取帮扶措施减轻企业负担政策,加大对困难中小企业的支持力度,省财政厅等部门下发《关于延长扶持政策继续做好减轻企业负担稳定就业局势有关工作的通知》,规定有条件的地区失业保险基金向“三个方面延伸”,即向促进再就业延伸,向配合国有企业实施主辅分离辅业改制分流安置富余人员延伸,向下岗失业人员基本生活保障社保援助延伸。2009年、2010年,强化失业保险基金征缴力度,参保人数分别为785万人和875万人,领取失业金月人数分别为72万人和73万人。

4.**工伤保险**

1991年,浙江省企业职工工伤保险制度在萧山、遂昌及桐庐等市县进行改革试点。1994年,省财政厅等部门联合印发《浙江省企业职工工伤保险暂行办法》,明确规定享受工伤保险的条件,规范工伤保险的待遇项目和支付标准,建立工伤保险基金。工伤保险基金按照“以支定收、收支平衡、略有储备”的原则,由社会保险管理机构统一筹集,专款专用。1996年,浙江省设立工伤保险基金预算表。年末,全省67个市、县实施工伤保险改革,参保人数151万人。1999年,省财政厅等部门联合发布《浙江省企业职工工伤保险实施办法》,规范全省各地工伤保险制度。工伤保险基金由企业缴纳的工伤保险费、工伤保险费滞纳金、工伤保险基金的利息、法律法规规定的其他资金4个部分构成;工伤保险费由企业在职职工工资总额的0.2%～1%范围内划分缴费档次缴纳,职工个人不缴纳工伤保险费;工伤保险基金支出由统筹项目支付的待遇、事故预防和安全奖励金、职业康复费用、宣传和科研费 4 项构成。2000 年,《浙江省企业职工工伤保险实施办法》在全省全面施行。

2003 年,国务院颁发《工伤保险条例》,省政府发出《关于贯彻执行工伤保险条例有关事项的通知》,工伤保险制度覆盖全省所有县、市,参保人数 287 万人。2006 年,省政府发出《关于全面推进工伤保险的通知》,全省所有企业、事业单位(参照或者依照公务员制度管理的事业单位除外)、民间非营利组织及有雇工的个体工商户纳入工伤保险范围,扩大了工伤保险覆盖面。2008 年,建立工伤保险储备金制度,自 2008 年 10 月 1 日起,各统筹地区每月从工伤保险基金收入中按 5%比例提取储备金,用于重大、特大工伤事故的工伤保险待遇支付。年末,工伤保险参保人数 1262 万人。2009 年,针对建筑施工、矿山开发、危险化学品生产等高风险行业,进一步扩大工伤保险覆盖面。2010 年,实行工伤保险市级统筹,全省 11 个市实施工伤保险的六个统一政策,即统一参保范围和对象、统一缴费标准、统一基金管理、统一待遇标准、统一工伤认定和劳动能力鉴定政策、统一业务经办和信息系统。至 2010 年,工伤保险基金平稳运行。

5. 生育保险

20 世纪 50 年代初,国家颁布《劳动保险条例》,规定女职工生育产假 56 天,产假期间工资照发,享受免费医疗,费用由企业承担。浙江省由此建立女工生育保险制度,并一直沿用至 20 世纪 80 年代初。1984 年,省劳动人事厅、省财政厅、省总工会印发《关于延长女职工生育假期的通知》,规定凡是国家机关、全民所有制企业、事业单位的女职工,符合计划生育规定的,产假由 56 天延长到 90 天,产假期间工资照发。集体所有制单位女职工的产假是否延长,由各市(地)县(市)决定。1989 年,浙江省开展生育保险制度改革,对女职工生育保险实行社会统筹。1995 年,开展生育保险基金改革试点。1996 年,正式建立生育保险基金。生育保险基金平均筹资比例为职工工资总额的 0.5%,当年参保人数 161 万人。

1997 年,浙江省规定生育保险基金按照"以支定收、收支基本平衡"的原则筹集,企业按职工缴费工资总额的 0.5%至 1%向社会保险经办机构缴纳生育保险费,职工个人不缴纳生育保险费。生育保险基金支付范围为产假期间的生育津贴、一次性营养费和医疗费用补偿。生育保险基金的筹集和使用,实行财务预决算制度,接受同级财政、审计监督。1998 年,生育保险实施范围由国有企业职工扩展到所有城镇企业的各类职工,统一保险项目、统一缴费比例、统一给付标准,生育保险费用由企业管理逐步改为社会统筹管理。年末,全省 69 个市(地)、县(市、区)实施改革,参保人数 199 万人。

2000 年,省财政厅等部门发布《关于解决城镇职工计划生育手术费问题的通知》,将已参加生育保险的单位职工的计划生育手术费用纳入生育保险基金支付范围。2005 年,省政府印发《浙江省生育保险暂行规定》,生育保险的覆盖面扩展到行政区域内的各类企业、自收自支或企业化管理的事业单位以及民办非企业单位及其职工,有条件的地方将所有事业单位、国家机关、社会团体以及有雇工的城镇个体工商业者及其职工、雇工纳入生育保险。生育保险基金实行收支两条线和财政专户管理。基金支出范围确定为产假期间的生育津贴、因生育发生的医疗费用、实施计划生育所需的医疗费用以及与生育保险相关的其他费用。2006年，全省各地实施生育保险与医疗保险协同推进的扩面新模式，将机关、事业单位的职工纳入生育保险范围。2009—2010年，生育保险基金覆盖面继续扩大。2010年底，参保人数864万人。

表31-4-5-1　　1994—2010年浙江省社会保险基金收支一览表

单位：万元

年份	养老保险基金		失业保险基金		基本医疗保险基金		工伤保险基金		生育保险基金	
	收入	支出	收入	支出	收入	支出	收入	支出	收入	支出
1994	284808	248983	12849	7825	—	—	—	—	—	—
1995	355423	291062	16225	9053	—	—	—	—	—	—
1996	474164	385246	27120	14462	—	—	6007	1391	6243	3083
1997	528271	499358	34991	18953	—	—	7608	1931	7113	3947
1998	628795	630009	53896	32104	7609	5536	9797	2552	8140	4246
1999	715621	706569	82785	61454	49031	32566	14137	3624	9189	5120
2000	937129	806559	95499	81360	81446	42441	14078	4985	8972	5212
2001	1179431	974558	116129	128737	196189	92461	14224	6522	9410	5253
2002	1502482	1191924	131439	126457	389193	212653	17490	8230	12995	7858
2003	1895268	1286844	161034	111932	592308	349036	22380	12661	18245	8810
2004	2071965	1391382	172863	80834	672260	450153	34521	18044	22310	15121
2005	2560126	1635210	211068	75061	839953	568000	46419	26980	26826	20162
2006	3185487	1928581	241208	75264	1003882	720338	66860	38582	38782	26989
2007	3779394	2262321	303323	97142	1294627	749519	99881	54075	53642	42158
2008	4570566	2808564	382048	118758	1889823	1216736	141213	87155	77155	59267
2009	4860118	3317833	461633	199393	2017036	1575890	170934	106915	95450	79109
2010	5598973	3859838	546287	262198	2762686	2199258	219752	140777	125423	97901

资料来源：历年浙江省社会保险基金决算报表。

（二）就业资金管理

20世纪90年代，浙江省进入就业高峰期，安置就业难度加大。为了确保社会稳定，浙江省投入大量经费，从各方面提升社会就业率。财政部门按照1983年财政部《关于城镇青年就业和劳动服务公司补助费管理使用的暂行规定》管理就业经费。

1998年，省财政厅印发《关于认真做好解困和再就业工作、加强财务管理有关问题的通知》，设立省、市（地）、县（市、区）三级解困和再就业工程专项资金，实行分级筹集、分级管理和分级使用，各级财政部门负有筹集、管理、监督再就业资金的责任。同年，省财政厅转发财政部《国有企业下岗职工基本生活保障和再就业资金管理暂行办法》，规定用于保障下岗职工基本生活和缴纳社会保险费的资金采取“三三制”办法筹集，即财政（含预算内、外资金）安排三分之一，企业负担三分之一，社会筹集三分之一。各级财政部门对预算内安排的国有企业下岗职工基本生活保障和再就业资金应通过“下岗职工基本生活补助”科目实行专账核算、专款专用、专项管理。2000 年，省政府下发《关于进一步做好“两个确保”和再就业工作的通知》，各级财政增加对社会保障投入，继续按照“三三制”原则筹集国有企业下岗职工基本生活保障所需资金；企业自筹和社会筹集不足的部分，财政予以确保。

2003 年，省财政厅调整支出结构，通过预算内外多种渠道筹措资金，纳入“省级职工保障财政专户”管理，按具体用途分账核算，确保各项再就业优惠政策的落实。省财政对各地国有企业下岗职工基本生活保障补助资金和再就业补助资金，采取专项转移支付的方式，实行指标一次统一下达，补助资金按季拨付，年底全面考核评价，全年重点跟踪检查的办法。省财政负责筹措再就业人员的社会保险补贴、职业介绍补贴、再就业培训补贴中央补助资金不足部分；设区市财政负责筹措担保基金、劳动力市场信息网络建设资金；县（市、区）财政负责筹措公益性岗位补贴。同年，全省各级财政建立财政系统再就业资金统计报告制度和再就业资金使用台账，对本地计划再就业人数、享受再就业补贴政策人数以及再就业资金支出明细等情况进行记录、核算和管理。2004 年，省财政厅印发《浙江省省级促进再就业专项资金管理使用暂行办法》《浙江省失业保险基金促进再就业经费管理使用办法》，设立省级促进再就业专项资金，实行专款专用。2005 年，细化省级再就业经费的预算管理工作，指导地方加强再就业资金的管理，重点加强再就业资金使用结构分析，提高再就业资金使用效益。

2006 年，省财政厅印发《浙江省就业再就业资金管理办法》，各级财政根据就业再就业形势的变化、扶持政策的调整以及各项资金到位等情况对具体支出项目进行修订，将预算内外各种渠道筹措的就业再就业资金转入“社会保障基金财政专户”管理，按支出项目进行分账核算。2007 年，省财政厅印发《浙江省省级就业再就业培训经费使用管理办法》，规定：就业再就业培训经费在省级就业再就业专项资金中列支，经费补贴与培训质量和就业效果挂钩；对失业人员、进城务工农村劳动者在未就业期间参加经省财政厅、省劳动和社会保障厅共同确定的定点培训机构举办的职业资格培训，并取得国家职业资格证书的，按不同标准实施补助；对失业人员、已经达成用工意向的进城务工农村劳动者开展岗前培训的，实施定向培训补贴；对失业人员参加初次职业技能鉴定取得相关职业资格证书的，其职业技能鉴定费用给予全额补贴。

2008 年，为鼓励自主创业，浙江省建立小额担保贷款奖励机制，按当年新发放小额担保贷款总额的 1%给予奖励性补助；建立财政贴息资金，支持地方担保基金的风险补偿机制和小额担保贷款奖励机制，实施下岗失业人员小额担保贷款财政贴息资金补助。2009 年，省财政厅转发财政部《关于进一步加大各项就业政策落实力度的通知》，规范就业资金的使用。通知要求：加快资金拨付，确保各项就业政策不因资金问题而影响实施效果；加强资金监督检查，防止就业资金用于人员经费等，严禁用于劳动力市场等基本建设性支出；完善就业资金统计制度以及台账管理办法。从当年6月起，省财政厅建立就业专项资金统计月报制度。2010年，省财政厅完善就业资金统筹管理办法，推进充分就业社区建设。

（三）社会救助福利慈善资金管理

20世纪90年代，浙江省财政加强对各类社会保障资金的管理和监督，各项社会救助福利慈善资金按预算外资金进行管理，实行财政专户缴存、收支两条线管理。1995年，省财政厅等3个部门联合印发《浙江省实施〈残疾人就业保障金管理暂行规定〉意见》，规范和加强残疾人就业保障金管理，保障金按预算外资金进行管理，实行财政专户储存、收支两条线管理。1996年，省财政厅发布《浙江省省级拥军优属基金使用管理办法》，对拥军优属基金实行财政专户缴存、收支两条线管理。1997年，按照国务院《关于在全国建立城市居民最低生活保障制度的通知》要求，浙江省建立城市居民最低生活保障制度，所需资金由各级政府列入财政预算。各级财政部门加强保障资金的管理和监督，保证保障资金专款专用。6月，省财政厅、省残疾人联合会联合下发《关于进一步加强残疾人就业保障金管理的通知》，明确保障金实行统一领导，分级管理；完善保障金财政专户管理办法。同年，省政府颁发《关于加快建立城乡最低生活保障制度的通知》，规定最低生活保障制度按属地原则实施，并对资金的管理监督作出规定。1999年，国务院颁布《城市居民最低生活保障条例》，城市居民最低生活保障资金由各级政府列入财政预算，纳入社会救济专项资金支出项目，专项管理，专款专用。6月，浙江省执行财政部《社会福利基金使用管理暂行办法》，规范社会福利基金的使用，规定社会福利基金按不低于彩票销售总额30%的比例提取，社会福利基金全额纳入财政专户，实行收支两条线管理。各级财政在国有商业银行设立财政专户，对社会福利基金收支统一核算、集中管理；设社会福利基金收入过渡账户，将社会福利基金缴入同级财政专户；社会福利基金支出账户用于接收从财政专户核拨的资金和支出款项。

2001年，省政府通过《浙江省最低生活保障办法》，明确居民、村民最低生活保障所需资金由各级政府列入年度财政预算，纳入社会救济专项资金支出项目，实行财政专户管理。最低生活保障资金支付，实行财政分级负担，财政审计部门依法监督资金使用情况。12月，省财政厅等3部门联合制定《浙江省残疾人后备专项保障金管理暂行规定》，加强对残疾人后备专项保障金的收支管理。2002年，省财政厅印发《浙江省最低生活保障资金管理暂行办法》，要求各级财政部门设置最低生活保障资金财政专户，对各项来源的资金收入和支出实行专账核算、专款专用、专项管理；保障资金只能用于救助对象的补助，不得用于最低生活保障的工作经费和人员经费。2003年，省财政厅等4部门出台《浙江省残疾人就业保障金征收管理办法》，保障金列入政府性基金，纳入同级财政预算管理，各市、县（市）缴纳的保障金按总额的5%上解，建立省级专项调剂金，用于全省范围残疾人保障事业的统筹调剂。同年，浙江省按照财政部《关于改进和规范城市流浪乞讨人员收容遣送工作的意见》，规定收容遣送工作所需经费由财政负担，列入地方财政预算。9月，省政府下发《关于贯彻落实〈城市生活无着落的流浪乞讨人员救助管理办法〉的通知》，规定救助管理站是财政补助的事业单位，各级财政应将救助管理站机构经费和专项救助经费纳入财政预算并予以保障。

图 31-4-5-4　2005 年，医务志愿者为松阳县望松光荣院的老人们义诊(浙江省财政厅档案室提供)

2004 年，省财政厅、省残疾人联合会联合印发《浙江省残疾人“万户安居工程”省级专项补助资金管理办法》。各级残联建立健全专项资金使用管理办法，实行专账核算、专款专用。各级财政部门加强对专项资金的使用监督，对专项资金使用进行绩效评价。2005 年，省财政厅、省残疾人联合会联合印发《浙江省省级残疾人扶贫贷款贴息专项资金使用管理办法》，建立健全贴息资金使用管理制度，确保残疾人扶贫贴息资金按规定的支出范围及标准专账核算、专款专用。3 月，省财政厅、省民政厅联合印发《浙江省医疗救助资金管理暂行办法》，加强医疗救助资金的管理，实行专款专用。同年，省财政厅转发财政部《关于加快推进农村医疗救助工作的通知》，规范对农村贫困家庭实行的医疗救助资金管理，财政预算安排的医疗救助资金存入社会保障基金财政专户中的农村医疗救助基金专账，实行专账管理、专款专用。2006 年，省财政厅出台《浙江省残疾人就业保障金使用管理办法》，重申保障金的使用管理遵循“以收定支、收支平衡，专款专用，公开公正、讲求效益”的原则，纳入政府性预算管理。同年，省财政厅出台《关于切实做好流浪未成年人工作的意见》，规定各级财政将流浪未成年人救助保护机构经费纳入流浪乞讨人员救助机构经费统筹安排，提高资金使用绩效。2007 年，省财政厅出台《浙江省省级残疾人康复补助资金管理办法》，对使用省级康复补助资金形成的资产，纳入项目单位资产统一管理，合理使用。在项目执行期间或项目完成后，省财政厅会同省残联，对项目的制度保障、配套资金落实、支出的合法性和有效性以及项目实施所取得的绩效等情况进行专项检查和绩效评价。同年，省财政厅印发《浙江省农村“五保”和城镇“三无”对象集中供养省级专项资金使用管理办法》，省级供养资金的使用严格执行“专账核算、专项管理、专款专用、讲求实效”的原则，不得用于供养机构工作人员和日常公用经费支出。9 月，省财政厅、省民政厅联合印发《浙江省社会捐赠省级专项资金使用管理办法》，省级捐赠资金的使用按照各级财政预算内资金统筹安排、合理使用的原则，先收后支、以收定支；尊重捐赠者意愿，实行专款专用。

2008 年，省财政厅印发《浙江省残疾人共享小康工程省级补助资金管理办法》，明确残疾人共享小康工程省级补助资金是省级财政预算安排用于补助各地实施残疾人基本生活保障工程、残疾人康复工程、残疾人托(安)养工程等专项资金，确保专款专用。10 月，省财政厅印发《浙江省救助管理机构省级专项资金使用管理办法》，规定省级专项资金按照“统筹安排，专款专用”“以市县财政投入为主，省级财政补助为辅”“省级补助资金主要采取以奖代补形式，并向救助任务较重地区和经济欠发达地区倾斜”的原则进行分配。同年，省财政厅印发《关于进一步加强和改进城乡医疗救助工作的意见》，财政预算安排医疗救助专项资金专款专用，提高资金使用绩效。2009 年，省财政厅转发财政部等 5 部委《关于进一步加强城市街头流浪乞讨人员救助和流浪未成年人解救保护工作》，要求各级财政部门做好对流浪未成年人解救保护的经费保障工作。同年，省财政厅转发财政部等四部委《关于进一步完善城乡医疗救助制度的意见的通知》，要求各级财政扩大医疗救助基金规模，县级财政部门在社会保障基金财政专户中设立城市和农村医疗救助基金专账，办理医疗救助资金的筹集、拨付。加强对城乡医疗救助基金的管理，在确保基金安全的前提下，做到基金收支基本平衡，略有结余。2010年，省财政厅、省水库移民安置办公室联合印发《浙江省小型水库移民扶助基金征收管理暂行办法》，要求各级移民管理机构加强对扶助基金使用的财务管理，实行专账核算，专人管理，专款专用，严禁挤占、截留和挪用。

（四）医疗卫生资金管理

1950年，浙江省医疗卫生单位与其他事业单位一样，实行“统收统支”的预算管理体制，收入上缴国库，支出由财政部门按规定标准报销，并实行统一的会计制度。1963年7月，省财政厅印发《关于加强卫生事业财务管理若干问题的规定的联合通知》，规定防疫机构的业务收入（主要指检验收入）不上缴财政；结核病防治所、麻风病防治站仍采取差额补助办法；卫生部门下属的妇幼保健机构实行“全额管理、差额补助”；没有业务收入的则作为全额预算管理单位。1963—1972年，医疗机构的预算管理先后实行“统收统支”“以收抵支、差额补助”“全额管理、定额补助”“全额管理、差额补助”的办法。

1973年，根据省财政金融局发布的《浙江省卫生事业财务管理办法和开支标准》，对县及县以上医院实行“全额管理、定项补助、预算包干”的预算管理办法。根据财政部《关于卫生事业计划财务工作中若干问题的意见》规定，对国家办的公社卫生院实行“全额管理，定项补助，结余留用”财务管理办法；对集体办的公社卫生院实行“社办公助”，以集体经济为主，国家给予必要补助。1978年，省财政局提出整顿和加强公费医疗管理，适当提高公费医疗预算定额，并将公费医疗经费管理作为专项管理。1月，退休职工的医药费改为按实际支付额列入营业外支出。1979年，选择浙江医科大学附属第二医院等8家县以上医院作为试点医院，实行“五定”管理，即定任务、定床位、定编制、定业务技术指标、定经费补助。经费补助实行“全额管理、定额补助、结余留用”制度。7月，根据省财政局《浙江省医疗机构药品管理核算试行办法》，对医疗机构药品实行“全额控制、数量统计、实耗实销”的核算管理办法。10月，省财政局下发《关于事业、行政单位试行“预算包干”的意见》，规定对医疗卫生事业单位试行“预算包干”办法：对全额预算管理单位，实行“核定预算，包干使用，结余留用”；对差额预算管理单位，实行“定项（额）补助、结余留用”。对预算包干单位，年终仍按单位实际发生的收支数列报财务决算。

1984年1月1日，浙江省执行财政部、卫生部有关统一全国各地医院会计核算的规定，全省县及县以上各级医院（包括门诊部）采用资金收付记账法。1985年，对省属的大学、医院和设有医务室的单位实行公费医疗定额管理调整，适当提高公费医疗定额。1987年，省财政厅下发《关于加强公费医疗管理的通知》，要求清理公费医疗享受范围，改变“大锅饭”管理办法，坚持“定点医疗、凭证记账”。1988年12月，财政部、卫生部下发《医院财务管理办法》《医院会计制度》,确定医院会计核算基础是权责发生制,采用借贷记账法。1989 年,浙江省结合实际,制定补充规定,要求各级、各类全民所有制医院及乡、街道卫生院,统一执行医疗机构行业财务管理办法和会计制度,并对医院实行"全额管理、差额(定额、定项)补助、超支不补、结余留用"的预算管理办法,医院的各项收支均纳入预算内管理。同年,省财政厅执行财政部《关于扩大医疗卫生服务有关问题的意见》,规定医疗卫生事业单位经费包干后的收支结余部分,除提留一定比例(县以上医疗卫生事业单位不低于 40%)的事业发展基金外,其余部分由单位自主分配;医疗卫生人员的业余医疗卫生服务收入(不含药品收入),在扣除必要的物质材料消耗费用和适当的仪器设备折旧后,作为个人酬金全部由单位自主分配;卫生防疫、妇幼保健、药品检验等单位对各项卫生检验、监测和咨询工作实行有偿服务的收入,应全部留给单位,在扣除必要的物质材料消耗和适当的仪器设备折旧后,用于改善职工的工作条件和生活待遇。

1991 年 9 月,省财政厅等部门联合印发《关于加强卫生财务管理的办法》,规定资金的收付必须执行银行结算方法、银行账户管理办法和现金管理暂行条例,严格控制消费资金,加强专项经费管理,严禁私设"小金库"。各单位收取的批发差价、让利收入等要全部纳入事业发展基金,不得直接用于科室和个人奖励。1992 年 9 月,省财政厅《关于加强公费医疗管理和深化改革的意见》规定,公费医疗管理实行医院管理为主,单位、个人适当挂钩;由公费医疗管理部门、医疗服务提供单位、医疗服务享受单位以及职工个人四方共同参与经费管理;年度内定额经费如有结余,全部留给医院改列卫生事业费。1997 年,浙江省根据《中共中央、国务院关于卫生改革与发展的决定》,推进卫生事业改革,对机构、床位、人员、设备和经费等卫生资源实行统筹规划、合理配置。

1999 年,省财政厅、省卫生厅联合印发《医院财务制度》及《浙江省〈医院财务制度〉补充规定》,规范全省医院经济活动,加强成本核算,实行"统一领导、集中管理"的财务管理体制,对医院医疗收支和药品收支分开管理,分别核算。同年,省财政厅和省卫生厅联合印发《浙江省省级医疗卫生单位总会计师和财务科长委派制实施办法(试行)》,在省级医疗单位先行试点实施总会计师和财务科长委派制度。2000 年,实行医药分开核算、分别管理的城镇医药卫生体制。规范对医疗机构的财政补助办法,对医疗机构以及其他卫生机构的补助项目主要包括卫生执法监督和预防保健等公共卫生服务、重要医学科研、基本医疗服务、符合区域卫生规划的基本建设和设备购置等。财政对大中型医疗机构以定项补助为主,主要包括事业单位养老保险制度改革前离退休人员的离退休费用、重点学科研究、医院发展建设支出和所提供的基本医疗服务项目等;对基层医疗机构以定额补助为主,主要包括其承担的社区卫生服务、预防保健等任务。疾病控制和妇幼保健机构的收入上缴财政专户,实行收支两条线管理,同级财政按照其承担的责任和提供公共卫生服务的数量和质量给予补助。卫生执法监督收入纳入财政预算管理,所需经费由财政预算安排。对医院药品收入实行收支两条线管理,药品收支结余全部上缴卫生行政部门,纳入财政专户管理,合理返还。

2001 年,省财政厅等部门联合印发《浙江省卫生事业补助政策实施意见》,全面、系统规范财政对公共卫生事务和卫生机构的补助范围、内容和方式。11 月,省财政厅印发《关于省以下药品监督管理系统实行垂直管理体制后有关财务和资产管理问题的通知》，就财务管理体制及其主要内容、预算收支管理和资产管理等方面作出明确规定。2002 年，省财政厅制定《浙江省药品监督管理系统基础设施补助资金管理办法》《浙江省农村中心集镇卫生院建设补助资金使用管理办法》和《浙江省精神卫生医疗机构建设专项资金管理办法》等，加强各类资金管理。同时完善医院药品收支两条线管理办法；逐步降低药品收入占医院业务收入的比重；稳妥推进医院门诊药房改为药品零售企业的试点工作。

2003 年，省财政厅等部门联合印发《关于农村卫生事业补助政策的若干意见》，明确农村卫生事业财政补助范围和经费使用管理要求。2004 年，省财政厅、省卫生厅联合印发《关于下发修订〈浙江省医院药品的收支两条线管理实施办法〉的通知》，对医院的药品收支两条线管理在适当增加考核指标的基础上，实行“分层双控，分类上交”的办法。同年，根据省政府《关于加强农村公共卫生工作的实施意见》，在提高财政对卫生事业保障水平的基础上，全省各级财政部门按照公共财政建设要求，改革卫生事业财政投入模式，新增卫生事业财政投入资金主要用于发展农村卫生事业；转变“重医轻防”的旧有财政投入模式，卫生支出重点逐步向预防保健等公共卫生领域和农村卫生转移。农村公共卫生服务专项资金实行专户管理、专款专用，不得挤占挪用，并接受审计部门审计和社会监督。2005 年，省财政厅印发《省级农村公共卫生服务专项补助资金管理办法》，提出农村公共卫生资金按照“花钱买服务，办事不养人”的原则，主要用于直接面向农民的公共卫生服务项目。各地财政部门按规定落实地方补助资金，在“财政社保资金专户”中进行专账核算管理。2007 年，省财政厅印发《省级卫生事业专项资金管理暂行办法的通知》，对专项资金按照“统筹规划、科学立项、统一分配、分级管理、专款专用、追踪问效”的原则进行分配和管理。

2009 年，省财政厅等部门联合印发《关于完善政府卫生投入政策的意见》，科学界定政府和市场在医疗卫生方面的投入责任，明确政府在提供公共卫生和基本医疗服务中的主导地位。在公共卫生投入方面，逐步提高人均基本公共卫生服务经费标准，合理安排重大公共卫生项目所需资金，专业公共卫生机构所需支出纳入政府预算安排。在医疗机构投入方面，合理安排公立医院的基本建设和设备购置、扶持重点学科发展、事业单位养老保险单位缴费补助、政策性亏损补贴和承担的公共卫生服务任务等方面补助；对政府举办的基层医疗卫生机构的人员经费和业务经费等运行成本通过服务收费和政府补助补偿，政府补助按照“核定任务、核定收支、绩效考核补助”的办法核定，探索实行收支两条线管理。在基本医疗保障投入方面，落实和完善政府对新型农村合作医疗和城镇居民基本医疗保险的补助政策，并随着经济发展水平的提高，逐步提高筹资水平和政府补助标准。2010 年，省财政厅印发《浙江省基层医疗卫生机构财政财务管理暂行办法》，明确基层单位的运行经费主要通过医疗保险基金付费和个人付费、政府财政投入补偿，并按不同补偿渠道，分别进行管理。政府财政投入包括对基层单位的经常性收支差额补助和建设发展项目支出补助，其中基层单位经常性收支实行“明确范围、核算收支、差额补助、总量控制”的管理方式；建设发展项目支出，按照“核定计划、专项安排、包干使用、绩效考核”的管理方式。同年，探索实施省级医院床位定额补助改革，建立与医院控制均次医疗费用等因素挂钩的激励约束机制。

四、经济建设财务管理

经济建设财务管理是财政对经济建设资金收支预算的管理，是财政部门重要财务管理职能之一。中华人民共和国成立初期，浙江省因地处东南沿海，未列入全国重点投资范围，在经济建设方面中央财政投入力度不大。1951年，政务院指定交通银行为管理国家基本建设投资的主管单位，办理基本建设资金拨款和使用监管，并专户存储人民银行拨付。1952年，浙江省政府财政经济委员会（以下简称省财委）转发政务院财政经济委员会（以下简称中财委）《基本建设工作暂行办法》，指出基本建设计划和实施管理由主管部门负责，资金预算管理由财政部门负责；基本建设的财务预算，依照建设单位的隶属关系，按中央与大行政区两个系统编制、审核与拨付；基本建设财务预算的拨款工作，由财政部根据中财委指定专业银行按照计划监督拨付。5月，交通银行浙江分行由省人民银行领导改由省财政厅领导。10月，省财委执行中财委《基本建设拨款暂行办法》，实行基建总量控制管理，由中央、华东行政区及省（市）财委将年度基本建设概算（即核定的控制数）送同级财政机关转交通银行；财政机关根据核准的季度分月拨款计划，分次将款项拨付交通银行。1953年，银行对地方级基建预算拨款取消资金直接汇拨，实行“上存下支”办法，即：由交通银行浙江省分行分次向省财政厅领取基建资金存入人民银行浙江省分行；基层建设单位需要用款时，在交通银行下达的限额范围内向当地人民银行支取，并进行清算。1954年3月，浙江省执行财政部《基本建设拨款暂行办法实施细则》，基本建设资金由财政机关根据基本建设季度分月拨款计划，分次拨交通银行转拨经办行，备建设单位支用，并规范工程建设年度结余的处理、自有流动资金的管理等。9月，政务院决定在财政系统内设立中国人民建设银行（以下简称建设银行），凡国家用于基本建设的预算拨款以及企业、机关用于基本建设的自筹资金，均集中由建设银行根据国家批准的计划和预算监督拨付。10月，建设银行浙江省分行成立，承办原由交通银行浙江省分行及所辖机构经办的基本建设拨款和监督工作。1955年，财政部会同建设银行发布新的《基本建设拨款实施细则》，增加审查工程预算的内容，增列安装工程的拨款结算办法等。12月，建设银行印发《基本建设拨款暂行条例草案（第八次稿）》，替代原实施细则。1956年8月，省财政厅印发《浙江省关于执行基本建设拨款暂行条例草案的补充规定》，结合浙江省实际，对拨款范围、拨款依据及预算审查和执行等作了详细补充规定。1957年，省财政厅印发《省级基本建设拨款限额管理办法》，规定主管部门按季编制的季度基本建设拨款分月计划，经省财政厅核定，通过建设银行系统监督拨款，即为基本建设拨款限额，建设单位不能在当季内使用下季度的拨款限额。

1958年，建设银行浙江省分行与省财政厅基本建设财务处合署办公，直接行使管理基建支出预算、审批基建年度决算、制定基本建设财务管理制度等财政职能。7月，国务院颁发《关于改进基本建设财务管理制度的几项规定》，决定推行基本建设投资包干，基本建设财务拨款工作改归各级财政部门直接管理。1959年，省财政厅印发《浙江省基本建设财务管理试行办法》，其中规定只有经过批准列入计划的基本建设项目才能拨款。1961年，中共中央提出国民经济“调整、巩固、充实、提高”八字方针，对基建拨款从严管理，规定所有基本建设必须纳入国家计划，按规定程序办理审批，不得任意加码；未列入计划的工程项目，一律不得拨付资金。1962年3月，省财政厅与人民银行浙江省分行联合发文，规定基本建设资金不论预算内或预算外，一律通过建设银行监督拨款。同年，浙江省执行国务院《关于适当改变用自筹资金安排的基本建设审批权限的通知》，以及《关于基本建设拨款的几项规定》，对用自筹资金安排的大中型建设项目，报国家计委审查批准；所有基建项目都必须严格执行国家计划，不得任意提高建设标准扩大建设规模。1964年，省财政厅执行中共中央、国务院《关于加强基本建设拨款监督工作的指示》，提出“守住计划，把好资金口子；审查预算，降低工程造价；压缩储备，挖掘潜力，抵充财政拨款；管好财务，加强经济核算”的基本建设拨款监督工作原则；严格按照国家和省批准的基本建设计划、程序及工程进度拨款。1965年，浙江省根据国务院批转财政部关于改革基本建设财务拨款制度的报告，在基本建设财务工作中坚持执行国家计划和国家预算，花钱按政策，追加按程序，制止计划外的基本建设工程。

“文化大革命”期间（1966—1976年），基本建设财务管理制度建设几近空白。1970年1月，建设银行浙江省分行撤销；1972年9月恢复，对内仍为省财政金融局基本建设财务处。同年，国务院批转国家计委等部门《关于加强基本建设管理的几项意见》，强调基本建设要加强计划管理，其中对自筹资金安排基本建设的应坚持先收后用原则。省财政金融局印发《浙江省基本建设工程价款结算办法》，对工程款拨付额度标准、拨付程序进行规范。12月，省财政金融局发出《关于基本建设预算拨款实行限额管理的通知》，恢复基本建设限额管理。1973年初，省财政金融局制定《浙江省基本建设竣工决算编报审批办法（草案）》，对基本建设竣工决算报告的内容、报告的准备、剩余财物的处理、审批手续等事项进行规范。10月，浙江省执行财政部《关于基本建设拨款管理的几项规定》，严格执行国家基本建设计划，合理安排投资；对计划外的项目不得拨款；所有建设项目，严格按照基本建设程序办事，包括编制年度基本建设财务计划、执行各项费用开支规定、办理竣工验收；建立和健全建设单位和施工企业财务管理制度，加强经济核算。1978年，浙江省执行财政部、国家基本建设委员会下发《基本建设项目竣工决算编制办法》，以及国家计委等部门下发的《关于加强基本建设概、预、决算管理工作的几项意见》，规范基本建设项目竣工决算报告的编制；建立健全概、预、决算“三算”制度，并对“三算”编制进行规范。

1979年，国家对基本建设财政拨款制度进行改革，对部分基建项目试行“拨改贷”，即由财政拨款改为银行贷款。国务院颁发《基本建设贷款试行条例》，规定基本建设贷款由中国人民建设银行负责办理，凡实行独立核算的经营性单位，有还款能力的工业、交通运输、农垦、畜牧、水产、商业、旅游等企业进行基本建设所需的资金，建设银行可根据国家基本建设计划，给予贷款。行政单位和无盈利的事业单位，以及国家计划指定的项目，仍由财政拨款。建设银行的贷款基金，由国家财政从当年基本建设预算拨款中拨给。11月，国务院颁布《基本建设拨款暂行条例》，规定基本建设拨款管理由建设银行负责。

1980年3月，建设银行浙江省分行与省财政局分设，并接受省财政局代管。根据财政部、建设银行总行的有关委托建设银行管理基本建设预算，审批决算，制定基本建设财务制度等工作的规定，省财政局负责年度基本建设支出总预算的确定、追加、追减，年终基本建设支出预算结余的处理；建设银行省分行负责审批各主管部门的基本建设财务计划，确定各部门的年度基本建设支出预算，核定各主管部门的季度分月用款计划，办理拨款限额的审查下达，审批基本建设年度财务决算等。省财政局同时提出，全省各市（地）、县（市）用机动财力安排的基本建设支出，其预算的确定及追加、追减，均由同级财政局负责，并通知同级建设银行，由建设银行布置各主管部门或建设单位编制基本建设财务计划，核定年度拨款指标。

由于自筹建设资金一直受到国家的限制，其在基本建设资金中占比很小。随着改革开放的推进，自筹建设资金投资的规模不断增长。为控制固定资产投资规模，1985 年浙江省执行财政部《关于加强基本建设自筹资金管理的暂行规定》，要求各部门和各地区企、事业单位用于基本建设的自筹资金，均需专户存入建设银行，并坚持先存后批、先批后用的原则。建设银行对自筹基本建设资金加强监管，严格执行计划管理。同年，浙江省执行国家计划委员会等 4 个部委《关于国家预算内基本建设投资全部由拨款改为贷款的暂行规定》，凡预算安排的基本建设资金全部由财政拨款改为建设银行贷款。根据 1985 年 12 月国家计划委员会、财政部、建设银行发布的《关于调整国家预算内基本建设投资拨款改贷款范围等问题的若干规定》，浙江省从 1986 年起，对科学研究、学校、行政单位等没有还款能力的建设项目不采用“拨改贷”方式进行管理。1987 年 5 月，省财政厅印发《关于加强用预算外资金安排自筹基本建设管理的通知》，国有单位用预算外资金进行基本建设投资的，坚持“先审后存，先存后批，先批后用”程序；计划部门在财政部门审批预算外资金后安排基本建设计划。8 月，国务院发布《关于进一步加强自筹基本建设资金管理的规定》，对自筹基本建设资金来源、自筹建设资金的审查及审计监督进行规范。浙江省全民所有制单位的自筹基本建设资金经财政部门审查后专户存入建设银行，并坚持先存后批，先批后用的原则，按国务院要求存足半年再用。1988 年，根据国家规定，停止实行“拨改贷”。浙江省清理 1987 年底省预算内和机动财力基建拨改贷项目。

1995 年，省财政厅按照国务院《关于金融体制改革的决定》和财政部改革办法，陆续收回原委托建设银行浙江省分行代行的基本建设财政财务管理职能。1996 年，省财政厅基本建设财务管理处行使全省基本建设财政财务管理职能。1996 年底，浙江省根据国家计划委员会、财政部对部分“拨改贷”资金本息余额转为国家资本金的工作结束。至此，基本建设资金“拨改贷”画上句号。

1998 年，财政部实行国债转贷资金投入重大建设项目。9 月，省财政厅印发《浙江省中央特别国债转贷资金管理办法》，对中央特别国债转贷资金支持的范围、安排的原则、项目的报批和转贷资金规模的确定、转贷资金的拨付、使用和偿还以及监督检查等提出具体管理办法。1998—2000 年，浙江省执行财政部《基本建设财务管理若干规定》《国债转贷地方政府管理办法》《财政基本建设支出预算管理办法》等制度，先后制定《浙江省中央特别国债转贷资金管理办法》《关于加强基础设施建设资金管理与监督的通知》《关于加强国债专项资金拨款管理的通知》以及《国债转贷资金还本付息若干问题的通知》等一系列管理规定，保障全省国债专项资金的安全有效使用。同时，实行国债转贷资金专户管理：对使用国债专项资金的建设项目开设“国债专项资金专户”，单独建账、单独核算，并指定建设银行作为“国债专项资金专户”的开户银行；对国债专项资金的拨付实行“拨款管理责任制”，控制不合理的基建支出。拨款管理第一责任人由省财政厅副厅长担任。2001年，浙江省制定《国债转贷协议》的落实条款，探索建立国债转贷资金还贷机制，做好还本付息工作；规范基本建设财务管理基础工作，建立健全内部财务管理制度；规范基本建设投资支出纳入基本建设支出预算管理；规范财政性建设资金投资项目工程预、决算审查工作。同年，省财政厅执行财政部《财政基本建设支出预算管理办法》，公布《浙江省财政性投资基本建设监督管理暂行办法》，结合预算管理的各项改革，规范、强化基本建设支出预算管理。全省财政性投资用于基本建设项目的支出统一纳入财政支出预算管理，建立完善基本建设项目资金审核制度，加强对基本建设资金来源的审查监督。此外，基本建设项目实行分级财政财务监督管理：属于省级的建设项目由省财政厅负责财政财务监督管理；市县级基本建设项目由各市县财政局负责财政财务监督管理；各种财政性投资建设资金来源实行财政部门统一归口管理。省财政厅对财政全额投资在500万元以上的省级建设项目及投资1000万元以上的拼盘项目实行重点财政财务监督管理。全省各级财政部门建立健全基本建设项目资金审核制度：对全额财政性投资的基本建设项目，审查年度财政基本建设支出预算的真实性；对财政性投资参与的基本建设拼盘项目，审查其资金来源的合规性、合理性。6月，省财政厅印发《浙江省省级财政投资项目评审委托业务工作暂行办法》，规定省级财政投资项目实行评审，并对评审委托业务的范围、委托工作的管理、委托机构的管理、委托费用的管理等进行规范。2002年，经省政府批准，省财政建立5000万元的国债还贷准备金，并制定《浙江省国债转贷资金还贷准备金管理暂行办法》，加强全省国债转贷资金管理。全省各级财政部门根据本地区具体情况确定每年筹集还贷准备金的数额，并纳入财政预算管理。10月，省财政厅印发《省级基本建设资金财政直接拨付管理试点办法》，对省级基本建设资金实行财政直接拨付试点，选择省老年大学迁建和浙江美术馆项目作为首批财政直接拨付试点项目。2003年，省财政厅转发财政部《基本建设财务管理规定》，并结合浙江省实际，对建设单位管理费、竣工财务决算管理进行了规范。同年，省财政厅印发《浙江省财政性投资项目工程预决算审价资质管理暂行办法》，明确财政性投资项目工程预决算审价业务统一归口财政部门管理，加强财政性投资项目和资金管理，规范财政性投资项目工程审价行为。

2004年，浙江省执行财政部《关于切实加强政府投资项目代建制财政财务管理有关问题的指导意见》，做好政府投资项目代建制投资计划和基建支出预算申报、编制和下达等衔接工作，做好建设资金拨付和监督检查，加强项目会计核算及做好项目竣工财务决算和资产交付管理工作。2005年，省财政厅对省级建设项目实行省级基本建设资金财政直接拨付试点管理，试点项目采用代建制的建设组织模式，财政性基本建设资金与单位自筹资金和银行贷款原则上按照工程进度同比例支付。用于试点项目的省级财政性基本建设资金，通过省级政府采购资金专户直接拨付。根据省政府《浙江省建设工程造价计价管理办法》等有关规定，省财政厅联合省建设厅、省发展和改革委员会编制发布《浙江省建筑工程概算定额》《浙江省安装工程概算定额》和《浙江省工程建设其他费用定额》，2007年4月1日起在全省范围施行，与之配套的计算机应用软件同步推广使用。原《浙江省建筑工程概算定额》(1985修订版)和《浙江省工程建设其他费用定额》(1994 版)同时停止使用。同年,省财政厅加强政府投资代建制项目财务管理,建立健全代建制项目财务管理制度,核定代建管理费,加强建设资金拨付管理以及代建项目财务监督检查。

2010 年,全省开展专项资金整合工作,制定和完善各类专项资金管理制度。同时,省财政厅加强国债专项资金使用管理,指导市、县(市)建立国债转贷资金还本付息机制,防范财政债务风险。国债转贷资金在用于一般基础设施建设外,重点用于信息产业及高科技产业化项目的重大建设等,加强建设项目财务管理,落实国债资金使用情况监督检查。省财政厅修改完善《浙江省政府投资预算管理办法》①,对政府投资预算管理、法律责任等作出明确界定,并着重围绕政府投资的预算安排、预算执行和监督管理等方面进行规范。

第六节 农村税费改革和综合改革

20 世纪末,浙江省执行中共中央、国务院关于实施农村税费改革的决定,全面推行农村税费改革。从清费稳税到局部免征农业税,直至 2005 年全部停征农业税,浙江农民在全国率先告别"千年皇粮"。在农村税费改革取得成效后,逐步向农村综合改革转变。农村综合改革包括推进乡镇机构改革、建立农村义务教育管理长效机制、改革乡镇财政管理体制等内容,以巩固农村税费改革成果,防止农民负担反弹。2009 年,浙江省深化农村综合改革,开展村级公益事业建设一事一议财政奖补工作试点。2010 年,浙江省被列为村级公益事业建设一事一议财政奖补国家试点省份,并在全省全面推广一事一议财政奖补试点工作,使其成为农村税费改革后解决农村村内公益事业投入难题的制度性创新,加快了公共财政向农村的覆盖。

一、农村税费改革

2000 年初,按照全国农村税费改革试点工作座谈会精神和浙江省委、省政府要求,省财政厅联合省级有关部门组成调查组,分赴不同类型县(市)进行农民负担情况调研测算。3 月 2 日,国务院发出《关于进行农村税费改革工作的通知》,决定实施农村税费改革,调整和规范国家、集体与农民的利益关系,减轻农民负担,保障农民经营自主权和收益分配权。农村税费改革的主要内容是:取消乡统筹费、农村教育集资等专门面向农民征收的行政事业性收费和政府性基金、集资,取消屠宰税,逐步取消统一规定的劳动积累工和义务工;调整农业税和农业特产税政策;改革村提留征收使用办法。根据中央部署,4 月 12 日,省委、省政府成立浙江省农村税费改革工作领导小组,领导小组下设办公室,由财政厅负责办公室日常工作。省委、省政府决定采取"先试点取得经验后再推开"的方法开展农村税费改革工作。当年,选择上虞市作为试点单位,先行进行调研、测算、制定试点方案等准备工作。

---

① 2011 年 6 月 16 日,浙江省政府第 286 号令正式发布《浙江省政府投资预算管理办法》,并于 2011 年 8 月 1 日起施行。

2001年，省政府批准上虞市进行农村税费改革试点实运转。在上虞市试点的基础上，又确定富阳市、乐清市、龙游县、宁波市北仑区、舟山市定海区5个县(市、区)作为扩大试点单位进行模拟运转试点。上虞市按改革要求实施“两个取消、一个逐步取消、两个调整和一项改革”，试点一年，与改革前相比，减轻农民负担总额7438万元，农民人均负担从187元降低到78元，减幅58%。同年，省财政厅针对浙江沿海渔区农村税费负担实际情况，向省委、省政府提交《关于减轻渔民负担发展渔区经济的几点建议》和《关于将渔业税和农业特产税统一归并为农业特产税的意见》。省政府发布《关于加快海洋渔业结构调整，切实减轻渔民负担的若干政策意见》，明确将现行渔业税和农业特产税合并，统一征收农业特产税。这一措施的实施为全面推进农村税费改革统一了政策环境。

图 31-4-6-1　2002年初，在全省财政地税工作会议期间，省委、省政府召开全省农村税费改革座谈会(浙江省财政厅档案室提供)

2002年，浙江省确立“减调改稳、合理负担、转移支付、配套进行”的农村税费改革总体思路，并以省政府名义向国务院呈报全省农村税费改革实施方案。6月，国务院批复同意浙江省农村税费改革实施方案。7月，省委、省政府印发《关于全面进行农村税费改革的通知》，全省全面实施农村税费改革。根据改革总体思路，全省农村税费改革的主要内容为：减调改稳。减轻农民负担，实行“三个取消”，即取消乡统筹费等面向农民征收的政府性收费和集资，取消屠宰税，取消农村劳动积累工和义务工；调整农业特产税，对在计税土地上生产的农业特产品，只征收农业税，不再征收特产税；改革和规范村提留，稳定农业税。原由乡统筹费开支的农村义务教育、计划生育、优抚安置、民兵训练、乡村道路建设经费改由中央、省、市县财政合理负担；动用农村劳动力基本为自愿有偿。省对市、县(市、区)的转移支付采取区别对待，分类补助，优先保证欠发达市、县资金缺口补助；对财政困难的乡镇实行转移支付。全面清理整顿涉及农民负担的各种收费，省以下不设立涉及农民负担的行政事业性收费和政府性基金、集资项目。精简乡镇机构和人员。改革农村义务教育管理体制，实行地方政府负责、分级管理、以县为主的体制，建立农村义务教育经费保障机制。完善乡镇财政管理体制，按照公共财政要求，合理划分和调整县、乡两级政府的事权、财权，并推行乡镇财政集中支付办法。与此同时，省委、省政府办公厅印发《关于乡镇五项事业支出列入财政预算管理的办法》等农村税费改革10个配套文件，各市、县(市、区)根据本地实际制定相关配套措施，推动改革进程。至年底，全省农民人均税费负担由改革前的92元下降到52元，减幅43%。

2003年，农村税费改革后农民负担明显减轻，但乡村基层组织和农村义务教育经费来源面临缺口。省财政厅落实国务院和省委、省政府关于农村税费改革的“三个确保”要求，即：确保改革后农民负担明显减轻、不反弹；确保乡镇机构和村级组织正常运转；确保农村义务教育经费的正常需要。其间，全省普遍调整乡镇财政体制，建立以县（市、区）为主的农村义务教育投入机制，保障教育经费的增长，实现农民减负、乡村两级基层组织建设和农村社会事业发展之间的动态平衡。全省农村教育支出比改革前的2000年增长49.1%；乡镇财政总支出（含预算内外）增幅为52.2%；村级三项费用（村干部报酬、五保户供养和管理费）增幅为32.2%。全省各地在实施农村税费改革主体政策的同时，实施乡村扩并、农村社会保障体系建设、农业税特产税政策调整等配套改革。省有关部门出台失土农民生活保障、欠发达乡镇农业税减免等政策。当年，浙江省对原在非计税土地上征收农业特产税的部分农业特产品改征农业税。至此，在浙江省开征了52年的农业特产税全面停征。

2004年，浙江省农村税费改革进入第二阶段。从2004年1月1日起，全省农业税计税土地上种植的粮油作物免征农业税，此举直接减轻农民负担6亿元。从2004年1月1日起，全面停止执行义务工和积累工制度。此后，乡以上政府部门对农村公益事业项目不得随意要求村民投资投劳，对确需村集体和村民自筹投入的项目，只能由村级组织根据村民自治的有关要求，按“一事一议”办法和程序由村民投票决定投资投劳数额；化解乡村两级债务；调整乡镇区划减少乡镇数量，落实农村中小学经常性经费和基本建设经费来源渠道，调整教育布局。至2004年底，全年全省农民人均税费负担下降到14.41元，比上年下降55%。

2005年，浙江省在全国率先停止征收农业税，进入农村综合改革试点。至此，全省基本建立城乡统一税制，在制度层面实现农民税费零负担。当年全省农民人均负担7.78元，比改革前下降91.5%。2006年1月1日，全国全面取消农业税。

二、农村综合改革

2005年6月30日起，浙江省启动农村综合改革试点工作。省委办公厅、省政府办公厅发出《关于开展农村综合改革试点工作的通知》，选择绍兴县、嘉善县、开化县、宁波北仑区进行试点，巩固农村税费改革成果，防止农民负担反弹，进一步理清农村发展的体制机制。主要内容有五项：改革乡镇机构，重点是转变和规范乡镇政府职能；改革农村义务教育管理体制，实行“以县为主”的农村义务教育经费保障制度；改革县乡财政管理体制，按照事权与财权相对应原则，建立与之相配套的乡镇财政管理体制；化解乡村债务，坚持“严控新债、清理旧债”的原则，加快化解乡村两级债务；建立村级组织运转保障机制，坚持政府增加投入、农民共同参与的办法，确保村级组织正常运转和村级公益事业发展。至2005年底，试点工作基本完成。试点县开化县普遍建立“三办三中心”（党政综合办、经济发展办、社会事业办；社会治安综合治理中心、社会事业服务中心、农业综合服务中心）的乡镇机构框架，精简了机构和人员；义务教育管理体制全部上收到县级管理；建立事权与财权相对应的县乡财政管理体制；制定乡镇债务管理制度；建立财政补助和村级自筹相结合的村级组织运转保障制度。

在总结试点工作基本成效和经验的基础上，省委、省政府决定在全省全面推行农村综合改革工作。2006年3月，召开全省农村综合改革工作会议，总结农村综合改革的试点经验，部署全面推广全省农村综合改革工作。2007年上半年，以强化乡镇政府社会管理和公共服务职能为目标,理顺县乡权责关系,促进依法行政,调整乡镇内设机构。全省乡镇机关内设机构数从6962个精简到5841个,精简了1121个,精简幅度16.1%,改革后平均每个乡镇设置4.72个内设机构。乡镇事业机构数从7928个精简到3092个,精简了4836个,精简幅度61%,改革后平均每个乡镇设置2.51个事业单位。同时,每个乡镇精减了人员和领导职数。全省乡镇行政编制由41365名精减到40953名,精减了412名,精减幅度1%。乡镇事业编制由46510名精减到40280名,精减了6230名,精减幅度13.4%。改革后,全省乡镇行政编制与事业编制之比为1∶0.98。

2007年,全省实施农村义务教育管理体制改革,全部免除义务教育阶段学生杂费,所需资金由省市县按比例分担。根据市县经济发展状况,由差到强分为五档,省财政承担的比例分别为100%、70%、50%、30%和20%。改革包括做好家庭困难学生资助工作,扩大低收入家庭学生资助范围,将低收入家庭收入标准从农村居民人均收入1500元调整到2000元,城镇居民人均可支配收入从3000元调整到4000元;对低收入家庭子女免课本费和作业本费;在农村义务教育阶段(小学到初中),在校困难学生免费享受爱心营养餐。提高义务教育中小学日常公用经费保障水平,小学公用经费生均230元/年,初中生均330元/年。建立义务教育阶段中小学校舍维修改造长效机制,省财政设立专项资金,根据市县校舍维修改造规模、财力状况、新机制实施情况等因素给予奖励性补助。完善义务教育中小学教师工资保障机制,中小学教师实行岗位绩效工资制度,纳入财政统一发放范围;义务教育学校教师的平均工资不低于当地公务员的平均工资水平。

2007—2008年,浙江省完善县乡财政管理体制。通过改革明确县乡政府各自的支出责任,县级财政合理调节财力分布,加大对困难乡镇的财力支持。同时,根据农村税费改革后的实际情况,在综合考虑乡镇经济发展水平、税源基础、财政收支规模等因素的基础上,将全省乡镇划分为三类分别管理:由乡镇改为街道办事处的,一般不再设立一级财政;对经济发达、收支规模较大,或者具有明显集聚和辐射作用的中心镇,进一步完善乡镇财政体制,赋予更多的责权利;对经济欠发达、收支规模较小的乡镇,采取"乡财乡用县管"的办法,由县级财政规范管理。并建立激励机制,鼓励乡镇增收节支,科学理财。在改革中,根据全省乡镇负债率普遍较高的实际,稳步推进乡村债务控制和化解工作。建立乡镇建设项目审批制度,乡镇建设项目必须报上级政府审批,严把资金来源关,制止新债产生;采取措施,摸清底数,明确责任,分类处理,逐步清理化解乡镇政府历史债务;加强市县对乡镇政府债务清欠管理力度。同时加强债务统计报告,建立还款责任制,加强人民代表大会及其常务委员会对乡镇债务的监督审查力度,实行乡镇领导干部经济责任审计,试行乡镇债务纳入政务公开范围,接受群众监督。

根据中共中央办公厅、国务院办公厅《关于完善村级组织运转经费保障机制促进村级组织建设的意见》,浙江省从2009年起,全面建立资金来源稳定、管理规范、保障有力的村级组织运转经费保障机制,确定村级组织运转经费最低保障标准为3万元(不含财政安排的村主要干部基本报酬)。各地在此基础上,结合实际分类确定最低标准,全省所有行政村的村级组织运转经费都达到省规定的最低保障标准。随着经济社会发展水平的提高和财

图 31-4-6-2　2009 年，全省开展村级公益事业建设一事一议财政奖补试点工作。图为东阳市湖溪镇清潭村村民观看筹资筹劳公示榜(浙江省财政厅档案室提供)

政状况的改善，逐步提高保障标准。同年，根据国务院农村综合改革工作小组统一部署，浙江省开展村级公益事业建设一事一议财政奖补试点工作，选择湖州市、金华市、富阳市、永嘉县、嘉善县、诸暨市、仙居县、江山市、青田县、岱山县 10 个市、县(市)开展村级公益事业一事一议财政奖补试点。试点工作以推进社会主义新农村建设为目标，以村民自愿筹资筹劳为基础，以财政奖补资金为引导，以充分发扬基层民主作用为动力，探索建立财政补助、农民参与、社会支持的村级公益事业建设多元投入机制。重点对村内道路、桥梁建设、小型农田水利设施和田间机耕路、村内饮用水工程、村内照明路灯、村内环境整治、村内公共绿化、村级事务中心和村民公共文化娱乐设施及健身休闲场所等村级公益项目建设实行奖励补助。

2010 年，国务院农村综合改革工作小组批复浙江一事一议财政奖补试点工作方案，将浙江省列入村级公益事业建设一事一议财政奖补国家试点范围。省农村综合改革办公室、省财政厅、省农业厅联合发布《关于全面推行村级公益事业建设一事一议财政奖补试点工作的通知》，在全省全面推行村级公益事业建设一事一议财政奖补试点工作，普遍建立民办公助、筹资筹劳和财政奖补结合的村级公益事业建设新机制。当年，省财政投入 8900 万元奖补资金，市、县(市、区)按 1∶1 配套安排投入 8900 万元，村民筹资筹劳和村集体投入 8000 万元，共建成村级公益项目 450 个。

第七节　农业综合开发

农业综合开发是中央政府为保护、支持农业发展，改善农业生产基本条件，优化农业和农村经济结构，提高农业综合生产能力和综合效益，设立专项资金，有计划有步骤地综合利用资源、采取综合措施、实行综合投入、进行综合治理、取得综合效益的一项农业系统工程。1988 年，国务院决定在全国部分省区实施农业综合开发，浙江省是第一批实施的 10 个省区之一。宁波市自 1991 年起实施国家农业综合开发项目，按计划单列市有关政策，在财政部国家农业综合开发办公室(以下简称财政部国家农发办)指导下开展工作。至 2010 年，全省农业综合开发在加强农业基础设施和生态建设，提高农业综合生产能力，保证国家粮食安全，以及推进农业和农村经济结构的战略性调整，推进农业产业化经营，提高农业综合效益，促进农民增收等方面发挥了积极作用。

一、农业综合开发县管理

20 世纪 80 年代末，国家以县为单位进行农业综合开发，实施农业综合开发县管理。农业综合开发县的主要工作目标是通过对本地农业资源的合理开发和利用，改善农业基础设施，优化农业产业结构，增加土地产出，提高农产品质量，促进农业增效、农民增收。

农业综合开发初始以三年为一个开发周期。1988—1990 年，浙江省第一期国家农业综合开发在主要粮食产区实施，包括杭嘉湖圩区、金衢盆地、钱塘江南岸等地的 26 个市县。因上述地区农业开发资源丰实，农民对农业开发的积极性高，市、县政府重视，财政投入资金、农民自筹资金落实情况较好，此 26 个市县被列为第一批国家农业综合开发县。此后，国家农业综合开发县范围逐年扩大，至 1996 年第三期开发，已覆盖至余杭市、遂昌县等 34 个县（市、区）和十里坪等 4 个农场。

1997—1999 年，国家农业综合开发资金投入力度逐年加大，开发规模也随之扩大，浙江先后增加了杭州市本级等 11 个市、县（市、区）为国家农业综合开发县。2000 年 9 月，根据农业开发资源的变化情况，经浙江省农业综合开发办公室（以下简称省农发办）申请，财政部国家农发办同意浙江省 2001 年新增桐庐县、三门县、平阳县、苍南县为国家农业综合开发县；云和县、十里坪农场退出国家农业综合开发县。

2001 年 5 月，财政部国家农发办对 1988 年以来农业综合开发立项县进行摸底调查。10 月，财政部国家农发办同意浙江省 2002 年新增开化县、岱山县为国家农业综合开发县，金华县、蒋堂农场退出国家农业综合开发县。2004 年，财政部国家农发办核定浙江省开发县总数为 54 个。至 2004 年，经省政府同意，省农发办将全省未列入国家农业综合开发县的仙居县等 12 个市（县），逐步列为农业综合开发省级开发县，享受与国家农业综合开发县同等的财政扶持政策。

随着农业综合开发的深入及现代农业发展对农业综合开发提出的新要求，财政部国家农发办对国家农业综合开发县管理逐年规范。2005 年 1 月，财政部国家农发办规定，国家农业综合开发县进退平衡，一般不再新增。2006 年 2 月，财政部国家农发办发布《国家农业综合开发县管理办法》，加强国家农业综合开发县的新增、暂停、恢复、取消、适时退出、行政区划变更确认等事项的管理。2008 年 1 月，根据省农发办申请，财政部国家农发办同意仙居县、云和县新增为国家农业综合开发县，乔司农场、南湖林场退出国家农业综合开发县。

至 2010 年底，全省有农业综合开发县 66 个，其中列入国家农业综合开发县 54 个；列入省级农业综合开发县 12 个。浙江省对农业综合开发县的管理遵循“自愿申请、有进有退”的原则，由有开发意愿的市县政府向省财政厅（省农发办）提出列入国家或省级农业综合开发县的申请，由省农发办对其提供的农业综合开发资源、群众开发意愿和开发机构力量配备等情况进行审核，并实地考察后，决定是否同意其列入农业综合开发县。列入国家农业综合开发县的，需报经财政部国家农发办批准；列入省级农业综合开发县的，经省财政厅批准后通知相关市县启动农业综合开发相关工作。浙江省自实施农业综合开发起，虽然有个别市县中途退出农业综合开发县，但开发县数总体稳定增长，因开发资源的变化，少数市县和农场由国家农业综合开发县转为省级开发县，也有少数市县由省级开发县转为国家农业综合开发县，农业综合开发已覆盖全省各地。

二、农业综合开发资金管理

农业综合开发资金包括中央财政资金、省级财政资金、市县财政配套资金、银行贷款和村民群众及企业（合作社）自筹资金，以及经法定程序筹集投入的其他资金。农业综合开发资金管理的主要任务是贯彻国家有关法规和政策；建立和健全财务管理制度，合理编制年度财务计划，依法筹措和使用农业综合开发资金，确保资金专款专用；做好农业综合开发财政有偿资金的发放和回收工作；加强会计核算，定期编制财务报告；做好工程预决算的审核和资产移交工作；强化财务监督检查。

1991 年，根据财政部国家农发办发布的资金管理、项目管理办法，结合浙江实际，省农发办印发《浙江省国家立项农业综合开发资金管理若干规定》，对资金配套要求、资金使用原则和范围、拨款程序及财务报表等作出规定。1992 年，中国农业银行浙江省分行和省农发办联合印发《关于信贷支持农业综合开发有关事项的通知》，要求全省各地农发办加强农业综合开发资金管理，特别是加强对农业综合开发资金的检查监督，促使农业综合开发项目所需的国家农业综合开发资金及地方配套资金，专户存入当地农业银行，有计划用于农业综合开发项目。各地农业银行协助开发部门管好用好开发资金，同时发挥信贷杠杆作用，将专项贷款与各项开发资金有机结合，发挥资金的整体效益。

1994 年，省财政厅发布《浙江省农业综合开发资金管理办法实施细则》，明确中央、省财政投入的资金和县（市）乡（镇）级财政配套投入的资金，实行全过程项目管理，专款专用，专户存储，专人负责。投入国家农业综合开发项目的财政资金、农业银行专项贷款及自筹资金，兼顾社会效益、经济效益和生态效益。各级农发办配备财会人员，配合财政部门建立健全财务会计制度，加强财务会计核算。1996 年，省农发办印发《浙江省农业综合开发项目竣工财务验收细则》，规定在项目验收时，县（市）应提供当期农业综合开发财政资金决算表和农业综合开发项目财务收支审计签证或审计意见书。在竣工项目的财务验收中，从资金管理、资金配套、资金使用、有偿资金使用、还款计划落实以及专项银行贷款用于土地治理项目、多种经营及龙头项目的比例等各方面进行逐项验收。

1999 年，省财政厅、省农发办制定《浙江省国家立项农业综合开发项目会计核算办法》《浙江省农业综合开发财政资金会计核算办法》，下发《关于执行农业综合开发资金管理和会计核算办法若干意见的通知》。11 月，省财政厅、省农发办下发《关于制定农业综合开发资金、项目会计核算有关原始凭证统一格式的通知》，对资金和项目会计核算过程中需要使用的原始凭证式样进行统一和规范。2001 年，省财政厅、省农发办制定《浙江省农业综合开发财务管理办法实施细则》，规定农业综合开发财务管理原则，即实行“专户存储、专款专用、专账核算、专人管理”的县级报账制和县级核算制；要求各级财政部门设立农业综合开发财政资金专户，同时作为财政无偿资金报账专户；开发县农发办设立农业综合开发工程资金专户，同时作为土地治理项目资金的核算专户。2002 年，省财政厅对 1999 年制定的《浙江省国家立项农业综合开发项目会计核算办法(试行)》作了修订。12月,省财政厅制定《浙江省农业综合开发县级报账制实施办法》,规定多种经营项目财政无偿资金中的科技推广费、贷款贴息、公益性基础设施费用必须实行县级报账;土地治理项目和科技示范项目的建设资金,严格按照《浙江省国家立项农业综合开发项目会计核算办法》实行县级核算制,不另行办理报账手续。

2002年,省农发办调整为省财政厅内设机构。2003年9月,省财政厅厅长办公会议决定,省级农业综合开发资金财务管理职能划归省农发办。职能划转后,省农发办修订完善相关资金财务管理制度,决定从2003年度项目开始,对农业综合开发财政有偿资金的发放全面实行委托银行贷款。2006年,省农发办根据《国家农业综合开发资金和项目管理办法》,结合浙江具体情况,报经省政府同意,下发《浙江省农业综合开发资金和项目管理实施办法》。同时修订完善《浙江省农业综合开发财务管理实施办法》《浙江省农业综合开发土地治理项目会计核算办法》《浙江省农业综合开发资金会计核算办法》和《浙江省农业综合开发财政资金报账管理实施办法》。3月,省农发办制定《浙江省农业综合开发土地治理项目科技推广费管理暂行规定》,明确了科技推广扶持的内容、支出范围和使用对象。

2008年6月,《浙江省农业综合开发财政有偿资金管理实施细则》公布,规定省财政厅收到中央财政拨付有偿资金后,连同省级财政配套的有偿资金,办理财政有偿资金借款文件,与开发县财政部门签订借款合同。同时,财政有偿资金不再收取占用费。回收期限为省财政厅与开发县财政部门签订借款合同的生效之日起满4年后即开始回收,回收当年偿还50%,满5年后全部还清。对按期、足额归还中央和省财政有偿资金的县级财政部门,省财政厅在下一年度按已回收有偿资金本金的10%予以奖励。奖励资金继续用于农业综合开发。为妥善处理财政有偿资金呆账核销和延期还款,2009年省财政厅制定《浙江省农业综合开发财政有偿资金呆账核销和延期还款实施办法》,规范呆账核销和延期还款的认定条件、申报和审批、管理和监督。同年,省财政厅执行财政部《农业综合开发中央财政贴息资金管理办法》,并结合浙江实际作了补充:申报中央财政贴息资金项目的范围限于国家农业综合开发县;中央财政贴息资金项目的申报程序按属地管理原则,由项目单位向管辖所在地财政部门和农发办提出贷款贴息申请。财政部门重点审核银行贷款的落实、实际支付的银行贷款利息等情况;农发办重点审核项目是否符合贴息范围和条件、项目是否存在重复申报或多头申报等问题,以及项目对农民的带动能力等情况。与此同时,省财政厅发布《浙江省农业综合开发省财政贴息资金管理办法》,对贴息范围、条件及方式、贴息资金的申报及审定、贴息资金的拨付及监督管理等作了规定。

2010年,农业综合开发工作以科学化、精细化管理为宗旨,优化"全过程项目管理和全方位资金监控"机制,规范项目资金管理,强调农业综合开发项目资金实行专户储存、专账核算、专人管理,确保专款专用;土地治理项目实行县级核算制,产业化经营项目和科技推广项目财政资金实行县级报账制;加强农业综合开发财政资金专户和工程资金专户管理,规范财务行为,健全内部监督机制,确保资金安全。同时,探索建立农业综合开发项目与其他支农项目统筹实施的平台,有效整合支农资金,提高财政资金使用效益。

三、农业综合开发项目管理

农业综合开发初期以开垦宜农荒地、改造中低产田为主要内容，一般在粮食主产区实施。随着农业综合开发资金的增加，开发区域范围逐步扩大，开发的重点转变为以中低产田改造为主，少开垦或不开垦荒地，开展对多种经营项目的扶持，增加农民收入。由此，农业综合开发形成了土地治理和多种经营（产业化经营）两类项目，以资金投入控制项目规模，按项目管理资金的管理模式。

（一）土地治理项目管理

农业综合开发土地治理项目是农业综合开发财政资金投入的重点，约占全部财政资金的70%。主要包括稳产高产基本农田建设、高标准农田示范工程、粮棉油等大宗优势农产品基地建设、良种繁育、土地复垦等中低产田改造项目，草场改良、小流域治理、土地沙化治理、生态林建设等生态综合治理项目，中型灌区节水配套改造项目。

1988—1990年，浙江省实施第一期国家立项农业综合开发，项目区分布在杭嘉湖圩区、金衢盆地及钱塘江南岸等地，以改造中低产田、开垦宜农荒地、植树造林为主。第一期农业综合开发土地治理完成改造中低产田94.6万亩，开垦宜农荒地21.28万亩，造林16.17万亩，完成投资2.61亿元，土地治理项目亩投资标准为190元。

1991—1993年，第二期国家立项农业综合开发土地治理项目全面实行制度化、规范化的项目管理，制定从项目选项到所有资料归档全过程一系列的管理办法和措施，提高项目管理水平和工程建设质量。第二期国家立项农业综合开发项目完成土地治理项目144个，改造中低产田112.66万亩，开荒造田7.83万亩，造林16.01万亩，完成投资2.73亿元，亩投资标准为200元。

1994—1996年，第三期国家立项农业综合开发土地治理项目区分布在金衢盆地、杭嘉湖圩区、钱塘江南岸海涂和丽水地区四大片，改造中低产田137.45万亩，开荒造田15.59万亩，造林12.14万亩，完成投资3.47亿元，亩投资标准为210元。第三期土地治理项目的管理工作，在总结前两期经验的基础上修订和制定了规划设计、施工设计、施工管理、检查验收和建后管护等办法，制定水利、农业、林业等工程设计技术规程，举办全省农业综合开发业务培训班，加强经常性的指导和检查。

1997年，国家对农业综合开发管理体制实施改革，浙江省按改革精神对续建项目和新建项目实行“项目一年一定，逐年编报计划”的办法，项目验收仍维持三年一验。1998年，中低产田改造投资标准由原来的190元/亩提高到250元/亩，开垦宜农荒地的投资标准提高到500元/亩；土地治理项目继续坚持集中连片治理，中低产田改造每片不少于1万亩，开荒造田每片不少于1000亩。1997—1999年，全省土地治理项目共完成改造中低产田273.37万亩，开垦宜农荒地23.76万亩，完成投资14.42亿元。

2000年4月，省财政厅、省农发办发布《国家农业综合开发竣工项目验收考核评分试行标准》，对土地治理项目验收考核的实施步骤、评比方法、评分标准、等级评定、适用范围等作出明确规定，全省各有关市、县（市、区）财政局、农发办按照试行标准的要求进行检查，逐条对照，做好项目建设及验收工作。6月，财政部国家农发办专家通过对浙江省1997—1999年农业综合开发项目的验收。2000年，全省共实施土地治理118万亩。同年，按照省政府关于建设1000万亩商品粮基地的要求，省农发办鼓励和支持各地在农业综合开发项目区建设标准农田，当年全省农业综合开发项目区建成标准农田近40万亩。

2001年8月，根据财政部《国家农业综合开发项目和资金管理暂行办法》，结合浙江实际，省财政厅、省农发办制定《浙江省国家农业综合开发项目管理办法实施细则》，明确全省农业综合开发的投入重点、项目分类以及投入机制，对项目的立项条件、资金筹集和使用、资金管理和监督等项目实施的各个环节提出具体要求。2002年6月，省政府办公厅转发《省财政厅关于进一步加强农业综合开发工作意见的通知》，对加强和改进全省农业综合开发工作提出要求。7月，省农发办印发《浙江省农业综合开发项目建设公示制度》《关于建设国家农业综合开发节水农业示范项目的意见》《关于建设国家农业综合开发山区小流域农业生态工程项目的意见》等制度和意见，明确土地治理项目公示要求，并对农业综合开发助推生态浙江建设提出具体要求。2001—2002年，全省实施土地治理项目197.95万亩，其中改造中低产田159万亩、节水农业示范项目27.6万亩、优质粮油基地3万亩、山区小流域农业生态工程8.35万亩，总投资9.78亿元。

2003年9月，接受财政部国家农发办验收组对浙江省2000—2002年度项目验收，并对绍兴市本级等5个市、县（市）的农业综合开发项目进行抽验。在全国同时验收的15个省市中，浙江省农业综合开发项目被评为优秀，并获通报表扬。2004年7月，省农发办转发《国家农业综合开发土地治理项目建设标准》，规定全省农业综合开发土地治理项目，均须按照建设标准进行规划设计、施工建设和检查验收。10月，省农发办印发《浙江省农业综合开发土地治理项目工程施工招标投标工作指导意见》，详细规定全省农业综合开发土地治理项目工程施工的招标、投标、开标、评标与中标等程序。2005年7月，省农发办印发《浙江省农业综合开发土地治理项目工程质量管理实施细则（试行）》，规定土地治理项目中凡涉及公共安全、技术复杂、施工难度大的重要水利工程，如水库、防洪堤等工程，应实行工程建设监理。土地治理项目中规模较小、施工点分散、不涉及公共安全的一般田间工程，如机耕路及农机下田埠等一般田间工程，可不进行工程建设监理。11月，省财政厅、省水利厅印发《浙江省国家农业综合开发中型灌区节水配套改造项目管理实施细则》，规定项目的申报条件和主要建设内容、资金筹集和使用管理、申报程序和评估审定、计划编报和批复下达、建设实施、竣工验收、运行维护管理细则及灌区管理体制改革要求，并下发项目可行性研究报告编制提纲。2003—2005年，全省实施土地治理项目250.12万亩，其中：实施中低产田改造186.37万亩，节水农业示范项目5.3万亩、山区小流域农业生态工程26.81万亩、优势农产品基地31.1万亩，实施中型灌区节水配套改造项目3个，项目总投资17.10亿元。

2006年，根据浙江实际，农业综合开发土地治理中低产田改造项目增加了控制性工程类别，重点控制项目区旱、涝、洪等自然灾害。主要针对灌溉面积5万亩以下、易洪易涝区域的排涝闸站改造等。对中低产田改造项目，省以上财政资金实行分类补助，对欠发达地区和海岛县（市、区）以及享受省财政“两保两挂”体制和工资转移支付的41个县（市、区），省以上财

图 31-4-7-1 2006 年新昌县棠古畈中低产田改造项目(浙江省财政厅档案室提供)

政资金每亩扶持 500 元,其他县(市、区)省以上财政资金每亩扶持 400 元。山区小流域农业生态工程项目,省以上财政资金对耕地治理执行中低产田改造扶持标准,对园地改造每亩扶持 300 元,新建防洪堤每米扶持 200 元,修建防洪堤每米扶持 100 元。同年,根据《国家农业综合开发资金和项目管理办法》等有关制度,结合浙江实际,省财政厅、省农发办制定和印发《浙江省农业综合开发资金和项目管理实施办法》《浙江省农业综合开发项目评估实施办法》《浙江省农业综合开发土地治理项目工程设计编制纲要》等一系列土地治理项目管理办法和规范性文件。9 月,财政部国家农发办验收考评组对浙江省 2003—2005 年度国家农业综合开发竣工项目进行验收考评,经随机抽取省本级和金华市本级等 6 个市、县(市、区)的 28 个项目并通过实地核查验收,符合国家农业综合开发政策和各项管理要求。

2007 年,中低产田改造项目省以上财政资金补助标准对欠发达地区、海岛县(市)以及其他县(市)分别提高到 600 元/亩、500 元/亩,山区小流域农业生态工程项目新建堰坝每米补助 2500 元,修建堰坝每米补助 1000 元,内陆地区新建、续建、扩建小(二)型水库(100 万立方米及以下)按新增水量每立方米补助 5 元,修建山塘(1 万立方米及以下)或除险加固小(二)型水库,按新增水量每立方米补助 3 元。海岛地区新建、续建、扩建小(二)型及其以下水库,按新增水量每立方米补助 10 元,修建山塘或除险加固小(二)型及其以下水库,按新增水量每立方米补助 5 元。2008 年 7 月,省农发办制定《浙江省农业综合开发土地治理科技推广项目验收办法(试行)》,规范全省土地治理科技推广项目验收工作。在 2008 年财政部国家农发办资金和项目管理工作质量考评中,浙江省名列全国第二。2009 年,财政部国家农发办确定嘉兴市本级、嘉善县、桐乡市、龙游县 4 个项目县为高标准农田建设示范县后,在全省范围启动实施农业综合开发高标准农田示范项目。3 月,省财政厅印发《浙江省农业综合开发土地治理项目工程管护实施办法(暂行)》,对土地治理项目区已建成的工程管护范围、管护主体、管护经费、管护责任等作出规定,县级农发办按照土地治理项目年度计划中财政资金总额的 1.5%比例计提工程管护费,专项用于农发工程管护(含自然灾害损毁工程修复)。2007—2009 年,全省实施土地治理项目 362 个,开发面积 249.96 万亩,省以上财政资金投入 16.35 亿元;实施科技推广费项目 103 个,省以上财政资金投入 0.37 亿元。

2010 年,浙江省提高土地治理项目省以上财政资金的补助标准。8 月,省政府办公厅印发《关于进一步加强农业综合开发工作的意见》,明确农业综合开发土地治理项目的主要任务是"加强农业基础设施建设、保护和改善农业生态环境"。2010 年,全省实施农业综合开发土地治理项目 104 个,开发面积 70.88 万亩,省以上财政资金投入 6.94 亿元。其中:高标准农田示范工程项目 14 个,中低产田改造项目 71 个,山区小流域农业生态工程项目 16 个,续建和新建中型灌区节水配套改造项目 3 个。实施省级科技推广项目 18 个,省以上财政资金投入 0.16 亿元。

(二)产业化经营项目管理

1994 年 5 月,国务院办公厅转发财政部《关于农业综合开发的若干政策》,决定农业综合开发在坚持以改造中低产田为重点、适量开垦宜农荒地、提高农业综合生产能力的同时,把农业增产和农民增收有机结合起来,搞活多种经营,新增多种经营项目。6 月,省农发办转发财政部国家农发办《国家农业综合开发项目管理办法》,明确农业综合开发项目增加多种经营项目,这类项目主要包括农林牧副渔各业优质高效产品的贸工农一体化、产加销一条龙经营的项目。多种经营项目开发资金包括各级财政农业综合开发资金、农业综合开发专项贷款、乡村集体和农民自筹资金以及外资等。扶持资金均为财政有偿使用资金,由本级财政部门向上一级财政部门订立借款合同,实行逐级承借,统借统还。农业综合开发财政资金在安排使用时,以不高于 30%的比例用于扶持多种经营项目。农业综合开发专项贷款的安排,以不高于 70%的比例用于发展多种经营项目。1994 年,财政部国家农发办批准浙江省第一批多种经营龙头项目 13 个,中央和省财政有偿扶持 1880 万元,银行专项贷款 690 万元。

1995—1998 年,浙江省共扶持多种经营及龙头项目 83 个,总投资 5.56 亿元,其中:财政资金 1.62 亿元,企业自筹资金 3.93 亿元。1998 年以后,主要农产品实现由长期短缺到总量平衡、丰年有余的转变。1999 年,国家农业综合开发第二次联席会议针对农业和农村经济发展新阶段的变化要求,提出农业综合开发在指导思想和工作思路上实行"两个转变":由过去改造中低产田和开垦宜农荒地相结合,转到以改造中低产田为主,尽量少开荒甚至不开荒,把提高农业综合生产能力与保护生态环境有机结合起来;由以往追求增加主要农产品产量为主,转到积极调整结构,依靠科技进步,发展优质高产高效农业上来。1999 年 6 月,财政部国家农发办发布《国家农业综合开发项目和资金管理暂行办法》,浙江省执行扶持多种经营项目政策,推进农业产业化经营,促进农村经济结构的调整和优化,带动农业增效、农民增收。

2001 年,浙江省按照国家农业综合开发工作"两个着力、两个提高"的精神,着力加强农业基础设施建设和生态环境建设,提高农业综合生产能力;着力推进农业和农村经济结构的战略性调整,发展农业产业化经营,提高农业综合效益,增加农民收入。浙江省用于土地治理项目和多种经营项目的财政资金比例由 70∶30 调整为 65∶35,推进多种经营发展。用于多种经营项目的财政扶持资金由全部有偿使用,调整为 85%有偿使用、15%无偿使用,无偿使用资金实行县级报账制。8 月,省农发办制定《浙江省国家农业综合开发项目管理办法实施细则》,规定中央财政资金扶持额在 200 万元以上的多种经营项目,称为产业化龙头项目,多种经营项目省以上财政资金的 30%用于产业化龙头项目。2002 年 6 月,省政府办公厅转发《省财政厅关于进一步加强农业综合开发工作意见的通知》,明确浙江省农业综合开发多种经营项目工作的目标是扶持农业龙头企业，推进农业结构调整，发展农业产业化经营，提高农业综合效益和竞争力，增加农民收入，加快农业现代化进程。2000—2002 年，浙江省农业综合开发产业化经营投资额逐年增加。全省累计投入多种经营项目建设资金 17.64 亿元，其中中央财政资金 1.94 亿元、地方财政资金 3.16 亿元；累计完成多种经营项目 145 个，其中产业化龙头项目 19 个、养殖项目 39 个、农副产品加工项目 69 个、农业生产服务项目 12 个。项目建成后新增产值 34 亿元，利税 4.36 亿元，安排农村劳动力 15.7 万人次。

2003 年，浙江省执行财政部国家农发办关于多种经营项目财政扶持资金调整为 80%有偿使用、20%无偿使用的规定。根据财政部《关于改革和完善农业综合开发若干政策措施的意见》，将多种经营项目更名为产业化经营项目，下设产业化龙头项目和多种经营项目。产业化龙头项目重点扶持国家和省级农业龙头企业，以农产品加工、储藏保鲜及产地批发市场项目为主，同时加强对农民专业合作组织的扶持；多种经营项目集中扶持与龙头企业相配套的，由农民专业合作组织、农户联合体、种养大户等承建的优势农产品种植、养殖项目，促进优势农产品产业带建设。单个产业化龙头项目中央财政扶持资金不低于 300 万元，单个多种经营项目中央财政扶持资金不低于 100 万元。2004 年，浙江省扶持的 55 个产业化经营项目中 9 个是产业化龙头项目。2005 年，根据财政部国家农发办产业化经营项目财政扶持资金的有偿无偿比例调整规定，浙江省产业化经营项目财政资金的有偿无偿比例调整为有偿资金 75%、无偿资金 25%。同年，省财政厅制定《浙江省农业综合开发资金和项目管理实施办法》，规范和完善自上而下的择优选项机制。同时，省农发办根据国家农业综合开发政策，结合浙江省实际，发布产业化经营项目申报指南，做到项目申报透明公开。2003—2005 年，全省共扶持产业化经营项目 164 个，其中种植项目 26 个、养殖项目 38 个、农副产品加工项目 91 个。投入资金 21.84 亿元，其中中央财政资金 2.42 亿元、地方财政资金 2.77 亿元、自筹资金 10.08 亿元、银行贷款 6.57 亿元。新增农业增加值 14.15 亿元，直接受益农民年收入增加总额 19.25 亿元，新增利税 8.67 亿元，增加就业人数 5.49 万人，直接促进了杭嘉湖地区综合农产品交易中心群、浙东沿海水产品交易市场、浙西南食用菌交易中心等市场的形成，提升了一大批农产品品牌效应。

图 31-4-7-2　2004 年，嘉兴市财政支持的多种经营项目五芳斋优质稻米基地（浙江省财政厅档案室提供）

2006 年，根据财政部国家农发办有关规定，浙江省开始实施农业综合开发产业化经营投资参股经营项目，中央和省级财政资金以参股形式投入农业综合开发产业化经营项目，财政资金只参股、不控股，中央和省级财政按参股资金实际投入比例分享投资收益、承担投资风险。省财政厅授权浙江省财务开发公司为农业综合开发投资参股经营国有资产运营机构，双方签订委托运营协议。浙江省财务开发公司分别与参股企业签订投资参股协议书，并向企业派出董事、监事和财务总监。财政投资参股资金形成的投资收益，由省财政厅每年向浙江省财务开发公司收缴。中央财政投资参股资金形成的投资收益，由省财政厅负责上缴中央财政。浙江省实施农业综合开发产业化经营投资参股经营项目共 3 个，分别是 2006 年实施的浙江丰岛控股集团有限公司出口菊花生产基地及加工项目和浙江华发茶叶物流中心项目，2007 年实施的浙江申浩毛纺制衣有限公司兔毛加工项目。每个项目中央财政投资参股资金 1000 万元，省财政投资参股资金 1000 万元，共 2000 万元，项目实施后产生了一定的经济和社会效应。2006—2008 年，全省完成产业化经营项目 146 个，其中：种植项目 21 个，养殖项目 19 个，农副产品加工项目 97 个，流通设施项目 9 个。产业化经营有偿无偿结合项目投资额为 23.85 亿元，其中：中央财政资金 2.71 亿元，地方财政配套资金 2.71 亿元，自筹资金 11.89 亿元，银行贷款 6.54 万元。

2009 年起，农业综合开发产业化经营项目财政资金实行全部无偿投入，扶持方式为财政补贴和贷款贴息两种。浙江省农业综合开发财政资金用于土地治理项目和产业化经营项目的比例由 65∶35 调整为 70∶30。2009—2010 年，浙江省实施产业化经营补贴项目 180 个，省以上财政资金投入 1.96 亿元；扶持产业化经营贷款贴息项目 345 个，省以上财政贴息资金 2 亿元。至 2010 年底，浙江省围绕发展农业产业化经营，促进农民增收，集中力量培育扶持上规模、带动面广、竞争力强、与农民结成利益共同体的国家级、省级农业龙头企业和科技型、成长型的市级农业龙头企业。

1994—2010 年，实施农业综合开发产业化经营项目管理 17 年，全省累计扶持产业化经营项目 1173 个，项目总投入 128.05 亿元，其中财政资金 22.81 亿元；累计培植经济林 12.5 万亩，花卉 2.23 万亩，药材 2.10 万亩，累计推广水产养殖 15.52 万亩，畜禽养殖 6837.35 万头。

第八节　会计管理

会计制度始于夏禹盛于周代。唐元和年间(806—820 年)，宰相李吉甫编《元和国计簿》。宋代编制会计录十几种①。明万历四年(1576 年)，户部尚书王国光与侍郎李幼滋等编辑《万历会计录》进呈，开始实施万历会计录制度。清代，各衙门沿用旧管、实在、开除、新收“四柱清册”会计记账报告方法。民国时期，引进西方会计技术，政府机关实行“官厅会计制度”，公私企业也实行“西式簿记”。中共领导的根据地多沿用民国旧制处理有关会计事项，随着各项财

① 据〔南宋〕王应麟的《玉海》第一百八十五卷记载，北宋、南宋有《景德会计录》《祥符会计录》《皇祐会计录》《绍兴会计录》等十几种。

经制度的建立，逐渐形成适合战时需要的会计管理制度。1949年中华人民共和国成立初期，浙江省地方国营企业主要来自没收的官僚资本企业，这些企业采用的会计制度各不相同，核算混乱，基础工作薄弱。省财政厅会同有关部门加强对财务主管人员培训，提高会计人员专业技能，同时规范会计基础工作，强化会计制度建设。1978年中共十一届三中全会后，全省各级财政部门宣传贯彻《中华人民共和国会计法》（以下简称《会计法》），推行会计管理改革。1987—2010年，各市、县财政部门相继设置了会计管理机构，加强会计法规制度建设，实行会计人员持证上岗，组织专业技术资格考评，开展会计人员继续教育，推行会计电算化运用等各项工作，使全省会计管理工作与社会主义市场经济体制相适应。

一、制度建设

（一）1949年前的会计制度

周代，会计官吏有司会与司书等职，其中司会负责审计工作，司书则负责财货出入登载等统计。司会按照九贡、九赋、九式的方法协助大宰记载各项财货出入之数，并分别按照日、月、年进行汇总，上报冢宰及王。战国时，魏、秦两国即已实行"上计"制度；在推行上计制度的同时，加强对财税内容的考核。秦汉时随着中央集权的形成，上计制度得到强化。两汉时，郡国守、相于岁终派遣官吏赴京师上计；汉律中有《上计律》，为处置上计事务的专门法律条款。西汉时从郡中派到中央去上计的人为丞或长史，东汉时有专职的上计掾、史。上计时地方向中央呈交计书，或称为计簿，其内容为郡国一岁中的租赋、刑狱等情况。唐元和年间（806—820年），宰相李吉甫编《元和国计簿》。至宋代，参照《元和国计簿》编制会计录，记载全国的户口数、州县数、岁出入数、官员养兵数等。元代的会计制度与前朝无异。明初的会计由户部掌管，并由朝廷统一颁行"印信文簿"令各部门逐日登记。明万历九年（1581年）实行"一条鞭法"，户部正式编定实施《万历会计录》制度，将全国的夏税、秋粮、户口、征课等编入会计录。万历十三年（1585年），首次编纂《赋役全书》（又名《条鞭赋役册》），为各省征收地丁钱粮之总册。

清朝顺治三年（1646年），世祖谕令户部稽核钱粮之原额，汇编成《赋役全书》，以作征赋的依据。顺治十一年复订正《赋役全书》的编制，全书中先列地丁原额，次荒亡、次实征、再次为起运存留。起运分别列出部、寺仓口；存留详列款项细数。其新垦之地亩，招徕之人丁，续入册尾。顺治十三年颁示全国，每州县发给两本，一本存于有司，一本存于学宫。康熙二十四年（1685年）重修《赋役全书》，删繁就简，定名为《简明赋役全书》。雍正十二年（1734年），确定《赋役全书》每10年修辑一次，以奏销现开之条款为式，由布政使司刊造，俗称《新编全书》。每至修辑《赋役全书》之年，各厅、州、县、卫等到次年奏销（报销）办竣起至农历十二月底止，陆续造送，由该道、府、直隶州厅汇齐，限6个月送布政使司。布政使司酌量抽换，刊刷送户部。如造送迟延，分别议处（处分）。乾隆三十年（1765年），《赋役全书》与《奏销册》（或名"报销册"）合二为一，不再重修。

清代前期的赋税册籍除了《赋役全书》外，还有以田为主、以户为辅的鱼鳞册（丈量册），以户为主、以田为辅的黄册(粮户册),布政使司与各府州县官府钱粮的赤历册(纳户自填应纳赋额的簿册),以及记录州县正项本折钱粗数和钱粮起解到部日期的会计册以及流水簿、奏销册,等等。清廷的通用会计报告为"四柱清册",内列"旧管、新收、开除、实在"四项内容。簿籍记载只反映款项(实物)收支,上报无统一报表,而以公文奏章形式罗列应收、实收、解缴、支用、余绌等项,不能详细反映收支情况。清后期设计有一种比较成熟的复式记账方法"四脚账法"。四脚账的特点是注重经济业务的收方(即来方)和付方(即去方)的账务处理,既记录"来账"又记录"去账",而且来账和去账所记金额必须相等,否则说明账务处理有误。清末,随着西式会计的引入,中式会计趋于衰落。

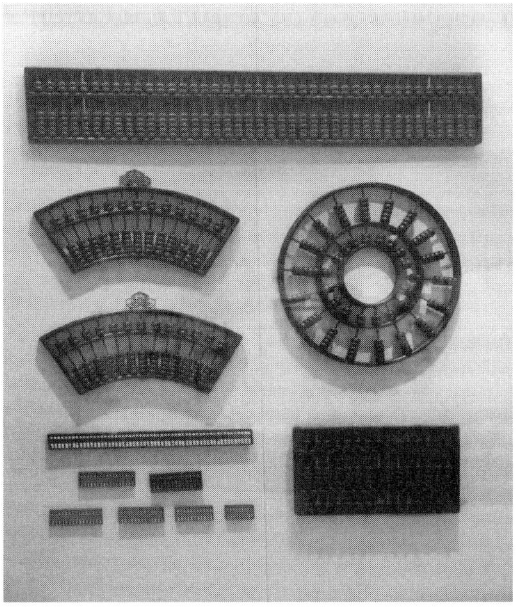

图 31-4-8-1　算盘是中华民族祖先创造发明的一种简便的计算工具,后演化出各种不同的款式,方便在不同场合使用(中国财税博物馆提供)

民国 3 年(1914 年)10 月,北洋政府公布《会计法》,制定统一的官厅会计制度和公有营业会计制度。会计年度改为公历每年 1 月 1 日开始,12 月 31 日终止。岁入岁出账务整理完结期为次年 6 月 30 日截止。民国 16 年国民政府成立后,浙江省财政厅执行财政部颁发的《会计则例》,并拟订省会计制度实施细则,以后随预算、公库、会计、审计等国家重要财经法令的颁行,会计制度历经修改补充,逐步完善。民国 24 年 8 月,浙江省财政厅执行新颁《会计法》。《会计法》按照会计事务性质规定会计种类为普通公务会计、特种公务会计、公有事业会计、公有营业会计、非常事件会计五大类,各类会计均须编制报送会计报表。规定会计科目应与预算、决算科目相一致,地方与中央规定的会计科目相一致。会计簿籍,规定设序时账簿(日记账)和分类账簿。会计凭证分记账凭证和原始凭证,并明确规定会计凭证必须具备各项要素和签章手续。规定会计人员的配备、会计人员的职责以及对会计人员的奖惩事项。规定会计事务无原始凭证不得制作记账凭证;无记账凭证不得记账;无主办会计签章出纳人员不得执行;同时规定记账整理及结转等各项规则,还明确规定会计报表的编制、审核、报送手续等各项程序,以及会计人员更迭时办理交接的手续。民国 25 年,浙江省各市、县设会计稽核主任,由省财政厅委派。民国 26 年 7 月,浙江省政府成立会计处,设会计长,由中央政府主计处委派,各市、县成立会计室,设会计主任。市、县各局及单位设主办会计,经管岁计、会计工作。会计人员分别听命于省政府会计处以及市、县政府。抗日战争胜利后,民国 34 年,国民政府颁布《会计师法》。民国 37 年 5 月,国民政府修正《会计法》。11 月,浙江省财政厅颁布《浙江省库出纳会计制度草案》《浙江省财务收支统制会计制度》等制度,对会计事务包括会计科目、簿籍、凭证及处理程序等作出具体规定。

浙东抗日民主根据地行政公署在民国 34 年(1945 年)"供给制度"命令中,对会计职责作出规定:执行会计制度,统一经费、粮秣、服装、物品等簿据表册,按期预算决算。预算时按照现实应有开支情形为原则，如有增加时须具造追加预算。决算时按原始凭据实报实销，非经批准之预算不得开支，非经批准之决算，概不报销。严格支付手续，按级颁发和报销；如有特殊情形，须经明令指定或呈准许，方可越级颁发和报销。建立按级审查制，各伙食单位组织经济委员会，支队部、司令部组织审查委员会。司令部审查委员会负全部经济收支审核责任，并按期呈报上级，唯所有原始账目簿据经最高审核委员会审讫后方可焚毁。

（二）中华人民共和国成立后的会计制度

中华人民共和国成立初期，会计制度建设和管理工作相对薄弱，加强会计制度建设成为各级政府财政部门会计管理工作的重要内容之一。20 世纪 80 年代后，在贯彻实施《会计法》，加强依法管理，建立健全会计法规、规章以及宣传贯彻会计法规，规范会计基础工作等方面取得进展。

1.制定会计法规与规章

民国 38 年（1949 年）8 月，浙江省人民政府成立后，废除国民政府时期会计制度，终止各部门会计人员调配和会计业务垂直领导关系。由省财政厅负责管理全省的会计工作，各市（地）、县（市、区）财政局管理本行政区内的会计工作。1949 年 10 月，省贸易总公司制定《浙江省贸易总公司暨所属各级机构统一会计制度》，全省国营商业企业统一执行，这是浙江省人民政府成立后浙江省第一个商品流通企业统一会计制度。浙江省地方国营企业主要来自没收的官僚资本企业，这些企业采用的会计制度各不相同，会计基础工作相对较差。1952 年、1953 年，省财政厅贯彻实施财政部《国营工业企业统一会计科目及会计报表格式》等有关规定，统一全省国营工业企业会计制度以及会计报表的编报。1960 年 6 月，省财政厅制定《浙江省农村人民公社会计制度》，设置公社会计科目 28 个、生产队会计科目 43 个，以规范公社和生产队会计核算。1961 年 1 月，财政部和中国人民银行总行联合召开第一次全国会计工作会议，全省各地整顿会计工作秩序，健全会计制度。按照国务院颁发的《国营企业会计核算工作规程（草案）》的规定，一些规模较大的企业在厂长（经理）的领导下设置总会计师，组织和监督企业的财务会计工作。1963 年 1 月，省财政厅制定《浙江省会计人员职权条例实施细则》，恢复会计机构，充实会计人员，全省会计管理工作走上正轨。1968 年 4 月，省财政厅制定《浙江省地方国营工业企业会计制度》，全省工业企业会计制度逐步恢复和加强。20 世纪 70 年代后，会计制度及有关核算办法，由行业主管部门按行业特点制定并下发执行，全省没有统一的会计制度。

20 世纪 80 年代，浙江省先后制定《浙江省商业企业统一会计制度（试行草案）》《浙江省新华书店财务会计制度（试行草案）》《浙江省房地产财务会计制度（试行草案）》《浙江省广播事业财务管理和会计制度（试行办法）》《浙江省农村人民公社一级会计制度》等行业会计制度，同时贯彻实施财政部《基本建设会计制度》《国营企业会计规则（试行草案）》《商业会计制度》等制度。

1985 年，《会计法》颁布实施，会计工作步入法制化轨道。省财政厅规定，除财政总预算会计和行政单位会计制度外，其余会计制度由财政厅会计管理机构统一管理。1989 年，浙江省执行财政部《事业行政单位会计制度》,规定了新的总账会计科目。1992年起,财政部先后发布施行的《股份制试点企业会计制度》《外商投资企业会计制度》《企业财务通则》《企业会计准则》以及《工业企业会计制度》《商业企业会计制度》等13个行业会计制度和现金流量表等5个具体会计准则,浙江省结合实际宣传、培训和贯彻执行新的行业统一会计制度,实现新旧会计制度的平稳衔接和过渡。1995年7月4日,第八届省人大常委会公布实施《浙江省会计工作管理办法》(以下简称《办法》),这是全国第一部地方性会计法规。《办法》明确了财政部门管理会计工作的职责,确立了会计人员持证上岗制度,明确规定执法主体,在提高会计人员总体素质,保障会计人员依法行使职权,保证会计信息质量等方面发挥了重要作用。

1998年10月,省财政厅制定《国有小企业改制为股份合作制企业若干会计处理规定》,规定改制企业的资产评估、资产剥离和分离、不良资产核销、净资产提留、产权置换和转让、资产计价、评估确认以及资产价值与产权交易日资产价值的差额调整和调账方法,规范改制企业的会计核算。1999年,浙江省执行财政部《行政单位会计制度》《事业单位会计制度》,全省各级行政机关及国有事业单位等相关部门单位在核算办法、会计记账、会计报表等方面按新制度执行。10月31日,第九届全国人大常务委员会修订《会计法》,新颁《会计法》于2000年7月1日起施行,规定了会计标准由财政部统一制定,各省财政厅制定实施国家统一会计制度的具体办法或者补充规定。

2000年12月,财政部颁发《企业会计制度》,打破行业、所有制、组织方式和经营方式的界限,建立起适用于除金融保险企业以外的大、中型企业统一的企业会计制度。浙江省于2001年1月1日起在股份有限公司范围内执行该制度,并针对各个不同行业、企业,实行专门的核算办法。为收集社会各界在企业会计准则和会计制度实际执行过程中出现的新情况、新问题,省财政厅在相关执行单位建立会计制度联系点,有针对性地开展调查研究,提出意见和建议。

2006年2月,财政部颁布39项企业会计具体准则和48项注册会计师执业准则。为部署贯彻以上两大准则体系,省财政厅制定《关于贯彻实施企业会计准则和注册会计师执业准则工作的意见》。6月,成立浙江省会计制度咨询专家委员会,聘请省内各高等院校会计学专家学者及资深实务工作者等34位会计制度专家为咨询委员会委员,开展咨询活动。2007年3月,成立浙江省企业会计准则实施工作组,对企业会计准则实施中发现的问题,随时研究予以处理。2008年,浙江省执行《农民专业合作社财务会计制度(试行)》,规范农民专业合作社的会计核算,提高会计信息质量。省财政厅原于2005年制定的《浙江省农民专业合作社财务制度(试行)》和《浙江省农民专业合作社会计核算办法(试行)》同时废止。

2009年9月,按照财政部统一部署,逐步扩大新企业会计准则实施范围,转发财政部《关于印发企业会计准则解释第3号的通知》等会计制度,结合小额贷款公司试点和典当企业实际情况,省财政厅制定《小额贷款公司会计核算办法(参考范本)》,组织起草《典当企业会计科目和会计报表(参考范本)》,配合相关部门做好典当企业会计人员的会计业务知识培训工作。2010年10月,为贯彻实施《企业内部控制基本规范》及配套指引,省财政厅下发《关于认真贯彻实施企业内部控制基本规范及配套指引的通知》,对全省会计管理干部进行培训,陆续制定与完善会计证、评选和奖励优秀会计人员等一系列会计规章和会计法规制度体系，使全省会计工作有法可依、有章可循。

2.宣传贯彻会计法规

1985年《会计法》颁布实施，浙江省投入人力、物力宣传贯彻；组织编印宣传提纲，围绕《会计法》的目的意义、如何正确认识搞活经济与会计立法的关系、会计工作管理体制、会计的基本任务和职能、做好会计工作的基本要求、加强会计监督、单位行政领导人的责任、会计人员依法行使职权的法律保障、违法责任追究和会计工作必须做到有法必依、执法必严、违法必究等10个方面，利用各种新闻媒体广泛宣传，并定期不定期地开展执法检查。1992年，财政部发布《企业会计准则》和新行业会计制度后，省财政厅按照“统一指导、分级负责”的原则，全省各级财政部门成立“两则”实施指导(领导)小组。全省共印发有关学习资料70余万册，培训企业会计人员20余万人，培训面80%以上。1994年，开展以宣传会计、财务、税收法规为主要内容的新会计知识大赛活动，全省财税系统及单位财务人员共11万人参加，并通过浙江电视台播放大赛总决赛实况。1995年，《会计法》颁布10周年，全省各级财政部门会同业务主管部门组织开展《会计法》执法检查，以整改检查中发现的问题为突破口，促进会计法规的贯彻落实。

2002年9月，全省会计管理部门落实国务院总理朱镕基“诚信为本、操守为重、坚持准则、不做假账”的指示和省委、省政府打造“信用浙江”的要求，开展形式多样的《会计法》宣传活动。台州市召开会计师大会，向全市会计人员倡议“从我做起，抵制假账，打击会计造假”。金华市以“诚实守信、不做假账”为主题，开展《会计法》宣传月活动。省财政厅有重点地进行《会计法》执法检查。全省共检查单位2746家，其中股份有限公司1141家、行政事业单位515家。对查出有违规行为的159家单位作出行政处罚。

2005年，《会计法》颁布实施20周年，省财政厅会同省人大财政经济委员会、省人大法制工作委员会、省政府法制办公室召开浙江省纪念《中华人民共和国会计法》施行20周年座谈会，省人大常委会、省法制办公室领导作专题报告；《浙江日报》《浙江财税与会计》等宣传媒体开展会计知识百题竞赛活动。全省各级财政部门也开展形式多样的纪念活动。全省组织《会计法》培训14.51万人次，会计准则和会计制度培训36.39万人次，内部控制规范培训28.19万人次，会计职业道德教育培训23.23万人次。2010年，利用报纸、杂志、网络等多种形式与途径，组织全省会计管理部门做好新企业会计准则、企业内部控制规范建设的宣传贯彻工作，实现新企业会计准则的平稳实施。

3.规范会计基础工作

1953年，浙江省地方国营企业开始执行财政部制定的《国营企业统一登记会计簿籍填制会计凭证办法》，规定每个企业应设置总分类账、明细分类账、记账凭单登记簿等；同时对会计档案管理作出相应规定，会计基础工作得到初步规范。1958年“大跃进”时期，全国自上而下推进以简化会计科目和会计报表为主要内容的会计改革，不少企业推行“以单代账”“以表代账”，致使全省一度出现会计基础工作混乱的严重情况。1959年8月，财政部印发《关于国营企业会计核算工作的若干规定》，从会计凭证、会计账簿、会计报表、固定资产的增减和内部转账等10个方面对企业会计基础工作作了具体规定。浙江省贯彻执行此项规定后，初步制止了会计基础工作混乱状况。1961年11月，国务院发布《关于试行〈国营企业会计核算工作规程(草案)〉的通知》，全省各级财政部门、企业主管部门开始恢复会计机构、充实会计人员，经各方努力，企业会计基础工作基本得以规范化。1966年"文化大革命"开始，全省会计基础工作再次陷入混乱状态。

1978年中共十一届三中全会后，经过整顿，全省企业会计基础工作逐步恢复正常运作。1984年下半年，省财政厅贯彻执行财政部《会计人员工作规则》，印发至全省所有单位和会计人员，要求按规则建立会计工作岗位责任制，明确使用会计科目、编制会计报表、管理会计档案等具体会计事项，以此规范全省会计基础工作。1985年，全省各级财政部门结合《会计法》的颁布实施宣传，加强推进会计基础工作，加强会计监督。宁波等地财政和企业主管部门多次组织以填制凭证、登记账簿为主要内容的会计基础工作展览，促进会计基础规范化。1988年3月，财政部、国家档案局制定的《会计档案管理办法》，浙江省结合实际，制定《浙江省会计档案管理实施办法》。1989年6月，制定《浙江省会计工作达标升级实施细则(试行)》和《浙江省会计工作达标考核评分标准》；同时陆续制定浙江省工业企业、商业企业、经贸企业等行业的《会计工作三级和二级考核评分标准》等操作规程，在全省范围内开展会计工作达标升级活动。各单位制定工作规划，自我检查、评价，主管部门和财政部门组织验收、确认，到1992年底，全省3000余家单位通过会计工作达标考核验收合格，260个单位升级考核验收合格。

1996年9月，省政府根据国务院部署，成立由财政、税务、审计、工商、乡镇企业局、税务大检查办公室等部门组成的"浙江省整顿会计工作秩序办公室"，负责组织协调全省会计工作秩序整顿工作。各市、县(市、区)政府也成立相应机构，开展自下而上的会计工作秩序整顿。全省149186个单位进行了自查，重点检查43909户企业，查出违纪金额1.32亿元。对自查和重点检查中发现的问题，分别进行整改。

1997年4月，省财政厅制定《浙江省会计基础工作规范化考核实施办法和考核标准》，全省26万会计人员根据要求参加会计基础工作规范化知识培训。5月，省财政厅成立浙江省会计基础工作规范化领导小组，加强对会计基础工作的领导，确认会计基础工作规范化的考核验收。1998年3月，省财政厅印发《关于进一步加强会计基础工作规范化培训工作的通知》，对会计基础工作规范化培训的内容、对象、时间等作出明确要求。6月，省财政厅制定《浙江省企业法人会计登记管理暂行办法》，强化企业法人对会计工作秩序和会计信息质量的领导责任。1999年5月，为加快会计基础工作规范化进程，省财政厅制定《加快会计基础工作规范化进程的若干意见》，全省各地落实会计基础工作规范化考核验收等工作，有31181家企业通过会计基础工作规范化考核验收。2000年6月，在前三年集中力量搞好规范化培训和考核验收的基础上，继续开展考核验收与确认工作，全省通过考核验收确认的单位累计33731家。

2007年3月，省财政厅组织开展对企业、行政事业单位执行会计法规制度的监督检查工作，全省共检查10451家单位，其中：民营企业7624家，通过检查发现违法违规单位1056家；给予通报、罚款单位167家；处罚会计机构负责人3名、会计人员19名；吊销会计从业资格证书10本，移送司法机关处理单位4家、直接责任人4名。

2010年5月，省财政厅组织全省会计管理部门开展新企业会计准则、企业内部控制规范建设的贯彻实施，围绕提高会计信息质量这一中心目标，执行会计制度，加强行业监管，构建会计诚信体系。

二、人员管理

民国7年(1918年)，北洋政府农商部颁布《会计师暂行章程》，对会计师的准入在学历及资历方面作了量性规定，同时明文规定会计师的职业操守："会计师对查核账目事项，非经委托者之许可不得宣布；会计师对有关本人或其亲属利害关系事项，不得执行职务。"民国16年以后，根据会计师职业发展情况，在国民政府颁布的各种会计师章程(或条例)中，对会计师的职业道德要求陆续有所补充。民国19年，国民政府《会计师条例》对会计师的行业准入作进一步调整；民国34年，国民政府的《会计师法》再次强调会计师应具备的会计理论及专业学历背景。

1949年中华人民共和国成立后，财政部逐步完善对会计人员的管理。20世纪70年代末至2010年，先后在从业资格、专业技术资格、继续教育和领军人才培养等方面加强管理。根据《会计法》《浙江省会计工作管理办法》有关规定，凡从事财务会计工作的，必须取得会计从业资格证并实行注册登记与年检，每年须参加不少于一定时限的会计法律、法规及新会计制度的学习与培训，以提高专业技能，更新业务知识，胜任财务会计工作。

(一)从业资格管理

1990年，省财政厅先后制定《浙江省会计证试行办法》《浙江省会计人员颁发会计证考试办法》《浙江省会计人员颁发会计证考核办法》等规章，全省所有会计人员须参加会计证考核考试，实行持证上岗制度。1995年6月，省财政厅执行财政部《会计证管理办法(试行)》等有关规定，制定《浙江省会计证管理办法》，会计资格证书实行注册登记制度，即在浙江省所属机关、社会团体、企事业单位从事会计工作的人员，必须持有浙江省各级发证机关核发的会计证，并向发证机关办理注册登记后，方可依法独立行使会计人员职权；无会计证人员不得上岗从事会计工作。会计证的发证机关为省、市(地)和县(市、区)三级财政部门，现职会计人员按所在单位隶属关系向同级财政(发证)机关申请核发，待业人员按属地原则向当地财政(发证)机关申请核发。7月，省财政厅制定《浙江省会计证考试培训工作管理办法》，实行会计证考试培训工作。

1996年1月，省财政厅实行会计证年检制度，每年一次，由各级发证机关或授权部门办理；年检对象为在岗持证的正式会计人员。凡经年检不合格被吊销会计证或因调离和离退休被注销会计证的人员，以及持未经注册登记或会计证未经年检的人员，不得享有参加会计专业技术资格考试和评审、评选先进会计工作者等权利；不得凭无效会计证办理税务登记、购买票据等。在办理会计证年检时，年检部门对申报单位是否有任用无证人员上岗，是否按规定办理会计证申领、收回等情况进行监督检查。1997年12月，省财政厅修订《浙江省会计证管理办法》，重申会计证是具有一定会计专业知识和技能的人员从事会计工作的资格证书，各单位不得聘(任)用无证人员从事会计工作。各级财政部门为会计证的发证机关，负责会计证的核发和有关管理工作。会计证分为正式会计证和预备会计证两种，由省财政厅统一印制。会计证实行考试制度，经考试合格并取得珠算技术普通六级以上等级证书或会计电算化初级培训合格证书，符合基本条件的人员，按规定申请领取正式会计证或预备会计证。会计证考试原则上每年一次。省财政厅负责会计证考试的教材编写、命题、试卷印刷、合格证印制等具体考务组织实施工作；各市、地发证机关负责本地区会计证考试的报名、考场设置、阅卷登分以及合格人数上报等具体组织实施工作。凡取得正式会计证的人员，方可参加会计专业技术资格考试、会计专业职务的聘任、优秀会计人员的评选和会计人员荣誉证书的申领。会计证实行注册登记、验证和年检制度。

2000 年 6 月，财政部颁发《会计从业资格管理办法》，将原会计证改为会计从业资格证。省财政厅据此作出补充规定：会计人员持有的原会计证通过 1999 年度会计证年检的，从 2000 年 7 月 1 日起视同会计从业资格证书，有效期至 2001 年底。2001 年 11 月，省财政厅制定《浙江省会计从业资格管理实施办法》。2003 年 6 月，省财政厅又相继制定《浙江省会计从业资格考试考务工作规则》《浙江省会计从业资格考试考场规则》《浙江省会计从业资格考试监考规则》等 7 项规章，规范全省会计从业资格的考试考务工作。

2005 年 5 月，根据财政部新修改的《会计从业资格管理办法》，省财政厅修订《浙江省会计从业资格管理实施办法》，规范会计从业资格管理工作，会计从业资格证书相当于会计从业资格的证明文件，在全国范围内有效；同时加强信息化建设，实施会计人员信息化管理。

图 31-4-8-2　2010 年 8 月，全省会计从业资格无纸化考试杭州某考点现场(浙江省财政厅档案室提供)

2010 年 8 月，省财政厅制定《关于开展会计从业资格无纸化试点考试的通知》，对试点范围、考试内容、报名程序、报名和考试时间、考试题型等方面作出明确规定。为保障全省会计从业资格无纸化考试试点工作的顺利进行，考前省财政厅制定《关于 2010 年会计从业资格无纸化考试试点工作有关规定》，配套下发《浙江省会计从业资格无纸化考试考点、考场设置要求(试行)》等规定。截至 2010 年底，全省持有会计从业资格证书人员为 74.68 万人，实际从事会计工作人员为 63.35 万人，其中：具有大专学历的 23.21 万人，占 36.6%；具有本科学历的 7.23 万人，占 11.4%；硕士研究生学历的 99 人，占 0.02%；博士学历的 9 人。

（二）专业技术资格管理

1. 中级（会计师）及以下专业技术资格

1979 年 11 月，为贯彻国务院颁发的《会计人员职权条例》，省财政局制定《浙江省关于授予会计人员技术职称的暂行规定》，对符合条件的在职会计人员，授予总会计师、会计师、助理会计师、会计员、助理会计员等技术职称。1981 年 9 月，省财政厅制定《浙江省会计干部技术职称暂行规定》（以下简称《暂行规定》），凡在国家机关、群众团体、全民所有制企事业单位中，专职或主要从事财务会计工作并具备规定条件的，都可参加会计干部技术职称的考核评定。在《暂行规定》发布前，已经评定授予会计人员技术职称者，按《暂行规定》进行复核；未经复核的，原定职称不予承认。

1987 年 6 月，省财政厅制定《浙江省会计人员专业知识考试办法》，考试分会计员、助理会计师和会计师 3 个级别。对在国家机关、企事业单位的会计人员，符合规定条件的，均可报名参加专业考试。这是浙江省在全国考试之前试行的会计职务由评审改为考试的尝试。省直单位由省财政厅会同有关业务主管部门负责组织考试，省级业务主管部门（包括直属单位）应考人数在 20 人以上的单独设置考点，并组织考试和评卷；没有力量单独组织考试的，由省财政厅组织考试和评卷。市、县财税局负责组织本行政区域内会计人员的考试工作。

1991 年 4 月，省财政厅制定《关于会计经济（财税）专业职务经常化补缺评聘工作有关问题的通知》，按照有关外语条件的规定，结合浙江省会计队伍实际，对申报中级及其以上职务的会计人员测试一门外语，但不作为评审的必备条件。对非财经类院校毕业的会计专业人员，在申报晋升会计专业职务时仍需要对其会计专业知识进行测试。测试工作由省财政厅组织实施，市地财政局统一组织考试。

1992 年，财政部发布《关于会计专业技术资格考试管理办法》，要求各省、市参加全国统一组织的考试。7 月，省财政厅、省人事厅制定《浙江省会计专业技术资格考试实施意见》，进一步明确会计专业技术资格实行考试制度，是完善会计专业职务评聘制度的一项重大改革。会计专业技术资格考试按照属地原则组织实施。从 1993 年起，浙江省参加全国统一组织的考试，每年报名参加会计资格考试人数均在 8 万人以上，其中 1995 年全省报考人数 11 万人以上（1994 年停考），每年考试合格率均在 30％～40％，名列全国前茅。1997 年 9 月，财政部、人事部对会计专业技术资格考试级别、类别和实务科目作了调整：一是考试级别调整，从 1999 年起，将 3 个级别考试合并为 2 个级别考试，即将会计员和助理会计师合并为初级资格考试，中级资格（即会计师）考试不变；二是考试类别调整，从 1999 年起取消 B 类考试；三是会计实务科目调整，从 1999 年起将企业会计类和预算会计类实务科目，合并为会计实务科目。

2001 年 1 月，财政部修订《会计专业技术资格考试暂行办法》及其实施办法，规范会计专业技术资格考试的相关程序和违规违纪行为的处理。2004 年 8 月，省财政厅根据财政部统一要求，对会计专业技术资格考试科目，中级会计实务（一）和中级会计实务（二）合并为中级会计实务，同时相应调整后续考务工作。2010 年 3 月，根据财政部要求，加强对会计专业技术资格考试中有关高科技作弊手段的预防和查处。截至 2010 年底，全省 75 万会计人员中，具有会计专业技术资格的人数为51.75万人，其中：中级专业技术资格15.41万人，初级专业技术资格36.34万人。

2.高级会计师专业技术资格

高级会计师包括副高与教授级正高。1981年9月，根据《浙江省会计干部技术职称暂行规定》，省财政厅成立浙江省会计干部技术职称评定委员会，负责全省高级会计师职称的推荐与评定工作。1982年，对符合条件的会计人员，经申报、推荐，由评定委员会评审。当年向财政部推荐（高级会计师职称评定工作权限在财政部）4位会计人员参加高级会计师评审并获通过，填补了浙江省高级会计师人才的空白。1987年，全省高级会计师评审工作由浙江省自行评定，除了1988年和1992年分别评审5次和3次外，原则上每年评审一次。到2002年底，全省累计评审高级会计师2254人。

2003年5月，人事部、财政部决定在浙江省进行高级会计师资格考评结合试点工作，省财政厅、省人事厅制定《2003年度高级会计师资格考评试点工作方案》，共同组织实施全省高级会计师资格的考评试点工作。省财政厅负责试点考试组织工作，拟制省考试合格标准方案，受省人事厅委托组建高级会计师资格评审委员会专家库。省人事厅负责资格审查以及确定本省考试合格标准，并与省财政厅共同公布考试与评审结果、抽取评审专家，以及证书发放等工作。考务工作由浙江省会计专业技术资格考试办公室具体组织实施。全省高级会计师资格实行考评结合试点后，会计专业技术资格评审与聘任实行评聘分开，经考评取得高级会计师资格的，不与工资等待遇挂钩。2006年，全国统一实行高级会计师资格考试工作。9月，浙江省参加全国高级会计师统一考试报名人数为2152人（主要是行政机关从事财政、财务、税务管理人员），取得全国统一合格标准（60分）158人；省定合格标准（55分）219人，合计377人。2007年11月，省财政厅、省人事厅制定《浙江省高级会计师资格评价条件（试行）》，规定经高级会计师资格考试并成绩合格的会计人员，申报高级会计师资格评审，按照评价条件评审通过并获得高级会计师资格证书者，表明持证人具有相应的专业技术和学术水平，是聘任高级会计师职务的重要依据。

2009年2月，省财政厅、省人事厅制定《浙江省教授级高级会计师资格评价条件（试行）》。获得教授级高级会计师资格的，由省人事厅统一颁发资格证书，表明持证人具有相应的专业技术和学术水平，是企事业单位聘任教授级高级会计师职务的重要依据之一。教授级高级会计师实行答辩与评审相结合的评价制度，答辩面试成绩作为评委会评审依据之一。申报者的基本情况应在本单位进行为期7天的公示，公示无异议后按规定程序报送。经省教授级高级会计师资格评审委员会面试、评审通过的人员，由省财政厅在其官网上对申报者姓名、工作单位、行政职务、高级会计师资格及取得时间等相关信息进行7天的公示。2009年，首批教授级高级会计师经面试答辩和评审通过的有9人；2010年，经评审通过的教授级高级会计师资格的有11人。截至2010年底，全省具有高级会计师（副高）资格的为6955人；具有教授级高级会计师资格的为20人。

(三)继续教育及奖励

1.会计执业继续教育

1998年12月,省财政厅制定《浙江省会计人员继续教育试行办法》,明确凡取得正式会计证的人员必须接受会计人员继续教育。会计人员继续教育分为高级、中级、初级三个级别,其形式分为接受培训和自学两种。高级、中级会计人员继续教育每年累计不少于68小时,其中:接受培训时间累计不少于20小时,自学时间每年累计不少于48小时。初级会计人员继续教育的时间每年累计不少于72小时,其中:接受培训时间每年累计不少于24小时,自学时间每年累计不少于48小时。具备条件并要求承担继续教育任务的单位,按照管理权限向同级财政部门提出书面申请;经审批同意的培训单位,按规定向有关部门报批收费标准并严格执行。各级财政部门加强对培训单位的管理,检查和考核培训单位的教学质量和教学管理,对教学质量低下、教学管理混乱的培训单位,取消其从事会计人员继续教育培训的资格;对未按规定参加继续教育的会计人员,不予办理会计证年检。

2001年4月,根据省财政厅《浙江省会计人员继续教育试行办法》和全省会计人员的实际情况,从当年起,对会计人员继续教育分为具有高级会计专业技术职称的会计人员(简称高级会计人员)和中级及中级以下会计专业技术资格以及无会计专业技术资格的会计人员两个层次进行;对尚不具备高级会计专业技术任职资格,但在大中型企业或省级主管部门担任总会计师、会计机构负责人的会计人员,参加高级会计人员的培训,高级会计人员继续教育的培训工作由省财政厅统一组织;中级及中级以下以及无会计专业技术资格会计人员的继续教育工作,由各级财政部门组织实施。

2003年4月,省财政厅制定《关于开展会计职业道德宣传教育工作的通知》,将会计职业道德教育纳入会计人员继续教育体系,促使会计人员继续教育常态化。2007年7月,省财政厅制定《浙江省会计人员继续教育实施办法》,以推进会计人员继续教育科学化、制度化、规范化,完善会计人员继续教育制度,提升会计人员职业道德水平,增强会计专业胜任能力,培养高素质会计队伍。省财政厅负责全省会计人员继续教育的宏观管理和总体指导;各市财政部门根据省财政厅的有关规定,制订本地区中级以下(含中级)会计人员继续教育计划并组织实施;各县(市、区)财政部门根据省财政厅和市财政局继续教育的有关规定和要求,制订所辖区的会计人员继续教育培训计划并组织实施。会计人员继续教育的形式以接受面授培训为主,在职自学是会计人员继续教育的重要补充。会计人员继续教育按照会计人员的特点,综合运用讲授式、研究式、案例式、模拟式、体验式等教学方法,提高培训效率和质量。会计人员继续教育实行登记管理制度,会计人员按要求接受培训,经考核合格并取得相关证明后,在90天内持《会计从业资格证书》及相关证明向会计从业资格管理部门办理继续教育事项登记。各级财政部门定期对会计人员继续教育情况进行检查、评估,将检查、评估结果以适当方式向社会公布。

2009年12月,省财政厅探索会计人员继续教育的新形式,实行中级及中级以下会计人员面授继续教育与网络教育双轨运行,以顺应会计管理信息化、网络化的大趋势,满足会计人员继续教育多元化的需要。2009年12月28日,浙江省会计人员网络继续教育平台试运行。按照会计从业资格管理权限和《浙江省会计人员继续教育实施办法》的有关规定,网络继续教育的组织、管理权限,仍实行“统一平台、分级管理”的原则。选择网络继续教育方式的会计人员,通过浙江省会计人员网络继续教育平台,选择相应地区窗口,在线接受相关课程的培训。至2010年底,全省39216人次选择在网上完成会计人员继续教育。

2.会计人员表彰和奖励

根据《会计法》有关规定,对忠于职守,做出显著成绩的会计人员,给予精神或者物质奖励。省财政厅、省商业厅于1986年5月首次联合授予63名商业会计人员“省商业系统优秀会计”称号。1989年,省财政厅会同省计划经济委员会、省劳动人事厅、省总工会等部门开展首次全省优秀会计评选活动。经过自下而上层层评选,评出省级优秀会计302名,由省财政厅等部门授予奖章和荣誉证书,并给予适当的物质奖励。1995年,根据财政部、人事部统一部署,省财政厅会同省人事厅开展第二次全省先进财会工作集体和先进会计工作者评选活动,表彰32个先进财会工作集体和152名先进会计工作者,并从中推荐上报全国先进候选名单。经财政部等部门评选,浙江尖峰集团股份有限公司财务部等7家单位获“全国先进财会工作集体”称号,胡少先等14人获“全国先进会计工作者”称号。

2006年1月,作为纪念《会计法》施行20周年活动内容,省财政厅在全省开展第三次先进会计工作者评选活动,经过层层推荐和组织专家评审委员会评选并面向社会公示,授予方伟等30名会计人员“浙江省先进会计工作者”称号。

(四)人才管理

全国会计领军(后备)人才项目于2005年12月启动。2007年5月,财政部发布《全国会计领军(后备)人才培养十年规划》,提出要在全国范围内争取通过10年时间,有计划地培养企业类、行政事业类、注册会计师类和学术类四类会计领军(后备)人才。同年,省财政厅按照财政部的统一部署和要求,经层层推荐选拔与审核,对符合条件的首批29人作为浙江省会计领军(后备)人才(企业类)进行专题培训。经培训并参加财政部组织的全国统一考试,台州市财政局推荐的应小悦成为全国会计领军(后备)人才(企业类)培训班首批学员。

2008年6月,省财政厅制定《关于开展第二期浙江省会计领军(后备)人才(企业类)培训工作的通知》,要求各市、县财政部门继续做好浙江省会计领军(后备)人才的选拔工作,加快高级会计人才的培养步伐。2009年3月,省财政厅组织经各地推荐选拔的30名学员参加第二期浙江省会计领军(后备)人才(企业类)专题培训,并在厦门国家会计学院进行集中面授,参加培训人员还共同承担了1项省级会计科研课题的研究工作。根据财政部统一布置,全省选拔出6人参加全国会计领军(后备)人才(企业类)的统一考试,其中1人入围面试并成为第二批全国会计领军(后备)人才(企业类)培训班学员。

2010年5月,省财政厅转发财政部《关于开展2010年全国会计领军(后备)人才(行政事业类)培训的通知》,要求各地、各部门按照财政部规定做好会计领军(后备)人才(行政事业类)推荐选拔工作。至2010年底,全省有59名浙江省会计领军(后备)人才(企业类)参加省财政厅组织的培训班学习，其中有2人成为全国会计领军(后备)人才(企业类)培训班学员。

三、中介机构管理

民国时期的会计中介服务主要通过会计师事务所进行。民国16年(1927年)，国民政府颁布《会计师注册章程》，对取得注册证书的会计师在设立会计师事务所及从业范围作了规定。按创办先后排列，著名的会计师事务所有正则会计师事务所、正明会计师事务所、立信会计师事务所和公信会计师事务所，他们被称为“民国四大会计师事务所”。以规模、影响而论，最著名是上海立信会计师事务所。除会计师事务所外，还有会计师公会，公会主要维护会计师权益，服务会计师同业，并致力于会计师信誉的维护。1949年中华人民共和国成立初期，浙江省会杭州市仍有正信、正则、元庆等数家会计师事务所继续执业，是全国少数几个设有会计师事务所的城市之一，由会计师组成的职业团体——杭州市会计师公会实施管理。1953年，全国工商企业开始公私合营。在对私营经济改造过程中，会计师发挥了积极作用，但会计师赖以生存的私营工商业逐渐被社会主义公有制经济所替代，社会经济结构发生了质的变化。随着计划经济体制的确立，会计师事务所逐渐失去生存环境。

1978年改革开放，逐步推行有计划的市场经济体制，会计查账验证、咨询服务成为社会需要。1981年8月，省财政厅成立杭州会计顾问处，为省财政厅所属的事业单位。1983年12月，杭州会计顾问处改为浙江会计师事务所，主要从事中外合资经营企业的会计查账验证业务和会计咨询服务。1985年5月，省财政厅设立会计事务管理处，与浙江会计师事务所合署办公，并确定专人负责会计师事务所的设立申报与执业质量检查等方面工作。

1987年2月，财政部颁发《会计师事务所管理暂行办法的通知》，省财政厅在转发时作补充规定，凡成立会计师事务所，必须报经省财政厅批准并具有5名以上的专职注册会计师；任何单位和个人，未经财政部或省财政厅批准不得承办《中华人民共和国注册会计师条例》规定的会计查账验证业务，也不得擅以注册会计师名义从事会计咨询等活动；会计师事务所的收费标准，按有关规定办理。会计师事务所向所在地财政部门报送年度工作总结、工作计划及业务收支、人员变动等情况，同时抄报省财政厅。1990年2月，省财政厅制定《浙江省会计师事务所业务收费暂行规定》，对会计师事务所的执业收费标准作出规定。同时还规定浙江省会计师事务所与境外会计师事务所合作承办业务，如果另行收取费用的，由浙江省会计师事务所提出收费意见，报经省财政厅同意后执行。

1994年2月，省财政厅提出会计师事务所设立分支机构，应与所设会计师事务所实行“四统一”(统一承接业务、统一出具报告、统一收费、统一核算)，并报省财政厅审查批准。同时，规定注册会计师职龄内人员须50%以上，如职龄内注册会计师人数离要求差距较大，限期内无法达到要求的，应解散会计师事务所。1996年8月，省财政厅制定《进一步明确社会审计组织办理审计业务有关问题的通知》，规定依法设立的会计师事务所均有依法从事审计查证资格，无须其他单位(包括审计机关)确认其审计查证资格。对审计机关委托会计师事务所对列入审计计划的国有企业进行审计，由于委托人是审计机关，会计师事务所接受委托，代表政府对企业进行审计，仍然是政府审计行为，其审计费用由审计机关支付。会计师事务所受托审计机关确定的国有企业查证业务，不得再向企业收取审计费用。1998 年 11 月，针对会计师事务所业务向注册地外发展的情况，省财政厅制定《浙江省会计师（审计）事务所分支机构审批管理暂行办法》，进一步规范会计师事务所设立分支机构的条件、要求及审批事项。

1999 年 2 月，根据政府机构改革要求，各类会计师（审计师）事务所必须与原挂靠单位在人员、财务、业务、名称等方面彻底脱钩，建立由注册会计师发起并出资设立，与社会主义市场经济体制相适应，与国际惯例相衔接，自主执业、自担风险、自我约束、自我发展的独立社会中介机构。为此，省财政厅制定《关于会计师（审计师）事务所脱钩改制有关事项的通知》（以下简称《通知》），要求此项脱钩改制工作在 1999 年 12 月 31 日前完成。由于这项工作涉及省审计厅管辖的审计师事务所，按《通知》规定，1999 年 3 月，省财政厅与省审计厅经协商，决定浙江省注册会计师协会与浙江省审计师协会（以下简称“两会”）进行合并，即“两会”联合。在此基础上，全省原挂靠行政事业单位的 225 家会计、审计等社会中介机构进行脱钩改制。至年底，全省 167 家会计师（审计师）事务所改制成由注册会计师发起并出资设立的有限责任或合伙会计师事务所，其中：有限责任所 138 家，合伙所 29 家。改制后的会计师事务所其名称不再保留原发起设立单位的名称和行业痕迹，会计师事务所的主任会计师全部由职龄内注册会计师担任，注册资金由合伙人和注册会计师及专职从业人员出资，不再有单位、法人或非事务所专职从业人员出资。从 2000 年 1 月起，改制后的会计师事务所成为真正独立的社会中介机构。

2001 年 5 月，省财政厅制定《关于规范执业行为，提高执业质量的通知》，并召开整顿和规范会计师事务所、资产评估机构执业行为的专题会议，部署开展中介机构行业秩序整顿工作。全省各会计师事务所、资产评估机构负责人和省、市主管部门有关人员近 300 人参加会议，行业知名会计师事务所、资产评估机构等 8 家中介机构发起“规范执业行为、提高执业质量”为主题的倡议活动，得到与会 197 家会计师事务所和资产评估机构的响应。2002 年 4 月，省财政厅选择全省 10%～20%的会计师事务所和资产评估机构进行执业质量检查，对 79 家会计师事务所出具的审计报告进行检查，查出资产不实 22.7 亿元，其中：虚增 3.2 亿元，虚减 19.50 亿元；利润不实 3.06 亿元，查补税金 0.15 亿元。

2003 年 8 月，省财政厅修订《浙江省会计师事务所分所审批管理办法》，对在浙江省范围内设立分所的条件较原办法相应提高。按照新办法，至年底，全省新批会计师事务所 30 家、分所 13 家；对不符合条件的 1 家会计师事务所进行合并终止。2005 年 3 月，根据财政部《代理记账管理办法》规定，省财政厅加强对代理记账机构的指导和监督检查工作。至年底，全省受理会计师事务所和评估行业行政审批事项 38 项，经审查，依法同意设立的会计师事务所 27 家、外省会计师事务所在浙江设立分所 4 家、资产评估机构 6 家、不予审批 1 家，全省批准会计代理记账机构累计达到 108 家。

2007 年 5 月，省财政厅推出“一次性告知、限时办结、受理和决定送达”等一系列规章和操作办法。经对照核实，全省符合规定条件的会计师事务所 307 家，其中：有限责任所 183 家，合伙所 124 家。

2010 年 10 月，根据财政部《关于加快发展我国注册会计师行业若干意见的通知》，省财政厅结合浙江实际，制定《关于加快发展我省注册会计师行业的意见》，成立浙江省会计师事务所评估委员会，对设立会计师事务所的行政审批事项增加专家评估环节，由专家对拟设立的会计师事务所的各项条件进行评估，其评估结论作为受理会计师事务所设立申请的依据，加强对会计师事务所的审批管理。至2010年底，全省累计审批会计师事务所346家，其中有限责任所190家、合伙所156家；资评估机构188家；会计代理记账机构574家。同时，加强会计师事务所信息质量的检查，对103家会计师事务所是否持续符合设立条件进行专项检查。经检查，对3家未能持续符合设立条件的会计师事务所进行监督纠正；对2家会计师事务发出限期整改行政处罚决定书。

四、会计信息化建设

20世纪80年代中期，浙江省一些企业开始在会计具体实务工作中尝试应用电子计算机，但大多数只是利用计算机核算材料和工资。1986年，浙江省电力局开发“供电企业会计核算软件系统”，该系统包括账务处理、报表编制、工资核算、固定资产管理和财务指标分析5个子系统，成为全省第一个在本行业中推广使用的会计核算软件。1989年12月，财政部发布第一个关于会计电算化管理方面的规章《会计核算软件管理的几项规定(试行)》，对会计核算软件基本要求作出原则规定。1990年7月，财政部发布《关于会计核算软件评审问题的补充规定(试行)》，着重对商品化会计核算软件评审中的有关问题作出具体规定。据此，省财政厅会计事务管理处配备专人管理会计电算化工作，针对当时各用户单位大量低水平重复开发的情况，着重抓非商品化会计核算软件的评审工作。同年12月31日，余姚市第一化纤厂自行开发的会计核算软件通过非商品化会计核算软件的评审。

1991年，浙江省陆续制定《浙江省会计电算化管理办法》《浙江省商品化会计核算软件评审规则》《会计核算软件基本功能规范》《关于采用计算机替代手工记账的审批规定》等一系列规章制度，全省会计电算化管理开始走上法制化轨道。随着通过全国评审的商品化会计核算软件的陆续增加，省内出现自行开发非商品化会计核算软件和购买商品化会计核算软件并存局面，会计电算化管理工作向以非商品化会计核算软件的评审与替代手工记账的审批发展。省电力局开发的《益和通用财务》软件通过财政部的商品化评审，《凯地》和《机灵天使》两个商品化软件通过省级商品化的评审，全省可供企事业单位选择的商品化会计核算软件日益增多，经过审批采用计算机替代手工记账的单位也越来越多。至1995年，30家单位经过审批替代手工记账；8个会计核算软件通过省级商品化会计核算软件评审；1个通过财政部商品化会计核算软件评审；全省200家单位自行开发的会计核算软件通过非商品化会计核算软件评审；近2000家单位不同程度开展会计电算化工作。同年，省财政厅组织专业人员编写《会计电算化初级培训教材》，在全省范围内开展会计电算化初级知识培训工作，1万余人参加会计电算化初级知识培训并取得会计电算化合格证书。

1996年5月，省财政厅制定《浙江省会计电算化知识培训考试管理办法》，规范会计电算化知识培训工作。会计电算化知识培训考试工作，实行“统一管理、分级负责”的办法，省财政厅负责指导全省会计电算化知识培训考试工作；各市(地)财政部门负责指导本地区的会计电算化知识培训考试工作；省级主管部门负责组织指导本部门直属单位的会计电算化知识培训工作。会计电算化知识培训工作由财政部门批准的培训点具体承办。会计电算化初级培训实行统一考试制度，考试采用无纸化方式，试题从题库中随机自动抽取，直接在计算机上完成。至1996年，全省10万名会计人员通过培训并经考试取得会计电算化初级合格证书。同年，省财政厅举办“96杭州会计软件成果展示会”，15家省内外会计软件公司的会计核算与管理软件参展并进行现场交流，4000多人次会计人员到会参观。

1997年4月，省财政厅制定《浙江省会计核算软件市场管理办法》，采用核发用户证的办法规范会计软件市场，以规范在全省范围内从事商品化会计核算软件销售的单位(公司)。省财政厅负责管理全省的会计核算软件市场和准予销售单位的审批及发证等工作，各级财政部门和省级主管部门负责监督管理所在地区、部门的会计核算软件市场，同时做好会计核算软件的评审工作。至1997年的前5年，省级通过评审的商品化会计核算软件6个；市、地级通过评审的非商品化会计核算软件近100个；全省批准计算机替代手工记账单位1000余家。根据财政部发布的《会计电算化工作规范》(以下简称《规范》)要求，1997年省财政厅结合浙江省实际提出：各级财政部门要结合当地实际制定切实可行的会计电算化发展规划，对国有大中型企业的会计电算化工作开展情况进行调查摸底，并有针对性地做好指导服务工作，促进大中型企业逐步实行会计电算化。在组织各市、地财政部门和业务主管部门进行《规范》培训的同时，要求将这一培训与会计电算化初级知识培训相结合，由各会计电算化培训点将《规范》列入培训内容，作为会计电算化初级知识考试的一项重要内容。省财政厅在《规范》的基础上，制定适合浙江省会计基础工作规范化的考核标准，并对已经实现计算机替代手工记账的1000余家单位，进行会计基础工作规范化考核，600余家单位取得会计电算化基础工作规范化合格证书。

1998年4月，根据省财政厅印发的《浙江省会计基础工作规范化考核试行办法》《浙江省会计电算化管理办法》的规定，对未经同级财政部门批准，擅自用计算机替代手工记账的单位，按照会计基础工作规范化考核办法的要求作出相应处理；对1998年5月31日前擅自用计算机替代手工记账的单位须向同级财政部门提出申请补办甩账审批手续；有关财政部门对申报单位的材料及实际运行情况进行审核，并颁发《计算机替代手工记账许可证》；对不具备计算机替代手工记账条件的单位，责令其恢复手工记账。20世纪90年代末，会计信息化管理进入新阶段，电算化逐渐向网络管理信息系统发展。会计信息管理工作的重点转向对会计人员的信息化技术培训。

2000年，全省各级财政部门利用信息化技术管理会计人员，创新会计管理模式。2006年，临安市财政局实施“会计＋税收＋监管”新模式，建立以“管理、服务、监督”为一体的会计管理网络，受到全国各级财政部门的关注，《中国财经报》等全国性专业报刊对此作了报道。2008年，会计管理向网络化发展，浙江省在全国率先试行各类会计资格实施网络化管理与网上报名工作，全省21万多人网上报名参加会计专业技术资格考试。2009年，探索会计人员继续教育网络化，实施面授教育与网络教育并举的方式，浙江省会计人员网络继续教育平台试运行。2010年，为方便全省会计人员查询会计从业资格考试信息，省财政厅在门户网站开通《会计从业资格证书》网上查询功能，免费向社会公众提供服务。此外，开辟会计人员网络教育专栏，实现全省会计人员继续教育网络化。各类会计考试，包括会计从业资格、会计专业技术资格考试，皆可在网上全程完成报名、资格审查、交费和打印准考证等具体考务工作。

第九节 财政信用管理

浙江省财政信用管理主要包括各类国家债券及地方债券的发行和兑付管理，利用外国政府及国际金融组织的贷款管理以及对部分财政性间歇资金实行的有偿周转使用。进入21世纪后，随着全省基础设施建设的不断推进，资金需求日益增加。2009年，经国务院批准同意，省政府首次发行地方政府债券。2010年，浙江省再次发行地方政府债券，地方政府债券的发行和管理成为浙江财政信用管理的重要内容。

一、债券管理

（一）清末与民国时期的债券管理

清末，浙江主要是摊募清廷对列强赔款的外债，包括《江宁条约》赔款、《马关条约》赔款等。清廷对内发行的公债有三次：光绪二十年（1894年），发行公债1100万两白银，用于甲午战争的军费开支；光绪二十四年，为偿还《马关条约》的赔款，发行总额为1亿两的“昭信股票”；宣统元年（1909年）发行总额为3000万两的“爱国公债”。辛亥革命，浙江光复，但浙江省财政收入不足以应付浩繁军费开支及政务支出，军政府发行公债以应急需。民国元年（1912年）2月，军政府发行银圆100万元维持市面公债。浙江地方公债主要用途有三个方面：补充军政、整理旧债、支持生产建设事业。在南京临时政府时期与北洋政府前期，浙江省地方公债的还本付息基金处于无管理状态。民国13年，浙江发行善后公债后，开始从商界中推选代表对公债的还本付息基金进行监管。南京国民政府成立后，实现了从派代表监管到设立专门管理机构的转变。民国18年，浙江省在发行浙江省建设公债的过程中设立了劝募委员会。发行方式大部分为各县（市）摊派（募）。

浙江省自民国元年至民国27年（1912—1938年）所发行的公债、金库券及借款债券共16种，总计发行额为银圆12610万元，全部清偿或换发其他种债券。其性质可分为3类：一类为正式公债，经政府订定条例，按期还本付息；第二类为金库券，其性质与公债相同；第三类为财政借款，逐月还本付息。

中国土地革命时期，闽浙赣革命根据地先后发行过红军饭票、米票、股票与公债券等有价证券。抗日战争时期，中共领导的各抗日民主根据地（包括浙东抗日民主根据地）政府，为筹措抗日经费、开展经济建设和赈灾救灾共发行20余种公债，部分为实物公债。

民国时期浙江省政府发行的地方公债主要有：

爱国公债。辛亥革命时浙江省蠲粮免厘，收入骤减，财政十分困难，浙江军政府乃发行爱国公债，全省发行额为银圆（下同）500万元，面额分为1元、10元、100元3种，年息7厘。因民间风气未开，信用尚未使人信服，民国元年（1912年）1月1日起至民国2年6月底止仅实募499128元。原定于第二年起分次偿还，但款项难以支付，延期于民国3年9月底始举行第一次抽签，还本十分之一约5万元。此后每6个月抽还1次，至民国8年3月底止，共分10次抽还，如数偿清。

浙江善后公债。民国后，浙江省财政历年亏欠，到民国13年（1924年）8月，积欠各项债款为银圆（下同）460万元。9月，江浙军阀开战，支出骤增，财政益显窘迫，至11月止亏欠总数为700万元；于是，当年发行善后公债300万元，年息1分，每半年付息一次，6年内偿清。其在盐斤税项（杂课）予以加价，每年50万元作为公债还本基金，并指定屠宰税收入按照每半年应付利息数目分期照数拨足，作为保息。此基金及保息的存储由杭州总商会、银行公会、钱业公会各推代表监督，为浙江公债设立基金委员会之始。

浙江整理旧欠公债。民国15年（1926年），浙江省预算不敷更加严重。5月，各项亏欠已逾千万元以上。省政府召集士绅议商办法，一致认为只有募集新债偿还旧欠，化散为整，加募抵补，于是发行浙江整理旧欠公债。发行额为银圆（下同）360万元，年息1分。按照筹办西湖博览会的先例，仍就盐斤项下酌量加价。拟定每盐1担附收银圆6角，暂以6年为限。按照加价数目提给六分之一，作为盐商垫款利息及汇费等津贴，其余六分之五，每年收入约83万元，作为公债还本付息基金。此项公债用于抵补省财政先后4次向地方的定期借款。

偿还旧欠公债。民国15—16年（1926—1927年），浙江省内外借垫军用款项为数巨大，垫借款均系就地赋税收入留抵偿还，每年还要负担百万银圆（下同）以上的利息，造成对省库收入的严重影响。为清理积欠，民国17年2月经省政府第82次省务委员会决议，发行偿还旧欠公债600万元，年息1分。

公路债券。民国17年（1928年），因公路亟待修筑，而建筑经费无着。5月，报省政府核准发行公路债券250万元，利息定为年息1分，专充修筑省道之用。由省地丁抵补金项下带征建设一成附捐收入作为该公债还本付息基金。“杭长线”（杭州至长兴）经过县份的派额中，吴兴县20万元，长兴县6万元，武康县3万元。

建设公债。民国18年（1929年）8月，为建设事业发展需要，经省政府决议发行建设公债1000万元，年息8厘，专充铁路、电力、水利三项建设之需，专款专用。以原有建设特捐项下每年提拨160万元作为偿还基金。

省赈灾公债。民国18年（1929年）自夏至秋，全省水、旱、风、虫相继肆虐，杭县、富阳、新登、海盐、吴兴、长兴、安吉、德清、衢县等40余县先后电报灾荒，省民政厅以灾情严重提请省政府报中央核准发行浙江赈灾公债100万元，年息8厘，由牙贴捐税项下每年提拨16万元，作为还本付息担保基金。

清理旧欠公债。浙江省历年预算收支不能平衡，迭次发行公债借款。截至民国20年（1931年）7月，累计积欠各项借款为935万元，积欠机关经常费470万余元，财政极端困难，债项繁多混乱。经省财政厅提请省政府议决呈报中央核准，再发行“廿年清理旧欠公债”一次总额为800万元，利率定为年息8厘，以契税及营业税收入项下每年指拨120万元作为还本

图 31-4-9-1　为筹办西湖博览会，浙江省国民政府于民国 13 年发行以盐斤加价为担保的定期债券银圆 200 万元。图为民国 18 年(1929 年)6 月举办的西湖博览会场景(浙江省财政厅档案室提供)

付息基金。

此外，民国元年(1912 年)5 月 5 日，浙江省政府以浙江丝捐作抵，向德国克虏伯炮厂借款 600 万马克。民国 13 年 8 月，浙江省为筹备西湖博览会，发行定期债券银圆 200 万元，以开征盐斤加价每年 45 万元为担保。民国 16 年 12 月，两浙盐运使会同两淮盐运使及松江运副继续向银行、盐商借款 500 万元，作为中央军饷，仍以盐斤加价及善后军费作抵。民国 30 年 6 月，根据民国政府财政部《改订财政收支系统实施纲要》，省级财政并入中央财政，各省此前发行的省公债，其债权债务统一由中央财政接管，代为清偿，并规定自民国 31 年 1 月起各省不得再发行公债。

表 31-4-9-1　　民国 1—27 年(1912—1938 年)浙江省发行销售公债一览表

单位：元

年份	公债名称	预定发行额	实际发行额	利　息	偿还期限
1912	维持市面公债	1000000	1000000	年息 6 厘	6 个月
1912	爱国公债	5000000	499128	年息 7 厘	1919 年 3 月还清
1920	财政厅定期借款	1500000	1500000	年息 1.2 分	1924 年 10 月还清
1922	第二次定期借款	2000000	1985588	年息 1.2 分	1926 年 6 月还清
1923	第三次定期借款	1500000	1410400	年息 1.2 分	1926 年 5 月止还 19 期
1924	第四次定期借款	2000000	1608500	年息 1.2 分	1926 年 5 月止还 17 期
1924	善后公债	3000000	3000000	年息 1 分	6 年期，半年还一次
1926	整理旧欠公债	3600000	3600000	年息 1 分	6 年期，半年还一次
1928	公路公债	2500000	2323000	年息 1 分	8 年期，半年还一次
1928	偿还旧欠公债	6000000	6000000	年息 1 分	8 年期，第三年开始还本
1929	建设公债	10000000	10000000	年息 8 厘	9 年期，半年还一次
1930	赈灾公债	1000000	1000000	年息 8 厘	9 年期，半年还一次
1931	清理旧欠公债	8000000	8000000	年息 8 厘	10 年期，半年还一次
1932	金库券	6000000	—	月息 5 厘	1933 年起每 4 个月还 4%
1934	地方公债	20000000	—	年息 6 厘	分 26 次，1949 年还清

续表

年份	公债名称		预定发行额	实际发行额	利　息	偿还期限
1935	民国23年定期借款		2000000	—	不详	不详
1936	整理公债	第一类	4500000	—	年息8厘	14年期
		第二类	17000000	—	年息7厘	16年期
		第三类	10500000	—	年息6厘	18年期
		第四类	28000000	—	年息6厘	20年期
1938	六厘公债		10000000	实际未发行		

资料来源:《浙江省财政税务志》,中华书局2002年版,第156页。

说明:1935年前为银圆,1935年后为法币。

表31-4-9-2　民国16—19年(1927—1930年)浙江省财政厅承募中央债券一览表

单位:元

债券名称	发行日期	承募数额
国民政府修正续发江海关二五附税国库券	1927年5月1日	8981000
国民政府卷烟税国库券	1928年4月1日	500000
国民政府续发卷烟国库券	1929年3月1日	120000
民国18年关税库券	1929年6月1日	200000
民国18年编遣库券	1929年6月1日	800000
民国19年关税短期库券	1930年8月1日	1494620
国民政府善后短期债券	1930年11月1日	692000
合　计		12787620

资料来源:《浙江省财政税务志》,中华书局2002年版,第156页。

说明:货币单位均为银圆。

(二)中华人民共和国成立后的债券管理

1949年中华人民共和国成立初,百废待举,需要大量的建设资金,为此,国家发行各类债券。浙江省的债券管理主要是销售及兑付管理各类国家债券。2009年,经国务院批准同意,浙江省人民政府首次作为发行和偿还主体,发行浙江省地方政府债券。

1. 公债

中华人民共和国成立后,浙江承销的公债主要是人民胜利折实公债、国家经济建设公债、保值公债和企业债券。

人民胜利折实公债　1950年,为平衡财政收支抑制通货膨胀,中央决定发行第1期人民胜

158

推銷公債全面展開

各分會昨舉行會報

職工已認購十三萬九千餘分

工商界已開始認購

保證超過完成任務

50年1月12日

当代日报

图 31-4-9-2　1950 年，杭州市公债推销委员会发布的有关报道。当年为尽快恢复生产，中央政府发行人民胜利折实公债。浙江各地成立专门部门，主管募集与还本付息(浙江省财政厅档案室提供)

利折实公债。浙江省成立专门部门，主管募集折实公债和还本付息。折实公债以实物折算成计算单位“分”，每“分”以上海、天津、武汉、西安、广州、重庆 6 大城市的大米(天津为小米)3 公斤、面粉 3/4 公斤、白细布 1/3 公斤、煤炭 8 公斤的平均批发价总和计算其分值。每分折实公债应折金额由中国人民银行每旬公布一次。公债面额分为 1 分、10 分、100 分和 500 分 4 种，年息 5 厘，按实物计算。自发行截止日起，每满 1 年抽签还本付息一次；分 5 年偿还，第一次抽还总额的 10%，以后每年递增 5%抽还额。公债不得代替货币上市流通、不得向国家银行抵押或用作投机买卖。伪造公债或损害公债信誉者依法惩办。公债的发行与还本付息事宜，由中国人民银行及其所属机构指定办理。全国发行折实公债 1 亿分，当年浙江省推销 440 万分。

国家经济建设公债　1954—1958 年国家发行国家经济建设公债，每年 1 期，1 月 1 日至 9 月 30 日为发行日期。销售对象为机关、企业、团体、学校的职工及部队干部，以及农村社员，私营工商业、公私合营企业的私方及其他城市居民等。公债利率为年息 4 厘，自发行次年起每年 9 月 30 日付息一次；提前缴款的每个月按年息的 1/12 计息。债券面额，1954 年为旧人民币(第一套)①1 万元、2 万元、5 万元、10 万元和 50 万元 5 种；1954 年公债分 8 年 8 次偿还本金，自次年起，每年 9 月 30 日抽签还本一次，第一、第二次各抽还总额的 5%，第三、第四次各抽还总额的 10%，第五、第六次各抽还总额的 15%，第七、第八次各抽还总额的 20%。1955 年，公债增加了面额 100 万元品种，当年起分 10 年作 10 次偿还，自发行次年 9 月 30 日起抽签还本付息，第一至第四次各抽还总额的 5%，第五至第七次各抽还总额的 10%，第八、第九次各抽还总额的 15%，余下 20%于第十次还本付息。1958 年，建设公债改为偿还本金时全部一次付清，不计复利。1954—1958 年，浙江省销售国家经济建设公债 1.15 亿元。

1987 年，浙江省推销国家重点建设债券。债券期限 3 年，单位购买年息 6%，从当年 7 月 1 日起计息，发给债券收据，可记名、挂失、抵押，不得转让；购买债券的资金只能是预算外资金，不得挪用上缴财政税利和银行贷款。个人购买国家重点建设债券，面额 100 元，可转让、继承，但不能作货币流通，年息 10.5%，从购买之日起计息，到期一次还本付息，逾期不另计

① 1955 年发行第二套人民币，收回第一套人民币，第二套与第一套人民币兑换比率为 1∶10000；第一套人民币最高面额 50000 元，第二套人民币最高面额 10 元。

息。根据财政部规定，所筹集的资金转入建设银行专项资金账户，全部用于国家计划内重点建设项目。全省当年发行国家重点建设债券 1.72 亿元，全部面向单位发行；由建设银行浙江省分行及其分支机构代理发行和办理还本付息。

1988 年，财政部向城乡居民、基金会组织及金融机构发行国家建设债券 30 亿元，期限 2 年，年息 9.5%。债券面额 100 元、500 元、1000 元和 1 万元 4 种，不记名、不挂失、可转让、可抵押，到期一次还本付息。主要用于交通、能源、原材料等重点建设项目，由中国人民银行总行总代理，各专业银行和其他金融机构办理发行和还本付息。全省当年销售国家建设债券 1.65 亿元。1991 年，全省再次销售国家重点建设债券 460 万元；1992 年又销售 200 万元。

保值公债　考虑到物价上涨幅度较大的因素，1989 年国务院决定以保值为条件首次发行保值公债，实际发行额为 125 亿元，期限 3 年，利率随人民银行规定的 3 年期定期储蓄存款利率浮动，外加一个百分点，实际利率 14.14%，发行对象为城乡居民、个体工商户、基金组织和保险公司等，由各级人民政府组织专业银行、财政、邮政预算外资金认购。保值公债采用债券形式发行，面额为 20 元、50 元和 100 元 3 种，不记名、不挂失，发行后可转让、可抵押。1989 年，浙江省销售保值公债 4.15 亿元。1994 年，财政部再次发行保值公债，浙江省销售保值公债 380 万元。

2. 国库券

国库券是指国家财政为弥补国库收支不平衡而发行的一种政府债券。财政部自 1981 年起每年发行国库券，浙江省 1981 年销售国库券 1.27 亿元。销售对象和方式为：国营企业、集体所有制企业、企业主管部门和各级地方政府分配推销；机关、团体、部队、事业单位和农村富裕社队适当认购；城乡居民自愿认购。1985 年前国库券不得自由买卖，1985 年起允许抵押贷款、允许贴现。1986 年，省财政厅和有关市县设立专人专职管理国库券工作，财政部门在国债管理中逐渐发挥主体作用。1990 年，浙江省按照国务院指示，委托邮政部门代办 1982 年、1983 年、1984 年和 1985 年国库券还本付息业务。

图 31-4-9-3　20 世纪 80 年代财政部发行的纸质国库券（浙江省财政厅档案室提供）

1991 年，国家改变国债发行方式，逐步由行政手段向市场机制过渡。省财政厅成立国债服务部，开办国债转让业务，并相继在杭州市所属七县（市）、海宁市、德清县等地开办国债转让业务。1992 年，浙江省财政厅印发《浙江省财政国债中介机构财务管理办法（试行）》，对经营国债发行、兑付、流通转让等业务的中介机构实行"统一领导、分级管理、独立核算、上缴利润"的管理体制，并指定邮政部门代办国库券还本付息工作。同年，省财政厅发布《浙江省财政部门已兑付国债券销毁办法》，对已兑付的国债券进行清理、整点、复点、打洞、抽查、运送、销毁。执行国务院相关规定，开展打击国家债券非法交易活动和国家债券反假防假工作。浙江省 1993 年销售国库券 12.23 亿元，1995 年销售 1.25 亿元。从1981年至1995年底,全省累计销售国库券145.81亿元,累计兑付38.53亿元,销售余额107.28亿元。

1995年,省财政厅、省政府证券委员会转发国家证监会和财政部《国债期货交易管理暂行办法》,加强国债期货的交易、结算和交割业务管理以及经纪业务管理等。同年,浙江省成立中国国债协会浙江分会,协助和配合政府有关部门的国债发行、交易和兑付工作。浙江省对各级财政国债中介机构开展清理检查,检查国债中介机构与同级财政部门脱钩情况、机构宗旨的执行情况,清理国债中介机构是否存在涉及国债卖空行为及擅自提高或变相提高利率等行为。

1998年,国家停止票面式国库券的发行。国债工作转向做好兑付工作、无记名国库券鉴别以及反假工作。2001年,全省财政国债中介机构清理凭证式国债财务问题,部分凭证式国债兑付工作转由中国工商银行办理。同年,在杭州、金华两地设立已兑付国库券销毁点,组织销毁已兑付国库券1.19亿元。2002年,浙江省淳安县、兰溪市、江山市、常山县、温州市、平阳县、台州市、台州市黄岩区、玉环县、嘉兴市、海宁市、平湖市的国债服务部等财政国债中介机构转制为证券营业部。2005年,国库券兑付工作基本结束。

3.财政债券

1988年,财政部发行财政债券。当年发行66亿元财政债券,发行对象为各专业银行、综合性银行及其他金融机构。期限分5年期(年利率7.5%)和2年期(年利率8%)两种,到期一次还本付息,不计复利。发行方式采用向认购单位按比例分配任务,一次发行,分三次缴款。由中国人民银行及其分支机构办理还本付息。浙江省1988年推销2年期财政债券2.26亿元,5年期债券3.81亿元。1990年推销财政债券3.16亿元,期限5年,年利率10%;同时,延期偿还1990年到期财政债券和停止办理未到期国债券提前兑付。1991年推销财政债券0.32亿元,期限5年,年利率9%。1992年推销财政债券0.23亿元,年利率9%。

4.特种国债

1989年,浙江省面向单位、团体推销特种国债,发行对象除经济条件较好的企业、金融机构、企业主管部门、事业单位和社会团体外,还包括全民所有制企业职工退休养老基金管理机构、待业保险基金管理机构和交通车辆购置附加费管理机构。债券偿还期为5年,从缴款之日起计息,到期一次还本付息,不计复利。采用收款单形式,可记名、可挂失,不得转让、不得作货币流通。除上述基金和附加费三种管理机构外,债券可向银行抵押贷款。发行方式采用向认购单位分派任务,其发行和还本付息由各地财政部门办理。1989年,浙江省推销特种国债2.32亿元,1990年为1.03亿元,1991年为1.12亿元。1994年,浙江省向社会保险基金推销特种定向债券。1995年,全省推销特种定向债券1.15亿元。2000年,全省推销特种定向国债2.90亿元。

2004年,鉴于1989—1991年推销的特种国债尚有少量未兑付,按照财政部要求进行全面清理。2005年,是浙江省财政部门兑付定向国债的最后一年。

5.储蓄国债

1994年,财政部推出储蓄国债(凭证式),面向个人、投资者发行。2001年,全省财政国债中介机构对历年发行的凭证式国债进行清理，凭证式国债兑付工作交由工商银行办理。

2006年，国务院决定发行储蓄国债（电子式）。浙江省按照财政部要求，建立储蓄国债（电子式）代销试点商业银行营业网点基本情况备案制度，建立有关信息档案，设立政策咨询和举报投诉电话。试点银行包括工商银行浙江省分行等。8月，省财政厅执行财政部《储蓄国债（电子式）质押暂行管理办法》，对未到期的合格储蓄国债规定可向原购买银行申请办理质押贷款业务，贷款额度不超过储蓄国债面额的100%。2008年，浙江省新增三家储蓄国债（电子式）代销试点商业银行。2010年，全省代销储蓄国债（凭证式）5期、储蓄国债（电子式）11期。

6. 地方政府债券

地方政府债券是指经国务院批准同意，以省、自治区、直辖市和计划单列市政府为发行和偿还主体的政府债券。

2009年1月，国务院发布《关于发行2009年地方政府债券有关问题的通知》，规定省、自治区、直辖市和计划单列市政府可以发行地方政府债券，地方债券由财政部代理发行并代办还本付息和支付发行费等事宜。地方政府债券发行实行年度发行规模控制，地方全年债券发行总额不得超过国务院批准的债券规模。地方政府债券每期发行数额、发行时间等要素由地方政府与财政部协商确定。2月，财政部发布《关于印发〈2009年地方政府债券预算管理办法〉的通知》，明确地方政府发行债券取得的收入既可以用于省级直接支出，也可转贷市、县政府使用。地方政府债券收支实行预算管理，报同级人大审查批准。省级政府债券收入全额纳入省级财政预算管理，市、县级政府不得发行地方政府债券，但可以使用省级财政转贷地方政府债券，并纳入市、县级财政预算。同时，财政部还设置财政部代理发行地方政府债券收入、转贷财政部代理发行地方政府债券收入、财政部代理发行地方政府债券还本、财政部代理发行地方政府债券付息、转贷财政部代理发行地方政府债券支出等科目，用以反映地方政府债券收支核算。4月，省财政厅印发《关于做好2009年地方政府债券有关工作的通知》，建立浙江省地方政府债券发行和资金预算管理制度。同年，省财政厅建立地方政府债券偿债保障机制，规定对未按时上缴的地方政府债券本息、发行费和罚息等资金，由省财政厅在办理年度省与市县财政结算或安排预算时予以扣缴。当年，浙江省通过发行地方政府债券共募集资金82亿元（包括浙江省政府和计划单列市宁波市政府发行，下同），由财政部统一按照记账式国债发行方式代理发行，期限3年。债券资金主要用于以“六线二枢纽”（宁杭客运专线、沪杭客运专线、杭甬客运专线、杭长客运专线、金温铁路扩能改造、衢景九铁路、杭州铁路东站枢纽、宁波铁路枢纽）为重点的铁路项目建设资本金，以及中央扩大内需投资项目的配套资金。同年，浙江省地方政府债券全部转贷市县，由省财政根据《浙江省地方政府债券分配办法》，统筹考虑市县综合财力、偿债能力和配套要求等客观因素进行分配。其中：杭州市14亿元，湖州市7.50亿元，绍兴市8.50亿元，嘉兴市9.50亿元，金华市7亿元，丽水市5.50亿元，温州市3亿元，衢州市7亿元，台州市3.50亿元，舟山市1.50亿元，宁波市15亿元。

2010年，浙江省通过发行地方政府债券共募集资金80亿元，由财政部统一按照记账式国债发行方式代理发行，期限为3年、5年，利息按年支付。同年，地方政府债券全部转贷市县，其中：杭州市15.10亿元，湖州市3.50亿元，绍兴市8.90亿元，嘉兴市5.85亿元，金华市7.30亿元，丽水市5亿元，温州市8.10亿元，衢州市3.30亿元，台州市6.45亿元，舟山市3.50亿元，宁波市13亿元。募集资金重点用于保证新增中央投资项目地方政府配套需要，主要有保障性安居工程、农村民生工程等民生事业以及铁路建设等重大基础设施建设。

二、外债管理

外债包括外国政府贷款和国际金融组织贷款。外国政府贷款是指财政部经国务院批准代表国家向外国政府、北欧投资银行等统一筹借并形成政府外债的贷款，国务院批准的参照外国政府贷款管理的其他国外贷款，以及与上述贷款搭配使用的联合融资。国际金融组织贷款是指财政部经国务院批准代表国家向世界银行、亚洲开发银行、国际农业发展基金、欧洲投资银行等国际金融组织统一筹借，并形成政府外债的贷款，以及与上述贷款搭配使用的联合融资。浙江省利用财政部转贷的外债资金用于全省交通、电力、环保、城建、教育、卫生、农林等领域重点项目建设，加快经济社会发展。1984—2010年，浙江省利用政府外债项目114个，贷款协议总额28.13亿美元，其中国际金融组织贷款占浙江省利用政府外债总额的60%以上。

（一）外国政府贷款管理

20世纪80年代末，浙江省开始利用外国政府贷款。1989年，浙江省借入日本政府贷款“黑字还流”贷款项目，用于纺织、印染等工业类项目。至20世纪90年代，项目涉及工业、交通、城市建设、环境治理等领域；其中以工业项目居多，成为全省利用政府外债的重要资金来源，其贷款协议总金额约占政府外债总规模的40%，贷款币种以日元为主。外国政府贷款项目在利用国外资金、技术的同时以引进国外设备为主。

1999年2月，根据国务院机构改革方案规定，外国政府贷款业务管理职能由外经贸部门划转至财政部门。2000年11月，浙江省财政厅接管原由浙江省对外贸易经济合作厅承担的外国政府贷款业务管理职能，其中包括外国政府贷款项目的综合协调、申报、管理和监督。2001年1月，原由企业和地方外经贸委（局）申请的外国政府贷款项目资料移交至浙江省财政厅。省财政厅发文明确并落实还款及担保还款的责任，包括对已实行重组、改组、破产的项目重新确定债务人和担保人等。

2001年3月，根据财政部与日本协力银行签署的《贷款协议》，省财政厅与杭州市、嘉兴市及绍兴市分别签署浙江城市污水处理项目的转贷协议，贷款协议总金额约112.56亿日元，贷款期限为40年。该项目提升了杭州市和嘉兴市的污水处理能力，并为绍兴市建成了首座城市污水处理厂。同月，省财政厅制定《浙江省外国政府贷款暂行规定》，规范全省外国政府贷款程序，建立健全外国政府贷款的“借、用、还”机制，加强外国政府贷款项目管理。作为浙江省外国政府贷款项目的债务代表人，省财政厅负责项目的审查、申报、转贷以及资金、财务、债务管理。市、县财政部门则是地方同级政府的债务代表人。全省外国政府贷款项目按转贷方式划分为三种类型管理，即第一类项目由各级财政部门负责审查，并作为借款人，负责对下一级转贷；第二类项目直接由项目单位作为借款人，并承担偿还责任，各级财政部门，经审查评估后提供还款保证；第三类项目借款人为项目单位，并承担偿还责任，转贷银行为对外最终还款人。对于第三类项目，各级财政部门既不作为借款人也不提供还款保证。全省外国政府贷款项目的申报主要基于本地区经济社会发展重点及贷款国有关规定，并对已完成立项审批的备选项目情况，包括项目的财务状况、经营管理能力、还贷能力以及落实还贷责任和配套资金等方面进行审核。5月，奥地利政府贷款丽水市玉溪电站项目是全省率先使用掉期等金融衍生产品以防范外债风险的外国政府贷款项目，由于避险方法得当，交易结构合理，项目节约本金利息支出计人民币2926万元。

2002—2003年，省财政厅对德国政府贷款富阳八一污水处理工程项目、奥地利政府贷款武义县第一人民医院等项目申请进行审核；项目批准后，开展采购公司遴选、落实转贷银行等前期工作。2004年2月，省财政厅与中国银行浙江省分行签署奥地利政府贷款湖州消防项目的《转贷协议》，贷款协议总金额232.6万欧元。贷款资金全部用于购买国际最先进的消防设备。

2005年1月，省政府下发《关于加强地方政府性债务管理的通知》，根据通知要求，全省外国政府贷款资金主要投向公益性领域，并全部实施项目评审。评审内容涵盖建设规模、成本收益、偿债来源等，并要求对防范债务风险采取措施。2006年2月，经省财政厅争取，嘉兴市、上虞市、建德市、兰溪市和三门县利用50亿日元贷款再转贷资金实施浙江省城市综合发展项目。再贷款资金是财政部利用中国进出口银行将未到期提前回收的日本政府贷款资金再次转贷给省级财政部门，该项目经省财政厅转贷，贷款期限15年，助推上述五市（县）城市基础设施建设。3月，省财政厅转发财政部《关于对外国政府贷款一二类项目建立还贷准备金的通知》，全省各级财政部门在当地单独建立外国政府贷款还贷准备金，或结合其他政府性债务建立统一的地方政府性债务还贷准备金，并实行专户管理。为减少项目拖欠的利息、罚息和滞纳金，利用财政部有关优惠政策，省财政厅于当年12月31日前一次性还清浙江兔羊毛集团、金华乳品厂、瑞安百好乳品厂等6个项目所拖欠本金约120.84亿日元、205.88万美元及57.65万欧元，并对所有代垫款进行催缴，还清所有欠款。按照财政部有关要求，2007年3月，省财政厅对全省2000年以后实施的外国政府贷款项目进行清理检查，重点对奥地利贷款湖州消防、日元贷款杭金衢高速公路、日元贷款浙江污水处理、日元再贷款浙江城市综合发展等7个项目开展财政专项检查，没有发现严重违法违规行为，且项目建成后，基本实现预定的建设目标，取得较好的经济和社会效益。2008年12月，财政部与德国复兴开发银行签署嘉兴污水处理二期项目的贷款协议，协议金额1500万欧元，由中国农业银行及省财政厅转贷，用以购置国外一流的污水处理设备，增强嘉兴市污水处理厂的处理能力。

2009年6月，省财政厅对芬兰政府贷款金华市文荣医院等3个外国政府贷款项目实施绩效评价。10月，经省财政厅申请并担保，浙江泰隆商业银行获得利用德国政府贷款2000万欧元，为全省民营中小企业提供信贷支持。2010年，省财政厅对日元贷款杭金衢高速公路等16个外国政府贷款项目绩效评价情况进行总结并上报财政部，评价结果显示项目优良率90%以上。至年底，全省外国政府贷款项目76个，涉及工业、医疗卫生、供水与环境、城建环保、交通、电信等领域，累计贷款协议金额8.56亿美元，债务余额5.52亿美元。

（二）国际金融组织贷款管理

20世纪80年代是浙江省利用国际金融组织贷款的初始阶段，相关贷款及项目主要通过国家行业主管部门转贷并组织实施，多用于农业、教育和能源等领域。1984年，浙江省开始直接利用国际金融组织贷款。当年8月15日，教育部与省政府签署《关于使用世界银行加强广播电视大学和短期职业大学项目贷款的分贷协议书》，共利用世界银行贷款资金206.6万美元，用于浙江省广播电视大学和短期职业大学的建设。该项目是全省首个利用国际金融组织贷款项目。1985年1月至1987年12月底，浙江省利用国际金融组织贷款实施农村供水、地方大学、淡水养鱼、北仑港火电项目一期等5个项目，其间累计利用世界银行贷款资金约2.55亿美元。

为解决世界银行贷款教育项目的还贷问题，1989年5月，省政府办公厅下发《世界银行教育贷款还本付息等问题协调意见的通知》，自1990年至项目还本付息结束，每年从浙江省财政教育事业费增长数中提取一部分，建立世界银行教育贷款还贷基金，用于归还1990年以后签约的项目贷款本金。

1990年以后，浙江省利用国际金融组织贷款日益增加。建设项目主要涉及交通、能源、农林、城建环保等基础设施建设。1992年6月19日，世界银行与财政部签署"浙江省高速公路项目"的贷款协议，协议金额2.20亿美元，其中1.80亿美元用于杭甬高速公路建设，4000万美元用于浙江省公路项目的实施。至此，浙江省第一条高速公路开工建设。1993年，浙江省利用世界银行贷款3亿美元建设天荒坪抽水蓄能电站，成为当时亚洲最大的抽水蓄能电站，为全省乃至华东地区提供清洁能源。1995年11月2日，世界银行贷款"上海—浙江公路项目"贷款协定签署，协议金额2亿美元，用于全省第一条跨省高速公路建设，促进省际物流交通的发展。

图31-4-9-4　1996年1月生效的内河航运项目，利用世界银行贷款4000万美元，使古老的京杭大运河焕发了生机（浙江省财政厅档案室提供）

1996年1月1日，省财政厅印发《浙江省世界银行贷款债务清偿办法》，加强世界银行贷款项目债务管理，及时向财政部还本付息付费。对于省级有关部门和地方政府逾期未交的世界银行贷款本金、利息、承诺费和滞纳金，省财政厅通过《催交世行贷款债务欠款通知书》限其按期归还。未能按期归还的，通过财政预算扣款方式扣回欠款。

1997年5月，沪杭甬高速公路H股在香港上市，融资人民币36.80亿元，加快了全省交通建设的速度，缓解了交通瓶颈制约。1998年7月，浙江省利用亚洲开发银行贷款建设浙江温州市境内的珊溪水利枢纽工程项目，贷款协议金额1亿美元，实际利用贷款约0.37亿美元。该项目是全省首个利用亚洲开发银行贷款项目，建成集供水、灌溉和防洪于一体的综合性水利枢纽工程。

1998年，国务院机构改革，国际金融组织贷款业务统一归口财政部门管理；浙江省除世界银行贷款业务仍由省财政厅负责管理外，其余国际金融组织贷款业务亦陆续划归省财政厅管理。2001年3月，作为全省利用国际金融组织贷款的归口管理部门和浙江省政府承贷项目的债务代表人，省财政厅制定并印发第一个全面规范全省国际金融组织贷款管理的规范性文件《浙江省国际金融组织贷款管理暂行规定》。全省逐渐建立起“借用还”与“责权利”相统一的政府外债管理体制，并形成规范的国际金融组织贷款项目申报程序。省财政厅对全省贷款业务开展综合管理与协调工作，负责贷款项目的宏观监控和政策指导，包括项目申报、转贷、提款报账、还本付息、监督检查等。各市县财政部门作为本地区利用国际金融组织贷款的归口管理部门和同级政府承贷项目的债务代表人，对本地区贷款项目开展综合管理与协调工作，如杭州市、嘉兴市、湖州市、绍兴市等地较早地在交通、城市开发、集装箱运输等领域利用贷款资金促进当地经济与社会发展。6月，省政府办公厅转发省财政厅《关于进一步加强政府外债偿债管理若干意见》，全省各地根据“谁借款、谁受益、谁还款、谁承担风险”的偿债原则，规范政府外债管理的偿债程序，逐步建立“借用还”与“责权利”相统一的政府外债偿债机制，规范管理行为，加强还贷意识，规避政府外债风险，并按照政府外债债务余额的3%～8%建立政府外债还贷准备金，确保政府外债项目顺利实施和按时还本付息。2001年开始，浙江省国际金融组织贷款主要投向城建环保等公益性领域，先后组织实施了5个世界银行贷款项目，即浙江城市环境、宁波水环境管理、可再生能源规模扩大化项目一期后续项目、宁波新农村建设、林业综合发展项目，共利用世界银行贷款协议金额约3.52亿美元。

2005年1月，省政府下发《关于加强地方政府性债务管理的通知》，明确政府性负债建设项目应当用于公益性领域，并要求控制政府性负债建设规模。省财政厅在执行中将国际金融组织贷款资金主要投向事关区域整体发展所急需建设，但暂时存在资金缺口的基础设施和公用设施领域；重视贷款项目的前期论证，并对贷款项目的筹资渠道、成本收益及偿债资金来源等内容开展财务可行性评审。同时，各级财政部门以负债率、债务率、偿债率等指标为重点，建立债务风险监测指标体系。2006年12月，省政府办公厅下发《关于进一步加强政府外债管理工作的通知》，要求政府外债管理工作，以“八八战略”、平安浙江、和谐社会为中心，组织实施项目开发、项目管理，防范外债风险，提高贷款项目的经济社会与环境效益。全省各级财政部门建立健全债务负担审核确认机制，审核新上项目所在地政府债务负担水平和财政承受能力；对政府性债务负担水平超过预警指标，财政承受能力较差的市、县(市、区)，控制新上政府外债项目。对既符合浙江省国民经济和社会发展规划又体现公共财政职能、既能促进经济社会和城乡区域协调发展又是政府主导的重大基础设施项目，省财政厅给予积极支持，并帮助申报国际金融组织贷款；而对于竞争性领域或重复性建设的基础设施项目则不予申报。根据财政部《关于2009年度地方政府外债指标监测情况的通报》，浙江省政府外债的负债率、债务率、偿债率等指标安全状况良好。为减轻项目单位的债务负担，省财政厅对全省符合财政部债务减免政策的国际金融组织贷款项目实施债务减免。2009年1月，对世界银行贷款综合区域卫生发展项目的债务余额实行全额豁免。2010年4月，省财政厅对世界银行贷款国家造林项目、森林资源保护与发展项目、红壤二期项目实施债务减免，累计减免债务人民币约1.13亿元，特别提款权260万元。

截至2010年12月31日，全省利用国际金融组织贷款项目38个，累计协议金额19.57亿美元，实际利用贷款16.48亿美元，其中：世界银行贷款项目37个，贷款协议金额约18.57亿美元，实际利用贷款资金约16.11亿美元；亚洲开发银行贷款项目1个，贷款协议金额1亿美元，实际利用贷款资金约0.37亿美元。国际金融组织贷款累计债务余额约5.60亿美元。

三、财政贷款与周转金

财政贷款记述浙江省财政部门管理的技改措施贷款，主要包括对工交企业的小型技术措施贷款、挖潜革新更新改造资金贷款等。财政周转金是由财政部门管理，按照有偿原则周转使用的财政资金。

（一）财政贷款

1.小型技术组织措施贷款

20世纪60年代实施的国营工业企业小型技术组织措施贷款（以下简称小型技措贷款）是以信用方式有偿使用财政资金的开始。1964年4月1日，财政部、中国人民银行等部门联合发布《关于试行地方国营中小型企业小型技术组织措施贷款办法》的通知，决定在包括浙江省在内的部分省市先行试行。为此，浙江省制定《浙江省地方工业企业小型技术组织措施贷款试行办法》，在杭州、宁波等7市（地）、县（市）的省级和市（地）、县（市）级工业企业中试行，委托人民银行办理。贷款范围仅限于地方工业企业；每项措施费用的贷款额不超过2万元；项目为国家建设和人民生活所需要，原材料和销路有保证的产品；贷款后3个月内能够投产，投产一年内所增加的收益可以归还全部贷款；材料、设备有可靠来源，措施费在分配的四项费用指标内无法解决。贷款在投产后12个月内还清。1964年，全省拨付小型技措贷款指标400万元。1965年，浙江省颁发《国营工业企业小型技术措施贷款试行办法》和《关于小型技术措施贷款若干问题的意见》，规定小型技措贷款限于国营工业企业，不包括交通、建筑安装等企业；贷款范围扩大为全省各市（地）、县（市）的中央、省级和市（地）、县（市）工业企业，由建设银行办理，专款专用。省拨小型技措贷款基金，由各地区周转使用，年终可以不缴省，但必须保证资金的完整性。凡项目批准后3个月内不贷款，或者贷款后3个月内不使用，又未向贷款银行或原批准部门申述理由的，各级财政部门、人民银行、建设银行都可主动撤销项目或收回贷款。

1970年4月，财政部军事管制委员会颁发《关于停止执行〈国营工业企业小型技术组织措施贷款办法〉的通知》。通知指出：1964年实行的小型技措贷款办法，对促进生产发展，适当满足企业临时小型技措费用的需要起了一定作用。因国家已将企业折旧费大部分留给企业，用于固定资产更新和技术改造，原由贷款解决的小型技措费用基本得到解决。从1970年

6月起停止实行小型技措贷款办法。过去的贷款尚未收回的，可在贷款项目完工后限期归还。原由国家拨给各省市的小型技措贷款基金，全部留给地方作固定资产更新改造资金使用，中央不再收回。

1974年，浙江省革命委员会生产指挥组发布通知，继续办理地方国营工业企业小型技措贷款。浙江省财政金融局制定《浙江省地方国营工业企业小型技术组织措施贷款办法》，规定贷款限于地方国营工业企业，用于解决生产过程中的薄弱环节，增产国家急需的产品，提高产品质量，提高劳动生产率和设备利用率，降低产品成本的小型技措项目。贷款资金来源为1972年前省拨各地"技术革新、技术革命"贷款基金结余部分和以后各市(地)、县(市)从机动财力中适当增加的部分。贷款按人民银行工业贷款计息，从企业利润中支付。1975年，财政部等部委颁发《小型技术措施贷款暂行办法》，规定对全民所有制的中小型工业企业发放小型技术措施贷款；贷款不计利息；贷款本金的归还，盈利企业用超计划利润，亏损企业用减少计划亏损数额；贷款项目中途停办、报废，由企业从今后提取的固定资产更新改造资金中归还，此办法从1975年起实施。1979年，根据财政部《关于小型技术措施贷款暂行办法的补充规定》，贷款范围扩大到国营商贸企业所属的中小型工业企业；按月息4.2‰付息；贷款额度一般控制在10万元以内。1979—1992年，浙江省累计发放小型技措贷款47.62亿元，收回贷款24.55亿元。20世纪90年代中期，对小型技措贷款逐渐转为财政贴息或专项资金补助等。

2.挖潜革新改造资金贷款

1980年，国家经济委员会、财政部、建设银行颁发《工业交通企业挖潜、革新、改造资金试行贷款的暂行规定》，从1981年起，将国家经济委员会、财政部安排的挖潜、革新、改造资金的一部分，通过建设银行贷款。贷款利息为月息2.7‰，节约能源和节约木材措施项目为月息2.1‰，逾期加倍计息。还款来源：全民企业为贷款项目投产后的新增利润、固定资金占用费以及企业留用的更新改造资金；集体企业为贷款项目投产后新增利润和固定资产折旧基金。1982年，省财政厅、建设银行浙江省分行印发《地方财力更新改造贷款暂行办法》，要求各级财政部门用于企业挖潜、更新、改造的地方财力(除拨款外)，委托建设银行省分行办理，主要用于地方国营企业、交通企业的设备更新、技术改造和相应的少量生产性土建费用。贷款条件为产品适销对路；工艺成熟，技术过关；原材料、燃料、动力、设备有来源；"三废"(废水、废气、固体废弃物)能切实治理；施工力量落实，能如期完工投产；有按期还本付息的能力。贷款期限1～3年；贷款利息除经省批的专项无息贷款外，利率为月息2.4‰，逾期为4.8‰，按季计收。还款来源，全民所有制企业用贷款项目投产后的新增利润、折旧基金、固定资金占用费归还；集体企业用新增全部利润和折旧基金归还。1986年，贷款利率调整为月息3.6‰，逾期贷款月息7.2‰。

1994年，省财政厅印发《浙江省财政技术改造统筹资金管理办法》，规定各级财政每年将当年工业企业的所得税收入比上年增长10%以上的部分，用于建立和补充财政技改统筹资金。有偿使用该项资金所取得的占用费收入也并入该项资金，逐年滚动，周转使用。该项资金按"统筹安排，适当集中，保证重点"的原则，主要用于支持重点骨干工业企业为开发新产品，提高产品质量和档次，引进吸收新技术，扩大出口产品生产而进行的技术改造。原则上实行有偿使用，占用费按不高于银行同期同类借款利率，具体由各地自行确定。对少数还贷任务重的骨干企业，其上缴的所得税比上年增长10%以上的部分，也可用贴息和拨款的方式返还企业，用于归还技改贷款本息。20世纪90年代中后期，对企业挖潜改造技术革新财政贷款逐渐转为财政贴息或专项资金补助等。

（二）财政周转金

浙江省财政周转金始于1964年发放的流动资金无息贷款。1966年，建立小型水利贷款基金、农村水电站贷款基金、小化肥基建投资贷款。1978年，省财政厅提出小钢铁、小煤矿、小水泥、小农机、小化肥“五小企业”利润由同级财政部门提留30%，建立工业发展基金，用于小型工业技术改造，并规定可有偿使用。

20世纪80年代起，全省先后建立预算、支农、文教、工交、商贸、外经、农税、社保等方面的财政周转金。1980年10月，江山市财政局制定《江山市财政局支农生产周转金管理规定》。1981年8月，省财政厅总结推广江山市经验，规定实行资金有偿使用和无偿补助相结合的办法，凡在三五年内有明显经济收入的项目，原则上应实行有偿使用。同年，为扶持林业事业单位开展以种植、养殖和小型加工为主的多种经营、综合利用以及中幼林抚育，设立林业多种经营周转金。11月，为加速发展农业生产提供优良种子、种畜和种苗，设立农业三场多种经营周转金。1986年3月，省财政厅利用财政间歇资金定期定量免费出借给财政收入上亿元的县（市）无偿周转使用，以支持亿元县（市）乡镇企业技术改造和流动资金周转。7月，设立发展粮食生产专项资金，用于增加粮食产量，增强粮食生产后劲。12月，为促进不发达地区发展生产，繁荣农村商品经济，改变贫困落后面貌，设立支援经济不发达地区发展资金，资金的使用实行有偿、无偿相结合，以有偿为主的原则。1988年，设立商贸企业业务发展周转金。1994年初，省财政厅下发《浙江省财政有偿使用资金管理办法实施细则》。9月，为促进社会保障事业发展，设立社会保障事业周转金。

1995年8月，针对地方财政周转金（即财政有偿使用资金）管理中存在的问题，当年召开的全国财政工作会议提出“清理整顿、规范管理”的工作思路，并确定“控制规模、限定投向、健全制度、加强监管”十六字方针。10月，财政部颁发《地方财政周转金管理暂行办法》。省财政厅根据财政部部署，于当年在省财政厅预算处设立资金组，负责清理整顿财政周转金。至当年底，省财政厅冻结所有财政周转金银行账户，财政周转资金“只进不出”，对历年的财政周转金账户进行清理，并编制截至1995年10月底的资产负债表，根据资产负债表中的财政周转金放款数附列相应的借款合同资料。截至1995年10月底，省财政厅各业务部门移交的财政周转金基金32.72亿元。

1995年11月至1996年3月，全省各级财政部门针对财政周转金的管理机构、规模、使用、管理和银行开户等情况，进行自我清理，摸清家底。1996年4—5月，财政周转金进入整顿规范阶段。5月，省财政厅设资金管理处，原预算处资金组整体划转资金管理处，负责制定全省财政周转金的管理制度和核算制度，省本级财政周转金的统一开户、统一核算，以及全省财政周转金使用情况、占用费和业务费收支情况的监督和检查。省财政厅要求全省各级财政部门所掌管的财政周转金必须由预算或资金管理部门统一开户、统一核算、集中管理；凡与省财政厅发生的财政周转金的借款、还款由各市(地)、县(市)财政局指定的一个账户进出；各市(地)县(市)财政局向省财政厅办理借款，须统一使用省财政厅制定的借款合同。6月，省财政厅发布《浙江省财政周转金管理实施办法》，从财政周转金的范围、规模、投向以及监督等10个方面对财政周转金管理提出要求。9月，印发《浙江省财政厅省级财政周转金管理实施细则》。11月，省财政厅举办财政周转金管理应用软件培训班，在财政部推广的软件功能上，增加财政周转金借款合同管理内容，提高财政周转金管理效率。至年底，全省有杭州、嘉兴等6个市(地)和临安、德清等20多个县(市)设立专门的财政周转金管理机构。全省各级财政部门从建立健全规章制度着手，完善财政周转金借款的审批程序，强化监督制约，实施各业务部门和财政周转金管理部门共同审核把关，控制财政周转金规模，全面实行统一制度、统一管理、统一计划、统一核算。

1997年，省财政将原来专项用于山区海洋开发、乡镇企业发展和交通等基础设施建设的公益性资金从财政周转金中分离出来单独核算，单列出公益性资金11.98亿元，山区海洋开发资金8.91亿元，乡镇企业发展资金2.18亿元，3项资金合计23.07亿元。剔除这3项资金后，全省财政周转金基金规模为66.14亿元，占全省当年可用财力的27.5%；省级财政周转金基金规模为19.75亿元，占当年省级可用财力的46%。

1999年3月，根据省政府有关通知要求，省财政厅开始清理整顿财政周转金。为妥善处理历年财政周转金呆账，根据财政部《财政周转金呆账处理规定》，结合浙江实际，省财政厅制定《浙江省财政周转金呆账处理实施办法》，规定财政周转金呆账条件、核销程序等，推进清理整顿工作。2001年推进省级单位财政周转金借款清理回收工作，同时规定对贫困和经济欠发达市县所欠省财政周转金借款给予减免，当年共减免符合有关条件的周转金借款3.03亿元；明确仙居县等4个新增“两保两挂”县享受财政周转金优惠政策，共减免周转金借款2529万元。2005年，根据财政周转金清收扫尾工作实际情况制定《浙江省财政周转金呆账处理补充办法》，在加强呆账规范处理的基础上，要求通过法律途径清收财政周转金借款。1999—2010年，全省共回收市县财政周转金20.66亿元，占应收款的96.3%；回收省级单位财政周转金5.42亿元，占应收款的52.9%。

四、地方政府性债务管理

地方政府性债务是指地方政府(含政府部门和机构)、经费补助单位、融资平台公司等直接借入、拖欠或因提供担保、回购等信用支持，因公益性项目建设形成的债务。

改革开放后浙江省加快基础设施和社会事业的发展，地方政府性债务迅速增长。2003年，省财政厅召开地方财政收入超4亿元县(市)会议，专题研讨加强地方政府性债务管理，提出“适度举债、讲求效益、加强管理、规避风险”的债务管理思路。2004年，省财政厅对地方政府性债务状况进行调研，加强地方政府性债务管理。2005年，浙江省在全国率先对地方政府性债务进行规范管理，省政府下发《关于加强地方政府性债务管理的通知》，要求各级政府严格控制政府性负债行为，建立政府性债务归口管理制度，科学编制政府性债务收支计划，着力完善政府性债务偿还机制，构建政府性债务风险预警体系。以负债率(债务余额与当年地区生产总值的比例)、债务率(债务余额与当年可支配财力的比例)、偿债率(年度还本付息额与当年可支配财力的比例)等为主要指标，对政府性债务的规模、结构和安全性进行动态监测和评估，规定地方负债率不得超过10%，债务率不得超过100%，偿债率不得超过15%。各级政府建立偿债准备金，偿债准备金金额为年初政府性债务余额的3%～8%。2006年1月，省政府办公厅印发《浙江省地方政府性债务管理实施暂行办法》，对政府性债务在归口管理、偿还机制、绩效评估、风险预警等方面进行规范。省委组织部将政府性债务负债率、债务率正式列为地方党政领导班子和领导干部综合考评考核指标之一，考评权重为2%。

2007年，省政府在义乌召开全省地方政府性债务管理工作现场会，推动全省地方政府性债务管理工作，对义乌等地债务管理工作经验进行交流总结和推广。同年，省委组织部、省财政厅、省地税局联合举办全省分管财政工作的市、县(市)长公共财政与政府性债务管理专题研讨班，引导市县在发展地方经济的同时，注意处理好发展速度与财力可能、债务规模与偿债能力之间关系，增强科学发展共识。当年，嘉兴、绍兴、舟山、湖州等地陆续出台加强地方政府性债务管理政策措施。至年底，全省有50个市县出台加强地方政府性债务管理的办法，69个市县对政府性债务全部实行财政部门归口管理。

2009年6月，省财政厅发出《关于进一步加强地方政府性债务管理的通知》，进一步强调正确处理发展和财力保障关系、债务规模和偿债能力关系、完善偿债准备金制度等方面要求。当年，全省62个市县出台加强政府性债务管理的制度办法，编制政府性债务收支计划，59个市县政府性债务收支计划上报政府进行审批或上报人大进行审议，65个市县设立偿债准备金。全省建立政府性债务偿债准备金121.80亿元，为年初债务余额的4.36%，比规定要求(3%～8%)下限高出1.36个百分点。至2009年底，省财政安排58.01亿元资金用于化解高校债务，省教育厅所属高校的债务规模控制在71.60亿元以下。青田、义乌、诸暨、永康、嵊泗、磐安、温州等市县采取措施化解乡镇政府性债务，青田、景宁、遂昌、嵊泗、磐安等县实现乡镇“零”债务目标。全省各级政府债务透明度逐步提高，地方政府性债务列入审计部门日常审计和领导干部任期经济责任审计范围，各级人大常委会加大对政府性债务监督力度。至2010年6月，全省各类地方政府融资平台公司总数为1362家，融资平台公司的地方政府性债务余额为4365亿元。9月，省政府办公厅印发《关于加强地方政府融资平台公司管理有关问题的通知》，清理规范地方政府融资平台公司及其债务。当年，浙江省对融资平台公司债务进行清理核实，按照分类管理、区别对待的原则妥善处理融资平台公司及其债务。清理不符合规定的融资平台公司，规范符合条件的融资平台公司的融资行为，制止地方政府违规实施以政府名义的担保承诺行为。至年底，浙江省全面完成义务教育阶段公办学校修建校舍和购置设备等形成债务的化解任务。2010年，省人大常委会对全省政府性债务管理情况进行专题审议，认为全省地方政府性债务风险总体处于安全、可控范围之内，但部分地方仍然存在系统性债务风险隐患，亟须引起高度重视。

第十节 财政法制建设

20世纪80年代后期，浙江省通过推动财政管理立法以及开展财政普法宣传，加强财政法制建设。1991年，省财政厅增设法制处。2009年，法制处更名为政策法规处，进一步加强财政法规建设。截至2010年，财政法规建设主要体现在加强财政法制宣传教育，规范执法行为，加强执法监督和法制工作体系建设等方面，推动全省财政工作依法行政依法理财，为财政改革发展提供法治保障。

一、财政法规建设

（一）地方性财政管理立法

20世纪90年代，省财政厅开始履行地方性财政法规、规章的起草职能，推动地方性财政法规、政府规章立法工作。1991年1月，省政府印发《浙江省预算外资金管理办法》，3月1日起施行。1994年12月31日，省政府发布《关于修改〈浙江省预算外资金管理办法〉的决定》，即日起施行。1995年7月4日起，施行省人大常委会通过的《浙江省会计工作管理办法》。

2000年，财政法规建设工作以配合地方性法规、规章的起草工作，规范财政立法工作为主要内容。同年印发《浙江省财政厅起草地方性法规、规章工作规程》。12月，省财政厅起草《浙江省预算外资金管理条例》，完成调研、申报等各项工作，报经省人大常委会通过。同月，《浙江省预算外资金管理办法》废止。2001年，配合省政府法制办做好《浙江省国有资产流失查处办法》的意见征求和修改工作，着手调研《浙江省政府采购管理办法》的制定工作。2002年，针对国有资产流失问题开展调查研究，起草《浙江省国有资产流失查处试行办法》，经省政府法制办公室（以下简称省政府法制办）审核后报省政府常务会议讨论通过，当年10月1日起正式实施，保障国有资产安全。配合协助财政部条法司、中华全国归国华侨联合会开展《侨联资产界定管理办法》的立法调研。

2003年，组织参与政府规章五年立法规划立项的制定。2004年，按照省人大要求，报2005年财政立法计划建议项目1项，即建议将原《浙江省预算外资金管理条例》修改为《浙江省非税收入管理条例》。2005年，组织完成向省人大法制委员会报送《浙江省政府非税收入征收管理条例》立法建议项目，向省政府报送《浙江省实施〈中华人民共和国政府采购法〉实施办法》和《浙江省政府投资基本建设项目财政财务管理办法》立法建议项目。2006年，提出财政地方性法规和政府规章立法建议，《浙江省非税收入管理条例》列入省人大2006年二类立法计划。《浙江省政府投资项目预算管理办法》和《浙江省实施〈政府采购法〉办法》立法项目，分别列入2006年政府规章立法一类项目和二类项目计划。随后，省财政厅组织开展立法调研、起草、论证等各项工作，同时配合省人大财经委开展《浙江省预算监督管理条例》立法调研工作。2007年，提出财政地方性法规和政府规章立法建议，《浙江省非税收入管理条例》继续列为省人大2007年立法计划二类项目;《浙江省政府投资预算管理办法》和《浙江省实施〈政府采购法〉办法》立法项目,分别列入2007年政府规章立法一类项目和二类项目计划。同时,省财政厅组织开展并配合省政府法制办开展立法调研、起草、论证等各项工作,召开座谈会征求相关部门意见。2008年,《浙江省政府非税收入管理条例》送审稿按照一类立法项目标准报送省政府,并上报省人大建议列为立法计划一类项目。为使《浙江省政府投资预算管理办法》列为政府规章立法一类项目,配合省法制办赴义乌市等地征求修改意见。

2009年,配合省人大法工委开展《浙江省预算外资金管理条例》等法规清理工作,并推进《浙江省政府非税收入管理条例》立法工作,使该条例列入省人大常委会2010年立法计划(一类项目)。配合省政府法制办开展《浙江省政府投资预算管理办法》的立法协调修改工作,完成草案修改稿的意见反馈。2010年12月16日,浙江省第十一届人民代表大会常务委员会第二十二次会议审议通过《浙江省政府非税收入管理条例》。

(二)规范性文件管理

1999年,省财政厅制定《规范性文件会签、备案制度》,规定:厅内各职能处室在起草行政规范性文件时,应当与国家法律、法规、规章和有关政策的要求相统一,不得与之抵触;须遵守《中华人民共和国行政处罚法》(以下简称《行政处罚法》),不得设立除法律、法规、规章规定以外的行政处罚,各职能处室起草规范性文件时须会签法制处;签发后送法制处及省政府法制办备案。

2005年起,省财政厅按照“一项财政资金、一个管理办法”的要求,执行行政规范性文件审查会签制度和备案制度,审核各项财政资金管理办法,用制度来规范财政专项资金分配管理。2006年,建立浙江财政法规数据库,并与财政部的法规数据库联网运行。2007年,开展现行行政规范性文件清理统计工作,对拟保留的350件行政规范性文件目录向社会公布,对拟修订或拟废止的文件征求相关单位意见后按法定程序办理。2008年,充实完善浙江财政法规数据库,入库法规文件317件,此后每年结合工作实际更新数据。

2010年,省财政厅就财政行政规范性文件之间内容交叉、矛盾等问题组织清理,确认现行有效的省级财政行政规范性文件447件。2000—2010年,办理规范性文件700多件,均按规定报送省法制办备案。

二、财政法制宣传教育

20世纪80年代中期,浙江省按照中共中央、国务院批转中共中央宣传部、司法部1985年《关于向全体公民基本普及法律常识的五年规划》和1990年《关于在公民中开展法制宣传教育的第二个五年规划》,以学习《中华人民共和国宪法》《中华人民共和国预算法》《会计法》等为重点加强财政法制宣传教育工作。1991年,省财政厅成立省财政法制宣传教育领导小组,指导全省财政系统普法工作。1992年1月,省财政厅制发《财政法制宣传教育五年规划》,组织财政干部职工开展《中华人民共和国国旗法》《中华人民共和国国徽法》《中华人民共和国选举法》《中华人民共和国地方各级人民代表大会和地方各级人民政府组织法》以及关于行政诉讼、民事诉讼、义务教育、婚姻家庭、综合治理等法律法规的普及教育。1993年,随着财税体制改革不断深入，在系统内外开展新财税法规的宣传教育工作。1994 年，为宣传《会计法》，组织“新会计知识大赛”，全省 11 万财会人员参加第一赛程比赛，15569 人参加第二赛程比赛；同时组织开展新财政法规知识竞赛，全省近万名财政干部职工参加。

1996 年，全省财政系统开展财政“三五”法制宣传教育工作。省财政厅制定普法工作规划，发放全国财政“三五”普法统编教材《法律知识讲座》，层层开展各项普法活动。1997 年 10 月，举办全省财政、地税系统局长及法制骨干培训班。1998 年 6 月，组织开展全国财政法规知识竞赛浙江赛区活动，在全省范围开展财政法规宣传。在《浙江日报》发布竞赛试题，浙江赛区回收答题卡 2 万多份。1999 年，制定《省财政厅干部法律知识学习制度》，举办财政干部职工学法讲座，邀请财政部和国务院法制办领导讲授《会计法》和《中华人民共和国行政复议法》知识。

2001 年，省财政厅制定《浙江省财政法制宣传教育第四个五年规划》，在全省财政系统开展财政“四五”普法工作。举办全省系统内财政、地税局长财政业务和 WTO（World Trade Organization 的缩写，即世界贸易组织）法律知识培训班、全省财政法制干部培训班、财政部公布的《企业会计制度》培训班、财政系统新录用人员入门教育培训班等，组织厅机关干部职工学习 WTO 有关法律知识，并举行全省统一考核。2002 年，省财政厅组织财政干部参加财政部、《中国财经报》举办的《中华人民共和国政府采购法》（以下简称《政府采购法》）百题知识竞赛；开展“《政府采购法》宣传月”活动，全省各地统一宣传时间，明确宣传主题，向全社会广泛宣传《政府采购法》。举办全省财政法制干部培训班，就财政依法行政、财政复议应诉以及新颁布的法律法规等内容，聘请专家学者及律师法官授课。2003 年，结合突发公共卫生事件和新法新规实施情况，组织开展《中华人民共和国传染病防治法》《中华人民共和国行政许可法》（以下简称《行政许可法》）和国务院颁布的《突发公共卫生事件应急条例》等法律法规的宣传学习，邀请专家学者举办《行政许可法》专题讲座，开展以《行政许可法》和财政专业法律知识为主要内容的法律知识考试。8 月，开展对全省各市、县财政系统“四五”财政普法工作情况的自查，并组织 4 个抽查组，对全省部分市和县（市）进行抽查督促。

图 31-4-10-1　2005 年 2 月 1 日，国务院《财政违法行为处罚处分条例》正式施行，省财政厅组织开展学习宣传活动（浙江省财政厅档案室提供）

2004 年，全省财政系统围绕《行政许可法》开展学习培训。学习《中华人民共和国行政许可法释义》等资料以及国家、部、省有关贯彻行政许可法文件，邀请专家开设行政许可法学习专题辅导讲座，举办全省财政系统法制骨干行政许可法知识培训班，组织收看行政许可法电视讲座，组织参加全省行政许可法知识考试，以多种形式学习、宣传贯彻行政许可法。此外还组织学习宣传宪法修正案，邀请专家教授讲授宪法知识，组织参加省委宣传部、省司法厅和省普法教育领导小组办公室联合举办的浙江省“移动杯”宪法知识竞赛。2005年,省财政厅开展国务院颁布的《财政违法行为处罚处分条例》学习宣传教育活动,邀请浙江电视台、《浙江日报》和《浙江法制报》等新闻媒体参加宣传贯彻《财政违法行为处罚处分条例》工作座谈会,组织专题辅导,举办全省财政系统法制骨干财政违法行为处罚处分条例知识培训班。根据财政部和省普及法律常识工作办公室(以下简称省普法办)的安排,组织全省财政系统“四五”普法总结验收工作。

2006年2月,成立省财政厅财政法制宣传教育和依法理财工作领导小组,组织开展“五五”财政法制宣传教育和依法理财工作。8月,省财政厅发布《浙江省财政法制宣传教育第五个五年规划》。为培养财政法制骨干力量,2007年4月,全省财政系统在职法律硕士学位班正式开班,全省财政系统54名财政干部被选拔录取为正式学员。在当年的“12·4”全国法制宣传日中,省财政厅会同省普法办根据《财政违法行为处罚处分条例》的内容,结合公共财政改革要求,设计制作2万套普法宣传挂图,邀请《浙江日报》《浙江法制报》《中国财经报》和“钱塘法治网”等省内主流及专业媒体参加挂图发行仪式,将宣传挂图发放到机关、街道、社区。组织制作财政法制公益广告,通过省财政厅门户网站等渠道播放。2008年,《政府信息公开条例》施行,省财政厅邀请国务院法制办立法专家作“政府信息公开条例”讲座;举办全省财政法制工作分管局长培训班,邀请领导、专家和学者就加强财政立法推进依法理财、财政行政执法与行政诉讼实务、行政复议案例评析等内容进行重点讲解,提高领导干部财政法律知识水平。

2009年,国务院《全面推进依法行政实施纲要》实施5周年,省财政厅特邀省政府法律顾问、浙江大学法学院法学专家对各市、县(市)财政局局长举办依法行政专题培训。同年,浙江政府采购制度实施10周年,省财政厅围绕宣传贯彻落实《政府采购法》开展系列宣传活动,在《浙江日报》《浙江财税与会计》辟纪念专栏专题宣传报道;主办政府采购知识竞赛活动,举办“浙江政府采购十周年”主题征文,宣传政府采购制度及《政府采购法》。2010年,开展全省财政系统“五五”普法验收,组织5个检查组对全省各市及所属部分县(市)开展普法考核交流检查。开展“法治宣传月”活动,组织编写《浙江省财政支农惠农政策解答》,向全省财政系统、农村财会人员免费发放。

三、规范财政执法

1996年,《行政处罚法》颁布施行。1999年,《中华人民共和国行政复议法》颁布施行。1999年3月,“依法治国”作为国家基本方略写入《中华人民共和国宪法修正案》,规范财政行政执法行为,提高依法行政依法理财工作水平,成为财政法制建设的重要内容。

(一)财政行政执法

2000年,省财政厅制定《行政执法责任制实施方案》,印发《浙江省财政厅行政处罚案件会签、备案制度》,严格按照《行政处罚法》及有关规定做好财政行政处罚案件的审核。2002年,贯彻行政执法责任制,严格对行政处罚案件实行提前法制审查。所有执法干部持证上岗,亮证执法,执法证定期年审、换证。

2003年,从审查财政行政处罚法律文书环节开始规范执法工作,财政法规部门为财政厅机关各职能处室以及财政系统单位中涉及的法律问题提供咨询。2004年,国务院印发《全面推进依法行政实施纲要》,《行政许可法》开始实施,省财政厅贯彻实施《行政许可法》,制定包括《浙江省财政行政许可公开暂行办法》等7个配套制度,对依法行政依法理财工作提出更高要求。同时,组织制定《浙江省财政行政执法检查和行政处罚实施办法》,要求:实施行政执法处罚时必须依照法律、法规的规定和此办法,按照规范要求制作工作底稿,出具检查报告,依照法律规定程序作出检查结论和处理决定;规定执法准备、执法检查、执法处理具体办法;统一检查通知书、检查工作底稿、行政处罚告知书、行政处罚听证通知书、行政处罚决定书、送达回证等法律文书格式等,规范全省财政系统行政执法检查和行政处罚行为。对行政处罚案件和政府采购投诉案件提前介入,提前了解情况,开展法律审核。各执法部门依照法定职责和法定程序行使行政权力,及时答复并慎重办理公民、法人和其他组织依法主张的权利和申请事项;在查处行政相对人违法案件以及办理投诉案件时,做到重事实、重证据,适用法律、法规准确,量罚适当,执法程序合法、文书规范,确保各项财政行政执法行为合法、有效。同年,全省各级财政部门组织财政行政执法人员参加全省行政执法综合法律知识考试、财政专业法律知识统一培训考试。在考核合格的基础上领取行政执法证件,并做好已领取行政执法证的年检换证工作。

2005年,按照《行政处罚法》要求做好财政行政处罚案件审核工作。对某会计师事务所两名注册会计师作出暂停执业行政处罚时,坚持按法定程序办理,经由当事人申请,组织听证会,组织专家学者进行咨询讨论,在综合各方面意见的基础上,提出法律建议。同年,开展全省政府采购法执法检查,促进各级财政部门和机关部门贯彻政府采购法,提高依法行政水平。对由省财政厅实际负责实施的8项行政许可项目、省注册会计师协会实施的1项行政许可项目,分解落实依法行政责任,强化执法监督,严格财政行政许可和非行政许可审批事项管理。2006年,贯彻省委建设"法治浙江"决定,省财政厅印发《关于贯彻落实省委建设"法治浙江"决定的意见》和《关于贯彻建设"法治浙江"决定,进一步推进依法行政依法理财的实施意见》,推进全省依法行政依法理财工作。根据国务院颁布的《财政违法行为处罚处分条例》,完善各项配套制度,健全处罚程序,规范执法文书,规范财政行政执法检查和行政处罚行为。深化行政执法责任制建设,对财政行政执法主体、执法依据和执法职能进行全面梳理。经梳理,确定省财政厅行政执法主体有行政执法机关1个、法律法规授权的组织1个、受委托执法的组织3个;规范共同行政行为的法律、法规、规章25件,省财政厅机关为主实施的法律、法规、规章77件,配合其他行政机关实施的法律、法规、规章209件。省财政厅行政执法职责包括行政许可、行政监管、行政处罚、行政强制、行政确认、行政征收和其他行政行为等7方面职能。梳理结果经省政府法制办审查报批,向社会公布。当年对全省财政系统的行政许可项目再次进行清理,明确行政许可项目数量和许可依据,建立和完善行政许可审批制度,规范行政许可审批行为。继续开展非行政许可审批事项的清理,减少、合并审批事项,完善行政审批程序。经省政府第一批公布保留的非行政许可审批项目共8项,每一个审批事项都有相应的制度保证,明确责任处室、责任人,审批依据、程序、期限、是否收费等,规范审批行政行为。组织开展财政执法检查,在全省财政系统内开展《财政违法行为处罚处分条例》的执法检查,检查分县(市)自查、市重点检查和省重点抽查3个阶段。对全系统行政处罚、行政许可、行政强制格式文书、行政执法案卷进行评查，推动《财政违法行为处罚处分条例》的落实，规范各项行政行为，提高依法行政工作水平。

2007年，着手建立专家咨询论证制度，完善法律顾问制度，建立健全重大决策前期调查研究、征求意见制度。凡重大决策均须先行调查研究，通过多种渠道征求各方面意见，听取专家和法律顾问的意见，然后提交厅长办公会议集体研究决定，做到科学决策、民主决策、依法决策。继续贯彻《行政许可法》，规范行政许可和非行政许可审批行为，9项行政许可项目〔其中省注册会计师协会(以下简称注协)1项〕和非行政许可项目均通过浙江省财政厅门户网站向社会公布，接受公众监督。依法合规开展会计师事务所、会计从业资格、政府采购代理机构资格、注册会计师注册等行政许可事项的审批工作。2008年，梳理省财政厅具体执法职能，修订完善并重新公布财政行政执法职权和执法依据。省财政厅作为法定行政机关，共有32项依法行政的主要法律依据；省注协作为法律、法规授权组织，共有3项行政执法主要法律依据。省财政厅共涉及9项行政许可(包括省注协1项)、29项行政监管、146项行政处罚、7项行政强制、4项行政确认(登记)、5项行政征收、15项其他具体行政行为等215项具体执法职能。

2010年，省财政厅制定《行政执法责任制实施方案》，完善行政执法责任制体系；出台《浙江省财政厅依法行政考核办法》，建立健全依法行政考核机制，对厅机关各职能部门进行依法行政考核，并将考核结果纳入厅机关目标责任制考核中；制定《浙江省财政行政处罚自由裁量权指导意见》和《浙江省财政行政处罚自由裁量权执行标准》，印发至全省财政系统贯彻执行。组织开展行政许可事项自查工作，开展全省财政系统行政许可案卷评查。

(二)财政行政复议应诉

1999年，《中华人民共和国行政复议法》(以下简称《行政复议法》)颁布并于同年10月1日起施行。2000年，省财政厅对市、县(市)有关单位和个人2起要求行政复议的案件依法作出应诉处理。2003年，省财政厅依法对有关单位及个人2起行政复议案件进行了应诉。

2005年，按照《行政复议法》要求，及时纠正财政系统内个别单位不当行政行为。全年共依法审理3起行政复议案件，全部按法律规定时间、程序办理，无违法或不当现象。同年，按照《行政诉讼法》要求，首次应对行政诉讼，办理3起针对省财政厅行政处罚行政答复的行政诉讼案件的应诉工作。其中2起行政诉讼案经法院一审判决，省财政厅胜诉；另外1起行政诉讼案件经过深入调查、沟通、解释和说明工作，当事人撤诉。

2006年，在总结前两年行政复议、应诉工作实践经验的基础上，浙江省财政厅制定《行政复议和应诉工作规程》，切实预防和化解行政争议、健全行政争议解决机制，规范处理或指导财政部门处理行政复议和应诉工作。2008年，省财政厅修改《行政复议和应诉工作规程》所附法律文书格式，完善预防和化解行政争议调处机制，逐步把化解行政争议纳入程序化轨道。同年，开展财政法律法规和行政许可、非行政许可审批事项的政务公开组织工作，落实行政许可事项报备制度。

2009年，省财政厅组织全省财政行政处罚案卷抽查，征集财政行政复议案例，举办全省财政系统行政复议、行政处罚案卷专题座谈论证活动，以此提高财政法制干部业务能力。全年办理行政复议答复案件3起、行政应诉案件3起，全部依法定程序和法定期限完成，且全部复议答复、行政应诉案件没有被撤销或变更。同年，牵头组织落实财政扩权强县改革工作，成立省财政厅实施扩权强县改革领导小组，落实涉及的财政管理权限事项。2006—2010年，省财政部门共收到行政复议案件27件，全部依法定程序和法定期限作出复议决定，没有因不服行政复议决定引起行政诉讼事项；办理行政应诉案件16起，没有一起败诉。

第十一节 财政纪检监察

历代政权都设有财政监督机构，履行财政监察之责。民国及其之前的财政监察概况已在此章第三节财政监督中一并记述。中华人民共和国成立后，财政纪检监察制度几经曲折。至20世纪80年代初，财政监察工作恢复其主要职责，监督检查财政收支单位和财政财务人员贯彻执行财经法纪制度情况。1983年，根据省委要求，设立省纪律检查委员会（以下简称省纪委）驻省财政厅纪律检查组（以下简称省财政厅纪检组）。1993年，根据省委指示，省监察厅派驻省财政厅监察室与省纪委派驻财政厅纪检组合署办公，“一套机构、两块牌子”，履行党的纪律检查和行政监察两项职能，受省纪委、省监察厅和所在部门党组（党委）、行政机构的双重领导。随着1998年财政内部监督机构的成立，以及派驻（出）纪检监察机构改革的推进，省财政厅监察处的职能逐步从外部财经纪律监察和内部干部违法违纪监察并重，转向以内部干部违法违纪监察为主。

2005年，省纪委、省监察厅对省直派驻纪检监察机构实行统一管理，编制、干部管理划归省纪委、省监察厅。2010年7月，省纪委、省监察厅明确派驻纪检、监察机构工作职责是加强对驻在部门领导班子及其成员特别是主要负责人的监督；查办案件；协助驻在部门开展党风廉政建设。派驻机构受省纪委、监察厅直接领导，向省纪委、监察厅负责并报告工作。

一、党风廉政建设

1949年中华人民共和国成立初期至1978年底中共十一届三中全会后的近30年中，基本没有单项的党风廉政建设工作。20世纪80年代初，省财政厅党组按照中央和省委、省政府的部署和要求，重视和加强机关和系统党风廉政建设，在组织建设、思想建设、制度建设等方面做了大量工作。1984年10月，省财政厅印发《聘请兼职监察员试行办法》，要求全省各级财政部门试行兼职监察员制度，把专业监察与群众监督相结合，加强财政监察工作。是年，全省各级财政部门聘请兼职监察员385名。1985年4月，省财政厅印发通知，提出财税干部不准经商办企业，严禁参与倒卖活动，不准滥发奖金、实物，不受礼和不接受宴请，不得擅自越权减免税，违者严肃查处等六项要求，纠正和抵制不正之风。1986年6月，省财政厅召开部分市县纪检监察工作座谈会，针对当时少数干部以权谋私，吃请受礼的现象，要求全省各级财政部门抓紧查处各种违法违纪案件，重点提出加强对财税干部的理想信念、宗旨意识，以及财经纪律的教育，提高全省财税干部的政治理论水平及专业知识水平。1988年，全省财政系统根据中央和省委相关部署，狠抓财政系统行风建设，以机关廉洁带动基层行风建设，以查处违法违纪案件结合正面思想教育，建章立制。

1989年3月，省财政厅印发《浙江省财政厅关于保持厅机关廉洁的几项规定》《浙江省财税人员工作纪律》，从制度层面建立机关和干部的廉洁自律规范。1991年12月，省财政厅重新修订并印发《浙江省财政厅保持机关廉洁的八条规定》。1993年8月，省财政厅党组发文要求领导干部廉洁自律做到“五个不准”：不准经商办企业、从事有偿的中介活动、利用职权为配偶及子女亲友经商办企业提供任何便利；不准在各类经济实体中兼职（包括名誉职务），个别经批准兼职的不得领取任何报酬，不准到下属单位和其他企事业单位报销应由个人支付的各种费用；不准买卖股票；不准在公务活动中接受礼金和各种有价证券、接受下属单位和其他企事业单位赠送的信用卡，也不准把本单位用公款办理的信用卡归个人使用；不准用公款参与高消费的娱乐活动、用公款获取各种形式的俱乐部会员资格。要求全厅处以上干部对照检查，开展自查自纠。1994年6月，重新修订《省财政厅、税务局机关干部廉洁自律规定》。1995年7月，根据省委、省政府关于对党和国家机关工作人员在国内交往中收受礼品实行登记制度的实施意见，省财政厅党组要求财政系统严格执行，并结合实际提出4条贯彻落实意见。

为切实增强系统党风廉政建设责任意识，1995年6月，在全省财政系统层层签订《廉政责任书》，主要领导签订责任状，约法三章，一级抓一级，明确连带责任。1998年5月，根据中纪委《廉政准则》要求，在全省财税系统建立领导干部廉政档案，对领导干部年度执行廉洁从政情况、个人收入及重大事项、信访反映和核查材料、民主评议、干部奖惩情况等进行归集建档。2000年，省财政厅党组专门召开领导班子民主生活会，分析研究廉政建设情况，研究制定领导干部廉洁自律和干部出国（境）等有关补充规定。2001年，省财政厅纪检组制定《浙江省财政厅廉政谈话制度》，规定每年选择几个处室、单位开展廉政谈话，对一些涉及源头治理、规范权力运作的问题，采取互动式的沟通，坦诚交换意见，共商防范措施。2002年12月，省财政厅、省地税局联合制定《浙江省财政地税系统党风廉政建设责任制实施办法（试行）》及《浙江省财政地税系统党风廉政建设责任制考核办法（试行）》，加强系统内党风廉政建设，明确各级各部门领导责任。

图31-4-11-1　2002年，全省财政地税系统开展反腐倡廉巡回演讲（浙江省财政厅档案室提供）

2004年，省委提出加强反腐倡廉防范体制建设，提出“标本兼治、注重预防”的惩防理念。8月，省财政厅按照省委要求，发布《浙江省财政地税系统反腐倡廉防范体系实施细则》，在全省财政系统构建起具有财政特色的反腐倡廉防范体系，反腐倡廉工作进入制度化、体系化阶段。2005年8月，按照“框架格式化、内容本行化”的要求，出台具有浙江财政特色的《浙江省财政厅关于贯彻落实省委〈浙江省惩治和预防腐败体系实施意见〉的工作措施》，初步搭建起财政部门反腐倡廉“防火墙”。2006年，省财政厅印发《省财政厅兼职监察员工作暂行办法》，明确兼职监察员的职责、权利、义务和与厅纪检组的联系制度。2007年，省财政厅围绕惩防体系重点改革任务，在“金财工程”一体化信息系统中设置“纪检监察”子系统，形成纪检监察部门与业务部门的信息交流机制，实现对财政业务运作的有效监督管控。2008年，省财政厅印发《厅党组关于进一步加强党风廉政建设的意见》《全省财政地税系统建立健全惩治和预防腐败体系2008—2012年实施细则》，要求各处室、单位理清行政与执法依据，压缩自由裁量空间，完善权力制约机制，针对容易出现权钱交易、以权谋私的部位和环节，加强制度约束，用制度筑牢反腐败的“安全堤”。2009年，省财政厅部署开展权力“搜索”、规范权力运行工作，制定下发《关于开展规范财政权力运行工作的通知》《关于全省财政系统开展规范财政权力运行工作的意见》，在厅机关和系统两个层面开展规范权力运行工作。2010年，创新财政惩防体系制度建设，在厅机关和下属单位的全部工作岗位开展以“风险排查、权力搜索、流程再造”为主要内容的规范权力运行工作，梳理权力事项，分析每项工作的关键部位和薄弱环节，绘制工作流程图416张，查找出风险易发的薄弱环节407处，对33项相关制度进行“废、改、立”，提出59项整改措施，从制度层面完善权力架构，提升财政惩防整体水平。

二、作风效能建设

20世纪80年代以后，为保障财政事业健康有序发展，浙江省有针对性地开展加强作风建设、抵制不正之风的各项活动。1993年，省财政厅成立以厅长为组长的厅机关倡廉纠风小组，加强对全厅廉政建设和作风建设的领导，全力打造廉洁、务实、高效的机关工作环境。1997年，省财政厅发出《机关行风建设工作意见》，增强服务意识，健全规章制度，深入持久地开展机关行风建设。1998年，省财政厅党组决定在全省财税系统开展形象工程活动。进入21世纪后，全省财税系统行风建设工作在依法办税、秉公理财、规范管理、完善服务等各方面取得成果的基础上，从保持共产党员的先进性和纯洁性的高度，采取措施深化作风建设。2001年4月，省财政厅启动厅机关作风建设年活动。2004年初，省委、省政府向全省发出开展机关效能建设动员令后，省财政厅设立机关效能建设领导小组，召开全体干部职工大会暨机关效能建设动员大会，并成立效能建设投诉中心，聘请25名省直机关干部和民主党派人士为效能建设监督员，制定《效能建设监督员工作办法》，全面接受社会监督。4月，省财政厅印发《效能告诫暂行办法》《限时办结制度》《浙江省财政地税系统工作人员五项禁令》《机关效能建设服务承诺制》等多项制度，全方位推进机关效能建设。7月，省委书记、省人大常委会主任习近平到省财政厅专题调研机关效能建设工作，就加强机关效能建设、抓好党建工作以及贯彻落实国家宏观调控政策，做好新形势下财政工作提出要求。

2005年，省财政厅出台《关于进一步加强厅机关效能建设工作的意见》，对厅机关各处室和厅属事业单位执行“五项禁令”和效能建设规章制度执行情况进行多次明察暗访。同时，针对财政管理改革新进程，强化政务公开，修改完善对外公开的内容和办事程序，机关效能建设转入制度化、经常化阶段。2006年6月，省财政厅开展以“两提高一降低”(即：提高工作效率、提高服务质量、降低行政成本)为主题的机关效能主题活动。2009年，结合“两提高、两降低”(提高工作效率、提高服务水平、降低公务支出、降低行政成本)效能建设主题活动，省财政厅出台《厉行节约提高效能若干规定》，对从严控制会议和培训，勤俭做好公务接待，从严控制因公出国(境)，严格公务用车管理、控制支出等方面作出规定。2010 年，省财政厅党组在全厅开展以“治庸治懒、提能增效、狠抓落实”为重点的“深化作风建设年”活动，当年，通过采取节能降耗等措施，公用经费压缩 5%，“三项经费”〔出国(境)经费、车辆购置及运行费、公务接待费〕支出按政策要求实现“零”增长。

第十二节　财政信息化建设

浙江省财政信息化建设起步于 1986 年的计算机应用工作。1988 年 4 月，浙江省财税信息中心成立，财政信息化建设逐步纳入正轨，开发和应用部分财政业务软件，局部实现计算机替代手工操作。1997 年起，随着计算机网络应用和信息共享的需要，省、市、县财政部门启动局域网建设和广域网连接，开发一批面向部门的网络化应用软件，部门与部门之间采用接口方式实现信息共享。2002 年，成立浙江省金财工程①建设工作领导小组，财政信息化建设工作步入快速发展时期。2005 年，金财工程建设进入一体化发展阶段。至 2010 年，基本建成业务标准统一、处理流程顺畅、操作功能完善、网络安全可靠、覆盖所有财政性资金、辐射全省各级财政部门和预算单位的一体化政府财政管理信息系统。

一、财政信息化基础设施建设

1986 年 3 月，财政部配发浙江省财政厅 IBM 微机 2 台、打印机 2 台、传真机 1 台、调制解调器 1 只，实现省财政厅与财政部点对点联网通讯。1987 年底至 1988 年初，省财政厅分别配发 11 个市财政局微机、传真机等设备，实现省财政厅与各市财政局的点对点联网通讯。1988 年 4 月，省财政厅设立浙江省财税信息中心，财政信息化工作纳入正轨。1989 年 1 月，省财政厅购置 PSI 286 微机和打印机各 85 台，配发各县(市、区)财政局预算系统。1990 年 4 月，完成省财政厅计算机专用机房改造，并安装调试配套设备。至 1993 年底，全省财税系统配置 IBM 中型机 1 套、B10 小型机 3 套、微机 600 多台，基本普及到市、县财税局的主要科股及部分地区的财税所。至 20 世纪 90 年代中期，全省财政系统统一配备和应用单机设备，实现上下级点对点的联网通讯，用于报表的财务处理和上下级报表传输。

1996 年 10 月，省财政厅机关大楼中心机房、计算机局域网系统工程建设完工，按 PDS 标准统一布线语音、数字系统(即电话和计算机网络综合布线系统)，配置高档交换机和高档服务器。1999 年 12 月，省财政厅与财政部的广域网连通。2000 年 12 月，省政府实施省级机关会计集中核算改革，省财政厅配置安装 IBM 小型机等系统设备并与省级有关单位联网。2001 年，省财政

---

① “金财工程”：即政府财政管理信息系统。财政部从 1999 年下半年开始规划建立，2002 年国务院正式命名为“金财工程”。

厅机关大楼改造网络线路，建成处理日常事务的办公局域网（内网）和互联网（外网）两套网络系统。2001—2002年，省财政厅先后给10个市财政局、56个县（市）财政局配发服务器及网络设备，进行计算机广域网的试点联网，并全部开通至市、县（市、区）财政局的公文（数据）实时传输系统。至此，全省实现财政系统计算机网络的四级（部、省、市、县）及省级有关单位的联网。

2004年4月9日，浙江省财政厅域名www.zjczt.gov.cn完成注册，并列入国内顶级域名数据库，浙江省财政厅因特网网站正式开通。8月，省财政厅印发《浙江省金财工程小型机配备“以奖代补”专项资金管理办法》，实施金财工程小型机和存储设备产品全省协议供货。各地财政局为运行金财工程财政业务软件，开始购置小型机和存储等设备，改善和提高财政系统信息化基础设施建设。在完善基础设备的同时，加强网络安全设施建设，采购磁盘阵列，建立SAN架构的存储体系，建立全省财政系统数据集中、异地备份系统。2005年，省财政厅分别安排专项经费，完成全省财政系统备份软件（90套）和ORACL数据库（90套）等系统软件的集中采购。2006年12月，绍兴市、温州市财政局开展数据异地备份试点。2007年10月，启动全省数据集中备份试点和省财政厅核心数据异地备份至温州市财政局的试点。至2008年，省财政厅到各市、县（市、区）财政局的通信备份线路完成改造，全省各市、县（市、区）财政局完成本地数据备份，并完成全省数据集中备份和省财政厅核心数据异地备份工作。

2009年，省财政厅中心机房完成标准化改造及安全建设，建立省本级数据中心，建设消防、监控、空调、UPS等12个子系统；启动省本级安全防御体系建设，提高网络安全性能。实施省财政厅到设区市财政局、设区市财政局到所属县（市、区）财政局的两级线路的纵向备份网络管理；完成财政部广域网升级改造和传输链路加密工程。2010年10月，省财政厅建成全国财政视频会议浙江分会场，实施身份认证与授权管理系统应用安全接入和证书使用管理，完成财政CA证书系统与浙江省一体化软件的接口，并在省财政厅本级推行财政CA证书应用。至2010年底，全省财政系统初步形成省电子政务内网、财政业务专网和因特网接入三套网络体系；基于省政府的电子政务外网实现与同级预算单位的连接，财政业务专网完成备份线路的建设；75个市、县财政局购置小型机等设备，建立符合标准的中心机房；通过配备网络安全设备和软件，构建财政应用系统的信息安全防御体系；实现省、市、县三级财政本地数据的安全备份和部分核心数据的异地上传备份。同时启动全省财政系统身份认证与授权管理系统建设。

二、财政业务软件开发运用

1986年3月，财政部下发《通用报表处理软件GCRS》，省财政厅工交处、省税务局计会科等处（科）室应用此报表处理软件计算汇总月（旬）报，取代算盘手工操作。1987年4月，该软件推广应用到11市（地区）财政局。同年，制定浙江省财税系统计算机应用发展规划草案，并上报财政部审核批复。1988年1月，省财政厅办公室使用财政部下发的行政事业财务管理软件，实现出纳、会计业务的电脑记账。1989年，省财政厅开发完成财税业务报表处理、预算事务管理、行政事业财务管理、企业财务管理和报表处理等计算机软件并逐步推广应用。1990年1月，全省预算系统实现计算机处理报表。1990—1994年，省财政厅开发完成财政管理体制综合信息系统、会计职称考试管理、行政事业单位财务状况库、证券公司股东账户管理、外商投资企业财务信息系统、综合计划管理、FOXBASE 图形支撑、分税制测算、农业税数据库、预算指标管理、3L 通用报表、财务开发公司财务管理、财政有偿资金管理、事业收费票据与专户储存、人事管理、房产管理、综合资料查询系统、财政通用会计软件等一系列财政业务软件，在预算、综合、商贸、行财、会计、外经等业务处室使用。在 IBM AS/400 中型机系统上，开发完成激光输出微机报表、财政预算综合分析系统、分税制测算、财政月报分析系统、通用查询、预算决算数据库等，在省财政厅机关使用。1994 年、1995 年分别开展浙江省财政系统计算机应用软件的登记、评比活动，16 个软件分获浙江省财政系统一、二、三等奖。

1995—1996 年，随着计算机技术的发展，省财政厅开发出在 Windows 环境下的总预算会计、综合计划管理、财信会计软件、报表管理、财政周转金管理等一批应用软件，并在全省各市、县(市、区)财政局推广使用，其中总预算会计、财信会计软件推广到部分乡镇。至 1996 年，全省财政系统计算机应用工作处于单机、分散的“孤岛型”软件应用，起到计算机部分替代手工的作用。

1997 年，根据浙江财政改革的实际情况，财政业务软件开发应用实行省财政厅统一开发、统一组织实施的模式。至 2002 年，省财政厅利用自身的技术力量，开发出一批基于网络的应用软件，包括资金申拨、集中支付与集中核算、行政事业性收费和政府性基金管理信息、农业税征管、工资集中发放、政府采购管理等业务软件，并通过大规模的培训及推广应用，将这些业务软件推广到全省各市、县(市、区)财政局。主要开发推广的系统软件有：2000 年底开发完成的集中支付与集中核算系统，该系统于 2001 年 1 月在省级机关会计核算中心和杭州、金华、缙云等财政局投入使用，并随集中核算和国库集中支付的全面推行，推广应用到全省各市、县(市、区)财政局；2001 年开发的浙江省财会报表管理信息系统，完成数据采集、指标项目管理、权限管理、数据查询等模块；2001 年 4 月开发的农业税征管信息系统，完成并选择 13 个单位试点，2002 年 6 月全面推广。至此，省财政厅计算机应用工作由单机版提升到网络化，部门单位之间采用接口方式实现信息共享，称之为“整合型”应用。

2002 年 10 月，省财政厅印发《浙江省金财工程总体方案》。金财工程定位于利用先进信息技术，支撑以预算编制、国库集中支付和宏观经济预测为核心应用的政府财政管理信息系统；其核心是建立一套与公共财政体制相适应，覆盖各级政府财政管理部门、收入征管部门和财政资金使用部门的政府财政管理信息系统；并且在财政业务软件开发实施中，重点开发建设“十二大系统及一平台”。“十二大系统及一平台”包括单位基础信息管理、定员定额管理、部门预算、项目管理、指标管理、资金申拨管理、集中支付和集中核算、非税收入管理系统、农业税征收管理、收入管理、债务管理、政府采购管理和财政综合办公平台。2003 年 8 月，全省推广应用财政收入动态分析系统。9 月，确定杭州市、桐庐县、西湖区、嘉善县、吴兴区、绍兴县、嵊泗县、温岭市、义乌市、青田县、瑞安市、开化县等市、县(市)财政局为金财工程首批试点单位，并完成核心软件应用。2004 年，确定温州市、桐乡市、湖州市、磐安县等市、县(市)财政局为金财工程第二批试点单位。至年底，全省财政系统全面推广应用财政综合办公平台、预算编制(部门预算)管理、预算指标管理、资金申拨管理、集中支付和集中核算、非税收入管理、财政收入动态分析、农业税收征收管理、产权登记管理等软件。

2005年6月，经省财政厅厅长办公会议决定，金财工程建设进入一体化阶段。配合部门预算、国库集中支付、政府收支分类、非税收入征管等各项改革，对财政业务进行梳理，对原有的业务流程进行重新设计和改造，完成从预算编制、指标管理、资金申拨、用款计划、总预算会计、国库集中支付、非税收入、财政综合办公平台等财政主体业务的一体化开发，并在财政厅机关和部分市县运行，实现每一笔预算从编制到执行全过程的跟踪和回溯。2006年11月，省财政厅审议《浙江省金财工程建设三年规划(2007—2009年)》，并于12月印发全省财政部门执行。金财工程建设三年规划以构建“一个公共平台、二级数据处理、三张网络、四大系统、五个统一”为主要内容和特征，管理与技术有机融合，公开透明、服务便捷、安全可靠的政府财政管理信息系统。2008年底，省财政厅财政主体业务软件一体化开发工作全部结束，在全国率先实现从部门预算项目库、指标管理、国库集中支付、非税收入、政府采购到会计集中核算多要素、全过程的协同运行，使预算执行全过程可跟踪、可回溯。2009年，建成业务标准统一、处理流程顺畅、操作功能完善、网络安全可靠并覆盖所有财政性资金、辐射全省各级财政部门和预算单位的一体化政府财政管理信息系统，财政资金分配和使用的安全性、规范性和有效性得到有效提高。

2010年1月，实施“一体化就绪行动计划”，省财政厅选择在湖州市财政局试点，加强财政综合办公平台的单点登录、协同办公功能，对新老财政管理模式进行兼容性开发，增加报表管理、文档管理、日程管理等功能，简化软件配置，改善业务人员的操作体验。至年底，全省71个市、县(市)财政局使用一体化集中支付系统，27个市、县(市)财政局使用一体化非税收入管理系统，65个市、县(市)财政局使用综合办公平台系统。完成土地出让金收支系统的试点工作，并在65个市、县(市)财政局推广应用。同时，根据财政部《关于金财工程应用支撑平台在地方推广实施工作的通知》，启动应用支撑平台建设，至年底在全省各级财政部门全面推广实施。

三、行政管理信息系统建设

1996年10月，浙江省财政厅计算机局域网络系统建立，实现计算机联网，信息共享。1997年6月，省财政厅综合信息网站上线运行，该网站包含财政动态、政策法规、服务信息、内部信息、厅长查询、信息导航等6个一级栏目。1998年，建立无纸化办公的行政管理信息系统提上议事日程，省财政厅着手研究办公自动化系统的技术方案，编写公文流转业务需求。其间，信息管理部门指导绍兴市财政局等地的办公自动化系统的开发和应用，为开发全省财政系统办公自动化系统做技术储备。

2000年，根据财政部信息网络中心和财政部监督司有关财政信息传递无纸化的要求，着手开发“信息交换”软件，解决文件、报表、图片等信息通过财政网络或拨号上网形式，快捷、分类、安全地传送，同时可以对下或对外发布信息。当年完成软件开发，并在全国各省财政监督局和财政监督专员办事处使用。2001年，增加WEB网页自助制作模块，开发完成《浙江财政信息交换软件》并在全省各市、县(市、区)财政局使用，实现网上信息传输，使信息的收集、采编和报送更为快捷方便，提高全省范围内信息共享程度。同年，省财政厅组织力量开发基于IBM Notes C/S版本的办公自动化软件，并于8月1日选择部分处室试运行。2002年1月，省财政厅制定《机关办公自动化双轨制运行管理暂行办法》，实施机关公文“双轨制”运行。经半年平稳运行，6月印发《浙江省财政厅办公自动化管理暂行办法》，从7月1日起财政厅机关全面推行办公自动化，实现公文流转全过程的自动化运行管理。9月，启动浙江省财政电子邮件系统建设工作，为全省财政系统各部门和工作人员建立了统一的财政系统内部电子邮箱，实现全省各级财政系统之间的邮件网上交换。10月，省财政厅发布远程电子公文传输工作实施意见；11月1日，省财政厅与省政府办公厅公文传递实行纸质与电子公文同时报送；12月1日，省财政厅与部分有条件的市、县财政局之间的公文实行电子传递、纸质报送双轨运行。至年底，全省市、县（市）财政局全部实现电子公文远程传输，公文处理与传输效率得到提高。至2002年底，省财政厅实现公文网上流转、对外公文电子化传输，全省财政系统内通过电子邮件交换信息，实现无纸化办公。

随着计算机信息技术的发展，原有系统的应用整合、界面展现等方面的缺陷逐步显现，需要对C/S版本实施升级维护，实现办公自动化与财政业务软件的有效整合。2003年1月，省财政厅组织力量着手开发基于J2EE架构B/S版的"财政综合办公平台（FOA）"软件，在实现公文电子流转的基础上，为一体化的财政应用软件搭建平台。至2003年底，省财政厅版的公文管理，市县版的公文管理、部门事务、个人事务、综合查询，与地税办公自动化系统的接口等功能开发基本完成，并在杭州市、义乌市、桐庐县等市、县（市、区）财政局试点运行。2004年，对平台的核心技术进行升级，扩展完善财政综合办公平台的系统功能，全省有6个县（市）财政局使用该平台。在省本级财政综合办公平台（FOA）中增加公务员考核和财政业务操作的功能。2005年7月，在财政综合办公平台（FOA）中开发机关事务管理模块，厅机关固定资产购置、维修、移交、报废等工作实现网上报批，厅本级账户核算网络化管理系统正式运行。8月，财政综合办公平台（FOA）功能日趋完善，运行平稳，开始逐步推广。在省财政厅机关使用财政综合办公平台（FOA）的同时，逐步在全省各市、县（市、区）财政局推广应用该软件。至当年9月，全省25个市、县（市、区）财政局使用财政综合办公平台（FOA）软件。为扩大软件的应用面，10月，省财政厅印发《关于推广应用财政综合办公平台工作的通知》，有计划地安排未上线单位实施安装。

2006年1月1日，省财政厅停止使用老版本办公自动化软件，J2EE架构的财政综合办公平台（FOA）全面运行。12月，财政综合办公平台（FOA）相继开发机关事务管理等模块，增加厅内用款计划报送、包干经费查询、固定资产管理、办公物品领用、图书查询管理等功能，提高了机关办公事务管理信息化水平。2007年，继续优化省财政厅内网门户及公文管理功能，强化其作为金财工程应用支撑平台的功能，增加信息报送管理功能等。11月，财政综合办公平台进行系统升级。至此，浙江省财政综合办公平台（FOA）在省财政厅本级全面应用，涵盖公文办理、档案管理、行政事务、人事管理、财政业务整合等功能模块，实现财政信息系统的"一站式管理"，为工作人员提供了信息集聚的"一户式服务"。与此同时，同步开发完成财政综合办公平台（FOA）与地税办公自动化系统的接口并进行市县版软件的升级，实现市、县（市、区）财政局与省财政厅和省地税局的公文交换。2009年2月，省财政厅下发《关于进一步做好财政综合办公平台推广应用工作的意见》。至2010年，全省65个市、县（市、区）财政局使用财政综合办公平台（FOA），实现全省财政系统行政管理信息系统的转型升级，为全省各级财政金财工程支撑平台建设和业务应用整合打下基础。

第五章　教育与科研

民国期间，面对时代变革、财政革新，浙江省政府于民国17年(1928年)创办浙江财务人员养成所，培养财政事业发展所需人才。在这期间，省财政厅创办《浙江财政月刊》，刊载财政法规、调研报告，开展财政理论研究。1949年中华人民共和国成立后，为维持机构正常运行，省财政厅通过举办各类业务培训班，提高在职人员政治思想及业务水平。随着财政工作的发展，临时性培训无法满足业务工作需要，1954年7月，经省政府同意，建立浙江省财政干校，对财税干部进行正规化教育培训，并在此基础上逐步发展财会中等学历教育；此后陆续建立了浙江财经学院、税务学校、会计学校等专业学校，扩大了教育培训规模，为社会培养了大批实用财会人才。浙江省财政系统科研机构的建立相对较晚，至20世纪80年代后开始对财政理论和财政政策进行专门研究。同时浙江省财政学会、浙江省会计学会等群众性学术团体也相继建立。依托科研机构和学术团体，各类财会期刊先后创办，传播财政、财务管理经验及财政业务知识。至2010年，省财政厅根据全省财政系统干部教育培训规划，开展以提升能力素质为核心的岗位培训。各类学术团体在财政科研系统的带动和领导下，注重理论联系实际，通过课题调研，参与各级政府行政决策，起到参谋、智囊作用。

第一节　培训与教育

民国38年(1949年)8月浙江省人民政府成立后，省财政厅开办财政、税收、保险3个训练班，提高工作人员政治素质以及政策、业务水平。1954年7月成立浙江省财政干校，以经常性的长、短期训练班等方式提高人员素质。至1975年成立浙江财政银行学校，形成全日制中等专业教育。1984年筹建浙江财经学院，1989年建立浙江省中华会计函授学校，浙江省财政系统形成了一个高等教育与中专教育相结合、普通全日制和成人教育相结合、长期和短期相结合、脱产和业余相结合的财经培训教育体系。20世纪90年代，国家建立公务员制度，根据《国家公务员暂行条例》要求，省财政厅把干部教育与岗位培训作为干部队伍建设、财政事业可持续发展的一个重要抓手。至2010年，全省财政系统干部岗位培训工作围绕财政改革发展的中心工作，开展以提升能力素质为核心的分层次、分专业岗位培训、观摩交流活动和同工种评比交流，提高干部职工的整体素质，促进干部队伍建设和财政事业的发展。

一、岗位培训

图 31-5-1-1 1953 年省财政厅财政人员训练班学员合影(浙江省财政厅档案室提供)

民国 38 年(1949 年)8 月,浙江省人民政府成立,浙江省财政厅也同时设立。设立初期省财政厅工作人员成分复杂,有原国民政府财政厅留用人员、应届毕业学生、南下人民解放军干部等,文化水平、业务能力、政治素质等各方面差异较大。为保障新政府机构的正常运行,省财政厅领导重视岗位培训工作,主要是加强对工作人员政治理论和政策业务的培训,特别是对国民政府留用人员开展有计划的轮训。省财政厅先后举办了财政、税收、保险 3 个训练班。1954 年 7 月,经中共浙江省委同意,财政、税收、保险 3 个训练班合并成立财政干校,承担起全省财政系统在职人员的培训任务。1958 年,财政干校并入省财贸干校,特设财政金融班。20 世纪 60 年代,根据省委要求,选派部分中共党员正副科长和干事、科员参加省委党校初级班的学习,每期学习时间两个月;选派部分中共党员正副厅长、正副处长参加省委党校为时两个月的轮训班。"文化大革命"期间,省财贸干校被撤销。"文化大革命"结束后,各项工作回归正常,各市、县(市)委、政府陆续充实加强财税部门的领导力量。为使新上任的财税局长尽快熟悉财税业务,适应新形势,省财政局于 1979 年举办全省市县财税局长训练班,为期 80 天,共 52 名市、县(市)财税局长参加,重点进行财税业务的培训。20 世纪 80 年代,开始有计划地对全省市、县(市)财税局局长等各个层次干部进行分期分批培训,初步形成多形式、多层次的干部教育体系。同时,根据省委要求,定期选派省管干部参加省委党校轮训班。1984 年 4 月,为加强干部教育培训工作,解决改革开放后领导干部中普遍存在的专业理论知识缺乏、思想政治工作能力薄弱等问题,省财政厅将干部教育培训职能从人事教育处划出,单独设立教育处。随着教育培训工作紧迫性的逐步缓和,1993 年 3 月,省财政厅将人事处和教育处合并,设立人事教育处,干部教育培训职能由人事教育处承担。

根据国务院颁布的《国家公务员暂行条例》,1994 年 8 月,省财政厅对全省财税系统机关和所属行使行政管理职能的事业单位中担任处、局领导职务以下,男性 55 周岁以下、女性 50 周岁以下的在职干部进行公务员岗位培训。岗位培训设 5 门公共基础知识课程和 3 门专业知识课程。当年,全省累计培训 3.24 万余人。1995 年下半年,对全省财税系统学历在初中毕业及以下、年龄在 45 周岁以下的干部进行文化补习和学历教育培训。

1996 年,干部在职培训基本任务是"四个基本普及",即:基本普及邓小平理论、市场经济理论和财经法规知识的培训;基本普及相关岗位培训,包括岗前初任培训、领导岗位任职培训、专项业务岗位培训、专业技术岗位培训、教育管理和教师岗位培训等;基本普及中青年干部的财税专业技能和计算机操作培训;基本普及县以上财税机关相关岗位适龄干部的外语培训。上述培训主要是财政、税务、会计基础知识的普及，面广、应急，“缺什么补什么”。1996年10月，全省财政地税系统军队转业干部培训班在浙江会计学校开班，此后，每年实施对军队转业干部财政业务上岗培训。1997年4月，省财政厅委托浙江财经学院举办第一期全省财税干部学历提高班。截至2001年，共举办“专升本”班5期，培训学员540人；“大专班”2期，培训学员300人。12月，省财政厅党组成立浙江省财政、地税系统干部培训工作指导委员会，负责审定财政、地税机关公务员培训规划和培训经费，审定培训教学大纲和教材，协调指导全省财政、地税系统人员培训工作。1998年5月，省财政厅印发《全省财政干部培训班教学质量评估办法》，全省财税系统干部培训工作指导委员会据此办法检查评估全省各级财税部门举办培训班的教学质量。

图 31-5-1-2　1987年浙江省财税系统局长培训班学员合影（浙江省财政厅档案室提供）

2000年，省财政厅开展以适应岗位工作需要为目的的专业提高型培训和公务员知识更新培训。6月中旬，省财政厅与省委组织部共同举办由部分市、县（市、区）分管经济工作的地方政府领导参加的财税专题研讨班。2001年，省财政厅制定《关于厅教育培训工作管理职能分工的意见》，对厅人事教育处、省财政干部教育培训中心、厅各职能处室局及所属事业单位在干部教育培训工作中所承担的主要职责作了明确划分。同时，制定《2001—2005年全省财政干部教育培训规划》，明确“十五”期间干部教育培训工作的指导思想、工作目标、工作原则、主要任务和具体措施。2002年，省财政厅印发《关于进一步精简会议文件和做好培训工作的意见》，提出严格执行培训计划，逐步建立定点培训制度，控制培训经费等意见。同年，厅机关将培训办班情况纳入工作目标责任制量化考评内容。2003年，省财政厅印发《浙江省财政厅机关干部职工继续教育管理暂行办法》，鼓励机关干部职工参加在职学历教育和上岗、任职、技能等培训，并建立厅机关干部教育培训联络员制度。9月，省财政厅与省委组织部联合举办全省分管财税工作市、县（市、区）长研讨班，邀请有关领导、专家学者为研讨班作全省财政地税改革形势和任务、公共财政和税收体制的改革与发展、政府举债财政风险的防范等专题讲座，交流研讨各地科学聚财理财、规避财政风险的经验与做法。

2004年，省财政厅印发《浙江省财政厅绩效考评暂行办法》，将干部参加各项学习和培训纳入绩效考评内容，作为干部交流、晋升、评优、提拔任用的重要依据。印发《浙江省财政厅系统教育事业费专项资金管理办法》，对系统教育事业费专项资金的使用范围、使用原则、使用申请、监督管理作了规定。印发《全省财政系统干部教育培训工作考核评奖办法》，对干部教育培训工作考核项目与内容、评奖程序、奖励办法等作了规定。2005年，省财政厅制定《关于进一步加强和改进干部教育培训工作的指导意见》，明确教育培训工作的目标任务和工作重

图 31-5-1-3　2005 年 4 月 1 日，省财政厅处级干部选拔考试现场（浙江省财政厅档案室提供）

点，提出“提高培训质量，适当压缩一般性业务知识培训，增加能力素质、人才培养为内容的专业提高型培训”的要求。6 月，举办新任处级干部任职培训班，提高新任处级干部的依法行政能力和组织领导能力。当年启动会计业务能手培养工作，组织各市县财政局推荐的业务能手进行培训，有计划、有重点地在厅机关和全省财政地税系统培养一批业务能手和理财行家。2006 年，省财政厅制定《2006—2010 年全省财政系统干部教育培训规划》，开展以提升能力素质为核心的岗位培训。印发《关于进一步深化学习型组织建设的实施意见》，明确学习型组织建设的指导思想、基本原则、总体目标和具体内容。

2007 年 10 月，省财政厅举办全省分管财政工作市、县（市、区）长公共财政与政府性债务管理专题研讨班，组织公共财政建设、财政管理体制、税收制度等专题讲座和典型发言。编印《芬芳十载——浙江省财政系统干部教育培训十年回顾》一书，总结 1996—2005 年浙江省财政系统干部教育培训工作。2008 年开始，省财政厅每年组织开展设区市财政局岗位培训观摩交流活动，推动全省财政系统以提升能力素质为核心的分层次岗位培训工作。每年印发《全省财政系统干部教育培训师资库》，保证培训班师资力量及全省师资资源共享。2009 年，创新干部教育培训形式，举办两期以“展示 · 交流 · 提升”为主题的“处长讲坛”，省财政厅机关 4 位处长分别以“预算编制”“绩效评价”“医改介绍”和“金财工程”为主题在厅机关进行讲演。10 月，启动全省财政系统专业人才库建设，选拔预算编制人才库成员并开展专题研讨活动。2010 年，“处长讲坛”主讲人由处级干部扩大到一般干部，设“财政干部讲坛”，分别以“资产管理改革”和“基建财务管理”为主题由厅机关财政干部主讲。同时，选拔组建预算执行、基本建设财政财务管理、信息化管理三个全省财政系统专业人才库，并开展专题研讨活动。

二、学历教育

（一）中专自学考试

1986 年 8 月，为提高全省财会人员业务素质，省财政厅成立财政教育自学考试办公室，开办中专财会专业自学考试，形成学历教育管理体系。至 1989 年上半年，有 7.6 万人次报考 18.4 万课次，单科合格率 50%左右，3178 人中专毕业。从 1989 年 3 月开始，中专自学考试办学模式与函授办学模式并行，2001 年 9 月停止自学考试办学，与中华会计函授学校并轨。

(二)中专函授教育

截至1989年初,全省有30.1万各类财会人员,其中中专以上学历者占12%,与当时浙江经济发展不相适应。要解决全省经济发展与财会人才紧缺的矛盾,提升在职财会人员总体学历水平,必须开拓大规模普及教育渠道。1989年3月,省财政厅申办浙江省中华会计函授学校(以下简称省函校)获批准,开始筹建杭州、嘉兴、宁波、绍兴、金华、台州等6所市(地)分校和14个县(区)函授站,当年招生录取学生806人,其中专修班629人。根据省教育委员会关于成人高等学校经济类专业实行联合办学的通知,省函校从1989年秋季开始与省高等教育自学考试委员会、浙江财经学院实行高等教育财会专业联合办学。

1991年下半年,省函校开设会计专业,将原联合办学的财会专业高等教育自学考试转入全国统一的财政、税收、会计专业考试。1992年5月,成立教学研究中心,指导办学单位开展教研活动,探索远程成人教育规律。同年,省函校建立二级巡考制度,组织专门人员对部分分校、函授站的考试工作进行巡视;分校派员对所属函授站进行巡考,同时请当地教育委员会派员到考试现场巡视。8月,财政部中华会计函校通报《工业会计》课程抽考情况,浙江省函校抽考成绩名列全国11所抽考省校第一名;慈溪、萧山函授站抽考成绩分列全国28个抽考函授站的第三、第六名;慈溪函授站学生沈福权获全国唯一满分成绩。

1994年7月,征得省教育委员会同意,省函校自1994/1995学年第一学期起进行教学制度改革,将学年制改为"单科累进制"①。1995年秋,省函校进行招生改革,将年度招生改为春、秋两季招生。1997年,省函校实行"教育实习制度",即学员在两年内学完全部课程,再安排半年教育实习。1998年,开设会计电算化课程。3月,在绍兴、萧山、黄岩等10个分校、函授站设立会计电算化初级培训考点。

2001年9月,在财会中专自学考试并入中华会计函授教学管理模式后,秋季注册在校中专生1.6万余人。2003年,省函校开展网络教学平台建设。至2010年底,省函校建有11所地级市分校、10所县级分校和59个县级函授站;与社会办学单位合作,设立17个省校直属教学点,在全省形成了完整的三级办学网络,承担财税系统干部职工和企事业单位在职财会人员中专学历教育任务。1986—2010年底,累计招收中专学生106656人,毕业103089人。

(三)大专函授教育

1984年,浙江财政学校依托杭州电子工学院建立函授部,开展大专函授教育,设财政和工业会计两个专业。1987年浙江财经学院建立后,函授部划归浙江财经学院。至1987年累计毕业2255人,当年毕业证书仍由杭州电子工学院颁发。

2002年,省函校与浙江经贸职业技术学院联合开展大专(三年制成人高职性质)财会专业教育。依托浙江经贸职业技术学院教育资源,利用省函校教学网络优势,当年秋季首次招

---

①　"单科累计制":指在规定的年限内(3—4年),学生以单科积累的形式修完全部规定课程并取得合格成绩,学校发给毕业文凭;提前修完的可提前毕业,不能按期修完的课程或未及格课程允许在自入学时算起6学年内续修或补修。

生，经全国成人高考录取2497名；2003—2004学年录取新生3489人；2005年录取新生2751人，当年夏季首届大专生毕业；2006年录取新生2884人。

2007年7月，省函校与浙江财经学院联合开设大专财会专业成人教育。当年录取新生2944人，至年底，大专在校生规模8000余人，联办大专2002级、2003级、2004级和2005级毕业生7394人。2008年录取新生2894人，毕业2952人；2009年录取新生2473人，毕业2312人；2010年录取新生1430人，毕业2485人。至2010年底，省函校与两所联办院校（浙江经贸职业技术学院、浙江财经学院）累计录取大专学生21362人，注册在校生4700余人（新生未注册），毕业15143人。

三、专业学校

（一）浙江财务人员养成所

民国17年（1928年），浙江省国民政府财政厅提出急需“办理财务人才”，经省务会议通过，决定设立浙江财务人员养成所（以下简称养成所），以培养财务实用人才。养成所所长、副所长皆由省政府任命。地址位于杭州市柴木巷。当年8月开始筹备，9月招考录取学生。养成所设赋税班、会计班两个班，以及正科第一、第二期和高级科第一至第四期。学生以两年为修业期限，每年四分之三时间上课学习，四分之一时间由省财政厅派往各财政机关实习。民国浙江省政府委员会立法院兼经济委员会委员长马寅初，全国经济会议委员及全国财政会议专家寿景伟，以及浙江大学教授、浙江地方银行总经理徐恩培等社会经济界名流为养成所学员授课。据养成所所长魏颂唐于民国35年10月《浙财通信》（资料性质）上刊发前言“于抗战发生后毕业余，以战时无财政可言，决志归田匆匆十年”所记，养成所可能在抗日战争全面爆发后停办，资料缺失无从考证。

（二）浙江财经学院（浙江财政学校）

1974年11月，省财政金融局向省革委会生产指挥组提交《关于要求开办省财政银行学校的报告》。1975年4月30日，省革委会批复同意成立浙江财政银行学校（全日制中等专业学校），设财政和银行2个专业，招收高中毕业生，学制2年，隶属浙江省财政金融局。建校初期，限于办学条件，招生甚少，1975年和1976年财政专业各招生60人，1977年财政专业招生100人。1978年8月，随着省财政局和省人民银行机构分设，学校也相继分设为浙江财政学校和浙江银行学校。1978—1982年，浙江财政学校每年招生100人。随着新校舍建成，师资增加，1983—1984年，每年招生250人。同时，除财政专业外，增设企业财务、基建财务、税务3个专业，均按财政部制定的学时制教学方案和教学大纲组织教学。1984年下半年，省财政厅报经省政府批准，在浙江财政学校基础上筹建浙江财经学院，暂定办学规模为在校生2000人，招生财经大专班，并逐步向本科班过渡。浙江财政学校从1985年起停止中专招生，累计毕业中专生1200余人。1985年2月，省政府任命省财政厅副厅长王道振为浙江财经学院首任院长，10月，省委宣传部任命李春田为浙江财经学院党委书记。1987年5月，国家教委批复同意建立浙江财经学院，在校生规模为3000人，设财政、会计、经济信息管理、税收、审计5个专业，学制4年，批复允许学院根据社会需要招收部分专科学生，学制2～3年。同时规定浙江财经学院由省财政厅领导划转由省政府领导。

（三）杭州大学财政专业

1982年5月，省财政厅与杭州大学签订协议，由省财政厅出资120万元，在杭州大学经济系内设置财政专业，并于当年秋季开始招本科生，学生毕业后由省财政厅负责分配。1987年因浙江财经学院开始招收本科生，省财政厅终止与杭州大学的协议。其间共招收培养大学本科毕业生175人。

（四）财税职工中专学校

1984年3月15日，经省政府同意，在杭州、宁波、湖州财政干校基础上举办3所财税职工中等专业学校（成人中专教育性质），属省办市管，面向全省招生。杭州财税职工中专学校规模150人，设财政、税务、企业财务会计3个专业，2003年更名为杭州财税会计学校，由杭州市财税局主管；宁波财税职工中专学校规模200人，设财政、税务、企业财务会计3个专业，1991年更名为宁波市财政税务学校，由宁波市财税局主管；湖州财税职工中专学校，规模180人，设税务和企业财务会计2个专业，1984年11月转为湖州税务学校。

（五）浙江税务学校（湖州税务学校）

1984年11月，省财政厅报经省政府批准，在湖州财税职工中专学校基础上，建立湖州税务学校（全日制中等专业学校），隶属省财政厅领导。学校设置税务专业，招收高中毕业生，学制2年。当年开始招生，在校生规模为100人。1992年，经省政府批准更名为浙江税务学校。1998年国税、地税机构分设后，浙江税务学校划归浙江省国家税务局领导。

（六）浙江会计学校（嘉兴会计学校）

1987年9月，经省教育委员会、省计划经济委员会同意，在嘉兴市财税干部学校基础上建立嘉兴会计学校（全日制中等专业学校），隶属省财政厅领导。学校设置工业会计、工业财务管理、预算会计3个专业，招收高中毕业生，学制2年，在校生规模640人。1992年1月，嘉兴会计学校更名为浙江会计学校。1994—1996年，学校增设会计电算化、保险、房地产与物业管理3个专业。2000年6月，省政府决定浙江会计学校成建制并入嘉兴学院。

（七）浙江财政学校（金华财政学校）

1984年4月，省政府批复省财政厅在金华财政干校的基础上建立金华财政学校（全日制中等专业学校），招收高中毕业生，学制2年。学校设财政、税务、财会3个专业，在校生规模为900人，隶属省财政厅领导。省财政厅委托金华地区财政局代管。1992年1月，金华财政学校更名为浙江财政学校。1993年5月，省教育委员会、省计划经济委员会公布浙江财政学校办学水平达 A 等学校标准。7 月，省政府批准浙江财政学校为省、部级重点中专学校。2000 年 6 月，浙江财政学校成建制并入浙江师范大学。

(八)浙江省中华会计函授学校

1989 年 3 月，经省教育委员会同意由省财政厅主办的浙江省中华会计函授学校(以下简称省函校)正式成立。省函校是一所培养应用型财会人才的会计专业学校，属成人中专教育性质。学校设会计专业，学制分二年制、三年制(函授)，省内招生。4 月，报请财政部同意列为中华会计函授学校办学单位，执行中华会计函校总校的统一教学计划、统一教材(含音像教材)，参加总校的统一考试，实行“函授自学、电视教学、面授辅导”三结合的教学形式。学校校长由省财政厅历任厅长兼任。至 2010 年，省函校在全省建有完整的三级办学网络，拥有 11 所地级市分校、10 所县级分校和 59 个县级函授站，是全国办学规模最大的省级中华会计函授学校之一。

第二节　财政科研

1949—1960 年，浙江省财政系统没有设立专门从事财政理论和财政政策研究的机构，相关研究工作由各业务处室结合工作实际开展。1960 年 2 月，省财政厅办公室设立财政科学研究组。1982 年在财政科学研究组的基础上设立财政科学研究室，1984 年 6 月成立浙江省财政税务科学研究所，2009 年 4 月更名为浙江省财税政策研究室。至 2010 年，全省 11 个设区市相继成立科研机构，为地方财政中心工作服务。同时，省财政厅办公室牵头组织全省财政系统研究力量，围绕财政热点、难点、焦点问题开展工作调研。此外，各类财政学术团体发挥自身优势，开展财政科研活动。浙江财政科研工作除了围绕全省财政中心工作坚持理论联系实际，深入基层调查研究外，还编辑出版财会期刊和年鉴，宣传财税改革方针政策，传播财政、财务管理经验及业务知识，积累财政资料，发挥舆论导向和存史资政作用。

一、政策调研

(一)财政研究

1960 年，为使财政工作更好地为“社会主义总路线”服务，省财政厅在厅办公室内设财政科学研究组。科研组成立初期，工作重点是总结人民公社财务工作，促进农村经济快速发展；研究财政与经济的关系，以及综合财政计划问题。“文化大革命”后各项工作转入正轨，其主要职责是围绕浙江省财政中心工作及重点工作开展调查研究，探讨解决新问题，提出意见和建议供领导决策参考。1982 年，省财政厅在科研组的基础上设立财政科学研究室(以下简称科研室)，致力于对改革开放初期的新情况新问题进行调查研究。当时，温州市是全省个私经济的发源地，在征收个私企业所得税时遇到难题，温州市财税部门根据实际工作情况，试行由营业税带征所得税的办法，此举引起省里和部分市县争议。科研室组织人员赴温州市，深入个私企业实地调查，提出“定率预征，年终结算”的个体工商户征税办法，提供省、市领导参考。

1984年，省财政厅在科研室基础上建立浙江省财政税务科学研究所（以下简称省财科所）。针对1982年政府机构改革后，新上任的政府主要领导对财政工作的历史与现状、方针与政策了解不多的情况，根据省财政厅领导的要求，省财科所有针对性地加强对市县政府领导有关财政政策和财政业务的宣传。组织人员对财政体制，特别是市县一级财力和权限的划分、合理分配和使用财力，以及组织财政收入、加强财政管理进行梳理，编写了《市长县长怎样抓财政》手册。此项工作得到省委、省政府领导的支持，省委书记王芳特为此作序，省长薛驹题写书名。该手册分财政体制、财政收入、财政支出三部分。1985年，省财科所发现当年一季度实行定额上缴财政体制的29个县（市）的固定收入比上年同期下降，而流转税大幅增长，财政支出也大幅增长。经调查发现主要是农副产品统派统购取消后价格上扬，流转税水涨船高，而企业利润由于原材料和工资成本提高而下降，使固定收入增长下降或负增长。这种状况使省级财政收入有所增加，而定额上缴县（市）地方财力受影响。省财科所提出提高这些地方在流转税中的分成比例的建议，报经省政府同意，及时解决了省与县（市）财力分配不合理的问题。同年，就加强集贸市场和个体工商户的税收征管开展调研，提出提高市（地）、县（市）财政对此项税收的分成比例的建议。省财政厅采纳这一建议后，当年此项税收比上年增长一倍，成为改革开放初期不可忽视的一项重要财源。随着改革开放的深入，温州市个体私营经济规模不断发展。1987年，省财科所通过对温州的实地调查，认为温州市财税工作在改革开放中取得了成绩，财政收入三年增长一倍，增幅超过历史上任何时期，应当肯定。温州市税收征管工作中的一些具体做法符合当地实际并有一定创造性，同时也指出了存在的问题。调查结论增强了温州市委、市政府和财税部门直面改革、解决改革新问题的信心。

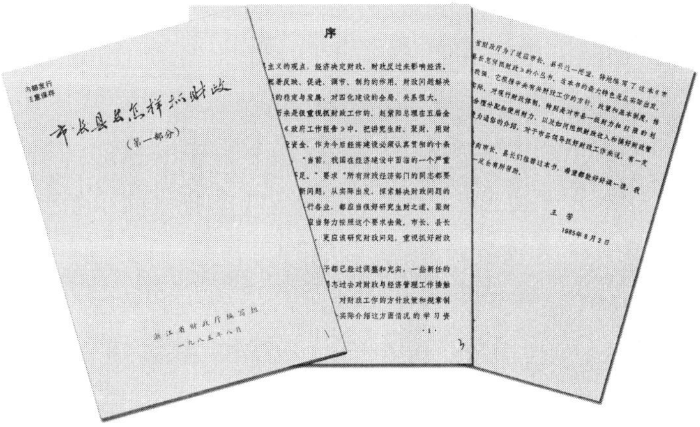

图31-5-2-1　1984年，由省委书记王芳作序，省长薛驹题写书名的《市长县长怎样抓财政》（浙江省财政厅档案室提供）

20世纪80年代后期，浙江省经济发展取得一定成绩，但同时也存在体制机制不完善以及宏观调控不协调的问题。1988年，省财科所联合省计划经济委员会、中国人民银行浙江省分行就浙江省哲学社会科学规划办招标课题“省级经济调控问题研究”开展调研。省财科所在该课题的子课题《省级财政调控的目标与手段》一文中提出，省级财政调控的手段包括计划调控、预算管理体制调控、企业财务分配调控、税收调控、支出调控、财政信用调控等6项，指出地方财税调控权须在减免权和税率制定权、开征地方性新税种、允许地方在分享的税收上作调整等政策性建议。1989年，针对财政收入占国民收入比重大幅下降，给财政收支平衡带来巨大压力的情况，省财科所开展《关于提高财政收入占国民收入比重的研究报告》，提出提高比重需加强税收征管，整顿和改进减免税，提高部分行业的营业税税率，统一内资企业所得税，适当扩大建筑税的征收范围，调整国家与企业的利润分配关系等9条措施。1990年，面对浙江经济出现滑坡、效益下降、财政困难加剧的局面，省财科所提出要注意企业虚盈实亏、潜在亏损扩大、亏损挂账上升的情况和技改贷款还贷余额不断增加的趋势。省财税所结合1991年财政工作思路提出实行三个转变的建议，即把实际上存在的财政收支量出为入转变为量入为出，按经济规律安排财政收支；从重收轻支转为在不放松抓收入的同时，注重支出管理，讲求支出效益；改变资金管理分散、普降细雨的现状，适当集中财力，突出重点，使之更好为调整结构、提高经济效益服务。这些建议得到省财政厅并省政府领导的肯定，并在省政府领导参加全省财政工作会议的讲话中得到体现。

1992年，省财科所与省财政厅有关处室共同研究梳理财税部门支持经济发展，拓宽理财领域，多渠道筹集建设资金等6个方面共22条建议。经向省委汇报，受到好评，并摘要刊载在省委《信息通报》上，供全省各市地和省级有关部门参考。1995年，省财科所联合省财政厅相关处室就"适应社会主义市场经济体制要求规范和调整事业单位财政供给范围、结构"课题开展调研，提出促进一部分事业单位走向市场需解决的问题，得到财政部有关专家肯定，刊载于中国财政学会主办的《财政研究》杂志。1996年，与省财务开发公司合作，对如何规范筹集、使用和管理财政有偿资金，促使财政有偿资金健康发展开展调研，提出必须规范使用财政有偿资金，规范的重点是资金来源、资金投向和管理模式，应逐步向建立和健全地方财政投融资机制方向发展。1997年，联合省财政厅农业农税处，对政府保护和开发农业资源的政策措施进行调研，探索在市场经济逐步建立的条件下政府如何运用财政、税收两个杠杆保护和开发农业资源。2000年，参与省"九五"重大课题"地方财源建设研究"，完成总报告《浙江省地方财源建设研究》和21项分报告，并汇编成《地方财源建设研究》一书。

2003年7月，根据中共十六大提出的统筹城乡经济社会发展，省委、省政府把统筹城乡经济社会发展研究作为重点课题，省财科所联合省财政厅相关处室于2004年完成"加快浙江省农村公共财政建设研究"的课题报告，并参与省农业和农村工作领导小组办公室、《浙江日报》联合举办的统筹城乡经济社会发展课题成果交流。2004年，为贯彻中共十六届四中全会、中央农村工作会议和省委十一届七次全会精神，省财科所开展"农民增收途径的分析与财税对策研究"，提出公共财政如何向农村推进、公共产品如何与农民分享的政策建议，对于更好地贯彻执行中央有关促进农民增加收入文件提供了可操作性的措施。同年，在对台州温岭、临海和三门等地调研中，发现台州经济在快速增长的背后，地方财政普遍面临着财政收入增长乏力和财政支出压力增大的双重压力，由此完成《关于如何缓解地方财政困难的调研报告》。同年，完成省社会科学界联合会（以下简称省社科联）重点研究课题"地方政府债务研究"，为省政府出台《浙江省地方政府性债务管理实施暂行办法》提供前期政策调研依据。2005年，浙江省乡镇赤字和债务出现面广、量大的情况，通过对磐安县化解地方政府债务风险问题的调研，解剖麻雀，完成《磐安县政府负债预警机制研究》，探索地方政府债务管理办法，尝试建立地方政府债务风险预警机制，防范政府债务风险。

2006年，省财科所注重课题成果的转化，将全省财政科研课题进行综合摘编供领导参阅；有关成果在国家级刊物上发表，同年有3项科研成果分获首届全省社会科学优秀研究成果一、二、三等奖。自省财政厅党组2004年7月提出“三个三”工作措施①后，省财科所开展《从经济学视角看“三个三”理财思路的创新》研究，剖析“三个三”工作措施的经济学原理，客观、理性地看待浙江财政的理财思路，促进这一制度的进一步完善和升华，助力“三个三”理财思路的贯彻落实。2007年，中共十七大把基本公共服务均等化作为完善公共财政体系的一项具体任务提出明确要求，省财科所邀请在杭高校财政界教授，从理论、实践两个角度共同探讨财政促进基本公共服务均等化的路径选择。完成的课题由1个总报告、6个分报告和10个专题报告组成，汇集出版《基本公共服务均等化研究》一书，获全省财政系统调研成果一等奖和浙江省党政系统优秀成果二等奖。根据建立全口径预算管理制度要求，开展社会保障预算编制研究，选择上虞市、平湖市两个最早实施社会保障预算编制试点的地区进行实地调研，提出进一步做好社会保障预算的对策措施。2008年，开展财政支持欠发达地区加快发展的调查研究，完成《健全财政转移支付制度，促进欠发达地区加快发展》报告，对完善浙江省财政体制、促进欠发达地区发展提出思路建议。同年，浙江多地出现企业大量外迁，为从制度层面破解这一现象，开展《浙江省企业外迁现象剖析》研究，提出应对之策，为浙江企业的壮大、经济的可持续发展提供政策建议。为了提高公路投资效率，与财政厅经建处合作完成“公路常年‘高价’谈何姓‘公’”“治理收费公路的财政思考”等4个子课题和《浙江省公路投资管理研究》总报告。其中《公路常年“高价”谈何姓“公”》发表在国家发改委、中国经济体制改革研究会主办的中央级内部刊物《改革内参》上。完成“地方财政公共预算编制的思考”课题，提出当前公共财政预算编制应当遵循的原则，根据这些原则，分层次、有重点地确定财政支出范围，通过增量支出导向引导存量预算编制调整，以预算编制改革，优化财政支出结构，强化公共服务职能，健全公共服务体系。完成“完善省以下财政体制，增强基层政府提供公共服务能力”的课题，运用定量分析的方法，从财力分配、支出、制度等角度，并结合财政体制，对如何进一步完善省以下财政管理体制，增强基层政府提供公共服务能力，提出相应对策措施。

2009年4月，省财科所更名为浙江省财税政策研究室(以下简称政研室)后，强化科研为财政中心工作服务的理念，加强财政实践的政策调研和财政改革方案设计工作。与相关业务部门联合完成《浙江财政预算编制、执行、监督“三位一体”管理模式研究》《我省公共财政“三位一体”组织体系改革初探》的调研总报告和《浙江省财政预算“三位一体”管理模式改革的探索》分报告，为省财政厅机关机构改革提供了理论支撑和方案设计。义乌市在全省率先探索以“收入一个笼子、预算一个盘子、支出一个口子”(以下简称“三个子”)为主要内容的综合预算改革，由于配套制度难以跟上，改革中遇到瓶颈制约。政研室深入探析义乌市改革实践，研讨破解对策，完成《综合财政改革——义乌的实践与探索》和《义乌市公共财政改革的实践与探索》课题报告，得到省财政厅领导和义乌市财政局的肯定，为解决改革难题提出了措施和建

① “三个三”工作措施：支持第三产业发展；优化税收收入结构、政府财力结构和财政支出结构等三个结构；财政支出做到“控、压、保”三个字。

议。完成“完善我省财政预算报告研究”课题，提出运用直观易懂的图表说明和增加专业术语的名词解释等方法，使提交省人民代表大会审议的财政预决算报告更加简明、通俗、易懂。完成省社科联课题“完善政府预算管理改革研究”，并通过财政部科研所内参报送财政部领导参阅，为全国推进“三个子”综合预算改革提供了浙江经验和模板。由于国际金融危机的影响，浙江经济遭遇前所未有的困难，加快转型升级成为浙江经济摆脱困境、实现可持续发展的治本之策。政研室联合部分市、县(市)财政部门，邀请省社科联、财政部科研所、浙江大学、浙江财经学院、杭州电子科技大学的专家教授，举办“促进经济转型升级的财税对策研究”研讨会，共商推进浙江经济转型升级的良策。经过一年的调研、研讨，完成《关于如何推进企业转型升级》《经济危机下拉动内需的财税政策研究》和《浙江省促进经济转型升级的财税对策研究》等调研报告，提出运用好财税政策，充分发挥其对经济空间结构的改善、优化和升级的调节作用，积极有效地促进浙江经济转型升级的对策思路。其中《浙江省促进经济转型升级的财税对策研究》被浙江省社会科学界联合会规划协调办公室列为重点委托课题，并获得第五次全国优秀财政理论研究成果一等奖。

2010年，政研室完成的“浙江省发展低碳经济的财税对策研究”课题，分析浙江省低碳经济发展面临的问题，提出拓宽政策扶持面、支持低碳技术创新，支持低碳企业发挥主体作用，完善政府采购制度，加大转移支付，完善生态补偿机制，强化激励约束作用等政策建议。在推行“三个子”的公共财政管理改革中，协助桐乡市财政局完成《桐乡市如何推进“三个子”公共预算管理改革的探索》，对“三个子”改革模式作了系统梳理，试图在这一庞大改革系统工程中找出一条最贴近现实、最具可操作性的改革路径，确保“三个子”改革目标的实现。为贯彻落实省政府“财税部门自身要实现持续、平稳、健康发展”，财政“要发挥支撑、保障和引导作用”的要求，先后走访省内部分企业和政府部门，调查了解地方经济发展方式转变的现状，邀请40个市县政府主要领导、财政局长及有关院校、研究机构专家举行座谈，在吸收地方政府领导和专家意见的基础上，撰写《推进经济发展方式转变的途径及财税对策》，此课题被社科联规划办列为重点委托课题。

(二)工作调研

1999年2月，省财政厅、省地方税务局在全省财税系统倡议开展业务课题调研活动，并确定当年重点调研课题，印发至全省各市、地、县财政局、地方税务局，要求课题调研以市地为单位组织实施。2000年1月，全省财政、地税工作会议期间，一批调研论文受到表彰，其中杭州市的《杭州市城市建设负债问题研究》、岱山县的《燃油税开征对渔业和海运业的影响和对策》获一等奖，其余37篇调研课题分获二、三等奖。这些课题针对财税工作热点重点问题进行研究，寻求对策，探索财税改革路径。2001年1月，省财政厅、省地方税务局向各市及厅、局机关各部门下达调研任务。至年底共推荐调研报告162篇，经专家和领导评审，对获奖课题进行通报表彰：省财政厅企业(资产)二处针对粮食市场化改革后出现的新情况和新问题，完成的《浙江省粮食购销市场化改革的调研报告》获特等奖；农业处针对农业和农村工作实际，特别是财政支农工作中的突出问题，完成的《促进农民增收的财政对策研究》获一等奖；针对温岭市不少企业外迁现象，温岭市财政局在走访多家企业的基础上撰写的《红杏出墙——析温岭企业外迁和外设现象》，获一等奖。

2002年2月，省财政厅提出“转变财政职能，改进工作作风”的要求，将“按照公共财政的要求，规范财政机关内部财务、资产管理；财政机关办公自动化”作为两个调研专题。同年，全省财税系统各级领导干部特别是“一把手”带头参加工作调研，解决财税改革和财政工作中的难点、热点问题。省财政厅社保处依据浙江省养老保险新制度4年运行情况，对养老保险基金有可能面临收不抵支的问题进行调研，分析养老保险财政风险，提出及早防范和化解养老保险财政风险，确保养老金按时足额发放和养老保险制度可持续发展的改进意见和制度设计，完成的调研报告《防范和化解养老保险财政风险的思考》获当年全省财政系统优秀调研报告特等奖。2003年，结合财政重点和热点问题开展调研，组织有关市、县(市、区)财政部门实施联合调研；同时将厅领导牵头的重点调研课题与省政府重点工作相结合，由相关处室部门组织实施。全省各级财政部门结合当地实际，制订具体实施办法，从制度上保障调研工作落实到位。

2004年，省财政厅制订《全省财政系统调研工作管理暂行办法》，明确全省财政系统调研活动的组织、课题任务实施、课题报告评审以及优秀调研报告汇集出版等方面工作，并指定由厅办公室统一协调管理。暂行办法将调研课题分为三类，即：全省财政工作思路调研、省委和省政府重点课题调研、厅机关重点课题及部门和地方业务调研。10月7日，省财政厅领导带队分赴全省各市及所属部分县(市、区)开展全省财政工作思路调研，了解经济发展所面临的突出矛盾和问题，寻求有效对策措施，分析、判断下一年财政经济形势，提出全省财政工作思路。各组整理、总结调研成果，为形成全省财政工作思路提供依据。2005年，省财政厅完善调研工作管理暂行办法，修订三类调研课题为：全省财政工作思路调研、厅机关重点课题调研、部门和地方业务课题调研；提出每年第四季度由厅领导牵头，各业务处室配合，赴全省各地开展工作思路调研。10月，厅领导带队分赴各地开展工作思路调研。综合各组调研情况，结合省委、省政府重点工作以及财政部对推进财政改革的具体部署，分析浙江财政工作面临的矛盾和问题，提出“十一五”期间及下一年度全省财政工作总体思路，包括贯彻落实国家宏观调控政策，实施省委、省政府关于“八八战略”“平安浙江”“文化大省”和加快服务业及循环经济发展等一系列决策部署；整合财政资金，优化财政支出结构，确保重点支出需要，降低行政成本，建设节约型社会，提高财政资金使用效益的思路；按照加快建设公共财政的要求，深化财政管理改革，着力推进部门预算、国库集中收付、绩效评价、政府债务管理和农村综合改革等改革思路。省财政厅预算处撰写的《“十一五”时期加快推进我省公共财政体制改革的思路与对策研究》，提出了浙江省推进公共财政改革和发展的主要任务，为促进全省经济增长和发展提供改革思路。该课题报告获当年全省财政系统优秀调研报告特等奖。

2006—2009年，全省财政系统围绕财政中心工作开展调查研究。其中，2006年的《发挥公共财政作用 推进科技自主创新》《浙江省省级行政单位行政成本合理化问题》《浙江省政府外债负担问题研究》《社会保障支付能力的财政风险研究》，2007年的《浙江省解决民生问题财政保障机制研究》《完善财政转移支付制度促进基本公共服务均等化》《国库集中支付改革在我省实践的分析与探讨》《加快我省现代服务业发展的调查与思考》，2008年的《浙江省生态环保财力转移支付制度实施跟踪调查报告》《温州市城镇财政发展比较研究》《海宁市主导产业动态能力实证分析与地方财力互动机制研究》《浙江省基本公共服务均等化的财政保障机制研究》，2009年的《浙江省省级行政成本控制政策的调查与思考》《完善浙江省森林生态效益补偿基金制度研究》《加强财政专项资金结余管理研究》《浙江省农村卫生院财政投入机制研究》《浙江财政预算编制、执行、监督“三分离”管理模式研究》等调研报告，在为各级政府和财政部门领导提供决策参考，推动财政改革与发展等方面发挥了作用。

2010年，省财政厅工作思路调研进入第七个年头。厅领导率各工作思路调研组人员分赴各地邀请当地省人大代表和政协委员座谈，听取他们对财政工作的意见和建议。同时总结各地创新财政体制机制，发挥财政支撑、保障、引导作用，加快经济发展方式转变，保障和改善民生的思路和举措；挖掘深化财税管理改革，加强乡镇财政建设，健全基础管理，推进财政管理科学化精细化的经验；针对各地拓展财税文化建设，深化机关作风建设，提高干部队伍素质等方面的工作情况进行深入调研。至年底，收到各地、各部门报送的调研报告85篇。经专家和领导评审，选出一等奖6篇、二等奖11篇、三等奖20篇。浙江省农村综合改革中的一事一议财政奖补工作在试点基础上于2010年全面推开，省财政厅基层财政处的调研报告《我省村级公益事业建设一事一议财政奖补试点工作的实践与思考》，分析试点工作取得的成效和基本经验，提出完善一事一议财政奖补长效机制的思考，对此项工作的全面开展起到指导作用。改革开放30多年，台州区域经济走出了一条“民资、民有、民营”的独特模式，但在2008年国际金融危机的冲击下，该模式低、小、散的缺点暴露无遗，财政收入在全省的排序逐步后移，台州市财政局经过调研，提出台州经济走出困局必须迈过转型升级这道坎，在《财政支持台州经济转型升级研究》中提出了“主攻沿海”战略，优化生产力空间布局等思路与措施。

（三）专题研讨

1.经济发达地区财政专题研讨

20世纪80年代初，浙江经济开始起步，基础设施建设滞后于经济发展的矛盾越来越突出，根据省委、省政府要求，增加省级可用财力，筹集资金用于基础设施建设成为财政工作的中心任务。省财政将此项工作重点放在财政收入上亿元的县(市)上，就经济发达地区如何抓好财源建设、如何使用好财政资金进行专题研讨。1986年3月，省财政厅在萧山召开全省财政收入上亿元县(市)财政局长座谈会，研讨如何用活财政资金和发展横向经济联合中的财政税收政策等问题。参加会议的有财政收入超亿元的萧山、余杭、绍兴、海宁、桐乡、余姚、鄞县、慈溪等8个县(市)，以及财政收入近亿元的黄岩、兰溪、上虞、平湖4个县(市)。针对市场银根紧张，企业资金周转困难的实际，会议研究确定把省财政集中的财政间歇资金由亿元县和近亿元县周转使用，支持地方经济发展。当年省财政对12个县(市)借出财政周转金1.4亿元。为使这些县(市)能在发展经济增加财政收入上有更大的后劲，会议还研究探讨了对这些县(市)的税收优惠政策。会后，省财政厅下发《关于对财政收入上亿的县(市)在税收上采取若干试行措施的通知》，在税收政策上给予这12个县(市)以支持，鼓励其壮大地方财力。萧山会议后，各地对“亿元县政策”

反映强烈。11月，省财政厅在绍兴县召开第二次全省亿元县财政局长座谈会，进一步完善相关政策。至1990年，全省财政收入亿元县(市)财政工作研讨会每年举行。此外，1991年起每年还召开财政收入亿元县(市)协作会议(由主办县市召集，被称为“民间研讨会”)。一年两次[亿元县(市)财政局长座谈会和协作会]的研讨交流着重围绕一至两个议题，收集财政政策实施的反馈情况，探索新思路，及时调整政策。1994年，中央实行分税制财政体制改革后，省财政将亿元县的标准从财政总收入调整为地方财政收入上亿元，并根据实际情况及时调整对亿元县的奖励政策。至此，开始提出对财政收入大县实行“亿元县上台阶”政策。

1994年实施的分税制体制对浙江经济影响深远。为取得市县领导对财政工作的理解和支持，从1994年起，财政收入亿元县(市)研讨会开始邀请地方财政收入超亿元的县(市)政府主要领导参加，使他们有机会与各兄弟县(市)政府领导及财政局长共同交流探讨财政政策对县域经济的影响，相互启发增进理解。至1997年，除每年省财政厅举办全省财政收入亿元县(市)会议外，还召开了7次财政收入亿元县(市)协作会议(前三次称财政工作研讨会)。1998年，亿元县(市)会议改为地方财政收入超双亿元县(市)会议，依旧由政府主要领导与财政局长就一二个财税主题共同研讨。由于达到参会门槛要求的县(市)越来越多，2002年改为地方财政收入超4亿元县(市)会议。2005年又改为地方财政收入超8亿元县(市)研讨会，研讨主题为如何创新地方政府理财思路。2007年，全省27个地方财政收入超8亿元的县(市、区)政府主要领导和财政局局长以及11个市财政局局长围绕如何加快发展服务业、转换经济发展方式、促进全省财税收入增长的主题，进行研讨。

在全省财政收入规模不断扩大的形势下，2008年省财政重新审视财政体制，经反复调研，以省政府名义下发《关于完善省对市县财政体制的通知》，出台新一轮省对市县财政管理体制。新体制以建立分类分档激励奖补机制为核心，打通发达地区与欠发达地区之间的政策樊篱，建立动态进退机制。至此，取消原对发达地区实行的财政政策，并且不再召开以亿元县名义举办的座谈会。2010年9月16日，根据区域经济社会协调发展的理财思路和浙江省新的省对市县财政体制，省财政厅召开浙江省财政改革与发展座谈会，发达地区和欠发达地区

图31-5-2-2　2010年9月，浙江省财政厅召开浙江省财政改革与发展座谈会。图为与会人员合影(浙江省财政厅档案室提供)

的政府主要领导及财政局局长同时参会，围绕“财政支撑保障引导经济发展方式转变”这一主题共同研讨，共谋发展。

2.经济欠发达地区财政专题研讨

浙江省地处东南沿海，由于历史原因，国家少有对浙江的经济建设投资。20世纪80年代末，全省经济发展不平衡，仍有17个贫困和次贫困县，其中文成、泰顺和景宁为国家级贫困县，永嘉、磐安、云和、武义和青田为省级贫困县。为使这些贫困县尽早脱贫致富，省财政实施了不少政策，如各种形式的结对帮扶，等等。但是由于这些政策没有从根本上激发贫困地区自我发展的动力，导致贫困县财政收入仍然徘徊不前，并以各种理由要求省财政增加补助，出现越补越穷的局面。1991年，省财政厅在缙云县召开全省财政补贴县工作研讨会，着重就补贴县如何增强自给能力进行探讨。由于体制问题没有得到根本解决，1994年，省财政对17个贫困和次贫困县(市)补助2.03亿元，比上年增加5500万元，而这些县(市)仍出现1.12亿元的财政赤字。为了彻底扭转贫困地区财政恶性循环的状况，寻找缓解这些地区财政严重困难的对策和出路，1994年，省财政厅领导带队，深入17个贫困县调查研究，与县政府领导班子和有关部门领导充分交换意见，到农村、工厂和基层有关单位实地考察，掌握第一手资料，得出比较切合实际的结论，即财政扶贫不能停留在“约束型”“输血式”的政策措施上，而要着眼于激励与约束相结合的造血功能的培育上。从调研中也得到启示，省财政扶贫工作的立足点不仅要放在帮助贫困地区解决具体困难上，更重要的是放在促进贫困地区生产发展上。据此，省财政厅调整扶贫工作思路，改变过去“省上想少补一点，希望县里多收一些，县里想少收一些，希望省上多补一些”的反向思维，树立共同扩大财政收入规模的同向思维；将“会哭的孩子多吃奶”的传统补助模式，变成“会干活的孩子多吃奶”的新模式。1995年，经反复分析测算，出台对17个贫困县和次贫困县采取在确保完成中央“两税”(增值税和消费税)任务，确保当年财政收支平衡的前提下，省对县实行补助和奖励与县地方财政收入增长挂钩的政策，简称“两保两挂”政策。补助和奖励的具体办法是，以这些县1994年体制补助和困难补助之和作为补助基数，地方财政收入每增长1%，省对县补助增长0.5%；地方财政收入每增加100万元，省对县奖励5万元，一定三年不变。政策实施当年，省财政补助2.89亿元，奖励517万元；17个贫困县和次贫困县实现地方财政收入4.46亿元，比上年增加1.27亿元，增长39%，高于全省平均增幅21.3个百分点。

“两保两挂”政策实施后，省财政厅陆续召开多次由部分市、县(市)政府领导及财政局局长参加的片会，逐步扩大政策实施范围。1996年，省对22个地、县(市)补助3.90亿元，奖励857万元；1997年，省对23个地、县(市)补助4.43亿元，奖励647万元。1998年，在丽水青田召开第一次由所有实施“两保两挂”政策的市县参加的座谈会，总结完善财政政策，共同探讨财源建设和脱贫致富经验。

除贫困县和次贫困县以外，浙江省还有40多个县(市)处于经济发展的中间层，为调动他们发展经济的积极性，省财政厅深入调研，在听取这些县(市)政府领导及财政局长的意见建议后，向省政府提出关于实施“两保两联”财政政策的请示。即在确保这些县(市)当年财政收支平衡和完成消化历年累计赤字任务的前提下，地方财政收入增收上解省级的收入与技改补助和奖励相联系，此政策至 2000 年止保持三年不变。请示得到省政府主要领导的批示后执行。至此浙江省探索出独具特色的“抓两头带中间”的财源建设之路。

2001 年，参加“两保两挂”市、县(市)会议的政府主要领导与财政局局长围绕县(市)长如何抓财政的主题展开深入探讨，提出“抓两头，带中间，还财政于政府，赋权力于制度，走公共财政之路”的财政工作思路，以及转变观念由政府治理经济为政府服务于经济的理念。2008 年，“两保两挂”市、县(市)会议围绕“以解决民生问题为着力点，加快推进基本公共服务均等化”和“落实科学发展，保护生态环境”两个主题，交流经验，研讨对策。研讨会肯定了具有浙江特色的省对市县财政体制，调动了欠发达市县发展经济、培植财源、做大财政收入蛋糕的积极性，有效改善了欠发达市县财政困难状况，促进了地区协调发展；同时也增强了省级财政的调控能力，对促进全省区域、城乡统筹协调发展、稳定和改善财政状况起了重要作用。但是随着全省经济的快速发展，浙江区域发展由“哑铃型”向“橄榄型”转变，财政体制面临着新情况、新问题，必须顺应形势做出新的调整，以促进经济社会各项事业全面协调可持续发展。研讨会上通报了新一轮省对市县财政体制的拟订方案，将“两保两挂”等政策及省对市县奖励政策统一调整为“分类分档激励奖补机制”，健全和完善省对市县转移支付制度。由于体制的调整，2008 年后不再召开“两保两挂”市、县(市)会议。2010 年起，将“两保两挂”市、县(市)会议与地方财政收入 8 亿元县(市)会议合并为浙江省财政改革与发展座谈会。

二、刊物

(一)《浙江财政月刊》

《浙江财政月刊》为民国浙江省政府财政厅主办的月刊。据尚存的民国 17—28 年(1928—1939 年)该刊各期的查考，主要刊载全省财税收支情况分析、财政部及浙江省的财税法规、省内财政的调查研究报告以及有关财政理论研究文章。其中民国 25 年刊有浙江财务人员养成所教员与学生对海盐等地的地方财政调查报告；民国 26 年刊有浙江省国民政府主席朱家骅在省政府第一次预决算委员会会议上的报告《浙江财政之前瞻》；此外还刊有《浙江财政整理方针》《县地方预算之编制问题》《改革浙省田赋行政制度建议》等文章，论述和探索浙江财政工作。《浙江财政月刊》创刊及停刊情况不详。

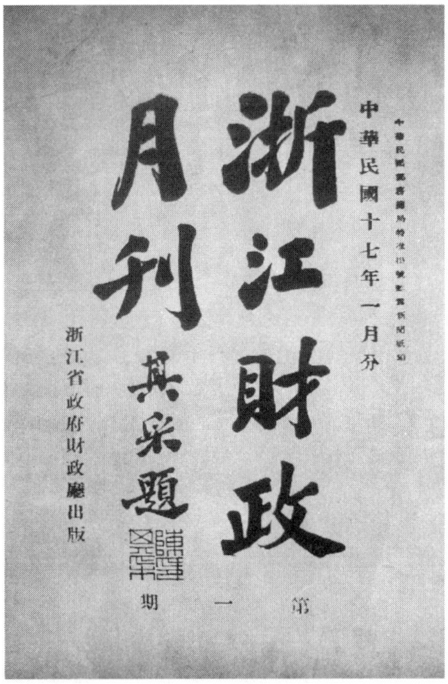

图 31-5-2-3　民国时期，浙江省政府财政厅创办的《浙江财政月刊》，省财政厅厅长陈其采题写刊名(浙江大学图书馆民国馆提供)

(二)《浙江财税与会计》

《浙江财税与会计》为浙江省财政厅和省会计学会合办的财会类期刊，由《浙江会计》与《浙江财税》合并而成。《浙江会计》由省会计学会于 1980 年 10 月创办，为国内

图 31-5-2-4 《浙江财税与会计》于 1987 年 1 月创刊，省委书记王芳题词，省长薛驹题写刊名（浙江省财政厅档案室提供）

公开发行的季刊，1982 年改为双月刊，1986 年改为月刊。发行对象为浙江企事业单位的财会人员。1986 年，省财政厅将主办的《浙江财政研究》《浙江财政简讯》两刊合并为《浙江财税》，仍为内部发行月刊，在全省财税系统内赠阅。同年，《浙江会计》与《浙江财税》合并为《浙江财税与会计》（月刊，16 开本），由省财政厅和省会计学会联合主办，1987 年 1 月开始在国内公开发行，发行对象主要为全省财税干部和企事业单位财会人员。杂志编辑部设财税组和会计组。1996 年 5 月 1 日，经省新闻出版局评定，杂志被评为浙江省二级期刊，是全省财税系统干部职工了解和学习财政税收政策法规制度以及交流工作学习经验的载体。2000 年，编辑部将杂志 3 个印张中的 1.5 个印张改为彩色版。2001 年，杂志获中国财政学会和财政部科研所举办的全国财政系统期刊评选一等奖。2002 年，经省新闻出版局批准，杂志改为大 16 开本，当年增刊 1 期，共出刊 13 期。2003 年，杂志发行量 51070 份。

2003 年，浙江省治理党政机关报刊发行，省委宣传部、省新闻出版局、省邮政局通知决定，除科技期刊外，其他报纸、期刊暂停 2004 年度征订活动。2004 年，《浙江财税与会计》转为内刊，并获内部准印证号，每月定期向全省财税系统及企事业单位赠阅 2 万册。改为内刊后，杂志继续坚持原有办刊宗旨，围绕全省财政中心工作，做好政策宣传，研究探讨财政理论，展示浙江财政改革与实践，交流学习企事业单位财务会计管理经验。至 2010 年，杂志每年按期出刊 12 期，将全省财政改革举措、政策宣传传递至全省财税系统干部职工及企事业单位财务人员，同时传播企事业单位先进理财经验，弘扬财税文化，交流工作体会。

（三）《浙江财政研究》

《浙江财政研究》创刊于 1982 年 5 月，为浙江省财政税务科学研究所和省财政学会合办的内部双月刊。编辑部设在浙江省财政税务科学研究所。1987 年改刊名《浙江财税研究资料》，1994 年改刊名《浙江财税研究》，1996 年再度改刊名《财经改革》。该刊主要刊登全省各市、县党政领导，财政、国税、地税部门领导关于发展经济，涵养财源，依法理财，加强税收征管等方面的论述，交流各地财经工作中的新情况、新问题。发送对象为全省各级党政领导，财政、国税、地税局局长及省财税系统干部和有关财经院校教师，每期印量 4500 份。1996 年，《财经改革》在全国财政系统期刊评选中获二等奖。2002 年 1 月，《财经改革》停刊，重新恢复为《浙江财政研究资料》内部刊物。2005 年，《浙江财政研究资料》更名为《浙江财政研究》。办刊宗旨：为广大财税干部、财政学会会员提供交流工作新情况、解决新问题、探讨财税改革新思路的园地。2007 年，《浙江财政研究》获内部刊物准印证。至 2010 年，《浙江财政研究》每年出刊 6 期。

（四）《浙江财政年鉴》

《浙江财政年鉴》为浙江省财政厅主办的省级财政专业年鉴，创刊于2001年。每年编印1卷，为大16开本，由中华书局出版，作为省级大型财政类资料性图书赠阅全省财政系统及各大专院校图书馆、资料室。

2001年1月，省财政厅党组发文成立《浙江财政年鉴》编辑委员会，编委会办公室设在浙江省财政税务科学研究所。《浙江财政年鉴》以文为主，辅以图表，按年度发布上一年浙江省财政改革与发展情况，是资料性与史实性相结合的专业类工具书；逐年全面、系统、准确地记载全省财政系统改革与发展的大事、要事、新事。全卷分8篇和附录共9部分，共计100万～120万字，其中《浙江财政年鉴·2001》、《浙江财政年鉴·2006》和《浙江财政年鉴·2011》分别增加"九五""十五""十一五"时期浙江财政工作总体回顾内容。该年鉴除了收入上年资料，还适当收入纵向的历史资料和区域间横向的对比资料，以全面综合反映浙江财政发展的历史轨迹以及在全国财政总量中的相对比重，提高年鉴资料的实用性、存史性。至2010年共出版10卷。

为适应电子信息技术的发展，强化年鉴检索功能，《浙江财政年鉴》从2007年始，每卷附赠具有全文检索数据库的电子版年鉴光盘。2001—2006年，各卷内容合成为一张全文本检索数据库电子光盘，供读者查阅。《浙江财政年鉴·2009》和《浙江财政年鉴·2010》，电子光盘增加视频数据。

（五）其他刊物

《浙江预算管理与会计》　为浙江省预算会计研究会1991年3月创办的内部季刊。创刊时刊名为《浙江预算会计》，1997年12月改为双月刊，1999年更名为《浙江预算管理与会计》。其办刊宗旨：为全省各级财政预算部门和各事业单位的预算会计工作者服务，提供最新预算会计改革信息，解读政策，发表科研成果，总结交流工作经验，沟通预算会计活动信息。2001年底，浙江省清理整顿报刊期间停刊。至2001年底共出刊65期。

《浙江农村财政》　为浙江省农村财政研究会1994年12月创办的内部季刊。该刊为从事农村财政税收理论和实践工作者提供研究探索本专业领域的实务与理论问题的园地。2001年底，浙江省清理整顿报刊期间停刊。至2001年共出刊30期。每期赠阅4000份。

《行政事业财务》　为浙江省行政事业财务工作研究会1994年11月创办的内部双月刊。该刊为全省行政事业财务工作研究会会员和行政事业财务工作者、教育理论工作者开展理论研究和实务探讨提供交流园地。1996年8月，刊物改由财政部文教司与浙江省财政厅联合主办，是面向全国财政系统行政事业单位财务管理干部与行政事业单位财务会计人员的专业性刊物。1997年发行量7万余册。2001年底，浙江省清理整顿报刊期间停刊。

《商贸财务》　为1996年7月，财政部商贸金融司和浙江省财政厅联合创办的内部双月刊。1997年1月，财政部商贸金融司退出联办。1999年发行1万册，其中订阅和赠送各占一半。2000年，订阅量850册，其余均为赠阅，赠阅对象为全国县以上财政部门。2001年底，浙江省清理整顿报刊期间停刊。

《浙江财政公报》 为省财政厅1997年1月主办的内部月刊。至2001年12月共出刊60期。主要刊载国务院、财政部、浙江省政府和省财政厅发布的有关财政方面的政策法规、制度、条例。2001年底,浙江省清理整顿报刊期间停刊①。

三、学会

(一)浙江省财政学会

1.沿革与学术活动

1982年2月,浙江省财政学会筹委会成立;1988年1月12日,浙江省财政学会(以下简称省财政学会)召开成立大会。会议通过省财政学会章程,选举产生名誉会长吴植椽,顾问李文灏、丛贵珠、吴歼,会长宋少祥,以及学会第一届理事会。业务主管单位是省财政厅,学会秘书处设于浙江省财政税务科学研究所内。省财政学会是从事财政理论和财政政策研究的群众性学术团体,是中国财政学会、浙江省社会科学界联合会的团体会员。

图 31-5-2-5 1988年1月,浙江省财政学会成立大会与会人员留影(浙江省财政学会提供)

省财政学会成立后,组织和推动市县财税学会和有关财经院校开展财政课题研究。1988年12月,省财政学会与温州市、台州地区财政学会联合在玉环县开展乡镇股份制经济发展及财税扶持政策等问题研讨。1990年,省财政学会在开化县开展完善企业承包经营责任制研讨,提出警惕企业潜亏、正确处理承包基数和防止包盈不包亏等观点。1991年,省财政学会与温州市、丽水地区财政学会联合开展财政补贴县工作研讨,探讨改变补贴县地区经济落后面貌的思路和途径。

1991年8月,省财政学会成立二级学会——浙江省中青年财政研究会(对外称浙江省财政学会中青年工作委员会)。

1992年6月,省财政学会就提高国有工业经济效益开展理论研讨,提出加强国有企业财务管理、扭亏增盈的改革思路。11月,结合邓小平南方谈话精神的学习,省财政学会在杭州市余杭县就加快财税改革适应社会主义市场经济发展、建立社会主义市场经济体制下的新型财政等问题开展研讨。

1992年,省财政学会第一次参与中国财政学会协作课题研究,牵头联合辽宁、广东等省财政学会及财政部科研所财务会计研究室开展《提高国有企业经济效益》课题研究,课题获

---

① 2001年底,浙江省清理整顿报刊出版发行物,省财政厅决定,2002年1月1日起,《财经改革》《浙江预算会计管理》《浙江农村财政》《行政事业财务》《商贸财务》《浙江财政公报》等6份刊物全部停刊。

1992年中国财政学会和财政部科研所全国协作课题三等奖。1993—1994年，省财政学会和财政部科研所承担中国财政学会和财政部科研所的协作课题“关于健全企业社会保障的研究”“关于浙江省非国有经济发展与其若干对策研究”，均获财政部科研所和中国财政学会全国协作课题二等奖。1995年，省财政学会联合省财务开发公司召开“全省财政有偿资金使用管理”研讨会，就财政有偿资金地位、资金来源、资金投向、财政有偿与银行信贷资金的关系处理等问题进行研讨。有关市（地）、县（市、区）财务开发公司、财税学会、财经院校等代表参加研讨会。

1995年8月，省财政学会二级学会——浙江省中青年财政研究会改名为浙江省中青年财税研究会。

1996年后，根据财政工作的重点，省财政学会每年提出研究课题，落实到市、县（市）财税学会及有关财经院校等单位。2000年，省财政学会就各有关单位在1996—2000年完成的298项课题进行评审，首次出版《浙江省财政课题研究成果汇编》。此后每年都将优秀课题成果汇编成册出版。

2001年7月，省财政学会举办“公共财政理论”培训班，全省各市、县（市）财税学会秘书长、财政系统科研骨干及部分财政局领导参加培训。培训班邀请上海财经大学等院校专家就公共财政基本理论授课。此后，省财政学会每年举办全省财政学会秘书长和科研骨干培训班，邀请知名专家学者就财政改革热点、难点问题进行交流，以提高全省财政科研干部政策理论水平。

2002年，浙江省全面推行农村税费改革，省财政学会参加中国财政学会和财政部科研所协作课题“农村税费改革难点问题研究”，与省财政厅农税局组成联合课题组，赴上虞市、富阳市、建德市、龙游县、宁波北仑区、舟山定海区等农业税改革试点地区调查研究，完成研究报告《浙江省农村税费改革研究》。2004年，中国财政学会举行第四次全国财政理论研究成果评选活动，对2001—2003年度全国财政协作课题成果进行评比并颁奖，省财政学会牵头的《加入WTO对财政的影响及政策研究》（2001年）、《农村税费改革难点问题研究》（2002年）、《城市低保和农村社会保障问题研究》（2003年）分别获二等奖、一等奖和三等奖。

图31-5-2-6　2007年浙江省财政学会举办“基本公共服务均等化与财政”学术沙龙（浙江省财政学会提供）

2007年11月，省财政学会首次举办学术沙龙。来自浙江大学、浙江财经学院、浙江工商大学、杭州电子科技大学、浙江师范大学等省内高等院校的财政界20余位专家学者应邀参加“基本公共服务均等化与财政”学术沙龙，交流论文11篇，就基本公共服务均等化的理论和实践问题进行讨论。同年，省财政学会参与省社科联组织的科普下基层和“2007当代哲学论坛”活动，被省委宣传部和省社科联授予“浙江省2007社会科学普及周优秀组织奖”。2008 年 12 月，省财政学会联合浙江财经学院举办“浙江公共财政改革 30 年：回顾与展望”研讨会。省社科联、省委政策研究室等有关单位领导和全国财政学界知名专家学者从多角度、多层次全面回顾总结浙江省公共财政发展的历程。

2009 年，省财政学会采用上下协作的形式，组织部分市、县（市）财税学会开展“完善政府公共预算管理改革研究”，以推进政府公共预算管理改革，形成协作课题成果 13 个。2010 年 1 月，省财政学会召开第六次会员代表大会。会议选举产生新一届学会领导机构，省政协副主席黄旭明被选为省财政学会名誉会长。11 月，省财政学会召开全省财政学会秘书长和科研骨干培训班，财政部科研所、浙江大学财经类专家学者对“十二五”（2011—2015 年）期间如何把握财税政策等专题作讲座。2010 年，根据“推进事业单位供给方式改革措施”的工作任务，配合省财政厅总预算局和教科文处，参与撰写《事业单位财政供给方式改革路径和政策研究》子报告。同年，省财政学会完成“浙江省民生财政建设的实践与思考”课题，在省社科联等单位联合举办的“浙江民生论坛”上发布。2001—2010 年，省财政学会举办全省财政学会秘书长和科研骨干培训班 10 期；编辑出版课题研究成果汇编 10 册；完成中国财政学会协作课题 10 项；与高校等单位联合举办学术主题沙龙 4 次。

2. 二级学会（分会）

2009 年 8 月，经省财政厅厅长办公会议决定，整合所属部分学会组织，将省预算会计研究会、省行政事业财务工作研究会、省农村财政研究会作为二级学会（即分会）并入省财政学会，注销上述 3 家学会的法人资格。整合后的 3 家二级学会会长由省财政学会副会长兼任。

图 31-5-2-7　浙江省预算会计研究会 1993 年年会代表合影（浙江省预算会计研究会提供）

（1）浙江省预算会计研究会。浙江省预算会计研究会成立于 1990 年 11 月。第一届理事会由 45 名理事和 9 名常务理事组成。浙江省预算会计研究会（以下简称省预算研究会）组织会员开展预算会计基本理论和方法的研究及应用，编印预算会计学术资料，开展学术研究；宣传预算会计、预算管理和事业行政财务管理方面的方针、政策和法规、制度，并向业务主管部门提供有关的意见和建议；总结全省预算会计工作经验，针对实践中出现的新情况、新问题进行课题研究，提出改进建议；举办各种形式的专题讨论会、报告会，组织会员开展经验交流和学术探讨，通报国内外预算会计领域最新动态及发展趋势，研究推广预算会计电算化。1991 年，省预算研究会创办会刊《浙江预算会计》。同年，先后成立浙江省气象局预算会计研究会专业委员会、浙江省公安厅预算会计研究会专业委员会。1992—1997，省预算研究会举办全省乡镇财政管理人员培训班、全省会计职称教育辅导人员研讨班和全省预算会计人员新预算会计制度培训班，并开展学术交流活动。

1997—1999 年，省预算研究会先后参与财政部、全国预算会计研究会主办的《预算会计改革丛书》《新预算会计制度知识问答》《新预算会计制度释疑》《预算会计》和《预算会计原理》(新编)等书籍编写工作。1999年,在全国预算会计研究会有奖征文评比活动中,省预算研究会参评论文《曲折的道路,光辉的历程》获二等奖。2002—2007年,研究会每年开展论文评选活动。2008年,省预算研究会被国家级《预算管理与会计》月刊评为宣传工作优秀单位。2009年8月,省财政厅整合所属学会组织,省预算研究会作为二级学会并入浙江省财政学会。

(2)浙江省行政事业财务工作研究会。浙江省行政事业财务工作研究会(以下简称省行财研究会)成立于1994年4月。第一届理事会由19名常务理事组成。1994年11月,创办会刊《行政事业财务》。省行财研究会成立后,开展行政事业财务理论的学术交流活动,探索公共财政制度下加强行政事业单位财务管理,提高财政资金使用效率的方法和理论。

1996年8月,《行政事业财务》杂志由财政部文教行政司与省财政厅联合主办。发行范围覆盖全国29个省、自治区、直辖市。1997年,省行财研究会编印《浙江省行政事业财务工作研究会通讯》,交流全省行政事业财务研究课题。1998年和2000年,开展全省行政事业财务研究优秀课题评选活动,出版获奖课题集。

2002—2008年,省行财研究会宣传贯彻新《会计法》,组织省级行政事业单位财务人员参加新制度培训和会计人员继续教育培训。2009年8月,省财政厅整合所属学会组织,省行财研究会作为二级学会并入省财政学会。

(3)浙江省农村财政研究会。浙江省农村财政研究会(以下简称省农研会)成立于1989年11月,1993年4月经省民政厅批准,为一级学会,并成为中国农村财政研究会和省社联的团体会员。1993—1995年,省农研会围绕减轻农民负担、加强农业税征收管理、提高支农资金使用效益等问题开展专题研讨会和大型学术论文交流活动。其间,创办会刊《浙江农村财政》。

2001年,省农研会联合省级有关涉农部门、高校等组成课题组,完成"关于促进农民增收的财政改革"等5项重点课题的调研。2002年,组织全省各级财政部门和会员单位,结合当地实际,围绕增加农业投入等问题,完成120多个调研报告。2004—2005年,省农研会组成4个研究小组,对乡村债务、农业财政、农业综合开发和农业税收等开展专题调研。2006—2008年,省农研会围绕财政支持现代农业、支持新农村建设、化解乡镇债务风险、增加农民收入等重点工作,开展课题调研,调研成果在中国农村财政研究会的专题研讨会上作交流。省农研会自成立以后的一些优秀研究成果如"加强宏观管理、优化投资结构、努力提高财政支农资金使用效益"等课题多次获中国农村财政研究会联合课题特别成果奖,以及全国农村财政研究会和省农研会优秀论文奖。2009年8月,省财政厅整合所属学会组织,省农研会作为二级学会并入省财政学会。

(二)浙江省会计学会

1. 学会沿革

浙江省会计学会(以下简称省会计学会)是由全省财会学术团体、会计学术和会计理论与实务工作者组成的非营利性社会组织,是中国会计学会、浙江省社会科学界联合会的团体会员。1979年12月19日,省会计学会在杭州召开成立大会,首批会员301人。大会选举产生第一届理事会，讨论通过《浙江省会计学会章程》，省财政厅副厅长宋德甫当选为会长。省会计学会下设学术研究组、资料编译组、教育辅导组和秘书后勤组。1980 年 10 月，省会计学会创办会刊《浙江会计》并公开发行。1986 年 9 月《浙江会计》停刊，同年底与省财政厅《浙江财税》杂志合并，联合主办《浙江财税与会计》月刊。2008 年 3 月 25 日，省会计学会召开第八次会员代表大会。大会审议通过第七届理事会工作报告和学会章程修正案，选举产生新一届理事会及其领导机构；11 个市会计学会和 16 个省级专业会计学会、分会为团体会员，个人会员 390 人。2010 年，因人事变动，领导机构相应调整。

2. 学术活动

省会计学会成立后，秉承理论源于实践又指导实践的宗旨，注重研究总结会计理论在实践中的新发展。20 世纪 80 年代中后期，浙江省在经济体制改革中推行经济责任制和承包经营责任制，这一制度在实践中暴露出不少管理上的问题。省会计学会围绕“责任会计”理论开展学术研究，探讨解决企业财务管理中的实际问题。1986 年底，省会计学会与浙江财经学院联合组织责任会计理论与实践研究，形成 32 篇论文，既有理论研究，又有涵盖工业、商业、供销、农业等企事业单位的经验总结，其中合理划分内部责任单位，制定责任目标；合理制定内部责任价格，实行内部结算；运用会计手段，综合核算各责任单位的责任业绩；各责任单位的物质利益要与责任业绩挂钩等做法，得到推广运用。该课题被列为浙江省哲学社会科学“七五”（1986—1990 年）规划的重点课题，其成果汇编成《责任会计理论与实践》一书，由浙江教育出版社出版。1987—1988 年，省会计学会举办 5 次全省性责任会计学术研讨会，269 人次参加，交流论文 122 篇。为集中反映学会成立 10 年（1979—1989 年）的学术研究成果，从历年会员论文中精选 85 篇，编印《十年论文选》一书。至 1990 年，省会计学会与浙江财经学院、浙江会计师事务所以及杭州市财政会计学会主办学术报告会 11 次，邀请中国会计学会、人民大学、上海社会科学院、北京经济学院，日本横滨市立大学（Yokohama City University）商学部，美国休斯敦市莱斯大学（Rice University）等院校的专家教授作学术报告，参会者 5000 余人次。

1993 年，随着注册会计师事业的快速发展，省会计学会开展关于发展中国注册会计师事业的研究。针对注册会计师行业存在的问题，提出注册会计师组织的地位要有法律保障、注

图 31-5-2-8　1986 年 11 月浙江省会计学会第二次会员代表大会全体代表（浙江省会计学会提供）

册会计师组织要统一管理、坚持实行全国统一考试制度取消考核制度等6项建议和意见。其中《正确处理八大关系促进注册会计师事业发展》论文被中国会计学会评为会计学优秀论文一等奖。1993—1994年，省会计学会分别举办“会计知识更新”“国际会计准则和企业会计改革”“会计法规”3次规模较大的学术讲座，邀请著名会计学专家、教授和省税务局负责人分别作学术报告。1995年1月26日，省会计学会向中国会计学会申报的《中国特色的责任会计研究》被列为重点课题。

在配合宣传贯彻实施国家各项财会法律、法规方面，省会计学会组织举办“股份制企业财务管理”、学习《会计法》、“税制改革财会问题”、财政部7个会计准则（讨论稿）等研讨会，提出意见建议供有关部门参考。随着财政部7个会计准则的逐步推出，1999年，省会计学会举办中国会计准则理论研讨会，来自财政部会计司、中国会计学会、中国证监会、厦门大学、浙江省财政厅的领导和专家学者分别就有关主题发表学术演讲。

2001年，省会计学会承办东南地区会计学会第十六次学术交流会，这是省会计学会第三次承办该学术交流会，此前承办的分别是第三、第十次会议。这三次会议的主题分别是“会计改革的回顾与前瞻”“在‘七五’计划指导下开创会计改革新局面”和“从经济体制改革看会计改革”。来自上海市、广东省、江苏省、安徽省、江西省、福建省、厦门市、南京市等高校的专家教授、大型企业经理、总会计师、财务总监、高级会计师等178人次参加了第十六次学术交流会。交流会收到论文115篇。

图31-5-2-9　2006年10月，浙江省会计学会举办新企业会计准则报告会（浙江省会计学会提供）

2002年12月，省会计学会配合省社科联举办“首届浙江省哲学社会科学普及周”活动，邀请高校教授作《入世后中国会计实务的新发展》科普讲座，来自机关、企事业单位的财务人员和大专院校师生150多人参加。2005年9月，邀请相关政府部门有关领导、院校专家教授分别作《财政改革新动态》《当前会计改革和发展问题》《转让定价与税务管理》和《管理会计在中国的应用》等讲座，以提高和拓展财会实务工作者的理论水平和政策视野。2006年10月，举办“新企业会计准则”报告会，邀请省财政厅、杭州市财政局等政府部门有关领导及浙江财经学院教授，分别就新企业会计准则的特点、意义，财政改革新动态、企业会计基本准则、具体准则（38项）介绍，新企业会计准则对企业纳税的影响等内容作主题报告。2007年7月，承办中国会计学会财务成本分会第二十次理论研讨会，来自全国各地的140余名专家学者分别就会计理论研究、中国民营上市公司家族控制权特征等专题作报告。

2008年7月，省会计学会举办以“创新与发展”为主题的“2008浙江会计论坛”，总结浙江省会计与改革开放30周年取得的成就，并就新企业会计准则及新企业所得税法、企业财务管理理念与方法创新等问题进行了专题交流。来自全省高校的专家教授、企业财务负责人及各市县会计管理部门的行政人员300余人与会。10月，举办会计理论学术讲座，专家学者及企业财务负责人分别围绕企业内部控制基本规范、新企业所得税法、新企业会计准则实施中应注意的问题及新准则实施经验等开展专题研讨。2009年8月，主办“浙江省创业板上市问题研讨会”，邀请证券管理部门、证券公司、会计师事务所等不同部门的专家教授从不同角度解读创业板上市规范程序，提升中小企业的财务管理水平，为中小企业上市做理论准备。全省180家中小企业代表参加研讨会。2010年5月，省会计学会联合浙商研究会及省内主流媒体、会计师事务所、杭州职业技术学院举办“后金融危机时期企业财务新战略——通胀预期下的企业资产配置策略”论坛。论坛邀请省内知名企业财务专家及浙江大学教授作主题演讲，部分参会企业还与演讲嘉宾围绕主题展开沙龙对话。

3.培训与服务

教育培训。1993年3月16日，省会计学会成立浙华会计业余学校。经省财政厅批准，当年举办《企业财务通则》《企业会计准则》培训班9期，625人次参加培训。1994年7月，省会计学会与中国会计学会合作在杭州成立培训部。1994—1995年间举办会计改革培训班18期，围绕“会计改革新动向”“论会计改革”“现代企业财务分析”“纳税额及纳税会计核算”等内容开展培训。来自全国各地计4064人次参加培训。2005—2010年，浙华会计业余学校连续承办会计电算化考试，开考1909期，79953人次报名。

中介服务。1993年2月，经省财政厅同意，省会计学会组建浙华会计师事务所，为独立核算、企业化管理的事业单位，后根据财政部有关规定与省会计学会脱钩。1994年7月，经省工商行政管理局批准，省会计学会下设的浙江财会用品服务部扩展为浙江财会用品公司，扩大经营品种，改进经营方式，为财会人员提供服务。至2002年，省会计学会开办财会人员职业介绍所近10年，以多种方式为财会人员提供职业介绍服务，1874名财会人员登记求职，经介绍上岗404人，占登记总人数的21.6%。

（三）浙江省财税系统思想政治工作研究会

1994年9月，浙江省财税系统思想政治工作研究会（以下简称省财税政研会），经省民政厅批准成立，首批个人会员201人，团体会员19个。

省财税政研会围绕财税系统思想政治工作如何为经济建设服务、为推动财税事业发展及财税改革服务以及加强财税系统干部职工职业道德教育开展调研工作。1994—2007年，省财税政研会编印会刊《财税明珠》4期，不定期编印《论文选编》《政工月谈》等宣传册，研究财税系统思想政治工作热点难点问题，配合财税中心工作加强干部职工思想政治教育。2008—2010年，省财税政研会结合科学发展观教育和财税文化建设活动，在全系统开展世界观、人生观、价值观和权力观、地位观、利益观的教育。其间，新编《工作交流》专刊，不定期印发至全省各市、县（市、区）财政、地方税务局和省财政厅机关及所属各单位。至2010年，省财税政研会有个人会员95人，团体会员16个。

第六章　机构与人员

秦汉以后，国家财政与皇室财政分别设立，国家财政官吏相对较少。宋代，随着手工业和商贸的发展，财政分支机构的设置与人员配备逐步增加。清初，浙江财政机构由承宣布政使司及漕运、盐政等专门机构组成。布政使的职责，包括掌管全省的财政事务。清末，浙江省辖的府(州、直隶厅)、县两级均有管理财政的官员，但未设置专门的财政机构，其人员由中央委派。民国初，北洋政府在清代布政使司有关财政职能的基础上，单独建立省政府组成机构——财务司(财政司)。民国3年(1914年)，财政司与国税厅合并成立浙江省财政厅，职掌全省财政。民国16年国民政府成立后，浙江省财政厅负责地方政府财政收支等事务。民国24年，县级财政机构开始组建。抗日战争期间，日本侵华军侵占包括省会杭州在内的1市17县，省财政厅随省政府西迁至永康方岩、云和等地，流徙不定。民国29年10月，日伪省政府成立，并设省财政厅，在日占区行使财政权。民国34年8月日本无条件投降后，省财政厅随省政府迁回杭州，直至民国38年5月人民解放军进驻杭州。抗日战争时期，浙江境内有中共领导下的浙东根据地、浙南根据地和浙西南根据地。各根据地先后建立起抗日民主政府，设置财政或税务职能部门，加强对根据地财政收支的统一管理，保障新四军、游击队的生存发展和抗战物资的供给。民国38年8月浙江省人民政府成立后，设立浙江省人民政府财政厅，并接管了民国政府省财政厅的相关机构，包括盐税机构、厘金机构、田赋征收机构及其他财政收入征收机构，民国政府财政厅70%的人员得以留用。浙江省财政厅在省人民政府及中央财政部的领导下逐步完善自身职能，集中财力巩固新生的人民政权。随着经济社会的发展、社会分工的细化以及机构职能的调整，先后有浙江省盐务局、浙江省粮食局、浙江省属专卖局、保险公司浙江分公司等划离省财政厅，又有省税务局划入省财政厅。1966—1976年“文化大革命”期间，浙江经济遭受严重挫折，省财政厅机构大撤并，大部分干部被调离业务岗位，机构职能严重削弱。省财政厅先后更名为浙江省革命委员会生产指挥组财政金融局、浙江省财政金融局、浙江省财政局，至1980年恢复浙江省财政厅。改革开放后，省财政厅职能、内设机构历经多次变化，全省财政系统组织机构不断加强，人员不断充实，素质不断提升，成为各级政府重要的综合职能部门。至2010年，全省财政系统有干部职工12303人。

第一节　机　构

夏、商两代并无独立的财政机构，而是采用分官任事制度；及至周代，才设天官与地官，专门管理财政事务。天官冢宰掌建邦“六典”，以九赋敛财贿；地官司徒主管征发徒役，兼管田地耕作与其他劳役。秦汉两代开始，国家财政与皇室财政分别设立。浙江境内，秦代会稽郡的郡县二级、汉代扬州刺史部的吴郡、会稽郡的州郡县三级，均设有管理财政的官吏。隋唐时期，地方财政机构设置较前合理。宋以后至明各代，财政机构设置增多。清袭明制，浙江境内财政管理机构由承宣布政使司及漕运、盐政等专门机构组成，均由管理全国钱粮政务的户部直接掌管。漕运、盐政等机构与浙江财政息息相关，不可分割，鉴于《浙江通志》分工皆由相关专业志记述，《财政志》不再复述。民国以后，随着工商税制的建立，财税机构的设置更为专业。民国38年(1949年)8月，浙江省人民政府财政厅接收并改造民国政府旧的财政机构，全省财政系统机构设置及运行随着国民经济的恢复发展步入正常轨道，其间虽遭“大跃进”和“文化大革命”的挫折，但机构职能在1978年改革开放后不断强化，业务分工也随之不断调整完善。

一、财政机构沿革

(一)清以前的财政机构

春秋，浙江境内分属吴、越两国，两国均配置官员管理财政。秦代，浙江境内置会稽、鄣、闽中等郡；西汉，属会稽、丹阳郡；东汉，属会稽、吴、丹阳郡。郡县守令，总管郡县民政与财政等事务，具体负责税收征收。郡下设县，县以下十里一亭，有亭长；十亭一乡，乡有啬夫，都是基层的税务征收人员，负责评定各户应承担的赋役；下有乡佐，具体办理赋税征收事务。隋代，废除郡制，实行州县二级制，地方财政机构设置较前细致。县令职掌“秋冬集课，上计于所属郡国”，向上呈报本年度的赋役和其他地方事项；而县丞署的县丞执掌仓廪；另设户曹司户，掌户籍、计账、蠲符(免除赋役的凭证)、杂徭、逋负(拖欠赋税处理)等事；仓曹司户，掌公廨、度量、仓库、租赋征收等项。县以下500户为一乡，设乡正1名；乡以下百户设里，设里正1名(在城区设坊正，在乡设村正)，选勋官六品以下、白丁清平强干者充当，而免其徭役，负查核户口、编制办理赋税征收之责。

唐代，浙江境内行政制度实质是州(郡)、县二级制，州(郡)、县之上为道与都督府等。道为虚级，实际以州(郡)、县负地方财政之责，故州(郡)刺史、县令的办事机构亦为地方财务与赋税的管理机构；另还设有专门的盐业机构。五代十国时，吴越国(都钱塘，今杭州)专设官员管理赋册。

北宋，浙境地属两浙路。南宋(都临安，今杭州市区)，浙江境内分属两浙东路、两浙西路。中央以下的地方财政机构按行政级别分为府、州(领县的军)与县(不领县的军)两级。朝廷将征收任务分派给府、州军，再由府、州军分派给各县具体负责征收，所征财赋再由州军转输朝廷。地方各项支出也由府、州军一级负责调度审核。知府、知州、知军(军使)既是府、州军的行政长官，也是地方财政长官，主管府、州军的财政事务，主要有军队供应、官员俸禄、公使钱和杂项支出(包括贡献支出、赡学费、宗室赡养费、军器制造支出、漕船支出等)。南宋时设置总领所，负责监军和理财。总领所地位在各级地方官府之上，使得地方官府必须仰总领所之意行事，提供财赋为其第一要务。州军担负向总领所支拨军需财赋之责[①]。县令同样既是县的行政长官，也是财政长官，负有平衡县财政收支的责任。县属官有县丞、主簿，以及盐场、税场、商税务等监管官吏，掌理户口、赋役、钱谷、赈济、给纳之事。

元代，浙江先后属江浙行中书省。境内的财政管理机构由两方面组成：一是直接隶属皇帝，有上都留守司兼本路都总管府和大都路都总管府；二是地方财政管理，州有同知、通判，县有县丞、主簿，分掌钱粮征收和户籍管理。州下配置税务提领及大使，分管织染、杂造、府仓等局。县城内各坊设坊正，乡设里正，都设主首，专催税粮，追会公事。村一级以纳粮最多的户为"役首"，其次是"贴役"，负责催督征收田赋。由达鲁花赤（蒙古语，掌印者、督官）掌办全县事务。县尹主管赋税，兼掌民政、财政事务。税使司掌商税，并设专局管理盐、茶等事务，由钱谷官办理赋税。

明初，浙江境内由承宣布政使司经管，下辖11府、1州、75县。中央财政行政主管机关为户部。浙江设承宣布政使司，主官为布政使，负责全省的户口、田地、贡献、差役诸政事。府有同知和通判，掌管一府之民情赋役；县有县丞和主簿，县丞佐知县分理政务，主簿掌勾稽出纳以佐知县，办事机构称"主簿衙"。首领典史主出入文书，赞理县政。设户房，配司吏1名、典史2名，办理户口、田粮、赋役、会计等事务。府设税课司大使，县有河泊所大使和盐场大使。县以下，实行粮长收解制。坊、里长、甲首督催，粮长收解，县官总其大纲。推行"一条鞭法"后，由坊里长、甲首督催，主要负责督催赋粮，传达官府命令，编排各种差役。

（二）清代与民国时期的财政机构

1.清代财政机构

清袭明制，浙江境内财政管理机构由承宣布政使司及漕运、盐政等专门机构组成，下辖杭州府、严州府（即睦州，治所建德）、秀州府（嘉兴）、湖州府、婺州府（金华）、衢州府、明州府（宁波）、越州府（绍兴）、台州府、处州府（丽水）、温州府11个府、63个县（州、厅）。布政使、知府（知州、直隶厅同知）、知县三级行政长官组成一省之内的财政行政主管（主官）体系。承宣布政使司由布政使一人主管全省财政税收事务，如汇核全省钱谷出纳，掌核杭州织造衙门的奏销案，申报巡抚转报户部。清末光绪年间（1875—1908年），实行官制改革，厉行财政清理，户部更名为度支部，浙江布政使司改名为度支公所，布政使改称度支使。光绪三十三年（1907年），浙江设省财政处，隶属于度支部。度支部于光绪三十四年颁布《清理财政章程》。宣统元年（1909年）3月，成立浙江清理财政局，总办由度支使兼任，会办由盐运道、督粮道和海关道兼任，财政监理官主要负责稽查督催之责。

2.民国时期财政机构

辛亥革命后，临时政府将清末总管财政的度支部更名为财政部，除主管赋税、会计、出纳、公债、泉币、专卖、储金、银行及一切财政行政事务外，还管理地方机构的财务活动。北洋政府初期，在浙江省都督府行政公署下设财政司，主管浙江省的正税和各种杂税。袁世凯独裁期

① 《宋会要辑稿》称："州军财计，除民租外，全赖商税。"

间，财权高度集中，在中央设国税厅筹备处，省设国税厅筹备分处，直接隶属财政部，主管国税；原有都督府行政公署财政司主管地方收支。民国3年(1914年)，浙江省国税厅筹备分处与省财政司合并为财政厅，仍隶属财政部，为财政部所设的税收机构，负责管理田赋、房屋税、牲畜税、屠宰税、契税等税目，另设专局征收厘金。浙江省财政厅下设相应分机构。全省地方财政收入多为地方军阀把持，人事任免权也由军阀控制。

民国16年(1927年)国民政府成立后，中央政府在各省设立的财政厅改归各省级政府管理，负责地方政府财政收支事项，同时兼管中央政府财政收入的征管工作。浙江省财政厅下设秘书、总务、征管、制用等机构。民国18年1月，中央政府公布《修正财政特派员暂行章程》，规定：财政部在各省设置财政特派员，由特派员接管各省财政厅代管的所有国税及其机关。由此，省财政厅专门负责浙江各地财政收支的管理工作。民国20年11月颁布的《预算章程》规定，地方政府的预算编制工作由各省财政厅负责。此后，凡属由浙江各地发生的省库出纳、省税征收、省公债募集和偿还、省公产的管理等事项，均由省财政厅掌管。民国26年7月1日，浙江省政府成立会计处。民国30年，浙江省所设财政机构包括国民政府会计处、浙江省财政厅、浙江省粮食管理局、浙江省地政局、浙江省田赋粮食管理处、浙江省审计处、两浙盐务处理局、浙江省营贸易局、浙江省棉茶油丝管理处、浙江省战时物产调整处等。

民国26年(1937年)抗战全面爆发后，浙江境内建有中国共产党领导的根据地，主要有浙东抗日民主根据地、浙南抗日民主根据地和浙西南抗日民主根据地。后两者根据地面积较小，财政规模也较小，管理简单，机构不全，加之所留资料零星，遂以记述前者为主。

浙东抗日民主根据地位于杭州湾两岸，沪杭甬之间，以宁波的三北地区(包括浙江省宁波市的镇海、慈溪、余姚三县姚江以北地区及上虞县北部的一部分)和四明地区(指浙江四明山区，横跨余姚、鄞州、奉化、嵊州、上虞五地)为中心区域，是抗日战争时期中国共产党领导的全国19块根据地之一。浙东抗日民主根据地的财政经济工作以民国30年(1941年)在慈北古窑浦村建立第一个临时财政机构征收货物税为开端。7月建立第一个办事处，主要征收进出口港货物税。随着部队活动地域不断扩大，所设办事处的数量逐渐增多，8月又在浙江慈北镇建立国民革命军第三战区淞沪游击队第五支队第四大队总办事处(简称五支四大总办事处)，负责联络各办事处等相关事宜。在浙东抗日民主根据地初创阶段，五支四大总办事处改组为三北总办事处，其下设有军需(材料)、会计(财经)、民运、军事、总务5个股，行使地方政权机构职能。民国31年11月又改组为三北游击司令部总办事处。12月，总办事处下分别成立所辖市级办事处和县级办事处，形成三级行政体系。同月，三北游击司令部财政经济委员会(以下简称三北经委会)成立，负责征粮收税，保障党政军的供给；同时制定根据地经济政策、编制预决算、完善各项财经制度等。三北经委会设粮秣、税务、稽征科，在其下慈镇、余上、慈姚三县设立二级经委会分会，分会下建立相关的征收处，形成财政征收管理三级体系。经委会的主要工作为田赋公粮征收和其他税收征收。田赋公粮主要由县、区办事处及乡保机构征收，其他税收征收工作则由三北经委会直接管理。

随着浙东敌后临时行政委员会成为最高行政机构，三北经委会随之改组为敌后临时行政委员会财经处。经委会分会及征收处也随之取消，其工作分别交由县办事处财经科和区署财经指导员管理，仍然保持三级财政体系。

民国34年(1945年)1月，浙东行政公署成立，浙东敌后临时行政委员会被撤销，建立浙东行政公署驻三北分区特派员办事处。3月建立浙东行政公署四明分区行政专员公署。之后建立各县政府，下设民政、财政、文教3个科。为强化税收稽征，加强对根据地税收的统一管理，三北东部地区成立三北税务所，西部地区建立沿海税务所。7月，三北、四明两个分区合并为浙东行政区四明分区，下辖6个县政府和1个办事处，之后直接隶属浙东行政公署管理。浙东行政公署新建浙东工商管理局，主要负责发展贸易、调拨物资、稳定金融、健全税收机关、接管日伪物资等，具体包括完善征粮征税制度，发展大生产运动及建立浙东银行发行抗币。9月20日，浙东纵队根据中共要求北撤，根据地财政机构使命随之结束，但根据地财政工作依然在艰苦的经济环境中开展，为浙江省内的人民解放事业提供后方支持。

(三)中华人民共和国时期的财政机构

民国38年(1949年)5月3日，中国人民解放军入驻杭州市。5月7日，成立杭州市军事管制委员会，负责领导全省战时各项工作，其中财经部负责财政经济事务。6月1日成立浙江省财政经济办事处，统一领导全省财经工作。8月18日成立浙江省人民政府，同时设立浙江省财政厅等10厅2处。省财政厅接管省交通银行，两浙盐务局及全省各地分局、分署170余个单位，以及民国政府省财政厅所属田粮处、地籍处、会计处、地政局。1949年11月，省人民政府秘书处颁发《浙江省人民政府暂行组织规程》，明确省财政厅主管全省岁入岁出、财务行政及战勤支前等事宜，具体掌管事项包括：人民负担的研究调整；各种税收的征管；编制预决算；在预算范围内收支审核；战勤支差及军需代办事项；金库、粮库及实物库的收支管理；公产管理；企业资金管理和其他有关财政事项。1950年4月，省财政厅经整编后内设秘书科、财务行政科、经费管理科、公营企业财务管理科、粮政科、人事科6个科室，并确定编余及调剂人员。7月，省政府颁发《浙江省中央公粮库暂行管理办法》，明确设省粮食局，受华东行政区粮食管理局及省财政厅双重领导。

图31-6-1-1　1949年8月浙江省人民政府财政厅盐务管理局印章(浙江省财政厅档案室提供)

图31-6-1-2　1950年7月浙江省人民政府财政厅粮食局印章(浙江省财政厅档案室提供)

图 31-6-1-3　1951 年 2 月浙江省人民政府财政厅税务局印章(浙江省财政厅档案室提供)

1951 年 2 月,浙江省执行中央人民政府政务院 2 月 1 日通令:各级税务机关均受财政部领导。税务总局以下各级局、所,除受直属上级税务机关领导外,还受同级财政部门领导。同级政府与上级局意见不同时,执行上级局决定。根据干部具体条件,由省财政厅副厅长兼任省税务局局长。浙江省税务局除受华东行政区税务管理局领导外,还受省财政厅领导。10 月,省政府颁发浙江省酒类专卖实施方案,成立浙江省专卖事业公司,受省财政厅领导,并在全省部分专署、市、县设立专卖机构。1952 年 1 月,省政府确定省财政厅编制为 135 人。3 月,华东军政委员会财政部、中国人民银行华东区行决定,交通银行的领导关系由华东区行逐步移交华东军政委员会财政部领导。该行的各地支行、办事处移归各省(区)市财政厅、处、局领导。交通银行浙江省分行由省财政厅领导。10 月,华东军政委员会财政部根据中央人民政府人事部指示,各级财政部门内设财政监察机构。11 月,省财政厅在原检查科的基础上设立监察处,全省财政监察机构人员编制 104 人,其中:省财政厅 13 人,地(市)专署 14 人,县级 77 人。12 月,浙江省编制委员会(以下简称省编委)批复省财政厅原会计科与计划科合并为预算处,原粮政科改设为农业税处,原经费管理科与公营企业财务管理科合并为财务管理处,原检查科改设为财政监察处。同月,省政府通知,省专卖事业公司由省财政厅划归省商业厅领导;省粮食局由省财政厅划出,成立浙江省粮食厅。中国人民保险公司浙江分公司由浙江省人民银行划归省财政厅领导。1953 年 2 月,省财政厅改组内设机构,设办公室、财务处、预算处、农业税处、监察处、人事科、物资管理科。9 月,省财政厅撤销财务处及物资管理科,成立经济建设财务处及行政事业财务科、社会文教事业财务科,监察处、农业税处、预算处、人事科、办公室均不变。1954 年 9 月中旬,政务院决定成立中国人民建设银行。10 月 1 日,中国人民建设银行浙江省分行(以下简称省建行)成立,其与省交通银行一起,同属省财政厅领导。1956 年 1 月,省财政厅调整内设机构,设办公室、综合预算处、县市预算处、基建财务处、农税处、监察处、人事处、行政事业财务处共 7 处 1 室。

1957 年 8 月,省财政厅设立工业财务处,与省交通银行合署办公。1958 年 4 月 11 日起,省财政厅所属税务局、省建行和省保险公司与省财政厅合署办公。8 月,根据省委决定,省财政厅、中国人民银行浙江省分行党组合并,办公室和人事处合署办公,其他各业务处室维持原有工作模式。10 月,省委财贸部通知,撤销省财政厅监察处,相关监察工作职能由各业务处承担。1959 年 1 月,根据国务院规定,报经省政府同意,停办全省国内保险业务。10 月,省委批复同意,省财政厅下设办公室、人事处、预算会计处、行政事业财务处、企业处、公社财务处、基建财务处、税务局。其中,基建财务处与省建行合署办公,两块牌子一套班子。1962 年 1 月,根据中共中央关于公社财务工作归农业部门管理的精神,省财政厅将公社财务工作职能划归省农业厅。3 月,省财政厅与人民银行浙江省分行机构分别成立党组,机构分设。5 月,经省委批复同意,省财政厅恢复监察处。6 月,省财政厅成立中央企业财务处。同年,省建行与省财政厅机关分开,建设银行列为事业编制。

图 31-6-1-4 1958 年 3 月浙江省财政厅预算处全体干部合影（浙江省财政厅档案室提供）

1966 年,浙江省将中央企业财政驻厂员划归税务机关,与税务专管员实行统一领导,一员进厂,统一管理企业的税收和财务工作,省财政厅中央企业财务处与省税务局合署办公。6 月,省财政厅党组宣布成立“文化大革命”领导小组。同月,将财政驻厂员和税务专管员合并,统一改称“人民财税员”,其工作由税务部门管理。1967 年 1 月,浙江省财政厅革命造反联络部查封、接管省财政厅的人事档案、机要档案,改组人事处、机要室,宣布夺权。1968 年 5 月,省革命委员会批准省财政厅成立“清理阶级队伍”工作领导小组。6 月,浙江省革命委员会启用“浙江省财政厅生产领导小组”印章,“浙江省财政厅”印章被封存。省财政厅机关分成大小两套班子,“小班子”抓业务工作,“大班子”抓“清理阶级队伍”。1970 年 5 月,浙江省革命委员会组建省级 14 个局,省财政厅与人民银行浙江省分行、省物价委员会、省房地产管理局、白蚁防治服务站等 4 个单位合并,成立浙江省革命委员会生产指挥组财政金融局,内设政工组、办事组和生产指挥一、二、三、四组。1972 年 3 月,浙江省革命委员会生产指挥组通知,浙江省革命委员会生产指挥组财政金融局改为浙江省财政金融局。1973 年 12 月,恢复建设银行浙江省分行。

1977 年 11 月,成立浙江省财政局,撤销浙江省财政金融局。1978 年 3 月,省财政局党组决定,成立财经纪律检查小组。7 月,省财政局兼管的房地产管理工作移交省基本建设委员会管理。1979 年 2 月,省财政局党组决定撤销财政纪律检查小组,恢复监察处。

1980 年 3 月,建设银行浙江省分行与省财政局分设,单独建制,为省直属单位,委托省基本建设委员会、省财政局代管,以财政局为主。5 月,浙江省财政局改称“浙江省财政厅”。1983 年 11 月,省财政厅完成机构改革,厅机关调整为 2 室 7 处 1 局,即:办公室、财政科学研究室、人事教育处、监察处、预算处、行政事业财务处、农业财务处、企业财务处、会计顾问处、税务局。12 月,省财政厅批准成立浙江会计师事务所,为事业单位。1984 年 4 月,省财政厅将人事教育处分设为人事处和教育处,人员编制在已核定的机关编制数内自行调整。6 月,省财政厅在财政科研室的基础上建立省财政税务科学研究所,为事业单位,编制 20 名。11 月,报经省政府同意,浙江省财政厅在浙江财政学校的基础上筹建浙江财经学院。1985 年 10 月,省财政厅将企业财务处分设为商贸财务处、工交财务处。11 月,省编委发文,明确省财政厅内设机构和直属单位级别,办公室、人事处、教育处、监察处、预算处、行政事业处、农业财务处、商贸财务处、工交财务处及省税务局为处级;省财政税务科学研究所、浙江会计师事务所为相当县处级事业单位。1986 年 12 月，财政部在省财政厅设中央企业财政驻厂员处（对内为中央企业财务处），委托省财政厅代管。1987 年 9 月，省财政厅增设综合计划处、对外经济财务处，人员编制不另增加，由厅内部调剂解决。1988 年，省财政厅建立浙江省财税信息中心，事业单位，编制 20 名，所需人员主要在现有干部中选调；设立农业税征收管理处；设立会计事务管理处，人员编制不增加。9 月，省税务局升格为副厅级局。11 月，省政府委托省财政厅管理省控制社会集团购买力办公室，并由此增加编制 3 名，计入省财政厅机关编制总额中。1989 年 3 月，省财政厅成立国有资产管理处，人员编制不增加。同月，省教育委员会同意建立浙江省中华会计函授学校。4 月，财政部同意浙江省中华会计函授学校列为中华会计函授学校办学单位。10 月，省财政厅成立资金管理处。

1990 年 6 月，财政部批复浙江省财政厅成立国债服务部；7 月，省财政厅明确浙江省国债服务部为厅属独立核算、自收自支的科级事业单位，业务上归口综合计划处管理，编制 15 名。同月，省财政厅同意浙江会计师事务所建立浙江国有资产评估中心，在浙江会计师事务所内增设国有资产评估部。评估中心和评估部为两块牌子一套班子，核定事业编制 15 名。1991 年 6 月，省编委核定省财政厅资金管理处行政编制 10 名，列入厅机关编制总额内。同月，省财政厅办公室增挂法制处牌子。7 月，省财政厅国有资产管理处改为浙江省国有资产管理局，为处级单位，人员编制不另增加。12 月，省编委批复核定省财政厅所属自收自支事业单位机构编制：浙江会计师事务所事业编制 35 名，机构规格相当于县处级；浙江省中华会计函授学校事业编制 35 名，机构规格暂不确定；浙江国有资产评估中心事业编制 10 名，机构规格相当于科级；浙江省国债服务部事业编制 15 名，机构规格相当于科级；浙江省财政厅招待所事业编制 60 名，机构规格相当于科级。1992 年 4 月，省政府决定撤销省财政厅资金管理处，收回 10 名行政编制。11 月，省财政厅驻宁波省属企业财务管理处、浙江省税务局驻宁波省属企业税务管理处建立，实行两块牌子、一套班子（简称省直财税处），机构级别为副县处级，核定编制 10 名，计入厅机关编制总数内。1993 年 1 月，成立浙江财政证券公司，归属省财政厅主管。7 月，浙江国有资产评估中心易名为浙江资产评估公司。1994 年 3 月，省财政厅成立浙江省注册会计师服务中心，为省财政厅直属自收自支事业单位，事业编制 20 名，机构规格相当于县处级；同时决定浙江省注册会计师协会与注册会计师服务中心合署办公，对外使用浙江省注册会计师协会的名称和印章。10 月，省财政厅设立浙江财政后勤服务中心，为厅直属自收自支事业单位，核定事业编制 15 名，机构规格相当于副县处级。同月，省财政厅增加国有资产管理局行政编制 10 名，所增编制计入厅机关行政编制总数内。11 月，省财政厅预算处增挂税政处和基建财务处两块牌子，行政事业财务处增挂社会保障处牌子，人员编制暂不增加。根据中央关于实行分税制改革的决定，1994 年 8 月，浙江省税务局升格并分设为浙江省国家税务局、浙江省地方税务局两套机构，均为正厅级机构，省国家税务局、省地方税务局与省财政厅党组合一。10 月，省农业综合开发办公室划归省财政厅主管，省农业综合开发工程勘测设计室划归省财政厅管理。

1995 年 1 月，财政部在原财政部驻浙江省财政厅中央企业财政驻厂员处（中央企业财务管理处）的基础上，设立财政部驻浙江省财政监察专员办事处，为正厅级机构，划出省财政厅，原中央企业财政驻厂员处(中央企业财务管理处)撤销。1996 年 3 月,省政府办公厅印发省财政厅职能配置、内设机构和人员编制方案,省财政厅设 15 个职能处室和直属机关党委。职能处室为:办公室(法制处)、预算处(税政处)、综合计划处、会计管理处、行政事业处、农业和农业税收管理处、工业交通处、商业贸易处、对外经济处、驻宁波省属企业管理处、社会保障处、基本建设处、监察处、资金管理处、人事教育处。省财政厅机关(含财税物价大检查办公室、控制社会集团购买力办公室、农业综合开发办公室)行政编制为 234 名(含后勤服务人员)。厅机关离退休干部工作人员的编制按有关规定另行核定。7 月,浙江财政后勤服务中心增加自收自支事业编制 35 名,连同原定编制共计 50 名。新增编制主要用于新办公大楼运转所需专业技术人员的配备。8 月,省政府办公厅印发浙江省国有资产管理局职能配置、内设机构和人员编制方案,确定省国有资产管理局为省财政厅管理的副厅级机构,内设 6 个职能处室:办公室、综合处、产权营运管理处(企业处)、行政事业资源处、资产评估管理处、统计考评处(省清产核资办公室),核定编制 50 名。1997 年 1 月,省编办批复同意省财政厅成立浙江省世界银行业务培训中心,为省财政厅直属事业单位,核定事业编制 350 名,所需经费自行解决,机构规格相当于县处级。8 月,省政府决定,全省各级国家税务局、地方税务局机构进一步分设,浙江省国家税务局单设党组,浙江省地方税务局与省财政厅党组合一。12 月,省编委批复同意在莫干山庄的基础上建立浙江省莫干山财政干部休养所,为省财政厅下属事业单位,核定事业编制 20 名,所需经费自行解决。

1998 年 5 月,浙江省税收财务物价大检查办公室增挂财政监督处牌子。9 月,省财政厅建立浙江省行政事业性收费票据管理中心,为厅属事业单位,核定事业编制 10 名,经费自理,机构规格相当于副县处级。1999 年 6 月,因清理整顿社会中介机构脱钩改制,省财政厅撤销浙江会计师事务所,原核定该所的 35 名事业编制不再保留。7 月,省政府成立政府采购工作领导小组,领导小组下设省政府采购办公室,办公室设在省财政厅。8 月,省财政厅建立浙江省财政投资工程预决算评审中心,为厅属事业单位,核定事业编制 20 名,所需经费自理,机构规格相当于副县处级。9 月,成立浙江省政府采购中心,为厅属事业单位,核定事业编制 10 名,机构规格相当于县处级。12 月,省财政厅建立省级财政资金结算办公室,为厅内设处级机构,所需人员编制和领导职数,由厅内部调剂解决。

2000 年 8 月,省政府办公厅印发省财政厅职能配置、内设机构和人员编制规定,省财政厅设 20 个处室和 1 个直属机关党委,具体为办公室、预算处(税政处)、国库处、省级财政资金结算办公室、综合处、会计管理处、行政事业处、社会保障处、经济建设处、农业处、农业税收征收管理局、国有资产综合管理处、工业交通企业处、商贸金融企业处、对外经济处、驻宁波省属企业管理处、统计评价处(省清产核资办公室)、法制处(资金管理处)、监督检查局、人事教育处;不再保留省税收财务物价大检查办公室;保留省政府采购办公室、省控制社会集团购买力办公室、省农业综合开发办公室、省清产核资办公室。其中省控制社会集团购买力办公室与省政府采购办公室合署办公,省清产核资办公室在统计评价处挂牌。机关(含省国有资产监督管理办公室、农业综合开发办公室、控制社会集团购买力办公室、政府采购办公室和清产核资领导小组办公室)编制为 185 名(其中含省国资办编制 30 名),厅机关离退休干部工作人员编制按有关规定另行核定。9月，省财政厅成立浙江省会计人员服务中心，为省财政厅下属事业单位，核定事业编制7名，所需经费自行解决，机构规格相当于县处级。10月，成立浙江省农业综合开发服务中心，为省财政厅下属事业单位，核定事业编制10名，所需经费在规定的项目前期工作费中列支，机构规格相当于县处级。同月，省中华会计函授学校增挂省财政干部教育中心牌子。11月，成立浙江省省级机关会计核算中心，为省财政厅代为管理的事业单位，暂定事业编制50名，依照国家公务员制度管理，机构规格相当于县处级，经费由省财政补助，所需人员在省级机关财会人员中择优选用。2001年9月，省财政厅建立浙江省属国有企业财务监管人员管理中心，不配备专职行政管理人员，其工作由省国有资产管理委员会办公室承担。10月，省财政厅撤销行政事业处、工业交通企业处、商贸金融企业处和对外经济处等4个处，新建行政政法处、教科文处、企业（资产）一处、企业（资产）二处和外债金融处等5个处。调整后，省财政厅内设机构由20个增加到21个。省级财政资金结算办公室挂牌在国库处，驻宁波省属企业管理处挂牌在企业（资产）一处。同时，增加省国资办行政编制10名，计入省财政厅编制总数内。增编后省财政厅行政编制为195名（含国资办编制40名、后勤服务人员编制24名）。

2002年1月，省农业综合开发办公室由省政府委托管理调整为省财政厅内设机构。2003年3月，浙江财政证券公司资产整体划转给省财务开发公司，由省财务开发公司等10家机构发起组建财通证券经纪有限责任公司。8月，省财政厅撤销省国债服务部，核销15名自收自支事业编制。2004年2月，省编办批复省财政厅所属事业单位分类方案：省级机关会计核算中心、省行政事业性收费票据管理中心定为监督管理类事业单位；省政府采购中心、省财政投资工程预决算评审中心、省财税科学研究所、省财税信息中心、省农业综合开发服务中心、省会计人员服务中心定为社会公益类纯公益性事业单位；省注册会计师服务中心、省财政后勤服务中心、省中华会计函授学校、省农业综合开发工程勘测设计室定为社会公益类准公益性事业单位；省国有资产评估中心定为中介服务类单位；省财务开发公司、省财政厅招待所定为生产经营类单位；省国有企业财务监管人员管理中心主要承担国企财务监督人员的管理工作，定为社会公益类纯公益性事业单位。省世界银行业务培训中心、省莫干山财政干部休养所不列入事业单位分类范围。5月，省政府办公厅印发《关于浙江省人民政府国有资产监督管理委员会职能配置内设机构和人员编制规定的通知》，省财政厅承担的管理经营性国有资产的职能划归省国资委，同时明确财政部门和国资部门的关系。6月，省编办通知，原设在省财政厅的省属国有企业财务监管人员管理中心，以及配备的财务总监和财务专职监事8名事业编制成建制划由省政府国有资产监督管理委员会管理。9月，省财政厅新设企业处、绩效评价处、国库支付局、税政处（与预算处合署办公）等4个处（局）；人事教育处增挂老干部管理处牌子，国库支付局暂挂省级财政资金结算办公室牌子，新设的企业处增挂驻宁波省属企业管理处牌子；撤销国有资产综合管理处、企业（资产）一处、企业（资产）二处、统计评价处。调整后，省财政厅共设21个处室，核定省财政厅机关编制为195名。

2005年4月，省财政投资工程预决算评审中心的机构规格由相当于副县处级调整为相当于县处级。8月，省财政干部教育中心与中华会计函授学校合署办公，事业编制不另增加。

10月,省编委批复核增省财政厅机关编制4名(含后勤服务人员编制1名)、处级领导职数1名。调整后,省财政厅机关编制为199名(含后勤服务人员编制26名),处级领导职数为74名(含控办、政府采购办和机关党委专职副书记职数)。同月,原由省政府委托省财政厅管理的省政府采购中心成建制划由省机关事务管理局管理。2006年1月,省纪委、省监察厅、省编办就省直单位纪检监察派驻(出)机构实行统一管理后人员编制问题发出通知,核定省财政厅纪检组、监察室编制5名。调整后省财政厅机关编制合计198名,其中行政编制172名、后勤服务人员编制26名。4月,省财政投资工程预决算评审中心更名为省财政项目预算审核中心。6月,省编办核定增加省财政厅编制数1名,用于安置军转干部。

2007年2月,省编办分配省财政厅增加行政编制数6名,用于机关离退休干部管理服务机构。3月,省财政厅设立政府采购监管处,原与省政府采购办公室合署办公的省控制社会集团购买力办公室改为与政府采购监管处合署办公,省政府采购办公室不再作为常设机构设置。调整后,省财政厅内设机构为22个。4月,省财政厅增加安置军队转业干部编制数1名,增加后编制数206名。同月,浙江省财政项目预算审核中心由社会公益类纯公益性事业单位调整为监督管理类事业单位。5月,省人事厅批复省级机关会计核算中心参照公务员法管理,省编委核定其事业编制50名,领导职数为一正四副,所需经费由省财政适当补助。2007年6月,省政府对省财政厅下属的浙江财通证券经纪有限责任公司管理体制进行调整。调整后,财通证券经纪有限责任公司为省政府直属国有企业,由省政府授权省国资委监管。8月,浙江省机构编制委员会印发《浙江省财政厅监督管理类事业单位机构编制方案》,核定浙江省行政事业票据管理中心更名为浙江省财政票据管理中心,为省财政厅所属监督管理类事业单位,机构规格相当于县处级,事业编制10名;浙江省财政项目预算审核中心为浙江省财政厅所属监督管理类事业单位,机构规格相当于县处级,事业编制20名。9月,省财政厅撤销驻宁波省属企业管理处。同月,设立行政事业资产管理处,核增行政编制6名。调整后,省财政厅内设机构仍为22个,机关编制为213名(含后勤服务人员编制26名)。同月,省编委批复省农业综合开发工程勘测设计室机构规格相当于县处级,增加3名事业编制,增编后设计室事业编制为13名。

2008年6月,省人事厅批准省财政票据管理中心和省财政项目预算审核中心参照公务员法管理。2009年4月,浙江省财税科学研究所更名为浙江省财税政策研究室,为省财政厅所属社会公益类纯公益性事业单位,机构规格相当于县处级,事业编制20名,所需经费由省财政适当补助;浙江省财税信息中心为省财政厅所属社会公益类纯公益性事业单位,机构规格相当于县处级,事业编制20名,所需经费由省财政适当补助;浙江省中华会计函授学校与浙江省财政干部教育中心合署办公,为省财政厅所属社会公益类纯公益性事业单位,机构规格相当于县处级,事业编制10名,所需经费由省财政适当补助;浙江省会计人员服务中心为省财政厅所属社会公益类纯公益性事业单位,机构规格相当于县处级,事业编制7名,所属经费由省财政适当补助;浙江省注册会计师服务中心为省财政厅所属社会公益类准公益性事业单位,机构规格相当于县处级,事业编制20名,所需经费由单位自理;浙江省农业综合开发服务中心和浙江省农业综合开发勘测设计室合并为浙江省农业综合开发审核中心,为省财政厅所属社会公益类纯公益性事业单位，机构规格相当于县处级，事业编制23名；浙江财政后勤服务中心为省财政厅所属社会公益类准公益性事业单位，机构规格相当于副县处级，事业编制40名。10月，省政府办公厅印发《浙江省财政厅主要职责内设机构和人员编制规定》，省财政厅职能和内设机构进行调整，核定省财政厅内设23个职能处室和直属机关党委，具体为办公室、政策法规处、总预算局、地方预算处、税政处、行政事业资产管理处、预算执行局、国库支付处、综合处、行政政法处、教科文处、农业处、企业处、外债金融处、社会保障处、经济建设处、财政监督局、绩效评价处、会计处、政府采购监管处、基层财政管理处（挂省农村综合改革办公室牌子）、省农业综合开发办公室、人事处（挂离退休干部处牌子）。核定行政编制195名，其中后勤服务人员编制26名。12月，根据省政府办公厅关于省财政厅、省地方税务局职能调整的精神，省财政厅、省地方税务局下发《关于做好耕地占用税和契税征管职能划转工作的通知》，明确从2010年1月1日起省级耕地占用税和契税征管职能从省财政厅划转省地方税务局。

2010年7月，省财政厅设立浙江省省级部门预算编制中心，主要承担省级部门预算编制和审核的具体工作，为省财政厅所属承担行政职能的事业单位，机构规格相当于县处级，核定事业编制12名。根据浙江省事业单位分类改革原则，省编办明确省财政厅所属事业单位类别对应衔接如下：省级机关会计核算中心、省财政票据管理中心、省财政项目预算审核中心由监督管理类事业单位对应为承担行政职能的事业单位；省财税政策研究室、省财税信息中心、省会计人员服务中心、省农业综合开发审核中心、省财政干部教育中心（省中华函授学校）、省注册会计师服务中心、省财政后勤服务中心由社会公益类事业单位对应为从事公益服务的事业单位，其中省财税政策研究室、省财税信息中心、省会计人员服务中心、省农业综合开发审核中心、省财政干部教育中心（省中华会计函授学校）为公益一类，省注册会计师服务中心、省财政后勤服务中心为公益二类；浙江国有资产评估中心由中介服务类事业单位对应为从事生产经营活动的事业单位；省财务开发公司、省财政厅招待所由生产经营类事业单位对应为从事生产经营活动的事业单位。10月，省财政厅绩效评价处更名为绩效管理处。至2010年底，省财政厅内设23个职能处室和直属机关党委，行政编制195名，后勤服务人员编制26名。

二、省政府委托管理机构

（一）浙江省控制社会集团购买力办公室

1988年，省财政厅受省政府委托管理浙江省控制社会集团购买力办公室。2000年8月，省控制社会集团购买力办公室与省政府采购管理办公室合署办公。2007年3月，省财政厅设立政府采购监管处，省控制社会集团购买力办公室改为与政府采购监管处合署办公。2009年10月，省政府办公厅印发省财政厅主要职责、内设机构和人员编制的规定，明确不再保留省控制社会集团购买力办公室。

(二)浙江省税收财务物价大检查办公室

1985年,成立浙江省税收财务物价大检查办公室,内设综合处、检查处。1990年6月,省税收财务物价大检查办公室在省税务局抽调10名人员编制的基础上,再从省审计局抽调5名编制。1998年5月,浙江省税收财务物价大检查办公室与省财政厅财政监督处合署办公。2000年8月,省政府办公厅发文规定省财政厅职能配置、内设机构和人员编制,明确不再保留省税收财务物价大检查办公室。

(三)浙江省政府采购办公室

1999年7月,省政府颁发《关于建立政府采购制度的通知》,成立浙江省政府采购工作领导小组,领导小组下设省政府采购办公室,办公室挂靠省财政厅管理。2000年8月,省政府办公厅印发省财政厅主要职能、内设机构和人员编制规定,明确省控制社会集团购买力办公室与省政府采购办公室合署办公。2007年3月,省财政厅设立政府采购监管处,省政府采购办公室不再作为常设机构设置,其日常工作由省财政厅政府采购监管处承担。

(四)浙江省农业综合开发办公室

1988年9月,省政府设立浙江省土地开发建设基金管理领导小组,领导小组办公室设在省政府办公厅,负责全省土地开发建设日常工作,办公室人员由农口省级有关部门和财政部门抽调,编制10人。1990年5月,省政府决定省土地开发建设基金管理领导小组更名为省农业综合开发领导小组。1993年6月,省政府决定撤销省农业综合开发领导小组,建立省农业综合开发协调小组,保留省农业综合开发办公室。1994年10月,省政府办公厅明确省农业综合开发办公室划归省财政厅主管,在职专职干部按有关规定办理划转手续,其他人员的工作和人事关系维持现状。2002年1月,省农业综合开发办公室调整为省财政厅内设机构。

(五)浙江省清产核资办公室

1992年9月,省政府建立浙江省清产核资领导小组,领导小组办公室设在省财政厅。2000年8月,省政府决定省清产核资办公室在省财政厅统计评价处挂牌。2004年5月,省委、省政府决定组建浙江省国有资产监督管理委员会,省财政厅承担的管理经营性国有资产的职能划归省国有资产监督管理委员会,省财政厅统计评价处(省清产核产办公室)同时划转省国有资产监督管理委员会。

(六)浙江省财务开发公司

1988年2月,省政府批复成立浙江省财务开发公司,为全民所有制事业单位。公司实行企业化管理,自主经营,独立核算,自负盈亏,照章纳税。省政府委托省财政厅对省财务开发公司进行领导和管理。公司实行总经理负责制。人员编制50人,根据业务发展的需要,逐步从省财政厅及省级有关部门干部中选调,实行聘任制。1989年10月,浙江省清理整顿公司办公室决定撤并省属43家公司，浙江省财务开发公司被撤销，尚未结清的债权债务全部移交省财政厅资金管理处处置。1992年4月，省政府批复同意恢复浙江省财务开发公司，委托省财政厅管理。同时，撤销省财政厅资金管理处，收回10名行政编制。至2010年底，省财务开发公司内设总经理办公室、综合部、财务内审部、投资管理一部、投资管理二部、投资管理三部、投资管理四部、对外联络部，编制50人，实有人员31人。

三、中央财政驻浙机构

(一)财政部驻浙江省财政监察专员办事处

财政部驻浙江省财政监察专员办事处为代表财政部就地履行中央财政监督管理职能的机构。其前身为1962年6月省财政厅设立的中央企业财务处。1966年，根据财政部通知，中央企业财政驻厂员划归税务机关，与税务专管员统一管理企业的税收、利润和有关财务工作，省财政厅中央企业财务处同省税务局合署办公。1986年12月，财政部在省财政厅设中央企业财政驻厂员处(对内为中央企业财务处)，委托省财政厅代管。在各市地财政税务局设中央企业财政驻厂员组(对内为中央企业财务科)，由省财政厅委托各市地财政税务局代管，各组(科)的领导干部需报省财政厅任命。1988年10月，财政部批复同意杭州、宁波中央企业财政驻厂员组为副处级机构。

图31-6-1-5　1964年3月，省财政厅中央企业财务处全体人员在杭州高官弄浙江省财政厅大门前合影

1995年1月，财政部在浙设立驻浙江省财政监察专员办事处，同时撤销省财政厅中央企业财务处。6月，财政部驻浙江省财政监察专员办事处内设一室三处，即:办公室、综合处、业务一处、业务二处。9月，财政部驻浙江省财政监察专员办事处下设九个办事组，即:温州组、嘉兴组、湖州组、绍兴组、金华组、衢州组、台州组、舟山组、丽水组。1998年9月，财政部决定，财政部驻各地财政监察专员办事机构设置到省一级，人员编制精简三分之二，撤销市地办事组。市地办事组工作人员分流到地方财政、税务部门。11月，停止使用浙江专员办市地办事组印章。

2004年8月，财政部决定，财政部驻浙江省财政监察专员办事处内设机构由原一室三处调整为一室四处，即办公室、一处、二处、三处、四处。调整后的各处室职责为:办公室主要侧重党建、纪检、人事、财务、劳资、业务综合、文秘、行政管理职责；一处主要侧重收入监管职责；二处主要侧重支出监管职责；三处主要侧重会计监管职责；四处主要侧重金融监管职责。至2010年底，财政部驻浙江省财政监察专员办事处内设机构保持不变。

（二）中国财税博物馆

中国财税博物馆为财政部设立在浙江省杭州市的直属事业单位。该馆坐落于钱塘江之滨，西湖之畔，吴山之北麓，占地面积1.8公顷，建筑面积1.2万平方米。馆内有财富中国、中国古代财税历史、中国近现代财税历史、中国当代财税历史、中国会计历史5个展厅和摇钱树与理财家展区；收藏各类财税历史相关文物和文献资料万余件，是国家级专业博物馆。1999年2月，选定杭州吴山之北麓为馆址，成立中国财税博物馆筹建领导小组，下设中国财税博物馆筹建领导小组办公室，同时设立中国财税博物馆（筹）资料征集委员会、中国财税博物馆（筹）工程建设部。5月，中国财税博物馆开工建设；2004年竣工。2004年2月，财政部核定中国财税博物馆事业编制15名（财政补贴），其中馆长1名、副馆长2名。至2010年底，中国财税博物馆正、副馆长实行委任制，部门负责人实行聘任制。馆内设办公室、学术研究部、文物保管部、陈列策划部等4个部门。

第二节　人　员

古代地方财政官吏甚少。直至清代，由于没有独立的省一级或州县一级地方财政，州、县不设专门的财政机构，财政事务仍由知州、知县负行政总责，因而从事财税事务的官吏也不多。至民国，财税机构人员才趋于增多，省级财税机构有两类：一类是主管国家的收支；另一类处理地方收支。中华人民共和国成立初期，浙江省人民政府财政厅按照整编精简和清理的原则，对财税人员进行调整补充。1957年2月，中央要求各地精简机构、下放干部，参加生产劳动，1958年、1959年浙江省财政厅分期分批下放了一部分财税干部到农村参加生产劳动，1962年先后召回大部分下放干部，并招收大、中专学生补充财税队伍。“文化大革命”时期（1966—1976年），大部分业务骨干被调离，干部力量被严重削弱。1978年改革开放后，在“文化大革命”中被精简、错误处理和调离的部分干部陆续被调回。随着改革开放的不断深入，财政工作涉及的业务面不断扩大，工作量不断增加，全省财政系统干部队伍正常扩充，人员素质不断提高。至2010年，全省财政系统共有干部12303人，其中，厅级机关占9.3%，大专及以上文化水平占89.5%。

一、全省财政人员

清初，在县及县以下财政机构设置上，各县设知县、县丞、主簿各一员。浙江各县的财政行政事务，由知县负责，县丞与主簿分掌粮马税收、户籍等职。清顺治四年（1647年），县丞和主簿制度被裁除，由知县管理财政事宜，下设掌民户办钱谷的户房，户房配典史2名、书吏6名、典史攒典1名。康熙元年（1662年）推行《均里令》，规定每都五图，每图十甲，一直相沿至清末。浙江县以下为乡，设乡董；图设地保（保正、图董、图长），总管一图事务。图下设庄书（图正、里书、总书）。庄书（由乡绅担任）专事本图土地丈量、买卖过户，征粮造册和鱼鳞图册登记。图下的里不设里长，而是每10户中由粮多者为头户，率民输赋粮于官府。光绪二十七年（1901年），清廷设立督办政务处，实行新政，知县为一县的行政首长，下设主计官1名，掌握财务及收税。此外，知县还以个人名义聘请能干而有学问的人，协助办理相关事务，称为幕宾，俗称师爷。师爷非命官，待以宾礼，合则留，不合则去。县署下设吏书、户书等6房，其中户房为主管财政的行政部门，管理一县财政、税赋、户口和粮食。其他机构人员有：税课局大使专管商贾、屠侩（屠夫市侩）等税务；酒税务专管酒坊；茶引批验所大使和盐引批验所大使分别专管茶、盐专卖。

民国时期，浙江省各市县政府设有财政局（科），掌管本市县的各项财政事务。财政局（科）下设总务、经征（经办征收赋税）、会计等部门。民国24年（1935年）国民政府颁布《会计法》，省及各县政府开始设有会计室。县政府会计室主任由省政府会计处会计长遴请省政府主计长委任。县（市）一级政府，一般分设会计室及统计室，但不少机关只设会计室兼办统计事务。民国31年6月至35年，浙江省政府先后颁布《浙江省各县乡镇经费经收处组织暂行规程》《浙江省各县（市）税征收处组织规程》及《浙江省各县（市）税捐处暂行组织规程》，均规定设会计室，置主办会计员1人、会计佐理员1～4人，由省政府会计处遴选委派。除依法受主管长官指挥监督外，还受省财政厅及县（市）政府会计室的指导监督。

民国38年（1949年）8月浙江省人民政府成立后，新设立的省财政厅接管原民国政府省财政厅及所属两浙盐务局以及全省各地分局、分署170余个单位，共有人员3155名，其中供给制937人，薪给制2218人。1949年10月，中华人民共和国成立后，按照整编精简和清理的原则，调整补充财税人员，形成以解放军南下干部（包括解放区南下支前干部）为主，社会择优招收知识青年，留用原民国政府财政、税务、粮食部门部分人员的结构。1955年，全省财政系统县以上机构行政人员共计1341人（包括农业税册籍人员441人）。1956年5月，浙江省机构编制委员会（以下简称省编委）批复省财政厅，同意专署级财粮科按所属县市多少与任务大小拟定编制，共57人，其中：温州12人，嘉兴、宁波、金华各10人，舟山8人，建德7人。7个市的财政局（科）编制共149人，其中：杭州58人，宁波28人，温州21人，嘉兴、绍兴各11人，湖州、金华各10人。县级财政局（科）按任务大小、户籍人口多少、交通情况等条件分别拟定各县编制，编制最高22人，最少者8人，共1187人。1961年底，全省财税系统共有5767人。

1962年2月，中共中央决定，全国银行、财政部门的人员编制在1961年底实有人员的基础上再增加10万人，其中财政增4万人、银行增6万人。国务院编制委员会、国务院财贸办公室分配下达浙江省增编指标，其中财税编制882人、建设银行编制228人、中央企业驻厂员56人。1963年3月底，全省财税系统实有5631人，其中财政1457人、税务4044人、建设银行130人。4月，财政部印发《关于中央国营企业财政驻厂员工作的暂行规定》，省财政厅据此对财政驻厂员的职责和权限、与当地税务局关系等事项作出规定，核定中央、地方企业驻厂员编制43名。1965年1月，全省财税干部共5547人（不包括3132名临聘人员），其中财政1057人，税务4013人，建行130人，中央、地方企业驻厂员43人，册籍室304人。从政治面貌看，共产党员1691人，共青团员897人。7月，财政部核定浙江中央企业财政驻厂员编制32人，分驻于工业、交通、物资、商业、粮食、外贸等行业。建筑、安装企业和国营农场驻厂员编制，分别移交给建设银行浙江省分行和农业银行浙江省分行。1966年1月，省编委、省财政厅联合下发通知，将中央、省级企业财政驻厂员划归税务机关，与税务专管员实行统一领导，一员进厂，统一管理企业财务与税收。为此将财政部核配的中央企业财政驻厂员和省编委核配的省级企业财政驻厂员，分配给市县40名，其中工业25名、商业15名。1981年10月，省编委、省人事局、省财政厅等联合发文，在全省配备驻农村人民公社财政员3000名，列入国家事业编制，拨给全民劳动指标，按照干部条件吸收录用为国家干部，所需经费由省财政厅增拨。吸收驻公社财政员的对象为城镇待业青年、上山下乡知识青年，农业“三场”职工子女并实行招考方式。当年底，全省财税干部共8956人，其中党员2448人。

1984年2月，省财政厅、省劳动人事厅分配下达第一批新增财政驻厂员事业编制500人，其中：省级25人，杭州市148人，嘉兴市46人，湖州市26人，宁波市71人，绍兴市37人，金华、衢州地区57人，舟山市15人，温州市37人，台州地区26人，丽水地区12人。人员来源主要从企业主管部门或所属企业在职干部中选调，从大学和中专毕业生中分配，从财政机关工作人员中选派。财政驻厂员的工资福利待遇按国家机关工作人员的有关规定执行。经费由省财政厅从工交商事业费中拨给。1985年，全省新增财税干部2700人，主要充实基层征管力量。当年，取消人民公社制度，重新恢复乡人民政府，公社财政员转为乡财政员。1986年5月，省财政厅、省编委印发通知，在各级财政部门设立国库券专职干部，由各地列入事业编制，经费在省拨补的国库券推销经费中列支。全省总计196名，其中省财政厅3名、各地合计193名。12月，财政部、劳动人事部分配浙江省中央企业财政驻厂员事业编制103人，按照浙江省中央企业的分布和财务盈亏情况，对各市中央企业南下驻厂员的编制予以分配，各地合计74人。

1988年5月，省财政厅、省劳动人事厅、省编委下发关于增加农业税干部编制和调配干部的实施意见，全省增加农业税干部编制1600人，其中：省级7人，杭州市200人，宁波市150人，嘉兴市150人，湖州市105人，绍兴市167人，金华市171人，温州市190人，衢州市100人，舟山市45人，丽水地区138人，台州地区177人。增加的农业税干部主要充实到县级以上财政税务部门征收第一线，所需经费由地方财政解决。县级以上财政税务部门根据农业税工作的需要，在增加的编制中适当安排少量员额列为行政编制；其余编制员额列为事业编制，分配到基层财税所工作。增加农业税干部，按照先调整、后招收的原则，从现有干部中选调或者通过社会招考择优聘用（录用）。7月，省财政厅、省劳动人事厅、省编委联合发文，分配第二批国营企业财政驻厂员编制和调配干部，全省新增国营企业财政驻厂员编制员额527人，列为事业编制。新增的国营企业财政驻厂员人员的来源，主要从机关、事业单位内懂业务的干部中选调，从军队转业干部及国家统一分配的大中专毕业生中补充，也有从国营企业内符合条件的干部中选调。11月，省财政厅对财政驻厂员原分配名额作适当调整，即省级驻厂员编制由原来14人减少到10人，舟山市编制由原3人增加到5人，衢州市编制由原3人增加到4人，丽水地区编制由原3人增加到4人。1989年1月，财政部增加浙江省中央企业财政驻厂员编制10名，增加后浙江省中央企业财政驻厂员编制113名。6月，省财政厅对上年第二批分配国营企业财政驻厂员中原作为机动的27名编制额留作省级财政驻厂员。同年，继续增加农业税干部编制和调配干部，全省增加农业税干部编制和调配干部计划指标1278名，其中省级3人、各地合计1275人。增加的农业税干部编制，列为财政部门的专项事业编制，

表 31-6-2-1　　1992—2010 年浙江省财政系统人员结构一览表　　单位：人

统计年份	合计人数	分布				职别					民族		文化程度				政治面貌		职称		
		省厅局	地市局	县市局	区乡所	厅局级	地市局处级	县局科级	一般干部	工勤人员	汉族	其他	研究生	大学	大专	中专及以下	党员	民主党派	高级	中级	初级
1992	9639	1704	1263	1655	5017	16	133	459	5194	3837	9619	20	77	547	1870	7145	2639	6	53	402	3426
1993	9692	1865	1195	1603	5029	19	140	545	5043	3945	9674	18	84	604	1952	7052	2646	14	81	704	3447
1994	10550	1955	1400	1881	5314	25	155	598	5606	4166	10530	20	85	682	2101	7682	2913	27	80	1103	4072
1995	10965	2169	1624	2191	4981	24	198	940	5811	3992	10940	25	92	814	2296	7763	3256	19	101	1454	3546
1996	11242	2346	1716	2661	4619	22	228	825	6170	3997	11212	30	118	929	2439	7756	3468	26	137	1516	3506
1997	11774	1692	1586	2301	6195	—	—	—	—	—	—	—	—	—	—	—	—	—	121	1912	3758
1998	11647	1662	1945	2558	5482	—	—	—	—	—	—	—	—	—	—	—	—	—	—	—	—
1999	12519	1880	2037	3065	5537	19	355	1346	7562	3237	12474	45	133	1546	4213	6627	5233	40	162	2506	3773
2000	10524	909	1655	2863	5097	15	262	1035	7516	1695	10487	37	38	1387	3920	5179	5046	30	28	2233	3330
2001	9862	961	1920	2732	4249	9	273	1180	6807	1593	9823	39	49	1567	4014	4232	5006	32	38	2349	3337
2002	9829	1099	1899	2978	3853	11	331	1360	6526	1601	9794	35	70	1933	4184	3642	5145	41	44	2502	3114
2003	9978	1130	2039	3032	3777	15	347	1415	6703	1498	9943	35	81	2746	4169	2982	5453	48	47	2720	3032
2004	12714	1142	2768	4920	3884	17	430	1673	8684	1910	12658	56	146	4040	5346	3182	7323	78	382	3287	3367
2005	12389	1141	2572	5100	3576	10	457	1807	8325	1790	12336	53	169	5253	4498	2469	7236	84	495	3338	3039
2006	12526	1191	2558	5282	3495	12	495	1554	8756	1709	12474	52	198	5987	4111	2230	7614	107	718	3591	2478
2007	12454	1150	2599	5457	3248	11	508	3112	7153	1670	12403	51	235	6407	3835	1977	7680	126	799	3789	3050
2008	12000	1164	2652	5912	2272	9	518	3395	6504	1574	11949	51	282	6799	3367	1552	7493	137	943	3663	2937
2009	12086	1178	2648	6110	2150	10	576	3499	6511	1490	12036	50	303	7162	3211	1410	7669	134	1003	3759	2899
2010	12303	1148	2683	6293	2179	13	571	3419	6966	1334	12255	48	378	7523	3115	1287	7859	147	1045	3801	2810

资料来源：历年浙江省财政厅人事档案统计资料。

说明：1949—1991 年人事档案缺失，1997 年、1998 年两年有关数据无统计。

主要充实到农业税征收第一线。增加的农业税干部,按照"先选调、后招收"的原则,从国家干部(含事、企业干部)、接收国家统一分配的大中专毕业生及军队转业干部中选调,然后从现有财税助征人员中招收。1992年12月,全省财政系统实有干部职工9639人。

2000年6月,浙江会计学校成建制并入嘉兴学院,浙江财政学校成建制并入浙江师范大学,人员划出财政系统。在2000年实施机构改革后,2001年全省财政系统人员比上年减少662人。此后,随着经济的发展,财政业务范围的扩大,人员逐年有所增加,至2010年底,全省财政系统实有干部职工12303人。

二、省财政厅机关人员

民国时期,浙江省政府财政厅机关人员设厅长1人、秘书1～3人,分设2～3个科,各科设科长1人,分掌总务、征榷(国家征收商品税与官府专卖)、制用事项,包括地方税务及省级地方公债、省政府预决算、省库收支和公产收支等事项。据民国38年(1949年)1月省财政厅薪饷登记簿统计,全厅领薪者计209人。

民国38年(1949年)8月,新成立的浙江省人民政府财政厅接管民国政府省财政厅,接受留用人员108人。1954年9月,省财政厅机关职工总数150人,所属省税务局121人,建设银行浙江省分行172人,交通银行浙江省分行43人,中国人民保险公司浙江省分公司89人,省财政干部学校49人。1956年9月,省财政厅干部职工共624人,其中机关150人、所属省税务局121人、省建设银行浙江省分行172人、交通银行浙江省分行43人、中国人民保险公司浙江省分公司89人、省财政干部学校49人。1958年,省财政厅、中国人民银行浙江省分行合署办公后共404人,其中厅长、行长5人,处级干部33人,科以下干部332人,工勤人员34人。同年,根据中央关于机关青年到农村接受劳动锻炼的要求,省财政厅、人民银行省分行下放干部145人,其中下放基层11人、下放农村劳动134人。1961年底,省财政厅及所属省税务局、建设银行浙江省分行共有干部、勤杂人员216人。1962年,省财政厅先后召回大部分1958年下放的财税干部,并招收院校毕业的大中专学生补充干部队伍,精减26人,至年底实有228人。1965年,省财政厅机关共有257人。

1966年开始"文化大革命",全省财税系统机构混乱,业务骨干被调离。至年底,厅机关仅有干部职工177人,比上年减少31.1%。1967年1月,省财政厅革命造反联络部宣布夺权,一切党、政、财、文等权力被接管。当天查封、接管人事档案和机要档案,改组人事处和机要室。3月,浙江省军事管制委员会委派军事代表进驻省财政厅。1968年10月,厅机关划分大小两套班子,"大班子"抓"斗批改","小班子"抓财政业务。

1970年5月成立浙江省革命委员会生产指挥组财政金融局,共有干部职工364人,其中党员184人,团员72人。1977年11月,省委撤销浙江省财政金融局,分别成立浙江省财政局、中国人民银行浙江省分行。局、行分设后,省财政局共计干部职工163人,其中干部130人、职工33人。

1978年中共十一届三中全会后,按照中央和省委的指示精神,"文化大革命"中被精减、错误处理和调离的干部职工陆续被平反调回。1980年5月,省财政局改称省财政厅。1981

年底，省财政厅机关共189人，其中中共党员67人。1983年，省财政厅机关完成机构改革，落实干部编制186人，工勤人员14人。1988年，省编委核定省财政厅机关人数360余人，其中省税务局机关编制162人。

20世纪90年代，浙江省经济和社会各项事业迅猛发展，财税人员逐年增加。1995年1月，财政部驻浙江省财政监察专员办事处（以下简称浙江专员办）成立，原省财政厅中央企业财务管理处15名工作人员划转到浙江专员办。1996年9月，省人事厅批复同意省财政厅（包括省国有资产管理局）国家公务员制度实施方案。1999年6月，浙江会计师事务所改制为社会中介机构，浙江会计师事务所42名事业编制转出。2000年，省财政厅实施机构改革，机关人员定岗192名（其中监察工作和老干部工作人员7名），对未定岗的56名工作人员进行分流，全厅实际分流比例为23%；67名人员进行岗位交流。同年，省财政厅开展副处级领导岗位竞争上岗，经民主推荐、民主测评、笔试、面试、考察公示等阶段，选拔副处长13人，选拔到企事业单位担任相应的副处级领导2人。同年底至2001年，省财政厅从厅机关、省级机关以及省级事业单位财会人员中选调两批共38人进入省级机关会计核算中心工作。2002年2月，省财政厅再次开展竞争上岗工作，90人参与竞争28个领导岗位，经民主推荐、笔试、面试、考核程序，采用量化综合计分制和综合淘汰的方法，选拔产生厅机关10名副处级领导、15名助理调研员职位和3名厅属事业单位副处级领导。

2004年5月，省委、省政府组建省国有资产监督管理委员会，省财政厅划转19人至省国有资产监督管理委员会工作。2005年，省财政厅调整内设机构，开展处级干部选拔任用工作，共选拔提任42名处级干部，其中9名正处级领导、15名副处级领导、6名调研员、12名助理调研员。10月，省政府采购中心划转至省机关事务管理局，原11名工作人员相应调入省机关事务管理局。

2006年6月，省财政厅调整充实所属事业单位领导班子，所属8家事业单位增配处级领导12名，其中正处级领导2名、副处级领导10名。8月，省财政厅首次从全省财政地税系统公开选录公务员，6名基层干部被选调到厅机关和省级机关会计核算中心工作。2008年，省财政厅面向社会、系统、基层公开招录26名干部。2009年11月，省财政厅完成机构改革和处级干部选拔调整工作，共提任19名正处级干部、30名副处级干部，20名处级干部进行岗位交流。2010年12月，省财政厅（包括事业单位）共有干部职工489人，其中女性165人，党员360人；厅级8人，处级246人，科级及以下230人，工人73人；研究生92人，大学本科282人，大专54人，高中及以下61人；35岁及以下128人，36～40岁117人，41～45岁99人，46～50岁78人，51～55岁56人，56岁以上11人；高级职称156人，中级职称126人，初级职称31人。

表 31-6-2-2

1979—1989 年省财政厅人员结构一览表

单位:人

统计时间（年、月）	合计人数	其中女性	职别						政治面貌			文化程度			年龄			
			厅级	处级	科级	一般干部	代干	工人	党员	团员	民主党派	大专以上	中专（高中）	初中及以下	35 岁以下	36～45 岁	46～55 岁	56 岁以上
1978.03	219	—	21		—	135	—	63	77	30	—	—	—	—	—	—	—	—
1979.02	239	66	—	—	—	165	—	74	85	58	—	—	—	—	—	—	—	—
1979.12	288	91	—	—	—	171	—	117	92	78	—	—	—	—	—	—	—	—
1980.12	303	85	—	—	—	197	29	77	77	82	—	—	—	—	—	—	—	—
1982.03	281	98	26		43	108	34	70	80	98	7	—	—	—	—	—	—	—
1982.12	322	110	25		47	126	32	92	86	107	6	—	—	—	—	—	—	—
1984.01	367	124	4	20	52	171	13	107	98	128	6	—	—	—	—	—	—	—
1984.03	371	126	4	20	64	161	14	108	98	—	—	—	—	—	—	—	—	—
1984.12	447	152	4	27	73	216	16	111	115	166	6	94	182	171	300	38	78	31
1985.09	303	100	4	25	59	154	—	61	87	115	5	47	144	112	197	23	54	29
1987.06	329	103	4	39	102	122	—	62	123	106	—	101	148	80	214	39	43	33
1989.03	420	131	4	56	104	161	31	64	173	136	—	188	123	109	275	67	33	45

资料来源:历年浙江省财政厅人事档案统计资料。

说明:1978 年始建立人员名册和统计制度,此前无资料;其间个别年份无统计资料。

表 31-6-2-3　　1990—2010 年省财政厅人员结构一览表　　单位：人

统计年月	合计人数	其中女性	职别						政治面貌		文化程度				专业职称		
			厅级	正处	副处	科级以下	工人	其他	党员	团员	研究生	大学	大专	中专以下	高级	中级	初级
1990.02	439	137	4	16	38	281	66	34	186	148	9	78	127	225	5	25	97
1991.02	341	106	6	15	38	197	57	28	146	98	10	67	101	163	4	28	154
1992.03	373	119	6	18	34	223	68	24	163	100	12	74	115	172	3	27	77
1993.04	388	127	7	23	36	234	70	18	176	89	12	80	133	163	10	114	100
1994.10	439	130	13	24	41	242	71	48	199	118	14	100	151	174	17	152	90
1995.06	445	137	14	25	43	242	84	37	203	120	17	103	154	171	29	152	92
1996.10	546	166	13	39	54	243	91	106	278	153	19	165	176	186	23	178	119
1997.12	587	184	12	45	62	254	102	112	313	117	26	201	172	188	21	215	97
1998.10	608	194	12	43	70	255	100	128	324	127	28	227	166	187	21	214	148
2001.12	483	161	8	38	73	224	99	41	312	37	14	224	126	119	27	214	74
2002.12	492	162	8	44	94	197	93	56	322	38	25	244	106	117	31	222	61
2003.02	492	162	8	44	94	197	93	56	322	38	25	244	106	117	31	222	61
2009.02	491	165	7	44	108	269	63	—	352	—	67	301	51	62	148	115	34
2010.01	489	165	8	61	117	230	73	—	360	—	92	282	54	61	156	126	31

资料来源：历年浙江省财政厅人事档案统计资料。

说明：其间个别年份无统计资料。

三、历任负责人

明洪武十四年(1381年),朝廷置左、右布政使,主理财政。浙江主管财政的左右布政使官员记载不详。清初沿袭明制,布政使掌管一省的民政、田赋、户籍等财政事务。清顺治二年(1645年),朝廷任命王敬锡为清首任浙江左布政使,专管浙江一省的财赋和人事。康熙六年(1667年),朝廷改左、右两布政使为一布政使。顺治二年至宣统三年(1911年)的267年间,历任浙江布政使情况详见表31-6-2-4“清代浙江布政使任职一览表”。

表31-6-2-4　　清代浙江布政使任职一览表

〔顺治二年至宣统三年(1645—1911年)〕

姓　　名	职　　官	任职时间
王敬锡	左布政使	顺治二年十二月十九(1645.02.04)— 顺治四年十月十八(1647.11.14)
金　柱	左布政使	顺治四年九月九(1647.10.06)— 顺治四年十月(1647.11)
陈维新	左布政使	顺治四年十月十六(1647.11.12)— 顺治九年正月十三(1652.02.21)
张儒秀	左布政使	顺治九年三月(1652.04)— 顺治十年二月(1653.03)
徐为卿	左布政使	顺治十年二月廿六(1653.03.25)— 顺治十一年(1654年)
张缙彦	左布政使	顺治十一年(1654年)— 顺治十五年二月初九(1658.03.12)
许文秀	左布政使	顺治十五年二月廿五(1658.03.28)— 顺治十六年二月廿一(1659.03.13)
白秉贞	左布政使	顺治十六年闰三月初九(1659.04.19)— 顺治十七年四月十九(1660.05.27)
袁一相	左布政使	顺治十七年五月十四(1660.06.21)— 康熙六年七月(1667.08)
李本晟	布政使	康熙六年七月(1667.08)— 康熙十二年(1673年)
陈秉直	布政使	康熙十二年(1673年)— 康熙十三年十二月十六(1675.01.11)
李士祯	布政使	康熙十四年正月(1675.02)— 康熙二十年(1681年)
石　琳	布政使	康熙二十年五月初八(1681.06.23)— 康熙二十三年九月廿八(1684.11.05)

续表 1

姓　　名	职　　官	任职时间
王国泰	布政使	康熙二十三年十一月初五(1684.12.10)— 康熙二十七年(1688 年)
李之粹	布政使	康熙二十七年二月廿七(1688.03.28)— 康熙二十八年二月廿(1689.3.11)
卞永誉	布政使	康熙二十八年二月(1689.03)— 康熙二十九年六月十四(1690.07.29)
马如龙	布政使	康熙二十九年七月(1690.08)— 康熙三十一年六月初二(1692.07.15)
蒋毓英	布政使	康熙三十一年六月十二(1692.07.25)— 康熙三十四年(1695 年)
赵良璧	布政使	康熙三十四年十一月廿五(1695.12.30)— 康熙四十年(1701 年)
赵申乔	布政使	康熙四十年正月廿七(1701.03.06)— 康熙四十一年正月廿七(1702.02.23)
郎廷极	布政使	康熙四十一年二月十三(1702.03.11)— 康熙四十四年四月廿六(1705.05.18)
管竭忠	布政使	康熙四十四年六月初二(1705.07.22)— 康熙四十五年(1706 年)
黄　明	布政使	康熙四十五年七月廿七(1706.09.03)— 康熙四十七年十月(1708.11)
徐　柟	布政使	康熙四十七年十月廿一(1708.12.02)— 康熙五十二年(1713 年)
段志熙	布政使	康熙五十二年十月初一(1713.11.18)— 康熙五十八年(1719 年)
傅泽渊	布政使	康熙五十八年九月(1719.10)— 雍正元年九月廿五(1723.10.23)
王朝恩	布政使	雍正元年九月(1723.10)— 雍正二年闰四月十三(1724.06.04)
佟吉图	布政使	雍正二年闰四月(1724.06— 雍正四年十月初五(1726 年)10.29
许　容	布政使	雍正四年十月(1726.10)— 雍正五年五月十八(1727.07.06)
孔毓璞	布政使	雍正五年五月(1727.07)— 雍正五年十月(1727.11)
彭维新	布政使	雍正五年十月(1727.11)— 雍正六年三月廿六(1728.05.04)

续表 2

姓　　名	职　　官	任职时间
高　斌(满)	布政使	雍正六年三月(1728.05)— 雍正七年七月(1729.08)
程元章	布政使	雍正七年七月(1729.08)— 雍正八年五月(1730.06)
张元怀	布政使	雍正八年五月(1730.06)— 雍正十年九月十三(1732.10.31)
王　纮	布政使	雍正十年九月(1732.10)— 雍正十一年十二月(1734.01)
刁承祖	布政使	雍正十一年十二月(1734.01)— 雍正十二年四月廿五(1734.05.27)
张若震	布政使	雍正十二年四月(1734.05)— 乾隆七年七月初十(1742.08.10)
王　恕	布政使	乾隆七年七月(1742.08)— 乾隆七年十月(1742.11)
潘思榘	布政使	乾隆七年十一月初四(1742.11.30)— 乾隆十一年五月初九(1746.06.27)
王　师	布政使	乾隆十一年五月(1746.06)— 乾隆十一年九月(1746.10)
唐绥祖	布政使	乾隆十一年九月(1746.10)— 乾隆十二年十一月初一(1747.12.02)
永　贵(满)	布政使	乾隆十二年十一月(1747.12)— 乾隆十四年七月初六(1749.08.18)
王　师	布政使	乾隆十四年七月初七(1749.08.19)— 乾隆十五年十一月十七(1750.12.15)
和其衷(满)	布政使	乾隆十五年十一月十八(1750.12.16)— 乾隆十六年三月初五(1751.03.31)
叶存仁	布政使	乾隆十六年三月(1751.04)— 乾隆十九年正月(1754.02)
周人骥	布政使	乾隆十九年正月十七(1754.02.08)— 乾隆十九年十月初九(1754.11.22)
叶存仁	布政使	乾隆十九年十月(1754.11)— 乾隆二十年三月初九(1755.04.19)
同　德	布政使	乾隆二十年三月(1755.04)— 乾隆二十一年二月廿四(1756.03.24)
富勒浑(蒙)	布政使	乾隆二十一年二月(1756.03)— 乾隆二十二年七月初二(1757.08.16)

续表 3

姓　　名	职　　官	任职时间
杜官德	布政使	乾隆二十二年七月(1757.08)— 乾隆二十四年正月十四(1759.02.11)
明　山(满)	布政使	乾隆二十四年正月(1759.02)— 乾隆二十六年十一月(1761.12)
索　琳(满)	布政使	乾隆二十六年十一月十八(1761.12.13)— 乾隆三十年闰二月初六(1765.03.26)
永　德(觉罗)	布政使	乾隆三十年闰二月初四(1765.03.24)— 乾隆三十三年二月(1768.03)
刘纯炜	布政使	乾隆三十三年二月(1768.03)— 乾隆三十四年三月(1769.04)
富勒浑(蒙)	布政使	乾隆三十四年三月十二(1769.04.18)— 乾隆三十五年十一月廿九(1771.01.14)
王亶望	布政使	乾隆三十五年十一月(1771.01)— 乾隆三十九年三月(1774.04)
郝　硕	布政使	乾隆三十九年三月(1774.04)— 乾隆四十二年正月十八(1777.02.25)
孙含中	布政使	乾隆四十二年正月十九(1777.02.26)— 乾隆四十三年(1778年)
徐　恕	布政使	乾隆四十三年闰六月(1778.08)— 乾隆四十三年十二月(1779.01)
国　栋(满)	布政使	乾隆四十三年十二月十一(1779.01.28)— 乾隆四十六年十二月(1782.01)
盛　柱(满)	布政使	乾隆四十六年十二月(1782.01)— 乾隆五十一年三月(1786.04)
顾学潮	布政使	乾隆五十一年三月(1786.04)— 乾隆五十五年九月(1790.10)
归景照	布政使	乾隆五十五年九月(1790.10)— 乾隆五十七年六月(1792.07)
王懿德	布政使	乾隆五十七年六月(1792.07)— 乾隆五十七年十二月十七(1793.01.28)
顾长绂	布政使	乾隆五十七年十二月(1793.01)— 乾隆五十八年正月(1793.02)
王懿德	布政使	乾隆五十八年正月(1793.02)— 乾隆五十八年四月十三(1793.05.22)
张朝缙	布政使	乾隆五十八年四月(1793.05)— 乾隆五十九年五月(1794.06)

续表 4

姓　　名	职　　官	任职时间
田凤仪	布政使	乾隆五十九年五月十二(1794.06.12)— 乾隆六十年四月(1795.05)
汪志伊	布政使	乾隆六十年四月(1795.05)— 嘉庆元年十一月(1796.12)
谢启昆	布政使	嘉庆元年十一月(1796.12)— 嘉庆四年八月廿六(1799.09.25)
刘　烒	布政使	嘉庆四年八月(1799.09)— 嘉庆七年十一月廿五(1802.12.19)
清安泰(满)	布政使	嘉庆七年十一月(1802.12)— 嘉庆十年闰六月初一(1805.07.26)
秦　瀛	布政使	嘉庆十年闰六月(1805.07)— 嘉庆十年十月(1805.11)
崇　禄(满)	布政使	嘉庆十年十月(1805.11)— 嘉庆十三年六月(1808.07)
庆　格	布政使	嘉庆十三年六月(1808.07)— 嘉庆十四年五月(1809.06)
广　厚(满)	布政使	嘉庆十四年五月(1809.06)— 嘉庆十五年三月初二(1810.04.05)
穆克登额(满)	布政使	嘉庆十五年三月(1810.04)— 嘉庆十五年十月(1810.11)
广　玉	布政使	嘉庆十五年十月十八(1810.11.14)— 嘉庆十八年七月(1813.08)
常　格	布政使	嘉庆十八年七月廿八(1813.08.21)— 嘉庆十九年正月(1814.02)
福　昂	布政使	嘉庆十九年正月(1814.02)— 嘉庆十九年六月初三(1814.07.19)
额特布	布政使	嘉庆十九年六月(1814.07)— 嘉庆二十一年九月(1816.11)
瑞　麟	布政使	嘉庆二十一年九月(1816.11)— 嘉庆二十三年(1818)
伊什札布素	布政使	嘉庆二十三年十二月(1819.01)— 嘉庆二十五年(1820)
嵩　孚(宗室)	布政使	嘉庆二十五年十二月(1821.01)— 道光元年十月初十(1821.11.04)
阿　霖(满)	布政使	道光元年十月(1821.11)— 道光二年五月初九(1822.06.27)

续表 5

姓　　名	职　　官	任职时间
成　格(满)	布政使	道光二年五月(1822.06)— 道光二年九月廿九(1822.11.12)
常　德(满)	布政使	道光二年九月(1822.11)— 道光三年九月十三(1823.10.16)
黄鸣杰	布政使	道光三年九月(1823.10)— 道光四年九月(1824.10)
伊里布(满)	布政使	道光四年九月(1824.10)— 道光五年四月(1825.05)
继　昌(满)	布政使	道光五年四月(1825.05)— 道光六年三月十八(1826.04.24)
富呢扬阿(满)	布政使	道光六年三月(1826.04)— 道光七年九月(1827.10)
庆　善(满)	布政使	道光七年九月(1827.10)— 道光十一年六月(1831.07)
恩特亨额	布政使	道光十一年六月(1831.07)— 道光十一年八月廿四(1831.09.29)
吉　恒(蒙)	布政使	道光十一年八月(1831.09)— 道光十一年十二月廿八(1832.01.30)
程裔采	布政使	道光十一年十二月(1832.01)— 道光十五年正月(1835.02)
钱宝琛	布政使	道光十五年正月廿五(1835.02.22)— 道光十七年九月十九(1837.10.18)
程裔采	布政使	道光十七年九月(1837.10)— 道光十八年二月(1838.03)
唐　鉴	布政使	道光十八年二月(1838.03)
宋其沅	布政使	道光十八年二月(1838.03)— 道光二十年七月初九(1840.08.06)
常恒昌	布政使	道光二十年九月初七(1840.10.02)— 道光二十二年六月廿七(1842.08.03)
孙善宝	布政使	道光二十二年六月(1842.08)— 道光二十二年九月(1842.10)
卞士云	布政使	道光二十二年九月(1842.10)— 道光二十三年(1843)
管遹群	布政使	道光二十三年五月十五(1843.06.12)— 道光二十三年闰七月廿四(1843.09.17)

续表 6

姓　　名	职　　官	任职时间
存　兴	布政使	道光二十三年闰七月廿五(1843.09.18)— 道光二十七年六月初十(1847.07.21)
刘喜海	布政使	道光二十七年六月(1847.07)— 道光二十八年十二月十五(1849.01.09)
汪本铨	布政使	道光二十八年十二月(1849.01)— 咸丰元年七月廿二(1851.08.18)
椿　寿(满)	布政使	咸丰元年七月(1851.08)— 咸丰二年五月初十(1852.06.27)
麟　桂	布政使	咸丰二年十一月廿一(1852.12.31)— 咸丰三年十二月十五(1854.01.13)
毕承昭	布政使	咸丰三年十二月(1854.01)— 咸丰三年十二月廿五(1854.01.23)
韩　椿	布政使	咸丰四年正月(1854.02)— 咸丰六年十二月廿二(1857.01.17)
庆　廉	布政使	咸丰七年正月初六(1857.01.31)— 咸丰七年十月廿二(1857.12.07)
李续宾	布政使	咸丰七年十月(1857.12)— 咸丰八年十二月(1859.01)
徐宗幹	布政使	咸丰八年十二月(1859.01)— 咸丰九年十月(1859.11)
沈兆沄	布政使	咸丰九年十月初十(1859.11.04)— 咸丰十年六月初三(1860.07.20)
庄受祺	布政使	咸丰十年六月(1860.07)— 咸丰十年十一月初四(1860.12.15)
林福祥	布政使	咸丰十年十一月(1860.12)— 同治元年正月初四(1862.02.02)
蒋益澧	布政使	同治元年正月(1862.02)— 同治五年正月初八(1866.02.22)
杨昌濬	布政使	同治五年二月(1866.03)— 同治九年八月初三(1870.08.29)
卢定勋	布政使	同治九年八月(1870.08)— 光绪二年四月初八(1876.05.01)
卫荣光	布政使	光绪二年四月(1876.05)— 光绪四年二月初六(1878.03.09)
任道镕	布政使	光绪四年二月(1878.03)— 光绪五年闰三月(1879.04)

续表 7

姓　名	职　官	任职时间
增　寿	布政使	光绪五年闰三月(1879.04)— 光绪五年八月(1879.09)
德　磬(满)	布政使	光绪五年八月初一(1879.09.16)— 光绪十年九月十七(1884.11.04)
许应荣	布政使	光绪十年九月(1884.11)— 光绪十七年正月廿三(1891.03.03)
贾致恩	布政使	光绪十七年正月(1891.03)— 光绪十七年六月(1891.07)
刘树堂	布政使	光绪十七年六月(1891.07)— 光绪十九年十二月(1894.01)
赵舒翘	布政使	光绪十九年十二月(1894.01)— 光绪二十一年三月廿四(1895.04.18)
胡聘之	布政使	光绪二十一年三月(1895.04)— 光绪二十一年七月(1895.08)
龙锡庆	布政使	光绪二十一年七月(1895.08)— 光绪二十二年十月(1896.11)
恽祖翼	布政使	光绪二十二年十月初四(1896.11.08)— 光绪二十六年十月初四(1900.11.25)
荣　铨	布政使	光绪二十六年十月(1900.11)— 光绪二十七年三月十一(1901.04.29)
张廷燎	布政使	光绪二十七年三月十二(1901.04.30)— 光绪二十七年七月(1901.09)
成　勋	布政使	光绪二十七年七月廿(1901.09.02)— 光绪二十八年十二月廿四(1903.01.22)
翁曾桂	布政使	光绪二十八年十二月(1903.01)— 光绪三十一年九月十二(1905.10.10)
宝　棻(蒙)	布政使	光绪三十一年九月十三(1905.10.11)— 光绪三十二年十月(1906.11)
信　勤(满)	布政使	光绪三十二年十月(1906.11)— 光绪三十三年十一月(1907.12)
颜锺骥	布政使	光绪三十三年十一月(1907.12)— 宣统二年(1910)
吴引孙	布政使	宣统二年六月廿五(1910.07.31)— 宣统三年(1911)

资料来源:钱实甫编《清代职官年表》第三册,中华书局 1980 年版。

民国初,浙江政局多变,财政厅长编制 1 人,多由财政部呈请大总统简任。民国元年

(1912年),首任浙江省政府财政厅厅长(司长)张寿镛。民国16年,浙江省政府改组浙江省财政委员会,任命陈其采为省财政厅厅长。民国1—38年浙江省政府财政主官情况详见表31-6-2-5“民国时期浙江省政府财政厅厅(司)长一览表”。民国27年抗日战争全面爆发至民国34年期间,浙江省部分地区遭沦陷,日军在占领区建立伪政权,其政府历任财政厅厅长详见表31-6-2-6“日伪浙江省政府财政厅厅长一览表”。

表31-6-2-5　　民国时期浙江省政府财政厅厅(司)长一览表

〔民国1—38年(1912—1949年)〕

姓　名	职　务	任职时间(年、月、日)
张寿镛	财政司司长	民国1年9月25日—民国3年5月24日 (1912.09.25—1914.05.24)
	财政厅厅长	民国3年5月25日—民国4年6月10日 (1914.05.25—1915.06.10)
蒋懋熙	财政厅厅长	民国4年6月10日—7月18日 (1915.06.10—07.18)
吴　钫	财政厅厅长	民国4年7月21日—民国5年8月7日 (1915.07.21—1916.08.07)
莫永贞	财政厅厅长	民国5年8月7日—民国6年2月16日 (1916.08.07—1917.02.16)
张厚璟	财政厅厅长	民国6年2月16日—民国9年5月8日 (1917.02.16—1920.05.08)
沈尔昌	财政厅厅长	民国9年5月8日—8月7日 (1920.05.08—08.07)
陈昌谷	财政厅厅长	民国9年8月7日—民国12年1月25日 (1920.08.07—1923.01.25)
张寿镛	财政厅厅长	民国12年1月26日—民国13年12月21日 (1923.01.26—1924.12.21)
蔡　朴	财政厅厅长	民国13年12月21日—民国16年2月 (1924.12.21—1927.02)
曲卓新	财政厅厅长	民国16年2月—5月13日 (1927.02—05.13)
陈其采	财政厅厅长	民国16年5月13日—7月27日 (1927.05.13—07.27)
颜大组	财政厅厅长	民国16年7月27日—8月25日 (1927.07.27—08.25)
陈其采	财政厅厅长	民国16年10月5日—民国17年11月7日 (1927.10.05—1928.11.07)

续表

姓　　名	职　　务	任职时间(年、月、日)
钱永铭	财政厅厅长	民国17年11月7日—民国19年12月4日 (1928.11.07—1930.12.04)
周骏彦(王澂莹代)	财政厅厅长	民国19年12月4日—民国20年12月15日 (1930.12.04—1931.12.15)
周骏彦	财政厅厅长	民国20年12月15日—民国23年3月16日 (1931.12.15—1934.03.16)
王澂莹	财政厅厅长	民国23年3月16日—12月15日 (1934.03.16—12.15)
徐青甫	财政厅厅长	民国23年12月15日—民国24年12月26日 (1934.12.15—1935.12.26)
程远帆	财政厅厅长	民国24年12月26日—民国27年7月3日 (1935.12.26—1938.07.03)
黄祖培	财政厅厅长	民国27年7月30日—民国35年7月17日 (1938.07.30—1946.07.17)
陈宝麟	财政厅厅长	民国35年7月17日—民国38年5月3日 (1946.07.17—1949.05.03)

资料来源:刘寿林等编《民国职官年表》,中华书局1995年版。

表31-6-2-6　　日伪浙江省政府财政厅厅长一览表

〔民国27—34年(1938年6月—1945年8月)〕

姓　　名	职　　务	任职时间(年、月、日)
汪瑞闿(暂兼)	财政厅厅长	民国27年7月26日—民国28年3月18日 (1938.07.26—1939.03.18)
陈炳年	财政厅厅长	民国28年3月18日—民国29年10月5日 (1939.03.18—1940.10.05)
张德钦(兼)	财政厅厅长	民国29年10月5日—民国30年5月8日 (1940.10.05—1941.05.08)
费公侠(兼)	财政厅厅长	民国30年5月8日—民国31年6月15日 (1941.05.08—1942.06.15)
刘星晨(兼)	财政厅厅长	民国31年6月26日—民国34年1月16日 (1942.06.26—1945.01.16)
项致庄(兼)	财政厅厅长	民国34年1月16日—1月31日 (1945.01.16—01.31)
孙祖基	财政厅厅长	民国34年1月23日—5月22日 (1945.01.23—05.22)

续表

姓　　名	职　　务	任职时间(年、月、日)
陆耀炽	财政厅厅长	民国34年5月22日—？ (1945.05.22—?)

资料来源:刘寿林等编《民国职官年表》,中华书局1995年版。

说明:1.日伪浙江省政府于民国27年(1938年)6月19日在杭州成立。民国34年(1945年)8月15日日本宣布无条件投降,日伪浙江省政府随之解散。2.日伪浙江省政府财政厅最后一任厅长陆耀炽的任职截止时间无资料记载。

民国38年(1949年)8月18日,浙江省人民政府成立,同时设省财政厅等政府机关,杭州市军事管制委员会副主任兼财经部部长汪道涵为首任浙江省人民政府财政厅厅长。1949年10月,任一力为省财政厅主要负责人。1950年9月,任一力任省财政厅厅长。1954年7月,李文灏任省财政厅厅长。1966年6月,省财政厅党组宣布成立财政厅"文化大革命"领导小组,负责人陈之新(建设银行浙江省分行行长)等。1967年1月,省财政厅"革命造反联络部"(造反派群众组织)成为厅机关领导机构,原厅领导机构瘫痪。3月,省军事管制委员会派代表进驻省财政厅,军代表成为实际的领导者。1970年5月,省财政厅成立革命领导小组,组长由人民银行浙江省分行行长曲荷担任,任期至1977年11月。1979年7月1日,撤销省革命委员会,恢复省人民政府,省级财政机构负责人人事变更恢复正常。

1994年,实施分税制财政体制改革,根据国家税务总局要求,省政府决定,原省税务局分设为浙江省国家税务局、浙江省地方税务局。省财政厅副厅长卢钦寿任浙江省国税局局长。1997年8月,省政府决定,全省各级国家税务局、地方税务局机构进一步分设,省财政厅厅长兼任省地方税务局局长,至2010年年底未变。1949—2010年浙江省人民政府财政厅负责人更迭情况详见下表。

表31-6-2-7　　浙江省人民政府财政厅负责人一览表

(1949—2010年)

姓　　名	职　　务	任职时间(年、月)
汪道涵	省财政厅厅长	1949.08—1949.10
任一力	省财政厅主要负责人	1949.10—1950.08
	省财政厅党组书记、厅长	1950.09—1952.11
	浙江省人民政府财经委员会第三副主任兼省财政厅党组书记、厅长	1952.11—1954.07
李文灏	省财政厅党组书记、厅长	1954.07—1966.06
曲　荷	省财政金融局党的核心小组组长、革命领导小组组长	1970.05—1977.11

续表

姓　　名	职　　务	任职时间(年、月)
丛贵珠	省财政局党组书记、局长	1977.11—1980.05
	省财政厅党组书记、厅长	1980.05—1983.06
吴　歼	省财政厅党组书记、厅长	1983.06—1987.03
宋少祥	省财政厅党组书记、厅长	1987.03—1993.03
翁礼华	省财政厅党组书记、厅长	1993.03—1994.08
	省财政厅党组书记、厅长，省地税局局长	1994.08—2003.02
黄旭明	省财政厅党组书记、厅长，省地税局局长	2003.02—2008.02
钱巨炎	省财政厅党组书记、厅长，省地税局局长	2008.02—

资料来源：浙江省财政厅档案资料。

第三节　协　会

一、浙江省注册会计师协会

1980年12月23日，财政部下发有关建立会计顾问处的文件，据此，浙江省开始筹划恢复注册会计师制度。1983年12月，省财政厅批准成立由注册会计师组成的独立经营的事业单位浙江会计师事务所，并于1984年1月1日开始承接审计、会计、税务和财务管理等咨询业务。

1991年，根据1986年7月国务院颁布的《中华人民共和国注册会计师条例》第五条规定，省财政厅决定成立浙江省注册会计师协会(以下简称省注协)。10月3日，省财政厅成立浙江省注册会计师协会筹备组，筹备组设在省财政厅会计事务管理处内。当年举行首次注册会计师全国统一考试，浙江省报名参考者中全科合格者36人。1992年8月13日，省民政厅批复浙江省注册会计师协会具备社会团体法人资格。9月29日，浙江省注册会计师协会召开成立大会暨第一次会员代表大会，通过《浙江省注册会计师协会章程》，选举杨存浩为浙江省注册会计师协会会长，浙江省注册会计师协会正式成立。至1992年底，全省有会计师事务所55家、分所12家，从业人员716人，其中注册会计师376人。同年，创刊内部刊物《浙江注册会计师通讯》。

1994年3月，省财政厅设立浙江省注册会计师服务中心，为直属自收自支县处级事业单位。4月，省注协和浙江省注册会计师服务中心合署办公，共同使用“浙江省注册会计师协会”名称和印章。

1995年9月28日，省注协召开第一届常务理事会第六次会议，贯彻中国注册会计师协会全国注册会计师特别工作会议精神。遵循财政部、审计署 1995 年 6 月联合发布的《关于中国注册会计师协会、中国注册审计师协会实行联合的有关问题的通知》精神，启动浙江省财政、审计系统所属两支社会审计队伍联合工作。1996 年 1 月 1 日，财政部颁布的第一批《中国注册会计师独立审计准则》开始施行。省注协开展准则的培训与研讨活动，根据准则修订审计和验资工作底稿，规范全省会计师事务所执业行为。当年完成第一批 655 名注册审计师转注册会计师审核工作，为注册会计师协会、注册审计师协会“两会”联合做好前期准备工作。

1997 年 9 月，省财政厅、省审计厅联合印发《浙江省财政厅、审计厅领导就“两会”联合问题会谈纪要》和《关于浙江省注册会计师协会、浙江省社会审计协会实行联合的有关问题的通知》，浙江省“两会”联合进入实质性运作阶段。1998 年 2 月，省注协召开特别代表大会，浙江省注册会计师协会与浙江省社会审计协会正式联合并确立了“行政职能不越位、行业自律不缺位、服务会员要到位”的指导思想，浙江省注册会计师行业实现协会统一、执业称谓统一、行业管理统一的“三统一”。会议选举产生联合后的浙江省注册会计师协会理事会理事，第一次理事会选举产生正副会长、常务理事，讨论并通过《浙江省注册会计师协会章程》。

根据财政部 1998 年印发的《关于进一步加快会计师事务所及审计事务所体制改革的通知》，省注协牵头拟订具有浙江特色的分两步组织实施的事务所脱钩改制办法，即第一步由原主办单位负责撤销清算终止需要脱钩的全部事务所，第二步由脱钩后并符合条件的注册会计师出资发起设立新的事务所。省财政厅于 1999 年 2 月出台《关于会计师（审计）事务所脱钩改制有关事项的通知》，印发各市、地、县财政局、审计局，省级有关单位和各会计师（审计）事务所执行，启动全省会计师（审计）事务所脱钩改制工作。截至年底，全省 225 家会计师（审计）事务所如期与原主办单位脱钩，并经省财政厅行文撤销，新发起设立有限责任会计师事务所 138 家，合伙会计师事务所 29 家。

2000 年 1 月，协会会刊《浙江注册会计师通讯》更名为《浙江注册会计师》。2000 年 3 月，温州市区的 6 家事务所，以共同致力于发展注册会计师事业、服务市场经济为目标，在温州市注协的倡导和多方协调下，共同签署“业务收费”和“制止回扣行为”的第 1 号、第 2 号《行业自律公约》。浙江省地区性行业自律公约自此建立。4 月，省注协发出《关于设立会计师事务所有关问题的通知》，规范改制后的会计师事务所的设立与管理。6 月，省注协召开首次浙江省合伙会计师事务所主任会计师研讨会，探索合伙会计师事务所的运行机制及内部管理等有关问题，提高合伙会计师事务所主任会计师的自身素质。11 月，与北京国家会计学院联合举办全省主任会计师研修班，探索合伙事务所运行机制，提升会计师事务所内部管理水平。当年，省注协就协会监管工作发布试行办法。至 2000 年底，全省有会计师事务所计 163 家、注册会计师 1957 人。

2001 年 5 月，省注协印发《会计师事务所有限责任公司章程（示范文本）》和《合伙会计师事务所合伙人协议（示范文本）》，帮助各事务所完善内部治理结构和以章程为核心的内部管理制度，建立适应注册会计师行业特点的事务所内部运作机制。

根据财政部《关于同意中国注册会计师协会与中国资产评估协会合并的通知》精神，经报省财政厅批准，2002 年 3 月，省注协与浙江省资产评估协会合并。同月，召开浙江省注册会计师协会第三次会员代表大会，选举产生浙江省注册会计师协会第三届理事会、常务理事会以及协会领导成员。2003 年 1 月，浙江省注册会计师协会网站(http://www.zicpa.org.cn)开通并运行。

2003 年 3 月，依据 2002 年 7 月经第三届常务理事会第一次会议通过的《浙江省优秀注册会计师、优秀注册资产评估师评选办法》，首次在全省 2018 名注册会计师、1013 名注册资产评估师中评选产生 24 名优秀注册会计师、9 名优秀注册资产评估师，在全省范围予以通报表彰。5 月，经第三届常务理事会第二次会议通过，出台《浙江省注册会计师协会人才基金管理办法》，吸引高素质人才加盟注册会计师行业，激励和鼓励从业人员提升专业水平，促进行业人才队伍建设。2005 年 12 月，省注协牵头组成全省注册会计师代表团一行 14 人赴美国德勤会计公司进行注册会计师业务考察。

2006 年 5 月，省注协第四次会员代表大会决定增挂浙江省资产评估协会牌子。同年，省注协与省财政厅企业处联合开展百名注册会计师反倾销应诉人才培养工程，于 7 月组织 100 名注册会计师赴上海国家会计学院集训，并遴选其中 50 名注册会计师于次年 7 月分两批赴比利时进行境外受训。2007 年，浙江省注册会计师协会(浙江省资产评估协会)四届二次常务理事会讨论决定，浙江省注册会计师协会秘书处设立会计师事务所资产评估机构内部治理指导小组，帮助指导、检查督促全省会计师事务所和资产评估机构完善以章程、协议为核心的各项内部管理制度；研究探索执业机构内部治理机制建设的途径和方法；协调执业机构内部矛盾。

2009 年 8 月，省注协组织选拔 12 名注册会计师赴英国进行为期 5 个月的高级审计业务培训。11 月，省财政厅党组决定成立中国共产党浙江省注册会计师行业委员会，全省各市也相应成立注册会计师行业党组织，各会计师事务所党组织隶属关系全部纳入各市注册会计师行业党组织管理。2010 年 5 月，省注册会计师行业党委成立“之江先锋”创先争优活动指导小组，在全省会计师事务所党组织和党员中开展“之江先锋”创先争优活动。10 月，省政府办公厅印发《浙江省人民政府办公厅转发省财政厅关于加快发展我省注册会计师行业意见的通知》，推进体制机制创新，引导会计师事务所向规范化、专业化、规模化方向发展。截至 2010 年 12 月 31 日，省注协的职能定位为“服务、监督、管理、协调”。为全省注册会计师、注册资产评估师和会计师事务所、资产评估机构服务；监督注册会计师、注册资产评估师和会计师事务所、资产评估机构的执业质量，加强注册会计师、注册资产评估师的职业道德建设；依法管理全省注册会计师、资产评估行业；协调行业内外部关系，维护注册会计师、注册资产评估师和会计师事务所、资产评估机构的合法权益。省注协拥有个人会员近 1 万人，其中执业注册会计师 4549 人；会计师事务所 346 家，其中有限责任所 190 家、合伙所 156 家。

二、浙江省资产评估协会

1995 年 4 月 25 日，浙江省国有资产管理局成立浙江省资产评估协会。至 1996 年底，全省有资产评估机构 120 家，从业人员 2229 人。1990—1996 年，国有资产评估项目 5516 项，被评估资产账面净值 625.89 亿元，确认被评估资产价值 797.16 亿元，资产升值额 171.27 亿元，平均升值率为 27.4%。

1999 年 6 月，省财政厅转发财政部《关于资产评估机构脱钩改制的通知》，全省资产评估机构开始实施脱钩改制和清理整顿工作。7 月，浙江省国有资产管理局印发《浙江省资产评估机构脱钩改制实施办法》，8 月，成立浙江省资产评估机构脱钩改制工作领导小组，至年底完成全省资产评估机构脱钩改制工作。

2001 年 6 月，根据《财政部 农业部关于乡镇企业资产评估机构和乡镇企业注册资产评估师换发财政部统一证书有关事项的通知》，对全省符合条件的 297 名乡镇企业注册资产评估师换发注册资产评估师证书。

根据财政部《关于同意中国注册会计师协会与中国资产评估协会合并的通知》中有关“一个协会、一套机构、两种资格、两个行业统一管理”的精神，2002 年 1 月省财政厅决定浙江省资产评估协会与浙江省注册会计师协会实施合并，3 月召开第三次全省会员代表大会，履行合并程序。“两会”合并后统一使用“浙江省注册会计师协会”的名称，以浙江省注册会计师协会的名义对全省注册会计师行业、资产评估两个行业实施统一的行业管理与服务。宁波市(计划单列市)资产评估协会由中国资产评估协会直管。

2004 年 2 月，中国资产评估协会与中国注册会计师协会分设。分设后的中国资产评估协会提出省一级资产评估协会要重新挂牌的原则要求。2006 年 5 月，经省财政厅、省民政厅批准，浙江省注册会计师协会增挂“浙江省资产评估协会”牌子。浙江省资产评估协会不再单独设立组织机构，不办理独立社团法人登记，其权利、义务及其他一切法律责任均由浙江省注册会计师协会承担。截至 2010 年 12 月 31 日，全省共有执业注册资产评估师 1390 名，资产评估机构 188 家。

三、浙江省珠算心算协会

浙江省珠算心算协会(原为浙江省珠算协会，以下简称省珠协)成立于 1979 年 4 月，是由全省各市、县、区珠算心算协会和珠算心算科研、教学和实务工作者自愿结成的专业性、科普性、非营利性的社会团体，是中国珠算协会、浙江省科学技术协会的团体会员，挂靠省财政厅管理。其宗旨是开展珠算学术、教育和研究活动，推广运用珠算，提高珠算的应用功能和教育功能，弘扬中华传统文化。

1979 年，刚成立的省珠协与中国珠算协会联合接待日本全国珠算教育联盟第四次日中友好访中代表团，并建立协作关系。1980 年，省珠协制订《浙江省财经类院校珠算技术等级考核办法》，并在全省范围内开展珠算技术等级鉴定。此后每年举办浙江国际珠心算大赛、浙江省珠算技术比赛。1985 年，根据中国珠算协会发布的《全国珠算技术等级鉴定标准说明》，总结全省开展珠算等级鉴定经验并制订《实施细则》，组建以全省各级珠算协会为主体、部分学校参加的珠算等级鉴定组织网络。省珠协致力于普及珠算教育，提高珠算教学研究水平，编写《珠算教材》《快速珠算法》《快乐珠算》等珠算教材，举办珠算师资培训班。1985 年，省珠协成立浙江省“三算”(毛算、珠算、珠心算，下同)教学研究会，专题研究珠算教学，提高全省珠算教学质量。研究会会同省以下各级教育主管部门，试办“三算”结合教学班，开发儿童智力，强化小学生计算能力。此外，省珠协还组队参加全国和华东区的历届小学生珠算通信比赛。

1991年，全国首届珠算科技知识竞赛举行，全省第一赛程参赛选手65233人，经层层选拔组成浙江代表队，于9月赴北京参赛，省珠协获组织一等奖。2002年，组团参加首届中国珠心算比赛，取得团体总分5915分，位居全国第四。2007年，组织杭州九堡中心小学珠心算参赛团，赴马来西亚吉隆坡参加国际珠心算大赛，在大赛45个奖项中获得17个，4个总冠军中获得3个。至2007年，省珠协拓宽学术研究范围，开展国际学术交流，与日本、美国、韩国、马来西亚、新加坡等国家进行学术和技术交流。2008年10月16日，浙江省珠算协会更名为浙江省珠算心算协会。

至2010年底，省珠协有个人会员近300人，团体会员79个，分布在全省企事业单位以及大专院校，先后获得中国珠算协会颁发的“全国珠算技术鉴定工作先进单位”“全国珠算系统先进集体”等荣誉。

四、浙江省总会计师协会

1988年9月，浙江省总会计师工作研究会(以下简称研究会)成立。研究会是以总会计师为主体组成的群众性学术团体，受省财政厅、省计经委、省民政厅、中国总会计师协会等部门和单位的业务指导。其宗旨是以《中华人民共和国会计法》、国务院颁布的《总会计师条例》为依据，研究总会计师的工作宗旨，总结实践经验，探讨财会理论、理财方法，以提高全省总会计师队伍的整体素质，帮助企业解决实际工作中遇到的新情况新问题。1988年10月创办会刊《理论信息》，后更名为《浙江总会计师》，为会员提供理论研究、业务交流、信息沟通的园地。

2000年，研究会更名为浙江省总会计师协会(以下简称省总师协会)，致力于财经理论研究、课题攻关。省总师协会成立以来，编辑出版《企业事业单位产权与国有资产管理》《全面预算管理》《反倾销财务与会计工作实务指南及案例》《民营企业集团财务战略管理创新》等财会理论研究及实践经验介绍的专辑书刊；举办“企业应对金融危机”“中国CFO论坛——民营企业财务管理创新”(CFO：财务总监英文缩写)“民营企业财务战略发展”“企业海外并购”“企业跨国经营财务战略的CFO高峰论坛”等专题研讨会，承办“海峡两岸首席财务官论坛”。省总师协会还开展国际学术交流，传播国内外会计改革新动向，组团参加国际财联(IAFEJ)在马尼拉和北京举行的世界大会。同时，组织开展财会人员培训和财务会计咨询工作，先后举办“浙江省反倾销财务与会计工作培训班”“全面预算管理高级研修班”“新企业会计准则高级研修班”“企业信息化和会计信息化”等专题培训。

2005年起，省总师协会陆续表彰优秀总会计师四批，累计授予83人次“浙江省优秀总会计师”称号。2008年，受中国总会计师协会委托，开展总会计师职业资质认证工作试点，100多名学员通过认证。2010年，受中国总会计师协会授权，开办中国税务会计师资格认证试点。至2010年，省总师协会设有29个工作委员会，拥有个人会员近1000名，均为具有中级以上职称(含中级)的省内大中型国有、民营企业、事业单位的总会计师、财务总监、财务部门负责人和省内相关院校的财经类教授、副教授。

从 录

一、浙江省财政收支表

1949—2010年浙江省财政收支一览表

单位:亿元

年 份	财政总收入	一般预算收入	一般预算支出	年 份	财政总收入	一般预算收入	一般预算支出
1949	0.45	—	0.05	1965	13.20	—	4.97
1950	1.69	—	0.35	1966	14.04	—	5.43
1951	2.86	—	0.75	1967	10.91	—	4.48
1952	3.88	—	1.10	1968	9.45	—	3.76
1953	4.10	—	1.42	1969	12.48	—	5.59
1954	4.66	—	1.55	1970	15.42	—	7.30
1955	4.83	—	1.57	1971	15.94	—	7.96
1956	5.32	—	2.34	1972	17.90	—	9.12
1957	6.52	—	2.58	1973	20.18	—	9.53
1958	11.93	—	8.09	1974	15.43	—	10.75
1959	15.64	—	8.89	1975	13.37	—	9.98
1960	16.90	—	12.22	1976	13.72	—	10.96
1961	10.75	—	6.52	1977	19.64	—	12.24
1962	10.36	—	4.25	1978	27.45	—	17.43
1963	11.01	—	4.52	1979	25.87	—	17.74
1964	12.38	—	4.77	1980	30.85	—	17.34

续表

年份	财政总收入	一般预算收入	一般预算支出	年份	财政总收入	一般预算收入	一般预算支出
1981	34.34	—	17.12	1996	291.75	139.63	213.71
1982	36.64	—	18.88	1997	331.82	157.32	240.14
1983	41.79	—	21.94	1998	401.80	198.10	286.81
1984	46.67	—	28.80	1999	477.40	245.47	344.04
1985	58.25	—	37.40	2000	658.42	342.77	431.30
1986	68.61	—	50.96	2001	856.00	500.69	597.30
1987	76.36	—	51.24	2002	1166.58	566.85	749.90
1988	85.55	—	63.13	2003	1468.89	706.56	896.77
1989	98.21	—	74.77	2004	1805.16	901.05	1062.94
1990	101.59	—	80.23	2005	2115.36	1066.60	1265.53
1991	108.94	—	88.43	2006	2567.66	1298.20	1471.86
1992	118.36	—	95.31	2007	3239.89	1649.50	1806.79
1993	166.64	—	125.04	2008	3730.06	1933.39	2208.58
1994	209.39	94.63	153.03	2009	4122.04	2142.51	2653.35
1995	248.50	116.82	180.29	2010	4895.41	2608.47	3207.88

资料来源：浙江省档案馆、省财政厅历年浙江省财政决算报表。

二、政策法规选编

浙江省金库章程

（民国10年6月3日　省政府第四百十二次会议议决施行）

第一条　浙江省政府为统一省地方款项收支起见设立浙江省金库受财政厅之指挥监督掌理省地方款项之出纳保管事务

第二条　省金库须酌量情形于各地设立分金库或办事处

第三条　省金库应用簿记由财政厅定之

第四条　省金库应依浙江省暂行会计规程第八条及第九条之规定每日编造收支日报表每月编造收支月计表送由财政厅转呈省政府并送登省政府公报

第五条　省金库出纳规则另定之

第六条　省政府及财政厅应随时派员检查金库账目及现金

第七条　省金库得由省政府委托殷实银行经理之

第八条　本章程自浙江省政府公布日施行

浙江省征收田赋章程

（民国 20 年 6 月 30 日　省政府第四百十二次会议议决）

第一章　总　则

第一条　凡本省各县征收田赋，悉依本章程办理

第二条　各县田地山荡应征田赋正税暂照原科则银每两以一元八角米每石以三元三角折合国币分明征收之每年征收分上下两期由银科则折合者于上期征收由米科则折合者于下期征收

第三条　各县向由地丁项下以平余改征留作县税之特捐照旧随正带征

第四条　各县随正带征之自治塘工积款教育建设及其他省县特捐附捐均照核准原案征收

第五条　随正带征之特捐附捐及征收费应将逐项数目刊载于串票其有临时奉准加征者得就串票盖戳带征

第六条　征收公费上期每正税额一元带征国币九分下期每正税额一元征国币三分七厘

第二章　征收日期

第七条　各业户完纳田赋上期应自开征日起限三个月内一次完纳下期应自开征日起限二个月内一次完纳

第八条　上下两期开征日期分下列三种

甲　上期四月一日下期十月一日

乙　上期五月一日下期十一月一日

丙　上期六月一日下期十二月一日

各县对于前项开征日期之适用由财政厅规定列表颁发其有必要情形提前或展限者得由各县声叙事由呈请财政厅核定

第九条　上期开征经过一月后两个月内下期开征经过一月后一个月内均为催传期间所有未完业户应由经征官署酌派员警催征

第三章　完纳手续

第十条　各业户于开征期前接到经征官署发给之通告单后应即按期赴柜完纳其未执有通告单之业户径自完纳者得由经征官署于发给串票时临时掣给

第十一条　凡田赋科则及带征各项附税并税率每年应由经征官署于开征前印发各区坊乡镇公所并于征收柜前竖立木牌逐项载明供业户查览其有未明科则税率者得向问询处询问

第十二条　业户在上期田赋征期内并纳下期田赋者悉听其便

第十三条　业户完纳田赋不满一元者准以小银圆铜币按照市价缴纳

第四章　完欠奖罚

第十四条　凡粮户于每期开征日起十五日以内完纳者照所纳正税给以百分之五之奖金

第十五条　凡粮户经过本章程第七条规定完纳期限滞未完纳者在第一个月内照正税应征数加收百分之五罚金在第二个月内照正税应征数加征百分之十罚金自第三个月起至征收年度终了止照正税应征数加收百分之十五罚金经过征收年度仍未完纳者照正税应征数加收百分之二十罚金

第十六条　凡粮户经过应加百分之十处罚期间后仍未完纳者除照正税应征数加收百分之十五罚金外并得拘案押追

第十七条　凡粮户对于应完上下期田赋已至下期应处拘押期间仍未完纳者得由经征官署酌量情形按应征数封产备抵俟清之日返还之

第十八条　凡带征之特捐附捐及征收费一律免收滞纳罚金

第五章　附　则

第十九条　被灾被歉各田地之当年田赋应办蠲缓事项悉依部定条例办理

第二十条　本章程施行后浙江省征收地丁章程浙江省征收地丁章程施行细则浙江省征收抵补金章程均废止之

第二十一条　本省各县县政府及县财政局经征田赋规则另定之

本章程自浙江省政府公布后于各县二十一年征收年度开始起施行

浙江省会计规程

（民国23年2月修正公布）

第一章　总　则

第一条　浙江省政府为整理财政及统一会计特订定本规程本省政府及所属机关均适用之

第二条　会计年度依照中央规定以每年七月一日开始次年六月三十日终止

第三条　每会计年度之岁出岁入事务其整理完结之期不得逾次年九月三十日

第四条　省税及其他省地方收入为岁入省地方一切开支为岁出均应编入总概算及总决算

第五条　省地方之一切岁出应以该年度之岁入充之不属于经常之岁入非必要时不得充经常岁出

第六条　省政府于必要时得筹集短期借款

前项借款应于本会计年度内清偿之

第七条　一切省款之核收核发应悉由财政厅掌管之

第八条　一切省款之出纳保管统由省金库办理之

第九条　各机关除法令有特别规定外不得另有储金

第十条　省款之一切计算悉以国币银圆为本位

第二章　预　算

第十一条　省地方总概算之编制以量入为出为原则

第十二条　省地方预算之编制计算编审程序时期执行预备费之设置动用以及预算不能成立时之救济办法悉照中央颁布之预算章程办理

第十三条　省政府直属各机关所编之第一级概算包括各所属机关之一切收支前项各所属机关之岁入岁出概算书应于上年十月三十日以前编送各该主管机关

第十四条　省政府审核地方岁入岁出概算得组织概算委员会

第三章　收　入

第十五条　省地方一切收入统由省金库收入之

第十六条　凡有特定用途之专款除公债基金依其条例或章程设有保管委员会保管者外余悉由省金库保管不得与普通款项相混

第十七条　各项专款除拨充指定之用途外不得移作他用

第十八条　各机关所管一切省地方收入应随时解缴省金库核收

第四章　支　出

第十九条　省地方一切支出统由省金库支出之

第二十条　各机关所管一切省地方收入不得于解缴省库以前先行动用但经财政厅核准拨付或坐支者不在此限

第二十一条　各机关每月领支经费应于上月二十五日以前编具支付预算书连同请款凭单送经财政厅核定填发支付命令持向省金库领取款项

第二十二条　省金库非有财政厅支付命令不得付款

第二十三条　各机关预算内规定之款项均不得流用但项与项间遇有特殊情形必须流用时应呈经该管上级机关核准

第二十四条　一会计年度之经费除本规程另有规定外不得移充他会计年度之支出

第二十五条　各机关于会计年度终了后其领用经费如有余剩应悉数缴还省金库

第二十六条　各会计年度之岁出定额如有下列事情者得递移至次年度使用

一　预算许其展至次年度使用者

二　本年度应完结之工程制造因变故迟延在本年度内不能支讫者

第五章　账簿及报告

第二十七条　各机关应用账簿式样及会计规则除各征收机关由财政厅规定外其余各机关得自行规定但须送由财政厅审查后转呈省政府核定

第二十八条　各机关对于一切收支款项均须随时切实登记账簿如不登记或登记不实应

由该管上级机关分别情节予以惩处其有涉及刑事处分者并送司法机关应依法惩治

第二十九条　各机关所有账簿各机关长官及会计人员均负保管之责遇有更调时应即专案移交后任接管

第三十条　各机关长官遇更调时后任盘查交代应以账簿为根据如发现账簿有记载不实情事应即呈报该管上级机关核办如徇隐不报与前任负同等责任

第三十一条　省金库每日应将收支款项及库存数目编制收支日报表送由财政厅查核后转送省政府并登省政府公报

第三十二条　省金库每月应将一月中之收支连同前月底之结数填造收支月计表送由财政厅查核后转送省政府并登省政府公报

第三十三条　财政厅每月应将一月中之收支填造收支月报表送呈省政府查核

第三十四条　财政厅应于会计年度终了后四个月内将全年度收支款项之账目用最明了之方法广为公布

第三十五条　凡征收机关省地方营业机关及经管省款之机关均应按旬编制旬报表按月编制月报表送财政厅审查

第三十六条　各机关应于每月经过后次月十五日以前编制支出计算书收支对照表及凭证单据粘存簿等件送财政厅审查

第三十七条　省地方营业机关应于每六个月后一个月以内编成收入计算书支出计算书损益表贷借对照表财产目录及其他表册连同凭证单据送财政厅审查

第六章　决　算

第三十八条　省地方决算之编制方法及编审之程序与时期悉照中央颁布之决算章程办理

第三十九条　省政府审核省地方岁入岁出决算得组织决算委员会

第七章　工程及卖买借贷

第四十条　各机关之工程及财产物品之卖买借贷除法令另有规定外均应公告招人投标但下列事项不在此限

一　购买及租借物品系一家专有或一公司专卖者

二　政府于工程及财产物品之卖买应守秘密者

三　凡工程及购买租借财产物品在非常紧急时不及用投标方法者

四　特种之物质或特别之需用经由生产地制造地或生产人制造人直接购买者

五　非特别制造家不能制造之物品及军用器械等

六　购买租借土地房屋限于一定之位置或构造者

七　订立工程及购买租借财产物品之合同其价格不及一千元者

八　出售财产物品其估价不满五百元者

九　直接买卖政府设立之农工业场罪犯习艺所或公立各慈善团体生产制造物品

第八章 附 则

第四十一条 本规程自浙江省政府公布日施行

第四十二条 本规程施行后浙江省暂行会计规程废止之

修正浙江省各县编制地方预算暂行办法

（民国 24 年 3 月公布）

第一条 浙江省各县地方年度预算除法令特别规定外悉依本办法办理

第二条 县地方预算以县有各项收入及省款拨补费为岁入一切县地方支出为岁出

第三条 县地方预算应取量入为出主义各项支出应尽全部收入统筹支配不得超过

第四条 县地方各项固有收入应以近三年平均实收之数列入预算不得任意虚列

第五条 各项地方新办之事业非先行呈经财政厅会同主管厅处核准者其经费不得列入预算

第六条 县属各机关所编本机关岁入岁出概算为县地方第一级概算县政府或财政局汇合第一级概算编成之各前类概算为地方第二级概算

第七条 县属各机关编造各部分次年度岁入岁出概算书(县地方第一级概算)各缮具三份于每年一月底以前送县政府或财政局审核汇编地方岁入岁出总概算书各缮具二份连同第一级概算书二份由县长提交县参议会决(县参议会未成立前暂由县政会报议决定)于二月底以前送由财政厅转送县地方预算审查委员会审查后呈请省政府核定之前项县地方预算审查委员会组织规程另定之

第八条 编制县地方预算岁入岁出科目及预算书格式由财政厅颁发之

第九条 凡属经常支出向由准备金项下动支者应按其性质分别编入经常预算

第十条 县地方总预算书内应列预备费一项其数目不得少于原有县税一成准备金

第十一条 动支预备费须先拟具概算呈请财政厅核准行之

第十二条 岁入预算经定案后应照核定税目税率征收非经法定程序核准不得有所增减并不得于预算外增收捐税

第十三条 岁出预算经定案后应核实支用不得再有预算以外之支出

第十四条 各县地方以前如有挪动省税或其他借欠款项应筹定偿还办法将每年偿还数目列入预算债务费项下

第十五条 本办法自浙江省政府公布日施行

整理各县财政办法

（民国 24 年 3 月浙江省财政厅令颁）

各县经管省县各款应就现任县局长到任之日起截至本年二月底止查明征收解支存垫各

数造具详细清册(有其前任移交之款并应自列入收款项下)限本年三月底以前送厅查核自三月份起即依照本厅颁发之月结表按月造报一次

各县从前因划款较多往往东挪西凑困于应付以致一切款目异常紊乱自本年份起划款业已减少其指定作为坐支划拨者专以田赋正税为限由厅审察各县实际状况分别核定并将应划之数先期通知以便预为筹备所有划抵之款即系按照比额应行报解之数既未超过比额范围应当随时照拨不得再有延诿及挪动其他款项情事

凡属坐支划拨之款于付出以后应立即检同领款总收据具书送库抵解不得稍有延压

建设特捐建设附捐契税营业税牙行营业税屠宰营业税典当营业税烟酒牌照税均须专款报解(除田赋正税不敷坐支各县外)绝对不准挪移违者以侵污公款论呈请惩处凡上月征起之款至迟须于下月十日以前扫数清解不得稍有匿留

各县未结之交案如有任数较多者应先尽最后一任接收清楚限于四月十五日以前造册结报其余并应依次盘查会算倘复册业已造送而前任延不前来会算者得呈由本厅派员督同算结至迟须于六月底以前办理完竣违者除将该县局长照章惩处外其主办交案之科长(或课长)并予撤换

各县新式簿记尚有未经实行者应自本年三月份起一律遵照办理本厅当随时派员前往查察倘再延不照办定予呈请惩处

凡设有县金库之县分所有收入款项无论省款县款正项杂项应随时悉数送交金库保管不得私自存留

省县收支之界限以后应完全划分清楚绝对不准互相流用各县以前如有将省税挪垫县地方支出者应速查案详细开报并拟具筹还方法呈厅核定办理倘再有挪垫情事应由该县局长负赔缴之责

各县一切地方捐税应由县政府或财政局统一征收并一律填发县印收据不得再任各机关自收自用以致漫无稽考

各县地方财政应实行统收统支惟原有专款名称性质仍予保管

各县地方预算应遵守量入为出之原则依限编送如有收不敷支而又无其他合法之收入可资抵补者应尽支出部分通筹核减务以实际上收支适合为度不准稍有虚列

以后各县办理各项事务凡与财政有关者除呈主管上级机关外应同时分呈财政厅会核

各县以前如有因省款或县款不敷向就地金融业借有款项或呈准发行公债者应将截至本年二月底止结欠本息各数专案具报本厅备核

各县应解省款既有比额规定其地方收入亦有预算额数各该县局长负经征之责应随时严密注意以切实有效之方法征解足额不得任令短绌

修正浙江省田赋征收章程

(民国25年8月省政府委员会第845次会议议决修正)

第一条　凡本省各县征收田赋悉依本章程之规定办理之

第二条　各县田地山荡应征田赋正税暂照原有银米改征国币之科则分期征收之原有银每两改征国币一元八角米每石改征国币三元三角

每年征收分上下两期其科则由银两改征国币者于上期征收由米石改征国币者于下期征收但只有上期田赋而赋额较多者得将上期田赋分两次征完或虽有上下期而下期赋额征少者得将上下期合并征完惟均须呈经财政厅核准

第三条　各县上期田赋内向由平余改征留作县税之特捐照旧随正带征

第四条　各县随正带征之省县各项特捐附捐在未经核减前均暂照核准原案征收但不得另再增收其已带征期满或原带征案之事业已完成或停辍者并即分别停征

第五条　前两条随正带征之各项特捐附捐应于串票执照及通知单各联上逐项刊载其数目其有临时奉准减轻者应于串票各联上加戳减征

征收经费在未由正款开支前暂照旧案上期每正税额一元带征国币九分下期每正税额一元带征国币三分七厘

第六条　各县田赋征收事宜由县政府设立征收处办理之

第七条　各县政府应就转地情形酌量划分征收区域并于各区域适中地点设立征收分处但在壤地偏小县分得暂就距县□(资料模糊,下同——编者)远地方酌设分区各征收分处名称应冠以所在地地名城区征收分处应附设于县政府征收处

第八条　各县政府田赋征收处(赋税征收处田赋股)及征收分处设置下列部室

一、核算部

二、收款部

三、管串室

第九条　各县田赋每期开征日期分下列三种

甲、上期四月一日下期十月一日

乙、上期五月一日下期十一月一日

丙、上期六月一日下期十二月一日

各县对于前项开征日期之适用由财政厅规定列表颁发其有必要情形须提前或展限者得由各县政府声叙缘由呈请财政厅核定行之

第十条　各县政府在每届上期田赋开征前四个月应开始编造上下期田赋征册及串票并应于上期开征前一个月办理完竣串票应一律用版串由财政厅规定式样颁发各县政府依式制用

第十一条　各县政府应于每届上期田赋开征前半个月将全县造串应征上下期田赋正税额数分别都附造具征额表呈送财政厅查核

第十二条　各县政府应于每期开征之一月前将开征日期及本章程第十三条至第二十二条各条事项先行布告并呈报财政厅备案一面将串票内通知单一联散发各业户如期开征

第十三条　各县每期田赋应自开征日起限三个月内完纳

第十四条　凡业户每期应完田赋应自开征日起至征收处所完纳掣串收执其在上期田赋征期内愿并纳下期田赋者准予并完

第十五条　凡业户于每期开征日起一个月内完纳者照所纳正税给以百分之十之奖金并给奖状前项奖金及奖状在上期田赋征期内并纳下期田赋者一律给与

第十六条　凡业户每期应完田赋逾开征三个月后投完者照所纳正税加收百分之十之罚金前项罚金应随同正税报解省库核收

第十七条　凡业户每期应完田赋逾开征后三个月尚未投完者除依照前条加科罚金外得由县政府就下列处分酌量执行之

一、拘追

二、提取欠赋地收益

三、封产备抵

第十八条　公共机关团体应完田赋由主管人员负责完纳其抗延不完者除照章加罚处分外并得由县政府予以惩处或呈请主管上级机关惩处之

第十九条　祠庙祀会等应完田赋分别由管理人住持人值年人等负责完纳如抗延不完照章加罚处分

第二十条　客籍业户应完田赋得责成佃户或使用人扣租抵完

第二十一条　凡已出卖之不动产而尚未过户者除限令照章催收过户外其应完田赋责成承买人完纳

第二十二条　凡已出典之不动产其应完田赋得向承典人催征

第二十三条　关于田赋之减免事项依土地赋税减免规程办理

第二十四条　关于田赋之因灾歉蠲缓事项依勘报灾歉规程办理

第二十五条　田赋征收细则及考成办法均另定之

第二十六条　各县征收田赋因特殊情形有另定办法必要者应呈请财政厅转呈省政府核准行之

本章程自浙江省政府公布日施行

浙江省非常时期收支款项暂行办法

（浙江省政府　民国26年8月）

一、省县市一切款项收支为适应非常时期力求手续上迅速便利起见特订定本办法处理之

二、各级机关之收入其所在地设有金库者概须当日分别解缴核收其所在地未设有金库者应采取最迅捷方法解缴就近金库核收或托由附近金融机关汇解不得延压

三、各级机关解缴收入不及正式填具缴款单或解单时得用便条书明“所属基金别”“简单税款名称”“金额”“解款机关”“解款日期”连同现金一并缴库金库收到现金核与便条上所填金额相符随即制给临时收据加盖金库印章一面填制记账凭证作账将原便条连同收支日报送由省总金库转送财政厅查核解款机关仍于三日内补办手续并将临时收据送还金库注销

四、各县县政府各区营业税局征起省款解缴省分金库后应将解入“普通总基金”“特种基金”“暂存款”各款总数每两日以通知电话报告财政厅查核征额较少县份得每四天报告一次

五、各县省分金库库存款项应于当日分别“普通总基金”“特种基金”扫数汇解省总金库核收由汇出金库开填汇单复写三份以第一份汇解存根留根留存作账第二份汇解报告送财政厅第三份汇解通知送省总金库并填制当日特种基金分户余额表二份分送财政厅省总金库查核但各县省分金库库存“普通总基金”为便于就近拨付各该县各项政费起见每月得照附表规定数目留存备拨所有超过规定之款应照前项汇解办法办理

前项各省分金库汇解地点财政厅得随时以命令变更之

六、各级机关经常费临时费之核发由财政厅或县市政府分别缓急酌量办理

七、财政厅应付各项紧要用款一时不及备具法案如经省政府主席批准即“签发支令”先行照支仍于事后补具法案手续送请审计部浙江省审计处登记备查

八、县市政府应付各项紧要用款一时不及呈请主管机关核准由县长会会计主任签发支令先行照支仍于三日内补报主管机关备核并通知财务委员会

九、非常时期中各级机关领支经临各费金库应直接付与现金不必转入普通经费基金存款

十、“暂存款”“普通总基金”“特种基金”之互拨转账由财政厅或县市政府填开转账通知饬库办理县金库所存之暂存款在未经分款以前县政府不得动支

十一、收款单缴款单解单支令汇划书之式样及收支手续与本办法不相抵触者仍照原有省县款收支程序规定办理但征解旬报如因事实困难得三旬并报

十二、本办法自省政府核准后施行

浙江省各县动用预备金暂行办法

（民国32年5月25日经省政府委员会第130次会议议决通过）

第一条 各县因事实需要有下列情形之一者得编具概算经县政会议通过后动用第一预备金

甲、各机关依法令增加职务或扩充事业致原预算发生不敷时

乙、依法令或事实需要增设新机关或举办新事业时

丙、所办事业遇特殊情形致费用超过原预算时

第二条 各县动用第一预备金除有特殊原因经专案呈准外每季不得超过当年度预算数四分之一（全年分四季每季以三六九及十二等月之末日为终了日期）但上季余额得并入下季支用

第三条 各县遇有重大灾变或战时紧急措置得先由县政会议议决或县长核准动用战时特别预备金同时将需要情形电呈省政府备案并即补具详细计划及概算各五份呈核

第四条 遇有特殊需要或举办新兴事业第一预备金确实不敷应用时得呈请省政府核准后于战时特别预备金项下动用

第五条 各县动用战时特别预备金在上半年度内不得超过当年度预算数二分之一

第六条 各县动用之预备金如有不必要或不应动支之款，经省政府核减或删除者应由县长负责收回

第七条　各县应于每月底将动用第一预备金数额依照规定格式(另附,略——编者)造具报表三份呈请省政府核备

第八条　本办法实施后前颁浙江省各县动用总预备金及特种准备金暂行办法废止之

第九条　本办法经省政府委员会通过后实行

浙江省各机关依照公库法办理收支应行注意事项

(浙江省政府民国35年8月未梗二八二七六号厚代电)

一、浙江省各机关依照公库法处理收支除遵照公库法及公库法施行细则暨有关法令办理外依本事项之规定

二、省库之主管机关为财政厅县市库之主管机关为县市政府但有关统一全省库制之计划应受财政厅督导办理

三、省县市库现金票据证券之出纳保管移转及财产之契据等保管事务依法指定银行代理本省指定浙江地方银行为代理省县市库银行

前项代库协约由财政厅与浙江地方银行商订之

四、省库支付书由财政厅填开送会计长审计处长核签县市库支付书由县市政府财政科(局)填开经会计主任会核后送县市长签发其设有主办事前审计人员者并应经其核定签证前项支付书于核签后其存根联由填开之主管科送会计室作账仍还主管科存查

五、合于公库法第四条规定各机关得自行收纳保管之款保管期间应不得逾一旬其收纳总额积至五万元时并应随即报解清楚

六、合于公库法第四条第一款规定各机关得自行收纳之零星收入应以所收款项每笔不满五百元者为限

七、公库法第四条第二款所称收入机关距离代理公库银行之里程本省定为十公里

八、合于公库法第五条第一款规定各机关得按规定预向公库具领及自行保管支出之额定零用金以各该机关月份经费预算内办理公费半数为限但办公费每月数目或其每月经费总额为数较少者得申请公库主管机关核准分别以零用金处理或自行出纳保管

前项零用金得就签发各机关月份经费内签具支票提取应用不另签发零用金支付书

九、公库法第五条第二款所称支用机关距离代理公库银行之里程本省定为十公里

十、公库法第二十一条所称收入之退还支出之收回依照中央规定办法处理但退还收入之收入退还书应先经公库主管机关之核准

十一、各机关应指定出纳员办理下列各事项

1.公库法第四条第五条规定收支款项之出纳保管

2.公库支票支出收回书及送款簿之填开

3.现金出纳备查簿之登记公库支票支出收回书送款簿存根之保管

4.其他有关出纳事项

前项出纳员应向各该机关缴纳保证金或提供其确实之保证

十二、合于公库法第四条第五条规定之各机关请将收支之一部或全部自行收纳或支出者应由各主管机关于年度开始前一个月叙明事实商请公库主管机关分别通知代理公库银行及主计审计机关

十三、各机关经营之款项合于预算法第五条各种特种基金之规定者应由主管机关通知代理公库银行在特种基金存款项下立户其支用手续依其设定时规定办理无规定者适用普通经费存款之所定

十四、省县市库存款按下列各种分别存管

1. 收入总存款

2. 各特种基金存款

3. 各普通经费存款

4. 专户存款

十五、前条所列各种存款收纳划拨手续规定如下：

1. 收入总存款　收入总存款之收款以缴款书缴纳支出由公库主管机关签发支付书

2. 各特种基金存款　特种基金存款之收款以缴款书缴纳支出由存款机关签发支票其设有总存款户者拨入各机关存款户时得用拨款书

3. 各普通经费存款　普通经费存款之收款除于拨字支付书拨入者外以送款簿缴纳支出由存款机关签发支票

4. 专户存款　专户存款之收款以缴款书缴纳支出由存款机关签发支票

十六、缴款书应增报核联备送审计机关并于缴款书上分别冠以“收入总存款”“××特种基金”“××专户存款”字样以资区别

十七、支付书上应填明户名以便代理公库银行根据立户登账

十八、各机关专户存款得设置“各项保管款”“各项代收款”“暂收预收款”三户按其性质分别收存毋庸逐款立户以省手续

十九、支用机关签发债权人之支票各该机关主办会计人员应在支票上会签如各该机关系派驻会计佐理人员者由会计佐理人员会签

二十、各机关应将机关印信及机关长官或其受权代签人与主办会计人员或主管会计佐理人员之印鉴送当地之代理公库银行存备核对

二十一、各机关职员俸薪除由各别签发支票之必要者外得参照公库法第十五条第二项规定合并或分数部分(如各科室等)签发支票其支票抬头之债权人即填某某等共若干人其金额即填上列各债权人应领俸薪之总数并附清单开列各债权人姓名金额并由各债权人在清单内盖章随同支票送由代理公库银行拨付如将支票委托代理公库银行代汇外埠可由原签发机关背书保证并在备考栏内注明毋庸受款人背签但以受款人不在当地者为限

二十二、各机关应送报表除依照会计制度规定外兹规定如下(略——编者)

二十三、各县市政府代领各项恤金应于县市库专户存款内设立“代领恤金户”存管于核发恤金时签发支票交领恤人持赴县市库领取

二十四、各机关以公库支票购买邮票应先签具印鉴同式两份会同相关之代理县市库银行

以书面向各该区邮政管理局申请并载明在某地邮局用支票购买邮票等字样

二十五、本事项自三十五年七月一日起施行原有浙江省各县市实行公库法应行注意各事项废止之

附表(略——编者)

浙江省省库法(草案)

(浙江省政府　民国38年1月15日)

第一条　浙江省省库及其事务之处理依本法之规定

第二条　省库经管省□□□□□□票据证券及其他财物以财政厅为主管机关

第三条　省库关于现金票据证券之出纳保管移转及财产之契据等之保管事务除法律另有规定外以浙江省银行为代理机关

浙江省银行在未设分支机构之地点经省库主管机关核准后转委其他银行或邮政机关代办

第四条　省级各机关对于下列各种收入得自行收纳并得在规定期内自行保管

一、零星收入

二、机关所在地距代理省库机关在规定里程以外者其收入

三、在经征地点随征随纳经主管机关认为应予便利者其收入

四、机关无固定地点者其收入

第五条　省级各机关对于下列各种支出得按规定期间预向省库具领自行保管及支出

一、额定零用金

二、机关所在地距代理省库机关在规定里程以外者其经费

三、机关无固定地点者其经费

四、其他经法令许可之估付包付金额

第六条　前二条各款之最高金额及其他限制条件除法律另有规定外由省库主管机关定之并通知省立主计机关及省审计机关

第七条　除第四条第五条及其他法律另有规定外省级各机关关于现金票据证券之出纳保管移转及财产之契据等之保管事务均应由代理省库机关办理之不得自行办理

第八条　银行代理省库所收纳之现金及到期票据证券均用存款方式处理之其与省库双方之权利义务除受法令特定之限制外以契约定之其契约应经省库主管机关上级机关核准

第九条　省库存款按下列各种分别存管

一、收入总存款

二、各普通经费存款

三、各特种基金存款

四、专户存款

前项第一款之收入总存款即预算法所定之普通基金总存款

第十条　省政府总预算范围内之一切收入及预算外之收入除依法应归入特种基金存款者外均归入收入总存款由省库主管机关主管并由代理省库机关按科目别及机关别列收库账

第十一条　前条收入以现金票据证券缴纳者均由代理省库机关代收或由其派员于收入机关代收之分别报告收入机关及省审计机关并由代理省库机关及收入机关分别递报至省库主管机关

第十二条　一切经费应依据预算由收入总存款拨入普通经费存款或特种基金存款后始得支出但得依法以紧急命令由收入总存款拨入普通经费存款支出之仍应于支出后补行追加预算程序

第十三条　普通经费之划拨由省库主管机关依照省主计机关通知已核定之分配预算会同省审计机关通知代理省库机关由收入总存款按经费之机关别拨入普通经费存款

前项经费拨付时省库主管机关及代理省库机关应通知请领机关

第十四条　省级各机关由其普通经费存款□□□□□□应以支票为之但第五条各款之支出不在此限

支票非因付给政府之债权人或为约定债务之预付不得签发但薪饷及工资不便按人签发支票个别向库支取者由该管长官代为领取即行发放支票应由各机关长官或其授权代签人签发主办会计人员会签其设有主办事前审计人员者并应经其核定签证后省库始得支付

第十五条　省级各机关之普通经费存款由省库主管机关主管其出纳保管移转应由代理省库机关及支用经费机关分别递报至省库主管机关

第十六条　省级各机关普通经费存款或特种基金存款如须移转地区支用时其移转事务应由省库机关办理之

第十七条　会计年度终了时各普通经费存款有积余者除法律另有规定外仍归入收入总存款

第十八条　省政府因财政上之必要而为临时透支挪借或以不逾本会计年度之短期证券或票据为临时之借债时其收入均归入收入总存款偿还时由收入总存款直接拨付

前项借支及偿还事务由省库主管机关办理并由省审计机关监督之

第十九条　特种基金及其收入应归入各该特种基金存款特种基金之划拨管理支用依法律条约或设定基金之命令契约或遗嘱之所定其无规定者准用关于普通经费存款之规定

第二十条　各项保管款代收款及暂收预收款项应归入专户存款支出时准用关于普通经费存款之规定

第二十一条　明定用途之补助金均为普通经费其存款之划拨适用本法第十三条之规定其未明定用途者由省库主管机关会同省审计机关依法通知代理省库机关于收入总存款内直接拨付之

第二十二条　收入之退还支出之收回应各按其性质于原存款内为之其办法由省库主管机关会同省主计机关省审计机关定之

第二十三条　无固定地点或在省外之机关除第五条至第七条之规定外其现金票据证券之出纳保管移转依下列之规定

一、无固定地点者由各该机关指定人员报经省库主管机关核准办理

二、在省外者由省库主管机关通知办理省库机关指定其所在地之分支机构办理其所在地无分支机构者得由各该机关指定人员报经省库主管机关核准办理之

第二十四条　省库主管机关及代理省库主管机关对于政府财产之契据与关于债权债务之重要契约及票据证券之保管应分类编号说明记载妥为保存如有必要并应抄录副本或摄制照片

第二十五条　省库之会计事务由省库主管机关主办会计人员办理之代理省库机关于代理省库之会计事务亦同

第二十六条　省库之审计机关由省审计机关办理之代理省库机关关于代理省库之审计事务亦同

第二十七条　省库收支应由省库主管机关逐日汇报省主计机关及省审计机关

第二十八条　违反本法之规定为收纳或命令收纳者分别依法惩处

第二十九条　违反本法之规定为支出或命令支出者分别依法惩处并令赔偿省库之损害

第三十条　省有财物之管理另定之

第三十一条　本法施行细则由财政厅拟订呈请省政府□□之

第三十二条　本法自公布日施行

浙江省人民政府财政厅通知

（1950 年 12 月 25 日　财行创字第 10662 号）

事由：为颁发《办理五〇年度财政收支决算具体规定》希遵照执行由

查本省五〇年年度结束办法，关于地方附加财政收支及征收机关各种收入款项部分业经财委会十二月四日财经（五〇）字第二五二四号通知暨本厅十二月一日财行字第九二九二号通知先后颁发在案兹根据华东财政部财发（五〇）会字第一二八八号通知精神参照本省具体情况拨请《浙江省各机关办理一九五〇年度财政收支决算具体规定》随文附发希即遵照执行为要

以下通知

各级粮征粮库部门

各级财政部门

各级征收部门

中国人民银行浙江分行各级金库

附件如文

厅长　任一力

浙江省各机关办理一九五〇年度财政收支决算具体规定

(一)一般规定

一、十二月卅一日为国家财政收支年度总决算日期，本省各级财政、税收、金库等部门均须于年度终了后，办理全年度收支决算，以便据此结算全年度收支账目。

二、奉华东财政部规定，本厅为本省年度收支总决算之主办机关，年度终了后，全省各级金库、税收、财政等部门，应将决算送本厅审核汇总转报华东。

三、各级税收、金库等部门，对本年底止未了账务——如暂收、暂付、预收、预付、往来等账户，必须于决算整理期内办理结束，其有实际困难，确实不能及时结束者，应报请本厅核准，始可转入下年度新账内继续清理之。

四、地方附加财政收支年度结束，完全根据财委颁发结束办法办理不适用本规定。

五、办理年度决算，各部门必须抓紧时间，按照规定期限办理完毕，不得拖延。

(二)年度决算编造之程序

一、财政部门

(1)各级财政部门于年度终了后，应分别办理收入及支出两种决算，逐级汇总报送本厅。

(2)粮征部门所征收农业税代金应分别中央及地方附加单独办理年度决算，不与一般财政收入相混。

(3)地方附加收支决算，由本厅统一代办，可予免办(农业税代金除外)。

二、税务系统

(1)应于年度终了后，将本年度逐月份已征起并已入库的税收分别中央款、区款，编制岁入决算，逐级汇总，报送本厅，各专区税务局除报送省局外，应分报本厅，省局除报送本厅外，应分报华东区局。

(2)除上列岁入决算外，并应编制经费及税务费决算，经费决算由省局汇总报送本厅，税务费决算由省局汇总分报本厅及华东区局。

(3)地方附加税收决算可予免办。

(4)各项税收数字，必须与金库切实核对，如决算数与金库不符时，应即转正并说明缘由。

三、盐务系统

(1)应于年度终了后，将本年度逐月份已征起并已入库的税收，编制岁入决算，逐级报由省局汇总分报本厅及华东区局。

(2)除上列岁入决算外，并应编制经费及税务费决算，经费决算由省局汇总报送本厅，税务费决算由省局汇总分报本厅及华东区局。

(3)各项税收数字，必须与当地金库切实核对，如决算数与金库不符时，应即转正并说明缘由。

四、金库部门

各级金库于年度终了后，应将本年度已入库并已分清科目之各项收入款项，分别中央款、区款、地方附加款及入库月份编制年度岁入岁出决算，并须与各征收部门核对，如有不符，须说明缘由后报送本厅及区金库。

五、海关系统(宁波、温州两关)

应于年度终了后将已征起并已入库之税收与就地金库轧对账目后办理年度岁入决算分报本厅及上海海关。

六、粮食系统(指粮食保管部门以下同)

(1)应于年度终了后将本年度内经收各项现金并已入库的收入(包括粮赋代金变价收入等)与金库轧对账目后办理年度岁入决算逐级汇总报送本厅。

(2)除上列岁入决算外并应编制经费及粮务费决算逐级汇总报送本厅。

(3)关于粮食收支决算另行规定。

七、关、盐、货三税因自十月份起由华东各主管征收机关直接向中央结报,除汇总列入年度决算外,应另附报十至十二月份逐月决算表以备查考。

(三)年度账目之划分

年度收支账目之结算,应按中央规定之收付实现制精神办理,但为照顾实际困难与具体执行起见,对结算年度之划分,特规定如下:

甲、收入:

一、年终一切款项之结算,以本年十二月三十日止已入库者为限(卅一日为星期日按例不办公)各级征收机关财政部门凡于十二月三十日止已征起之一九五〇年一切收入应于十二月三十日前入库,以便结清年度账目,但为照顾实际情况,小市镇如因距基层金库远,不及于当日征起后即入库,可照前颁通知提前一至五天结束十二月份征收账目办法办理。

二、年终各级财政税收机关征收款之入库,须注意结清本年度账目,征收账结报数必须与入库数相符,切勿上下年度相混,影响结算。

三、各种抵解支出应在征收数原科目内冲抵,财政部门所收实物缴入粮库者亦应作抵解支出办理,冲减征收数,但可准予计算任务。

四、凡本年内征起之收入款,未及解库或结算不易,或属本年度收入任务而于下年度开始后征起者,一律作五一年度收入款结算。

五、凡本年度中央款错缴华东区款者,应由各级征收机关会同当地金库编造清单,逐级呈报华东财政部核准后办理退款手续,凡华东区款错缴中央款者,亦须由各级征收机关会同当地金库编造清单逐级呈报华东财政部转呈中财部核准后签发支付书办理退款手续,根据以上规定,各级征收机关与金库部门,应立即核对账目以便将各种收入退出款争取本年度终了前办理结束。

乙、支出:

一、经费支出以各级财政部门十二月卅一日已核准签发之支付书(证)为准,为免影响明年度账目结束起见,各级财政部门在年终除特殊紧急费用外,一般行政事业费用可停止核发。

二、五一年一月一日起各级财政部门不准再予核发五〇年度之经费,各地人民银行如遇有财政部门在五一年度签发五〇年度经费之支付书可拒绝支付。

三、各级经费使用机关对本年度账目之结算,一般应以十二月卅一日止实际已支出者为限。

四、农林、水利、卫生、交通、水产、粮务、税务、盐务等事业费，如因计划未结束，不及于本年底结束，准延迟至五一年一月底止结束，若个别事业费确有困难仍须继续延迟者，除一面仍按截至一月底止支用数办理决算外，一面应补送继续使用计划书，按级报本厅核准后，准在原领结余经费内使用，此项继续使用经费报销可专案办理，不与五一年预算相混，如有结余经费并须按级汇缴。

五、干部家属补助粮，如年终仍未发放完毕，可先按各级财政部门之领用数报销，但发放结束后，仍须专案补报领发结存数，送本厅备查。

六、杭市劳动局所领之失业工人救济粮应专案办理决算，径报华东。

七、经费中拨款购买之实物及旧存或上级新发之实物（不论原料、成品、半成品）除须于年度决算中表列现金数字外，并须附报实物收支结存明细表，随总决算送本厅等备存（分品名、单价、复价）。

八、各级财政部门如有暂收、暂付、预收、预付、往来等账户，必须在办理决算以前全部清理完毕，不得转入新账内继续处理。

（四）年终出纳整理期间之规定

一、为照顾实际困难，特规定年终出纳整理期间，县、市、专区级为十天，省级为十五天（即一月十日、十五日截止）。

二、凡于五〇年度已经各级财政部门核准签发之支付书，未及于五〇年十二月卅一日前领用者，可在出纳整理期内继续向银行支用，但须经原核发之财政部门同意，逾期即停止支付。

三、各级人民银行对存款于五一年开始必须转入新账处理者，可开列“上年度往来”科目转入新账。

四、出纳整理期结束后，各级财政部门须立即将本级及下级五〇年结余之库存（包括现金及银行存款）汇总列表按级上报并收上项库存交人民银行按级上汇直至本厅，县应于一月十二日以前办理完毕，专署、市及省立机关应于一月十八日以前办理完毕。

五、五〇年度账目之一切结余经费，不准流用于五一年度，希各级严格执行。

（五）编制决算之具体要求

甲、计算本位：

一、一九五〇年各项收入账目年终编造决算时，均以人民币为计算本位，同时须按原规定折粮办法逐月折算粮食（大米）附列决算表。

二、支出经费一律以人民币为计算本位不折粮，柴草以1/10统折粮计算之。

乙、会计科目：

会计科目应按华东区一九五〇年七月份修订之财政收支总预决算科目办理，但收入科目之第二款第五项应改为其他税收，至原第五次薪给报酬所得税至第十八项其他税捐，各项均改为第五项其他税收之第一目至第十四目，原有之目应改为节，支出方面之第一款行政费支出，第六项行政预备费改为第七项，增添第六项为土改经费。

丙、决算报表种类份数格式及结报日期：

一、岁入决算报表种类：

(1)年度岁入决算总统计表(要分类分户、分类分月)。

(2)关、盐、货三税十至十二月份收入明细表。

(3)各种抵解款项明细表。

(4)票照税征收支报告表(财政部门、海关系统、粮食系统及金库免送)。

二、支出经费及税务费决算报表种类：

(1)年度岁出决算总统计表(分经费粮草)。

(2)各项暂收、暂付、预收、预付、企业投资、往来款项明细表。

(3)库存现金、粮食明细表。

(4)各种库存实物收支结存明细表。

(5)收支平衡表(决算结束后编造，相等于资产负债表之性质)。

三、主要决算报表格式附后(略——编者)，明细表格式可自行拟订。

四、决算表份数：

各部门送本厅决算，除金库部门，省局税务费部分及各专区局送本厅决算均可一份外其余一律为三份(内一份核退，一份附送华东)。

五、决算报送日期：

(1)财政部门——A 支出决算县级于一月底以前送达专署，专署、直辖市及省直机关于二月底以前送达本厅。

B收入决算县级于年度终了后十五日送达专署，专署及直辖市、杭县等于年度终了后二十五日送达本厅。

(2)省税务、盐务局——省局各种决算，于年度终了后两个半月内送达本厅及华东区局，专区局于年度终了后一个半月送达省局(应分送本厅者同)县局于年度终了后二十五日送达专区局。

(3)金库部门——省分库应于年度终了后两个半月内报送本厅，支库以下金库由分库再行规定。

(4)粮食系统——省局各种决算应于年度终了后两个半月送达本厅，专区局应于年度终了后一个半月办理完毕，县级应于年度终了后一个月内送达专署级。

(5)海关系统——应于年度终了后一个半月内报送本厅。

关于进一步改进专署及县(市)财政管理体制的规定

(中共浙江省财政厅、人民银行党组　1959 年 5 月 22 日)

为使财政管理体制能够适应当前国民经济继续大跃进的形势，遵照“全国一盘棋”的方针，在中央和省委统一领导下，充分发挥专署和县(市)在国家规定的方针、计划范围内，努力促进生产发展，合理地节约使用国家资金的积极性，使国家资金的使用，符合于保证重点，兼顾一般，统一计划，分级管理的精神，有利于加速社会主义建设。兹根据国务院《关于进一步改进财政管理制度的规定》，对专署和县(市)财政管理体制作如下规定：

一、国家财政计划必须统一，地方各级预算是国家预算的组成部分，为使国家预算能正确反映全国财政收支的全貌，便于合理安排资金、物资和劳力，全省各地区各部门一切收支，均应按照规定统一列入预算。

二、为进一步发挥专署一级管理财政的作用，从1959年开始，专署、县(市)分别成立一级财政。县(市)财政不包括在专署财政之内，但县(市)财政收支指标的分配，应先由专署加以平衡。专署和县(市)预算的核定和专署预算的追加追减，均由省直接办理；县(市)预算的追加追减，由省办理或委托专署代办。

三、关于进一步改进专署及县(市)财政管理体制的基本内容是：收支下放、计划包干、地区调剂、总额分成、一年一变。

(一)关于收入划分：除了少数由省管理的企业、事业收入和银行利息收入以外，其余各项税收和一切企业、事业收入，全部划给专署、县(市)，作为专署、县(市)的财政收入。不再按不同类别区分地方固定收入、企事业分成收入和调剂分成收入。

(1)企业及事业上交收入(包括利润及工商统一税)随企事业的领导关系确定，省直属企事业上交收入列入省预算；专署属企事业上交收入列入专署预算；县(市)属企事业上交收入列入县(市)预算。

粮食商业和劳改企业，虽属当地党政领导，但因粮食调运计划仍归属省直属掌握，事先很难正确估计，企业盈亏不能稳定；劳改企业流动性亦较大，因此1959年暂仍由省粮食厅和公安厅垂直管理。

(2)各项工商业税(不包括省直属企业交纳的工商统一税)、农业税、盐税均作为县(市)财政收入。

(3)其他收入，凡属县(市)组织的作为县(市)财政收入；专署组织的作为专署财政收入；省组织的作为省财政收入。

(二)关于支出划分：专署、县(市)的财政支出，包括本级经省批准的经济建设、文教卫生、行政管理等全部事业、行政经费和基本建设投资，不再区分正常事业经费支出和基本建设专案拨款。

国营、地方国营和定息公私合营企业所需的流动资金，全部由银行贷款解决。企业自有流动资金，全部转作银行贷款，并由省财政拨出一部分资金，统一交由省人民银行按信贷体制规定管理使用。具体办法另行拟订。

四、关于收支包干：专署和县(市)应按当年的国民经济计划和其他有关指标，切实贯彻多快好省和勤俭建国的方针，编制财政收支预算，经核定后，收入大于支出的，多余部分按总收入比例上解；收入小于支出的，不足之数由省给予补助。在此基础上归专署、县(市)包干使用，上交比例和补助数额一年一变。

年度预算执行结果，如收入超额完成，超收部分，上解地区，按上解比例分成，但最高不超过50%，即上解比例在50%以上的，按上解比例分成；上解比例在50%以下的，统按对半分成，即中央与省得50%，专署、县（市）得50%。补助地区的收入超额完成部分，亦一律按对半分成，即中央与省得50%，专署、县（市）得50%。（例如：甲县预算收入一千万元，预算支出三百万元，收支相抵上解七百万元，上解比例为70%，如该县全年收入完成一千一百万元，则超收的一百万元，仍按分成比例处理，七十万元上解，三十万元留县。又如乙县预算收入八百万元，预算支出六百万元，收支相抵后应上解二百万元，上解比例为25%，如该县全年收入完成九百万元，超收一百万元，则超收部分应按对半分成，即上解五十万元，留县五十万元。再如丙县预算收入五百万元，预算支出六百万元，应由省拨补一百万元，如该县全年收入完成五百八十万元，则超收的八十万元应按对半分成，上解四十万元，留县四十万元。）

五、专署、县（市）的年终财政结余，全部留归各地下年度继续使用。专署、县（市）的附加和自筹收入，仍由专署和县（市）统一安排。但为使国家预算能正确反映国家财政收支的全貌，便于国家统一安排资金和物资，专署、县（市）所得的上年结余和附加、自筹资金的收入，均应按照规定列入预算，作为整个预算的一个组成部分。用附加或自筹资金所举办的建设项目和其他事业，应全部列入国民经济计划。用附加或自筹资金举办的企事业的收入，与国营企业上交收入同样处理，统一纳入国家预算。

六、专署、县（市）财政收支按上述原则确定包干之后，应切实贯彻“统一领导，分级管理”的原则，各级财政应全面安排本地区的财政收支预算。省级各主管部门布置的事业任务，如果属于本地区应行举办的事业，其所需经费，均应在包干收支中统筹解决，省级主管部门在年度预算执行过程中提出要专署、县（市）举办或由专署、县（市）建议举办的项目，凡是省级主管部门同意拨款的，应由省级主管部门在省级单位预算内通过财政拨补，凡是主管部门只同意项目，不同意拨款的，则由专署、县（市）视具体情况自行处理。

包干比例核定后，在年度内一般不再调整，预算执行过程中如遇建设项目或事业变动必须调整预算时，则应通过预算追加追减办理上交下拨手续。

七、本规定自1959年起实行，1958年《关于改进县（市）财政管理体制的规定》同时废止。

关于处理当前财政金融工作中若干问题的规定

（中共浙江省委　1959年8月18日）

为了核实国家财政收支，划清财政资金与信贷资金的使用界限，切实整顿企业财务，有利于进一步组织国民经济的全面跃进，对当前工业企业、商业企业的基本建设单位财务上存在的若干问题，必须作一次认真、全面、彻底的清理。对于以前已经清理和处理完毕的问题，这次不必重行清理。

做好这次清理工作，可以使国家的物资和资金得到更合理的使用，对于贯彻勤俭建国的方针和推动增产节约运动的深入开展具有十分重大的意义。为此，各级党委应当把这一工作作为当前的重要任务之一，抓紧时机，积极进行，最迟于九月十日以前清理完毕。

现在，根据中共中央《关于当前财政金融工作方面的几项决定》，结合本省具体情况，作如下规定：

(一)关于炼铁补贴

(1)一九五八年大办钢铁所花的费用,大部分县(市)已经处理结束,少数县(市)尚未清理的,凡自己有力量处理的,应当积极清理,还清拖欠商业部门的货款和银行贷款;确实无力处理的,应当核实数字,由县(市)委报告省委处理。

(2)一九五九年上半年炼铁补贴,经财政部门和企业主管部门共同算账核实数字后,由各级财政部门拨给企业,归还银行。

(3)一九五九年下半年炼铁补贴,凡定点生产的企业,由省财政厅会同省冶金厅在核定的计划亏损范围内,按月结算核实,予以弥补;不属于定点生产的企业,由各地自行负责,银行不再贷款垫补。

(二)关于企业亏损和损失的处理

企业亏损、材料短缺和因产品质次或变质而发生退货、削价、报废等损失,应根据“分级负责,分清年度,区别工商,简化手续”的原则处理:

(1)一九五八年发生的亏损尚未弥补的,按照一九五八年企业决算,经过审查核实后,在一九五八年财政收入中退出,予以弥补。

(2)一九五九年发生的计划亏损,在省核定的额度内,由各地财政部门会同企业主管部门审查核实,予以弥补。

超过省核定计划亏损额度的,以及未经省批准的一般企业的亏损,必须查明原因,按隶属关系经各级主管部门和财政部门审查核实后,报各级党委研究处理。凡一个单位上半年亏损在一万元以下的,由县、市委决定处理;超过一万元不满五万元的,报地委(杭州市委)决定处理;五万元以上的,报省研究处理。对于亏损的企业,应当责成其积极改善经营管理,争取全年不亏或少亏。

(3)一九五八年生产的产品因质次或变质而发生退货、削价、报废等损失和一九五八年所发生的材料短缺,根据批准文件,在一九五八年财政收入中退库,并调整一九五八年企业利润总额和企业留成数额。如果一九五八年企业留成已用完,应由企业在一九五九年留成中首先补足已用部分。

(4)为了简化手续,划清工业与商业的处理范围,凡商业部门已经收购的产品发生上述损失,由商业部门负责处理;商业部门未收购的产品,都由工业部门负责处理。

(三)关于基本建设投资和流动资金的划分

(1)必须划清基本建设投资和流动资金的界限,实行分口管理,分别使用。今后基本建设投资都应当根据省批准的计划,由财政拨款,通过建设银行监督使用。各单位不得挪用流动资金搞基本建设。对过去已经动用流动资金或银行贷款搞基本建设的,应当分别情况加以处理:

1.一九五八年企业占用银行贷款、动用流动资金搞基本建设的,应由本企业在利润留成中归垫;不足部分,由企业主管部门在集中的利润留成中抽出一部分解决;再有困难,由主管部门上报各级党委在各级财政中拨款归垫。县(市)财政确有困难的,说明原因,报省研究处理。

2.一九五九年各部门、各企业占用银行贷款、动用流动资金搞基本建设的，凡已列入一九五九年下半年基建计划的项目，可在下半年投资中拨款归还；没有列入计划的，一律在企业利润留成中抽出一部分和各级财政中拨款归还。

3.一九五八年用银行小型工业贷款兴建的企业，仍按原规定以利润分期偿还；如果到期归还有困难的，由县(市)核实情况，开列清单，报省研究处理。

4.建筑企业动用建设银行流动资金贷款搞基本建设的和一九五八年建设银行发放的小高炉贷款，按照上述原则一并清理归还。

(2)一九五九年基本建设计划经过调整落实后，所有缓建、停建项目，应按照“彻底清理，审查核实，区别对待，分级解决”的原则，迅速处理。凡属省批准的，由省负责解决；其余的都由各地自行解决，在一九五九年预算中统筹安排。具体清理办法按省委基本建设委员会《关于清理基本建设账目的几项规定》办理。

(四)核定定额流动资金

(1)企业需要的定额流动资金，应当根据企业为完成批准的生产计划或商品流转计划的周转需要，迅速核定。核定定额流动资金的原则，应当从有利于发展生产和扩大商品流转出发，节约使用资金，有助于促使企业加强经济核算，改善经营管理。核定定额流动资金的工作由财政部门、银行和企业主管部门共同负责，核定到企业，要求九月底以前全部结束。具体办法由财政、银行系统另行布置。

(2)定额以外属于季节性和临时性的资金需要，由银行另行贷款解决。这种贷款必须根据“有物资保证，按期归还，和按计划贷款”的原则办理。有些企业由于物资积压过多，停工待料，发工资有困难的，可以经过批准由银行给予贷款。此项贷款所需的资金，由省银行分配一定的后备额度交各地掌握，县(市)管理的企业由县(市)委批准；专署管理的企业由地委批准。省属企业由当地银行与企业共同提出，报省主管厅局和省银行批准。

(3)在定额核定前企业已经占用的流动资金，在定额核定以后，凡不超过定额部分的，作为定额流动资金；超过定额部分的，分别情况，作为季节性或临时性贷款处理。企业积压和多余的物资，应按照省委有关处理工矿企业多余物资的规定认真处理，同时必须建立与健全采购等管理制度，防止发生新的积压。

(4)财政部门、银行和企业主管部门应当对企业流动资金的使用情况加强监督，定期检查，并向各级党委作出报告。

(五)关于赊销和预付

各地区、各部门和各企业没有经过省委批准，不准以任何形式赊销产品和预付货款。过去已经发生的赊销和预付必须认真清理，抓紧收回。

(1)国营企业之间的赊销，应当在九月上旬前结算清楚；国营企业之间的预付，应当清理收回订购的货物，不能交货的需经双方协商解除合同，在九月上旬前如数退回货款。国营企业与公社、生产队之间的赊销、预付，应当核实账目，在早、中稻登场期间，根据公社生产队的偿还能力，能够一次收回的一次收回，能够收回一部分的收回一部分，不能收回的应当商定期限在晚秋作物登场后收回，在年底前基本收清，确实有困难的社、队可以适当延期，切实防止不顾实际情况勉强收回。

(2)今后国营企业之间一律不得赊销和预付货款。对人民公社和生产队除了批准的农产品预购定金外,不得以任何形式预付货款,必需赊销的生产资料应当事先提出计划,报省委批准。

(六)清理财政账目,核实财政收支

(1)按照上述规定应当在一九五八年财政收入中退出的款项,按一九五八年隶属关系分级办理退库。

一九五八年收支清理结束后,应分别调整省和县(市)的年度财政决算,金库也应相应调整一九五八年年报。

(2)按照上述规定应当在一九五九年财政收入中退出的款项,按隶属关系分别向省、县(市)财政部门办理退款,减少当年收入。

(3)农村人民公社算账仍应按照五月三十日省委《批转省委财贸部关于国家与公社结算账目中若干具体问题的处理意见》处理。各地应将算账结果和国家退款数字分清年度、分别项目,核实上报,以便省了解全面情况,分别研究处理。

(七)清理过程中应当注意做好以下几项工作:

(1)清理工作应在各级党委的领导下,组织财政部门、银行和企业主管部门,成立清理小组,具体组织所属单位进行清理,限期完成任务。

(2)清理财务必须本着实事求是的精神,分清情况,核实数字,认真负责地处理。县(市)在处理亏损退款时,必须具有克己的精神,力求自力更生,不随便伸手向上要钱。对于亏损、损失,必须分清年度,否则就不能准确地反映两个年度国民经济情况和财政收入情况,不利于国家计划的安排。

(3)对于停建、缓建工程和停止生产的企业单位所剩余的材料、设备以及各单位清理出来的物资,必须核实数量,抓紧处理,做到物尽其用,加速建设。暂时处理不了的,要造具清册,指定专人负责保管,不得再有丢弃、损失等情况发生。这些单位的物资经过处理以后收回的价款,应清偿银行贷款、其他欠款和抵作财政拨款,不得移作别用。

(4)各单位清理结束之后,应当认真总结经验教训,继续大鼓干劲,进一步加强"两爱"教育,加强经济核算,推动增产节约运动的深入开展。在此基础上,发动群众鸣放、讨论,建立和健全各项财务管理制度和会计核算制度。

清理工作结束后,各地、市、县委应向省委作一次专题报告(同时抄送省财政厅)。

关于调整财政管理体制的若干暂行规定

(中共浙江省委 1961年2月23日)

按照一九六一年国民经济调整、巩固、充实、提高的方针,现行财政管理体制必须作相应改进。现根据《中央批转财政部党组关于改进财政体制加强财政管理的报告》精神,结合本省具体情况,规定如下:

第一,改进预算管理体制

(一)各级财政单位安排财政收支预算,必须坚持全国一盘棋、上下一本账。收入要打足打实,支出要打紧打全,坚持收支平衡,留有一定后备,一律不准打赤字预算。基本建设投资和各项事业经费,必须按照国家规定的计划和核定的预算进行拨款,凡是未经正式批准,未列入国家计划,不得增加投资和经费。县、市机动财力,主要应用于支援农业方面,不得用于提高工资,增加人员编制。

(二)凡是省、专、市、县(包括原来的镇、区)所属的企业,以及事业单位(经省批准以收抵支的单位除外)所属的企业,不论是用预算外资金举办的,或者是企业的卫星厂,或者是实行定息的公私合营企业,都必须纳入国家预算,按照规定向国家交纳税收和利润。

(三)一九六一年省对专、市、县级财政,继续实行"收支下放、地区调剂、总额分成、一年一变"的办法。收入方面,企业收入按照企业隶属关系的变更加以调整,邮电企业收入划归市、县管理,其余基本不变;支出方面,基本建设投资、支援人民公社投资和特大自然灾害救济费等,由省专案拨款,专款专用,其余各项支出按照收支总额计算分成。专、市、县在安排预算时,除专案拨款的支出以外,可以在总指标范围内进行项目之间的调剂。年度预算执行结果,如收入超额完成,超收部分按核定分成比例分成;分成比例在百分之十五以下的,均按百分之十五分成,分成比例在百分之四十以上的,均按百分之四十分成。当年的超收分成,九月以前不得安排支出。年终的财政结余,全部留归各地继续使用。

(四)切实整顿预算外资金的收支,控制预算外资金的来源和使用范围。专、市、县的各项附加等预算外收入,仍归各地统一安排使用,但不准擅自增加收入项目,提高附加比例,不准化预算内收入为预算外收入,不准把预算外开支挤入预算内。一切预算外收支,都必须年初有计划,执行有检查,年终有报告,并按照规定的程序进行审批。预算外资金用于基本建设的,必须报省计委批准纳入国家计划。

第二,改进企业财务管理体制

(一)企业的成本(费用)开支范围,必须严格按照国家计委和财政部的规定执行。凡是应该从利润留成和工资附加费中开支的费用,不得摊入成本(费用)。企业管理费中凡是可以按照行政机关标准开支的,都必须按照行政机关的标准执行;企业的管理费用和车间经费,应当在节约的原则下,根据实际需要,编造预算,连同财务收支计划,报主管部门和财政部门批准后执行。所有企业单位,不得自行规定开支标准,或擅自扩大开支范围。

(二)企业的利润留成只能用于"四项费用"(技术措施、新产品试制、劳动安全保护、零星固定资产购置)、"双革经费"、职工奖金和国家规定的福利开支。各主管部门的集中利润留成,应向同级计委和财政部门提出使用计划,经同意后方能动用,并定期报告使用情况。

(三)国营和公私合营企业生产周转和商品流转所需的流动资金,在核定的定额范围内,一律由人民银行贷款。流动资金、基本建设资金和应当由企业基金开支的各项费用,必须严格划清界限,分别管理,分别使用,严禁相互挪用。

(四)企业固定资产的外调、报废和变卖,必须按隶属关系报经主管部门和财政部门批准。国营企业和集体所有制企业之间交换固定资产、原材料和产品,必须坚持"等价交换"的原则,不得无偿调拨。企业的物资盘亏,除自然损耗外,报损、报废都应逐级进行审查后,报省主管部门和财政厅审查处理,损失严重的,应报省人民委员会审批。

(五)一切企业单位,都必须努力改善经营管理,为国家创造财富,积累资金。某些企业如果生产计划亏损产品发生了超计划亏损,或者生产非计划亏损产品发生了亏损,应查明原因,按下列权限报经批准后才准由财政弥补:省属企业一个单位亏损每月在五万元以下者,可以由主管部门和财政厅共同审查处理,五万元以上者报省人民委员会审批;杭、宁、温三市每月所有企业亏损总额在五万元以下,绍兴、嘉兴、吴兴、金华四县在二万元以下,其余各县在一万元以下者,可由市、县人民委员会审查处理;超过上述限额时,应由市、县人民委员会提出处理意见,报省人民委员会批准后才能拨补。

第三,改进基本建设财务管理体制

(一)凡是经过批准的基本建设投资,不论是用预算内资金或预算外资金,都应由中国人民建设银行进行拨款监督。用预算外资金举办的,必须事先将资金拨交中国人民建设银行。未设建设银行的地区,由财政部门直接办理。

(二)凡基本建设单位上年度应完未完工程,需要在下年度继续施工的,必须经过省计委批准,纳入下年度的基本建设计划和国家预算,统一平衡。

(三)实行投资包干的基本建设单位的竣工结余资金,仍然留归包干单位使用。但这部分资金用于新增建设项目的,必须报经省计委批准,纳入基本建设计划,在计划未批准前,不得动用。

第四,改进税收管理体制

(一)凡属工商统一税税目的增减、税率的调整以及纳税环节牵涉省际间的变动,盐税税额的调整,开征地区性的税收和地方各税税目税率的变动,以及所得税税率的确定,必须报省研究后,呈报中央或中央局批准。

(二)凡属工商统一税中有关新试制的产品,以代用品作原料生产的产品,或者由于灾情等原因需要给予减免照顾的,以及地方各税的征税范围、减税、免税,对小商小贩加征所得税的比例和起征点的确定,都应当报省批准。

(三)凡属企业试制属于按“其他工业产品”税目征税的新产品,在试制试销期间,按照税法规定纳税要发生亏损因而需要给予减免照顾的,以及车船使用牌照税、房地产税个别临时性的减免,可由市、县人民委员会批准。

第五,改进城乡人民公社财政管理体制

(一)国家对城乡人民公社中属于国家的财政收支部分,实行“收入分项计算,分别上交;支出下拨,包干使用,结余归社”的办法,对收入和支出分别进行管理。国家财政部门组织收入,必须按照政策办事,严禁超越政策规定的界限,增加城乡人民公社的负担。国家支援农村人民公社的投资、农村救济款和优抚费,必须专款专用,不准挪作别的用途,应当拨给生产队的,公社不得扣留。

(二)人民公社所属企业、事业单位,都应当根据国家税法的规定,交纳税款。国家下放给人民公社管理的企业,仍为全民所有制性质,应当按规定纳入国家预算;国家与公社合办的企业，所实现的利润(或实际发生的亏损)，应当按照投资的比例进行分配。

(三)各人民公社和镇的财政所，由县(市)财政局直接领导，干部的调配权属于县(市)党委，并列入县(市)财政局编制。但公社党委和镇委应加强对财政所干部的政治思想领导。

(四)公社内部的财务管理办法，由省人民委员会另行规定。

以上规定，连同省委一九六一年一月六日发布的《关于加强财政纪律的规定》，各地区、各部门和企业、事业、机关团体、人民公社必须严格执行。各级财政部门必须加强财政监督，同一切不遵守国家财政制度、违反国家财政纪律的行为作斗争。

过去的财政管理体制规定凡是与本规定有抵触的，均按本规定执行。

批转省财政局《关于一九七九年财政管理体制的报告》的通知

(浙江省革命委员会　浙革〔1979〕51号)

各地区行政公署，各市、县革命委员会，省直属各单位：

省革命委员会同意省财政局《关于一九七九年财政管理体制的报告》，现转发给你们，望即贯彻执行。

浙江省革命委员会

一九七九年三月三十日

关于一九七九年财政管理体制的报告

省革命委员会：

一九七九年国家对我省的财政管理体制，继续试行"增收分成，收支挂钩"的办法，但有两点改变：一是对县办国营工业企业实行利润留成，二是我省的增收分成比例，由去年的百分之五十五调整为百分之五十二。根据这一变化，现将我们研究的意见报告如下：

一、为充分调动各级财政增产增收的积极性，省对各地、市、县继续实行"增收分成，收支挂钩"的办法。地、市、县的增收分成比例，总的维持去年水平。由于去年分给地区的增收分成比例包含了地区机动的因素，而各地区的机动留得有高有低，地区原分到县的比例，从全省来看很不平衡。现在根据各县的具体情况作了适当调整。因调整县的增收比例而造成地区机动过少的，由省适当补贴，主要用于所辖各县必需填平补齐的开支。地区本级视同县市级财政处理。具体办法由我局另行规定。

二、各县县办国营工业企业(不包括省、市、地区属企业及地、市今年下放县管理的企业)，从今年起，实行利润留成办法。由于县办工业分布不均衡，利润高低悬殊，因此，除省集中一部分以外，县的留成比例，根据各县情况分别核定。

三、经过批准列入计划亏损的县办工业亏损，由县在县办盈利企业留成中弥补百分之二十，国家财政弥补百分之八十。实行定额补贴的县办企业，实际亏损小于或大于定额补贴的部分，按财政部、国家经委有关规定办理。

四、宁波、温州二市用市机动财力举办的国营工业企业，也比照县办工业企业利润留成办法办理。宁波、温州市应将一九七〇年以后由市机动财力投资新建的国营工业企业情况，报我局审定。

五、县办国营工业利润留成的使用，首先用于应由县财政负担弥补的企业亏损，其余用于县办工业的技术改造、革新和挖潜，充分发挥资金使用效果。安排基本建设时，要按基本建设审批程序办理。

六、实行县办工业利润留成办法后，一九七八年县办工业分成办法即行废止。全民所有制企业，一律要纳入国家预算管理。

七、舟山地区仍作为一级财政，舟山地区各县的财政体制由行政公署自行研究确定。

八、各地使用财政增收分成、县办企业利润留成和其他各项机动财力，必须充分注意综合平衡，重申机动财力的使用不准用于提高开支标准，扩大开支范围，不准建造楼、堂、馆、所等原则。

以上报告，如同意，请批转各地执行。

附：一九七九年各地、市、县增收分成和县办工业留成比例表（略——编者）

浙江省财政局

一九七九年三月十九日

浙江省革命委员会批转省财政局《关于严格控制行政事业费和社会集团购买力的报告》

（浙江省革命委员会　浙革〔1979〕78号）

地区行政公署，各市、县革命委员会，省直属各单位：

省革委会同意省财政局《关于严格控制行政事业费和社会集团购买力的报告》，现转发给你们，望贯彻执行。对行政事业费和社会集团购买力开支方面存在的问题，要迅予研究改进。

在当前开展的增产节约运动中，要严格控制社会集团购买力，坚决把讲排场、摆阔气、铺张浪费、大吃大喝的歪风邪气，从思想上搞臭，从制度上卡住，把一切可以节省的钱节省下来。

浙江省革命委员会

一九七九年六月十四日

关于严格控制行政事业费和社会集团购买力的报告

省革委会：

一九七八年，全省行政事业费支出比上年增加百分之二十六点三，今年一至五月份，又比去年同期增加了百分之二十八点六。社会集团购买力增加也很猛。当前突出问题是：

一、机构、人员增加过多。到去年底，全省行政人员已达十万四千零九十五人，一九七八年一年就增加了一万二千七百九十九人。事业机构和人员的增加也缺乏控制，有的没有编制任意增人，有的超编很多，如全民所有制剧团已超编一千余人。现在，不少机关、学校和其他事业单位，仍在大量增人，造成机构重叠，工作环节多，办事效率低，行政、后勤人员的比重大，人浮于事的现象相当严重。

二、社会集团购买力控制不严。今年，国家要求社会集团购买力与去年持平，但我省一季度比去年同期增长百分之二十一点七，绝对数增加二千万元。主要是不少地方和部门对这一工作的重要性认识不足，没有专人管理，控制不严。不少商店没有严格执行“限额控制”“凭证供应”的办法。有的地方不经批准，要商业部门供应专项控制商品。如有一个县召开工业、农业、财贸系统先进代表会，共发了电风扇十七台、自行车四十二辆、被面十七条、手提包一千七百四十只等专项控制商品，均未按规定办理审批手续。

三、会议多，开支大。去年全省行政机关花了会议费一千零四十八万元。今年第一季度，省级各部门开支的小型会议费又比去年同期增加百分之七十以上。有些会议，还组织游览、发纪念品。据去年省级召开的六次会议不完全统计，共发纪念册一万二千五百二十七本，塑料文件包四千三百四十九只，钢笔五千九百零五支，茶杯一千三百十只。省里做了坏样子，有些县、市部门召开会议也大量制发纪念品，经费不足，就向有关部门摊派。

四、小汽车多，使用管理制度不健全。据去年底不完全统计，全省各级行政机关有小轿车三百六十一辆，吉普车六百三十七辆，旅行车一百三十六辆，共一千一百三十四辆。其中去年增加了一百三十辆。由于汽车多了，又缺乏严格的使用管理制度，有些地方和部门的领导，图方便，摆阔气，在铁路沿线出发，也派专车。去年有一个地区的农业参观团，竟动用十多辆吉普车，浩浩荡荡开往山东省参观。小汽车多了，燃料消耗和修理费用大增，七八年全省仅行政机关这方面的开支就达二百六十八万元，比七七年增长百分之二十三以上，加上驾驶员的经费，几乎相当于差旅费的半数。

五、不遵守财政制度，敞开口子花钱。当前，一方面行政事业费很紧，另方面随意花钱的情况相当严重，如有的用血防经费买电视机，用土壤普查经费买小汽车，用计划生育、科技三项费用造宿舍、办公楼；有的擅自扩大开支范围，提高开支标准，乱发奖金、补贴；有的在落实政策过程中，对一些不合理的经济要求片面迁就，似乎钱补得越多，政策落实得越好。

上述问题，若不采取有力措施迅即制止、改进，不仅今年调整后的行政事业费预算会大大突破，支大于收的局面难以扭转，对整个调整工作带来不利的影响，而且不利于党的艰苦奋斗优良传统的继承和发扬。为此，必须在当前开展的增产节约运动中，把严格控制行政事业费和社会集团购买力作为一件大事，切实抓紧抓好。各级领导机关和领导干部要以身作则，厉行节约，带头发扬党的优良传统，带头执行调整、改革、整顿、提高的方针，带头执行财政制度，严格按计划办事。

一、严格控制新增机构、人员。今后未经省委、省革委会批准，各地区、各部门一律不得再新增机构。以县、市为单位的行政事业人员总数，除国家规定允许增加的以外，一律不得擅自增加；个别部门确实必须增加的人员，要在本系统或县、市范围内调剂解决。

二、严格控制社会集团购买力。要统一认识，解决“无所谓”思想，按国务院〔1979〕31号文件规定,配备必要的人员,切实加强管理。要认真执行"限额控制""凭证购买"的规定。商业部门要做好验证供应、核减指标、结算余额和开具专用发票等工作。对国家规定的专项控制商品,更要从严控制,没有批准手续的,一律不准供应。

三、大力精简会议,严格控制外出参观。省级各部门召开三十人以上的会议,都要严格按规定审批;地、市、县召开公社以下不脱产人员参加的大型会议,要报上一级党委、革委会审批。批准召开的会议,要精打细算,尽可能压缩参加人员和会期。不得用公款请客、游览。看戏、看电影要按规定收费。除省、市、县召开的劳模、先进工作者代表大会经党委批准可适当发一些奖品外,各种会议均不得以任何名义发纪念品等实物。

重申国务院〔1971〕68 号文件规定,出省参观、学习,应由省统一组织,并征得有关省、市、自治区同意后再去。出地区或市、县参观的,要经地委、行署或市、县委、革委会批准,并征得参观所在地、市、县同意。严禁以参观为名,游山玩水,绕道的费用应由个人负担。

四、整顿和加强对小汽车的管理。对现有的小轿车、吉普车、旅行车,要进行一次整顿。省级各单位的小汽车,建议以省机关事务管理局为主,有关部门参加,拟定编制定额和使用管理办法,报省革委会批准后执行。各地、市、县也要整顿和加强管理。经过整顿后,小汽车的余缺要统一调度。从现在起,停止审批、购买计划外小汽车。

五、要严肃财经纪律,按计划按制度用钱。所有行政事业单位,都要发扬节约一厘钱的精神,严格按事业计划和财政制度用钱,不得将各项事业费随意移用于非生产性的开支。要坚决把行政事业支出控制在调整后的指标之内,做到少花钱,多办事,把事办好。

要严格执行国家规定的开支范围和开支标准,工资、福利、奖金、补贴等个人待遇方面的制度,除省在国务院和中央主管部门授权范围内可以制订具体实施办法外,各地、市、县和各部门都无权增加开支项目,扩大开支范围和提高开支标准。已经超越权限扩大范围,提高标准的,要做好群众工作,坚决纠正。落实政策中有关经济问题的处理,要严格按中央的规定办理。

有收入的事业单位,要合理增加收入,减少国家补助,提高自给程度。医院、剧团等差额补助单位,要改革经济管理,逐步推行"定额补助,结余留用"的办法。宾馆、招待所要整顿经营作风,加强经济核算,逐步推行企业化管理,但不得擅自提高收费标准,擅自提高的要改回来。

以上报告,如无不当,请批转各地执行。

浙江省财政局

一九七九年六月八日

关于颁发《浙江省关于授予会计人员技术职称的暂行规定》的通知

(浙江省财政厅〔79〕财企 1002 号)

省级各局,各地、市、县财政局:

为了贯彻国务院颁发的《会计人员职权条例》,我们根据本省有的单位试点经验和财政部

《关于〈条例〉在实施中一些问题的解释》，拟订了《浙江省关于授予会计人员技术职称的暂行规定》，经省革委会领导同志和省财贸办公室同意，发给你们，请研究执行。

授予会计人员技术职称是一项细致复杂、政策性强的工作，请各地、市、县领导和省级有关部门组织力量，在今、明两年内对财会人员进行一次全面考核，凡符合条件的财会人员，分别授予总会计师、会计师、助理会计师、会计员和助理会计员的技术职称。不符合条件的，均为一般财会人员。授予会计人员技术称职工作，可以分期分批进行，并请将工作开展的情况与经验随时与我局联系。

至于加强财会机构，充实财会人员，建立和健全会计基础工作和设置行政职务的总会计师问题，请你们按照《会计人员职权条例》的规定作一次研究，并将研究的情况反映给我们，以便我们向省革委会报告，采取相应的措施。

附件：如文

一九七九年十一月十三日

附：浙江省关于授予会计人员技术职称的暂行规定

一、为了认真贯彻执行国务院颁发的《会计人员职权条例》(以下简称《条例》)，明确会计人员的职责，充分调动他们的积极性，现根据《条例》中对授予会计人员技术职称的有关规定，结合我省当前情况，特制定本暂行规定。

二、凡拥护党的领导，积极为社会主义事业服务，并且有下列条件的现职会计人员，分别授予总会计师、会计师、助理会计师、会计员、助理会计员的技术职称。

(一)总会计师：

1.高等院校财经专业毕业，从事财会工作十二年以上，或中等财经专业学校毕业，从事财会工作十五年以上，或虽不具备上述学历但从事财会工作十八年以上。

2.熟悉国家制定的财政经济政策法令和财务会计制度，对财政经济、经济核算与财务会计有较高的理论水平，并有一定的研究成果，能编写财务会计教材，能担负财经大、中、专学校教育工作。

3.能够组织和领导一个大型经济单位的经济核算和财务会计工作，并有较丰富的工作经验。

(二)会计师：

1.高等院校财经专业毕业，从事财会工作七年以上，中等财经专业学校毕业，从事财会工作十年以上，或虽不具备上述学历，但从事财会工作十二年以上。

2.具有较高的财务会计专业知识，熟悉国家制定的财政经济政策法令和财务会计制度，有一定的财会理论和财会业务技术水平，能编写财务会计教材，能担负财经大、中、专学校财会专业教育工作。

3.能够组织和领导一个中型经济单位的经济核算和财务会计工作，或担负大型经济单位的主要财会工作。

（三）助理会计师：

1.高等财经院校专业毕业，从事会计工作三年以上；中等财经专业学校毕业，从事财会工作六年以上，或虽不具备上述学历，但从事财会工作八年以上。

2.具有一定的财务会计专业知识，有一定的研究财会理论以及财务会计业务技术问题的能力；能担负一般的财会专业教育工作。

3.能够组织和领导一个小型经济单位的经济核算和财务会计工作或担负中型经济单位的主要财务会计工作。

（四）会计员：

1.高等财经院校专业毕业，从事财会工作一年以上；中等专业学校财会专业毕业，从事财会工作三年以上，或虽不具备上述学历，但从事财会工作五年以上。

2.具有一般的财务会计专业知识。

3.能胜任所担任的财务会计工作。

（五）助理会计员：

1.中等财经学校毕业，从事财会工作一年。中学（或相当于中学）毕业文化程度、短期会计学习班结业，从事财会工作一年。

2.能在他人指导下记、算账和处理部分日常会计核算事务工作。

不符合上述条件的，不授予会计人员技术职称，仍属一般的财务会计工作人员。

三、技术职称的审批权限。

凡符合条件应授予技术职称的会计人员，应填写财会人员基本情况表，经所在单位评定，按下列审批权限审批：

1.总会计师，由所在单位评定，报省主管局会同财政局审核后，报省人民政府归属的部、委、办批准授予。

2.会计师，省级单位报省主管局会同财政局审核后，批准授予；地（市）单位报地（市）主管局会同财政局审核后，报专员公署归属的部、委、办批准授予；县（市）单位由县（市）主管局会同财政局审核后，报地（市）主管局会同财政局审核，报专员公署归属的部、委、办批准授予。以上均需报省财政局备案。

3.助理会计师，省级单位由本单位评定审批授予；地（市）单位报地（市）主管局会同财政局批准授予；县（市）单位由县（市）主管局会同财政局审核后，报县（市）人民政府归属的部、委、办批准授予。以上均需报省财政局备案。

4.会计员，省、地、市属单位，由本单位评定批准授予。县级以下单位由本单位评定，报县主管局批准授予。并报县财税局备案。

5.助理会计员，审批程序和会计员同。

已退休的财务人员以及曾担任财会工作已调离没有归队的，不再参加评定技术职称。

四、评定技术职称的工作，由所在单位领导负责组织进行。要成立财会人员技术职称评审小组，吸收人事、财会部门负责人和职工代表参加。

参加技术职称评定的财会人员，要如实介绍本人的基本条件和学历、经历等情况。

技术职称的评定，主要根据本人的政治条件、专业知识、业务能力、工作成就，并参考学历、资历进行全面考核评定，评定的方法：

①本人工作小结，包括从事财会工作经验总结，解决财会工作中哪些主要问题，有哪些主要贡献，设计过哪些财务会计管理制度和办法，在财会业务理论学习方面有哪些心得体会以及本人在工作和学习方面有哪些需要改进的地方。

②本单位群众评议。

③主管部门组织所属单位财会人员进行对口业务检查，提出工作优缺点并对其业务和理论水平作出评定建议。

④本单位对技术职称提出初步意见，并按规定程序报请审批。

⑤必要时进行业务考试。

五、对符合条件的会计人员，批准授予相应的技术职称时，应将批准技术职称的有关材料，由所在单位人事部门归入干部档案，并由审批单位授予证书。会计人员技术职称证书，由省财政局统一印制。

六、本暂行规定，适用于国营企业、事业行政单位，各级财政部门和集体所有制单位的财务会计人员。

省级主管部门对授予本系统会计人员技术职称有专业规定的，按专业规定办理。

浙江省人民政府关于改进财政管理体制的通知

（浙江省人民政府　浙政〔1985〕46号）

各市、县人民政府，各地区行政公署，省政府直属各单位：

根据国务院关于从一九八五年起，对各省实行“划分税种、核定收支、分级包干”财政管理体制的通知精神，省人民政府决定从一九八五年起，对市、地、县财政管理体制作相应的改进。现将《关于改进“划分收支，分级包干”财政管理体制的规定》发给你们，望遵照执行。

实行新的财政管理体制，目的是进一步明确各级财政的权利和责任，更好地发挥地方各级政府理财的积极性，发展生产，繁荣经济，提高效益，开源节流，争取财政情况的根本好转。省级各主管部门要尊重市、地、县的财政自主权，未经省委、省人民政府批准和省财政厅同意，不得自行下达减收增支的措施。各地要加强财政管理和税收征收工作，通过资金的筹集、分配和使用，促进国民经济的协调发展，提高经济效益，改善人民生活。

省人民政府要求，目前收入上缴数不足上解中央财政比例的县，要积极创造条件，在两年内达到先缴足按比例应上解中央财政的数额，其余部分留县用于安排当地财政支出。目前靠省财政定额补助的县，要订出计划，分别情况，争取三四年内减少补助，逐步达到财政自给。

一九八五年五月二十三日

关于改进“划分收支、分级包干”财政管理体制的规定

一九八〇年开始，省对各市、地、县实行“划分收支、分级包干”的财政管理体制，原定执行五年，现已到期。去年第四季度实行利改税第二步改革，利税转移，情况发生了新的变化，财政体制也需作相应改进。根据国务院关于实行“划分税种、核定收支、分级包干”财政管理体制的通知精神，自一九八五年起，省对各市、地、县的财政管理体制规定如下：

一、各级财政收入的划分：

1.中央财政预算收入：包括驻在浙江的中央级国营企业的所得税、调节税；铁道部门营业税；军工企业的收入；中央级外贸企业的亏损；粮、棉、油超购加价补贴；烧油特别税；关税和海关代征的产品税、增值税；专项调节税；海洋石油外资、合资企业的工商统一税、所得税和矿区使用费；国库券收入；国家能源交通重点建设基金；中央级其他收入；以及石油部、电力部、石化总公司、有色金属总公司所属企业的产品税、营业税、增值税划归中央财政的部分，和按规定比例应上交中央的地方财政收入。

2.省级财政预算收入：包括省属企业（含省合资企业）缴纳的所得税、调节税、利润（亏损和价差补贴）；省级主管部门集中退库的利润留成、更新改造资金、育林基金；产品税、营业税、增值税（包括省及省以下各级银行、保险公司的营业税；石油部、电力部、石化总公司、有色金属总公司所属企业缴纳的产品税、营业税、增值税划归省的部分，但不含以上已明确属于中央收入的产品税、营业税、增值税）；建筑税；省级其他收入以及按规定比例或数额应上交省的市、地、县财政收入。

3.市、地、县级财政预算收入：包括市、地、县属企业（含市、地、县合资企业）缴纳的所得税、调节税、承包费、利润、亏损和价差补贴（原县办工业分成均由预算外改列预算内）；集体企业所得税；资源税；盐税；农业税；契税；其他工商税（包括车船使用牌照税、城市房地产税、屠宰税、牲畜交易税、集市交易税）；税款滞纳金、补税罚款收入；外资企业（不包括海洋石油企业）缴纳的工商统一税、所得税；城市维护建设税和市、地、县级其他收入（以上收入均应扣除按规定需上交中央、省的部分）。

国营企业奖金税，除个别另有规定的外，不分企业隶属关系，均就地交市、县金库，并按统一的比例分成。

二、各级财政支出的划分：

1.中央财政预算支出：包括中央在浙江的基本建设投资，地质勘探费，国防费，武装警察部队经费，人民防空经费，国家物资储备支出，以及中央驻在浙江的企业、事业、行政单位的各项支出。

特大自然灾害救济费、特大抗旱和防汛补助费、支援经济不发达地区的发展资金、边境建设事业补助费等，由中央财政专项拨款。

2.省级财政预算支出：包括省统筹安排的基本建设投资，省级简易建筑费、民兵事业费；省下达项目的企业挖潜改造资金、科技三项费用、城镇青年就业经费、支援农村生产支出以及省级的农林水、工交商、文教科卫事业费，行政管理费和其他支出。

3.市、地、县级财政预算支出:包括市、地、县自筹基本建设项目的基建投资和流动资金;城市维护费;抚恤和社会救济费;城镇青年就业经费;公费医疗经费;市、地、县级企业、事业、行政单位除中央和省拨专款以外的各项支出。

三、市、地、县财政收支包干基数:

1.收入基数,以一九八三年决算收入数为基础,按上述收入划分范围和利改税第二步改革后的利税转移情况,计算确定。

2.支出基数,按照一九八三年决算收入数和原财政体制规定的办法计算地方应得的财力,并剔除上缴中央财政资金和上划、转移等因素调整确定。

四、根据上述收支基数,计算确定上交、补助数额或产品税、营业税、增值税调剂分成比例。

凡地方财政预算收入大于支出的,多余部分定额上交省;地方财政预算收入小于支出的,不足部分从产品税、营业税、增值税(不含明确属于中央级收入的这三种税,银行、保险公司交纳的营业税和石油、电力部、石化、有色总公司所属企业交纳的这三种税,下同)确定一个比例留给地方;产品税、营业税、增值税全部留用还不足以抵补支出的,其差额部分由省定额补助。

今后市、地、县级财政预算收入比包干基数增加的部分,分别情况对待:定额上交的地方,百分之七十留用,百分之三十交省;产品税、营业税、增值税调剂分成的地方和定额补助的地方,全部留用。

为了进一步调动各市、县加强税收工作、大力组织收入的积极性,对定额上交的市、县,其产品税、营业税、增值税比上年增加的部分,实行滚动增长分成,分成比例为:杭州市、宁波市百分之五,其他各市百分之十,县百分之十五。对产品税、营业税、增值税调剂分成的市、县,其产品税、营业税、增值税比包干基数增加的部分,仍按原分成比例留用;比上年增加的部分,实行滚动增长分成,分成比例与定额上交的市、县同,但滚动增长分成比例与原分成比例相加,以不超过百分之一百为限。对定额补助的市、县,产品税、营业税、增值税增收部分,全部留用。

各市、县征收的集贸市场税收,除按原规定百分之二十五继续留给以外,从城乡集贸市场征收的产品税、营业税、增值税,以一九八三年集贸市场工商税入库数为基数,超基数增长部分,定额上交的市、县,年终由省财政按百分之四十的比例计算返还;调剂分成的市、县,调剂比例在百分之四十以下的,年终由省财政补足到百分之四十;调剂比例超过百分之四十和定额补助的县,其超基数增长部分不另增加分成。

国营企业奖金税,各市、县统一按实际入库数留百分之五十二,作为市、县预算收入,百分之四十八上交。

为了帮助定额补助的地方发展经济和文教事业,在近两年内,按省核定的定额补助数额实行每年递增的办法。递增比例,景宁畲族自治县为百分之十,磐安县比照景宁的递增率执行;泰顺、文成县及丽水地区本级为百分之八;永嘉、洞头县为百分之六,其余地、县为百分之五。定额补助的地、县,应当努力发展经济,增加财政收入,力争在最近几年内逐步从减少补助过渡到财政自给。

五、财政管理体制确定以后，各地应当按照国家和省确定的方针、政策，统筹安排好本市、地、县的生产建设、各项事业和财政支出。地方预算的安排要瞻前顾后，量入为出。地方多收入可以多支出，少收入就应少支出，自求收支平衡。

六、在财政体制执行过程中，由于企业、事业单位隶属关系的改变，应相应地调整地方的上交、补助数额、分成比例，或者在年终单独进行结算。由于调整价格、增加职工工资和其他经济改革措施，而引起财政收支的变动，除国务院、省政府另有规定者外，都不再调整地方的上交、补助数额或分成比例。

关于对财政收入上亿的县(市)在税收上采取若干试行措施的通知

(1986 年 4 月 3 日　浙江省财政厅〔86〕财税 270 号)

萧山、余杭、海宁、桐乡、绍兴、余姚、鄞县、慈溪、黄岩、上虞、平湖、兰溪县(市)财税局：

为了使财政收入已经上亿或即将上亿的县(市)，能在发展经济、增加财政收入上有更大的后劲，促进企业特别是乡镇企业的横向联合，更合理有效地充分利用各种资源和有利条件，除执行《国务院关于进一步推动横向经济联合若干问题的规定》中的财政税收政策外，经研究提出如下措施：

一、城乡集体企业，按税收管理体制规定报经批准的困难减免产品税、增值税、营业税以及新产品减免税，全部留给企业，用于企业的技术改造和新产品开发，不并计利润征收所得税。上述留给企业的资金转作专用基金的，免征能交基金，也可以用于生产周转，但不得作为集体福利和奖金。

二、城镇集体建筑施工企业，技术改造任务重，施工机械化水平低。为照顾企业发展中的实际困难，对企业实际所得税税负超过 28%的，报经省财政厅批准，可酌情予以减征。减征的这部分资金，专项用于施工企业的技术改造。

三、外省、市、县以资金、设备、材料、技术来本地投资新办的联营城乡集体企业，对方投资比例或利润分配比例在 30%以上，联营时间在三年以上的，报经县(市)财税局批准，可以免税一至二年。如要归还银行贷款的，上述减免的税款应先用于归还贷款。

四、对原有城乡集体企业与外省、市、县以资金、设备、材料、技术投资联营的，凡符合第三点所列条件，在保证原企业税收适当增长的前提下，报县(市)财税部门批准，其增长部分在一九八七年前给予减征所得税照顾。

五、对本县国营和城镇集体企业到县内贫困乡村、重点产粮区和乡镇企业不发达的乡、镇新办乡镇集体企业的，可报经县(市)财税局批准，免征产品税(增值税)、营业税、所得税一年。

六、上述联营企业如生产税法规定不能减免税的产品，或应上报财政部审批的产品以及从事商业经营的，不能减免产品税、增值税、营业税，但可享受所得税的减免税照顾。

上述联营企业均可实行先分后税。县(市)财税局在核批减免税时，应抄报省税务局。

七、乡镇集体工业企业借用信用社贷款，事先经县(市)财税局同意，凡确实用于生产技措性的，还款办法可以比照城镇集体工业办理。

八、城乡集体企业的职工教育基金，可按工资总额1.5%的比例预提，跨年度结转使用，不再在1.5%范围内按实列支。

九、外省科技人员（包括有专长的老工人）到我省城乡集体企业工作，企业在税前列支的报酬，可以比本厂平均标准工资高30%～50%。

十、乡镇集体工业企业一九八三年十一月底以前使用银行的挖革改老贷款，如至今尚未归还，金额较大，而经济效益好，新增项目的利润、折旧还贷后仍有困难的，可特案报经省财政厅批准后，在一九八六年给予一次性减税，用于还贷。

十一、城市公用企业、蚕丝及其制品的生产企业、小氮肥企业，由于改造任务重，交纳能交基金有困难的，可以经省财政厅批准，在一九八六年给予一次性减免，专项用于技术改造。

十二、由于城市生活设施欠账多，地方财政预算外资金交纳能交基金有困难的，可以经省财政厅批准，给予一次性减免。

十三、为缓和企业当前资金紧张的矛盾，一九八六年国营工业和城镇大集体工业申请减税还贷，可以提前于二季度内一次性报省财政厅审批。

十四、在减免税审批中，对耗能大、污染环境严重、产品不适销对路和质量低劣、技术不过关的企业，应从严掌握，不能照顾；对于发展原材料、燃料、动力和交通设施的应当优先扶持。

上述措施，供十二个县（市）在确保今年财政收入正常增长的前提下内部掌握试行，不登报、不广播、不上电视。

浙江省人民政府关于加强预算外资金管理的通知

（1987年1月27日　浙政〔1987〕8号）

各市、县人民政府，各地区行政公署，省政府直属各单位：

为了切实加强对预算外资金的管理，搞好社会财力的综合平衡，提高资金的使用效益，更好地发挥预算外资金在国民经济建设中的作用，根据国务院国发〔1986〕44号《关于加强预算外资金管理的通知》，结合本省实际情况，通知如下：

一、预算外资金是由各地区、各部门、各单位根据国家有关规定自行提取，自行使用的不纳入国家预算的资金。主要包括：

（一）地方财政部门按国家规定管理的各项附加收入和集中代管的各项预算外资金。

（二）事业和行政单位自收自支的不纳入国家预算的资金。

（三）国营企业及其主管部门管理的各种专项资金。

（四）各级业务主管部门所属的按照国家规定不纳入预算的企业收入和其他按照国家规定不纳入预算的各种收入。

二、各地区、各部门和各单位不得擅自设置预算外资金收支项目，如确需增设的，应报省财政厅或转报财政部审批。各地区、各部门、各单位对现有的预算外资金要进行清理，凡是应当纳入国家预算的各项收入，都应纳入预算；自行扩大范围，提高标准的不合理收费、各种摊派和其他任意设立的预算外资金项目要坚决取消，结余资金全部上交同级财政。经过清理后，对少数取用合理，确需保留的项目，经同级政府审核后，报省财政厅或转报财政部批准。

三、预算外资金用于基本建设，要严格按规定的基建程序报批。凡用于基本建设的预算外资金，必须先经主管部门审核同意，并由同级财政部门认真审查其资金来源是否符合规定，对符合规定用于基本建设的，要纳入基本建设计划。资金要在建设银行存足半年后使用，并由建设银行按批准计划和工程进度监督拨付。

四、对预算外资金的管理，可以在资金所有权不变的前提下，根据不同情况，采取不同的方式。对于事业、行政单位管理的预算外资金，原则上采取由财政部门专户储存，计划管理，财政审批，银行监督的方式。由于这项工作涉及面广、工作量大，可以先对公路养路费、内河航道养护费、运输管理费、内河通航河道护岸费、育林基金、经济作物技术改进费、造地费、土地管理费、房产管理收入、教育费附加等数额较大、管理比较集中的项目，实行“专户储存”。具体项目可由各市、地、县根据当地的实际情况自行增减，报省财政厅备案。实行专户储存的预算外资金，必须按规定及时足额地存入同级财政部门在银行开立的预算外资金专户，各单位和部门应按季或按月向同级财政部门报送收支计划和财务报表；同级财政部门应审查各部门和单位预算外资金的收费标准、提留比例、开支范围和标准，是否符合国务院和财政部以及省的有关政策、规定，凡是收入正当、支出合理的，各部门和单位有权按照规定自行安排使用预算外资金，财政部门不应加以不必要的干预，任何地区、部门都不得平调；同时，财政部门要根据各单位的缴用款情况，及时核拨资金，由银行监督支付。在不改变资金所有权、不影响原单位正常用款的前提下，同级财政部门对专户储存的预算外资金，可有计划地统筹安排，用于投资少、见效快、效益好的项目，但必须符合计划发展的方向和控制在固定资产投资额度之内。

对于国营企业及其主管部门管理的预算外资金，原则上采取计划管理、政策引导的方式，不宜采取由财政部门专户储存的方式。

五、切实加强国营企业各项专用基金的财务管理。企业提取的基本折旧基金、大修理基金，应按规定专款用于企业固定资产更新改造和大修理，不得任意挪用搞基本建设。某些项目因技术改造需要与基本建设结合进行的，企业和企业主管部门应按有关规定，编制固定资产更新改造计划，报主管部门和同级财政部门批准后，可将几种资金结合起来使用。

六、建立、健全预算外资金的预决算制度。各部门、各单位的预算外资金收支计划和决算应单独编制，并按季报送收支执行情况。各级财政部门应按规定期限逐级汇总本地区的预算外资金收支预算、决算和执行情况，报告同级政府和上级财政部门。省财政厅应及时向省人民政府和财政部报告全省预算外资金收支执行情况。

七、各级财政、银行和企业、事业主管部门要经常掌握预算外资金收支计划的执行情况，并根据国家的方针、政策和宏观经济的要求，通过运用经济杠杆，提供经济信息和采用必要的行政手段，对预算外资金的使用、流向进行指导和监督，协助有关单位把资金安排使用好。对收入不正当、支出不合理的现象，要随时帮助纠正，及时向上反映。对弄虚作假、隐瞒不报或将预算内资金转到预算外去的，要以违反财经纪律论处。各级审计机关要加强对预算外资金的审计监督。

八、各级财政部门应建立健全预算外资金管理机构，配备必要的人员，负责汇编预算外资金收支计划和决算，加强制度建设和调查研究工作。各级财务部门也应配备专职或兼职人员，加强会计核算工作，管好用好预算外资金。

浙江省人民政府关于试行“分税制”财政体制的通知

（1992年7月3日　浙政〔1992〕19号）

各市、县人民政府（除宁波市及所辖各县），各地区行政公署，省政府直属各单位：

自1980年以来，国家财政管理体制作了三次较大的改革。这几次改革对调动地方增收节支的积极性，保证财政收入增长，促进国民经济的持续发展，起到了积极的作用，但也存在一些问题。为了进一步推进改革，经国务院同意，财政部（92）财地字第63号通知，在1992年至1995年期间，中央对我省（不含宁波市）等部分省（市）实行“分税制”财政体制试点。

为了更好地调动各市地县增收节支，发展经济，提高效益的积极性，推进改革和各项建设事业的发展，省政府决定，根据中央对省“分税制”试点办法精神，自1992年起至1995年，省对各市地县试行“分税制”财政体制，办法如下：

一、收入的划分。

（一）中央财政固定收入，包括关税和海关代征的产品税、增值税、工商统一税，烧油特别税，特别消费税，专项调节税，外资、合资海洋石油企业的工商统一税、所得税，烟酒提价专项收入，中央基建贷款归还的本息收入，中央所属国营企业所得税、调节税、上缴利润和政策性亏损补贴，中央部门所属的中外合资企业所得税，铁道部、各银行总行和保险总公司的营业税，债务收入以及其他应属于中央的收入。

改变原来石油部、原电力部、石化总公司、有色金属总公司所属企业产品税、增值税、营业税70％部分作为中央财政固定收入的办法，将其并入一般产品税、增值税、营业税中，实行中央与地方共享分成办法。

（二）地方财政固定收入，包括农牧业税，城市维护建设税，城镇土地使用税，车船使用税，房产税，屠宰税，牲畜交易税，集市交易税，契税，奖金税，印花税，筵席税，农林特产税，地方国营企业所得税、调节税、上缴利润和政策性亏损补贴，集体企业所得税，外资企业和地方部门所属的中外合资企业所得税，城乡个体工商业户营业税、所得税，私营企业所得税，个人所得税，个人收入调节税，国营企业工资调节税，地方基建贷款归还的本息收入，盐税，工商税收税款滞纳金、补税罚款收入，固定资产投资方向调节税以及其他收入。

省级财政固定收入与市地县财政固定收入的划分，基本上维持现行体制确定的范围。变动两点：一是固定资产投资方向调节税（原建筑税）由省财政固定收入改作市地县财政固定收入；二是原来石油部、原电力部、石化总公司、有色金属总公司所属企业产品税、增值税、营业税30％部分原作为省财政固定收入，这次与中央下放的70％部分一起并入一般产品税、增值税、营业税，作为共享收入。

(三)中央和地方财政共享收入,包括产品税,增值税,营业税,工商统一税,资源税。根据一要保证完成全省上交中央财政任务,二要调动市地县组织共享收入积极性的原则,全省(不含宁波市)70个市地县的共享比例分为四档:

第一档是经济较发达、财政上交较多的地区,地方留30%,上交70%;第二档是经济相对较发达的上交地区,地方留50%,上交50%;第三档是经济相对不够发达的地区,地方留70%,上交30%;第四档是贫困县及个别特殊困难的地区,共享收入全部留用。分档名单详见附表。

二、支出的划分。

(一)中央财政支出,包括中央统管的基本建设投资,挖潜改造和新产品试制费,简易建筑费,地质勘探费,支援农业支出,国防费,武装警察部队经费,人民防空经费,对外援助支出,外交支出,以及中央级的农林水利事业费、工交商部门事业费、文教科学卫生事业费、行政管理费、公检法支出、国内外债务还本付息支出,中央负担的价格补贴支出,其他支出。

(二)地方财政支出,包括地方统筹的基本建设投资,地方企业的挖潜改造和新产品试制费,简易建筑费,支援农业支出,城市维护建设费,地方农林水利事业费、工交商部门事业费,文教科学卫生事业费、行政管理费、公检法支出、民兵事业费、价格补贴支出,其他支出等。

省级财政支出与市地县财政支出的划分,仍维持现行体制的划分办法不变。

(三)由中央掌管的专项支出,包括特大自然灾害救济费,特大抗旱和防汛补助费,支援经济不发达地区发展资金,边境建设事业补助费,粮油加价款等。这些支出由中央财政统一管理,实行专案拨款,不列入地方财政支出包干范围。

三、基数的确定。

收入基数以1989年的收入决算数为基础,支出基数以1989年的地方按包干体制应得财力为基础,在进行必要的因素调整后加以确定。

地方财政固定收入加共享分成收入,与地方财政支出基数比较:收大于支的地区,换算为1991年上解数后,从1992年起一律按5%的比例递增包干上解;支大于收的地区换算到1991年后,从1992年起实行定额补贴,对贫困县给予适当照顾。

省对市地县试行“分税制”期间,保地方不吃亏。按“分税制”计算与按原包干体制比较,地方若少得一块,由省财政补足。

四、原实行固定比例分成和专项收入,继续执行现行办法。

(一)中央、省和市地县按固定比例分成的收入,包括能源交通重点建设基金、国家预算调节基金、耕地占用税、保险公司上交收入,以及列收列支的专款收入(包括征收排污费收入、征收城市水资源费收入、电力建设基金、社会保险基金和教育费附加收入等),这些收入不列入“分税制”体制范围,仍按现行办法执行。

(二)外贸亏损和粮食亏损补贴,不列入“分税制”体制范围,仍按现行办法执行。

(三)为了控制酒的盲目发展,把酒的产品税分成办法,由现行的环比增长分成改为定比增长分成办法,增长分成比例不变。定比的基数按1991年实际征收额来核定。

五、各地财政收支基数及金库收入的报解办法,由省财政厅另文下达。

六、在试行“分税制”财政体制过程中，由于经济改革继续深入发展，对财政收支会有一定影响，除国务院、省政府另有特殊规定者外，财政收支基数一律不作调整。

七、试行“分税制”期间，省级各部门不要干涉有关地方财政的收支事项，未经省政府批准或省财政厅同意，不准擅自开减收增支的口子；各地必须严肃执行国家和省统一制定的财政、税收和价格政策，严格按管理权限办事。

附：“分税制”财政体制共享收入档次划分表（略——编者）

浙江省行政事业性收费管理条例

（1994年8月31日　浙江省第八届人民代表大会常务委员会第十二次会议通过）

第一条　为加强行政事业性收费管理，维护国家利益，保护公民、法人和其他组织的合法权益，根据国家有关法律、法规，制定本条例。

第二条　本条例适用于本省行政区域内实施的行政事业性收费。

第三条　行政性收费是指国家行政机关和法律、法规授权的单位在行使行政管理职能过程中，依法向公民、法人和其他组织收取的费用。

事业性收费是指事业单位为社会提供非经营性服务过程中，依法向公民、法人和其他组织收取的费用。

第四条　省人民政府对行政事业性收费实行统一领导。

各级人民政府物价、财政部门负责行政事业性收费的管理和监督检查。

各级人民政府有关业务主管部门按各自职责协同物价、财政部门，对行政事业性收费进行管理和监督检查。

各级人民政府审计部门负责对行政事业性收费的审计监督。

第五条　各级人民政府农民负担监督管理部门和物价、财政部门，应严格执行国家有关减轻农民负担的法律、法规，对面向农民的行政事业性收费加强管理和监督检查。

第六条　法律、法规或国务院及其物价、财政部门明确规定的行政事业性收费项目和收费标准，应按其规定执行。

其他需要在本省设立的行政事业性收费项目和收费标准，由省有关业务主管部门或市（地）、县（市）人民政府提出，报省物价、财政部门审核。收费项目的设立由省财政部门会同省物价部门批准；收费标准的制定和调整由省物价部门会同省财政部门批准。

前款规定中面向农民的行政事业性收费，由省物价、财政部门会同省农民负担监督管理部门批准。

第二款、第三款规定中重要的行政事业性收费项目和收费标准，由省物价、财政部门转报省人民政府或国务院物价、财政部门批准。

第七条　省物价、财政部门对设立行政事业性收费项目或制定、调整行政事业性收费标准的申请，应在30日内作出批准或不批准的决定，并答复申请人。重要的行政事业性收费应在20日内转报省人民政府或国务院物价、财政部门批准。

情况复杂的，前款规定的时限可适当延长。

第八条 制定行政性收费标准，应以行政管理行为的特定目的、要求和合理支出以及社会承受能力为依据。

制定事业性收费标准，应以提供服务的内容、质量和合理支出以及社会承受能力为依据。

第九条 严禁下列乱收费行为：

(一)未按法律、法规和本条例规定的审批权限报经批准，擅自设立行政事业性收费项目或擅自制定、调整行政事业性收费标准的；

(二)违反规定，将国家行政机关职责范围内的公务转为有偿服务或变相收费的；

(三)不实施管理或不提供服务而收费的；

(四)其他违反法律、法规和本条例规定的行为。

第十条 行政事业性收费实行收费许可证制度。行政事业性收费单位应向物价部门申领收费许可证。物价部门应在收到申请之日起30日内作出答复，符合条件的，发给收费许可证。收费许可证的具体管理办法由省物价部门制定。

第十一条 行政事业性收费应使用统一的行政事业性收费票据。行政事业性收费单位应持收费许可证，购领由省以上财政部门统一印制或监制的行政事业性收费票据。行政事业性收费票据的具体管理办法由省财政部门制定。

第十二条 行政事业性收费单位分立、合并、撤销、更改名称或变更、撤销收费项目和调整收费标准，应自批准之日起30日内，向原颁证的物价部门办理收费许可证变更、注销手续；同时向财政部门办理票据核销手续。

第十三条 行政事业性收费单位，应按规定在收费场所公开收费项目、范围和标准。

第十四条 对符合本条例规定的行政事业性收费，有关单位和个人必须按规定缴纳；对违反本条例规定的行政事业性收费，有关单位和个人有权拒绝缴纳并举报。

第十五条 行政事业性收费收入按收支两条线原则管理。

行政性收费收入应逐步纳入各级财政预算管理。行政性收费单位应将其收费收入上缴同级财政。行政性收费单位的支出，应按规定编报预算草案，由同级财政部门审核后，在预算中作出安排。尚未纳入预算管理的行政性收费收入，应按预算外资金管理办法管理。

事业性收费收入应严格执行预算外资金管理办法，按省人民政府规定实行财政专户储存管理。实行财政专户储存管理的事业性收费单位，应将其收费收入存入同级财政部门在银行开立的预算外资金专户，按时报送资金使用计划。财政部门对收费单位报送的资金使用计划应及时审核，并将资金从财政专户拨入收费单位支出专户，由开户银行监督使用。

第十六条 物价、财政部门对行政事业性收费单位的收费情况实行年审。年审的具体办法，由省物价部门会同省财政部门制定，报省人民政府批准。

第十七条 省人民政府有关业务主管部门、省级以下各级人民政府及其有关部门，擅自设立收费项目或擅自制定、调整收费标准的，由本级或上级人民政府及其物价、财政部门责令其纠正或直接予以纠正，并可通报批评，对主管人员和直接责任人员，按规定权限由有关部门或监察部门给予行政处分。

第十八条　行政事业性收费单位有下列违法行为之一的，由物价检查机构责令其纠正，退还或没收非法收取的费用，并处以非法收取的费用3倍以下的罚款：

（一）未办理收费许可证收费的；

（二）收费项目被撤销后继续收费的；

（三）超越规定收费范围、收费标准或增加收费次数收费的；

（四）涂改或伪造收费许可证收费的；

（五）不实施管理或不提供服务而收费的。

第十九条　行政事业性收费单位有下列违法行为之一的，由物价检查机构责令其纠正，并可处100元以上10000元以下的罚款：

（一）不按规定办理收费许可证变更、注销手续的；

（二）不按规定公开收费项目、范围和收费标准的；

（三）收费时不使用统一的行政事业性收费票据的。

第二十条　对按第十八条、第十九条规定给予处罚的行政事业性收费单位，物价检查机构可同时给予通报批评，并可向有关部门或监察部门提出对主管人员和直接责任人员给予行政处分的意见。

第二十一条　违反行政事业性收费财务管理制度，有下列违法行为之一的，由财政、审计部门按有关法律、法规查处；构成犯罪的，依法追究刑事责任：

（一）不按规定领取、使用和核销行政事业性收费票据的；

（二）截留、挪用、私分行政事业性收费收入的；

（三）不按规定及时足额上缴行政事业性收费收入的；

（四）行政事业性收费收入不按规定实行财政专户储存管理的。

第二十二条　面向农民的行政事业性收费有本条例第十七条、第十八条和第十九条规定的违法情形的，由物价、财政部门和农民负担监督管理部门按规定的职责予以查处。

第二十三条　国家机关工作人员在行政事业性收费管理工作中徇私舞弊、玩忽职守的，依法处理。

第二十四条　根据本条例受到行政处罚的单位，对物价检查机构作出的行政处罚决定不服的，可在收到处罚决定书之日起15日内向上一级物价检查机构申请复议。上一级物价检查机构应在30日内作出复议决定。被处罚单位对复议决定仍不服的，可在收到复议决定之日起15日内向人民法院提起诉讼。上一级物价检查机构逾期不作出复议决定的，被处罚单位可在复议期满之日起15日内向人民法院提起诉讼。复议期间，处罚决定不停止执行。

第二十五条　本条例具体应用中的问题由省物价局、省财政厅按职责分工负责解释。

第二十六条　本条例自公布之日起施行。

浙江省预算外资金管理条例

（2000年12月28日浙江省第九届人民代表大会常务委员会
第二十四次会议通过并公布）

第一章 总 则

第一条 为了加强预算外资金管理，完善监督检查制度，增强政府宏观调控能力，促进国民经济和社会事业健康发展，根据有关法律、法规规定，结合本省实际，制定本条例。

第二条 本条例适用于本省国家机关、事业单位、社会团体和政府授权的其他组织（以下简称部门和单位）的预算外资金收支和管理活动。

第三条 本条例所称预算外资金，是指部门和单位为履行或者代行政府职能，依据有关法律、法规和国务院、省人民政府及其财政、价格主管部门的规定，收取、提取、募集和安排使用的未纳入国家预算管理的财政性资金。

预算外资金的范围包括：

（一）政府性基金；

（二）行政事业性收费；

（三）用于乡（镇）政府开支的乡自筹和乡统筹资金；

（四）经国家批准发行彩票募集的基金；

（五）以政府名义接受的捐赠资金；

（六）主管部门按规定或者经批准从所属单位集中的资金；

（七）其他按省人民政府规定应当纳入预算外资金管理的财政性资金。

第四条 预算外资金实行政府调控、财政管理、量入为出、收支两条线的管理原则。

第五条 各级人民政府对本级预算外资金的结余，除法律、法规规定不能统筹的专项资金外，可统筹调剂使用。

第六条 县级以上财政部门是本行政区域内预算外资金管理的主管部门，其主要职责是：

（一）贯彻有关预算外资金管理的法律、法规、规章和政策；

（二）根据法律、法规、规章和政策制定预算外资金具体管理办法；

（三）审核、汇总、编报预算外资金收支计划和决算；

（四）管理和监督检查预算外资金的收支活动；

（五）纠正下级财政部门和同级预算外资金收支单位主管部门有关预算外资金管理不适当的规定；

（六）依法查处违反预算外资金管理规定的行为。

第七条 部门和单位应当加强内部预算外资金管理，其预算外资金收支活动实行统一核算。

第八条 任何单位和个人均有权举报预算外资金收支活动中的违法和违纪行为。

第二章　收入管理

第九条　除法律、法规规定的行政事业性收费外，设立和确定其他行政事业性收费项目和标准，实行中央和省两级审批管理制度。具体审批程序按照《浙江省行政事业性收费管理条例》执行。

第十条　除法律、行政法规规定设立的政府性基金外，设立新的地方政府性基金，由省人民政府提出申请，报国务院或者财政部审批。

第十一条　行政事业性收费、政府性基金项目和标准需要调整、变更或者撤销的，应当按照原则批准的权限和程序办理。

第十二条　部门和单位应当严格按照法律、法规和国务院、省人民政府及其财政、价格主管部门规定的项目、范围、标准收取和提取预算外资金，严禁自立收费项目、扩大收费范围、提高收费标准。

各项预算外资金的减收、免收、缓收，必须按有关法律、法规、规章和财政部门的规定办理，任何单位和个人不得擅自决定减收、免收、缓收预算外资金。

第十三条　预算外资金分为省、市、县(市、区)、乡(镇)级收入。确需分成的收入项目，其分成比例由省财政部门会同有关部门确定，重要的报省人民政府批准。国家另有规定的，从其规定。

除法律、法规规定外，上级部门或者单位不得违反规定调用属于下级的预算外资金，下级部门或者单位不得挤占、截留应当上缴的预算外资金。

第十四条　预算外资金的收取，应当实行票款分离。票款分离具体管理办法由省财政部门制定。其中行政事业性收费票款分离具体管理办法由省财政部门会同有关部门制定。

确实不能采取前款规定的票款分离办法收取预算外资金的，经同级财政部门批准，可以由部门和单位直接收取，定期集中上缴同级财政预算外资金专户(以下简称财政专户)。但在部门和单位内部应当实行开票和收款相分离。

第十五条　部门和单位不得将预算外资金账外设账、坐收坐支、私设“小金库”和公款私存。禁止将预算内资金转为预算外资金。

第三章　支出管理

第十六条　部门和单位应当加强对预算外资金支出的管理，严格执行预算外资金收支计划或者部门预算，按照规定和批准的用途使用预算外资金，不得自行扩大支出范围和提高开支标准。

第十七条　部门和单位需要用预算外资金投资基本建设项目的，项目按基本建设程序报批，经费按预算管理程序报批。财政部门按预算外资金计划和工程进度核拨资金。

第十八条　预算外资金支出项目属于政府采购范围的，应当实行政府采购。

第十九条　财政部门应当按批准的预算外资金收支计划或者部门预算、预算外资金缴款进度，及时、足额地拨付预算外资金，保证部门和单位正常用款。对不符合规定的用款，财政部门不予拨付。

第二十条　禁止用预算外资金从事股票、债券、期货、借贷、房地产等经营活动。国家另有规定的，从其规定。

第二十一条　设立新的机构，其经费来源于预算外资金的，审批机关在批准设立前，应当事先征求同级财政部门意见。

第四章　财政专户管理

第二十二条　预算外资金实行财政专户管理。各级财政部门应当在银行设立预算外资金财政专户，用于预算外资金统一核算和集中管理。

第二十三条　部门和单位因特殊情况，经同级财政部门批准，可以开设一个预算外资金收入汇缴专用存款账户，该账户只能存入预算外资金上缴款项。

部门和单位变更或者撤销预算外资金收入汇缴专用存款账户的，应当经同级财政部门审核同意。

第二十四条　经批准可以直接收取预算外资金的部门和单位，应当及时、足额将收取的预算外资金划转、缴入财政专户。

第二十五条　有预算外资金上缴下拨关系的部门和单位，上缴下拨资金应当通过财政专户进行划转和结算。

第二十六条　各级财政部门应当加强财政专户管理，制定财政专户管理办法，加强监缴监督工作，完善预算外资金财务会计核算制度。

第五章　收支计划与决算管理

第二十七条　预算外资金实行年度收支计划管理。编制预算外资金收支计划，应当坚持量入为出，节约使用的原则。

第二十八条　部门和单位应当按照财政部门的规定，编制预算外资金收支计划，由主管部门汇总后报同级财政部门审核。

具有专门用途的政府性基金收支计划应当单独编制；实行部门预算编制办法的部门和单位，其编制的部门预算应当包括预算外资金收支内容，不再单独编制预算外资金收支计划。

第二十九条　各级财政部门应当根据经审核后的单位预算外资金收支计划或者部门预算，编制本级预算外资金收支计划，由本级人民政府批准后，报同级人民代表大会财政经济委员会或者同级人大常委会财经工作委员会备案。

各级财政部门应当根据本级人民政府批准的预算外资金收支计划，在三十日内批复各部门和单位预算外资金收支计划。

第三十条　预算外资金收支计划经批准后一般不作调整。在年度执行中，确需对收支计划进行调整的，其审批权限由同级人民政府决定。

第三十一条　部门和单位应当按照规定如实编制预算外资金年度收支决算，经主管部门汇总后报同级财政部门审批；实行部门预算编制办法的部门和单位，其编制的部门决算应当包括预算外资金收支决算相关内容。

单位预算外资金年度收支决算或者部门决算中有违反有关法律、法规和预算外资金管理规定的，财政部门应当依法及时予以纠正。

第三十二条 财政部门应当根据审批的部门和单位预算外资金收支决算或者部门决算，编制本级预算外资金收支决算或者部门决算报本级人民政府批准。

第三十三条 财政部门应当将本级人民政府批准的预算外资金收支决算和下级人民政府预算外资金收支决算进行汇总，报同级人民代表大会财政经济委员会或者同级人大常委会财经工作委员会备案。

第六章 票据管理

第三十四条 部门和单位依法收取行政事业性收费、政府性基金，应当使用省级以上财政部门统一印制的收费票据。

部门和单位往来或者其他收款，除法律、法规规定必须使用税务发票外，应当使用省级以上财政部门统一印制的行政事业单位统一收款票据。

第三十五条 省财政部门负责收费票据的印制、发放、核销、稽查和其他监督管理工作。市、县(区)财政部门负责收费票据使用的监督管理工作。

第三十六条 收取预算外资金的部门和单位，应当向同级财政部门或者其委托的票据管理机构领购票据，并按规定范围使用，禁止使用违规票据。部门和单位应当建立健全各类票据的领发、使用和保管责任制度。

第七章 监督检查

第三十七条 县级以上人民代表大会常务委员会应当加强对预算外资金管理的监督，定期听取和审议本级人民政府预算外资金收支和管理情况的报告；乡(镇)人民政府应当向同级人民代表大会或者乡(镇)人大主席团报告预算外资金收支和管理情况，接受同级人民代表大会或者乡(镇)人大主席团的监督。

县级以上人民代表大会常务委员会在听取和审议本级人民政府预算外资金收支和管理情况报告以及进行执法检查时，财政经济委员会或者财经工作委员会可以事先听取同级财政部门关于预算外资金监督管理情况的汇报，也可以事先组织调查、了解本行政区域内预算外资金监督管理情况。

第三十八条 各级人民政府应当加强对预算外资金管理工作的领导，负责组织实施有关预算外资金管理的法律、法规、规章和政策，审批本级预算外资金收支计划和决算。

各级财政部门应当加强预算外资金收支的监督检查，建立健全预算外资金的监督检查制度。

各级审计部门应当加强对预算外资金的管理和使用情况的审计监督，在向本级人大常委会作预算执行和其他财政收支审计报告时，报告预算外资金管理使用的审计情况。

各级价格主管部门会同财政部门做好收费标准的审核工作，查处乱收费行为。

监察部门依法查处预算外资金收支管理中的违纪行为。

第三十九条 部门和单位应当建立和完善内部预算外资金管理制度和监督制约机制，定期向财政部门报告预算外资金收支计划执行情况，接受有关部门的监督检查，并按要求如实提供资料，执行有关部门依法作出的处理决定。

第四十条 省财政部门应当会同价格主管部门定期向社会公布行政事业性收费项目和标准，接受社会监督。

第四十一条 财政部门应当建立健全内部监督制约机制，依法履行监督管理职能，及时办理审批手续，做好服务工作，并接受审计、监察部门的监督检查。

第八章 法律责任

第四十二条 违反本条例规定，法律、法规已有处罚规定的，从其规定。

第四十三条 有下列行为之一的，由县级以上财政部门、审计部门根据职责分工进行处罚：

(一)违反本条例第十二条第二款、第十三条第二款、第十六条规定的，责令限期改正，处违法金额百分之五以上百分之十以下的罚款；有违法所得的，并处没收违法所得；

(二)违反本条例第十五条、第二十条规定的，责令限期改正，并可处违法金额百分之五以上百分之二十以下的罚款；有违法所得的，并处没收违法所得；

(三)违反本条例第二十四条、第三十一条第一款、第三十六条规定的，责令限期改正，并处以一万元以上十万元以下罚款。

第四十四条 有违反本条例规定行为的，对单位直接负责的主管人员和其他直接责任人员，由其任免机关或者行政监察机关视情节轻重，依法给予行政处分；构成犯罪的，依法追究刑事责任。

第四十五条 财政、审计、价格等部门工作人员，在预算外资金管理和监督工作中玩忽职守、滥用职权、徇私舞弊的，由主管部门或者监察部门根据情节轻重给予行政处分；构成犯罪的，依法追究刑事责任。

第九章 附 则

第四十六条 本条例自公布之日起施行。1994 年 12 月 31 日省人民政府第 57 号令发布的《浙江省预算外资金管理办法》同时废止。

中共浙江省委、浙江省人民政府关于全面进行农村税费改革的通知

(2002 年 7 月 9 日 浙委〔2002〕4 号)

各市、县(市、区)党委和人民政府，省直属各单位：

根据《中共中央、国务院关于进行农村税费改革试点工作的通知》(中发〔2000〕7 号)和《国务院关于进一步做好农村税费改革试点工作的通知》(国发〔2001〕5 号)的要求，我省在上虞市开展了农村税费改革试点，在富阳市、北仑区、乐清市、龙游县、定海区进行了模拟运转，取得了初步成效，得到了广大干部群众的拥护。为建立规范的农村税费制度，从根本上减轻农民负担，经国务院批准，省委、省政府决定在全省范围内进行农村税费改革。现将有关事项通知如下：

一、充分认识进行农村税费改革的重要意义

推进农村税费改革，是党中央、国务院在农业发展新阶段为加强农业基础、保护农民利益、维护农村稳定而实行的一项重大决策，也是实践江泽民同志“三个代表”重要思想的具体体现。积极稳妥地搞好这项改革，有利于规范农村税费制度，从根本上治理农村的各种乱收费，切实减轻农民负担；有利于充分发挥我省农业的比较优势，发展效益农业，降低生产成本，增强农业竞争力；有利于把基层干部从收款催款中解脱出来，促进农村基层政府转变职能，精简机构，改进工作作风，改善党群、干群关系，巩固农村基层政权，维护农村社会稳定；有利于改革农村现行的收支管理体制，理顺分配关系，加快建立公共财政，保证农村基层政权正常运转，促进农村各项事业的顺利发展。各级党委、政府要从讲政治、讲大局的高度，充分认识推进农村税费改革的重要意义，以高度的责任心和使命感，切实搞好这项工作，努力实现“负担减轻农民满意、作风转变群众高兴、经济发展社会稳定”的目标。

二、我省农村税费改革工作的指导思想和基本原则

我省农村税费改革工作的指导思想是：深入学习贯彻江泽民同志“三个代表”重要思想和中央有关指示精神，从我省农村实际出发，按照对农民群众“多予、少取、放活”的要求，改革和规范农村税费制度，取消对农民的各种乱收费，减轻农民税费负担，发展效益农业，增加农民收入，转变干部工作作风，密切党群、干群关系，促进农村经济健康发展，促进农村的稳定和基层政权的巩固。努力做到三个“确保”：确保改革后农民负担得到明显减轻、不反弹，确保乡镇机构和村级组织正常运转，确保农村义务教育经费正常需要。

按照上述指导思想，我省农村税费改革工作要遵循以下原则：

1. 切实减轻农民负担。坚决取消对农民的各种乱收费，保护农民的合法权益。大幅度减轻农民税费负担，降低农业生产成本，提高农产品竞争力，给农民更多实惠。要视经济发展和财力增长情况，继续采取措施，确保农民负担减轻。

2. 实行合理负担。从我省区域经济发展和农民收入不平衡的实际出发，农村税费改革后的资金缺口，由各级财政合理负担；村级公益事业，由村民合理负担。

3. 配套改革，整体推进。农村税费改革与转变政府职能、精简乡镇机构、减少村干部补贴人数、改革农村教育管理体制、完善县乡财政体制和健全农民负担监督机制配套进行，同步推进。

4. 统筹兼顾，平稳过渡。在不折不扣落实减轻农民税费负担各项政策的前提下，各级财政实行转移支付，统筹安排经费，确保乡镇政权和村级组织的正常运转，保证农村义务教育等各项社会事业的必要投入。

三、我省农村税费改革的主要内容

按照上述指导思想和基本原则，从今年开始，用两年的时间，在全省范围内全面完成以“减调改稳、合理负担、转移支付、配套进行”为主要内容的农村税费改革（上虞市继续按照省政府批准的农村税费改革试点方案执行）。

（一）减调改稳。

1. 减轻农民负担，实行三个“取消”：

(1)取消乡统筹费等面向农民征收的政府性收费和集资。从2002年7月1日起,取消各种政策外的收费和农村教育集资;逐步取消乡统筹费;25个欠发达市县和4个海岛市县的乡统筹费从2002年7月1日起全部取消,其他市县的乡统筹费2002年减少三分之一,从2003年起全部取消。

(2)取消屠宰税。从2002年7月1日起,全省取消屠宰税。

(3)取消农村劳动积累工和义务工。为了减轻农民的劳务负担,防止强行以资代劳,分2年时间取消统一规定的劳动积累工和义务工。2002年每个农村劳动力不超过8个工,2003年不超过4个工,从2004年1月1日起全部取消。

2.调整农业特产税。为支持农业产业结构调整,鼓励发展效益农业,对在农业税计税土地上生产的农业特产品,只征收农业税,不再征收农业特产税。

3.改革和规范村提留。为了发展村内公益事业,平衡农村不同从业人员的负担水平,村级开支通过向全体村民合理收取一定的村公益事业资金解决,按村民认可的办法确定,征收标准不超过现行村提留负担的数额。

4.稳定农业税。为了进一步减轻种田农民负担,农业税继续按现有的负担水平和征收管理办法执行,稳定不变。

(二)合理负担。

推进农村税费改革,既要减轻农民负担,又要保证基层政权正常运行和农村各项事业的必需开支。税费改革后,原由乡统筹费开支的农村义务教育、计划生育、优抚安置、民兵训练和乡村道路建设经费,在精简机构、压缩人员、节约开支的基础上,根据公共财政的要求和各地财力的实际情况,由中央、省和市县财政合理负担。

农村劳动积累工和义务工取消后,属于村集体生产、公益事业所需劳务,严格实行"一事一议"和上限控制,由村民合理负担。防洪、抢险、抗旱等紧急任务,可临时动用农村劳动力。除此之外,动用农村劳动力应当做到自愿有偿。

(三)转移支付。

按照农村税费改革中央对地方财政转移支付办法的有关规定,结合我省实际,统一规范计算财政转移支付资金,补助农村税费改革后出现的乡镇资金缺口。省对市县的转移支付,考虑取消乡统筹费、屠宰税和调整农业特产税等因素,由省财政根据各市、县经济社会发展水平和财政收支状况,区别对待,分类补助,优先保证欠发达市、县的资金缺口补助。

各市、县对农村税费改革引起的政策内短收,必须在预算内足额安排,不留缺口,对财政困难的乡镇实行转移支付。

加强财政转移支付资金使用的监督管理,防止截留挪用。

(四)配套进行。

农村税费改革涉及面广,必须实行配套改革,整体推进。

1.规范农村收费管理。全面清理整顿涉及农民负担的各种收费,坚决杜绝"三乱"现象,严禁要求农民出钱、出物、出工的达标升级评比活动。今年继续以县为单位对涉及农民负担的各种行政事业性收费进行全面清理,省以下不得设立涉及农民负担的行政事业性收费和政府性基金、集资项目。整顿农村经营服务性收费，建立规范的管理制度。

2.精简乡镇机构和人员。按照政企、政事分开和精简、效能的原则，合理设置乡镇机构，转变政府职能，从紧核定人员编制，提倡党政干部交叉任职，精简压缩乡镇事业人员。从紧确定享受补贴的村干部人数和标准，村党支部、村民委员会和村集体经济组织的成员及村组干部之间尽可能实行交叉兼职，压缩村级开支。

3.改革农村义务教育管理体制。按照国家规定，农村义务教育实行地方政府负责、分级管理、以县为主的体制。根据调整办学体制，加强领导和管理的要求，建立新的农村义务教育经费保障机制。农村中小学教师工资由县级财政统一发放，同时切实保证公用经费需要。各级政府要加大对农村义务教育的支持力度，通过转移支付支持欠发达地区的义务教育，确保农村义务教育经费的投入。按照提高教育质量和教育资源利用率的要求，调整农村中小学校的网点布局，精简优化教师队伍，严格控制教育达标活动。实行以县为主的农村义务教育体制后，乡镇政府对农村义务教育负有相应的责任，为调动乡镇领导班子发展教育的积极性，省财政安排一定数额的资金用于奖励为教育事业作出突出贡献的乡镇领导班子。

4.完善乡镇财政管理体制。乡镇财政必须按照公共财政的要求，把维护乡镇政权的正常运转和提供社会公共服务作为基本职能。要合理划分和调整县、乡两级政府的事权、财权，进一步完善乡镇财政管理体制，按照规范、公平要求，做好乡镇财政管理和农业税征收工作。积极推行乡镇财政集中支付办法。

5.制定改革配套文件。根据农村税费改革的要求，制定财政转移支付、乡镇有关社会事业支出列入财政预算管理、农村义务教育发展、村内筹劳管理办法等配套文件。同时，抓紧搞好有关法规规章的清理调整，确保农村税费改革工作顺利进行。

四、切实加强对农村税费改革工作的领导

农村税费改革事关农民的切身利益，事关农业和农村发展的全局，涉及各方面的利益调整。各级党委、政府要充分认识农村税费改革的重要性、紧迫性和复杂性，统一思想认识，切实加强领导。党政一把手要亲自抓，负总责。省农村税费改革工作领导小组和办公室要加强工作指导，各市、县(市、区)也要成立领导小组和办公室。各地要在深入调查研究、广泛听取基层和农民意见的基础上，按照本通知精神，结合各自实际，制定切实可行的改革方案，把各项政策措施落到实处。

各级各部门要适应改革要求，及时调整工作思路、工作方法和相关政策，顾全大局，积极配合。要坚持从实际出发，尊重民意，爱惜民力，量力而行，讲究实效，绝不能用牺牲农民利益的办法搞所谓的“政绩工程”“形象工程”，更不能搞劳民伤财的瞎指挥。要认真做好农村税费改革的政策宣传工作，采取多种形式，让广大干部和群众认识农村税费改革的重大意义，了解农村税费改革的内容，做到家喻户晓，人人皆知。新闻单位要坚持正确的舆论导向，及时总结宣传先进典型经验。同时，要加强对各级干部的教育培训，使他们准确掌握政策，严格依法办事，扎扎实实地做好农村税费改革工作。

浙江省人民政府办公厅转发省财政厅《关于深化收支两条线改革进一步加强财政管理实施意见》的通知

（2003 年 6 月 20 日　浙政办发〔2003〕33 号）

各市、县（市、区）人民政府，省政府直属各单位：

省财政厅《关于深化收支两条线改革进一步加强财政管理的实施意见》已经省政府同意，现转发给你们，请认真贯彻执行。

附件：关于深化收支两条线改革进一步加强财政管理的实施意见

根据《国务院办公厅转发财政部关于深化收支两条线改革进一步加强财政管理的意见》（国办发〔2001〕93 号）的要求，结合浙江实际，现就我省深化“收支两条线”改革，进一步加强财政管理提出以下意见：

一、目前“收支两条线”工作的有关情况

近年来，各地区、各部门按照国务院、中纪委和省委、省政府的有关规定，不断推进和加强政府收费和罚没收入“收支两条线”管理工作，财政部门先后会同有关部门制定了一系列收费和罚没收入“收支两条线”管理以及银行账户管理等方面的规定。罚没收入和相当一部分收费收入已纳入国家预算管理，绝大部分预算外资金实行了财政专户管理。通过改革，有效地促进了政府职能转变和党风廉政建设，对建立健全公共财政制度、增强财政宏观调控能力起到积极作用。

但是，当前我省的“收支两条线”工作还存在着一些突出问题：一是单位上缴的收费和罚没收入与其支出安排仍相挂钩，有的部门预算未将执收单位预算内外资金统筹安排；二是大部分收费没有实行收缴分离，仍由单位自收自缴，并通过收入过渡户层层上解主管部门，还存在有些部门和单位占压资金的现象；三是涉及省市县分成的收费，有的由主管部门自行确定分成比例，随意性大，分成办法不够规范，加大了管理难度；四是票据种类繁多，在管理上消耗过多的人力、物力和财力；五是执收单位预算外资金使用仍不够规范、合理，从而导致部门之间行政开支、职工收入水平差距较大，收费和罚没收入中乱收、乱罚、截留、挪用现象比较突出，群众意见较大，影响了党和政府的形象。

二、深化“收支两条线”改革的意见

深化“收支两条线”改革需要做好三个方面的工作：一是要将各部门的非税收入（即政府性基金、行政事业性收费、罚没收入、其他财政性资金等）全部通过财政实行集中管理，任何部门不得“坐收”“坐支”。二是推行部门预算，规范支出管理。部门预算要全面反映预算内外资金收支状况。尚未实行部门预算的，要编制财政综合预算，提高各部门支出的透明度。三是切实贯彻《浙江省预算外资金管理条例》，修订、完善配套制度和办法，使“收支两条线”管理工作法制化、制度化、规范化。

（一）对省级部门区分不同情况，分别采取将预算外资金纳入预算管理或实行收支脱钩管理等办法。

1.抓好基础工作，继续清理整顿现行收费，归并票据种类。认真贯彻落实省重新审核公布的保留、取消和转经营服务性管理的行政事业性收费的有关规定，并适应我国加入世贸组织的形势和深化审批制度改革的要求，进一步清理整顿现有收费，取消不合法、不合理的收费项目；将部分不体现政府行为的行政事业性收费转为经营服务性收费并依法征税；对保留的收费项目重新编码，在此基础上完善全省收费管理档案。同时，根据预算外资金收入收缴制度改革的要求对现行收费票据种类作出新的规定。

2.将省公安厅、省法院、省工商局、省环保局、省计生委等5个单位和部门按规定收取的行政事业性收费和其他预算外收入[不含所属院校的收费，下同；见附件1(略——编者)]全部纳入预算，全额上缴省国库；其支出由省财政按该部门履行职能的需要核定。

3.对省级已经实行部门预算的单位[收费项目见附件2(略——编者)]实行收支脱钩管理。其未纳入预算管理的行政事业性收费和其他预算外收入缴入财政专户，由省财政统筹安排单位年度支出。

4.对省级尚未实行部门预算单位实行综合财政预算。其未纳入预算管理的行政事业性收费和其他预算外收入缴入财政专户，由省财政统筹安排单位年度支出。

5.对省级应纳入预算管理的行政事业性收费和政府性基金，先缴入省财政专户，待票据结报后再按月集中划转省国库。

(二)按照国务院以及省政府的有关要求，各行政事业单位要加强预算编制管理，认真编制部门预算、单位预算以及政府采购预算。

省级预算编制工作要按照“小步快走，从粗到细，稳步发展，优质高效”的原则，稳中求进，逐步建立起“规范、科学、公平、透明”的部门预算。今后预算编制改革的重点，一是根据国办发〔2001〕93号文件的要求继续扩大部门预算编制范围；二是部门预算采用“两上两下”预算编制程序，进一步强化部门、财政共同理财意识；三是按照《浙江省省级政府采购预算管理办法(试行)》(浙财预字〔2002〕19号)和《浙江省省级部门项目支出预算管理暂行办法》(浙财预字〔2002〕17号)的规定，进一步规范政府采购预算编制和强化项目支出预算管理，提高资金使用效益。

各市县财政部门要对公安、法院、工商、环保、计划生育等5个单位和部门按规定收取的行政事业性收费和其他预算外收入全部纳入预算。其支出分别由市级财政通过部门预算或县级财政通过综合预算，按该部门履行职能的需要核定，实行收支脱钩管理。有条件的县级财政部门也可以进行部门预算改革试点。

(三)深化预算外资金收缴制度改革，完善票款分离实施办法。

1.对合理合法的收费收入，不再自收自缴，实行收缴分离。取消现行各执收单位开设的各类预算外资金收入过渡账户，应缴纳有关收费的单位或个人，根据执收单位发出的缴款通知，直接缴入指定的预算外资金财政汇缴(结算)专户。暂时难以直接缴入预算外资金财政汇缴(结算)专户的少量零星收入和当场执收收入，可先由缴款单位或个人直接缴给执收单位，再由执收单位及时将收入集中汇缴预算外资金财政汇缴(结算)专户。取消原对一些单位实行的预算外收入按一定比例留用、不上缴财政专户的管理办法。

2.对涉及上下级分成的预算外收入，即中央与省、省与市县分成的收入以及由市县部门代收的省级收费项目收入，实行财政系统上解下拨管理体制，取消上下级主管部门之间垂直上解下拨的做法。

三、深化“收支两条线”改革需要研究解决的几个问题

（一）关于预算外收入收缴管理制度问题。预算外资金实行收缴分离，取消现行各执收单位开设的各类预算外资金收入过渡账户，取消原对一些单位实行的预算外收入按一定比例留用、不上缴财政专户的管理办法后，预算外资金运行程序和管理方式会起一定的变化。为规范预算外资金收入收缴程序，提高预算外资金管理的透明度，从制度上防范腐败现象的发生，根据财政部、中国人民银行印发的《预算外资金收入收缴管理制度改革方案》（财库〔2002〕37号），省财政厅将会同人民银行杭州中心支行另行制定《浙江省非税收入收缴管理暂行办法》。

（二）关于严肃财经纪律问题。各部门、各单位必须严格执行中央和省关于深化“收支两条线”改革的规定，严禁私设过渡性收入账户，滞留收费收入；严禁将收费收入挪用、坐支、瓜分或擅自用于职工福利；严禁应收不收、应罚不罚或将执收执罚权力擅自下放给所属事业单位。各级财政部门根据财政部《行政事业性收费和政府性基金年度稽查暂行办法》（财综〔2002〕38号）对行政事业性收费和政府性基金项目、标准、票据以及收支管理进行年度稽查，对违反规定的按《国务院关于违反财政法规处罚的暂行规定》（国发〔1987〕58号）和《违反行政事业性收费和罚没收入收支两条线管理规定行政处分暂行规定》（国务院令第281号），向被稽查部门或单位分别下达稽查结论和处理决定。被稽查部门或单位对财政部门稽查结论和处理决定不服的，可以依法申请行政复议或者提起行政诉讼。

深化“收支两条线”改革是一项重要而复杂的工作，全省各级财政部门要切实转变工作作风，从讲政治、顾大局、反腐败的高度认识这项改革的重大意义，增强改革意识、服务意识和保障意识。该保证的经费要足额安排，该拨付的资金要及时拨付，确保预算单位行使职能不受影响。要充分考虑改革单位的实际情况，实事求是地合理核定收支规模与支出标准。年初预算安排要留有余地，确保如出现收入下降时能保证必需的支出。

浙江省人民政府关于进一步完善地方财政体制的通知

（2003年10月31日　浙政发〔2003〕38号）

各市、县（市）人民政府，省政府直属各单位：

1994年国家实行分税制财政体制以来，我省先后制定“亿元县上台阶”。“两保两挂”“两保两联”“三保三联（挂）”等政策，逐步形成具有浙江特色的财政转移支付制度，较好地调动了各地发展经济、培植财源的积极性，尤其是有效改善了欠发达地区财政状况，促进了全省经济社会的持续快速健康发展。但随着社会主义市场经济的发展，现行财政体制也需要调整和完善。考虑到上述财政政策已于2002年到期，根据《国务院批转财政部关于完善省以下财政管理体制有关问题意见的通知》（国发〔2002〕26号）精神，结合我省实际，现就完善地方财政体制有关问题作如下通知。

一、完善地方财政体制的指导思想和原则

进一步探索符合省情的财政体制，是促进和保持全省财政与经济良性循环的需要，是推动全省城乡、区域和经济社会全面、协调、可持续发展的需要，是浙江加快全面建设小康社会、提前基本实现现代化的需要。各地各部门要从实践“三个代表”重要思想的高度，充分认识财政体制改革的重要意义，以与时俱进的精神，切实把此项事关全局、事关长远的工作做好。

完善地方财政体制的指导思想是：着眼于建立健全适应社会主义市场经济要求的财政管理体制，按照“一要吃饭、二要建设、三要有所积累、四要增强调控能力”的要求，科学界定各级政府事权，逐步完善转移支付制度，规范税收征管秩序，优化财政支出结构，通过改革形成进一步明确市县政府职责定位的机制，形成激励市县增收节支保平衡的机制，形成有效增强省级调控能力的机制，促进全省经济和社会事业的持续快速健康发展。

改革遵循以下原则：一是划清事权，分级负责，建立健全分税制基础上的公共财政体制；二是积极稳妥，略调增量，充分兼顾省市县利益关系；三是化繁为简，规范转移，进一步完善激励与约束相结合的理财机制；四是属地征收，统一透明，促进税收征管秩序优化。

二、完善地方财政体制的内容

在确定市、县(市)财政收入基数的前提下，结合我省实际，采取按行业税种以及按比例分享等规范办法，进一步划清省与市、县(市)政府收入来源，明确分成办法，同时实行“两保两挂”“两保一挂”财政政策。此次体制和政策调整不涉及宁波市及其所辖县(市)，自 2003 年 1 月 1 日起实行，期限暂定为 3 年。

(一)收入基数及划分

收入基数以 2002 年市、县(市)财政收入决算为基础，经调整上下划收入后确定。上下划收入以该项收入 2002 年实际缴库数为基数，并据此调整市、县(市)上交省财政的数额或省财政对市、县(市)的补助数额。

1.中央收入按原规定不变。

2.省级收入为：全省电力企业(不包括市县及以下单位开办的小水电)缴纳的增值税、企业所得税等地方分享部分，全省储蓄存款利息所得税地方分享部分，全省银行及保险、证券等非银行金融企业(不包括交通银行、城市商业银行和城市、农村信用社)缴纳的营业税和企业所得税等地方分享部分，与杭州市实行总额分享的省级收入，跨地区经营、集中缴纳所得税等地方分成部分(市县按投资比例应得的收入分成，年终由省财政结算返还)，省级各项非税收入和各类基金收入。

3.市、县(市)级收入：除规定为中央和省级以外的收入，包括市、县(市)企业增值税、企业所得税、个人所得税地方分享部分，营业税、城市维护建设税、农业税、契税等；市、县(市)各项非税收入和各类基金收入。

(二)收入分成办法

1.固定上交

市、县(市)原体制上交以及分税制增收上交省部分，以 2002 年决算数为基数，作为固定上交。

2. 增量分成

2003 年以后，杭州及其他市、县(市)地方财政收入超过 2002 年收入基数的增量部分，省与市、县(市)实行“二八”分成，即省得 20%，市、县(市)得 80%。继续对少数贫困县和海岛县作适当照顾。

3. 税收返还

上划中央“两税”收入税收返还以及所得税收入税收返还按原定办法执行。

4. 总额分享

原由省直接征收和杭州市代征的省级收入(不包括电力、金融业及跨地区经营、集中缴纳企业的增值税、营业税、所得税和储蓄存款利息所得税地方分享部分，各项非税收入和各类基金收入)，并入杭州市，全部由杭州市税务部门组织征收管理，省与杭州市根据 2002 年各自所占的收入份额，按比例实行收入总额分享。

(三)“两保两挂”“两保一挂”政策

1. “两保两挂”补助和奖励政策

将原“两保两挂”补助和奖励、“两保两挂”财源建设技改贴息补助、“三保三挂”城市化专项补助等政策整合归并为“两保两挂”补助和奖励政策，适用范围为原实行“两保两挂”的 30 个市、县(市)。对“两保两挂”市、县(市)在“确保实现当年财政收支平衡、确保完成政府职责任务”的前提下，实行省补助和奖励与其地方财政收入增长、增收额挂钩的办法。具体为：

市、县(市)地方财政收入增长 1%，省补助也相应增长，其中，2003 年增幅为 0.5%，2004 年增幅为 0.4%，2005 年增幅为 0.3%。补助基数为原“两保两挂”财政政策计算的 2002 年补助数，剔除财力性专项增列的补助数。

对市、县(市)按地方财政收入比上年(环比)增收额的一定比例实行奖励。奖励分为发展资金和个人奖励两部分。对丽水、衢州、舟山、金华 4 市按全市地方财政收入增收额挂钩计算，挂钩比例为增收额的 5%，其中，4%部分用于发展资金，1%部分用于个人奖励。对 26 个县(市)按本县(市)地方财政收入增收额挂钩计算，挂钩比例为增收额的 10%，其中，8%部分用于发展资金，2%部分用于个人奖励。

2. “两保一挂”奖励政策

将原“两保两联”技改补助和奖励、“亿元县上台阶”奖励、“三保三联”城市化专项补助等政策整合归并为“两保一挂”奖励政策，适用范围为原实行“两保两联”的 33 个市、县(市)。对“两保一挂”市、县(市)在“确保实现当年财政收支平衡、确保完成政府职责任务”的前提下，实行省奖励与其地方财政收入增收额挂钩的办法。具体为：

对市、县(市)按地方财政收入比上年(环比)增收额的一定比例实行奖励。省奖励分为发展资金和个人奖励两部分。对杭州、温州、嘉兴、湖州、绍兴、台州 6 市按全市地方财政收入增收额挂钩计算，挂钩比例为增收额的 5%，其中，4.5%部分用于发展资金，0.5%部分用于个人奖励。对 27 个县(市)按本县(市)地方财政收入增收额挂钩计算，挂钩比例为增收额的 5%，其中，4%部分用于发展资金，1%部分用于个人奖励。

3.固定补助

为规范体制结算、简化手续，从2003年起，将税务经费、“三代”手续费等原单项结算的体制项目以及2001年财力性专项增列“两保两挂”计算的补助数，以2003年决算数为基数，作为固定补助。

城市维护建设税增收上缴返还补助政策维持不变。

对省财政补助的“两保两挂”和“两保一挂”个人奖励经费，市县(市)要严格掌握，奖励数额不能过高，要统筹安排、注重平衡，瞻前顾后、以丰补歉，同时建立规范的管理和使用办法。

三、进一步明确各级政府的财政支出责任

各地要按照建立公共财政体制的要求，进一步明确政府的财政支出责任，规范财政资金供给范围，努力调整优化支出结构。要稳步推进预算管理改革，通过实行部门预算、国库集中收付和政府采购制度等措施，强化预算管理，提高财政资金使用效率。

“两保两挂”“两保一挂”财政政策实施后，所有市、县(市)都要着眼于“确保完成政府职责任务”，区别轻重缓急，合理确定财政支出顺序。要切实保证国家规定的机关事业单位工作人员工资的发放，切实保证基本养老、基本医疗、失业等社会保险费和最低生活保障费的支出，切实保证新型农村合作医疗、城乡困难孤寡老人集中供养、贫困家庭子女就学等方面的财政开支，切实保证农村税费改革后不增加农民负担所必需的政府投入，切实保证公共卫生、义务教育、生态保护等建设资金。“两保两挂”“两保一挂”政策给予市、县(市)的补助和发展资金，要首先用于弥补上述领域的资金缺口。由省财政厅研究制定具体办法。在考核时，凡省委、省政府明文要求各地承担的职责任务，要严格按规定执行；对省与市、县(市)签订责任书的，按责任书有关财政责任条款考核。

完善地方财政体制是一项涉及利益格局调整的重大改革，各级政府和各有关部门要加强领导，周密部署，稳健操作，在实践中注重调查研究，及时总结经验，解决存在问题，确保改革有条不紊地进行。

浙江省人民政府关于进一步做好深化农村税费改革工作的通知

(2005年1月25日　浙政发〔2005〕7号)

2002年7月以来，我省全面实行了以“减调改稳”为主要内容的农村税费改革，在各地、各部门的努力下，全省农村税费改革工作全面展开，原有体制下容易加重农民负担的一些制度性障碍逐步消除，基本实现了“减轻、规范、稳定”的预期目标，取得了重要的阶段性成效。但是，随着改革的推进，农村长期累积的一些深层次矛盾和问题逐步暴露，特别是相关配套改革滞后，农民减负的基础还不牢固，需要进一步从制度上认真加以解决。根据《国务院关于做好2004年深化农村税费改革试点工作的通知》(国发〔2004〕21号)精神，下一阶段，我省深化农村税费改革工作要以“三个代表”重要思想为指导，全面贯彻落实科学发展观，按照统筹城乡经济社会发展的要求，坚持“多予、少取、放活”的方针，巩固农村税费改革成果，积极推进各项配套改革，切实改进和加强政府对农村的社会管理和公共服务，实现农村经济社会全面发展。经研究，现将有关事项通知如下：

一、加快推进农业税改革，从2005年起免征农业税

从2005年起，我省全面免征农业税。各市、县(市、区)政府和有关部门要认真制定实施方案，明确配套改革的目标和措施，做好政策宣传和干部培训工作，积极探索，积累经验，确保农业税免征政策全面落实到位。各地要统筹安排好财政预算，明确农业税免征后“三个确保”的经费保障措施，不留缺口。省财政对因免征农业税受到影响的地方收入，将根据各市、县(市、区)政府经济社会发展水平和财政收支状况，给予适当转移支付。

按照“谁聘用，谁解决”的原则，妥善安置好农业税助征人员。各地可以根据乡镇财政财务管理的需要，对部分农业税助征人员进行转岗安置。对于工龄长、年龄大、转岗困难的助征人员，要参照当地同类人员社会保障等有关政策予以妥善安置。

二、逐步取消固定向农民收取的村提留款，加强村级集体经济管理，确保村级组织正常运转

从2005年起，全省逐步取消向农民固定收取的村提留款，建立新的村级组织运转经费来源渠道，村内“一事一议”办法完善为既可筹劳又可筹资。村级组织开支来源采取以集体经济收入为主、村内自筹和财政补助为辅的办法解决。财政补助资金主要用于支付村干部报酬、办公经费以及“五保户”供养等村级组织开支；村内自筹的资金和劳务主要用于兴办村集体公益事业，筹劳筹资必须严格按照“一事一议”、量力而行、事前预算、上限控制、民主决策、民主管理的原则，向村民筹集。农业综合开发中需要农民筹资筹劳的，应纳入村内“一事一议”范畴，实行专项管理，其筹资筹劳的程序和标准严格按照国务院有关规定执行。

要进一步加强村集体经济和资产的管理。村级集体资金要建立收支预决算制度，实行增收和节支并举。要从严控制非生产性开支，以收定支。对规模偏小、实力偏弱的行政村，在经村民大会或村民代表会议同意的前提下，可以通过并村，减轻村民负担，实现增收节支。提倡村两委成员相互交叉兼职，从严控制享受补贴的村干部人数。村干部定额补助或误工补贴标准，要根据当地村级经济发展状况和村民收入水平，结合工作任务由各县(市、区)具体制定。

三、进一步完善农村义务教育办学体制，确保城乡教育协调发展

全面贯彻落实《浙江省人民政府关于进一步加强农村教育工作的决定》(浙政发〔2004〕47号)精神，完善农村义务教育办学体制，建立“以县为主”的财政保障制度，促进城乡教育事业协调均衡发展。县级政府应承担辖区内义务教育的主要财政责任，确保公办中小学和公办幼儿园教职工人员经费、公用经费、校舍维修改造建设经费全额纳入财政预算，并力求做到逐年有所增长。进一步完善农村中小学教师工资县级财政统发制度，所需经费由财政承担。合理制定中小学生均公用经费定额标准，并切实保证公用经费到位。优化农村中小学布局调整规划，提高办学规模和效益。多渠道筹措农村九年制义务教育经费，加强学校建设，使农村中小学基本达到国家和省规定的办学标准。加紧实施农村中小学现代远程教育工程，扩大优质教育的覆盖面。严格核定农村中小学教职工编制，统筹城乡教师管理，实施教师资格准入制度，严格新聘教师录用条件，妥善安置富余人员，淘汰不合格教师，节约教育经费。在全面推行义务教育“一费制”的基础上，进一步完善教育收费公示制度，加强收费管理，畅通投诉渠道，严

禁乱收费。

四、进一步完善乡镇财政管理体制

各级政府要进一步调整支出结构，新增支出要向农村倾斜，增加对农村基础设施建设和社会事业的投入，为农村提供更多的公共产品和服务。按照城乡协调发展的要求，继续将原由乡镇统筹费承担的“五项事业支出”纳入县乡财政，打足预算，不留缺口。增加农村卫生、文化、水利、农技推广等投入，保证农村社会事业的正常运转和健康发展。以分税制财政体制为核心，根据“统一领导、分级管理”和“事权、财权相结合”的原则，在合理划分并理顺各级政府事权的前提下，因地制宜，分类确定县乡财政管理体制。对由乡镇改为街道办事处的，一般不再设立一级财政；对经济发达、财政收支规模较大，或者具有明显的集聚和辐射作用的中心镇，应进一步完善财政体制，调动发展经济和组织收入的积极性；对经济欠发达、收支规模小的乡镇，可实行“乡财县管”，由县级财政进行规范管理。

五、继续推进乡镇机构改革

要按照农村税费改革的要求，进一步精简机构和人员，加快乡镇政府职能转变，加强乡镇政府的社会管理和公共服务功能，把乡镇政府现在承担的一些不应由政府承担的事务减下来。严格规范乡镇机构和岗位设置，严格控制领导职数。乡镇党政内设机构一般设置3～5个，少数经济发达、规模较大的乡镇可增加1～2个，具体由市、县(市、区)作进一步的规范。严格核定和控制乡镇行政编制和事业编制，由省实行总量管理。乡镇行政编制应严格按中央和省核定的进行控制，事业编制由省进行重新核定，5年内不得突破。今后乡镇事业编制总量的调整，由县级机构编制部门报上一级机构编制部门审核，省机构编制部门审批。按照事业单位公益性职能和经营性职能分开的原则，整合乡镇事业站所，乡镇政府不再新设自收自支的事业单位。要清退机关、事业单位超编、借调、临时聘用人员。有条件的地方要继续做好撤并乡镇和村组工作。任何地方和部门不得违反法规干预乡镇机构设置和人员配备。要把乡镇编制管理工作列为对县级主要领导干部的考核内容，对不按规定设置机构、超职数配备领导干部、超编制招聘人员的，进行严肃处理。

六、积极稳妥地开展清理化解乡村债务工作

按照“制止新债，摸清底数，明确责任，分类处理，逐年消化”的原则，积极稳妥地开展清理化解乡村债务工作。被个人占用的乡镇和村集体资产要予以收回，已造成损失的要作价赔偿；对乡村债务中的高息部分，应比照同期银行利息依法予以降息；对不应该由乡镇政府和村级组织承担的债务，应从乡村债务中剥离出来，不得摊派给集体和农民；因行政区划变更导致乡镇或村发生新设、合并、撤销等情况的，原有的乡镇或村的债务应由新设乡镇或村承继。

要严格乡财政、村财务和集体资产的管理，完善村级财务会计制度，实行政务、财务公开，有效遏制债务增长势头，防止新的不良债务发生。乡镇政府一律不准直接办企业，不准为企业贷款提供担保和抵押。乡村兴办社会事业要量力而行，量入为出。无收入来源的，一律不得举债兴办公益事业。坚决取消一切要求农民出钱出物出工的达标升级活动，不准搞劳民伤财的“政绩工程”“形象工程”。对脱离实际，盲目上项目搞建设形成不良债务的，要追究乡镇主要领导的责任。

七、建立健全农民负担监督管理机制，防止农民负担反弹

坚持和完善减轻农民负担由党政主要领导负总责的工作制度和部门专项治理的责任制。抓紧制定减轻农民负担工作考核办法，切实把它作为考核、任用地方各级党政干部特别是县、乡镇党政领导干部的一项重要依据。对违反农村税费改革政策、损害农民利益的行为，严肃查处，决不姑息。各级农民负担监督管理机构要切实履行职责，健全农民负担、信访举报、监督检查、案件查处等管理制度。

继续开展农民负担专项治理工作。重点整治农村教育、订阅报刊、用水用电、修建道路、计划生育、农民建房、农民务工经商等方面的乱收费。继续完善涉农税收、收费"公示制"，农村订阅报刊费用"限额制"，农村义务教育收费"一费制"，涉及农民负担案(事)件"责任追究制"，村级财务公开制，委托代理制和专项审计等制度，建立长效管理机制。加强对涉及农民负担的行政事业性收费项目的管理监督，严禁以经营服务性收费为名，变相加重农民负担。

八、加强领导，确保农村税费改革工作顺利进行

各地、各部门要充分认识深化农村税费改革工作的长期性、艰巨性和复杂性，进一步加强对农村税费改革工作的领导。要层层落实农村税费改革工作领导负责制，明确目标任务，强化督促检查，完善工作机制，为改革提供组织保证。各有关部门要按照职责分工，各负其责，相互配合，抓紧制定各项配套改革的指导意见。要加强调研，完善政策，筹集安排好深化农村税费改革的配套资金，加快建立覆盖城乡的公共财政体制，确保农村税费改革工作的顺利进行。

浙江省人民政府关于进一步完善生态补偿机制的若干意见

(2005年8月26日　浙政发〔2005〕44号)

建立和完善生态补偿机制，是推进生态省建设的一项重要措施，是社会主义市场经济条件下有效保护资源环境的重要途径，是统筹区域协调发展的重要方面。近些年来，我省各地各有关部门积极探索实践，已经初步形成一些制度和政策，取得了一定成效。按照生态省建设的战略部署，随着经济社会的发展，生态补偿的力度还要进一步加大，生态补偿机制还要进一步制度化、规范化。为此，提出如下意见，请各地各有关部门认真贯彻落实。

一、指导思想和基本原则

建立和完善生态补偿机制，必须坚持以"三个代表"重要思想为指导，认真落实科学发展观，以推进生态省建设、统筹区域协调发展为主线，以体制创新、政策创新、科技创新和管理创新为动力，不断完善政府对生态补偿的调控手段和政策措施，充分发挥市场机制作用，动员全社会积极参与，逐步建立公平公正、积极有效的生态补偿机制，推动我省走上生产发展、生活富裕、生态良好的文明发展道路。在实际工作中，应当遵循以下原则：

(一)统筹协调，共同发展。按照统筹区域协调发展的要求，依据生态补偿原理，多渠道多形式支持江河水系源头地区、重要生态功能区和欠发达地区经济社会发展，努力实现经济社会发展与生态环境保护的双赢。

(二)公平公正,权责一致。依据生态环境保护标准,逐步建立责权利相一致的规范有效的生态补偿机制。资源环境的利用开发受益者,有责任向提供优良生态环境的地区和人们提供适当的经济利益补偿。因经济社会活动对生态环境造成破坏或污染的,责任主体不仅有责任修复生态环境,而且有责任为此对受损者作出适当的经济赔偿。

(三)循序渐进,先易后难。立足现实,着眼于解决实际问题,因地制宜选择生态补偿模式,不断完善现有各项政策措施,积极推广已有的成功经验,逐步加大补偿力度,由点到线到面,努力实现生态补偿的制度化、规范化。

(四)多方并举,合力推进。既要坚持政府主导,努力增加公共财政对生态补偿的投入,又要积极引导社会各方参与,探索多渠道多形式的生态补偿方式,拓宽生态补偿市场化、社会化运作的路子。

二、建立和完善生态补偿机制的主要途径和措施

(一)在健全公共财政体制、调整优化财政支出结构中,加大财政转移支付中生态补偿的力度。

在省对市、县的财力补助中,加大生态补偿的力度。按照生态功能区建设的要求,制定各地生态环境保护的标准。认真执行《浙江省人民政府关于进一步完善地方财政体制的通知》(浙政发〔2003〕38号)精神,依据生态环境保护标准,在落实"两保两挂"补助和奖励政策、"两保一挂"奖励政策中,将生态环境保护作为各地政府必须确保完成的职责任务,切实强化工作考核。对按时完成环境保护工作任务、达到区域生态环境保护要求的地区,兑现相应的财力补助和奖励;对环保工作任务未能按时完成、区域生态环境不达标的,扣减相应的财力补助和奖励。

按照完善生态补偿机制的要求,进一步调整优化财政支出结构。根据全省经济社会发展和财力增长状况,省级财政逐步增加预算安排,重点支持"生态环境保护和治理""城乡环保基础设施和环境监测监控设施建设""生态公益林建设""千村示范、万村整治""下山脱贫""山海协作""欠发达乡镇奔小康""万里清水河道建设""千万农民饮用水""碧海生态建设"以及水土保持、自然资源保护、城乡环境综合整治等生态补偿效益明显的工作。市、县财政也要加大对生态补偿和生态环境保护的支持力度。这方面资金的安排使用,着重向欠发达地区、重要生态功能区、水系源头地区和自然保护区倾斜,特别是要优先支持生态环境保护作用明显的区域性、流域性重点环保项目。

(二)加强资源费征收使用和管理工作,增强其生态补偿功能。

进一步完善水、土地、矿产、森林、环境等各种资源费的征收使用管理办法,加大各项资源费使用中用于生态补偿的比重,并向欠发达地区、重要生态功能区、水系源头地区和自然保护区倾斜。根据水资源保护开发的实际需要,逐步提高水资源费征收标准,适当加大水资源费省、市两级的集中统筹比例,调整优化水资源费使用结构,加大对重要生态屏障地区、水系源头地区的水环境保护资金投入。认真贯彻落实《国务院办公厅关于推进水价改革促进节约用水保护水资源的通知》(国办发〔2004〕36号)精神,加快推进水价改革,全面开征城镇污水处理费,尽快将污水处理费征收标准调整到合理水平,为城镇污水处理厂保本微利、正常运营创

造条件。加快建立固体废物处置收费制度。进一步规范排污费的征收、使用和管理，确保排污费应收尽收，排污费的使用在确保重点污染源防治资金需要的同时，加大对区域性、流域性污染防治，以及污染防治新技术新工艺开发和应用的资金支持力度。矿业权出让所得资金、地质灾害防治资金在安排使用中，要重点支持矿山生态环境治理，并积极推动矿山生态环境治理与土地整理、复垦造地相结合，实现生态治理与土地资源开发的良性循环。

(三)积极探索区域间生态补偿方式，支持欠发达地区加快发展。

加强规划引导，加大政策、资金、项目等方面的支持力度，充分发挥欠发达地区的后发优势，努力把欠发达地区培育成为我省经济新的增长点。支持欠发达地区加快城乡基础设施建设，加快发展各项社会事业，不断改善经济发展环境。支持欠发达地区特别是重要生态功能区加快转变经济增长方式、调整优化经济结构，大力推行清洁生产，发展循环经济，发展生态环保型产业，积极构建与生态环境保护要求相适应的生产力布局，努力实现区域经济的跨越式发展。深入实施“山海协作”和“欠发达乡镇奔小康”工程，积极推动区域间产业梯度转移和要素合理流动，带动和促进欠发达地区加快发展。

继续支持鼓励异地开发、下山脱贫、生态脱贫、“大岛建小岛迁”等行之有效的生态补偿方式。积极借鉴金磐、景鄞扶贫经济开发区的实践经验，结合环杭州湾、温台沿海、金衢丽高速公路沿线三大产业带规划的实施，继续从体制上、政策上为欠发达地区的异地开发创造有利条件。加大下山脱贫、生态脱贫的政策扶持力度，各级财政要逐年增加下山脱贫资金投入，下山脱贫小区建设中地方收取的有关规费给予全免，所需用地予以重点保证。对移民下山后将原宅基地改为农林用地的，除享受宅基地整理、退宅还耕(林)政策外，各地可根据实际情况，给予搬迁农民一次性经济补偿。支持鼓励开展跨县域的下山脱贫和生态脱贫工作。在实施“大岛建小岛迁”中，对迁出渔民，优先安排宅基地和生产生活用地，当地可根据实际给予一次性经济补偿。深入实施“千万农村劳动力素质培训工程”，加强下山脱贫和生态搬迁农民的转移就业培训工作，积极促进欠发达地区劳务输出，加快欠发达地区农民脱贫致富进程。

(四)加强环境污染整治，逐步健全生态环境破坏责任者经济赔偿制度。

全面实施主要污染物的排放总量控制计划，切实加大超标排放处罚力度，处罚所得资金由各级财政充实环境污染整治专项资金。严格执行跨行政区河流交接断面水质管理制度，导致水质达不到规定标准的责任方政府应采取切实有效措施，限期实现交接断面水质达标。因上游地区排污导致水质不达标，对下游地区造成重大污染的，上游地区应给予下游地区相应的经济赔偿。逐步探索建立其他生态环境因素破坏责任者经济赔偿制度，省有关部门要抓紧研究制定环境污染经济赔偿实施办法。

(五)积极探索市场化生态补偿模式，引导社会各方参与环境保护和生态建设。

充分发挥我省的体制机制优势，积极探索资源使(取)用权、排污权交易等市场化的生态补偿模式。科学编制流域和区域相结合的水资源配置方案，完善水资源有偿使用制度，积极探索建立水资源取(使)用权出让、转让和租赁的交易机制。探索建立区域内水污染物、二氧化硫等空气污染物排放指标有偿分配机制，在排污总量控制和污染源达标排放的前提下，逐步探索推行政府管制下的排污权交易，运用市场机制降低治污成本，提高治污效率。引导鼓励生态环境保护者和受益者之间通过自愿协商实现合理的生态补偿。

积极引导国内外资金投向生态建设、环境保护和资源开发，逐步建立政府引导、市场推进、社会参与的生态补偿和生态建设投融资机制。按照"谁投资、谁受益"的原则，支持鼓励社会资金参与生态建设、环境污染整治的投资、建设和运营。积极探索生态建设、环境污染整治与城乡土地开发相结合的有效途径，在改善环境中提高土地开发效益，在土地开发中积累生态环境保护资金，形成良性循环的机制。积极争取利用国债资金、开发性贷款，以及国际组织和外国政府的贷款或赠款，重点支持水系源头、饮用水源涵养地区、自然保护区、森林和生物多样性保护地区的生态环境保护建设。

三、强化科技和理论支撑，建立健全区域生态环境保护标准体系

逐步探索和建立资源环境价值评价体系，积极开展绿色国民经济核算试点工作。加快建立自然资源和生态环境统计监测指标体系，积极探索定量化的自然资源和生态环境价值评价方法，为建立健全生态补偿机制提供科学依据。各级统计、环保、科技、国土资源、林业、水利等部门要协同配合，依托科研单位、高等院校联合攻关，进一步完善国民经济增长过程代价分析，着手研究资源、环境实物量统计，开展资源耗减、环境损失估价方法等课题的研究工作，积极开展绿色国民经济核算试点工作。自 2005 年起，在规模以上工业统计中引入万元产值主要原材料消耗、万元产值能源消耗、万元产值水资源消耗、万元产值"三废"排放总量等统计指标，以全面评价区域可持续发展状况。

加快建立区域生态环境保护标准体系。完成当地的生态建设和环境保护任务，达到区域生态环境保护标准要求，是给予一个地区生态补偿的基本前提。区域生态环境保护标准包括当地生态保护和建设标准，环境质量标准，生态功能区保护和建设标准，污染控制特别是污染物排放总量控制目标，以及资源保护和开发利用标准等。区域生态环境保护标准必须建立在科学研究、测算和论证的基础上。要抓紧开展钱塘江等重点水系水环境承载力和生态安全指标体系研究，在此基础上，结合生态功能区划编制，建立区域生态环境保护标准体系。区域生态环境保护标准的达标情况纳入地方党政领导班子和领导干部政绩考评体系，纳入生态省建设考评体系。

四、加强组织领导，不断提高生态补偿的综合效益

各地各有关部门要把建立和完善生态补偿机制作为推进生态省建设的一项重要工作，紧密结合本地实际和本部门职能，从政策上、机制上积极探索实践，逐步实现生态补偿的制度化和规范化。要加强部门协调和区域协调，进一步整合资源、完善政策，统筹安排使用补偿资金，切实发挥政策的积极效应，提高资金的使用效益。各级发改、环保、经贸、科技、财政、国土资源、建设、水利、农办、林业、统计、海洋与渔业、物价等部门要各负其责，密切配合，共同推进生态补偿机制的建立和完善。要认真听取社会各方面的意见，充分发挥科研机构和专家学者的积极作用，促进生态补偿决策的民主化、科学化。要积极借鉴国内外在生态补偿方面的成功经验，坚持改革创新，健全政策法规，完善管理体制，拓宽资金渠道，在实践中不断完善生态补偿机制。在实践基础上，按照生态省建设的要求，围绕完善生态补偿机制、加强生态环境保护，积极推进相关领域的地方立法工作。

浙江省人民政府办公厅转发省财政厅等部门关于浙江省财政国库管理制度改革方案的通知

(2005年9月2日 浙政办发〔2005〕71号)

各市、县(市、区)人民政府,省政府直属各单位:

省财政厅、人行杭州中心支行制定的《浙江省财政国库管理制度改革方案》已经省政府同意,现转发给你们,请认真贯彻执行。

浙江省财政国库管理制度改革方案

(省财政厅 中国人民银行杭州中心支行)

为推进我省财政国库管理制度的改革工作,根据国务院同意的《财政部 中国人民银行关于印发〈财政国库管理制度改革试点方案〉的通知》(财库〔2001〕24号)精神,结合浙江实际,制定本方案。

一、财政国库管理制度改革的必要性

随着社会主义市场经济的发展,现行财政资金运作方式已越来越不适应构建公共财政体制的要求,主要体现在:财政资金活动透明度不高,不利于对其实施有效监管;财政收支信息反馈迟缓,难以及时为预算编制、执行分析和宏观调控提供准确依据;在预算单位重复、分散设置的账户上滞留了大量财政资金,造成资金浪费,影响资金使用效率;财政资金使用缺乏有效监督,截留、挤占、挪用等问题时有发生,甚至出现腐败现象。因此,必须加快现行财政国库管理制度改革。

二、财政国库管理制度改革的指导思想和原则

我省财政国库管理制度改革的指导思想是:为进一步加强财政收支监督,提高预算执行水平,根据国家有关法规政策,按照社会主义市场经济体制下公共财政的发展要求,结合我省实际,逐步建立和完善以国库单一账户体系为基础、资金缴拨以国库集中收付为主要形式的财政国库管理制度,更好地发挥财政在宏观调控中的作用。

根据上述指导思想,我省财政国库管理制度改革遵循以下原则:

(一)"一结合、三不变"。实行财政国库集中支付与会计集中核算相结合,不改变预算单位资金使用权限,不改变预算单位财务管理权限,不改变预算单位会计核算权限。

(二)明确职责,规范操作。合理确定财政部门、征收单位、预算单位、中国人民银行国库和代理银行的管理职责,所有财政性收支都按规范的程序在国库单一账户体系内运作。

(三)统筹规划,分步实施。整体设计改革方案,有计划、分步骤地推进改革,不断扩大改革的范围和内容,逐步实现改革目标。

(四)强化监督,提高效率。增强财政收支活动的透明度,将收入缴库和支出拨付的全过程都置于有效的监管之下。减少资金拨付环节,使预算单位的用款更加及时便利。

三、财政国库管理制度改革的主要内容

我省财政国库管理制度改革的总体框架为：建立国库单一账户体系，所有财政资金都纳入国库单一账户体系管理，收入直接缴入国库或财政专户，支出通过国库单一账户体系支付到商品和劳务供应者或用款单位。

（一）建立国库单一账户体系。

1.财政部门在同级中国人民银行分支行开设国库单一账户，用于记录、核算、反映财政预算内资金和纳入财政预算管理的政府性基金（以下统称预算资金）的收入和支出活动，并用于与财政部门在商业银行开设的零余额账户的支付清算。

2.财政部门在商业银行开设财政专户（包括政府非税收入汇缴专户和预算外资金财政专户），政府非税收入汇缴专户用于非税收入汇缴结算、向国库单一账户和预算外资金财政专户缴款，预算外资金财政专户用于与零余额账户的支付清算。

3.财政部门在商业银行开设零余额账户，用于财政直接支付，并与国库单一账户、预算外资金财政专户进行支付清算。

4.财政部门在商业银行为预算单位开设零余额账户，用于财政授权支付，并与国库单一账户、预算外资金财政专户进行支付清算。

5.在管理上有特殊要求的财政性资金，经同级人民政府或财政部门批准，由财政部门开设特设专户进行管理。

上述账户和专户要与财政部门及其支付执行机构、中国人民银行国库部门和预算单位的会计核算保持一致，相互核对有关账务记录，逐步实现由国库单一账户核算所有财政性资金的收入和支出，并通过在商业银行开设的零余额账户处理日常支付和清算业务。

（二）建立分月用款计划制度。

分月用款计划是支出预算的执行计划，由预算单位依据批准的年度部门预算（预算执行控制数），按照支出预算执行进度分资金性质编制。经财政部门批复的用款计划是办理各项财政资金支付的依据。

预算单位应于每月中旬前将次月的用款计划报财政部门，经批准后执行。基层预算单位分月用款计划需逐级上报，由一级预算单位审核后报财政部门审批。

（三）规范收入收缴程序。

1.收入类型。财政收入按政府收入分类标准进行分类。

2.收缴方式。财政收入的收缴分为直接缴库和集中汇缴。

3.收缴程序。

（1）直接缴库程序。直接缴库的税收收入，由纳税人或税务代理人提出纳税申报，经征收机关审核无误后，由纳税人通过开户银行将税款缴入国库单一账户。直接缴库的非税收入，比照上述程序缴入国库单一账户。

（2）集中汇缴程序。小额零散税收收入，由征收机关于收缴收入的当日汇总缴入国库单一账户；直接缴库以外的非税收入，由征收机关通过政府非税收入汇缴专户缴入国库单一账户或预算外资金财政专户。

4.规范收入退库管理。涉及从国库退库的，依照法律、行政法规有关国库管理的规定执行。

（四）规范支出拨付程序。

1.支出类型。按照政府支出分类标准，财政支出总体上分为购买性支出和转移性支出。根据支付管理的需要，具体分为：

（1）工资支出，指预算单位的工资性支出。

（2）购买支出，指预算单位除工资支出、零星支出之外购买服务、货物、工程项目等支出。

（3）零星支出，指预算单位购买支出中的日常小额部分，除《政府采购品目分类表》所列品目以外的支出，或列入《政府采购品目分类表》的品目，但未达到规定数额的支出。

（4）转移支出，指拨付给预算单位或下级财政部门，未指明具体用途的支出。

2.支付方式。按照不同的支付主体，对不同类型支出分别实行财政直接支付和财政授权支付。

（1）财政直接支付。由财政部门开具支付令，通过国库单一账户体系，直接将财政资金支付到收款人或用款单位账户。实行财政直接支付的支出包括：工资支出、工程采购支出、物品和服务采购支出，以及适宜实行财政直接支付的其他支出。

（2）财政授权支付。预算单位根据财政授权，自行开具支付令，通过国库单一账户体系将资金支付到收款人账户。实行财政授权支付的支出为未纳入财政直接支付管理的购买支出和零星支出。

财政直接支付和财政授权支付的具体支出项目，在财政部门制定的具体实施办法中列出。

3.支付程序。

（1）财政直接支付程序。预算单位依据批复的用款计划，在财政直接支付额度内向财政国库支付执行机构提出支付申请；财政国库支付执行机构根据批复的用款计划及相关要求对支付申请审核无误后，向代理银行发出支付令，并通知人民银行国库部门；代理银行从财政零余额账户向收款人付款后，与国库单一账户、预算外资金财政专户进行清算。

工资性支付涉及的各预算单位人员编制、工资标准、开支数额等，分别由编制部门、人事部门和财政部门核定。

（2）财政授权支付程序。财政国库支付执行机构依据批准的预算单位分月用款计划生成授权支付（清算）额度清单，并在执行月份开始前通知人民银行国库部门和代理银行；预算单位依据批复的用款计划，在授权支付额度内向代理银行开具支付令；代理银行通过预算单位零余额账户向收款人付款或向预算单位支付现金后，与国库单一账户、预算外资金财政专户清算。

四、改革的配套措施

建立现代财政国库管理制度，是一项十分复杂的系统工程。为保证改革的顺利进行，必须做好制度性和操作性的基础工作。

（一）深化预算编制改革。在全面推行部门预算制度的基础上，进一步细化预算编制，使所有财政资金的收付建立在明晰的预算基础上，为顺利实施国库集中收付制度创造条件。

（二）制定配套制度办法。制定财政国库集中支付管理办法、会计核算办法、银行清算办法等一系列制度办法，为改革的顺利实施提供制度保障。

（三）建立现代化的财政管理信息系统和银行支付清算系统。主要包括：预算编制管理信息系统和预算执行管理信息系统，保证财政资金的拨付符合预算安排和支出进度要求；财政收入管理信息系统，监控税收和非税收入征收入库情况；国库现金管理信息系统，及时反映国库收支和平衡状况；国库收支总分类账系统，做到所有收支账目在一个系统中反映；银行支付清算系统，加快财政资金拨付的到账时间，提高资金支付清算的效率。通过建立现代化的财政管理信息系统和银行支付清算系统，为改革的顺利实施提供现代化的技术支撑。

（四）创新和完善会计核算中心运行机制。充分发挥财政国库集中支付和会计集中核算的各自优势，各级会计核算中心承担财政国库支付执行机构职能，具体办理财政直接支付和财政授权支付业务，利用现有操作平台和预算执行管理信息系统网络，实现财政国库集中支付信息和会计核算信息的共享。

省级机关会计核算中心对已纳入会计集中核算的省级预算单位，通过预算执行管理信息系统网络平台归集、整理预算单位的会计核算信息，与支付信息核对，并保留原始凭证"见单审核"的监督措施，以保证会计信息的真实性和完整性，满足对省级预算单位财务监管的需要。预算单位使用统一的会计核算软件进行会计核算，规模小、会计力量不足的预算单位，可以委托会计核算中心继续代理会计核算工作。

（五）完善监督制约机制。加强对财政资金使用的监督，建立健全财政国库支付执行机构的内部监督制约制度，定期对财政国库支付执行机构的相关业务进行内部审计。中国人民银行要加强对代理财政支付清算业务的商业银行的监控，充分发挥中央银行对商业银行办理财政支付清算业务的监管作用。审计部门要结合现代财政国库管理制度的建立，进一步加强对预算执行情况的年度审计检查，促进预算执行部门和单位依法履行职责，确保财政资金安全运行。

五、财政国库管理制度改革的实施步骤和要求

按照财政国库管理制度改革的总体规划和目标，我省改革的实施步骤为：

2005年内省级100家集中核算单位，结合会计集中核算的实际，实行财政国库集中支付；2006年起基层预算单位逐步推行财政国库集中支付。同时，要在总结改革经验的基础上向市县推进。争取"十一五"期间在全省建立和完善以国库单一账户体系为基础、资金缴拨以国库集中收付为主要形式的现代财政国库管理制度。

为确保财政国库管理制度改革顺利进行，应重点抓好以下五个方面的工作：

（一）加强组织领导。财政国库管理制度改革涉及面广，政策性强，情况复杂。搞好这项改革，对加强财政管理监督，提高资金使用效益，从源头上防治腐败，具有重要意义。要统一思想，提高认识，高度重视，切实加强组织领导。各级财政部门、人民银行要精心筹划，周密安排，加大力度，形成合力，促进改革的顺利进行。

（二）规范财政性资金账户管理。财政国库管理制度改革的核心问题是建立健全国库单

一账户体系。围绕建立新的账户体系，要进一步清理预算单位银行账户，建立健全预算单位银行开户财政审批和备案制度，财政部门、人民银行要加强对财政资金的集中统一管理。

（三）择优确定代理银行。代理银行原则上应当通过招投标方式确定，选择服务优良、实力雄厚、设施健全、运行安全、支付网络系统发达的商业银行代理财政支付清算业务。各主管部门应在财政部门确定的代理银行中，选择一家银行作为本部门各预算单位零余额账户的开户银行，并按照就近、方便的原则在其所属分支机构内开户。

（四）严格执行用款计划制度，完善预算单位财务管理。各部门要按照新的要求，建立健全财务管理机构，完善本部门及所属单位的预算管理和财务会计管理。预算单位应当进一步细化部门预算编制，认真测算支出预算执行进度，按照批准的部门预算、财政部门确定的财政直接支付、财政授权支付支出范围，分预算内、外资金编制分月用款计划，实现用款计划的科学化、规范化、制度化，并严格按照用款计划办理各项财政资金的支付，促进加强资金管理，防止违法违纪行为的发生，提高资金使用效率。中国人民银行国库部门要严格按照财政部门批准的用款额度进行资金清算。

（五）切实做好业务培训工作。各级财政部门和人民银行分支机构要切实做好对预算单位、代理银行的业务培训，预算单位、代理银行也要在本部门、本系统内进行业务培训，保证相关业务人员在改革实施前都能够掌握新的业务知识和操作技能。

浙江省地方政府性债务管理实施暂行办法

（2006 年 1 月 15 日　浙政办发〔2006〕6 号）

第一章　总　则

第一条　为了加强政府性债务管理，规范我省各级政府及其所属部门举债和偿还政府性债务的行为，防范和化解政府性债务风险，根据国家有关法律法规和《浙江省人民政府关于加强地方政府性债务管理的通知》（浙政发〔2005〕5 号）精神，制定本办法。

第二条　本办法适用于我省各级政府性债务的举借、使用、偿还和监督管理。

第三条　政府性债务，包括各级政府及其部门向外国政府或国际经济组织借款、申请国债转贷资金、上级财政周转金借款等，或者政府所属单位（含政府设立的各类投融资机构，以下简称单位）以所拥有的资产或权益为抵押申请贷款、发行债券等形成的债务，以及通过政府担保、承诺还款等融资形成的或有债务。

第四条　各级财政部门负责本级政府性债务管理，并对下级政府性债务实施监督管理。

各级投资审批主管部门负责政府性债务项目的立项审批工作。

审计部门依法对政府性债务进行审计监督。

第五条　举借政府性债务应当按照“适度举债、讲求效益、加强管理、规避风险”的总体要求，坚持“权、责、利”和“借、用、还”相统一的原则。

第六条　政府性债务规模应当与本地区国民经济发展和政府财力相适应。

政府性债务必须落实好还款的资金来源。

政府性负债建设项目应当是公益性领域的项目。政府性债务资金用于事关区域整体发展所急需建设，但暂时存在资金缺口的基础设施、公用设施项目。

不得用于经常性支出和竞争性项目建设。

第七条　除法律和国务院另有规定外，地方政府不得发行地方政府债券。

第八条　除按有关规定为使用外国政府贷款或者国际经济组织贷款进行转贷的外，各级政府及其部门、单位不得作政府性债务的担保人，也不得为其他经济组织担保。

第二章　政府性债务计划的编制、审批、执行和统计

第九条　政府性债务收支计划由本级政府性债务收支计划和下级政府性债务收支计划组成。市政府性债务收支计划由市本级政府性债务收支计划和区政府性债务收支计划组成。县(市、区)政府性债务收支计划由县(市、区)本级政府性债务收支计划和乡镇政府性债务收支计划组成。市、县(市、区)本级政府性债务收支计划由各部门、单位政府性债务项目收支计划组成。

第十条　政府各部门、单位举借政府性债务的，必须按照财政部门的要求编制部门(含所属单位，下同)、单位政府性债务项目年度收支计划。

第十一条　政府性债务收支计划包括举借、偿还政府性债务计划和债务余额变动情况，按项目、债务类型反映举借和偿还政府性债务的情况，按债务类型反映偿还债务的资金来源、逾期债务处理等内容。

第十二条　政府性债务项目的资金来源必须报经财政部门审核，由投资审批主管部门批准立项，举债部门、单位将批准立项项目的债务编入政府性债务收支计划。

第十三条　举借政府性债务的部门、单位必须按财政部门的规定，在报送年度财政收支预算时，报送政府性债务项目收支计划及有关资料。

第十四条　乡镇政府举借政府性债务必须经上级财政部门审核，并纳入上级政府性债务收支计划。

第十五条　各级财政部门负责审核、汇总和编制本级政府性债务收支计划，经同级政府常务会议审议批准后执行。

第十六条　政府性债务收支计划经同级政府常务会议审议批准后的一个月内，由财政部门分解、下达有关部门、单位或乡镇。

第十七条　经批准的市(含区)、县(市)政府性债务收支计划须报省财政厅备案。

各市财政部门负责全市政府性债务收支计划的汇总工作，并于每年5月底前上报省财政厅。

第十八条　各地、各部门和单位必须严格执行政府性债务收支计划，未经规定程序，任何部门、单位和个人不得擅自变更。

政府性债务收支计划需要调增或调减，应当按上述规定程序审批。

第十九条　需要上级政府或者上级财政部门转贷、承诺的政府性债务，必须报上级政府

或上级财政部门审批。审批时,应当出具本级政府或同级财政部门作出的还款承诺文件。

第二十条　举借政府性债务的部门和单位每年应当向同级财政部门报送政府性债务统计表,财政部门每年向本级政府和上级财政部门报送年度财政决算报表时,随同报送政府性债务统计表。

第三章　政府性债务的责任主体及其职责

第二十一条　举借政府性债务的部门、单位为政府性债务的责任主体(以下简称债务责任主体)。

第二十二条　债务责任主体按照经批准下达的政府性债务收支计划,在签订借款合同后10天内,应当将借款合同副本抄送同级财政部门备案。

第二十三条　债务责任主体应当严格按照有关规定进行财务管理和会计核算,接受财政、审计等部门的监督,按规定向同级财政部门报送项目财务报告、单位财务报告和偿债计划落实情况等。

第二十四条　债务责任主体应当在政府性债务项目完成决算后10天内,向同级财政部门提交使用政府性债务资金项目终结报告。

审计部门或接受委托的中介机构应当对政府性债务项目资金使用情况进行全面审计。

第二十五条　债务责任主体必须按照借款合同偿还到期的政府性债务。属于转贷的,转贷机构必须按转贷协议履行偿还债务的义务。有担保人的,担保人应当承担偿债连带责任。

第二十六条　债务责任主体的法定代表人发生变更,由审计部门或接受委托的中介机构依法进行审计。新的法定代表人承担组织偿还全部政府性债务的责任。

第二十七条　在使用政府性债务资金项目实施期和还款期,债务责任主体应当按计划筹集偿债资金。

第二十八条　下列资金可以作为债务责任主体偿还政府性债务的来源:

(一)债务建设项目投入使用后的收益;

(二)债务责任主体的自有资金和资产出让收入;

(三)经批准处置的国有资产收入;

(四)财政预算安排的专项偿债资金;

(五)经批准的政府偿债准备金;

(六)债务责任主体的其他收入。

第二十九条　经本级政府批准,需用财政预算资金偿还债务的,同级财政部门应列入年度预算。

第三十条　债务责任主体应当将偿债资金列入财务计划,专户核算、专款专用,不得挤占、挪用。

第三十一条　属于政府转贷的政府性债务,应当通过财政部门逐级向转贷机构偿还。属于政府担保的政府性债务,由债务责任主体直接偿还。

属于政府所属部门、公司以资产或权益抵押而形成的政府性债务,其抵押担保资产或权益收入，在债务未清偿完毕之前，不得挪作他用。

第三十二条　对于不能偿还到期的省财政厅转贷债务、专项借款等，省财政厅实施财政结算扣款。

第四章　政府性债务的预警和监督管理

第三十三条　建立监测政府性债务的指标，主要包括负债率、债务率、偿债率等。

负债率，反映一个地方国民经济状况与政府性债务余额相适应的关系，表明单位地区生产总值所承担的政府性债务情况。即：负债率＝政府性债务余额/地区生产总值，安全线为10%。

债务率，反映一个地方当年可支配财力对政府性债务余额的比例。即：债务率＝政府性债务余额/当年可支配财力，警戒线为100%。

偿债率，反映一个地方当年可支配财力所需支付当年政府性债务本息的比例。即：偿债率＝当年偿还政府性债务本息额/当年可支配财力，警戒线为15%。

第三十四条　可支配财力是指本级政府剔除行政事业单位正常运转经费外的预算内外资金。

政府预算内外资金是指地方一般预算可用财力、纳入预算管理的政府性基金收入、预算外收入等。

地方一般预算可用财力包括地方财政收入、税收返还补助、专项补助、年终结算补助和其他补助，剔除体制增收上解、固定上解和其他上解。

行政事业单位正常运转经费是指除专项经费外的行政事业单位人员支出、公用支出、对个人和家庭补助支出。

第三十五条　政府性债务监测指标按年考核，若3个债务监测指标中有1个指标达到或超出警戒线，则该市、县(市、区)不得再增加新的政府性债务。

第三十六条　为提高偿还政府性债务能力，抵御债务风险，各市、县(市、区)政府要加强对政府性债务项目还贷工作的管理，建立偿还政府性债务准备金(以下简称偿债准备金)。

第三十七条　偿债准备金是用于支付或垫付必须由财政负责偿还的本级政府性债务的专项资金。

各级财政部门负责本级偿债准备金的管理。偿债准备金实行专户核算、专款专用，任何单位和个人不得挤占或挪用。

第三十八条　各地根据本地区的实际情况，确定筹集偿债准备金的数额。每年筹措偿债准备金数额一般为年初政府性债务余额的3%～8%，有条件的地方可适当提高提取比例。偿债准备金的规模最高以需由财政负责偿还的政府性债务余额为限。

第三十九条　政府性债务偿债准备金的主要来源：

(一)财政预算安排的资金；

(二)原财政周转金转入的资金；

(三)政府性债务资金银行存款利息净收入；

（四）逾期还款收取的滞纳金和罚款；

（五）偿债准备金增值收入；

（六）其他可以用于偿还债务的资金。

第四十条　政府性债务偿债准备金的主要用途：

（一）经批准需由本级财政偿还的债务；

（二）偿还因自然灾害等不可抗拒的原因致使债务项目完全丧失还款能力的债务；

（三）临时垫付尚未产生效益的到期项目的债务；

（四）临时垫付下一级政府暂时无力偿还的到期债务；

（五）其他经批准偿还或垫付的债务。

第四十一条　债务责任主体申请偿债准备金偿还政府性债务，必须编入政府性债务收支计划，经同级财政部门审核提出意见，报经政府常务会议批准后按规定程序办理。

申请偿债准备金临时垫付偿还政府性债务，要与财政部门签订借款协议，明确还款计划。

第四十二条　债务责任主体每年应当向同级财政部门报送政府性债务资金使用报告，财政部门每年向本级政府和上级财政部门报送政府性债务资金使用报告。

第四十三条　各级政府及其所属部门的政府性债务情况应当列入领导干部经济责任审计范围，其结果作为领导干部的考核内容。

第四十四条　省有关部门应根据浙政发〔2005〕5 号文件确定的有关指标对市（含区）、县（市）政府进行考核或审计评价。

第五章　行政责任

第四十五条　债务责任主体及其工作人员有下列行为之一的，责令改正，调整有关会计账目，追回被挪用、骗取的有关资金，没收违法所得。对部门、单位给予警告或者通报批评。对直接负责的主管人员和其他直接责任人员给予降级处分；情节较严重的，给予撤职处分；情节严重的，给予开除处分：

（一）以虚报、冒领等手段骗取政府及其所属部门、单位举借资金或者担保的外国政府贷款、国际经济组织贷款；

（二）滞留政府及其所属部门、单位举借资金或者担保的外国政府贷款、国际经济组织贷款；

（三）截留、挪用政府及其所属部门、单位举借资金、担保资产或者担保的外国政府贷款、国际经济组织贷款；

（四）违反本办法规定，瞒报、少报政府性债务规模的；

（五）其他违反规定使用、骗取政府及其所属部门、单位举借资金或者担保的外国政府贷款、国际经济组织贷款的行为。

第四十六条　根据《财政违法行为处罚处分条例》第十条规定，国家机关及其工作人员违反《中华人民共和国担保法》及国家有关规定，擅自提供担保的，责令改正，没收违法所得。对部门、单位给予警告或者通报批评。对直接负责的主管人员和其他直接责任人员给予警告、记过或者记大过处分;造成损失的,给予降级或者撤职处分;造成重大损失的,给予开除处分。

第四十七条　有关部门或单位直接负责的主管人员和其他直接责任人员有下列行为之一的,应当责令其限期改正,并依法追究其行政责任:

(一)违反本办法第十四条、第十五条、第十八条规定批准政府性债务收支计划的;

(二)违反本办法第四十二条规定作假、虚报政府性债务资金使用报告的;

(三)违反本办法第二十九条、第四十一条有关拨付财政预算资金、偿债准备金规定的;

(四)其他违法行为。

第四十八条　上级领导强令或者授意有关部门、单位违反本办法的规定程序,或者违法干预举借政府性债务决策的,根据干部管理权限由行政监察机关依法追究其行政责任。

第四十九条　违反本办法规定,构成犯罪的,依法追究刑事责任。

第六章　附　则

第五十条　外国政府贷款、国际经济组织贷款的管理,按省财政厅有关外债管理规定执行,但须纳入地方政府性债务收支计划。

第五十一条　本办法由省财政厅负责解释。各地可根据实际情况制定补充规定,并报送省财政厅备案。

第五十二条　本办法自发文之日起施行。

浙江省人民政府关于全面进行农村综合改革的通知

(2006年4月7日　浙政发〔2006〕21号)

各市、县(市、区)人民政府,省政府直属各单位:

我省全面开展农村税费改革以来,按照“多予、少取、放活”的方针,取消了专门面向农民征收的各种税费,取得了重大阶段性成果。为巩固和发展农村税费改革成果,推进社会主义新农村建设,根据党的十六届五中全会和中共中央、国务院《关于推进社会主义新农村建设的若干意见》(中发〔2006〕1号)精神,现将全面进行农村综合改革的有关事项通知如下。

一、农村综合改革的指导思想和基本原则

我省农村综合改革的指导思想是:以邓小平理论和“三个代表”重要思想为指导,以科学发展观为统领,以建设社会主义新农村为目标,突出体制机制创新,加快建立精干高效的基层行政管理体制和覆盖城乡的公共财政制度,着力探索新形势下农村工作新机制新方法,努力化解影响农村稳定发展的深层次矛盾和问题,促进农村经济社会全面进步,加快推进全面小康社会建设。

我省农村综合改革的基本原则是:坚持因地制宜,有组织、有步骤抓好各项工作;坚持开拓创新,促进农村管理体制和工作机制有新突破;坚持服务为先,努力在服务“三农”上有新进展;坚持统筹兼顾,确保农民负担不反弹、乡镇机构编制人员只减不增、农村经济发展和社会稳定。

二、农村综合改革的主要内容

我省农村综合改革的主要内容是“三改革、一化解、一建立”，即深化乡镇机构、农村义务教育管理体制、县乡财政管理体制改革，控制化解乡村债务，建立村级组织运转保障机制。

(一)积极稳妥地推进乡镇机构改革。围绕建设社会主义新农村，按照强化公共服务、严格依法办事和提高行政效率的要求，切实转变乡镇政府职能，加强农村社会管理和公共服务，建立行为规范、运转协调、公正透明、廉洁高效的乡镇行政管理体制和运行机制。

1.明确乡镇职能定位。乡镇是国家政权的基础，承担着促进经济发展、加强社会管理、搞好公共服务、维护社会稳定的重大任务。其主要职能是，贯彻落实党的路线方针政策和国家法律法规，加强农村党组织建设和基层政权建设，巩固党在农村的执政基础；负责拟订本行政区域经济社会发展和村镇建设等规划，组织农村基础设施和各项公益事业建设，改善经济社会发展和人民生活环境；指导农村经济发展，推进农村经济结构调整和增长方式转变，组织引导农村富余劳动力转移，促进农民增收；抓好基础教育、科技、文化、卫生、体育、人口和计划生育等工作，做好民政事务、救灾救助、就业培训、社会保障、劳动关系协调和新型合作医疗实施等工作，加强农村精神文明建设，促进农村社会事业发展；推进基层民主法制建设，指导村(居)民委员会工作，维护群众合法权益；加强社会治安综合治理，强化信访、调解工作，化解农村社会矛盾，维护农村社会和谐稳定。

2.精简机构和人员。乡镇机构设置要本着精简统一效能的原则，围绕职能定位，统筹考虑，优化整合，综合设置。要根据乡镇规模、经济社会发展水平和财政承受能力等实际情况，综合设置若干个内设机构。精简乡镇领导职数，提倡党政领导班子成员交叉任职，增强领导班子整体效能。乡镇党政领导班子职数按照乡镇规模大小和工作需要，一般为 7～9 人，人口较多、经济比较发达的可增加 1～2 人，人口相对较少的应减少 1～2 人。对现行乡镇行政总编制进行适度精简，精简比例由各地根据实际确定。乡镇事业单位进行分类改革，原承担的行政管理职能划归乡镇行政机关，社会公益职能进行整合归并后统一设置若干个事业单位，经营性业务推向市场。乡镇事业单位机构设置要同乡镇党政机构设置统筹考虑，避免交叉重复。

各县(市、区)可根据实际情况，提出对乡镇行政区划作适当调整的建议，使乡镇布局更为合理。根据乡镇党政机关和事业单位的不同情况，对因机构精简和行政区划调整而产生的富余人员，要采取转岗、离岗退养、提前退休、自谋职业等多种途径，妥善分流安置，确保社会稳定。

(二)深化农村义务教育管理体制改革。经过前阶段的改革，我省“以县为主”的农村义务教育管理体制基本建立，经费投入稳步增长。要进一步贯彻落实“在国务院领导下，由地方政府负责、分级管理、以县为主的管理体制”，加大城乡教育资源统筹力度，促进农村教育事业发展。

1.进一步落实农村义务教育“以县为主”管理体制。县级政府是农村义务教育经费投入的责任主体，县级以上各级政府的财政要更多地承担起责任，进一步加大投入，完善经费保障机制。省级财政通过增加转移支付，增强欠发达地区义务教育经费的保障能力。县级财政要增加对义务教育的投入，逐步将农村义务教育全面纳入公共财政保障范围，县级教育主管部门编制本部门预算时要向农村倾斜。乡镇政府要承担相应的责任，努力改善农村中小学办学条件。各级政府要认真落实中央关于新增教育经费主要用于农村的要求，在确保农村义务教育投入的同时，增加对职业教育、农民培训和扫盲教育的经费投入。

2.加大教育资源统筹力度，积极推进城乡教育均衡发展。按照“高中阶段学校向县城集中，初中向中心镇集中，中心小学向乡镇所在地集中”的原则，进一步完善中小学布局调整规划。扩大优质教育资源的覆盖面，促进城乡师资力量均衡配置，鼓励城镇教师向农村学校流动。巩固提高九年义务教育，扩大和普及十五年教育，2006年秋季入学起，全省城乡义务教育阶段学生免收学杂费。进一步完善资助家庭困难学生的政策，继续抓好农村教育“四项工程”，对农村家庭经济困难学生在免收学杂费的基础上，继续享受免收课本作业本费、住宿费和免费提供爱心营养餐。深化教师人事制度改革，加强农村中小学编制管理，努力提高农村教育水平。根据农村发展实际和农村教育发展需要，深化农村教育教学方法改革，加强新课程实验，全面推进素质教育，实行多样、灵活、开放的办学模式和培训方式，切实培养能真正服务于农村的各类人才。

（三）深化县乡财政管理体制改革。按照建立公共财政框架目标和事权与财权相对应的要求，立足乡镇职能定位，进一步完善县对乡镇财政管理体制。根据乡镇经济发展水平、税源基础、财政收支规模等，合理划分乡镇类型，区别对待，分类指导。由乡镇改为街道办事处的，原则上作为派出机构，实行部门预算管理；经济发达、财政收入规模较大、具有集聚和辐射作用的中心镇，进一步完善县乡财政管理体制，赋予相应的责权利；欠发达乡镇或财政收支规模较小的乡镇，可推行“乡财乡用县管”的财政管理方式，进一步明确双方的责任和义务。鼓励乡镇培植财源，增加分成，规范乡镇财政的支出项目和支出范围，提高依法理财、科学理财的能力。增加对困难乡镇财政转移支付，保证乡镇必需的公共支出和必要的正常运转经费，不断增强乡镇为民办事的实力。

（四）加强乡村两级债务管理。乡村债务是长期积累形成的，是当前农村经济工作中的难点问题，也是影响农村社会稳定的一大隐患。要加强乡村债务管理，坚决制止新债，逐步化解旧债。

1.认真开展债务核查，摸清债权债务底数。在分清债务性质的基础上，制定相关政策，按照区别对待、分类化解的原则，落实偿债责任和计划。省、市、县各级财政都要制定化解和控制乡镇债务的具体政策措施。

2.坚决制止发生新的债务。按照《国务院关于2005年深化农村税费改革试点工作的通知》（国发〔2005〕24号）、《国务院办公厅关于坚决制止发生新的乡村债务有关问题的通知》（国办发〔2005〕39号）、《浙江省人民政府关于加强地方政府性债务管理的通知》（浙政发〔2005〕5号）和《浙江省人民政府办公厅关于印发浙江省地方政府性债务管理实施暂行办法的通知》（浙政办发〔2006〕6号）精神，制定严格控制新债的政策规定。对违反规定造成新的债务的责任人，要依法依纪处理。

3.稳步推进村级债务化解工作。村级债务历史形成的多，化解难度大，必须下大决心加快化解。各级政府要坚决制止发生新的村级债务，各部门安排的涉及村级基础设施建设和农业生产开发项目，必须足额安排资金，不得留有缺口，不得要求村级组织安排项目配套资金。建立健全村级债务动态监控机制、村级财务管理制度和新增债务责任追究制，加强对村级债务的监督管理。

（五）建立村级组织运转保障机制。进一步加大政府支持村级组织的力度，扶持发展村级集体经济，引导农民参与农村生产公益事业建设，确保村级组织正常运转和农村生产公益事业不断发展。

1.建立财政扶持村级组织运转的补助办法。各级政府都要建立财政专项补助制度，保障村级组织正常运转的必要开支。省里重点对村集体经济年收入低于1万元的薄弱村进行补助。各市、县（市、区）要结合实际，制定具体办法措施，加大对村级组织运转经费补助力度。

2.推进村级组织规范化建设。认真贯彻落实《浙江省村级组织工作规则（试行）》，规范村级组织的议事决策程序、运行规则和村级事务的民主管理、民主监督，促进村级组织运行规范化、村民自治法制化和民主监督程序化，健全和完善村党组织领导的充满活力的村民自治机制。进一步完善村务公开和民主议事制度，规范村务公开的内容、方式和程序。完善村级会计委托代理制，加强村级财务管理。严格依法加强村集体资产、建设工程、经济合同等的管理。

3.完善"一事一议"制度。规范村级生产公益事业投入机制，完善农村兴办集体生产公益事业筹资筹劳"一事一议"制度，充分发挥农民群众投入主体的作用。村范围内进行的小型农田水利基本建设、道路桥梁修建、环境卫生改善、植树造林等集体生产公益事业，除财政给予适当补助外，遵循村民自愿、统筹规划、量力而行、共同受益、民主管理的原则，严格按照民主议事程序，在村内可实行"一事一议"筹资筹劳，确保农民负担不反弹。

三、农村综合改革的工作安排

我省农村综合改革工作在今年内分三个阶段进行。

（一）宣传发动阶段（3月至6月）。部署全省农村综合改革工作，制定农村综合改革政策，开展新闻宣传活动，统一思想，提高认识，营造氛围。

（二）组织实施阶段（7月至10月）。因地制宜制定农村综合改革方案，全面推进乡镇机构改革、农村义务教育管理体制改革、乡镇财政管理体制改革，建立乡村债务控制化解机制和村级组织运转保障机制，基本完成农村综合改革各项任务。

（三）检查总结阶段（11月至12月）。监督检查农村综合改革工作进展情况，认真总结农村综合改革的阶段性成果，进一步完善政策措施，形成比较完整、规范的各项制度措施，建立巩固改革成果的长效机制。

四、农村综合改革的具体要求

（一）加强领导。各地要在农村税费改革领导小组的基础上，充实领导力量，建立健全党政一把手亲自抓、负总责的领导小组，形成一级抓一级的农村综合改革责任制度。抽调精兵强将，充实农村综合改革办公室力量，落实专项经费，确保工作正常开展。各部门要自觉服从农村综合改革的总体安排，充分发挥职能作用，集中精力，各司其职，全力以赴做好工作。

（二）精心组织。农村综合改革工作是一项复杂的系统工程，各级党委、政府要切实履行职责，通盘考虑，精心组织，周密部署，稳步实施。各地、各部门要深入实际，调查研究，制定符合当地实际的实施方案和政策措施，及时研究解决农村综合改革工作中出现的新情况和新问题，确保改革顺利进行。

（三）规范运作。坚持依法行政，严格按程序办事。坚定不移地执行各项改革政策，确保改革的严肃性。遵循公开、公平、公正的原则，积极稳妥地做好干部竞争上岗和富余人员分流工作。

浙江省人民政府关于完善省对市县财政体制的通知

（2008年9月23日　浙政发〔2008〕54号）

各市、县（市、区）人民政府，省政府直属各单位：

1995年以来，我省实施以“两保两挂”为主要内容的省对市县财政体制，调动了各地发展经济、培植财源、增收节支的积极性，有力推进了全省经济社会和财政事业又好又快发展。但是，随着经济快速发展和社会不断进步，我省财政体制面临着一些新情况、新问题，有必要对现行财政体制进行调整和完善。根据中央的要求和我省的实际，现就完善省对市县财政体制有关问题通知如下。

一、完善地方财政体制的总体要求和基本原则

我省完善地方财政体制的总体要求是：坚持以邓小平理论和“三个代表”重要思想为指导，以科学发展观为统领，围绕全面建设惠及全省人民的小康社会，按照实施“创业富民、创新强省”总战略和“全面小康六大行动计划”的部署，着眼于建立适合浙江经济社会发展的财政体制，根据“一要吃饭、二要建设、三要有所积累、四要增强宏观调控能力”的原则，充分调动省和市县两个积极性，充分发挥财政体制对经济转型升级和民生改善的杠杆作用，以此增强发展的稳定性、协调性、均衡性和普惠性，推动全省经济社会平稳健康可持续发展。

我省完善地方财政体制的基本原则是：一是明确责任，健全机制。进一步明确各级政府的管理职责和支出责任，努力实现权责利相结合、财力与事权相匹配；健全财政运行的激励与约束机制，充分发挥各级政府依法理财、自求平衡的积极性。二是积极稳妥，重点推进。在维持现行财政体制总体框架前提下，大稳定小调整，充分兼顾省与市县的利益关系，加大对财政困难县的支持力度。三是公平合理，简明规范。实施方案力求客观公正、简捷透明，统一规范、便于操作。

二、完善省对市县财政体制的内容

在确定市、县（市）财政收支基数的前提下，结合我省实际，规范省、市县收支范围和收入分成办法，完善“两保两挂”“两保一挂”财政政策和省对市县财政奖励政策，健全和完善省对市县转移支付制度。

（一）财政收支划分及基数确定。

1.收入范围。

中央级收入：关税、海关代征消费税和增值税，消费税、增值税75%部分、企业所得税

60%部分、个人所得税60%部分，铁道运输、国家邮政、各银行总行、各保险总公司等集中交纳的税收，中石化、中石油企业所得税，海洋石油资源税，证券交易税97%部分等。

省级收入：全省电力企业〔包括电力生产、供应业企业，不包括装机五万千瓦以下（不含五万千瓦）的小水电，热电，风力、潮汐、垃圾和柴油发电〕缴纳的增值税25%部分、企业所得税40%部分，全省储蓄存款利息个人所得税40%部分，全省银行及保险、证券、典当、担保、租赁、信托等非银行金融企业（不包括交通银行，各市县城市商业银行、农村信用社）缴纳的营业税、企业所得税40%部分；浙江移动、沪杭高速浙江段等跨地区经营、集中缴纳所得税等地方分成部分，省级各项非税收入。

市、县（市）级收入：按属地除规定为中央和省级以外的收入，包括企业增值税25%部分、企业所得税40%部分、个人所得税40%部分，营业税、城市维护建设税、房产税、城镇土地使用税、土地增值税、耕地占用税、契税等，市、县（市）各项非税收入。

2. 支出范围。

省级支出：省级一般公共服务、公共安全、教育、科学技术、文化体育与传媒、社会保障和就业、医疗卫生、环境保护、城乡社区事务、农林水事务、交通运输、工业商业金融等事务支出，以及省级其他支出。

市、县（市）级支出：市、县（市）级一般公共服务、公共安全、教育、科学技术、文化体育与传媒、社会保障和就业、医疗卫生、环境保护、城乡社区事务、农林水事务、交通运输、工业商业金融等事务支出，以及市、县（市）级其他支出。

财政收入、财政支出、财力基数以2007年市、县（市）财政收支决算为基础确定。

（二）税收返还收入。上划中央“增值税、消费税”税收返还收入，以2007年为基期年核定。2008年以后，税收返还数额在2007年基数上逐年递增，递增率按市、县（市）当年上划中央“增值税、消费税”收入增长率的1∶0.3系数确定，即市、县（市）当年上划中央“增值税、消费税”收入每增长1%，省对市、县（市）的税收返还增长0.3%。如若2008年以后上划中央“增值税、消费税”收入达不到2007年基数，则相应扣减税收返还数额；低于上年决算数，则按低于额的1∶0.3系数扣减税收返还数额。

上划中央“企业所得税、个人所得税”税收返还收入，以2007年决算为基数核定。如若2008年以后上划中央“企业所得税、个人所得税”收入达不到2007年基数，相应扣减税收返还基数。

（三）收入分成办法。

1. 固定上交。市、县（市）历年按体制上交省的收入，以2007年决算数为基数，作为固定上交。

2. 增量分成。2008年以后，市、县（市）地方财政收入超过2007年收入基数的增量部分，省与市、县（市）实行“二八”分成，即省得20%，市、县（市）得80%。

2008年以后，市、县（市）上划中央“增值税、消费税”应返还收入比2007年返还基数的增加额，省与市、县（市）实行“二八”分成，即省得20%，市、县（市）得80%。

继续对少数民族县、少数欠发达地区和海岛地区作适当照顾。

3.总额分享。省与杭州市收入总额分享办法按原规定执行。

(四)完善“两保两挂”“两保一挂”财政政策,建立分类分档激励奖补机制。将“两保两挂”“两保一挂”统一调整为“分类分档激励奖补机制”。“分类分档激励奖补机制”将全省各市县分为两大类,一类是欠发达地区(含部分海岛地区,少数困难市、县,下同),实施三档激励补助政策、两档激励奖励政策;另一类是发达地区和较发达地区,实施两档激励奖励政策。

1.欠发达地区激励奖补政策。原享受“两保两挂”市、县(市)和平阳县、兰溪市共32个市、县(市),在确保实现当年财政收支平衡、确保完成各项职责任务(重点是教育、卫生、社保等有关全面改善民生、促进社会和谐方面)的前提下,实行省补助与其地方财政收入增长挂钩,奖励与其地方财政收入增收额挂钩的办法。

补助办法是:市、县(市)地方财政收入每增长1%,省补助按一定系数相应增长。32个市、县(市)补助系数分三档:第一档为文成等6个县,补助挂钩系数为0.4;第二档为淳安等20个市、县(市),补助挂钩系数为0.3;第三档为三门等6个市、县,补助挂钩系数为0.2(详见附件1)。

奖励办法是:省对32个市、县(市)按地方财政收入当年增收额的一定比例给予奖励。奖励分为发展资金和考核奖励两部分。奖励分两档:第一档为衢州市等4个设区市,按全市地方财政收入增收额挂钩计算,挂钩比例为增收额的5%,其中4%部分用于发展资金,1%部分用于考核奖励;第二档为淳安等28个县(市),按本县(市)地方财政收入增收额挂钩计算,挂钩比例为增收额的10%,其中8%部分用于发展资金,2%部分用于考核奖励(详见附件2)。

2.发达地区和较发达地区激励奖励政策。原实行“两保一挂”财政政策的31个市、县(市),在确保实现当年财政收支平衡、确保完成政府职责任务的前提下,实行省奖励与其地方财政收入增收额挂钩的办法,即对市、县(市)按地方财政收入当年增收额的一定比例给予奖励。奖励分为发展资金和考核奖励两部分。奖励分两档:第一档为杭州市等6个设区市,按全市地方财政收入增收额挂钩计算,挂钩比例为增收额的5%,其中4.5%部分用于发展资金,0.5%部分用于考核奖励;第二档为富阳等25个县(市),按本县(市)地方财政收入增收额挂钩计算,挂钩比例为增收额的5%,其中4%部分用于发展资金,1%部分用于考核奖励(详见附件3)。

上述考核奖励资金用于省委、省政府确定的各项考核奖励,具体办法另行制定。

(五)完善省对市县财政奖励政策。

1.市县营业税增收上交返还奖励政策。为进一步推动经济发展方式转变,促进产业优化升级,大力发展服务产业,更好地建立健全地方财政收入长效增长机制,优化地方财政收入结构,实行省对市县营业税当年增收上交省部分予以返还奖励的财政政策。

2.省级金融保险业营业税增收奖励政策。为改善我省金融保险业投资环境,鼓励市县扶持金融保险业发展,对省级金融保险业营业税增收实行奖励政策:一是省级金融保险业营业税当年增收部分给予市县20%的奖励;二是对当年引进全国性金融保险机构总部(或跨国公司区域性总部)的,给予引进地财政一次性奖励。

3.适当提高新办电力生产企业所在地增值税分成比例。为鼓励和促进电力生产企业发展，适当提高新办电力生产企业(包括享受原政策企业，下同)所在地增值税返还奖励比例。

具体政策是：新办电力生产企业缴纳的电力增值税25％部分，电力生产企业所在市县与省返还奖励比例由“四六”调整为“六四”，即市县得60％，省得40％，市县所得奖励按现行体制规定返还。

(六)完善转移支付制度。

1.加大一般转移支付力度。根据财力状况，逐年增加因素法转移支付和生态环保财力转移支付的力度，逐步提高县乡基本公共支出最低保障水平，增强经济薄弱及相对薄弱市县基本公共服务能力。

2.整合优化专项资金。按照“增量优方向、存量调结构、增量带存量”的原则，合理整合专项资金，优化支出结构，有效解决目前资金项目过多、用途交叉、使用分散和重分配、轻绩效等问题，切实提高资金使用效益。

为简化手续、提高效率，将省对市县按相关人数计算的、具有相对固定性的专项转移支付列作体制固定补助，纳入一般性转移支付。

3.规范专项转移支付类别档次。现行专项转移支付类别较多，标准不一。为使省对市县转移支付更加科学、合理，规范分类分档，统一标准系数，以各市县经济发展、财力状况等因素为依据，将全省市县分为若干类别、档次。

三、进一步明确各级政府的财政责任

各地要按照建立公共财政体制的要求，明确政府的财政责任，切实加强社会管理和公共服务职能。要坚持“依法治税、为民理财、务实创新、廉洁高效”的理念，牢固树立政治意识、经济意识、法治意识、创新意识、服务意识、风险意识，不断推进经济发展方式转变，优化财政收入结构；进一步规范财政资金供给范围，努力调整优化支出结构，合理确定财政支出顺序，重点保障农业、教育、科技、公共卫生、就业和社会保障、环境保护等以改善民生为重点的社会建设；继续深化财税管理改革，完善财税运行机制，健全和完善部门预算、国库集中收付、政府采购制度和绩效评价等措施，强化预算管理，提高财政资金使用效率。

各级政府和各有关部门要统一思想认识，加强领导，周密部署，在实践中注重调查研究，及时总结经验，解决存在问题，确保改革有条不紊地进行。

这次体制调整不涉及宁波市及其所辖县(市)。

本通知自2008年1月1日起实行。

附件：1.欠发达地区补助系数分档(略——编者)

2.欠发达地区奖励分档(略——编者)

3.发达地区和较发达地区奖励分档(略——编者)

浙江省政府非税收入管理条例

（2010年12月16日浙江省第十一届人民代表大会
常务委员会第二十二次会议通过）

为加快推进“收入一个笼子、预算一个盘子、支出一个口子”（以下简称“三个子”）公共财政管理改革，进一步深化财政科学化、精细化管理，现提出以下意见：

一、指导思想和基本原则

（一）指导思想。以邓小平理论和“三个代表”重要思想为指导，全面贯彻落实科学发展观，深入实施“八八战略”和“创业富民、创新强省”总战略，坚持“依法治税、为民理财、务实创新、廉洁高效”总体工作思路，按照“科学、规范、公平、透明、有效”的预算管理目标和科学化、精细化管理的要求，积极推进预算编制、执行、监督“三位一体”的组织体系改革，健全完整统一的预算管理体系，发挥财税支撑、保障和引导功能，推动财税自身发展方式转变，增强政府宏观调控能力，优化政府财力资源配置，提高财政资金使用效益，实现财税持续、平稳、健康发展。

（二）基本原则。一是统一性与灵活性相结合。既要遵循“三个子”公共财政管理基本要求，又要因地制宜，探索适合本地情况的管理方式。二是把握全局与突破重点相结合。既要注重做好“三个子”公共财政管理各项改革协调推进，又要寻找改革突破口，重点推进。三是积极推进与稳步实施相结合。既要按照改革总体要求，加快改革步伐，又要把握好改革的节奏和力度，稳妥推进。

二、目标任务

一是“收入一个笼子”。所有政府性收入“一个笼子”进，包括一般预算收入、基金预算收入，也包括国资经营收入、社会保险基金收入、政府性债务收入，以及其他政府性收入等，全额纳入财政管理。

二是“预算一个盘子”。所有政府性资金“一个盘子”用，严格“收支两条线”管理，将纳入财政管理的政府性资金进行统筹安排、综合平衡，形成一个完整、细化、统一、高效、有约束力的政府预算体系。

三是“支出一个口子”。所有纳入预算盘子的支出“一个口子”出，对预算中不同支出类型的政府性资金分别实行财政直接支付和财政授权支付，加强资金使用的监督，提高资金使用效率。

三、主要措施

（一）按照“收入一个笼子”要求，继续深化“收支两条线”管理制度。

一是规范政府非税收入预算管理。各级国家机关、事业单位、代行政府职能的社会团体以及其他组织，依法利用国家权力、国家信誉、国有资源、国有资产，或者提供特定公共服务、准公共服务，征收、收取、提取、募集（以下统称征收）并用于满足社会公共需要、准公共需要的各项政府非税收入须上缴财政，实行收支两条线管理。各执收单位的支出按照部门预算的统一标准和要求进行核定。

二是严格政府非税收入征收管理。各执收单位要严格执行各项政府非税征收管理制度，按照规定的政府非税收入项目、标准、范围组织征收，确保政府非税收入应收尽收；未经权限部门批准，不得擅自设立政府非税收入项目、调整征收标准、扩大或缩小征收范围，不得擅自减征、免征、缓征政府非税收入。各执收单位根据预算编制要求编报政府非税收入计划，按规定程序批准后执行。各执收单位要建立内控机制，制定切实可行的制约措施和监督考核办法，防止出现因收支脱钩可能产生的非税收入非正常减少。财政部门要建立对各执收单位的政府非税收入年度征收计划执行情况的考核评价制度。

三是完善银行账户管理。以清理和规范预算单位的银行账户为突破口，进一步加强收入账户管理，取消各执收单位以各种形式设立的收入过渡账户，确保各项政府非税收入及时足额上缴财政。严禁将征收的政府非税收入缴入财政部门指定的政府非税收入账户以外的账户，坚决杜绝截留和挪用政府非税收入、设置“小金库”等情况的发生。建立和完善账户管理年审制度。

(二)按照“预算一个盘子”要求，建立“全口径”的政府预算体系。

一是建立“全口径”的政府预算体系。建立由政府公共预算、政府性基金预算、国有资本经营预算、社会保障预算以及政府性债务计划组成，有机衔接的政府预算体系，全面反映政府收支总量、结构和管理活动。政府公共预算要支持社会保障预算，根据经济社会发展和政府宏观调控的需要，加大对政府性基金预算和国有资本经营预算的统筹调配力度，通过预算编制形成资金合力。国有资本经营预算应安排部分收入用于政府公共预算和弥补社会保障支出。社会保障预算中，先单独编制社会保险基金预算，待条件成熟时，逐步过渡到编制社会保障预算。统一政府性债务管理，编制政府性债务计划，逐步把地方政府性债务纳入预算管理。各级政府要抓紧制订和完善各类预算编制计划，市、县(市)政府要试编或编制 2011 年政府各类预算。

二是建立预算编制科学化、精细化管理机制。按照预算编制原则将所有政府性收支纳入部门预算管理，将财政预算拨款、专户收入和事业收入等政府性资金进行统筹安排、综合平衡，加强预算管理。进一步完善预算定额体系，建立健全预算支出费用标准体系和资产配置标准体系。全面编制政府采购预算。建立预算安排与预算执行率挂钩新机制。部门预算要按基本支出和项目支出预算编制，细化到“项”级功能科目和“款”级经济科目。

三是进一步调整优化财政支出结构。按“增量优方向，存量调结构，增量带存量”要求，整合各种政府资源，加大对专项资金清理和整合力度，加强部门预算历年结余资金的清理和统筹，增加对公共服务领域的投入，重点加大农业、教育、科技、文化、社会保障、医疗卫生等民生方面的投入力度。进一步完善财政转移支付方式改革，逐步增强欠发达地区提供基本公共服务的能力。

(三)按照“支出一个口子”，建立以“国库单一账户体系”为基础的国库集中收付制度。

一是深化国库集中支付制度改革。建立和完善动态监控体系，严格预算执行，规范财政支出。稳步推进国库集中支付改革，2012 年各级政府将所有财政性资金全部纳入“国库单一账户体系”运行管理，各级预算单位全面实行财政国库集中支付制度，财政性专项资金账户按照“归口统一管理，严格按程序开设专户，同类专户归并，慎重选择开户银行”的原则，进行集中统一核算管理。稳步推进公务卡制度改革，各地要按照中央和省的工作部署，制定具体实施步骤，2010 年在省、市预算单位全面推行公务卡制度，2012 年在全省预算单位全面推行公务卡制度。扎实推进财税库银横向联网改革，2012 年在全省范围内推进财税库银税收收入电子缴库横向联网工作的全面实施。

二是建立预算支出执行责任制度。财政部门要牵头做好预算支出执行工作，加快预算批复，督促部门加快支出进度，及时掌握和分析本级和部门预算执行进度和项目绩效情况，定期对部门进行考评通报。部门、单位是部门预算支出执行的责任主体，要把加强预算执行管理作为日常工作重点，加快支出执行进度，提高预算资金使用绩效。

三是加快预算执行进度，提高预算执行的均衡性。省财政提前下达对地方的税收返还、数额相对固定的一般性转移支付和专项转移支付指标，各地要将省财政提前下达的税收返还和转移支付指标全额纳入本级预算，并按照有关规定，组织好预算执行。建立健全限时下达预算制度。加快专项转移支付下达进度，除年终据实结算项目及上级转移支付项目外，要求于 9 月 30 日前办理完毕。完善项目资金预拨制度，履行相关报批程序后，可在同级人大正式批准预算前，按当年预算控制数或预算建议数的一定比例预拨。严格预算追加，强化预算约束，除突发性事项外，部门应在 8 月 31 日前将追加预算的申请报财政部门，财政部门应在 9 月 30 日前办理完毕，超过上述时限，一般不再办理预算追加。加强用款计划管理，严格按照部门预算编制基本支出年度均衡用款计划，并结合项目实施进度编制项目支出用款计划。

(四)大力推进预算绩效管理改革，健全财政监督管理制度。

一是加快完善绩效管理制度体系和组织体系。以民生支出为重点，稳步推进项目绩效目标管理，科学规范实施项目绩效评价，积极探索单位整体支出绩效评价，不断完善第三方参与绩效管理工作机制，逐步建立事前明确目标、事中绩效跟踪、事后实施评价的全过程绩效管理体系。将绩效管理与部门预算有机结合，加强绩效评价结果应用，绩效评价结果应作为预算项目立项和财政资金分配的重要依据。同时，建立健全绩效评价结果反馈整改机制和评价信息报告制度。强化部门单位支出绩效主体责任，将绩效管理工作纳入当地政府对部门的年度目标责任制考核。

二是建立健全覆盖所有政府性资金和财政运行全过程的监督机制。强化事前和事中监督，积极推进监督关口前移，开展部门预算编制抽查、重大专项支出的过程监控。发挥中介机构独立审计监督作用。健全监督通报制度和整改落实情况反馈制度。严格执行《财政违法行为处罚处分条例》，建立健全行政问责制、责任追究机制和信息披露制度。

三是自觉依法接受人大、审计、社会监督。根据《中华人民共和国政府信息公开条例》(国务院令第 492 号)和《国务院办公厅关于施行中华人民共和国政府信息公开条例若干问题的意见》(国办发〔2008〕36 号)的要求，按照财政部《关于进一步做好财政预算信息公开工作的指导意见》(财预〔2010〕31 号)，财政预算在依法接受人大监督的同时，要积极做好预算信息主动公开工作，经同级人民代表大会审批的政府预、决算，各级政府财政部门要主动向社会公开。各部门要按照规定，做好本部门预算、决算信息公开工作，同时认真做好预算信息依申请公开工作。

(五)创新财政预算管理方式,建立与财政"三位一体"改革相适应的组织管理框架。

一是优化流程设计。根据精简程序、理清环节、分清责任、明确标准的要求,健全和优化财政管理工作流程,使预算编制、执行、监督等各个环节既相互分离,又相互制约、制衡。

二是创新组织架构。各地要按公共财政新运行机制的要求,创新组织架构设置,加快推进预算编制、执行、监督"三位一体"组织体系改革,为进一步推进"三个子"公共财政管理改革提供强有力的组织保障。

三是加强人力配备。各地要按新的财政组织架构设置,充实各个环节的人员,优化人员配置,加强专业化人才培养,建立健全全省财政系统预算编制、执行、监督三个环节的专业人才库。坚持以人为本,加强财政干部队伍建设,为推进"三个子"公共财政管理改革提供人力、智力保障。

(六)加强乡镇财政建设,健全和完善乡镇财政体制。

一是深化乡镇财政管理体制改革。各地应按照分税制财政体制的总体要求,合理划分县(市、区)与乡镇的事权,按照财力与事权相匹配的原则,进一步理顺县(市、区)与乡镇的财力分配关系,实现财力适度向基层倾斜,促进乡镇经济社会事业的发展。在保证乡镇政府管理财政的法律主体地位不变、财政资金所有权和使用权不变等前提下,县(市、区)级财政部门要在预算编制、账户设置、集中收付、政府采购、会计核算和票据管理等方面加强对乡镇财政的管理和监督。

二是加强乡镇财政机构和队伍建设。各地要根据社会主义新农村建设的推进、公共财政职能不断加强、财政用于乡镇的资金大幅度增加等新形势,进一步加强乡镇财政机构建设。加强乡镇财政干部队伍建设,各乡镇财政机构需充实力量,配备专职人员,定期组织培训,不断提高乡镇财政干部的政治和业务素质,充分发挥乡镇财政职能,确保乡镇财政监管工作的顺利开展。

三是强化乡镇财政资金监管。各地要建立健全乡镇财政资金监管工作机制,明确监管工作目标,将乡镇所有财政资金纳入监管范围。严格项目资金监管,特别要强化对直接或间接补助到农民的财政资金的监管,提高财政资金使用绩效。同时,加强乡镇本级及村级资金和财务的管理。

四是加强乡镇政府性债务管理。各地要严格执行政府性债务审批制度,坚决制止发生新的不良债务,严格控制乡镇债务规模。要增强政府债务风险防范意识,采取切实有效措施,制定政策,确定目标,努力化解乡镇政府性债务。

(七)加快财政管理信息化建设,强化"三个子"公共财政管理改革技术支撑。

一是加快"金财工程"一体化软件的推广力度。按照"三个子"的公共财政管理改革要求,在不断完善现有一体化软件的基础上,规范市县的业务流程。

二是强化财政数据的挖掘分析,重点建设财政收支分析系统和财政资金监督系统。充分利用财税库银联网和支付管理系统的数据,收集全省企业基本信息、国地税收入信息和支出数据,建立数据分析模型,进一步完善财政收入和支出动态分析系统。

三是加强安全信任体系、运行维护体系和灾难备份体系建设。着力构建我省“金财工程”安全信任体系，积极推进运行维护体系建设，在进一步巩固和完善全省财政系统本地数据备份体系的基础上，着力开展异地容灾体系建设。

四、工作要求

（一）统一思想，加强领导。各地要充分认识“三个子”公共财政管理改革的重要性，并作为实现依法理财、建立现代预算管理制度、推进财政科学化精细化管理的有效途径来抓。要加大宣传力度，加强组织领导，明确任务责任，确保改革顺利推进。

（二）精心组织，扎实推进。根据“三个子”公共财政管理改革总体目标，各地要结合当地改革进展情况，精心设置改革方案，分步实施，加快推进“三个子”公共财政管理改革。

（三）总结经验，不断创新。各地要根据公共财政管理改革的具体要求，及时总结改革过程中的好经验和好做法，不断创新和完善“三个子”公共财政管理模式，推进和完善公共财政管理改革。

大事年表

时　间	大事纪要	资料来源
东汉元初六年（119年）	四月，会稽大疫，朝廷派光禄大夫带太医巡行治病，并赐棺木安葬死者，同时减除口赋。	《后汉书》卷五《安帝本纪》
三国吴天玺元年（276年）	会稽太守车浚因会稽郡旱灾，饥荒严重，上表朝廷赈贷。吴末帝孙皓认为车浚欲树私恩，即派人斩车浚示众。	《三国志》卷四八《吴书三·三嗣主传第三》
南北朝宋大明八年（464年）	正月，孝武帝下诏，因上年十一月起，东诸郡大旱，饥荒，甚者米一升钱数百。三吴尤甚，米有价无籴所，故鼓励货物流通，各地贩卖米粟者可就地征杂税。	《宋书》卷六《孝武帝本纪》
南北朝齐建元元年（479年）	九月，吴郡（会稽钱塘江以西部分）、吴兴郡（今浙江省临安至江苏省宜兴一带）水灾，高帝萧道成诏令"减今年租"。	《南齐书》卷二《高帝本纪》
南北朝齐建元四年（482年）	六月，武帝萧赜即位，诏令吴兴郡遭水害之县，蠲免租调。	《南齐书》卷三《武帝本纪》
唐广德二年（764年）	十一月，代宗诏令免去越州当年一半田租，免去温、台、明三州一年徭役，以安抚民众。	《新唐书》卷六《代宗本纪》
唐兴元元年（784年）	正月，德宗命宰臣萧复宣慰浙江东西部，两浙为全国最富庶之地，镇海军节度使韩滉一次发米百万斛运缴朝廷。	《旧唐书》卷一二《德宗本纪》
	闰十月，德宗诏令："江淮间连岁丰稔，迫于供赋，颇亦伤农，宜令度支于淮南、浙江东西道加价和籴三五十万石，差官搬运，于诸处减价出粜。"	《浙江省财政税务志·大事记》，中华书局2002年版，第16页
唐元和元年（806年）	四月，朝廷调米十万石赈济浙东灾民。	《旧唐书》卷一五上《宪宗本纪》
唐大中元年（847年）	九月，宣宗即位，令扬州等八道州府置榷曲（特许酒户），并置官店沽酒，代百姓纳榷酒钱，并充资助军用，各有榷许限。浙西、浙东、鄂岳三处置官沽酒。如有人私沽酒及置私曲者，但许罪止一身。	《旧唐书》卷四九《食货志下》
五代后梁开平四年（910年）	吴越王钱镠筑捍海石塘，近海耕地不受海潮侵蚀，扩大杭州城，钱塘由是富庶。	《中国财政通史·大事记》，中国财政经济出版社2006年版，第50页

续表1

时　间	大事纪要	资料来源
五代后晋天福二年（937年）	四月，吴越王钱元瓘免除吴越境内当年一半赋税。	〔宋〕林范：《吴越备史》卷二
五代后晋天福六年（941年）	吴越王钱弘佐初即位，免除境内三年赋税。	〔宋〕司马光：《资治通鉴》卷二八二
五代后汉乾祐元年（948—949年）	十一月（948年12月4日—949年1月2日），吴越王钱弘俶下令免除历年赋税尾欠。	〔清〕吴任臣：《十国春秋》卷八一
五代后汉乾祐二年（949年）	十月，吴越王钱弘俶下令招募农民垦荒，不取租税，一时境内无荒田。	〔宋〕林范：《吴越备史》卷四
北宋建隆二年（960年）	九月，吴越国初始榷酒酤（酒类专卖）。	〔清〕吴任臣：《十国春秋》卷八一
北宋太平兴国七年（982—983年）	十二月（982年12月18日—983年1月16日），宋廷免除两浙诸州自太平兴国六年以前欠租及钱弘俶统治期间的无名赋敛。	《宋史》卷四《太宗本纪一》
北宋端拱二年（989年）	是年，设杭州市舶司。	《中国财政通史·大事记》，中国财政经济出版社2006年版，第55页
北宋淳化元年（990年）	诏令两浙官府召游民耕种，准免租税徭役5年。	〔元〕马端临：《文献通考》卷四
北宋咸平二年（999年）	三月，两浙旱情严重，朝廷派官员至两浙诸州，发廪粟赈济饥民，免除其田租。	《宋史》卷六《真宗本纪一》
	十月，两浙大旱，朝廷令官员慰问，根据灾情轻重赈济灾民。又视杭州灾情，诏令免杭州中等户当年丁身银。	〔宋〕李焘：《续资治通鉴长编》卷四五
	杭州、明州（今宁波）各置市舶司，掌管出入港船货征税事宜。	〔宋〕李焘：《续资治通鉴长编》卷四五
北宋大中祥符七年（1014年）	五月，杭州钱塘江潮水溢堤。诏令免除两浙民户夏租及承前倚阁（灾荒时期暂缓缴纳）、赈贷，原拖欠除之。	〔宋〕李焘：《续资治通鉴长编》卷八三
北宋天禧四年（1020年）	九月，杭州州判王钦若奏请两浙权罢和籴①，听商旅人入中②。	〔宋〕李焘：《续资治通鉴长编》卷九六
北宋乾兴元年（1022年）	四月，置杭州清酒务指挥400人，以隶酒官。	〔宋〕李焘：《续资治通鉴长编》卷九八
北宋景祐二年（1035年）	八月，命朝臣为江、浙等路提点坑冶铸钱公事。	《浙江省财政税务志·大事记》，中华书局2002年版，第19页

① 和籴：官府出资向百姓公平购买粮食。
② 入中：指募商人入纳粮草于规定的地点，给予“钞引”，使至京师或他处领取现钱或金银、盐、茶、香药等。

续表 2

时　间	大事纪要	资料来源
北宋皇祐四年（1052 年）	二月，湖州大水成灾，诏蠲湖州百姓所贷官米四方斛。	《浙江省财政税务志·大事记》，中华书局 2002 年版，第 19 页
北宋熙宁二年（1069 年）	七月，王安石行新法，平抑物价以打击大商人，立淮、浙、江、湖六路均输法。规定凡籴买、税敛上供之物，就近、就贱收购，使商贾不得擅自轻重敛散之权。	《宋史》卷一四《神宗本纪一》
北宋熙宁三年（1070 年）	四月，给两浙转运使度僧牒，换米以救饥者，募民入粟。	〔宋〕李焘：《续资治通鉴长编》卷二一〇
北宋熙宁七年（1074 年）	三月，两浙路察访使沈括言："两浙上供帛年额九十八万，民间赔备甚多。后发运司以移用财货为名，增两浙预买绸绢十二万，乞罢之以宽民力。"神宗从之。	〔宋〕李焘：《续资治通鉴长编》卷二五一
北宋熙宁十年（1077 年）	夏秋两税岁入布帛 267.2 万余匹，其中两浙路上供数 98 万匹。	《浙江省财政税务志·大事记》，中华书局 2002 年版，第 20 页
北宋元祐四年（1089 年）	浙西大旱，饥疫并作，杭州知府苏轼上表请求豁免杭州上供米三分之一，又复得度僧牒百，易米以救百姓。	《宋史》卷九六《河渠志六》、卷三三八《苏轼传》
北宋崇宁五年（1106 年）	正月，复置两浙路常平仓。	《宋史》卷二〇《徽宗本纪二》
北宋宣和元年（1119 年）	户部唐恪（钱塘人）统计：上供钱物，两浙路为 4435788 贯匹两，为诸路之首。	〔元〕马端临：《文献通考》卷二三
南宋建炎元年（1127—1128 年）	九月，始行当三大钱（"重宝""通宝""元宝"）于两浙诸路。	〔宋〕李心传：《建炎以来系年要录》卷九
	十月，诏东南诸州县所桩私茶盐矾赏钱，每处各以千缗计。	〔宋〕李心传：《建炎以来系年要录》卷十
	十一月（1127 年 12 月 6 日—1128 年 1 月 3 日），户部尚书黄潜厚请许：淮、浙盐入京东路（开封府的东部），每袋纳借路钱 2000。京东路，旧东北盐地分也，时滨海不通。高宗许之。	《浙江省财政税务志·大事记》，中华书局 2002 年版，第 21 页
南宋建炎二年（1128 年）	九月，诏令以杭州和买①绢偏重，均 12 万匹于浙东西各州。	〔宋〕李心传：《建炎以来系年要录》卷二〇
南宋建炎三年（1129 年）	二月，减婺州上供额罗② 2.8 万匹，著为定制。	《浙江省财政税务志·大事记》，中华书局 2002 年版，第 21 页

① 和买：指朝廷春季贷款给农民，至夏秋时令农民以绢偿还。

② 罗：轻软有稀孔的丝织品。

续表 3

时　间	大事纪要	资料来源
南宋建炎三年(1129 年)	三月,两浙路转运副使王琮上奏:"本路上供和买绸绢,岁为 170 万匹有奇,请每匹折纳钱 2000,计 350 万缗,以助国用。"东南折帛钱自此始。	〔宋〕李心传:《建炎以来系年要录》卷二一
南宋绍兴元年(1131—1132 年)	十二月(1131 年 12 月 22 日—1132 年 1 月 19 日),两浙酒坊于买扑(包税)上添净利钱 5 分,季送户部。	《浙江省财政税务志·大事记》,中华书局 2002 年版,第 22 页
南宋绍兴三年(1133 年)	正月,减淮、浙蚕盐钱。	〔宋〕李心传:《建炎以来系年要录》卷六二
	诏令婺州年额上供罗并权折价钱。自建炎起,诏令减供婺罗数 3 万匹。	《宋史》卷二七《高宗本纪四》
南宋绍兴五年(1135 年)	十月,诏令两浙路转运司"计本路每年当给职租实数,权行收籴一次,每石给省钱 5000 以上,俱用钱偿其值"。	〔宋〕李心传:《建炎以来系年要录》卷九四
南宋绍兴七年(1137 年)	二月,诏令江、浙金银坑冶,召百姓开采,自备物料冶炼,十分为率,官收二分。	《浙江省财政税务志·大事记》,中华书局 2002 年版,第 23 页
南宋绍兴十一年(1141 年)	七月,诏令江、浙折丝帛钱以十分为率,䌷折六分,绢折三分,绵折五分,䌷绢匹 8000 缗,绵每两 500 缗。	〔宋〕李心传:《建炎以来系年要录》卷一四一
南宋绍兴十四年(1144 年)	七月,诏令免除浙西贫民拖欠的丁盐钱。	《浙江省财政税务志·大事记》,中华书局 2002 年版,第 23 页
南宋绍兴二十八年(1158 年)	六月,增浙西等沙田芦场租课,置提领官田所掌之。	〔宋〕李心传:《建炎以来系年要录》卷一七九
南宋绍兴二十九年(1159 年)	五月,中书省奏:江、浙四路所起折帛钱,地里遥远,宜就近储之。诏令除徽州、处州、广德州旧折轻货,其余的州当折银者输钱,愿输银者听,浙西提刑司、三总领所主之。先是,江、浙路折帛钱为 573 万余缗,并输行都,至此,始外储之以备军用。	《浙江省财政税务志·大事记》,中华书局 2002 年版,第 24 页
	闰六月,复置江、浙等路提点银坑铸钱官。	《浙江省财政税务志·大事记》,中华书局 2002 年版,第 24 页
	两浙、闽、广市舶司收入 200 万贯。	《中国财政通史·大事记》,中国财政经济出版社 2006 年版,第 66 页
南宋绍兴三十年(1160—1161 年)	十二月(1160 年 12 月 30 日—1161 年 1 月 27 日),诏令临安府印造会子(纸币),许以城内外和铜钱一起使用。东南用会子从此开始。	〔宋〕李心传:《建炎以来系年要录》卷一八七

续表 4

时　间	大事纪要	资料来源
南宋绍兴三十一年（1161 年）	正月，诏两浙转运司，凡两浙民户增丁不得增绢。	《浙江省财政税务志・大事记》，中华书局 2002 年版，第 24 页
	二月，设行在会子务，专门管理临安的会子印发事务。	〔宋〕李心传：《建炎以来系年要录》卷一八八
	七月，发行新造的会子于淮、浙等诸州。	《宋史》卷三二《高宗本纪九》
南宋隆兴二年（1164 年）	五月，诏令：温、台、处、徽四州不通水路，其二税物帛，许依折法以银折输，数外妄有科折，计赃定罪。	《浙江省财政税务志・大事记》，中华书局 2002 年版，第 24 页
南宋乾道元年（1165 年）	浙东、西水灾，诏令蠲百姓身丁钱绢，于内库细支。	《浙江省财政税务志・大事记》，中华书局 2002 年版，第 25 页
南宋乾道二年（1166 年）	六月，两浙市舶司官吏言，两浙市舶司支出大于收入，朝廷遂罢废。	《宋史》卷三三《孝宗本纪一》
南宋乾道四年（1168—1169 年）	十二月（1168 年 12 月 31 日—1169 年 1 月 29 日），减两浙等路次年的夏税、和市（和买折帛钱）之半。	《宋史》卷三四《孝宗本纪二》
南宋乾道七年（1171 年）	七月，诏令免两浙丁盐绢；不久又蠲旱伤路户税。	〔清〕毕沅：《续资治通鉴》卷一四二
南宋乾道八年（1172 年）	十一月，派遣官吏将两浙等八路官田卖给百姓。	《宋史》卷三四《孝宗本纪二》
南宋淳熙元年（1174 年）	诏令左藏南上库给会子 25 万，收买临安、平江、绍兴、明州、秀州额外浮盐，赍钞钱，令榷货务月终输封桩库（皇帝内库），以备循环换易会子。	《浙江省财政税务志・大事记》，中华书局 2002 年版，第 25 页
南宋淳熙二年（1175 年）	十月，诏令浙东合纳内藏库坊场钱，可依自来立定租额。	《浙江省财政税务志・大事记》，中华书局 2002 年版，第 25 页
南宋淳熙七年（1180 年）	九月，诏令增印会子 100 万缗，代江浙旱伤州县纳月桩钱（时会子与钱等价）。	〔清〕毕沅：《续资治通鉴》卷一四七
南宋淳熙九年（1182 年）	正月，诏令江、浙、两淮旱伤州县贷民稻种，计度不足者贷以桩积钱。	〔清〕毕沅：《续资治通鉴》卷一四八
	诏令广、泉、明、秀漏泄铜钱，坐其守臣（自置市舶于浙、闽、广，铜钱泄海外，是以自临安出门下江海，皆有禁）。	《浙江省财政税务志・大事记》，中华书局 2002 年版，第 25 页
南宋淳熙十年（1183 年）	十月，诏令两浙义役①听从民便。	《宋史》卷三五《孝宗本纪三》

① 义役：百姓创立的互助方式，由应役户出田或买田若干作助役田，所收田租充应役费用。

续表 5

时 间	大事纪要	资料来源
南宋淳熙十六年(1189 年)	正月,免去绍兴府和买绢 4 万匹之半。	〔清〕毕沅:《续资治通鉴》卷一五一
	闰五月,诏令罢卖浙西常平官田。	《宋史》卷三六《光宗本纪》
南宋绍熙二年(1191 年)	八月,诏令放宽两浙榷铁(铁专卖)之禁。	《宋史》卷三六《光宗本纪》
南宋绍熙五年(1194 年)	十月,诏令减免两浙路、江东西路和买折帛钱,蠲免两浙路丁盐、身丁钱 1 年。	《宋史》卷三七《宁宗本纪一》
南宋庆元二年(1196 年)	诏令浙东、西夏税、和买䌷绢并依绍兴十六年诏旨折纳(绢三分折钱,七分本色;䌷八分折钱,二分本色)。	《浙江省财政税务志・大事记》,中华书局 2002 年版,第 26 页
南宋庆元三年(1197 年)	八月,复置严州神泉监(今淳安县境),以所获民间铜器铸当三大钱,仍权隶工部。惟严钱直输行在。	《浙江省财政税务志・大事记》,中华书局 2002 年版,第 26 页
南宋开禧元年(1205—1206 年)	十二月(1206 年 1 月 11 日—2 月 9 日),诏令永除两浙身丁钱绢。	《宋史》卷三八《宁宗本纪二》
南宋开禧二年(1206 年)	正月,免除两浙路身丁䌷绵。	《宋史》卷三八《宁宗本纪二》
南宋嘉定四年(1211 年)	四月,禁两浙、福建州县科折①盐酒。	〔清〕毕沅:《续资治通鉴》卷一五九
南宋嘉定五年(1212 年)	正月,诏令诸路通行两浙倍役法。	《宋史》卷三九《宁宗本纪三》
南宋嘉定八年(1215 年)	六月,诏令两浙路民众杂种粟麦麻豆,有司勿收其赋,田主勿责其租。	《宋史》卷三九《宁宗本纪三》
南宋绍定元年(1228 年)	江、浙诸州军折输上供物帛钱款。两浙、江东共 4138612 贯有奇,并输左藏西库。	《中国财政通史・大事记》,中国财政经济出版社 2006 年版,第 72 页
南宋淳祐四年(1244 年)	四月,诏令两浙漕司(管财)下属部郡邑,将当年夏税折帛之半,令民间以楮币(楮树皮为原料制作的纸币)准钱供轮。	〔清〕毕沅:《续资治通鉴》卷一七一
南宋景定三年(1262 年)	五月,公田以安吉、嘉兴隶属两浙转运司。诏蠲临安府税,平抑物价。	《浙江省财政税务志・大事记》,中华书局 2002 年版,第 28 页

① 科折:即以物折钱或以钱折物。

续表 6

时　间	大事纪要	资料来源
南宋咸淳元年（1265 年）	正月，诏令临安府免征商税 3 个月。	《浙江省财政税务志・大事记》，中华书局 2002 年版，第 28 页
	闰五月，以钱 30 万命临安府通变平抑物价。	《浙江省财政税务志・大事记》，中华书局 2002 年版，第 28 页
南宋咸淳四年（1268 年）	六月，诏令罢免浙西诸州公田庄官，募民自耕输租，租减什三，勿私相易田，违制以盗卖官田论。	〔清〕毕沅：《续资治通鉴》卷一七八
南宋咸淳五年（1269 年）	三月，诏令浙西六郡公田设官吏督租。	〔清〕毕沅：《续资治通鉴》卷一七九
元至元十四年（1277 年）	设两浙都转运盐使司于杭州，并置仁和等盐场 32 所。始设市舶提举司于庆元、澉浦。	《元史》卷九一《百官志七》，《续文献通考》卷二六
元至元十七年（1280 年）	六月，颁行钞法于江淮等处，废宋铜钱。	《元史》卷一一《世祖本纪八》
元至元十九年（1282 年）	十月，增两浙盐价，每引 4 贯。	《元史》卷一二《世祖本纪九》
元至元二十一年（1284 年）	五月，减免江南半年田赋十分之二，并免至元十八年以前拖欠之数。	《元史》卷一三《世祖本纪十》
	设市舶都转运司于杭、泉二州，官方出船、提供本金，选人入蕃（外国），贸易诸货。其所获之息，官取其七，所易人得其三。	《浙江省财政税务志・大事记》，中华书局 2002 年版，第 29 页
	以两浙盐引，募诸人中粮。	《浙江省财政税务志・大事记》，中华书局 2002 年版，第 29 页
元至元二十四年（1287—1288 年）	十二月（1288 年 1 月 5 日—2 月 2 日），免浙西鱼课 3000 锭，听民自渔。	《元史》卷一四《世祖本纪十一》
	以杭州、扬州盐引 50 万道兑换民粮。	《浙江省财政税务志・大事记》，中华书局 2002 年版，第 29 页
元至元二十五年（1288 年）	正月，募民耕江南荒芜的土地及公田，免其差役 3 年，输租免三分之一。	〔元〕俞希鲁：《至顺镇江志》卷六《赋税》
元至元二十六年（1289 年）	四月，置浙东等木棉提举司，责民岁输棉布 10 万匹，由都提举司集中。	《浙江省财政税务志・大事记》，中华书局 2002 年版，第 29 页
	八月，诏令两浙、两淮都转运使司及江西榷茶都转运使诸人，毋得沮办税课。	《元史》卷一五《世祖本纪十二》

续表 7

时　间	大事纪要	资料来源
元至元二十六年（1289 年）	十月，增设浙东两盐司，合原者共 7 司。	《元史》卷一五《世祖本纪十二》
元至元二十九年（1292 年）	三月，丞相完泽等言：杭州省酒课岁办 27 万锭，湖广、龙兴（今江西南昌）岁办只 9 万锭，轻重不均。于是减杭州省十分之二，令湖广、龙兴、南京三省分办。	《元史》卷一七《世祖本纪十四》
元至元三十年（1293 年）	四月，大司农燕公楠、丞相留梦炎言：杭州、上海、温州、庆元、泉州等置市舶司凡 7 所，惟泉州物货三十取一，余皆十五抽一。乞以泉州为定制。世祖准。	《元史》卷一七《世祖本纪十四》
	四月，并温州市舶司入庆元，杭州市舶司入税务。	《元史》卷一七《世祖本纪十四》
元至元三十一年（1294 年）	六月，免江淮以南夏税之半。	《元史》卷九六《食货志四·赈恤》
元元贞元年（1295—1296 年）	二月，罢去江南茶税。	《元史》卷一八《成宗本纪一》
	七月，诏令江南地税改缴钱钞。	《元史》卷一八《成宗本纪一》
	十一月（1295 年 12 月 8 日—1296 年 1 月 5 日），立江浙金银铜冶转运使司。诏令江浙行省核查隐漏官田及检劾富强避役之户。	《元史》卷一八《成宗本纪一》
元元贞二年（1296 年）	八月，命江浙行省以船 50 艘、水工 1300 人，沿海巡禁私盐。	《元史》卷一九《成宗本纪二》
元元贞三年（1297 年）	命江浙行省发卒疏浚吴淞江（苏州河），以减轻江南水患。	《中国财政通史·大事记》，中国财政经济出版社 2006 年版，第 80 页
元大德元年（1297 年）	十一月，以河南行省经用不足，命江浙行省运米 20 万石补给。	《元史》卷一九《成宗本纪二》
元大德七年（1303 年）	十月，以江浙年谷不登，减海运粮 40 万石。	《元史》卷二一《成宗本纪四》
元大德十一年（1307—1308 年）	七月，江浙等属郡饥，于盐茶课钞内折粟，遣官赈之。	《浙江省财政税务志·大事记》，中华书局 2002 年版，第 30 页
	九月，江浙饥，中书省臣言：杭州一郡，岁以酒糜米麦 28 万石，禁之便。制可。敕弛江浙诸郡山泽之禁。	《元史》卷二二《武宗本纪一》
	十二月（1307 年 12 月 26 日—1308 年 1 月 23 日），江浙饥荒，禁民酿酒。	《元史》卷二二《武宗本纪一》

续表 8

时　间	大事纪要	资料来源
元至大元年(1308—1309 年)	闰十一月(1308 年 12 月 14 日—1309 年 1 月 11 日),以杭州、绍兴等路连年饥馑,免当年酒课十分之三。	《元史》卷二二《武宗本纪一》
元延祐元年(1314 年)	十月,敕令:下番(偏远的少数民族)商贩须江浙省给牒以往,归则征税如制,私往者没收其物。遣官经理江南田粮。	《元史》卷二五《仁宗本纪二》
元延祐六年(1319 年)	十月,置两浙盐仓 6 所、盐场 34 所,罢 4 个校验所,立嘉兴、绍兴等处盐仓官 34 场,岁办 50 万引。	《元史》卷二六《仁宗本纪三》、卷九四《食货志二》
元延祐七年(1320 年)	两浙各运司盐课以十分为率,收白银 1 锭,准盐课 40 锭。其工本钞,浙西 11 场正盐每引递增至 20 两,余盐至 25 两;浙东 23 场每引递增至 25 两,余盐至 30 两。	《浙江省财政税务志・大事记》,中华书局 2002 年版,第 31 页
	两浙建立盐仓,立杭州等处仓,命负责为朝廷转运货物的纲官押船到场,运盐到仓贮藏,客商就仓支盐。	《浙江省财政税务志・大事记》,中华书局 2002 年版,第 31 页
元至治二年(1322 年)	三月,诏令征收江浙僧寺田税,除宋故有永业田及世祖所赐者,其余悉数征税。	《元史》卷二八《英宗本纪二》
元天历元年(1328 年)	免去盐官州(今浙江海宁市盐官镇)秋粮夏税。	《浙江省财政税务志・大事记》,中华书局 2002 年版,第 31 页
元天历二年(1329 年)	九月,诏命江浙行省下一年漕运粮 280 万石赴京师。	《元史》卷三三《文宗本纪二》
元至顺元年(1330 年)	七月,命江浙行省拨钞 10 万锭给云南,增其军需。	《元史》卷三四《文宗本纪三》
元至正元年(1341 年)	四月,以两浙水灾,免去岁办余盐 3 万引。	《元史》卷四〇《顺帝本纪三》
	六月,命江浙行省拨赐僧道田还官征粮,以备军储。	《浙江省财政税务志・大事记》,中华书局 2002 年版,第 32 页
	十月,杭州、嘉兴、绍兴、温州、台州等路各立检校批验盐引所,权免两浙额盐 10 万引。	《浙江省财政税务志・大事记》,中华书局 2002 年版,第 32 页
	十二月(1342 年 1 月 8 日—2 月 5 日),增设嘉兴等处盐仓。	《元史》卷四〇《顺帝本纪三》
元至正十一年(1351 年)	十月,江浙行省设置宝泉提举司 1 所,下设鼓铸局、永利库,掌鼓铸钱文,印造钞币。	《元史》卷四二《顺帝本纪五》

续表 9

时　间	大事纪要	资料来源
元至正十五年（1355 年）	六月，听从江浙省臣建议，减当年海运粮，以舒缓民力。其田不敷粮，拨至元折中统钞 150 万锭，于产米处粜 150 万石，以听拨运。	《元史》卷四四《顺帝本纪七》
元至正二十二年（1362 年）	十月，朱元璋定浙东税率盐货十分之一、物货十五分之一。	〔清〕毕沅：《续资治通鉴》二一六
元至正二十七年（吴元年）（1367 年）	二月，朱元璋置两浙都转运盐使司于杭州，设 36 场，岁办盐 222384 引余。	《浙江省财政税务志·大事记》，中华书局 2002 年版，第 32 页
明洪武元年（1368 年）	正月，诏令派遣周铸等 164 人往浙西核实田亩，定田赋额，浙西每亩税二三石。	《浙江省财政税务志·大事记》，中华书局 2002 年版
	六月，命浙江、江西二行省及苏州等九府运粮 300 万石至汴梁（今河南开封）。	《浙江省财政税务志·大事记》，中华书局 2002 年版，第 32 页
	定两淮岁办盐数，（两浙同）每引重 400 斤，官给工本米 1 石。后改行小引，每引重 200 斤。	《浙江省财政税务志·大事记》，中华书局 2002 年版，第 32 页
	设置浙江行省市舶提举司。	《浙江省财政税务志·大事记》，中华书局 2002 年版，第 32 页
	置两浙都转运盐使司，征收盐课、批验盐引。	〔清〕雍正：《浙江通志》卷八三，中华书局 2002 年版，第 7 页
明洪武四年（1371 年）	在江浙建立粮长制，由粮长主持区内田粮征收和解运事宜。纳粮 1 万石或数千石之地为一区，每区置粮长 1 名，指派区内田地多、纳粮多的大户担任。	《中国财政通史·大事记》，中国财政经济出版社 2006 年版，第 85 页
明洪武六年（1373 年）	九月，诏令直隶府、州及浙江、江西两行省，秋粮以棉布代输，以给边戍。	《浙江省财政税务志·大事记》，中华书局 2002 年版，第 32 页
明洪武七年（1374 年）	十月，罢撤浙江市舶司。	《浙江省财政税务志·大事记》，中华书局 2002 年版，第 33 页
明洪武十三年（1380 年）	三月，命户部减苏、松、嘉、湖四府重租粮额。于是旧额田亩科 7.5 斗至 4.4 斗者，减十之二；4.3 斗至 3.6 斗者，俱只征 3.5 斗。	《明太祖高皇帝实录》卷一三〇
明洪武十七年（1384 年）	七月，命苏、松、嘉、湖四府以黄金代输田租。	《明太祖高皇帝实录》卷一六三

续表 10

时　间	大事纪要	资料来源
明洪武十八年（1385 年）	令两浙及京畿官田，凡折收税粮钞，每 5 贯准米 1 石，绢每匹准米 1.2 石，金每两准米 10 石，银每两准米 2 石，棉布每匹准米 1 石，苎布每匹准米 7 斗；夏税农桑丝，每 18 两准绢 1 匹，重 16 两。	《浙江省财政税务志・大事记》，中华书局 2002 年版，第 33 页
明洪武二十年（1387 年）	二月，浙江布政使司及直隶苏州等府县进鱼鳞图册。	《浙江省财政税务志・大事记》，中华书局 2002 年版，第 33 页
	十二月，命浙江布政使司修治绍兴等府桥梁道路。	《明太祖高皇帝实录》卷一八八
明建文二年（1400 年）	二月，诏命：由于江、浙田赋独重，而苏、松两府官田悉准私税，故悉予减免，每亩不得超过 1 斗。	《浙江省财政税务志・大事记》，中华书局 2002 年版，第 33 页
明永乐元年（1403 年）	八月，在福建、浙江、广东等设市舶司，专主海外诸国贡使附带货物交易之事。	《中国财政通史・大事记》，中国财政经济出版社 2006 年版，第 87 页
明永乐九年（1411 年）	令差官于浙江、江西、广东、福建四布政使司铸永乐通宝钱。	《浙江省财政税务志・大事记》，中华书局 2002 年版，第 33 页
明宣德八年（1433 年）	十月，命工部及浙江、江西、福建、广东四布政使司铸宣德通宝钱 10 万贯。	《浙江省财政税务志・大事记》，中华书局 2002 年版，第 34 页
明正统元年（1436 年）	闰六月，再减浙江和苏、松官田税，准民田起科，每亩秋粮 4 斗 1 升至 2 石以上者减作 2 斗 7 升，2 斗 1 升以上至 4 斗者减作 2 斗，1 斗 1 升至 2 斗者减作 1 斗。	《浙江省财政税务志・大事记》，中华书局 2002 年版，第 34 页
	八月，命江南租税折收金、帛。令于浙江、江西、湖广、南直隶不通舟楫之处，各随土产折收布、绢、白金，赴京充俸。英宗从所请，远近称便，自此仓廪之积少矣。	《浙江省财政税务志・大事记》，中华书局 2002 年版，第 34 页
	九月，派遣刑部侍郎何文渊、王佐和副都御史朱与言督办两淮、长芦、两浙盐课。钦差巡盐自此始。	《浙江省财政税务志・大事记》，中华书局 2002 年版，第 34 页
	十月，命浙江、江西等地，该起运南京粮米愿纳折色者，折纳布、绢、银两。	《浙江省财政税务志・大事记》，中华书局 2002 年版，第 34 页

续表 11

时 间	大事纪要	资料来源
明正统五年（1440年）	令两浙每岁额办盐课，以十分为率，八分给予守支客商（盐商凭盐引等候领盐），二分另为收积在官。候边疆急缺粮储，以所积现盐，人到即支，谓之存积；其八分年终挨次给守支客商，谓之常股。一般常股价轻，存积价重。	《浙江省财政税务志·大事记》，中华书局2002年版，第35页
明正统九年（1444年）	闰七月，浙江重开银场。洪武间，岁课2870余两；永乐间，增至82070余两；宣德间，又增至94040余两，民甚不堪。英宗初即位，下诏封坑冶，百姓得以休养生息。至此，令浙江岁课减至41070余两。	《明英宗睿皇帝实录》卷一一九
明正统九年（1444年）	八月，令民自买食盐于商。	《浙江省财政税务志·大事记》，中华书局2002年版，第35页
明正统九年（1444年）	令浙江等布政使司，南直隶苏、松等府所属夏税麦去处，准抵纳米。若此处有3年之积，其存留之数，每石折征钞100贯。	《浙江省财政税务志·大事记》，中华书局2002年版，第35页
明正统十四年（1449年）	正月，免去浙江、福建银课（赋税）。	《浙江省财政税务志·大事记》，中华书局2002年版，第35页
明正统十四年（1449年）	三月，令浙江湖州、嘉兴并南直隶苏、松等府，该征马草愿纳本色折色，各从民便，不许一概征银。	《浙江省财政税务志·大事记》，中华书局2002年版，第35页
明景泰元年（1450年）	二月，令罢采办浙江、福建诸处银课，封坑穴，撤闸办官，民大苏息。	《浙江省财政税务志·大事记》，中华书局2002年版，第35页
明天顺二年（1458年）	二月，朝廷准开云南、福建、浙江银场。	《明英宗睿皇帝实录》卷二八七
明天顺二年（1458年）	四月，命浙江布政使司闸办银课，浙江银矿岁课银21250两。	《明英宗睿皇帝实录》卷二九〇
明天顺四年（1460年）	七月，派遣中官（宫内太监）往苏、松、杭、嘉、湖5府，常额外，增造彩缎7000匹。工部侍郎翁世资请减之，下锦衣狱，贬谪任衡州知府。常额外增造坐派开始于此。	《浙江省财政税务志·大事记》，中华书局2002年版，第36页
明成化四年（1468年）	罢撤杭州钞关。	《浙江省财政税务志·大事记》，中华书局2002年版，第36页

续表 12

时　间	大事纪要	资料来源
明成化七年 (1471 年)	二月,以京库岁用钞不足故,复设九江、苏州、杭州 3 处钞关。	《浙江省财政税务志·大事记》,中华书局 2002 年版,第 36 页
明成化九年 (1473 年)	定两浙清查灶丁(煮盐工)及纳工本银例。此后每 10 年清查一次,水乡不熟悉煎盐的灶户,每引纳工本银 3 钱 5 分,解送盐运使司发放给熟悉煎盐的灶丁;或年终解户部,转送太仓库藏及供边关支用。	《浙江省财政税务志·大事记》,中华书局 2002 年版,第 36 页
明成化十九年 (1483 年)	五月,敕令处州府 10 县银课,准天顺六年额数 30048 两,所司奏矿脉细微,命暂以成化三年额例办之,岁银 21250 两,减三分之一。	《明宪宗纯皇帝实录》卷一一五
	准许两浙盐课折银,浙西盐场,每正盐一引折银 7 钱;浙东盐场折银 5 钱,解送太仓,余盐支尽仍纳本色。	《浙江省财政税务志·大事记》,中华书局 2002 年版,第 36 页
明弘治元年 (1488 年)	命彭昭、李嗣分别清理浙江、两淮盐法。减温州、处州二府银课。	《中国财政通史·大事记》,中国财政经济出版社 2006 年版,第 92 页
明弘治二年 (1489 年)	四月,减定浙江处州府银矿岁课 10237 两,温州府泰顺县银课 604 两。	《明孝宗敬皇帝实录》卷二五
明弘治十六年 (1503 年)	奏经孝宗批准:浙江除昌国卫(今象山县)田亩数多,温州卫田地膏腴外,其余各卫屯军全纳子粒 6 石者,每年本折中半,每石征银 2 钱 5 分,附近有司官库收贮备支。	《浙江省财政税务志·大事记》,中华书局 2002 年版,第 37 页
明正德二年 (1507—1508 年)	十二月(1508 年 1 月 3 日—1 月 31 日),以国用不敷,开浙江、福建、四川银矿。	《明武宗毅皇帝实录》卷三三
明正德十四年 (1519 年)	开中①两浙都转运盐使司十四年盐课 20 万引,于宣府召商上纳粮草。先是,每岁终盐课征完,奏缴通关到户部,乃得开中。至此国用窘乏,盐无现课,乃许商人随便买补关支,冀济一时之急。	《浙江省财政税务志·大事记》,中华书局 2002 年版,第 38 页
明嘉靖三十年 (1551 年)	十月,命浙江等处织造纻、丝罗共 8.63 万匹。	《浙江省财政税务志·大事记》,中华书局 2002 年版,第 38 页
明嘉靖三十九年 (1560 年)	三月,诏命都察院左都御史鄢懋卿清理两浙等处盐法。	《浙江省财政税务志·大事记》,中华书局 2002 年版,第 39 页

① 开中:明代政府鼓励商人输送米粮等至边塞而给予食盐运销权的制度。

续表 13

时　间	大事纪要	资料来源
明嘉靖四十五年（1566 年）	巡按御史庞尚鹏至浙江，鉴民苦于徭役，推行“一条鞭法”（此法嘉靖间屡行屡止，至万历九年乃尽行之。浙江是全国最早试行地区之一，改革杂泛、差役及田赋的征收办法）。	《浙江省财政税务志·大事记》，中华书局 2002 年版，第 39 页
明隆庆二年（1568 年）	奏经穆宗批：两浙盐额课改行小盐。以隆庆三年为始，每引定以正盐 200 斤，外加包索 30 斤，带余盐 70 斤，共 300 斤为定例。每引余盐 70 斤，纳银 1 钱 4 分 5 厘，比旧每引少银 1 钱 5 分 5 厘。	《浙江省财政税务志·大事记》，中华书局 2002 年版，第 39 页
明万历六年（1578 年）	定浙江所入鱼课钞银 182969 贯 620 文，时比价钞百贯折银 1 两，折课银 1829 两余。	《浙江省财政税务志·大事记》，中华书局 2002 年版，第 39 页
	浙江布政使司商税门摊（并酒醋鱼课）等钞共 2283443 锭 5 贯 177 文。	《浙江省财政税务志·大事记》，中华书局 2002 年版，第 39 页
明万历八年（1580 年）	六月，定浙江积谷额数：嘉兴府 3000 石，绍兴府 2500 石，金华府 1800 石，杭州、宁波、温州 3 府各 1500 石，处州府 1200 石，湖州、台州、衢州、严州 4 府各 1000 石，著为令。	《浙江省财政税务志·大事记》，中华书局 2002 年版，第 39 页
	在宁波府设置浙海钞关征收税银。	《浙江省财政税务志·大事记》，中华书局 2002 年版，第 39 页
明万历十一年（1583 年）	七月，浙江巡抚张佳胤上疏言：织造袍服信坐派赏段，共该银 1291200 两余。尽括库藏，尚不足用。乞将税银存留，漕粮改折。户部回复宜减织造。诏下所司。	《明神宗显皇帝实录》卷一三八
明万历二十七年（1599 年）	二月，以百户张宗仁奏，复置浙江市舶司，派遣内官（太监）刘成征收税课。	《明史》卷二〇
明万历三十八年（1610 年）	九月，工科给事中马从龙言：内臣杨进升派造苏、杭袍缎 4 万匹，乞止之，苏解民困。工科右给事中刘元霖、阁臣叶向高亦言此事，得减三分之一。	《浙江省财政税务志·大事记》，中华书局 2002 年版，第 40 页
明万历四十六年（1618 年）	九月，以辽饷缺乏，加派天下田赋，浙江等省每亩权加 3 厘 5 毫（次年十二月复加 3 厘 5 毫；后年三月命各省直田地每亩加派 2 厘）。	《明神宗显皇帝实录》卷五四七
明崇祯二年（1629 年）	七月，工部奏经思宗批：榷关合南北凡六：杭关额税 2 万两，加余银 2000 两，解部充鼓铸之用，以济陵工（皇帝陵寝施工）急需。	《浙江省财政税务志·大事记》，中华书局 2002 年版，第 40 页

续表 14

时　间	大事纪要	资料来源
清顺治六年（1649 年）	设浙江制钱局于杭州大仓前，铸制钱。	《杭州市志・大事记》，中华书局 1995 年版，第 25 页
清康熙二年（1663 年）	二月，浙江总督赵廷臣疏言，浙省钱粮，拖欠不清，多由征解繁杂，请以一条鞭征收之法，行令各州县，随征随解，布政使司查明完欠分数，开注奏销岁参二册，至为简便。圣祖准之。	《清实录・康熙朝实录》第 4 册，第 139 页
清康熙六年（1667 年）	八月，令浙江等地现驻明朝投诚官兵，开垦荒地，自康熙七年始，每名给 50 亩，预支本年俸饷，以为牛种，次年停给，3 年后照例征租。	《清实录・康熙朝实录》第 4 册，第 324 页
清康熙十一年（1672 年）	十月，停两浙等地巡盐御史差，盐法事务归并给浙江巡抚管理。	《清实录・康熙朝实录》第 4 册，第 537 页
	令浙江所属食盐钞银均摊入地丁征收。	《浙江省财政税务志・大事记》，中华书局 2002 年版，第 41 页
清康熙二十年（1681 年）	增定浙江台、衢、温、处 4 府契税，大县 100 两，中县 60 两，小县 30 两。	《浙江省财政税务志・大事记》，中华书局 2002 年版，第 42 页
清康熙二十三年（1684 年）	开海禁，于云台山（今江苏连云港）、宁波、漳州、澳门设四海关。	《中国财政通史・大事记》，中国财政经济出版社 2006 年版，第 100 页
清康熙三十四年（1695 年）	设浙海关署于宁波府。	《浙江省财政税务志・大事记》，中华书局 2002 年版，第 42 页
清康熙四十九年（1710 年）	十月，诏命自康熙五十年始普免天下钱粮，3 年而编，浙江等 9 省地丁钱粮，察明全免；历年拖欠的赋税，一起免除，其康熙五十一年、五十二年应免除省份，届时候旨。	《浙江省财政税务志・大事记》，中华书局 2002 年版，第 42 页
清康熙五十七年（1718 年）	三月，命浙江南北新关税缴同知管理。	《浙江省财政税务志・大事记》，中华书局 2002 年版，第 42 页
清雍正四年（1726 年）	实施摊丁入亩。全省各府具体实施时间有早有晚，先后不同。	《浙江历史大事记》，浙江人民出版社 2010 年版，第 343 页
清乾隆十五年（1750 年）	开浙江温、处两州府采铁之禁。	《浙江省财政税务志・大事记》，中华书局 2002 年版，第 43 页

续表 15

时间	大事纪要	资料来源
清乾隆二十二年（1757 年）	四月，高宗第二次南巡至浙，在嘉兴、杭州阅兵；免浙江累年欠赋。	《浙江省财政税务志·大事记》，中华书局 2002 年版，第 43 页
	增定浙海关税则，照粤海关例。	《浙江省财政税务志·大事记》，中华书局 2002 年版，第 43 页
	拒绝英国人赴浙贸易之请，规定以广州一处为限。	《中国财政通史·大事志》，中国财政经济出版社 2006 年版，第 104 页
清乾隆三十年（1765 年）	七月，浙江巡抚熊学鹏奏，浙江商船，往南洋咖喇吧国等处贸易者，每船准带土丝、二蚕丝各 1000 斤，其往闽、粤内地者，部议未及，请照江苏省例，每船准带糙丝 300 斤，收税验放，俱照洋船定例。高宗准之。	《清实录·乾隆朝实录》第 18 册，第 153 页
清乾隆三十三年（1768 年）	十二月，清查浙江沿袭明代勋田，令依照民田一体纳粮。	《中国财政通史·大事记》，中国财政经济出版社 2006 年版，第 105 页
清乾隆四十五年（1780 年）	正月，户部议准，杭州织造征瑞奏，北新关收税旧例，烟百斤，税银 4 钱 6 分，酒 10 坛，约计 200 斤，税银 4 钱，均有障碍，请照旧例办理。高宗准之。	《浙江省财政税务志·大事记》，中华书局 2002 年版，第 44 页
清乾隆五十八年（1793 年）	正月，改杭州织造为盐政兼管织造事，改盐道为运司，南北两关税务归巡抚管理。	《清实录·乾隆朝实录》第 27 册，第 4 页
清嘉庆九年（1804 年）	六月，减各关盈余税额，定浙海关 44000 两。	《清实录·嘉庆朝实录》第 29 册，第 754 页
清道光元年（1821 年）	八月，圣谕，帅承瀛奏两浙盐引滞销，停止盐斤加价。	《浙江省财政税务志·大事记》，中华书局 2002 年版，第 44 页
	裁浙江盐政，改设杭州织造，兼管南北新关税务。	《浙江省财政税务志·大事记》，中华书局 2002 年版，第 44 页
清道光四年（1824 年）	正月，浙江巡抚帅承瀛奏，遵议浙江各关收税事宜，唯海关货物有税则未及备载之项，现仿比征定制，另行造册咨询户部，列入木榜税则，使众商全知遵守。得旨："所办是。"	《浙江省财政税务志·大事记》，中华书局 2002 年版，第 44 页
清道光十一年（1831 年）	八月，以浙江米价增昂，准暂弛海禁贩运台米（台湾产大米）。	《浙江省财政税务志·大事记》，中华书局 2002 年版，第 44 页

续表 16

时　间	大事纪要	资料来源
清同治四年 （1865 年）	十月，宁波、上海迤北各口开办法国商船贩卖土货，往来安南、日本各口，4 个月纳钞一次。	《中国财政通史・大事记》，中国财政经济出版社 2006 年版，第 121 页
清光绪十一年 （1885 年）	六月，浙江巡抚刘秉璋奏，请将加抽洋药厘金，留作海防善后费用。	《清实录・光绪朝实录》第 54 册，第 955 页
清光绪二十一年 （1895 年）	四月，清政府与日本政府签订《马关条约》，增开杭州等 4 个通商口岸，允许日本在中国通商口岸设立工厂，产品运销中国内地时，只按进口货纳税。	《中国财政通史・大事记》，中国财政经济出版社 2006 年版，第 135 页
清光绪三十二年 （1906 年）	清廷实行官制改革，户部改为度支部，各省藩司更名度支公所，布政使改称度支使，开始财政制度改革；次年，浙江设财政处，隶属度支公所。	甘子黎：《清末的财政改革》，《历史教学》2006 年第 12 期
清宣统元年 （1909 年）	三月，成立浙江清理财政局，总办由度支使兼任，会办由盐运道、督粮道和海关道兼任，监理财政官主要负责稽查督催之责。同年，建立财政咨议局，办理财政预算。	甘子黎：《清末的财政改革》，《历史教学》2006 年第 12 期
民国元年 （1912 年）	3 月，浙江省废除厘金，改办统捐。捐率参照原厘金章程制定，多数较前减轻，少数增加。	金鑫：《中华民国工商税收大事记》，中国财政经济出版社 1994 年版
	5 月 5 日，浙江省政府以浙江丝捐作抵，向德国克虏伯炮厂借款 600 万马克。	商务印书馆《东方杂志》第 9 卷 1 号
民国 2 年 （1913 年）	4 月 18 日，设浙江省国税厅筹备分处。	北洋政府《政府公报》第 340 号命令，1913 年 4 月 19 日
民国 3 年 （1914 年）	4 月，两浙盐区每担食盐征税 1 元，闽盐入两浙境内，必须缴纳进口税，方准入境。	金鑫：《中华民国工商税收大事记》，中国财政经济出版社 1994 年版
	5 月 8 日，财政部批准浙江省国税厅筹备处所呈《浙江省征收丝捐章程》，规定丝捐除委托统捐征收局征收外，特设杭县艮山门、富阳等专局征收；同时对捐率做具体规定。	金鑫：《中华民国工商税收大事记》，中国财政经济出版社 1994 年版
	7 月 1 日，浙江省实行统捐新章。	上海《申报》，1914 年 7 月 1 日刊发
民国 4 年 （1915 年）	2 月，两浙盐区改定食盐税率，纲地每担 2.5 元（4 月又增为 3 元），肩地每担 2 元。	金鑫：《中华民国工商税收大事记》，中国财政经济出版社 1994 年版
	4 月，省财政厅颁布《浙江钱业捐输简章》，规定省内各钱铺以资本多寡缴纳捐税。	《浙江省财政税务志・大事记》，中华书局 2002 年版，第 47 页

续表 17

时　间	大事纪要	资料来源
民国 4 年（1915 年）	6 月 29 日，省财政厅批准杭州商会试办认购印花。省城各业按营业额大小，分期贴用印花。各县分会亦可仿办。	金鑫：《中华民国工商税收大事记》，中国财政经济出版社 1994 年版
	7 月，浙江省烟酒公卖局成立，共设各区烟酒分局 10 处、烟捐专局 3 处，下设查验所分支栈，分司征收事务。	金鑫：《中华民国工商税收大事记》，中国财政经济出版社 1994 年版
民国 13 年（1924 年）	8 月，浙江省为筹备西湖博览会，发行定期债券 200 万元，以开征盐斤加价，每年 45 万元为担保。	《中国财政通史・大事记》，中国财政经济出版社 2006 年版，第 150 页
民国 14 年（1925 年）	1 月，为弥补历年亏欠，发行浙江善后公债 300 万元。	《中国财政通史・大事记》，中国财政经济出版社 2006 年版，第 151 页
民国 16 年（1927 年）	6 月 1 日，省卷烟公卖局筹备处公布《浙江省卷烟公卖条例》及筹备期间暂行办法，实行卷烟公卖。	朱斯煌：《民国经济史・民国以来国内外经济大事记》，银行学会 1948 年编印
	6 月 27 日，国民党中央政治会议通过南京政府民国《裁厘加税提议书》，决定自 8 月 1 日起，将浙江等 6 省厘金及与厘金性质相同的通行税先行裁撤。	中国科学院近代史研究所中华民国史组等编《中华民国史资料丛稿・大事记》第 13 辑，中华书局 1976 年版
民国 17 年（1928 年）	1 月，浙江等 5 省开征卷烟统税。	金鑫：《中华民国工商税收大事记》，中国财政经济出版社 1994 年版
	2 月 13 日，财政部长宋子文赴杭州。约定浙江省每月解财政部款由 50 万元增至 70 万元，特税、邮包税、锡箔税由中央征收。	中国科学院近代史研究所中华民国史组等编《中华民国史资料丛稿・大事记》第 14 辑，中华书局 1976 年版
	4 月，省政府发行偿还旧欠公债 600 万元。	《中国财政通史・大事记》，中国财政经济出版社 2006 年版，第 154 页
	12 月，两浙盐运使会同两淮盐运使及松江运副续向银行、盐商借款 500 万元，作为中央军饷，其中两浙食岸借 200 万元，仍以军用加价及善后军费作抵。	金鑫：《中华民国工商税收大事记》，中国财政经济出版社 1994 年版
民国 20 年（1931 年）	1 月 1 日，浙江省政府公电，遵于当日将浙江厘金及类似厘金的捐税一律裁撤。	《申报》1931 年 1 月 11 日

续表 18

时　间	大事纪要	资料来源
民国 21 年 (1932 年)	6 月 12 日，省政府公布《征收不动产、移转契税章程》。规定按《契税条例》征收卖、典契税外，还对赠与、遗赠不动产征税 6%，继承析分不动产征税 2%，由取得产权人缴纳。	金鑫：《中华民国工商税收大事记》，中国财政经济出版社 1994 年版，第 195 页
民国 25 年 (1936 年)	6 月 6 日，立法院通过浙江省整理公债条例，四类债票总额为 6000 万元，利率最高 8 厘最低 6 厘，还期最短 14 年，最长 20 年。	《浙江省财政税务志·大事记》，中华书局 2002 年版，第 51 页
	6 月，两浙盐区因盐斤地方附税过多，征收烦琐，自当年 7 月 1 日起简并税率、地方税并入中央附税征收。	《浙江省财政税务志·大事记》，中华书局 2002 年版，第 51 页
	8 月 19 日，省政府通过《修正田赋征收章则》。	《浙江省财政税务志·大事记》，中华书局 2002 年版，第 51 页
民国 26 年 (1937 年)	1 月 13 日，省政府议决停征永佃契税。除外债附税、整理费两项外，一律并入中央附税征收。	《浙江省财政税务志·大事记》，中华书局 2002 年版，第 51 页
	2 月 10 日，省政府议决停征船舶牌照费。	《浙江省财政税务志·大事记》，中华书局 2002 年版，第 51 页
	7 月 1 日，省政府施行《契税征收章程》。	金鑫：《中华民国工商税收大事记》，中国财政经济出版社 1994 年版
民国 32 年 (1943 年)	1 月 1 日，浙江与苏、闽、赣、粤、桂等地区实行卷烟专卖。	金鑫：《中华民国工商税收大事记》，中国财政经济出版社 1994 年版
民国 34 年 (1945 年)	4 月 1 日，浙东行政公署公布《浙东银行条例》和《浙东行政区抗币条例》，设立浙东银行，发行抗币。浙东银行下设四明分行、三北分行、余姚支行。	中共浙江省委党史资料征集研究委员会编：《中共浙江党史大事记(1919—1949)》，浙江人民出版社 1990 年版，第 198 页
民国 35 年 (1946 年)	7 月 1 日，即日起财政部第 2 次实行财政收支系统改制。浙江省开始实行新的收支制度。	《浙江省财政税务志·大事记》，中华书局 2002 年版，第 52 页
民国 36 年 (1947 年)	12 月，浙江省政府秘书处、财政厅、田粮处、社会处等各机关发起组织省物价管制委员会，综理管制全省物价事宜。	《浙江省财政税务志·大事记》，中华书局 2002 年版，第 53 页

续表 19

时　间	大事纪要	资料来源
民国 37 年（1948 年）	12 月，浙江省财政年度情况愈烈。全省采取多种增加收入的办法，按每月生活指数调整税额，提用中央银行存银等。	《浙江省财政税务志·大事记》，中华书局 2002 年版，第 53 页
1949 年	8 月 18 日，浙江省人民政府宣告成立，同时设立包括省财政厅在内的 10 厅 2 处。汪道涵任浙江省人民政府财政厅厅长。	《浙江财政大事记（1949—1999 年）》（浙江省财政厅档案）
	9 月，省人民政府颁布《“浙江省与地方财政统一收支程序”的规定》，实行省、地两级财政管理制度；颁布《一九四九年浙江省征收农业税暂行办法》《浙江省暂行政府会计制度草案》。省财政厅下达《浙江省各县、乡村经费收支保管暂行办法》《浙江省乡村经费供给标准暂行规定》。	《浙江财政大事记（1949—1999 年）》（浙江省财政厅档案）
	11 月 22 日，省政府秘书处颁发《浙江省人民政府暂行组织规程》，明确省财政厅主管全省岁入岁出等有关财政事项。	《浙江财政大事记（1949—1999 年）》（浙江省财政厅档案）
1950 年	1 月 25 日，省财政厅决定停征国民政府时期的营业牌照税、汽车季捐、特产捐、迷信捐、民食调剂捐、公债利息所得税。	《浙江财政大事记（1949—1999 年）》（浙江省财政厅档案）
	3 月 3 日，浙江省根据政务院《关于统一全国财政经济工作的决定的通令》，实行高度集中的统收统支财政管理体制，取消省、地两级财政管理制度。全省所有财政收入全部上解中央，所需经费开支统一由华东大区转拨。	《浙江财政大事记（1949—1999 年）》（浙江省财政厅档案）
	4 月 30 日，省财政厅整编内设机构，自厅长以下设 6 个科室：秘书科、财务行政科、经费管理科、公营企业财务管理科、粮政科、人事科。	《浙江财政大事记（1949—1999 年）》（浙江省财政厅档案）
	9 月 1 日，中央人民政府任命任一力为省财政厅厅长。副厅长阎世印兼省税务局局长。	《浙江财政大事记（1949—1999 年）》（浙江省财政厅档案）
1951 年	3 月 29 日，浙江省执行政务院公布的《关于一九五一年度财政收支系统划分的决定》。规定自 1951 年起，国家财政实行三级制：中央级财政；大行政区级财政；省（市）级财政。省级财政正式确立。	《浙江财政大事记（1949—1999 年）》（浙江省财政厅档案）
	10 月 4 日，省政府颁发浙江省酒类专卖实施方案，成立省专卖事业公司，并在全省部分专署、市、县设立专卖机构。	《浙江财政大事记（1949—1999 年）》（浙江省财政厅档案）

续表 20

时 间	大事纪要	资料来源
1952 年	10 月 21 日，华东军政委员会财政部根据中央人事部指示，各级财政部门须设立财政监察机构，浙江省编制 104 人，其中省级 13 人、专署 14 人、县级 77 人。	《浙江财政大事记（1949—1999 年）》（浙江省财政厅档案）
	12 月 1 日，省专卖事业公司由省财政厅划归省商业厅管理。	《浙江财政大事记（1949—1999 年）》（浙江省财政厅档案）
1953 年	4 月 14 日，省人民政府总党组批准，省财政厅分党组由任一力、汤瑞、张凤、宋德甫、吴健仙、周振、韩登贤组成，任一力为书记，汤瑞为副书记。	《浙江财政大事记（1949—1999 年）》（浙江省财政厅档案）
1954 年	7 月 8 日，省委通知：中共中央批准李文灏任省财政厅厅长。9 月 27 日，省委任命李文灏为省财政厅党组书记，免去任一力兼任的党组书记职务。	《浙江财政大事记（1949—1999 年）》（浙江省财政厅档案）
	7 月 30 日，省委同意将财政、税收、保险 3 个训练班合并成立浙江省财政干校。	《浙江财政大事记（1949—1999 年）》（浙江省财政厅档案）
	10 月 1 日，中国人民建设银行浙江省分行成立。原由交通银行经办的基本建设拨款、监督及制定相关政策、制度、章则等一律交由建设银行接办。	《浙江财政大事记（1949—1999 年）》（浙江省财政厅档案）
1955 年	6 月 23 日，省财政厅执行国务院关于国家机关工作人员自 7 月份起全部实行工资制待遇的通知精神，废止行政费类供给标准包干制个人部分的各类补助（包括原工资制在内）。	《浙江财政大事记（1949—1999 年）》（浙江省财政厅档案）
1956 年	2 月 28 日，省政府颁发《浙江省渔业税征收暂行办法》，决定在全省开征渔业税。	《浙江财政大事记（1949—1999 年）》（浙江省财政厅档案）
	5 月 19 日，省委发出《关于建立乡财政的指示》，决定在全省建立乡一级财政。	《浙江财政大事记（1949—1999 年）》（浙江省财政厅档案）
1957 年	11 月 25 日，浙江省执行国务院《关于改进财政管理体制的规定》，将地方财政收入分为地方固定收入、国营企业分成收入和调剂分成收入 3 种。	《浙江财政大事记（1949—1999 年）》（浙江省财政厅档案）
1958 年	5 月 9 日，省委批准省财政厅《关于改革农业税制工作的报告》，农业税由累进税制改为比例税制。	《浙江财政大事记（1949—1999 年）》（浙江省财政厅档案）

续表 21

时　间	大事纪要	资料来源
1958 年	5 月 22 日，浙江省执行国务院《关于实行企业利润留成制度的几项规定》，企业留成比例以主管部门为单位计算；留成比例确定后 5 年不变。	《浙江财政大事记（1949—1999 年）》（浙江省财政厅档案）
	8 月 7 日，省委下发通知，要求省财政厅与人民银行省分行合署办公，一个党组；任命省财政厅厅长李文灏任党组书记，人民银行省分行行长苏明任党组副书记。	《浙江财政大事记（1949—1999 年）》（浙江省财政厅档案）
	9 月 13 日，浙江省试行国务院公布的《工商统一税条例（草案）》。将货物税、商品流通税、营业税和印花税合并，简化为工商统一税。	《浙江财政大事记（1949—1999 年）》（浙江省财政厅档案）
	10 月 24 日，省财政厅、人民银行省分行党组上报省委，进一步改进财政体制，实行"收支下放，计划包干，地区调剂，总额分成，一年一变"的财政体制。	《浙江财政大事记（1949—1999 年）》（浙江省财政厅档案）
1959 年	1 月 7 日，省财政厅执行财政部、中国人民银行总行联合通知，自 1959 年 1 月 1 日起，取消利息所得税。	《浙江财政大事记（1949—1999 年）》（浙江省财政厅档案）
	1 月 9 日，根据国务院有关规定，报经省政府批准，决定全省停办国内保险业务。	《浙江财政大事记（1949—1999 年）》（浙江省财政厅档案）
	1 月，浙江省执行财政部、中国人民银行总行决定，从 1959 年开始，国营、地方国营和公私合营企业所需流动资金，全部改由银行贷款解决。	《浙江财政大事记（1949—1999 年）》（浙江省财政厅档案）
	11 月，全国财政厅局长会议在杭州召开。财政部部长李先念总结"大跃进"以来财政金融工作的成绩和经验，提出贯彻财政金融工作总路线的基本原则。	《浙江财政大事记（1949—1999 年）》（浙江省财政厅档案）
1960 年	6 月 17 日，省财政厅颁发《浙江省农村人民公社会计制度》。	《浙江财政大事记（1949—1999 年）》（浙江省财政厅档案）
1961 年	1 月 6 日，省委发布《关于加强财政纪律的规定》，制止截留挪用、平调财政资金，一切基本建设必须纳入国家计划，强调严格执行财政财务会计制度。	《浙江财政大事记（1949—1999 年）》（浙江省财政厅档案）
	2 月 23 日，省委发布《关于调整财政管理体制的若干规定》，改进预算管理体制，改进企业财务管理体制，改进基本建设财务管理体制，改进税收管理体制，改进人民公社财政管理体制。	《浙江财政大事记（1949—1999 年）》（浙江省财政厅档案）

续表 22

时　间	大事纪要	资料来源
1962 年	1 月 5 日，浙江省执行财政部、农业部要求，将人民公社财务工作连同人员从省财政厅划归省农业厅管理。	《浙江财政大事记（1949—1999 年）》（浙江省财政厅档案）
	3 月 29 日，省委通知，省财政厅、人民银行省分行分别成立党组，并任命省财政厅厅长李文灏为省财政厅党组书记。	《浙江财政大事记（1949—1999 年）》（浙江省财政厅档案）
	4 月 29 日，省委、省人民委员会贯彻中共中央、国务院发布的《关于严格控制财政管理的决定》（即“财政六条”）：(1)切实扭转企业大量赔钱的状况；(2)坚决制止一切侵占国家资金的错误做法；(3)坚决制止各单位之间相互拖欠货款；(4)坚决维护应当上缴国家的财政收入；(5)严格控制各项财政支出；(6)切实加强财政监督。省财政厅派工作组到各地督促贯彻执行。	《浙江财政大事记（1949—1999 年）》（浙江省财政厅档案）
1963 年	10 月 8 日，省委批复省财政厅《关于清理“小家当”问题的报告》，整顿财经纪律。	《浙江财政大事记（1949—1999 年）》（浙江省财政厅档案）
1964 年	6 月 8 日，省委下发通知，规定所有集体所有制企业的积累和预算外单位的资金，都应纳入国家计划，接受国家的监督和管理；国家行政和事业单位的各项预算外资金，除按规定用于必要的开支外，其余全部上缴财政，不得截留或移用。	《浙江财政大事记（1949—1999 年）》（浙江省财政厅档案）
	8 月 6 日，省财政厅上报省政府新安江水库移民安置、经费使用情况和待迁移民规划。1956—1962 年，共迁移安置移民 188082 人；1956—1963 年底，上级机关下拨经费 8591 万元，支出 8132 万元。	《浙江财政大事记（1949—1999 年）》（浙江省财政厅档案）
1965 年	12 月 30 日，浙江省执行财政部通知，从 1966 年起，将中央企业财政驻厂员划归税务机关，与税务专管员实行统一领导，一员进厂，统一管理企业税收、利润和有关财务工作。中央企业财务处同省税务局合署办公。	《浙江财政大事记（1949—1999 年）》（浙江省财政厅档案）
1966 年	6 月 16 日，省财政厅下发通知，要求将中央、省级企业的预算收入交由市、县税务局管理，就地监缴中央、省级金库。	《浙江财政大事记（1949—1999 年）》（浙江省财政厅档案）
	6 月 18 日，省财政厅党组宣布成立厅机关“文化大革命”领导小组。	《浙江财政大事记（1949—1999 年）》（浙江省财政厅档案）

续表23

时　间	大事纪要	资料来源
1967年	1月20日，省财政厅“革命造反联络部”宣布夺权，一切党、政、财、文大权归“革命造反派”。当天查封、接管人事档案和机要档案，改组人事处和机要室。	《浙江财政大事记（1949—1999年）》（浙江省财政厅档案）
	3月30日，省军事管制委员会委派军事代表进驻省财政厅“支左”。	《浙江财政大事记（1949—1999年）》（浙江省财政厅档案）
	7月5日，省财政厅贯彻执行中共中央、国务院、中央军委、中央文革小组通知：一切企业单位都要努力增加生产，并按照规定向国家缴纳税、利。国家财政、税收部门要做好收入的组织工作，不论城乡，都要保证税、利有人收，及时收。	《浙江财政大事记（1949—1999年）》（浙江省财政厅档案）
1968年	6月13日，省革命委员会颁发“浙江省财政厅生产领导小组”印章，自1968年5月31日启用，原“浙江省财政厅”印章封存，停止使用。	《浙江财政大事记（1949—1999年）》（浙江省财政厅档案）
1969年	2月12日，省财政贯彻财政部军管会通知：凡已经合并的国营工商企业，可在原税负基础上，确定一个占销售收入额的比例，作为综合税率征税；合并后仍分别财务核算的，按现行规定分别征税。	《浙江财政大事记（1949—1999年）》（浙江省财政厅档案）
1970年	5月1日，省革命委员会组建省级14个局，省财政厅与人民银行省分行、省物价委员会、省房地产管理局、省白蚁防治服务站合并成立省财政金融局。党的核心小组组长、革命领导小组组长曲荷。	《浙江财政大事记（1949—1999年）》（浙江省财政厅档案）
1971年	3月1日，执行财政部《关于实行财政收支包干的通知》，浙江省自1971年起实行“定收定支、收支包干，保证上缴（或差额贴补），结余留用，一年一定”的财政体制。	《浙江财政大事记（1949—1999年）》（浙江省财政厅档案）
1972年	3月20日，根据国务院扩大改革工商税制试点的要求，浙江省将工商统一税及其附加、城市房地产税、车船使用牌照税、盐税、屠宰税合并为工商税，大多数行业税负保持原来水平，少数行业作了调整。	《浙江财政大事记（1949—1999年）》（浙江省财政厅档案）
	3月31日，根据财政部《关于改进财政收支包干办法的通知》，中央对浙江省包干体制修改为：超收不满1亿元的仍归地方，超收在1亿元以上的部分，上缴中央50%。	《浙江财政大事记（1949—1999年）》（浙江省财政厅档案）
	3月，浙江省革命委员会生产指挥组通知，浙江省革命委员会生产指挥组财政金融局改为浙江省财政金融局。	《浙江财政大事记（1949—1999年）》（浙江省财政厅档案）

续表 24

时　间	大事纪要	资料来源
1973 年	12 月，执行国务院决定，恢复建设银行浙江省分行。	《浙江财政大事记（1949—1999 年）》（浙江省财政厅档案）
1974 年	1 月，1974—1975 年中央对浙江省财政体制改为“收入按固定比例留成（即地方按固定比例提取机动财力），超收另定分成比例，支出按指标包干”的“旱涝保收”体制。	《浙江财政大事记（1949—1999 年）》（浙江省财政厅档案）
1975 年	4 月 30 日，省革命委员会批复同意建立浙江财政银行学校。	《浙江财政大事记（1949—1999 年）》（浙江省财政厅档案）
1976 年	3 月 3 日，财政部通知，浙江省从当年起试行“定收定支，收支挂钩，总额分成，一年一定”的财政体制，取消地方按固定比例提取留成，改为按固定数额提取留成的办法。当年，省对地、县（市）财政体制统一改为“定收定支，收支挂钩，总额分成，一年一定”。	《浙江财政大事记（1949—1999 年）》（浙江省财政厅档案）
1977 年	11 月 30 日，省委决定：成立浙江省财政局、中国人民银行浙江省分行，撤销浙江省财政金融局。从贵珠任省财政局党组书记、局长。	《浙江财政大事记（1949—1999 年）》（浙江省财政厅档案）
1978 年	2 月 10 日，省革命委员会根据财政部规定，将属省掌握审批减免税的部分权限分别下放给地（市）革命委员会和县（市）革命委员会。各地报省审批的减免税事宜，由省财政局批复。	《浙江财政大事记（1949—1999 年）》（浙江省财政厅档案）
	7 月 31 日，遵照省委批示，省财政局兼管的房地产管理工作（包括白蚁防治）于 7 月 20 日移交省基本建设委员会所属部门管理。	《浙江财政大事记（1949—1999 年）》（浙江省财政厅档案）
	8 月 29 日，省委同意将浙江财政银行学校分设为浙江财政学校和浙江银行学校。	《浙江财政大事记（1949—1999 年）》（浙江省财政厅档案）
	11 月 25 日，执行国务院批转财政部《关于国营企业试行企业基金的规定》，有条件地允许工业企业按规定标准提取企业基金，用于弥补职工福利基金不足。	《浙江财政大事记（1949—1999 年）》（浙江省财政厅档案）
1980 年	1 月 22 日，落实国务院通知，把原规定国营工业企业的全额利润留成办法改为基数留成加增长利润留成的办法。	《浙江财政大事记（1949—1999 年）》（浙江省财政厅档案）

续表25

时　间	大事纪要	资料来源
1980年	2月1日，执行国务院《关于实行“划分收支、分级包干”财政管理体制的通知》，明确划分中央和地方财政收支范围，1980年起实行。经国务院批准，上划给中央部门直接管理的企业，其收入作为固定比例分成收入，80%归中央财政，20%归地方财政。工商税作为中央和地方的调剂收入。	《浙江财政大事记（1949—1999年）》（浙江省财政厅档案）
	3月21日，省委根据国务院规定，批复同意建设银行浙江省分行与省财政局分设，单独建制，为省直属单位，委托省建委、省财政局代管，以财政局为主。	《浙江财政大事记（1949—1999年）》（浙江省财政厅档案）
	4月24日，省政府印发通知，从1980年起，省对市（地）、县（市）实行“划分收支、分级包干”的财政管理体制。	《浙江财政大事记（1949—1999年）》（浙江省财政厅档案）
	5月10日，省委决定：浙江省财政局改称为浙江省财政厅。	《浙江财政大事记（1949—1999年）》（浙江省财政厅档案）
1981年	3月2日，组织实施国家《会计干部技术职称暂行规定》，会计人员技术职称定为：高级会计师、会计师、助理会计师、会计员。	《浙江财政大事记（1949—1999年）》（浙江省财政厅档案）
	11月3日，报经省财办同意，成立浙江省财政干部学校。	《浙江财政大事记（1949—1999年）》（浙江省财政厅档案）
1982年	12月1日，浙江省执行中共中央、国务院《关于征集国家能源交通重点建设基金的通知》，决定从1983年1月1日起在各地区、各部门、各单位的预算外资金中征集“国家能源交通重点建设基金”。	《浙江财政大事记（1949—1999年）》（浙江省财政厅档案）
1983年	6月17日，中共浙江省委任命吴歼为省财政厅机构改革后的党组书记、厅长。	《浙江财政大事记（1949—1999年）》（浙江省财政厅档案）
	6月24日，省政府批转省财政厅《关于贯彻执行国营企业利改税试行办法的补充规定》，1983年1月1日起执行国营企业利改税试行办法。征税工作从1983年6月1日起办理。	《浙江财政大事记（1949—1999年）》（浙江省财政厅档案）
	12月19日，省财政厅批准成立浙江会计师事务所，并定于1984年1月1日起接受社会咨询业务。	《浙江财政大事记（1949—1999年）》（浙江省财政厅档案）

续表 20

时　间	大事纪要	资料来源
1984 年	1 月 1 日，省财政厅批准首批 5 位会计人员为注册会计师。	《浙江财政大事记（1949—1999 年）》（浙江省财政厅档案）
	1 月 18 日，省财政厅印发《浙江省乡一级财政管理试行办法的通知》，试行的乡财政管理体制有两种：(1)定收定支，收入上缴，支出下拨，结余留用；(2)核定收支，支出下拨，部分收入采取乡财政与市、县财政比例分成。	《浙江财政大事记（1949—1999 年）》（浙江省财政厅档案）
	10 月 1 日，浙江省遵循国务院部署，在国营企业推行第二步利改税。	《浙江财政大事记（1949—1999 年）》（浙江省财政厅档案）
	11 月 3 日，省政府批复同意省财政厅以浙江财政学校为基础，筹建浙江财经学院。	《浙江财政大事记（1949—1999 年）》（浙江省财政厅档案）
1985 年	1 月 15—26 日，全省财政工作会议讨论省以下财政体制改革方案。根据国务院规定，1985 年中央对浙江省财政体制由“划分收支，分级包干”改为“划分税种，核定收支，分级包干”。省对市（地）、县（市）财政体制作相应调整。	《浙江财政大事记（1949—1999 年）》（浙江省财政厅档案）
	4 月 6 日，省财政厅等部门下发《关于国营企业奖金税收入划分、留解及账务处理的通知》。规定各市（地）、县（市）所属国营企业缴纳的国营企业奖金税，全额作为市（地）、县（市）预算收入入库。按实际入库数的 48%上解，52%留归各市（地）、县（市）财政。该留解比例自 1985 年 1 月 1 日起试行。	《浙江财政大事记（1949—1999 年）》（浙江省财政厅档案）
	4 月 12 日，浙江省落实财政部《乡（镇）财政管理试行办法》，要求各地在 1986 年内全面建立乡镇财政（全省有 29 个市县进行试点）。省财政厅制定《浙江省乡财政总会计制度》。	《浙江财政大事记（1949—1999 年）》（浙江省财政厅档案）
	5 月 23 日，省政府下发《关于改进财政管理体制的通知》，决定从 1985 年起，对市（地）、县（市）财政管理体制作相应改进。根据市（地）、县（市）的不同情况，分别实行定额上交、调剂分成、定额补助三种形式。同时对各级财政收入和支出作了划分；对税收分成比例作了调整。	《浙江财政大事记（1949—1999 年）》（浙江省财政厅档案）
	11 月 8 日，省财政厅颁发《浙江省预算外资金管理实施办法（试行）》，办法规定设置预算外资金项目的批准权限在国务院、财政部和省政府，各地、各部门和各单位均无权增设。	《浙江财政大事记（1949—1999 年）》（浙江省财政厅档案）

续表 27

时　间	大事纪要	资料来源
1985 年	11 月 14—23 日，国务委员兼财政部部长王丙乾在浙江调研。	《浙江财政大事记（1949—1999 年）》（浙江省财政厅档案）
1986 年	2 月 15 日，省财政厅等部门转发财政部、中国人民银行关于《“小钱柜”资金专户存储的若干规定》，清理整顿各类“小钱柜”。	《浙江财政大事记（1949—1999 年）》（浙江省财政厅档案）
	3 月 5 日，省财政厅等部门联合下发《关于农业税恢复征收粮食的通知》，要求农业税恢复按“实物征收、货币结算”办法，一律按粮食比例收购价结算。	《浙江财政大事记（1949—1999 年）》（浙江省财政厅档案）
	3 月 19—21 日，全省第一次财政收入亿元县（市）会议在杭州萧山召开。会后出台针对与会县（市）的扶持经济发展、涵养财源的财政政策。	《浙江财政大事记（1949—1999 年）》（浙江省财政厅档案）
	5 月 12 日，省职称改革领导小组同意由省财政厅负责组建浙江省会计职务聘任工作办公室，办理会计职称评、聘工作。	《浙江财政大事记（1949—1999 年）》（浙江省财政厅档案）
	7 月 8 日，按照财政部《关于调整部分企业第二步利改税实施方案的通知》要求，1986 年起，企业缴纳的城市维护建设税和批发营业税不再执行返回利润和抵扣调节税、所得税的有关规定，浙江省调整部分国营商业、物资企业第二步利改税实施方案。	《浙江财政大事记（1949—1999 年）》（浙江省财政厅档案）
	12 月下旬，省财政厅召开有关市县财政局长会议，商定由经济基础较好的余杭、鄞县、绍兴、萧山、嘉兴、嵊县，分别与欠发达的磐安、景宁、云和、泰顺、常山、松阳等结成对子，进行对口支援试点。	《浙江财政大事记（1949—1999 年）》（浙江省财政厅档案）
	12 月 31 日，浙江省印发《关于进一步用好用活财政资金，扩大试行资金有偿使用范围的意见》的通知，对有偿还能力的支出项目或有经营业务收入的企事业单位使用的财政资金由无偿拨款逐步改为有偿使用。	《浙江财政大事记（1949—1999 年）》（浙江省财政厅档案）
1987 年	1 月 27 日，省政府发布《关于加强预算外资金管理的通知》。	《浙江财政大事记（1949—1999 年）》（浙江省财政厅档案）
	1 月，经省委宣传部批准，省财政厅和省会计学会共同主办的《浙江财税与会计》（月刊）创刊，在全国范围公开发行。	《浙江财政大事记（1949—1999 年）》（浙江省财政厅档案）

续表 28

时　间	大事纪要	资料来源
1987年	3月3日，省人大常委会任命宋少祥为浙江省财政厅厅长。同月28日，中共浙江省委任命宋少祥为省财政厅党组书记。	《浙江财政大事记（1949—1999年）》（浙江省财政厅档案）
	5月6日，国家教育委员会同意建立浙江财经学院。	《浙江财政大事记（1949—1999年）》（浙江省财政厅档案）
	6月18日，省财政厅制定全省财税系统计算机应用发展规划草案。	《浙江财政大事记（1949—1999年）》（浙江省财政厅档案）
	6月19日，浙江省印发《关于事业、行政单位预算外资金实行财政专户储存若干具体规定》。对全省事业、行政单位预算外资金实行"由财政部门专户储存、计划管理、财政审批、银行监督"的管理制度。	《浙江财政大事记（1949—1999年）》（浙江省财政厅档案）
	6月30日，省财政厅印发《关于改进国家能源交通重点建设基金分成办法的通知》，从1987年1月1日起，中央与地方能交基金的分配，由原来超收分成改为总额分成，即：任务指标以内的能交基金70%缴中央，30%归地方；当年超收部分，实行五五分成。省与各市（地）、县（市）仍维持七三分成比例。	《浙江财政大事记（1949—1999年）》（浙江省财政厅档案）
	8月5日，《浙江省乡镇企业财务制度》和《浙江省乡镇企业会计制度》颁发施行。	《浙江财政大事记（1949—1999年）》（浙江省财政厅档案）
	12月28日，省财政厅制定《浙江省乡（镇）财政预算、决算制度（试行）》，对乡（镇）财政预、决算的编制及审批作出规定。	《浙江财政大事记（1949—1999年）》（浙江省财政厅档案）
	12月28日，财政部下发《关于宁波市财政计划单列有关问题的通知》，决定从1988年起，将属于宁波市（包括所属6个市、县）的各项财政收支从浙江省划出，在国家预算中实行计划单列。	《浙江财政大事记（1949—1999年）》（浙江省财政厅档案）
1988年	2月24日，成立浙江省财务开发公司。	《浙江财政大事记（1949—1999年）》（浙江省财政厅档案）
	3月2日，财政部发文对湛江、宁波、汕头港下放地方后有关预算财务管理问题作出规定。宁波港口实行以收抵支、财务包干的财务体制。	《浙江财政大事记（1949—1999年）》（浙江省财政厅档案）

续表 29

时间	大事纪要	资料来源
1988 年	7 月 24 日，省政府印发《关于局部调整财政管理体制的通知》。从 1988—1990 年，国务院对浙江省实行“收入递增包干”办法(不含宁波)。据此，省政府决定局部调整省对市(地)、县(市)财政管理体制，实行“递增上缴、超收分成”的办法。	《浙江财政大事记(1949—1999 年)》(浙江省财政厅档案)
	12 月 31 日，省财政厅颁发《浙江省行政经费“预算包干”办法(试行)》。	《浙江财政大事记(1949—1999 年)》(浙江省财政厅档案)
1989 年	3 月 18 日，省教育委员会同意建立浙江省中华会计函授学校。	《浙江财政大事记(1949—1999 年)》(浙江省财政厅档案)
	4 月 25 日，省财政厅等部门印发《关于开征“国家预算调节基金”有关预算管理问题的通知》，规定：属于中央单位缴纳的国家基金，全部归中央财政；属于省级单位缴纳的国家基金，50%缴中央，50%归省财政；属于市(地)、县(市)级单位缴纳的国家基金，50%缴中央，15%缴省财政，35%留归市(地)、县(市)财政。	《浙江财政大事记(1949—1999 年)》(浙江省财政厅档案)
	5 月 16 日，省财政厅印发《关于加强非经营性收费票据管理的通知》，决定对非经营性收费票据实行全省统一管理。	《浙江财政大事记(1949—1999 年)》(浙江省财政厅档案)
	6 月 1 日，省政府决定从 1989 年 4 月 1 日起在全省开征粮食补偿金。补偿金的征集和使用管理由各市(地)、县(市)财政部门负责，补偿金全部留归市(地)、县(市)财政，专户存储，专门用于补偿粮食价差和粮食企业政策性亏损。	《浙江财政大事记(1949—1999 年)》(浙江省财政厅档案)
	6 月 27 日，建立浙江省会计专业人员高级职务评审委员会。	《浙江财政大事记(1949—1999 年)》(浙江省财政厅档案)
	8 月 8—12 日，国务委员兼财政部部长王丙乾在浙江调研。	《浙江财政大事记(1949—1999 年)》(浙江省财政厅档案)
	10 月 13 日，全省各市(地)、县(市)财税局(不含宁波)实行一套领导班子分挂财政局、税务局两块牌子。现行隶属关系不变。	《浙江财政大事记(1949—1999 年)》(浙江省财政厅档案)
	12 月 29 日，省七届人大常委会第十三次会议通过《浙江省会计工作管理办法》。从 1990 年 2 月 1 日起施行。	《浙江财政大事记(1949—1999 年)》(浙江省财政厅档案)

续表 30

时　间	大事纪要	资料来源
1990 年	10 月 9 日，省财政厅制定《浙江省乡镇财政总会计制度》，自 1990 年起执行。	《浙江财政大事记（1949—1999 年）》（浙江省财政厅档案）
1991 年	9 月 2 日，《浙江省省级公费医疗改革试行办法》出台，改革公费医疗经费“统包统付”管理办法，逐步实行公费医疗经费以医疗单位为主，享受单位、享受人员适当挂钩共同承担的管理办法。	《浙江财政大事记（1949—1999 年）》（浙江省财政厅档案）
1992 年	1 月 14—18 日，召开全省财政工作会议，提出适当加快“利税分流”和“分税制”改革试点。	《浙江财政大事记（1949—1999 年）》（浙江省财政厅档案）
	2 月 28 日，浙江省出台《省级会议经费综合定额包干办法》。	《浙江财政大事记（1949—1999 年）》（浙江省财政厅档案）
	6 月 9 日，浙江省（不含宁波）被财政部列为实行“分税制”财政体制改革试点省份。	《浙江财政大事记（1949—1999 年）》（浙江省财政厅档案）
	7 月 3 日，省政府印发关于试行“分税制”财政体制的通知，决定自 1992 年起至 1995 年，省对各市（地）、县（市）（不含宁波）试行“分税制”财政体制。	《浙江财政大事记（1949—1999 年）》（浙江省财政厅档案）
	9 月 14 日，省政府办公厅转发省财政厅《关于撤区扩镇并乡后乡（镇）财政建设和基层财税所设置问题意见的通知》。	《浙江财政大事记（1949—1999 年）》（浙江省财政厅档案）
1993 年	1 月 9 日，浙江财政证券公司成立。	《浙江财政大事记（1949—1999 年）》（浙江省财政厅档案）
	2 月，财政部部长刘仲藜在浙江调研。	《浙江财政大事记（1949—1999 年）》（浙江省财政厅档案）
	2 月，中共浙江省委任命翁礼华为省财政厅党组书记。	《浙江财政大事记（1949—1999 年）》（浙江省财政厅档案）
	3 月 5 日，省八届人大二次会议任命翁礼华为浙江省财政厅厅长。	《浙江财政大事记（1949—1999 年）》（浙江省财政厅档案）
	4 月 12 日，省财政厅等部门联合发文调整教育费附加计征率，从 1993 年 5 月 1 日起，教育费附加从“三税”税额的 2%提高到 3%，对从事生产卷烟和经营烟叶产品的单位，仍减半征收。	《浙江财政大事记（1949—1999 年）》（浙江省财政厅档案）

续表 31

时　间	大事纪要	资料来源
1993 年	11 月 10 日，浙江省转发财政部《关于规范外贸企业利润分配制度的暂行规定的通知》。规定浙江省各类外贸企业从 1993 年 1 月 1 日起，一律按 33% 的比例向主管财政机关上缴相当于所得税的利润。	《浙江财政大事记（1949—1999 年）》（浙江省财政厅档案）
	11 月 19 日，浙江省试行财政部《地方财政有偿使用资金管理办法（试行）》，坚持“统一政策、分级管理”和“专款专用、有借有还”的原则。	《浙江财政大事记（1949—1999 年）》（浙江省财政厅档案）
	12 月 15 日，国务院发布《关于实行分税制财政管理体制的决定》，从 1994 年 1 月 1 日起浙江省全面实行分税制财政管理体制。	《浙江财政大事记（1949—1999 年）》（浙江省财政厅档案）
1994 年	2 月 16 日，省政府印发《关于实行分税制财政管理体制的通知》，自 1994 年 1 月 1 日起执行。通知明确中央与地方，省与市（地）、县的收支划分及税收返还数额，确定省、市（地）分成办法及有关配套政策。	《浙江财政大事记（1949—1999 年）》（浙江省财政厅档案）
	5 月 27 日，省政府印发《关于加强省级预算资金使用管理暂行规定》。	《浙江财政大事记（1949—1999 年）》（浙江省财政厅档案）
	7 月 4 日，省人大常委会公布施行《浙江省会计工作管理办法》。	《浙江财政大事记（1949—1999 年）》（浙江省财政厅档案）
	8 月 9 日，省财政厅印发《浙江省财政有偿使用资金管理办法实施细则（试行）》，确定资金管理要坚持“统一政策、分级管理”和“专款专用、有借有还”的原则。自 1994 年 1 月 1 日起执行。	《浙江财政大事记（1949—1999 年）》（浙江省财政厅档案）
	8 月 15 日，省政府决定，省财政厅厅长翁礼华兼任省地税局局长。	《浙江财政大事记（1949—1999 年）》（浙江省财政厅档案）
	10 月 7 日，省政府对省财政体制改革下发补充通知：中央、省电力三税不下划市（地）、县（市），列作中央与省的共享收入；省对市（地）、县的税收返还递增率改按本地区上划中央收入增长率的 1∶0.3 系数确定。	《浙江财政大事记（1949—1999 年）》（浙江省财政厅档案）
	10 月 18 日，省政府决定省农业综合开发办公室划归省财政厅管理。	《浙江财政大事记（1949—1999 年）》（浙江省财政厅档案）

续表 32

时　间	大事纪要	资料来源
1994 年	12 月 30 日，原财政部驻浙江省财政厅中央企业财政驻厂员处改建为财政部驻浙江省财政监察专员办事处，下设温州、嘉兴、湖州、绍兴、金华、衢州、台州、丽水等 9 个办事组，从 1995 年 1 月 1 日起挂牌运作。	《浙江财政大事记（1949—1999 年）》（浙江省财政厅档案）
	12 月 31 日，省人大常委会修订发布《浙江省预算外资金管理办法》，即日起施行。	《浙江财政大事记（1949—1999 年）》（浙江省财政厅档案）
1995 年	5 月 10 日，省财政厅印发《浙江省预算外资金管理办法实施细则》。	《浙江财政大事记（1949—1999 年）》（浙江省财政厅档案）
1996 年	2 月，由景宁、文成、缙云、青田、泰顺、磐安等县政府领导和财政局局长参加的“两保两挂”座谈会在杭州召开。	《浙江财政大事记（1949—1999 年）》（浙江省财政厅档案）
	8 月 16 日，省政府办公厅印发《浙江省国有资产管理局职能配置、内设机构和人员编制方案的通知》，确定省国有资产管理局为省财政厅管理的副厅级机构；省国有资产管理委员会办公室与省国有资产管理局合署办公。	《浙江财政大事记（1949—1999 年）》（浙江省财政厅档案）
1997 年	6 月 2 日，省财政厅颁发《浙江省预算外资金管理实施细则》；10 月 6 日，省财政厅制定《浙江省预算外资金财政专户会计核算暂行办法》；12 月 23 日，省财政厅、人民银行浙江省分行、省审计厅、省监察厅联合印发《关于加强预算外资金账户管理的规定》通知。	《浙江财政大事记（1949—1999 年）》（浙江省财政厅档案）
	12 月 1 日，针对财政周转金的呆账问题，省财政厅作出《浙江省财政周转金呆账处理暂行规定》。	《浙江财政大事记（1949—1999 年）》（浙江省财政厅档案）
	12 月 24 日，省财政厅印发《浙江省基本建设资金管理暂行办法》。	《浙江财政大事记（1949—1999 年）》（浙江省财政厅档案）
1998 年	2 月 11 日，省委副书记、省长柴松岳一行到省财政厅调研。	《浙江财政大事记（1949—1999 年）》（浙江省财政厅档案）
	2 月 28 日，省人大常委会任命翁礼华为浙江省财政厅厅长。	《浙江财政大事记（1949—1999 年）》（浙江省财政厅档案）

续表 33

时　间	大事纪要	资料来源
1998 年	5 月 26 日，省编委同意浙江省税收、财务、物价大检查办公室增挂财政监督处牌子。	《浙江财政大事记（1949—1999 年）》（浙江省财政厅档案）
	6 月 9—10 日，全省第一次地方财政收入双亿元县（市）会议在义乌召开。	《浙江财政大事记（1949—1999 年）》（浙江省财政厅档案）
	6 月 11 日，省政府发布《浙江省实行〈中华人民共和国契税暂行条例〉办法》，规定浙江省契税适用税率为 3%。自 1997 年 10 月 1 日起施行。据此，7 月 30 日，省财政厅出台《关于契税征收管理具体事项的通知》。	《浙江财政大事记（1949—1999 年）》（浙江省财政厅档案）
	7 月 10 日，省财政厅转发财政部《行政事业单位业务接待费列支管理规定》，并补充规定：省级各行政事业单位 1998 年的业务招待费开支标准不得超过单位年度预算“业务费”的 1%，以后年度的业务招待费开支标准不得超过当年单位预算中“业务费”的 2%；市（地）、县各级行政单位的开支标准，由各地根据当地实际情况确定，不得超过当年单位预算中“业务费”的 2%。	《浙江财政大事记（1949—1999 年）》（浙江省财政厅档案）
	8 月 24 日，省财政厅等部门颁发《浙江省企业职工基本养老保险实行收支两条线管理暂行办法》，对企业职工基本养老保险基金实行地税部门征收、收支两条线管理。	《浙江财政大事记（1949—1999 年）》（浙江省财政厅档案）
	9 月 16 日，省财政厅印发《关于财政预算外资金纳入预算管理的通知》。	《浙江财政大事记（1949—1999 年）》（浙江省财政厅档案）
	10 月 23 日，《光明日报》头版头条刊登《浙江财政改革“四两拨千斤”》专题报道，获中共中央政治局常委、国务院副总理李岚清批示。	《浙江财政大事记（1949—1999 年）》（浙江省财政厅档案）
	11 月 5—9 日，国务院体制改革办公室主任刘仲藜一行到浙江调研“两保两挂”财政改革情况，并在丽水地区召集 8 个市（地）、县（市）座谈“两保两挂”政策。	《浙江财政大事记（1949—1999 年）》（浙江省财政厅档案）
	12 月 28—31 日，财政部部长项怀诚一行到浙江就“费改税”等问题调研，并慰问基层干部职工。	《浙江财政大事记（1949—1999 年）》（浙江省财政厅档案）

续表 34

时　间	大事纪要	资料来源
1999 年	2 月 18—21 日，财政部部长项怀诚到浙江调研，决定筹建中国财政博物馆，选址于浙江省杭州市吴山之北麓。	《浙江财政大事记（1949—1999 年）》（浙江省财政厅档案）
2000 年	1 月 13 日，中国人民银行上海分行转发中国人民银行、财政部《关于移交彩票监管工作的通知》。根据通知，人行杭州中心支行将彩票发行机构及彩票市场的监管职责移交省财政厅。	《浙江财政年鉴（2001）》大事记，中华书局 2002 年版，第 457 页
	6 月 27—28 日，财政部部长项怀诚一行在浙江调研。	《浙江财政年鉴（2001）》大事记，中华书局 2002 年版，第 457 页
	7 月 1 日，浙江省实施“财政统一发放工资”改革。省级机关 80 家单位先行实施统发工资。	《浙江财政年鉴（2001）》大事记，中华书局 2002 年版，第 457 页
2001 年	1 月 1 日，浙江省省级机关首批 48 家单位实行会计集中核算。	《浙江财政年鉴（2002）》大事记，中华书局 2003 年版，第 643 页
	1 月 3 日，省委副书记、省长柴松岳，常务副省长吕祖善一行在省级机关会计核算中心调研。	《浙江财政年鉴（2002）》大事记，中华书局 2003 年版，第 643 页
	3 月 16—18 日，财政部部长项怀诚、常务副部长楼继伟、副部长张佑才等一行 10 人在浙江调研。	《浙江财政年鉴（2002）》大事记，中华书局 2003 年版，第 643 页
	3 月，浙江省政府采购网站（www. zjzfcg. gov. cn）正式启用。	《浙江财政年鉴（2002）》大事记，中华书局 2003 年版，第 643 页
	4 月 3 日，召开上虞市农村税费改革动员大会，全省农村税费改革试点工作进入实运转阶段。	《浙江财政年鉴（2002）》大事记，中华书局 2003 年版，第 643 页
	4 月 19 日，全省农村税费改革扩大试点工作会议在上虞市召开。会议确定富阳、北仑、龙游、乐清、定海 5 个县（市、区）为 2001 年农村税费改革扩大试点单位。	《浙江财政年鉴（2002）》大事记，中华书局 2003 年版，第 643 页
	5 月 26 日，中国财政博物馆开工典礼在杭州举行。财政部副部长高强、杭州市委书记王国平、副省长王永明、省财政厅厅长翁礼华等出席开工典礼。	《浙江财政年鉴（2002）》大事记，中华书局 2003 年版，第 644 页
	5 月 28 日，召开全省整顿和规范会计师事务所和资产评估机构执业行为专项会议，启动专项整治工作。	《浙江财政年鉴（2002）》大事记，中华书局 2003 年版，第 644 页

续表 35

时间	大事纪要	资料来源
2001 年	8 月 1 日,省委书记张德江一行在省财政厅工作调研,对全省财政工作给予高度评价。	《浙江财政年鉴(2002)》大事记,中华书局 2003 年版,第 644 页
	12 月 18—20 日,省财政厅厅长翁礼华在京参加全国财政工作会议期间,受到中共中央政治局常委、国务院副总理李岚清的接见。	《浙江财政年鉴(2002)》大事记,中华书局 2003 年版,第 645 页
2002 年	1 月 12 日,省委书记张德江主持召开书记专题会议,讨论关于在全省实行"减调改稳"的农村税费改革意见。	《浙江财政年鉴(2003)》大事记,中华书局 2003 年版,第 519 页
	1 月 22 日,省农业综合开发办公室调整为省财政厅内设机构。	《浙江财政年鉴(2003)》大事记,中华书局 2003 年版,第 519 页
	7 月 9 日,省委、省政府印发《关于全面进行农村税费改革的通知》,决定从 7 月 1 日起,在全省实行以"减调改稳、合理负担、转移支付、配套进行"为主要内容的农村税费改革。	《浙江财政年鉴(2003)》大事记,中华书局 2003 年版,第 520 页
	7 月 10—12 日,省委、省政府在杭州召开全省农村税费改革工作会议,省委副书记、省长柴松岳作动员报告。	《浙江财政年鉴(2003)》大事记,中华书局 2003 年版,第 520 页
	7 月 23—24 日,浙江省第一次地方财政收入 4 亿元县(市)会议在永康市召开。会议的主题是:积极发挥财政职能作用,努力做好财政社会保障改革和管理工作,完善社会保障体系,为社会稳定和经济发展提供良好的稳定器。	《浙江财政年鉴(2003)》大事记,中华书局 2003 年版,第 520 页
	7 月 29 日,副省长章猛进主持召开农村税费改革工作领导小组成员会议,讨论通过浙江省农村税费改革 10 项配套办法。	《浙江财政年鉴(2003)》大事记,中华书局 2003 年版,第 521 页
	10 月 18 日,根据《中华人民共和国政府采购法》,省财政厅制定下发《浙江省省级政府采购预算管理办法(试行)》,规范省级政府采购预算管理工作。	《浙江财政年鉴(2003)》大事记,中华书局 2003 年版,第 521 页
	11 月 25 日,省美术馆建设资金由省财政厅国库处直接拨付项目单位。自此,省级基本建设资金试行财政直接拨付工作正式启动。	《浙江财政年鉴(2003)》大事记,中华书局 2003 年版,第 521 页
	11 月 27 日,省委书记、代省长习近平到省财政厅听取省财政厅、省地方税务局工作汇报,并就此后一个时期的财政地税工作提出要求。	《浙江财政年鉴(2003)》大事记,中华书局 2003 年版,第 521 页

续表 36

时　间	大事纪要	资料来源
2002 年	12 月 12 日，人事部、财政部发文表彰全国财政系统先进集体和先进工作者。台州市、慈溪市、义乌市财政局和杭州市财政局农税征收管理局局长谢永分获全国财政系统先进集体和先进工作者荣誉称号。	《浙江财政年鉴(2003)》大事记，中华书局 2003 年版，第 522 页
	12 月 19 日，省财政厅、省教育厅决定扩大省属高校预算分配制度改革范围，调整 2003 年生均定额和离退休定额标准，完善省属高校的预算分配制度。	《浙江财政年鉴(2003)》大事记，中华书局 2003 年版，第 522 页
2003 年	2 月 4 日，财政部部长项怀诚在浙江考察中国财政博物馆(筹)建设情况。	《浙江财政年鉴(2004)》大事记，中华书局 2004 年版，第 515 页
	2 月 20 日，中共浙江省委任命黄旭明为省财政厅党组书记。	《浙江财政年鉴(2004)》大事记，中华书局 2004 年版，第 515 页
	2 月 28 日，省十届人大常委会第二次会议任命黄旭明为浙江省财政厅厅长。	《浙江财政年鉴(2004)》大事记，中华书局 2004 年版，第 515 页
	6 月 20 日，省政府办公厅转发省财政厅《关于深化收支两条线改革 进一步加强财政管理实施意见的通知》，提出深化“收支两条线”改革的意见及当前需要解决的几个问题。	《浙江财政年鉴(2004)》大事记，中华书局 2004 年版，第 517 页
	7 月 2 日，省政府召开省级部门预算改革动员大会。省委副书记、省长吕祖善出席并讲话。	《浙江财政年鉴(2004)》大事记，中华书局 2004 年版，第 517 页
	7 月 28 日，经省政府同意，省财政厅会同人民银行杭州中心支行印发《浙江省省级非税收入收缴管理暂行办法》，建立规范化的政府非税收入收缴管理制度。	《浙江财政年鉴(2004)》大事记，中华书局 2004 年版，第 518 页
	10 月 31 日，省政府印发《浙江省人民政府关于进一步完善地方财政体制的通知》，完善地方财政体制的指导思想、原则和内容，明确各级政府财政支出责任。	《浙江财政年鉴(2004)》大事记，中华书局 2004 年版，第 519 页
	11 月 10 日，经省政府同意，省财政厅成立省级行政事业单位国有资产处置中心，负责省级行政事业单位国有资产的处置工作。	《浙江财政年鉴(2004)》大事记，中华书局 2004 年版，第 519 页
	12 月 5 日，根据省政府要求，省财政厅建立省、市、县三级粮食安全调控资金，规模为 4 亿元。	《浙江财政年鉴(2004)》大事记，中华书局 2004 年版，第 519 页

续表 37

时间	大事纪要	资料来源
2003 年	12 月 5 日，省财政厅转发财政部《关于加强地方财政部门对中小企业信用担保机构财务管理和政策支持若干问题的通知》，并结合浙江实际提出贯彻实施意见。这是财政部门首次对中小企业信用担保机构作出财务政策规定。	《浙江财政年鉴(2004)》大事记，中华书局 2004 年版，第 519 页
2004 年	2 月 27 日，省财政厅会同省物价局下发《关于取消和调整部分涉及农民负担的行政事业性收费项目及标准的通知》，决定在全省取消、免收部分涉农行政事业性收费，降低部分收费标准。	《浙江财政年鉴(2005)》大事记，中华书局 2005 年版，第 505 页
	5 月 13 日，省政府召开省级专项资金管理工作座谈会，开展财政专项资金绩效评价试点工作。省委副书记、省长吕祖善出席并讲话。	《浙江财政年鉴(2005)》大事记，中华书局 2005 年版，第 506 页
	5 月 19 日，省委、省政府组建省国有资产监督管理委员会，原由省财政厅承担的管理经营性国有资产职能划归省国有资产监督管理委员会。	《浙江财政年鉴(2005)》大事记，中华书局 2005 年版，第 506 页
	7 月 8 日，省委书记、省人大常委会主任习近平到省财政厅调研机关效能建设工作。厅长黄旭明汇报有关机关党建及效能建设工作。习近平就加强机关效能建设、抓好党建工作，以及贯彻落实国家宏观调控政策，做好新形势下的财政工作作指示。	《浙江财政年鉴(2005)》大事记，中华书局 2005 年版，第 506 页
	7 月 28—29 日，财政部在杭州召开东部地区财政厅(局)长座谈会。会议期间，省委书记习近平、省长吕祖善会见出席会议的财政部部长金人庆等部领导。	《浙江财政年鉴(2005)》大事记，中华书局 2005 年版，第 507 页
	7 月，“中国浙江”政府门户网站浙江省财政厅子网站(www.zjczt.gov.cn)开通。	《浙江财政年鉴(2005)》大事记，中华书局 2005 年版，第 507 页
	9 月 24 日，省委副书记、省长吕祖善在省财政厅听取省人大重点建议办理工作情况汇报，强调要高度重视政府债务问题，切实加强政府债务管理，逐步将政府债务管理纳入规范化、法制化轨道。	《浙江财政年鉴(2005)》大事记，中华书局 2005 年版，第 507 页
	11 月 9 日，中国财税博物馆在杭州正式开馆，财政部部长金人庆，国家税务总局局长谢旭人，省委副书记、省长吕祖善，省财政厅厅长黄旭明等领导参加开馆仪式。	《浙江财政年鉴(2005)》大事记，中华书局 2005 年版，第 507 页
	是年，按照“一项资金、一个办法”的管理要求，省财政厅制定 60 余个专项资金管理办法，同时对科技、教育、农业、卫生等 4 个部门的部分专项资金开展绩效评价试点工作。	《浙江财政年鉴(2005)》大事记，中华书局 2005 年版，第 508 页

续表 38

时　间	大事纪要	资料来源
2005 年	1 月 13 日，省政府下发《关于加强地方政府性债务管理的通知》，从严格控制政府性负债建设行为、建立政府性债务归口管理制度、科学编制政府性债务收支计划等 11 个方面规范政府性债务管理，防范和化解债务风险隐患，确保财政平稳运行。	《浙江财政年鉴（2006）》大事记，中华书局 2006 年版，第 677 页
	1 月 25 日，省政府下发《浙江省人民政府关于进一步做好深化农村税费改革工作的通知》，从农业税改革等 8 个方面对全省下一阶段农村税费改革工作进行部署。	《浙江财政年鉴（2006）》大事记，中华书局 2006 年版，第 677 页
	2 月 28 日，省财政厅、省物价局转发《财政部 国家发展改革委员会关于公布取消 103 项行政审批等收费项目的通知》，取消 125 项涉及公安等部门的收费项目。至此，全省完成行政许可行政事业性收费清理工作。	《浙江财政年鉴（2006）》大事记，中华书局 2006 年版，第 677 页
	5 月 27 日，省财政厅下发《关于加强政府非税收入管理的通知》，明确政府非税收入的性质和范围，并实行分类规范管理。	《浙江财政年鉴（2006）》大事记，中华书局 2006 年版，第 678 页
	6 月 29 日，省人大财经委、省人大法工委、省财政厅和省政府法制办联合举行浙江省纪念《中华人民共和国会计法》施行 20 周年座谈会。	《浙江财政年鉴（2006）》大事记，中华书局 2006 年版，第 678 页
	8 月 1 日，执行国务院《关于完善中央与地方出口退税负担机制的通知》，调整中央与地方出口退税分担比例，规范地方出口退税分担办法，改进出口退税退库方式。	《浙江财政年鉴（2006）》大事记，中华书局 2006 年版，第 678 页
	8 月 17—18 日，浙江省第一次地方财政收入 8 亿元县（市）会议在宁波市鄞州区召开。	《浙江财政年鉴（2006）》大事记，中华书局 2006 年版，第 678 页
	9 月 2 日，省政府办公厅转发省财政厅、中国人民银行杭州中心支行《浙江省财政国库管理制度改革方案》。	《浙江财政年鉴（2006）》大事记，中华书局 2006 年版，第 679 页
	9 月 23 日，省政府在杭州召开省级财政国库管理制度改革动员会，省委副书记、省长吕祖善作动员报告。会上举行省级财政国库集中支付代理银行签约仪式。	《浙江财政年鉴（2006）》大事记，中华书局 2006 年版，第 679 页
	10 月 8 日，省委办公厅等 40 家首批省直预算单位实行财政国库集中支付制度，省级财政国库管理制度进入实施阶段。	《浙江财政年鉴（2006）》大事记，中华书局 2006 年版，第 679 页

续表 39

时　间	大事纪要	资料来源
2005 年	10 月 13 日，省政府办公厅转发省财政厅、省烟草专卖局《关于我省烟草商业企业资产财务关系上划若干问题的实施意见》，全省 73 家市、县（市、区）烟草商业企业 2006 年正式上划中央。	《浙江财政年鉴（2006）》大事记，中华书局 2006 年版，第 679 页
	10 月 19 日，省财政厅制定《浙江省多渠道筹措社会保障资金实施办法》，对多渠道筹措社会保障资金的主要来源、主要标准、筹措程序、使用原则等作出规定。	《浙江财政年鉴（2006）》大事记，中华书局 2006 年版，第 679 页
	10 月 31 日，按照省编委《关于调整省政府采购中心管理体制的通知》要求，原由省政府委托省财政厅管理的省政府采购中心成建制调整为由省政府委托省机关事务管理局管理。	《浙江财政年鉴（2006）》大事记，中华书局 2006 年版，第 679 页
	11 月 1 日，中欧政府采购国际研讨会在杭州召开。欧盟委员会内部市场与服务部、欧盟支持中国加入 WTO 项目办公室的官员，以及中央部委的相关领导出席会议。	《浙江财政年鉴（2006）》大事记，中华书局 2006 年版，第 679 页
	11 月 1 日，省纪委等 60 家第二批省直预算单位实行财政国库集中支付制度，省级财政国库管理制度改革实现“横向到边”目标。	《浙江财政年鉴·大事记》2006 卷，中华书局 2006 年版，第 679 页
	12 月 23 日，省财政厅与建设银行浙江省分行签订 10 亿元的协议存款合同，启动省级社会保障资金保值增值工作。	《浙江财政年鉴（2006）》大事记，中华书局 2006 年版，第 679 页
	是年，浙江省在全国率先全面免征农业税。同时，逐步取消提留款制度。全省农民人均负担降低到 7.78 元。	《浙江财政年鉴（2006）》大事记，中华书局 2006 年版，第 679 页
2006 年	1 月 9 日，财政部表彰全国杰出、优秀会计工作者，浙江省传化集团有限公司财务总监杨柏樟获“全国杰出会计工作者”荣誉称号，宏润建设集团股份有限公司财务部经理黄全跃获“全国优秀会计工作者”荣誉称号。	《浙江财政年鉴（2007）》大事记，中华书局 2007 年版，第 517 页
	1 月 15 日，省政府办公厅下发《浙江省地方政府性债务管理实施暂行办法》。	《浙江财政年鉴（2007）》大事记，中华书局 2007 年版，第 517 页
	3 月 15 日，省财政厅下发《浙江省财政支出绩效评价实施意见》，全省全面推进财政支出绩效评价工作。	《浙江财政年鉴（2007）》大事记，中华书局 2007 年版，第 517 页

续表 40

时　间	大事纪要	资料来源
2006 年	4 月 21 日，省政府下发《关于全面进行农村综合改革的通知》。	《浙江财政年鉴(2007)》大事记，中华书局 2007 年版，第 518 页
	4 月 26 日，省政府下发《关于进一步深化政府采购制度改革全面推进政府采购工作的意见》。	《浙江财政年鉴(2007)》大事记，中华书局 2007 年版，第 518 页
	5 月 29 日，省财政厅转发《财政部 国家税务总局 中国人民银行关于做好政府收支分类改革工作的通知》，开启浙江省政府收支分类改革工作。	《浙江财政年鉴(2007)》大事记，中华书局 2007 年版，第 518 页
	6 月 2 日，省财政厅印发《关于对部分乡镇实行“乡财乡用县管”财政管理方式的指导性意见》，指导各市县按照“预算管理权不变、资金所有权和使用权不变、财务审批权不变”的三不变原则，对经济欠发达、财政收入规模较小的乡镇实行“乡财乡用县管”财政管理方式的改革。	《浙江财政年鉴(2007)》大事记，中华书局 2007 年版，第 518 页
	6 月 20 日，省财政厅、省地税局、人行杭州中心支行下发《关于教育费附加和地方教育附加预算管理问题的通知》，规定自 2006 年 5 月 1 日起对全省缴纳“三税”的单位和个人按照实际缴纳“三税”税额的 2%征收地方教育附加。	《浙江财政年鉴(2007)》大事记，中华书局 2007 年版，第 518 页
	7 月 26 日，省财政厅与人行杭州中心支行联合下发《关于深化省级财政国库集中支付改革的通知》，扩大省级预算单位纳入国库集中支付改革的范围。决定到 2007 年 1 月 1 日，省级预算单位将全部实施财政国库集中支付改革。	《浙江财政年鉴(2007)》大事记，中华书局 2007 年版，第 518 页
	10 月 1 日，全省 176 家杭外省级预算单位全面实行国库集中支付改革，另有 14 家在杭省级基层预算单位实行改革试点，浙江省国库集中支付改革“纵向到底”全面启动。	《浙江财政年鉴(2007)》大事记，中华书局 2007 年版，第 519 页
	12 月 19 日，全国财政系统先进集体和先进工作者表彰会上，浙江省义乌市财政局、宁波市鄞州区财政局、上虞市财政局获“全国财政系统先进集体”荣誉称号；杭州市下城区财政局局长冯伟、仙居县财政局局长潘小燕获“全国财政系统先进工作者”荣誉称号。	《浙江财政年鉴(2007)》大事记，中华书局 2007 年版，第 519 页
	12 月 25 日，省财政厅下发《关于开展化解乡镇政府性债务工作的通知》。	《浙江财政年鉴(2007)》大事记，中华书局 2007 年版，第 519 页

续表 41

时 间	大事纪要	资料来源
2006 年	是年，省财政厅会同省物价部门，对 2002 年以来各部门的行政事业性收费项目、收费标准、收费依据进行重新梳理，取消公安、工商等 25 个部门的 66 项行政事业性收费，将 8 项收费转为经营服务性收费项目，对继续保留的收费项目进行重新公布。	《浙江财政年鉴（2007）》大事记，中华书局 2007 年版，第 519 页
2007 年	6 月 6 日，省委常委、省委宣传部部长、常务副省长陈敏尔到省财政厅调研。	《浙江财政年鉴（2008）》大事记，中华书局 2008 年版，第 444 页
	6 月 29 日，省政府对省财政厅下属的财通证券经纪有限责任公司管理体制进行调整。调整后，财通证券经纪有限责任公司为省直属国有企业，由省政府授权省国资委监管。	《浙江财政年鉴（2008）》大事记，中华书局 2008 年版，第 444 页
	8 月 21 日，省财政厅下发《关于省直财政补助事业单位职工住房补贴发放工作的实施意见》，决定从 2007 年 9 月 1 日开始，全面启动省直财政补助事业单位职工住房补贴发放工作。	《浙江财政年鉴（2008）》大事记，中华书局 2008 年版，第 444 页
	12 月 4 日，副省长陈加元到省财政厅调研。	《浙江财政年鉴（2008）》大事记，中华书局 2008 年版，第 445 页
2008 年	2 月 22 日，中共浙江省委任命钱巨炎为省财政厅党组书记。	《浙江财政年鉴（2009）》大事记，中华书局 2009 年版，第 451 页
	2 月 29 日，省十一届人大常委会第二次会议任命钱巨炎为浙江省财政厅厅长。	《浙江财政年鉴（2009）》大事记，中华书局 2009 年版，第 451 页
	3 月 4 日，召开“生态环保财力转移支付政策”新闻发布会，省财政厅新闻发言人、副厅长罗石林介绍新出台的《浙江省生态环保财力转移支付试行办法》。	《浙江财政年鉴（2009）》大事记，中华书局 2009 年版，第 451 页
	5 月 29 日，省委书记、省人大常委会主任赵洪祝到省财政厅工作调研。	《浙江财政年鉴（2009）》大事记，中华书局 2009 年版，第 451 页
	9 月 10 日，省财政厅、省物价局联合下发《关于对从事个体经营的人员实行收费优惠政策的通知》，鼓励和扶持自主创业和自谋职业。	《浙江财政年鉴（2009）》大事记，中华书局 2009 年版，第 452 页

续表 42

时　间	大事纪要	资料来源
2008 年	9 月 23 日，省政府下发《关于完善省对市县财政体制的通知》，规范省、市县收支范围和收入分成办法，将“两保两挂”“两保一挂”财政政策统一调整为“分类分档激励奖补机制”；实行市县营业税增收上交返还奖励和省级金融保险业营业税增收奖励政策，适当提高电力生产企业所在地增值税分成比例；进一步完善省对市县转移支付制度。	《浙江财政年鉴(2009)》大事记，中华书局 2009 年版，第 452 页
	10 月 6 日，省财政厅制定《浙江省省级预算单位公务卡管理办法》，在省本级全面实施公务卡制度改革。	《浙江财政年鉴(2009)》大事记，中华书局 2009 年版，第 452 页
	10 月 23 日，省政府下发《关于取消暂停征收部分行政事业性收费项目和降低部分收费标准的通知》，取消、暂停 48 项行政事业性收费，降低 9 项行政事业性收费标准。	《浙江财政年鉴(2009)》大事记，中华书局 2009 年版，第 452 页
	11 月 18 日，省财政厅与省劳动保障厅、省地税局联合下发《关于临时性下浮企业社会保险费缴纳比例的通知》，对企业社会保险费缴纳比例实行临时性下浮。	《浙江财政年鉴(2009)》大事记，中华书局 2009 年版，第 453 页
	11 月 19 日，省政府印发《关于第二批取消暂停征收部分行政事业性收费项目和降低部分收费标准的通知》，取消、暂停 54 项行政事业性收费，降低 2 项行政事业性收费标准。	《浙江财政年鉴(2009)》大事记，中华书局 2009 年版，第 453 页
2009 年	1 月 8 日，省财政厅下发《关于预算单位公务卡制度改革的实施意见》，在全省预算单位推行公务卡制度改革。	《浙江财政年鉴(2010)》大事记，中华书局 2010 年版，第 454 页
	2 月 18 日，根据财政部《关于做好发行 2009 年地方政府债券有关工作的通知》，浙江省由财政部代理首次发行地方政府性债券 82 亿元。	《浙江财政年鉴(2010)》大事记，中华书局 2010 年版，第 454 页
	3 月 26 日，省政府办公厅印发《浙江省创业风险投资引导基金管理办法》，扶持创业投资企业发展，引导社会资本进入创业投资领域。	《浙江财政年鉴(2010)》大事记，中华书局 2010 年版，第 454 页
	11 月 5 日，省政府办公厅下发《浙江省行政事业单位国有资产管理暂行办法》，加强和规范行政事业单位国有资产管理工作。	《浙江财政年鉴(2010)》大事记，中华书局 2010 年版，第 455 页
	12 月 25 日，根据省政府办公厅关于省财政厅、省地税局职能调整的精神，省财政厅、省地税局下发《关于做好耕地占用税和契税征管职能划转工作的通知》，从 2010 年 1 月 1 日起省级耕地占用税和契税征管职能从省财政厅划转到省地税局。	《浙江财政年鉴(2010)》大事记，中华书局 2010 年版，第 456 页

续表 43

时　间	大事纪要	资料来源
2010年	2月5日，省财政厅会同省人力资源和社会保障厅、省地税局转发财政部、人力资源和社会保障部《关于编报2010年全国社会保险基金预算的通知》，启动全省社会保险基金预算编制工作。	《浙江财政年鉴(2011)》大事记，中华书局2011年版，第438页
	4月15—17日，财政部部长谢旭人到杭州等地调研基层财政建设工作。	《浙江财政年鉴(2011)》大事记，中华书局2011年版，第439页
	5月13日，省财政厅会同有关部门下发《关于全面推行村级公益事业建设一事一议财政奖补试点工作的通知》，在全省全面开展村级公益事业建设一事一议财政奖补试点工作。	《浙江财政年鉴(2011)》大事记，中华书局2011年版，第439页
	7月1日，经省政府同意并报财政部批准，浙江省自2010年7月1日起征收大中型水库库区基金。库区基金由省级财政部门负责征收管理。	《浙江财政年鉴(2011)》大事记，中华书局2011年版，第439页
	7月23日，省政府办公厅印发《转发省财政厅等部门关于浙江省道路交通事故社会救助基金管理试行办法的通知》，明确道路交通事故社会救助基金设立、筹集、使用和监督管理要求。	《浙江财政年鉴(2011)》大事记，中华书局2011年版，第439页
	8月16日，省财政厅下发《关于省级财政总预算会计部分事项采用权责发生制核算有关问题的通知》，明确省级财政总预算会计采用权责发生制核算的事项及账务处理要求。	《浙江财政年鉴(2011)》大事记，中华书局2011年版，第440页
	8月27日，省政府下发《关于加快推进公共财政管理改革的意见》，对深化财政科学化、精细化管理提出要求。	《浙江财政年鉴(2011)》大事记，中华书局2011年版，第440页
	9月7日，省委常委、省委组织部部长蔡奇到省财政厅调研。	《浙江财政年鉴(2011)》大事记，中华书局2011年版，第440页
	9月27日，省财政厅下发《关于印发切实加强乡镇财政资金监管工作的实施意见的通知》，要求各地加强乡镇财政建设，发挥其对财政性资金就地就近监管作用。	《浙江财政年鉴(2011)》大事记，中华书局2011年版，第440页
	11月12日，省财政厅印发《关于将按预算外资金管理的收入纳入预算管理的通知》，将按预算外资金管理的收入(不含教育收费)全部纳入预算管理，进一步规范财政收入管理。	《浙江财政年鉴(2011)》大事记，中华书局2011年版，第441页

续表 44

时　间	大事纪要	资料来源
2010 年	12 月 16 日，省十一届人大常委会第二十二次会议审议通过《浙江省政府非税收入管理条例》。	《浙江财政年鉴(2011)》大事记，中华书局 2011 年版，第 441 页
	12 月 16 日，省财政厅印发《省级产业集聚区财政政策实施办法(试行)》。	《浙江财政年鉴(2011)》大事记，中华书局 2011 年版，第 441 页
	12 月 22 日，省财政厅印发《关于省以下质量技术监督部门实行财务属地管理体制的通知》，明确从 2011 年 1 月 1 日起省级以下质量技术监督系统财务管理体制由垂直管理调整为属地管理。	《浙江财政年鉴(2011)》大事记，中华书局 2011 年版，第 441 页
	12 月 22 日，省政府下发《关于做好援疆援藏和扶持省内重点欠发达县资金筹措工作的通知》，决定从 2011 年起按地方财政收入的一定比例向发达和较发达地区筹措资金，用于援疆援藏和扶持省内重点欠发达县。	《浙江财政年鉴(2011)》大事记，中华书局 2011 年版，第 441 页
	12 月，全省 35.20 亿元义务教育债务全部按期消化完毕。	国务院办公厅《专报信息》2011 年 2 月 23 日

编后记

根据中共浙江省委、浙江省人民政府的统一部署，浙江省财政厅承编《浙江通志·财政志》（简称《财政志》）。《财政志》上溯浙江财政的发端，下至2010年，涵盖浙江财政收入、支出、体制、管理、教育与科研、机构与人员及重要政策文件等内容，客观、真实地记述和反映浙江财政各个历史阶段的发展历程，特别是1978年改革开放后，浙江财政实施分税制财政体制改革，构建公共财政体制框架的实践，展现了浙江财政在适应、促进和推动改革开放的历史洪流中，为全省经济社会的发展和进步作出的贡献。

《财政志》编纂工作分为4个阶段。第一阶段，2012年3月至12月，建立机构，编写篇目。成立由厅主要领导为主任、其他厅领导为副主任，有关处室局和单位主要负责同志为成员的《财政志》编委会。设立编辑部，实行主编负责制，负责志书编纂工作的综合协调、篇目拟定、检查督导、统稿审稿、编辑总纂、评议修改及送审等工作。修志工作全面启动。编辑部在编委会的领导下，在反复研究、多次修改、广泛征求意见的基础上，完成《财政志》篇目，并于2012年12月通过专家组论证。第二阶段，2013年1月至2016年12月，主要工作为收集资料，编写长编，形成初稿，通过初审。省财政厅印发《关于印发〈浙江通志·财政志〉编纂篇目的通知》，拟定《〈浙江通志·财政志〉编纂篇目实施方案》，部署编纂工作。全厅各处室局、单位共同参与编修工作，志书编纂任务分解落实到各有关处室单位。至2014年底，完成10倍于志稿总字数的资料卡片，形成资料长编。其间，编辑部在浙江省人民政府地方志办公室（以下简称省方志办）专家的指导下，多次举办编纂知识培训班，就资料收集、长编编写和初稿撰写进行培训，为高质量完成志稿编修打下扎实基础。2015年9月，完成全志初稿，印发至省财政厅老领导、老同志及有关专家征求意见，并实施第一轮修改。2016年初，由各处室参编人员、《财政志》编委（各处室单位负责人）及分管厅领导共同参与，对志稿进行第二轮审改，最后由主编审定，形成初审评议稿。12月底，《财政志》编委会召开由省方志办专家组、财政专家组及部分参编处室局参加的《财政志》初审会并通过初审。第三阶段，2017年1月至9月，根据初审专家组所提意见修改初审稿，形成复审稿并通过复审。经梳理专家组初审意见，对志稿进行修改，微调个别章节结构，删减、增补、考订和修正部分志稿内容，新增彩色图片及内文插图，新增与内文相对应的数据表格，形成复审稿。9月底，通过省方志办组织的专家复审。第四阶段，2017年10月至2018年4月，修改完善复审稿。根据专家组的复审意见，对志稿作进一步的修改，形成终审稿。2018年4月，通过省政府组织的终审。根据终审专家组意见建议，修改完善终审稿。参与《财政志》初审和复审的专家有：郑明治、董郁奎、袁新国、潘国旗、张雷宝、沈玉平、傅允生、潘学敏、池贤福。

《财政志》编纂过程中，得到各有关单位、专家的悉心指导和无私帮助。省方志办对《财政志》编纂工作给予大力支持，领导和专家在业务培训、篇目制定、行文规范、志稿审阅等各方面不辞辛劳，精心准备，悉心审改，耐心指导；相关单位和部门也给予了全力支持和配合，浙江省档案馆、浙江图书馆、中国财税博物馆等提供了大量原始资料，并为查找、核实历史资料提供了极大便利；浙江人民出版社的编校人员为做好《财政志》最后的编辑出版工作全力以赴，尽心尽责。省财政厅领导高度重视，为志书编纂工作提供制度保障。本志编委会领导皆全程参与，指导编纂工作，审核稿件，提出指导性意见，并亲自修改志稿；省财政厅众多老领导、老同志以及有关专家、学者对志稿提出了很多宝贵意见。在此，谨向在《财政志》编纂出版过程中给予帮助和指导、做出贡献的所有单位、专家和同志致以诚挚的谢意！

《财政志》是《浙江通志》系列中的第三十一卷，采用统一的编纂要求，客观、系统、真实地记述浙江财政发展的历史与现状。"财政收入"中"工商税收入"1949年后部分，主要记述作为财政收入的主要组成部分——税收收入的发展变化、收入规模和对财政收入的影响，不具体记述各税种、税目及税率的沿革兴废。《财政志》记述的财政收支数据与各章节图表数据，一般采自浙江省历年财政收支决算报表；也有部分数据来源于各年度浙江省政府工作报告和全省及省级预算执行情况的报告；其他数据一般采自浙江省统计局公布的数据；少部分采自相关主管部门提供的数据。有关表格数据及图片注明来源或加说明，未加注明的均源自浙江省财政厅档案。所涉币制，清代以前按文献记载，清代至民国24年(1935)为银两或银圆，民国24年11月至37年8月为法币，民国37年8月以后为金圆券。中华人民共和国时期，1949年10月1日至1955年3月为旧制人民币(文中部分已折算为新币制)；1955年3月后改新币制。其他货币如美元、日元按文中记叙。所使用数字单位，中华人民共和国成立之前按文献记载。中华人民共和国成立后，不足亿的以万为单位，除记述需要外，一般不保留小数；超过亿的以亿为单位，一般保留小数点后两位；百分比(除财政体制分成、债务利率等有精准要求外)保留小数点后一位。因小数点进位，可能造成合计数有尾数微小偏差。所使用计量单位，中华人民共和国成立前按文献记载。中华人民共和国成立后，1949年10月至1984年2月27日按全省历年财政决算档案资料记载；1984年2月27日后，按《中华人民共和国法定计量单位》规定表述。至2010年，浙江省始终实行省管县财政体制，具体内容体现在第三章"财政体制"，为进一步突显浙江财政这一独特的体制管理模式，特在第三章增加专记"省管县财政体制"。

《财政志》分管副总编为郑明治，分管副总纂为董郁奎，责任编辑为袁新国。

《财政志》虽为尽心之作，但限于编纂经验不足，学识水平有限，差错和失误难免，诚请读者批评教正。

《浙江通志·财政志》编纂委员会

2018年11月